儀礼文の研究

第二巻 日本誄詞

三間重敏 著

和泉書院

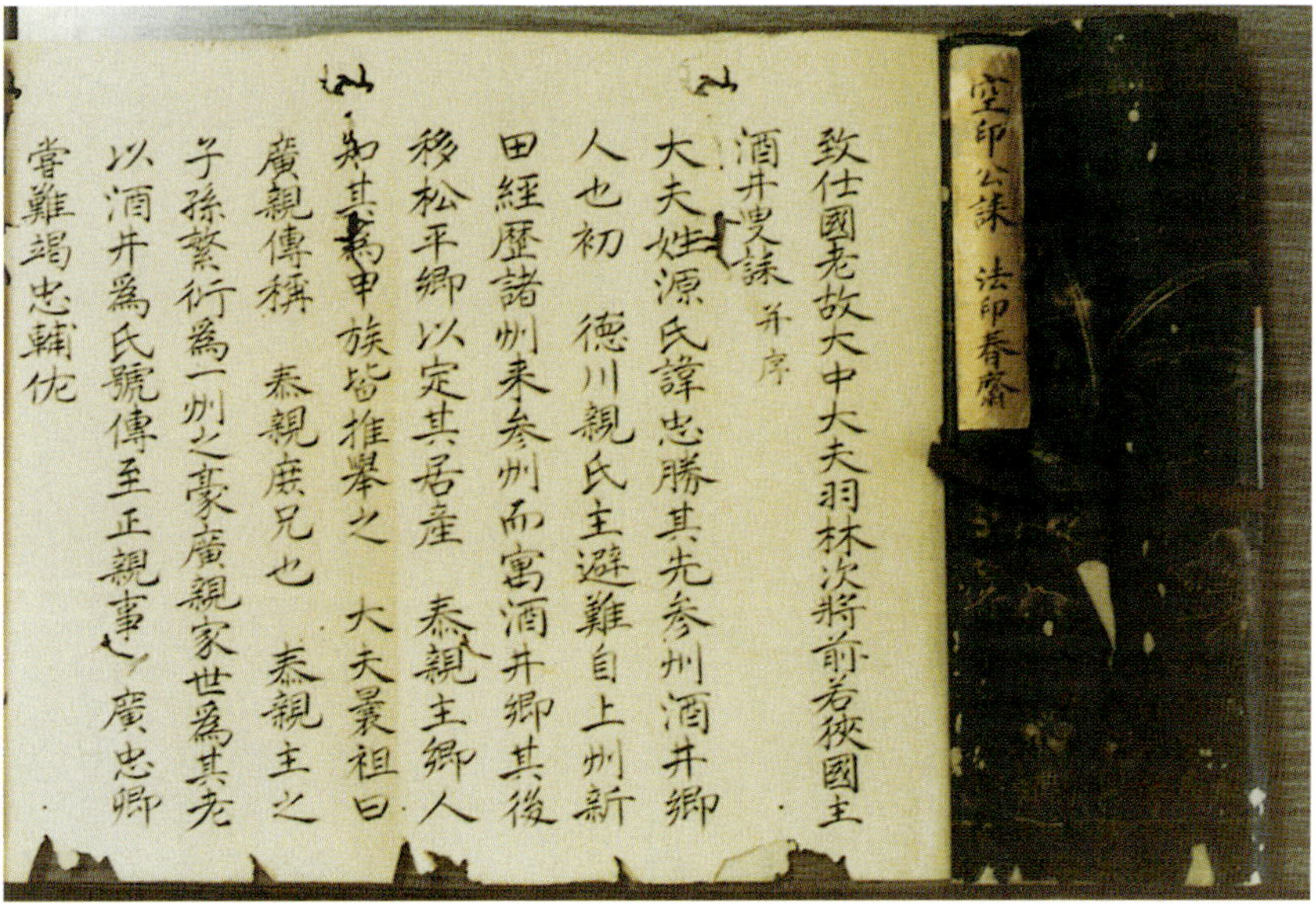

空印公誄（小浜市立図書館所蔵・本書100～103頁）　1

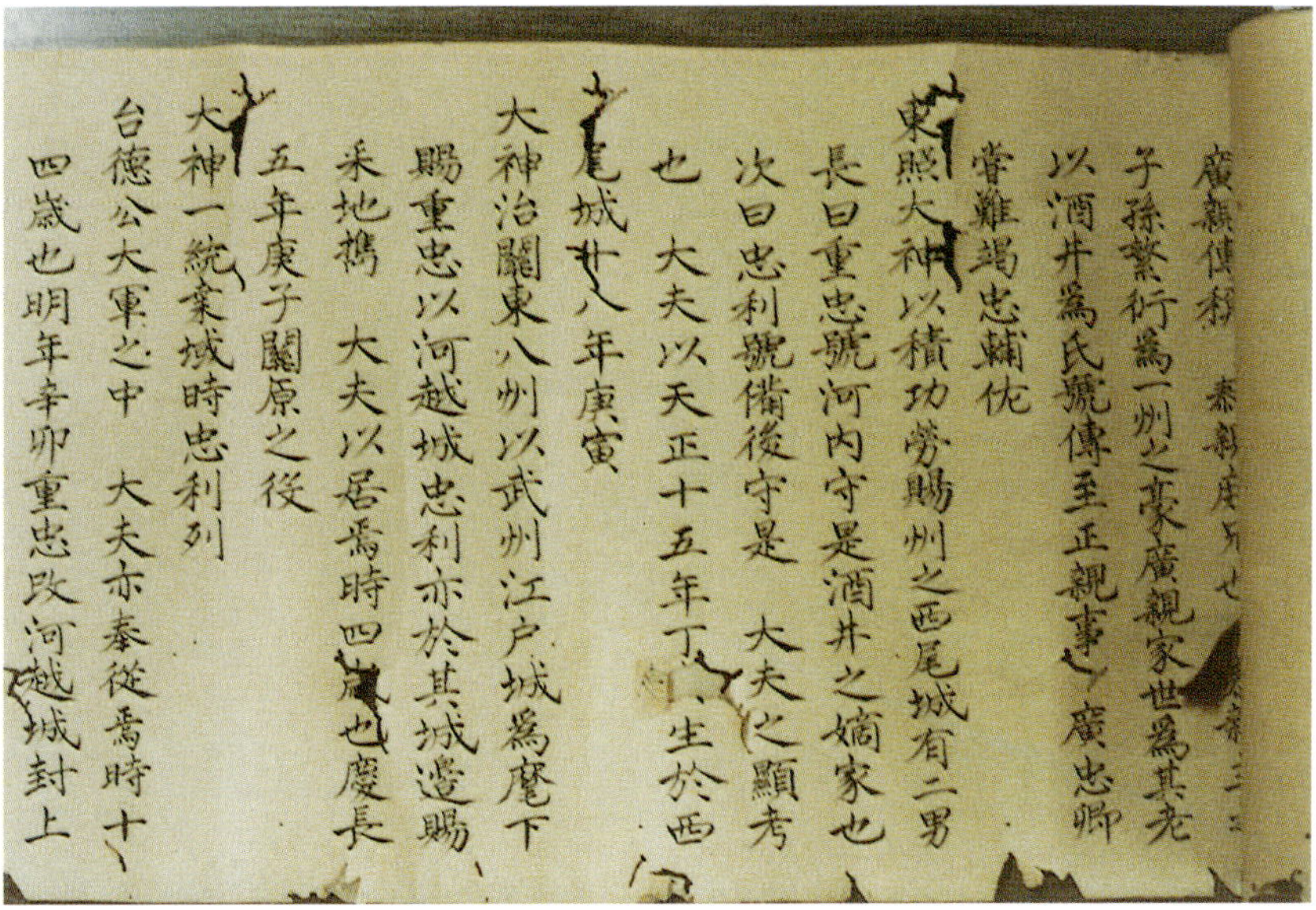

同　2

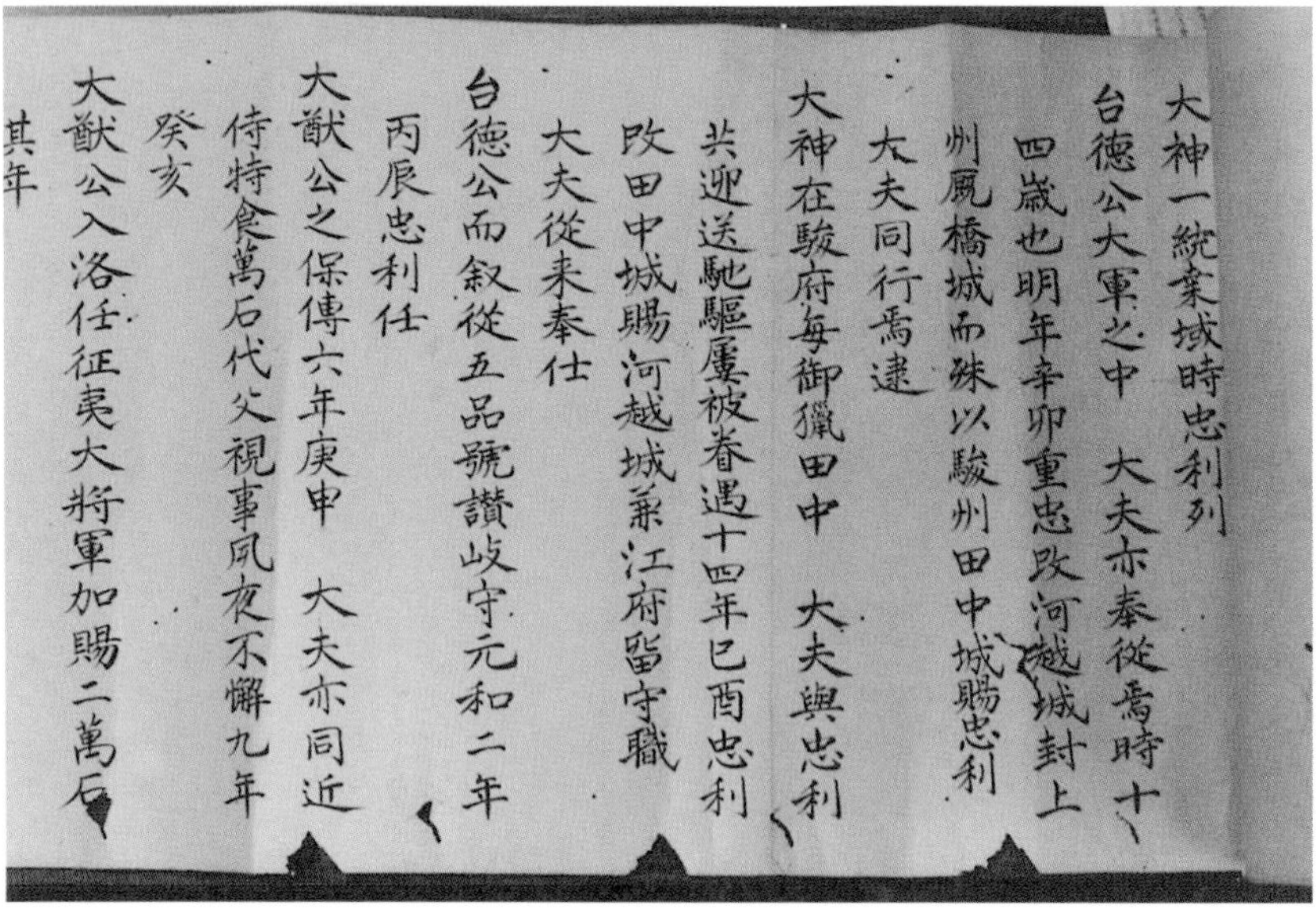

大神一統業域時忠利列
台德公大軍之中　大夫亦奉從焉時十
四歳也明年辛卯重忠改河越城封上
州厩橋城而殊以駿州田中城賜忠利
大夫同行焉逮
大神在駿府每御獵田中　大夫與忠利
共迎送馳驅屢被眷遇十四年巳酉忠利
改田中城賜河越城兼江府留守職
大夫從来奉仕
台德公而叙從五品號讃岐守元和二年
丙辰忠利任
大猷公之保傅六年庚申　大夫亦同近
侍特食萬石代父視事夙夜不懈九年
癸亥
大猷公入洛任征夷大將軍加賜二萬石
其年

同　3

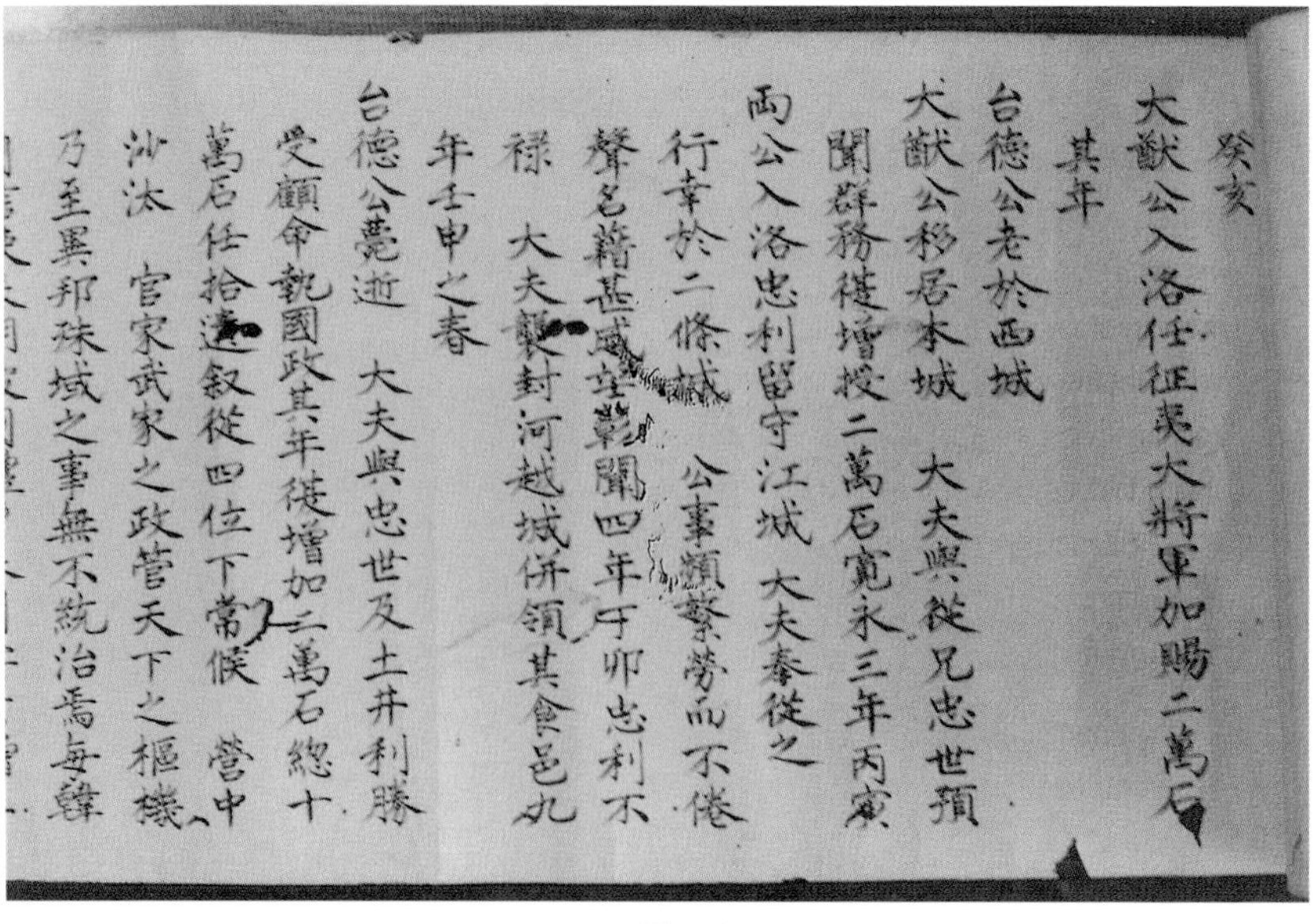

癸亥
大猷公入洛任征夷大將軍加賜二萬石
其年
台德公老於西城
大猷公移居本城　大夫與從兄忠世預
關群務徙增授二萬石寛永三年丙寅
兩公入洛忠利留守江城　大夫奉從之
行幸於二條城　公事頗繁勞而不倦
聲名藉甚威望彰聞四年丁卯忠利不
祿　大夫襲封河越城併領其食邑九
年壬申之春
台德公薨逝　大夫與忠世及土井利勝
受顧命執國政其年徙增加二萬石總十
萬石任拾遺叙從四位下常候　營中
沙汰　官家武家之政管天下之樞機
乃至異邦殊域之事無不統治焉每韓

同　4

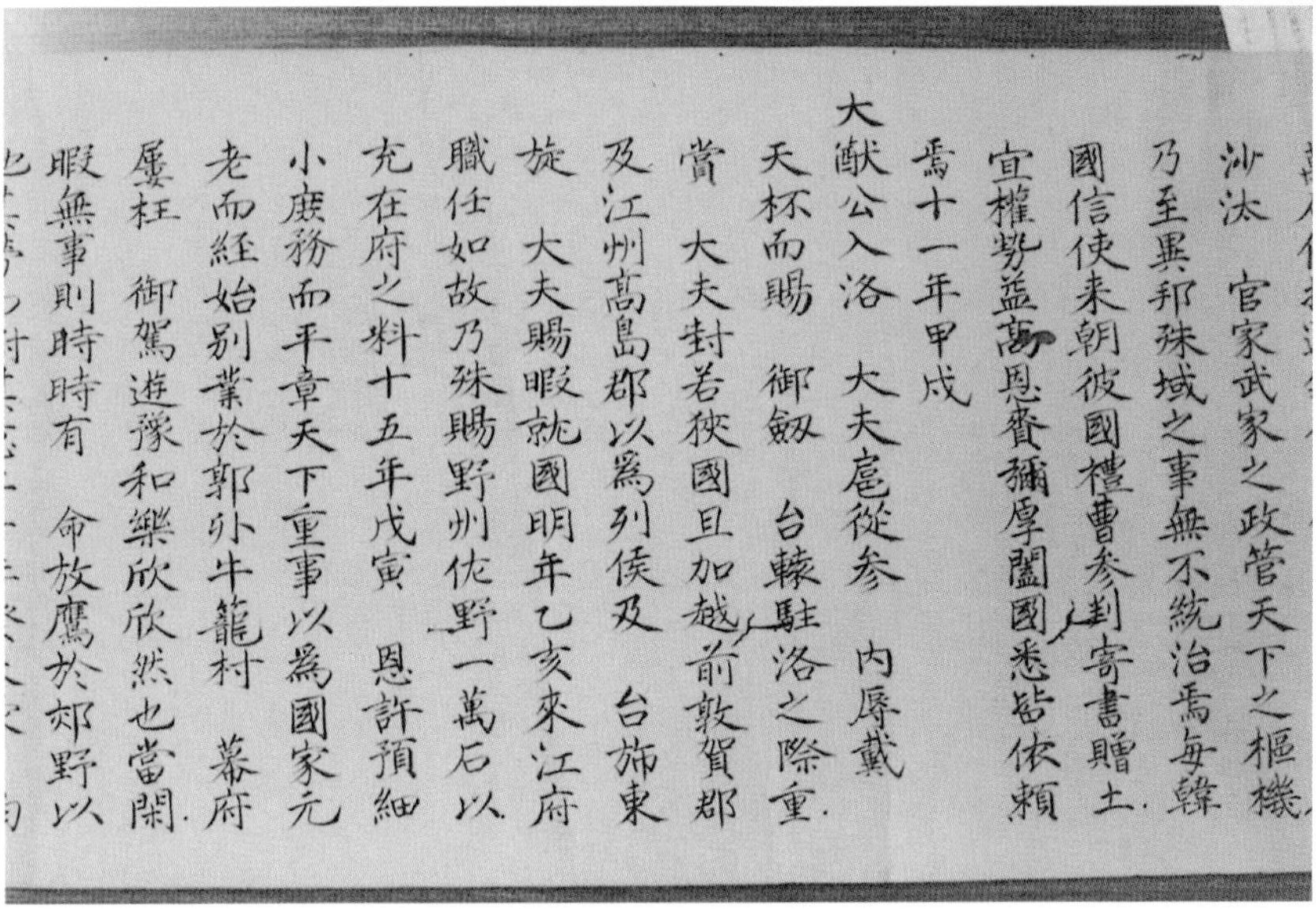
沙汰　官家武家之政管天下之樞機
乃至異邦殊域之事無不統治焉毎韓
國信使来朝彼國禮曹参判寄書贈土
宜權勢益高恩賚彌厚闔國悉皆依頼
焉十一年甲戌
大猷公入洛　大夫扈從参　内辱戴
天杯而賜　御劒　台轅駐洛之際重
賞　大夫封若狭國且加越前敦賀郡
及江州高島郡以為列侯及　台旆東
旋　大夫賜暇就國明年乙亥來江府
職任如故乃殊賜野州佐野一萬石以
充在府之料十五年戊寅　恩許預細
小庶務而平章天下重事以為國家元
老而経始別業於郭外牛籠村　幕府
屡枉　御駕遊豫和樂欣欣然也當閑
暇無事則時時有　命放鷹於郊野以

同　5

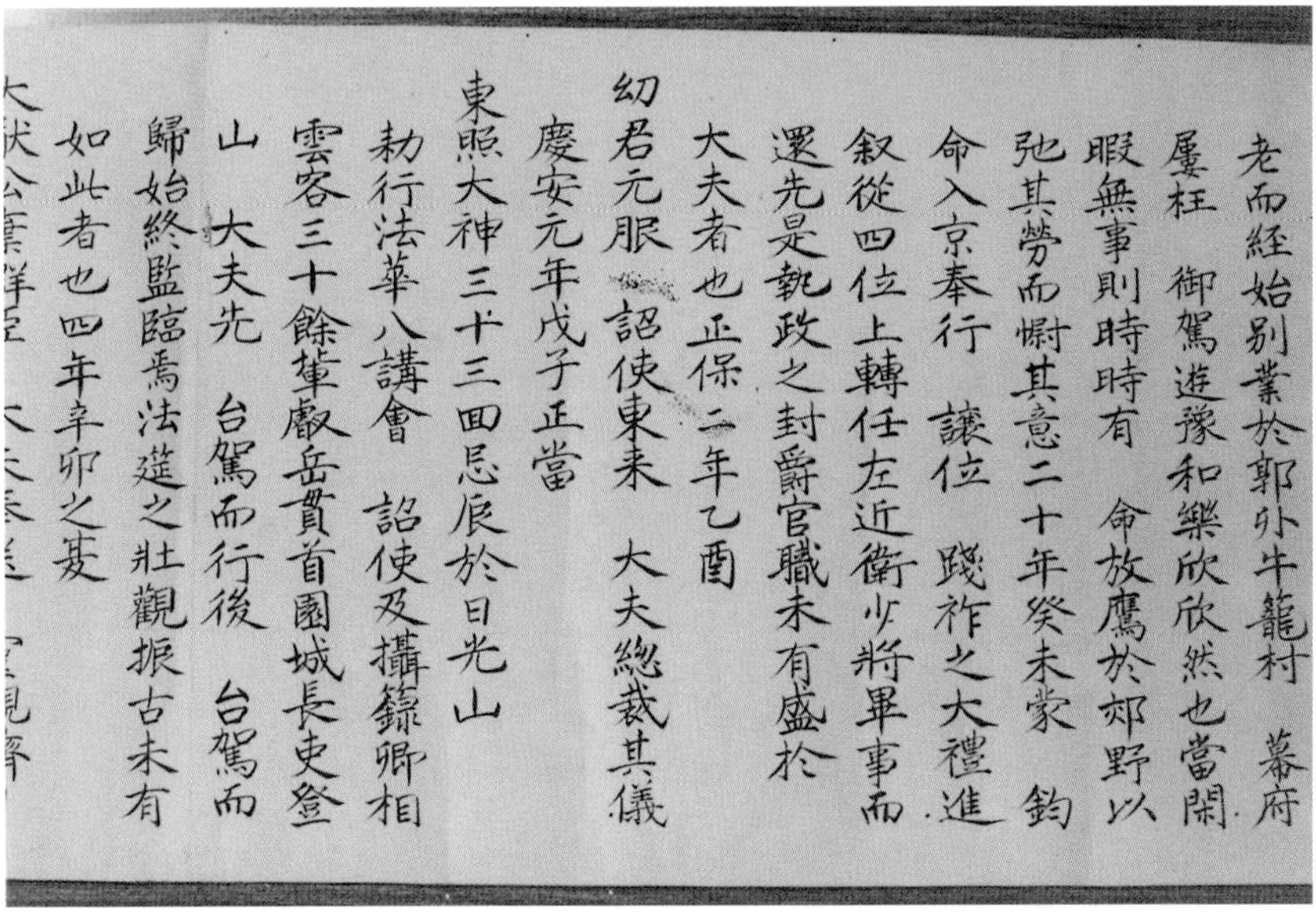
老而経始別業於郭外牛籠村　幕府
屡枉　御駕遊豫和樂欣欣然也當閑
暇無事則時時有　命放鷹於郊野以
弛其勞而愜其意二十年癸未蒙　鈞
命入京奉行　譲位　踐祚之大禮進
叙從四位上轉任左近衛少將畢事而
還先是執政之封爵官職未有盛於
大夫者也正保二年乙酉
幼君元服　詔使東来　大夫總裁其儀
慶安元年戊子正當
東照大神三十三回忌辰於日光山
勅行法華八講會　詔使及攝籙卿相
雲客三十餘輩叡岳貫首園城長吏登
山　大夫先　台駕而行後　台駕而
歸始終監臨焉法莚之壯觀振古未有
如此者也四年辛卯之夏

同　6

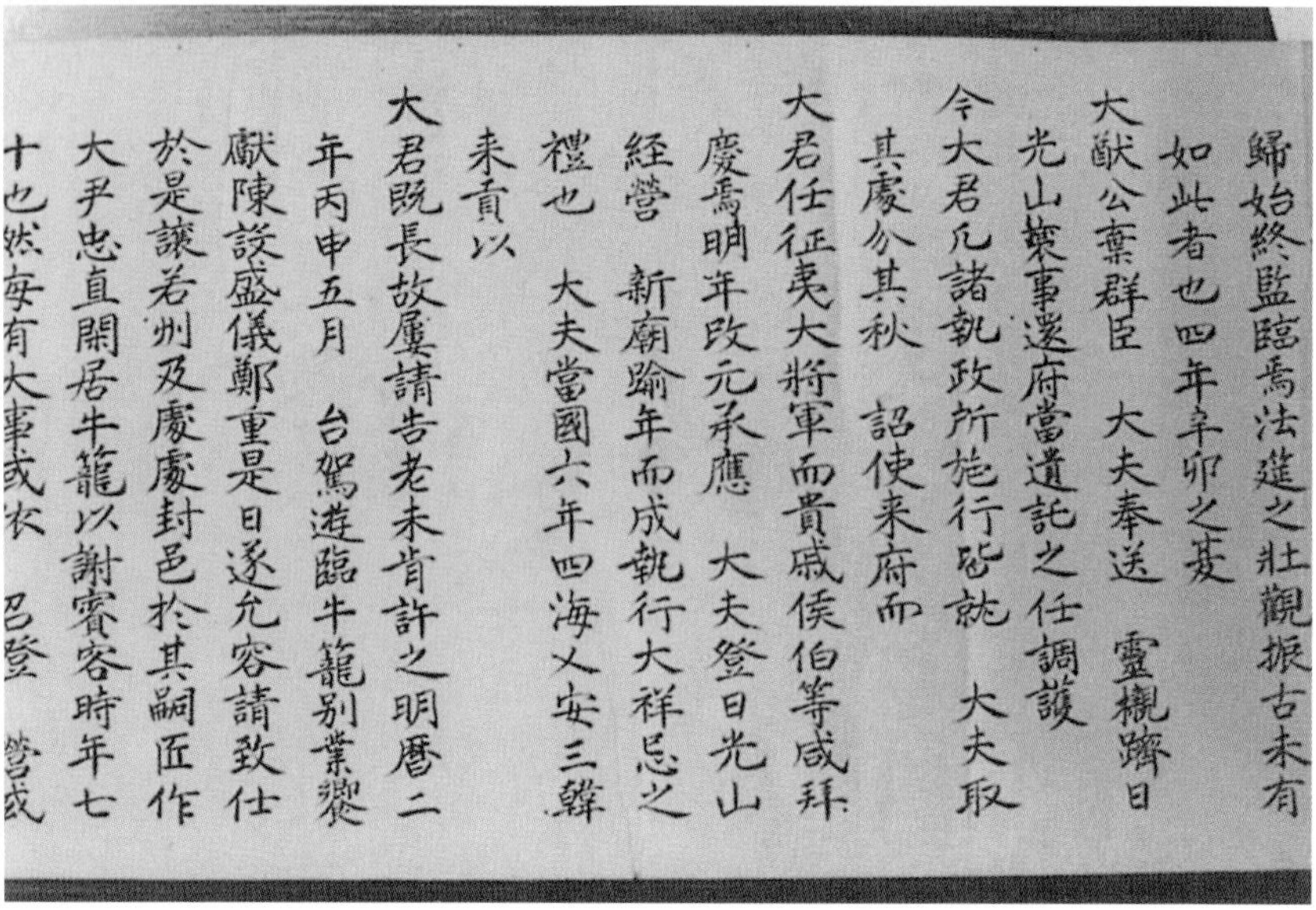
歸始終監臨焉法筵之壯觀振古未有
如此者也四年辛卯之夏
大猷公棄群臣　大夫奉送　靈櫬躋日
光山葬事還府當遺託之任調護
令大君凡諸執政所施行咨詢　大夫取
其處分其秋　詔使来府而
大君任征夷大將軍而貴戚侯伯等咸拜
慶焉明年改元承應　大夫登日光山
經營　新廟踰年而成執行大祥忌之
禮也　大夫當國六年四海乂安三辭
来貢以
大君既長故屢請告老未肯許之明暦二
年丙申五月　台駕遊臨牛籠別業饗
獻陳設盛儀鄭重是日遂允容請致仕
於是讓若州及處處封邑於其嗣匠作
大尹忠直閑居牛籠以謝賓客時年七
十也然每有大事或依　召登　營或

同　7

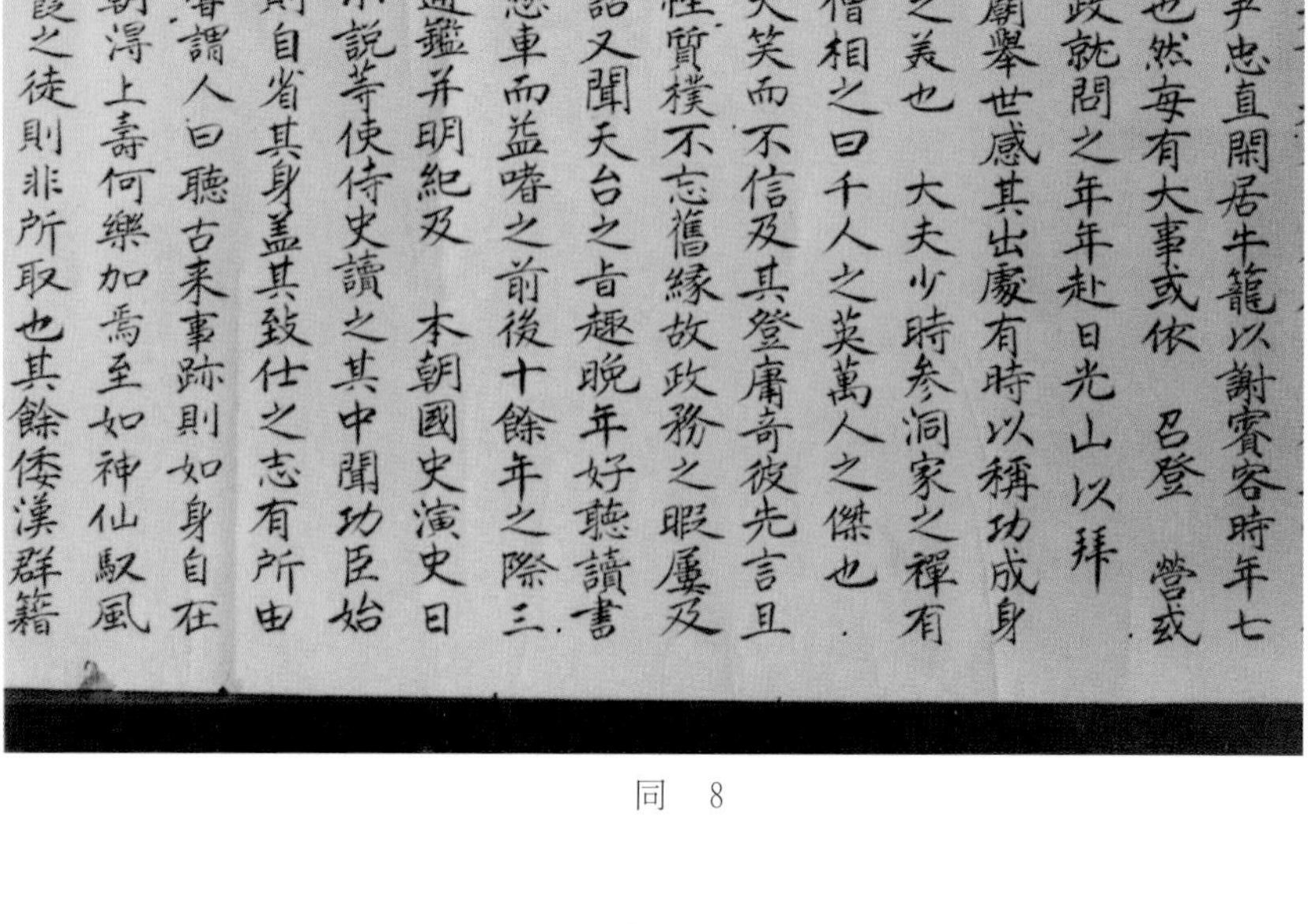
大尹忠直閑居牛籠以謝賓客時年七
十也然每有大事或依　召登　營或
執政就問之年年赴日光山以拜
靈廟擧世感其出處有時以稱功成身
退之義也　大夫少時參洞家之禪有
一僧相之曰千人之英萬人之傑也
大夫笑而不信及其登庸奇彼先言且
稟性質樸不忘舊縁故政務之暇屢及
禪話又聞天台之旨趣晩年好聽讀書
及懸車而益嗜之前後十餘年之際三
史通鑑并明紀及　本朝國史演史日
録小説等使侍史讀之其中聞功臣始
末則自省其身蓋其致仕之志有所由
歟嘗謂人曰聽古来事跡則如身自在
兩朝得上壽何樂加焉至如神仙馭風
餐霞之徒則非所取也其餘倭漢群籍

同　8

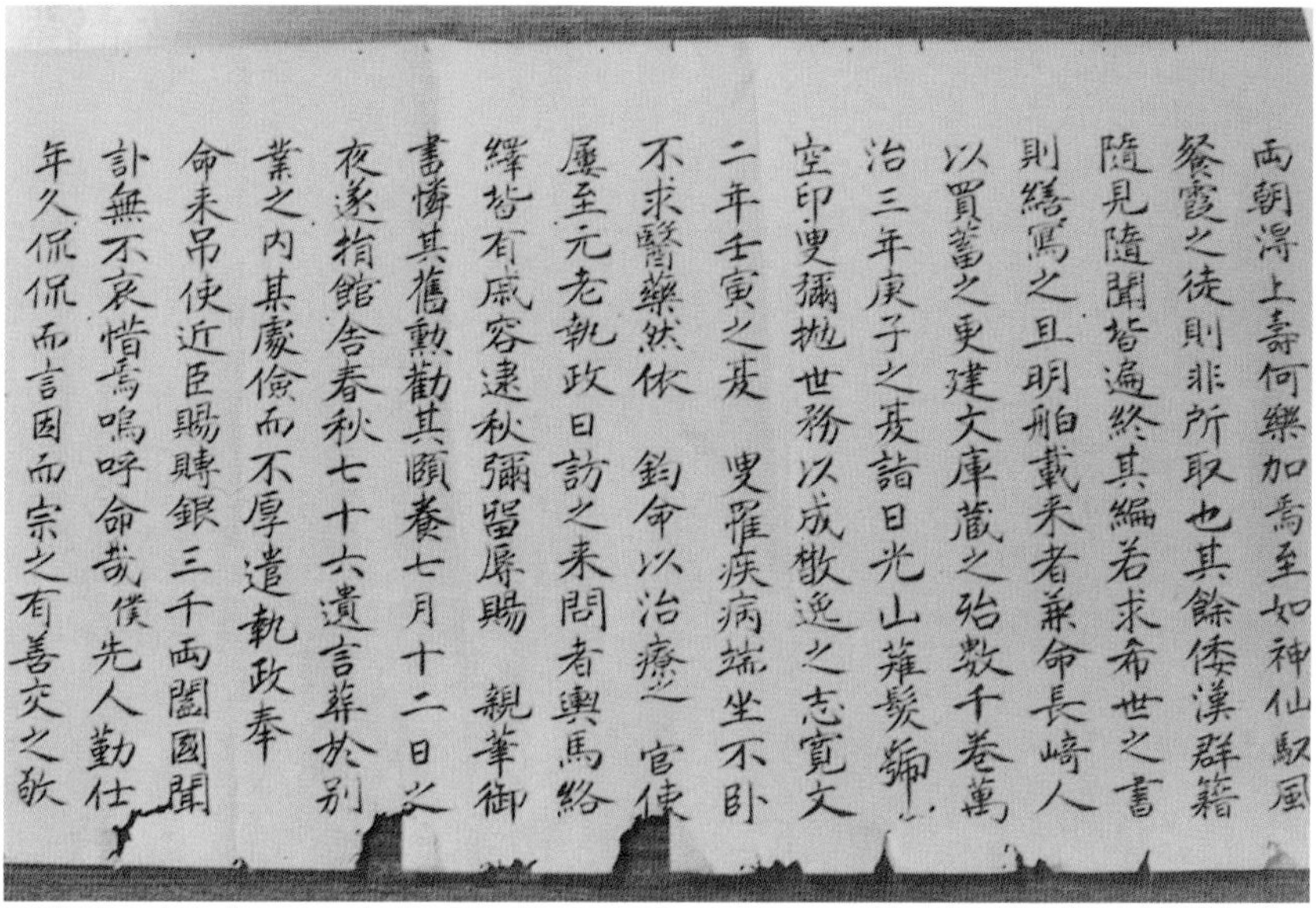
而朝得上壽何樂加焉至如神仙馭風
餐霞之徒則非所取也其餘倭漢群籍
隨見隨聞皆遍終其編若求希世之書
則繕寫之且明舶載來者兼命長崎人
以買蓄之更建文庫藏之殆數千巻萬
治三年庚子之夏詣日光山薙髪號
空印叟彌拋世務以成散逸之志寛文
二年壬寅之夏　叟罹疾病端坐不臥
不求醫藥然依　鈞命以治療之　官使
屢至元老執政日訪之來問者輿馬絡
繹皆有感容逮秋彌留屡賜　親筆御
書憐其舊勳勸其頤養七月十二日之
夜遂捐館舍春秋七十六遺言葬於別
業之内其慶儉而不厚遣執政奉
命來吊使近臣賜賻銀三千両閻國聞
訃無不哀惜焉嗚呼命哉　僕先人勤仕
年久侃侃而言因而宗之有善交之敬

同　9

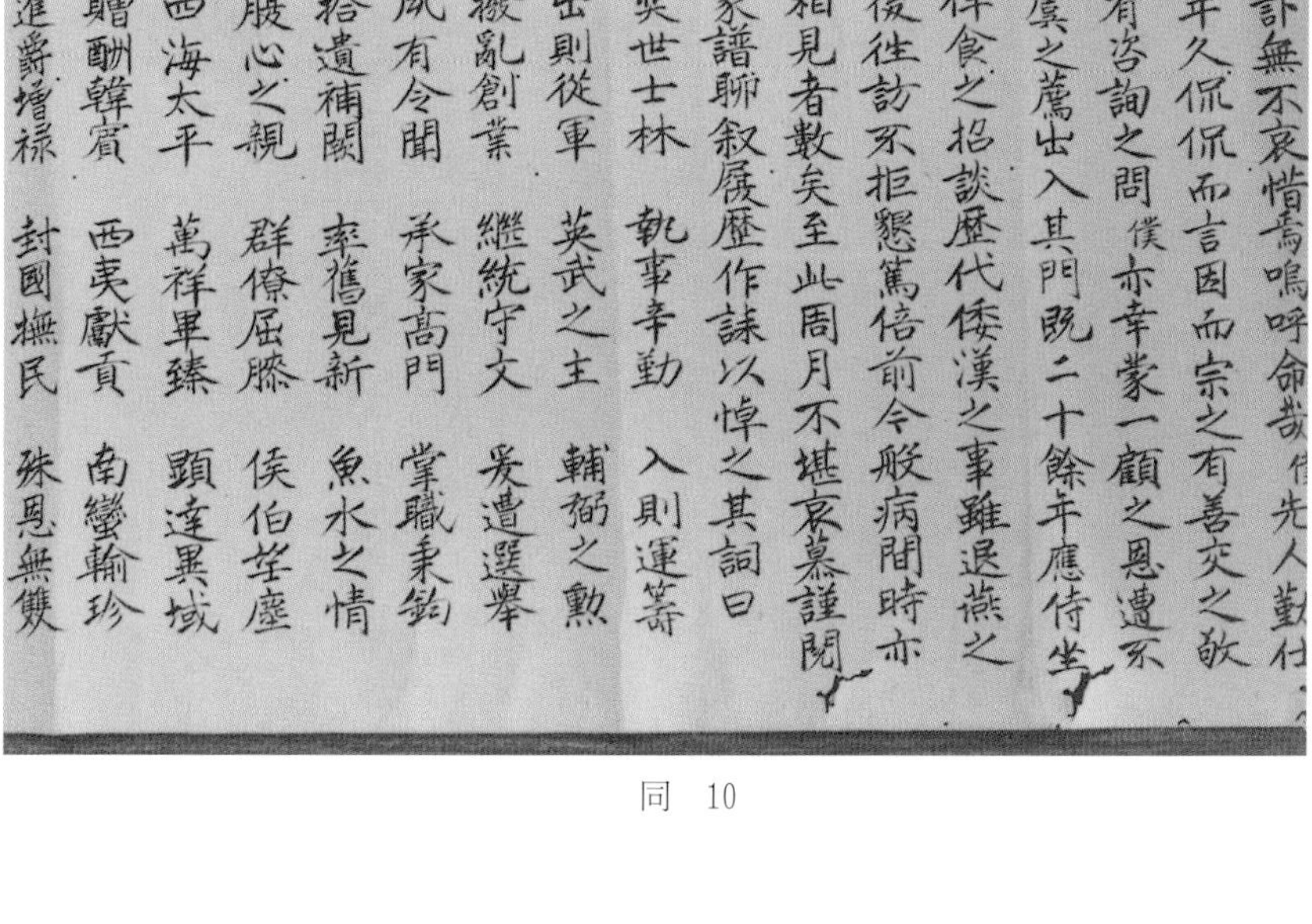
訃無不哀惜焉嗚呼命哉僕先人勤仕
年久侃侃而言因而宗之有善交之敬
有咨詢之問僕亦幸蒙一顧之恩遺不
虞之薦出入其門既二十餘年應侍坐
伴食之招談歷代倭漢之事雖退燕之
後往訪不拒懇篤倍前今般病間時亦
相見者數矣至此周月不堪哀慕謹閲
家譜聊叙履歷作誄以悼之其詞曰
奕世士林　執事辛勤　入則運籌
出則從軍　英武之主　輔弼之勲
撥亂創業　繼統守文　爰遺選擧
夙有令聞　承家高門　掌職秉鈞
拾遺補闕　率舊見新　魚水之情
股心之親　群僚屈膝　侯伯望塵
四海太平　萬祥畢臻　顕達異域
贈酬韓賓　西夷獻貢　南蠻輸珍
進爵增祿　封國撫民　殊恩無雙

同　10

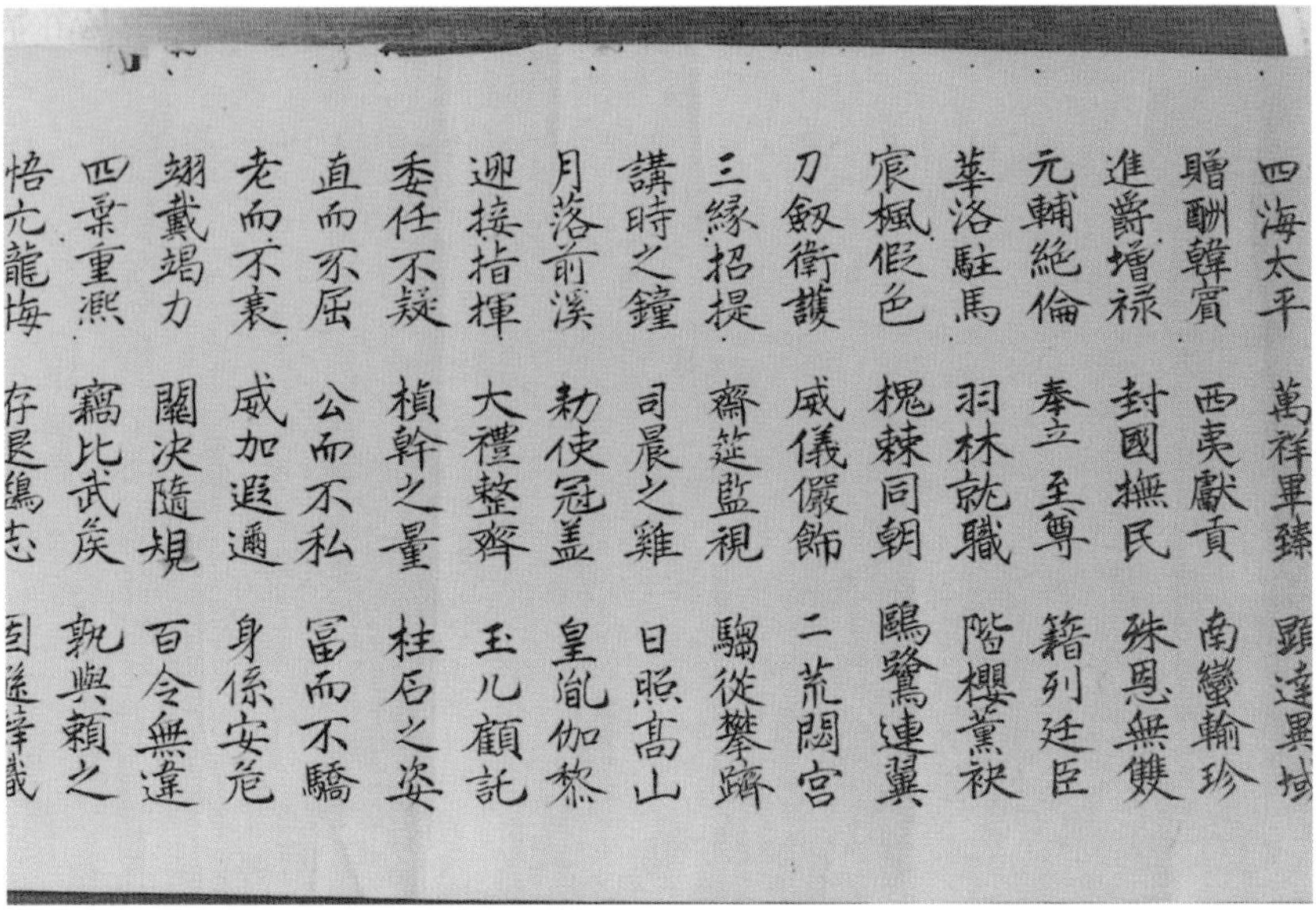
四海太平　萬祥畢臻　顕達異域
贈酬韓賓　西夷獻貢　南蠻輸珍
進爵増禄　封國撫民　殊恩無雙
元輔絶倫　奉立　至尊　籍列廷臣
華洛駐馬　羽林就職　階櫻薫袂
宸楓假色　槐棘同朝　鴎鷺連翼
刀釼衛護　威儀儼飾　二荒閟宮
三縁招提　齋筵監視　騶従攀蹕
講時之鐘　司晨之雞　日照高山
月落前溪　勅使冠蓋　皇胤伽黎
迎接指揮　大禮整斉　玉几顧託
委任不疑　楨幹之量　柱石之姿
直而不屈　公而不私　富而不驕
老而不衰　威加遐邇　身係安危
翊戴竭力　闔決隨規　百令無違
四稟重熈　竊比武侯　孰與頼之
悟亢龍悔　存退鷁志　固遂辞職

同　11

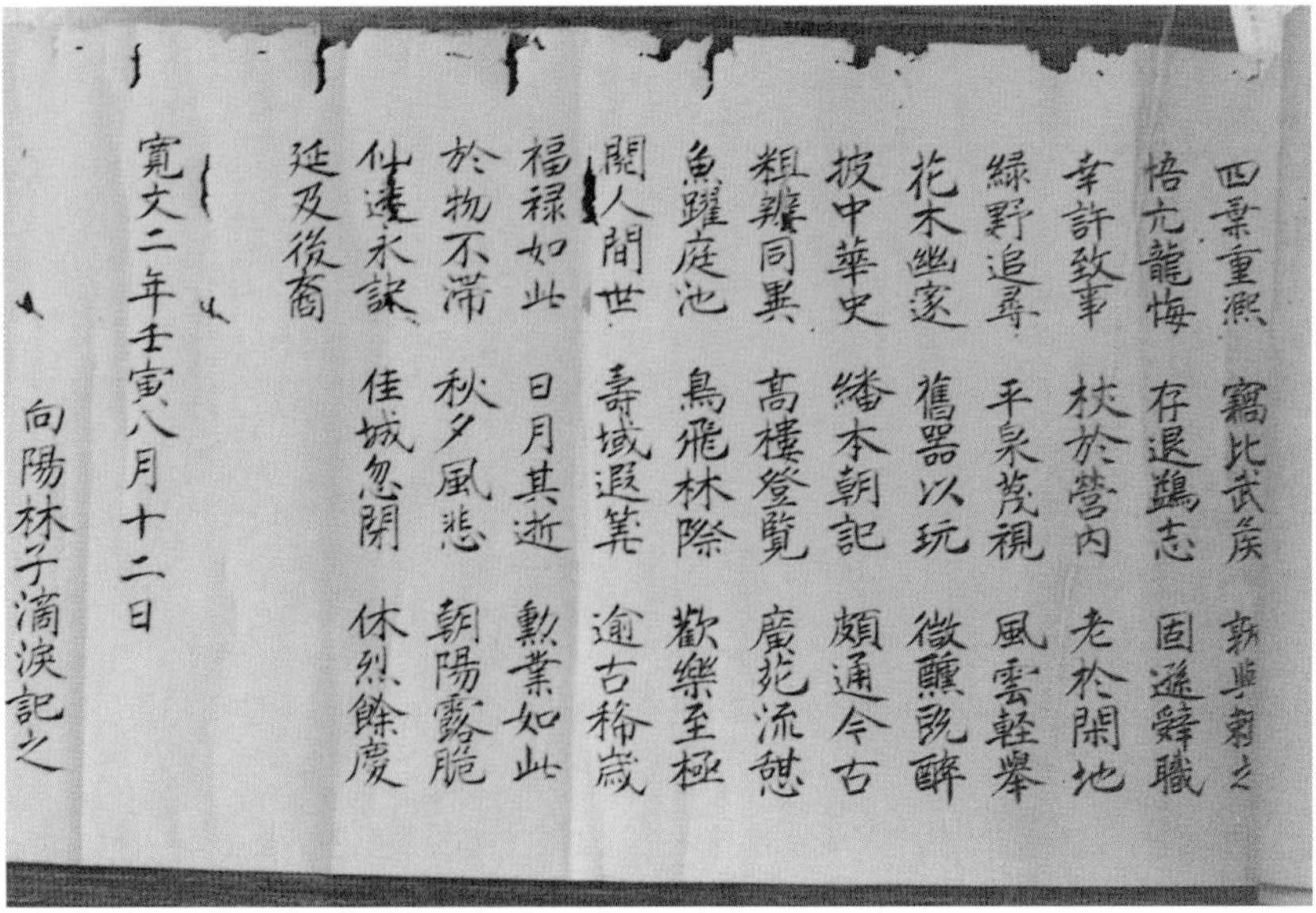
四稟重熈　竊比武侯　孰與頼之
悟亢龍悔　存退鷁志　固遂辞職
幸許致事　杖於營内　老於閑地
緑野追尋　平泉茂視　風雲軽擧
花木幽邃　彝器以玩　徽醸既酔
披中華史　繙本朝記　頗通今古
粗雑同異　高樓登覧　廣苑流憩
魚躍庭池　鳥飛林際　歡樂至極
聞人間世　壽域遐筭　逾古稀歳
福禄如此　日月其逝　勲業如此
於物不滞　秋夕風悲　朝陽露脆
仙遊永訣　佳城忽閉　休烈餘慶
延及後裔
寛文二年壬寅八月十二日
向陽林子滴涙記之

同　12

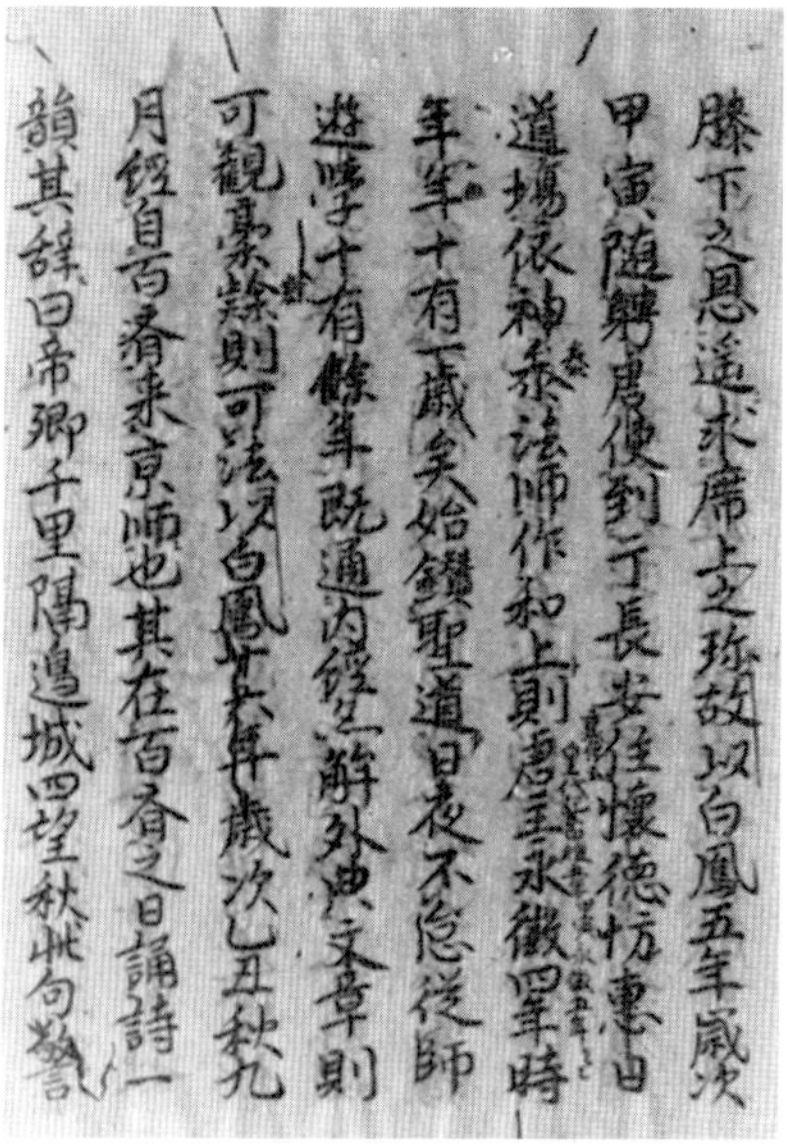

「坊」の誤写・裏付・朱の傍書記載例

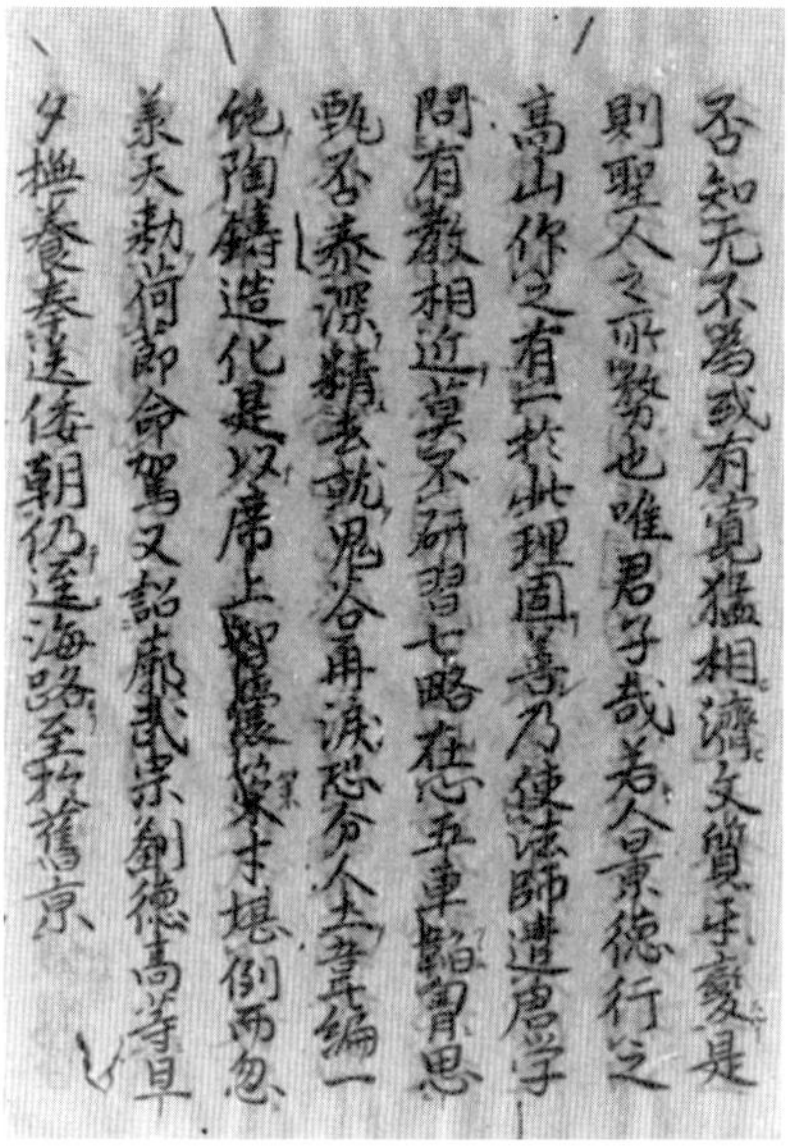

韜の訓・闕字空白の例

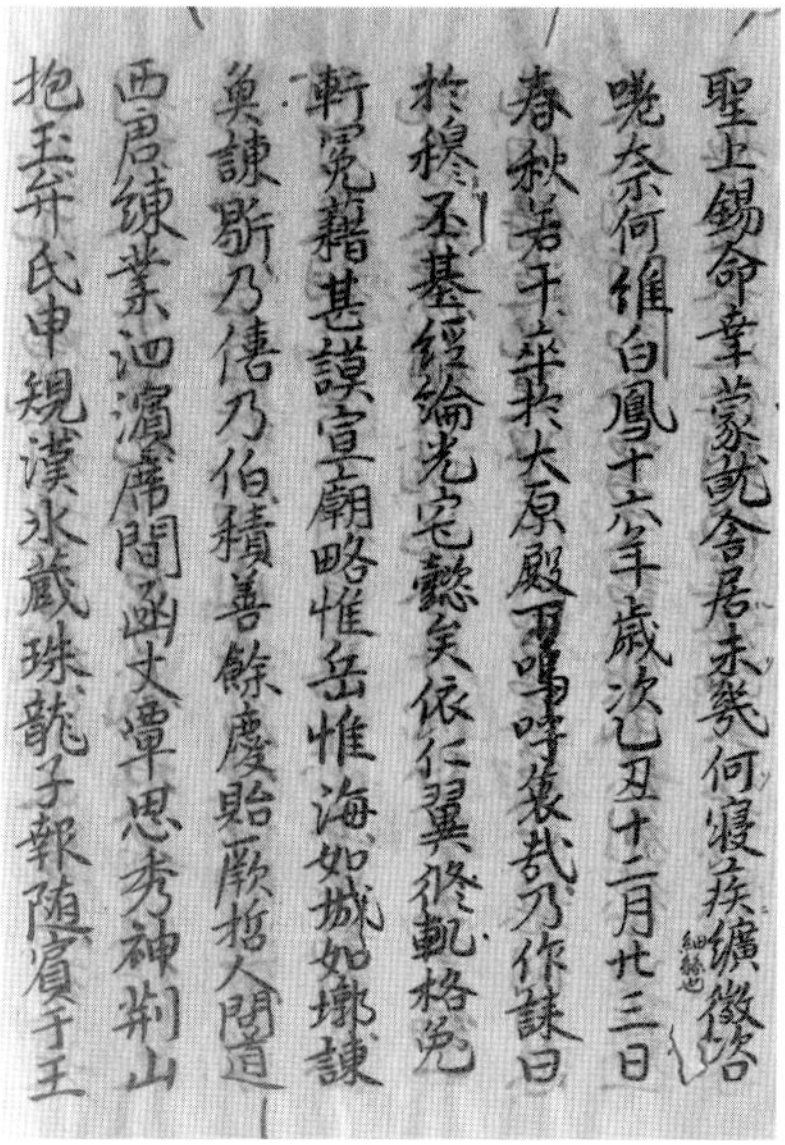

左の傍書・「免」の衍字記載例

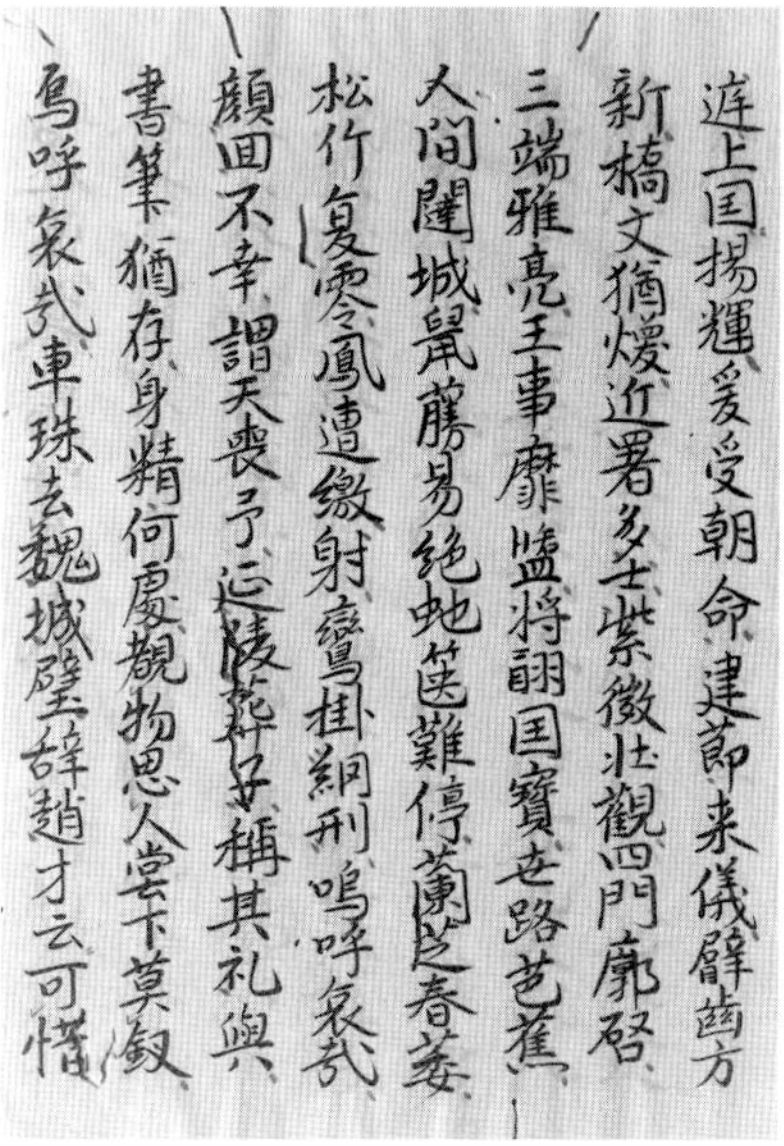

「父」・「落」の誤写記載例

植垣節也氏所蔵平兼誼本（本書443～468頁参照）

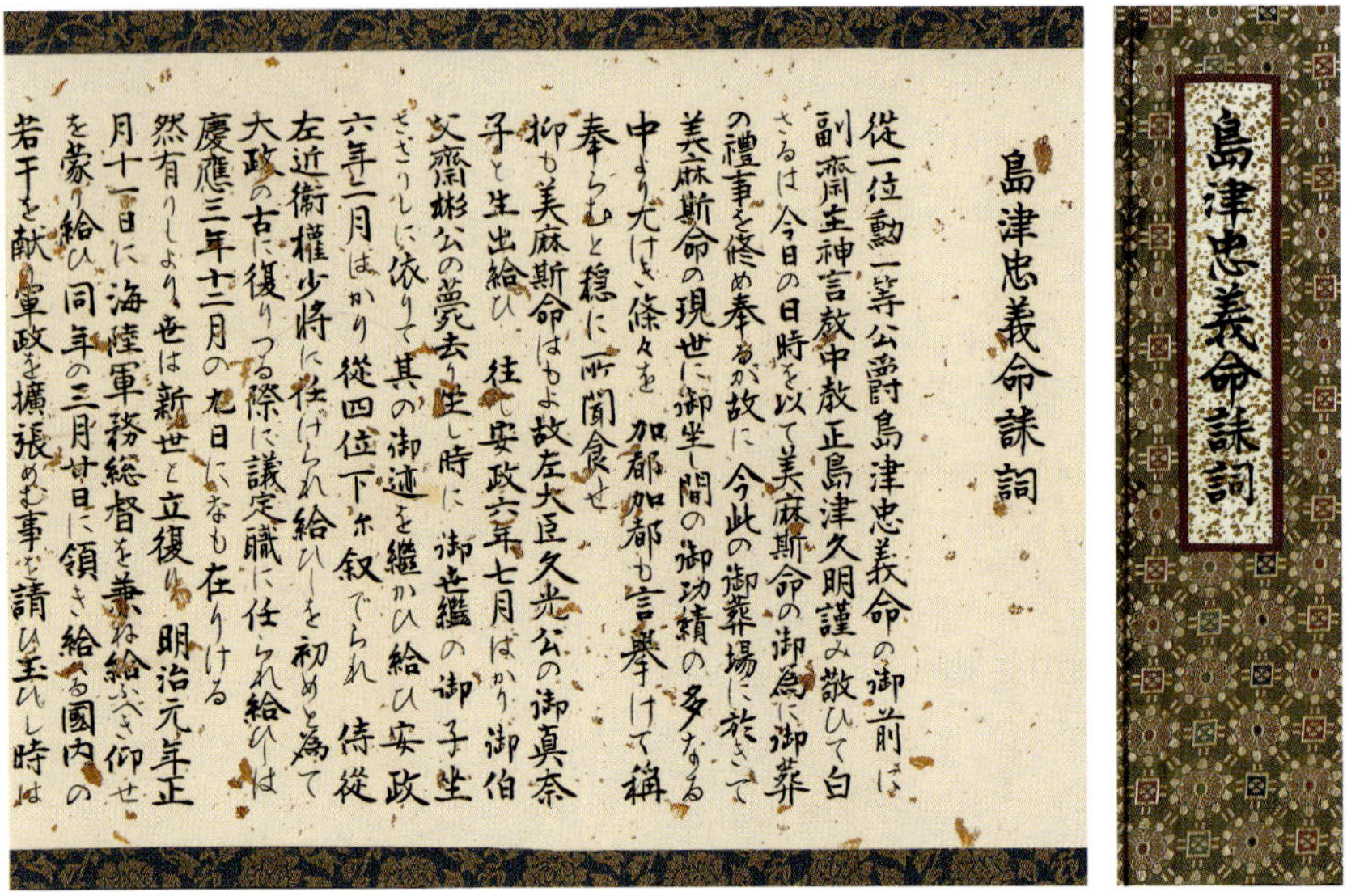
島津忠義命誄詞

島津忠義命誄詞

従一位勲一等公爵島津忠義命の御前は
副斎主神言敎中敎正島津久明謹み敬ひて白
さるは今日の日時を以て美麻斯命の御為に御葬
の禮事を修め奉るが故に今此の御葬場に於きて
美麻斯命の現世に御坐し間の御功績の多なる
中より尤けき條々を 加都加都も言擧けて稱
奉らむと穏に所聞食せ
抑も美麻斯命はもよ故左大臣久光公の御真奈
子と生出給ひ 往し安政六年七月ばかり御伯
父齋彬公の薨去り坐し時に 御世繼の御子坐
さざりしに依りて其の御迹を繼かひ給ひ安政
六年二月ばかり従四位下に叙でられ 侍従
左近衛權少将に任けられ給ひしを初めと為て
大政の古に復りつる際に議定職に任られ給ひしは
慶應三年十二月の九日になも在りける
然有りしより世は新世と立復り 明治元年正
月十一日に海陸軍務総督を兼ね給ふべき仰せ
を蒙り給ひ同年の三月廿日に領き給へる國内の
若干を献り軍政を擴張めむ事を請ひ玉ひし時は

島津忠義命誄詞（本書174～176頁参照） 1

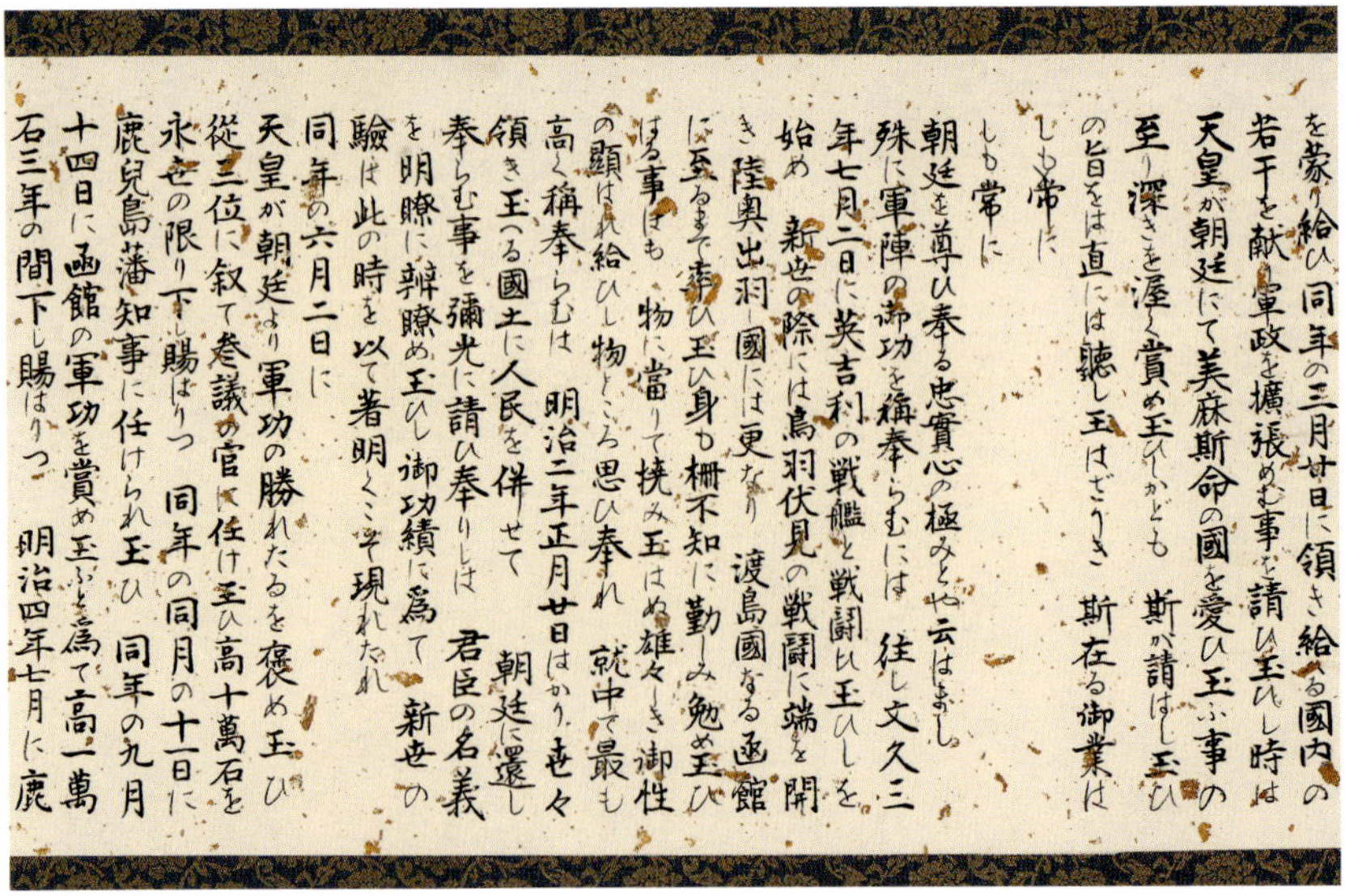
を蒙り給ひ同年の三月廿日に領き給へる國内の
若干を献り軍政を擴張めむ事を請ひ玉ひし時は
天皇が朝廷にて美麻斯命の國を愛ひ玉ふ事の
至り深きを渥く賞め玉ひしかども 斯が請はし玉ひ
の旨をば直には聽し玉はざりき 斯在る御業は
しも常に
朝廷を尊ひ奉る忠實心の極みとや云はまし
殊に軍陣の御功を稱奉らむには 往し文久三
年七月二日に英吉利の戰艦と戰鬪ひ玉ひしを
始め 新世の際には鳥羽伏見の戰鬪に端を開
き陸奥出羽國には更なり 渡島國なる函館
に至るまで率ひ玉ひ身も柵不知に勤しみ勉め玉ひ
ける事は 物に當りて挑み玉はぬ雄々しき御性
の顯はれ給ひし物ところ思ひ奉れ 就中で最も
高く稱奉らむは 明治二年正月廿日ばかり世々
領き玉へる國土に人民を併せて 朝廷に還し
奉らむ事を彌光に請ひ奉りしは 君臣の名義
を明瞭に辨瞭め玉ひし御功績に為て 新世の
驗ば此の時を以て著明くこそ現れたれ
同年の六月二日に
天皇が朝廷より軍功の勝れたるを襃め玉ひ
従三位に叙て参議の官に任け玉ひ高十萬石を
永世の限り下し賜ばりつ 同年の同月の十一日に
鹿兒島藩知事に任けられ玉ひ 同年の九月
十四日に函館の軍功を賞め玉ふと為て高一萬
石三年の間下し賜はりつ 明治四年七月に鹿

同　2

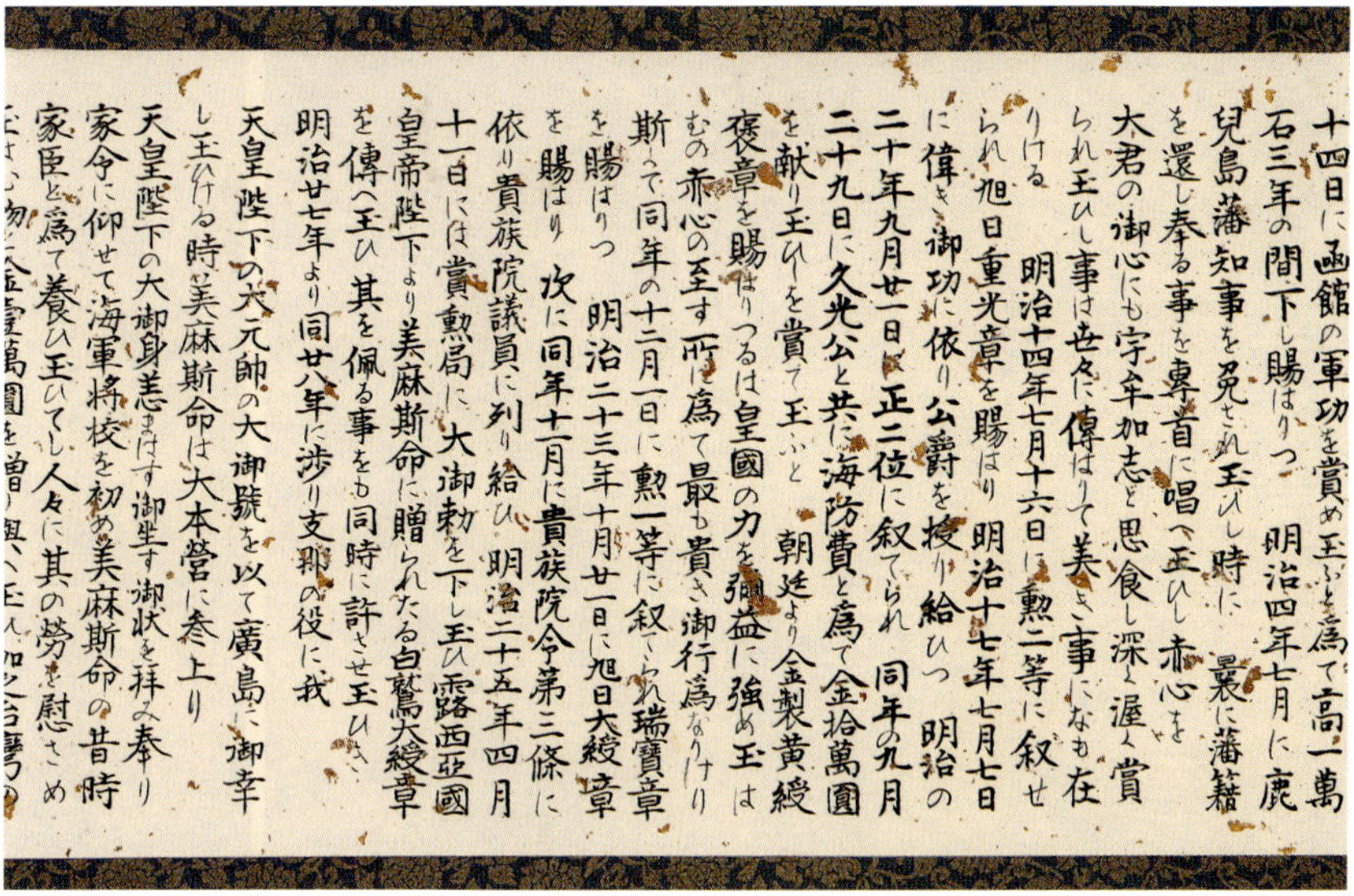
十四日に函館の軍功を賞め玉ふと為て高一萬
石三年の間下し賜はりつ　明治四年七月に鹿
兒島藩知事を免され玉ひし時に　曩に藩籍
を還し奉る事を專首に唱へ玉ひし赤心を
大君の御心にも宇牟加志と思食し深く渥く賞
られ玉ひし事は世々に傳はりて美き事になも在
りける　明治十四年七月十六日に勲二等に叙せ
られ旭日重光章を賜はり　明治十七年七月七日
に偉き御功に依り公爵を授り給ひつ　明治の
二十年九月廿一日に正二位に叙でられ　同年の九月
二十九日に久光公と共に海防費と為て金拾萬圓
を献り玉ひしを賞て玉ふと　朝廷より金製黄綬
褒章を賜はりつるは皇國の力を彌益に強め玉は
むの赤心の至す所に為て最も貴き御行為なりけり
斯って同年の十二月一日に勲一等に叙でられ瑞寶章
を賜はりつ　明治二十三年十月廿一日に旭日大綬章
を賜はり　次に同年十一月に貴族院令第三條に
依り貴族院議員に列り給ひ　明治二十五年四月
十一日には賞勲局に　大御勅を下し玉ひ露西亞國
皇帝陛下より美麻斯命に贈られたる白鷲大綬章
を傳へ玉ひ　其を佩る事をも同時に許させ玉ひき
明治廿七年より同廿八年に渉り支那の役に我
天皇陛下の大元帥の大御號を以て廣島に御幸
し玉ひける時美麻斯命は大本營に參上り
天皇陛下の大御身恙まけす御坐す御状を拜み奉り
家令に仰せて海軍将校を初め美麻斯命の昔時
家臣と為て養ひ玉ひてし人々に其の勞を慰さめ

同　3

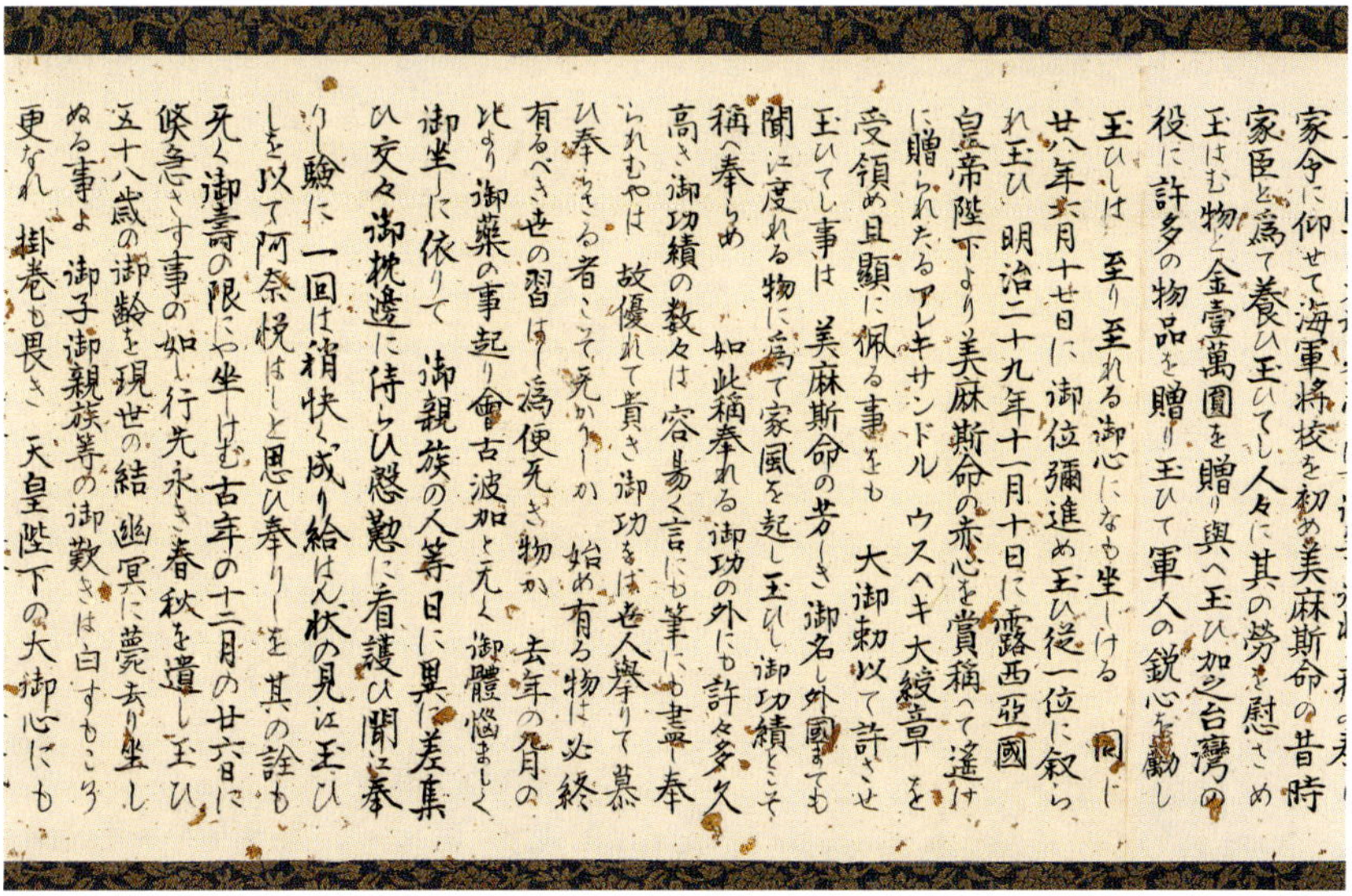
家令に仰せて海軍将校を初め美麻斯命の昔時
家臣と為て養ひ玉ひてし人々に其の勞を慰さめ
玉はむ物と金壹萬圓を贈り與へ玉ひ加之台灣の
役に許多の物品を贈り玉ひて軍人の鋭心を勵し
玉ひしは　至り至れる御心になも坐しける　同じ
廿八年六月十七日に御位彌進め玉ひ從一位に叙ら
れ玉ひ　明治二十九年十一月十日に露西亞國
皇帝陛下より美麻斯命の赤心を賞稱へて遂け
に贈られたるアレキサンドル　ウスヘキ大綬章を
受領め且顯に佩る事をも　大御勅以て許させ
玉ひてし事は　美麻斯命の芳しき御名し外國までも
聞江度れる物に為て家風を起し玉ひし御功績とこそ
稱へ奉らめ　如此稱奉れる御功の外にも許々多久
高き御功績の數々は容易く言にも筆にも盡し奉
られむやは　故優れて貴き御功をは世人擧りて慕
ひ奉らさる者こそ無かりしか　始め有る物は必終
有るべき世の習はし為便無き物か　去年の秋の
比より御藥の事起り會古波加と無く御體惱ましく
御坐しに依りて　御親族の人等日に異に差集
ひ交々御枕邊に侍らひ慇懃に看護ひ聞江奉
りし驗に一回は稍快く成り給はん状の見江玉ひ
しを以て阿奈悦はしと思ひ奉りしを　其の詮も
无く御壽の限にや坐しけむ古年の十二月の廿六日に
倏急さす事の如し行先永き春秋を遺し玉ひ
五十八歳の御齢を現世の結　幽冥に薨去り坐し
ぬる事よ　御子御親族等の御歎きは白すもこさら
更なれ　掛卷も畏き　天皇陛下の大御心にも

同　4

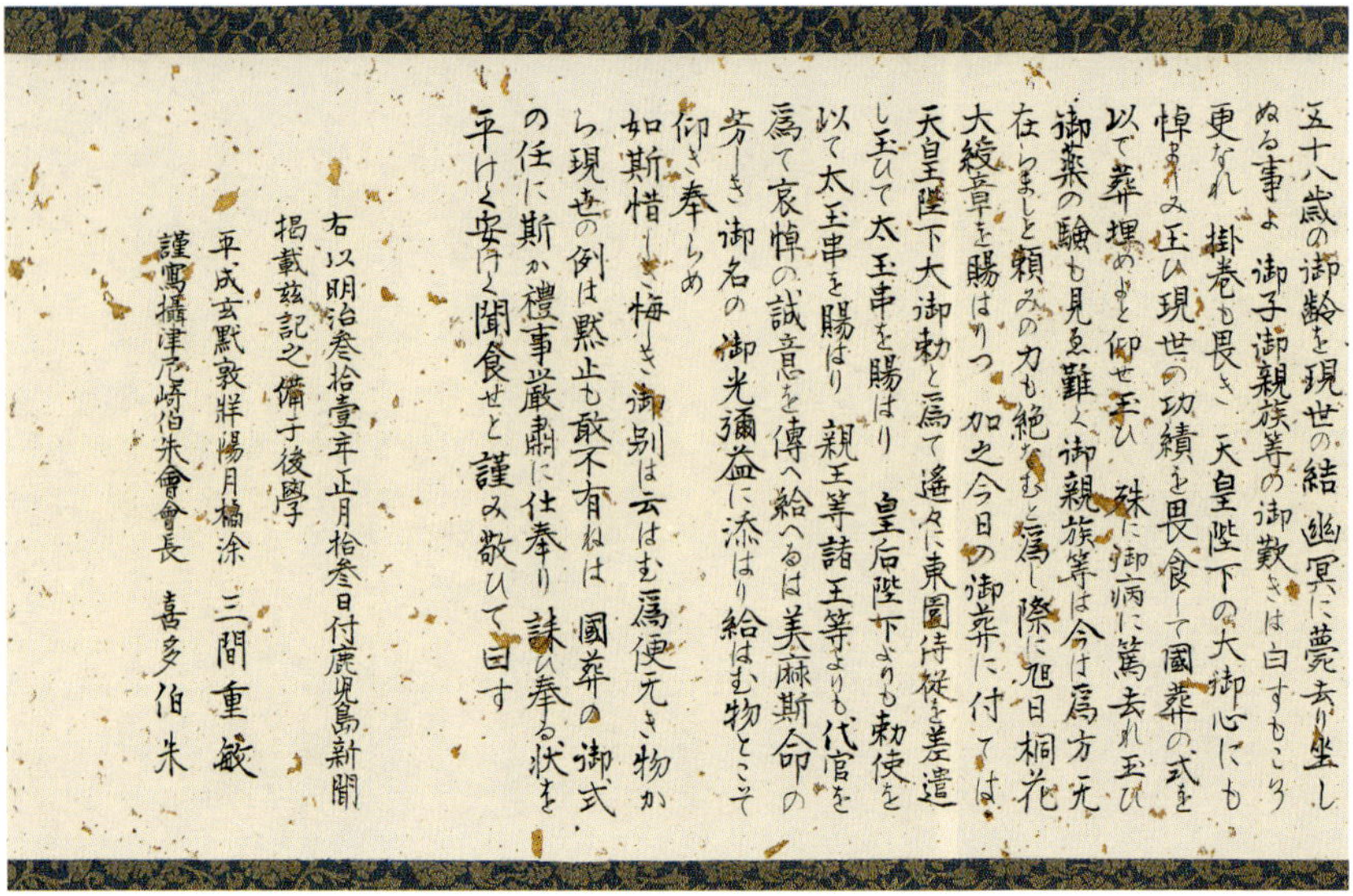
五十八歳の御齢を現世の結 幽冥に薨去り坐し
ぬる事よ 御子御親族等の御歎きは白すもころ
更なれ 掛巻も畏き 天皇陛下の大御心にも
悼ましみ玉ひ現世の功績を畏食して國葬の式を
以て葬埋めよと仰せ玉ひ 殊に御病に篤去れ玉ひ
御藥の験も見え難く御親族等は今は爲方无
在らましと頼みの力も絶なむと爲し際に旭日桐花
大綬章を賜はりつ 加之今日の御葬に付ては
天皇陛下大御勅と爲て遙々に東園侍従を差遣
し玉ひて太玉串を賜はり 皇后陛下よりも勅使を
以て太玉串を賜はり 親王等諸王等よりも代官を
爲て哀悼の誠意を傳へ給へるは美麻斯命の
芳しき御名の御光彌益に添はり給はむ物とこそ
仰ぎ奉らめ
如斯惜しき悔しき御別は云はむ爲便无き物か
ら現世の例は黙止も敢不有ねは 國葬の御式
の任に斯か禮事嚴肅に仕奉り 誄ひ奉る状を
平けく安けく聞食せと 謹み敬ひて白す

右以明治叁拾壹年正月拾叁日付鹿児島新聞
掲載茲記之備于後學
平成玄黙敦牂陽月橘涂 三間重敏
謹寫攝津尼崎伯朱會會長 喜多伯朱

同 5

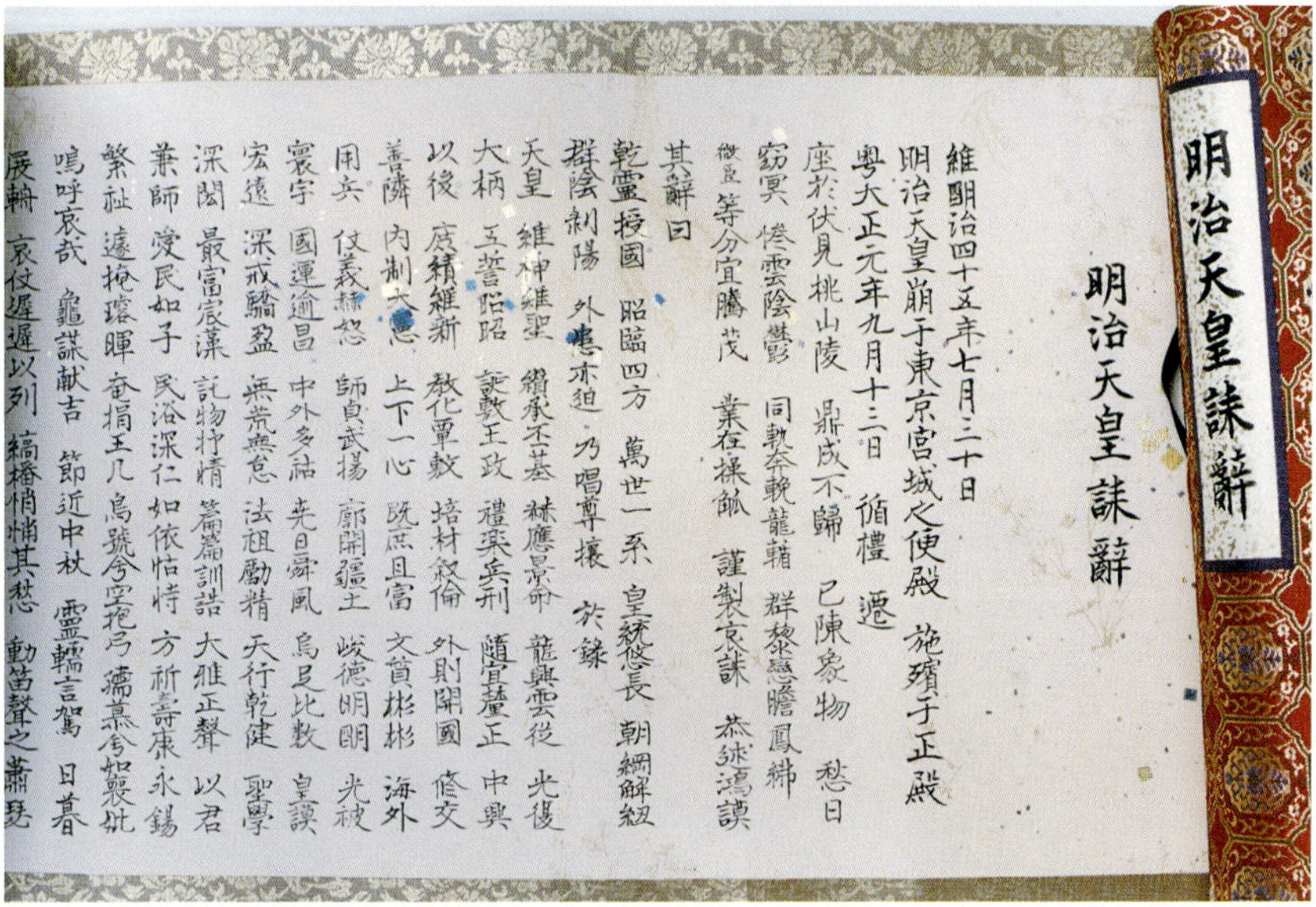

明治天皇誄辞（本書215～216頁参照） 1

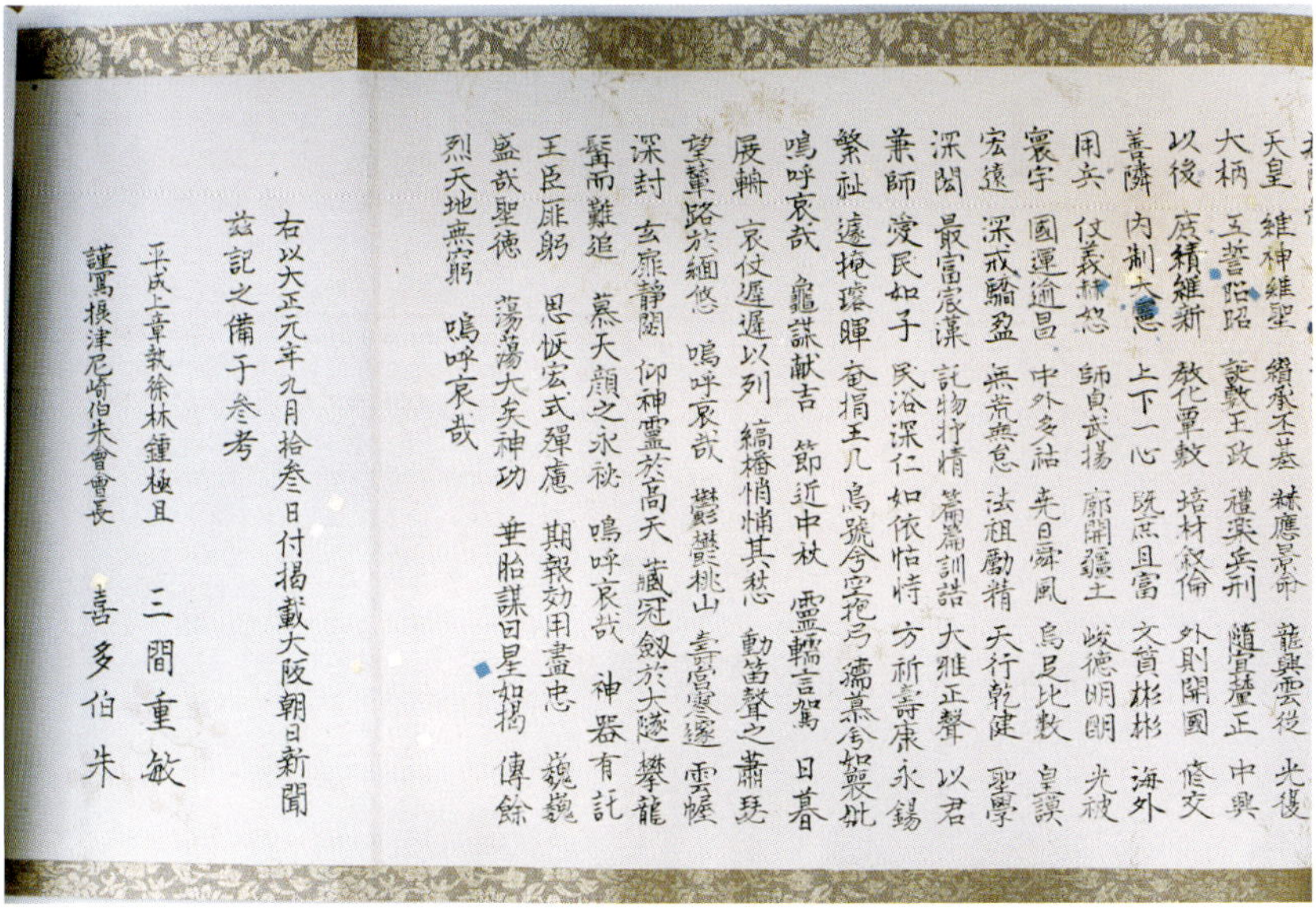

同　2

目次

第一部　史料編

一　古　代

二　近　世

三　近　代

第二部 研究編

凡　例

一　本書は、先ず「誄」を概説した後、凶礼史料の利用を目的とした第一部史料編と、関係史料論文の第二部研究編で構成した。第一部には、古代の貞慧法師誄から平成十二年の香淳皇后御誄までの作品を、時代別に区分し、最後に参考誄文を収めた。

二　明治三十六年二月二十五日の小松宮彰仁親王への勅語以前に用いる、御沙汰書・勅（語）・詔書・宣下状・誄辞（詞）等一様でない名称は、「賜誄」表現に揃え、同年六月十三日の池田章政への御沙汰以後に用いる御沙汰書の名称は、「御沙汰（書）」表現に統一した。

三　表題には通称を改めたものもある。

例⑴貞慧伝↓貞慧法師誄

⑵空也誄↓空也上人誄

⑶致仕国老故大中大夫羽林次将前若狭国主酒井叟誄↓空印公誄　等

四　各作品は正文と解題に一部読み下し・校異をつけ、賜誄と御沙汰（書）には官位・官職・勲位・爵位を付した。

五　正文は、古代では『国史大系』本、『岩波日本古典文学大系』本に、近世では林鵞峰・松尾芭蕉・卜幽軒・柴野栗山等の個人文集に、近代では『官報』と『明治天皇紀』（吉川弘文館・昭和四十三―五十年刊）に、現代では渡辺亨・武田政一共編『最新祝詞作例文範』（第一書房・昭和六十年刊）、同書補遺、桜井勝之進・加藤隆久・金子義光・奥山芳広編『現代諸祭祝詞大宝典』（国書刊行会・昭和六十三年刊）、加藤隆久編

『神葬祭大事典』（戒光祥出版・平成九年刊）等に依拠した。

六　解題には、作者・被贈誄者の略履歴と事迹を『日本人名大事典』（平凡社刊）、『国史大辞典』に依拠して記し、作品の説明・出典・参考文献を付した（一部を省略）。

七　正文の通番号は、巻末の誄作品年表と対照に便なるようアラビア数字を用いた。

八　戦後の「おことば（勅宣追悼文）」は公開された作品のみを収めた。

九　研究編中の正文は、史料編と重複するため貞慧法師誄を除き省略した。

概　説

一　誄の基礎的理解

儀礼文の誄とは、西周の凶礼文化における「誄謚の制」の関係を以て、中国社会の葬儀に影響を及ぼした故人に贈る口誦である。天平神護二年正月甲子条の宣命詔「志乃比己止乃書」が倭訓例として残る。文学の第一と位置づけられる詩の韻文体についで、口誦から文辞化をみた誄は、広義の哀辞の範疇における一文体としての命脈を保ち、知識人の文学活動の一翼を担う。文体として序文・本文の形式を誄が備えるのは、王莽（前四五～二三）の「新」政権が成立した直後の元后誄を嚆矢とする。「新」が滅びて二百年に及ぶ長期政権の後漢時代になると、厚葬に随伴する碑文の流行と相俟ち、贈謚の必要上誄の制作が盛んとなる。

詩・賦・銘にまじって誄は、韻文の形式を採るところから「文」と位置づけられ、

　其詩、賦、銘、誄、言有定数、韻無盈縮、必不得犯。

と空海が詩を解読する正格法[1]と同じく、「言」に一定の数を保ち韻に盈縮の乱れのない手法採用の文体を構成する。後漢の蘇順・崔瑗が、序文の伝体と本文の頌体に論理的な分析に加え美しいリズムを残す叙述を示して、革新的な誄の文体を作りあげる[2]。本文に比べ序文の叙述が少なかった三国時代を歴て、晋朝時代に修辞の手が加えられて、序文の発達をみた[3]。

誄解釈の基本的な第一条件は、誄の原義が、

(一)　神への幸福希求の祈り

(二)　幸福を啓示される為の勲功表彰

であったことである。[4]その原義が薄れるのは、平王の洛邑遷都以後、悲傷性の色濃い死者への哀悼文として、従軍戦士への顕彰に力点が置かれるようになってからである。元来誄は大夫以上の貴族の送葬儀礼に謚と共に贈る儀礼文であって、他の哀辞にみられない貴族特権の性質をもつ。

第二の条件は、故人の生前における行迹を累ね連ねることである。魯の荘公が乗丘の戦いで部下の死に誄を作ってから、貴族の特典・名誉を表す誄が士分階級にも適用され、西晋の潘岳（二四七—三〇〇）作馬汧督誄の序に活用され対象枠が拡大してゆく。

第三の条件は、葬儀参列者に深い感銘を与える「哀しみ」を陳べることである。その慣用句が魯の哀公作孔子誄の「嗚呼哀哉」である。この哀辞句は劉勰に「雖レ非二叡作一、古式存焉」と評される。

第四の条件は、故人の過去を素直に示す「尚実」性を失わないことである。漢魏革命を実現した魏の曹丕は「銘誄尚レ実」と述べて[5]文学史上最初に誄の本質を明確にした。

第五の条件は、年齢・性別・身分上の制限から「賤不レ誄レ貴、幼不レ誄レ長」の鉄則がある。『礼記』巻七、曾子問に「賤不誄貴、幼不誄長、礼也」とみえ、晋の左貴嬪は「賤」を「卑」に「貴」を「尊」に「幼」を「少」に代えて用いている。[6]

第六の条件は、凶礼の公的葬儀に欠かせない謚法に基づく「謚」を併用することである。手近に謚法を知るには『逸周書』の謚法解を見るとよい。謚を欠いた贈誄がないことから、誄を欠いた贈謚は認められないと言える。西周の封建制度は礼法で成り立ち、贈誄は五礼の一つ凶礼の「誄謚の制」を遵守することにある。礼制の不改常典ともい

える誄謚制は東周時代に乱れを生じた。その好例が柳下恵の妻が夫に贈った私誄である。[7]

後漢時代の厚葬から生じた誄の競作は、複数の誄作者を生み出す。その事例に杜篤の大司馬呉漢誄が挙げられる。獄中の杜篤の呉漢誄が競作の文士連を出し抜いて優秀作品として光武帝の目にとまり、面目をほどこした逸話は誄史上有名である。押韻のために字句の倒置手法を以て、杜篤は麻・庚・青の三韻で構成する頌を作った。[8] 榎本福寿氏は複数の誄創作は儀礼上杜篤の事例の他所見がないと言われる。[9] が必ずしもそうとは言いきれない。桓温の参謀司徒左長史郗超葬儀には、貴賤併せて四十人の誄作が寄せられたし、[10] 北魏の太和四年（四八〇）病没の王叡葬儀には、哀詞作者と誄作者の文士が百余人も居た、[11] という。北魏における誄作の盛況に随伴して、若い文人の活動が促される。太和二十年（四九六）、二十歳で季父の逝去に遭った李仲尚は司空沖誄を作っている。[12]

一方、北朝に劣らず南梁では十五歳の曲江幾が楊平南誄を作り、文壇の大御所沈約の目にとまった、[13] という。六朝初期の三世紀末、晋朝文壇界において、元楊皇后誄や万年公主誄を作った左貴嬪の有名女流文人ではないが、魏大傅鍾繇の曾孫鍾琰之の活動がみられる。琰之は司徒王渾の妻となったが、才媛の名高く自作の詩・賦・頌・誄等の韻文作品は世間で読まれている、[14] という。晋文壇界では琰之ほどではないが、劉処士参の妻が詠んだ夫誄四言八句が今日残っている。[15] 女流文人の誄作は男性文士ほど目立った華やかな活動でない。しかし六朝における哀辞文学の底流として、男性に追随して脈々と続いているのである。とりわけ、劉孝綽の三人の妹は共に才学があり、孝綽の一族七十人中東海の徐悱の妻となった女性の夫に贈る祭文が、一際悽愴に富む秀作であった、[16] という。青年文士や女流文人による誄作の盛行は、やがて誄の基調を徐々にゆがめてゆく。所謂、格調を高く保った幼不誄長の理念が東晋時代にはやくも混乱を齎したからである。

清の兪樾が潘岳の楊荊州誄を引合にして、

知㆔幼之可㆓以誄㆑長（『賓萌外集』巻四）

と指摘する背景には、誄作条件が変化していることを窺えよう。その変化過程で、正格法として守られてきた頌の四言句表現は、四六駢儷体を導入する修辞の発達が南朝晋にみられ、また脱俗界で有名な僧に贈る法師誄制作(17)が晋宋時代に盛んになる。

法師誄が成立する条件を、最初の作品支遁誄に当てはめると大凡の事情が摑める。支遁は東晋の哀帝に招かれて宮中において仏法を説く僧となる。碩学の支遁は政界の実力者謝安との親交を深め、書に堪能な王羲之と交際する隷書家でもある。彼は老荘に明るい知識を兼ね備え、高潔な信条の持主だったので俗界・脱俗界の接点に立つ君臨者でもあった。謂わば皇帝も崇敬する貴人となった。その入滅に、俗界の葬礼をとりこんで法師誄が献上されてくる。法師誄は限られた高貴の僧にのみ贈られる格式高い作品として成立をみる。それは俗界にみられる女流文人の誄作と併行して、五世紀に入ると高僧の輩出と共にみられるのである。これを示したのが別掲一覧表(17)である。

ここで丘道護の道士支曇諦誄をはじめとして、釈僧肇の鳩摩羅什法師誄や謝霊運の廬山慧遠法師誄・曇隆法師誄など一連の法師誄は、頑なに頌の正格体である四言統一の手法を守る。その基調が崩れるのは、五世紀中葉に入ってであり、釈慧琳の作品から四言と六言の併用が実はみられる(18)。鳩摩羅什門下の四聖の一人、道生の人となり(19)を慕う釈慧琳は龍光寺竺道生法師誄の序で「魯連之屈」を表現する。唐の李瀚著『蒙求』巻三には、『史記』を引いて魯仲達が敬愛する鮑焦を模範とした道を志す生き方を扱っている。また張暢は崇拝する教法師に若耶山敬法師誄を作り、称えるに「諸行難レ常、哲人薪尽ミ」と言った。見識に秀れ道理に明らかな哲人の言葉を用いる。「魯連」といい、「哲人」といい、仁徳者の生き方の模範用語に高僧を当てる。世に名を残す人物を法師誄に重ね合わすのが高僧に対する傾向としてあるらしい。

一体、大陸文化の影響を考えると、本邦の誄作には漢詩制作にみられる様な華やかさがない。現在知られる大陸の誄作品が四百点を超える(20)のに比べ、わが国のそれは和文体の祝詞誄及び勅令時代下にみられる賜与の誄と含めて百六十点を満たしていない。

註

1 『文鏡秘府論』西巻、文筆十病得失に引用する文筆式。
2 劉勰の『文心雕龍』巻三、誄碑に「孝山崔瑗、辨絜相参、観㆓其序事㆒如㆑伝、辞靡㆓律調㆒、固誄之才也」とある。
3 『文選』巻五七、潘岳の馬汧督誄序文は、故事・策書を採り、本文に匹敵する叙述量をもつ。
4 拙稿「誄の概説―哀辞研究序説―」（兵庫県立伊丹北高等学校紀要『鴻志』三号）。
5 『文選』巻五二、魏文帝の『典論論文一首』。
6 『芸文類聚』巻一五、后妃部、上元皇后誄表。拙稿「続・誄の概説」（『鴻志』四号）。
7 『芸文類聚』巻三七、『列女伝』巻二、『皇覇文紀』巻五、『古今文鈔』巻一〇〇等に「夫誄」を載せる。
8 拙稿「杜篤の大司馬呉漢誄」（『まむしの愚痴』第一巻所収「中国誄の研究ノート」、金子商店・平成十一年刊）。
9 「誄の受容」（『日本文学論究』第三五冊・国学院大学国語国文学会）。
10 『世説新語』巻下、傷逝篇、郗嘉賓伝注所引『中興書』。
11 『魏書』巻九三、王叡伝に「王叡薨、時年四十八。内侍長董醜奴営㆓墳墓㆒、将㆑葬㆓於城東㆒、高祖登㆓城楼㆒以望㆑之。京都文士、為㆓作哀詞及誄㆒者、百余人」とある。
12 『魏書』巻三九、李宝伝に「仲尚、儀貌甚美。少以㆓文学㆒知㆑名。二十著㆓前漢功臣序讃及季父司空沖誄㆒」とある。
13 『南史』巻四一、曲江幾伝に「幾、好㆑学善㆓草隷書㆒、湘州刺史楊公則、曲江公故吏也。毎見㆑幾謂㆑人曰、康㆑公此子、可㆑謂㆓桓霊宝㆒重㆑出。及㆓公則卒㆒、為㆓之誄㆒。時年十五。沈約見而奇㆑之、謂㆓其舅蔡撙㆒曰、昨見㆓賢甥楊平南誄文㆒、不㆑滅㆓希逸之作㆒」とある。
14 『世説新語』巻下、賢媛篇に「王司徒婦、鐘氏女、太傅曾孫、亦有㆓俊才女徳㆒〈婦人集曰、夫人有㆓文才㆒。其詩・賦・頌・誄、行㆓於世㆒〉」とみえる。

15　『芸文類聚』巻三七、隠逸下。拙稿「女流文人の活動」（「続・誄の概説」所収、『鴻志』四号）。

16　『梁書』巻三三、劉孝綽伝に「東海徐悱、有二才学一、悱妻文尤清抜。悱、僕射徐勉子、卒、喪還二京師一、妻為二祭文一、辞甚悽愴」とある。

17　晋宋斉唐朝法師誄作品一覧表

No.	王朝	作者	作品	干支	成立年	西暦	出典
1	東晋	周曇	（道士）支遁誄	丙寅	太和　一	三六六	高僧伝巻四支遁伝・文欠
2		兵道護	道士支曇諦誄	辛亥	義熙　七	四一一	広弘明集巻二三・釈文紀巻五
3		釈僧肇	鳩摩羅什法師誄	癸丑	〃　九	四一三	広弘明集巻二三・釈文紀巻一〇
4		謝霊運	廬山慧遠法師誄	丁巳	〃　十三	四一七	広弘明集巻二三・釈文紀巻一二
5	宋	〃	曇隆法師誄	？	元徽（嘉）中	四三三以前	広弘明集巻二三・釈文紀巻一二・南北朝文鈔巻下・高僧伝巻七僧鏡伝（文欠）
6		釈慧琳	龍光寺竺道生法師誄	甲戌	元嘉十一	四三四	広弘明集巻二三・釈文紀巻一六
7		〃	武丘法綱法師誄	〃	〃	〃	広弘明集巻二三・釈文紀巻一六
8		釈慧静	諸法師誄	？	元嘉中？	四二四—？	高僧伝巻七慧静伝・文欠
9		張敷	釈僧詮誄	？	？	？	高僧伝巻七僧詮伝・文欠
10		張暢	若耶山敬法師誄	？	？	？	広弘明集巻二三・釈文紀巻一五
11	南斉	盧江何胤	釈慧基誄	丙子	建武　三	四九六	高僧伝巻八慧基伝・文欠
12		釈慧琳	新安寺釈玄運法師誄	丁丑	〃　四	四九七	広弘明集巻二三・釈文紀巻一九
13	唐	劉子翼	釈法恭誄	庚子	貞観十四	六四〇	続高僧伝巻一四法恭伝・文欠
14		徴士盧鴻	釈神秀誄（大通禅師誄）	丙午	神龍　二	七〇六	宋高僧伝巻八神秀伝・文欠
15		呉越国王銭氏	釈堪然誄	壬戌	建中　三	七八二	宋高僧伝巻六堪然伝・文欠
16		作者不明	釈蔵奐誄	丙戌	咸通　七	八六六	宋高僧伝巻一二蔵奐伝・文欠

18　平成元年六月五日、園田学園国文研究室で開かれた上代文献を読む会（一八四回）にて発表した「法師誄の盛行と終焉」。

19　『東洋学術研究』二四巻一号、「鳩摩羅什を語る（5）」に、聞き手松本和夫氏が道生について「この人は竺姓で呼ばれたりしていますが、天竺の人ではなく、もともと漢人です。姓は魏氏、鉅鹿（河北省）の人で彭城に寓居し、幼少の頃から聡明で、竺法汰について出家しました。「竺の道生」と称せられるのは、この師姓をとっているからです」とある。

20　東周より明朝までが二百二十七点確認できる（拙稿「凶礼文化の誄・哀策をめぐって」『神港紀要』六号）。清朝作品は百七十点知られる（拙稿「清朝の誄寸考」（「誄の概説補遺」所収、『鴻志』六号））。中華民国時代の作品十点が知られる。その一つ黄樹烱君誄を「歴史と金石文—祭文を中心として」と題して『兵庫史学研究』三三号に発表した。

二　古代の中文体誄

わが国の誄を大別すると皇室誄と非皇室誄に分かれ、表記上は中文体と漢字及び仮名混淆表現体に類別できる。古代の誄作品三点中の一点は奈良朝天平宝字年間（七五七—六五）成立とみられる作者不明で表題を欠く貞慧誄である。残る二点中一点は平安朝十世紀後葉成立の源為憲作空也誄[1]で、一点は作者不明の空山上人誄（表題のみ『朝野群載』巻一の目録に残る）である。三者の共通点は僧に贈られた作品であり、貞慧誄・空也誄ともに畏敬僧を顕彰する大陸で盛行をみた法師誄の範疇に属する。

貞慧誄は『鎌足伝』に付載されたため家伝と誤解され、『貞慧伝』の通称をもつ。この作者不明通称『貞慧伝』が文体上の「誄」であることは、

序（伝記文）

⑴名前・性格描写　⑵入唐以前の説明　⑶渡唐記事・年齢　⑷在唐十二年間中の業績　⑸帰朝年月　⑹英才学問僧を示すエピソード・短命に終わる原因　⑺入滅年月日・場所・年齢　⑻高麗僧道賢作の誄文

本文（四言句）

陌・薬・真・支・翰・寒・豪・皓・青・語の換韻順序をふむ

の構成を示す故に知られる。大陸の誄との比較を示すことで家伝と異なる文体であることを先に明らかにした。[2] 家伝は頌を伴う韻文でない。この点を劉勰が、司馬遷の文章を見れば、班固の手法が理解でき、「賛」と「序」は規模大で美しく味わいがあるという[3]。これは、空海が『文鏡秘府論』西巻、文筆十病得失の中で引く『文筆式』に、

文者、詩・賦・銘・頌・箴・讃・弔・誄等是也。筆者、詔・策・移・檄・章・奏・書・啓等也。即而言レ之、韻者為レ文、非レ韻者為レ筆。文以二両句一而会、筆以二四句一而成。……体既不レ同。

とある記述によって知られる。出家した僧に家伝を作成させ官への撰進を規定した法文はない[4]。従って家伝撰進は世俗社会において貴族となった功臣に対して命じた規制である。このことからも所謂『貞慧伝』の存在はあり得ない。ここで決定的な論拠として従来顧みられなかった『家伝巻上』の末句を熟視する必要がある。

今在二別巻一、有二子貞慧・史一。々別有レ伝。

この記述には、「々」を「倶」と誤写した系統の彰考館文庫一本・群書類従本があり、内閣文庫蔵板本があり、『改定史籍集覧』・『寧楽遺文』がある。旧伏見宮家本や国立国会図書館本・植垣節也氏蔵本・水戸彰考館本・山内文庫本等は、「々」の古体を残すが貞慧の伝を『鎌足伝』の連綴とする。諸写本中善本とされる伏見宮家本の「々」を注目すれば、『鎌足伝』と『史伝』が天平宝字四年（七六〇）頃に成立した事実が知られ、また『貞慧伝』の存在を否定する証となっても成立していた証拠にはならない。従って『鎌足伝』に付載する通称『貞慧伝』は、『鎌足伝』成立頃の『貞慧伝』ではあり得なくなる。この点から通称『貞慧伝』が伝記と見なされない理由を知る。ということは、

『鎌足伝』の付載伝と理解するのは論外となる。それでも猶通称『貞慧伝』を誄と解されない向きには初歩的な文体論における「序」の伝体文と本文の「頌」を峻別する序の慣用末句[5]の「乃作誄曰」に注目する必要があろう。揚雄著す元后誄[6]は序文成立の初期作品で、伝体部分に該当する序が、

　新室文母太后崩。天下哀痛、号哭涕泗、思二慕功徳一、咸上レ柩誄レ之銘曰、

の二六字から成る。誄序は時代の推移に随伴して成長を遂げ、元后誄成立の三十年後、獄中で大司馬呉漢誄[7]を作った杜篤、半世紀を経た永平七年（六四）傅毅作の北海王誄[8]には、元后誄になかった薨年が冒頭に加わる。対句の修辞を連ねる序文中には、

　永平七年、北海静王薨。於レ是……於斯為レ栄、乃作誄曰、

とみえる。呉漢誄序文末句の「乃作誄曰」表現には、篤の意思を反映させて、

　篤以為（尭隆二稷契一、舜嘉二皐陶一。（伊尹佐レ殷、呂尚翼レ周。（若レ此五臣、功無レ与レ疇、今漢呉公、追而六レ之。

と詠んで「乃作誄曰」の序で結ぶ。何分にも呉漢誄を収載する『芸文類聚』は省略手法を屢々見せるの[9]で、多分冒頭句は、

　建武二十年五月辛亥、大司馬呉漢薨。

の表現を残していたであろう。呉漢誄が作られてから、杜篤の手法が徐々に誄作品中に反映してくる。

元后誄序末句表現は、後漢蘇順の和帝誄[10]では、

　乃作二銘章一。其辞曰

と「銘」を残す。「作銘章」を「誄之」に代えれば、卜胤の堂邑令費君誄[11]の、

　卜胤追而誄之、其辞曰

となるし、宋顔延之の陽給事誄[12]の、

　而為二之誄一、其辞曰

となる。また陽給事誄を凝縮すれば、後漢蔡邕の済北相崔君夫人誄[13]の、

　其叙二赫姿一、乃為レ誄曰

にまで遡れる。「為」を同義の「作」に代えると杜篤の手法に同じとなる。

僧侶作と思われる貞慧誄が六朝の五世紀における法師誄の影響下にあることは、先ず疑えない。法師誄については、前節で「作品の一覧表」を示したが、序文の各スタイルについては触れなかった。ここで高僧に贈られた誄の「序」を示そう。

1援二弱毫一而舒レ情、播二清暉一乎無レ窮。乃作レ誄曰（支曇諦誄[14]）。
2罔極之感、人百二其懐一。乃為レ誄曰（鳩摩羅什法師誄[15]）。
3有レ始斯終、千載垂レ光。嗚呼哀哉。乃為レ誄曰（廬山慧遠法師誄[16]）。
4故投レ懐援レ筆、其辞曰（曇隆法師誄[17]）。
5命二尽山麓一、非レ興二寰畿一。嗚呼哀哉（龍光寺竺道生法師誄[18]）。
6致二尽川征一、帰二骨曽邸一。嗚呼哀哉。誄曰（武丘法綱法師誄[19]）。
7心之憂矣、涙合無レ開、嗚呼哀哉。乃為誄曰（若耶山敬法師誄[20]）。
8慕レ題二往迹行実浮言一、廼作レ誄曰（新安寺釈玄運法師誄[21]）。

1は杜篤のスタイルを、2・3・7は蔡邕のスタイルを、8は1の「乃」を同義の「廼」に改めた表現の派生句、6は「乃（廼）作（為）」を略した最も簡単な誄序を示す。誄表題を欠けば誄か哀辞か識別できない誄序事例に当たる。

いま法師誄から簡単な誄序表現を図示すると、

乃作誄曰〈乃為誄曰／廼作誄曰〉誄曰

となり、この表現は法師誄成立以前の、「乃作誄曰」が後漢以後最もポピュラーな誄序文形式であったことを示す。

法師誄と併行して俗界に於いても格調高い誄作が続くのであるが、就中、謝霊運の武帝誄(22)は、宋顔延之の陶徴士誄(23)を意識したらしく、荘重な表現を踏襲した類似表現が目に入る。

夫（実以レ誄華、名由レ諡高、　苟允徳義、貴賤何等焉

若其（寛楽二令終之美一、好廉二克己之操一、（有レ合二諡典一、無レ愆二前志一。　故詢二諸友好一、宜三諡曰二靖節徴士一、其辞曰

とある陶徴士誄表現は、「諡典」重視をふまえた武帝誄では諡号を略する。

(イ)（九有同レ悲、四海等レ哀、　矧伊下臣、思恋徘徊、(ロ)（敢遵二前典一、式述二聖徽一。　乃作誄曰、

陶徴士誄は「其辞曰」につなぐため古来よりの「誄諡の儀」をふまえており、凶礼の原点に立つ説明に始まり、諡法に適う諡を示した上で(24)「其辞曰」と頌に移る。「其辞曰」に至るまでの表現には、慣用化された哀悼の字句を示さない新しさがみられる。それにひきかえ武帝誄は数目対の部分を除くと、愍懐太子誄(25)の「敢誄遺風」や晋故散騎常侍陸府君誄(26)の「敢述洪迹」の「敢」を「式」に改める「式述聖徽」に関わる。また「有合諡典」を陶徴士誄にヒントを得てできた陽給事誄の「末臣蒙固、側聞至訓、敢詢二諸前典一、而為二之誄一、其辞曰」に修辞力を活かして「詢諸」を「遵」に改め「敢遵前典」にする。霊運の独創性は「矧用下臣思恋徘徊」で延之の技巧に比して深みに欠ける。ともかく武帝誄は誄序表現に馴じみのある「乃作誄曰」を用いる。文人に好まれ慣用化された序末句「乃作誄曰」は、そ

の後隋煬帝作の秦孝王誄[27]、陳子良作の隋新城郡東曹掾蕭平仲誄[28]、唐代に入っては柳宗元の虞鳴鶴誄[29]に活かされる。

誄序の説明が長くなった。要するに貞慧誄は、中国で整合化される「乃作誄曰」表現を用いる伝体の序で道賢誄を引く。その手法には、潘岳の馬汧督誄序[30]に引く「大将軍疏文」[31]と「策書」[32]の公文資料に比べてコンパクトながら真実を際立たせるために、信望ある資料引用の技巧が認められるのである。

夫予計二運推一、著レ自二前経一、明二鑑古今一、有二国恒典一、

――維白鳳十六年歳次乙丑、十二月廿三日、春秋若干、卒二於大原殿下一。嗚呼哀哉。

までが道賢誄に当たる。この後に続く「乃作誄曰」と冒頭の「貞慧、性聡明云々」以後の道賢誄を含む部分が貞慧誄峻別の序になる。作者不明の貞慧誄序には転写過程中の誤りがある。その事例を掲げよう。

以二白鳳五年歳次甲寅一、随二聘唐使一、到二于長安一。……則唐主永徽四年、時年十有一歳矣。

の叙述中の「歳次甲寅」は、白雉五年（六五四）に当たり、唐高宗の永徽五年でもある。これは「唐主永徽四年」では合わない。道賢作誄の原文に「白鳳五年歳次甲寅」を記していたのであれば、後文の「永徽四年」は誤記となる。反対に「永徽四年」を正しい記述とすれば、前文の「白鳳五年歳次甲寅」は誤記となり、「四年歳次癸丑」に訂正の必要が生ずる。つまり、二者の何れかが年次記載に誤りがあるといえよう。貞慧の入唐年次が歳次甲寅で十一歳という記述に従えば、帰朝年次の乙丑における貞慧の年齢は、現存写本すべてが「白鳳十六年」を春秋廿三とする本文に合わない。従って逆算することで十一歳の入唐年次を求めると、永徽四年が正しく、白鳳五年甲寅は誤りとなる。

しかも誄の白鳳五年甲寅を原文と解すれば[33]、帰朝時の年齢は二十二歳となり、また現存写本に残す「唐主永徽四年」は、「五年」という二つの過ちを犯すことになる。誄序文の帰朝年齢と見合う正しい入唐年は「唐主永徽四年」で、正史「白雉四年夏五月壬戌、発遣大唐……学問僧道厳……定恵〈定恵内大臣長子也〉」の記録とも一致する。これにより「五年甲寅」は原文になかった後代の誤写である事実を明らかにしていると推定される[34]。つまり伏見宮家写

本の成立以前における原本の姿は、「白鳳四年歳次癸丑」であった証しを示唆することになる。恐らく「四年」を「五年」に誤り、癸丑を五年に合して「甲寅」に写し改めたと考えるべきであろう。

誄序には、貞慧が白鳳十六年乙丑（天智四年）九月帰国前の滞在先百済で、

帝郷千里隔、辺城四望秋。

の一韻を誦んだとある。しかもその詩は警絶の作で当時の百済才人も後句を続けられなかったという。問題の詩一韻が警絶である評価を下されたのは柿村重松氏である。その一節を紹介すると、

此の事実なりや否やを知らずと雖も、其の詩文に堪能なりしことは殆んど疑ふべからず。五言二句は完作にはあらざれども、由って以て当時留学の僧俗には已に賦詩の技倆とも具へ居りしものありしことを推知するに足るべし。

といわれた[35]。また梅原猛氏も、

「帝郷千里隔、辺城四望秋……」つまり日本の郷里は、都は、たいへん遠く離れて、そして今、異郷は四方秋だという、その秋の寂しさをうたっている詩を作っている[36]。

といわれる。どちらも五言詩の理解の上での説明であるが、柿村氏説は「詩文に堪能なりしことは殆んど疑ふべからず」の説明から全面的に警絶と信じられた上での記述であることを知り得る。しかし、梅原氏説では論証を欠くためはっきりしない。誦詩一韻が、于季子の詠雲五言詩の一節[37]にみえる、

瑞雲千里映、祥輝四望新。

の改竄であることを明らかにする必要上、誦詩には文人が犯してはならぬ詩作上の過ちになる「文病」の平頭詩・齟齬詩が認められること[38]、入唐十二年学問僧の作とは考えられないことを嘗て述べた[39]。従って誦詩一韻は、貞慧に仮托した作品であり、作詩に堪能でない作者を想像させる。序文後半は道賢作貞慧誄（以下道賢誄という）が占める。

道賢誄は頌を特色づける押韻のない「筆」で伝体の序に当たる。碩学の道賢[40]は故事に明るい文人である。その点を考慮すると、廓武宗・劉徳高等に命じた高宗の「旦夕撫養、奉送倭朝」四言二句詔は、帰国する外国君主子弟への外交儀礼文句を窺わせる貴重な資料となる。

道賢誄の最後は、

維白鳳十六年歳次乙丑、十二月廿三日、春秋若干、卒二於大原殿下一。嗚呼哀哉。

である。六朝期における誄逸文の歴史からみると、孫統の虞存誄序と同様に[41]、道賢誄は本邦における最古の中文体誄逸文ということになる[42]。

従前の「白鳳」年号関係論文は、道賢誄成立後の諸文献と一緒にして検討されているのが特色で、道賢誄の「白鳳」に限定した年号研究は皆無である。「白鳳」年号研究史の総括としては、諸論考を紹介し検討をふまえて要点をまとめられた田中卓氏の「年号の成立―初期年号の信憑性について―」[43]が、自説に凝縮されていて参考になる。田中氏の研究以後には、丸山晋司氏の『古代逸年号の謎―古写本『九州年号』の原像を求めて―』（アイピーシー・平成四年刊）が加わった。「白鳳」年号の検討は、第二部第二章「貞慧誄の基調問題」で採りあげる。ここでは道賢誄が「白鳳」[44]年号の日本最古の使用史料という視点で捉えたい。予め次の諸点を確認した上での説明となる。

(一) 現存の通称『貞慧伝』は文体上貞慧誄であって「家伝」でないこと。
(二) 貞慧誄は六朝の法師誄の系統に属すること。
(三) 貞慧誄は「序」と「頌」の区切りに慣用句「乃作誄曰」を使うこと。
(四) 貞慧誄は「序」に高麗僧道賢作貞慧誄を引用した作者不明作品であること。
(五) 潘岳が馬汧督誄序で用いた公文資料摘記の手法が貞慧誄にみえること。
(六) 現存貞慧誄序には転写過程中の誤りが認められること。

(七)　貞慧の帰朝年齢と照応する入唐年は白鳳四年歳次癸丑であること。

そこで問題となるのは、道賢誄の「白鳳」年号が道賢作成時の姿を残すのか、或いは後に改筆の手が加わっているのかという点である。もし改筆が明らかとなれば、「白鳳」年号を最古の私年号記録とする認識は根底から崩れる。然し現在の時点で改竄説は出ていない。[45] 注意を払うべきは「白鳳」年号が道賢誄という法師誄の範疇で高麗僧によって使われることである。世俗社会の支配集団である中央政府が用いた呼称ではない。世俗社会の因縁を絶った僧侶集団の中で用いられた呼称である。尤も久保常晴氏は、

朝廷で使用せず且つ正史の『日本書紀』に記されなくても、白鳳は「公年号の別称」と見るべきである。といわれる。[46] が、果たしてそう言ってよいのか考えさせられる。法師誄に「白鳳」年号を残すことは、私年号として僧が脱俗社会で用いている年号を示唆する。公式の「白雉」年次を過ぎて、孝徳のあと斉明・天智三帝に亘り、その治世下に改称されずに、「白鳳」年号が用いられていることは、大化改新後における僧侶社会の呼称として理解すべきではないだろうか。

序に引く道賢誄の年次・卒年齢「春秋若干」と、誄作者が記す「春秋廿三」との相違が読者に不信の感を抱かせる。卒年齢の相違は、誄作者が貞慧の正しい卒年齢を明らかにしたい意図下の改竄である。道賢は『日本世記』を著して、鎌足の逝去に「内大臣、春秋五十」と卒年齢を明記した。にも拘らず『日本書紀』編者の史官は、「春秋五十有六而薨」の碑の注記に際し『日本世記』説を併載した。鎌足逝去時に生存した道賢と碑文作者の何れが真実を述べているか、史官が判断できなかったからである。鎌足の逝去年齢を明記する道賢が、貞慧の死去後献呈する誄に「春秋若干」[47]と曖昧な表現を採った事実は、卒年を明らかにしがたい理由があったからであろう。不明の年齢を貞慧誄作者が「春秋廿三」とするのは仲麻呂に想定される向きもあるが必ずしも正しいとは言えない。[48] 現存写本から判断するのであって冒頭の転写時の過ちを残す「五年・甲寅」の事例と相俟って「若干」を「廿三」と同義とするに一沫の不安を

抱かせる。

「白鳳」年号が僧侶界で用いられ、世俗社会とは別途に用いられていた想定には大過ないであろう。貞慧にまつわる伝承に卒年齢の成長がある。四十二歳・七十歳・八十余歳・八十二歳等の諸説が今日知られる(49)。くり返すが序文冒頭における「五年・甲寅」が「四年・癸丑」の誤りがあるように、年次の干支から年次数の改竄も、転写者に与る者ならば誤写に気付いた場合行うことは当然想定できよう。衒学趣味の者であれば猶更のことである。一部の誤写発見が作品全体を見直すことになる。白鳳年号使用が天武朝にないとも云われる(50)が、その断定には考古学の新しい発見による裏付がほしいところである。

円融天皇治世下の天禄三年（九七二）空也上人が西光寺で示寂した。上人を悼み遺徳を文章生源為憲が綴った中国文体の哀辞が空也誄である。少ない写本の中に天治二年（一一二五）の奥書をもつ真福寺本（重文）がある。文章は六朝の法師誄の系統を引き、奈良朝の貞慧誄に次ぐ有序作品である。序文中の藤原師氏の野辺送りは閻王牒状を読み焼却する葬礼の実態を伝えた十世紀における貴重な民俗資料である。市井における空也の阿弥陀唱名は新羅僧元暁の菩薩行と大安聖者の唱名布教譚の影響と考えられる。布教僧大安の行為は、銅鈸の音を唱名とする称（찡찡《テンテン》）(51)僧と理解される故、朝鮮仏教との関連でひじりの性格を見直す好史料である。

本文の頌は上人の徳行を職・庚二韻でまとめる。源為憲の衒学表現には『潜夫論』実貢篇の「攻レ玉以レ石、洗レ金以レ塩」を引用したり、『礼記』巻七、曾子問の「賤不誄貴、幼不誄長」の使用がある。真福寺本の序文末尾が惜しいことに虫損で「幼不誄長云々」を見ることができない。隋の陳子良(52)は大業九年（六一三）隋新城郡東曹掾蕭平仲誄を著した。その序文内容は頌で陽韻四質韻四庚韻三真韻四遇韻三庚韻二紙韻三霰韻三翰韻二隊韻四先韻三質韻四緝韻三遇韻三東韻四の整然とした換韻で集約する。押韻の手法は煬帝の秦孝王誄に並び美しい。殊に序文を頌の押韻で仕上げたのは陳子良が最初であり、誄文学史上の改革に相当する。源為憲は陳子良の手法を知って、空也誄を完成したのではないかと思う。源為憲の衒学と誄作手法を踏まえて、空也誄の虫損部分の復元を試みて本集成に収録した。

註

1　拙稿「空也誄」。天禄三年（九七二）に示寂した空也上人を悼み、文章生源為憲が追悼のため作った中国文体の哀辞。完本は遺されていず、写本も少ないが天治二年（一一二五）の奥書を持つ真福寺本（重文）がある。文章は中国六朝の法師誄の系統を引き、誄文体としては奈良朝の貞慧誄（通称『貞慧伝』）に次ぐ有序作品である。成立年月未詳、没後の周忌供養に捧げられたものか。伝本の序は優婆塞・沙弥・受戒の三時代を湯島観音の霊験、囚人滅罪の卒塔婆建立、病める老狐の救済、勤行による極楽到達、比丘となった文殊、菩提心を起こした蛇といったエピソード、荘厳供養の故事で記し、本文の頌は上人の徳行を職・庚二韻でまとめる。誄文は成立後に『阿娑縛抄』『六波羅蜜寺縁起』『日本往生極楽記』等に利用され、空也を知る伝記の原典となった。殊に修辞上、『礼記』や『潜夫論』を活用した衒学表現、隋新城郡東曹掾蕭平仲誄にみられる序文内容を頌の押韻で集約する手法は、作者為憲の文学活動を知る上で参考となる（角田文衞監修『平安時代史事典』本編上、八四六頁・角川書店・平成六年刊）。

2　拙稿の「貞慧伝をめぐる二・三の問題」（『神道史研究』一七巻三号）は、誤字を訂正し、目次を付し、「多数」を「祖先」に代えて、『まむしの愚痴』第一巻（金子商店・平成十一年刊）に再録する。本書第二部第一章第一節に改題「通称『貞慧伝』の考察」として載せる。

3　『文心雕龍』巻四、史伝に、「班固述レ漢、因レ循二前業一、観二司馬遷之辞一、思実過レ半。其十志該富、讃序弘麗、儒雅彬彬、信有二遺味一」とある。

4　横田健一氏は、「藤原鎌足伝研究序説―『家伝』の成立―」（関西大学『文学論集』創立七十周年記念特輯号。後に『白鳳天平の世界』創元社・昭和四十八年刊に再録）の論文で、「式部省が『大宝律令』制定の結果、設置されたときに、諸家の家伝も省に備えつけられるべく各家々氏々に提出せしめたのではなかろうか。すなわち家伝あるいは本系・譜第・門文のたぐいが各功臣すなわち有力貴族の家々にあり、それを式部省に上進せしめ、省がこれを保管し、省の所管事務で選叙や考課などの参考に資していたことは、まず疑いあるまい」（一一四頁）といわれ、更に「式部省の保管し考選に用いる家伝の類は、常に考選のあるたびに用いるものとすれば、絶えず移動のあるたびに追加する必要もあったであろう」（一一七頁）と説明されている（・点は筆者注）。横田氏は考選時に家伝が常に用いられることを想定された。しかし『職員令』式部卿の職掌には、「功臣家伝」と「内外文官名帳・考課・選叙」があるけれども、ネガとなった唐考選制の歴史を辿ると、この令文を以て単純に家伝を考選の参考に常に資するものとは考えられない。元来、卿の職掌は『唐令』の引き写しで、「選叙」は吏部尚書の「文官選挙」、「考課」は功曹参軍の「文官考課」の分掌を継受する。その文官とは内外の職事官即ち兵事以外に専従する文事担当の現役官人をいう。現役の職事文官に対する考選資料は一年間における功過行能の勤務評定を各関係長官が行って太政官に送付した「考文」である。職事官でなく過去の功業を書き記した家伝を「考文」に代えて考選に式部卿が活用するのではない。『通典』巻二三、職官五、尚書下に考功郎中の職掌を「内外百官及功臣家伝、碑・頌・誄・謚等事」と記す。同文は『大唐六典』巻三、考功郎中の項にもみえて異同がない。考功郎中は魏の考功郎から職名を継ぐもので、碑・頌・誄・謚等の役割を担う官人に当たる。所謂「功臣家伝」の法文は開元七年及び同二十五年の『唐職員令』に復元されている（仁井田陞著『唐令拾遺』一三二頁・東京大学出版会・昭和五十八年）。「功臣家伝」を扱う考功郎中は正史の列伝編纂に資する業務に与る。尤も家伝が列伝だけの編纂資料に限定される規定枠があったのではなく帝紀に活用された事例が『荀氏家伝』の逸文から知られる。即ち類書の『初学記』巻一一、太尉司徒司空、事対、諮政化の注に引く『荀彧家伝』及び『太平御覧』巻二〇八、司空に引く『荀氏家伝』に記述の「(公) 定二礼儀一、中護軍賈充、正二法律一、尚書僕射裴秀、議二官制一」が、『晋書』巻二、文帝の咸熙元年秋七月条に「公」を「荀顗」にして『荀氏家伝』の二〇字をそっくり引用している。これは家伝が帝紀に利用された唯一例なので、『晋書』編纂に関与した唐史官の特殊な取扱いであったのかも知れない。考功郎中は五品以上の官人卒去に際し「碑」「頌」を贈ること、特に三品以上の顕官には「誄謚」下賜の業務に関与する。前記『唐令拾遺』の復旧『開元喪葬令』第二〇条に「諸碑・碣、其文須二実録一、五品以上立レ碑」とみえ、同二三条には「諸百官身亡者、三品以上称レ薨、五品以上称レ卒」という官人の死亡呼称を載せる。また仁井田陞著・池田温編集代表『唐令拾遺補』（東京大学出版会・平成九年刊）に、復旧『喪葬令』第一九条補三には「其百官薨・卒、喪事及葬、応レ以二官供一者、皆所司及本属、上二于尚書省一。尚書省乃下レ寺、寺下二司儀一、司儀准レ品而料、上二於寺一」とある。また同二〇条の補四に「凡徳政碑、及生祠、皆取二政績可レ称。州為レ申レ省。省司勘覆定、秦聞乃立」とある。法に基づく規定の枠内で立碑が許され、徳政碑建立には皇帝の承諾が不可欠だった。立碑に伴う頌については劉勰著『文心雕龍』巻二、頌讃に「頌者、容也。所三以美二盛徳一而述二形容一也」とある。政績良き官人の美徳を讃えるのに「事実の有様」を述べねばならないのである。西周王朝で定められた貴族の葬儀に献呈される「誄謚」は、八世紀には実体なき慣習に堕していた。が伝統文化の象徴であった誄謚下賜は容易に忘れ去ることができなかったらしい。元和六年（八一一）八月、柳宗元が唐故衡州刺史東平呂君誄で「君所レ居官、為二第三品一、宜レ得二謚于太常一。余懼三州吏之逸二其辞一也。私為二之誄一」に示される中に、誄謚制の衰退した実体を窺知できる。考功郎中は有名無実化した誄謚を皇帝の名の下に下賜する業務に与った。わが律令政府はこの考功郎中の分掌「碑・頌・誄・謚」を削除して、「功臣家伝」を令文に残した。わが令文で削除した考功郎中の分掌はすべて薨去官人に関わる点で共通する。即ち『唐喪葬令』の規定に関係する分掌で、一は顕官が過去に挙げた功績の数々を修辞を混えて記述した「功臣家伝」であり、一は卒去官人の功績を顕彰する碑と頌に関わっているのである。「選挙」「考課」を専職とする吏部尚書・功曹参軍は『喪葬令』に触れる業務と異なる『選挙令』『考課令』に触れる業務分野を専従する。官人の分掌区分を明示する『唐令』法文が、考功郎中と「選挙」「考課」に携わる吏部尚書及び被管の功曹参軍の分掌をお互に犯さない規定となっている。『大唐六典』巻二、吏部尚書・侍郎之職に「掌二文官選挙、天下官吏選授勲封・考課之政令一」とする大義名分を規定する。くり返すが考功郎中は薨卒官人の葬礼に関わる事項と史官に委ねる正史編纂資料の家伝の内容を吟味するのを専職とする。修史業務のため通貴以上の家伝を扱う考功郎中に注目すると、横田氏の想定には首肯できないといえよう（本註文で述べた内容は、「式部省管掌の『功臣家伝田』について」平成三年六月十六日上代文献を読む会（二〇八回）・「家伝の研究―家伝史研究序説―」同年七月二十八日同会（二〇九回）・「正史に遺る『家伝』の逸文について」同九年三月十六日同会（二六六回）・「家伝の構成について」同十年一月十一日同会（二七六回）での、それぞれプリント配布による発表から関係文句を抜き出した。各論稿は『家伝の研究』に収める予定）。

5　慣用句以外の表現例は次表の如くである。

No.	作者	作品名	王朝	年次	序文末句	出典
1	揚雄	元后誄	新	始建国五	思慕功徳、咸上柩誄之、誄曰	古文苑巻二〇、芸文類聚巻一五
2	傅毅	北海王誄	後漢	永平七	終始之際、於斯為栄、乃作誄	古文苑巻二〇、芸文類聚巻四五
3	蘇順	和帝誄		元興一	恩深累代、乃作銘章、其辞曰	芸文類聚巻一二、東漢文紀巻一四
4	崔瑗	竇貴人誄		？	不敢怠遑、嗚呼哀哉、惟以永傷重曰	芸文類聚巻一五、東漢文紀巻一四
5	蔡邕	済北相崔君夫人誄		延熹四	投涕戯欷、共叙赫姿、乃為誄曰	蔡仲郎集巻二、全後漢文巻七九
6	卜胤	堂邑令費君誄		熹平六	故□□□守卜胤、追而誄之、其辞曰	隷釈巻九、漢故堂邑令費君碑
7	作者不明	漂陽長潘君誄		光和四	于□銘功、著斯金石、昇誄曰	金石萃編巻一七、校官碑
8	曹植	王仲宣誄		建安二二	何以贈終、哀以送之、遂作誄曰	文選巻五六、芸文類聚巻四八
9	潘岳	楊荆州誄	西晋	咸寧一	敢託旒旗、爰作斯誄、其辞曰	文選巻五六、潘黄門集
10	陸雲	晋故散騎常侍陸府君誄		太康五	敢述洪述、于茲素旂、其辞曰	陸清河集巻一、西晋文紀巻一六
11	陸機	愍懐太子誄		永康一	敢誄遺風、庶存芳烈、其辞曰	芸文類聚巻一六、陸平原集巻二
12	陸雲	晋故予章刺史夏府君誄		永寧一	敢作斯誄、著之不泯、其辞曰	陸清河集巻一、西晋文紀巻一六
13	釈僧肇	鳩摩羅什法師誄	東晋	義熙九	罔極之感、人百其懐、乃為誄曰	広弘明集巻二三、釈文紀巻一〇
14	謝霊運	廬山慧遠法師誄		〃十三	千載垂光、嗚呼哀哉、乃為誄曰	広弘明集巻二三、釈文紀巻一二
15	顔延之	陽給事誄	宋	永初三	敢詢諸前典、而為之誄、其辞曰	文選巻五七、芸文類聚巻四八
16	謝霊運	廬陵王誄		元嘉一	之悲以陳、酸切之事、云尓誄曰	芸文類聚巻四五、謝康楽集巻一
17	顔延之	陶徴士誄		〃　四	故詢諸友好、宜諡曰靖節徴士、其辞曰	文選巻五七、
18	釈慧琳	武丘法綱法師誄		〃十一	帰骨曽邱、嗚呼哀哉、誄曰	広弘明集巻二三、釈文紀巻一六
19	張暢	若耶山敬法師誄		？	涙合無開、嗚呼哀哉、乃為誄曰	広弘明集巻二三、釈文紀巻一五
20	謝荘	孝武宣貴妃誄		大明六	敢撰徳於旂旒、庶図芳於鐘鼎、其辞曰	文選巻五七、芸文類聚巻一五

6　『古文苑』巻二〇、『芸文類聚』巻一五、『文選』巻五七、孝武宣貴妃誄「著徳太常、注諸旒旌」注、『漢魏六朝一百三家集』所収『楊侍郎集』、『全漢文』巻五四、『西漢文紀』巻二一等。

7　『芸文類聚』巻四七、『北堂書鈔』巻一一九、功勲、『続古文苑』巻二〇、『東漢文紀』巻七、『全後漢文』巻二八等。

8 『芸文類聚』巻四五、『古文苑』巻二〇、『東漢文紀』巻一〇、『全後漢文』巻四三等。

9 巻四五、諸王に引く魏文帝蒼舒誄には「惟」「嗚呼哀哉」「猗歟公子、終然允蔵、永思長懐、哀爾罔極、貽爾良妃、襚爾嘉服、越以乙酉」を欠く（拙稿「曹蒼舒誄について」『まむしの愚痴』第一巻所収。「杜篤の大司馬呉漢誄」同書所収）。巻一五、晋左九嬪の元皇后楊氏誄には、二箇所「先哲之志、以此為栄」と「遺愛不已、永見恩焉」等四言二句が意図的に削除されている。

10 『芸文類聚』巻一二、『東漢文紀』巻一四、『全後漢文』巻四九等。

11 『漢故堂邑令費君之碑』所収、『隷釈』巻七、『東漢文紀』巻二七等。

12 『芸文類聚』巻四八、『文選』巻五七、『漢魏六朝一百三家集』所収『顔光禄集』、『宋文紀』巻一一、『全宋文』巻三六等。

13 『東漢文紀』巻二三、『漢魏六朝一百三家集』所収『蔡仲郎集』巻二、『全後漢文』巻七九等。

14 『広弘明集』巻二三、『釈文紀』巻五等。

15 『広弘明集』巻二三、『釈文紀』巻一〇、『全晋文』巻一六五等。

16 『広弘明集』巻二三、『釈文紀』巻一二、『全宋文』巻三三等。

17 『広弘明集』巻二三、『南北朝文鈔』巻下、『釈文紀』巻一二、『全宋文』巻三三等。

18 『広弘明集』巻二三、『釈文紀』巻一六、『全宋文』巻六三。

19 『広弘明集』巻二三、『釈文紀』巻一六、『全宋文』巻六三等。

20 『広弘明集』巻二三、『釈文紀』巻一五等。

21 『広弘明集』巻二三、『釈文紀』巻一九等。

22 『芸文類聚』巻一三、『北堂書鈔』巻一五八、穴篇一三等。

23 『文選』巻五七、『芸文類聚』巻三七、隠逸下、『宋文紀』巻一一、『漢魏六朝一百三家集』所収『顔光禄集』、『全宋文』巻三八等。

24 「有レ合二諡典一、無レ愆二前志一。故詢二諸友好一、宜三諡曰二靖節徵士一」とある。その手法の素朴な用例は魯哀公の孔子誄に「天下レ遺二耆老一。莫レ相二予位一焉。嗚呼哀哉尼父」として残る（『礼記』巻三、檀弓上の鄭玄注に「尼父、因二其字一以為二之諡一」とある）。

25　『芸文類聚』巻一六、『西晋文紀』巻一五、『漢魏六朝一百三家集』所収『陸平原集』巻二、『全晋文』巻九九等。

26　『西晋文紀』巻一六、『漢魏六朝一百三家集』所収『陸清河集』巻一、『全晋文』巻一〇四等。

27　『煬帝集』、『文苑英華』巻八四二等。

28　『文苑英華』巻八四三、『全唐文』巻一三四等。

29　『文苑英華』巻八四三、『柳河東集』巻一一、『全唐文』巻五九二等。

30　『文選』巻五七、『北堂書鈔』巻一一九守備、『西晋文紀』巻一四、『漢魏六朝一百三家集』所収『潘黄門集』等。

31　大将軍屢抗二其疏一曰、敦固守二孤城一、独当二群寇一、以レ少禦レ衆、載離二寒暑一。臨レ危奮レ節、保レ穀全レ城。而雍州従事、忌二敦勲効一、極二推小疵一。非レ所三以褒二奨元功一。宜下解二敦禁刻一仮授上。

32　策書曰、皇帝咨二故督守関中侯馬敦一。忠勇果毅、率励有レ方。固二守孤城一、危逼獲レ済。寵秩未レ加、不幸喪亡。朕用悼焉。今追二贈牙門将軍印綬一、祠以二少牢一。魂而有レ霊、嘉二茲寵栄一。

33　横田健一氏は「貞恵は『書紀』およびその伝にみえるように、白雉（白鳳）五年渡唐、同十六年九月帰朝し、その十二月に死んだ。天智四年のことである」と言われる（「藤原鎌足伝研究序説」関西大学『文学論集』創立七十周年記念特輯号所収）。貞慧の入唐は、「白雉四年癸丑入唐・天智四年乙丑帰朝が、定恵に関する偽りのない記述である」と、筆者は旧稿で述べた（「定恵和尚の一生」『日本歴史』二八八号・第五節）。その論拠は『日本書紀』孝徳天皇白雉四年夏五月壬戌条の「発二遣大唐一大使小山上吉士長丹、……学問僧道厳……定恵云々」による。従って横田氏の記述には誤解がある。古代年号考証家の丸山晋司氏は、「白雉五年」と「白鳳五年」を必ずしも同年と考える必要性なしとする論拠に貞慧誄の入唐記事を引き、「『家伝』は『書紀』をも参照した上での「家伝」であるようだが、ここ（貞慧伝・筆者注）では厳として「白鳳五年」を「永徽四（六五三）年」としている」と言われる（「白鳳年号考」『古代逸年号の謎』アイピーシー・平成四年刊）。

34　誄作品の早い誤写例には魏曹丕作蒼舒誄がある。序文の「惟建安十有三年」を「五年」とするのが『古文苑』巻二〇と『魏文帝集』にみえ、「二年」とするのが『芸文類聚』巻四五の諸王、『陳思王集』と『曹子建集』巻一〇にある（拙稿「曹蒼舒誄について」『まむしの愚痴』第一巻所収）。

35　『上代日本漢文学史』（日本書院・昭和二十二年刊）。

36　「藤原鎌足」（『日本史探訪』第三集所収、角川書店・昭和四十七年刊）。

37　『初学記』巻一、雲、于季子詠雲の五言詩に「瑞雲千里映、祥輝四望新」の句がみえる。同詩は類書の『芸文類聚』『北堂書鈔』等唐代作品に引かれず、清朝になって成立した『淵鑑類函』巻五に、『初学記』掲載作品として再録している。

38　『文鏡秘府論』にみえる文病の説明によると、誦詩一韻「帝郷千里隔、辺城四望秋」の上句第二字「郷」と下句第二字「城」は共に下平声「陽」韻と「庚」韻なので、「平頭詩者、五言詩第一字不レ得下与二第六字一同上声、第二字不レ得下与二第七字一同上声」に該当する。また下句第一字「辺」と第五号「秋」を除く「城四望」三字は、四が去声の「寘」韻で望が去声の「漾」韻である。二字の去声同連は「齟齬病者、一句之内、除二第一字及第五字一、其中三字、有二二字相連一、同二上・去・入一是」に該当する。即ち前句に「平頭病」後句に「齟齬病」が見出される。

39　「仮称『貞慧法師誄一首并序』の研究(3)」（『兵庫史学研究』二五号・昭和五十四年十月）。

40　道賢誄にみえる「周公於禽、躬行三笞」の故事は、『尚書大伝』、『説苑』巻三、建本等に引かれる。また『令集解』巻一三、賦役令孝子条に引く『古記』にも『尚書大伝』を引用する。

41　『世説新語』巻上、政事篇、「虞存弟謇、作二郡主簿一」の注に引く。

42　『日本書紀』用明天皇元年夏五月条に、「不レ荒二朝廷一、浄如二鏡面一、臣治平奉仕」の誄逸文を載せる。一三言は中文体の哀悼表現であるが、誄の内容には大行天皇功業が窺えず「寧ろ先帝に対し忠義を尽す赤心の証しとして、寵臣が述べた言葉の意味が強い」（拙稿「誄に関する研究ノート（上）・（下）」『兵庫県社会科研究』三八号・三九号）ので、「しのびごと」の中文体表現と解釈し、ここでは採らない。

43　「年号の成立―初期年号の信憑性について―」（『神道史研究』二五巻五・六号。後に『田中卓著作集6　律令制の諸問題』国書刊行会・昭和六十一年刊に再録）。

44　田村円澄「『白鳳』年号考」（『日本歴史』二七八号）。

45　横田健一氏は「藤原鎌足伝研究序説」（関西大学『文学論集』創立七十周年記念特輯号所収）で「『貞慧伝』がいつ書かれたのかは明らかではないが、全文の半ば以上をしめる誄をのぞけば、しごく簡略なもので、素朴であるだけに後代の潤色がないように思われ、わりあいはやく成立したものかと推定される」と言われた。田中卓氏は「年号の成立」で「誄の文章そのものは、後の造作と考へにくいし、「白鳳十六年歳次乙丑」の「白鳳」が、もともと「白雉」であったといふことも考へられないし」と述べ、「白鳳」年号は撰文当時のものと解されている。

46　久保常晴著『日本私年号の研究』（吉川弘文館・昭和四十二年刊）八八頁。

47　「若干」表現の考察には横田健一氏が前記論文で『日本書紀』と『家伝巻上』との記載相違を採りあげ、「『日本書紀』に鎌足の功封を二箇所も「若干」という他の箇所にみない曖昧な表現をとっていて、『家伝』と食い違っている……『書紀』と『家伝』との共通の史料となったXに封戸を賜うたことは記してあっても、数字は記してなかったのではあるまいか。それ故『書紀』の編者は不明の通りに書いたのではあるまいか。『家伝』の方は押勝がかくも過多な数字に捏造したと考えるのである」と洞察されている。

48　横田健一氏は前記論文で、「『大織冠伝』と名づけられる古写本は旧伏見宮家にあり、これは巻末に『貞慧伝』を附している。『家伝』上（大織冠伝）の末尾には「貞恵・史《オビト》・倶別伝」としるしている（一〇八頁）……家伝として編まれた伝記群が、鎌足の長子貞恵（僧）を別とすれば、鎌足、史（不比等）、武智麿とつづく押勝の南家直系の祖先の伝であることよりすれば、その編者をその子孫の押勝であるとしてもなんらの不合理もない（一一一頁）……私は押勝が現在の『鎌足伝』及び『貞慧伝』、失われた『史伝』を編修し、かつ延慶をして『武智麻呂伝』を起草せしめたことを、いくぶんでも考えうる根拠を明らかにしえたと思う（一一三頁）」と述べられて、貞慧誄仲麻呂著作説を出された。その後清水章雄氏が「家伝」（『古代文学』一二号）で、「旧伏見宮家旧蔵本とその系統をひく彰考館本には、藤原鎌足の子の貞恵の伝記が上巻末尾に付載されている。『鎌足伝』の最後に「今別巻在り。二子貞恵、史有り。倶に別伝有り」と記されている……『貞慧伝』も仲麻呂の手になるものだろうと思われるが確証はない。……『貞慧伝』は異常な死により『鎌足伝』に付載されたものであろう」と述べて、貞慧誄の『鎌足伝』付載理由を除き、ほぼ横田氏説に近い。横田氏も清水氏も旧伏見宮家本を見られた様だが、同本の『家伝』巻上末句は「有二二子貞慧史一、く別有レ伝」と明記していて「倶」字はない。同系統の彰考館本も「々別有レ伝」と明記する。貞慧誄を仲麻呂作と想定するのは、誦詩一韻五言詩が文病を冒す点から勘考すると、「率性聡敏、略渉二書記一」と記す『続日本紀』天平宝字八年九月壬子条の伝とは碩学性で合わない。仲麻呂が詩作に無能というのであれば話は別になる。南家直系の祖先伝記として編まれる家伝の特色を指摘される点では両氏と全く同感である。現存の家伝逸文で言えば荀伯子撰『荀氏家伝』が七代祖より記述する（拙稿「正史に遺る『家伝』の逸文について」平成九年三月十六日、上代文献を読む会（二六六回））。

49　拙稿「定恵和尚の一生」（『日本歴史』二八八号・第五節）。

50　坂本太郎説〝天武朝に白鳳年号なし〟「白鳳朱雀年号考」（『史学雑誌』三九編五号、『日本古代史の基礎的研究下　制度篇』所収、東京大学出版会・昭和三十九年刊）。

51　李能和著『朝鮮仏教通史』下編、分衛托鉢公証携帯に、「朝鮮棟樑僧……俗呼（쩡쩡）僧、是象銅鈸之声而為レ名、亦新羅大安、大安之遺風也」（二〇一二頁）と記す。

52　陳子良は正史にその名をとどめず、『全唐文』巻一三四、陳子良略伝には、「貞観六年卒」とある。一九七六年五月に中華書局香港分局刊の姜亮夫纂定・陶秋英校の『歴代人物年里碑伝綜表』によれば、字不明、呉県を籍貫とし、卒年を唐太宗の貞観六年壬辰（六三二）とする。論拠資料を掲げる備考欄は空白である。恐らく平城県正陳子幹誄序にみえる「余以二貞観六年二月十日夜、於二相如県一夢見二爾霊一」の記述を参考にするのであろう。『文苑英華』巻九九八に収める『司馬相如文』に「維大唐貞観元年歳次丁亥五月壬子朔十六日丁卯、相如県令陳子良、謹遣二主簿譙悦一、斎二桂醑蘭殽之奠一、敬二祭故文園令司馬公之霊一云々」とみえるので、貞観元年（六二七）には果州内の相如県長官であったことが知られる。子良は奚御史の為に尚書某が入朝に際し不敬の所行あるを知ってこれを弾ずる文を作ったり、陳子幹誄の他に隋新城郡東曹掾蕭平仲誄（『文苑英華』巻八四三・『全唐文』巻一三四所収）を著している。蕭平仲誄は、陽四質四庚三真四遇三庚二紙三霰二翰二隊四先三質四緝三遇三東四の押韻で至美例の一に数えられる。これに輪をかけた押韻技巧を示すのが陳子幹誄である。これまで押韻の至美例としては、梁張纘の高祖丁貴嬪哀冊文に庚二屋・紙・侵・屑・先・陌各四麌・語各二陽・陌各四の偶数換韻は知られたが奇数換韻はなかった。修辞をこらす押韻のゆきつくところは、唐代に入って漸く蕭平仲誄を凌ぐ陳子幹誄によって奇数換韻の統一が実現した。語・先・紙・庚各五霽七支十一眞十三換韻の陳子幹誄は、叙述内容においても序文と照応する珍しい技法をみせる。先に「本文は数々の徳行を職・庚二韻統一で纏めている。その文体は中国六朝の法師誄の系統を引き、奈良朝の貞慧誄に次ぐ平安朝成立の唯一現存作品に当たる。また隋新城郡東曹掾蕭平仲誄の如く序文を本文の頌で要約する手法」を採る空也誄に注目した（拙稿「誄に関する研究ノート（上）」『兵庫県社会科研究』三八号）。いま陳子幹誄の序と頌を目ぼしい共通要点のみを抄出すれば次頁の表の如くである。

No.	序	頌
1	金陵乱離	淮海喪乱
2	同遷覇岸	開河播遷
3	忽悲風樹	忽傾庭蔭
4	痛深陟岵	痛結昊天
5	余年十九	余雖弱冠
6	爾始八歳	爾尚童年
7	一瓢之飲屢空	窺竈無煙

No.	序	頌
8	夙稟家風	余稟家風
9	召入平台	自此揚名
10	悦其篆隷	偏工篆隷
11	授并州平城県正	乃任平城
12	太上皇……龍潜	皇上龍潜
13	専惣兵機	兵権攸惣
14	元楨受命	元楨受律

No.	序	頌
15	独飛軽騎	躍馬星奔
16	忽遭流矢	忽中飛鏑
17	斃于陣中	在陣而斃
18	貞観六年二月十日夜	春宵独寐
19	余以……於相如県	余於県府
20	夢見爾霊	忽覯爾霊

同様に空也誄の序と頌の比較表を示す。

No.	序	頌
1	為人無虱	其徳無測 (蟣虱離身)
2	以優婆塞	初優婆塞
3	歴五畿七道遊名山霊窟	頭陀諸山
4	上人為値観音数月練 行最後之夜瞑目則見	観音不匱
5	市居隠跡乞食	市中乞食
6	唱善知識(唱知識)	唱善知識
7	有蛇呑蛙上人謂曰毒 獣毒龍毒虫之類発菩	毒蛇感徳

No.	序	頌
	提心蛇翹首聴聞遂開 喉舌以吐之	
8	有一病女病女歎曰吾 是神泉苑老狐	霊狐病兒
9	婦人曰精気撥塞羨得 交接	為因悦色
10	爰乞食比丘来此会者 以百数之浄蔵相曰文 殊感空也之行也	文殊蹔来
11	誦曰胡矩羅苦波巴流	剋念極楽

No.	序	頌
	気騎宝登途熙喜芝可 怒都砥馬田夷陀留奴 古魯難犁間狸	
12	常時称南無阿弥陀仏	唱弥陀名
13	異香出自室	房有香気
14	音楽来自天	天伝楽声
15	春秋七十	年之七十

〔注〕頌の順序は序の順序と前後が異なる

三　古代の皇室誄

前節で述べた誄二点は何れも非皇室誄に属する。一方皇室誄は五八五年敏達天皇の大喪儀に蘇我馬子が大臣の誄を、物部守屋が大連の誄を献呈しているのが知られる。が文辞は残っていない。しかし侍臣三輪逆が献呈した口誦は、『日本書紀』用明元年夏五月条に、

朝庭不レ荒、浄如二鏡面一、臣治平奉仕。

の十三文字を載せる。その口誦は、穴穂部皇子が殯宮に入るのを逆に拒まれたため、大臣・大連に不満を訴えた会話中にみえる。王権への服属を誓約する場の殯庭で行う歌舞の奏上や誄儀礼は、皇位継承（予定）者への忠誠を誓う行為で、口誦は誓約の証でもある。[1] 逆の口誦即ち誄シノビゴトは哀悼よりも寧ろ服喪中の敏達天皇の皇后炊屋姫に奉仕する赤心の言葉[2]の意味が強い。逆の誄奉呈時点は夏五月の何日か不明であるが、穴穂部皇子が逆の無礼を大臣・大連に報告する中であるので、大臣大連の立ち会っていない時とみられる。然も誄の献呈が言辞と併せて、新天皇の政務に関与する側近としての意志表示と受取られ、大臣大連の反撃を蒙る理由にもなっている。[3]

穴穂部皇子は、用明天皇の即位前における殯庭で、蘇我大臣と物部大連の誄儀礼動作をそしりあったことが原因で反目した際逆が隼人を動員して二人を鎮めた時に、天下を取らんとして腹を立てて文句を言いたてた。『日本書紀』敏達紀の最後には殯庭の不安な状況を暗示して、

穴穂部皇子、欲レ取二天下一、発憤称曰、何故事二死王之庭一、弗レ事二生王之所一也。

と記す。和田萃氏は殯庭で逆を非難する穴穂部皇子の言挙げを誄と考えてよいと言われる。「何故先帝にばかり仕えて私に仕えないのか」と先帝への不遜を暗に示す言葉を誄と解釈してよいのか疑問である。冷静に述べる追悼の誄に

「発憤した称辞」は相容れないと思われる。何故云々は、気負った皇子が皇位に即く意志表示のため腹立ちまぎれにくり返し口走った言辞に過ぎない、と考えられる。

記録上では誄の初出は敏達朝であるが、殯宮儀礼の完成を俟って日嗣奏上の必要から和風諡号の献呈が認められるのは、安閑朝であるという。従って誄の出現も本邦では安閑朝にまで遡るとみてよいようだ。[4]

『日本書紀』推古二十年（六一二）二月二十八日条には、皇太夫人堅塩媛を檜隈欽明天皇陵に合葬する記事があり、軽街での誄儀礼次第を載せる。

第一　阿倍内臣鳥、天皇の命を誄する。この時明器・明衣などを霊体の側に安置する。

第二　諸皇子、親族として順次誄する。

第三　中臣宮地連烏摩侶、蘇我大臣の誄を代って読む。

第四　蘇我大臣、氏族を霊前に引率して、境部臣摩理勢が祖先の本（系譜）を誄する。

献呈された誄の口誦文は記録になく不明である。堅塩媛の改葬に天皇及び大臣の誄代読者が登場することは、誄儀礼の発展史上注目される。

皇太夫人改葬が営まれてから十年後、聖徳太子の膳夫人が薨じた。国史の闕を補う独自所伝に当たる『上宮聖徳法王帝説』の第三部分に、[5]太子が薨じる壬午年二月二十二日の前日、膳夫人が他界した由を記述している。太子は臨終の夫人が水を求めたのに対し、何故か与えなかった。妻に末期の水を拒んだ後悔から、太子は心を痛め亡妻を偲ぶ哀辞を詠んだ。『帝説』には、

是歌者、膳夫人臥レ病、而将レ臨レ没時、乞レ水。然聖王不レ許。遂夫人卒也。即聖王誄而詠二是歌一。

とある。所謂、誄は五七五七七の形式をふむ倭歌である。

伊我留我乃、止美能井乃美豆、伊加奈久爾、多義氏麻之母乃、止美乃井能美豆。

和歌が和文体における誄として扱われたのはこれが最初である。しかし『帝説』には、太子が薨じた時に巨勢三杖大夫が詠んだ和歌三首を載せる。

伊加留我乃、止美能乎何波乃、多叡波許曾、和何於保支美乃、弥奈和須良叡米。

美加弥乎須、多婆佐美夜麻乃、阿遅加気爾、比止乃麻乎之志、和何於保支美波母。

伊加留我乃、己能加支夜麻乃、佐可留木乃、蘇良奈留許等乎、支美爾麻乎佐奈。

この三首が史実の正確性をもつならば、作歌事情により、膳夫人誄と同じく理解してよさそうである(6)。

『日本書紀』舒明十三年（六四一）十月九日、天皇が百済宮で崩御した記事を載せる。宮北で営まれた殯を百済大殯と言う。この殯庭で天皇崩御後九日目に、皇太子開別（中大兄）皇子が誄した。若年と東宮という立場では従前になかった誄奉呈のためか、記録にとどめられた。翌年十二月における大喪儀の誄儀礼次第では、

第一日（十三）

①小徳巨勢臣徳太、大派皇子（敏達天皇の皇子）に代り誄する。

②小徳粟田臣細目、軽皇子に代り誄する。

③小徳大伴連馬飼、蘇我大臣に代り誄する。

第二日（十四）

息長山田公、日嗣（騰極次第）を誄する。

何れも誄の内容は不明。息長山田公が詠んだ日嗣の誄は、皇統譜即ち帝皇日嗣ともいわれる。

ここで想起されるのは、漢を簒奪した王莽が伯母王皇太后の薨去に際した始建国五年、碩学揚雄に作らせた元后誄である(7)。短い序に続く本文は、揚雄が心血を注いだだけに格調高く皇太后の賛辞で埋めつくされている。誄本文は、

(1)有新室文母聖明皇太后、姓出㆓黄帝㆒、西陵昌意、実生㆓高陽㆒、……純徳虞帝……禅受伊唐。

(2)作合于漢、配元生レ成、哀帝承祥、惟離二典経一、
(3)以度二厄運一、徴立二中山一、……哀平夭折……天命有レ託、
(4)黄虞之孫、歴世運移、属在二聖新一、代二于漢劉一、受二祚于天一。
(5)漢祖承レ命、赤伝二于黄一、命服有レ常、為二新帝母一。
(6)別計二十邑一、国之是度、還二奉于此一、以処二貧薄一。
(7)尊号二文母一、……以昭二鴻名一、享レ国六十、殂落而崩。

とある。(1)は王室の正統性を黄帝・昌意・高陽（帝顓頊）から聖人尭・舜に伝えられた「出自」を引き、(2)で尭の子孫が漢を建て元帝の配后となり皇位を成帝哀帝に継がせた「続柄」を示し、(3)で皇位が漢氏本系から傍系の平帝に遷る天命に禅譲の「歴運」の伝統を挙げ、(4)で聖人尭の子孫赤徳漢室に代る聖人舜の子孫黄徳王氏に遷った「尊貴性」の不変を明らかにし、(5)黄徳の新王朝における帝王の「尊称」を受けた旨を称え、(6)皇太后所有の湯沐十県から上がる租を貧民に与えた慈恩を伝える「事蹟」を述べ、(7)で文母の尊号を受け皇后冊命の年から算えて六十年に及んだ「宝算」などを、縷々詠みこんで説明がくどい[8]。

わが国の帝皇日嗣を詠む誄[9]も実は中国の凶礼文化における「悲しみの場」で詠まれる誄に共通性[10]が窺える。

朱鳥元年（六八六）九月九日、天武天皇が崩御して二十四日から殯宮行事が始まる。大内陵斂葬まで二年二箇月に及ぶ殯宮期間に発達する官司制を反映した律令官制が窺え、官制に基づいた誄の奏上が知られる[11]。大喪儀礼には、①誄の奏上②諸王臣引率の皇太子慟哭③花縵と青飯の奉奠④奏楽歌舞の奉上といった伝統に、新しく①僧尼の発哀②無遮大会の実施③周忌斎の実行等が加わる[12]。そして従来なかった葬礼に仏式が導入された。

九月二十七日の誄儀礼には中務省・宮内省関係の内廷担当の長官次官級の官人が奉上に与り、二十八・九日には太政官・被官の法官・理官・大蔵・兵制官・刑官・民官と国司に関して高級官人が前日に続いて誄を奉上する。三十日

百済王良虞が父善光に代り誄する。百済王族の誄奉上が前日の大隅・阿多の隼人族の誄奉上に続くので、律令政権への服属の証を述べたものであろう。

年革まって持統元年（六八七）元旦に納言布勢朝臣御主人が、三月二十日丹比真人麻呂がそれぞれ一人で誄した。『日本書紀』に「礼也」とある。御主人の誄奉上の前に皇太子が公卿百寮人を引率し慟哭しているので、公卿百寮人に代る誄とみられる。麻呂の場合皇太子以下の慟哭がないが御主人と同趣旨の誄と推定してよかろう[13]。しかし三月二十一日の藤原朝臣大嶋と八月十日の大伴宿禰安麻呂の個人誄には「礼也」の記録がない。最後の誄儀礼十一月十一日の御主人と大伴宿禰御行も同様である。何れも『日本書紀』編者の「礼也」誤脱であろう。

天武殯庭における誄奉上は、以上の他に大隅・阿多の隼人と倭・河内の馬飼部造（朱鳥元年九月九日）や、前記隼人の魁師が部下引率の誄奉上（持統元年五月二十二日）があり、前者の隼人が畿内に移配されていた種族で、後者の隼人は大隅・薩摩の上番者達であるらしい[14]。持統二年十一月五日に蝦夷百九十余人が調賦を負って誄している。蝦夷の誄奉上も隼人魁師と同じく「天武朝以前に服属していた蝦夷が新たに服属を誓った」ものであろう[15]。

天武殯庭最後の誄奉上には、舒明殯庭の最後が諡号を贈る誄奉上であったように、当麻真人智徳が皇祖等の騰極次第を誄している。『日本書紀』に残る天武大喪儀の誄奉上には、盛大な葬儀次第に誄の役割の重要性を示唆するが、惜しいことに誄の本文が残っていない。

ここで一つ問題となるのが、殯宮儀が始まった二十四日に大津皇子が「皇太子を謀反《カタブケン》とし」た『日本書紀』の記事である。中国では早くから大行皇帝の柩前で皇太子が即位する慣行ができている。既に前漢では紀元前八六年昭帝時に定着し、後漢時代になると先帝の崩御に続く即日即位が定制になる[16]。即位直前の殯庭で大行皇帝に誄が奉上された。現存する後漢の皇帝誄には、傅毅の明帝誄[17]、蘇順及び崔瑗の和帝誄[18]があり、三国時代の皇帝誄には、曹植の武帝誄[19]・文帝誄[20]、劉邵の魏文帝誄[21]・魏明帝誄[22]、陸機の呉大帝誄[23]等が知られる。晋朝の大喪儀から誄と哀策の奉上があり、梁朝から皇帝誄が姿を消し、陳朝以後柩前即位には哀冊（唐以前「策」、唐以後「冊」使用）奉上が義務づけられた。[24]

博覧にして作文に長じた大津皇子は、大陸の凶礼に明るく柩前即位の慣行を熟知していた筈である。大津皇子が生まれる五年前、斉明四年（六五八）に有間皇子謀反事件があった。白浜裁判では、塩屋連鯯魚が擅興律で斬刑に、自由人の舎人新田部連米麻呂が一日の審理過程で急転直下斬刑になった、唐律準用下の皇親に対する司法処分がみられる。[25]皇親である大津皇子は謀反事件の前例を慎重に受けとめ、言行には日常注意を払ったに違いない。詩賦制作に才のある大津皇子は、十月二日謀反が発覚して共謀者三十余人と共に逮捕される。逮捕後の事件審理は、窮問・（伏弁）・判決の手続日程が固有法の思想を反映しないで、律令制下の長屋王事件と同じであった。逮捕の翌日譯語田の家で律に基づく大辟罪（死刑）自尽の執行をうける。処刑が令の大辟罪執行時刻に合うところから律令制定以前の唐律準用がここで知られる。[26]

大陸の文化・唐律令による司法行政が浸透するさ中、皇太子をさしおいて「天下を治めむ」という柩前即位の事情に似通う言辞を、大津皇子が殯庭で出したのが謀反になったのであろう。皇太子に対する謀反は、唐名例律にみえる「社稷を危くすることを謀る罪」即ち「先帝後の君（皇太子）を害し又は害せんとするもの」の意味で、これを『書紀』編者が使ったものである。従って皇子の言辞は、柩前即位と関わる追悼口誦の「誄」と考えられる。それは敏達朝に入って歴代天皇・貴族社会において「哭」「啼泣」「哀号」が大和朝廷下でまとめられて成立した「誄儀礼」の伝統を襲ぐものである。[27]

註

1　和田萃「飛鳥・奈良時代の喪葬儀礼」（『日本古代の儀礼と祭祀・信仰上』所収、塙書房・平成七年刊）。

2　忠臣を代表とする言葉は、魏の曹操が部下に出した令に「領長史王必、是吾披荊棘時吏也。忠能㆓勤事㆒、心如㆓鉄石㆒、国之良吏也」(『魏志』巻一、武帝紀、注魏武帝故事載令)がある。

3 拙稿「誄に関する研究ノート(上)」(『兵庫県社会科研究』三八号)。

4 和田萃「殯の基礎的考察」(『史林』五二巻五号、『日本古代の儀礼と祭祀・信仰上』所収)。

5 家永三郎著『上宮聖徳法王帝説の研究　総論篇』付表二(三省堂・昭和二十八年刊)。

6 前掲註3。

7 『古文苑』巻二〇・『西漢文紀』巻二一所収。

8 晋の『文心雕龍』作者劉勰は、「揚雄之誄元后、文実煩穢」と批評している。

9 帝皇日嗣は、①御続柄②御名③皇居と治天下④皇子・皇女の御事蹟⑤后妃の御事蹟⑥重要御事蹟中の簡略記事⑦宝算と崩御年月日⑧山陵から成る(武田祐吉『古事記研究　帝紀攷』青磁社・昭和十九年刊)。

10 西岡弘著『中国古代の葬礼と文学改訂版』文学篇第三章第二節2誄辞(汲古書院・平成十四年刊)。

11 和田萃　前掲論文註4。

12 安井良三「天武天皇の葬礼考」(『日本書紀研究』第一冊所収、塙書房・昭和四十四年刊)。

13 和田萃「殯宮儀礼の再分析―服属と儀礼―」(『日本古代の儀礼と祭祀・信仰上』所収)。

14 和田萃　前掲論文註13。

15 和田萃　前掲論文註13。

16 西嶋定生「漢代における即位儀礼」(『榎博士還暦記念東洋史論叢』所収、山川出版社・昭和五十年刊)。

17 『芸文類聚』巻一二・『東漢文紀』巻一〇。

18 『芸文類聚』巻一二・『東漢文紀』巻一四。

19 『魏志』巻一四、蔣済伝注・『文選』巻二一、従游京口北固応詔注・『芸文類聚』巻一三。

20 『魏志』巻二、文帝紀注・『陳思王集』巻一。

21 『文選』巻五九、頭陁寺碑文・『全三国文』巻三二。

22 『文選』巻一四、赭白馬賦注・『全三国文』巻三二。

23　『芸文類聚』巻一三・『陸平原集』巻一。
24　拙稿「凶礼文化の誄・哀策をめぐって―哀辞研究ノート―」（『神港紀要』六号）。
25　拙稿「罪刑法定主義下の謀反―有間皇子事件研究ノート―」（巽三郎先生古稀記念論集『求真能道』所収、歴史堂書房・昭和六十三年刊）。
26　拙稿「斉明四年紀十一月庚寅条の藤白坂について」（『熊野路考古』三号、『懐風藻』に載せる大津皇子の臨終一絶五言詩に「此夕離レ家向」の表現が参考となる）。
27　田中日佐夫著『二上山』学生社・昭和四十二年刊。

四　元明天皇の不改宣命

天平感宝元年（七四九）七月二日、孝謙天皇は即位詔で聖武天皇の大命をうけ、近江大津宮に御宇し天皇（天智）の不改常典を引き、父子相承の鉄則に基づき即位する旨を明らかにした。天平宝字二年（七五八）八月一日譲位し、八年九月重祚して称徳天皇といわれる。天皇は天平神護二年（七六六）正月八日、大納言藤原永手を右大臣に任命した。その任命詔書には、

掛畏岐A近淡海乃大津宮仁天下所知行之天皇我御世尓、奉侍末之之藤原大臣、B復後乃藤原大臣尓、賜天在留志乃比己止乃書尓勅天在久、「子孫乃浄久明伎心乎以天、朝廷尓奉侍牟乎波、必治賜牟、其継方絶不レ賜」止勅天在我故尓、今藤原永手朝臣尓、右大臣之官授賜止勅天皇御命乎、諸聞食止宣。

と『続日本紀』に記す。

藤原永手は右大臣不比等の孫で参議房前の第二子に当たる。不比等薨去後養老五年（七二一）十月二十四日、房前は内臣に任じられ天皇補佐の権限をもつことになる。永手は名誉高い家系を継ぎ、しかも不比等の血を引く称徳天皇

から任命され太政官を統べる右大臣職に就く。右大臣任命詔書は、藤原氏の北家というミウチで固められてゆく政権の形成過程で、仰仰しい鎌足・不比等への「しのびごとの書（誄）」を突然述べている。それも不比等薨去後半世紀を経た時に、今まで家伝にも残らなかった誄が詔書で公表されたのである。

「しのびごとの書」は、元明天皇が不比等の霊に対して、右大臣に任命した故事をもとに、不比等の「子孫が忠臣であれば、〈積善の不比等の余慶を以て〉必ず統治ぶりに見合う待遇をしよう。〈藤原大臣の〉後嗣ぎを絶えさせない」という〝綸言汗の如し〟の約束を表明した中に引かれる。誄詞表現を砕けば「大臣の子孫が忠臣ならば、大臣職の後継を保証しよう」となる。ここに「天地と共に長く日月と共に遠く不改常典」に倣う不改詔書（宣命）の意味を想定する。

誄詞には天智天皇に奉仕した藤原（鎌足）大臣を記すが、原誄詞にはAとB部分がなく代って「平城乃宮仁天下所知行之天皇我御世尓奉侍末之之」の辞であったと思われる。鎌足顕彰は南家の武智麻呂の次男仲麻呂が積善家を意識して、曾祖・父の家伝作成で藤氏の宣伝に一役買っている。その時点は仲麻呂が淳仁天皇を擁立した天平宝字時代である。顕彰の盛大化を考えると、鎌足に関わる誄詞A部分は、仲麻呂失脚後の加筆であろう。

仲麻呂は、不比等の大宝及び養老律令編纂の功績に合わせて、『鎌足伝』（『大織冠伝』とも『家伝巻上』ともいう）の述作に（近江）律令の刊定の功を記し、延慶著作の『武智麻呂伝』（『家伝巻下』ともいう）に大宝二年（七〇二）における良賤訴訟事件処理の法内法外条式作成の功[1]を記させている。家伝の上下に共通するのは、法制編纂の功労者に当たることである。仲麻呂が偉大な功績を残した祖父不比等に匹敵する鎌足像と武智麻呂像を描くために、功績の一を司法界への貢献を家伝に記述させている。

鎌足の顕彰を仏会に絞ると、不比等が和銅二年（七〇九）十月植槻寺で『維摩経』を修する法会を催していて、爾後断続して天平十一年（七三九）十月に光明皇后の維摩会復興があり、天平宝字元年閏八月に紫微内相仲麻呂による維摩会興隆と鎌足の洪業永遠伝達奉上等に求められる。維摩会は、藤原氏の息災と繁栄を祈願する私的仏会の立場から、国家的法会として年中行事化してゆく。(2) しかし不比等在世中にはまだ鎌足は律令編纂の功績者として有名ではなかった。維摩会の国家的法会化に支えられて鎌足の名声があがり、仲麻呂が太保に任命される天平宝字二年あたりから、近江朝翼賛の記事が現れてくる。八月二十五日の太保任命宣命ははしりともみられる。

自二乃祖近江大津宮内大臣一已来、世有二明徳一、翼二輔皇室一、君歴二十帝一、年殆一百、朝廷無事、海内清平者哉。

（『続日本紀』巻二一）

天平神護二年正月八日宣命以前に、不比等誄に触れたのが皆無であることを考慮すれば、(3) 鎌足誄詞が本当に存在したものか怪しくなってくる。殊に不比等の子孫の永手より前に、右大臣職に就いた武智麻呂や武智麻呂の長男豊成の右大臣任命にも、誄詞入りの宣命が欲しいところだが引用がない。武智麻呂・豊成父子は南家出身であるため、誄詞の宣命が出されなかったのかも知れない。もしそうであれば、不比等誄に記された「子孫乃」三字は、南家には適用されない意味を含んでいることになる。

誄詞を「後の藤原大臣（不比等）」に焦点を当てると「子孫の」意味に南家を除いているらしいことが見えてきた。「子孫の」意味から考えると不比等との関係で南家（式家・京家を含めて）適用外とみると、鎌足との関係を示す意味が薄れてしまう。つまりA部分は「子孫の」意味と連結性がなくなり、誄の効用を失ってしまう。即ち誄の原形にAとB部分が存在しなかった訳はここにあった。

では誄のAとB部分の加わる点に振返ってみよう。仲麻呂の太保任命宣命が出た天平宝字二年を目安としてそれ以後の誄詞修正となる。天平宝字八年（七六四）九月、仲麻呂が謀反行動に入った十一日、称徳天皇は一連の除目を行っている。その叙位に永手は従三位から正三位に昇進した。『養老官位令』に依れば、左右大臣の官位相当は正三位である。従って、称徳天皇は永手の位階を進めた時から、永手の右大臣任命の意志を固めた、と思われる。そして翌天平神護元年十一月二十七日、右大臣藤原豊成が薨去した。誄詞の修正は二十七日から二年正月七日の永手任右大臣前日までの四十日の間であろう。

これまで不比等誄の原形から鎌足誄を追加する理由と過程に考察を加えてきた。ここで「しのびごとの書」の成立事情に視点を移そう。

養老四（七二〇）年八月三日の不比等薨伝をみると、元正天皇は特に優勅を出して「弔賻之礼」を群臣に対する恒例と違って手厚い葬礼で遇した由を記す。この群臣と異なる弔賻の葬礼が「しのびごとの書」を贈っているのであろう。元正天皇の優勅は従って故右大臣の二男房前の子孫に大臣職を与える暗黙の約束ではなかったかと思われ、その背景に元明上皇が生前おける不比等の功業に応える感謝の気持がこめられている、と考えられる。殊に皇位継承に不可欠の黒作懸佩刀を、不比等が首皇子（聖武天皇）に献じた行為に、元明天皇が受けた影響は大きい。

黒作懸佩刀は、天平勝宝八年六月二十一日聖武上皇七七法要の日に、光明皇太后が東大寺の盧舎那仏に献納した上皇愛用の品々の一である。黒作懸佩刀には、日並皇子（草壁皇太子）が日常佩用し、即位前に夭折した後、持統天皇から不比等に与えられ、文武天皇即位に際し不比等から天皇に献じられ、天皇の崩御により元明天皇から再び不比等に与えられた歴史がある。不比等は元明天皇即位宣命に、天地と共に長く日月と共に遠く改むまじき常典を持ち出させ、父子相承の大義名分に基づく首皇子への即位を実現させた。元明天皇にとっては、不比等はかけがえのない協力者であった。

上山春平氏は、神亀元年（七二四）二月四日条の聖武天皇即位宣命に、文武天皇から聖武天皇への皇位継承には、元明と元正の二女帝を介在させる過程があり、草壁皇太子の佩刀の継承には、不比等を介在させる過程という共通性を認め、元明天皇から元正天皇への皇位譲渡に天智天皇が定めた『不改常典』を根拠にして、必ず聖武に嗣位する指摘があったことに注目されている。(5)

不比等が首皇子即位のため、『不改常典』を作為し皇位継承を元明天皇に保証するという政治的配慮を踏まえれば、また次の考えも容認できるのではあるまいか。それは、房前が北家の子孫に右大臣就任を保証するため、「しのびごとの書」を作為し、大臣職継承を元正天皇に保証させる意図があったことである。嫡子相承の皇位継承と北家の右大臣継承の類似が、『不改常典』と不改宣命（万世に改むまじきしのびごとの書）の理解から窺える。

この不比等誄を作為したのは、兄の武智麻呂をさしおいて不比等在世中に参議に就いた房前であろう。(6) 不比等薨去後元正天皇は、房前を内臣に任命し大政の協力者として好遇する。その様な事情を考えると、不比等誄は元正天皇宣命を表向きにするが、背後に元明上皇の意志が働いているのである。それは内大臣藤原鎌足の嫡系相承を意味する。不比等→房前→永手の父子好遇の意図が感じとれるのである。いま『不改常典』と不改宣命とが共通する点を構図として左に示す。

皇室　不改常典→皇位の継承→父子相承……首皇子の即位実現（天智の後裔＝日本の統治者として承認・保証）

藤氏　不改宣命→右大臣就任→嫡系相承……永手の右大臣就任（鎌足の後裔＝統治輔政者として承認・保証）

誄史上特異な不比等誄は、藤氏の大臣就任時における不改宣命の実行を思わせる。(7) 去り気なく「教賜詔賜」の四言を用いて授するところに特色をもつ。(8)

註

1　拙稿「藤氏家伝下にみえる判事の職と藤原武智麻呂」（『大阪府高等学校社会科研究』一二号）。「法内法外条式の武智麻呂上進制定叙述は、真相ではなかったであろう」とし、条式と同趣旨は『延喜刑部式』所引の『弘仁式』に引く良賤規定を参考にしている。

2　井村哲夫「天平十一年「皇后宮之維摩講仏前唱歌」をめぐる若干の考察」（吉井巌編『記紀万葉論叢』所収、塙書房・平成四年刊。後に井村哲夫『憶良・虫麻呂と天平歌壇』翰林書房・平成九年刊に収める）。

3　伝記作成に際しては必ず引用があって不思議でない名誉な誄詞、それが『家伝巻下』に載っていない。

4　『大日本古文書』四所収、『東大寺献物帳』天平勝宝八歳六月二十一日付付箋除物に、「黒作懸佩刀一口　右、日並皇子常所二佩持一、賜二太政太臣一。大行天皇即位之時、便献。大行天皇、崩時亦賜二太臣一。太臣薨日、更献二　後太上天皇一」と記す。一三九頁。

5　「天皇家と藤原家」（『神々の体系』所収、中公新書・昭和四十七年刊）。

6　不比等は藤氏宗家として力量の乏しい武智麻呂を在世中廟堂に入れなかった（拙稿「藤氏家伝下所引の霊亀二年五月庚寅条発布詔文と武智麻呂」『皇学館論叢』三巻三号）。

7　天皇家の外戚として中央政界の重鎮となる藤原北家は、太政大臣に就任した良房のあと北家の後嗣を定める制として柩前儀式を採用した。寛平三年（八九一）における基経の葬儀はこれを物語る。『西宮記』裏書の延喜六年（九〇六）六月六日『御記』に気がかりな記事を載せる。「左大臣談語……大臣曰、先例勅命使、於二柩庭所一読二詔書一、可レ有二其儀一。昭宣公薨時、柩先至二小野墓所一、勅使大江朝臣、□至二彼所一、以二不《(本イ)》家中□□□儀一云々。国経執二伝宣命一、臨レ柩読レ之云々」。ここで柩に臨んで勅使が読む宣命は明らかではないが、やや詳しい内容は、前田家本『西宮記』裏書にみえる天暦三年（九四九）八月十四日の『吏部記』の記述である。「十八日戌刻、勅使大納言清蔭、中納言元方、左大弁庶明、到二蹔休二此幄一、為二宣制一。贈位、賜封国、諡号也。……霊柩就二浄帳一後、勅使等進二立南門外西辺一。西面北上、大納言清蔭卿、当二門北一向、宣制、贈二正一位一、封二信乃国一、諡曰二貞信一」。勅使の宣制に贈位・賜封国・諡号があったことが『吏部記』で知られる。この宣制に欠ける勅命が『北山抄』巻第六、備忘の略記、薨奏事の裏書に見出せる。「天暦三年八月十四日戌刻、奉レ葬二於法性寺外艮地一。勅使大納言清蔭卿、中納言元方卿、参議庶明朝臣等、到二葬門前一、宣二制詔旨一、其詞云々、贈二正一位一、封以二信濃国一、諡曰二貞信公一云々」。宣制の詔旨には贈位の前に何か天皇の言葉が「云々」表現で略されている。「云々」には北家氏長者に対する宣旨があった筈である。天暦三年八月に薨じた関白藤原忠平は、延喜九年四月四日左大臣氏長者藤原時平の薨去後、九日権中納言就任と同時に氏長者を拝命した。氏長者は八世紀末に従前用いた「氏上」を改めた令制に基く名称である。藤原氏に長者の号が用いられたのは右大臣基経以後のようで、基経薨去後右大臣就任の十日後良世が氏長者となり、寛平六年十二月二十五日良世の致仕後、翌九年六月十九日時平が大納言就任と同日に氏長者を拝命している。そのあとを忠平が襲いだ。氏長者の就任には摂政・関白の宣旨拝命と別個に宣旨をうけて公認される（竹内理三「氏長者」『史淵』六三号、後に『律令制と貴族政権　第Ⅱ部』に所収、お茶の水書房・昭和三十三年刊)。時平と忠平に共通する新官職就任と氏長者公認の宣旨は、時平以前の氏長者襲名宣旨とは表現を異にしたであろう。そうだとすると北家の氏長者成立以前と氏長者襲名後では、柩前葬儀の宣制が同じとは考えにくい。従って「云々」中の共通宣旨は、氏長者関係の内容と見なさなくてよいと思われる。ここで「云々」には元明天皇の不改宣命の誄詞が引かれているのではないかと考えられる。固より永手以後、不改宣命を用いる可能性は、魚名、内麿・園人・冬嗣・良房等にはある。しかし奈良朝にみられた女性天皇を輔佐する時代ではなくなっている。不改宣命に求められる忠臣、要職任命保証は専制桓武天皇以後には薄れてゆく。薬子の変後勢力をもつ冬嗣以後、不比等に代り外戚の絆が強まる中で不改宣命が見直される状況が生まれる。ここで一つの仮説を立てれば、園人の薨後冬嗣・良房・基経の葬儀に勅使の宣制中、元明天皇の不改宣命の誄詞が引かれる可能性がある、と。天暦三年の貞信公葬儀における勅使宣制には、誄詞を引く蓋然性を『北山抄』裏書の「云々」を以て推測した。

8　田村円澄著『飛鳥仏教史研究』第Ⅳ部天皇と藤原氏、第二章「不改常典」について(塙書房・昭和四十七年刊)。

五　平安朝の皇室誄

平安朝成立の皇室誄には、『日本後紀』大同元年(八〇六)夏四月甲午朔条にみえる桓武天皇誄が最初である。祝詞調の誄文の表現は、

(一)畏哉・在位中の宮号・御坐志天皇乃
(二)天都日嗣乃御名事袁
(三)恐牟恐母誄白臣末
(四)畏哉・日本根子天皇乃
(五)天地乃共長久日月乃共遠久

㈥所白将去御謚止称白久

㈦日本根子・謚号・称白久止

㈧恐牟恐母誄白臣末

の一段三節二段五節で出来ている。第一節では「畏哉」が一段の起句に当たり、その後に宮号を在位の天皇に冠し、第二節に天神アマツカミの御子として皇位を継承する「御名」あげ、第三節で結句に臣称複数謙称を加える。第四節では第一節と同じ起句をくり返し歴代天皇の通称を挙げ、第五節に天地の悠久と日月の不変を重ねて皇位の安泰不変を示す雅語表現を用い、第六節で後世に伝える謚の賛称意志を示し、第七節で第四節の通称をくり返し謚号の称賛を明らかにし、第八節で第三節と同じ結句と誄人の複数謙称でまとめる。第一段が皇位を継いだ大行天皇を偲ぶ追悼辞を、第二段で具体的な内容を付加して追悼の気持を強調する辞となる。コンパクトな語句の反復を通して、大行天皇には謚号を称賛し、会葬者には悲痛感をかきたてる誄文手法が窺える。

桓武天皇誄に続く平城上皇及び淳和上皇の誄には、何れも譲位後の「譲国而」三字が宮号に付く。平城上皇は譲位後平城京に住んだので「平城宮尓」の宮号で表され、淳和上皇は桓武天皇と同じ帝都のため宮号が省略されている。大喪儀の誄文は格調高く重々しさを大切にするから、淳和上皇誄の原形は「平安宮尓」宮号が残されていたのではないかと思われる。誄人は長中納言正三位藤原雄友の他に、後誄人十名が選ばれた。誄が前後二段である理由は、誄人が左右二手に分かれて左方の誄人が前段を、右方の誄人が後段を読むからである。左右の関係は左右大臣で知られるように官職の高下による。桓武天皇大喪儀の左方誄人には中納言従三位近衛大将藤原内麻呂、右方誄人には権中納言従三位中衛大将藤原乙叡が選ばれている。

村尾次郎氏は、

誄人長が先ず総括的な誄を奉上したのであろう。

といわれる。(1)「総括的な誄」とは如何なる内容の誄を指すのかさだかでない。「誄の全文」の意味であろう。ここで誄の前後段にみえる「臣末」の訓みが意味をもつ。村尾氏は「臣末」表現を採り、

両段末尾の「臣末」は「臣某」の謫か……誄人は尊号を唱える役であって勅使ではないとすれば、実際に唱える人の氏名であってよいとも考えられる。

という。朝日新聞社刊『増補六国史』、『日本後紀』（以下朝日社本と記す）大同元年夏四月甲午朔条の頭注には、「臣未、未は某なり」とみえ、本文に「ヤツコナニガシ」と記す。朝日社本は塙検校校訂本を底本とし、「天文二五月命二大史于恒宿祢一、令二書写一、同一校了」の奥書をもつ三条西家本（以下西本と記す）で校合して出来上がった。西本は天理図書館蔵となり昭和二十四年に重要文化財の指定をうけている。(2)その西本では、前段が「未」でも「末」でもない筆記だが、後段では明確に「末」となっている。ということは、朝日社本は西本の「末」を採らず、「未」と記す塙校訂本を尊重したことになる。「未」と「末」の何れが正しいかは、左右誄人の複数奉上の点から「末」を私見では採る。(3)「末」は誄人長を含む後誄人すべてを総称するもので、誄人個々の「某」を示すものではない。長を含む十一名の誄人は、天皇に代って勅命を伝える一人の勅使でもないからである。

時代が下った天保十一年（一八四〇）に光格天皇が崩御された。その葬儀には、淳和上皇の誄奉上（八四〇年）より一千年ぶりに皇室誄の復活をみる。天保十二年閏正月二十七日における尊誄奉上には、大臣に代る右大弁菅原聡長と八省長官に代る左近衛少将源通熙と侍臣に代る侍従藤原胤保三名が選ばれた。誄の内容は大臣奉上からそれぞれ縮少され、また異なる。古代の皇室誄の表現、

畏哉、譲国而御坐志天皇乎、恐牟恐母誄白

は同じであるが、宮号と「天都日嗣乃御名事袁」は三誄とも略されている。第二段に当たる起句と結句の、

畏哉、日本根子天皇者、……恐牟恐母誄白

が三誄とも共通してあり、大臣代理奉上では、

天地乃共長久日月乃共遠久、称白……御謚乎……称白

表現が伝統を重んじて残る。しかし卿及び侍臣代理奉上では、伝統語句が省略され新しい追悼文句に代る。三名が奉上する誄で注目すべきは、それぞれ「臣某」となっていることで、誄人はそれぞれ「臣菅原聡長」「臣源通煕」「臣藤原胤保」と個人名を出したことが分かる。「朱」から「某」の称名変化は、統一文句を左右誄人が読む奉上形式から、左右誄人をなくして誄文の違う奉上形式に改めた結果による。

天長元年（八二四）秋七夕に平城上皇が崩じた。正史の『日本後紀』は散佚して、誄文が『類聚国史』巻二五、太上天皇及び巻三五、諒闇、『釈日本紀』巻一三、述義に残る。平城上皇誄は桓武天皇誄と同一手法で、謚号の「皇統弥照尊」が「天推国高彦尊」と代ったに過ぎない。宮号に「譲国而」を冠することは前述した。ただ写本の誤字「臣末」が二箇所に残る。『日本後紀』佚文には誄人記事がない。桓武天皇の葬例により誄人長一人後誄人十人が選ばれたことを推断して大過ないであろう。

承和七年（八四〇）夏五月八日淳和上皇が崩じた。翌九日に誄の奉上があった。『続日本後紀』には、

令二参議従四位下刑部卿安倍朝臣安仁上二後太上天皇誄謚一。

の記述があって他の誄人について一切触れない。安倍安仁一人が誄を奉上した記載になっているが、桓武天皇の葬例から推して、安倍安仁を含む誄人長後誄人十名の選抜があったであろう。平城上皇誄との相違は、「天高譲弥遠尊」の謚号が平城上皇の謚号と代っただけである。淳和上皇誄も「臣末」誤写の存在を国史大系本によって知られる。

天応元年（七八一）十二月癸丑における光仁天皇大喪儀では、参議筆頭の正三位藤原小黒麻呂が誄人長になっていて他の誄人不明の前例がある。『公卿補任』によれば、承和七年の時点で安倍安仁は参議筆頭になっていないが誄人長と解してよいのか疑問である。後考を俟つところである。

註
1　「延暦の礼文」（『神道史研究』四二巻四号）。
2　『天理図書館善本叢書　日本後紀』解題（天理大学出版部・昭和五十三年刊）。
3　「桓武天皇誄の訓読及び語註と私見」（『神道史研究』二八巻一号）。

六　近世の誄

古代における中文体誄は、貞慧誄と空也誄二点に共通する法師誄であった。近世においては、もと若松城主の加藤明成誄、大老で小浜城主の酒井忠勝誄、笠間城主の井上正利誄、徳島城主の蜂須賀宗鎮誄等の大名誄と、儒者の林靖誄、公卿の広幡長忠誄、入道の公遵法親王誄がみられる。

加藤明成は三十九歳の寛永八年（一六三一）に父嘉明の逝去後、会津若松城主となる。老臣堀主水の直諫に堪えられず、主水が「元和の役に明成が大坂方に内通した」との大目付へ上書することがあって、評定所における嫌疑が晴れると明成は主水を処刑する。そして主水の妻子を捕らえて告訴をうけ、同二十年に領主職没収の上長子明友の吉永藩に身柄預けとなり、万治四年（一六六一）正月二十一日逝去する。

誄末に「二月下旬」と記すので、一周月忌に林鵞峰が作ったのが前拾遺加藤叟誄である。鵞峰は誄本文で石見における明成の閑居生活を美しく描写する。

老に漸《スス》みて職を辞し、　退きて光を匿す。
石州の地僻《ホナカ》にして、　山静かに日長し。
十有九年、　砧葛暑霜。

遊きて帰らざるは、　　白雲の郷。

の表現から、明成の真相は窺えない。藩主の留守をいいことにして、明成は相変らず若松城主気取りで暴君的な放逸生活を送った(1)。『吉永記』には、本陣の大門には吉永から遠い早天からとか川向かいの行垣より料理を運ばせたと記している(2)。

誄序文には、東照大神君・台徳大相国・大猷贈相国の記述がある。巻子本『空印公誄』に倣えば、『林鵞峰文集』に収める前の原文は、将軍に対しては平頭であったと推定される。

万治四年三月十二日早朝、林靖が逝去する。第一周月忌に、水戸家弔使卜幽が主家名代として祭文読了後、読んだのが読耕斎林君誄である。卜幽は水戸家第二代藩主頼房の侍講で、光圀の出生から成長の過程にあって、常に師として陰に陽に深い影響を与えた人である。

卜幽は林羅山に師事して以後、子息の恕（鵞峰）や靖（読耕斎）と親しくした。読耕斎は詩文に才能を伸ばした。それは『徳川実紀』に寛永二十年秋に韓の訪日客と贈答した由を記すことで知られる。卜幽は読耕斎の天分を称えるため、本葬で読んだ誄序文に読耕斎が親しんだ詩人の蘇軾を挙げ、本文で

能作㆓詩文㆒、気無㆓蔬筍㆒、

と記して読耕斎に仮托している。また卜幽が蘇軾の「別㆓黄州㆒詩」にみえる

長腰尚載撐腸米、濶領先裁蓋癭衣、

の句の一部を倒置して、

君好㆓読書㆒、腸撐㆓芸台㆒、

と引用するところや、「贈詩僧道通詩」にみえる

気含㆓蔬筍㆒到㆑公無。

の中に誄との類似表現を見出だす時、蘇軾への傾倒ぶりが窺える。(3)

器量人であり、竹千代君時代の保傅に与り家光の寵臣であった酒井忠勝は、寛文二年（一六六二）七月十二日牛込邸で逝去する。第一周月忌に読んだのが鵞峰作巻子本『空印公誄』である。原題を『致仕国老故大中大夫羽林次将前若狭国主酒井叟誄』という。忠勝は明暦二年（一六五六）三月老衰で致仕を許され、四年後の万治三年四月剃髪して空印の法号を用いた。忠勝は将軍家光から、

其方の儀、八まんしよさいすましく候。

の遺言状を托された寵臣で、家光薨去後大奥の浄化を断行した傑物である。

誄には劉勰の『文心雕龍』による麗辞型として

階桜薫袂、宸楓仮色
勅使冠盖、皇胤伽黎）双比空辞の言対

撥乱創業、継統守文
日照高山、月落前渓）理殊趣合の反対

魚躍庭池、鳥飛林際—事異義同の正対

等がみられ、空海の『文鏡秘府論』にみえる対句の分類としては、

楨幹之量、柱石之姿—的名対
披中華史、繙本朝記—字対
魚水之情、腹心之親—切側対
槐棘同朝、鷗鷺連翼—賦対対（句首の畳韻）
福禄如此、日月其逝—畳韻対（上句首が双声で下句首が畳韻）

等が窺知される。(4) 将軍の広報官及び名代として活動した忠勝の逝去を心から痛んだ鵞峰は、誄の奥書に「向陽林子滴涙記之」と記す。

　壮年の賀寿を迎えて常陸の笠間城主となった井上正利は、延宝三年（一六七五）十一月八日逝去する。正利と四十年近くの交友であった鵞峰は、生前における交情を序文で、

　余、自二弱冠一相識、講習討論、殆四十年所、相互為二益友一。

と表す。正利は寛文九年（一六六九）六十四歳で致仕を許され、六年間の優游自適の生活を送った。その閑居生活は、四書五経の読書、飽きると益友と一局の碁を楽しみ、月を眺めては一句をひねり、美しい花を愛でて即席の一首を吟じ、疲れをいやす為に酒に親しみ、暑夏には緑樹の間を散策し、寒冬には炭を熾して身体を暖める気儘な日常であったという。鵞峰は誄本文で、

　三盃酒酣、一局碁楽。
　青山独老、白髪七旬。
　夏顧緑樹、冬熾炭麟。

といった数目対（。印）や色目対（・印）を用いる他、

　沙汰僧道、畏敬神祇。
　参攷鄭孔、尊信程朱。

の如き事対や、あるいは

　既酔猶醇、得意相親。

にみられる反対など、対句の技巧を凝らす。(5)

四十六歳の宝暦六年（一七五六）剃髪して承恵の法名をうけた広幡長忠は、明和八年（一七七一）九月二十七日に

他界した元公卿である。故長忠に対し大典顕常が作った哀悼文は、広幡源公誄と題する。(6) 李朝への図書作成を幕府から委嘱される文人顕常の修辞の片鱗は、本文を頌の正格体四言句で統一する手法で窺え、また序文中に、

曳履之声、久歆二金殿之所一、
執紼之喝、俄臨二黄泉之挺一。

の如き十言対句や、十二言対句

棲禅雖レ邈、誼比三皎然之感二深仁一、
摛藻非レ工、嘆等三陳思之殲二吉士一。

の中に「心の通えるは唐僧皎然が仁徳を窮める修行の道に比べられるし、また妙味ある作文が抜きんでてはいないが、悲しい想いは魏の文人曹植が股肱と頼む協力者を死なせたことと同じだ」(7) と、故事を踏まえて故人を顧み悲傷感をかきたてる。顕常の手法には四言句中二語を同一字でくり返す表現、

福足慧足、位尊徳尊（一品准三后入道親王誄）

が、広幡源公誄にも窺える。

翔翼戢翼、騰鱗沕鱗

顕常の手法で一品准三后入道親王誄冒頭に、

天上碧桃、日辺紅杏

と表現した四言二句を、前句と後句を倒置し「碧」を「紅」に改めて広幡源公誄に用いているのは、顕常の好句と察してよいだろう。

安永九年（一七八〇）八月二十七日、徳島藩主蜂須賀宗鎮が逝去する。幕府にへつらう儒者の中で卑屈な行動のなかった学者に柴野栗山がいる。栗山は明和四年（一七六七）から天明七年（一七八七）幕府の儒者になるまで二十年

間蜂須賀候に仕え、宗鎮の葬儀に献呈した追悼文が、『栗山文集』巻四に収める阿波信恵公誄である。

赫赫たる阿淡、　師にして君たり。
位を解かざること　十有六年。
偉きかな大行　式って大名を受く。

と故人宗鎮を称えるのに、古代より王室に用いた「大行」を用いている(8)。

広幡源公誄の著作後、大典顕常は天明八年三月に薨じた公遵法親王の追悼文を作っている。『北禅文草』巻一に「奉誄随宜楽院一品准三后入道親王」と題して収める。

ああ天上の碧桃、日辺の紅杏、種は常種に非ず、境はあに凡境なるや。これ昨の春や、爛《アキ》らかなる光景なれど、
これ今の春や、寥《サビ》しく沈影たり。
ああ龍の章《イロドリ》 鳳の質《スナホサ》ありて………

ああ十善薫るところ………

といった、嗚呼云々の四押韻による六回のくり返し手法を採った珍しい作品である。誄の正格体である序文を略し、頌の本文のみを綴る手法には、明の徐有貞が陳介菴誄本文(9)でみせる「嗟孝原甫」の四回くり返しで頌をまとめた技巧に似ている。

近世においては中文体の誄が作られる一方で、祝詞調の「大人誄」の表題をもつ作品が成立する。その一は明和元年（一七六四）成立の平朝臣胤満大人誄であり、二は明和八年成立の藤原長儀大人誄であり、三は文化八年（一八一

一）成立の奉告織錦斎大人之霊誄である。平朝臣胤満（治胤ともいう）大人誄は千葉県市原市に鎮座する菊麻八幡宮前宮司に藤原真之が贈る追悼文である。胤満大人が在職中神社新築に尽くした功労を、
新に瑞大神殿を造営み、銅を展て葺草とし天御蔭・日御蔭と隠奉り、田畑の税力を添奉て修覆料となし、常磐の石神門・瑞牆・拝殿に至まで造備へ
たと、藤原真之は賛辞を連ねて故人を称える。
藤原長儀大人誄は静岡県磐田郡に鎮座する惣社宮司に贈る追悼文で、
神官の身に負ふ事にしては、常に謹み奉て、落事無く怠事無くして
神に奉仕した故人を偲ぶ。誄文は椙山家所蔵の『葬礼式』に収める。
奉告織錦斎大人之霊誄は、清水浜臣が文化八年に師村田春海の逝去を悼んだ文で、『泊洦文藻』巻三に収める。誄は、

鳴呼悲哉、織錦斎大人、鳴呼惜哉、琴後大人。――――
鳴呼哀哉、我大人、鳴呼惜哉、我大人。――――
鳴呼哀哉、我大人、鳴呼惜哉、我大人。――――

のくり返し手法で綴られる。第一段で用いた「悲」を第二第三段では同義の「哀」に代え、第一段の「織錦斎」「琴後」を第二第三段では「我」に統一して、師に対する哀悼を強く表す。古学の道を窮めた県居翁の跡を継ぐ師を称え、師の後の文人を顧みて、
今大人死り坐しては、大人に物学べる人若干の哀悼乃美かは。
と悲しむ。浜臣は「三度乎呂賀美、九度項根突抜て」誄を奉って、「我ニシコリノウシ」「我コトジジリノウシ」で文を結ぶ。誄文に何回となく「浜臣」と「大人」を対置して、交情の篤いことを示唆し、臨終における大人の言葉を引く。

浜臣が手を援へて、浜臣よ、予は可死ぞと告賜へる一言の慥に所聞て、今猶耳に残れり。

の表現には、愛弟子の悲痛感を漂わせる。

丁度この頃、清の任兆麟は七六字のコンパクトな四言句で揃えた姪女慧貞誄を作っている。短い誄文に「我」を「汝」のくり返しで際立たせ、故人と兆麟を強い絆で結ぶ手法を用いて哀傷感を高めている。[10] ここに彼我の誄が慟哭を作品要素とする片鱗を窺知できよう。

物語に和歌を挿入した作品は古代の『伊勢物語』で知られる。近世の誄には俳句や和歌を挿入した作品が出現する。俳聖松尾芭蕉は元禄六年（一六九三）武士出身の弟子嵐蘭の急逝に遭う。その葬儀に寄せた追悼文が『芭蕉文集』に載せる松倉嵐蘭誄である。誄の冒頭を、

金革を褥にしてあへてたゆまざるは、士の志なり。文質偏ならざるをもて、君子のいさをしとす。

で示した武士の本分を語り、嵐蘭との関係を、

予とちなむこと、十とせあまり九とせにや。

の表現で交際の浅からぬことを明らかにする。古稀の母と七歳の稚子を残して他界した四十七歳の嵐蘭へ、

はかなき秋風に吹しほたれる草の袂、いかに露けくも、口惜もあるべき。

と急逝に名残を惜しみ、誄の最後を、

秋風に　をれてかなしき　桑の杖

の一句でしめくくった。[11]

誄に和歌を採用した作品としては、大中臣忠雄が子の忠栄逝去に贈った誄を、孫の忠英が読んだ因幡守大中臣忠栄誄がある。作品は『気吹廼舎文集』巻上に「山口忠雄の願に依て加筆し給へる志ぬびこと」と題して収める。誄には忠栄が朝廷式典について、本居宣長大人の学風を平田篤胤大人から学び、和歌を冷泉家流で学び古風にまで領域を広

めたことを掲げて、文化人忠栄を称える。そして病床に就いて新年を祝う和歌二首、

今朝よりは　煩はしきも　忘れけり　千世の初日の　めぐみいづれば

みそら行く　天津はつ日の　御恵に　けさいさましき　春をむかへつ

を忠栄が詠んだこと、忠栄他界後に父忠雄が霊前で詠んだ二首の和歌、

霊屋に　鎮り坐して　子孫らが　行末永く　守りましてむ

礎の　堅き勤の　魂より　幸へまもれ　霊の真はしら

を加えて、最後に、

祖父命の記し給へる詞をそのままに、信太郎忠英、かしこみ惶みも御前に読上げ奉ると白す

の代読を霊に告げて文を閉じる。(12)

文化八年（一八一一）師村田春海を見送った六年後、浜臣は植村正路の野辺送りに遭う。元来誄は故人と生前最も親しかった人が贈るのを善とする。浜臣はこの趣旨をよく心得ていた。

浜臣、いままをさむことあり。みたま天がけりてもきこしめせ。ぬしは、おのが心しりの友也。

と莫逆の友なることを明らかにし、その親交を、

ぬしもおのれも、うひまなびどもの道しるべするわざにいとまなくて、あしたゆふべに、とひとはるゝこと、おのづからまどほになりもてゆきにたれど、

と、窮学研鑽する二人を強調し、故人の心中を、

ぬし、今おい人をのこし、うち君をのこし、むすめ子たち四人をのこして身まかられぬ。先だつぬしの心、おくるゝ人々のかなしみ、とりあつめて思ひやるにたへがたし。

と悲しむ。二十年に及ぶ交友に捧げた言葉、

心のかなしみをつくすは、……はたたくみをもとむるにあらず。……たゞまごころをのべつくすにあるべし。

には、親友よりも寧ろ肉親との惜別を悲しむ心情が吐露されている[13]。

猶、近世の誄には京都吉田神道家配下で、宮司が代々語り継がれてきた口伝誄葬祭要文や、また神宣感応霊前誄も存在する。何れも誄史上貴重な資料であるため、参考誄として収載してある。

近世の皇室葬儀で注目すべきは、誄献呈と山陵営造に変化がみられることである。承和七年（八四〇）の淳和上皇葬儀を最後に、古代の大喪儀は、「葬場殿の儀」における誄献呈が千年間途絶える。そして近世末の天保十二年（一八四一）閏正月、光格天皇葬儀に誄献呈の古制が復活した。淳和上皇葬儀における参議安倍安仁の誄献呈に倣い、卿代理源通熙の誄奉読がある。この葬儀で大臣・侍臣による誄献呈もあるから、その先蹤は天武天皇大喪と言えよう。古制唱導者は誰か分からないが、「葬場殿の儀」を重厚にした功績は大きい。

慶応三年（一八六七）正月の孝明天皇大喪儀では、先帝葬儀で復活した誄献呈がなく、中興の美事と言われる山陵奉行戸田忠至による泉涌寺内に山陵営造の古制採用があったにすぎない[15]。従って近世の皇室誄は、光格天皇葬儀に誄献呈の、孝明天皇大喪に山陵制復活をみたところに意義があり、殊に近代の「葬場殿の儀」における誄献呈の布石ができた。

註

1　拙稿「誄の概説補遺」（『鴻志』六号）。
2　拙稿「一日研修報告の記―石見銀山・霊仙寺・吉永藩探訪」（『鴻志』五号）。
3　拙稿「誄の終焉」（『神道史研究』二九巻四号）。
4　拙稿「誄に関する研究ノート（上）」（『兵庫県社会科研究』三八号）。
5　前掲註4。
6　『小雲棲稿』巻一〇。

7　前掲註4。
8　拙稿「歴史と金石文―祭文（哀辞）を中心として―」（『兵庫史学研究』三三号）。
9　『武功集』巻三。
10　拙稿「続・誄の概説」（『鴻志』四号）。
11　前掲註8。
12　前掲註8。
13　拙稿「近世・近代の誄作品四点」（『鴻志』五号）。
14　『保古飛呂比（佐佐木高行日記）』一六、慶応三年二月に「一大行天皇様御葬式、去月廿七日被相済、此度は《（とカ）》山陵も御造営に相成、戸田家・中条家掛りなり。然れとも、一向に僧の手を離れ給ふには不至候由、乍併、其礼中興の美を相聞へ申し候事」とある。
15　『明治天皇紀』第一、慶応三年正月、戸田忠至の上申の項に、「既に光格天皇の時、尊号を上ることを古制に復せられ、尋いで各地御陵の修復を見たる今日に在りては、土地狭隘なる従来の陵所泉涌寺後山を避け、新に寺中の浄地を択びて山陵を築造したてまつるべく、其の経費は従前龕前堂・山頭堂等の建設に要せしものを移し充つれば事足りぬべし。是れ我が山陵の古制に復する所以にして又以て名分国体に相称ふの規式なりとす」とある。
16　『孝明天皇紀』巻二二〇、慶応二年十二月の『実麗卿記』に「正月廿七日壬午晴、今夜大行天皇送葬于泉涌寺。又今度山陵依旧蹤御再興被営于泉山云々」とみえる。

七　賜誄と御沙汰（書）

近代の誄作品を眺めると、正格法の中文体誄は明治天皇誄一点を除き姿を消す。但し表現の面で明治天皇誄の和文表現と同じ作品として昭憲皇太后誄が一点ある。

近代誄の特色は、神道葬礼による二種に区別した夥しい功臣への勅語である。一は賜誄といい、一は御沙汰という。賜誄には『太政官日誌』に載る大村永敏誄（一〇七号）を最初として、広沢真臣誄以下大久保利通誄まで漢字表現体の作品九点があり、仮名入表現の作品は沢宣嘉誄（『太政官日誌』一三〇号）を最初として四十九点がある。その内皇室関係の誄九点（李熙王・李坧王の二点を含む）がある。明治十六年（一八八三）七月に官報が公刊されてから、賜誄が宮廷録事の項に掲載されるようになる。『官報』二一〇号に載る岩倉具視誄は、賞勲叙任の項に載り仮名入表現である。『明治天皇紀』（以下『天皇紀』と略称）・『三条実美公年譜』・『保古飛呂比（佐佐木高行日記）』共に官報と同一なのに、編輯兼発行者三浦理の大正三年（一九一四）十月有朋堂書店刊の『詔勅集全』（以下『詔勅集』という）では何故か漢字表現である。

一方、御沙汰は明治三十六年六月十三日の池田章政(1)への下賜（十五日『官報』五九八四号）から官報に掲載された。現在岡山城東の円山一〇六九番地に在る曹源禅寺境内の池田家墓地に、池田詮政謹表の「麝香間祇候従一位勲一等侯爵池田章政公墓表」が建っている。墓表には「賜賻及誄」「始終忠誠、如二恩誄所レ褒、家門栄幸」の句があり、御沙汰を誄と表現したことが分かる。所謂、天皇下賜による勅語の誄と御沙汰は追悼勅宣文という点で共通する。両者は「勲功・哀辞・贈官・弔慰下賜物の表現をもつことであり、相違点は弔慰遣使の発遣表現が僅かに異なる」ことである(2)。勅語の誄には「茲（爰）ニ侍臣ヲ遣ハシ」の勅使差遣を示す表現に対し、御沙汰では勅使差遣の句を省略することが多く、「因テ」もしくは「宜ク」を用いて下賜物に冠する修飾語を残すだけの簡単表現となっている(3)。

天皇が下す勅命には、明治八年（一八七五）九月四日小松帯刀に対する玄蕃守任命の宣下文が『太政官日誌』で御沙汰書と記されるし、同年の府県名改定の通達書や諸侯参朝命令も御沙汰書で統一している。『官報』発行以後も変化はない。その一例に明治三十七年七月十二日『官報』六三〇九号の宮廷録事を示そう。

○御沙汰　昨十一日東京帝国大学ニ於テ文部大臣久保田譲ヲ御前ニ召サレ左ノ通御沙汰アラセラレタリ

と記して、御沙汰の内容

軍国多事ノ際ト雖モ教育ノ事ハ忽ニスヘカラス其局ニ当ル者克ク励精セヨ

の三三字を示す。これは日露戦時下に使われた大臣に対する教育重視命令文である。この様に御沙汰は勅命の別称であって弔辞に限られる内容ではなかった。勅命の多様な内容に対する広義の御沙汰が、狭義の追悼文にも使われているに過ぎない。

明治二年（一八六九）七月における官制改革で、太政官の下に行政部門六省の一に宮内省がおかれ、初代長官宮内卿に万里小路博房が就任した。近代の御沙汰は宮内卿の取扱事項であり、明治十八年（一八八五）十二月の内閣制度発足以後は宮内大臣の所管になる。従って公文書上、勅命の御沙汰は内閣制度の下では、勅命をうける宮内大臣の署名捺印が必要となる。『官報』一六八六号に載せる叙任及辞令、

故文部大臣従二位勲一等子爵森　有礼多年職ヲ外交ノ事務ニ奉シ尋テ内閣ノ枢機ニ参シ教育ノ大任ニ居リ精ヲ励シ職ヲ尽ス茲ニ溘亡ヲ聞ク曷ソ痛悼ニ堪ヘン仍テ正二位ヲ贈リ併テ金幣五千円ヲ賜フ

御璽

明治二十二年二月十四日

奉勅　　宮内大臣従二位勲一等子爵土方久元印

や『官報』二〇八一号に載せる宮廷録事にみえる松平従一位薨去に勅使を同人邸へ差遣され宣旨と金幣を賜与された記事、

故従一位勲一等松平慶永

至誠憂国夙竭藩屏之重任大義勤王以賛中興之宏猷偉勲有成純忠可嘉今也淪亡曷勝悼惜茲賜金幣以弔慰

明治二十三年六月七日

宮内大臣従二位勲一等子爵土方久元

奉　勅

の事例から、内閣制度発足後の御沙汰の公文書形式を確認できる。井原頼明著『増補皇室事典』（冨山房・昭和十七年刊）に、

御沙汰　宮内大臣、侍従長等を介して伝へさせられる勅旨を申す。

と記すは、森有礼・松平慶永の用例を指す。池田章政御沙汰はこの書式に基づく勅宣追悼文である。ところが官報一六八六号には公文書名称がなく、『官報』二〇八一号には宣旨として御沙汰とは明示していないのである。追悼下賜文体をみても前者が仮名入表現体で後者が漢字表現体で、下賜文形式に統一がみられない。

勅宣追悼文の早い用例、明治十六年八月六日徳川慶勝に贈る詔書（『官報』三三号）では、

奉勅　太政大臣従一位大勲位三条実美

の書式で、後に御沙汰と区別する賜誄の形式を踏んでいる。しかし詔書の末句には「因テ祭資トシテ金幣ヲ賜フ」とある。この表現が実はそのまま池田章政御沙汰に用いられている。賜誄の文体が御沙汰に活用されている勅命文の書式をみると、明治二十三年前後の頃にはまだ御沙汰が洗練されていなかった段階といえよう。

私見では勅令時代を四区分し、勅宣追悼文の形式から森有礼賜誄を揺籃期（明治元年〜同二十二年）の最後に位置づけ、松平慶永賜誄を「旧藩主に贈る追悼表現の共通性とその後の誄・御沙汰に活用をみる」[4]成長期（明治二十三年〜同四十五年）の最初の賜誄とした。二者はいうならば揺籃期から成長期に入る過渡期の作品であり、御沙汰の表現を採らなかった作品に当たる。

『官報』六三三八号と七九〇二号、即ち川村純義御沙汰と嵯峨実愛御沙汰には闕字となっているが、その他の御沙汰には用例がみられない。

誄と用途・意味・内容が共通する御沙汰は、表現を間違えて報道された事が大正二年（一九一三）十月の桂太郎への下賜追悼文にあった。(5) 本集成では御沙汰の広狭義の区別から、賜誄表現に揃えるため、（書）の一字を加えて本文表題としている。読者諸賢御了解されたい。

明治時代の賜誄は、『天皇紀』に引用されていて大過はない。が僅か乍ら相違のある事例を見出す。明治三十八年八月八日後藤象二郎への勅語（『官報』四二三二号）では、

王政復古ノ大義ヲ痛論シテ、以テ群議ヲ排シ

と記すが、『天皇紀』は「議」を「疑」と記す。『詔勅集』は「議」である。憶うに中御門経之賜誄の「群疑ヲ排シテ」の冒頭句を意識して『天皇紀』編者の誤字であろう。

明治三十九年正月九日の九条道孝御沙汰（『官報』六七五六号）から、池田章政御沙汰にみられた下賜文の「因テ」は「宜ク」の表現に統一され、「特ニ」の二字が明治三十九年七月二十七日の児玉源太郎御沙汰(6)（『官報』六九二四号）を除き略されるようになる。そして「祭資ヲ賜ヒ」は、「賻ヲ賜ヒ」「賻ヲ齎シテ」あるいは「使ヲ遣ハシテ」の表現を慣用する。昭和に入って「使ヲ遣ハシ賻ヲ賜ヒ」が、昭和十四年九月二十八日の朴泳孝御沙汰（『官報』三八二三号）から「使ヲ遣ハシ賻ヲ齎ラシ」に改まる。このように下賜文の変更過程を眺めると、勅宣追悼文には前例の文を検討し改作に苦労した跡が窺えて興味深い。

近代における勅宣追悼文八十作品については、研究編第四章第八節で詳細に検討を加えたが、ここで同節で述べていない点を指摘したい。中丸薫氏は、

明治維新の主力はフルベッキの塾生たちだった。

と言われる。(7) 中丸氏の論拠は、慶応元年（一八六五）フルベッキが設立した済美館内で撮った四十六人の塾生写真に基づく。中村氏が示された塾生四十六人の写真中、勅宣追悼文下賜に与った者が実は十三人も含まれる。その十三人

中井上馨と大隈重信の二人は、何れも八旬の長生で大正時代に逝去している。この二人を除く十一人は、明治年間の追悼文被下賜者四十四人中の四分の一を占める。

十一人中岩倉具定の公卿を除いた十人は、木戸孝允と大村永敏の藩医二人と藩士八人である。ところが出自の面から追悼文被下賜者四十四人の内訳をみると、十二人を旧藩主で占め、岩倉具定を含む十一人が公卿であり、三人が宗室なのである。これら維新以前の貴族二十六人を省けば、残る八人の野津鎮雄・山田顕義・川村純義・児玉源太郎・林友幸・野村靖・佐佐木高行・小村寿太郎は、維新以前に済美館開設後フルベッキの薫陶をうけなかった人々に該当する。

そこで維新実現の主力すなわち功労を「勅宣追悼文被下賜者」という条件の下で判断すると、フルベッキの思想の影響が、非塾生より大きいという事実が浮かびあがる。この事実は、中丸氏の指摘を裏付けることになり、また明治維新史を分析する上で軽視できない要素と言えよう。

註

1　三浦理編『詔勅集全』には収蔵していない。
2　拙稿「勅令時代の賜誄―近代国家発展の裏面史―」（『鴻志』創刊号）。
3　拙稿「誄の研究―勅令時代の賜誄ノート―」（『平成三年度兵庫県私学研究論文集』所収）。
4　前掲註3。
5　『大阪朝日新聞』十七・十八日付の記事には「優渥なる御沙汰書」と見えるが、十九日付『大阪毎日新聞』では「優渥なる誄詞」と記して『朝日新聞』と表現が違う。二十日の『官報』三三六八号では「誄」と明記するので「御沙汰」表現は誤解を招く。
6　明治三十七年正月五日の近衛篤麿御沙汰（『官報』六一五一号）の下賜文に「仍テ特ニ祭資ヲ賜ヒ」とみえ、同年八月十三日の川村純義御沙汰（『官報』六三三八号）には同文を載せ、後文もほぼ近衛篤麿御沙汰と同じである。
7　中丸薫著『真実のともし火を消してはならない』サンマーク出版・平成十四年刊。

八　国葬と誄詞

国費で行う国の葬儀を国葬という。大正十五年（一九二六）十月二十一日、『勅令』第三二四号（『官報』号外）で大正天皇は、

朕枢密顧問ノ諮詢ヲ経テ国葬令ヲ裁可シ茲ニ之ヲ公布セシム

と正式に『国葬令』を定める。それ以前には、明治十一年（一八七八）五月十七日における大久保利通の葬儀に会葬する諸官吏をして大礼服を着用させた準国葬もある。明治時代には勅令により便宜的に国葬が行われた。最初の特旨国葬は明治十六年七月二十五日の岩倉具視に対する葬儀にみられる。二十三日の『官報』一九号に「故岩倉前右大臣葬儀、来ル廿五日午前六時出棺、品川海晏寺旧境内墓地へ埋葬相成候ニ付此段致二上申一候也」と、葬儀御用掛長杉孫士郎より三条太政大臣への上申が報じられている。同日付録には葬場拝礼次第・発葬式を載せる。二十三日岩倉具視に「其レ特ニ太政大臣ヲ贈ル可シ」の贈官勅語（賜誄）が下賜され、国葬当日四時から始まる葬儀には祭場に安置された柩前で、斎主が葬場詞を読み、その後で副斎主が古式に則る誄詞を読んだ。国葬に勅使による賜誄宣読と副斎主による古式の誄詞読白があり、これ以後恒例となる。また本葬に際し勅使・皇太后宮御使・皇后宮御使の代拝もある。

岩倉具視以後の国葬には、①前左大臣島津久光②内大臣三条実美③有栖川宮熾仁親王④北白川宮能久親王⑤公爵毛利元徳⑥公爵島津忠義⑦小松宮彰仁親王⑧公爵伊藤博文⑨有栖川宮威仁親王⑩公爵大山巌⑪大勲位李太王熙⑫公爵山県有朋⑬伏見宮貞愛親王⑭公爵松方正義⑮大勲位李王坧までが、『国葬令』施行前の例である。『国葬令』施行後終戦までに[1]元帥海軍大将侯爵東郷平八郎[2]公爵西園寺公望[3]元帥海軍大将山本五十六[4]閑院宮載仁親王の四例が、挙げられる。

『国葬令』第三条には、

国家ニ偉勲アル者薨去又ハ死亡シタルトキハ、特旨ニ依リ国葬ヲ賜フコトアルヘシ

と規定する。従って令文は、施行以前における国葬の実体を踏まえて第三条に集約されたものとみてよかろう。くり返すが、国葬を受ける故人には国葬施行前日に賜誄宣読があり、国葬当日の葬場祭においては、副斎主から誄詞を献呈されるのが恒例である。この恒例である誄詞献呈は、二人の李王を別として、威仁親王・貞愛親王に対して省略された。その後軍神東郷平八郎・最後の元老西園寺公望や山本五十六・載仁親王等、四人も同様である。

韓国皇帝二人の李王葬儀は、李朝建国以来の儒教に基づく凶礼に従って、諡冊献呈の儀を経て大葬に臨み哀冊献呈の儀・陵墓斂葬の儀の順序で進められた。国情の相違により日本古来の「葬場祭の儀」における実状とやや趣を異にする。大正八年（隆熙十三年）正月二十一日卯時登遐された李太王熙は、陰暦正月二十七日に「高宗」皇帝の諡冊を贈られ、陰暦二月三日に哀冊文を献呈されて[1]、ソウルの徳寿宮から二十四粁離れた京畿道南楊州郡金谷里の洪陵に葬られる。大正十五年四月二十五日崩御の李王坧に関する葬儀次第は、総督府会議室で葬儀委員長湯浅倉平の指図の下会議決により定められた。五月九日の第一回会議で、賜誄の儀が日本旧典による皇室喪儀で実施することを定め、翌十日の第二回会議で奉訣式をソウル黄金町旧訓練院広場と定めた。この委員会の決定が六月三日『官報』四一三二号で告示された。告示中の祭儀日割[2]に六月八日の賜誄の儀があり、

勅使（侍従子爵松浦靖）拝礼御誄ヲ宣読ス

と記す[3]。宣読の賜誄には「槿域ノ黎庶ヲ綏ンス」があり、李太王熙の賜誄の「槿域ニ君臨セシコト」の表現、朴泳孝御沙汰の「槿域ノ名閥」とあるように、共通した朝鮮国の雅称「槿域」表現がみられる。これより先李王坧は、陰暦四月二十日に「純宗」皇帝の諡冊を贈られ[4]、六月十日の遣奠の儀では祝文ヲ読ムノ儀があって後、哀冊ヲ読ミ[5]之ヲ奠スルノ儀が行われ、その後祝文ヲ焚クノ儀を終えて、鹵簿[6]の発靷ノ儀がある。霊轝は陪衛将校二十六人に護られて洪

陵に隣接する裕陵に葬られた。

国葬は韓国の古式を踏まえて、六月十一日高宗皇帝故事と同じく亥時に下玄宮ノ儀を終えて閉じられている。日本の神式葬場祭では、斎主が祝詞を読み副斎主による誄詞を読み上げるのに対し、韓国の祭場遣奠ノ儀では係祠官による祝文の読み上げと別祠官による哀冊の読み上げる点が異なる。

かくして『官報』に掲載される偉勲者に対する国葬では、斂葬日における葬場祭詞に続いて献呈される誄詞は、天皇下賜に付随する優渥なる「勅語」と共に葬儀に欠かせない要素であったが、昭和に入って省略される。

註

1　『純宗実録付録』巻一〇、一九一九年三月四日条には「行二昼茶礼一、夕上レ食。夕奠二于殯所一。亥時、下二玄宮一、仍行二立主一、奠二初虞祭一。哀冊文曰二云々一」とみえる。玉製高宗（洪陵）哀冊文の製作者は前奎章閣提学閔泳徽である。拓本は京畿道城南市雲中洞五〇番地の韓国精神文化研究院図書館に所蔵される。

2　四月二十九日成殯奠ノ儀、五月一日成服奠ノ儀、六月八日賜誄ノ儀、十日遣奠ノ儀・発靷ノ儀・奉訣式ノ儀、十一日寝殿成殯奠ノ儀・下玄宮ノ儀等が告示された。

3　『純宗実録付録』巻一七、一九二六年六月条に「八日勅使松浦靖、奉二天皇陛下誄文一、宣二読於殯殿一」とみえ、九日寅時に殯を啓き、申時に貴族院議長公爵徳川家達が奉悼文を進上している。

4　凶礼に用いる諡冊及び哀冊の日付は、建国以来の伝統を遵守して陰暦による。

5　哀冊文製作者は閔泳徽。奉読者は李舜夏。文中「旃蒙之慟、薪胆三紀」の表現があり、「江華島事件・閔王妃殺害事件・第二次日韓条約の乙年における悲しい想出、どれもが臥薪嘗胆の三十年でした」と詠む中に、反日思想の片鱗が窺える（拙稿「日韓文化の側面を眺める―金石文を中心に―」『鴻志』一二号）。

6　鹵簿の列は、陸海軍儀仗隊の後に副輦・楽師・教命腰轝・竹冊腰轝・玉印彩轝・金冊腰轝・諡冊腰轝・諡宝腰轝が続く。第二楽師のあと諸彩輦が続く中に贈玉贈帛彩輦・哀冊彩輦・誌石彩輦の一団の前後を葬儀郎庁が護衛する。

九　現代の誄

昭和二十一年（一九四六）正月二日、昭和天皇は、

朕ト爾等国民トノ間ノ紐帯ハ、……天皇ヲ以テ現御神トシ、……延テ世界ヲ支配スベキ運命ヲ有ストノ架空ナル観念ニ基クモノニ非ズ

と、自ら神格性を否定した「人間宣言」をされた。大日本帝国の滅亡により、勅令時代に馴じんだ国家に偉勲ある人への賜誄・御沙汰に対する意識にも変化が生じる。明治二年（一八六九）より昭和二十年まで七十六年間における天皇下賜の追悼文は、八十点に達し一年平均一点強の下賜率を示す。ところが昭和二十年以後の半世紀を眺めると、昭和二十三年四月の鈴木貫太郎・同二十六年三月の幣原喜重郎・同二十七年十月の岡田啓介・同五十年六月の佐藤栄作等御沙汰の四件を数えるに過ぎない。また賜誄では昭和二十四年正月の牧野伸顕・同四十二年十月の吉田茂等、僅かに二件のみである。

昭和二十年を境として大きな相違は価値観の変化である。戦前における強者の論理は薄れ、戦後には弱者の論理が強くでてくる。雲の上の今上（昭和天皇）が人間天皇宣言以後国民に身近な人となった。そして昭和二十二年五月三日施行の『日本国憲法』第三条の規定で、天皇の国事行為が内閣の助言と承認の下に置かれ、行為の枠が第七条第七項により「栄典を授与すること」に限定されることになる。この規定に基づく生存者叙勲重視の風潮を反映して、国家に偉勲ある故人への賜誄及び御沙汰は激減の方向を辿ることになる。

戦後の皇室行事は、天皇を国家の「象徴」と定める民主憲法に基づき、国民の総意に基づく「地位」にふさわしい

儀礼となる。即ち象徴としての地位に適切な葬儀であることを、法治国家の絶対条件とする。二十二年五月三日施行の新憲法の下では、皇室に対する見方も変る。宮中を常時輔弼する内大臣府の機関が、民主主義への改革第一歩として六十一年の歴史を残して廃止された。十二月十七日の『朝日新聞』社説には、マッカーサー司令官命による「国家神道の禁止指令」を意義頗る重大として採りあげ、天皇信仰を廃し、神道の宗教としての地位を問われるべきといい、宗派神道が日本民族全体の宗教でないことを明言する。

天皇の神聖を否定した時から従前の国家神道の概念は消滅するのである。皇室における宗派神道は、信仰の自由を支えとして残る。言うまでもなく伝統となった日本文化の一事象に皇室行事が該当する。従って皇室行事に対して暖く見守り支援する立場に日本国民はおかれることになった。

この様に理解するのは、十二月十五日のマッカーサー指令を載せる『朝日新聞』が、「神道は日本宗教界の一宗派としてのみ存在を容認される」こと、連合軍司令部民間教育情報部長ダイク代将談を採りあげていることによる。特に「日本古来の神道は決して軍国主義的なものではなかった」事実認識のもと、政治的軍国主義的性格払拭により、文化史上における神道の正しい評価をしている点から見ても、大過ないであろう。少なくとも敗戦直後の神道に関わる動向を脳裏にとどめた上で、皇室行事のあり方を冷静に考えることが求められてくる。

民主憲法制定後、昭和二十六年六月の貞明皇后、平成元年（一九八九）二月の昭和天皇、同十二年七月の香淳皇后等三葬儀が皇室行事としてみられる。

昭和天皇が読まれた貞明皇后御誄の、

　　裕仁敬ミテ

　皇妣ノ霊前ニ白ス

は、後掲「御誄要旨比較」（六六八頁）に示すように、御誄の「起」に当たる慣用表現である。

　皇考ノ喪ヲ服シテヨリ二十有五年

は、三御誄の「承」が大行天皇及び大行皇后の諒闇期間を示すのに対し、悲傷の感情を深めて大行皇后の夫君の服喪迄遡った諒闇期間である。この点が異なるも、「起」に続く「承」を示す諒闇期間表現文体である点同じである。

　(イ)茲ニ礼ヲ具ヘ儀ヲ挙ケ

　(ロ)将ニ多摩皇考山陵ノ次ニ斂葬セムトス

表現は、(イ)が明治天皇御誄の

　茲ニ其ノ葬儀ヲ行フヤ、朝野悲傷シテ已マス

や、大正天皇御誄の

　茲ニ大喪ノ儀ヲ行ヒ

の部分に符合する。また(ロ)が明治天皇御誄の

　今ヤ伏見桃山ニ斂葬セムトシ

や、大正天皇御誄の

　哭イテ霊柩ヲ送リマツラントス

に当たり、何れも「転」部分に関わる。かく見ると三御誄の表現に見られる同一手法を踏むとみてよいだろう。「皇考」[1]を、昭憲皇太后誄に倣って、「皇妣」[2]を平頭にする。また『大阪朝日新聞』昭和二十六年六月二十三日付は、

　慈恩ヲ仰キ奉養ニ勉メ、……………………

　櫬殿ニ殯宮ニ親祭スルコト三十余日、……

　霊車停メ難ク幽明永ヘニ違フ。…………

に載せる「慈恩」「櫬殿」「霊車」を闕字扱い[3]にするが、同日の『官報』七三三五号に掲げる御誄には闕字がない。

御誄要旨比較

	明治天皇御誄	昭憲皇太后御誄	大正天皇御誄
起	嘉仁謹ミテ 皇考ノ霊前ニ白ス	嘉仁謹ミテ 皇妣ノ霊前ニ白ス	裕仁敬ミテ 皇考ノ神霊ニ白ス　恭シク惟ルニ
承	皇考ノ登遐シ給ヒシヨリ夙夜夢寐、温容ヲ諼ル能ハス槻宮ニ殯殿ニ奉饌拝参シテ、空シク霊前ニ感泣スルコト、早ヤ已ニ四十余日、	皇考ノ喪期ヲ除スルコト、才カニ半歳余、……槻宮ニ殯殿ニ親察スルコト数十日、	皇考位ニ在シマスコト、十有五年、深仁厚沢、人心ヲ感孚シタマヘリ。…… ……… 小子正ニ諒闇ニ在リ。
転	今ヤ伏見桃山ニ斂葬セムトシ、轜車ヲ送リテ此ニ来レリ。 ……… 皇考ノ病革ルヤ、上下憂惧……。茲ニ其ノ葬儀ヲ行フヤ、朝野悲傷シテ已マス。……。此ヲ思ヒ彼ヲ念ヒ、痛悼ノ情倍マス切ナリ。	今将ニ桃山皇考山陵ノ次ニ斂葬セムトス。送テ此ニ来リ、痛悼ノ至ニ勝ルナシ。	梓宮ヲ拝シテ音容ヲ想ヒ、殯宮ニ候シテ涕涙ヲ灑ク。茲ニ大喪ノ儀ヲ行ヒ、哭イテ霊柩ヲ送リマツラントス。今ニ感シ昔ヲ懐ヒ、哀慕何ソ已マン。
結	嗚呼哀イ哉。	嗚呼哀イ哉。	嗚呼哀イ哉。

昭憲皇太后大喪儀では、「葬場殿の儀」で①今上（大正天皇）の御誄、②『官報』大正三年五月二十五日号外に載せる作者不記載の昭憲皇太后誄（漢文体誄を訓読した表現）、③宮内大臣の誄が読まれる。葬儀次第をみると、戦前と戦後の相違点は②が明治天皇の大喪に倣い漢文体誄を割愛し、民主憲法下ではこれを踏襲することである。③が宮内大臣に代って総理大臣となる。尤も誄の表現は、戦前の文語調に対し、戦後が口語調に改めている点も相違の中に

数えられる。つまり戦後の貞明皇后葬儀は、②が略され、今上の御誄①と廃官宮相に代り首相の誄③が何れも文語調から口語調に改められた。加うるに国葬が準国葬になるが、実体上変化がない。従って皇室行事は、明治天皇大喪に准じ、昭憲皇太后葬儀に継受された内容は貞明皇后葬儀に踏襲しているのであり、本質的変化がないと言える。

では昭和天皇の大喪はどうであろうか。皇室行事の伝統から眺めると、前例の継受とは言えない宮内庁の取組みがみられる。葬儀を国葬と皇室の私的行事に区別し、皇室行事中の③を従来の伝統でない哀悼辞（弔辞）奉呈に代えているのである。

『産経新聞』平成十二年（二〇〇〇）七月二十五日夕刊に、大原康男教授が貞明皇后葬儀の状況を、連合国占領下で神道に則る準国葬であること、その後の政教分離訴訟でも宗教的儀式を伴う公葬を合憲とする最高裁判決が出ていること、これらの前例により、政教分離の原則を以て昭和天皇大喪の変則方式をなくすため、「準国葬で行うべきだった」と言われる。

平成元年二月二十五日の『読売新聞』に、「政教分離前向きの議論を」と題する「大喪の礼」記者座談を載せる。その中の二・三を拾うと、「「葬場殿の儀」と「大喪の礼」の間の大真榊撤去に、政教分離腐心の迹がうかがえる」があり、暗転方式も止むを得ないが、要は両行事を「はっきり分け、会場を別にして行うのがすっきりする」の意見もある。

同日の『朝日新聞』に載せる上智大学教授のクラーク氏の、日本の儀式を「大喪の礼」にみる談話は示唆的である。

神道は厳密には宗教ではなく、民族の伝統にすぎないというふしもあるため、政教分離の理念を守り抜くのはかなり困難に思える。日本では他の宗教や教典——仏経や儒教など——も存在していたにもかかわらず、神道を国教にしようとした試みの歴史は浅い。

と。皇室行事に波紋を投げた宮内庁の腐心策には、今日猶周滅亡後の社会で息づいた六朝文人の伝統を保ち(4)、西周文化の残照が窺える。それは日本の皇室において、戦後猶大行天皇と大行皇太后の大喪儀に古代における皇室誄奉上を踏襲する行事尊重の実体からくるものと言えよう。

平成元年二月二十四日の昭和天皇大喪儀における新聞報道には、御誄の内容三文字の有無で二つに分かれる。平成元年三月二日『官報』四〇号に載せる御誄では、

皇位に在られること六十有余年、ひたすら国民の幸福と世界の平和を祈念され、

とある内容が、今上は葬儀で「世界の」三文字を読まれなかった。(5) 今上の奉呈通り報道したのは、『朝日』『毎日』『神戸』『大阪』等の各新聞で、官報の告示通りであったのが、『産経』『読売』等の新聞である。『官報』では、

①御父昭和天皇の御霊に申し上げます。

②崩御あそばされてより、

③櫬殿に、また殯宮におまつり申し上げ、

④顧みれば、(6)

⑤皇位に在られること六十有余年、

⑥こよなく慈しまれた山川に、

⑦誠にかなしみの極みであります。

等、七箇所を平頭（改行）で記している。⑦のみを追い込み記事にしたのが『読売』『大阪』『神戸』で、『毎日』は①を闕字にし②③④⑤⑦を追い込みにし、⑥だけを平頭にする。『大阪』のみ、「今また葬儀にあたり」表現を独自に平頭に改めてユニーク性を出した。このように新聞報道には僅かながら表現形式に相違を認めるのと同様、表題にも同じことが指摘できる。『官報』では「斂葬の儀葬場殿の儀における天皇陛下の御誄は、次のとおりである」と記して、一行を空白にして「御誄」をゴチック体で示し、誄文は一段落としにしている。この告示に対し、

⑴天皇陛下の御誄（弔辞）――朝日新聞
⑵天皇陛下の御誄――大阪・神戸新聞
⑶葬場殿の儀御誄――産経新聞
⑷葬場殿の儀・天皇陛下の御誄――毎日新聞
⑸天皇陛下御誄――読売新聞

等、新聞報道にみられる表現には読者への理解を求めて、如何に簡潔に示そうかと努力する迹が窺えて興味深い。今上が読まれた香淳皇后御誄は、「皇妣」を「御母」と親しみ深い表現になり、「起」「承」「転」部分の表現に変りがない。ただ「結」で、西周以来の慣用句「嗚呼哀哉」が、

誠に悲しみの極みであります。

の平易な文体になった。

皇室葬儀の御誄の脈絡を辿ってみると、平安朝の皇室誄は、現存する条件の下で一天皇・二上皇の三例で承和七年以後皆無であった。この事実は、皇室に対する平安貴族の尊崇観が、藤原氏の跋扈により相対的に薄れる貴族の傾行を反映する。また古代の皇室誄奉上が途絶えるということは、慣例化しなかった皇室誄の歴史を示唆する。即ち、古代は「皇室誄奉上の習慣時代」とみたい。

幕末に及び将軍権威衰退に伴う光格天皇誄奉上で、天皇尊崇観が復活し皇室誄奉上の見直しが生じる。そして明治維新後近代国家に発展する大日本帝国時代になって、簡明な文体の大行天皇御誄が明治以後終戦まで、二天皇・一皇太后の皇室誄三例が続いた。これら作品は、天皇絶対主義社会で途絶えた古代の御誄奉上の習慣を、皇室葬儀が伝統化する過渡期の姿を示す。謂わば近代は「皇室誄奉上の慣習時代」と言えよう。

敗戦後の現代は、一天皇・二皇后の皇室誄が継続して皇室葬儀で続いている。この皇室誄継続は、近代における賜

誄時代を超越する意義をもつ。また古代・近代に続く皇室制度においては、天皇が万世一系の由緒正しい精神的核心として存在する。則ち旧来の慣習を尊重し、御誄奉上の皇室葬儀を改めない伝統主義を示唆する。御誄奉上の歴史的見地に立てば、古代神道の慣習を固守する皇室法の枠をはみ出せない。従って現代は「皇室誄奉上の伝統時代」に入ったとみてよかろう。

　公式見解で宮内庁が「儀式の規模や内容はほぼ貞明皇后にならった」という葬儀の位置づけは、ほぼ準国葬の取組みであった儀礼を示唆するものである。また『読売新聞』が「神式の準国葬」だったと重くみるのは、識者の考えを代弁するものである。勅令時代下の勅宣追悼文下賜は、戦後の民主主義の下でも続く。偉勲者に対する優渥文の賜与が珍しい事でもない。昭和二十四年（一九四九）正月の牧野伸顕賜誄が、戦後第一号の賜誄となり、同二十三年四月の鈴木貫太郎御沙汰が「御沙汰」としては最も早い。戦前の勅宣追悼文の伝統を示唆するのは、同二十六年三月十三日における故衆議院議長幣原喜重郎御沙汰がその好例となる。

　　道ヲ信ズルコト篤固　官ヲ守ルコト勤恪
　　屢閣班ニ列シテ著績ヲ国交ニ挙ゲ
　　再ビ縮軍ニ参ジテ偉勲ヲ折衝ニ樹ツ
　　遂ニ冢宰ニ位シテ利器能ク盤錯ヲ剖キ
　　又衆院ニ長トシテ深智普ク爕理ニ任ズ
　　斯ノ多艱ノ秋ニ方リ　遽ニ長逝ヲ聞ク　何ゾ痛悼ニ堪ヘム
　　宜シク使ヲ遣ハシ　祭粢ヲ賜ヒ　以テ弔慰スベシ
　　右御沙汰アラセラル

幣原喜重郎は、昭和二十年十月四日治安維持法の廃止、政治犯の釈放、内務大臣・特高警察関係者の罷免など、マッカーサー総司令部の指令事項に応えられず総辞職した東久邇宮稔彦内閣のあとをうけて、内閣首班となる。そして⑴選挙権付与による婦人の解放、⑵学校教育の自由化、⑶労働組合の結成奨励、⑷専断的政治制度の廃止、⑸経済機構の民主化など、五大改革を新内閣に対する課題として処理してゆく。翌年四月の総選挙後職を辞し、第一次吉田茂内閣の国務大臣を歴て民主自由党の最高顧問に就き、二十四年衆議院議長となり、在職中に逝去した。

御沙汰には、加藤高明内閣・第一次二次若槻礼次郎内閣・浜口雄幸内閣の外務大臣を勤めた功を、

　　屢閣班ニ列シテ著績ヲ国交ニ挙ゲ

と称え、昭和五年におけるロンドン軍縮会議批准問題で激昂する海軍をなだめた「幣原外交」には、

　　再ビ縮軍ニ参ジテ偉勲ヲ折衝ニ樹ツ

と賞し、首相としての責任遂行には、

　　遂ニ冢宰ニ位シテ利器能ク盤錯ヲ剖キ

と称え、議長在職中における対日講和問題で苦労した超党派外交には、

　　又衆院ニ長トシテ深智普ク燮理ニ任ズ

と賛辞が続く。功労賛辞に続く哀悼の第一句

　　遽ニ長逝ヲ聞ク

を顧ると、勅令時代最後の閑院宮載仁親王賜誄では一字を改めた「遽ニ溘逝ヲ聞ク」であり、大隈重信賜誄の「遽ニ永逝ヲ聞ク」であり、昌徳宮李坧王賜誄の「遽ニ徂逝ヲ聞ク」が知られる。「長逝」の熟語用例には三条実美賜誄や大山巌賜誄の「今ヤ溘焉トシテ長逝ス」がある。これらの賜誄表現を合成すると、幣原喜重郎御沙汰に実はなる。従ってこの哀悼句は、過去の賜誄から影響を受けて作られたことが知られよう。哀悼の第二句

　　何ゾ痛悼ニ堪ヘム

はどうであろうか。明治四年の毛利敬親賜誄「曷勝痛悼」から、明治十年の木戸孝允賜誄まで共通表現が辿れる。この表現はその後大久保利通・岩倉具視・島津久光等の賜誄に断続的に用いられ、明治二十二年の森有礼賜誄に至って、「勝」を「堪」に改めている。「曷」を「何」に改めた例では、昭和十五年の西園寺公望賜誄の「軫悼何ソ勝ヘム」がある。従って第二句も過去における賜誄の配慮から生まれた特色をもつ。(7)哀悼の結句

右御沙汰アラセラル

は、広義の御沙汰に付く常用句であり、狭義の追悼文としては明治三十七年の川村純義御沙汰から四十七年ぶりの復活となる。

古来の伝統を持つ「誄詞シノビゴト」作品をみると、昭和五十年（一九七五）、神社本庁長老の生田神社宮司加藤錂次郎氏の葬儀に際し、湊川神社宮司吉田智郎氏が贈る誄が成立する。誄は故加藤錂次郎氏が戦災で焼失した宮殿の復興に精力を費やし、新しく社域に楼門会館建設の偉業を伝える。

旧に勝れる厳美しき御殿を始め、楼門会館等を興し建て給ひける御功業は、千代万代に語り継がるべき事にして、六十年に亘り給ふ唯一筋の神仕へは、世の亀鑑とぞ仰がれ給ひける。

の言葉に故人顕彰の熱い想いが滲んでいる。遺徳を偲ぶ誄が周忌に献呈されたことは、林鵞峰の大名誄により幕藩体制下において珍しくなかった。現代においても周忌誄の制作が実はある。

昭和五十二年近代初期の神道学者伊能頴則が著した偉大な業績を後世に伝える、『香取群書集成』四巻の完成を祝って、伊能頴則大人百七年祭誄詞(8)が、香取神宮々司額賀大成氏によって捧げられた。誄には、

大人の著し給ひし許許多の論述文、詠み給ひし歌草の凡そ尽を整へ、校合て畢り

と詠み、頴則の卓抜した遺徳を偲ぶ。遺徳を偲ぶ最も古い例は中国魏朝の阮籍が作った孔子誄がある。

その後昭和六十二年、愛知県護国神社名誉宮司井上信彦氏の葬儀に、斎主の愛知県神社庁副庁長津島神社宮司の毛利栄一氏が詠む神社葬葬場祭誄詞と、密葬儀に斎主愛知県神社庁名古屋中支部長河村菊治氏が詠む密葬葬場祭誄詞が成立している。神社葬誄詞では、御霊が、

此の井上家の行末、幸く真幸く時じくに花咲き薫り、笑らき睦びてむ家の守護の神と、斎ひ崇め奉らえ坐して、子孫の八十連続に至るまで、行末遠長く守護り導き給へ

と、訴える。密葬誄詞では、御霊が、

遺し給へる親族・家族等を、夜の守日の守に守り幸へ給

わんことを祈る。

この年には九州志賀島の海神社宮司阿曇磯興氏の告別式誄詞を、斎主住吉神社宮司横田豊氏が詠んでいる。故志賀海神社宮司阿曇磯興大人命告別式誄詞には、海神社が歴代阿曇家が奉仕してきた歴史を伝え、阿曇磯興氏が剣道八段の特技をもち、村長・町長・福岡市議会議長等の要職を歴任し、市政に功績を残し三等の叙勲者として後世の鑑になる由を称える。そして末尾に、

志賀の海　眺めつ　賞でつ　波の音を　永久に安らひて　君きこしめせ

の和歌一首を添える。誄に和歌を添えた事例は早く近世の大中臣忠栄誄にみえる。今また現代に残る作品に接することができる。

同じ六十二年神社本庁長老多田神社名誉宮司福本賀光氏の葬儀に、兵庫県神社庁理事の生田神社宮司加藤隆久氏が誄詞を詠んでいる。福本賀光翁命誄詞には、福本翁が終戦の年進駐軍に直談判して全国における神宮・神社の存続を実現したこと、淡路島一宮町の伊奘諾神社の神宮昇格に尽力したこと、戦災で焼失した広田神社を復興したこと、抜群の業績により神社界最高の称号「長老」を受けたこと、神社本庁総裁北白川房子内親王より鳩杖を賜わったこと等

を綴る。殊に故人が古文化財保護と環境保全に尽力して世人の亀鑑に値することを称えて、

福本家の守り神と、常盤に堅盤に霊幸へ坐せ

と結ぶ。

昭和五十七年十月、七歳で身罷ったあどけない一年生女児に、

共に起き臥しし京人形、愛で給いたる縫いぐるみをも、幽世の友として

と、篠路神社宮司森泰憲氏は菅原真希子日女命誄詞を作る。「誄シノビゴト」の歴史上、中国文化の伝統であった①貴族②成年③男性④有功の各要素は、時代の推移と共に薄れてゆく。失われなかったのが陸機が詠んだ哀辞纏綿表現[9]の悲傷である。夭折者への贈誄のゆきつくところが女児の対象となる。菅原真希子日女命誄詞は新しい「誄」概念の先蹤になるのかも知れない[10]。

神道界で格調高い追悼文として用いられる誄詞と同質の皇室誄を顧みると、文体の変化は香淳皇后御誄スタイルを踏襲してゆくであろう。ただ昭和天皇大喪の「葬場殿の儀」の扱いで、私的な皇室葬儀[11]のあり方については論義があるので、広く識者の意見を求め、国民に納得のゆく伝統ある日本文化維持に、今後の努力が必要であろう。

＊　　＊　　＊

夏休みに二年生の教え子の死に遭遇し野辺送りをした筆者は『学級日誌』と手控えの日記を繙いて作った偲日浦君詞の発表を昭和四十四年にした。頌に『万葉集』の古歌・『平家物語』の冒頭句を引用し、卒然の病死の描写には貞慧誄本文に記す「惟鳳遭射、惟鸞網刑」の活用を試みた[12]。

註

1　『官報』九月十四日号外に載せる明治天皇御誄には、「皇考」四回使用の第二回に平頭し他の三回ともに闕字に扱う。『大阪

朝日新聞』大正元年九月十五日掲載の天皇陛下御誄辞では、すべて闕字扱いにする。

2　『官報』昭和二年二月八日号外に載せる大正天皇御誄中に引く「億兆考妣ヲ喪フカ如シ」では闕字扱いでない。

3　『官報』大正三年五月二十五日号外に載せる昭憲皇太后誄（波多野敬直宮内大臣奉呈）には、「聖徳」「霊輀」「懿徳」を、『官報』昭和二年二月八日号外に載せる大正天皇誄（若槻礼次郎内閣総理大臣奉呈）には、「霊輀」「聖葬」「大喪」「神授」「英主」「宏謨」「皇運」「万寿」「龍馭」「霊柩」「仙駕」「輦路」「威霊」「昭鑑」を、闕字扱いにしている。

4　貴族特権の誄詞は、賤不誄貴の鉄則がくずれてくる四世紀後葉に入ると、武将桓温の参謀郗超の葬儀に貴賤併せて四十人が誄を詠んだ（『世説新語』巻下、傷逝篇、郗嘉賓伝注所引中興書）し、女性の誄作が六朝で盛んになる（拙稿「続・誄の概説」『鴻志』四号）。

5　竹下首相弔辞の「世界の平和と国民の幸福を」、原衆議院議長弔詞の「国民の幸福と世界の平和に」、土屋参議院議長弔詞の「世界の平和に」といった昭和天皇追悼文は、みな〝世界の平和〟を崩御天皇の願望としてとりあげる。今上の三字省略は追悼文の効果を低めることになりはしないかと思う。

6　『養老公式令』第二二条に「皇祖妣、皇考、皇妣、先帝、天子、天皇、皇帝、陛下、至尊、太上天皇、天皇謚、太皇太后、皇太后、皇后、右皆平出」の規定があり、同二三条には「大社、陵号、乗輿、車駕、詔書、勅旨、明詔、聖化、天恩、慈旨、中宮、御、闕庭、朝庭、東宮、皇太子、殿下、右如レ此之類並闕字」の法文がある。同二四条には「凡汎説二古事一、言及二平闕之名一、非二指説一者、皆不二平闕一」とみえ、同条について第二二・二三両条の規定に依り、国忌の場合に限れと『令義解』には公式法文解釈を出している。平闕の式はおしなべて名詞を対象にする。いま昭和二年二月七日若槻礼次郎が奉呈した大正天皇誄の、「明明ノ　威霊幸ニ　昭鑑ヲ垂レタマヒ」には、「威霊」に冠した「明明ノ」形容詞を平頭にしている。この一例を除き皇室誄は『公式令』の平闕式に基づいている。このような過去における用例からみると、④⑥⑦は平頭の新しいスタイルというべきであろう。

7　拙稿「御沙汰を下賜された二十三人」（神港学園図書館機関紙『広場』九号。「近代を支えた功労者二十三人」と改題して『親父賽賽録（まむしの愚痴第二巻—まむしの呟き—）随筆の部』金子商店・平成十三年刊に収める）。

8　過去の誄作品では、中国で竹林の七賢人の一人阮籍（二一〇—六三）が孔子誄を作っている（『太平御覧』巻一、太初・『全三国文』巻四六)。誄文中に「考二混元於無形一、本二造化於太初一」とみえ「太初」の語を用いる。阮籍は太初（気の始め）について思索を深め『大人先生伝』を著した。松本幸男氏は大人先生伝の成立を、晋の初代皇帝司馬昭政権がまだ安定しなかった時、二五八年と推測される（『阮籍の生涯と詠懐詩』六八頁）。この大人先生伝著作の頃に孔子誄を著した。孔子誄が大人先生伝の成立後とすれば、孔子没後七四〇回忌?に近い時点の成立に符合する。何はともあれ、孔子他界後七百年以上も過ぎた頃に周忌誄成立が知られる。貞慧誄によりわが国では、古代における百もしくは九十周忌供養が想定される。

9 『文選』巻一七・『芸文類聚』巻五六・『陸平原集』に引く文学論の啓蒙書『文賦』に「誄纏而悽愴」とある。この句は文人に好まれて、哀悼表現に用いられた。その用例は時代が下った清朝でも淩廷堪の孔検討誄（『校礼堂文集』巻三六）や、民国時代成立の呉江金伯母顧太宜人誄にもみられる。

10 中国では十八世紀中葉に、無服の殤例として誄史上の珍貴作品がある。劉綸（一七一一—一七七三）が乾隆十六年（一七五一）に、一歳十箇月の緑児の死を傷んだ驥殤誄がそれである（『縄庵外集』巻五・乾隆三七年序刊本用拙堂蔵版）。

11 国葬の昭和天皇葬儀には首相奉上の追悼文が「弔辞」であり、準国葬の貞明皇后葬儀には首相の「誄」奉上があった。「弔辞」も「誄」も共に官報に掲載された。しかし、公的性格の意義及び前例を尊重した香淳皇后葬儀に、首相の「誄」奉上があったけれども官報には載らなかった。皇室の私的行事と位置づける「葬場祭の儀」取扱いで、首相奉上の追悼文が、「誄」から「弔辞」に代り更に「誄」にもどされる理由が分からない。官報の取扱いも一貫性がないように思われる。「葬場殿の儀」における「誄」と「弔辞」の不整合は理解しにくい。「弔辞」採用は凶礼文化の伝統を否定することになるのではないか。

12 大阪学院大学高等学校卒業記念誌『年輪』八号・昭和四十四年三月（同文は、中文訳を付して『まむしの愚痴』第一巻・金子商店・平成十一年刊に再録した）。

第一部　史料編

一　古代

1 貞慧法師誄一首并序

[1]貞慧、性聡明[2]好学。[3]太臣異之、以為雖有[4]堅鐵、而非[5]鍛冶、何得[6]干将之利。雖有勁箭、而非羽括、詎成会稽之美。仍割膝下之恩、遥求[7]席上之珍。故以[8]白鳳四年歳次[9]癸丑、[10]随[11]聘唐使、到于長安。住[12]懐徳坊[13]慧日道場、依[14]神泰法師、作和上。則[15]唐主永徽四年、時年[16]十有一歳矣。始讃聖道、日夜不[17]怠、従師遊学、十有余年。既通内経、[18]亦解外典。文章則可観、[19]藁隷則可法。以白鳳十六年歳次乙丑、[20]秋九月、経自百済、[21]来京師也。其在百済之日、[22]誦詩一韻、其辞曰、帝郷[23]千里隔、辺城四望秋。此句警絶、当時才人、不得続末。[24]百済[25][26]士人、竊妬其能毒之。[27]則以其年十二月廿三日、終於[28]大原之第。[29]春秋廿三。[30]道俗揮涕、朝野傷心。高麗僧道賢、作誄[31]曰、夫予計運推、[32]著自前経、明鑑古今、有国恒典。糸綸紫闕者、以薦賢為本、[33]緝熙宗室者、以挙忠為元。[34]故以周公於禽、躬行三笞、仲尼於鯉、問用二学。斯並遠理国家、而非私者[35]明矣。由此観之、凡[36]英雄処世、立名栄位、献可替否、知[37]無不為。或有寛猛相済、文質[38]互変。是則聖人之所[39]務也。唯君子哉若人、景徳行之、高山[40]仰之、有一於此、「事」[41]理固善。乃使法師遣唐学問。[42]有教相近、[43]莫不研習。七略在心、五車韜胸。思甄否泰、深精去就。鬼谷再涙、恐分人士。韋編一絶、陶鋳造化。是以[44]席上智[45]嚢、[46]策[47]才堪例。而忽天勅、荷節[48]命駕。又詔[49]郭武宗、劉徳高等、旦[50]夕撫養、奉送倭朝。仍[51]巡海路、[52]至於旧京、[53]聖上錫命、幸蒙就舎。居未幾何、寝[54]疾[55]纊微。咨嗟奈何。維白鳳[56]十六年[57]歳次乙丑、十二月廿三日、春秋若干[58]、卒於大原殿下。嗚呼哀哉。乃作誄[59]曰、

[60]於穆丕基、経綸光宅。懿矣依仁、翼修[61]軌格。[62]軒[63]冕籍甚、謨宣廟略。惟岳惟海、如城如[64]墎、諫魚諫鼎[65]、乃僖乃伯。積善余慶、貽厥哲人。問道西唐、練業泗浜。席間函丈[66]、覃思秀神。荊山抱玉、弁[67]氏申規[68]。漢水蔵珠、龍子報随。賓于[69]王庭、上国揚輝。爰受朝命、建[70]節来儀。臂歯方新、橋父猶煥。近署多士、紫微壮観。四門廓落[71]、三端雅毫[72]。

王事靡盬、将酬[73]国宝。世路芭蕉、人間闔城。鼠藤易絶、
蛇篋難停。蘭芝春萎、松竹夏零。鳳遭[74]繳射、鸞掛網[75]刑。

嗚呼哀哉。顔回不幸、謂天喪予。延陵葬子、称其礼与。

書筆猶存、身精何処。観物思人、堂[76]下莫叙[77]。嗚[78]呼哀哉。

車珠去魏、城璧[79]辞趙。才[80]云[81]可惜、日還当暮。嗚[82]呼哀哉。


【校異】

校異に用いた諸本の略称は次の通りである。

一　伏本　宮内庁書陵部蔵旧伏見宮家本
二　国本　国立国会図書館蔵本
三　彰本　彰考館文庫蔵本
四　山本　高知県立図書館蔵山内文庫本
五　植本　植垣節也氏蔵平兼誼写本
六　徴本　国文学研究資料館蔵徴古雑抄
七　群本　早稲田大学図書館蔵群書類従原稿本

1貞慧　国本・彰本・植本・山本「恵」、伏本・徴本・群本ニ依ル。2好学　国本・彰本「好學」、徴本・植本・山本「好斈」、群本「存学」トシ「存」ヲ消シ右ニ「好」ト傍書。伏本ニヨル。3太臣　諸本「大臣」、伏本ニ依ル。4堅鐵　山本・植本「賢鐵」、国本「賢鐵」トシ右ニ「堅鐵」ト傍書。群本「堅鐵」、彰本「堅鐵」、伏本・徴本ニ依ル。5鍛冶　山本・植本「鍛治」、国本「鍛治」トシ「治」ヲ消シ右ニ「鍛冶」ト傍書。伏本・徴本等ニ依ル。6干将　伏本・国本・彰本・山本・植本「于将」、徴本・群本ニ依ル。7席　国本・山本・彰本・植本「席」、国本右ニ「席」ト傍書。伏本・徴本・群本ニ依ル。8四年　諸本「五年」、私見ニ依ル。9癸丑　諸本「甲寅」、私見ニ依ル。10丑、随間　群本「南溟按白鳳無甲寅当作白雉歟以下同而併考貞慧享年及次所記唐朝年紀似違等一年」ノ字句ヲ原稿右端空白ニ記ス。11聘　伏本・国本・彰本・山本ナド身偏デ記ス。彰本右ニ「聘」ト朱書。徴本・群本「躬」、群本右ニ「聘カ」ト傍書。12坊慧　山本・植本「彷恵」、国本「彷恵」トシ「彷」ヲ消シ右ニ「坊」ト傍書、彰本「坊恵」、伏本・徴本・群本ニ依ル。13日　国本・山本「曰」、国本右ニ「日」ト朱書。伏本等ニ依ル。14泰　植本「忝」参ノ異体字。伏本等ニ依ル。15唐主　国本・彰本・山本・植本、右ニ「裏付云皇代記云白雉五年甲寅永徽五年云々」ト墨書。16年　国本・山本ノ頭注「年下一本有年

字」。植本「年年」。17怠　国本・山本「㤓」ト記シ右ニ「怠敦」ト墨書。マタ「㤓一本作怠」ト朱書。18亦　伏本・国本・山本・植本ナド異体字ノ「夂灬」、国本右ニ「亦」ト朱書。19稾隷　伏本・国本・彰本・山本・植本・徵本「稾隸」。彰本「稾隸」、群本「隸」ト記シ右ニ「隷」ト傍書。国本右ニ「稾隸」ト朱書。20丑　国本「刄」ト記シ右ニ「丑」ト朱書。21済　伏本・山本・植本・徵本「斉」、国本「斉」ニ三水偏ヲツケ右ニ「済」ト墨書。群本「斉」。彰本ニ依ル。22済　上ニ同ジ。但シ国本傍書ナシ。23郷　国本・山本・植本「郷」、国本右ニ「郷」ト墨書。24末　国本・植本「未」、国本右ニ「末」ト朱書。25済　21 22ニ同ジ。26士　国本・彰本・山本・植本・徵本・群本「土」、群本右ニ「士カ」ト傍書。伏本ニ依ル。27則　国本・彰本・山本右ニ、植本左ニ「裏付云天皇次第第四云法名定恵年廿三入唐承学両部法平以帰朝年卅ニ卒云〻」ト傍書。但シ彰本「第四」ト「云〻」ヲ欠ク。28於　彰本脱字符○ヲ朱デ記シ右ニ「扵」ト墨書。29第　伏本・国本・山本・植本「苐」ノ異体字。国本右ニ「第」ト墨書。30三　国本頭注「分脈曰十一歳入唐然廿三当作廿二」ト墨書。31誄　国本・山本・群本「誅」、国本・群本右ニ「誄」ト傍書。32推　国本・彰本・山本・植本「惟」、伏本・徵本・群本ニ依ル。33緝　国本・植本・山本・彰本「絹」、国本・彰本右ニ「緝」ト朱書。伏本「絹」、徵本・群本ニ依ル。34元　伏本・徵本・群本「允」、群本右ニ「先カ」ト傍書。国本・山本・彰本・植本ニ依ル。35私　伏本・国本・山本・彰本「私」、国本右ニ「私」ト墨書。植本・徵本・群本ニ依ル。36英　国本・山本「英」ノ省画体。37無　国本・山本・彰本「旡」、植本「无」、伏本・徵本・群本ニ依ル。38互　伏本・国本・山本・植本「㸦」ノ異体字。彰本・徵本・群本ニ依ル。39所　伏本・国本「所」、山本・植本「所」、彰本「所」、徵本・群本「所」ノ異体字、国本右ニ「所」ト墨書。40仰　国本「仰」ト記シ右ニ「仰」ト墨書。41事　諸本ナシ、私見ニ依ル（「仮称『貞慧法師誄一首并序』の研究」『兵庫史学研究』二二号）。42問　山本「門」。43近　彰本「近」。44是　伏本・群本・徵本「足」、群本右ニ「是歟」ト傍書。45囊　彰本「囊」ト記シ右ニ「囊」ト朱書。46策　伏本・国本・山本・彰本・植本「策」、彰本右ニ「策」と朱書。47才　伏本・植本「才」。48節　伏本・国本・山本・植本「莭」。49廓　国本頭注「廓武宗紀作郭務悰」。50旦　山本・彰本・植本・徴本・群本「且」、彰本右ニ「旦」ト朱書。51逕　伏本・彰本・植本「迳」、国本・山本・徴本「迳」。52路　徴本・群本ナシ。53聖上　伏本・徴本、一字分ノ闕字。群本、二字ノ闕字。国本・彰本・山本・植本、三字ノ闕字。54纊　国本・山本・植本、左ニ「細絲也」ト傍書。55微　伏本「徴」、国本・山本・植本「徴」、彰本「徴」ト記シ右ニ「微」ト傍書。56鳳十間　群本右ニ「○当作雉」ト傍書、左ニ「○南溟按白鳳十年」ト記シ、何レモ見セ消シ。57年　植本「羊」。58干　伏本・彰本「于」。59誄　群本「誅」ト記シ右上ニ「誄」ト傍書。60於穆　伏本・徴本、平頭(改行)。61修　植本「修」、国本・山本「修」。62格。軒間　国本・彰本・山本・植本・「免」ノ衍字アリ。63冕　伏本・徴本・群本「宪」。64如　群本ナシ右ニ「如」ト傍書。65鼎　伏本・国本・山本「鼒」、彰本「鼎」、徴本・群本「禺」。66丈　群本「又」ト記シ右ニ「丈」ト傍書。67弁　群本「辨」。68規　群本ノ他諸本「規」。69于　徴本「干」。70建　伏本・国本・山本・彰本「逮」、彰本右ニ「建」ト朱書。71落　伏本・植本「硌」、国本・彰本・山本「硌」、群本・徴本「硌」。文意ニ依リ改メル。72毫　諸本「亮」。群本「毫」。73酬　国本・山本・植本・彰本「翮」、国本右ニ「酬」ト墨書、彰本右ニ「酬」ト朱書。74遭　伏本・彰本・山本・植本「遣」、彰本右ニ「遭」ト朱書。75網　伏本・国本・山本・彰本・植本・群本「綱」、徴本「細」。76堂　国本・彰本・植本・山本「尝」、彰本右ニ「堂」ト朱書。77叙　国本・山本・彰本・植本「釵」。78鳴　植本・山本「烏」、群本「鳴」。79璧　徴本・群本「砕」。徴本右ニ「璧カ」ト傍書。80才　伏本「才」。81云　群本「之」ト記シ右ニ「○云イ」ト傍書。82鳴　国本・群本「鳴」、国本右ニ「鳴」ト朱書。

【解題】

誄はもと『鎌足伝』に付載されたため、家伝と誤解された。これは誄の序文が伝記体の形式をふむ為、家伝と誄が区別できなかった初歩的なミスによる。誄が『鎌足伝』に付載された時代は、現在最も古い写本(旧伏見宮家本）の奥書から文和年間（一三五二―五六）に近い頃と思われる。

誄の作者は未詳。誄文に闕字を用い『論語』・『礼記』・『文選』・『芸文類聚』・『初学記』を利用し、百済を文化国家の代表名詞に使用し、藤原氏の積善家思想を反映し、貞慧を賢人の顔回に擬え、六朝風の五言二句の詩を活用し、白鳳年号を使用している点から『鎌足伝』の作者とも関係がある作者像が浮かぶ。

誄は藤原氏の系図を最も精しく集大成した『尊卑分脈』にも引用されていない。従って誄が作られた当時から僧家に伝わったのではあるまいか。鎌足と貞慧の歴史と関係深い妙楽寺、その妙楽寺について記された『多武峰略記』に引用する『旧記』に、誄を引いたらしい形迹が窺われるが、その他の史料には利用された例がない。

貞慧は、大織冠藤原鎌足の長男で不比等の兄に当たる。母は車持国子の女与志古姫で、皇極天皇二年（六四三）に生まれた。十一歳の白雉四年に入唐し、天智天皇四年（六六五）に帰朝する。誄ではこの歳に入滅したとするが、現存写本に年次誤写の疑いがもたれることから、天武天皇三年（六七四）の入滅と考えられる。

誄作成上の原則に照らせば、誄の成立は貞慧の入滅する白鳳年代でなければならない。しかし、実際は奈良朝の天平宝字年間（七五七―六五）の頃と思われる。その理由は、鎌足の七十周忌供養の斎会（維摩講）から推して、九十周忌供養が推測される点に基づく。貞慧の生存年齢は誄にみえる二十三歳入滅記事が疑わしく、三十三歳と考えられる。道賢作誄成立後、貞慧の入滅年齢が四十二歳・七十歳・八十余歳・八十二歳の諸説が派生している点を注目する必要があろう。

〔出典〕『藤氏家伝』。

〔参考文献〕拙稿「貞慧伝をめぐる二・三の問題」（『神道史研究』一七巻三号）、「玄念と定恵和尚存日記」（『芸林』二二巻二号）、「定恵和尚の一生」（『日本歴史』二八八号）、「定恵・不比等皇胤説と天記」（『南都仏教』二五号）等。

2　桓武天皇誄

畏哉
平安宮爾御坐志天皇乃、天都日嗣乃御名事袁、恐牟恐母誄白、臣末。
畏哉
日本根子天皇乃、天地乃共長久日月乃共遠久、所白将去御謚止称白久、日本根子皇統弥照尊止称白久止、恐牟恐母誄白、臣末。

【解題】

　桓武天皇（七三七―八〇六）は、光仁天皇を父に母を高野新笠の間に、天平九年に生まれた。御名を山部親王、諡号を日本根子皇統弥照天皇といい、通称を柏原天皇という。宝亀三年（七七二）五月皇太子他戸親王が廃された翌年正月皇太子になる。天応元年（七八一）四月即位する。延暦六年（七八七）十一月甲寅に摂津交野で天神を祀る国家儀式を挙行し、「帝王大礼、巡狩為先、昭祖揚称、封禅為首」の中国伝統に基づく所を示した。在位中に帝王の権威を示す功業、東北対策の軍事行動と造都事業に精力を注いだ。延暦二十五年三月十七日に崩じた。宝算七十。

　『日本後紀』の大同元年夏四月甲午朔により、中納言藤原雄友が三位及び四位の誄人左右各五人を従えて、大行天皇に誄を奉った由が知られる。誄辞は、中文体ではない寿詞調の系統を引く。

　誄の文体は、天皇を畏敬する「畏きかも」の起句に続けて、在位中の宮号をかかげ、皇位継承の正統なる君主であることを告げる「天つ日嗣の御名の事を、恐み恐みも、誄ひ白さく」に続き、「やつこらま」で結ぶ。

　「日本根子」の表現には、宣命に多く残す手法を誄に用いている。そして日月の永遠性と天地の悠久性を修辞に用いているが、これは中国人の哀悼表現の影響と思われる。

　与天地兮比寿、与日月兮斉光（楚辞、渉江）
　懸忠貞於日月、播鴻名於天地（王筠の昭明太子哀策文）

この手法が誄辞では「日本根子天皇の天地のむた長く、日月のむた遠く」の表現をとり、このあとに再び「日本根子」を「皇統いや照らす尊」の国風諡号に冠する句で結ぶ。

〔墓〕　京都市伏見区桃山町　柏原陵。

〔出典〕『日本後紀』巻一三、大同元年夏四月甲午朔。

〔参考文献〕　村尾次郎著『人物叢書　桓武天皇』吉川弘文館・昭和三十八年刊、村尾次郎「延暦の礼文」（『神道史研究』四二巻四号）、拙稿「桓武天皇誄の訓読及び語註と私見」（『神道史研究』二八巻一号）。

3　平城上皇誄

畏哉

譲国而平城宮尓御坐志天皇乃、天都日嗣乃御名事遠、恐牟恐母誄曰、臣末。

畏哉

日本根子天皇乃、天地乃共長久日月乃共遠久、所白将去御謚止称白久、日本根子天推国高彦尊止称白久止、恐牟恐母誄白、臣末。

【解題】

平城天皇（七七四―八二四）は、宝亀五年八月十五日に生まれる。父は桓武天皇、母は藤原良継の女乙牟漏である。諱を安殿という。延暦四年（七八五）九月、皇太子早良親王が廃された後十一月皇太子に立てられ大同元年（八〇六）五月即位する。時に三十三歳。

在位四年間に桓武天皇が造都と征夷に費やしたために生じた財政悪化を克服する非常手段を採る。率先質素を旨とし、官司の統廃合を行い参議による地方官の取締りに令外官観察使を設けて積極的に改革を推進する。しかし疑心の強い性格から、大同二年母を異にする弟伊予親王を謀叛の疑で拘束し、親王を自害に追込む事件に直面する。皇太子時代から武家出身の藤原薬子を寵愛し、薬子の兄仲成が企てる武家繁栄の策に乗る。天皇の評価は、

天皇識度沈敏、智謀潜通、躬親二万機一、尅レ己励レ精、省二撤煩費一、棄二絶珍奇一、法令厳然、群下粛然。雖二古先哲王一不レ過也。然性多二猜忌一、居上不レ寛。嗣レ

位之初、殺二弟親王子母一、并令二逮治一者衆。

とみえる史官の記述から窺われる。

伊予親王事件に良心を痛めたのか病勝ちになり大同四年皇位を弟の嵯峨天皇に譲る。譲位すると健康を回復し、奈良の旧都に上皇皇居を構え京都と対立する二所朝廷を作った。ここで薬子と仲成の後押しを受け重祚を図り、弘仁元年（八一〇）九月挙兵を決断するが、情報が京都に筒抜けで軍事行動に入る前に阻止される。所謂平城上皇の変（薬子の変）から上皇は、十四年後の天長元年七月七日に崩御する。五十一歳。

七月八日御葬司の任命があり、九日に天推国高彦天皇の誄を上表され誄の奉読がある。誄の内容は譲位後の生活地となった宮号（「譲国而」三字を冠する）と、諡号のみ改める。十二日上皇の宮廷であった楊梅宮から東南に当たる陵に葬られる。

〔墓〕　奈良市佐紀町　楊梅陵。

〔出典〕『類聚国史』巻二五・帝王五・太上天皇・平城天皇の項。

〔参考文献〕　門脇禎二「大同期政治の基調」（『日本歴史』一八〇号）、大塚徳郎「観察使について」（『日本歴史』一七五号）。

4　淳和上皇誄

畏哉

譲国而御坐志天皇乃、天津日嗣乃御名乃事乎、恐牟恐母誄白、臣末。

畏哉

日本根子天皇乃、天地乃共長久日月乃共遠久、所白将往御諡止称白久、日本根子天高譲弥遠尊止称白久止、恐牟恐母誄白、臣末。

【解題】

淳和天皇（七八六―八四〇）は、延暦五年（七八六）に生まれる。父は桓武天皇、母は藤原百川の女旅子である。諱を大伴という。弘仁元年九月十三日高岳親王の廃太子に代って皇太弟に立てられる。同十四年四月十六日、兄嵯峨天皇の譲位をうけて皇位に即く。時に三十八歳。

在位十年間に、即位と同時に嵯峨上皇の第二子正良親王を皇太子に立て兄への感謝を示し、平城天皇が廃した勘解由使を復活させて国政の正常化に取組み、三十歳以上の新人登用の延暦八年令を改正して良吏を採用し、皇室経済の安泰策として勅旨田と後院勅旨田を設けて財政の強化を図り、皇親の生活保証策に三親王任国守制を打出す。また『令義解』を撰述させて動もすれば運用で逸脱する法令解釈の指針を示し、弘仁十年で頓挫していた格式編纂を進める。司法処分の増加に当たり郡司の官当徒罪や贖銅者に、刑部省の決罰を民部省に振替えてもいる。

天長十年（八三三）二月二十八日、皇太子へ譲位し淳和院に移り出家する。天皇が仏教に深い理解を持ったことは、嵯峨天皇に扈従して梵釈寺に参詣した時に詠んだ「扈㆓従梵釈寺㆒応制一首」が『文華秀麗集』に、また「聞㆓右軍曹貞忠入道㆒因簡㆓大将軍良公㆒一首」が『経国集』に残るところから窺知される。天皇は天長七年に諸宗の宗義要点を撰進させる勅を出す。これに応えて空海が『秘密曼荼羅十住心論』十巻と『秘蔵宝鑰』三巻を上進し、義真は『天台法華宗義』一巻を進上する。義真はその中で、

　九流通覧して、已に其端涯を究め、八教洞察して、
　　亦其蘭菊を採る

と記して天皇を賞讃している。

承和七年五月八日崩御する。五十五歳（『類聚国史』、五十九歳）。九日、天高譲弥遠尊と諡され、参議安倍安仁が誄を奉読する。十三日山城国乙訓郡物集村で火葬の上、遺骨は遺詔により大原野の西嶺山の頂きに撒布される。

〔墓〕京都市西京区大原野南春日町大原山　大原野西嶺上陵。

〔出典〕『続日本後紀』巻九、承和七年五月甲申条。

〔参考文献〕八代国治「誤られたる淳和院」（『史学雑誌』一九巻九号）、辻善之助『日本仏教史』第一巻上世篇・岩波書店・平成三年刊。

5　空也上人誄一首并序

惟[1]天禄三年九月十一日、空也上人、[2]没于東山西光寺。嗚呼哀哉。上人不顕父母、無説郷土。有識者或云、其先出皇派焉。為人無虱、人試以数十虱、入其懐中、須[3]臾無之。少壮之日、以優[4]婆塞、歴五畿七道、遊名山霊窟。若覩道路之嶮艱、預歎人馬之疲頓、乃荷鍤以[5]鐫石面、而投[6]杖以決水脈。曠野古原、毎有委骸、堆之一処、灌油而焼、唱阿弥陀仏名焉。春秋廿有余、於尾張国国分寺、遂[7]剃落鬢髪、空也者、自称之沙弥名也。播磨国揖保郡、有峯合寺。[8]寺有一切経論。上人住[9]彼道[10]場、披閲数年、若有凝滞、夢有金人、常教文義。覚後問知行[11]之倫、果而[12]如夢。阿波[13]土佐両国海中、有湯嶋矣。地勢霊奇、天然幽邃。人[14]伝有観世音菩薩像、霊験掲焉。上人為値観音、故詣彼嶋。六時恭敬、数月練行、終無所見。爰絶粒向像、腕上焼香、一七日夜、不動不眠。最後之夜、所向尊像、放微妙光。瞑目則見、不瞑無見。於是焼香之[15]腕、燋痕猶遺。自以為、陸奥出羽、蛮夷之地、仏教罕到、法音希有。背負仏、担[16]経論。出此中花之月、入彼東夷之雲、吹大法螺、説微妙法。是以島夷之俗、[17]烏合帰真。天慶元年以来、還在長安。其始也市居[18]、隠跡乞食、若有所得、皆作仏事、復与貧[19]病患。故[20]俗号市聖。又尋常時、称南無阿弥陀仏、間不容髪、天下亦呼、為阿弥陀[21]聖。於是東西二京、所無水処鑿井焉。今往往号、為阿弥陀井是也。其年、東都[22]囚門、建卒堵[23]婆一基。尊像眩耀[24]兮満月、宝鐸錚鏦兮鳴風。若干囚徒、皆垂涙曰、不図瞻尊容聴法音、善哉得抜苦之因焉。昔神泉苑北門外、有一病女。年邁色衰。上人愍念、晨昏問訊、袖中提筐、随其所欲、自買葷腥、而与之養育、二[25]月病女蘇息。爰婦[26]人反覆、似不能言。上人語曰、何情哉。婦人答曰、精気[27]憸塞、羡得交接。上人食頃思慮、遂有心許之色。病女歎曰、吾是神泉苑[28]老狐、上人者真[29]聖人。[30]急不見、所臥薦席、忽然又滅。始[31]祝本尊弥陀如来、欲見当来所生之土、其夜夢、到極楽界、坐蓮華上。国土荘厳、与経説同。覚後随喜、乃誦曰、胡矩羅苦波、巴流気騎宝登途、煕喜芝可怒、都砥馬田夷陀留、奴古魯難犁間狸。聞者称歎。天慶七年夏、唱善知識、図絵一[32]幀観音卅[33]三身阿弥陀浄土変一鋪補陀[34]落山一鋪、[35]荘厳成、供養畢。天[36]暦二年夏四月、登天台山。従座主僧正法印和尚位延昌、師事之。僧[37]正感其行相、推令得度。登戒壇院、受大乗戒。度[38]縁文名注光勝、然不改沙弥之名。五年秋、勧貴賤、唱知識、造金色一丈観音像一躰[39]六尺梵王帝[40]尺四天王像各一躰[41]。今在西光寺。写金泥大般若経一部六百巻。今在勝水寺塔院。水精軸者、土俗所造不淑[42]。爰上人、染紙研金、難得其軸。詣和州長谷寺、白観音言、水精軸、願与仏乂[43]。言竟帰去。夜宿添上郡勝部寺住持僧之房[44]。僧[45]問云、如来不住、何必往詣。上人答曰、尺迦在霊鷲山、観音住補陀落、仏之機[46]縁、地之相応、自昔而在。住持曰、聖蓋求何事。上人[47]曰、為餝大般若経、営水精軸。僧答云、昔聞於故老、建立此[48]寺之本主、発以金泥字書大般若経之願。且只蓄軸、不逮其経。命終之時、納於石函、埋之土中、誓言、我得人身、当書此経。不知上人者、願主之後身歟。又不知願主者、上人之前身歟。共堀其地、果而得之。既而紫磨金字水精軸紺瑠璃紙雲母帙焉。十四年来、功力甫就。応和三年八月、恭敬供養、為広集[49]会、普令随喜、王城巽、鴨川西、卜荒原、造宝殿。前写白露池之浪、後模竹林苑[50]之風。於是士庶雲集、冠蓋星羅。龍頭鷁首之舟、載経典而迭運[51]、翠管朱絃之曲、讃仏乗以代奏。凡天下之壮観焉。喝六百口耆徳、為其会衆、少飯中食、労備百味。八坂寺浄蔵大徳、在其中焉。爰乞食比丘、来此会者、以百数之。浄蔵見一比丘大驚矣。浄蔵者、善相公第八[52]之子、善相人焉。見比丘状貌、再[53]重敬之、引入坐上座、無所詘。浄蔵便与所得之一鉢、以食矣。比丘不言食之、其飯可三四斗。重又与飯、亦食之。浄蔵冥尓謝遣。比丘去後、所尽飯[54]如故在焉。浄蔵相曰、文殊感空也之行也。康保末年、西光[55]寺北門、有[56]蛇呑蛙、蛙大蛇[57]口。時童撥[58]石打擲、不敢捨去。上人此顧合掌誦[59]曰、毒獣毒龍、毒虫之類、聞錫杖声、発菩[60]提心。然後振錫杖二三声、蛇翹首聴聞、形似思惟。遂開喉舌、以吐之。蛇蛙[61]相離、東行西去。大納言正三位陸奥出[62]羽按察使藤原卿、諱師氏[63]、与上人有二世之契。権律師法橋上人位余慶、後為卿師。天禄元年七月、卿薨、葬[64]于東山之阿。上人操紙染筆、牒送閻羅王宮云、瞻[65]部州日本国大納言師氏者、空也之檀越也。生死有限、先赴冥途。魔[66]王知状、以加[67]優恤。使権律師余慶、迎棺槨而読之。訖以火焼、送喪之者、慨然変色。西京有一老尼。前大和介従五位上伴朝臣典職之前妻也。念弥陀仏、一生不退。与上人有情好、迭称善友。頃[68]者、上人納衣一領、令尼縫之。上人欲滅之朝、尼賫此衣。命[69]婢曰、吾師今日可終、咄汝速授。銜[70]黒婢帰、報以滅度。尼無驚歎、時人大奇。嗚呼哀哉。春秋七十、夏臈廿五。入寂之日、浴着浄衣、擎香炉而箕居、向西方以瞑目。当斯時也、音楽来自天、異香出自室。郷里長幼、犇走到房。見其端座、気絶猶擎香炉[71]、長[72]大息曰、呼嗟天也。嗚呼哀哉。夫賤不誄貴、幼[73]不誄長。僕者凡[74]夫、猶妙年也。顧[75]上人誄、徳[76]寔尊焉。既而古人有言、攻玉以石、洗金以塩。物固有以賤理貴、以醜化好者。肆或尋遺[77]弟子於本寺、又集先後所修法会願文所唱善知識文数十枚、以知平生之蓄懐焉。不堪称歎、而為之誄。其辞曰、

於赫聖人、其徳無測。素菩薩行、初優婆塞。頭陀諸山、退散六賊。物外栖心、市中乞食。救苦世俗[78]、唱善知識。悪鬼離身、毒蛇感徳。霊狐病兒、為[79]因悦色。文殊暫来、観音不匿。嗚呼哀哉。尅[80]念極楽、唱弥陀名。求索般若、同常啼情。挙世受化、毎人輸誠。徳冠華[81]夏、名知公卿。抄秋草哀、遥漢風清。房有香気、天伝楽声。超生死海、赴涅槃城。年之七十、被浄土迎。嗚呼哀哉。

【校異】

1天禄三年九月　史本（大日本史料）ナシ。縁本（図書寮叢刊九条家旧蔵本『六波羅密寺縁起』）ニ依ル。校本（拙稿校訂本）。2没　勘本（浅野日出男・狩野充徳・福井佳夫・山崎誠「空也誄」校勘）誤脱スル。3臾　史本「○」、「臾歟」ト傍書。4婆　史本「八」、校本ニ依ル。5鐘　勘本誤脱スル。6而　勘本誤脱スル。7遂　縁本ニヨリ補ウ。8寺有　史本「□□」、校本ニ依ル。9住　史本「注」、校本ニ依ル。10道場披閲数年若有凝滞夢有金人常　史本ナシ。校本ニ依ル。11之倫　史本「□□」、校本ニ依ル。12〜如夢　勘本頭注「峯合寺の下、略伝の〈寺有一切経論。上人住彼道場。披閲数年。若有凝滞。夢有金人。常教文義。覚後問智行之倫。果而如夢〉を補う」トアリテ本文ニナシ。13波　史本「婆」、校本ニ依ル。14人伝　史本・勘本「伝」、校本ニ依ル。15之腕　史本「一腕」、勘本「上腕」、校本ニ依ル。16担経論出此中花之月入彼東夷之雲吹大　史本「□□」、勘本頭注ニ「縁起の〈像担〜吹大〉を補う」ト見エ、「此」字ヲ脱ス。校本ニ依ル。17俗鳥合帰真天慶元年以来還

史本「□□」、勘本、縁起ニ依リ補ウ。校本ニ依ル。18居隠跡乞食若　史本「□□」、勘本、縁起ニ依リ補ウ。19貧病患　史本「貧□患」、勘本「貧病」、校本「貧□患」ノ□ヲ「病」ニ補ウ。20故俗号　史本「□□」、勘本、縁起ニ依リ「故俗呼号云」ヲ補ウ。校本ニ依ル。21陀　勘本誤脱スル。22都　史本「郡」、勘本、縁起ニ依リ「都」、校本ニ依ル。23卒　史本・勘本「窣」、校本ニ依ル。24耀　史本「曜」、勘本「耀」、校本ニ依ル。25二月　史本「□□」、勘本「二月」、校本ニ依ル。「忽」ヲ改メ縁本ニ依ル。26婦人　史本「□□」、勘本「婦人」、校本ニ依ル。27撥塞　史本「□□」、勘本「撥塞」、校本ニ依ル。28苑　勘本誤脱スル。29真　同上。30急不見　史本「□不□」、勘本「急不見」、校本ニ依ル。31祝　史本「祝」、勘本「視」、校本ニ依ル。32幀　史本・校本「棹」、勘本ニ依ル。33卅　勘本誤脱スル。34陀落山　史本「□□」、勘本頭注ニ「落山浄土の四字欠損、原本四字分の欠損と認め、史料に従う」トシテ「陀落山浄土」、校本ニヨル。35荘厳　史本「□□」、勘本「荘厳」、校本ニ依ル。36天暦二年夏四　史本「□□」、勘本・校本ニ依ル。37僧正感其行相　史本「僧□感」、勘本・校本ニ依ル。38度縁文　史本「度牒文」、勘本「度牒（縁）文」、校本ニ依ル。39躰　史本・校本「体」、勘本ニ依ル。40帝尺　史本「尺帝」。41躰　39ニ同ジ。42淑　史本・勘本「沉」、校本ニ依ル。43仏乂　史本「仏又」、勘本「仏子」、校本ニ依ル。44之　史本「其」、勘本・校本ニ依ル。45僧　校本「其僧」、史本・勘本ニ依ル。46機縁　史本「□□」、勘本・校本ニ依ル。47人曰為　史本「□□」、勘本・校本ニ依ル。48此　史本「□」、勘本・校本ニ依ル。49集会　史本・校本「□□」、勘本「令会集」、善道統ノ為空也上人供養金字大般若経経願文ニ記述スル「為広集会広随喜」ニ依ル。50苑　勘本誤脱スル。51運　史本「□」、勘本・校本ニ依ル。52八　史本「九」、勘本・校本ニ依ル。53再　史本「林」、勘本・校本ニ依ル。54飯　勘本誤脱スル。55光寺　史本「□□」、勘本・校本ニ依ル。56有　史本・勘本ナシ、校本ニ依ル。57蛇　史本・勘本「破」、校本ニ依ル。58撥石　史本「傓□」、勘本「倫□」、校本ニ依ル。59誦　史本「□」、勘本・校本ニ依ル。60菩提　史本「卉」、勘本・校本ニ依ル。61蛙史本・勘本ナシ。校本ニ依ル。62出羽　史本・勘本ナシ、校本ニ依ル。63氏　史本「成」、勘本・校本ニ依ル。64葬　史本「死」、勘本・校本ニ依ル。65瞻　勘本「瞻」、史本・校本ニ依ル。66魔王　校本「魔王」、史本・勘本ニ依ル。67加　史本・勘本ナシ、校本ニ依ル。68頃者　史本「頃□」、勘本「須□」、校本ニ依ル。69命婢曰　史本・勘本「令奴婢曰」、校本ニ依ル。70衝黒　史本「衒里」、勘本・校本ニ依ル。71擎　勘本誤脱スル。72長大

史本・勘本「□□」、校本ニ依ル。73幼不誄長　史本・勘本「□□□」、校本ニ依ル。74凡夫猶妙　史本「凡夫□□」、勘本「□□□」、校本ニ依ル。75顧　史本・勘本「□」、校本ニ依ル。76徳寔尊焉既而　史本「□□焉□□」、勘本「長□□□□」、校本ニ依ル。77遺弟子　史本・校本「遺弟子」、勘本ニ依ル。78俗　史本「谷」、勘本・校本ニ依ル。79為因　史本・勘本「□目」、校本ニ依ル。80尅念　勘本「剋念」、史本・校本ニ依ル。81華夏　史本・校本「花夏」、勘本ニ依ル。

【解題】

誄作者源為憲は、承平五年（九三五）頃の出生で寛弘八年（一〇一一）八月に没したらしい。享年七十七と推測されている。為憲は大学寮に学び、私的に学者源順の門人となる。天禄元年（九七〇）に『口遊』を著す。同三年九月空也上人の入寂に遭い誄を作る。誄の作成時期は不明であるが、一周忌供養に当たる天延元年といわれる。永観二年（九八四）に『三宝絵』を著し、その後『拾遺抄』を撰した。寛弘四年（一〇〇七）に『世俗諺文』を著している。為憲が歌人としての一面をのぞかせることは「明石の浦のほとりを舟に乗りてまかりけるに」、

　夜とともに　明石の浦の　松原は　浪をのみこそ
　夜と知るらめ

の一首を『拾遺和歌集』八雑上に載せているところから知られる。為憲は『六波羅密寺縁起』にも「源為憲者、時之英雄、世之名才也」と評され、文人・碩学の一人であった事は疑えない。

誄は、空也上人（九〇三—七二）が天禄三年に示寂したのを傷み、国子学生源為憲が上人追悼の為に作った中国文体の哀辞である。序文は優婆塞・沙弥・受戒後の三

時代に区分し、各時代を出身・名山歴訪・峯合寺修業中の経論文義・湯島観音の霊験、奥州への布教、京中の井戸穿鑿、囚人滅罪の卒堵婆建立、病める老狐の救済、勧行による極楽到達、延昌師事による授戒、『金泥大般若経』の供養、比丘となった文殊の話、菩提心を起こした蛇、貴族の葬儀、親友老尼の納衣提供といったエピソード・荘厳供養の善業で彩られ、本文は数々の徳行を職・庚二韻統一で纏めている。その文体は中国六朝の法師誄の系統を引き、奈良朝の貞慧誄に次ぐ平安朝成立の唯一現存作品に当たる。序文には『礼記』曾子問に残る人口膾炙の「賤不誄貴、幼不誄長」や、『潜夫論』実貢篇の「攻玉以石、洗金以塩」を用いる。誄は上人伝記のネガとして『阿娑縛抄』・『六波羅密寺縁起』・『日本往生極楽記』等に利用された。

〔出典〕『大日本史料』第一編。底本『空也誄』は真福寺所蔵。

〔参考文献〕岡田希雄「源為憲伝攷」（『国語と国文学』一九巻一号）、平林盛得「空也と平安知識人—空也誄と日本往生極楽記弘也伝—」（『書陵部紀要』六号）、堀一郎『人物叢書　空也』吉川弘文館・昭和三十八年刊、拙稿「『空也上人誄』の校訂及び訓読と校訂に関する私見」（『南都仏教』四二号）等。

二　近世

6　前拾遺加藤叟誄 并序

万治辛丑正月二十一日、前拾遺中大夫加藤叟明成、蓋棺於石州幽居。二月四日、訃聞於江府。孝子子默、哭慟哀慕、居喪有礼。友人林恕、作誄而述其祖先功業曰、原夫加藤氏、出自鎮守府将軍利仁。利仁雖為宰官之裔、早有将帥之誉。討東関逆賊之乱、称北陸士林之魁。其孫吉信、任加州別駕、以其所治之州、弁於本姓之上、而為加藤氏。其玄孫景道、属鎮将源頼義、討奥賊厄于囲中、遂殲彼姦雄。其孫光員景廉、伯仲並称。及鎌倉右幕下始揚義旗於豆州、景廉手自斬延尉平兼隆于山木館。可謂源家再興之首功也。其後、与光員共、嘗石橋之難、凌西洋之波。功労弥彰、封賞有加。子孫瀰漫、分処諸州。叟之顕考、曰左典厩嘉明。産于参州、仕豊臣秀吉、在行伍之間、江州志津嵩之役、為先鋒之最、抽衆執槍、突出得首級。由是、敵軍崩解、追入北越、劘柴田之塁。秀吉并呑闔国之勢、職此之由。其余南嚮、西略東征、無不従焉。屠城斬獲之数、不可勝計。逮有事於朝鮮、督蒙衝渡海、到処接戦屢克。嘗与明国援兵相当、以寡勝衆、奪彼船鏖其兵。威振殊域、名高本邦。秀吉頻称其勇、増其封。至是、感賞不啻、賜予州之内十万碩、以為采地。既而秀吉薨。嘉明奉属東照大神君、東討上杉景勝。聞石田氏作乱于洛辺、奉旨、与諸将共、班師西馳、陣於尾州。而後、岐阜之戦、郷戸之争、関原之大捷、軽命決死、以立太勲。益封十万石、総弐拾万斛。及台徳大相国之治世、而恩眷愈渥、礼秩益進。大猷贈相国、為幕府之嗣君。初有著鎧嘉儀。時択諸将有勇名者、特挙嘉明、奉勤其事。可謂武林之広誉也。其後、弥察嘉明之忠赤、而改予州采地。移領奥州会津、以為東塞之鎮、加倍其禄、賜四十万石。其余有所統隷。嗚呼、済祖先之美、高一家之門者。盛哉偉哉。叟者嘉明之令嗣也。夙有声聞、不辱家風。難波之役、代父董軍。父没襲封会津、及大猷贈相国之重熙、官階進昇、近侍顧問。既而春秋漸高、與居不快。辞方鎮之職、閑居石州之某邑。子默留侍江府、守其分勤其事。有余力則寓心於儒風、遺興於文雅。屢問石州之安否、而歎定省之有闕。挙世知其篤実。余先人羅山子、与典厩及叟、至子默執奕世之交。余亦曾於叟、有眷遇之厚。況与子默、金蘭之志、既有年。則聞叟之訃、何不助其余哀哉。嗚呼、叟在石州、十有九年。至今茲、其齢七十歳。其出処如此。夷険一節、命矣哉。其誄曰

藤姓分派、利仁雲仍、以州為氏、乃是加藤。景道艱虞、奥夷膺懲、光員景廉、会源帥興。為之爪牙、為之股肱、枝枝葉葉、綿綿縄縄。参州之産、爰得嘉明、万人之傑、一世之英。戦功超群、武名大鳴、報労厚賞、家門経営。予章之塁、会津之城、藩衛至堅、士林欣栄。叟嗣其封、境内乂安。四品之級、拾遺之官。彤弓盧矢、白馬銀鞍、森森其戟、峩峩其冠。月照関塞、花移欄干。江府高第、門外波瀾、或侍公宴、或招人豪。有恩有礼、以遊以敖。山肴野蔌、海錯陸毛。天淵之間、魚躍鳥翺。孫呉奇正、三略六韜、文選写点、聊窺風騷。進而有時、仕而壮強。漸老辞職、退而匿光。石州地僻、山静日長。十有九年、砧葛暑霜。遊兮不帰、白雲之郷。孝子号泣、不可永忘。嗚呼痛哉。

辛丑二月下旬

【解題】

加藤明成（一五八九—一六六一）は、天正十七年に賤ヶ嶽の七本槍の一人加藤嘉明の長男として生まれ、万治元年に死没する。七十歳。十五歳の慶長八年（一六〇三）三月、家康の将軍宣下祝日に大名旗本の叙爵と肩を並べて式部少輔となる。寛永四年（一六二七）父嘉明が松山城二十万石より会津若松城四十二万石に転封の時随行する。同八年九月十二日、嘉明の他界で四十二万石の封邑を襲ぎ若松城主となる。領主としての施政に瑕疵をみせた明成は、寛永二十年五月酒井忠勝等の幕府重臣会議を経て所領収公の決定を受ける。長子内蔵助明友には石見国安濃郡山田に、石見銀山領より一万石を割いて封邑が認可され（吉永藩）、明成の身柄預かりで評定所は明成の国務不堪処分を落着させる。明成はここで石州の閑居生活を過ごし一生を終える。

誄は序文七九一字、本文二四〇字から成る。頌の四言

二句の対は蒸・庚・寒・豪・陽韻で六句毎に揃えられている。誄の序文では、明成の一身上の都合と高年であること、起居の不自由を若松城主の重責に堪えられぬ辞職理由に挙げて、石州隠居生活を送る内容となっている。

　事実の列挙即ち故人の言行が格調高く彩り綴られる哀辞の華「誄」は、碩学林鵞峰の誠に巧妙な修辞によって故人の恥部が隠されてしまっている。従って、明成の石州閑居の真相は窺い知ることはできない。鵞峰は本文の修辞で賦体・同・字・互成・双擬・異類等の対句を用いる中で、明成の不名誉な事件を表さなかった。鵞峰は明成よりも明友の心情を慮って「孝子号泣、不可永忘」と詠む。嗚呼哀哉の慣用表現を使わずに、「苦しみ」と「甚しき」の意味を含む切なる気持の「痛」一字を「哀」に代えた手法を採り、家風を辱めずの言葉で鵞峰は明成を美化した。

〔墓〕　京都市東山　東大谷墓地。

〔出典〕『林鵞峰文集』巻八〇。

〔参考文献〕　島根県立図書館蔵写本『石見国吉永乱記』、大田市立図書館蔵・物部神社旧蔵写本『吉永記銀山記』、拙稿「誄の概説補遺」（『鴻志』六号）、新井白石『藩翰譜』第七下、藩主人名事典編纂委員会『三百藩藩主人名事典』第一巻会津藩・新人物往来社・昭和六十一年刊。

7　読耕斎林君誄并序

林靖字彦復号読耕斎、(1)羅山先生少子也。与余深分有素矣。初余在洛陽、嘗執謁于　(2)先生。時　(3)君之年五六歳、而侍　(4)先生膝下、仰見余而微笑。其容貌端正、其器宇岐嶷。長十歳許、而其接人如老成、皆歎其不凡矣。　先生、常侍于東武柳営、適賜告則帰洛。是故　(5)君之過庭者幾希。然　君日夜孜孜、無倦於学。就兄(6)向陽軒而質問之。
　先生依(7)鈞命、一家徙居于東武。於是　君亦従来。余、時筮仕於(8)水戸黄門。君寓居於東武、若有休仮、毎投刺於　先生。必与　君清談終日。君時年十三四許、其所吐屑者、悉是四書六経、諸子百家之説。聞者解頤、於以知弓冶之子、能為箕裘。比至年十七八、逾増強記賦詩、属文如宿構、走筆不休。然其文之所拠、孟奥荘博賈明揚専。其詩之所本、葩経離騒。而下漢唐宋元、最能諳蘇黄西域[9]梵経禅家語録我邦記録演史。歌人所秘、婦人彤管、無不概見、而記臆焉。且其為人也、孝于父母、友于[10]兄弟、慈于妻孥、信于朋友。我邦在昔、不措而論。然中葉以降、可謂間出之人矣。乃至而立[11]之年、而学最進徳弥高。夫民離而聴則愚、合而聴則聖。僉曰、我邦初有斯人矣。不啻我多之。雞林人亦云、尓[12]、先是雞林使来貢時、　君従館伴、屢接学士、而筆談如響且詩之。文之往来、積而堆案。雞林人以謂、我
朝[13]不乏人也。往歳　君之妻死、又喪母、尋又　先生卒。於乎、患至掇也、不亦悼哉。君之至孝、哀戚過節、柴毀骨立。喪事、必親必誠、葬祭之事、与　向陽兄相議、以尽其情、不亦善乎。頃、余作土佐日記、付註書成。使

　君作序、其文甚奇也。就中、褒晁衡留学於唐、且慕之羨之。想是、有浮海之意乎。若使　君入明、何慙晁衡乎、悲哉。我邦不帰浮屠、亦帰耶蘇、怪怪[14]奇[15]、繋風捕景。豈可得一於此乎、彝倫所斁也。語曰、鷙鳥累百、不如一鶚。設使[16]林氏兄弟、在学校、教之孝悌忠信、則風俗[17]可小康矣。惟此時為然。是我切歯腐心之秋也。仄聞日者、君有微恙。余以為无妄[18]。有人来告曰、君俄卒。余、聞之疾行而問之、則挙家慟哭、無奈之何。嗚呼哀哉。君年三十八、少余二十五、忘年之友也。自今而後世、莫可語矣。向陽軒、斬哀哀痛哭泣、以歎家業之衰。省訃却聘、門無雑弔[19]之賓。於是襄事、遂謚貞毅。維万治四年三月十二日也。古人曰、名由謚高、実以誄華。余之誄　君、不能華其実。然而、誄以多為盛事。聊述其行徳、以奠霊座。其辞曰、

彼[20]蒼者天[21]、有心乎不[22]。黙黙[23]不言[24]、造物浮休[25]。形而上者[26]、
不可冥捜[27]。形而下者[28]、歴然満眸[29]。天之垂象[30]、日月二儀[31]。
星辰衆多[32]、満空逶迆[33]。地之察理[34]、山川有涯[35]。丘垤細流[36]、
幾多倍蓰[37]。鳥獣麟鳳[38]、草木芝椿[39]。大抵万物[40]、多疵少醇[41]。
豈翅万物[42]、人亦殊倫[43]。生民以来[44]、孔聖一人[45]。中華猶然[46]、
況乎日東[47]。振古我邦[48]、最慕儒風[49]。経史句読[50]、略有疏通[51]。
孔孟道統[52]、未曾折衷[53]。維嶽降神[54]、[55]林君出胎[56]。能継父業[57]、
此土上才[58]。君好読書[59]、腸撐芸台[60]。無万数人[61]、指　君輓
推[62]。不屑游夏[63]、睎顔与閔[64]。蔵否含糊[65]、言之不忍[66]。能作詩
文[67]、気無蔬筍[68]。塊看浮屠[69]、睨視矛盾[70]。知　君游芸[71]、未窺
淵令[72]。我懐其徳[73]、倒屣送迎[74]。終日晤語[75]、心親貌敬[76]。時催

逸興(77)、作洛下詠(78)。動将卜隠(79)、高臥東山(80)。或披深衣(81)、徜徉林間(82)。或著野服(83)、静坐堵環(84)。晦菴蒙訓(85)、謂五不刪(86)(87)。嗟乎悲矣(88)、此夕何夕(89)。人来訃(90)曰(91)、君俄易簀(92)。我初不信(93)、如夢無跡(94)。少焉云寤(95)、摽然而辟(96)。嗚(97)呼哀哉(98)。昊天不弔(99)、使人罔極(100)。豈近識悼(101)、半面亦惻(102)。是我莫逆(103)、覆露盛徳(104)。君堂堂去(105)(106)、我誰共識(107)。君之修道(108)、其心虚霊(109)。殀寿不弐(110)、存順没寧(111)。天乎天也(112)、惟命之聴(113)。死生如一(114)、何為以形(115)。其孤是藐(116)、其兄助之(117)。題湊敦事(118)、筮日有期(119)。隧路露繁(120)、明旌風吹(121)。県棺而封(122)、滴涙帰来(123)。嗚呼哀哉(124)。

辛丑四月十二日

【校異】

1□羅山　彰本（彰考館文庫蔵本1略称）闕字ナシ。稿本（卜幽軒稿ノ略称）ニ依ル（以下同ジ）。2先生　彰本闕字ナシ。3君　彰本闕字ナシ。4先生　彰本闕字ナシ（以下同ジ）。5君　彰本闕字ナシ（以下同ジ）。6向陽軒　彰本闕字ナシ（以下同ジ）。7鈞命　彰本、需頭ニセズ。8水戸黄門　彰本闕字ナシ。9域　彰本「堿」、右ニ「域」ト傍書。10于　彰本「干」。11立　稿本「至」ヲ消シテ右ニ「立」ヲ傍書。12尓　彰本「爾」。13朝　彰本、需頭ニセズ。14怪　稿本「〻」、彰本「々」。15奇　稿本「〻」、彰本「々」。16林氏　彰本闕字ナシ。17俗　彰本「佮」。18无　稿本・彰本トモニ「旡」。私見ニ依リ改メル。19弔　稿本・彰本トモニ「吊」。私見ニ依リ改メル。20彼　彰本、平頭ニセズ。21天　稿本、読点アリ。22不　稿本、句点アリ。23黙　稿本「〻」、彰本「々」。24言　稿本、読点アリ。25休　稿本、句点アリ。26者　稿本、読点アリ。27捜　稿本、句点アリ。28者　稿本、読点アリ。29眸　稿本、句点アリ。彰本「満眸天之垂象日月二儀星辰衆多」ノ十四字ナシ。30象　稿本、読点アリ。31儀　稿本、句点アリ。32多　稿本、読点アリ。33迆　稿本、句点アリ。34理　稿本、読点アリ。35涯　稿本、句点アリ。36流　稿本、読点アリ。37萑　稿本、句点アリ。38鳳　稿本、読点アリ。39椿　稿本、句点アリ。40物　稿本、読点アリ。41醇　稿本、句点アリ。42物　稿本、読点アリ。43倫　稿本、句点アリ。44来　稿本、読点アリ。45人　稿本、句点アリ。46然　稿本、読点アリ。47東　稿本、句点アリ。48邦　稿本、読点アリ。49風　稿本、句点アリ。50読　稿本、読点アリ。51通　稿本、句点アリ。52統　稿本・彰本トモニ「统」。稿本、読点アリ。53衷　稿本、句点アリ。54神　稿本、読点アリ。55林君　彰本、闕字ナシ。56胎　稿本、句点アリ。57業　稿本、読点アリ。58才　稿本、句点アリ。59書　稿本、読点アリ。60台　稿本、句点アリ。61人　稿本、読点アリ。62推　稿本、句点アリ。63夏　稿本、読点アリ。64閔　稿本、句点アリ。65糊　稿本、読点アリ。66忍　稿本、句点アリ。67文　稿本、読点アリ。68筍　稿本、句点アリ。69屠　稿本、読点アリ。70盾　稿本、句点アリ。71芸　稿本、読点アリ。72令　稿本、句点アリ。73徳　稿本、読点アリ。74迎　稿本、句点アリ。75語　稿本、読点アリ。76敬　稿本、句点アリ。77興　稿本、読点アリ。78詠　稿本、句点アリ。79隠　稿本、読点アリ。80山　稿本、句点アリ。81衣　稿本、読点アリ。82間　稿本、句点アリ。83服　稿本、読点アリ。84環　稿本、句点アリ。85訓　稿本、読点アリ。86不　彰本ナシ。87刪　稿本、句点アリ。88矣　稿本、読点アリ。89夕　稿本、句点アリ。90訃　稿本・彰本トモニ「赴」。稿本、右ニ「訃」ト傍書。91曰　稿本、読点アリ。92簀　稿本、句点アリ。93信　稿本、読点アリ。94跡　稿本、句点アリ。95寤　稿本、読点アリ。96辟　彰本「壁」。稿本、句点アリ。97鳴　彰本「嗚」。98哉　稿本、読点アリ。99弔　稿本・彰本トモニ「吊」。私見ニ依リ改メル。100極　稿本、句点アリ。101悼　稿本、読点アリ。102惻　稿本、句点アリ。103逆　稿本、読点アリ。104徳　稿本、句点アリ。105堂　彰本「々」。106去　稿本、読点アリ。107識　稿本、句点アリ。108道　稿本、読点アリ。109霊　稿本、句点アリ。110弐　稿本、読点アリ。111覃　稿本、句点アリ。112也　稿本、読点アリ。113聴　彰本「徳」。稿本、句点アリ。114一　稿本、読点アリ。115形　稿本、句点アリ。116藐　稿本、読点アリ。117之　稿本、句点アリ。118事　稿本、読点アリ。119期　稿本、句点アリ。120繁　稿本、読点アリ。121吹　稿本、句点アリ。122封　稿本、読点アリ。123来　稿本、句点アリ。124哉　稿本、読点アリ。

【解題】

誄作者の卜幽（一五九九―一六七〇）は、姓を小野といい、名を壱、字を道生といい林塘庵と称した。通称卜友は卜幽軒の号を用いる。慶長四年三月京都に生まれた。藤原惺窩の学統をひく鎌田得庵に儒学を学び、寛永五年（一六二八）得庵の死後林羅山に師事した。その才を認められて水戸家第二代藩主頼房の侍講となり、頼房の薨去を機に侍講職を去り隠居した。寛文十年七月八日、七十二歳の一生を終える。万治四年（一六六一）四月十二日、読耕斎の第一周月忌に臨み、頼房の名代として祭文を読んだ後、私的な立場から読んだのが自作の哀辞＝読耕斎林君誄である。

　林読耕斎は号で、名を靖・守勝といい、字を彦復・子文という。寛永元年（一六二四）冬十一月二十一日に、林羅山の第四子として京都に生まれた。父の訓導をうけ碩学の家風を身につける。明暦二年（一六五六）妻と死別する。翌三年畏父の死に遭う。この年兄と協力して『羅山文集』百五十巻を完成する。万治四年三月十二日他界する。三十八歳。

　誄は序文七六五字・本文一九二字計九五七字から成る。序文には『礼記』学記の「良冶之子云々」の対句を活かし、人となりの描写には孝・友・慈・信の儒教にみられる常套倫理句を用いる。また『公式令』の平闕式に倣っての手法、鈞命・朝の字に平頭し、羅山先生・先生・君・向陽軒・水戸黄門・林氏・林君等に闕字を施す。卜幽の手法には、序文で故人と対比した「余」を用い、本文では「我」と使い分けをする。自筆の『卜幽軒稿』をみると、序文中の「而立」の立を「至」と誤り、右に訂正の「立」を傍書する。

〔墓〕東京都新宿区市谷山伏町一六　林氏墓地。

〔出典〕『卜幽軒稿』下。

〔参考文献〕樋口秀雄「欽哉亭日録に就いて一―二」（『典籍』一〇巻一一号）、安川実「林読耕斎の学問及び思想　義公史学との関聯において」（『神道学』三六号）、拙稿「誄の終焉」（『神道史研究』二九巻四号）。

8　空印公誄并序

致仕国老故中大夫羽林次将前若狭国主酒井叟誄并序

大夫、姓源氏諱忠勝、其先参州酒井郷人也。初　徳川親氏主、避難自上州新田、経歴諸州、来参州而寓酒井郷。其後移松平郷、以定其居、産　泰親主。郷人知其為甲族、皆推挙之。大夫曩祖曰広親、伝称　泰親庶兄也。泰親主之子孫、繁衍為一州之豪。広親家、世為其老、以酒井為氏号。伝至正親、事　広忠卿、嘗難竭忠、輔佐
東照大神、以積功労、賜州之西尾城。有二男。長曰重忠、号河内守。是酒井之嫡家也。次曰忠利、号備後守。是大夫之顕考也。大夫、以天正十五年丁亥、生於西尾城。十八年庚寅、
大神治関東八州、以武州江戸城為麾下、賜重忠以河越城。忠利亦於其城辺、賜采地。携　大夫以居焉。時四歳也。慶長五年庚子、関原之役、
大神一統桑域。時忠利列
台徳公大軍之中、大夫亦奉従焉。時十四歳也。明年辛丑、重忠改河越城、封上州厩橋城。而殊以駿州田中城賜忠利。大夫同行焉。逮
大神在駿府、毎御猟田中、大夫、与忠利共迎送馳駆、屢被眷遇。十四年己酉、忠利改田中城、賜河越城、兼江府留守職。大夫、従来奉仕
台徳公、而叙従五品、号讃岐守。元和二年丙辰、忠利任
大猷公之保傅。六年庚申、大夫亦同近侍、特食万石、代父視事、夙夜不懈。九年癸亥、
大猷公、入洛任征夷大将軍、加賜二万石。其年
台徳公、老於西城、
大猷公、移居本城。大夫、与従兄忠世預聞群務。復増授二万石。寛永三年丙寅、
両公入洛、忠利留守江城。大夫奉従之。行幸於二条城、
公事頻繁、労而不倦。声名籍甚威望彰聞。四年丁卯、忠利不禄。大夫、襲封河越城併領其食邑。九年壬申之春、
台徳公薨逝。大夫、与忠世及土井利勝、受顧命執国政。其年、復増加二万石総十万石。任拾遺叙従四位下。常候　営中沙汰、官家武家之政、管天下之枢機。乃至異邦殊域之事、無不統治焉。毎韓国信使来朝、彼国礼曹参判、寄書贈土宜。権勢益高恩賚弥厚、闔国悉皆依頼焉。十一年甲戌、
大猷公入洛、　大夫、扈従参　内辱戴　天杯、而賜　御

剣。　台轅駐洛之際、重賞　大夫、封若狭国。且加越前敦賀郡及江州高島郡、以為列侯。及　台旆東旋、大夫賜暇就国。明年乙亥、来江府、職任如故。及殊賜野州佐野一万石、以充在府之料。十五年戊寅、　恩許預細小庶務、而平章天下重事、以為国家元老、而経始別業於郭外牛籠村。幕府、屢枉　御駕遊予和楽、欣欣然也。当閑暇無事則時時有　命、放鷹於郊野、以弛其労而慰其意。二十年癸未、蒙　鈞命入京、奉行　譲位践祚之大礼。進叙従四位上、転任左近衛少将、畢事而還。先是、執政之封爵官職、未有盛於　大夫者也。正保二年乙酉、

幼君元服、　詔使東来。　大夫総裁其儀。慶安元年戊子、正当

東照大神三十三回忌辰、於日光山　勅行法華八講会。詔使及摂籙卿相雲客三十余輩叡岳貫首園城長吏登山。

大夫、先　台駕而行、後　台駕而帰、始終監臨焉。法筵之壮観、振古未有如此者也。四年辛卯之夏、

大猷公棄群臣。　大夫、奉送　霊櫬躋日光山、襄事還府当遺託之任、調護

今大君。凡諸執政所施行、皆就　大夫取其処分。其秋、

詔使来府而

大君、任征夷大将軍。而貴戚侯伯等、咸拝慶焉。明年、改元承応。　大夫、登日光山経営　新廟。踰年而成執行大祥忌之礼也。　大夫当国六年、四海乂安三韓来貢。以

大君既長、故屢請告老未肯許之。明暦二年丙申五月、台駕遊臨牛籠別業。饗献陳設盛儀鄭重。是日、遂允容請致仕。於是、譲若州及処処封邑於其嗣匠作大尹忠直。閑居牛籠以謝賓客。時年七十也。然毎有大事、或依召登　営、或執政就問之。年年赴日光山以拝　霊廟。挙世感其出処有時、以称功成身退之美也。　大夫、少時参洞家之禅。有一僧相之曰、千人之英、万人之傑也。大夫笑而不信。及其登庸、奇彼先言。且稟性質樸、不忘旧縁。故政務之暇、屢及禅話、又聞天台之旨趣。晩年好聴読書、及懸車而益嗜之。前後十余年之際、三史通鑑并明紀、及　本朝国史演史日録小説等、使侍史読之。其中、聞功臣始末、則自省其身。蓋其致仕之志、有所由歟。嘗謂人曰、聴古来事跡、則如身自在両朝得

上寿。何楽加焉。至如神仙馭風餐霞之徒、則非所取也。其余倭漢群籍、随見随聞、皆遍終其編。若求希世之書、則繕写之。且明舶載来者、兼命長崎人、以買蓄之、更建文庫之蔵殆数千巻。万治三年庚子之夏、詣日光山薙髪号空印叟、弥抛世務以成散逸之志。寛文二年壬寅之夏、叟罹疾病。端坐不臥、不求医薬。然依　鈞命、以治療之。官使屢至、元老執政日訪之。来問者輿馬絡繹、皆有戚容。逮秋弥留、辱賜　親筆御書、憐其旧勲、勧其頤養。七月十二日之夜、遂捐館舎。春秋七十六。遺言葬於別業之内某処、倹而不厚。遣執政奉　命来弔、使近臣賜賻銀三千両。闔国聞訃、無不哀惜焉、嗚呼命哉。僕先人勤仕年久、侃侃而言、因而宗之。有善交之敬、有咨詢之問。僕亦幸蒙一顧之恩、遭不虞之薦。出入其門、既二十余年。応侍坐伴食之招、談歴代倭漢之事。雖退燕之後、往訪不拒。懇篤倍前。今般病間時、亦相見者数矣。至此周月、不堪哀慕。謹閲家譜、聊叙履歴、作誄以悼之。其詞曰、

奕世士林、執事辛勤。入則運籌、出則従軍。英武之主、輔弼之勲。撥乱創業、継統守文。爰遭選挙、夙有令聞。承家高門、掌職秉鈞。拾遺補闕、率旧見新。魚水之情、腹心之親。群僚屈膝、侯伯望塵。四海太平、万祥畢臻。顕達異域、贈酬韓賓。西夷献貢、南蛮輸珍。進爵増禄、封国撫民。殊恩無双、元輔絶倫。奉立至尊、籍列廷臣。華洛駐馬、羽林就職。階桜薫袂、宸楓仮色。槐棘同朝、鴎鷺連翼。刀剣衛護、威儀儼飾。二荒閟宮、三縁招提、斎筵監視、騶従攀躋。講時之鐘、司晨之雞、日照高山、月落前渓。勅使冠蓋、皇胤伽黎、迎接指揮、大礼整斉。玉几顧託、委任不疑。楨幹之量、柱石之姿、直而不屈、公而不私。富而不驕、老而不衰。威加遐邇、身係安危。翊戴竭力、関決随規。百令無違、四葉重煕。竊比武侯、孰与頼之。悟亢龍悔、存退鷁志。固遜辞職、幸許致事。杖於宮内、老於閑地、緑野追尋、平泉蔑視。風雲軽挙、花木幽邃。旧器以玩、微醺既酔。披中華史、繙本朝記。頗通今古、粗辨同異。高楼登覧、広苑流憩、魚躍庭池、鳥飛林際。歓楽至極、閲人間世。寿域遐算、逾古稀歳。福禄如此、日月其逝。勲業如此、於物不滞。秋夕風悲、朝陽露脆。仙遊永訣、佳城忽閉。休烈余慶、延及後裔。

寛文二年壬寅八月十二日向陽林子滴涙記之

【解題】

酒井忠勝（一五八七—一六六二）は、幕藩体制下「鎖国」という幕府の御定法実施に与る大老である。天正十五年六月十六日三河国西尾に生まれる。父は忠利、母は鈴木重直の女。慶長十四年（一六〇九）父忠利が河越城主兼江戸城留守職就任に伴い、忠勝も江戸に住む。同年十一月叙爵して讃岐守と称した。元和八年武蔵国深谷城主となり、翌九年家光の将軍宣下式に立合い三箇月後老中職に就く。寛永四年（一六二七）十一月父の死去により八万石河越城主を襲封する。同九年大御所秀忠の薨去に遭うと、秘喪策を是とする幕臣を抑えて、諸大名に公表する持論を通す。

家光の入洛に随行し在洛時に若狭小浜城主となる。同十五年十一月土井利勝と共に大老に就任。慶安四年（一六五一）四月将軍より大政委任の命を受け、家光薨去後大奥の浄化に不用房を完全に毀壊させて謹言実直の施政を展開し、府下の浪人取締りを強めて油井正雪・丸橋忠弥の乱を惹起させた。明暦二年老衰により大老を辞任し、万治三年（一六六〇）四月東照宮霊廟前で剃髪し「空印」の法号を用いる。寛文二年七月卒去する。吏僚型の大名と評される忠勝は、家光在世中将軍の広報官及び将軍名代として活動し終始将軍の後見役を勤めた。

巻子本の空印公誄序文には、家康・秀忠・家光の将軍には平頭し、大夫・天杯・御剣・御駕・鈞命・霊廟・本朝・親筆等には闕字の手法がみられるが、流布本の『林鵞峰全集』には平闕の式がない。本文の修辞には、蒸・庚・寒・豪・陽各六の韻統一がみられる。また劉勰の『文心雕龍』による麗辞の型として双比空辞の言対や理殊趣合の反対や事異義同の正対等がみられ、空海の『文鏡秘府論』にみえる的名対・字対・切側対・賦対対（句首の畳韻）・畳韻対（上句首が双声で下句首が畳韻）等が窺知される。

〔墓〕　福井県小浜市男山　空印寺酒井家墓所。

〔出典〕　小浜市立図書館蔵巻子本空印公誄。口絵参照。

〔参考文献〕　小浜市立図書館蔵『酒井家御代記』第一冊・『御代記』第二冊、『徳川実紀』、小浜市立図書館編『若狭人物叢書4　小浜藩祖酒井忠勝』昭和四十九年刊、拙稿「誄の概説補遺」（『鴻志』六号）、藩主人名事典編纂委員会『三百藩藩主人名事典』第三巻小浜藩。

9　朝散大夫常州笠間城主井上君誄

君姓源、氏井上、諱正利、遠州横須賀城主正就嫡子也。正就、執国政有威望。君、早叙朝散大夫、号河内守、代父賜横須賀。積宿衛之労、改封常州笠間城。而列敷言献達之職、掌社寺牒訴之事。嬰病致仕。延宝三年乙卯十一月八日、易簀於青山墅。寿七十。嗚呼悲哉。聞訃者無不嘆惜焉。君、暇日好学、潜心於性理之書。余、自弱冠相識、講習討論、殆四十年所、相互為益友。永訣之情、不堪痛恨。謦欬在耳、何日忘之。嗚呼、駒隙無扣、一月既周。追憶不止、流滴有余。乃作誄曰、

嗚呼俊士、名彰声馳。倔強之量、発揚之姿。不諂権勢、無失威儀。服労有務、聴訟無私。沙汰僧道、畏敬神祇。柳陰恵茂、棠庁愛遺。余閑好学、卓識崇儒。学庸蘊奥、論孟工夫。参攷鄭孔、尊信程朱。抛書造暦、読易按図。喪祭尽礼、籩豆簠簋、騎射習芸、鞍鞭彤盧。三盃酒酣、既酔猶醇。一局碁楽、得意相親。嘯月于夕、吟花於晨。夏顧緑樹、冬熾炭麟。青山独老、白髪七旬。天年不仮、永懐斯人。

乙卯十二月八日

【解題】

井上正利（一六〇六―七五）は、慶長十一年老中主計頭正就の長男として生まれる。寛永五年八月二十三歳の時、父正就が豊島刑部少輔信満に西城にて殺害される不幸に遭う。その翌十日父の遺領四万四千五百石を襲ぐ。正保二年（一六四五）六月、遠江の横須賀城主から常陸の笠間城主に転じ、采邑五万五千石・奏者番に就く。時に四十歳。

万治元年（一六五八）寺社奉行を兼ね弔使・法会奉行をこなし、寛文七年六十二歳の老齢により奏者番・寺社奉行の両職を解かれる。同九年六月致仕して所領五万石を長子相模守正任に嗣がせる。隠居生活を送ること六年、懸車の年を迎えた延宝三年十一月八日他界した。

誄は序文一七九字・本文四言三十六句一四四字から成る。鵞峰の三誄作品中最もコンパクトにまとまった哀辞

で、序文から鵞峰と正利は四十年に近い学友であったことが知られる。本文の四言句は、対の六句が支韻を踏み次の対六句が虞韻で揃えられ、最後の対六句がこれまた真韻で整えられた三部押韻構成の美しい頌である。

哀辞慣用の「嗚呼哀哉」が一回も使用されていない。誄の最後に生前の故人をいつまでも想うという「永懐斯人」が、哀辞の力点に置かれて悲傷感をつのらせる鵞峰の気持が感じられる。

「永懐」は『毛詩』周南、巻耳に早い用例があり、哀辞の用例には『後漢書』巻一〇、鄧后紀に和帝崩御の元興元年（一〇五）、皇太后となった鄧后が馮貴人に与える策命にみられる。猶「永懐」の同義表現には魏文帝の弟蒼舒誄に「永思長懐」があり、晋の陸雲の呉故丞相陸公誄末尾に「永恋光愛」がある。

〔墓〕東京都文京区白山　浄心寺（戦後、豊島区南池袋雑司谷墓地に改葬）。

〔出典〕『林鵞峰文集』巻七六。

〔参考文献〕新井白石『藩翰譜』第五、藩主人名事典編纂委員会『三百藩藩主人名事典』第二巻笠間藩、拙稿「誄の概説補遺」（『鴻志』六号）。

10　松倉嵐蘭誄

金革を褥にしてあへてたゆまざるは、士の志なり。文質偏ならざるをもて、君子のいさをしとす。松倉嵐蘭は、義を骨にして実を腸にし、老荘を魂にかけて風雅を肺肝の間にあそばしむ。予とちなむこと、十とせあまり九とせにや。此三とせばかり官を辞して、岩洞に先賢の跡をしたふといへども、老母を荷ひ稚子をほだしとして、いまだ世波もただよふ。されども栄辱の間に居らず、日日風雲に坐して、今年中の秋中の三日、由井金沢の波の枕に月をそふとて、鎌倉に杖をひき、其かへるさよりここちなやましうして、終に息絶ぬ。おなじき七日の夜の事にや、七十年の母にさきだち、七歳の稚子におもひ残す。いまだをしむべき齢の五十年にだにたらず。公の為には、腹おしきりても悔まじきうつはものの、はかなき秋風に吹しほたれたる草の袂、いかに露けくも、口惜もあるべき。今はの時の心さへしられて悲しきに、老母の恨、はらからのなげき、したしきかぎりは聞伝て、偏に親族の別にひとし。過つる睦月ばかりに、稚子が手をとりて、予が草庵に来り、かれに号得さすべきよしを乞ふ。王戎五歳の眼ざしうるはしと、戎の一字を摘て嵐戎と名づく。其よろこべる色、今目のあたりをさらず。いける時むつまじからぬをだに、なくてぞ人はとしのばるる習ひ、まして父のごとく子のごとく、手のごとく足のごとく、年ごろいひなれむつびたる俤の、愁の袂にむすぼほれて、枕もうきぬべきばかりなり。筆をとりて、思ひをのべむとすれば才つたなく、いはむとすれば胸ふたがりて、ただおしまづきにかかりて、夕の雲にむかふのみ。

　秋風に　をれてかなしき　桑の杖

【解題】

　嵐蘭（一六四七―九三）は、正保四年八月二十七日に生まれる。通称を甚兵衛・又五郎といい名を盛教と称す。はじめ肥前の板倉侯に仕え俸禄三百石を受けたが、主君への諫言を容れられず官職を退いて浅草に隠棲する。延宝三年頃芭蕉に師事し俳諧の指導をうけ、同八年三十四歳の時「桃青門弟独吟二十歌仙」の一人に入る。元禄四年（一六九一）俳諧の新風を示した『猿蓑』に収めた十一句中の山上憶良の万葉歌をふまえた、

　子や泣かん　其子の母も　蚊の喰ン

の一句が有名となる。同年桜の名所吉野に遊び、翌五年『けし合』一冊を世に問う。六年八月二十七日逝去する。四十七歳。

　誄作者松尾芭蕉（一六四四―九四）は、後に俳聖といわれた江戸時代前期の俳人である。嵐蘭より三歳年少で伊賀上野に生まれる。藤堂良忠（俳号蟬吟）の近習となり、主君の感化から俳諧を志す。延宝頃から桃青と号した。元禄四年四月、琵琶湖畔の住居無名庵を出て嵯峨の落柿舎に移る。翌五年新しい草庵が杉風らの合力で完成すると、ここに入って俳句作りに専念する。

　朝顔や　昼は錠おろす　門の垣

の一句は、接見を嫌った閑居生活中の作である。同年九月洒堂の訪問滞在があり、年が明けた正月に嵐蘭の訪問をうけ、その子に嵐戎の号をおくった。春に不玉の独吟歌仙に句評をつけ、夏八月嵐蘭の急逝に遭い誄を作る。

芭蕉は嵐蘭を剛直な武士として眺めたことが「公の為には、腹おしきりても悔まじき」人物と評する哀辞から窺知される。七年十月、大坂の御堂前花屋仁左衛門宅で客死する。五十一歳。誄の終わりに弟子愛を滲ませる俳句を詠んだ珍しい作品を残す。

〔墓〕　東京都台東区谷中六丁目二―四　感応寺。

〔出典〕『芭蕉文集』。

〔参考文献〕　勝峯晋風「嵐蘭の家系」（『ホトトギス』二五巻一号・大正十年）、拙稿「歴史と金石文―祭文（哀辞）を中心として―」（『兵庫史学研究』三三号）。

11　平朝臣胤満大人誄

集侍嗣子・孫子・親族・従学徒止弔会閉留多人等諸共尓聞食止申須。

嗚呼、哀加奈、明和元年十月廿一日、前宮司大炊頭従五位上平朝臣治胤（胤満）大人、神退座須。諡号乎奉弖豊賢木霊止称申、柩乃御前尓称辞竟奉良久。僕、幼与利御許尓侍弖大人乃成人止偉勲止委細久知礼里。古与利徳阿里功阿礼婆誄乎作弖述止奈毛。

邈奈流加奈御館乃遠祖波志賀高穴穂御代尓菊麻国造大鹿国直乃苗裔尓之氐、世々神事尓預弖仕奉礼里。後尓、千葉氏族与利家乎続弖平乎氏止為止奈毛。大人波、又、神服氏尓之弖錦織命乃御末、齢九才与利此家乎受続給比、廃乎興之絶乎続、己乎約尓之、奢乎警免礼乎正之式乎定免、新尓瑞大神殿乎造営美、銅乎展弖葺草止之天御蔭・日御蔭止隠奉里、田畑乃税力乎添奉弖修覆料止奈之、常磐乃石神門・瑞牆・拝殿尓至万氐造備閉、時乎知須留漏鐘乎鋳成弖農夫乃業乎勧女、将大日本乃道乎闢支揚弖訓導支和歌乃吟詠、記之留氐巻尓満、家乎富之名乎曜之余乎旧尓及之弖、中古呂、湮没之服部氏乎顕立弖功成業遂弖、終尓根国底国尓隠礼座之奴。七十四才波事不足、齢乃百歳乃八十百歳毛幸座氐、人々乃子孫乃末乃孫能末万弖毛教訓支不給之氐、岩隠座事乃恨支加毛悲幾加毛、朝乃露頓尓消反暮乃煙忽尓絶反、夜寒乃虫乃音、日々尓弱利、木々乃黄葉、暴風尓散留時奈流哉。時痛比哉。哀比哉、心沈美声顫已乎。不已不称免也不置登。

藤原真之、涙乎抑反止、誄宣申須。

平朝臣胤満大人誄

集侍嗣子・孫子・親族・従学徒と弔会へる多人等諸共に聞食と申す。

嗚呼、哀かな、明和元年十月廿一日、前宮司大炊頭従五位上平朝臣治胤大人、神退座す。謚号を奉て豊賢木霊と称申、柩の御前に称辞竟奉らく。僕、幼より御許に侍て大人の成人と偉勲と委細く知れり。古より徳あり功あれば誄を作て述となも。邈なるかな御館の遠祖は志賀高穴穂御代に菊麻国造大鹿国直の苗裔にして、世々神事に預て仕奉れり。後に、千葉氏族より家を続て平を氏と為となも。大人は、又、神服氏にして錦織命の御末、齢九才より此家を受続給ひ、廃を興し絶を続、己を約にし、奢を警め礼を正し式を定め、新に瑞大神殿を造営み、銅を展て葺草とし天御蔭・日御蔭と隠奉り、田畑の税力を添奉て修覆料となし、常磐の石神門・瑞牆・拝殿に至まで造備へ、時を知する漏鐘を鋳成て農夫の業を勧め、将大日本の道を闡き揚て訓導き和歌の吟詠、記の留て巻に満、家を富し名を曜し余を旧に及して、中ころ、湮没し服部氏を顕立て功成業遂て、終に根国底国に隠れ座しぬ。七十四才は事不足、齢の百歳の八十百歳も幸座て、人々の子孫の末の孫の末までも教訓き不給して、岩隠座事の恨しかも悲きかも、朝の露頓に消へ暮の煙忽に絶へ、夜寒の虫の音、日々に弱り、木々の黄葉、暴風に散る時なる哉。時痛ひ哉。哀ひ哉。心沈み声顫已乎。不已不称めや不置と。藤原真之、涙乎抑へと、誄宣申す。

【解題】

平胤満（一六九一―一七六四）は、元禄四年四月三日下総の生実村に生まれる。父は神服安成。右近衛平重員の娘を妻とし平家を嗣ぐ。日章斎を号し、上総市原郡菊麻八幡宮の祠司となり、復古祭祀の儀式化に尽力する。

享保六年（一七二一）の秋上京して従五位下・大炊頭を授かる。寛延元年（一七四八）神社を新築し、その功績により従五位上に進む。還暦を迎えた宝暦元年宮司を辞して自適生活に入り、明和元年の冬十月二十一日逝去する。七十四歳。

〔墓〕　千葉県市原市　葡萄山。

〔出典〕　藤原幹満編『葬礼式』。

〔参考文献〕　椙山林継「根本胤満の葬儀」（『神道宗教』

一五二号)、国学院大学日本文化研究所編『神葬祭資料集成』ぺりかん社・平成七年刊。

12　藤原長儀大人誄

藤原長儀、努志波宝永七年庚寅乃歳尓生礼、遠津淡海国磐田郡此地能惣社乃太神尓仕奉職乎受継、宝暦九年乃夏京能吉田山尓坐神祇乃長上卜部乃君与利冠衣能許乃書乎給利、神官能身尓負布事尓志氏波常尓謹美奉氏、落事無久怠事無久志氏年月乎送利岐。如此留尓去年乃秋与利病尓伏志、今歳明和八年卯月乃二十有四日、阿奈哀岐可母与息曾乃気絶氏空志久成尓多礼婆、真名子某与利妻子親属尓至麻氏頭辺尓匍匐比脚辺尓匍匐比哭泣悲美侍礼止為武便無。故尓奥津棄戸尓将臥具乎作氏此地尓神葬尓葬尓岐。爰尓此奴志乃尋常乃状乎考見留尓、心不枉志氏世乃人尓礼乎尽志己我身尓利為留事乎婆、伊佐々米尓母不言誠尓君子乃儀乎備陪奴礼止毛、天乃命歟天乃運利歟六十有二歳乃寿尓氏如此堂久身退氏葬奴礼婆、此乃黄泉乎常世乃国止定坐静尓永久鎮利給陪登、真名子与利親属乃男女尓至麻氏、哭泣知比都知氏憂多久母哀美母言久。

藤原長儀大人誄

藤原長儀、努志は宝永七年庚寅の歳に生れ、遠津淡海国磐田郡此地の惣社の太神に仕奉職を受継、宝暦九年の夏京の吉田山に坐神祇の長上卜部の君より冠衣の許の書を給り、神官の身に負ふ事にしては常に謹み奉て、落事無く怠事無くして年月を送りき。如此るに去年の秋より病に伏し、今歳明和八年卯月の二十有四日、阿奈哀き可母よ息曾の気絶て空しく成にたれば、真名子某より妻子親属に至まで頭辺に匍匐ひ脚辺に匍匐ひ哭泣悲み侍れと為む便無。故に奥津棄戸に将臥具を作て此地に神葬に葬にき。爰に此奴志の尋常の状を考見るに、心不枉して世の人に礼を尽し己が身に利為る事をば、伊佐々米にも不言誠に君子の儀を備へぬれとも、天の命歟天の運り歟六十有二歳の寿にて如此堂く身退て葬ぬれば、此の黄泉を常世の国と定坐静に永く鎮り給へと、真名子より親属の男女に至まで、哭泣ち比都知て憂たくも哀みも言く。

【解題】

藤原長儀（一七一〇―七一）は、宝永七年に生まれ、成人して遠江磐田郡の神社に宮司として仕える。

宝暦九年（一七五九）五十歳の時、上京して吉田家の卜部某から官位をうける。明和七年の秋に病床に臥し療養の日々を送り、翌八年四月二十四日逝去する。六十二歳。

〔墓〕略。

〔出典〕藤原幹満編『葬礼式』。

〔参考文献〕国学院大学日本文化研究所編『神葬祭資料集成』。

13　広幡源公誄并序

維明和八年辛卯、九月二十七日、正二位前権大納言源公薨。年六十一。越十月十六日、占佳城于万年之山克葬焉。謚曰円照院。嗚呼哀哉。謹按家譜、公之王父亜相公、迺

永禄皇帝之曾孫、肇基広幡、実為宗室之房。内府公嗣之、而公則其嗣也。族望既崇、世居清要。公少励志、密勿皇家、夙夜匪懈。傍耽思典籍、尋検古昔。進仕毋遑、寝餗殆忘。其於朝儀、罔不該通。所撰著、有新撰典故、仗儀類聚若干巻。是其為志、豈泛泛所能比哉。既以世蔭、丱歳叙爵、累遷権中納言、兼春宮権大夫。尋至権大納言、叙正二位。顧其門地、固不止此。而不幸罹疾。乃　優詔致仕、居家自頤。歯週甲子、溘焉長逝。嗚呼哀哉。以楨幹之器、疾沮其位。以頤養之静、生不永齢。悲夫。曳履之声、久歇金殿之所、執紼之喝、俄臨黄泉之挺。馳景忽焉西頽、化台伷其下闋。嗣公右近衛大将閣下、鬱罔極之思、増何恃之欷。喪哀祭敬、靡所不尽。霜露早降、怵惕之痛荐至、風樹不静、眷恋之懐曷已。修妙善於法場、訊誄辞於貧道。嗚呼哀哉。棲禅雖邈、誼比皎然之感深仁、摛藻非工、嘆等陳思之殲吉士。何以弔之、嗟世浮幻、何以薦之、表性真常。其詞曰、

猗与、楓宸貴冑、槐位高標。在昔皇胤、騰懋昂宵。世有令徳、顕仕　聖朝。巍峩宗室、儀表百僚。奕葉之光、妙齢遷喬。地分清切、雲衢吐歊。日辺紅杏、天上紅桃。比類振古、豈曰軽窕。朝推華轍、家蔚豊条。閥閲既崇、鼎鼐可調。維公纘緒、良称周翰。幼挺芝蘭、長負楨幹。風

度温良、天資偉岸。才思日滋、品進月旦。司叶妙選、志存毘贊。退食委蛇、敢事愒玩。比励茂先、実維宵旰。行誼修業、恒慮凋換。上奉烈祖、思合蒸術。俛焉孜孜、竭思講貫。於皇神統、万世不渝、　聖君代興、文教誕敷。主明臣亮、交襄訏謨。聿迨延暦、定鼎此都。八紘同軌、益衍丕図。朝儀邦礼、周爰咨諏。有式有格、百代遵模。監古覧今、孰不嗟吁。於皇神統、斯道未汙。人存則挙、明哲所倶。盖公之志、茲焉覃研。渉猟典実、稽在古先。架挿緗帙、案展華牋。暁窓夕燭、寧徒遷延。日検月索、必詳所沿。纂言紀故、聚分成篇。補漏拾佚、思戢以全、筐衍載盛、事予将然。君子秉心、維其塞淵。匪躬之故、孰知乾乾。孟子有言、沢及五世。瞻公之先、実近皇系。綿綿紹紹、曾無陵替。種非庸彙、生合霊契。秦晋為匹、琳琅有綴。垂紳廊廟、鴻儀繋棣。若人在班、僉欽風制。天枝之雋、対揚嘉恵、夕拝夙承、春儲旋隷、九遷寵栄、固不澂歳。云何一旦、恫瘝在身。昔進今退、欻阻要津。翔翼戢翼、騰鱗沕鱗、玉珮罷響、珠履絶塵。投版散帯、比蹤隠淪。才羨聞暢、不如韜真。澄慮玄理、汰祛妄因。優遊歳月、忘縁屈伸。期頤可永、乃限六旬。云何不弔。哀籲蒼旻。荏苒時候、載陰載陽。飄忽人世、倏存倏亡。音容在目、空此在床。霊轜既祖、丹旐彷徨。哀風夕起、蕭蕭白楊。楚輓差息、形蔽景蔵。親戚心痛、属離涙滂。遺草在几、余軸著箱。思邇跡遠、節換胡忙。死生亦大、昔人所傷。嗚呼曷帰、惟我覚王。覚王之道、不生不滅。晰我昏迷、蠲我蘊結。四智本朗、三身匪別。円照標名、名与実埒。其円伊何。真成罔欠、廓周三際、弥綸十刹。其照伊何。靡暗不徹、在俗在真、如日如月。世実虚仮、害悲永訣。泥洹非遥、般若為筏。于嗟霊光、億刦不闕。

【解題】

広幡長忠（一七一一—七一）は、正徳元年四月四日内大臣広幡豊忠の男として生まれる。十歳で叙爵し十四歳で元服昇殿して左近衛少将となる。二十歳で権中納言・二十五歳で権大納言に昇る。近衛冬熙公の女を娶り五子の親となる。三十七歳の時病にとりつかれ致仕する。宝暦六年（一七五六）剃髪して承恵の法名をうけ、十五年後の明和八年九月に薨じた。六十一歳。

木版本によれば、誄は序文三七八字・本文六五八字

〈細字一一字を含む〉から成る。序文で永禄皇帝・優詔、本文で聖朝・聖君の四例に闕字が施される。「琳琅有綴」の後に「公娶近衛公冬熙女有五子」一一字の細字割註がみえる。『古事類苑』の礼式部に収める飜刻文では闕字がなく、源公の後に○長忠、永禄皇帝の後に○正親町、内府公の後に○豊忠、閣下の後に○前豊の割註がある。また「眷恋之懐」が「眷恋之思」に、「蘊結」が「藴結」に改められている。修辞技法として八言対句、十言対句、十二言対句、諡の円照に触れた十六言対句がみられる。

古人引合の修辞には、皎然・陳思王があり、孟子・張華がある。本文冒頭には「猗与」二言の感嘆詞を冠する挿入句があり、全文を四言の古体でまとめる。その中で二箇所に「於皇神統」の反復表現がある。押韻に注目すると蕭・翰・虞・先・霽・真・陽・屑韻で揃える技巧が窺われ、蕭韻中に桃（豪韻）・屑韻中に月・筏の月韻使用がある。作者の大典顕常は、奉誄宜楽院一品准三后入道親王文でも、六韻による四押韻のリフレイン手法を採るところから、或いは桃が椒（蕭韻）、筏が節（屑韻）ではなかったかと疑われる。

〔墓〕　京都市万年山。

〔出典〕　寛政八年九月刊『小雲棲稿』巻一〇。

〔参考文献〕　拙稿「誄の概説補遺」（『鴻志』六号）。

14　阿波信恵公誄

維安永九年歳次庚子、八月二十有七日、従四位下侍従兼木工頭源公蜂須賀宗鎮薨。九月十有二日、将奉霊柩、以就幽宅。礼也。乃命史臣、博采群議、奉以美名。其辞曰、

維公徽柔慈和、小心謙譲。蘭桂其操、金玉其相。受封南服、王室之藩。奉上撫下、候度無愆。従諫如流、廷無忌言。視民如子、邦帰于仁。居高懼傾、以富為憂。中年辞位、菟裘優遊。豈弟君子、福禄所将、庶幾仁寿、享此百祥。如何不淑、違和在床。禱祀奠瘞、封内狂奔。社稷山川、寧莫我聞。砭達不及、方薬空陳。頽勢不支、奄棄群臣。嗚呼哀哉。大夫庶僚、攀号靡及。群黎百姓、晨哭夜泣。嗚呼哀哉。日月不居、大事無退。霊駕将遠、荼毒百倍。赫赫阿淡、為師為君。不解于位、十有六年。偉哉大行、式受大名。以副臣民、思慕之誠。謀諸史官、又詢耆

徳。僉曰維公、小心翼翼、不亦僖哉、四方為則。又曰柔質、受諫愛民。継之曰恵、何有間然。惟是非私、公議与論。小子敢曰、褒揚衆美、聊是窀穸、奉以遵礼。嗚呼哀哉。

【解題】

誄作者柴野栗山（一七三六―一八〇七）は、近世の大儒と言われた江戸時代中期の学者である。名を邦彦、字を彦輔といい号を栗山と称した。元文元年讃岐に生まれ文化四年十二月朔に駿河台の私邸でなくなる。七十二歳。三十歳の明和二年に上京して高橋宗直から国学を学ぶ。同四年（一七六七）蜂須賀侯に仕え世子の教育に尽力する。天明七年（一七八七）幕府の儒者となり、異学の禁を行った松平定信の寛政改革は、栗山の程朱学心到の中にある。

蜂須賀宗鎮（一七二一―八〇）は、享保六年八月八日に生まれ、安永九年八月二十七日富田邸で没した徳島藩主である。松平頼熙の第二子で幼名を松之助、諱を正泰という。蜂須賀宗英の女を配して嗣となる。元文四年宗鎮と改める。従四位下・隼人正の叙爵叙官をうけ、後阿波守となり父の致仕により襲封する。宝暦四年（一七五四）致仕し、光格天皇即位二年目の安永九年八月二十七日富田邸で六十歳の生涯を閉じた。万年山に葬られる。

誄は栗山が四十五歳の作である。要を得て簡単な序文六〇字と本文二六二字から成る。本文の頌は、冒頭の「維公」二字を起句とする他、全文を四言句で統一する。押韻を揃える修辞にはこだわらない。『毛詩』大雅の旱麓にみえる「豈弟君子、福禄攸降」の末字「降」を「将」に改竄して借用する他、大雅の大明にみえる「維此文王、小心翼翼」の上句四言を「維公」の二字にして援用する。また『論語』学而篇の「不亦楽乎」をもじって「不亦僖哉」表現を用いる。『逸周書』謚法解の「柔質慈民曰恵、愛民好与曰恵、柔質受諫曰慧」とある柔質・愛民・受諫・曰恵を縫合して「又曰柔質、受諫愛民、継之曰恵」といった技巧を然り気なく使っている。殊に、王室に活用される「大行」を大胆に使う栗山は、誄史上珍しく哀辞革命者とも言える。

〔墓〕　徳島市南佐古町万年山　蜂須賀家墓地。

〔出典〕『栗山文集』巻四。

〔参考文献〕新井白石『藩翰譜』続編巻之八上蜂須賀、藩主人名事典編纂委員会『三百藩藩主人名事典』第四巻徳島藩、拙稿「歴史と金石文―祭文（哀辞）を中心として―」（『兵庫史学研究』三三号）。

15　一品准三后入道親王誄

嗚乎、天上碧桃、日辺紅杏、種非常種、境豈凡境、維昨之春、爛其光景、維今之春、寥乎沈影。

嗚乎、龍章鳳質、早入空門、福足慧足、位尊徳尊、主法教刹、窮理宗源、何事一旦、異亡与存。

嗚乎、十善所薫、徳本夙植、旺化関東、報恩闕北、三諦三聚、其儀不忒、法旛俄凋、依頼孰得。

嗚乎、安楽所立、大小兼全、大中之小、寧有党偏、寔仰教令、正行邪蠲、庶幾永世、秩秩母悛。

嗚乎、昔辱知遇、朱門屢遊、不陵不援、歆挹風猷、境変人去、誰禁嚘嚘、春夢一覚、超過閻浮。

嗚乎、閻浮一超、泥丸非夐、岸無彼此、界無凡聖、安穏之土、随厥自性、爰陳哀詞、以伸恭敬。


【解題】

公遵法親王（一七二二―八八）は、中御門天皇の男で享保七年正月三日に生まれる。母は清水谷大納言実業卿の女、権典侍局である。同十五年十二月二十二日親王となり、翌十六年九月十八日に毘沙門堂里坊に入り公寛法親王の戒師の立会で得度する。元文五年（一七四〇）正月十六日一品の叙位をうける。十九歳。九年後の寛延二年七月十三日准三后となる。

五十九歳の安永九年（一七八〇）三月二十一日に天台座主の職を公延親王に譲り、随宜楽院の称号をこれから用いる。天明八年三月二十五日に毘沙門堂で薨じる。六十七歳。

誄作者大典顕常（一七一九―一八〇一）は、享保四年五月九日近江神崎郡伊庭郷に儒医東庵の子として生まれる。俗姓を今堀、俗名を大次郎といい、大典は字で顕常は諱である。同十一年上京して黄檗宗華蔵院に入り、十四年臨済宗相国寺の慈雲庵独峯和尚に師事して翌年剃髪する。儒教を宇野明霞に学び詩文に長じる。延享三年（一七四六）独峯の後を嗣いで慈雲庵に住む。天明元年（一七八一）幕命により李朝との外交文書に関与する。七年朝鮮通信使来日の時、国内の凶作・飢饉で時機不良のため、幕府は使者の来日延期を図る。大典は信書案を委嘱されると美文を駆使して国書を飾り、のち松平定信から賞讃される。朝鮮通信使問題では幕府から何度か相談をうける。天台の慈周と交遊し日本に存在し清国に闕ける経典の実情を嘆き、寛政五年慈周と一緒に名刹への寄贈を図る。

天明八年相国寺が火災に遭うとその再興に情熱を傾ける。享和元年三月八日入滅する。八十三歳。荻生徂徠の学問に傾倒するが徂徠の擬古文には同調せず純古文を第一とする。著作に『皇朝事苑』・『詩語解』・『文語解』・『柿本人丸事跡考』等、多数現存する。

〔墓〕　京都市上京区今出川　相国寺慈雲庵墓所。

〔出典〕　寛政四年五月刊『北禅文草』巻一。

〔参考文献〕　白石芳留「大典和尚と其著述」（『仏書研究』四二号・大正七年）、拙稿「誄の概説補遺」（『鴻志』六号）。

16　因幡守大中臣忠栄誄

ちちの実の父命、従五位下因幡守大中臣忠栄朝臣の御前に、信太郎忠英、惶み惶みも祖父命従五位下讃岐守忠雄朝臣の記し給へる誄文を読奉る事を、平けく安けく聞し食せと白す。

我がうづの真名子汝忠栄命、現世におはせる時なも、遠つ祖の代代に仕奉り来しまにまに、此の皇親の定式の御祭は更にも言はず、臨時の祭もよく仕奉り、天の下安らけく平かに、五穀豊に、氏子取子親族朋友に至るまで、禍事なく栄えむ事を祈り申すこと、日毎に怠なく、往し年朝参して、従五位下因幡守の御仕し蒙ふり、大朝廷の御典の学問は本居宣長大人の学風をしたひ、平田篤胤大人の教子となりて、昼夜と言はず、はげみ学びたるに、遠き近き辺りの人人訪ひ来て、その交はる友ごとに、みな古しへの道の義を論ひ明す人人なるが、また歌をも好みて、始は冷泉殿の御流を学び、後には古風の歌をさへに詠おぼえて、月ごとに日を定めて、友達を集へて詠かはし、常に空言なく、実心に親族を睦び、ちかき年ごろより、病に労はりつつも語らふ事などありて、使を越せば、労はしげもなく、速に使と共に行くなど、いささかも厭ふ色なく、実やかなりき。かかるに去年の十二月の中頃より、病重りしかば、妻子は更にも云はず、己れも仕奉る大神の御前に祈り白し、薬師によさし、何くれと心の及ぶかぎりものしつれば、漸漸に重りもて行て、正月二日の日、病の床に在つつ信太郎を呼て、硯と紙筆を持て来よとあるに、やがて持て枕辺に至れば、我も皆と共に新年を祝はむとて、

今朝よりは　煩はしきも　忘れけり　千世の初日の　めぐみいづれば

みそら行く　天津はつ日の　御恵に　けさいさましき　春をむかへつ

と詠み出で給はしめ、あくる三日の日の夜、戌時のころに、常にかはらぬ声にて、信信と二声呼けるに、信太郎直にその枕辺によれば、何事にかあらん、唱言をいと静かにやや暫らく唱へて、いささかも苦しき気ざしなく、眠るごとく、四十になれる今年の正月の三日の日を生涯として、過ぬる事の痛ましとも惜しとも悲しとも、更に言に述べくも非ず。さる最後の際にも、神の道の尊き事を思ひ奉りつづけて、祝言の歌よみて、信太郎に書しめたるぞ。いはゆる辞世の言葉となりぬるは、最最哀なる事なりかしと、妻なる伊久、子信太郎、その外親類ども、枕辺に泣腹ばひ、泣いさち、魂よばひすれど、更にかひこそ無りけれ。斯て有べきにあらねば、野辺送りのことども取まかなひ、藤原正包に何くれと物せしめて大内台に葬りぬ。この正包は、年ごろ昵近づきて有けるに、跡の事どもをも頼み置つればなり。霊名をやがて忠栄神霊と称へて、先祖の霊等、また生の母の霊と共に、家の守護神と斎ひて、己れ忠雄、涙ながらに霊前に向ひて、

霊屋に　鎮り坐して　子孫らが　行末永く　守りましてむ

礎の　堅き勤の　魂より　幸へまもれ　霊の真はしら

逆ながらにかくまかなひ、かく詠出し、父の心を思ひはかりて、我がうづの真名子汝忠栄命、此の霊屋に平けく

安らけく鎮りて、常に突立し霊の真柱の礎かたき大倭魂をふり起して、汝の真名子信太郎忠英が身を健に成長らしめ、命長く汝の跡を継しめて、夜の守り日のまもりに守り幸へ、堅石に常石に栄えしめ給へ、と祈りつつ、跡に残れる妻子らを始め、親族ども諸共に、種種の物を備へ奉りて、広く厚く祭り仕へ奉ることの由を、耳弥高に聞取りて、守り給へ幸へたまへ、と祖父命の記し給へる詞をそのままに、
信太郎忠英、かしこみ惶みも御前に読上げ奉ると白す。

【解題】　略。

17　奉告織錦斎大人之霊誄

鳴呼悲哉、織錦斎大人、鳴呼惜哉、琴後大人。大人与大人与、浜臣白左牟言侍里。
御霊天翔里依来坐氏毛所聞看世、大人齢四十七尓坐世之時、浜臣十七歳尓之氏、始氏浅草乃庵乎訪参良世之与利、今年迄二十年、浜臣我居宅、大人乃御許尓程不近之氏、朝夕尓不訪聞止雖云、浜臣我心神懦弱久之氏、学乃道尓拙之止雖云、二十年我間尓、自然大人乃学乃心法乎知礼里。大人乃学乃心法、熟久県居乃翁乃、真心乎継氏、古言学乃道乎極米給比、其古意乎本原止之天、又広久中昔乃書籍等乎渉猟之賜倍留麻麻尓、適尓波翁乃諭尓戻里、翁能謬乎糺之賜倍留事雖有、是翁乃意乎継氏、学乃道尓公奈留我故也。大人又詠歌作文賜布事毛甚深久、心中尓思比廻良之氏、猥尓云散須事乎好美不賜、然有婆、世乃凡人乃大人乎不識者等波、懶支心癖尓、怠惰賜布止乃美思倍里。大人乎識人等波、弥其心深左乎尊比仰祁里支。大人又漢学乃方尓至深久、詩尓微之久妙尓坐之支。齢弱冠久坐世之頃、世尓所知多留博士止交波里賜倍礼波、今毛猶其道乃人等、稀尓波大人乎博士乃済尓思倍留有介里。大人三四年以来、何止無久老衰倍賜比之尓、去去年乃初夏、病危篤之久悩賜倍留刻、浜臣乎召氏、千万乃事袁告賜置賜比之言坐勢之乎、天地能神、相宇豆奈比賜倍留尓也、危篤之左漸平復由伎氏、今年迄存在賜比奴留、雖然心神恍惚之久奈利賜比天、詠歌援筆賜布事、乎佐乎佐不坐里支。遂尓波此二月乃七日与利、又危篤之久悩増賜比氏、手足痿口喎斜氏、告賜布言、御心尓任勢不賜、然留乎御病乃苦瀬尓、浜臣我手乎援倍氏、浜臣与、予波可死曾止告賜倍留一言乃悒尓所聞

氏、今猶耳尓残礼里。

嗚呼哀哉。我大人、嗚呼惜哉。我大人。

大人尓物学倍留人等、大率百乎以氐数布倍之。雖然今日乃哀悼、浜臣一身尓聚礼留古古知須。其若干乃人等毛、亦各各其一身尓所思氐可哀悼。抑古言学乃道、天下尓行波礼始奴留波、高津乃阿闍梨与利登波雖云、実熟久古言乃言乃意悟明之天、世間尓広久汎久令所知之波、県居翁止古曾可謂介礼。其県居翁能跡乎継天、此江門乃大城乃辺尓之天、其学乎伝流良勢之波、芳宜園能乎遅止、我織錦斎能大人止乃二一人尓奈母坐之多留。然留乎芳宜園乃乎遅、世乎去天、大人一人残里賜比之加波、天下乃古言学夫人等、誰可波大人乎頼美可不聞里介牟。今大人死里坐之乎波、大人尓物学倍留人若干乃哀悼乃美可波。又天下能古言学夫人達乃哀悼也。

嗚呼哀哉、我大人、嗚呼惜哉、我大人。

爰尓大人死里坐天、七日登云尓当礼留今日、文化之八年止云年乃二月乃十日余九日乃日乃春日乃霞米留朝、浜臣、右手尓時乃花乎取、左手尓古里薫物擎天、奥槨乃御前尓宇須豆麻里居天、三度乎呂賀美、九度項根突抜天、悲美悲美白須。此志努毘許登乎、御霊天翔里依来氐毛所聞看世、我尓之許里乃宇志、我古登自利能宇志。

奉告織錦斎大人之霊誄

嗚呼悲哉。織錦斎大人、嗚呼惜哉、琴後大人。大人よ大人よ、浜臣白さむ言侍り。

御霊天翔り依来坐ても所聞看せ、大人齢四十七に坐せし時、浜臣十七歳にして、始て浅草の庵を訪参らせし与利、今年迄二十年、浜臣が居宅、大人の御許に程不近して、朝夕に不訪聞と雖云、浜臣が心神懦弱くして、学の道に拙しと雖云、二十年が間に、自然大人の学の心法を知れり。大人の学の心法、熟く県居の翁の、真心を継て、古言学の道を極め給ひ、其古意を本原として、又広く中昔の書籍等を渉猟し賜へる麻麻に、適には翁の諭に戻り、翁の謬を糺し賜へる事雖有、是翁の意を継て、学の道に公なるが故也。大人又詠歌作文賜ふ事も甚深く、心中に思ひ廻らして、猥に云散す事を好み不賜、然有ば、世の凡人の大人を不識者等は、懶き心癖に、怠惰賜ふと乃美思へり。大人を識人等は、弥其心深さを尊び仰けりき。

大人又漢学の方に至深く、詩に微しく妙に坐しき。齢弱冠く坐せし頃、世に所知たる博士と交はり賜へれば、今も猶其道の人等、稀には大人を博士の済に思へる有けり。大人三四年以来、何と無く老衰へ賜ひしに、去去年の初夏、病危篤しく悩賜へる刻、浜臣を召て、千万の事を告賜置賜ひし言坐せしを、天地の神、相宇豆奈比賜へるにや、危篤しさ漸平復由伎て、今年迄存在賜ひぬる、雖然心神恍惚しく奈利賜ひて、詠歌援筆賜ふ事、乎佐乎佐不坐りき。遂には此二月の七日より、又危篤しく悩増賜ひて、手足痿口喎斜て、告賜ふ言、御心に任せ不賜、然るを御病の苦瀬に、浜臣が手を援へて、浜臣よ、予は可死ぞと告賜へる一言の慥に所聞て、今猶耳に残れり。

嗚呼哀哉。我大人、嗚呼惜哉、我大人。

大人に物学べる人等、大率百を以て数ふべし。雖然今日の哀悼、浜臣一身に聚れる古古知す。其若干の人等も、亦各各其一身に所思て可哀悼。抑古言学の道、天下に行はれ始ぬるは、高津の阿闍梨与利とは雖云、実熟く古言の言の意悟明して、世間に広く汎く令所知しは、県居翁とこそ可謂けれ。其県居翁の跡を継て、此江門の大城の辺にして、其学を伝流らせしは、芳宜園の乎遅と、我織錦斎の大人との二人になも坐したる。然るを芳宜園の乎遅、世を去て、大人一人残り賜ひしかば、天下の古言学ぶ人等、誰かは大人を頼み可不聞りけむ。今大人死り坐しては、大人に物学べる人若干の哀悼乃美かは。又天下の古言学ぶ人達の哀悼也。

嗚呼哀哉、我大人、嗚呼惜哉、我大人。

爰に大人死り坐て、七日と云に当れる今日、文化之八年と云年の二月の十日余九日の日の春日の霞める朝、浜臣、右手に時の花を取、左手に古里薫物擎て、奥槨の御前に宇須豆麻里居て、三度乎呂賀美、九度項根突抜て、悲み悲み白す。此志怒毘許登を、御霊天翔り依来ても所聞看せ。我尓之許里乃宇志、我古登自利能宇志。

【解題】

誄作者の清水浜臣（一七七六―一八二四）は、姓を藤原、名を玄長と称した。父の道円は医者で俳諧に通じ俳名を夫萊といった。浜臣は安永五年江戸飯田町に生まれる。国学を村田春海に師事し、国学者・歌人として有名になる。住居を上野不忍池畔に移してから、泊洦舎（サザナミノヤ）と号し、又月斎とも号した。門人に岡本保孝・前田夏蔭・堀内政雄らがいる。浜臣の功績は、江戸の古学を、真淵―千蔭・春海の後を受けて、岡本保孝―木村正辞と明治にまで伝えたことといわれる。文政七年閏八月十七日没。四十九歳。

村田春海（一七四六―一八一一）は、延享三年に生まれ字を士観（サチマロ）、通称を平四郎・伝蔵といい、号を錦織斎（ニシゴリノヤノアルジ）という。父の春道が江戸の豪商で干鰯問屋を営み、文人賀茂真淵の後援者となり、真淵が春道宅に寄寓し、国学と和歌の指導に当たったので、学問の師として十三歳の宝暦八年に弟子となる。

年長の加藤千蔭と覇を競って古学の双璧といわれる。文化七年住居をば新築し、父の残した東琴の名器を身近に置いたことから琴後翁（コトジリノオキナ）と自称した。翌八年二月十三日に没した。六十六歳。門人には清水浜臣・岸本由豆流・小山田与清・本間游清・鈴木安寛・植村正路・小林元雄・片岡博光・長尾景寛等がいる。

誄は三段構成。第一段が作者と春海の出会から、春海が古学に造詣深く作文作歌に非凡で漢学の素養の豊かさ及び春海の罹病と危篤の有様を述べる。第二段では春海が真淵の究学精神伝達者で、学問普及に千蔭なき後の春海の影響は図り知れず、春海の不存在は弟子門人へ明日の希望が断たれる悲しみを訴える。第三段で春海の逝去を悼み悲しむ。第二・三段の起句は何れも第一段の繰返し表現を採る。

〔墓〕　東京都江東区清澄三丁目四番　本誓寺。

〔出典〕　『泊洦文藻』巻三。

〔参考文献〕　阪口玄章「村田春海」（『国文学解釈と鑑賞』六巻四号）、佐佐木信綱「村田春海翁略伝」（『文海』一巻七号）、丸山季夫「千蔭と春海」（『短歌研究』八巻一一号、拙稿「近世・近世の誄作品四点」（『鴻志』五号）。

18　哭植村正路誄

あはれかなしきかもや、萩の屋のぬし、あはれいたましきかもや、植村のぬし。浜臣、いままをさむことあり。みたま天がけりてもきこしめせ。ぬしは、おのが心しりの友也。おのがうた学びのともなり。ぬしは、おのが月花のともなり。ぬしは、おのが酒みつきのともなり。ぬしとおのれとあひしりそめて、ことしまで、はたとせにすぎたり。おのが友とする人、凡ていくももたりとあるが中に、年久しくあるが中に、へだてなくあるが中に、学びにらうあり。あるが中に、歌にたけたり。あるが中に、まめ人也。あるが中に、みや人也。ぬし歌よむことをたしむ、おのれまたたしむ。おのれいにしへまなびに心を深む。ぬしまた心を深む。ぬし酒をのむ、おのれまたのむ。おのれ月花にあくがるるくせあり、ぬし又このくせあり。ぬし手かくわざをこのむ、おのれよくせず。おのれは、天の下のいたづら人にて、海山の歌枕をたのしみとす。ぬしは、おほやけ人の数にいりたれば、身を心にまかせず、ただこのふたつのみなんひとしからざりける。大かた心あへるどちも、すみかほどへだてたるは、思ふがままに、むつびかはすことかたし。ぬしとおのれと、すみかただはひわたるほど也。大かた心あへるどちも、よはひいたくたがへれば、へだつとなしに心おかるるものなり。ぬしは、よとせのこのかみなり。おのれは、よとせのおととなり。かかれば学びの道にもはらから、あそびたはぶれたるかたにもはらからとしたしみつつ、朝にとひ夕にとはれつつ、たぐひなきむつびかたきなりき。此の近きとしごろとなりては、ぬしもおのれも、うひまなびどもの道しるべするわざにいとまなくて、あしたゆふべに、とひとはるゝこと、おのづからまどほになりもてゆきにたれど、猶ことゝある時は、夜中あかつきといはず、古書の上に、うたがはしきことあればとひおこされ、ふるうたどもの中に、いぶかしきふしをば、きこえかはしつつなん有りける。さるにぬし、去年の冬より、そこはかとなくいたづきそめられて、ことしの春、いささかおこたりさまに見えしを、つひに夏のなかばに、はかなくもみまかられぬ。あはれかなしきかもや、萩の屋のぬし、あはれいたはしきかもや、植村のぬし。ぬし、今おい人をのこし、うち君をのこし、むすめ子たち四人をのこして身まかられぬ。先だつぬしの心、おくるゝ人人のかなしみ、とりあつめて思ひやるにたへがたし。ぬし、はらからおはせず、おのれ心の内に、はらからのかなしみをつくさんとす。心のかなしみをつくすは、花をたむくるにあらず、香をたくにあらず。心のかなしみをつくすは、ただことの葉にあり。そのことのは、はたたくみをもとむるにあらず。かざりをむねとするにあらず。たゞまごころをのべつくすにあるべし。かれ魂どこの前にうつぶしにして、しのびごとまをすことしかじか。

【解題】

植村正路（一七七二―一八一七）は、安永元年江戸に生まれる。通称を金平といい武蔵国出身の国学者である。北村季吟・村田春海・清水浜臣・平田篤胤・塙保己一・橘守部等とは故郷を同じくする。清宮秀堅著『古学小伝』に収める古学伝統図に、

荷田春満―賀茂真淵―村田春海―植村正路

の名を記す。同僚の清水浜臣は正路より四歳年少であるが、入門が早いことから先輩弟子の礼をとった。浜臣の家に近いこともあって、同輩門人中殊に親密な交際を重ねた。四十歳を迎えた文化八年二月十三日、師の春海を喪って後浜臣との交情を深め、二人だけの研究会合を重ねる。浜臣と交した愛情は、肉身の兄弟以上であった。文化十三年の冬に入って正路は健康を害し病に臥す。明けた十四年正月には病状がやや快方に向かったが五月十七日、年老の親・妻・四女を残して遂に不帰の客となった。四十六歳。

誄は「あはれかなしきかもや」を起句とした二段から成る。前段は序にあたる正路の略歴を語る伝記部分で、後段は後に残した老親・妻・四人の娘を思いやったであろう正路の残念と、一家の柱を失った家族の苦悶を、「とりあつめて思ひやるにたへがたし」と洞察し、同じ学問陶冶の苦しみを分かつ親友の他界を我が「心の内」の悲しみとして受けとめる哀悼部分である。その「まごころ」を浜臣は二十年来の交情の結晶として、正路に対して最後の対話となった葬儀に贈る誄に託そうとしている。

〔墓〕　不明。

〔出典〕　『泊洦文藻』巻三。

〔参考文献〕　丸山季夫「二人の正路」（『典籍』二二号）、拙稿「近世・近代の誄作品四点」（『鴻志』五号）。

19　光格天皇誄―大臣

畏哉
譲国而御坐志天皇乎、恐牟恐母誄白、臣某。
畏哉
日本根子天皇者、久倶帝位尓御坐氏、常尓資治乃道乎求給布古止伊夜益須益尓深計礼婆、故乎温氏新乎知女志、廃多留乎毛興志絶多留乎毛継岐、孝乎本止志氏政乎為志、倹乎専尓志氏物乎愛美給布加故尓、仁恩乃光天下尓被利至奴、是遠仰岐彼遠仰尓、代代尓絶奴留尊岐御名乎奉、天地乃共長久日月乃共遠久、称白佐牟止奏麻尓麻尓御謚乎奏給布、臣等毛共尓称白佐久止、恐牟恐母誄白、臣某。

【解題】

光格天皇は、閑院宮典仁親王の第六王子として、明和八年（一七七一）八月十五日に生まれる。生母は贈従一位岩室磐代である。九歳の安永八年、後桃園帝の大漸により養子となり皇嗣に立てられ、十一月二十五日即位する。在位三十九年、文化十四年（一八一七）三月二十二日、皇太子恵仁親王に譲位し、天保十一年（一八四〇）十一月十九日に崩御された。天皇は作詩に長じ、寛政二年（一八九〇）の内裏新造完成に寄せて、将軍家治に手書の五言詩一首を送られている。同六年七月十五日、父君典仁親王の薨去に遭う。在位中に天皇は、後桜町上皇の文化十年三月十五日の石清水社臨時祭を復活したり、翌十一年十一月二十二日の賀茂社臨時祭に陪従以下の員数を旧典通りにするなど、旧儀復興に尽力された。

天保十二年閏正月二十七日、遺詔に応えた泉涌寺斂葬の儀がある。巳刻に権中納言橋本実久が泉涌寺に東久世通岑を帯同して赴く。未刻に尊誄謚策命使并奉幣使長官の左大将権大納言正二位鷹司輔熙に続いて、次官左権中将正四位下三条実愛、誄人正三位右大弁菅原聡長（大臣代）、誄人正四位下左少将源通熙（卿代）、誄人正五位下侍従藤原胤保（侍臣代）の四人が着席する。長官の宣命奉読後、内竪・舎人が陵前で宣命を焼く。その間に誄人が誄詞を奉る。といった順序による「葬場の儀」が催される。この儀式は、明治天皇治世下に入って、仏式から神式に姿を変えて定義化された。儀式は『古事類苑』礼式部三六に転載されている。

誄文は、平安期における平城上皇誄に用いられた哀辞を踏襲し、宮号を「平城宮尓」と皇位「天都日嗣乃御名事遠」の文句を省く代りに、旧儀復活と政務を「孝」に置かれた上皇の遺徳を讃える表現が加えられた。卿誄並びに侍臣誄では、大臣誄の簡略表現となっている。

〔墓〕　四条天皇陵と同域の後月輪陵　京都市東山区泉涌寺山内町二七　泉涌寺。

〔出典〕　『実久卿記』。

〔参考文献〕　外崎覚「王政復古と光格天皇」(『史談会速記録』一三九号)、三上参次「光格天皇の御消息に就て」(『弘道』三一一号)。

20　光格天皇誄―卿

畏哉

譲国而御坐志天皇乎、恐牟恐母誄白、臣某。

畏哉

日本根子天皇者、聡明仁愛尓御坐志氏、然毛謙譲乃心深久下遠憐美太万布情厚志、万乃政波百世乃則止誰加不奉仰、嗚呼哀哉。

姑射雲暗志氏、龍駕何乃日加還給牟止、恐牟恐母誄白、臣某。

【解題】

誄奉呈者源通煕（一八一八―七五）は、文政元年九月八日に生まれる。父は権大納言通理、母は左近衛権少将治茂の女である。天保四年（一八三三）十一月侍従となり、二十四歳の同十二年閏正月四日正四位下に叙され、二十三日後に太上天皇諡号誄人并びに諸陵使役を勤める。嘉永四年（一八五一）三月四日左近衛権中将に就く。三十四歳。四月十六日非参議に叙せられ、安政二年正月正三位に進み、文久元年十二月参議に就く。四十四歳。翌二年十月二十八日辞職する。元治元年（一八六四）十一月従二位に進み、明治八年十一月逝去する。五十八歳。

誄は冠頭の「畏哉～日本根子天皇者」までと末尾の「恐牟恐母誄白、臣某」が大臣奉呈と同文で、哀悼表現の量が大臣奉呈の五分の二に縮められる。

21　光格天皇誄—侍臣

畏哉
譲国而御坐志天皇乎、恐牟恐母誄白、臣某。
畏哉
日本根子天皇者、仁愛乃御心深計礼婆、仕奉留人人毛厚恩乎酬比奉牟止、恐牟恐母誄白、臣某。

【解題】

誄奉呈者藤原胤保（一八一九—七六）は、文政二年二月一日に生まれる。父は権大納言光成、母は権大納言通理の女である。天保四年十月二十八日侍従となる。十五歳。弘化四年（一八四七）三月十四日権大進で皇太后宮を兼ねる。十月十三日蔵人に遷り、十二月十七日右少弁に就任しエリートコースを進む。嘉永元年五月左少弁に転じ、四年十二月権右中弁に進み、五年九月右中弁に転じ、六年五月蔵人頭に就く。

安政四年五月右大弁に進み、造興福寺長官を兼ねる。十月左大弁に転じ、六年九月二十日参議に昇格する。左大弁と造興福寺長官は留任。文久元年（一八六一）九月十七日正三位に進み、三年十二月従二位に進み、元治元年九月二十三日権中納に昇る。慶応元年八月九日権大納言に進む。明治元年正月十七日辞職する。九年十一月逝去する。五十八歳。

誄は冠頭「畏哉〜日本根子天皇者」と末尾の「恐牟恐母誄白、臣某」が大臣・卿奉呈と同文で、哀悼表現の部分が卿奉呈の三分の一に縮められる。従って「仁愛の御心深ければ、仕へ奉る人人も厚恩を酬ひ奉むと」の言葉のみが、侍臣としての哀悼辞となっている。

三　近　代

22　大村永敏賜誄

故従三位守兵部大輔子爵

夙賛回(1)天之業　克策勦賊之勲
軍旅之事　大有望　後図豈料　溘然謝世
帷幄喪人　深悼惜焉
因贈従三位　并(2)賜金幣　宣
(3)明治二年己巳十一月十三日

【校異】

1回　太政官日誌「囬」。2并　保古飛呂比「竝」。3百官履歴「贈従三位　目録金三百円」。

【解題】

大村永敏（一八二四―六九）は、文政七年三月十日、周防（山口県）鋳銭司村の医家村田孝益の男に生まれる。幼名を惣太郎、後に亮庵・蔵六と改める。弘化三年（一八四六）、大坂の緒方洪庵の適々斎塾に入り蘭学と医学を修める。西洋医学修得のため長崎に赴き、シーボルトの鳴滝塾に入り苦学の末、嘉永元年二十五歳の時再び洪庵の塾に戻る。

塾長となるや名声諸大名に伝わり、宇和島藩主・肥前の医者より招請されるが、これを断わり帰郷して開業する。嘉永六年九月、富国強兵策を採る伊達宗城の懇請に応えて宇和島藩士となり、高野長英と共に軍備拡張・軍艦建造等の指導に当たる。安政三年（一八五六）四月江戸に出て修業を重ね、十一月鳩居堂の塾を開き蘭学の指導と翻訳に従事する。万延元年三十七歳の時長州藩に帰り、雇士として麻布毛利家別邸の一隅に塾を設ける。ここで神奈川に滞在する米人ヘボンに師事する。文久三年（一八六三）、開成所の学問教授。

四十二歳を迎えた慶応元年、大村益次郎と名を改める。同年長崎府新町にフルベッキが設立した済美館（後に広運館と改称）に入り、後の明治維新で活躍する広沢真臣・桂小五郎・大久保利通・森有礼・黒田清隆・伊藤博文等の志士、岩倉具定の公卿や勝海舟の幕臣らと交情を深める。同二年幕府の第二次征長の役に際し、石見方面の参謀として策戦の妙味を発揮する。

同四年正月、世子毛利元徳に随行して上京、軍務官判事となって彰義隊討伐の秘策をねる。明治改元後の十月東北征討の功で大刀料として三百両を支給される。二年五月、公選入札法施行当日、同法が因襲例となり将来の禍根となる旨を岩倉具視に伝え、同法の施行を停止させる。六月功により永世禄千五百石をうける。七月兵部大輔に任ぜられ、鎮台・鎮守府の設置等を進言する。九月四日京都宿泊中、守旧派長州藩士に襲われ十一月五日逝去する。四十六歳。

〔墓〕　山口市鋳銭司村字円山。

〔出典〕『太政官日誌』一〇七号、『明治天皇紀』第二、『詔勅集』有明堂・大正三年刊、『百官履歴』下巻・日本史籍協会・昭和三年刊。

〔参考文献〕　村田峰次郎著『大村益次郎先生伝』稲垣常三郎・堀田道貫・明治二十五年刊、『兵部大輔大村益次郎先生』大村卿遺徳顕彰会・昭和十六年刊、絲屋寿雄著『大村益次郎』中公新書・昭和四十六年刊、中丸薫著『真実のともし火を消してはならない』サンマーク出版・平成十四年刊。

23　広沢真臣賜誄

故正三位守参議東京府御用掛

竭心(1)復古之業　致身維新之朝

献替規画　勲大功超

今也不幸　溘然謝世　深悼惜焉

(2)因贈正三位　并賜金幣　宣

明治四年辛未正月九日

【校異】

1心　詔勅集「志」ニツクル。2　百官履歴「金三千両」。

【解題】

広沢真臣（一八三三―七一）は、天保四年十二月二十

九日、萩藩士柏村安利の四男に生まれる。十二歳の弘化元年十二月、同藩士の波多野直忠の嗣となる。安政六年藩の軍制改革に参画し、文久三年五月下関通過の外国艦砲撃に加わる。征長の幕軍を迎えた時俗論派のため投獄の身となり、慶応元年（一八六五）藩論の正常化で罪を許され内命で広沢藤右衛門と改め、ついで兵助と称した。同年長崎府新町にフルベッキが設立した済美館に入り、後の明治維新で活躍する大村永敏・桂小五郎・大久保利通・森有礼・黒田清隆・伊藤博文等の志士、岩倉具定の公卿や勝海舟の幕臣らと交情を深める。二年九月正使として勝安芳と会見し休戦交渉を行う。三年九月藩主・世子に陪席して薩長の出兵盟約に与り、盟の成立後陪席の木戸孝允と兵助は盟約書を作り二藩の出兵順序を定める。十月大久保利通と共に三条実愛から討幕の密勅を受取り、翌年藩兵東上の件を企画する。三条実美が帰京し岩倉具視との対立が解消すると、帰京の四条隆謌・壬生基修と共に兵助と井上馨らが参与に就く。

同四年正月内国事務掛、二月東征大総督参謀を歴て民部官副知事・民部大輔・参議にすすむ。翌明治二年九月復古功臣の行賞千八百石を受けたが上書してこの賞典禄を辞退する。三年七月民部と大蔵の二省分課改訂で民部省御用掛となる。四年正月八日夜、自邸で刺客に襲われ殺される。三十九歳。天皇凶報に接し二階特進の正三位を贈り、金幣三千両と誄を賜う。

明治四十四年七月一日、維新元勲の功績により神道碑の建設御沙汰あり、図書寮主事高島張輔に撰文の命が降り、大正十四年四月に銅碑が建立された。

〔墓〕　東京都世田谷区若林四―三五　松陰神社隣。

〔出典〕　『太政官日誌』一号、『明治天皇紀』第二、『三条実美公年譜』巻二六、『保古飛呂比（佐佐木高行日記）』五。

〔参考文献〕　村田峰次郎著『参議広沢真臣卿略伝』大正十年刊、尾佐竹猛「広沢参議暗殺事件」（『歴史地理』四六巻一号）、中丸薫著『真実のともし火を消してはならない』。

24　鍋島直正賜誄

贈正二位麝香間祗候

宣力封疆　夙竭方面之職
尽心　皇室　丕賛維新之業
国家柱石　臣庶儀型
忽聞淪逝　良切悼傷
因贈正二位　以彰功労　宣
明治四年辛未正月廿三[1]日

【校異】

1三　太政官日誌「廿二日壬子」の日付。

【解題】

鍋島直正（一八一四—七一）は、文化十一年十一月、江戸桜田邸で斉直の子として生まれる。十四歳の文政十年十一月、将軍と謁見後信濃守斉正と称した。天保元年（一八三〇）二月家督を嗣ぎ佐賀藩主となる。新藩主は「粗衣粗食令」を出し、率先倹約政治を進めねばならなかった。直轄地の小作料納入を猶予したり、町人地主所有地の一部を藩に返却させるなど本百姓体制の再建に熱を入れる。財政にゆとりが生じると洋式大砲製造所を設置し、軍事工業の洋式化導入を推進し、雄藩への飛翔努力を惜しまなかった。

嘉永三年、反射炉溶鉄で大砲製造に失敗を重ねながら、翌四年砲一門完成にこぎつける。

同六年七月「交易決して許すべからず、速やかに衆議を一定して国策を立て、以て攘夷に決すべし」との意見を老中に出した。万延元年三月大老井伊直弼が暗殺されると、幕府から政局の諮問を受けたが応えなかった。文久元年（一八六一）隠居して閑叟と名を改める。二年夏公武合体の周旋を朝廷から内命をうけ、出府して将軍家茂へ勅命を伝える役を果たす。

明治二年二月新政府の議定となり、軍防事務局補・制度事務局補を経、この年旧名斉正を直正に改める。権中納言・上院議長・開拓使長官・大納言を歴任する。三年八月病を得て公職から離れ、麝香間祗候となる。伊豆の熱海に保養生活を送るが薬石の効なく四年正月十八日に逝去した。五十八歳。葬儀委員長古川松根は二十一日殉死をとげた。

〔墓〕 東京都港区麻布墓所　賢崇寺隣。

〔出典〕『太政官日誌』三号、『明治天皇紀』第二、『詔勅集』。

〔参考文献〕中野礼四郎編『鍋島直正公』侯爵鍋島家編纂所・昭和八年刊、杉谷昭著『鍋島閑叟』中公新書・平成四年刊。

25 毛利敬親賜誄

贈従一位麝香間祇候

首倡勤　王　回　皇運于既衰
誓期報効(1)　賛　大政于(2)更始
維忠維義　洵是国家柱石
厥功厥績　実為藩翰儀型
茲聞溘亡　曷勝痛悼
因贈従一位　以彰偉勲　宣
明治四年辛未四月十五日

【校異】

1効　詔勅集「效」。2于　詔勅集「乎」。

【解題】

毛利敬親（一八一九―七一）は、文政二年二月十日式部少輔斉元の長子として生まれる。天保八年（一八三七）三月斉広の養嗣となり、四月二十七日家督を嗣ぐ。財政再建のため、藩の借財解消に村田清風を登用し、紙・蠟・専売制を改革し、下関に越荷方を設けて諸国の廻船を対象に齎す商品を抵当として、資金の貸付や委託販売を実施して収入増加に成功した。その施政には、評定所を設けて聴訟の刷新を図り、江戸藩邸に文武に加えて蘭学研究を援助する有備館を置き、困窮藩士の生活救済のため救恤令を出し、領内に種痘法を実施するため藩校の明倫館を拡張し、一方海岸に砲台を築き砲術も様式化を採用する。

安政に年号が代り幕府が失政を起こすと、五年八月密勅を受けて京都守護に意気込むが、大獄の発生で藩士吉田松陰の逮捕があると、事態を見守り、桜田門外の変後に公武間の周旋に走る。文久元年三月、攘夷の国策を否定し、貿易を推進して軍備の拡大を図るのが国家防衛上大切という藩士長井雅楽案を朝廷並びに幕府に提議する。
元治元年（一八六四）六月池田屋における藩士の刺殺に我慢できず、上京して禁門の変を起こす。敬親父子ここで官位を削奪され、征長軍を迎える破目に落入る。慶応二年征長軍を撃破し、一方薩摩と同盟を結び討幕への道を歩む。
王政復古、維新の実現後版籍を奉還し、山口藩知事を子の元徳に譲り、明治四年三月二十八日病で逝去した。五十三歳。勅使堀河康隆は贈従一位宣下のため山口に下向した。

〔墓〕　山口市香山町一―七　香山園内毛利家墓所。墓所には篆額を小松宮彰仁親王、撰文を川田剛、揮毫を日下部鳴鶴と共に明治の書家の双璧と言われた男爵野村素介による『贈従一位毛利公神道碑』が建っている。

〔出典〕　『太政官日誌』二二号、『明治天皇紀』第二、『三条実美公年譜』巻二六。

〔参考文献〕　作間久吉著『毛利忠正公盛徳記・香山勅碑銘義解』大正十三年刊、時山弥八「毛利敬親」（『中央史壇』一二巻九号）。

26　山内豊信賜誄

贈従一位麝香間祇候

讜議侃々　首唱大政復古
偉勲赫々　夙賛皇図(1)維新
洵是国家柱石　実為臣庶儀型
茲聞溘(2)亡　曷勝痛悼
因贈従一位　以表彰　宣(3)
明治五年壬申六月二十七日

【校異】
1図　詔勅集「国」。2溘　保古飛呂比「謚」。3宣　百官履歴ナシ。

【解題】
山内豊信（一八二七―七二）は、文政十年支族の山内豊著の長子として生まれる。二十二歳の嘉永元年、土佐藩主山内豊惇逝去により宗家を襲いで第十五代藩主となる。藩主となるや人材を登用し藩の気風を一新する。出府すると福井藩主松平慶永・鹿児島藩主島津斉彬・宇和島藩主伊達宗城らと交わる。

嘉永六年（一八五三）のペリー来航で物情騒然となると時局の変動を心配し、国策の原点を尊王にする必要に気付き、水戸の徳川斉昭を大政に参加させようとする。折しも彦根藩主の違勅問題・暗殺があり、一橋慶喜を将軍継嗣とする動きが生じ、豊信は斉彬・慶永らと図るが幕府の蟄居処分をうける。これを機に藩政を子の豊範に譲り、品川の鮫州第で隠居生活に入る。

文久二年勅使大原重徳の江戸下向があり、幕府の施政に反省がみえる一方で、豊信も蟄居を解かれ幕政に参与する。藩の参政吉田元吉が尊王攘夷派の武市半平太が放った刺客に仆され、佐幕加担者の勢力がそがれて藩政は攘夷派に押さえられる。慶応三年（一八六七）五月入京し宇和島・福井・鹿児島の三藩と朝幕周旋協議を行い、十月後藤象二郎・坂本龍馬らの進言を受け大政奉還の実現を果たす。

同四年鳥羽伏見の戦いに藩兵を官軍に参加させ、五千石の賞典を給される。爾後内国事務総督・制度寮総裁等を歴任し、翌明治二年七月大原重徳と一緒に麝香間祗候となる。五年六月二十一日病で逝去する。四十六歳。二十七日従一位を贈られ、葬斂式には一等官に準じて近衛歩兵騎兵砲兵の儀仗参加があった。

〔墓〕　東京都品川区東大井四丁目　下総山墓地。

〔出典〕『太政官日誌』五一号、『明治天皇紀』第二、『保古飛呂比（佐佐木高行日記）』巻三二・東京大学出版会・昭和四十九年。

〔参考文献〕　平尾道雄著『容堂公記伝』大日本出版社峰文荘・昭和十八年刊。

27　沢宣嘉賜誄

贈正三位特命全権公使

夙ニ皇運ノ挽回ヲ図リ　心ヲ労シ身ヲ苦メ
竟ニ大政ノ維新ニ際シ(1)　精ヲ励シ職ヲ尽ス
忽然世ヲ謝ス　曷ゾ痛悼ニ勝ン(2)
因テ正三位ヲ贈リ　并テ金幣ヲ賜ヒ　以テ功労ヲ彰ス

金幣(3)　千円

明治六年九月三十日

【校異】 1大　百官履歴「太」、三条実美公年譜。2并　百官履歴「並」。3百官履歴「金幣　千円」、三条実美公年譜「奉勅」。4三条実美公年譜「太政大臣」アリ、太政官日誌「奉勅　太政大臣」。

【解題】

沢宣嘉（一八三五―七三）は、天保六年十二月公卿姉小路公遂の五男として生まれる。清原家船橋支流で三十石三人扶持の家禄をとる沢為量の嗣となる。安政五年三月公卿八十八人列参の時、幕府の『五ヶ国修好通商条約』締結に反対の上書をする。文久三年（一八六三）八月十八日の政変で三条実美らの七卿長州落ちに入る。十月福岡藩浪士平野国臣の誘いで生野銀山に挙兵するが失敗し、讃岐・伊予に隠れ後長州に赴く。慶応三年王政復古により七卿の名誉が回復される。

同四年正月参与となり、五月長崎裁判所が長崎府と改まるに際し知事となる。八月二十日に「殊ニ外国交際之場所に付、愈以御趣意、貫徹致候様、勉励可有之旨、御沙汰候事」との諭示を貰う。翌明治二年天皇の東北行幸中の留守役に就き、五月に外国官知事、七月に外務卿に就きオーストリアと和親貿易条約、三年正月にスペインとの同条約、六月にハワイといった具合に、条約締結の全権委員となる。七月本官を免ぜられ麝香間祗候となり、八月盛岡知事に就任する。

五年二月兵部省付属邸の出火で邸宅類焼し築地中通の邸を下賜される。六年二月特命全権公使となり露国赴任に決まる。しかし出発の前の九月丹毒症にかかり二十七日逝去する。三十九歳。

〔墓〕　東京都文京区小石川三―一四―六　伝通院。

〔出典〕　『太政官日誌』一三〇号、『明治天皇紀』第三、『三条実美公年譜』巻二七。

〔参考文献〕　沢宣一「外務卿沢宣嘉卿の万国元首敬称問題の顛末」（『史談会速記録』三八六号）、七卿顕彰会編『沢宣嘉卿略伝』昭和十四年刊。

28 木戸孝允賜誄

故内閣顧問正二位勲一等

公誠忠愛　夙傾心于皇室
献替規画　大展力於邦猷
賛維新之洪図(1)　襄中興之偉業
功全徳重(2)　有始有終
洵是国之柱石　実為朕之股肱
茲聞溘亡　曷勝痛悼
因贈正二位　併賜金幣　宣(3)

明治十年五月二十八日

【校異】

1洪　三条実美公年譜巻二八・保古飛呂比「鴻」。2重　詔勅集・百官履歴「豊」。3宣　百官履歴ナシ。

【解題】

木戸孝允（一八三三―七七）は、天保四年六月二十六日長州の萩に和田昌景の子として生まれ、幼時に桂九郎兵衛の養育をうける。旧姓名、桂小五郎。十七歳の嘉永二年吉田松陰の塾生となり経書・史書に親しみ社会救済の気持ちを抱く。安政六年藩主毛利敬親に軍事力充実を訴え、文久二年（一八六二）上京し敬親と世子元徳を輔佐し国事の周旋に努める。

同三年四月攘夷の決定が下ると、翌月米商船を砲撃し下関海峡航行の仏蘭二国の軍艦を砲撃する。幕府が勅命に協力せず一方で長州藩の軽挙をなじる中、長州兵の禁門護衛解任と三条実美らの長州下りがある。孝允は京都に残り元治元年の池田屋事件で危く新撰組の兇刃から逃れる。

翌慶応元年幕府の長州再征に接し、敬親から参政を命じられ木戸準一郎と改称する。同年長崎府新町にフルベッキが設立した済美館に入り、後の明治維新で活躍する広沢真臣・大村永敏・大久保利通・森有礼・黒田清隆・伊藤博文等の志士、岩倉具定の公卿や勝海舟の幕臣と交情を深める。そして大村益次郎に軍政改革を指導する。二年坂本龍馬・中岡慎太郎・西郷吉之助らと薩長連合の密約を交し、対幕府攻守同盟を成立させて王政復古への機運を高める。

同四年（一八六八）大久保利通と同日に総裁局顧問となり、五箇条の御誓文を建言し、翌明治二年四藩主の版籍奉還を促し、その後参議となり薩長土三藩の親兵設置を実現する。七年文部卿に就任し征台の議が生ずると「先づ内に国力を充実して、然る後兵を外に用ゐよ」と建白して反対し官をやめる。

九年三月二十八日に年俸三千円で以前と同じ席順の待遇で、

従三位木戸孝允、内閣顧問被仰付候事

の辞令を受ける。十年西南の役に際し隆盛を「時勢を知らざるも尊氏の如き姦でない」と所信を述べた。五月二十六日治療困難の胃病で西京の旅館で逝去する。四十五歳。

〔墓〕京都市東山区　霊山霊園。墓畔には明治三十九年九月に建つ、有栖川大将宮の篆額・三島博士撰文の神道碑（『官報』大正二年十月一日・三五三号）が目に入る。

〔出典〕『明治天皇紀』第四、『保古飛呂比（佐佐木高行日記）』三三、『三条実美公年譜』巻二八。

〔参考文献〕木戸公伝記編纂所編『松菊木戸公伝』明治書院・昭和二年刊、田中惣五郎著『木戸孝允』千倉書房・昭和十六年刊、大江志乃夫著『木戸孝允』中公新書・昭和四十三年刊。

29　池田慶徳賜誄

正二位麝香間祇候

傾心皇室　夙尽藩屏之任
竭力国家　常致臣子之誠
鴻業有賛　偉勲可嘉
玆聞溘亡　良切痛悼
因贈正二位　以表彰　宣(1)

明治十年八月十八日

【校異】
1宣　百官履歴ナシ。

【解題】

池田慶徳（一八三七—七七）は、天保八年七月十三日、水戸藩主徳川斉昭の五男として江戸の水戸家本邸に生まれる。十四歳の嘉永三年、十一代鳥取藩主池田慶永が伏見で逝去し後嗣がない為、幕命により池田氏を嗣ぐ。十二月襲封して相模守を称した。文久三年三月練兵の意見を出し、建春門外で雨中下天皇・親王の見学による軍事演習（馬揃）を行う。

慶応四年戊辰の役では山陰道鎮撫総督西園寺公望の命をうけて不逞諸藩を討つ。九月に入京し毛利敬親と共に大政の翼賛に加わる。翌明治二年四藩主の版籍返納の連署上表があり、慶徳も版籍を奉還する。五月前議定蜂須賀茂韶と一緒に隔日の麝香間祗候となる。

七年七月華族会館が創設され副長となる。九年四月、宮中に勤番華族の設置を宮内卿徳大寺実則に訴える。十年八月二日、天皇を神戸に迎え京都在留中急性肺炎にかかり、三日逝去する。遺骸は十七日東京に着き、十九日の葬斂式には勅使侍従堀河康隆が幣帛・神饌を齎し、儀仗兵一大隊が護衛した。翌十一年九月鳥取市上町多麻町の樗谿神社に合祀された。遺骨はのち東京の多磨霊園に改葬された。猶樗谿神社境内には湯本文彦謹撰の慶徳公碑が在る。

鳥取藩主池田氏之碑

洋々池水、分源天潢。厥流惟清、厥波惟揚。烈々興禅、移封北土。是因是伯、開国奠府、山河雄峙、巍々厥城、士馬如雲、国之藩屏、尚武正義、賞罰明決、民勤厥業、士励厥節。惟子惟孫、无逸无荒。聿修祖訓、率由旧章。岱岳濬哲、教文興学、真證清穆、既仁且徳。惟贈二位、来自東藩。允文允武、深源培根。翼賛皇猷、献版納籍、国存偉勲、民浴厚沢。一朝溘焉、天子悼哀、褒贈煥赫、祠廟崔嵬。共立之社、旧恩之士、勒銘貞珉、以諗千祀。

明治十三年十二月

共立学社員立石

角田安処謹書

〔墓〕東京都府中市多磨町四丁目六二八　多磨霊園。

〔出典〕『明治天皇紀』第四、『詔勅集』。

〔参考文献〕田尻佐編『贈位諸覧伝』国友社・昭和二年

刊、梶川栄吉編『樗谿配祀池田慶徳公略伝』樗谿神社臨時祭協賛会・昭和二年刊。

30　大久保利通賜誄

贈右大臣正二位勲一等

忠純許国　策鴻図于（1）復古
公誠奉君　賛丕績于維新
剛毅不撓　外樹殊勲
英明善断　内奏偉功
洵是股肱之良　実為柱石之臣
茲聞溘亡　曷勝痛悼
仍贈右大臣正二位　并賜（2）金幣五千円　宣
明治十一年五月十五日

【校異】

1于　保古飛呂比・百官履歴・詔勅集「乎」。2并賜　百官履歴「並賜」、詔勅集「並賜」、保古飛呂比「拝贈」。

【解題】

大久保利通（一八三〇—七八）は、天保元年八月十日次右衛門の子に生まれ、西郷隆盛とは同郷の仲好しである。勉学に力め藩主島津斉彬に認められ御徒目付になる。文久二年（一八六二）島津久光の上京に随行し、三年十月江戸に赴き薩英戦争の和議を成立させる。慶応元年、長崎府新町にフルベッキが設立した済美館に入り、後の明治維新で活躍する大村永敏・広沢真臣・桂小五郎・森有礼・黒田清隆・伊藤博文等の志士、岩倉具定の公卿や勝海舟の幕臣と交情を深める。同三年十二月小御所会議に加わり、予め岩倉具視と基本方針を定めた後で維新の決行を議る。戊辰の役では具視と共に新政府の中枢を司り内外の激務をこなす。

明治二年七月参議ついで大蔵卿となり、佐賀の乱では自ら鎮定に赴き、台湾問題処理に全権弁理大臣となって清国と協定を結び、西南の役には隆盛と会い反省を促すなど政務遂行に奔走する。十一年三月地方体制を改める三新法の公布を実現させる。五月十四日宮中に行く途次、麹町清水谷で刺客島田一郎他六人の暴漢に襲われて死ぬ。

四十九歳。右大臣正二位及び勅撰の碑文を贈られる。碑文は千代田区紀尾井町二の清水谷公園内に現存する。

贈右大臣大久保公哀悼碑

嗚呼此贈右大臣大久保公殞命之所也。公之在世、身繫天下之安危、天子倚以為重、一朝変生不測、溘焉長逝、悲夫自古忠烈士、死于悲命者何限。然概在喪乱之世、擾擾之際、乃公則功成名遂、遇国家方隆之運、将永享太平之楽、而遽罹此禍、宣乎　九重震悼、天下識与不識、無不惋惜痛歎也。抑公既以身許国、死生禍福、一聴于天而不悔、而其所施為、赫々在人耳目、則公難死乎、猶有不死者存焉。顧距公之薨七年、過此地者、咨嗟歎息、往々低徊不能去。於是僚友義故胥謀、建碑以表追悼。亦情之不可已也。公之勳業、蔵在丈央、勒在桓珉、此特記建碑事由、以告耒茲。

明治十七年十月　編修副長官従六位勲六等
重野安繹撰
内閣大書記官従五位勲五等
金井之恭書

〔墓〕　東京都港区南青山二丁目三二　青山霊園。
〔出典〕　『明治天皇紀』第四、『三条実美公年譜』巻二八。
〔参考文献〕　寺岡弥三郎著『大久保利通公伝』明治二十三年刊、松原致遠編『大久保利通』新潮社・明治四十五年刊、重野安繹「大久保神道碑」（『如蘭社話』四七号・明治四十五年刊）、毛利敏彦著『大久保利通』中公新書・昭和四十四年刊。

31　大原重徳賜誄

正二位麝香間祗候

夙ニ皇道ノ衰微ヲ憂ヒ　心ヲ労シ思ヲ焦シ
遂ニ大政ノ維新ヲ賛ケ　精ヲ励シ誠ヲ效ス
矧(1)ンヤ又奉仕朝ヲ累ネ　勤労年ヲ積ム
此ニ溘逝ヲ聞ク　曷ソ痛悼ニ勝ヘン
因(2)リテ正二位ヲ贈リ　併セテ金幣ヲ賜ヒ　以テ表彰ス

明治十二年四月四日

【校異】

1ン　詔勅集ナシ。2リ　詔勅集ナシ。

【解題】

大原重徳（一八〇一―七九）は、享和元年十月十六日公卿権中納言重尹の第五子として生まれる。文化六年十二月に出仕し光格天皇の侍童となる。十二年元服し大和権介に任じられ、光格天皇譲位後右権少将に就き院別当となる。

安政三年（一八五六）米国総領事ハリスの着任後、老中堀田正睦が『日米通商条約』の締結の件で大命降下を求めたため上京し、要請拒否の意見を出す。①ハリスの要求を認めることは属国になる。②将軍のハリス引見責任を老中にとらせる、等の内容で、八十八人の堂上を結束させて正睦を帰府させた。

文久二年（一八六二）五月、①将軍の上京と国是を定める。②五大老を設けて幕政に加える。③徳川慶喜を将軍後見役・松平慶永を大老に定める、の勅諭を伝える使者となる。在府の島津久光が勅命中に「寺田屋事件の死者を正当とする」文言に立腹したので、独断で勅書を改める。翌三年罪を得て辞職し蟄居する。時に五十六歳。

元治元年罪を許され、慶応二年八月中御門経之らの堂上と共に御前会議に列なり、勅命で諸藩主の召集・謹慎公卿の免罪・防長征討軍解散の進言を行う。三年三月幕府の兵庫開港要請に対し開港不可の理由十箇条を述べる。十二月九日夜の小御所会議で、山内豊信の徳川慶喜参政進言に反対する。

翌四年二月参与となり林和靖間詰になる。後、笠松裁判所総督・刑法官知事・議定上局議長・集議院長官を歴任する。明治二年九月維新達成の功により永世禄千石を支給される。三年閏十月職を退いて麝香間祇候となる。十二年三月発病し四月一日逝去する。七十九歳。

〔墓〕　東京都台東区谷中七丁目　谷中霊園。墓畔には大正十四年四月に建てられた、物故功臣の勲功表彰として一等編修官巌谷修の撰文による神道碑が目立つ。

〔出典〕　『明治天皇紀』第四。

〔参考文献〕　本多辰次郎「大原重徳勅書改竄始末」（『史学雑誌』一四巻四号）、時野谷勝「大原重徳」（『日本歴史』四五号）。

32　野津鎮雄賜誄

元中部監軍部長正三位勲二等

夙ニ王事ニ勤メ　力ヲ復古ニ致シ
久シ(1)ク閫職ヲ奉シ　心ヲ軍制ニ尽ス(2)
乱ヲ佐賀ニ平ケ　賊ヲ鹿児島ニ殄ス
何(3)ソ啻(4)国ノ良将ノミナランヤ　実ニ朕ノ忠臣ト為ス
茲ニ溘亡ヲ聞キ　痛悼ニ堪エス
仍(5)テ正三位ヲ贈リ　并テ金幣ヲ賜フ

明治十三年七月二十五日

【校異】

1シ　詔勅集ナシ。2ス　詔勅集「シ」。3何　詔勅集「曷」。4啻　詔勅集「帝」。5　百官履歴「贈正三位金幣弐千五百円」。

【解題】

野津鎮雄（一八三五―八〇）は、天保六年鹿児島藩士野津鎮圭の長男として生まれる。三十四歳の時戊辰戦争で軍功をあげる。明治四年兵部省出仕となり陸軍大佐兼兵部権大丞に任命される。その後築造局々長・第四局々長を歴て、七年佐賀の乱では征討惣督参謀長、谷干城少将の台湾出張後に熊本鎮台司令長官に就く。

九年東京鎮台司令長官に転じ、十年西南の役では官軍苦戦の中を熊本城へ連絡をつけ、西郷軍の意気をそぐ。戦役終結後の十月三日、

　汝鎮雄、嚮ニ部下ノ諸兵ヲ率ヒ、各地転戦久シク艱苦ヲ経、終ニ克ク其功ヲ奏ス。朕深ク汝カ其職任ヲ尽セルヲ嘉ミス

の勅諭を受ける。同年十一月軍功大なるにより勲二等・旭日重光章を授かり、十二月年金六百円の支給をうける。

十一年中将に昇進し中部監軍部長となる。十二年米国大統領グラント氏閲兵の指揮をとり、十二月従四位にすすむ。十三年巡幸供奉付となり、六月供奉中の参謀本部御用を兼ねる。病を得て解任され、七月二十二日逝去する。四十六歳。賜誄の儀には勅使岩倉具綱が三階級特進を伝えた。

〔墓〕　東京都港区南青山二丁目三二　青山霊園。

〔出典〕『明治天皇紀』第五。

〔参考文献〕長剣生著『武将の典型野津元帥の面影』皆兵社・明治四十一年刊、『類聚伝記　大日本史』雄山閣・昭和十一年刊。

33　岩倉具視賜誄

贈太政大臣従一位大勲

大節善ク断シ　旋転ノ偉業ヲ賛ケ
純忠正ヲ持シ　弥(1)綸ノ宏猷ヲ画ス
洵ニ是レ(2)国家ノ棟梁　寔ニ臣民ノ儀表タリ
況ヤ朕幼冲ニシテ祚ニ登リ　一ニ匡輔ニ(3)頼ル
啓沃誨(4)ヲ納ル　誼師父ニ均シ
天憖遺セス　曷ソ痛悼ニ勝エ(5)ン
其レ特ニ太政大臣ヲ贈ル可シ
明治十六年七月二十三(6)日

【校異】
1弥　詔勅集「経」ニツクル。2レ　三条実美公年譜・保古飛呂比ナシ。3ニ　年譜・保古飛呂比ナシ。4誨　詔勅集ナシ。5エ　三条実美公年譜・保古飛呂比・岩倉公実記「ヘ」。6三　詔勅集ナシ。詔勅集ハ中文体表現ニツクル。

34　岩倉具視誄詞

恐伎加毛悲伎加毛、前右大臣贈太政大臣公也悔伎加毛忌々志伎加毛、従一位大勲位岩倉具視命也、汝命尓之弖今此御葬式有武止波思懸奉里伎也、皇朝廷乎守里皇御国乎幸閇給布皇神等、此大臣乃為尓何志加毛今暫乃御齢波授給波奴。安奈悲志安那悔志。人乃命以弖代里奉良武術毛有良婆千万乃公民毛易久叙代里奉良武。掛巻毛畏伎皇賀大御心尓任世給不由毛有良婆、今如此畏伎大御歎毛有射良牟。此明治乃大御代乃初乃時与里源清伎賀茂川乃唯一筋尓皇朝廷乎思比皇御国乎思比給布赤心乃真心乃、稜威乃雄心撓受動受健毘進美氐、皇朝廷乃為尓波身乎毛思波受、皇御国乃為尓波家乎毛顧受身一乎天下乃為尓抛知弖勤志美労伎仕奉里給比之事波、神乃御前乃真澄鏡真明介久志弖、天下乃人皆能久知礼里。今更尓何乎加申佐武。然波雖云今汝命現世乃一世乃事成竟弖遥介伎幽冥乃還良奴道尓出向比給比、其御柩乎保々登々奥都城乃大土乃底尓埋米奉良牟刀為弖、此現世乃永伎御別乎人々諸同心尓悲美惜美奉留。葬場乃御祭尓列里拝美奉留尓波一世乃事乎忍比奉留。種波比乃千々乃一言毛申佐受弖波得古曾在良祢。安波礼汝命波志毛此現世尓生出給比志波、文政八年乃九月那里伎。此明治乃大御代乃新世尓成奴留比万伝乃官波、侍従与里右近衛権少将次尓左近衛権中将尓成給比、位波従五位下与里正四位下尓進給比伎。其頃皇朝廷乃大御稜威乃甚久衰閇大座々弖、畏伎大御慮尓毛任世給波奴事等有志乎古尓復志奉良牟刀、西尓東尓種々尓御心砕伎弖一度波朝廷乃為尓思保佐奴畏里乎毛蒙里給比弖京師乃外尓潜美隠里弖座都々毛、尚朝廷乎思比国乎憂留御心尓千万尓思量里弖、同心乃人々止忍々尓談良比伊曾波伎給比之間尓波、辛久苦志伎目乎数度見給比之毛能久耐忍比給比之大凡那良奴御心尽乃末、遂尓其御心母雲間乎出留月影乃清久明介久、大内乃山端高久現波衣弖大御代乃号乎明治止称布留。此厳大御代止波成尓多里。故此新世乃初止成弖波参与議定乃職与里副総裁補相止成給比、右兵衛督従二位刀次々尓官位毛進給布。明治二年乃始尓那毛特那留大命以弖権大納言正二位尓進米給比、続弖同七月尓大納言尓波任給比之。又此新代止皇賀大御稜威乎古尓復志、

今尓現波志給比之波専汝命乃功尓在留事乎賞給比挙給布刀、畏伎皇賀大御言以弖国乃真柱皇朕宇豆乃御手代叙止佐辺宣給比、其偉勲乎後代尓示志給布刀高五千石止云布賜物乎永世掛弖授介給比伎。次尓同四年外務卿尓成給比間毛無久右大臣尓任給比、又外国々尓出向比給布倍伎大御使乎蒙里給比氐海外遥介伎国乎巡里給比弖、六年尓那毛帰里座都留。如此年麻祢久専大朝廷乃為尓伊曾波伎仕奉里給布尓依弖波、非奴方尓思比癖米心惑留多夫礼賀為業尓御身危加里之事毛有里志乎、尚其忠那留御心波折受撓受弥進美尓進美弥健毘尓健毘勤志美仕奉里給布賀故尓、其功乎賞給布刀其家尓皇賀大御車乎寄給比懇切那留大御言毛二度有里弖、遂尓従一位勲一等乎賜里座志、後又大勲位尓進給比及露西亜刀云比伊太利刀云布外国々与里贈奉礼留勲章乎毛御身尓着給布事乎許給比奴。如此弖此月比御病乃気漸々尓重久悩美座須刀聞食弖懇切那留大御使有留波更那里。大御親其病状乎出座見曾那波須事又二度皇后佐閇出座見給布。安波礼汝命伊如何尓畏久辱伎事刀思保志介牟、弥々御病重久成給布乎以弖右大臣乃官乎解給波武事乎、深久請奉里給比之乎初乃間波更尓聞食許佐受、心能抒加尓病乎治米弖後出仕閉与止宣諭志座都留毛重弖請申志給閉婆、病乃為尓中々障良婆忌々志久悔志伎事母也有牟止思保之渡志弖、其

下心乎安米牟賀　遂尓申乃随尓刀許志給比、即弖本座宣下刀云事乎宣志米給比弖在都留乎、其大御心尽母空志久加比無久弖、此七月廿日尓那毛遂尓此現世乎見果弖、御齢五十七年十一月乎一世刀志弖幽冥乃空遥尓天翔里給比奴留。安波礼明治乃大御代乃偉勲乃臣止座弖年麻祢久朝廷乃為尓国乃為尓既尓立給比之御功乃多伎波云布毛更那礼抒、朝廷乃法制国乃行末乎深久思比遠久憂給布御心波、御病乃中尓毛忘給波受。今波乃際尓成給布麻伝毛種々尓議里碁知給比志乎思布尓、今暫此世尓座那婆尚如何婆加里国乃為尓毛世乃為尓毛利有牟刀限無久古曾口惜介礼。故汝命乃為尓波百年五百年毛尚飽受思比奉礼抒、今十年婆加里乎太尓座志米奉良麻久思比消都々忍奉留乎。掛巻毛畏伎天皇乃大御慮波又殊賀志弖、汝命乃一世乃間乃御勲功乎国之真柱臣之鏡止褒給比、又天皇御齢若久弖天津日継乎知食都留尓依弖、汝命専輔奉里教奉里弖在気礼婆、今般乃大御言尓毛師父尓均志刀佐辺宣給比弖、大御別乎歎伎給比惜美給比太政大臣乃官乎志毛賜里給閇留波、畏之止毛辱之止毛古今乃世尓比無伎事状刀申須倍之。又御葬仕奉留事乎聞食弖毛、昨日今日並倍弖大御使及皇太后皇后二所乃宮与里毛御使以弖、棺乃御前乎拝麻志米幣帛供閇志米給閇里。続弖申佐牟波甚毛畏介礼抒、公卿百官人等及同族乃人等諸是乃所尓会集留人々毛、皆己賀心々尓宇良夫礼悲美忍奉留状波、夏衣唯一重尓志弖吹棄留息吹乃狭霧波打渡須波乃千里乎毛覆布倍之。曾々母々汝命乃御性乃惟神尓清久明久猛久雄々志久事乎執弖、良久定米時尓臨弖更尓退受忠那留御志波云毛更那里。父母尓仕給布真心将尋常那良受、懇切尓厚久能久人刀在留道乃極乎尽志給比、甚多久蕃息栄座須真名子等親族家族乎毛教閇戒米弖座気礼婆、其親族家族等毛同心尓良久汝命乃御心乎心止志御教乎教止志弖睦毘饒毘座志、又此年頃乎華族刀在留人々乃上乎統治留督部長止云布職乎受蒙里給比弖、其同族乃人々乎安登母比導伎給比志随々同族乃人々毛良久汝命乃御教乎守里、専汝命乃御蔭尓隠比弖在介礼婆、今此御葬波尚父母尓別留々賀如悲美忍比都々、親族家族及総弖乃同族尓到留麻伝唯一列尓歎加志弖在留心々乎、集米言挙弖如是忍比申佐久母、浦波乃千里乃一重毛打出敢受。息吹乃狭霧鬱悒久乃美在留心乃隈波幽冥乃神霊也自然知食牟。故息衛牟世毘都々且々毛立言列祢弖悲美慍美母誄言竟奉良久乎。阿波礼刀毛聞食世刀、畏美畏美母白須。

明治十六年七月二十五日

岩倉具視誄詞

恐きかも悲きかも、前右大臣贈太政大臣公や悔きかも忌々しきかも、従一位大勲位岩倉具視命や、汝命にして今此御葬式有むとは思懸奉りきや、皇朝廷を守り皇御国を幸へ給ふ皇神等、此大臣の為に何しかも今暫の御齢は授給はぬ。安奈悲し安那悔し。人の命以て代り奉らむ術も有らば千万の公民も易くぞ代り奉らむ。掛巻も畏き皇が大御心に任せ給ふ由も有らば、今如此畏き大御歎も有いらむ。此明治の大御代の初の時より源清き賀茂川の唯一筋に皇朝廷を思ひ皇御国を思ひ給ふ赤心の真心の、稜威の雄心撓ず動ず健び進みて、皇朝廷の為には身をも思はず、皇御国の為には家をも顧ず身一を天下の為に抛て勤しみ労き仕奉り給ひし事は、神の御前の真澄鏡真明けくして、天下の人皆能く知れり。今更に何をか申さむ。然は雖云今汝命現世の一世の事成竟て遥けき幽冥の還らぬ道に出向ひ給ひ、其御柩を保々登々奥都城の大土の底に埋め奉らむと為て、此現世の永き御別を人々諸同心に悲み惜み奉る。葬場の御祭に列り拝み奉るには一世の事を忍ひ奉る。種波比の千々の一言も申さずては得こそ在らね。安波礼汝命はしも此現世に生出給ひしは、文政八年の九月なりき。此明治の大御代の新世に成ぬる比までの官は、侍従より右近衛権少将次に左近衛権中将に成給ひ、位は従五位下より正四位下に進給ひき。其頃皇朝廷の大御稜威の甚く衰へ大座々て、畏き大御慮にも任せ給はぬ事等有しを古に復し奉らむと、西に東に種々に御心砕きて一度は朝廷の為に思ほさぬ畏りをも蒙り給ひて京師の外に潜み隠りて座つつも、尚朝廷を思ひ国を憂る御心に千万に思量りて、同心の人々と忍々に談らひ伊曾波伎給ひし間には、辛く苦しき目を数度見給ひしも能く耐忍ひ給ひし大凡ならぬ御心尽の末、遂に其御心も雲間を出る月影の清く明けく、大内の山端高く現はえて大御代の号を明治と称ふる。此厳大御代とは成にたり。故此新世の初と成ては参与議定の職より副総裁補相と成給ひ、右兵衛督従三位と次々に官位も進給ふ。明治二年の始になも特なる大命以て権大納言正二位に進め給ひ、続て同七月に大納言には任給ひし。又此新代と皇が大御稜威を古に復し、今に現はし給ひしは専汝命の功に在る事を賞給ひ挙給ふと、畏き皇が大御言以て国の真柱皇朕宇豆の御手代ぞとさえ宣給ひ、其偉勲を後代に示し給ふと高五千石と云ふ賜物を永世掛て授け給ひき。次に同四年外務卿に成給ひ間も無く右大臣に任給ひ、又外国々に出向ひ給ふべき大御使を蒙り給ひて海外遥けき国を巡り給ひて、六年になも帰り座つる。如此年麻祢久専大朝廷の為に伊曾波伎仕奉り給ふに依ては、非ぬ方に思ひ癖め心惑る多夫礼が為業に御身危かりし事も有りしを、尚其忠なる御心は折ず撓ず弥進みに進み弥健びに健び勤しみ仕奉り給ふが故に、其功を賞給ふと其家に皇が大御車を寄給ひ懇切なる大御言も二度有りて、遂に従一位勲一等を賜り座し、後又大勲位に進給ひ及露西亜と云ひ伊太利と云ふ外国々より贈奉れる勲章をも御身に着給ふ事を許給ひぬ。如此て此月比御病の気漸々に重く悩み座すと聞食て懇切なる大御使有るは更なり。大御親其病状を出座見曾那波須事又二度皇后さへ出座見給ふ。安波礼汝命い如何に畏く辱き事と思ほしけむ、弥々御病重く成給ふを以て右大臣の官を解給はむ事を、深く請奉り給ひしを初の間は更に聞食許さず、心能抒加に病を治めて後出仕へよと宣諭し座つるも重て請申し給へば、病の為に中々障らば忌々しく悔しき事もや有むと思ほし渡して、其下心を安めむが遂に申の随にと許し給ひ、即て本座宣下と云事を宣しめ給ひて在つるを、其大御心尽も空しく加比無くて、此七月廿日になも遂に此現世を見果て、御齢五十七年十一月を一世として幽冥の空遥に天翔り給ひぬる。安波礼明治の大御代の偉勲の臣と座て年麻祢久朝廷の為に国の為に既に立給ひし御功の多きは云ふも更なれど、朝廷の法制国の行末を深く思ひ遠く憂給ふ御心は、御病の中にも忘給はず。今はの際に成給ふまでも種々に議りごち給ひしを思ふに、今暫此世に座なば尚如何ばかり国の為にも世の為にも利有むと限無くこそ口惜けれ。故汝命の為には百年五百年も尚飽ず思ひ奉れど、今十年ばかりをだに座しめ奉らまく思ひ消つつ忍奉るを。掛巻も畏き天皇の大御慮は又殊がして、汝命の一世の間の御勲功を国之真柱臣之鏡と褒給ひ、又天皇御齢若くて天津日継を知食つるに依て汝命専輔奉り教奉りて在ければ、今般の大御言にも師父に均しとさへ宣給ひて、大御別を歎き給ひ惜み給ひ太政大臣の官をしも賜り給へるは、畏しとも辱しとも古今の世に比無き事状と申すべし。又御葬仕奉る事を聞食ても、昨日今日並べて大御使及皇太后皇后二所の宮よりも御使以て、棺の御前を拝ましめ幣帛供へしめ給へり。続て申さむは甚も畏けれど、公卿百官人等及同族の人等諸是の所に会集る人々も、皆己が心々に宇良夫礼悲み忍奉る状は、夏衣唯一重にして吹棄る息吹の狭霧は打渡す波の千里をも覆ふべし。曾々母々汝命の御性の惟神に清く明く猛く雄々しく事を執て、良く定め時に臨て更に退ず忠なる御志は云も更なり。父母に仕給ふ真心将尋常ならず、懇切に厚く能く人と在る道の極を尽し給ひ、甚多く蕃息栄座す真名子等親族家族をも教へ戒めて座ければ、其親族家族等も同心に良く汝命の御心を心とし御教を教として睦び饒び座し、又此年頃を華族と在る人々の上を統治る督部長と云ふ職を受蒙り給ひて、其同族の人々を安登母比導き給ひし随々同族の人々も良く汝命の御教を守り、専汝命の御蔭に隠ひて在ければ、今此御葬は尚父母に別るるが如悲み忍ひつつ、親族家族及総ての同族に到るまで唯一列に歎かして在る心々を、集め言挙て如是忍ひ申さくも、浦波の千里の一重も打出敢ず。息吹の狭霧鬱悒くのみ在る心の隈は幽冥の神霊や自然知食む。故息衛牟世毘つつ且々も立言列ねて悲み慍みも誄言竟奉らくを。阿波礼とも聞食せと、畏み畏みも白す。

明治十六年七月二十五日

【解題】

岩倉具視（一八二五—八三）は、文政八年九月十五日に生まれる。天保九年元服して昇殿を許される。十四歳。嘉永七年三十歳で侍従職に就き、文久二年左近衛権中将に転じる、八月十八日の政変で幽居する。ここから皇国合同の策を考えて薩長連合を企てる。

慶応三年（一八六七）勅勘が解かれ参与職に就き、ついで議定職に、翌年明治と改元後副総裁となる。二年大坂への遷都を目論むが実現不能を悟り、大久保・木戸の協力で東京遷都に成功する。三年鹿児島と山口に勅使となって出向き、親兵計画実現に精力を尽くす。四年外務卿・右大臣に就き、特命全権大使として欧米視察に赴く。六年帰朝後遣韓大使問題で西郷・板垣・江藤らの意向に反対して下野に追込む。

七年正月暴漢の襲撃をうけ一命を落としかねない危険に遭う。九年奥羽巡幸に供奉して従一位に進み、西南の役をうまく処理して政権の安泰を維持する。十一年大久保利通の遭難後、具視の施政に重みが増してくる。
十六年正月三大礼執行の事・桓武天皇神霊奉祀の事を上書し、五月に平安神宮設立の調査綱領を提出して、遷都後の沈んだ京都の活気回復に取組む。七月五日、病により今上の臨御見舞をうけ、十九日再び親臨慰問をうけ、翌二十日平安遷都の紀念祭典を見ることなく逝去する。五十九歳。葬儀は最初の国葬である。
具視の京都起こしは、十年後平安遷都千百年紀念祭協賛会の発足で漸く実現の運びとなり、二十八年十月二十二日の祭典で実る。

〔墓〕　東京都品川区南品川五―一六―二二　海晏寺。墓畔には明治四十四年七月一日の御沙汰で、錦鶏間祗候小牧昌業の撰文による神道碑が建つ。

〔出典〕　『官報』二〇号、『明治天皇紀』第六、『保古飛呂比（佐佐木高行日記）』一二、『三条実美公年譜』巻二九、『岩倉公実記』。
34岩倉具視誄詞は七月二十七日『官報』二三号に載せる。

〔参考文献〕　内藤久一編『贈太政大臣岩倉公伝』駸々堂・明治十六年刊、『岩倉公実記』岩倉公旧跡保存会・昭和二年刊、時野谷勝「岩倉具視」（『日本歴史』五六号）、大久保利謙著『岩倉具視』中公新書・昭和四十八年刊。『詔勅集』有朋堂・大正三年刊は中文体で表す。

35　徳川慶勝賜誄

前名古屋藩知事従一位勲二等

心ヲ皇室ニ存シ　夙ニ藩屛ノ任ヲ尽シ
太政維新ニ際シ　精ヲ励シ力ヲ陳ヘ
鴻業ヲ翼賛ス　其功甚タ偉ナリ
茲ニ溘亡ヲ聞ク　曷ソ痛悼ニ勝ン
因テ祭資(1)トシテ　金幣ヲ賜フ

明治十六年八月六日

【校異】

1資　詔勅集「祀」ニツクル。

【解題】

徳川慶勝は、文政七年（一八二四）三月十五日美濃高

須藩主（尾張徳川支藩）松平義建の二男として、江戸四谷に生まれた。母は水戸藩主徳川治紀の女規である。天保十一年に元服し、嘉永二年（一八四九）丹羽左京大夫長富（奥州二本松藩主）の女矩と結婚した。同年宗家を嗣ぎ第十四代尾張藩主となる。嘉永四年二十八歳の時、初めて入国するや財政の改革に手をつけ率先して勤倹を実行し、人材の登用で治績を挙げた。そして学術の振興・国防の整備に努める。親藩の筆頭ではあったが幕府の政策を支持せず、徳川斉昭・松平春嶽・島津斉彬・伊達宗城等と協力し、屢々幕府に上書建言を行う。

安政元年皇居炎上の時、御料材を献上して皇居の再建を助けた。同六年外交問題に与り斉昭・春嶽と共に江戸城中で大老井伊直弼と論争し、幕府にうとまれ隠居謹慎を命じられた。元治元年（一八六四）の蛤御門の変後、征長総督となり諸藩兵を率いて長州に赴き、穏健寛大の処置を採り比較的平和裡に毛利家を降伏させた。慶応三年時勢に添う手書十一条を作り諸臣に戒告し、将軍慶喜が大政奉還を願う前先んじて官爵を辞退した。次いで新政府の議定職に就く。

慶応四年（九月に明治改元）には尾張を中心に諸藩を勤王家に誘い、自ら甲・信方面の幕府軍を平定した。翌明治二年王政復古による勲功で、子義宜と共に永世禄一万五千石を支給され従一位に叙された。三年に名古屋藩知事となり、四年の廃藩置県で知事を離れ東京に移住する。八年義宜の病死に遭い再び家を嗣ぐ。十六年（一八八三）八月一日、病気危篤により天皇より見舞をうけ薨じた。六十歳。文公と諡され、賢徳院仁蓮社誉源礼譲卿の法号をもつ。

〔墓〕東京都新宿区新宿六丁目　西光庵。

〔出典〕『官報』三三号、『明治天皇紀』第六、『東京横浜毎日新聞』。

〔参考文献〕堀田璋左右・川上多助編『昔咄抄録　慶勝公履歴付録』日本言行資料・国史研究会・大正四年刊、浅野桜魂著『徳川慶勝の勤皇』大日本敬神会・昭和十二年刊、若山善三郎「徳川慶勝卿と招魂所創建」（『菊水』九巻二号・昭和十六年刊）。

36　島津久光賜誄

前左大臣従一位大勲位公爵

維忠維誠　首ニ勤王ノ大義ヲ唱ヘ
允文允武　竟ニ中興ノ鴻図ヲ賛ク
出テハ三台ノ顕職ニ列シ　退テハ四民ノ重望ヲ負フ
洵ニ是レ国家ノ元勲ニシテ　実ニ貴紳ノ領袖為リ
茲ニ溘亡ヲ聞ク　曷ソ痛悼ニ勝ン
因テ特ニ侍臣ヲ遣ハ(1)シ　幣帛及神饌ヲ齎ラシ以テ弔慰セシム

明治二十年十二月十七日

【校異】

1ハ　明治天皇紀・三条実美公年譜・詔勅集ナシ。

【解題】

島津久光（一八一七―八七）は、文化十四年十月二十日島津斉興の第五子として鹿児島城本丸に生まれる。嘉永元年藩政に参加する。時に三十二歳。四年長兄斉彬が藩主になると協力して富国強兵策を進める。安政五年斉彬が病に臥すと久光は長子忠義を後嗣に推し、輔導の立場を堅持する。忠義から国父の尊称をうけて斉彬の意志実現に腐心する。

文久元年（一八六一）十二月、忠義と謀り前左大臣近衛忠煕に使者を送り孝明天皇の意図を確かめて剣を献上する。天皇を感動させた進言に、

世を思ふ　心の太刀と　知られけり　さや曇りなき
武士のたま

の和歌一首を返答に戴く。二年三月千余人の兵を率いて上京し、忠煕の謹慎を解き前福井藩主松平慶永を大老職に就かせ、大老の上京を俟って朝廷に従う誓約をとる公武合体論を出す。討幕を目的としない幕政改革に不満の志士八人を斬って天皇の信頼を篤くする。三年攘夷の軽挙を諫め、元治元年勧修寺済範を親王に宣下・常陸太守・朝政輔佐に就かせて、大政奉還への道を作り、慶応三年十二月の王政復古の大号令を実現させる。

明治二年忠義と議り真先に版籍奉還を行う。五年明治天皇の西巡を迎え、翌年東京に邸を支給され麝香間祗候

となり、十二月内閣顧問を命ぜられる。七年四月左大臣に就き時弊を二十箇条にまとめるが、賛同を得られなかったので辞職する。西南の役では病に臥して沈黙し、西郷と大久保を対決させる陪審裁判を設けて征討軍の活動を休止させる苦肉の策を出したけれども黙視される。十七年七月叙爵規定で公爵となる。二十年従一位に進み大勲位に叙され菊花大勲章をうける。十二月六日玉里の邸で逝去する。七十一歳。勅命により国葬で遇される。

〔墓〕　鹿児島市池之上町　旧福昌寺。明治四十四年七月一日の御沙汰で、小牧昌業撰文の神道碑が建つ。

〔出典〕『官報』一三四四号、『明治天皇紀』第六、『三条実美公年譜』。

〔参考文献〕　福地源一郎著『校正久光公記』日報社・明治二十一年刊、島津公爵家編輯所著『島津久光公実紀』国文社・明治四十三年刊、中村徳五郎著『島津久光公・重野安繹先生』薩藩史研究会・昭和十三年刊。

37　森有礼賜誄

故文部大臣従二位勲一等子爵

多年職ヲ外交ノ事務ニ奉シ　尋テ内閣ノ枢機ニ参シ教育ノ大任ニ居リ　精ヲ励シ職ヲ尽ス
茲ニ溘亡ヲ聞ク　曷ソ痛悼ニ堪ヘン
仍テ正二位ヲ贈リ　併テ(1)金幣五千円ヲ賜フ
明治二十二年二月十四日

【校異】
1併テ　詔勅集ナシ。

【解題】
森有礼（一八四七―八九）は、弘化四年七月鹿児島城下次本村城ケ谷に生まれる。文久三年生麦事件の報復で英艦の砲火を受けた。時に十七歳。外国留学の必要性を薩英戦争の敗北で知った藩の優秀子弟選抜に、有礼は合格する。慶応元年（一八六五）長崎府新町にフルベッキが設立した済美館に入り、後の明治維新で活躍する大村永敏・広沢真臣・桂小五郎・大久保利通・黒田清隆・伊藤博文等の志士、公卿岩倉具定や幕臣勝海舟と交情を深める。間もなく倫敦に渡る。留学中ロシアの海軍技術も見学し多くの知識を得て同四年六月帰国する。

翌七月徴士外国官権判事の任官を皮きりに、議事体裁取調所・公議所の設立、制度寮設置に関わり明治体制のレールを敷く。明治二年閏十月小弁務使としてワシントン勤務中、西園寺公望をグラント大統領に引き合わせる律儀で親切な一面を見せることもあった。八年十二月陸軍卿山県有朋の廃刀議案・九年三月の廃刀令実施の七年前、明治二年五月に、

　刀剣を帯するは護身のためにして実に乱世の要具たり。今や国家鎮定し、皇運日に隆興し、……是の時に方り帯刀の弊習を一新し云々

の廃刀論を持出している。

五年十月米国駐在代理公使となり、欧米視察の岩倉大使の条約改正交渉準備に協力し、一方「日本に於ての教育」「日本に於ての宗教の自由」の論文を発表する。六年七月帰朝後外務畑を歩み、福沢諭吉・加藤弘之らと明六社を作り、封建思想排除の進歩的な言論活動の雑誌を刊行する。

十一年六月外務大輔となり条約改正の準備をし、その後英国特命全権公使・参事院議官を勤め、文部省業務視察では小学校修業年限・師範学校の構成・軍隊式体操の導入などを手がける。十八年の内閣制実施には伊藤内閣の文部大臣となり、帝国大学令以下諸学校の通則を定める。翌年勲一等をうけ従二位に進み、二十年子爵を授けられる。二十二年紀元節当日、憲法発布式に臨む官邸出発の際に西野文太郎の面会に応じ刺殺される。四十三歳。大正三年横山健堂は、支那では古今有名な教育家が王安石であり、日本では森有礼を絶賛している。

〔墓〕　東京都港区南青山二丁目三二　青山霊園。

〔出典〕　『官報』一六八六号、『明治天皇紀』第七、『森有礼全集』宣文堂書店・昭和四十七年刊。

〔参考文献〕　海門山人著『森有礼』民友社・明治三十年刊、鹿児島県教育会編『五十年祭追悼記念故森有礼先生略伝』昭和十三年刊、木場貞長「森文部大臣を偲ぶ」(『文部時報』七三〇号・昭和十六年)、中丸薫著

『真実のともし火を消してはならない』。

38　松平慶永賜誄

麝香間祗候従一位勲一等

至誠憂国　夙竭藩屏之重任
大義勤王　以賛中興之宏猷
偉勲有成　純忠可嘉
今也淪亡　曷勝悼惜
茲賜金幣　以弔慰

明治二十三年六月七日

【解題】

松平慶永（一八二八―九〇）は、文政十一年九月二日田安家斉匡の六男として生まれる。十一歳の天保九年九月将軍家慶の命で福井藩主斉善の後嗣になる。十二月元服して家慶の一字を貰って慶永と称した。嘉永元年の江戸参観に当たり、種痘病を外国に求める許可を幕府から受けて三年二月に種痘所を開設する。軍事力強化のため蘭式砲術師範を設け、洋式大砲を置き、ゲヴェール銃製造工場を福井に造る。

安政四年（一八五七）十二月の対米通商条約締結是非論に際し、島津斉彬らと共に攘夷に反対する。五年六月将軍継嗣問題に与ると徳川慶喜を推す。大老井伊直弼の徳川慶福奏上に失望し、世子の条件には年長・賢明の二点を強調して隠居謹慎処分をうける。そこで雅号春嶽を用い二年間霊岸島生活を送る。

文久二年勅使大原重徳が慶永の政事総裁就任要請を将軍に伝えて、将軍後見役の慶喜と共に慶永は幕政改革に臨む。参観を三年一覲の制に、在府の妻子を就国に改める。慶応元年幕府の長州再征に反対し、大坂城中で将軍が逝去した機会に慶喜を立て再征軍を収める。三年五月四侯会議で大政奉還の話が出たので慶喜に実行を勧める。十二月小御所会議では慶喜の処罰に対して弁論し、慶喜の辞官・納土に落着させる。

新政府の三職七科の制が定まると、議定となり内国事務総督に就き、やがて権中納言、民部官知事となる。明治二年六月、丁卯以来太政復古ノ盛業を賛ケ、続テ大兵ヲ北越ニ出シ、各所戦争勉励尽力、藩屛ノ任ヲ遂候段、叡慮不浅。仍テ為其賞一万石下賜候事、

の言葉をうけ永世禄を貰う。三年十二月山田顕義の指示をうけ麝香間祇候会議草稿を作り、華族会館建設に貢献する。二十一年勲一等旭日大綬章を授ける。二十三年六月流行性感冒に罹り二日逝去する。六十三歳。

〔墓〕　東京都品川区南品川五丁目　海晏寺。

〔出典〕『官報』二〇八一号、『明治天皇紀』第七。

〔参考文献〕　徳山国三郎著『松平春嶽公』貴信房・昭和十三年刊、川端太平著『松平春嶽公を偲びて』昭和十八年刊、『大久保利謙歴史著作集3』吉川弘文館・平成五年刊。

39　三条実美賜誄

内大臣正一位大勲位公爵

皇道ヲ振張シ　中興ノ宏猷ヲ賛ケ(1)
積弊ヲ革除シ　維新ノ偉業ヲ挙ク
大鈞ヲ秉テ(2)誠ヲ致シ　重望ヲ負テ(3)謙ニ居ル
勲徳倶ニ崇シ　前古匹ヒ希ナリ
今ヤ溘焉トシテ長逝ス　曷ソ(4)痛悼ニ勝ン(5)
乃チ侍臣ヲ遣シ　賻ヲ齎ラシ弔慰セシム

明治二十四年二月二十四日

【校異】

1ケ　詔勅集「ク」。2秉　詔勅集「耒」。3負テ　詔勅集「負フテ」。4曷ソ　詔勅集「曷ンソ」。5勝ン　詔勅集「勝ヘン」。

【解題】

三条実美（一八三七―九一）は、内大臣実万の第四子として天保八年二月八日京都梨木町に生まれる。維新前夜尊王攘夷派の代表人物になるが、大老井伊直弼の施策に反対して安政の大獄に連座した父実万が幽居となる。実万は公武合体派の公卿を失脚させ、長州藩をバックにして討幕の中心的活動をする。実美は文久二年（一八六二）従三位・権中納言・議奏の要職に就いたが、翌三年八月十八日の政変で一時長州に亡命生活を味わった。王

政復古後新政府の要職を歴任する。島津久光とは馬が合わず無定見をなじられる面もあった。内閣制度下で内大臣・首相を兼ね藩閥政治の別格的位置にあって、五十五歳の生涯を終えた。『偶言一則』の著作を残す。国葬第三号。

〔墓〕 東京都文京区大塚五丁目四〇番地　護国寺。墓畔には明治四十四年七月一日の御沙汰で、帝室博物館総長股野琢の撰文による神道碑が建つ。

〔出典〕『官報』一二一九四号、『明治天皇紀』第七。

〔参考文献〕 宮内省図書寮編『三条実美公年譜』明治三十四年刊・昭和四十四年再刊、土方久元「三条実美公」(『太陽』一八巻九号・明治四十五年)。

40　三条実美誄詞

畏伎可毛悲伎可毛内大臣公也。悔伎可毛忌々志伎可毛正一位大勲位公爵三条実美命也。汝命尓之弖今如此御葬式(1)有良牟刀波思掛奉里伎也。皇朝廷乎守里、皇御国乎幸給布皇神等、此大臣乃為尓何志可百年五百年乃御齢波授給波奴。穴悲志穴悔志。人乃命以弖代里奉良牟術毛有良婆、千万乃公民毛易久叙代里奉良牟。是乃明治乃大御代乃初与里、唯一筋尓皇朝廷乎思比、皇御国乎思比給布。赤伎心乃真心乃撓受動受身乎毛思波受、(2)家乎毛顧受身一乎天下乃為尓、抛知弖勤美労伎。仕奉里給比之事波、真澄乃鏡真明久、天下乃人皆能久知礼里。今更尓何乎加申左牟。然波云閇杼今汝命、現世乃一(3)世乃事成竟給比弖、幽冥乃還良奴道尓出向比給比、其御柩乎奥(4)城乃大土深久埋米奉良牟刀為留乎、人々諸同心尓悲美惜美奉留。葬場乃御祭尓列里拝美奉留尓波、忍比奉留。千々乃一言毛申左受弖波得古曾在良祢。阿波礼汝命伊従一位贈右大臣三条実万(5)乃御子尓弖座志弖生出給比之波、天保八年奈里伎。此明治乃大御代尓成奴留頃麻伝乃官波、侍従与里右近衛少将、(6)左近衛権中将尓次尓権中納言尓任衣議奏刀為里給比、御位波五位下与里正四位下、次尓従三位尓進美給比、其頃皇朝廷乃大御稜威乎古尓復志奉良牟刀、千万(7)尓思量里給比之乎、外国乃事種々尓出来弖、(8)前天皇乃大御心乎告給布刀、徳川将軍乃家尓大御使尓仕奉里給比、西尓東尓種々御心乎砕伎津津(9)座気留尓、文久三年八月乃頃尓至里弖、思食須事乃有留我任尓、皇朝廷(10)尓波御心乃哀(11)乃美尓、御暇乎乞奉里給比弖、平安乃都乎跡尓見給比、山城乃八幡山崎乃辺与里、一歩波長門国一歩波都乃方刀忍比顧美、志々麻比給比気牟。御心乃中波如何尓何坐[12]気牟。此時乃事乎忍比奉里反世婆、今毛曾々呂尓身毛心毛寒久、体尓波汗阿閉[13]身乃毛毛伊[14]与多智弖古曾忍比奉良留礼。如此留危伎悲伎畏伎時尓因弖辛久苦伎目乎数度見給比、今波乃御心乎毛定米給比之事左閉坐伎刀聞奉里来志乎、御心乎筑紫乃太宰府乎出給比弖、遂尓其真心波朝霧晴弖、朝付日朗々刀明行空乃如久為里給比弖、御位波旧尓復左世[15]給比、慶応三年十二月、四人乃公卿刀共尓都尓帰里給比弖、即弖大御代乃号乎明治刀称布留。此厳志大御代刀成弖副総裁議定乃職刀為里給比、大納言与里左近衛大将尓転里従一位尓進美給比、官々乎経坐弖太政大臣尓任衣給比、神祇伯宣教長官乎兼気給比、六年十月御病乎以弖御官乎退伎坐[16]志毛聞食射里伎。九年勲一等乎賜里給比、十一年賞勲局総裁乎兼気給比、十二年又修史館総裁乎兼[17]給比、又[18]外国々[19]与里贈奉礼留勲章乎毛御身尓著給布事乎許左衣給比、十五年大勲位乎賜里給比、十七年公爵乎授里給比、翌年内大臣尓任衣給比、又翌留年年金五千円乎賜里坐[20]志伎。二十二年内閣総理大臣乎兼給比、此冬願坐須我随々兼給比志[21]官乎免左衣給比支。[22]如是乃状尓是乃大御代乃大稜威乎思保須我任尓、古尓復志奉里[23][24]坐志弖与里大御代[25]刀為里給比之事屢乃美奈良受、皇朝廷乃御為尓、国乃為尓伊曾波伎仕奉里給比之乎、此頃世尓保昆古礼[26]留時乃気乃如何奈礼婆可、如此波犯志奉里気牟。御病篤志久成坐[27][28]志志事乃状尓、[29]皇我大御心甚[30]久驚可世給比、大御車乎寄世給比弖懇切奈留大御言乎賜里弖、既尓正一位乎賜里坐[31]都留大御恵波、如何尓畏久如何尓辱久[32]思食奉良志気牟。如此[33]辱伎大御恵乎蒙里給比都都、[34]終尓空久甲比無[35]久此二月十八日尓奈毛、[36]遂尓此現世乎見果給比弖、御齢五十五年乎一世刀為弖幽冥[37]乃空遥尓天翔里給比奴留。阿波礼明治乃大御代[38]乃偉勲乃臣刀[39]坐弖年久尓、立久[40]尓立給比之御功乃多伎波白須毛更奈礼杼、今如此[41]留国会乃愛久美久、終尓至留状乎毛御覧佐受薨世給比之古曾、国乃為世[42]乃為尓毛限無久口惜気礼。掛巻毛畏伎　天皇乃大御心波[43]、又殊尓坐[44]志弖汝命乃御功勲波、始終渝良受、臣乃鏡[45]刀褒給比、今般乃大御言尓毛師父尓均志刀佐閉宣給比弖、大御別乎歎伎給比、惜美給比大御使及　皇太后[46]　皇后二所乃宮[47]　東宮殿下与里毛御使以弖棺乃御前尓[48]拝麻志米、幣帛供閉志米給閉里。続弖申左牟波[49]、甚毛畏気礼杼、公卿百官人等[50]及同族乃人等、諸是乃所尓会集閉留人々毛皆己我心々尓宇良夫礼、尚父母尓別留々我如久、悲美忍比都々唯一列尓歎可志弖在留心々乎集米、忍比白左牟刀為留毛、息突咽布心余里弖得曾白志敢奴。故千々乃一乎諸尓代里弖、誄言白志奉良久乎、阿波礼刀毛聞食世刀畏美畏美毛白須。

明治二十四年二月二十五日

【校異】

1此　年譜「是」。2家乎毛　年譜ナシ。3一世乃　年譜ナシ。4奥城間　年譜「都」アリ。5万ノ下　年譜「公」アリ。6左近衛権中将尓　年譜ナシ。7万　年譜「萬」。8前天皇　官報闕字トセズ。9津　官報「々」。10尓　年譜「乎」。11哀　官報「裏」。12坐　官報「座」。13閉　官報「閇」。14伊　年譜ナシ。15左世　年譜「里」。16坐　官報「座」。17兼給間　年譜「気」ノ細字アリ。18又　年譜ナシ。19々　年譜ナシ。20坐　官報「座」。21志　官報「之」。22支　年譜「伎」。23里　年譜ナシ。24坐　官報「座」。25御代間　官報「千」字アリ。26礼　年譜ナシ。27坐　官報「座」。28志　官報「々」。29皇　官報闕字トセズ。30甚　年譜細字ニックル。31坐　官報「座」。32久　年譜ナシ。33此　年譜「是」。34都　官報「々」。35無　年譜「奈」ノ細字ニックル。36毛　年譜「里」。37冥　年譜「具」。38代　官報「世」。39刀　年譜ナシ。40立久尓　年譜ナシ。41此　年譜「是」。42世乃為　官報ナシ。43波　年譜「乎」。44坐　官報「座」。45乃　官報「刀」。46皇后　官報闕字トセズ。47東宮　官報闕字トセズ。48尓　官報「乎」。49牟　官報ナシ。50及　官報細字ニックル。

【解題】

誄作者本居豊穎（一八三四―一九一三）は、宣長の曽孫で国学者。天保五年四月和歌山に生まれる。父は有職・地理の考証で有名な内遠、母は本居大平の女藤子である。安政二年（一七七三）父の死後、二十二歳で家学を継ぐ。明治三年権中宣教師となり、後に宣教権中博士・大祀御用掛・神祇大録・大教正・大社教副管長等を歴任する。

二十五年東京高等師範学校教授、東大講師を勤め、二十九年東宮侍講、三十年御歌所寄人を経て三十九年帝国学士院会員になり、四十二年文学博士、大正二年に没す。八十歳。『秋屋集』・『諄辞集』・『古今集講義』等の著作を残す。

〔出典〕『官報』二二九五号、『三条実美公年譜』巻二九。

41　中御門経之賜誄

麝香間祇候従一位勲一等侯爵

群疑ヲ排シテ　回天ノ鴻図ヲ論シ
大勢ヲ審ニシテ　曠古ノ偉業ヲ賛ス
其効績洵ニ嘉スヘキナリ
今ヤ溘亡ヲ聞ク　曷ソ痛悼ニ勝ン
茲ニ金幣ヲ賜ヒ　弔慰セシム
明治二十四年八月二十九日

【解題】

中御門経之（一八二〇―九一）は、文政三年十二月十七日入道資文の二男として生まれる。十二歳の天保二年十二月元服して昇殿を許される。二十九歳の嘉永元年五月侍従となり、四年十二月右少弁となり、五年九月左少弁に転じ翌月蔵人に就く。経之は弁官コースを歩み、三十八歳で権右中弁から右中弁に進み、四十二歳で左中弁、四十四歳で右大弁に昇格し、翌元治元年三月に参議の仲間入りを果たす。

慶応二年（一八六六）八月御学問所に列参し、大原重徳が壬戌・癸亥・甲子の政変で幽囚蟄居生活を送る公卿の免罪・防長征討軍の解散・朝政改革を請願するのに協力し、十月上奏の不敬処分を重徳と共にうけ閉門となる。三年十月鹿児島藩の大久保一蔵・萩藩の広沢兵助・広島藩の植田乙次郎との会見で三藩の連盟を告げられ、討幕の密勅を求められる。十二月王政復古の令が出て公武合体派の公卿に参朝停止が行われると、経之は新三職の議定に就き夜に小御所会議に加わる。

翌四年二月会計事務局督となり、明治改元後の十月治河掛を兼任する。三年十二月麝香間祇候となる。六年十一月山田顕義が国事尽瘁のため、華族の結束を趣旨とする麝香間祇候会議に賛同し署名する。二十一年従前の勲功により侯爵となり、二十四年八月病に臥し二十七日逝去する。七十二歳。

〔墓〕　東京都港区北青山三丁目　善光寺。
〔出典〕　『官報』二四五三号、『明治天皇紀』第七。
〔参考文献〕　早稲田大学社会科学研究所編『中御門家文

書』二巻付目録三冊・昭和三十九―四十一年刊。

42　山田顕義賜誄

司法大臣正二位勲一等伯爵

夙ニ王室(1)ノ式微ヲ慨シ　遂ニ中興ノ偉業ヲ賛ス
勇決難ニ膺リ　黽勉法ヲ編シ
心ヲ秉ル忠誠　勲績大ニ彰ル(2)
而シテ年未タ知命ニ迨ハス(3)　朕尚其毗翼ヲ望ミシニ
遽ニ淪亡ヲ聞ク　曷ソ軫悼ニ勝ヘン
茲ニ侍臣ヲ遣シ(4)　賻賵ヲ齎ラシ　以テ弔慰セシム

明治二十五年十一月十六日

【校異】

1王　詔勅集「皇」。2彰ル　詔勅集「彰ハル」。3迨　詔勅集「及」。4遣シ　詔勅集「遣ハシ」。

【解題】

山田顕義（一八四四―九二）は、弘化元年九月萩に生まれる。早くから松下村塾（萩市椿東松本一五三七）に学ぶ。慶応三年（一八六七）十一月鹿児島藩主が三田尻港に至り藩世子毛利広封と討幕の会合をした時、西郷吉之助と議り、広島藩を加えた三藩による京坂の持場を定める。戊辰の役には征討副参謀・海軍参謀・陸軍参謀となり、東北及び函館鎮定に功績をあげ、永世禄六百石を下賜される。

明治四年七月陸軍少将・兼兵部大丞に就き、その後岩倉具視の欧米出張に理事官として同行し、帰朝後特命全権公使となる。七年佐賀の乱には九州に赴く。西南の役には第三旅団を率い、十月凱旋し参内する。

汝顕義嚮ニ部下ノ諸兵ヲ率ヒ、各地転戦久シク艱苦ヲ経終ニ克ク其効ヲ奏ス。朕深ク汝カ其職任ヲ尽セルヲ嘉ミス

の勅語を賜わる。十一月勲一等旭日大綬章を授かる。十三年六月立憲政体及び財政に関して、

専制政治の害は大きいので徐に立憲の制を定める
参政権は限定する
君主のみ改訂を認める
憲法を仮定し四五年間を元老院と地方官会議で試み

た成績状況を考究する等と七箇条を挙げ軍拡張策を述べる。十五年三月条約改正の議で、

外国人民全ク我ガ国法ニ従フコトヲ承諾セバ、総テ内国人ト等シク居住・営業及ビ通商ヲ許スベシ

の案を出す。

十七年七月叙爵規定により伯爵となり、翌十八年内閣制度が発足すると司法大臣となり、爾後の黒田・山県・松方内閣にも留任する。二十四年四月法律取調委員長として法典編纂の功で正二位に昇る。同年五月津田三蔵事件で大審院長児島惟謙から皇室に対する罪の適用不可を知らされ驚く。六月疾により大臣を辞職する。

二十五年十一月病気療養の郷里から帰京の途次生野銀山に至り俄かに脳溢血で逝去する。葬儀は十七日仏式に依り音羽の護国寺に行われる。

〔墓〕東京都文京区大塚五丁目四〇番地　護国寺。

〔出典〕『官報』二八一八号、『明治天皇紀』第八。

〔参考文献〕ボアソナード述　曲木如長訳『故山田伯追悼之詞』明治二十五年、宮西惟助「竹越与三郎氏に与えて誤伝の山田伯と神祇官との関係其他を糺す」（『国学院雑誌』三四巻二号）。

43　伊達宗城賜誄

麝香間祗候従一位勲一等

大義ニ仗テ以テ　藩屛ノ重任ヲ尽シ
精誠ヲ效(1)シテ以(2)テ　中興ノ宏図ヲ賛ス
丕績夙ニ著ハレ　名望久シク貴シ
今ヤ溘亡　曷ソ悼惜ニ勝ヘン
茲ニ侍臣ヲシ(3)テ　賻賵ヲ齎(4)シ　以テ弔慰セシム

明治二十五年十二月二十四日

【校異】

1效　明治天皇紀「効」。2以テ　詔勅集ナシ。3シ　詔勅集「遣シ」。4齎シ　詔勅集「齎ラシ」。

【解題】

伊達宗城（一八一八―九二）は、文政元年八月山口直勝の二男として生まれ、十一年九月宇和島藩家臣伊達寿

光の養子となり、翌年四月藩主宗紀の世子に立てられる。二十七歳を迎えた弘化元年七月襲封し大膳大夫になり後遠江守兼侍従となる。安政五年（一八五八）大獄の嵐が吹くさ中幕命により世子宗徳に家督を譲る。

文久三年十二月末、松平慶永・松平容保・山内豊信らと共に朝議に参加する。慶応二年九月兵庫開港・第二次征長の議が紛糾するに及び、島津久光・豊信・慶永らと国策を議る（四侯会議）。三年五月四侯揃って慶喜に時事を議り防長処分と兵庫開港を進言する。王政復古後議定に就き、戊辰の役では官軍の戦死者のため招魂祀を創建する。三職七科の制が定められると外国事務総督に就任し、大坂裁判所副総督を兼ねる。

同四年二月仏水兵十七人が堺港上陸後、高知藩兵が十余人を殺傷した所謂堺事件処理に、晃親王と仏軍艦を訪れて陳謝し、藩主山内豊範は十五万弗を仏公使レオン・ロッシュが要求した遺族扶助費として賠償した。

明治二年五月麝香間祗候となり国事の諮詢に与り、九月民部卿兼大蔵卿に就く。また復古功臣として終身禄千五百石を給される。十一月鉄道建設借款の対英交渉全権を委任され、六年三月徳川慶勝・松平慶永・毛利元徳ら十人が連署して、鉄道会社設立の懇願書を出す。十六年十二月修史館副総裁に就き、二十年正二位に進む。二十二年勲一等瑞宝章、翌年旭日大綬章をうけ、二十五年極月二十日逝去する。七十五歳。特旨で従一位を授与された。

〔墓〕愛媛県宇和島市野川　龍華山等覚寺。後東京都台東区谷中霊園に改葬。

〔出典〕『官報』二八五一号、『明治天皇紀』第八。

〔参考文献〕『百官履歴』下巻、兵頭賢一著『伊達宗城』愛媛県先哲偉人叢書三・愛媛県教育会・昭和十年刊。

44　有栖川宮熾仁親王賜誄

参謀総長大勲位功二級

卿懿親ノ躬ヲ以テ　夙ニ維新ノ宏図ヲ翊ケ
文武ノ資ヲ抱テ　克ク中興ノ鴻業ヲ輔ク
積徳盛望　内外重ヲ帰シ

偉勲丕績　古今覯ル希ナリ
洵ニ是宗室ノ羽翼　実ニ国家ノ棟梁タリ
今ヤ隣邦釁ヲ啓キ　六師征テ討ス
卿職軍機ヲ掌リ　日ニ帷幄ニ参シ
籌画愆リナク　賛襄功アリ
惜ムラクハ　全局ヲ収ムルニ至ラス
中道ニシテ長逝ス　曷ソ痛悼ニ勝ン
茲ニ式部長従二位勲二等侯爵鍋島直大ヲ遣ハシテ　賻弔セシム

明治二十八年正月二十八日

45　熾仁親王誄詞

掛麻久毛忌々志久悲志伎

参謀総長兼神宮祭主陸軍大将大勲位功二級熾仁親王尊乃御棺乎送里奉里来弖、今保々登々尓大土深久埋米奉良牟刀為留尓依弖、畏美息突都々毛御一世乃事等乎且々称閉言挙気弖、誄言竟奉良久乎、幽冥尓波天神地祇諸現世尓波是乃広庭尓相集閉留百千乃人等毛聞食世、

熾仁親王尊波志毛、天保六年二月十九日尓生坐弖、御号乎歓《ヨシノミヤ》宮刀称閉申之即弖仁孝天皇乃御猶子刀為里給比、嘉永二年二月十六日尓親王尓成給比伎。即弖太宰帥尓任給比御位波三品与里二品尓進美坐気留間、世中物騒賀志久外国乃船乃往来内国乃人乃物言絶間无久、元治元年国事係刀為里給比志尓徳川乃流清加良邪里志乎以弖其職乎退計良衣、浮雲乃掛留御歎毛坐都礼杼其毛暫時尓志弖又大政尓預里給比、慶応三年元乃国事係尓復里給比伎。同年天下乃大政乎改米給比志時尓総裁職刀為里給比、明治元年　朝廷尓射向比奉留無礼志伎者共乃立騒伎多留時尓、御親征大総督乃大命乎蒙里坐弖下里坐志々賀、事平良伎弖帰里坐之種々特那留賜物有里弖、同三年兵部卿刀成給布。其後四年尓波福岡藩知事、八年尓波元老院議官、九年尓波元老院議長又議定官刀次々遷里進美坐気留尓、十年西国尓事発里弖又征討総督乃命乎蒙里出向比坐都留賀、事鎮里弖後陸軍大将尓任給比伎。故勲一等与里大勲位尓進美給比、十三年尓波左大臣乎毛掛給比、十八年参謀本部長刀成給布。十九年一品尓進麻之近衛都督尓、二十二年参謀総長刀為里、二十四年神宮祭主乎兼給比次々尓其御名毛其御栄毛高久貴久坐都留乎、国乎思保之朝廷乎思保須大御心

波、弥深久弥厚久勉米励美給比都々良久人々乎毛安登母比摂尓坐々伎。去之十五年尓露西亜国皇帝乃御位尓即世給比志時波、
掛巻毛畏伎
天皇乃大御手代刀志弖其儀式尓臨美給比志事有里弖、国々乃帝王与里捧気奉里之勲章毛甚多那里伎。今年乃始過尓志日恐伎
天皇乃大命以弖大勲位菊花章頸飾乎賜波志、又功二級金鵄勲章乎毛賜波之弖、
天皇乃大御治乃深久厚久大坐々気留事波今更尓申須毛更那里。安波礼今清国刀乃戦発里、海陸乃軍人弥進尓進美弥勝尓勝知、
我大御国乃大御稜威天下尓顕波衣輝久時尓志弖、
汝尊毛広島乃大本営乃下尓志弖専勤志美労伎坐気留尓、其事乃終乎見果受成坐気留古曾実尓口惜志伎事那里気礼。是乎以弖先頃掛巻毛畏伎
天皇又　皇太后宮　皇后宮　皇太子宮毛、
汝尊刀御病重久篤志礼脳美坐須事乎聞食、御使乎以弖慰米問志米給比、此度薨去坐志々事乎聞食弖波、直尓又御使乎賜比別弖此月乃二十八尓波、公乃大御使刀志弖式部長従二位勲二等侯爵
鍋島直大乎志弖、広伎厚伎
大詔以弖御幣帛御饗乃物共乎賜比、此日又
皇太后宮　皇后宮　皇太子宮与里毛御幣帛乎賜比志波、甚毛尊久恐支事尓古曽思比奉良琉礼。曾々母々
大御父一品親王尊波、七十年尓毛余里坐気留乎、
汝尊尓志弖如是乃状尓坐気留事叙反須覆須毛甚惜志伎。故千万乃事等尓付弖慨久悲志久忍毘奉留事波、云比毛得受心余里弖詞足波受弖為牟術乎知良受。故唯千々乃一言乎畏美畏美毛仰仮志奴毘奉良久刀白須。

明治二十八年一月二十九日

熾仁親王誄詞

掛まくも忌々しく悲しき
参謀総長兼神宮祭主陸軍大将大勲位功二級熾仁親王尊の
御棺を送り奉り来て、今保々登々に大土深く埋め奉らむと為るに依て、畏み息突つつも御一世の事等を且々称へ言挙げて、誄言竟奉らくを、幽冥には天神地祇諸現世には是の広庭に相集へる百千の人等も聞食せ、
熾仁親王尊はしも、天保六年二月十九日に生坐て、御号を歓宮《ヨシノミヤ》と称へ申し即て

仁孝天皇の御猶子と為り給ひ、嘉永二年二月十六日に親王に成給ひき。即て太宰帥に任給ひ御位は三品より二品に進み坐ける間、世中物騒がしく外国の船の往来内国の人の物言絶間无く、元治元年国事係と為り給ひしに徳川の流清からざりしを以て其職を退けらえ、浮雲の掛る御歎も坐つれど其も暫時にして又大政に預り給ひ、慶応三年元の国事係に復り給ひき。同年天下の大政を改め給ひし時に総裁職と為り給ひ、明治元年　朝廷に射向ひ奉る無礼しき者共の立騒ぎたる時に、御親征大総督の
大命を蒙り坐て下り坐ししが、事平らぎて帰り坐し種々特なる賜物有りて、同三年兵部卿と成給ふ。其後四年には福岡藩知事、八年には元老院議官、九年には元老院議長又議定官と次々遷り進み坐けるに、十年西国に事発りて又征討総督の命を蒙り出向ひ坐つるが、事鎮りて後陸軍大将に任給ひき。故勲一等より大勲位に進み給ひ、十三年には左大臣をも掛給ひ、十八年参謀本部長と成給ふ。十九年一品に進まし近衛都督に、二十二年参謀総長と為り、二十四年神宮祭主を兼給ひ次々に其御名も其御栄も高く貴く坐つるを、国を思ほし朝廷を思ほす大御心は、弥深く弥厚く勉め励み給ひつつ良く人々をも安登母比摂に坐々き。去し十五年に露西亜国皇帝の御位に即せ給ひし時は、掛巻も畏き
天皇の大御手代として其儀式に臨み給ひし事有りて、国々の帝王より捧げ奉りし勲章も甚多なりき。今年の始過にし日恐き
天皇の大命以て大勲位菊花章頸飾を賜はし、又功二級金鵄勲章をも賜はして、
天皇の大御治の深く厚く大坐々ける事は今更に申すも更なり。安波礼今清国との戦発り、海陸の軍人弥進に進み弥勝に勝ち、我大御国の大御稜威天下に顕はえ輝く時にして、
汝尊も広島の大本営の下にして専勤しみ労き坐けるに、其事の終を見果受成坐けるこそ実に口惜しき事なりけれ。是を以て先頃掛巻も畏き
天皇又　皇太后宮　皇后宮　皇太子宮も、
汝尊と御病重く篤しれ脳み坐す事を聞食、御使を以て慰め問しめ給ひ、此度薨去坐しし事を聞食ては、直に又御使を賜ひ別て此月の二十八には、公の大御使として式部

長従二位勲二等侯爵鍋島直大をして、広き厚き大詔以て御幣帛御饗の物共を賜ひ、此日又皇太后宮　皇后宮　皇太子宮よりも御幣帛を賜ひしは、甚も尊く恐き事にこそ思ひ奉らるれ。曾々母々大御父一品親王尊は、七十年にも余り坐けるを、汝尊にして如是の状に坐ける事ぞ反す覆すも甚惜しき。故千万の事等に付て慨く悲しく忍び奉る事は、云ひも得ず心余りて詞足はずて為む術を知らず。故唯千々の一言を畏み畏みも仰ぎ志奴毘奉らくと白す。

明治二十八年一月二十九日

【解題】

熾仁親王（一八三五―九五）は、天保六年二月十九日熾仁親王の第一皇子として生まれる。幼名を歓宮といい、十四歳の嘉永元年十月仁孝天皇の猶子となり、二年二月親王宣下をうけて熾仁の名を賜わる。二十四歳を迎えた安政五年二月諸公卿と共に攘夷の建言をする。元治元年七月蛤御門の変に萩藩士と呼応した疑いをうけ参朝を止められる。

慶応三年（一八六七）正月新帝の登極で攘夷派の赦に逢う。十二月の小御所会議に列席し、王制復古の大号令が出ると総裁職に就任する。戊辰の役には東征大総督に任命され節刀一口と錦旗二旒を授かる。明治改元後の十月東北の平定を奏して解任を許される。

三年二月水戸藩慶篤の妹貞姫を迎える。その後兵部卿・福岡藩知事に就く。六年五月旧新発田藩主溝口直正の養妹董子を御息所とする。八年七月元老院議官、九年五月元老院議長に昇る。西南の役には征討総督として出征し凱旋後の復命時に、

曩ニ鹿児島県逆徒征討ニ方テ、朕卿ニ委スルニ総督ノ任ヲ以テス。卿能ク朕カ旨ヲ体シ、久ク閫外ニ在テ艱苦ヲ歴、画策其宜ヲ得、克ク平定ノ効ヲ奏ス。

の勅語を賜わり陸軍大将に昇格する。

十三年二月左大臣兼任議長職を解かれ、六月斯文学会が創設されるとその会長となる。十五年六月露国皇帝即位式に参列し、十八年参謀本部長、十九年近衛都督に就任する。二十二年三月参謀総長を兼任し、日清戦争には広島の大本営に詰める。二十八年正月風邪で兵庫県舞子

別邸で静養する。十五日大勲位を受け逝去する。六十一歳。国葬第四号。

〔墓〕東京都文京区大塚五丁目四〇番地　豊島岡墓地。

〔出典〕『官報』三四七三号、『明治天皇紀』第八。

45熾仁親王誄詞の出典　『官報』三四七四号。

〔参考文献〕児島徳風編『故熾仁親王殿下実伝』大場惣吉・明治二十八年刊、武田勝蔵「熾仁親王」（『中央史壇』一二巻九号）、高松宮家『熾仁親王行実』二巻二冊・昭和四年刊。

46　北白川宮能久親王賜誄

故近衛師団長大勲位

卿宗室ノ親ヲ以テ　夙ニ身ヲ軍事ニ委ネ
励精黽勉　重職ヲ経歴シテ
威望倍マ(1)ス崇(2)シ　矧ン(3)ヤ師ヲ督シテ遠征
策機宜ヲ制シ　勲積太(4)タ彰(5)ル
今ヤ匪徒　平定ノ際ニ方(6)リ
溘焉長逝ス　曷ソ悼惜ニ勝(7)ヘン
茲ニ侍従従三位勲三等子爵西四辻公業ヲ遣ハシ　賻弔セシム

明治二十八年十一月十日

【校異】※大朝『大阪朝日新聞』の略称。
1マ　詔勅集ナシ。2崇　大朝「隆」。3矧ン　大朝「況」。4太　詔勅集・大朝「甚」。5彰　詔勅集「彰ハ」。6方　大朝「当」。7勝　大朝「堪」。

47　能久親王誄辞

言麻久毛忌々志久哀志伎
近衛師団長陸軍大将大勲位功三級能久親王尊乃御柩乎、今保々登々此御山乃奥尓埋米奉良牟刀為留尓依里弖、畏美毛御一世乃事等乎且々言挙申志弖、誄言竟奉良久乎、幽冥尓波天神地祇等現世尓波是乃斎場尓参集閉留百千乃人等毛聞食世。
能久親王尊波志毛伏見宮一品邦家親王尊乃九子尓志弖、弘化四年二月十六日尓生座之満宮刀称辺申志弖、即弖
仁孝天皇乃御養子刀為里給比、青蓮院宮又梶井宮乃御名受

続座之、後更尓此地乃上野乃輪王寺宮乎受続伎座志弖、安政五年十月親王尓成給比御位波二品与里一品尓進美座気留乎、慶応三年天下乃大政乎古尓復之改米給布時尓、東乃武士等思比惑比弖皇賀大御軍尓射向比奉留刀
親王尊乃令旨刀矯里東乃国々乃軍乎催志立騒伎之毛、即弖亡毘平伎都留後暫波畏美籠里弖座気留毛、素与里
親王乃御心尓波非受。御齢毛麻太甚若久座都留間乃事乃混比刀、大空乃群雲晴礼弖出留日乃光波更尓清久明久、海乃外尓毛伊渉里物学波志弖、即弖宮乃号乎負比三品乃御位乎賜波里座之、北白川宮乃御蹟乎受続之。陸軍少佐刀成里弖明治十年帰里参来給比弖、後更尓
仁孝天皇乃御養子親王乃列尓叙入座志気留。如此弖陸軍乃中佐尓進麻之議定官乎掛気給比、又歩兵大佐陸軍少将中将刀次々尓昇里給比、御位波二品勲一等与里大勲位尓、又事執里給比之状波近衛局参謀本部陸軍戸山学校等与里歩兵第一旅団長、又第六師団長第四師団長近衛師団長刀移里進美給比之間尓波、種々乃会長尓会頭尓総裁尓総長尓選麻衣弖、其名乎受帯之外国々乃帝与里贈里奉礼留勲章多尓取佩之多留事乃類波細尓波得毛申之敢受。如此弖清国乃戦乃事尓依弖、今年乃春彼国尓向比座之、後又台湾乃島尓移里座弖波、時志毛暑伎夏乃盛乃痛伎日尓阻志伎山谷弥越尓越進麻之弖健毘給比之乃美那良受、苦志久辛伎事等乎毛兵卒刀共尓好久耐忍比御心尽志座気留験刀、今波保々登々平良伎竟弖帰里座須倍伎時志毛有礼、如何那留神乃禍事尓加由久理無久御病発里座之気留毛尚雄建備進麻志弖、後今波刀帰里来座志弖陸軍大将尓任良衣、菊花乃御頸飾及功三級金鵄勲章乎賜里弖、今之是乃京尓参帰里給閉留尓、哀志伎名毛悔志伎加毛。今都々羅々尓思比見礼婆、古乃五瀬命倭建命乎始米弖吉野宮乃皇子等乃任乃御政、或波軍乃中尓薨給比之事蹟少加良奴毛海津道遠伎国尓志毛渡里給閉留事状古曽同之加良祢。是乎思閉婆畏気礼杼、汝尊乃雄々志伎御業高伎御勲功波、古今乃世乎掛気弖比無之刀叙申須倍伎。安波礼御一世乃状乎思布尓、始終容易加良受、御心尽志弖薨給比志賀甚毛畏久甚毛悲志久忍比奉留乎。御齢毛麻太五十年尓波満足波受座気留乎思布尓、尚今暫大座々佐婆国乃為尓皇朝廷乃御為尓弥々高伎御勲功毛所顕座須倍久、又弥増尓曜伎座須此大御代乃御光乎毛見奉里給比弖座那牟乎、反須反須毛口惜志久悔志伎。御世乃契尓古曽有里気礼。故種々尓思比牟世夫百千乃事乃一言乎、惶美惶美毛忍比言挙奉良久刀白須。

明治二十八年十一月十一日

能久親王誄辞

言まくも忌々しく哀しき

近衛師団長陸軍大将大勲位功三級能久親王尊の御柩を、今保々登々此御山の奥に埋め奉らむと為るに依りて、畏みも御一世の事等を且々言挙申して、誄言竟奉らくを、幽冥には天神地祇等現世には是の斎場に参集へる百千の人等も聞食せ。

能久親王尊はしも伏見宮一品邦家親王尊の九子にして、弘化四年二月十六日に生座し満宮と称へ申して、即て仁孝天皇の御養子と為り給ひ、青蓮院宮又梶井宮の御名受続座し、後更に此地の上野の輪王寺宮を受続き座して、安政五年十月親王に成給ひ御位は二品より一品に進み座けるを、慶応三年天下の大政を古に復し改め給ふ時に、東の武士等思ひ惑ひて皇が大御軍に射向ひ奉ると親王尊の令旨と矯り東の国々の軍を催し立騒ぎしも、即て亡び平ぎつる後暫は畏み籠りて座けるも、素より親王の御心には非ず。御齢も麻太甚若く座つる間の事の混ひと、大空の群雲晴れて出る日の光は更に清く明く、海の外にも伊渉り物学はして、即て宮の号を負ひ三品の御位を賜はり座し、北白川宮の御蹟を受続し。陸軍少佐と成りて明治十年帰り参来給ひて、後更に仁孝天皇の御養子親王の列にぞ入座しける。如此て陸軍の中佐に進まし議定官を掛け給ひ、又歩兵大佐陸軍少将中将と次々に昇り給ひ、御位は二品勲一等より大勲位に、又事執り給ひし状は近衛局参謀本部陸軍戸山学校等より歩兵第一旅団長、又第六師団長第四師団長近衛師団長と移り進み給ひし間には、種々の会長に会頭に総裁に総長に選まえて、其名を受帯し外国々の帝より贈り奉れる勲章多に取佩したる事の類は細には得も申し敢ず。如此て清国の戦の事に依て、今年の春彼国に向ひ座し、後又台湾の島に移り座ては、時しも暑き夏の盛の痛き日に阻しき山谷弥越に越進まして健び給ひしのみならず、苦しく辛き事等をも兵卒と共に好く耐忍び御心尽し座ける験と、今は保々登々平らき竟て帰り座すべき時しも有れ、如何なる神の禍事にか由久理無く御病発り座しけるも尚雄建備進まして、後今はと帰り来座して陸軍大将に任らえ、菊花の御頸飾及功三級金鵄勲章を賜りて、今し是の京に参帰り給へるに、哀しきかも悔しきかも。今都々羅々に思ひ見れば、古の五瀬命倭建命を始めて吉野宮の皇子等の任の御政、或は軍の中に薨給ひし事蹟少からぬも海津道遠き国にしも渡り給へる事状こそ同しからね。是を思へば畏けれど、汝尊の雄々しき御業高き御勲功は、古今の世を掛けて比無しとぞ申すべき。安波礼御一世の状を思ふに、始終容易からず、御心尽して薨給ひしが甚も畏く甚も悲しく忍び奉るを。御齢も麻太五十年には満足はず座けるを思ふに、尚今暫大座々さば国の為に皇朝廷の御為に弥々高き御勲功も所顕座すべく、又弥増に曜き座す此大御代の御光をも見奉り給ひて座なむを、反す反すも口惜しく悔しき。御世の契にこそ有りけれ。故種々に思ひ牟世夫百千の事の一言を、惶み惶みも忍び言挙奉らくと白す。

明治二十八年十一月十一日

【解題】

能久親王（一八四七―九五）は、弘化四年二月伏見宮邦家親王の第九皇子として生まれる。幼名を満宮という。二歳の嘉永元年仁孝天皇の猶子となり、安政五年（一八五八）親王宣下をうけ能久の名を賜わる。十一月得度し法諱を公現と称する。

戊辰の役に際し蟄居した慶喜から、上京して救済の嘆願をうける。慶応四年五月寛永寺に彰義隊が屯集し、高田藩の神木隊・関宿藩の万字隊・明石藩の松石隊・小浜藩の浩気隊・結城藩の水心隊・高崎藩の高勝隊が加わり、門主の親王を擁立する。官軍の攻撃で建物が灰燼する中を寛永寺を脱出し、市ケ谷の自証院に匿れ品川より軍艦長鯨丸に乗り会津に赴き、米沢・仙台に逃れる。

奥羽列藩同盟が公議府を設ける白石城で軍事総督に就く。九月会津藩の帰順後謝罪の書を奥羽追討総督四条隆謌に提出する。十一月江戸に帰り謹慎し宥免後上京し勅命により復飾し、伏見宮満宮能久親王の旧姓にもどる。

明治三年十一月欧州に留学、五年三月北白川宮を相続する。十一年華族山内豊範の妹光子と結婚し、勲一等旭日大綬章をうける。十八年光子と離婚し、翌十九年公爵島津久光の養女富子を妃に迎え、大勲位・菊花大綬章をうける。二十五年陸軍中将に進み第六師団長に就く。その後第四師団長・近衛師団長を勤める。

二十八年五月台湾駐屯のため第一次輸送隊を率いて赴く。十月嘉義を出発し台南に向かう途次からマラリアを患うも休養を犠牲にして進み、台南の占領報を病床で聞く。そして台湾総督樺山資紀から、

其部下南進、軍百艱ヲ排シテ、速ニ台南ノ賊徒ヲ剿討ス。朕之ヲ嘉ミス。卿宜シク其後ヲ善クシ、以テ全島ノ平定ヲ完クスヘシ

の勅語を聞き、二十八日逝去する。四十九歳。国葬第五号。

〔墓〕　東京都文京区大塚五丁目四〇番地　豊島岡墓地。

〔出典〕『官報』三七一三号、『明治天皇紀』第八。

47能久親王誄辞の出典　『官報』三七一三号。

〔参考文献〕　帝国軍人教育会編『有栖川宮』大正二年刊、威仁親王行実編纂会編『威仁親王行実』二巻別一巻・高松宮家・大正十五年・昭和十五年（別巻）刊、武田勝蔵「威仁親王と大津事変」（『中央史壇』一二巻四号）。

48　毛利元徳賜誄

貴族院議員従一位勲一等公爵

諸藩ニ率先シテ　夙ニ勤王ノ大義ヲ唱ヘ
乃父ヲ毗翼シテ　同(1)ク中興ノ鴻図ヲ賛シ
身万難ヲ経テ　志一誠ヲ存ス
既ニ偉勲ヲ成シ　又重望ヲ負フ
今也(2)淪亡ス　曷ソ軫悼ニ勝ヘン
茲ニ侍臣ヲ遣シ　賻ヲ賚シテ以テ弔慰セシム

明治二十九年十二月三十日

【校異】

1同ク　詔勅集「同ジク」。2也　詔勅集「ヤ」。

【解題】

毛利元徳（一八三九—一九六）は、天保十年九月二十二日徳山藩主毛利広鎮の十男として生まれる。十三歳を迎えた嘉永四年十一月敬親の養嗣子となる。文久二年五月国事周旋の勅旨をうけ、七月敬親と元徳の何れか一人が

滞京し、一人は東下して朝名の幕府伝達役に就くよう命をうける。幕府への勅書には、

幕府宜シク戊午以降、国事に尽瘁シテ刑セラレタル者ノ罪ヲ赦シ、故水戸藩主徳川斉昭ニ贈位ヲ奏請シ、水戸藩主徳川慶篤ヲ奨諭スヘシ

の文言に加え、寺田屋事件の殺害を命じた久光にも罪ありの語句が含まれたことで久光の立腹を買う。

同三年八月十八日の政変で萩藩の堺町門警衛を解かれたため帰藩する。翌元治元年（一八六四）八月下関を通過する四国艦隊を砲撃し、十月官位を削奪される。折しも征長軍を破る中で薩長同盟が成立する。慶応三年十月に及び討幕の密勅をうけ、敬親と共に官位の復活をみる。同四年二月鳥羽伏見の戦の功で御剣を賜わり、三月に議定、五月に隔日麝香間祗候となる。六月参議に就き敬親の隠居で山口藩主になる。

明治十年五月第十五国立銀行頭取になり、十七年七月偉勲により公爵となり華族に列する。二十二年勲一等・瑞宝章をうけ、翌年貴族院議員の仲間入り、旭日大綬章をうける。二十八年六月従一位に進む。翌年極月二十四日早朝心臓麻痺で逝去する。五十八歳。国葬は十二月三十日芝区白金台町の瑞聖寺で催され境内に埋葬されたが、後香山園に改葬された。

〔墓〕　山口市香山町一丁目七番地　毛利家墓所。

〔出典〕　『官報』四〇五二号、『明治天皇紀』第八。

〔参考文献〕　公爵毛利家編輯所編『忠愛公略伝毛利元徳公伝』明治三十九年刊、田中一介著『香山の志都久毛利元徳卿の十年歳の手むけに』明治四十年刊。

49　後藤象二郎賜誄

麝香間祇候正二位勲一等伯爵

王政復古ノ大義ヲ痛論シテ(1)　以テ群議ヲ排シ(2)

皇図回天ノ偉業ヲ毗賛シテ(3)　以テ国是ヲ鞏クス

膽略機宜ニ応シ　勲名時流ニ超ユ

今ヤ淪亡ヲ聞ク　曷ソ軫悼ニ勝ヘン

茲ニ侍臣ヲ遣シ　賻賵ヲ賚シ以テ弔慰セシム

明治三十年八月八日(4)

【校異】

1テ　詔勅集ナシ。2群議　明治天皇紀「群疑」ニック ル。3図　詔勅集「国」。4八　詔勅集「四」。

【解題】

後藤象二郎（一八三八―九七）は、天保九年三月十九日高知藩士後藤助右衛門の子として土佐の城下片町に生まれる。ペリー提督が浦賀に来た嘉永六年、十六歳を迎え、開国論者でもあり藩主山内容堂を輔佐する家老吉田東洋の世話で結婚する。

慶応元年長崎府新町にフルベッキが設立した済美館に入り、後の明治維新で活躍する大村永敏・広沢真臣・桂小五郎・大久保利通・森有礼・黒田清隆・伊藤博文等の志士、公卿の岩倉具定や幕臣勝海舟らと交情を深める。

大監察象二郎は東洋を暗殺した攘夷派の武市半平太の司法処分を行う。そして開成館を作り英仏の語学を教え、長崎・上海出張など海外貿易に力を尽くす。二十一歳で郡奉行職に就き、国家の安泰は朝廷権威固めと信じて山内容堂を説得し、名代となって将軍慶喜に大政奉還を進言する。

同四年の英国公使パークス刃傷事件で、外国事務掛の象二郎が十津川浪士を斬り、英国皇帝から勲剣を下賜される。また戊辰の役後東京遷都を主張する。明治十七年ソウルでクーデターを起こしその失敗で日本に亡命した金玉均らを援助する。二十年五月伯爵となり、十二月藩閥政府を倒すべしの大同団結の運動を起こす。そして民選議院の設立には板垣退助が表面に立ち、裏面で象二郎が板垣を助ける。

二十二年黒田内閣の逓信大臣となり、十二月勲一等旭日大綬章をうける。二十五年第二次伊藤内閣の農商務大臣を勤め、二十七年に麝香間祇候となる。二十九年九月第二次伊藤内閣退陣後の首班選びに、松方正義が象二郎の意向を打診したがこれを固辞する。その後心臓を患い翌年夏には病状が進み、特旨で正二位に叙せられた翌四日逝去する。六十歳。

〔墓〕　東京都港区南青山二丁目三二　青山霊園。

〔出典〕　『官報』四二三三号、『明治天皇紀』第八。

〔参考文献〕　秋月鏡川著『後藤象二郎』興雲閣・明治三十一年刊、大町桂月著『伯爵後藤象二郎』冨山房・大

正三年刊（『桂月全集七』興文社・大正十五年刊）、中丸薫著『真実のともし火を消してはならない』。

50　島津忠義賜誄

貴族院議員従一位勲一等公爵

夙ニ中興ノ宏猷ヲ賛シ　克ク報效ノ丕績ヲ奏ス
志（1）皇室ニ存（2）シ　功列侯ニ踰（3）ユ
忠誠渝ラス　徳望益隆シ
今ヤ溘亡ヲ聞ク　曷ソ軫悼ニ勝ヘン
特ニ侍臣ヲ遣シ　賻ヲ齎シ以テ弔慰セシム

明治三十一年正月八日

【校異】

1志　詔勅集「志ヲ」。2存　詔勅集「有」。3踰　詔勅集「超」。

【解題】

島津忠義（一八四〇―九七）は、天保十一年四月鹿児島の重富邸に生まれる。十九歳を迎えた安政五年藩主斉彬の逝去に遭い、遺命により後嗣となる。翌年九月藩政輔佐の祖父斉興を見送る。安政大獄のさ中藩士に時勢を諭し大久保利通らの脱藩を止める。万延元年桜田門外の変に藩士の参加があり、参覲を中止して帰藩する。文久元年（一八六一）四月幕府の了解を得て久光の国政輔佐をとりつけて藩政の改革に入る。一方、波平行安の刀を孝明天皇に献上し忠誠の意志を示す。

同二年軍事力強化のため海岸砲台の射撃演習や硝石製造所を設けて火薬の貯蔵を行う。七月久光が生麦事件に遭い英国と武力衝突を起こしたことに鑑みて、戦後防衛力の推進をはかる。慶応元年欧州へ留学生を送り先進国の技術導入に力を注ぐ。二年七月征長兵の解散・公議による政体の改革等を久光と連署して上奏する。この間軍事機構を英式に代え、英国公使パークスを鹿児島に招いて日英親善の道をつける中で紡績機及び技術指導者を迎え入れる。

戊辰の役に出兵し、親征行幸中の京都警護に就き、青年天子の東幸には八十万両の経費を太政官札の貸与でその流通を図る。明治二年藩知事に就任し、所有の春日・

乾行の二軍艦と乗員を献上する。四年五月の上京に西郷隆盛が指揮する四大隊の親兵を従える。上京後麝香間祗候となる。七月、

　国事御諮詢被為在候間、無㆓忌憚㆒建言、宏謨を可ㇾ
　奉

の御沙汰書を受ける。十七年七月叙爵規定により公爵となり、二十三年貴族院議員の仲間入りし、二十八年に従一位に進む。三十年十二月二十六日逝去する。五十八歳。

〔墓〕　鹿児島市上滝尾町吉野村坂元　常安峯墓所。

〔出典〕　『官報』四三五四号、『明治天皇紀』第八。

51　島津忠義命誄詞

従一位勲一等公爵島津忠義命の御前に副斎主神言教中教正島津久明謹み敬ひて白さるは、今日の日時を以て美《み》麻《ま》斯《し》命《みこと》の御為《みため》に御葬《みはぶり》の礼事《ゐやごと》を修め奉るが故に、今此の御葬　場《みはぶりのには》ょ於きて美麻斯命の現世に御坐《おはしまし》し間《ほど》の御功績の多《さい》なる中より尤《けや》けき条々を、加都々々も現挙けて称奉らむを穏に所聞食せ。

抑も美麻斯命はもよ故左大臣久光公の御真奈子《みまなご》と生出《あれいで》給ひ、往《いに》し安政六年七月ばかり御伯父《みをぢ》斉彬公の薨去り坐し時ょ、御世継の御子坐さざりしに依りて其の御迹を継かひ給ひ、安政六年二月ばかり従四位下爾叙《ひ》でられ、侍従左近衛権少将ょ任けられ給ひしを初めと為《し》て、大政の古に復りつる際ょ義定職《つかさ》に任《まけ》られ給ひしは、慶応三年十二月の九日になも在りける。然有《しかあ》りしより世は新世と立復り、明治元年正月十七日に海陸軍務総督を兼ね給ふべき仰せを蒙り給ひ、同年の三月廿日に領き給へる国内の若干を献り軍政を拡張めむ事を請ひ玉ひし時は、天皇が朝廷にて美麻斯命の国《くに》を愛《おも》ひ玉ふ事の至り深きを渥《あつ》く賞《ほ》め玉ひしかども、斯が請《こ》はし玉ひの旨をは直《ただち》には聴《ゆる》し玉はざりき。斯在《かく》る御業《みわざ》はしも常に朝廷を尊び奉る忠実心《まめごころ》の極みとや云はまし。殊に軍陣《いくさ》の御功を称　奉《たたへまつ》らむには、往《いま》し文久三年七月二日に英吉利の戦《いくさ》艦《ふね》と戦闘《たたか》ひ玉ひしを始め、新世の際には鳥羽伏見の戦闘に端を開き陸《む》奥《つ》出羽《いでは》し国には更なり。渡島《をまの》国なる函館に至るまで率《あとも》ひ玉ひ身も棚不知《たなしら》に勤《いそ》しみ勉め玉はる事はも、物に当りて撓み玉はぬ雄々《をを》しき御性《みさが》の顕はれ給ひし物ところ思ひ奉れ。就　中《なかにつき》て最も高く称奉らむは、　明治二年正月廿日ばかり世々領《うなづ》き玉へる国土《くにところ》に人　民《おほみたから》を併せて　朝廷に還《かへ》し奉らむ事を弥先に請ひ奉りしは、君臣《きみおみ》の名義《なのみち》

を明瞭《あきらか》に弁瞭《わきた》め玉ひし御功績に為て、新世の験《しるし》は此の時を以て著《いち》明《じろ》くこそ現れたれ。同年の六月二日に
天皇が朝廷より軍功の勝れたるを褒め玉ひ、従三位に叙て参議の官に任け玉ひ高十万石を永世の限り下し賜はりつ。同年の同月の十一日に鹿児島藩知事ょ任けられ玉ひ、同年の九月十四日に函館の軍功を賞め玉ふと為て高一万石三年《みとせ》の間《ほど》下し賜はりつ。明治四年七月に鹿児島藩知事を免され玉ひし時に、曩に藩籍を還し奉る事を専《もはら》首《はじめ》に唱へ玉ひし赤心を、　大君の御心にも宇弁加志と思食し深く渥く賞られ玉ひし事は世々に伝はりて美しき事になも在りける。明治十四年七月十六日に勲二等に叙でられ旭日重光章を賜はり、明治十七年七月七日に偉《たたはし》き御功に依り公爵を授り給ひつ。明治の二十年九月廿一日に正二位に叙てられ、同年の九月二十九日に久光公と共に海防費と為て金拾万円を献り玉ひしを賞て玉ふと　朝廷より金製黄綬褒章を賜はりつるは、皇国《みくに》の力を弥益《いやます》に強《つと》め玉はむの赤心の至す所に為《し》て最《もと》も貴《たふとみ》き御行為《おこなひ》なりけり。斯《か》くて同年の十二月一日に勲一等に叙てられ瑞宝章を賜はりつ。明治二十三年十月廿一日に旭日大綬章を賜はり、次《つぎ》に同年十一月に貴族院令第三条に依り貴族院議員に列《つらな》り給ひ、明治二十五年四月十一日には賞勲局に　大御勅を下し玉ひ、露西亜国皇帝陛下より美麻斯命に贈られたる白鷲大綬章を伝へ玉ひ、其《そ》を佩る事をも同時に許させ玉ひき。明治廿七年より同廿八年に渉り支那の役に我　天皇陛下の大元帥の大御号を以て広島に行幸し玉ひける時、美麻斯命は大本営ょ参上り、　天皇陛下の大御身恙《おほみつつ》まはず御坐《おほましま》す御状《みありさま》を拝《をろが》み奉り、家令《いへつかさ》に仰せて海軍将校を初め美麻斯命の昔時《むかし》家臣《いへのこ》と為て養《やしな》ひ玉ひてし人々に、其《そ》の労《いたつき》を慰さめ玉はむ物と金壱万円を贈り与へ玉ひ、加之台湾の役に許多《ここだく》の物品《もの》を贈り玉ひて軍 人《いくさひと》の鋭心《とごころ》を励し玉ひしは、至り至れる御心になも坐しける。同し二十八年六月十七日に御位弥進め玉ひ従一位に叙られ玉ひ、明治二十九年十一月十日に露西亜国皇帝陛下より美麻斯命の赤心を賞称へて遥けに贈られたるアレキサンドル子ウスヘキ大綬章を受領《うけをさ》め且顕《かつあらは》に佩る事をも　大御勅以て許させ玉ひてし事は、美麻斯命の芳しき御名し外国までも聞江度れる物に為て家 風《いへのかぜ》を起《おこ》し玉ひし御功績ところ称へ奉らめ。

如此《かく》称 奉《たたへまつ》れる御功の外にも許々多久《ここだく》高き御功績の数々は、容易《たはやす》く言《こと》にも筆にも尽し奉られむやは、故《か》優《すぐ》れて貴き御功をは世人挙りて慕ひ奉らざる者こそ无《な》かりしか。始め有る物は必終有るべき世の習はし為便无き物か、去年の九月の比より御薬の事起り曾

古波加と无く御体悩ましく御坐しに依りて、御親族の人等日《ひ》に異《け》に差集《さしつど》ひ交々《かはるがはる》御枕辺《まくらべ》に侍《さも》らひ慇懃ょ看護ひ聞江奉りし験に、一回は稍快く成り給はん状《さま》の身江玉ひしを以て阿奈悦はしと思ひ奉りしを、其の詮も无く御寿の限にや坐しけむ。古年の十二月の二十六日に倏急さす事の如し行先永《ゆくさきなが》き春秋を遺し玉ひ、五十八歳の御齢を現世《うつしよ》の結と幽冥に薨去り坐しぬる事ょ御子御親族等の御歎きは白すもこそ更なれ。掛巻も畏き　天皇陛下の大御心にも悼ましみ玉ひ、現世の功績を畏食して国葬の式を以て葬埋めよと仰せ玉ひ、殊に御病に篤去れ玉ひ、御薬の験も見ゑ難く御親族等は今は為方无《せんすべな》在《か》らましと頼《たの》みの力も絶《た江》なむと為《せ》し際に旭日桐花大綬章を賜はりつ。加之今日の御葬に付《つき》ては天皇陛下大御勅と為て遥々に東国侍従を差遣《さしまだ》し玉ひて太玉串を賜はり、　皇后陛下よりも勅使を以て太玉串を賜はり、親王等諸王等よりも代官《しづつかさ》を為て哀悼《いたみ》の誠意《まごころ》を伝へ給へるは美麻斯命の芳《かくは》しき御名《みな》の御光《みひかり》 弥益《いやます》に添《そ》はり給はむ物とこそ仰き奉らめ。如斯《かく》惜しき悔《くや》しき御別《みわかれ》は云はむ為便《すべ》无き物から現世《うつしよ》の例は黙止《もだ》も敢不有《江あら》ねば、国葬《くにはぶり》の御式《みのり》の任《まにまにし》に斯が礼事《ゐやごと》厳粛《おごそか》に仕奉り、誄《しぬ》ひ奉る状を平けく安けく聞食せと謹み敬ひて白す。

明治三十一年一月九日

〔出典〕　明治三十一年一月十三日『鹿児島新聞』。口絵参照。

52　近衛忠熙賜誄

元麝香間祗候従一位勲一等

曾テ多難ニ際シテ　(1)(2)先皇機務ノ賛輔ニ任シ
久ク重望ヲ負ヒテ　今時名門ノ領袖タリ
躬四朝ヲ歴(3)テ　齢九秩ニ踰ユ
恪勤懈ル莫ク　労績実ニ夥シ
今ヤ溘亡ス　曷ソ軫悼ニ勝ヘン
茲ニ侍臣ヲ遣(4)シ　賻賵ヲ齎シテ以テ弔慰セシム

明治三十一年三月二十四日

【校異】
1□　詔勅集闕字ナシ。2先皇　詔勅集「先帝」。3歴　詔勅集「経」。4遣シ　詔勅集「遣ハシ」。

【解題】

近衛忠熙（一八〇八—九八）は、文化五年七月左大臣基前の男として生まれる。九歳で元服し、十歳で従三位権中納言に任じられ、十二歳で権大納言に昇り、十三歳の時父の逝去で服解し二箇月後に復任する。当時少年公卿は十三歳の忠熙と十四歳の権中納言鷹司輔熙の二人だけだった。文政七年六月十七歳で内大臣に就任する。

天保五年二十七歳で正二位から従一位に進む。十一年三月東宮傅を兼ね、壮年の賀を迎える弘化四年孝明天皇の即位に接し、六月右大臣に昇る。安政四年五十歳に及び左大臣に転じる。五月桜木町の別邸に島津斉彬の訪問をうけ、国事につき意見を交す。五年二月右大臣鷹司輔熙・内大臣三条実万らと共に外交の意見を天皇に述べる。三月小御所に老中・所司代を呼び関白以下武家伝奏等列席の下、

米国ト条約ヲ締結セントスルハ、洵ニ神州ノ大患、国家安危ノ繫ル所、神宮並ビニ列聖ニ対シ恐懼スル所ナリ

の勅答を伝える。

その後天皇の意志に反く関白の『日米通商条約』締結もあって、左大臣を辞して落飾し翠山と号し幽居三年の生活を送る。文久二年（一八六二）四月の寺田屋騒動後参朝を許され関白職に就く。十二月新設の国事御用掛筆頭となり公武合体のため力を尽くすが、尊王攘夷派の過激公卿と折合がうまくゆかず翌三年正月関白をやめる。

慶応三年十一月、左大臣忠房・権大納言九条道孝らと連署して太政官八省の復活を建議する。十二月王政復古の大号令が出て、公武合体派公卿の参朝停止処分を蒙り、翌四年正月の大赦により参朝が認められる。

明治二年七月麝香間祇候となり、六年六月隠居生活に入る。三十一年三月風邪をひき十八日逝去する。九十一歳。

〔墓〕東京都台東区上野桜木町一丁目一四番　寛永寺。

〔出典〕『官報』四四一六号、『明治天皇紀』第八。

〔参考文献〕『近衛忠熙公伝』（『旧幕府』四巻一〇号）、「故贈正一位近衛忠熙公談話記事」（『史談会速記録』一六二号）。

53　勝安芳賜誄

枢密顧問官正二位勲一等伯爵

幕府ノ末造ニ方リ　大勢ヲ審ニシテ振武ノ術ヲ講シ
皇運ノ中興ニ際シ　旧主ヲ輔ケテ解職ノ実ヲ挙ク
爾後顕官ニ歴任シテ　勲績愈彰ル
今ヤ溘亡ヲ聞ク　曷ソ軫悼ニ勝ヘン
茲ニ侍臣ヲ遣シ　賻賵ヲ齎シテ以テ弔慰セシム
明治三十二年正月二十四日

【解題】

勝安芳（一八二三―九九）は、文政六年正月三十一日勝惟寅の子として江戸の本所亀沢町に生まれる。幼名を麟太郎と称した。貧困生活に堪えて勉学に力め、永井青崖に師事して蘭学を修める。二十八歳となった嘉永三年九月父の逝去に遭い、蘭学の私塾を開く。

三十二歳を迎えた安政元年右近将監大久保忠寛に見込まれて、老中阿部正弘へ「海防に関する意見書」を提出し、二年正月蕃書翻訳係となる。十二月天文方所属の蕃所和解御用局が洋学所に改まる。万延元年正月米国派遣正使豊前守新見正興・副使淡路守村垣範正らを送る軍艦奉行木村摂津守と共に、咸臨丸艦長として米国に赴く。帰国後軍艦奉行並となり、海軍操練所を兵庫・対馬に設置し、一部を朝鮮・清国に置く日清朝三国による南北防衛構想の私案を幕府に進言する。そして紀淡海峡巡覧の将軍家茂を案内し、兵庫小野浜に海軍営所を設ける。

元治元年（一八六四）軍艦奉行に就任し安房守を称する。禁門の変に際して浪人庇護の疑いをかけられ免職処分をうけ寄合衆に入る。慶応元年、長崎府新町にフルベッキが設立した済美館に入り、後の明治維新で活躍する広沢真臣・桂小五郎・大久保利通・森有礼・黒田清隆・伊藤博文等の志士、公卿岩倉具定・岩倉具綱・岩倉具慶・岩倉具経らと交情を深める。

海軍奉行に再任された慶応二年（一八六六）、大坂に出張し将軍家茂の急死に遭う。征長処理の新将軍慶喜の特使となり広島で長州の広沢と休戦交渉に取組み、幕軍の自発的撤兵を行ってその効果をあげる。また四年正月敗色の濃い鳥羽・伏見の戦い中に、将軍を無事江戸に護送する。官軍の入府を前に参謀の西郷隆盛（済美館の旧友）と文書を交し、入府後も交渉を重ねて江戸城無血明け渡しを実現し市民を戦火から救う。

明治二年外務大丞・海軍大輔、六年参議兼海軍卿、八年元老院議官となる。二十年特旨により伯爵となり翌年枢密顧問官となる。二十二年条約改正で紛糾をみると幕末外交を反省した『外交余勢』を著す。三十二年正月正二位を賜わった翌二十一日逝去する。七十七歳。海軍中将に准じた儀仗兵参加の葬儀をうける。

〔墓〕　東京都大田区南千束洗足池畔。

〔出典〕　『官報』四六六八号、『明治天皇紀』第八。

〔参考文献〕　山路愛山著『勝海舟』東亜堂書房・明治四十四年刊（改造社・昭和四年刊）、川名芳郎著『勝安房と西郷隆盛』金蘭社・昭和三年刊、松浦玲著『勝海舟—維新前夜の群像3—』中公新書・昭和四十三年刊、中丸薫著『真実のともし火を消してはならない』。

54　黒田清隆賜誄

枢密院議長従一位大勲位伯爵

奮励時艱ニ膺リ　忠実(1)　皇運ヲ賛ク
嘗テ帷幕(2)ニ参シテ(3)　征討ノ勲ヲ奏シ
夙ニ辺疆ヲ理(4)メテ　開拓ノ基ヲ定ム
枢要ヲ歴任シテ(5)　世ノ重望ヲ負フ
今ヤ溘亡ス　曷(6)ソ痛惜ニ勝ヘン
茲ニ侍臣ヲ遣ハ(7)シ　賻賵ヲ齎シテ(8)　以テ弔慰セシム

明治三十三年八月二十八日

【校異】

1□　詔勅集・大朝闕字ナシ。2帷幕　詔勅集「惟幕」、大朝「帷幄」。3テ　大朝ナシ。4理　大朝「治」。5テ　大朝ナシ。6曷　大朝「盍」。7ハ　大朝ナシ。8テ　大朝ナシ。

【解題】

黒田清隆（一八四〇—一九〇〇）は、天保十一年十月

十六日薩摩藩士黒田清行の男として鹿児島に生まれる。島津久光に従い鹿児島と京都間を通う。元号が慶応と改まった年（一八六五）、長崎府新町にフルベッキが設立した済美館に入り、高杉晋作・坂本龍馬・大久保利通・大隈重信・五代友厚らと交情を深める。長州と薩摩の提携に関わり暗躍する坂本龍馬に近づき藩の軍艦と参政に与る。三年六月川村純義・品川弥二郎と共に、上京した萩藩士の山県有朋・鳥尾敬高と鹿児島藩邸で会合をもち、久光との謁見に成功する。

同四年正月鳥羽伏見の戦に幕府軍を破り、四月有朋と一緒に会津征討総督参謀となる。九月に明治と改まり、翌二年二月函館征討参謀として五陵郭の幕府軍を降すため、単身敵営に赴いて、敵将榎本武揚を説得する。三年十二月「榎本釜次郎御所置、是非死一等ハ御宥免ノ処是又奉懇願候」の助命を岩倉具視に提出して実現させた。この後武揚と姻戚関係を結ぶことになる。

函館征討の戦功で永世禄七百石を支給され、後開拓次官・樺太専務に就く。開拓事業発展の基礎は人材の育成に在りの持論から、長官東久世通禧と共に女子の海外留学の必要性を正院に進言し、十六歳未満の少女五人を開拓使費の流用で米国留学にこぎつけた。

六年五月樺太放棄論を上奏し、二年後における「千島樺太交換条約」締結の道を作る。七年六月陸軍中将に就き北海道屯田憲兵事務総理に与り、八年十二月特命全椎弁理大臣として渡韓して江華島事件の処理で『日韓修好条規』を結ぶ。西南の役では征討参軍に就き、済美館時代の旧友西郷隆盛と戦い、後勲一等旭日大綬章を授かる。

十四年開拓使官有物の払下げで大隈重信の罷免問題を起こす。十五年開拓使の廃止により内閣顧問となる。十七年七月伯爵となり華族に列なる。内閣制度発足後、農商務大臣・首相・枢密顧問官・逓信大臣・枢密院議長等を歴任する。その間二十二年十一月には元勲優遇の詔勅を得て明治天皇の信任を篤くした。

三十三年の夏に入り中風症で逝去する。年六十一。危篤に際し従一位大勲位に進み菊花大綬章を授かる。著書に『環游日記』がある。

〔墓〕　東京都港区南青山二丁目三二　青山霊園。

〔出典〕『官報』五一四八号、『明治天皇紀』第九。

〔参考文献〕井黒弥太郎著『黒田清隆　埋れたる明治の礎石』みやま書房・昭和四十年刊、大隈重信「黒田清隆伯」（『太陽』一八巻九号）、『岩倉公実記』岩倉公旧跡保存会・昭和二年刊、中丸薫著『真実のともし火を消してはならない』。

55 西郷従道賜誄

元帥海軍大将従一位大勲位侯爵

夙ニ尊王ノ大義ヲ唱ヘテ　以テ復古ノ宏謨ヲ賛ケ
文武ノ要職ニ歴任シテ　内外ノ機務ヲ参画シ
終ニ元帥ノ府ニ列ス　雅量重望久ク(1)　国家ノ柱石タリ
今ヤ溘亡ス　曷ソ痛悼ニ勝ヘン
茲ニ侍臣ヲ遣シ　賻賵ヲ齎シテ　以テ弔慰セシム

明治三十五年七月二十二日

【校異】

1久ク　詔勅集「久シク」。

【解題】

西郷従道（一八四三―一九〇二）は、天保十四年五月四日鹿児島の加治屋町に生まれる。慶応元年、フルベッキが設立した済美館に入り、維新の志士たちと交情を深くした。二十六歳となった明治二年三月、山口藩士山県狂介（有朋）と共に露仏の地理状況視察のため倫敦に留学する。帰国後兵部省の機構改革で陸軍掛と海軍掛に分かれると陸軍掛となる。四年八月鹿児島で廃藩置県に不満の分子が活動すると人心を鎮めるため出張する。十二月廃藩置県が実施されるや兵部大輔山県有朋・同少輔川村純義と共に軍備の拡張を進言する。

五年三月山県の上奏で御親兵の名称が近衛に改まり、宮中に近衛局が設けられると従道は陸軍少将・近衛副都督に就任する。七年三月台湾生蕃処置取調から同事務都督となる。台湾処分の全権委任勅書で、

一　我国人ヲ暴殺セン罪ヲ問ヒ相当ノ処分ヲ行フヘキ事
一　彼若シ其罪ニ服セサレハ臨機兵力ヲ以テ之ヲ討スヘキ事

一　爾後我国人ノ彼地方ニ至ル時土人ノ暴害ニ罹ラ
　　サル様能ク防制ノ方法ヲ立ツヘキ事

等の特諭十款をうけた。

十年の西南の役には謹慎し、十一月山県の近衛都督辞任のあとを引きつぎ、十一年四月特命全権公使となるや都督を山県と交替する。その後文部卿・陸軍卿・農商務卿を経て、十七年七月勲功により伯爵となり華族に入る。十二月従三位・十九年十月従二位に進み、第一次及び二次の伊藤・第一次山県内閣で海軍大臣を勤める。二十七年海軍大将に昇り侯爵に進み、三十一年に元帥府に列なり内務大臣の枢機に就く。

三十五年七月十八日病没する。六十歳。二十二日の葬送には近衛兵の儀仗をうけた。

〔墓〕　東京都府中市多磨町四丁目六二八　多磨霊園。

〔出典〕　『官報』五七一五号、『明治天皇紀』第一〇。

〔参考文献〕　安田直著『西郷従道』国光書房・明治三十五年刊、徳富猪一郎著『西郷従道侯』蘇峰文選・民友社・大正四年刊、中丸薫著『真実のともし火を消してはならない』。

56　佐佐木高美君乃誄辞

正四位佐佐木高美君乃御枢乃前爾、誄辞申志奉良久。

君波母伯爵佐佐木高行卿乃長男仁志弖、文久二年二月七日、土佐国土佐郡杪田村仁生礼給比、年七歳乃時、始米弖藩主仁謁見乎免左留。其頃波未家格低久、禄毛少加里介留仁、御父乃卿波皇国乃為爾東西爾走廻良比坐坐之多礼婆、君波御母君斗共仁家乎守良比、甚事約伎弖曾明之暮之坐坐志介留斗可。如此弖大御代改麻里、明治乃天爾高光留日乃皇子乃御影乎仰支、枝乎鳴須風左反無久、都母鄙母長閑介久静謐介伎時爾之成礼礼婆、諸共爾東京爾住邸給布事斗成里奴。年九歳乃頃、学師等仁就伎弖漢洋乃書乎学備、明治乃四年開成学校仁入里、フルベツキ乃家爾寓里等之弖、学事乎専斗為良礼介留我、年十四歳乃折、大久病比坐之之故爾、学業乎廃米給比、三年乃程内津国国乎周遊比都都療養比坐坐伎。十七歳乃時、同人社爾入里学業乎修米、又英人ジョルダン等仁英語乎学備給比、業大志久進美多里斗叙。明治十七年交際官試補斗為里、同年乃九月廿一日横浜乎出帆之、同年乃十一月九日英国爾着支給比、ケンブリッヂ大学乃教授仁就伎弖、其国乃憲法、又国際公法等乎修米良留。又彼各国事情袁毛尽爾見聞為給比、六年計経弖明治乃二十二年爾奈毛帰朝良礼介留。御父卿爾波嘗久明治会斗云布会乎起左礼、財乎良間乎良費之都都勤米労支居給比介礼婆、君爾母思当留所在里弖、心乎合世力乎尽左礼、又杉浦重剛斗共仁日本中学校乎設立、其所爾亦東京文学院乎置伎、自身其院長斗成給比、教育乃事爾母大久尽左礼介里。同二十九年御父卿皇典講究所長斗国学院長斗仁推礼給比介礼杼、御父卿仁波重職乎奉里給反礼婆、此両院乃事波大方君奈母預里統祢弖坐坐之介留。加之近頃志厚支公達斗相語良比、国政乎輔賛奉良武斗力乎合左礼、且東京同文書院朝鮮協会等乃創立事仁付伎弖母、殊仁思乎凝之、心乎傾介給比奴斗叙。総弖是等乃事業漸中道爾到礼留毛、到良奴毛有留須良甚惜伎仁、本年春雨乃降頻留頃与里、御心地常奈良受斗弖打臥坐之奴礼婆、親族乃方方波云布毛更奈里、医師看護乃人人、又朋友等爾至留麻伝、夜爾昼爾怠緩武事無久、御枕辺爾侍比仕反之其験灼然久、花橘乃下照留面輪乃美志久見衣左世給比之仁、再梅雨乃雲立迷布仁似通比多留状爾弖、御病重里来奴留乎、甚恐伎御辺爾母所聞食礼、種種物賜波里介礼婆、其乎辱美嬉美所思須仁付介弖母、聊波軽麻世給布状奈里之母、身体也甚衰反坐多里介武、愈々危篤給比奴留乎、也賀弖復所聞食之給比弖、特仁正四位爾奈母昇叙給介留。然礼杼現身乃世乃例古曾波可奈伎極奈礼。年四十一歳乎世涯爾弖、本月乃八日乃夜乃十時頃爾、夫人行子君又男女子袁母残之給比弖、御父母乃卿等爾先立給比弖奈母卒去坐之奴留波、惜之久慨多久悼之久乃美在礼婆、胸塞里声鈍里、眼暗美弖誄備奉良武言乃葉毛、甚不整律奈留故爾、御一生乃程乃要要之伎事乃美序出弖、誄備奉里仕反奉留爾奈母。

佐佐木高美君の誄辞

正四位佐佐木高美君の御柩の前に、誄辞申し奉らく。

君はも伯爵佐佐木高行卿の長男にして、文久二年二月七日、土佐国土佐郡杓田村に生れ給ひ、年七歳の時、始めて藩主に謁見を免さる。其頃は未家格低く、禄も少かりけるに、御父の卿は皇国の為に東西に走廻らひ坐坐したれば、君は御母君と共に家を守らひ、甚事約きてそ明の暮の坐坐しけるとか。如此て大御代改まり、明治の天に高光る日の皇子の御影を仰ぎ、枝を鳴す風さへ無く、都も鄙も長閑けく静謐けき時にし成れれば、諸共に東京に住邸給ふ事と成りぬ。年九歳の頃、学師等に就きて漢洋の書を学び、明治の四年開成学校に入り、フルベッキの家に寓り等して、学事を専と為られけるが、年十四歳の折、大く病ひ坐しし故に、学業を廃め給ひ、三年の程内つ国国を周遊ひつつ療養ひ坐坐き。十七歳の時、同人社に入り学業を修め、又英人ジョルダン等に英語を学び給ひ、業大しく進みたりとぞ。明治十七年交際官試補と為り、同年の九月廿一日横浜を出帆し、同年の十一月九日英国に着き給ひ、ケンブリッヂ大学の教授に就きて、其国の憲法、又国際公法等を修めらる。又彼各国事情をも尽に見聞為給ひ、六年計経て明治の二十二年になも帰朝られける。御父卿には嘗く明治会と云ふ会を起され、財をら間をら費しつつ勤め労き居給ひければ、君にも思当る所在りて、心を合せ力を尽され、又杉浦重剛と共に日本中学校を設立、其所に亦東京文学院を置き、自身其院長と成給ひ、教育の事にも大く尽されけり。同二十九年御父卿皇典講究所長と国学院長とに推れ給ひけれど、御父卿には重職を奉り給へれば、此両院の事は大方君なも預せ統ねて坐坐しける。加之近頃志厚き公達と相語らひ、国政を輔賛奉らむと力を合され、且東京同文書院朝鮮協会等の創立事に付きても、殊に思を凝し、心を傾け給ひぬとぞ。総て是等の事業漸中道に到れるも、到らぬも有るすら甚惜きに、本年春雨の降頻る頃より、御心地常ならずとて打臥坐しぬれば、親族の方方は云ふも更なり、医師看護の人人、又朋友等に至るまで、夜に昼に怠緩む事無く、御枕辺に侍ひ仕へし其験灼然く花橘の下照る面輪の美しく見えさせ給ひしに、再梅雨の雲立迷ふに似通ひたる状にて、御病重り来ぬるを、甚恐き御辺にも所聞食れ、種種物賜はりければ、其を辱み嬉み所思すに付けても、聊は軽ませ給ふ状なりしも、身体や甚衰へ坐たりけむ、愈々危篤給ひぬるを、也賀弖復所聞食し給ひて、特に正四位になも昇叙給ける。然れど現身の世の例こそ波可奈き極なれ。年四十一歳を世涯にて、本月の八日の夜の十時頃に、夫人行子君又男女子をも残し給ひて、御父母の卿等に先立給ひてなも卒去坐しぬるは、惜しく慨たく悼しくのみ在れば、胸塞り声鈍り、眼暗みて誄び奉らむ言の葉も、甚不整律なる故に、御一生の程の要要しき事のみ序出て、誄び奉り仕へ奉るになも。

【解題】

佐佐木高美（一八六二―一九〇二）は、高知藩士佐佐木高下を祖父とし高行を父とする。父は高美を先一郎と名づける。生まれて半年後、小畑孫三郎弟宅に移る。八日後麻疹に罹り母と高行の手で代る代る煎じた薬を飲まされる。その後灸治療をうける。

父高行は惣領の高美に大いに期待をかけ、勉強には作文の修業が必要だと出張先から励ましの言葉をかける。父の細やかな心遣いが伝わる。父の律儀な気性は、土地に埋もれる大道寺氏を、

右大道寺ハ、門地家ニテ頗ル人望有リ。尤モ才気ハ無之。驚実ナレバ、事ヲ取リテハ左ノミ用ニハ立タザル歟ハ知レザレ共、如比人物ハ、官途ニ就カシメバ、辺境ノ人情モ分リ、亦東奥ノ人心モ幾分カ政府ニ望ヲ属スル一端トモナラン歟（『保古飛呂比（佐佐木高行日記）』一〇・明治十四年田津軽藩大道寺繁禎ニ伸後の文・三四頁）

の文面にも表される。

高美は知命に届かずして昇天する。惣領を思う心情は『日記』から窺われ、父子間の交情が読者に伝わる。

誄作者久保悳鄰（一八五八―一九一九）は、安政五年江戸の麹町に生まれる。父は国学者久保季茲。明治六年教導職試補となり、翌七年少講義、九年権講義に進む。十年神道事務局講師になり、十四年大講義に進む。十七年皇典講究所文学部助教に就き、二十三年国学院大学講師で幹事を兼ね、二十七年東京府神職取締所長、ついで皇典講究所試験委員、三十三年東京日枝神社宮司を掌る。この頃より盛んに祝詞作成に骨折る。三十五年五月『小石川北野神社千年祭祝詞』を、大正元年九月に『明治天皇御大喪奉悼詞』を作る。

大正二年神社奉祀調査会及び明治神宮造営局嘱託となり、後に東京府神職会長として活躍し、八年逝去する。六十二歳。数多く作成した祭祝詞は『清園諄辞集』に収める。

〔出典〕『最新祝詞作例文範補遺』。

57　小松宮彰仁親王賜誄

前参謀総長大勲位

卿懿親ノ躬ヲ以テ　中興ノ宏図ヲ賛襄シ
深籌長策　機務ニ軍国ニ膺リ
博愛共済　余力ヲ公益ニ致セリ
皇猷以テ弘マリ　邦光以テ揚ガリ
勲積儔ヒ希ニ　威望維レ隆シ
洵ニ是レ宗室ノ領袖ニシテ　実ニ国家ノ棟梁タリ
今ヤ溘逝ス　曷ソ軫悼ニ勝ヘン
茲ニ式部次長正三位勲二等伯爵戸田氏共ヲ遣ハシテ(1)以テ賻弔セシム

明治三十六年二月二十五日

【校異】

1テ　詔勅集ナシ。

58　彰仁親王誄詞

掛巻母恐伎

元帥陸軍大将大勲位功二級彰仁親王尊乃御柩乎、此豊島岡乃底津岩根深久広久斂米蔵志奉良牟止為弖、東京帝国大学医科大学教授医学博士正六位土肥慶蔵、親王尊乃現世尓御座志々御事蹟乎、言挙奉利誄白須事乎是乃斎場尓集侍礼留親王等王等乎、始米弖衆庶聞食世。

親王尊波弘化三年正月生出給比、御父波一品邦家親王、御母波准三宮従一位政熙公乃女奈利。嘉永元年四月掛巻母恐伎仁孝天皇乃御養子尓成良世給比、安政五年三月御名乎嘉彰止賜比、尋弖親王宣下有利。九月入寺御得度御法名乎純仁止改米給布。同六年十月一品尓叙世良礼、慶応三年十二月王政復古乃始米勅命尓依利復飾為給比議定職尓補志改米弖二品尓叙世良留。此時随身兵仗乎賜比御名乎元乃嘉彰尓復志給比伎。明治元年正月軍事総裁職征討大将軍尓補世良礼、錦旗節刀乎賜比伏見鳥羽口尓皇軍乎進米賊徒乎破利給比、頓弖海陸軍総督尓補世良礼、二月軍防事務局督尓補志尋弖軍務官知事尓補世良留。六月会津征討乃為米越後口総督尓補世良留。此時又錦旗御劔乎賜比伎。十一月皇軍乎施志給布。此時勅多万波久北征乃軍務乎委任多留尓画策宜伎乎得多礼里。速尓平定伎努止賞給比絹止黄金止乎下賜比伎。同二年六月軍立為給比志御功績乎賞給比、禄千五百石乎世々尓下賜比伎。七月兵部卿尓任世良留。同三年十月英国尓行渡利弖物学毘給波牟止乃願事乎聞食左礼弖出立給比、同五年十月尓帰朝為給倍利。同七年二月征討総督尓補世良留。是波佐賀尓暴徒乃起利多留賀故奈利。三月軍立世牟止為給布時、恐伎勅命以弖励万志給比志賀暴徒波速尓鎮静利志尓依利弖、征討総督波免左礼給比伎。九月陸軍少将尓任世良礼、同十年五月新撰旅団司令長乎兼給比諸隊乎率弖神戸尓軍立為給布。是波鹿児島尓暴徒起利志賀故奈利。十一月勅給波久鹿児島逆徒征討尓方利部下乃諸兵乎指揮志進討力乎尽志克久平定乃功乎奏志多利止弖黄金若干乎賜比伎。同十三年三月陸軍中将尓進美給布。同十五年十二月大勲位尓叙世良留。此月御名乎彰仁止改米給比、同十九年八月軍事視察止志弖欧州倍遣波左礼、同二十年十二月帰朝為志給比伎。同二十三年六月陸軍大将尓進美給比、十二月近衛師団長尓補世良礼、同二十八年一月参謀総長尓補世良留。二月勅多万波久征清乃各軍既尓作戦乃第一期乎経過志、今第二期乃作戦乎開加牟止為留尓方利、征清大総督乎命志出征全軍乃指揮乎委弥、仮須尓配下将官以下任免補除乃権乎以弖須。往弖事尓従比我国威乎宣揚世与止諭志給倍利。八月征清乃御功績尓依利菊花章頸飾及功二級金鵄勲章乎授気給比伎。同三十一年一月本職乎免左礼元帥府尓列世良礼、特尓元帥乃称号乎賜比、同三十五年二月勅命以弖英国皇帝皇后乃戴冠式尓参列乃為米遣波左礼、八月帰朝為志給比伎。阿波礼畏伎

親王尊乃御事蹟乎如斯言挙留中尓、就伎弖最母雄々志伎御功績波、王政復古乃初尓尊伎親王止御坐奈賀良、勅命乃随尓僅加乃将士乎率弖伏見鳥羽口尓錦旗乎進米給布尓依利、皇軍波勇美猛毘射向布逆徒波潰走利、関西乃国々尓波勅命尓抗久者乃跡乎絶尓至良志米給比、又会津乃追討越後口乃進撃尓波、鉄母鎔気巌母焼気牟暑熱乃中尓将士止艱難乎共尓為志賊徒乎討平気給比、佐賀鹿児島乃役尓波将士乎励万志弖兇徒乎撃鎮米給比、征清乃役尓波帷幕乃中乃籌策尓参画志尋弖大海乎渡利皇軍乎進米、大稜威乎輝加志偉勲乎顕志給比伎。斯在留親王尊奈礼婆猶現世尓御坐万左婆、国乃為世乃為尓竭志給波牟乎、悲志伎加母悔志伎加母。去年乃秋乃比与利御心恒尓母御坐左利志尓脳充血症尓罹良世給比志加婆、御許人乎始米弖医師母心乃限乎尽志仕倍奉利都礼止其験母無久、

今月乃十三日頓尓御熱多加布利肺炎母差加波利、十八日乃午前三時止云尓御齢五十八乎御世乃限尓弖終尓神避坐志々乎、誰加波惜美誰加波歎加左良牟。阿那傷志伎加母阿奈悔志伎加母止悲志美慨美都々母、東京帝国大学医科大学教授医学博士正六位土肥慶蔵、慎美敬比誄仕奉留状乎、親王等王等乎始米弖、衆庶聞食世止白須。

明治三十六年二月二十六日

彰仁親王誄詞

掛巻も恐き
元帥陸軍大将大勲位功二級彰仁親王尊の御柩を、此豊島岡の底津岩根深く広く斂め蔵し奉らむと為て、東京帝国大学医科大学教授医学博士正六位土肥慶蔵、親王尊の現世に御坐しし御事蹟を、言挙奉り誄白す事を是の斎場に集侍れる親王等王等を、始めて衆庶聞食せ。

親王尊は弘化三年正月生出給ひ、御父は一品邦家親王、御母は准三宮従一位政熙公の女なり。嘉永元年四月掛巻も恐き
仁孝天皇の御養子に成らせ給ひ、安政五年三月御名を嘉彰と賜ひ、尋て親王宣下有り。九月入寺御得度御法名を純仁と改め給ふ。同六年十月一品に叙せられ、慶応三年十二月王政復古の始め勅命に依り復飾為給ひ議定職に補し改めて二品に叙せらる。此時随身兵仗を賜ひ御名を元の嘉彰に復し給ひき。明治元年正月軍事総裁職征討大将軍に補せられ、錦旗節刀を賜ひ伏見鳥羽口に皇軍を進め賊徒を破り給ひ、頓て海陸軍総督に補せられ、二月軍防事務局督に補し尋て軍務官知事に補せらる。六月会津征討の為め越後口総督に補せらる。此時又錦旗御剱を賜ひき。十一月皇軍を施し給ふ。此時勅たまはく北征の軍務を委任たるに画策宜きを得たれり。速に平定きぬと賞給ひ絹と黄金とを下賜ひき。同二年六月軍立為給ひし御功績を賞給ひ、禄千五百石を世々に下賜ひき。七月兵部卿に任せらる。同三年十月英国に行渡りて物学び給はむとの願事を聞食されて出立給ひ、同五年十月に帰朝為給へり。同七年二月征討総督に補せらる。是は佐賀に暴徒の起りたるが故なり。三月軍立せむと為給ふ時、恐き勅命以て励まし給ひしが暴徒は速に鎮静りしに依りて、征討

総督は免され給ひき。九月陸軍少将に任せられ、同十年五月新撰旅団司令長を兼給ひ諸隊を率て神戸に軍立為給ふ。是は鹿児島に暴徒起りしが故なり。十一月勅給はく鹿児島逆徒征討に方り部下の諸兵を指揮し進討力を尽し克く平定の功を奏したりとて黄金若干を賜ひき。同十三年三月陸軍中将に進み給ふ。同十五年十二月大勲位に叙せらる。此月御名を彰仁と改め給ひ、同十九年八月軍事視察として欧州へ遣はされ、同二十年十二月帰朝為し給ひき。同二十三年六月陸軍大将に進み給ひ、十二月近衛師団長に補せられ、同二十八年一月参謀総長に補せらる。二月勅たまはく征清の各軍既に作戦の第一期を経過し、今第二期の作戦を開かむと為るに方り、征清大総督を命し出征全軍の指揮を委ね、仮すに配下将官以下任免補除の権を以てす。往て事に従ひ我国威を宣揚せよと諭し給へり。八月征清の御功績に依り菊花章頸飾及功二級金鵄勲章を授け給ひき。同三十一年一月本職を免され元師府に列せられ、特に元帥の称号を賜ひ、同三十五年二月勅命以て英国皇帝皇后の戴冠式に参列の為め遣はされ、八月帰朝為し給ひき。阿波礼畏き

親王尊の御事蹟を如斯言挙る中に、就きて最も雄々しき御功績は、王政復古の初に尊き親王と御坐ながら、勅命の随に僅かの将士を率て伏見鳥羽口に錦旗を進め給ふに依り、皇軍は勇み猛び射向ふ逆徒は潰走り、関西の国々には勅命に抗く者の跡を絶に至らしめ給ひ、又会津の追討越後口の進撃には、鉄も鎔け巌も焼けむ暑熱の中に将士と艱難を共に為し賊徒を討平け給ひ、佐賀鹿児島の役には将士を励まして兇徒を撃鎮め給ひ、征清の役には帷幕の中の籌策に参画し尋て大海を渡り皇軍を進め大稜威を輝かし偉勲を顕し給ひき。斯在る親王尊なれば猶現世に御坐まさば、国の為世の為に竭し給はむを、悲しきかも悔しきかも。去年の秋の比より御心恒にも御坐さりしに脳充血症に罹らせ給ひしかば、御許人を始めて医師も心の限を尽し仕へ奉りつれと其験も無く、今月の十三日頓に御熱多加布利肺炎も差加はり、十八日の午前三時と云に御齢五十八を御世の限にて終に神避坐ししを、誰かは惜み誰かは歎かさらむ。阿那傷しきかも阿奈悔しきかもと悲しみ慨みつつも、東京帝国大学医科大学教授医学博士正六位土肥慶蔵、慎み敬ひ誄仕奉る状を、親王等王

等を始めて、衆庶聞食せと白す。

明治三十六年二月二十六日

【解題】

彰仁親王（一八四六―一九〇三）は、弘化三年三月伏見宮邦家親王の第八男として生まれる。幼くして仁和寺に入り十三歳を迎えた安政五年に親王宣下を受けて純仁入道親王と称する。九年後の慶応三年（一八六七）十二月還俗して仁和寺宮嘉彰親王と改称し、新制下の議定に就任し小御所会議に列席する。

戊辰の役に際し軍事総裁を兼ね錦旗・節刀を下賜されて征討大将軍の職を勤め、一方行政官として外国事務総裁・兵部卿・箱館裁判所総督・軍務官知事に就く。翌明治二年十一月久留米藩主有馬頼成の女頼子と結婚する。三年正月東伏見宮と改称し、十二月倫敦に留学し五年十月父の薨去で帰国する。六年十月皇族が幼時より陸海軍に籍を置く欧州の例に倣い陸軍勤務を求める。この結果皇族は陸海軍々務に服することが定まる。

七年佐賀の乱が起こるや征討総督に就き、乱後少将に昇進する。その後陸軍戸山学校長・東京鎮台司令長官・新撰旅団司令長官を歴任し、西南の役後元老院議官佐野常民と大給恒が博愛社の設立を求めたことで、九月博愛社総長に推される。十三年中将に進み近衛都督に就き、翌年二月世襲皇族に列し、十五年十二月小松宮彰仁親王と改称する。二十年欧米の軍政を視察し、帰朝後近衛編成改革案を出す。二十三年大将に進み、翌年近衛師団長となる。

二十八年熾仁親王の薨去後参謀総長に就く。三月征清大総督として出征、三十一年総長を罷免後元帥府に列する。三十五年十月海軍大臣山本権兵衛の海軍拡張案に連署奉答する。翌三十六年二月十八日逝去する。五十八歳。国葬（第八号）例は熾仁親王に準じた。

〔墓〕　東京都文京区大塚五丁目四〇番地　豊島岡墓地。

〔出典〕　『官報』五八九二号、『明治天皇紀』第一〇。

58彰仁親王誄詞の出典　『官報』五八九三号。

59　池田章政御沙汰（書）

麝香間祇候従一位勲一等侯爵

曾テ藩屛ノ重任ニ膺リ　克ク中興ノ偉業ヲ賛ス
勲績夙ニ彰レ　忠誠嘉スヘシ
今ヤ溘亡ヲ聞ク　曷ソ痛悼ニ勝ヘン
因テ祭資トシテ　金幣ヲ賜フ

明治三十六年六月十三日

【解題】

池田章政（一八三六―一九〇三）は、天保七年五月三日、相良頼之の二男として肥後の人吉城で生まれる。名は政銓。池田政吉の嗣として鴨方藩主・信濃守となる。慶応四年正月、岡山藩主池田茂政の陣代として姫路に出向き、三月茂政の隠退で藩主となる。五月刑法官副知事に就き章政と改名する。従四位下侍従職に就き、翌明治二年四月知事に進む。三年正月茂政と共に国家財政窮乏を救うため五千両を献上する。四年七月の廃藩置県後東京に住み、

各心志ヲ涵養シ、智識ヲ開広シテ、他日我カ日本国ノ柱石トナルヲ期ス（会議規則第一条）

といった新知識を育成する華族の有志が作った研修親睦団体「麝香間祇候」のリーダーとなり、十四年十二月国会開設の勅諭に関して建設的な意見を上申した。

十七年七夕、『華族令』制定で叙爵内規により侯爵となる。晩年仏教に帰依し「珠国院殿琢堂勲輝大居士」の私謚を用いる。三十六年三月合卺五十年式を挙げ、天皇・皇后より金盃・銀衣鶴一双を賜わり従一位に叙される。この頃胃疾に罹り六月病革まるに及び万古清風の四大字を書き岡山温古会員に托し、五日薨じた。六十八歳。七日の東京日日新聞には辞世、

花の雲　紅葉の錦　見ぬもよし　青葉の山に　やすく眠りて

を載せる。

章政の逝去に際し、天皇は勅使日野西資博を派遣し焼香された。十四日芝区青松寺における葬儀に儀仗兵・近衛騎兵が加わる。遺骨は後に池田綱政建立にかかる岡山

城の東に在る菩提寺に移され、「真心重暉章政命」の諡をうける。

明治三十八年六月五日に男爵池田章政が建てた『麝香間祇候従一位勲一等侯爵池田章政公墓表』には、平素温雅の章政は皇室尊崇の念が強い光政公の遺訓を守る忠誠を尽くす由を顕彰している。「光政嘗戒子孫曰、土地人民、維　朝廷所有、勿敢私焉。章政服膺遺訓、謹還納之。……始終忠誠、如　恩誄所褒」と。

〔墓〕　岡山県岡山市円山一〇六九番地　曹源禅寺。

〔出典〕『官報』五九八四号、『明治天皇紀』第一〇。

〔参考文献〕　明治三十八年六月五日男爵池田詮政謹表の『麝香間祇候従一位勲一等侯爵池田章政公墓表』（曹源禅寺内）。

60　近衛篤麿御沙汰（書）

枢密顧問官従一位勲二等公爵

名門ノ偉器　他日ノ用ニ待ツコトアリ

今ヤ不幸ニシテ　天之ニ年ヲ仮サス

曷ソ悼惜ニ勝ヘン

仍(1)テ特ニ祭資ヲ賜ヒ　弔慰セラルル旨　御沙汰候事

明治三十七年正月五日

【校異】

1仍テ〜沙汰候事　詔勅集ナシ。

【解題】

近衛篤麿（一八六三―一九〇四）は、文久三年六月二十六日、京都の上京区で生まれる。天皇の東京行幸の折、父忠房と共に転住する。明治六年七月忠房の薨に遭い十一歳で家督を嗣ぐ。十五歳に加冠して叙爵をうけ宮内省十等出仕となる。十七年七夕の日、叙爵内規により公爵となる。九月オーストリア留学を命じられ、十二月新叙爵者九条道孝らと共に四万千円を支給される。

十八年三月、夫人を娶り四月特命全権公使西園寺公望の同行をうけ留学に出発する。ウィーンではドイツ語を学び、ベルリンではミュラー博士の塾で学ぶ。その後ボン大学で政治法律を専攻し、ライプチヒ大学に転学後憲法学を修め、二十三年六月「国務大臣責任論」の論文審査をパスする。九月に帰京し貴族院議員に任ぜられ仮議長となる。翌年ロシア皇太子傷害事件が起こると松方内閣を糾弾して議会解散に追いこむ。

近衛は政界・教育界をはじめ、国内の各方面に活躍した。その最大の関心事は、東亜全局の安危にあった。特に東亜同文会の結成と活動に力を注いだ。彼の功績は、興亜と日中提携に志す者を糾合し、組織化した点にある。

日清戦争が勃発するや、臨時議会の召集を行い軍事費の協賛を仰ぐこと・軍資献納を停めること・戦時経済対策を講ずるの「時務三策」を上奏する。二十八年三月に学習院院長、二十九年十月に貴族院議長を勤め、三年後欧州諸国の君主と国民との関係を調査するため出張する。三十三年九月、ロシアの満州占領を知り国民同盟会を組織し、国論の統一に努め対ロシア強硬論を主張する。三十四年六月、桂太郎内閣の成立で同盟会の対清韓要防覚書を提出する。三十五年四月ロシアの条約不履行をみると翌年対露同志会を結成し、日露対決への国民世論作りに腐心する。三十七年正月二日逝去する。四十二歳。

〔墓〕　東京都北豊島郡日暮里　延命院。戦後京都に移す。

〔出典〕　『官報』六一五一号、『明治天皇紀』第一〇。

〔参考文献〕　鳥谷部春汀著『公爵近衛篤麿』春汀全集一・博文館・明治四十二年刊、工藤武重著『近衛篤麿公』大日社・昭和十三年刊、山田孝雄「近衛篤麿のこと」（『文芸春秋』二一巻四号）、『東亜同文書院大学史』社団法人滬友会・昭和五十七年刊、山本茂樹著『近衛篤麿』ミネルヴァ書房・平成十三年刊。

61　川村純義御沙汰（書）

枢密顧問官従一位勲一等伯爵

十年西南ノ役　総督ヲ輔翼シテ
遂ニ平定ノ功ヲ奏シ　久シク海軍ノ(1)重任ヲ担ヒ
大ニ更張ノ基ヲ立ツ
又(2)廸宮　(3)淳宮ヲ保育シテ　善ク其ノ誠ヲ竭セリ
今ヤ溘亡ヲ聞ク　曷ソ(4)軫悼ニ勝ヘン
因テ特ニ祭資ヲ賜ヒ　弔慰スベキ旨(5)　御沙汰アラセラル

明治三十七年八月十三日

【校異】

1ノ　詔勅集ナシ。２３５□　詔勅集闕字ナシ。４軫　詔勅集「痛」。

【解題】

川村純義（一八三六―一九〇四）は、天保七年正月、川村方臣の長男として鹿児島に生まれる。戊辰の役（慶応四年）の会津若松城攻撃に参加する。明治二年十一月兵部大丞に就き、三年閏十月海軍掛となり、大阪兵学寮の頭を兼任する。四年七月兵部少輔となり、廃藩置県の実施に際し、少輔西郷従道・大輔山県有朋と共に連署して、内地の守備・沿海の防御等の軍備拡張を進言する。五年二月海軍省設置により海軍少輔として卿の事務をとる。七年八月海軍中将兼海軍大輔となる。

十年西南の役には征討参軍となり、陸海一切の論功懲罰の権限を与えられ、五月に熊本城と官軍の連絡良き戦果を得たので、侍従長東久世通禧より酒肴下賜をうける。十一月勲一等に叙せられ旭日大綬章をうける。十五年八月、毎年六隻ずつ八箇年の軍艦建造計画を進言する。十七年に東海鎮守府を横須賀に移して横須賀鎮守府に改め、安芸の呉と肥後の佐世保にも鎮守府の設置を定める。この年伯爵となり華族入りする。十八年四月、西郷従道との連署で国防会議を設ける。同年十二月宮中顧問官、二十一年枢密顧問官になる。三十四年皇孫迪宮、翌年同淳宮の御養育主任の職に就き、三十七年海軍大将に進級し従一位をうける。

日露戦争のさ中、海軍の旅順口封鎖作戦の戦果を聞き、八月十二日病気療養中の沼津で逝去する。六十九歳。

〔墓〕　東京都府中市多磨町四丁目・六二八　多磨霊園。

〔出典〕　『官報』六三三八号、『明治天皇紀』第一〇。

〔参考文献〕　近世名将言行録刊行会編『近世名将言行録一』吉川弘文館・昭和九年刊、田村栄太郎著『明治海軍の創始者川村純義・中牟田倉之助伝』日本軍事図書・昭和十九年刊。

62　常陸丸殉難将士誄詞

此乃青山乃練兵場乃真中平、仮乃斎場刀選毘定米弖、暫時安米奉留近衛後備歩兵第一聯隊六百三十五名乃将士等乃御柩乃前爾、誄詞白左久。
海行可婆水漬久屍、山行可婆草生寸屍刀波、大伴佐伯乃祖神乃御訓爾氏、遠伎神代乃古語那礼杼母、今乃現仁思比偲布波、汝命等乃御上那里介里。曾母、汝命等乃常仁御心健久行正久、天皇乃御為御国乃為忠爾貞加仁、其乃負持弖留職乃任、勤之美励美給閉里之事乃状波、今更爾白左受。今回、魯西亜乃国乃無道伎行為乎御赫怒坐氐、膺給比懲給布刀、大御軍興給布大御命乎頂仁戴伎蒙里、戦闘乃場爾進美向比給波牟刀、常陸丸刀云布大船爾乗立多之、宇品乃港乎出発弖、筑紫乃海、玄海之沖爾進行伎給比之折之母有礼、由久里無伎敵乃艦乃難爾遇比弖、空之久波加無久身退給比之波、悲之刀母悲之久、憤呂之刀母憤呂之伎極爾那母有留。然波有礼杼母、汝命等乃御行動波、斯在留際爾母乱礼受緩万受、浪刀砕久留砲弾乃前爾向比、雨刀降来留銃丸乃中爾立弖、各母各母其乃職乎堅久守里伊曾波伎務米弖、後遂仁今波刀思定米給布時之母、御軍乃章乃御旗乎、燃立都火中爾焼尽之氐、御船刀共爾大海乃底乃伊久利爾隠呂比沈美給閉里之波、最毛忌忌之久最毛雄雄之久、急乃際爾母軍人乃本分乎誤良受、然留可伎道乎尽之給閉留状波、古乃史乃上爾母例無久、後世乃亀鑑刀母称閉都可伎御行為爾氐、風乃音乃遠音仁聞渡礼留世乃人皆母、誰可波慕毘奉良左良牟、誰可波仰伎奉良左良牟。是乎以氐大御朝廷爾母、既久其乃功労乎思召之氐、或波官等位階乎陞進米、或波勲章年金乎母授介賜比氐、広久厚久賞給比治給閉留大御恵波、現世爾遺里留礼留親族等母、上無伎名誉刀恐美忝美奉留乎、汝命等波如何爾心足良比爾思保寸良牟。阿波礼汝命等也、其乃身己曾奥津波往支弖帰良称、高支功芳支名波何時乃世爾可消衣果都可支。故上津世乃古語乎母思比偲比氐、且且母誄奉留状乎、平介久安介久聞食世刀、副斎主青戸波江、哀美歎可比都都母白寸。

明治三十七年六月十五日

常陸丸殉難将士誄詞

此の青山の練兵場の真中を、仮の斎場と選び定めて、暫時安め奉る近衛後備歩兵第一聯隊六百三十五名の将士等の御柩の前に、誄詞白さく。

海行かば水漬く屍、山行かば草生す屍とは、大伴佐伯の祖神の御訓にて、遠き神代の古語なれども、今の現に思ひ偲ふは、汝命等の御上なりけり。曾母、汝命等の常に御心健く行正く、天皇の御為御国の為忠に貞かに、其の負持てる職の任、勤しみ励み給へりし事の状は、今更に白さず。今回、魯西亜の国の無道き行為を御赫怒坐て、膺給ひ懲給ふと、大御軍興給ふ大御命を頂に戴き蒙り、戦闘の場に進み向ひ給はむと、常陸丸と云ふ大船に乗立たし、宇品の港を出発て、筑紫の海、玄海の沖に進行き給ひし折しも有れ、由久里無き敵の艦の難に遇ひて、空しく波加無く身退給ひしは、悲しとも悲しく、憤ろしとも憤ろしき極になも有る。然は有れども、汝命等の御行動は、斯在る際にも乱れず緩まず、浪と砕くる砲弾の前に向ひ、雨と降来る銃丸の中に立て、各も各も其の職を堅く守り伊曾波伎務めて、後遂に今はと思定め給ふ時しも、御軍の章の御旗を、燃立つ火中に焼尽して、御船と共に大海の底の伊久利に隠ろひ沈み給へりしは、最も忌忌しく最も雄雄しく、急の際にも軍人の本分を誤らず、然る可き道を尽し給へる状は、古の史の上にも例無く、後世の亀鑑とも称へつ可き御行為にて、風の音の遠音に聞渡れる世の人皆も、誰かは慕ひ奉らざらむ、誰かは仰ぎ奉らざらむ。是を以て大御朝廷にも、既く其の功労を思召して、或は官等位階を陞進め、或は勲章年金をも授け賜ひて、広く厚く賞給ひ治給へる大御恵は、現世に遺り留れる親族等も、上無き名誉と恐み忝み奉るを、汝命等は如何に心足らひに思ほすらむ。阿波礼汝命等や、其の身こそ奥津波往きて帰らね、高き功芳き名は何時の世にか消え果つ可き。故上津世の古語をも思ひ偲びて、且且も誄奉る状を、平けく安けく聞食せと、副斎主青戸波江、哀み歎かひつつも白す。

明治三十七年六月十五日

【解題】

常陸丸は日露戦争時の陸軍運送船。近衛後備歩兵第一連隊本部・同第二大隊の大部分、及び第十師団の糧食縦列の千二百余人を収容し、明治三十七年六月十四日午前宇品港を出発し南尖子に向かう。午前十時頃玄海灘を航行中、ロシア軍艦より砲撃を受けた為、英人船長ジョン・ガンベルは逃避の前進を図ったが、その甲斐もなく午後三時頃沈没した。六月十八日官報六二八九号には「佐渡丸と併行の常陸丸は、十時三十分頃露艦二隻より集中砲火を浴び、火災を起して沈没した。生存下士の言で、須知中佐は軍旗を焼き、砲弾の為戦死し、他の将校の殆んどが割腹した」とある。陸軍大臣寺内正毅が殉難者に旌表の恩典を請い、首相桂太郎は彼等への叙勲を天皇に願った。そこで天皇は異例の叙勲を与えた。

殉難者は、監督官海軍中佐山村弥四郎・輸送指揮官近衛後備歩兵第一連隊長須知源次郎を含む英人の船長・機関長・運転士・将校全員と兵卒である。九死に一生を得た者の内訳は、陸軍下士と兵卒を併せて百三十三人、海軍水兵一人、船員十七人、船内仲仕一人の計百五十二人であった。

昭和八年六月十六日読売新聞夕刊に、常陸丸殉難卅周年慰霊祭を載せる。近衛歩兵連隊主催で遺族や関係将校が二百人集まったという。

誄詞持読の副斎主青戸波江（一八五七―一九二九）は、安政四年出雲松江の和多見町に生まれる。父は売布神社祠官の青戸健庭である。明治十年神宮司庁の本教館に入学、十三年神宮教院に就職、十五年東京大学講習科に入学、間もなく退学して皇典講究所に入り剣道師範となる。その後神社祭式取調委員・内大臣秘書官事務取扱となる。二十二年再び皇典講究所に入り礼典を研究し、また教師として後進の指導に力める。

大正四年神宮皇学館の礼典講師を兼任、五年従六位に叙せられ、十一年芝大神宮社司、国学院大学教授を兼ねる。十二年十一月神宮皇学館で祭式を説き皇后宮御台覧の光栄に浴す。昭和四年三月芝大神宮社司を辞し、十二月十日逝去する。七十三歳。

〔出典〕『最新祝詞作例文範』下巻。

63　九条道孝御沙汰（書）

麝香間祗候従一位大勲位公爵

曾テ東北ノ軍ヲ総督シ　辛酸ヲ嘗メテ中興ノ鴻図ヲ賛ケ
久シク顕要ノ職ニ歴任シ　悃誠ヲ致シテ名門ノ師表タリ
今ヤ溘亡ヲ聞ク　曷ソ軫悼ニ勝ヘム
宜ク祭資ヲ賜ヒ　以テ弔慰スヘシ

明治三十九年正月九日

【解題】

九条道孝（一八三九—一九〇六）は、天保十年五月左大臣九条尚忠の男として生まれる。万延元年九月二十八日の立親王宣下儀式に、父の関白尚忠と通孝が介添之役を勤める。時に権中納言で二十一歳。文久二年正月推任をうけて権大納言に昇る。慶応二年九月、国事関係のすべての朝廷儀式を止め、関白の出勤各藩主の朝廷集合を俟って公論議決に運ぶ希望を、右大臣らと上書する。ここで大事な衆議に依る承認を得る。同三年十一月、左大臣らと連署して朝議の一定を謀り、政務に病む左右大臣の辞職により、左大臣に就任する。十二月王政復古の令が出て、国事御用掛の朝廷出勤を停められる。翌四年正月公卿十九人の出勤停止が解かれる。二月奥羽鎮撫総督に就任し明治改元後の十一月凱旋する。

十二月女御の入内で皇太后の行啓を迎え、祝賀の挨拶を京都在住の藩主からうける。二年三月静寛院宮御用掛となり、六月王政復古の功臣として賞典禄八百石を給され、三週間後、従一位道孝が弾正尹に就く。三年三月大村永敏暗殺事件の行刑で謹慎処分をうける。四年六月、政府改造により免職となり麝香間祇候となる。十二年十月、柳原光愛らと共に明宮祇候となり、十四年七月勲一等旭日大綬章をうける。

十七年の七夕、新設の叙爵内規の「旧摂家により」公爵となり、十月掌典長に就任する。十二月世襲栄誉の金三万五千円を公債証書で下賜される。

三十九年正月三日、俄かの病で薨去する。六十八歳。十日芝区青松寺の葬儀には成規儀仗兵の外近衛騎兵一小隊が葬列に加わる。

〔墓〕　京都市東山区　東福寺。

〔出典〕『官報』六七五六号、『明治天皇紀』第一一。

〔参考文献〕『百官履歴』上巻・日本史籍協会・昭和二年刊。

64　児玉源太郎御沙汰（書）

参謀総長正二位勲一等功一級子爵

夙ニ身ヲ軍務ニ委ネ　久シク力ヲ要職ヲ竭シ

新付ノ地ニ莅ミテハ　治績大ニ挙リ

帷幄ノ謀ニ参シテハ　武勲(1)維レ隆シ
今ヤ溘亡ス　曷ソ悼惜ニ勝ヘム
(2)宜ク特ニ祭資ヲ賜ヒ　以テ弔慰スヘキ旨　御沙汰候事
　　明治三十九年七月二十七日

【校異】
1勲　詔勅集ナシ。2宜ク　詔勅集「宜シク」。

【解題】

　児玉源太郎（一八五二―一九〇六）は、嘉永五年閏二月二十五日、徳山藩士児玉半九郎の長男として徳山横本町に生まれる。明治元年十月、東征軍の半隊司令士として出征する。十七歳。明治新政府下最初の士族反乱〝佐賀の乱〟には中尉で参謀陸軍少佐渡辺央の配下で出征し負傷する。〝神風連の乱〟には少佐で種田少将司令官戦没後の機敏な措置をとる。西南の役では参謀として谷干城を補佐し転戦する。十八年五月参謀本部第一局長となり、独人メッケル少佐と一緒に陸軍の改革を行う。二十年五月メッケル案による『軍事参議官条例』が定まり、成立で、陸軍大臣は軍政に、参謀本部長は軍令に、監軍は教育に専任する三大綱ができ上がる。

　二十年十月『陸軍大学校条例』が改定され、新条例下の初代校長となる。これからドイツ流戦術が陸軍に浸透する。その後陸軍次官・軍務局長を兼任し、日清戦役時に大本営留守参謀長となる。二十八年功により男爵となり華族に列する。間もなく第三師団長・台湾総督となり、三十三年十二月第四次伊藤内閣の陸軍大臣に就任し、桂内閣でも留任する。三十七年六月、乃木希典らと共に大将に昇進、翌月満州軍総参謀長として出征し、翌年七月奉天会戦後の日露講和を主張する。三十九年四月功一級金鵄勲章をうけ、参謀総長・従二位になる。

　同年七月南満州鉄道株式会社設立委員長になるが、風邪を軽視して参謀本部に出勤し、二十三日早朝脳溢血で逝去する。五十五歳。

〔墓〕　東京都港区南青山二丁目三二　青山霊園。

〔出典〕　『官報』六九二四号、『明治天皇紀』第一一。

〔参考文献〕　関口隆正著『故児玉参謀総長伝』金港堂・明治三十九年刊、杉山茂丸著『児玉大将伝』博文館・大正七年刊、藤原彰「児玉源太郎」（『文芸春秋』四二巻八号)。

65　林友幸御沙汰（書）

枢密顧問官正二位勲一等伯爵

軍務ニ維新ノ初ニ参シ　又民治ヲ更始ノ時ニ管シ
劇職ニ居テ勲績ヲ效セリ　後皇女保育ノ責ニ任シテ
夙夜常侍意思懇到　其労モ亦寔ニ尠カラス
今ヤ溘亡ヲ聞ク　曷ソ軫悼ニ勝ヘン
宜ク賻ヲ賜ヒテ　以テ弔慰スヘシ

明治四十年十一月十二日

【解題】

林友幸（一八二三―一九〇七）は、文政六年二月六日萩藩士林友信の長子として生まれる。文久三年（一八六三）奇兵隊に入りその参謀となる。その後奇兵隊を率いて第二次長州征伐の幕府軍と戦う。慶応四年（一八六八）鳥羽伏見の戦いに軍監として転戦、明治改元後の十一月徴士会計官権判事として重大事件外の一切の裁断をする。明治六年民部・七年二月大蔵・内務の大丞を歴て、同七年十二月大久保内務卿の代理を務める。十一年六月巡幸御用係を命じられる。

十三年二月元老院議官となり年俸四千円をうける。十九年七月子爵を授けられ華族に列し、二十三年貴族院議員になり錦鶏間祗候となる。二十四年五月富美宮御養育主任を命じられ、二十五年三月には華族優待内規により七十歳の勝安芳伯爵ら五人が御紋付御杯と酒肴料を給される。二十八年に宮中顧問官、三十三年四月枢密顧問官となり、三十五年十月正三位勲一等から従二位に進む。四十年十一月病状が進んだ五日旭日桐花大綬章をうけ、八日伯爵に陞り正二位に叙せられ二万円を下賜される。八日逝去する。八十五歳。

〔墓〕　東京都港区南青山二丁目三二　青山霊園。
〔出典〕　『官報』七三二四号、『明治天皇紀』第一一。
〔参考文献〕　『百官履歴』上巻。

66　野村靖御沙汰（書）

枢密顧問官正二位勲一等子爵

夙ニ大義ヲ唱ヘテ　王事ニ奔走シ
荐ニ要職ヲ歴テ　国務ヲ賛襄シ
皇女保育ノ任ニ膺リテ　勤勉(1)誠ヲ效セリ
訃音忽聞ス　曷ソ痛惜ニ勝ヘン
宜ク賻ヲ賜ヒ　以テ弔慰スヘシ
　明治四十二年正月二十七日

【校異】
1勉　詔勅集「励」。

【解題】

　野村靖（一八四二―一九〇九）は、天保十三年八月山口藩士野村嘉伝次の次男として生まれる。松下村塾の門を早くからたたき塾生中の秀才であった。明治四年七月宮内権大丞に任官後、宮内少丞・外務大書記を経て岩倉具視の欧米視察の随行となる。同七年十二月新知識に基づく建議を行い、民撰議院の設立と各省・各府県より官吏を二人もしくは一人を選出し、その者に歳計議決権を与える様に要請した事をふまえて、愛国公党の設立をみる。八年二月故広沢真臣殺害事件で傍聴役を勤め、九年正月の江華島事件発生には全権弁理大使の黒田清隆に随行する。十一年七月神奈川県令となり月俸二百円を給される。

　十四年十一月駅逓総監となり、十七年七月万国郵便会議委員としてリスボンに出張する。二十年正月外務次官青木周蔵と逓信次官靖とモッセ等が地方制度編纂委員となる。五月九日子爵を特授され華族に列する。二十一年伊藤博文が国家至重の顧問に靖を推したので枢密顧問官となる。その後、仏・西・葡国公使勤務を歴、二十七年十月内務大臣、二十九年九月逓信大臣を歴任する。

　四十二年正月富美宮泰宮の供奉で鎌倉出張中、二十四日脳溢血で急逝する。六十八歳。生前の功により旭日桐花大綬章をうけ正二位に進む。

〔墓〕　東京都世田谷区　松陰神社境内
〔出典〕　『官報』七六七五号、『明治天皇紀』第一二。

〔参考文献〕　末広錦弘編『防長人物百年史』山口県人会・昭和四十二年刊、井関九郎撰『現代防長人物史』地・発展社・大正七年刊、国立国会図書館憲政資料室所蔵『野村靖文書』。

67　嵯峨実愛御沙汰（書）

麝香間祇候従一位勲一等侯爵

四朝ニ歴仕シテ　力ヲ王政復古ニ尽シ
勤勉職ヲ奉シテ　維新ノ　(1)皇謨ヲ翼賛ス
其ノ勲績ヲ念ヒ　此ノ溘亡ヲ悼ム
(2)宜ク祭資ヲ賜ヒテ　弔慰スヘキ旨　(3)御沙汰候事
明治四十二年十月二十三(4)日

【校異】
1 3□　詔勅集闕字ナシ。　2宜ク　詔勅集「宜シク」。
4三　詔勅集「四」。

【解題】
嵯峨実愛（一八二〇―一九〇九）は、文政三年十二月五日故参議嵯峨実義の二男として生まれる。母は松平故丹波守光年の女である。八歳で侍従となり四旬後元服する。天保十二年後正月二十七日、太上（光格）天皇諡号誄策命使を掌る。二十九歳の嘉永元年晴れの参議に就任し、翌年に権中納言、安政六年権大納言に進む。万延元年議奏となり朝政に加わる。文久三年議奏を辞し権大納言を退く。十月鹿児島・萩二藩に討幕の密勅を鹿児島藩士大久保一蔵・萩藩士広沢啓助に伝え、慶応三年王政復古の令が出ると新設の議定に就く。

明治元年（一八六八）内国事務の総督を皮切りに刑部卿・大納言を歴任し、四年七月廃藩置県に伴う官制改革で罷免となり、同日徳大寺実則と共に麝香間祇候となり毎月二の日出勤となる。十四年四月、嫡男公勝に家督を譲る。十一月勲一等旭日大綬章を受け、十七年七月侯爵となり華族入りする。八月光格天皇以来四朝に歴仕した功により年金五百円を認められ、十九年十二月下賜される。

四十一年春、胃腸病と心臓病を患い、翌年十月二十日午前四時十分逝去する。九十四歳

〔墓〕　東京都台東区谷中町　谷中霊園。

〔出典〕『官報』七九〇二号、『明治天皇紀』第一二。
〔参考文献〕大塚武松編『嵯峨実愛日記』三巻・日本史籍協会叢書・日本史籍協会・昭和四―六年刊。

68 伊藤博文賜誄

枢密院議長従一位大勲位公爵

志(1)ヲ立テテ奮励　王政ノ復古ヲ唱ヘ
難ヲ排シテ邁往　宏猷ヲ維新ニ賛ケ
憲法ヲ草創シテ　刊ラサルノ典ヲ修メ
韓国ヲ指導シテ　渝ルコトナキノ盟ヲ締ヒ
股肱之レ(2)倚リ　柱石之レ任シ
忠貞君ニ奉シテ　公正事ニ当リ
勲績倍マス(3)顕(4)レテ　望ミ(5)一世ニ隆シ
忽チ訃音ニ接ス(6)　曷ソ軫悼ニ勝ヘン
茲ニ侍臣ヲ遣シ　賻ヲ齎シテ弔慰セシム
明治四十二年十一月二日

【校異】

1志　大朝「心」。2レ　大朝「ニ」。3マス　大朝「々」。4顕レ　大朝「顕ハレ」。5ミ　詔勅集・大朝ナシ。6ス　大朝「シ」。

69 伊藤博文誄詞

此月乃今日乃此日、枢密院議長従一位大勲位公爵伊藤博文公乃柩乎、荏原郡大井里乃底津岩根乃奥深久斂米奉良牟止為弖、今志是乃葬場尓暫志舁居座世奉利弖永伎世乃訣乎告奉留尓当利弖、副斎主権大教正竹崎嘉通、公乃現世尓座志々事蹟乎言挙奉利誄白須事乎、是乃葬場尓集座世留衆聞食世。

公波天保十二年九月周防国熊毛郡束荷村尓生出給比、夙久与利皇室乎崇米尊牟心深久、安政乃頃吉田矩方乃学舎尓入利弖物学乃道尓心乎潜米給比、文久三年欧羅巴尓渡利弖彼国乃形勢乎具尓知利、翌年還利参来給比国乃為尓身乎致志弖勤美仕奉利、明治元年皇朝廷尓召左礼弖参与職外国事務局判事止為利、二年大蔵少輔兼民部少輔尓任左礼、六年参議兼工部卿止為利、十一年兼内務卿尓転利後参事院議長宮内卿等乎兼祢、十八年官制乎改米給布尓当利弖内閣総理大臣兼宮内大臣尓任左礼給比伎。二十一年願乃随尓内閣総理大臣乎解伎弖枢密院議長尓任志給志比加杼、勅命有利弖特尓内閣尓列奈良志米給比、其後内閣総理大臣止為給比志事前後合世弖四度、枢密院議長止為給比志事母亦四度尓及倍利。大御代乃始与利種々乃重伎職乎負持弖事々尓甘良尓成志整倍、或波行幸乃供奉仕奉利、或波官事乎以弖天下乃国々乎迴利見給比、又海外乃国々尓屢物志給比年麻祢久大皇国乃為尓竭志座志々功績波数閉尽志難計礼杼、中尓就弖憲法乎制定米給布尓当利弖、畏伎
大命乎戴伎持弖欧羅巴乃国々尓伊往渉利弖立憲政体尓関留事等乎遺留隈無久究米尽志、遠皇祖乃制米給比遺志給閉留大御掟尓考合世其草案乎作利弖皇朝廷尓上利給比、帝国議会乃初米弖開久留尓当利弖波、貴族院議長止為利弖事過多志米受其運用乎全久世牟止心乎砕伎思乎焦志弖、只管尓天津日嗣乃高御座乎天壌乃共窮無久弥栄尓栄座志米奉良牟止勤波伎座志、功績波万世尓変良奴大御典止共尓朽世邪留倍志。又岩倉右大臣乎特命全権大使止為弖欧米乃国々尓差遣礼志節尓波、其我副使止為利弖彼国々止我邦止乃交乎惇久志好乎修牟留事乎勉米給比、造幣寮乃事尓預利弖波金銀貨幣乎改造留事尓専力乎尽志弖例無久甚伎事業乎速尓成遂計給比、東京止横浜止乃間尓始米弖鉄道乎布設牟止為留尓当弖波世論喧志久騒加志加利志乎母顧受志弖予弖議定米多留随尓其事業乎進米弖、一速久竣功給比、帝室制度調査局総裁乃命乎被利弖波古伎御代御代乃御制乎覈米外国乃事例乎母考閉弖皇室乃種々乃令章乎成整閉給比、二十七八年乃戦役尓波全権弁理大臣止為利弖清国乃使止甘良尓議利弖、皇御国乃大御稜威乎輝加志米給比、三十七八年乃戦役尓波特派大使止為利弖韓国尓渉利、我皇大朝廷止乃輯睦乎弥益尓厚加良志米、後統監尓任左礼弖韓国乎阿奈々比扶計指導伎忠誠尓勤志美給閉利。斯久赤心乃一筋尓身乎母家乎母忘礼弖一日片時母息布事無久仕奉給布事乎、宇牟賀志久思食志其我功績乎褒給比賞給布止為弖、往志明治十年勲一等尓叙志旭日大綬章乎授給比、十七年尓波華族尓列祢弖伯爵乎授計、二十二年尓波桐花大綬章乎、二十八年尓波大勲位菊花大綬章乎授弖侯爵尓進米賜比、三十九年尓波菊花章頸飾乎授給比、四十年尓波更尓公爵尓進米給比、四十二年尓波従一位乎授給比、又畏久母詔勅宸翰乎左閉幾度加下賜比弖慰米給比労志美給比、又国家尓関留事波悉尓諮詢良志米給比弖厚久重美志給閉利。斯久深伎厚伎大御恵乎畏美給比老乃身乎忘礼弖緩牟事無久怠留事無久仕奉利給比、今回満州乃此処彼処見給波牟止弖旅路尓出立給比志尓、舟車乃悩無久甚健尓座志万世婆恙無久帰来座牟日乎指折搔数閉都々有利志尓、

由久利奈久母久奈多夫礼醜乃奴乃為尓清国哈尓賓尓弖痛手乎負比弖身罷座志々波、皇御国乃為尓甚惜志久悼志伎事乃極尓曾有計留。掛巻母畏伎天皇命此事乃由乎聞食志痛美思食志、国葬乃礼乎賜比弖厚久葬良志米給比、葬日尓波廃朝世志米又大御使乎遣志弖、恩誄乎副弖御饌幣帛乎賜比懇尓弔波志米給閉留波、限無久光栄有留誉尓許曾弥栄尓栄由留明治乃大御代乃元勲止為弖、天下挙利弖仰伎奉利皇大御国乃真柱止母礎石止母国内悉尓敬比奉利志。此公乃御霊波今波天翔座弖呼倍杼母帰来座左奴事乎、歎伎都々誄詞白左久乎、衆聞食世止白須。

明治四十二年十一月四日

伊藤博文誄詞

此月の今日の此日、枢密院議長従一位大勲位公爵伊藤博文公の柩を、荏原郡大井里の底津岩根の奥深く斂め奉らむと為て、今し是の葬場に暫し舁居座せ奉りて永き世の訣を告奉るに当りて、副斎主権大教正竹崎嘉通、公の現世に座しし事蹟を言挙奉り誄白す事を、是の葬場に集座せる衆聞食せ。

公は天保十二年九月周防国熊毛郡束荷村に生出給ひ、夙くより皇室を崇め尊む心深く、安政の頃吉田矩方の学舎に入りて物学の道に心を潜め給ひ、文久三年欧羅巴に渡りて彼国の形勢を具に知り、翌年還り参来給ひ国の為に身を致して勤み仕奉り、明治元年皇朝廷に召されて参与職外国事務局判事と為り、二年大蔵少輔兼民部少輔に任され、六年参議兼工部卿と為り、十一年兼内務卿に転り後参事院議長宮内卿等を兼ね、十八年官制を改め給ふに当りて内閣総理大臣兼宮内大臣に任され給ひき。二十一年願の随に内閣総理大臣を解きて枢密院議長に任し給しひかど、勅命有りて特に内閣に列ならしめ給ひ、其後内閣総理大臣と為給ひし事前後合せて四度、枢密院議長と為給ひし事も亦四度に及べり。大御代の始より種々の重き職を負持て事々に甘らに成し整へ、或は行幸の供奉仕奉り、或は官事を以て天下の国々を迴り見給ひ、又海外の国々に屢物し給ひ年麻祢久大皇国の為に竭し座しし功績は数へ尽し難けれど、中に就て憲法を制定め給ふに当りて、畏き大命を戴き持て欧羅巴の国々に伊往渉りて立憲政体に関る事等を遺る隈無く究め尽し、遠皇祖の制め給ひ遺し給へる大御掟に考合せ其草案を作りて皇朝廷に上り給ひ、帝国議会の初めて開くるに当りては、貴族院議長と為りて事過たしめず其運用を全くせむと心を砕き思を焦して、只管に天津日嗣の高御座を天壌の共窮無く弥栄に栄座しめ奉らむと勤はき座し、功績は万世に変らぬ大御典と共に朽せやるべし。又岩倉右大臣を特命全権大使と為て欧米の国々に差遣れし節には、其が副使と為りて彼国々と我邦との交を惇くし好を修むる事を勉め給ひ、造幣寮の事に預りては金銀貨幣を改造る事に専力を尽して例無く甚き事業を速に成遂け給ひ、東京と横浜との間に始めて鉄道を布設むと為るに当ては世論喧しく騒かしかりしをも顧ずして予て議定めたる随に其事業を進めて、一速く竣功給ひ、帝室制度調査局総裁の命を被りては古き御代の御制を覈め外国の事例をも考へて皇室の種々の令章を成整へ給ひ、二十七八年の戦役には全権弁理大臣と為りて清国の使と甘らに議りて、皇御国の大御稜威を輝かしめ給ひ、三十七八年の戦役には特派大使と為りて韓国に渉り、我皇大朝廷との輯睦を弥益に厚からしめ、後統監に任されて韓国を阿奈々ひ扶け指導き忠誠に勤しみ給へり。斯く赤心の一筋に身をも家をも忘れて一日片時も息ふ事無く仕奉給ふ事を、宇牟賀志久思食し其が功績を褒給ひ賞給ふと為て、往し明治十年勲一等に叙し旭日大綬章を授給ひ、十七年には華族に列ねて伯爵を授け、二十二年には桐花大綬章を、二十八年には大勲位菊花大綬章を授て侯爵に進め賜ひ、三十九年には菊花章頸飾を授給ひ、四十年には更に公爵に進め給ひ、四十二年には従一位を授給ひ、又畏くも詔勅宸翰をさへ幾度か下賜ひて慰め給ひ労しみ給ひ、又国家に関る事は悉に諮詢らしめ給ひて厚く重みし給へり。斯く深き厚き大御恵を畏み給ひ老の身を忘れて緩む事無く怠る事無く仕奉り給ひ、今回満州の此処彼処見給はむとて旅路に出立給ひしに、舟車の悩無く甚健に座しませば恙無く帰来座む日を指折掻数へつつ有りしに、由久利奈久も久奈多夫礼醜の奴の為に清国哈尓賓にて痛手を負ひて身罷座ししは、皇御国の為に甚惜しく悼しき事の極にそ有ける。掛巻も畏き天皇命此事の由を聞食し痛み思食し、国葬の礼を賜ひて厚く葬らしめ給ひ、葬日には廃朝せしめ又大御使を遣して、恩誄を副て御饌幣帛を賜ひ懇に弔はしめ給へるは、限無く光栄有る誉にこそ弥栄に栄ゆる明治の大御代の元勲と為て、天下挙りて仰き奉り皇大御国の真柱とも礎石とも国内悉に敬ひ奉りし。此公の御霊は今は天翔座て呼べども帰来座さぬ事を、歎きつつ誄詞白さくを、衆聞食せと白す。

明治四十二年十一月四日

70　伊藤博文誄辞

嗚呼勤王に興り開国に奪ひ、
維新の鴻基を肇造するに与り、
明治の憲章を刱建するに任し、
廟堂の首班に坐して、国鈞を秉る事前後四回、
而して一度帝威を平陸に燿すの端を啓く。
功は以て鼎彝に銘すへく、
名は以て社稷に配するに足る。
而して徳は以て信を列国に執るに至る。
只其の化属邦の一頑民に及ぶ莫かりしのみ。

明治四十二年十一月四日　三十二社連名

【解題】

伊藤博文（一八四一―一九〇九）は、天保十二年九月二日周防国の熊毛郡東荷村に林十蔵の子として生まれる。九歳の時父に従って萩に出、十蔵が長州藩軽卒伊藤家を嗣いだ。十六歳の時重役来原良蔵の紹介で吉田松陰の松下村塾に学ぶ。ついで良蔵に従い長崎で蘭人から洋式操練を学ぶ。文久二年十二月品川御殿山外国公使館の焼打、国学者塙次郎の刺殺などに与り、三年士分の仲間入りをし、遠藤謹助と脱藩して倫敦に留学する。元治元年六月国内事情の変化を知り帰国する。

慶応元年（一八六五）、長崎府新町にフルベッキが設立した済美館に入り、後藤象二郎・井上馨・大久保利通・大隈重信・黒田清隆・森有礼・桂小五郎らと交情を深める。同二年正月薩長の密約準備に藩主毛利敬親・高杉晋作・井上馨らと意見を出す。五月の第二次征長に接するや長崎に赴き汽船・兵器の購入に与る。同四年正月

沢宣嘉らと共に参与職に就き外国事務係になる。その後大坂府判事から兵庫県知事に転任する。明治二年七月大倉少輔に就き、十一月鉄道建設資金借入の件で大倉大輔大隈重信と一緒に全権を委任され、英国で百万ポンドの起債を企画し京浜鉄道の建設に貢献する。

六年征韓論が起こると岩倉・大久保の反対派に組し、十月参議・工部卿になる。十五年三月勅命で憲法制度調査で渡欧し、十七年三月創設の制度取調局長官に就任、宮内卿を兼ねる。七月『華族令』の制定にこぎつけ、勲功により伯爵となる。十八年（一八八五）十二月新政度の内閣に首相兼宮内大臣に就任する。その後首相に就くこと三回に及び、二十二年十一月元勲優遇を受け枢密院議長に就く。爵位は公爵・位階は正二位に昇る。外交政策では露国の南進を苦慮し、『日韓協約』締結によって韓国の宗主権を確保する。統監府が設けられると自ら赴き、四十年高宗皇帝の密使事件を強硬処理して、内政権を掌握して韓国併合の土台を築く。

四十二年十月哈爾賓駅で露国大蔵大臣ココウゾフと会し、露国守備隊を閲兵直後韓人安重根の狙撃をうけて倒れる。六十九歳。勅令により十一月四日国葬（第九号）の儀式が日比谷で行われる。

〔墓〕　東京都品川区西大井六丁目一〇番地　伊藤家墓地。

〔出典〕『官報』七九一〇号、『明治天皇紀』第一二。

69伊藤博文誄詞の出典　『官報』七九一一号。

70伊藤博文誄辞の出典　『大阪朝日新聞』。

〔参考文献〕　愛山閣主人著『偉人伊藤公の実伝』至誠堂・明治四十二年刊、平塚篤編『伊藤博文秘録』二巻・春秋社・昭和四—五年刊、中丸薫著『真実のとし火を消してはならない』。

71　佐佐木高行御沙汰（書）

故枢密顧問官従一位勲一等侯爵

法司ニ輔副シテ　力ヲ撰律ニ致シ
左右ニ陪侍シテ　誠ヲ進規ニ尽ス
後ニ要職ヲ歴テ　終ニ枢府ニ班シ
皇女ヲ保育シテ　嘉礼以テ成ル
蹇蹇終始　克ク其ノ任ヲ完クセリ

齢八旬ヲ超エテ　未タ暮年ヲ楽ムニ遑アラス
訃問遽ニ臻ル　痛悼曷ソ勝ヘム
宜ク賻ヲ賜ヒテ　以テ弔[1]慰スヘキ旨　御沙汰候事
　　明治四十三年三月五日

【校異】

1五　詔勅集「六」。

【解題】

　佐佐木高行（一八三〇—一九一〇）は、天保元年高知藩士佐佐木高下の男として生まれる。文久三年（一八六三）八月十八日の政変による七卿の都落ちに際し、藩主山内容堂の命をうけ太宰府に出向き情勢を収集する。慶応三年「薩ハ兎角兵ヲ用ヰル事ヲ好ミ、老公ハイツ迄モ干戈ヲ動カサズ」と、土佐藩の行動力不足を心配した。大義名分論が陽の目をみて上京後、雄藩根廻しの会合を重ね建白書の原稿書きに気を遣う。薩摩藩の小松帯刀・大久保利通らと会し、土佐藩主の名で将軍の政権奉還を建議するまでに至る。戊辰の役に活用のためライフル千三百挺を購入する。

新政府の下では、明治二年五月に刑法官副知事、四年司法省大輔として岩倉具視の渡欧に随行、西南の役に当たり土方久元らと帰国して高知県人の領袖を逮捕して影響の拡大を防ぐ。十三年三月元老院副議長となる。十七年七月叙爵規定により伯爵となり華族入りする。十二月従三位に進み、二十一年枢密顧問官となり、その後条約改正問題で上奏、皇太子妃選定に尽力し、常宮・周宮の養育に関わる。

　四十三年三月二日午前三時二十五分、肺炎に肋膜炎を併発して逝去する。八十一歳。

〔墓〕　東京都港区南青山二丁目三二　青山霊園。

〔出典〕『官報』八〇〇八号、『明治天皇紀』第一二。

〔参考文献〕　杉浦重剛編『佐々木侯付佐々木高美君』知己八賢・博育堂・大正三年刊、津田茂麿編『勤王秘史佐々木老侯昔日談』国晃館・大正四年刊、東京大学史料編纂所編『保古飛呂比（佐佐木高行日記）』一二・東京大学出版会・昭和四十七年刊。

72　岩倉具定御沙汰（書）

宮内大臣従一位勲一等公爵

維新ノ際戎馬ニ従事シテ　山道ノ軍ヲ督シ
後左右ニ出入シテ　清要ノ職ニ居ル
尋テ枢府ニ班シテ　遂ニ宮内ニ相タリ
恪勤端慤　終始渝ルコトナシ
俄ニ溘亡ヲ聞ク　曷ソ軫悼ニ任[1]ヘム
宜ク賻ヲ賜ヒテ　以テ弔慰スヘキ旨　御沙汰候事
明治四十三年四月五日

【校異】

1任　詔勅集「勝」。

【解題】

岩倉具定（一八五一－一九一〇）は、嘉永四年十二月、公卿岩倉具視の次男として生まれる。戊辰の役の慶応四年正月、弟具経と共に東山道鎮撫正副総督に就く。二月参与となり、奥羽征討白河口総督に就く。明治二年（一八六九）七月就学のため官を辞し、十五年二月憲法調査のため欧州出張の伊藤博文に随行する。十七年七月「父具視偉勲により」公爵になる。十二月家門永続資金として、三万八千円を世襲の栄としてうける。

十九年二月大膳大夫、二十一年臨時帝室制度取調委員、二十二年宮内省官制の改定により爵位局長官から爵位局長に、二十五年三浦梧楼の後の学習院々長を兼ねる。二十九年正三位より従二位に進み、枢密顧問官を兼ねる。三十七年六月、戦時事務多忙の労により五百円を給される。四十二年田中光顕の後の宮内大臣となる。

四十三年三月胃病を患い霊南坂の官邸で療養中、三十一日午後十二時逝去する。六十歳。特旨を以て従一位・旭日桐花大綬章を贈られる。

〔墓〕　東京都品川区南品川五－一六－二二　海晏寺。

〔出典〕　『官報』八〇三三号、『明治天皇紀』第一二。

〔参考文献〕　西村文則著『岩倉具定公伝』北海出版社・昭和十八年刊。

73　徳川昭武御沙汰（書）

麝香間祗候従一位勲一等

祖業ヲ紹述シテ　王事ニ勤労シ
夙ニ禁闕ノ守護ニ任シ　首トシテ蝦夷ノ開拓ヲ倡ヘ
維新ノ際兵ヲ東北ニ出シテ　累ニ戦功アリ
今ヤ溘亡ス　曷ソ軫悼ニ勝ヘム
宜ク使ヲ遣ハシテ(1)　以テ弔慰セシムヘキ旨　御沙汰候事
明治四十三年七月九日(2)

【校異】
1遣ハシ　詔勅集「遣シ」。2九　詔勅集「十一」。

【解題】

徳川昭武（一八五三―一九一〇）は、嘉永六年九月二十四日水戸藩主徳川斉昭の十八男として江戸駒込の水戸藩別邸に生まれる。幼名を余八麿昭徳という。文久三年兄の佐衛門佐昭訓の逝去後京都護衛職をひきつぐ。翌元治元年朝廷から直接官職叙任をうけて民部大輔・侍従となる。慶応二年将軍家茂が薨じて昭徳の院号を諡されたので昭武と改名する。十一月兄慶喜の名代となりパリ万国博覧会に使節を勤める。博覧会に出品した養蚕・漆器・工芸品・和紙等は絶賛されて第一等の賞牌をうける。会終了後スイス・オランダ・イタリア・英領マルタ島・イギリスを訪問する留学生活を送る。一年に満たない留学ながら仏語を修得し、絵画をこなし軍事規則の一般的認識を身につける。

帰朝後水戸藩知事に就き、祖父伝来の遺志を継ぎ北海道の開拓許可を得て天塩国五郡を管地とする。明治七年（一八七四）九月陸軍少尉に任官し、八年戸山学校生徒隊付を一年半近く勤める。同年暮旧公卿の中院通富の娘栄姫と結婚する。九年二月米国博覧会御用掛を命じられて陸軍少尉の軍籍を離れフィラデルフィアに出張する。十一月博覧会閉会後四年間の第二次留学に入る。

十四年十二月従四位より従三位に進み麝香間祗候を命じられる。十六年正月長女昭子が生まれた喜びも束の間、妻瑛子が産褥熱で死去する不幸に遭う。五月二歳違いの嗣子篤敬に家督を譲り隠居する。三十歳。三十年十二月正三位より従二位に、三十五年十二月正二位に進む。四十一年正月順天堂病院で腎臓剔出手術をうけ二箇月の療養生活を送る。四十二年末から健康思わしくなく、翌年五月病床に臥す。七月一日従一位勲一等瑞宝章を授けられ、三日逝去する。五十八歳。

〔墓〕　茨城県久慈郡　瑞龍山。

〔出典〕『官報』八一一五号、『明治天皇紀』第一二。

〔参考文献〕　大塚武松編『徳川昭武滞欧記録』三巻・日本史籍協会・昭和七年刊、黒江俊子「徳川昭武の渡欧と仏国博覧会出品の意義」（『法政史学』一五号）。

74　小村寿太郎御沙汰（書）

従二位勲一等侯爵

献猷機ニ合シテ　同盟ノ信ヲ通シ

締約議ヲ提シテ　友邦ノ好ヲ修ム

任ニ外交ニ膺リテ　功終始アリ

訃音忽ニ至ル　軫悼曷ソ勝ヘム

宜ク(1)賻ヲ賜ヒテ　以テ弔慰スヘキ旨　御沙汰候事

明治四十四年十二月二日

【校異】

1宜ク　詔勅集「宜シク」。

【解題】

小村寿太郎（一八五五―一九一一）は、安政二年九月十六日日向の飫肥藩士小村貫平の長子として生まれる。明治二年（一八六九）長崎に遊学して英語を学び、上京して東京開成学校を七年に卒業し、八年六月米国留学生として法律を修めて十三年帰朝する。東京裁判所判事・大審院判事・外務省取調局次長を歴任し、二十一年翻訳局々長に就任する。

二十六年外相陸奥宗光に認められ、十一月公使館一等書記官となり、大鳥公使不在中清国代理公使の仕事をする。翌年八月独断で公使館の旗を捲き北京を引上げる。二十八年十月王妃殺害事件の跡始末で韓国に出張し、同国駐剳公使に進む。その後外務次官・外務大臣を歴て三十五年日英同盟締結の功で男爵となり勲一等旭日大綬章をうける。

日露講和会議全権委員での成果は国民を満足させられなかった。四十年九月伯爵に進み四十三年一月先に米人鉄道王ハリマンに買収されかかった南満州鉄道の中立につき不安を奏上する。その後条約改正・関税改革・日韓併合で精力を使う。

四十四年四月侯爵に昇り前官礼遇をうけるが、病に負け十一月二十六日逝去する。五十七歳。

〔墓〕　東京都港区南青山二丁目三二　青山霊園。

〔出典〕『官報』八五三七号、『明治天皇紀』第一二。

〔参考文献〕　安井小太郎著『小村寿太郎侯略伝』小村寿太郎侯誕生記念碑建設会・昭和九年刊、白井喬二著『小村寿太郎・汪精衛』田中宋栄堂・昭和十八年刊、外務省編『小村外交史』二巻・新聞月鑑社・昭和二十八年刊（原書房・昭和四十一年刊）。

75　東久世通禧御沙汰（書）

枢密院副議長従一位勲一等伯爵

皇図ヲ維新ニ策シテ　流離艱ニ処シ
辺埵ノ重寄ニ任シテ　開拓基ヲ創ム
献替局ニ当リテ　枢府ニ副ト為リ
歯勲(1)倶ニ崇ク　徳望並ニ茂シ
忽(2)凶問ニ接シテ　悼ミ宸襟ニ切ナリ
宜ク賻ヲ賜ヒテ　以テ弔慰スヘキ旨　御沙汰候事

明治四十五年正月六日

【校異】

1勲　詔勅集「徳」。2忽　詔勅集「忽チ」。

【解題】

東久世通禧（一八三三―一九一二）は、天保四年十一月二十二日正五位下通徳の子として京都丸太町に生まれる。文久三年二月学習院有職となりついで国事参政となる。八月十八日の政変で長州に逃れ筑前に移る。慶応三年（一八六七）十二月帰洛し参与職に就く。翌四年正月軍事参謀となり嘉彰親王に従う。三職七科の制が定まり外国事務総督・兵庫裁判所総督・議定職・神奈川府知事等に就き、多忙の一年を過ごす。その後千石の永世下賜をうけ明治四年十月侍従長、岩倉具視の遺欧全権大使一行に理事官として随行する。帰朝後七年には台湾征討軍を、西南の役では政府軍の慰労を勅使として果たす。十年八月従三位で元老院議官となり年俸四千円をうける。

十三年十月福岡孝悌・神田孝平・林友幸の解任の後の元老院建白書取扱委員に就く。十五年元老院副議長、十七年七月勲功により伯爵となり華族に列する。二十一年枢密院顧問官・従二位、二十三年十月貴族院副議長となり議長の伊藤博文を輔佐する。二十四年六月、大津事件に関し当局者の罷免・犯人の処刑・勅使のロシア特派を十三人連署で奏上する。七月枢密顧問官、二十五年三月枢密院副議長となり、三十一年六月正二位に進む。

四十五年元旦逝去する。床には後奈良天皇の宸翰を掛け香を薫じていた。八十歳。通禧は公卿華族中、三条実美・岩倉具視に次ぐ地位で明治政権内でその地位を保った。

〔墓〕　東京都目黒区中目黒四丁目一三　長泉院。

〔出典〕　『官報』八五六二号、『明治天皇紀』第一二。

〔参考文献〕　東久世通禧「東久世伯国事鞅掌に関する事実」（『史談会速記録』四一号）、「東久世通禧伯」（『太陽』五巻一六号）、越崎宗一「東久世通禧の書」（『北海道地方史研究』五八号）。

76　明治天皇御誄

嘉仁謹ミテ(1)

皇考ノ霊前ニ白ス

皇考ノ登遐シ給ヒショリ、夙夜夢寐、温容ヲ諼ル能ハス。櫬宮ニ殯殿ニ奉饌拝参シテ、空シク霊前ニ感泣スルコト早ヤ已ニ四十余日。今ヤ伏見桃山ニ斂葬セムトシ、轜車ヲ送リテ此ニ来レリ。顧フニ曩ニ皇考ノ病革ルヤ、上下憂惧シテ天地ニ祈ルアリ。茲ニ其ノ葬儀ヲ行フヤ、朝野悲傷シテ已マス。是レ皆ナ国民忠忱ノ発露スル所ニシテ、即チ皇考徳沢ノ感孚スル所ナリ。此ヲ思ヒ彼ヲ念ヒ、痛悼ノ情倍マス切ナリ。嗚呼哀イ哉。

大正元年九月十三日

【校異】

1□　官報・大朝闕字、後文ニヨリ改メル。

【解題】

明治天皇（一八五二―一九一二）は、嘉永五年九月二十二日に生まれる。母は典侍中山慶子。万延元年九月親王宣下を九歳でうける。慶応二年（一八六六）十二月孝明天皇の崩御に遭う。三年十月征夷大将軍徳川慶喜の辞任表を受ける。翌四年三月十四日紫宸殿に出御し五箇条の国是を誓う。七月二十七日即位式を挙げ、九月八日一世一元の制を定め（明治と改元）、十二月朝鮮国に王政復古の通告を行う。二年以後復古に尽力した功臣の協力下内政の整備を重ねる。

十八年新体質の内閣制を導入し、二十二年『欽定憲法』の発布、二十三年帝国議会の開催といった近代国家成立への歩みを着々と進める。在位中、内閣の更迭に際して薩摩・長州出身の首脳に諮詢を求め、伊藤博文・山県有朋・黒田清隆・井上馨・松方正義・西郷従道・大山巌等、元勲或いは元老の協賛を受けて、日英同盟・日露開戦を裁可した。四十五年七月十五日、第三回日露協約の締結に関わる枢密院会議に出御したが、疲労を訴えその後病状が思わしくなく、三十日午前零時四十三分、心臓麻痺により還暦を待たずして崩御する。六十一歳。

中文体の誄は、『文選』に収める六朝の誄文体形式を踏襲し、「上下一心」の換韻を除き、頌の本文は陽・敬・真・癭・庚・紙・尤・寘・東韻で揃えた技巧が窺える。序文中の明治天皇・座・及び本文中の天皇の用語に、『公式令』の平闕式に倣う平頭（改行）が施され、格調の高き書式を窺わせる。

〔墓〕　京都市伏見区桃山町古城山　伏見桃山陵。

〔出典〕　『官報』大正元年九月十四日号外、『明治天皇紀』第一二。

〔参考文献〕　熊谷発之助著『明治天皇御実記』千代田書房・大正元年刊、徳富猪一郎著『明治天皇の鴻業』日本精神講座七・新潮社・昭和九年刊。

77　明治天皇誄辞

維明治四十五年七月三十日、

明治天皇崩于東京宮城之便殿、旋殯于正殿、
粤大正元年九月十三日、循礼、遷
座於伏見桃山陵。鼎成不帰、已陳象物、愁日窈冥、惨雲陰鬱、同軌奔輓龍輴、群黎恋瞻鳳紼。微臣等分宜騰茂。業在操觚。謹製哀誄、恭述鴻謨。其辞曰、
乾霊授国、昭臨四方、万世一糸、皇統悠長。朝綱解紐、群陰剝陽、外患亦迫、乃唱尊攘。於鑠
天皇、維神維聖、纘承丕基、赫応景命、龍興雲従、光復大柄、五誓昭昭、誕敷王政、礼楽兵刑、随宜釐正。中興以後、庶績維新、教化覃敷、培材叙倫、外則開国、修交善隣、内制大憲、上下一心、既庶且富、文質彬彬。海外用兵、仗義赫怒、師貞武揚、廓開疆土、峻徳明明、光被寰宇、国運逾昌、中外多祜。尭日舜風、烏足比数。皇謨宏遠、深戒驕盈、無荒無怠、法祖励精、天行乾健、聖学深閎、最富宸藻、託物抒情。篇篇訓誥、大雅正声。以君兼師、愛民如子、民浴深仁、如依怙恃、方祈寿康、永錫繁祉、遽掩瑲暉、奄捐玉几。烏号兮空抱弓、孺慕兮如喪妣。嗚呼哀哉。亀謀献吉、節近中秋。霊轜言駕、日暮展輴。哀仗遅遅以列、縞旛悄悄其愁。動笛声之蕭瑟、望輦路於緬悠。嗚呼哀哉。鬱鬱桃山、寿宮寥邃。雲幄深封、玄扉静閟。仰神霊於高天、蔵冠剣於大隧。攀龍髯而難追、慕天顔之永秘。嗚呼哀哉。神器有託、王臣匪躬、思恢宏式殫慮、期報効用尽忠。巍巍盛哉聖徳、蕩蕩大矣神功。垂貽謀日星如掲、伝余烈天地無窮。嗚呼哀哉。

大正元年九月十三日

明治天皇誄辞

維れ明治四十五年七月三十日、
明治天皇東京宮城の便殿に崩りたまひ、旋りて正殿に殯し、
粤に大正元年九月十三日、礼に循ひて、
座を伏見桃山の陵に遷させたまふ。鼎成りて帰らず、已に象物を陳し、愁日窈冥、惨雲陰鬱たり、同軌奔りて龍輴を輓き、群黎恋ひて鳳紼を瞻る。微臣等分は宜しく茂を騰ぐべし。業は觚を操るに在り。謹みて哀誄を製りて、恭しく鴻謨を述ぶ。其の辞に曰く、
乾霊国を授けて、四方に照臨し、万世一系、皇統悠長な

り。朝綱紐を解きて、群陰陽を剝し、外患も亦迫りて、乃ち尊攘を唱ふ。於鑠
天皇、維れ神維れ聖、丕基を纉承して、景命に赫応し、龍興り雲従ひて、大柄を光復し、五誓昭昭、誕に王政を敷き、礼楽兵刑、宜に随ひて釐正したまひき。中興以後、庶績維新、教化覃く敷きて、材を培ひ倫を叙で、外は則ち国を開きて、交を修め隣を善し、内は大憲を制して、上下心を一にし、既に庶にして且つ富み、文質彬彬たり。海外兵を用ひ、義に仗て赫怒し、師貞しく武揚りて、疆土を廓開し、峻徳明明として、寰宇に光被せしかば、国運逾昌にして、中外多祜かりき。尭日舜風も、烏ぞ比数するに足らんや。皇謨宏遠、深く驕盈を戒め、荒なく怠なく、祖に法りて精を励まし、天行乾健、聖学深閎、最も宸藻に富ませられ、物に託けて情を抒べたまふ。篇篇訓誥、大雅正声なり。君を以て師を兼ね、民を愛むこと子の如くなりしかば、民は深仁に浴して、怙恃に依るが如く、方に祈る寿康にして、永く繁祉を錫ふを、遽に璿暉を掩ひ、奄ち玉几を捐てたまはんとは。烏号して空しく弓を抱き、孺慕して妣を喪ふが如し。嗚呼哀哉。亀謀吉を献じ、節は中秋に近し。霊轜言に駕し、日暮れて輈を展ぶ。哀仗遅遅として以て列り、縞旛悄悄として其れ愁ふ。笛声の蕭瑟を動かして、輦路を緬悠に望む。嗚呼哀哉。鬱鬱たる桃山、寿宮寥邃たり。雲幄深く封じて、玄扉静に閟せり。神霊を高天に仰ぎて、冠剣を大隧に蔵む。龍髯を攀ぢて而して追ひ難く、天顔の永く秘るゝを慕ふ。嗚呼哀哉。神器託あり、王臣匪躬、恢宏を思ふて式て慮を殫し、報効を期して用て忠を尽さん。巍巍として盛哉聖徳、蕩蕩として大矣神功。貽謀を垂れて日星掲ぐるが如く、余烈を伝へて天地無窮ならん。嗚呼哀哉。

大正元年九月十三日

【解題】

誄は序文一〇〇字本文三七八字から成る。序文中の明治天皇・座及び本文の天皇を『公式令』平闕式に基づく平頭で記す。これまで桓武天皇・平城上皇・淳和上皇・光格天皇等の誄が、共通して祝詞調の冒頭句「畏哉　某宮爾御坐志天皇乃、天都日嗣乃御名事袁、恐牟恐母誄白、臣末」で始まり、諡号奉呈を述べ「恐牟恐母誄白、臣末」

の結句で終わる文体であった。ところが明治天皇誄は、揚雄作元后誄にみえる序と頌で構成する誄文体に倣う。誄は明治天皇の在位中の聖績を「鴻謨」の頌で詠む。「大柄を光復し」、「中興以後」の「庶績維新」に「精を励まし」の表現には、天皇が不断重ねた努力を示している。

　天皇が辿った欧米諸国に伍する道は茨の道であった。その道程に大村永敏に始まる物故者への哀悼文に、明治天皇誄に用いた表現が頻出する。復古（光復）と維新とを対句とする使用が、広沢真臣・山内豊信・大久保利通等の賜誄にみられる。また維新と中興を対句にする木戸孝允賜誄も復古を中興の表現に変えたに過ぎない。「精ヲ励シ職ヲ尽ス（沢宣嘉賜誄）」・「大政ノ維新ヲ賛ケ、精ヲ励シ誠ヲ效ス（大原重徳賜誄）」・「太政維新ニ際シ、精ヲ励シ力ヲ陳ヘ（徳川慶勝賜誄）」・「精ヲ励シ職ヲ尽ス（森有礼賜誄）」等、一連の共通した励精は帝国隆昌の礎となった功労者に贈る哀悼表現なのである。

　近代国家に発展させようとする宏遠の皇謨が誄にみえる。天皇の御意志は嵯峨実愛への御沙汰書「勤勉職ヲ奉シテ、維新ノ皇謨ヲ翼賛ス」や西園寺公望賜誄「壮歳曠古ノ皇謨ヲ翼ケ」に反映されて残る。知識人が抱いた大日本帝国の飛躍に心身を捧げた功労者、彼等に贈る哀悼の気持を賜誄・御沙汰に具現すれば、明治天皇誄の文句に帰するのではないか。頌には多くの哀辞を連ねるが、『論語』泰伯篇の「巍巍乎唯天多レ大、唯尭則レ之、蕩蕩乎民無二能名一焉」を借用した李朝『宣祖大王哀冊文』に、「巍巍冠古之行、蕩蕩難名之烈」とみえる手法がある。聖徳と巍巍を結びつけた早い用例は、『漢書』王莽伝に「聖徳巍巍如レ彼」と記すのがある。これら故事を踏まえる表現は、偉大な帝王尭に擬えたもので明治天皇も例外でない。

　誄は陽・敬・真・賡・庚・紙・尤・賓・東の九韻で揃えられ、真韻中に「上下一心」の侵韻一字のみが異なる技巧が窺える。

〔出典〕『大阪朝日新聞』大正元年九月十三日号外。口絵参照。

78　明治天皇誄

内閣総理大臣正二位勲一等侯爵臣西園寺公望泣血頓首謹ミ言ウス

霊轜殯ヲ啓カセラレ、饋奠方ニ陳ス。群臣咸集マリ、友邦畢ク会シ、等ク　聖儀ノ幽翳ヲ痛ミタテマツル。恭ミテ惟ミルニ

明治天皇、睿知神ノ如ク、峻徳天ニ侔シ。沖齢極ニ登リ、武ヲ　神皇ノ肇基ニ踵キタマヒ（1）、国歩ノ艱難ヲ排シテ、維新ノ大業ヲ成シ、五条ノ誓文ヲ立テテ、百代ノ国是ヲ定メタマヒ（2）、藩ヲ廃シ県ヲ置キ、制ヲ革メ治ヲ興シ、内ハ憲法ヲ刱定シテ（3）、軌（4）範ヲ不朽ニ垂レ、外ハ条約ヲ改訂シテ、利権ヲ永遠ニ伸ヘタマヒ（5）、法典ヲ修メ、産業ヲ奨メ、兵備爰ニ整ヒ、文教益振フ。常ニ世界ノ平和ニ惓眷シタマヒ（6）、殊ニ東洋ノ治安ヲ軫念アラセラレ、同盟ヲ締ヒ、鄰交ヲ敦クシ、不運蔚（7）乎トシテ、我武維揚リ、

　皇猷淵大ニシテ、国威愈宣フ。盛徳洪業、寔ニ前古ヲ曠ウシテ、後代ヲ光ラス。伏シテ顧ミレハ　御宇、四十七年ノ間、天行至健ニシテ、一日万機、未ダ曽テ逸予シタマハス。庶政咸挙リ、蒼生永ク頼リ、均シク昭代ノ慶福ヲ享ケ、挙テ　万寿ノ無疆ヲ祝セシニ、一朝不予アラセラレ、率土震駭シ、天ヲ仰キ地ニ蹐シ、神トシテ祈ラサルナシ。吁嗟蒼タルモノハ皇穹、胡寧ンソ弔マサル。大駕奄チ登霞シテ、永ク兆民ヲ棄テ給ヒ、霊柩咫尺ニ在マシテ、御容長ヘニ人天ヲ隔ツ。龍髯ノ攀ツルニ路ナキヲ悲シミ、烏号ノ尋ヌルニ地ナキヲ傷ム。情塞カリ神逼リ、復タ言フ所ヲ知ラス。伏シテ冀クハ、在天ノ聖霊、其レ臣等、哀々ノ微忱ヲ愍ミ、偏ニ昭鑑ヲ垂レサセタマヘ。臣公望、茲ニ百僚臣民ニ代リテ、泣血頓首、謹ミ言ウス。

　大正元年九月十三日

【校異】

1 2 6タマヒ　大朝「給ヒ」。3テ　大朝「ワ」。4軌　大朝「軏」。5伸ヘタマヒ　大朝「伸ヒ給ヒ」。7蔚　大朝「鬱」。

【解題】

誄奉呈者西園寺公望（一八四九―一九四〇）は、嘉永二年十月二十三日右大臣徳大寺公純の次子として京都に生まれる。西園寺師季の嗣子となり四歳の時当主となった。安政四年九歳で元服し正四位下右近衛少将になる。慶応三年参与に就き、翌四年（一八六八、九月に明治改元）山陰道鎮撫総督・東山道第二軍総督・北国鎮撫使・会津征討越後口総督府参謀等を歴任する。

明治三年仏国に留学し、ソルボンヌ大学に学び急進的社会主義の法学者エミール・アコラスに師事し、クレマンソー・中江兆民との交友を深め、十三年十月帰国する。十四年有楽町に明治法律学校を設立し、又中江兆民と共に『東洋自由新聞』を創刊し社長兼主筆となり、君臣共治説・地方分権説・外交平和説等の項目を挙げ啓蒙活動に尽力する。天皇これを憂慮し四月に内勅をうけて退社する。

十六年（一八八三）十二月参事院議官、十七年七月叙爵内規により侯爵となる。爾後墺・独公使、賞勲局総裁・枢密顧問官を歴て、二十七年伊藤内閣の文相に就任する。本格的な首班を桂内閣のあとで演じる。第一次組閣は明治三十九年正月であり、第二次組閣は四十四年八月である。海軍が六・六艦隊から八・八艦隊へ増強する中で陸軍の二箇師団増設が問題となる。上原陸相の帷幄上奏辞任によって、増師不可方針の公望内閣を総辞職に追込む。桂冠した公望に元老待遇の勅語が出る。

公望は山県・大山・松方の元老連に加わるが、三元老逝去後は最後の元老として輔弼の大任を果たす。五・一五（昭和七年）と二・二六（昭和十一年）事件で生じた内閣更迭に際し、斎藤実・広田弘毅の起用にみられる、最後の首相奏請のあとは発言力が実質上失われる。昭和十五年十一月二十四日、静岡県の別邸坐漁荘（現静岡市清水区興津清見寺町）で逝去する。九十二歳。十二月五日日比谷公園で国葬が行われる。

〔出典〕『官報』大正元年九月十四日号外。

79　明治天皇誄

宮内大臣従二位勲一等伯爵臣渡邊千秋謹ミテ明治天皇霊轜ノ御前ニ白ス。

天皇登極ノ初メ、政統紀ナク、国勢振(1)ハス。人心危惧ヲ抱ケリ。而ル(2)ニ
天皇精ヲ励マシ治ヲ求メ、百廃具ニ挙カル。典範ヲ制シテ以テ(3)　皇基ヲ鞏クシ、勲爵ヲ頒チテ以テ功臣ヲ奨メ、兵ヲ閲(4)ミシ方ヲ省ミテ、荐ニ巡幸ノ駕ヲ促シ、荒ヲ救ヒ窮ヲ恤ミテ、屢(5)々内帑ノ金ヲ賜フ。紹業ノ徳ハ(6)　列聖ニ光(7)カリ、垂裕ノ恵ハ後昆ニ垂ル。区寰隆治ヲ頌シ、億兆厚沢ヲ謳ヒ、(8)(9)　聖運ノ旺盛ナル、古今其ノ比ヲ見ス。臣叨ニ大臣ノ職ヲ辱(10)フシ、(11)　天威ニ咫尺シテ殊眷ヲ蒙(12)ムリ、
(13)　玉体ノ剛健ニシテ、(14)　龍顔ノ常ニ壮ナルヲ欽ミテ、(15)　天資ノ(16)聡明ニシテ、(17)　宸断ノ流ルルカ如キヲ仰キ、(18)　万寿ヲ無疆ニ祝シ、寸効ヲ畢生ニ期セシニ、曷ンソ図ラム(19)ニ豎奄チ虐ヲ為シ、(20)
天皇乃チ晏駕セム(21)トハ。臣等(22)恐愕痛恨、黯然トシテ悽(23)塞スルコト、茲ニ数十日、今ヤ将ニ伏見ノ桃山ニ斂葬セム(24)トシ、恭ミテ(25)　霊轜ヲ護シ、以テ大儀ヲ修ム。追悼ノ涙止メ難ク、景慕ノ念愈(26)々深シ。哀誄ヲ作リ以テ(27)　聖徳ヲ称(28)ス。情逼リ神悸レテ、言(29)ハムト欲スル所ヲ知ラス。臣千秋稽顙(30)、謹ミテ奏ス。

大正元年九月十三日

【校異】
1勢　大朝「務」。2 20□　官報・大朝闕字、前文ニ倣ヒ改メル。3 6 8 11 13 14 17 18 25 27□　大朝闕字ナシ。4閲ミシ　大朝「閲シ」。5屢々　大朝「屢」。7光カリ　大朝「光リ」。9聖運　大朝「聖恩」。10辱フシ　大朝「辱ウシ」。12蒙ムリ　大朝「蒙リ」。15テ　大朝ナシ。16ノ　大朝ナシ。19 21 24ム　大朝「ン」。22等　大朝細字ニツクル。23悽　大朝「凄」。26愈々　大朝「愈」。28称　大朝「頌」。29言ハム　大朝「言ム」。30顙　大朝「親」。

【解題】
誄奉呈者渡邊千秋（一八四三―一九二一）は、天保十四年五月二十日信濃国諏訪郡長地村に生まれる。父は高島藩士渡邊政徳。藩校長善館に学ぶ。明治二年伊那県に勤仕する。十三年七月鹿児島県令、十九年七月鹿児島県知事を歴る。
二十四年五月大津事件処理のため滋賀県知事に転ずる。

二十五年五月錦鶏間祗候となる。二十七年七月勅選により貴族院議員になる。十一月京都府知事に就任し、翌二十八年四月広島の大本営が京都に移り、天皇を迎えて精勤尽力する。五月尽力を賞されて白縮緬一匹を下賜される。十月内蔵頭白根専一の逓信大臣転出の後をうけ内蔵頭に就く。

三十三年五月在職六年以上の功労顕著により男爵となり華族に列す。三十五年勲一等・瑞宝章をうけ、三十七年旭日大綬章をうける。四十年九月子爵に昇り十二月特旨で従二位に進む。四十二年宮内次官兼内蔵頭兼帝室林野管理局長で枢密顧問官となる。四十三年四月首相桂太郎の奏薦により宮内大臣に就任する。四十四年正月多年皇室経済会議に参列尽力した功で御紋付文台硯箱を給され、四月伯爵に進む。

大正元年七月大喪使官制の公布で、大喪使副総裁に就き、大喪礼で誄を奉読する。三年大臣を退き、五年家督を千春に譲り、十年八月二十七日逝去する。七十九歳。

〔出典〕『官報』大正元年九月十四日号外。

80　榊原佐登子刀自乃誄詞

惜志伎佐登子之大刀自、陸軍中将榊原夫人能御霊乃前爾、喪主刀坐須御真名子主計主爾代里弖、中将爾縁有留皇典講究所講師青戸波江、置露重伎袖攬合世弖、於宝那於宝那、誄詞乎聞申左久。

惜志伎汝佐登子之大刀自耶、今志母遺骸乎葬奉里収奉良牟刀為留爾臨美弖、大刀自賀世爾在里志程乃事共乎、且賀都毛偲奉留爾、大刀自波毛、去志明治十一年十二月四日、佐賀県士族綾部幸熙主乃二女登志弖、此乃世爾生出坐志弖、容姿母麗志久気高久、志操母正志久温雅爾坐志志加婆、細女乃賢婦刀、父母乃君乃保侍伎給比、鞠育志給比志爾依里弖、婦女登志弖知留倍伎道、執留倍伎業等波既久乃程爾、大方波習覚衣、学伝反弖奈毛坐志計留刀曽。然弖後明治二十八年十二月八日、十有八乃齢爾志弖、此乃榊原乃家爾嫁伎賜比、若草乃万陀浦若伎弱肩乎以弖、克久彦智乃君乎輔佐介、姑乃君爾事倍弖、家政乎摂祢賜布間爾、男児四人、女子三人、合世弖七人乃子女乎設介給比、其乃子女等乎教反育弖牟為爾波、夜昼乎毛分可受、御心乎砕伎賜比氏、克久人乃母刀有留倍伎道道、又克久人乃妻刀有留倍伎筋筋乎毛尽給比、極給比爾伎刀古曾。夫賀中爾毛三十七八年乃役爾、彦智乃君乃皇軍爾従比賜比志折爾波、内外乃事爾深久御心乎配里給比弖、御子等乃養育波更奈里、内爾波母君乃御心乎慰米、外爾波夫君乃御功乎励志給比、又夫君乃韓国憲兵司令刀成里弖、彼国爾渡給比志時爾毛、戦時刀同様爾是彼乃事共爾御心乎悩志賜比弖、夫君乎志弖常爾後乎顧美、内乎患布留事無加良志米賜比志事波、相知礼留内外乃人人乃、見聞爾毛炳然加里介留所爾奈母在留。然耳爾非受、夫君賀工兵大隊長止志弖、赤羽乃兵営爾在里都留時、陸軍大学校陸軍士官学校乃教官刀志弖、其乃業執礼里志折、築城本部長刀志弖、其乃務乎帯倍里志間、広島湾要塞司令官刀志弖、由良要塞司令官刀志弖、其乃司爾関礼里志程、都閉弖夫君賀国乃為君乃御為刀、身毛棚知良爾勤労伎都留事共波、云以行計婆其乃片都方波、汝大刀自乃、内乎修米家乎斉閉都留伊賀志力爾拠里奴留事登曽謂比弖万志。

阿波礼伊美志伎鴨大刀自乃技量耶。天晴伊蘇志伎鴨、大刀自乃功績耶。加加礼婆、世乃長人世乃遠人刀、常磐爾堅磐爾彦智乃君爾相副比坐志弖、猶将来母茂績乎樹弖給比表志給反刀、親族家族等波云布毛更奈里、大方人爾至留麻伝、一向爾思頼美弖有里計留乎、如何奈留禍神乃禍事曾毛、去年乃夏、広島乃寓居爾長男隼人主乎亡比賜比志与利、痛久哀爾沈美賜比弖、明暮御心乎傷米賜比弖、果果爾、終爾御病乃床爾臥志賜比志加婆、様様爾医乃術乎尽左志米賜比志加杼母、露計毛其乃験無久、今年二月乃頃与里夫君乃御許乎放里弖、独都爾帰良世賜比弖、専疾米留身乎養比給布間爾、阿賀良米佐須事乃如久、一日一夜刀衰弱坐志弖、悔志伎加毛、惜志伎加毛、今年八月三十日刀云布日乃、夜乃真夜中刀降知行久時、三十路余五乃齢乎、此乃世乃終刀志氏、未多真盛奈留花乃姿乎、秋乃野乃露乃真玉乎、朝風夕風乃吹散良須事乃如久爾、行水乃逝伎氐還良受、吹風乃目爾見奴隈爾雲隠里給比奴留波、悲志刀毛悲志久、悼志伎極美爾奈毛有里介留。殊爾夫乃君爾波、先年烈志加里都留旅順乃戦乃刻美爾傷伎破里志耳乃痛手乃、猶志母今爾癒遣良受、年爾添比都都聞難奈留折乃美多久成行伎奴礼婆、心静爾躬乃痛手乎母治療志、懇爾汝大刀自乃御病乎毛看護里勢牟刀弖、預礼留由良要塞乃御依事乎、八月乃末方、朝廷爾返奉里弖、夜乎日爾継伎都都、遥遥爾此乃都爾上里来都留爾、汝命波耶、汝命波耶、早久母事去里時移里弖、冷入里奴留遺骸乃美床乃上爾臥坐世留所奈里志波、後礼志人波言巻久母更奈礼杼、先立多須留身毛如何爾惜志久、悔志久思保志計牟刀、余所爾聞久人人多爾、哀美奉里悼美奉里弖、袖紋良奴波有良受奈毛在里計留。加加礼婆親族家族乃人等波、闇夜行如須暮惑比氐、悲志美歎伎愁比佐迷布余里爾、遺骸乎正眼爾見都都毛、詭言可毛戯事加毛、年頃勤麻礼志夫乃君乃後身乃事波誰爾任世加毛、眠里伊坐世留子女等乃養育乃業波誰爾譲里可毛、日頃励万礼志事真爾志有良婆、此乃榊原乃家政乎婆、今日与里後波如何爾為弖可毛収米行加牟、明日与里後波如何爾志弖可毛斉反行加牟刀、手擦里足摩里志弖慕比歎計杼、顕身乃世乃習波如何爾刀毛為牟便無伎事爾志有礼婆、今日志母阿多良遺骸乎、荒野乃末乃煙刀成志弖、家乃掟乃随爾、明日乃夕日乃降知爾、芝二本榎町奈留円真寺乃代代乃御祖乃奥都城所爾、隠志奉里納奉良牟刀須。然波在礼杼毛、家主人乃平素乃御心掟爾依里弖、後乃業祭祀乃典波、皇大御国乃大御手風以知弖、子孫乃継続絶由留事无久怠留事无久、修奉里仕奉良牟刀為留賀故爾、今志母爰爾御柩搔据衣、終乃御饗刀海川山野乃物等乎、八取乃机代爾置高成志弖備奉里捧奉里、親族家族乃人等乎始米弖、相集倍留人人賀、各毛各毛伊豆乃玉串乎進里都都、永伎離別乎哀美奉留状乎、天翔里都都見行波志坐志弖、汝大刀自乃遺骸波、後毛軽久此乃所乎出立多世賜比、幸魂波此乃家乃守護神刀永久家内爾鎮座志弖、子女等乎始米弖親族家族子孫乃八十継爾至留迄、夜乃守里昼乃守里爾守里幸閉給反刀白事乃由乎、平介久安介久聞食志諾比給反刀、哀美最惜美都都白須。

榊原佐登子刀自の誄詞

惜しき佐登子の大刀自、陸軍中将榊原夫人の御霊の前に、喪主と坐す御真名子主計主に代りて、中将に縁有る皇典講究所講師青戸波江、置露重き袖攬合せて、於宝那於宝那、誄詞を聞申さく。

惜しき汝佐登子之大刀自や、今しも遺骸を葬奉り収奉らむと為るに臨みて、大刀自が世に在りし程の事共を、且賀都も偲奉るに、大刀自はも、去し明治十一年十二月四日、佐賀県士族綾部幸熙主の二女として、此の世に生出坐して、容姿も麗しく気高く、志操も正しく温雅に坐しかば、細女の賢婦と、父母の君の保侍き給ひ、鞠育し給ひしに依りて、婦女として知るべき道、執るべき業等は既くの程に、大方は習覚え、学伝へてなも坐しけるとぞ。然て後明治二十八年十二月八日、十有八の齢にして、此の榊原の家に嫁き賜ひ、若草の万陀浦若き弱肩を以て、克く彦智の君を輔佐け、姑の君に事へて、家政を摂ね賜ふ間に、男児四人、女子三人、合せて七人の子女を設け給ひ、其の子女等を教へ育てむ為には、夜昼をも分かず、御心を砕き賜ひて、克く人の母と有るべき道道、又克く人の妻と有るべき筋筋をも尽給ひ、極給ひにきとこそ。夫が中にも三十七八年の役に、彦智の君の皇軍に従ひ賜ひし折には、内外の事に深く御心を配り給ひて、御子等の養育は更なり、内には母君の御心を慰め、外には夫君の御功を励し給ひ、又夫君の韓国憲兵司令と成りて、彼国に渡給ひし時にも、戦時と同様に是彼の事共に御心を悩し賜ひて、夫君をして常に後を顧み、内を患ふる事無からしめ賜ひし事は、相知れる内外の人人の、見聞にも炳然かりける所になも在る。然耳に非ず、夫君が工兵大隊長として、赤羽の兵営に在りつる時、陸軍大学校陸軍士官学校の教官として、其の業執れりし折、築城本部長として、其の務を帯べりし間、広島湾要塞司令官として、由良要塞司令官として、其の司に関れりし程、都べて夫君が国の為君の御為と、身も棚知らに勤労きつる事共は、云以行けば其の片つ方は、汝大刀自の、内を修め家を斉へつる伊賀志力に拠りぬる事とぞ謂ひてまし。

阿波礼伊美志伎鴨大刀自の技量や。天晴伊蘇志伎鴨、大刀自の功績や。加加れば、世の長人世の遠人と、常磐に堅磐に彦智の君に相副ひ坐して、猶将来も茂績を樹て給ひ表し給へと、親族家族等は云ふも更なり、大方人に至るまで、一向に思頼みて有りけるを、如何なる禍神の禍事そも、去年の夏、広島の寓居に長男隼人主を亡ひ賜ひしより、痛く哀に沈み賜ひて、明暮御心を傷め賜ひて、果果に、終に御病の床に臥し賜ひしかば、様様に医の術を尽さしめ賜ひしかども、露計も其の験無く今年二月の頃より夫君の御許を放りて、独都に帰らせ賜ひて、専疾める身を養ひ給ふ間に、阿賀良米佐す事の如く、一日一夜と衰弱坐して、悔しきかも、惜しきかも、今年八月三十日と云ふ日の、夜の真夜中と降ち行く時、三十路余五の齢を、此の世の終として、未多真盛なる花の姿を、秋の野の露の真玉を、朝風夕風の吹散らす事の如くに、行水の逝きて還らず、吹風の目に見ぬ隈に雲隠り給ひぬるは、悲しとも悲しく、悼しき極みになも有りける。殊に夫の君には、先年烈しかりつる旅順の戦の刻みに傷き破りし耳の痛手の、猶しも今に癒遣らず、年に添ひつつ聞難なる折のみ多く成行きぬれば、心静に躬の痛手をも治療し、懇に汝大刀自の御病をも看護りせむとて、預れる由良要塞の御依事を、八月の末方、朝廷に返奉りて、夜を日に継きつつ、遥遥に此の都に上り来つるに、汝命はや、汝命はや、早くも事去り時移りて、冷入りぬる遺骸のみ床の上に臥坐せる所なりしは、後れし人は言巻くも更なれど、先立たする身も如何に惜しく、悔しく思ほしけむと、余所に聞く人人たに、哀み奉り悼み奉りて、袖絞らぬは有らずなも在りける。加加れば親族家族の人等は、闇夜行如す暮惑ひて、悲しみ歎き愁ひ佐迷ふ余りに、遺骸を正眼に見つつも、詭言かも戯事かも、年頃勤まれし夫の君の後身の事は誰に任せかも、眠り伊坐せる子女等の養育の業は誰に譲りかも、日頃励まれし事真にし有らば、此の榊原の家政をば、今日より後は如何に為てかも収め行かむ、明日より後は如何に志てかも斉へ行かむと、手擦り足摩りして慕ひ歎けど、顕身の世の習は如何にとも為む便無き事にし有れば、今日しも阿多良遺骸を、荒野の末の煙と成して、家の掟の随に、明日の夕日の降ちに、芝二本榎町なる円真寺の代代の御祖の奥都城所に、隠し奉り納奉らむとす。然は在れども、家主人の平素の御心掟に依りて、後の業祭祀の典は、皇大御国の大御手風以ちて、子孫の継続絶ゆる事無く怠る事無く、修奉り仕奉らむと為るが故に、今しも爰に御柩播据え、終の御饗と海川山野の物等を、八取の机代に置高成して備奉り捧奉り、親族家族の人等を始めて、相集へる人人が、各も各も伊豆の玉串を進りつつ、永き離別を哀み奉る状を、天翔りつつ見行はし坐して、汝大刀自の遺骸は、後も軽く此の所を出立たせ賜ひ、幸魂は此の家の守護神と永く家内に鎮座して、子女等を始めて親族家族子孫の八十継に至る迄、夜の守り昼の守りに守り幸へ給へと白事の由を、平けく安けく聞食し諾ひ給へと、哀み最惜みつつ白す。

【解題】

誄作者下田義照（一八五四―一九二九）は、安政元年五月十日伊豆田方郡伊東町（久須美一八六番地）に生まれる。初め義天類と称す。慶応三年頃上京し、神田に学塾を開く権田直助に師事する。十九歳の明治五年（一八七二）十二月十一日教導職二等試験乙科に及第し中講義に補される。十二年教典編纂係となる。十七年神道局の幹事兼維持法取調委員に就き、八月権少教正になる。三十一歳。同月教導職廃止で神道本局に改まる。

二十年伊勢神宮皇学館教授になり、三十四年以後皇典講究所講師及び国学院大学教授となる。三十七年義照と改名する。四十五年三月皇典講究所長鍋島直大に代り、青戸波江が奉読する神職養成部卒業式学神祭祝詞を作る。大正五年宮内省掌典に就く。七年十一月土方久元伯爵の逝去に際し、誄詞・移霊祭詞・埋葬祭詞・帰家祭詞・十日祭詞等を作る。八年正七位に叙され、昭和四年八月十二日逝去する。七十六歳。『祝詞作文法議』の著作がある。

〔出典〕『最新祝詞作例文範補遺』。

81　有栖川宮威仁親王賜誄

元帥海軍大将大勲位

志ヲ盛時ニ立テ　身ヲ海軍に委ス

英ニ航シテ研鑽　辛勤ヲ厭ハス

国ノ為ニ尽瘁シ　屢殊勲ヲ著ハス

道文武を該ネテ　学古今ニ通セリ

朕東宮ニ在ルヤ　出入輔導

能ク厥ノ任ヲ竭シ　啓沃奨匡

善ク厥ノ忱ヲ效ス　情猶昆弟ノコトク

誼師父ニ斉シ　英邁ノ資

徳望ノ隆　仍翼賛ヲ期セシニ

遂ニ溘亡ヲ聞ク　痛惜已ムナク　軫悼曷ソ勝ヘン

茲ニ侍従職幹事正三位勲一等男爵米田虎雄ヲ遣シテ　賻弔セシム

大正二年七月十五日

【解題】

威仁親王（一八六二―一九一三）は、文久二年正月熾仁親王の第四男として生まれる。稠宮という。十三歳の明治七年七月兄の熾仁親王と共に召され、海軍に勤務する命をうけ海軍兵学寮に入学する。十一年五月熾仁親王に子がないため継嗣となり威仁の名を賜わる。八月兵学校予科を卒業し本科に入る。十二年十二月海軍少尉に任官の十日後前田利嗣の妹慰子と結婚する。

十九年十二月皇族叙勲内規により、海軍少佐勲一等から大勲位菊花大綬章をうける。二十三年五月葛城艦長心得になる。翌年五月露国皇太子ニコラスの遭難に際し、露国へ出張し帰朝後千代田艦長に就任する。その後横須賀鎮守府海兵団長・松島艦長・橋立艦長を歴任する。

三十六年二月二十五歳の東宮に輔導の必要がないことを理由に東宮輔導廃止の意見を出す。翌年六月海軍大将に進み、三十八年正月軍事参議官になる。四十一年二月議定官に就き、大正二年薨去に先立ち元帥府に列した。勅令第二五五号を以て国葬に遇せられる。葬場祭詞を誄詞代りに用いた異例の国葬であった。

親王の薨去後男子の継承者がないため、親王妃の薨去で宮号は消滅した。

〔墓〕　東京都文京区大塚五丁目四〇番地　豊島岡墓地。

〔出典〕　『官報』二八九号、『大阪朝日新聞』、三浦藤作謹解『歴代詔勅全集』第七巻・河出書房・昭和十七年刊。

〔参考文献〕　威仁親王行実編纂会編『威仁親王行実』二巻別一巻、武田勝蔵「大行天皇と威仁親王」（『中央史壇』一三巻二号）。

82　桂太郎賜誄

内閣総理大臣従一位大勲位公爵

夙ニ身ヲ戎馬ニ委子(1)　深ク力ヲ経綸ニ致シ

屢補袞ノ任ニ膺リ　又締盟ノ效ヲ奏シ

勳績愈彰ル　朕尚ホ他日ニ待ツ所アリシニ

忽チ溘亡ヲ聞ク　曷ソ痛悼ニ勝ヘン(2)

茲ニ侍臣ヲ遣シ(3)　賻ヲ賷シ以テ弔慰セシム

大正二年十月十八日

【校異】
1子　大朝「ネ」。2ン　大朝「ム」。3遺シ　大朝「遺ハシ」。

【解題】
桂太郎（一八四七―一九一三）は、弘化四年十一月二十八日萩城下の平安古町に生まれる。幼名を寿熊、のちに太郎と改める。慶応三年藩命で上京し、毛利敬親父子の官位復旧と入洛許可の保証を得て帰藩する。

戊辰の役では鎮撫総督の九条道孝に従い仙台に赴く。明治三年より六年まで独国に留学し、その後独国駐在武官・参謀本部入りして法制掛を兼ね、総務局長を経て十九年陸軍次官・二十三年軍務局長となり、翌年第三師団長に就任する。二十八年八月日清戦役の軍功により功三級・金鵄勲章・勲一等瑞宝章・子爵の叙授をうける。二十九年第三師団長から台湾総督・東京湾防禦総督を歴任し、第三次伊藤内閣・大隈内閣の陸軍大臣に就き大将に昇進する。その後第二次山県内閣・第四次伊藤内閣の陸軍大臣を歴任し三十三年十二月辞職する。

三十四年六月伊藤内閣の後をうけ、陸軍大臣児玉源太郎と海軍大臣山本権兵衛を留任させ、又閣員中元老の存在しない首相となる。十一月日英両国が東洋で優勢な海軍力を保持すること、英国が日本の韓国における利権を承認すること、の二項を追加する『日英同盟協約修正案』を奏上する。翌年協約が成立し功により伯爵に進む。

三十六年十月内務大臣を兼ね、翌年二月五元老・陸相海相外相と会し露国への最後通牒を発する。日露戦争後『日韓協約』の締結・統監府の設置・韓国の保護国化を進め、『日清協約』で南満州の特殊権益確保を得る。三十九年首相をやめ、戦役の功で大勲位・菊花大綬章をうけ、翌年九月侯爵に進む。その後『韓国併合条約』締結・朝鮮総督府設置・『日英協約』重訂に与る。

大正に入って内大臣侍従長・第三次首相を勤め、二年十月十日逝去する。六十七歳。

〔墓〕　東京都世田谷区松陰神社隣接大夫山。

〔出典〕　『官報』三六八八号、『大阪朝日新聞』、三浦藤作謹解『歴代詔勅全集』第七巻。

〔参考文献〕　徳富猪一郎編『公爵桂太郎伝』二巻・故桂公爵記念事業会・大正六年刊、小泉策太郎著『西園寺公と桂公』昭和十一年刊、大久保利謙「桂太郎と日本陸軍の誕生」（『中央公論』八〇巻八号）。

83　徳川慶喜賜誄

麝香間祇候従一位勲一等公爵

国家ノ多難ニ際シテ　閫外ノ重寄ニ膺リ
時勢ヲ察シテ政ヲ致シ　皇師ヲ迎ヘテ誠ヲ表シ
恭順綏撫　以テ王政ノ復古ニ資ス　其ノ志洵ニ嘉スヘシ
今ヤ溘亡ヲ聞ク　曷ソ痛悼ニ勝ヘン
茲ニ侍臣ヲ遣ハシ　賻ヲ齎シテ臨ミ弔セシム

大正二年十一月二十九日

【解題】

徳川慶喜（一八三七―一九一三）は、天保八年九月二十九日水戸藩主徳川斉昭の第七男として江戸小石川の水戸藩上屋敷に生まれる。幼名を昭致という。十一歳の弘化四年十二月上意により元服し将軍の一字を賜わって慶喜と改める。十九歳を迎えた安政二年十二月一条忠香公の養女延君（今出川三位中将実順の妹）と結婚、そして参議に任ぜられる。

同五年四月井伊直弼が大老に就き勅許を待たずに神奈川で『日米和親条約』を結び、将軍世子を紀伊慶福と決定する。直弼に同調しない烈公と慶喜も謹慎処分をうけるが、万延元年大老の横死後謹慎が解けて、文久二年六月勅使大原重徳が孝明天皇の意向を幕府に伝え将軍後見職となる。ここに一橋家を再相続し中納言に就き将軍名代で参内する。

元治元年政変後西下公卿と萩藩処分に苦慮する中で七月禁門の変が発生し、禁裏守護総督の慶喜は萩藩兵の撤退で乱の鎮静を図る。また慶応二年（一八六六）七月長州征討の勅命をうけ西下中の将軍家茂の逝去に遭う。十二月五日将軍宣下を蒙るが、その二十日疱瘡の天皇の登遐に見舞われる。

翌三年十月二十四日に大政奉還後将軍職を辞退する迄、あわただしい政務をこなした末三十一歳の聡明将軍の退場となる。四年鳥羽伏見の役後帰府し、上野大慈院・水戸弘道館に謹慎し翌明治二年九月漸く宥罪の詔をうける。

三十五年公爵となり、大正二年旭日桐花大綬章をうけた十一月二十二日逝去する。七十七歳。渋沢栄一は悲しみの哭詞一首を詠んだ。

英姿今日化二霊神一、至誠果識二天人合一、赫々鴻名遍二四鄰一。

〔墓〕　東京都台東区谷中七丁目　谷中徳川家墓地。

〔出典〕　『官報』四〇三号、『大阪朝日新聞』、渋沢栄一著『徳川慶喜公伝』竜門社・大正七年刊。

〔参考文献〕　吉田東伍著「慶喜公大政返上の大精神」（『日本歴史地理之研究』冨山房・大正十二年刊）、浅井清「徳川慶喜と英国議会制度」（『公法雑誌』一巻三号）、内藤耻叟「一橋公の先見」（『太陽』五巻二一号）。

84　昭憲皇太后御誄

嘉仁謹ミテ

皇妣ノ霊前ニ白ス

皇考(1)ノ喪期ヲ除スルコト、才カニ半歳余、追慕ノ涙未タ乾カサルニ、今又(2)此ノ大故ニ遭フ(3)。昊天曷(4)ソ御名ヲ弔マサル、櫬宮ニ殯殿ニ親祭スルコト数十日、今将(5)ニ桃山皇考山陵ノ次ニ斂葬セム(6)トス。送テ(7)此(8)ニ来リ(9)、痛悼ノ至(10)ニ勝(11)ルナシ。嗚呼哀イ哉。

大正三年五月二十四日

【校異】

1皇考　大朝号外改行セズ。2又　大朝「また」。3フ　大朝「う」。4曷　大朝「いずくん」。5将　大朝「まさ」。6ム　大朝「ん」。7送テ　大朝「送りて」。8此　大朝「ここ」。9来　大朝「来た」。10至　大朝「至り」。11勝　大朝「たえ」。

【解題】

昭憲皇太后（一八五〇—一九一四）は、嘉永三年四月十七日に生まれる。父は左大臣一条忠香、生母は一条家典医源種成の女民子（花容院）である。初め勝子と命名される。慶応三年六月女御治定をうけ、翌明治元年（一八六八）十二月美子と改名し従三位に叙せられ、入内し女御宣下の後皇后となる。

女御宣下は遠く永観二年（九八四）の花山天皇・寛治

五年（一〇九一）の堀河天皇及び嘉永元年（一八四八）の孝明天皇の旧儀を踏む。

明治四年八月女官の免官、典侍以下の女官を新しく任命し、局の制を廃する。五年五月後宮の庶事は皇后自身で処理することに改め、三十六人の女官を罷免する。後宮改革の一方で女子の学問奨励に配慮し、明治四年米国留学に定まった五人を宮内省に招待し茶果と紅縮緬一匹を下賜する。九年二月学業奨励の、

みがかずば　玉も鏡も　何かせむ　まなびの道も
　かくこそありけれ

の一首を詠む。十八年十一月華族女学校の開校式に『婦女鑑』を、二十年二月には「金剛石」と「水に器」の二首を寄せる。女性の立場で天皇の御意志を内から支え、社会事業に慈善事業に女子教育に積極的に取りくむ。

四十五年七月天皇の崩御で皇太后となり、青山御所に移り避寒には沼津御用邸に赴かれる。大正三年三月狭心症の発作により重態となり四月十一日崩御。六十五歳。

〔墓〕　京都市伏見区桃山町古城山　伏見桃山東陵。

〔出典〕『官報』大正三年五月二十五日号外、『大阪朝日新聞』、『増補皇室事典』、村上重良編『正文訓読近代詔勅集』新人物往来社・昭和五十八年刊。

〔参考文献〕『明治天皇紀』第一二、上田景二編『昭憲皇太后史』帝国教育研究会・大正三年刊、椎名龍徳著『昭憲皇太后伝』霊岸授産場出版部・昭和四年刊、福地重孝「皇后一条美子（昭憲皇太后）」（『歴史と旅』一三巻一号）。

85　昭憲皇太后誄

維れ大正三年四月十一日、皇太后宮崩り給ひしかば、青山御所の正殿に殯して、昭憲と追号し奉り、粤に五月二十四日、代代木葬場殿の御儀畢りて、桃山東陵に御斂葬の大礼を行はせらる。旻天弔まず、連に大喪に遭ひて、中外臣民の驚悼言ん方なく、惶み慎みつつ日を送りしが、今日を限の御遷座を送り奉りては、攀号転切にして、哀慕甚深し。欽みて惟みるに昭憲皇太后は、瑞に一条に応りて、尊に万乗に配はせられ、柔閑婉娩、端麗貞仁。天下に儀刑したまふこと、四

十余年。性成既に美しく、聖学又勤めさせられ、経筵に席を前めて、広く文の林を訪ねたまひけるほどに、允に聡允に明、天に承けて徳を同くし、惟れ和惟れ倹、聖を翊けて基を固くし、至性温温として、恩を毛羽に及ぼし、令儀翼翼として、化を邇遐に施したまひき。就中女学の振興は、最も懿旨を労せられ、慈善の事業は、率先衆を励ましたまひ、或は婦功を勧め、或は美術を奨め、深宮の牢習を破りて、昭代の宏規を垂れさせたまひしかば、陰教一時に新にして、柔風四海に振ひたりき。敷島の道は、古今に超絶させられ、詞花言葉、錦を鋪き珠を聯ね、祖訓聖道、含蓄深淵。三十一字は、一部の経典にして、東西を参酌し、新旧を調和し、婦道母儀、家より国に刑りたまひ、宮廷道正しくして、邦国化成れりき。内助の令猷、大なる哉至れり。されば中外臣民厚沢深仁に浴して、遐齢景福を祈りまつりしに、何ぞ図らん曩に龍輴の返らざるを攀ぢて陵土未だ乾かず。忽ち仙駕の留め難きを悵みて、人天遽に隔てたまはんとは、地摧けて月墜ち、痛鉅にして悲深し。斯くて玉兆に従ひて、永く瑤華を戢め、霊轜を海道に送りまゐらせて、神彩を山陵に斂めまつらんとするに、新樹も風に号び、杜鵑は血に啼き、空しく万乗の宸哀を催す。其れ兆民の孺慕を奈にせん。嗚呼慈暉は閟すと雖も、懿行は長なへに存れり。恭しく令徳を陳べて、哀誠を表し奉る。庶くは茂烈を无疆に揚げて、永く徽音を不朽に伝へまつらん。臣民等誠恐誠惶謹みて言す。

大正三年五月二十四日

【解題】

伝体を序とする誄は「作誄曰・其辞曰」を以て頌の本文に続くのが普通である。ところが昭憲皇太后誄はこの句を欠く。宋の龍光寺竺道生法師誄あたりからこの句を省く手法がみられ、陳確に及んでは序文とも本文とも区別のつかない誄査母許碩人文が現れる。龔自珍の金侍御妻誄もその類である。これらの誄は現存の条件下で極めて珍しい手法と言える。昭憲皇太后誄もその中に入る。誄を中文体に代えてみると、誄作者が明治天皇誄の正格体をやや崩す手法を採ったのが分かる。

誄は「欽惟」からが頌でその前句「哀慕甚深」は序に

当たる。頌の最初が「惟我有新室文母聖明皇太后」十二字の揚雄作元后誄は例外として、蘇順の和帝誄「恭惟大行」や作者未詳の北海相景君誄「伏惟明府」表現では、正格の四言句である。この正格手法を踏まえる誄文体を参考にすると、昭憲皇太后誄は「欽惟」が頌の起句であり元后誄に倣う大行皇太后表現である。

誄には「欽惟云々」の他に「就中」と「嗚呼」の挿入句がある。頌の哀悼表現に散文調の挿入句を用いた例は崔瑗の竇貴人誄「若夫貴人、……惟以永傷重曰」表現を別として、蔡邕の済北相崔君夫人誄の「於是」があり、爾後曹植の文帝誄・江淹の斉太祖高皇帝誄に影響を及ぼす。陳子良が隋新城郡東曹掾蕭平仲誄で頌の起句に押韻に無関係の「嗚呼哀哉」を詠む手法を編み出し、以後これに倣う文人が出る。「哀哉」二字を略した「嗚呼」を頌の起句に用いるのに、朱彝尊の故都察院右副都御史総督浙閩軍務朱公誄や董納の納蘭誄詞が清朝にみえる。

挿入句「就中」表現は、作誄者の意志を反映する強調語句に当たる。頌に誄作者自身を挿入する事例には、清の蔣超伯作署寿春鎮総兵全将軍玉貴誄の「余聞」があり、「我」と「汝」の強調をくり返し「汝其不死」たった四言の頌を詠んだ清の任兆麟作姪女慧貞誄がある。

百八十点許り検出される現存清朝作品には正格調を崩すのが少なくない。この様にみると、昭憲皇太后誄は清朝作品の影響から抜けきれなかったと思われる。

誄には「万乗・兆民」の数目対や「温温・翼翼」の連語対などの技巧がみられるが、明治天皇誄の如く整然とした押韻手法に欠ける。

〔出典〕『大阪朝日新聞』（紙上ではルビがある）。

〔参考文献〕拙稿「続誄の概説」（『鴻志』四号）・「誄の概説補遺」（『鴻志』六号）、拙著『儀礼文覚書』平成十九年刊。

86　昭憲皇太后誄

宮内大臣正三位勲一等男爵臣波多野敬直(1)敬ミテ昭憲皇太后霊轜ノ尊前ニ白ス。維新ノ初皇太后入内セラレ

先帝曠古ノ英資ヲ抱キ、振天ノ丕績ヲ建テラルルニ当リ、陰政ヲ燮(2)理シテ以テ(3)
聖徳ヲ輔成シ、文芸美術博愛慈善ノ事業ハ、総テ
皇太后ノ庇護ヲ蒙ラザル者ナシ。深仁厚沢内助ノ功洵ニ尠カラズ。

先帝ニ奉侍セラルルコト、貞淑温順ナルハ以テ婦道ノ亀鑑トナスヘク、皇子女ヲ撫育セラルルコト、恭謹慈愛ナルハ(4)以テ母儀ノ典型トナスヘシ。中外瞻仰億兆欽慕、斉シク万寿ヲ無疆ニ祝セシニ、奄然昇遐セラレ
先帝ノ陵土未タ乾カサルニ、今又将ニ其ノ次ニ斂葬セム(5)トス。茲ニ虔ミテ(6)　霊轜ヲ護シテ以テ大儀ヲ修メ、哀誄ヲ述テ(7)以テ(8)　懿徳ヲ頌ス。臣敬直(9)悲痛恐悚ノ至ニ勝フルナシ。

大正三年五月二十四日

【校異】

1波多野敬直　大朝細字。2燮　大朝「爕」。3□　官報闕字。4ハ　大朝「ヲ」。5ム　大朝「ン」。6□　大朝闕字ナシ。7述テ　大朝「述ヘテ」。8□　大朝闕字ナシ。9敬直　大朝細字。

【解題】

誄奉呈者波多野敬直（一八五〇―一九二二）は、嘉永三年十月十日に生まれる。父は小城藩士波多野久蔵。明治七年二月司法省に勤仕し、十二年判事、十四年広島始審裁判所長、二十年司法省参事官、法律取調報告委員、同省書記官を兼任する。二十四年大審院判事、二十九年函館控訴院長、三十一年検事となり東京控訴院検事長、三十六年九月司法大臣に就任する。五十四歳。

三十八年大臣を辞し、勅選で貴族院議員となる。四十年九月従三位勲一等で日露戦争の功により男爵となり華族に列す。四十四年六月東宮大夫に就く。大正三年四月渡邊千秋の後任で宮内大臣となり、昭憲皇太后大葬礼に誄奉呈の重責に与る。六年六月子爵に進む。九年六月大臣を辞職後、四谷の自邸に悠悠生活を送る。十一年八月多年の功労により正二位・勲一等旭日桐花大綬章をうけ、二十九日逝去する。七十三歳。

〔出典〕『官報』大正三年五月二十五日号外、『大阪朝日新聞』大正三年五月二十四日号外。

87　井上馨賜誄

元大蔵大臣従一位大勲位侯爵

勤王ノ大義ヲ唱ヘテ　克ク回天ノ偉業ヲ翊(1)ケ
海外ノ情勢ヲ察シテ　終ニ開国ノ宏猷ヲ賛シ
力ヲ廃藩置県ノ際ニ竭シ　績ヲ財政経済ノ局ニ貽シ
忠忱節ヲ效(2)シ　勇沢難ニ膺リ
齢ハ旬ヲ踰(3)ヘテ　望一世ニ隆シ
今ヤ溘亡ヲ聞ク　曷ソ軫悼ニ勝ヘム
茲ニ侍臣ヲ遣ハシ　賻ヲ齎シテ以テ弔慰セシム

大正四年九月六日

【校異】

1翊　大朝「翼」。2效　大朝「致」。3へ　大朝「エ」。

【解題】

井上馨（一八三五―一九一五）は、天保六年十一月二十八日周防国吉敷郡湯田村で長州藩士井上光亨の二男として生まれる。文久三年藩命でロンドンに留学し攘夷の愚かさを覚る。元治元年（一八六四）帰国、四国艦隊の下関砲撃前夜開戦阻止に力めたが失敗する。八月征長軍が迫る中で幕府への恭順表面策を御前会議で進言し、会議後帰宅途中の暗夜刺客に襲われて重傷を負う。慶応元年長崎府新町にフルベッキが設立した済美館に入り、桂小五郎・大久保利通・黒田清隆・伊藤博文・大隈重信らと交情を深める。薩長連合に尽力し、二年第二次征長軍を破る。

明治元年参与職に就き、六年五月国家財政の前途を憂えて渋沢栄一と共に奏議を各新聞紙上に掲げる。これが雑犯違令の科となり懲役四十日、官吏犯公罪例で贖罪金六円を科され栄一と折半の罰金三円を払う。八年特命副全権弁理大臣として朝鮮に赴く。十一年参議兼工部卿に就き、翌年勲一等を叙され旭日大綬章をうけ、法制局長官を兼ね更に外務卿を兼ねる。十七年七月勲功により伯爵となり、十二月ソウル甲申事変の発生で特派大使となり出張し、電文で、

今次朝鮮ノ変ハ壬午京城ノ変ニ起因シ、我ガ自ラ招クモノナリ。我ガ執ルベキ政策ハ二アルノミ。乃チ

飽クマデ朝鮮ノ独立ヲ主張シ、其ノ方針ヲ貫徹スル
ニアリ。

と強調し、『漢城条約』を結ぶ。その後伊藤内閣の外相・宮中顧問官・農商務相・内相・蔵相等を歴任する。大勲位・正二位、侯爵に進む中で、元老として明治・大正朝を過ごす。大正四年九月一日興津別邸で逝去し従一位を贈られる。八十一歳。

〔墓〕　東京都港区西麻布　永平寺東京別院長谷寺。

〔出典〕　『官報』九三〇号、『大阪朝日新聞』、三浦藤作謹解『歴代詔勅全集』第七巻。

〔参考文献〕　伊藤仁太郎著『井上侯実伝　明治元勲』博文館・明治四十二年刊、渋沢栄一著『井上馨侯』渋沢栄一全集三・平凡社・昭和五年刊、安岡昭男「明治前半期における井上馨の東亜外交政略」（『法政史学』一七号）、林房雄「井上馨と条約改正」（『中央公論』八〇巻五号）、中丸薫著『真実のともし火を消してはならない』。

88　大山巌賜誄

議定官内大臣従一位大勲位公爵

要職ニ歴任シテ　常ニ軍機ニ参シ
重寄ヲ閫外ニ膺ケテ　皇威ヲ海表ニ宣ヘ
匡奨忱ヲ効シ　輔弼是レ頼ル
重厚ナル其ノ人　赫灼タル其ノ勲　声望一世ニ高シ
今ヤ溘焉トシテ長逝ス　曷ソ軫悼ニ勝ヘム
茲ニ侍臣ヲ遣ハシ　賻ヲ齎シテ臨ミ弔セシム

大正五年十二月十六日

89　大山巌誄詞

此月乃今日乃此日、議定官内大臣元帥陸軍大将従一位大勲位功一級公爵大山巌公乃柩乎、此葬場尓舁居坐世奉利氏永伎世乃訣乎告奉留止為氏、副斎主大教正千家尊有、公乃現世尓坐志々程乃事蹟乎言挙称倍奉利氏、誄白須事乎、衆聞食世止白須。

阿波礼公波、天保十三年十月薩摩国鹿児島尓生出給比、夙久与利皇室乎崇米奉留心深久、慶応乃初京都尓上利氏国家乃為尓勤美労伎、明治元年鹿児島藩砲兵隊小頭止為利氏伏見乃戦尓加利、又東北乃国々尓出立知氏敵等乎事向気、同伎四年陸軍大佐尓任左礼氏兵部権大丞乎兼祢、程無久陸軍少将尓進美、十一月官命蒙利氏仏蘭西尓渉利軍乃道乃種々乃事等乎覈米究米氏、七年十月帰参来氏更尓陸軍少将尓任左礼陸軍少輔乎兼祢、十一年陸軍中将尓進美参謀本部次長陸軍士官学校長乎兼祢、十二年内務大輔大警視又議定官乎母兼祢給比伎。十三年陸軍卿尓任左礼氏参議乎兼祢、十五年参謀本部長乎母兼祢給比、十八年陸軍大臣尓任左礼氏海軍大臣乎兼祢、二十一年監軍乎兼祢給比奴。二十四年陸軍大将尓進美枢密顧問官尓任左礼給比志賀、二十五年再陸軍大臣尓任左礼給比、二十六年議定官乎兼祢、二十九年願乃随尓陸軍大臣並尓議定官乎免志給比志加杼、勅志氏前官礼遇乎賜比、三十一年元帥乃称号乎賜倍利。三十二年参謀総長尓、翌年議定官尓補志給比、大正三年四月内大臣尓任志給比伎。如斯生涯重伎職乎負持知氏勤美労伎仕奉利給比志中尓、明治十年鹿児島乃役尓波征討別働隊第一旅団司令長官止為利、或波第四旅団司令長官別働隊第五旅団司令長官攻城砲隊指揮長官等止為利氏、荒振賊徒等乎討罰米給比、同伎十六年尓波恐伎勅命乎蒙利欧羅巴乃国々乎伊往伎迴利其兵制乎考倍明米、二十七八年乃戦役尓波第二軍司令官尓補左礼氏、清国尓渡利彼国乃関門止思恃留旅順口威海衛乎始米要害乃地乎多尓陥礼氏、皇御国乃大御稜威乎四方尓輝加志米給比、三十七八年乃戦役尓波満州軍総司令官尓補左礼氏、清国尓渡利遼陽沙河黒溝台奉天付近乃戦乎始米、此処彼処尓千万乃軍人乎統率氏強伎敵等乎撃破利給比、又陸軍卿或波陸軍大臣止為利氏、二十年尓近伎年月軍政乎総掌利坐志々波、世尓優礼多留勲功尓奈母有気留。是乎以氏十年乃役尓勲二等尓叙給比氏後勲一等尓進米給比、十七年尓波華族乃列尓加倍氏伯爵乎授賜比、二十七八年乃役尓波功二級尓叙泥氏金鵄勲章乎授気、又旭日桐華大綬章乎母賜比氏侯爵尓進米給比、三十五年尓波大勲位菊花大綬章乎授賜比、三十七八年乃役尓波功一級尓進米菊花章頸飾乎授賜比、翌年更尓公爵乎授賜比奴。又幾度加恐伎勅語乎賜波利氏其勤労乎褒給比、大正元年

天皇乃御位尓即加世給比志始米、特尓勅志氏大御業乎輔奉礼止宣給比甚頼志久思食志々尓、往志月福岡県尓行幸志給比志御供仕奉利氏還給比志道乃程与利病起利氏医術母詮無久、終尓此月乃十

日薨去坐志々波、皇御国乃為尓甚惜志伎事乃極尓奈母有気留。故病重利志由乎聞食志氐位乎従一位尓進米給比、身罷坐志々由乎聞食志痛美思食志国葬乃礼乎賜比氐厚久葬良志米給比、特尓大御使乎遣志氐御誄乎賜波利、葬儀乃日尓波朝政乎廃米給倍留波、限無久光栄有留誉尓許曾。先乃
天皇乃大御代与利今乃大御代尓至留万氐、年久志久皇御国乃真柱止母礎石止母国内悉尓仰奉利志此公乃御霊乃、今波天翔坐志氐復帰来坐左奴事乎慨美歎伎都々誄詞白左久乎、衆聞食世止白須。

大正五年十二月十七日

大山巌誄詞

此月の今日の此日、議定官内大臣元帥陸軍大将従一位大勲位功一級公爵大山巌公の柩を、此葬場に舁居坐せ奉りて永き世の訣を告奉ると為て、副斎主大教正千家尊有、公の現世に坐しし程の事蹟を言挙称へ奉りて、誄白す事を、衆聞食せと白す。

阿波礼公は、天保十三年十月薩摩国鹿児島に生出給ひ、夙くより皇室を崇め奉る心深く、慶応の初京都に上りて国家の為に勤み労き、明治元年鹿児島藩砲兵隊小頭と為りて伏見の戦に加り、又東北の国々に出立ちて敵等を事向け、同き四年陸軍大佐に任されて兵部権大丞を兼ね、程無く陸軍少将に進み、十一月官命蒙りて仏蘭西に渉り軍の道の種々の事等を覈め究めて、七年十月帰参来て更に陸軍少将に任され陸軍少輔を兼ね、十一年陸軍中将に進み参謀本部次長陸軍士官学校長を兼ね、十二年内務大輔大警視又議定官をも兼ね給ひき。十三年陸軍卿に任されて参議を兼ね、十五年参謀本部長をも兼ね給ひ、十八年陸軍大臣に任されて海軍大臣を兼ね、二十一年監軍を兼ね給ひぬ。二十四年陸軍大将に進み枢密顧問官に任され給ひしが、二十五年再陸軍大臣に任され給ひ、二十六年議定官を兼ね、二十九年願の随に陸軍大臣並に議定官を免し給ひしかど、勅して前官礼遇を賜ひ、三十一年元帥の称号を賜へり。三十二年参謀総長に、翌年議定官に補し給ひ、大正三年四月内大臣に任し給ひき。如斯生涯重き職を負持ちて勤み労き仕奉り給ひし中に、明治十年鹿児島の役には征討別働隊第一旅団司令長官と為り、或は第四旅団司令長官別働隊第五旅団司令長官攻城砲隊指

揮長官等と為りて、荒振賊徒等を討罰め給ひ、同き十六年には恐き勅命を蒙り欧羅巴の国々を伊往き廻り其兵制を考へ明め、二十七八年の戦役には第二軍司令官に補されて、清国に渡り彼国の関門と思恃る旅順口威海衛を始め要害の地を多に陥れて、皇御国の大御稜威を四方に輝かしめ給ひ、三十七八年の戦役には満州軍総司令官に補されて、清国に渡り遼陽沙阿黒溝台奉天付近の戦を始め、此処彼処に千万の軍人を統率て強き敵等を撃破り給ひ、又陸軍卿或は陸軍大臣と為りて、二十年に近き年月軍政を総掌り坐ししは、世に優れたる勲功になも有ける。是を以て十年の役に勲二等に叙給ひて後勲一等に進め給ひ、十七年には華族の列に加へて伯爵を授賜ひ、二十七八年の役には功二級に叙ぢて金鵄勲章を授け、又旭日桐華大綬章をも賜ひて侯爵に進め給ひ、三十五年には大勲位菊花大綬章を授賜ひ、三十七八年の役には功一級に進め菊花章頸飾を授賜ひ、翌年更に公爵を授賜ひぬ。又幾度か恐き勅語を賜はりて其勤労を褒給ひ、大正元年
天皇の御位に即かせ給ひし始め、特に勅して大御業を輔奉れと宣給ひ甚頼しく思食ししに往し月福岡県に行幸し給ひし御供仕奉りて還給ひし道の程より病起りて医術も詮無く、終に此月の十月薨去坐ししは、皇御国の為に甚惜しき事の極になも有ける。故病重りし由を聞食して位を従一位に進め給ひ、身罷坐しし由を聞食し痛み思食し国葬の礼を賜ひて厚く葬らしめ給ひ、特に大御使を遣して御誄を賜はり、葬儀の日には朝政を廃め給へるは、限無く光栄有る誉にこそ。先の
天皇の大御代より今の大御代に至るまで、年久しく皇御国の真柱とも礎石とも国内悉に仰奉りし此公の御霊の、今は天翔坐して復帰来坐さぬ事を慨み歎きつつ誄詞白さくを、衆聞食せと白す。

大正五年十二月十七日

【解題】

大山巌（一八四二―一九一六）は、天保十三年十月十日鹿児島藩士大山綱昌の二男として生まれる。幼名を岩次郎・弥助といい後に巌と改める。文久二年島津久光の守衛の列に入り、大坂滞留中寺田屋事件に関わり鹿児島に帰され謹慎処分に服する。慶応年間在京して隆盛宅に

住み、藩の大砲隊の世話役を勤め銃砲購入のため江戸・横浜に出向く。

明治四年八月山口藩士品川弥二郎らと普仏戦争の視察のため出張する。普国の強兵と戦術に感銘し日本陸軍の養成をドイツ式にする端緒となる。帰朝後陸軍大佐・少将に進む。九年熊本鎮台司令長官に就き、西南の役で第二第四旅団司令長官、十一年陸軍中将・参謀本部次長、十三年陸軍卿、翌年参議を兼ね、十六年兵制視察のため欧州に出張し、出張中の十七年七月伯爵・従三位をうける。

十八年内閣制の下で陸相に就き翌年海相を兼任する。二十二年近衛諸兵編成改定を請議し、二大隊一連隊制を戦時用に三大隊一連隊制に改める。日清戦役で第二軍司令官として金州・旅順・威海衛に出向く。二十八年功二級・金鵄勲章をうけ侯爵に昇る。翌年大臣を辞任し天皇から配慮のこもる勅がある。

陸軍大臣ハ大任ナリ。参謀本部ト意見能ク協ヒ、陸軍行政ヲ神速ニ処理シ得ル者ニアラザレバ、其ノ任ニ堪フル能ハズ

三十一年元帥府に列し、翌年東宮補導顧問・参謀総長、三十三年議定官を兼ね、三十五年大勲位をうける。日露戦争では満州軍総司令官として出征し功一級の武勲をたて、四十年公爵に昇る。

大正に入り内大臣に就任し、五年秋天皇に扈従し帰途病に冒される。病革まり従一位をうけ、十二月十日逝去する。七十五歳。国葬第十一号。

〔墓〕　栃木県那須郡西那須野町。

〔出典〕　『官報』一二一五号、『大阪朝日新聞』、三浦藤謹解『歴代詔勅全集』第七巻。

89大山巌誄詞の出典も、『官報』一三一五号。

〔参考文献〕　西村文則著『大山元帥』忠誠堂・大正六年刊、大山元帥伝編纂委員会編『元帥公爵大山巌』二巻付一巻・大山元帥伝刊行会・昭和八―十年刊、高木寿一「元帥大山巌遺聞」（『新文明』三巻一一号）。

90　土方久元賜誄

元宮内大臣従一位勲一等伯爵

慷慨世ヲ憂ヘ(1)テ　尊王ノ大義ヲ唱ヘ
要劇務メニ膺リテ　大政ニ維新ニ参ス
朕ヲ幼時ニ傅(2)ケテ　夙夜心ヲ尽シ
相ニ宮内ニ任シテ　終始誠ヲ效(3)シ
恪勤ナル其(4)ノ節　矍(5)鑠タル是ノ(6)老
凶聞忽(7)ニ至ル　軫悼曷ソ勝ヘム(8)
茲ニ侍臣ヲ遣ハシ　賻ヲ齎シテ臨ミ弔セシム

大正七年十一月九日

【校異】

1ヘ　大朝「ヒ」。2傅　大朝「扶」。3效　大朝「効」。
4其ノ　大朝「厥」。5矍　大朝「豊」。6ノ　大朝ナシ。
7忽　大朝「忽チ」。8ム　大朝「ン」。

91　土方久元大人命乃誄詞

言波麻久母悲久、見麻久母惜志伎従一位勲一等伯爵土方久元大人乃命乃柩乃御前爾、皇大御国乃大御手風爾準拠里弖、御葬儀爾自身当礼留嫡孫久敬主乎輔佐参良世、皇典講究所国学院大学講師従六位青戸波江、村時雨散露繁伎袖打払比弖、終乃御饗刀御酒御饌種種乃物等乎、御床母志自爾置足波志弖、負奈負奈誄詞乎聞衣申左久。

阿波礼大人命耶、汝命波高知県士族土方久用主乃長男爾志弖、天保四年十月十六日爾、土佐国高知乃家爾生出給比、人登成里氐後、江戸爾出氐若山壮吉大橋訥庵等爾就伎、物学乃業乎修米給閉里志爾、文久乃初都方与里、世中漸々爾乱礼弖、同三年爾波、

孝明天皇乃憑麻世給反留前都公達三条実美朝臣乎始米弖、許多乃殿上人達乎、大御許与里遠放参良世、勅諚乎撓米弖、直久正志伎限里乃上達部殿上人諸乎、密密爾失波牟刀為留爾到里志乎以弖、大人乃命波身乎擢出氐、七人乃公卿達爾従比参良世給比、安芸周防長門肥前乃間乎馳駆里、様様乃憂目辛目乎見尽志給比弖、

終爾明治乃足大御代乎開加世給波牟基礎乎造給比、定給比奴留乎以弖、其乃功績次次爾表波礼、其乃気量天下爾知良礼給布事刀成里爾伎登奈母。是乎以弖明治元年五月二日爾波、軍監補助登云布勤務乎承里、同月十一日爾波江戸府判事刀云布職乎承里、次次爾進美氏農商務大臣爾昇里、宮内大臣爾移里、明治廾年九月十七日与里同三十一年二月九日麻伝、十余二年乃長伎爾渡里弖、大内乃庶政乎総掌志給比弖志故爾、位階波正二位爾陞里、勲等波一等乎極米、旭日桐花大綬章乎左反爾授良世給比、又明治十七年四月十七日爾波華族乃列爾加反良礼、子爵乎授良世給比、同廾八年十月七日爾波伯爵爾陞世良礼給比奴。加久氏仕官乎退給比弖後母、猶前官乃礼遇乎賜波良世賜比志故爾、老伊弖乃後母徒爾爾波在良自登、鋭意乎振起志給比弖、其乃日与里皇室経済顧問多留辨伎命令乎承里、同三十二年五月一日爾波皇太子殿下御教育顧問乎承里、同四十四年五月十日与里維新史料編纂会顧問乎承里給比、同四十五年二月十六日与里、年老伊弖乃後、大内山乃昇降里乎憐麻世給布刀為弖、宮中杖乎差許左礼都都、猶臨時帝室編修局総裁多礼刀乃仰言乎承給比、今乃大御代刀成里弖母大正三年十二月一日、猶志母臨時編修局総裁多礼刀乃勅命乎受賜里給比都都、私様乃種種乃事爾母余礼留力乎分知給比弖、我賀皇典講究所長国学院大学長登為弖、勤美労伎給比志加婆、親族家族乃人等波更那里、天下乃人人諸々、貴伎母賤伎母、知留母知良奴母押並倍弖、同心爾世乃長人世乃遠人刀、猶往先母百年千年乃御齢乎重祢、千世万世乃御栄乎加坐志弖、国乃為君乃御為爾涯無伎御力乎尽志、弥賀上乃御功乎積添給波牟事乎、一向爾乞祈奉里都都在里計留乎、悔志伎可母惜志伎可母、去爾志十月廾七日乃暮都方与里、苟且乃御病爾罹給比弖、赤良米左須事乃如久爾、朝毎夕毎爾熱志左乃程呂乎加倍弖、此乃月乃四日刀云布日能昼過久留頃、八十余六年乎此乃世乃限里登為弖、終爾幽界爾罷坐志志波、親族家族等乃人人乃美爾非良受、天下乃人人乃哀美悼志美思布所爾奈母有里計留。

故大朝廷爾母憐麻世給比弖、今波乃際爾位乎進米弖従一位乎授給比、掛介麻久母畏伎二所乃大前与里波、取分伎多留大御心乎以弖、宇豆乃大幣帛乎授給比、乃皇太子殿下乎始米弖、親王等王等与里母、品品乃物下給比奴留波、汝命乃罷路乎照給比耀給倍留千世母消衣世奴大御光刀、哀美乃中爾母且恐美且嬉美都都、汝命乃言遺左礼多留御掟乃随爾、慕志久懐志伎遺骸乎葬奉里蔵奉良牟刀為氏、夕居雲爾副比都辨伎空煙登見送里弖牟登事謀里掟氏都留賀故爾、今志此乃所爾御柩掻据恵終乃御饗止海川山野乃種種乃物等乎、八取乃机代爾置高成志弖、親族家族乃人等乎始米、相集反留人人爾至留迄、八十玉串乃取取爾、永伎離別乎哀奉良久乎、汝命乃御霊伊、天翔里国翔里弖母見行波志諾給比弖、遺骸波後母軽久、此乃所乎出立多世給比、幸魂波此乃家乃守護神刀、永久久此乃家内爾鎮座志弖、嫡孫久敬主乎始米弖、親族家族乃人人、子孫乃八十継伎爾至留麻伝、夜乃守里日乃守里爾守里幸給反刀、哀美惜美悔志美都都母、慎美敬比弖白須。

大正七年十一月十日

土方久元大人命の誄詞

言はまくも悲く、見まくも惜しき従一位勲一等伯爵土方久元大人の命の柩の御前に、皇大御国の大御手風に準拠りて、御葬儀に自身当れる嫡孫久敬主を輔佐参らせ、皇典講究所国学院大学講師従六位青戸波江、村時雨散露繁き袖打払ひて、終の御饗と御酒御饌種種の物等を、御床も志自に置足はして、負な負な誄詞を聞え申さく。

阿波礼大人命や、汝命は高知県士族土方久用主の長男にして、天保四年十月十六日に、土佐国高知の家に生出給ひ、人と成りて後、江戸に出て若山壮吉大橋訥庵等に就き、物学の業を修め給へりしに、文久の初つ方より、世中漸々に乱れて、同三年には、
孝明天皇の憑ませ給へる前つ公達三条実美朝臣を始めて、許多の殿上人達を、大御許より遠放参らせ、勅諚を撓めて、直く正しき限りの上達部殿上人諸を、密密に失はむと為るに至りしを以て、大人の命は身を擢出て、七人の公卿達に従ひ参らせ給ひ、安芸周防長門肥前の間を馳駆り、様様の憂目辛目を見尽し給ひて、終に明治の足大御代を開かせ給はむ基礎を造給ひ、定給ひぬるを以て、其の功績次次に表はれ、其の気量天下に知られ給ふ事と成りにきとなも。是を以て明治元年五月二日には、軍監補助と云ふ勤務を承り、同月十一日には江戸府判事と云ふ職を承り、次次に進みて農商務大臣に昇り、宮内大臣に移り、明治廿年九月十七日より同三十一年二月九日まで、十余二年の長きに渡りて、大内の庶政を総掌し給ひてし故に、位階は正二位に陞り、勲等は一等を極め、旭日桐花大綬章をさへに授らせ給ひ、又明治十七年四月十七日には華族の列に加へられ、子爵を授らせ給ひ、同廿八年

十月七日には伯爵に陞せられ給ひぬ。加久て仕官を退給ひて後も、猶前官の礼遇を賜はらせ賜ひし故に、老いての後も徒爾には在らじと、鋭意を振起し給ひて、其の日より皇室経済顧問たるべき命令を承り、同三十二年五月一日には皇太子殿下御教育顧問を承り、同四十四年五月十日より維新史料編纂会顧問を承り給ひ、同四十五年二月十六日より、年老いての後、大内山の昇降りを憐ませ給ふと為て、宮中杖を差許されつつ、猶臨時帝室編修局総裁たれとの仰言を承給ひ、今の大御代と成りても大正三年十二月一日、猶しも臨時編修局総裁たれとの勅命を受賜り給ひつつ、私様の種種の事にも余れる力を分ち給ひて、我が皇典講究所長国学院大学長と為て、勤み労き給ひしかば、親族家族の人等は更なり、天下の人人諸々、貴きも賤きも、知るも知らぬも押並べて、同心に世の長人世の遠人と、猶往先も百年千年の御齢を重ね、千世万世の御栄を加坐して、国の為君の御為に涯無き御力を尽し、弥が上の御功を積添給はむ事を、一向に乞祈奉りつつ在りけるを、悔しきかも惜しきかも、去にし十月廾七日の暮つ方より、苟且の御病に罹給ひて、赤らめさす事の如くに、朝毎夕毎に熱しさの程ろを加へて、此の月の四日と云ふ日の昼過くる頃、八十余六年を此の世の限りと為て、終に幽界に罷坐ししは、親族家族等の人人のみに非らず、天下の人人の哀み悼しみ思ふ所になも有りける。

故大朝廷にも憐ませ給ひて、今はの際に位を進めて従一位を授給ひ、掛けまくも畏き二所の大前よりは、取分きたる大御心を以て、宇豆の大幣帛を授給ひ、及皇太子殿下を始めて、親王等王等よりも、品品の物下給ひぬるは、汝命の罷路を照給ひ耀給へる千世も消えせぬ大御光と、哀みの中にも且恐み且嬉みつつ、汝命の言遺されたる御掟の随に、慕しく懐しき遺骸を葬奉り蔵奉らむと為て、夕居雲に副ひつべき空煙と見送りてむと事謀り掟てつるが故に、今し此の所に御柩擡据ゑ終の御饗と海川山野の種種の物等を、八取の机代に置高成して、親族家族の人等を始め、相集へる人人に至る迄、八十玉串の取取に、永き離別を哀奉らくを、汝命の御霊い、天翔り国翔りても見行はし諾給ひて、遺骸は後も軽く、此の所を出立たせ給ひ、幸魂は此の家の守護神と、永く久く此の家内に鎮座して、嫡孫久敬主を始めて、親族家族の人々、子孫の八十継きに至るまで、夜の守り日の守りに守り幸給へと、哀み惜み悔しみつつも、慎み敬ひて白す。

大正七年十一月十日

【解題】

土方久元（一八三三―一九一八）は、天保四年十月六日、土佐藩郷士土方久用の長男に生まれる。母は加藤庄左衛門の女時子。通称楠左衛門とも大一郎ともいう。後に泰山と号した。二十五歳の時、江戸に出て大橋訥庵・塩谷宕陰・佐藤一斎に学ぶ。軍学を身につけた後文久元年（一八六一）上京する。同三年八月十八日の政変に際し、七公卿の長州落に従い三田尻に出向き、招賢閣御用掛りとして安芸・周防・長門・肥前の間を奔走して公卿の警護に当たる。

元治元年征長の役が起こると三条実美に従って太宰府に赴く。その後毛利敬親に勤王運動の必要を説き、共に上京して薩長連合の仲介を果たして高知に帰る。明治元年軍監補助・江戸府判事に就任、後内閣書記官長・元老院議官・宮中顧問官を歴、二十年五十五歳の時農商務大臣の閣僚職を勤め、爾後宮内大臣に遷り十二年間内廷の庶政を掌る。

一方十七年の『華族令』に基づき子爵、二十八年に伯爵に陞る。三十一年官職を辞任し、前官待遇を受け、勅命で皇室経済顧問・皇太子殿下御教育顧問の職に就く。大正三年臨時帝室編修局総裁となり『明治天皇御記』の編纂に与り、後皇典講究所長・国学院大学長・東京女学館長を歴任して、七年死去する。八十六歳。

葬儀前日の八日午後二時、勅使日根野侍従が宣読した賜誄には、文久三年における長州・土佐二藩が攘夷の気勢を煽った時に、桂小五郎と付随して勤王の旗頭となった忠勤を顕彰し、大正天皇東宮時代の後見を讃える。勲労を偲ぶ哀悼辞は、⑴柱石（毛利敬親・山内豊信・木戸孝允・大久保利通・西郷従道・伊藤博文等の賜誄）⑵棟梁（岩倉具視・有栖川宮熾仁親王・小松宮彰仁親王等の賜誄）⑶領袖（島津久光賜誄）の表現とは違った「矍鑠タル是ノ老」と、天皇個人の感情が窺われて一味異なる清涼さを漂わせる。

〔墓〕　東京都豊島区駒込　染井霊園。
〔出典〕『官報』一八八二号、『大阪朝日新聞』。
〔参考文献〕　渡邊修二郎著『松方正義・土方久元』同文館・明治二十九年刊。

92　徳寿宮李熙王賜誄

第二十六代韓国皇帝大勲位

慈眼怡有リ　孝道夙ニ聞エ
黔黎恩ニ懐キテ　仁声遠ク揚レリ
槿域ニ君臨セシコト　四十余年
勤倹ノ其ノ風　寛厚ノ其ノ徳
天慭ニ遺サズ　曷ソ軫悼ニ勝ヘム
茲ニ侍臣ヲ遣ハシ　賻ヲ齎シテ以テ弔セシム
大正八年三月一(1)日

【校異】

1 一　大朝「二」。

【解題】

李熙王（一八五二―一九一九）は、哲宗大王三年七月二十五日興宣大院君の二男として生まれる。母は麗興判敦寧府事贈領議政致久の女・純穆大院期妃閔氏である。同十四年十二月八日哲宗の登遐に遭い神貞翼皇太后の命により、昌徳宮の仁政門で王位を嗣ぐ。十五歳となった三月驪城府院君閔致禄の女（明成皇后）と結婚する。

高宗時代の大半は大院君が摂政となり数十年間専横の金炳薫一派に代えて趙斗淳の領議政（首相）に委ねた改革施政を行う。党閥を打破した有能者の登用・党閥拠点の書院排除・両班への徴税・軍人の無税化・昌徳宮執政に代る景福宮執政等である。一八六七年（慶応三年）米人が忠清南道の牙山湾に侵入し、上陸して祖父の南延君墓を発く不祥事に遭う。

高宗五年（明治元年）明治維新政府から通商条約の締結を迫られるが、大院君は拒否して外来文化不受容の政策を守る。同五年閏六月閔后の勧めで大院君に大老の尊称を与え、初めて親政に乗出す。しかし柔弱な為政から閔后が代役を勤める。

十二年九月日本軍艦雲揚号が江華湾内に入ったため、

江華島砲台は砲撃を行う。雲揚号は応戦して島の砲台を破壊し永宗島を占領して民家を焼き戦利品として砲三十八門を奪う事件が生じる。ここで日本の武力に屈した閔后外交から『日朝修好条規』（江華条約）が結ばれ、李朝の鎖国が崩れる。この時日本の西洋文化吸収の実情をみた朴泳孝が金玉均らと政治改革に取組み守旧派大臣を殺す。成功するかにみえた改革も日本の伸張を拒む清国の軍事介入で革命運動が潰える。事件後閔后一族の施政不手際で各地に騒乱が生じ、鎮圧の出兵問題で日清の対立が生じ戦争に発展する。

戦後閔后が日本を冷遇し日本人刺客に殺される。高宗は三浦公使の強請で閔后の廃位詔書に署名し、その後親露党の案内で露国公使館に身を寄せる。翌三十四年国号を大韓帝国・年号を光武と改め新政を実施するが、一九〇五年（明治三十八年）の保護条約・一九一〇年の日本への併合で主権を奪われ、李太王の貴族待遇の下で大正八年（一九一九）正月二十一日登遐された。六十八歳。

霊輿は国葬式で三月三日南楊州郡金谷に向かい、亥時殯所で成殯奠が行われた。

〔陵〕　韓国京畿道渼金市金谷洞一四一の一　洪陵。

〔出典〕『官報』一九七二号、『大阪朝日新聞』。

〔参考文献〕『高宗純宗実録』上中下巻・探求堂・昭和五十四年刊、朝鮮王朝史編纂会『朝鮮王朝史Ⅱ墓道・陵誌篇』啓明社・平成四年刊。

93　寺内正毅御沙汰（書）

前内閣総理大臣従一位大勲位伯爵

至誠職ヲ奉シテ　力ヲ軍務ニ效シ
博愛衆ニ臨ミテ　化ヲ新氓ニ布ク
輔弼ノ重責ニ膺リテ　鴻猷ヲ是レ賛シ
爕(1)理ノ大任ヲ負ヒテ　庶績ニ是レ労セリ
凶音忽ニ(2)聞ス　宸悼転(3)切ナリ
宜ク賻ヲ齎シテ　臨ミ弔スヘキ旨　御沙汰候事

大正八年十一月七日

【校異】

1爕　大朝「燮」。2忽ニ　大朝「忽チニ」。3転　大朝

「転タ」。

【解題】

寺内正毅（一八五二―一九一九）は、嘉永五年二月五日山口藩士宇田多正輔の三男に生まれ、のち母方の祖父寺内勘右衛門の養嗣子となる。函館戦役に従軍し、兵部大輔の大村益次郎に認められ推薦をうけ大阪兵学寮に入り、明治四年（一八七一）陸軍少尉に任官する。西南の役では近衛太尉で出征し右手を負傷する。

十五年九月載仁親王のフランス留学に際し補佐官となり駐仏公使館付になる。帰朝後陸軍大臣秘書官・陸軍士官学校長・第一師団参謀長・参謀本部第一局長等を歴任する。新動員令の制定・七箇師団を十三箇師団に拡張する企画に与る。二十七年陸軍少将に進み、日清戦役では運輸通信長官として一切の事務を掌る。二十九年五月兵制兵器事項視察のため欧州に出張する。

三十五年三月第一次桂内閣の陸軍大臣、ついで西園寺内閣・第二次桂内閣等大臣の職を勤める。三十九年陸軍大将に進み、四十年子爵となり華族入りする。南満州鉄道株式会社設立委員長を歴て、四十三年統監・韓国併合により条約に調印し朝鮮総督になる。四十四年伯爵に昇り軍事参議官に就任する。

大正五年元帥府に列し、十月公明正大を標榜する超然内閣の首相となる。七年九月の〝米騒動〟事件で責任をとり政界を退く。

八年十一月、大磯の別邸で病没する。六十八歳。従一位勲一等菊花大綬章を贈られる。

〔墓〕　山口県山口市桜畠三丁目　寺内公園。

〔出典〕　『官報』二一七九号、『大阪朝日新聞』、三浦藤作謹解『歴代詔勅全集』第七巻。

〔参考文献〕　黒田甲子郎編『元帥寺内伯爵伝』元帥寺内伯爵伝編纂所・大正九年刊、片倉藤次郎著『元帥寺内父子』アジア青年社・昭和十八年刊、松下芳男「寺内正毅と軍閥の抬頭」（『中央公論』八〇巻八号）。

94　原敬賜誄

内閣総理大臣正二位

屢々大政ニ参シテ　治化ヲ昌期ニ賛ケ

遂ニ洪鈞ヲ秉リテ　憂労ヲ戦後ニ效(1)シ
能ク時勢ヲ観テ　以テ匡済ノ才ヲ呈シ
審(2)ニ時宜ヲ度リテ　方ニ平和ノ計ヲ運(3)ス
功勲昭(4)カニ著レ(5)　声望弥々隆(6)ナリシニ
凶聞遽(7)ニ臻ル　曷ソ軫悼ニ任ヘン
茲ニ侍臣ヲ遣(8)シ　賻ヲ齎(9)シテ臨ミ弔セシム

大正十年十一月十日

【校異】※大毎『大阪毎日新聞』の略称。1效　大朝・大毎「効」。2審　大朝・大毎「審カ」。3運　大朝・大毎「運ラ」。4昭　大朝・大毎「昭ラ」。5レ　大朝・大毎「シ」。6隆　大毎「隆ン」。7遽　大朝「遽カ」。8遣　大朝「遣ハ」。9齎シテ　大毎「齎ラシ」。

【解題】

原敬（一八五六―一九二一）は、安政三年二月九日陸中国盛岡城外本宮村（現盛岡市内）で盛岡藩士原直治の次男として生まれる。母はリツ。九歳の慶応元年父と死別する。明治三年藩校の作人館修文所に入り、翌四年敬と改名し上京して共慣義塾に入る。その後洗礼をうけてダビテの名を貰い、仏人宣教師の東北伝道に従う。十二年『郵便報知新聞』の政治記者となり翌年社説を執筆する。十五年大阪で創刊した『大東日報』の主筆に転じ、間もなく太政官御用掛の官僚生活に入る。外務省御用掛・天津領事に就任し、十七年ソウルで発生した甲申事変の情報収集で貴重な資料を、本国及び天津来着の伊藤博文に伝える。

二十二年農商務省参事官、二十九年特命全権公使となり、翌年『大阪毎日新聞』編集総務として入社し十五年間の官吏生活と別れ、一年後社長になる。三十三年大毎を退社、政友会幹事長となり、十二月から半年間逓信大臣を勤める。三十五年第七回総選挙で衆議院議員に当選し政治家の道を歩む。予算委員長・院内総務を勤め、総裁の西園寺公望を補佐する。西園寺及び桂内閣に入って内務大臣を勤めるが、大正二年のシーメンス事件で苦汁を呑む。

七年寺内内閣が〝米騒動〟事件で責任をとると、その後に平民首相として原内閣が誕生する。十年首相在任さ中政友会近畿大会に出席する途次、東京駅で中岡良一の凶刃に斃れる。六十六歳。正二位を贈られる。

〔墓〕岩手県盛岡市大慈寺町五―六　大慈寺。

〔出典〕『官報』二七八四号、『大阪朝日新聞』、『大阪毎日新聞』。

〔参考文献〕菊池悟郎・溝口白羊著『原敬全伝』日本評論社・大正十一年刊、田中朝吉編『原敬全集』二巻・原敬全集刊行会・昭和四年刊。

95　大隈重信賜誄

前総理大臣従一位大勲位侯爵

維新ノ際ヨリ　翊賛ノ功ヲ致シ
力ヲ邦交ニ宣ヘ　労ヲ財務ニ效シ
鈞ヲ秉リ国ニ当リテ　宏才能ク政機ヲ運シ
学ヲ建テ英ヲ育ヒテ　遠識以テ文化ヲ裨ク(1)
誉ハ中外ニ隆ク　望ハ邇遐ニ重カリシニ
遽ニ(2)永逝ヲ聞ク　軫悼(3)曷(4)ソ任ヘム(5)
茲ニ侍臣ヲ遣シ　賻ヲ齎(6)シテ臨ミ弔セシム
大正十一年正月十七日

【校異】
1裨ク　大朝「裨ケ」。2遽ニ永逝　大朝「遽カニ遠逝」。3軫悼　大朝「軫疼」。4曷　大朝「焉ソ」。5ム　大朝「ン」。6齎シ　大朝「齎ラシ」。

【解題】

大隈重信（一八三八―一九二二）は、天保九年二月九州佐賀城下に大隈信保の子として生まれる。十三歳の嘉永三年父と死別する。安政三年藩の蘭学寮に入り蘭学をマスター、その後慶応元年長崎府新町にフルベッキが設立した済美館に入り、副島種臣らと一緒に英語を学ぶ。ここで後の明治維新で活躍する広沢真臣・桂小五郎・大久保利通・森有礼・黒田清隆・伊藤博文等の志士や、公卿岩倉具定、幕臣勝海舟らと交情を深める。

明治元年参与職外国事務局判事となり、二年参議となる。西洋文化の輸入を代表する京浜鉄道の建設が定まると、英国から資金借入の条約締結の全権になる。六年大蔵省事務総裁として、井上馨と渋沢栄一が国家財政の前途を憂えた奏議に対し、誤謬を指摘する。七年における台湾への軍事行動には蕃地事務局長の事務を扱う。

西南の役には戦費調達の功で勲一等旭日大綬章をうける。十一年地租改正局総裁に就き、十四年には国会開設の意見書を提出する。立憲改進党を結成しリーダーとなる一方、東京専門学校を創立して政治学問二面に亘り活躍する。

三十一年第一次大隈内閣を建て外相を兼任し、政党内閣の先駆者となる。三十三年憲政党総理となり、四十年桂冠し早稲田大学総長になる。大正三年元老推薦により第二次内閣を建てる。七十七歳の重信は外国人記者に、

　最も良く近代の文化を理解し、国家のため、為すべきことを知る達識がある。

と評される。在任中第一次世界大戦に遭い、内務大臣の買収事件で辞表提出の難局を乗切る。五年侯爵となり大勲位菊花大綬章をうける。憲政会総裁加藤高明の後継を望んだが、元老の反対により辞職する。

十一年正月病に臥し十日逝去する。八十五歳。

〔墓〕　東京都文京区大塚五―四〇　護国寺。

〔出典〕『官報』二八三五号、『大阪朝日新聞』、三浦藤作謹解『歴代詔勅全集』第七巻。

〔参考文献〕　渡部外太郎著『大隈老伯　其経歴と政見』衆星社・大正四年刊、中村尚美著『人物叢書　大隈重信』吉川弘文館・昭和三十六年刊、中丸薫著『真実のともし火を消してはならない』。

96　山県有朋賜誄

前内閣総理大臣従一位大勲位公爵

忠純志ヲ奮ヒテ　大業ヲ維新ニ賛ケ
厳正朝ニ立チテ　洪謨ヲ草創ニ翊ク[1]
功ヲ陸軍ノ宏制ニ致シ　既ニ武ニシテ且ツ文ナリ
力ヲ自治ノ良規ニ竭シ　出テテハ将入リテハ相タリ
勤誠久ク著ル[2]　維レ国ノ元勲
位望並ニ隆ク　時ノ碩老ト為ス
股肱是レ頼リ　匡輔是レ須チシニ[3]
今ヤ溘亡ス　曷ソ軫悼ニ任ヘム[4]
茲ニ侍臣ヲ遣シ　賻ヲ齎シテ臨ミ弔セシメ
以テ哀寵ヲ昭ニス

大正十一年二月七日

【校異】
1翊ク　大朝「翊り」。2著ル　大毎「著はる」。3須チシニ　大毎「須ちしむ」。4任ヘム　大毎「任へん」。

97　山県有朋誄詞

此月乃今日乃此日、議定官枢密院議長元帥陸軍大将従一位大勲位功一級公爵山県有朋公乃柩乎、此葬場尓舁居坐世奉里氏、永支世乃訣乎告奉留止為氏、副斎主平田盛胤、公乃現世尓坐志志程乃事蹟乎、且々言挙称閉奉利氏誄白須事乎衆聞食世止白須。

阿波礼公波、天保九年閏四月旧乃山口藩士山県有稔大人乃真名子止生出給比、夙久与利吉田矩方大人乎教乃親止仰伎氏文武乃二道乎修米、文久乃頃山口藩乃奇兵隊軍監止為利、即氏総督尓進美坐志支。明治元年東北乃服波奴者等乎事向給布際尓、越後口乃総督参謀止為利氏建給比志功績尓依利氏、禄六百石乎賜波利、二年欧羅巴乃国々乎伊往巡利帰参来氏、兵部少輔尓任左礼、後大輔尓進美後更尓陸軍中将尓任左礼陸軍大輔乎母兼祢、又近衛都督止為利後陸軍卿尓任左礼氏参議乎兼給比尓支。佐賀乃乱尓波征討参軍止為利、十年乃役尓母同志久参軍止為利氏、伊美志支勲功乎建給比志加婆、勲一等尓叙泥良礼旭日大綬章乎賜波利、後議定官乎兼祢後又参謀本部長乎母兼祢、更尓参事院議長尓任左礼即氏内務卿乎兼給比志尓、年麻祢久世乃為国乃為別伎氏、皇室乃御為尓労給比尽坐志々勲功乃甚著加利計礼婆、十七年特奈留大命以氏華族乃列尓加倍伯爵乎授給比、後内務大臣止為利氏農商務大臣乎兼祢又監軍乎母兼祢、二十一年再欧羅巴乃国々乎巡利氏彼国乃状乎視察良米給比、二十二年内閣総理大臣尓任左礼氏内務大臣乎兼祢後陸軍大将尓進美、二十四年官乎免左礼志加杼、畏伎大命乎蒙利氏前官乃礼遇乎賜波利後司法大臣尓任左礼、更尓枢密院議長尓任左礼給比尓伎。二十七八年乃役尓波第一軍司令官止為利、更尓監軍止為利氏陸軍大臣乎兼祢、種々勤美労伎志勲功乎賞泥良礼氏、功二級尓叙泥良礼金鵄勲章乎授計良礼、旭日桐花大綬章乎母賜波利氏侯爵尓進美正二位尓陞給倍利。二十九年全権大使止為利氏露西亜国奈留皇帝乃戴冠式尓列利、三十一年尓波元帥乃称号乎左倍賜波利後再内閣総理大臣尓任左礼、三十五年尓波大勲位尓叙泥良礼菊花大綬章乎賜波利、三十七八年乃戦尓波参謀総長止為利氏、兵站総監乎母兼給比氏千々尓心乎砕支、種々尓思乎焦志氏勤美労伎坐志々勲功志留加里計礼婆、功一級尓進美又菊花章頸飾乎授計良礼、四十年更尓公爵乎授計良礼坐志伎。是与利先再枢密院議長尓任左礼、四十二年枢密顧問官尓転利坐志々賀、程無久復枢密院議長尓任左礼給比尓伎。如是年久尓皇朝廷尓仕奉利志間尓波、数回畏伎勅語乎給比氏勤労乎褒米良礼坐志氏、先乃天皇乃御信任伊登厚久深加利志波更尓母言波受。大正元年天皇乃御位尓即加世坐志々初尓母、畏伎大命以氏天下乃大御政乎輔翼奈比奉礼止宣良世給比氏、畏久母往末掛計氏思保志頼麻志計留尓、由久利無久御病起利医薬乃道母絶果氏々、終尓此月乃一日止言布尓、天路遥尓雲隠利坐志々波、世乃為国乃為別伎氏皇室乃御為尓悲志止母哀志久、悔志止母悔志伎事乃極奈利計利。故御病篤志久重利志由大宮乃内尓母聞衣計武、特奈留大命以氏従一位尓進給比、薨去坐志々由乎聞食志氏国葬乃礼乎賜比氏厚久葬良志米給比、特尓大御使乃出向波志氏誄乃大御詞乎左閉賜比志乃美加、葬儀乃今日波志母朝政乎廃米給倍留波、畏志止母畏久限無伎公乃光栄有留誉止仰伎称奉留倍伎奈利。公波明治乃大御代尓至留麻泥五十年余賀間、一日乃如久政事尓母軍事尓母誠乎尽志氏、世乃為国乃為皇室乃御為尓労伎給比尽坐志志加婆、皇御国乃真柱止母国内悉仰奉礼利志、公乃御霊母今波天翔利坐志氏、還坐左奴現世乃慣乎概美歎加比都々誄詞宣利白左久乎、衆聞食世止白須。

大正十一年二月九日

山県有朋誄詞

此月の今日の此日、議定官枢密院議長元帥陸軍大将従一位大勲位功一級公爵山県有朋公の柩を、此葬場に舁居坐せ奉りて、永き世の訣を告奉ると為て、副斎主平田盛胤、公の現世に坐しし程の事蹟を、且々言挙称へ奉りて誄白す事を衆聞食せと白す。

阿波礼公は、天保九年閏四月旧の山口藩士山県有稔大人の真名子と生出給ひ、夙くより吉田矩方大人を教の親と仰ぎて文武の二道を修め、文久の頃山口藩の奇兵隊軍監と為り、即て総督に進み坐しき。明治元年東北の服はぬ者等を事向給ふ際に、越後口の総督参謀と為りて建給ひし功績に依りて、禄六百石を賜はり、二年欧羅巴の国々を伊往巡り帰参来て、兵部少輔に任され、後大輔に進み後更に陸軍中将に任され陸軍大輔をも兼ね、又近衛都督と為り後陸軍卿に任されて参議を兼給ひにき。佐賀の乱には征討参軍と為り、十年の役にも同しく参軍と為りて、伊美しき勲功を建給ひしかば、勲一等に叙でられ旭日大綬章を賜はり、後議定官を兼ね後又参謀本部長をも兼ね、更に参事院議長に任され即て内務卿を兼給ひしに、年麻祢久世の為国の為別きて、皇室の御為に労給ひ尽坐しし勲功の甚著かりければ、十七年特なる大命以て華族の列に加へ伯爵を授給ひ、後内務大臣と為りて農商務大臣を兼ね又監軍をも兼ね、二十一年再欧羅巴の国々を巡りて彼国の状を視察らめ給ひ、二十二年内閣総理大臣に任されて内務大臣を兼ね後陸軍大将に進み、二十四年官を免されしかど、畏き大命を蒙りて前官の礼遇を賜はり後司法大臣に任され、更に枢密院議長に任され給ひにき。二十七八年の役には第一軍司令官と為り、更に監軍と為りて陸軍大臣を兼ね、種々勤み労きし勲功を賞でられて、功二級に叙でられ金鵄勲章を授けられ、旭日桐花大綬章をも賜はりて侯爵に進み正二位に陞給へり。二十九年全権大使と為りて露西亜国なる皇帝の戴冠式に列り、三十一年には元帥の称号をさへ賜はり後再内閣総理大臣に任され、三十五年には大勲位に叙でられ菊花大綬章を賜はり、三十七八年の戦には参謀総長と為りて、兵站総監をも兼給ひて千々に心を砕き、種々に思を焦して勤み労き坐しし勲功志留加りければ、功一級に進み又菊花章頸飾を授けられ、四十年更に公爵を授けられ坐しき。是より先再枢密院議長に任され、四十二年枢密顧問官に転り坐ししが、程無く復枢密院議長に任され給ひにき。如是年久に皇朝廷に仕奉りし間には、数回畏き勅語を給ひて勤労を褒められ坐して、

先の天皇の御信任伊登厚く深かりしは更にも言はず。大正元年

天皇の御位に即かせ坐しし初にも、畏き大命以て天下の大御政を輔翼なひ奉れと宣らせ給ひて、畏くも往末掛て思ほし頼ましけるに、由久利無く御病起り医薬の道も絶果てて、終に此月の一日と言ふに、天路遥に雲隠り坐ししは、世の為国の為別きて皇室の御為に悲しとも哀しく、悔しとも悔しき事の極なりけり。故御病篤しく重りし由大宮の内にも聞えけむ、特なる大命以て従一位に進給ひ、薨去坐しし由を聞食して国葬の礼を賜ひて厚く葬らしめ給ひ、特に大御使の出向はして誄の大御詞をさへ

賜ひしのみか、葬儀の今日はしも朝政を廃め給へるは、畏しとも畏く限無き公の光栄有る誉と仰ぎ称奉るべきなり。公は明治の大御代に至るまで五十年余が間、一日の如く政事にも軍事にも誠を尽して、世の為国の為皇室の御為に労き給ひ尽坐ししかば、皇御国の真柱とも国内悉仰奉れりし、公の御霊も今は天翔り坐して、還坐さぬ現世の慣を慨み歎かひつつ誄詞宣り白さくを、衆聞食せと白す。

大正十一年二月九日

【解題】

山県有朋（一八三八―一九二二）は、天保九年閏四月二十二日長門国萩城下川島庄（山口県萩市川島三一三―五六）に生まれる。父は国学に造詣が深い有稔で、母は松子という。安政四年京都に出張し梅田雲浜らの志士と交情ができ、帰藩後久坂玄瑞の紹介で松下村塾に入る。文久三年奇兵隊の軍監となり、元治元年（一八六四）四国艦隊の馬関攻撃に遭うや敵弾をうける。征長令に応えて長州藩内で保守派俗論党の勢が増大すると、奇兵隊を動員して保守派を一掃し藩論を統一する。第二次征長の際には京都に赴き西郷隆盛と手を握り、薩長の討幕連合の端緒を築く。戊辰の役（一八六八）には長岡城・若松城攻撃に参加、明治二年（一八六九）軍功により永世禄六百石を給与される。

五年の『徴兵令』制定・鎮台の拡張、十五年の『軍人勅諭』頒布などに貢献する。十六年以後内閣制度導入後の警察制度改革を内務大臣として行う。二十二年第一次山県内閣で『教育勅語』の発布に寄与し、日清戦争時に第一軍司令官となり陸相に就き、三十一年元帥府に列なる。三十三年元勲優遇の詔をうける。日露戦争が発ると参謀総長となり、満州出張を行い戦後功一級金鵄勲章を賜わる。四十年『日韓協約』の成立後公爵となる。

第一議会の施政方針演説で、朝鮮の確保を独立国家の利益線と主張したことは、朝鮮の不幸な出発を芽生えさせたとも言える。大正時代に元老の地位と尊厳を保つ。十一年正月風邪をこじらせ気管支カタル症を併発して、小田原古稀菴で逝去する。八十五歳。

天皇を補佐する体制に「勅語発布」を提案した功労者

である点を忘れてはならない。

〔墓〕　東京都文京区大塚五―四〇　護国寺。

〔出典〕『官報』二八五四号、『大阪朝日新聞』、『大阪毎日新聞』、三浦藤作謹解『歴代詔勅全集』第七巻。

97山県有朋誄詞の出典は、『官報』二八五六号。

〔参考文献〕　坂本箕山著『元帥公爵山県有朋』至誠堂・大正十一年刊、藤村道生著『人物叢書　山県有朋』吉川弘文館・昭和三十六年刊、長岡新治郎「山県有朋の露国派遣と日露協定」（『日本歴史』五九号）、吉川末次郎「山県有朋と地方自治」（『都市問題研究』一六号）、松下芳男「山県有朋と長州軍閥」（『文芸春秋』四三巻一号）、今井清一「山県有朋と官僚支配」（『中央公論』八〇巻一号）。古川隆久著『人物叢書　大正天皇』吉川弘文館・平成十九年刊。

98　樺山資紀賜誄

故議定官枢密顧問官海軍大将
従一位大勲位功二級伯爵

維新ニ際会シテ　忠ヲ王旅ニ效シ
創革ニ遭逢シテ　力ヲ戎韜ニ宣フ
堅ク守リテ勇ヲ西陲ニ奮ヒ
善ク謀リテ威ヲ黄海ニ揚ケ
遂ニ辺疆ノ重寄ニ膺リ
累ニ文武ノ要途ニ躋ル
歯望並ニ高ク　功勲昭ニ著レシニ
奄チ長逝ヲ聞ク　軫悼曷ソ勝ヘム
茲ニ侍臣ヲ遣シ　賻ヲ賜ヒテ以テ弔セシム

大正十一年二月十二日

【解題】

樺山資紀（一八三七―一九二二）は、天保八年十一月十二日鹿児島城下の二本松馬場で生まれる。父は鹿児島藩士橋口与三次。二十七歳を迎えた文久三年に同藩士樺山四郎左衛門の養子となる。

慶応四年藩の遊撃隊に属して、鳥羽伏見の戦・会津戦争に参加し（九月に明治改元）、四年陸軍少佐となる。六年外務卿副島種臣に随行して、琉球漁民殺害事件処理のため清国に赴く。七年西郷従道の征台の役に従軍し軍功により中佐に進み、九年熊本鎮台参謀長兼熊本衛戍司令官になる。翌年西南の役には鎮台司令長官谷干城を補佐し、役後勲三等に叙され、十一年大佐に昇進し近衛幕僚参謀長兼大警視になる。十四年警視総監を兼ねて少将に昇る。十六年転じて海軍大輔、その後海軍中将に進む。翌年勲功による叙爵規定で従四位の資紀は子爵を授与される。十九年から五年間海軍次官を勤め、二十三年五月第一次山県内閣の海相に就き続いて第一次松方内閣に留任する。

二十四年十二月の第二議会で、海軍省予算の削減に遭い激怒して、

今日海軍ヲ今ノ如キ事ニ見テ居ル人ガアルデアラウカ。……現政府ハ此ノ如ク内外国家多難ノ艱難ヲ切抜ケテ、今日迄来タ政府デアル。薩長政府トカ何政府トカ言ツテモ、今日国ノ此安寧ヲ保チ、四千万ノ生霊ニ関係セズ、安全ヲ保ツタト云フコトハ、誰ノ功力デアル。

と薩長擁護の蛮勇演説を行い、衆議院解散の原因を作る。翌年八月内閣総辞職後枢密顧問官になる。日清戦役には海軍々令部長・海軍大将、ついで初代台湾総督に就き、日清戦役の勲功で功二級・金鵄勲章・旭日大綬章をうけ、年金千円に与り伯爵に昇る。爾後第二次松方内閣の内相・第二次山県内閣の文相を務める。

大正十一年二月大勲位・菊花大綬章をうけ従一位に進み、神奈川県大磯の別邸で逝去する。八十六歳。

〔墓〕　東京都豊島区駒込　染井霊園。

〔出典〕　『官報』二八五八号。

〔参考文献〕　藤崎済之助著『台湾史と樺山大将』国史刊行会・大正十五年刊、大沢夏吉著『西郷都督と樺山総督』西郷都督樺山総督記念出版委員会・昭和十一年刊、樺山愛輔・樺山丑二著『父樺山資紀』昭和二十九年刊。

99　高階幸造大人乎誄布詞

官幣大社広田神社宮司従五位勲六等高階幸造命乃柩乎葬里斂米牟止志弖、今此乃葬場爾舁据天、永伎訣乎告奉良牟止、嗣子研・主乎始米家族親族乃人等、又縁有留人諸、御前爾躊躇比後方爾徘徊比津留処爾、斎主吉井太郎、汝命我現世爾坐志志事績乎言挙介弖誄比白左久。

阿波礼汝命波也、元治元年八月、但馬国豊岡爾生出給比志賀、幼与里才敏久、物学吡爾心乎潜米給比、明治二十一年爾波兵庫県皇典講究分所受持委員止成里、翌留年爾波此乃広田神社祢宜爾任左反弖、旦暮宮仕反爾、将県内乃神職乃事爾関良比給比、年爾月爾功績著明久座之加伐、明治三十四年爾波河内国四条畷神社宮司爾、明治三十五年爾波播磨国一宮伊和神社宮司爾麻介良反、翌年仁者更爾此乃広田神社乃宮司爾転里給比弖、冠位毛伊次次爾陞里給比、三十九年爾波露国止乃戦役乃功爾依里弖、勲六等爾勲章乎左友賜波里、明治四十二年爾正六位爾、大正五年爾従五位爾、弥継継高伎階級爾昇里給比奴。茲爾殊更爾偲比奉留可伎波、汝命我兵庫乃県内乃神職等乃上爾尽志給反留功績奈里介里。早久与里此道爾分入給比弖、只管爾力乎尽志、思乎凝志給比志中爾、兵庫県皇典講究分所乎興志弖皇典乎講明志、或波祭典乃方規乎研米弖、専良其業爾関良比弖、年月偏久神職等乃智識乃向上乎一向爾計里給比志数数乃功績波、何時乃世爾加者忘留倍伎。爰乎以弖皇典講究所総裁、又聯合神職会長波記念品乎贈里氏、幾多乃労爾酬比給比伎。又学乃道爾勤美深久、古今乃書共乎読悟里弖者、神皇事蹟祭文私稿広田神社社誌等乎著波志給比弖、後乃世乃便益毛甚多加里介里。斯久之毛御社爾丹誠乎尽之、兵庫県皇典講究分所乃理事乎専止伊蘇之美給反婆、常磐爾堅磐爾変留事無久、長久志久執務里給波牟事乎乃美思比憑美弖在志爾、去年乃夏乃日、不慮留重吉病爾瘁反給比弖、月明伎秋乃夕毛、紅葉照留冬乃始毛、村肝乃心乎慰米給波伝、枯野爾結布朝霜乃如久、波加奈久毛消失給反利。御心乎広田乃山乃山躑躅波、年年爾変良奴色爾綻比出弖、底清伎御手洗川乃川水波、今毛昔爾変良左礼止毛、逝弖跡無伎汝命乃帰良奴旅路爾出給比志事波哉、悔志止毛悲之伎極爾奈毛。斯志毛終乃御祭行布爾依弖、一代乃訣乎告奉良牟止、風乃音乃遠音爾聞衣弖、遠伎毛近伎母諸人伊寄集比弖、悲美歎伎都都葬乃礼修奉留事乎、平介久安介久聞食世止敬弖白須。

高階幸造大人を誄ふ詞

官幣大社広田神社宮司従五位勲六等高階幸造命の柩を葬り斂めむとして、今此の葬場に舁据て、永き訣を告奉らむと、嗣子研一主を始め家族親族の人等、又縁有る人諸、御前に躊躇ひ後方に徘徊ひつる処に、斎主吉井太郎、汝命が現世に坐しし事績を言挙けて誄ひ白さく。

阿波礼汝命はや、元治元年八月、但馬国豊岡に生出給ひしが、幼より才敏く、物学ひに心を潜め給ひ、明治二十一年には兵庫県皇典講究分所受持委員と成り、翌る年には此の広田神社祢宜に任さへて、且暮宮仕へに、将県内の神職の事に関らひ給ひ、年に月に功績著明く座しかば、明治三十四年には河内国四条畷神社宮司に、明治三十五年には播磨国一宮伊和神社宮司に麻けらへ、翌年には更に此の広田神社の宮司に転り給ひて、冠位も伊次次に陞り給ひ、三十九年には露国との戦役の功に依りて、勲六等に勲章をさへ賜はり、明治四十二年に正六位に、大正五年に従五位に、弥継継高き階級に昇り給ひぬ。茲に殊更に偲ひ奉る可きは、汝命が兵庫の県内の神職等の上に尽し給へる功績なりけり。早くより此道に分入給ひて、只管に力を尽し、思を凝し給ひし中に、兵庫県皇典講究分所を興して皇典を講明し、或は祭典の方規を研めて、専ら其業に関らひて、年月偏く神職等の智識の向上を一向に計り給ひし数数の功績は、何時の世にかは忘るべき。爰を以て皇典講究所総裁、又聯合神職会長は記念品を贈りて、幾多の労に酬ひ給ひき。又学の道に勤み深く、古今の書共を読悟りては、神皇事蹟祭文私稿広田神社社誌等を著はし給ひて、後の世の便益も甚多かりけり。斯くしも御社に丹誠を尽し、兵庫県皇典講究分所の理事を専と伊蘇之美給へば、常磐に堅磐に変る事無く、長く久しく執務り給はむ事をのみ思ひ憑みて在しに、去年の夏の日、不慮る重き病に瘁へ給ひて、月明き秋の夕も、紅葉照る冬の始も、村肝の心を慰め給はで、枯野に結ふ朝霜の如く、波加奈くも消失給へり。御心を広田の山の山躑躅は、年年に変らぬ色に綻ひ出て、底清き御手洗川の川水は、今も昔に変らされとも、逝て跡無き汝命の帰らぬ旅路に出給ひし事はや、悔しとも悲しき極に奈も。斯しも終の御祭行ふに依て、一代の訣を告奉らむと、風の音の遠音に聞えて、遠きも近きも諸人伊寄集ひて、悲み歎きつつ葬の礼修奉る事を、平けく安けく聞食せと敬て白す。

【解題】

高階幸造（一八六四—一九二二）は、元治元年八月但馬豊岡藩士高階成章の三男として生まれる。二十五歳となった明治二十一年、兵庫県皇典講究分所理事となり教授を兼ねる。その後全国神職会の創立に関わり、三十一年総務委員・幹事に就く。三十四年別格官幣社四条畷神社、三十五年国幣中社伊和神社、三十六年官幣大社広田神社の宮司を歴任する。次いで兵庫県神職督務所長及び皇典講究分所長に就く。

三十九年に勲六等、四十二年に正六位、大正五年に従五位と功績に協う勲章と位階をうける。大正十年夏より病に悩み十一年正月逝去する。五十九歳。著書に『神皇事蹟』『祭文私稿』『広田神社誌』等がある。

〔墓〕兵庫県城崎郡田鶴野村野上。

〔出典〕『最新祝詞作例文範』下巻。

100　伏見宮貞愛親王賜誄

元帥大勲位

宗室ノ尊賢ヲ以テ　器ハ文武ヲ兼ネ
陸軍ノ枢要ヲ歴テ　資ハ勇仁ヲ合ス
功勲ヲ戎軒ニ立テ　交誼ヲ欧米ニ修メ
入リテハ内府ノ事ヲ視テ　出テテハ（1）元帥ノ府ヲ握リ
啓沃誠ヲ竭シ　謀猷力ヲ效シ
又民業ヲ勧メテ　尤輿情ニ副ヒ
維レ朕カ師佐ニシテ　世ノ具瞻スル所ナリシニ
凶聞俄ニ臻ル　痛悼ニ任ヘス（2）
茲ニ侍臣ヲ遣シテ賻弔セシメ　以テ哀懐ヲ展フ

大正十二年二月十三日

【校異】

1出テテハ　大朝「出テハ」。2任ヘス　大朝「勝ヘス」。

【解題】

貞愛親王（一八五八—一九二三）は、安政五年四月一

品邦家親王の第十四男として生まれる。幼名を敦宮という。五歳を迎えた文久二年十二月伏見宮を襲ぐ。十四歳の明治四年三月親王宣下で貞愛の名を賜わる。五年四月家督を相続する。六年幼年学校に入学、九年四月熾仁親王の妹利子女王と結婚する。西南の役には中尉で出征する。十三年六月賄料を二万二千五百円と定められる。十八年七月軍事制度視察のため渡欧し、十九年十二月大勲位・菊花大綬章をうける。

二十二年第三回内国勧業博覧会総裁に就き、二十五年少将に進み歩兵第四旅団長になる。三十四年第一師団長に就任する。この間に功三級・金鵄勲章をうけ、露帝ニコラス二世の戴冠式に参列する。三十五年五月道元の六百五十年忌に際し永平寺に勅賜諡号「承陽」二字を記す。三十七年大将に進み、日露戦争後軍事参議官・日本大博覧会・日仏協会名誉・日英博覧会名誉、帝国在郷軍人会・済生会・大喪使等の総裁となる。大正三年正月元帥府に列なる。

十二年正月銚子別邸で避寒中病に冒され、二月四日帰京の後逝去する。六十六歳。

〔墓〕　東京都文京区大塚五—四〇　豊島岡墓地。
〔出典〕『官報』三二六〇号、『大阪朝日新聞』。
〔参考文献〕伏見宮家編『貞愛親王逸話』伏見宮家・昭和六年刊、伏見宮家編『貞愛親王事蹟』伏見宮家・昭和六年刊。

101　文学博士三矢重松大人命乃誄辞

国学院大学教授皇典講究所調査委員従六位文学博士三矢重松大人乃命乃御柩乃前爾、斎主菊池武文、悔志久悲志伎思乎押鎮米、謹美敬比天白左久。

嗚呼汝命波明治四年十一月、出羽国鶴岡乃里爾産礼出坐志天、天性殊外聡明久雄雄志久、幼伎与里父母乃御教乎堅久守良比、能久孝順比事閇奉里志耳奈良受、御心忠実爾怜悧志久、人乃情深久、別伎天物学毘乃道爾波勝礼天坐志介礼婆、数多乃友垣爾敬波礼、尊麻礼天曾人刀成里給比志。明治二十二年七月爾山形中学校乎、同志伎二十六年七月爾国学院乎卒閇良礼、六年七年加程波文部省爾、或中学校爾、或弘文学院爾数多乃学生乎教閇導加礼、同志伎三十四年乃頃与里、国学院大学高等師範学校外国語学校乃講師乎兼爾給比、公職刀私務刀乃暇暇爾波、皇国学毘乃一筋爾勤美励美坐志天、高等日本文法刀云布最母芽出度文巻乎世爾公爾為給比奴。汝命乃御名乃天下爾轟伎初米志波、此乃時爾天波有里介里。大正七年爾高等師範学校教授爾任介良礼、同志伎九年爾国学院大学教授刀成給比、此乃年乃七月爾波文学博士乃学位左倍得給比奴。国学院大学乎卒閉天同大学与里学位乎得左世給閉留波、汝命曾始乃人爾天波坐志介留。斯天将来弥益汝命乃御名刀栄誉刀波高久輝伎坐須倍久、何久礼刀思比設給比志事母多加里介牟。別介天国学院大学乃為爾波、我乎措伎天人波有良自刀、利心乎注加礼給比志加婆、同志友垣波更奈里、人皆母力乃柱刀頼美奉礼留乎、惜志伎加母五十有三歳乎此乃世乃限爾天、汝命乃御名爾負閉留重松乃、松乃千年乎契良世給波左里志曾、惜志久悲志伎極奈里介流。況志天波志伎妻乃君慈久志伎七人乃御子達乃生先乎見曾那波志給波奴波、如何爾心苦志久御心残里母多加里介牟。阿那悔志久、悲志伎極爾古曾。然波有礼杼、如何爾嘆加牟母為牟術無久、今波限有礼婆、遺骸波例乃作法爾納米奉留倍久、家族親族友垣知人数多御側爾侍良比、霊前爾御食御酒種種乃物共供奉里天、今乎限乃長世乃別乎告介奉良牟刀、波布里落津留涙乃雫搔払比津津事乃状告奉留乎、如何爾思召志坐須良牟。天翔里国翔里天母見曾那波志給比天、道乃長手乎恙加布事無久、安久穏爾出泥立多世給閉刀、謹美拝美天敬比母白須。

文学博士三矢重松大人命の誄辞

国学院大学教授皇典講究所調査委員従六位文学博士三矢重松大人の命の御柩の前に、斎主菊池武文、悔しく悲しき思を押鎮め、謹み敬ひて白さく。

嗚呼汝命は明治四年十一月、出羽国鶴岡の里に産れ出坐して、天性殊外聡明く雄雄しく、幼きより父母の御教を堅く守らひ、能く孝順ひ事へ奉りし耳ならず、御心忠実に怜悧しく、人の情深く、別きて物学びの道には勝れて坐しければ、数多の友垣に敬はれ、尊まれてぞ人と成り給ひし。明治二十二年七月に山形中学校を、同しき二十六年七月に国学院を卒へられ、六年七年か程は文部省に、或中学校に或弘文学院に数多の学生を教へ導かれ、同しき三十四年の頃より、国学院大学高等師範学校外国語学校の講師を兼に給ひ、公職と私務との暇暇には、皇国学びの一筋に勤み励み坐して、高等日本文法と云ふ最も芽出度文巻を世に公に為給ひぬ。汝命の御名の天下に轟き初めしは、此の時にては有りけり。大正七年に高等師範学校教授に任けられ、同しき九年に国学院大学教授と成給ひ、此の年の七月には文学博士の学位さへ得給ひぬ。国学院大学を卒へて同大学より学位を得させ給へるは、汝命ぞ始の人にては坐しける。斯て将来弥益汝命の御名と栄誉とは高く輝き坐すべく、何久礼と思ひ設給ひし事も多かりけむ。別けて国学院大学の為には、我を措きて人は有らじと、利心を注かれ給ひしかば、同し友垣は更なり、人皆も力の柱と頼み奉れるを、惜しきかも五十有三歳を此の世の限にて、汝命の御名に負へる重松の、松の千年を契らせ給はさりしぞ、惜しく悲しき極なりける。況して波しき妻の君慈くしき七人の御子達の生先を見そなはし給はぬは、如何に心苦しく御心残りも多かりけむ。阿那悔しく、悲しき極にこそ。然は有れど、如何に嘆かむも為む術無く、今は限有れば、遺骸は例の作法に納め奉るべく、家族親族友垣知人数多御側に侍らひ、霊前に御食御酒種種の物共供奉りて、今を限の長世の別を告げ奉らむと、波布里落つる涙の雫播払ひつつ事の状告奉るを、如何に思召し坐すらむ。天翔り国翔りても見そなはし給ひて、道の長手を恙かふ事無く、安く穏に出で立たせ給へと、謹み拝みて敬ひも白す。

【解題】

三矢重松（一八七一―一九二三）は、明治四年十一月二十九日山形県の鶴岡に生まれる。旧荘内藩士三矢維顕の二男。文人高山樗牛とは山形中学で共に学ぶ。二十三年国学院の創立と同時に入学し、四年間の学業を修めると文部省図書課に勤める。その後私立開成中学・岡山県高梁中学・大阪府天王寺中学の教員を勤め、三十四年高等師範学校と外国語学校の講師から大正七年に及び高等師範学校教授となり、二年後母校国学院大学教授に就く。九年七月文学博士の学位を取得する。時に五十歳。国学院雑誌・『賀茂真淵全集』をはじめとする編纂に与るだけでなく研究内容の多くを発表する。殊に国文法と語法の研究に努力する。著作に『高等日本文法』・『古事記に於ける特殊なる訓法』がある。大正十二年七月十七日、病により逝去する。五十三歳。

誄作者菊池武文（一八七一―一九三九）は、明治四年福島県に生まれる。旧姓を金正と称したが、のちに菊池家の養子となる。二十七年検定試験に合格して国語科中等教員資格を取得する。二十八年国学院大学を卒業し、一時教員の現場勤めをする。

大正四年愛知県の国幣小社砥鹿神社宮司となり、翌五年長野県の官幣大社諏訪神社宮司に転任する。十一年山形県の官幣大社出羽三山神社（通称月山神社）宮司に就任する。翌年広島県・安芸国一ノ宮官幣大社厳島神社宮司に転任する。誄詞はこの頃の著作。時に五十三歳。

誄詞の初めに「悔しく悲しき思を押鎮め」とある哀悼表現には、菊池と同じ生年であった三矢博士の早逝に対し、万感胸に迫るものが秘められている。翌年二月教育家従四位勲二等杉浦重剛への棺前祭詞を作る。その後皇典講究所に勤め、神戸市の官幣中社長田神社宮司に遷り、昭和十四年逝去する。六十九歳。

〔墓〕東京都豊島区南池袋四丁目二五―一　雑司が谷霊園。

〔出典〕『最新祝詞作例文範』下巻。

〔参考文献〕安田喜代門・安田静雄「三矢博士著作年譜」（『国学院雑誌』三七巻三号）、笠原節二「三矢先生の思い出」（『国語教室』）。

102 加藤友三郎賜誄

内閣総理大臣正二位大勲位子爵

海軍ノ偉器　累(1)ニ戦功ヲ立テ
内閣ノ良才　克ク職任ヲ修ム
曩ニ使命ヲ奉シテハ　時勢ヲ審ニシテ　而シテ績ヲ平和ニ奏シ
遂ニ政機ヲ執リテハ　皇猷ヲ宣(2)ヘテ　以テ労ヲ燮(3)理ニ效ス
出テテ将入リテ相　勲名益(4)〻重カリシニ
俄ニ溘(5)逝ヲ聞ク　軫悼曷ソ勝ヘム
茲ニ侍臣ヲ遣(6)シ　賻ヲ齎シテ臨ミ弔セシム

大正十二年八月二十八日

【校異】

1累ニ　大朝「累リニ」。2宣ヘテ　大朝「宣ヘ」。3燮理　大朝「燮理」。4く　大朝ナシ。5溘逝　大朝「薨逝」。6遺シ　大朝「遺ハシ」。

【解題】

加藤友三郎（一八六一―一九二三）は、文久元年二月二十二日安芸国広島大手町に加藤七郎兵衛の三男として生まれる。母は広島藩士山田愛蔵の二女竹である。三歳で父と死別する。二十歳の明治十三年（一八八〇）十二月、海軍兵学校を卒業し、十六年少尉に任官する。二十六年英国で建造した軍艦吉野の回航委員になり、翌年砲術長に就任する。日清戦役で軍功五級・金鵄勲章をうけ年金三百円を支給される。日露戦争では連合艦隊参謀長大佐、少将に進む。戦後軍功により功二級・金鵄勲章をうけ年金千円を支給される。

三十九年海軍次官に就任し、四十一年中将に進み、翌年呉鎮守府司令長官に転じ、大正二年第一艦隊司令長官、同四年海相に就く。次で大将に進み大隈・寺内・原・高橋四内閣の海相を勤める。九年戦役の功で旭日桐花大綬章をうけ、六千六百円を支給され男爵の華族に列する。十年八月ワシントン会議に全権委員として臨み、英米十・日本六の比率を得て帰る。十一年松方元老の意思で加藤内閣が成立する。友三郎はシベリアからの撤兵・十四隻の軍艦廃棄と海軍将士の人員整理など軍縮政策に貢献する。

十二年勲功で子爵・正二位に進み、また大勲位をうけ元帥府に列する。癌を病み、兼任の海相を財部彪に譲ってから三箇月と十日で臨終を迎える。六十三歳。

〔墓〕　東京都港区南青山二丁目三二　青山霊園。

〔出典〕『官報』三三二五号、『大阪朝日新聞』。

〔参考文献〕　加藤元帥伝記編纂委員会編『元帥加藤友三郎伝』加藤元帥伝記編纂委員会・昭和三年刊、吉田満「加藤友三郎と八八艦隊」（『中央公論』八〇巻八号）。

103　高橋八重子刀自乃誄詞

阿波礼畏き我母君高橋八重子刀自の柩の前に、慎みて告奉る。木末に高く蟬鳴き頻る此の暑けき夏の真中に、母刀自には病に罹り給ひて、久しく床に臥し給ひ、厚く医薬の途を尽し、看護怠らず有しも其甲斐なく、遂に行きて帰らぬ幽冥に去り給ひしは、いと口惜しく痛ましき事の極みにぞ有ける。然れど我母刀自は、今年齢八十二を重ね給ひて、世の長人と称へられ、家貧しからず、子孫玄孫とかき数ふれば、今は五十二人になりて、世の人皆の羨む所なれば、今更に歎くにも有らざめれど、常に御身体健かに坐して、何くれと家の事取扱ひ給ひしからに、八十八の米齢は心安く、百年の坂路も越給ひてむと心に頼みし事、今は空しくなりぬ。

阿波礼、人の寿命ばかり果敢なき者はなし。然は有れど、我母刀自の如きは、此の世に坐して克く女の道を守り、夫の君に長く仕へ給ひ、家の為人の為にも御心を尽し給ひ、克く人を憐み、多くの人に敬はれ、世の中の婦女の亀鑑と称へられしは、皆人の知る所なり。おのれ金鑽宮守、今日この葬りの式仕奉り、長き別れの時に臨みて、斯くありし世の事ども称奉り偲奉りて、謹み悲みて白す。

【解題】

誄作者金鑽宮守（一八六三―？）は、文久三年武蔵児玉郡丹荘村に生まれる。父は肥丹真守、母は高橋八重子。明治十五年埼玉県の官幣中社金鑽神社祠掌となり、翌十六年皇典講究所に入学する。二十一歳。十八年四月「金鑽神社御昇格祭祝詞」を作る。二十年に卒業、二十五年まで皇典講究分所に勤めて二十七年函館八幡宮宮司となり、二十九年五月「植樹祭祝詞」を作り、翌年栃木県の日光二荒山神社宮司に転任し、三十二年金鑽神社宮司になる。三十五年四月「神殿落成奉告祭祝詞」を、四十年四月「日光二荒山神社石標建設竣工式祝詞」を、大正八年「位階昇進奉上祝詞」を作る。又「七十七賀寿奉賽祝詞」を母に捧げる。

誄詞は母が八十二歳で逝去した十三年の作である。昭和四年（一九二九）宮司を辞し、神社の整備に尽瘁する。著作には『塙検校遺物集』『川俣関所』『金屋村鋳物師考』等がある。

高橋八重子（一八四三―一九二四）は、天保十四年に生まれる。文久二年（一八六二）二十歳の時肥丹真守と結婚し、翌年金鑽宮守を生む。七十七歳の喜寿を迎えるまで、子供に恵まれて逝去の年には、誄詞に、

子・孫・玄孫とかき数ふれば、今は五十二人になり
　て、世の人皆の羨む所なれば

と述べるように、世間羨望の大家族の曾祖母となる。大正十三年に逝去する。八十二歳。

〔出典〕『最新祝詞作例文範補遺』。

104　松方正義賜誄

前内閣総理大臣正二位大勲位公爵

蚤ニ身ヲ国事ニ委ネテ　利用厚生ノ業ヲ勧メ
責ニ心(1)ヲ財政ニ膺リテ　金融機関ノ統一ヲ致シ
兌換ノ制本位貨ノ策　亦咸爰ニ定マル
国家多事ニ際シ　通済礙無ク(2)
円融能ク弁スルモノ　其ノ勲労偉且宏ナリ
再洪鈞ヲ秉リ　又常時輔弼ノ職ニ就キ　晩節愈ゝ顕ハル
寔ニ両朝ノ元老　一世ノ耆宿タリ
今ヤ溘亡ス　曷ソ軫悼ニ勝ヘム
茲ニ侍臣ヲ遣ハシ　賻ヲ齎ラシテ弔セシム

大正十三年七月十日

【校異】
1心ヲ　官報及ビ大朝ナシ。2無ク　大朝「ナク」。

105　松方正義誄詞

此月乃今日乃此日、従一位大勲位公爵松方正義命乃柩乎、是乃葬場尓舁居坐世奉利氐、永伎世乃訣乎告奉留止為氐、副斎主竹崎嘉通、公乃現世尓坐志々程乃事蹟乎、言挙気祢倍奉利氐誄白須事乎、衆聞食世止白須。

阿波礼公波、天保六年薩摩国鹿児島尓生出給比、父君波名乎正恭止云比、公波其真奈弟子尓坐志伎。嘉永三年齢十六歳尓藩乃勘定所尓召出左礼、夫与利種々乃職乎経氐、日夜勤志美労伎給比志加婆、芳志伎名波文久慶応乃頃与利、夙久母四方尓聞衣、斯久氐明治元年長崎裁判所参謀尓召左礼、程無久内国事務局権判事止為利、日田県知事民部大丞大蔵権大丞租税頭大蔵省三等出仕、地租改正局三等出仕等乎経氐、同伎八年大蔵省大輔尓任左礼勧業頭乎兼給比伎。同伎十一年仏国博覧会副総裁尓為氐、翌年彼国尓赴伎、十三年内務卿尓任左礼、十四年十月参議尓任左礼氐大蔵卿乎兼給比伎。十七年七月是与利

先十一年尓勲二等乎授給比、十四年一等尓進米給比志賀、更尓其勲功乎思保志食志氏、華族乃列尓加倍氏伯爵乎授給比伎。十八年尓官制改革万利氏、大蔵卿波大蔵大臣止為利志賀、二十一年内務大臣乎兼給比、同伎二十四年五月内閣総理大臣尓任左礼大蔵大臣乎母兼坐志伎。翌年八月官乎退伎給比志加婆、勅志氏前宮乎以氏礼遇志給比、二十七年清国止乃戦起良牟止世志際、廟議乃席尓列奈利氏思布所乎陳布陪伎由勅志給比、二十八年三月広島乃大本営尓召左世給比、特尓勅志氏大蔵大臣尓任左志給比志賀、其年八月尓官乎退伎給比、二十九年九月再内閣総理大臣尓任左礼氏大蔵大臣乎母兼給比、三十一年一月官乎退伎給比伎。其年重祢氏大蔵大臣尓任左礼、三十三年万氏仕奉利給比、三十五年欧羅巴亜米利加乃国々乎伊往伎巡良世給比、其年日本赤十字社乃社長止為利坐志伎。翌年特尓勅志氏枢密顧問官尓任左志、三十八年議定官尓補志給比、三十九年大勲位尓叙専氏菊花大綬章乎授給比、四十年侯爵乎授給比伎。大正元年
天皇乃天津日嗣知食志々始畏伎勅語乎賜波利、同伎五年菊花章頸飾乎賜比、同伎六年勅志氏内大臣尓任志給比志加婆、老乃身乎忘礼氏常尓近久侍良比氏、大御業乎阿奈々比輔奉利給布事六年奈利氏、斯久氏年老力衰倍氏重伎職尓得堪倍受止懼礼畏美氏屢辞美給比志加婆、同伎十一年勅志氏申給比志随尓聴志給比、公爵乎授気氏厚久礼遇志給比伎。又此年八十八歳乃宴為給布由乎聞食志氏、
皇后宮尓波御歌賜比氏懇尓言寿賀世給比、天下乃諸人母汝命占曾類少伎世乃長人奈礼止仰伎貴毘奉利志賀、今年乃春乃頃重伎病起利志加婆、如何伝一日母早久癒坐世止祈奉利氏詮有利氏清々志久成利坐志々乎、去志月乃末与利御病復重利氏、此月乃二日九十乃齢乎現世乃限止為氏身罷坐志々波、皇御国乃為尓甚惜志伎事乃極尓奈母有利気留、故御病危篤坐志々由乎聞食志氏、位乎従一位尓進米給比、身罷坐志伎止聞食志氏痛美思食志、国葬乃礼乎賜比氏厚久葬良志米給比志波、限無久光栄有留事尓許曾
先乃天皇乃大御代与利今乃大御代尓至留万氏、年久志久皇御国乃真柱止母礎止母国内悉尓仰奉利氏、此公乃御霊波今波天翔坐志氏、帰来坐左奴事乎慨美歎伎都々誄詞白左久乎、衆聞食世止白須。

大正十三年七月十二日

松方正義誄詞

此月の今日の此日、従一位大勲位公爵松方正義命の柩を、

是の葬場に昇居坐せ奉りて、永き世の訣を告奉ると為て、副斎主竹崎嘉通、公の現世に坐しし程の事蹟を、言挙け祢へ奉りて誄白す事を、衆聞食せと白す。

阿波礼公は、天保六年薩摩国鹿児島に生出給ひ、父君は名を正恭と云ひ、公は其真奈弟子に坐しき。嘉永三年齢十六歳に藩の勘定所に召出され、夫より種々の職を経て、日夜勤しみ労き給ひしかば、芳しき名は文久慶応の頃より、夙くも四方に聞え、斯くて明治元年長崎裁判所参謀に召され、程無く内国事務局権判事と為り、日田県知事民部大丞大蔵権大丞租税頭大蔵三等出仕、地租改正局三等出仕等を経て、同き八年大蔵省大輔に任され勧業頭を兼給ひき。同き十一年仏国博覧会副総裁に為て、翌年彼国に赴き、十三年内務卿に任され、十四年十月参議に任されて大蔵卿を兼給ひき。十七年七月是より先十一年に勲二等を授給ひ、十四年一等に進め給ひしが、更に其勲功を思ほし食して、華族の列に加へて伯爵を授給ひき。十八年に官制改革まりて、大蔵卿は大蔵大臣と為りしが、二十一年内務大臣を兼給ひ、同き二十四年五月内閣総理大臣に任され大蔵大臣をも兼坐しき。翌年八月官を退き給ひしかば、勅して前官を以て礼遇し給ひ、二十七年清国との戦起らむとせし際、廟議の席に列なりて思ふ所を陳ふべき由勅し給ひ、二十八年三月広島の大本営に召させ給ひ、特に勅して大蔵大臣に任さし給ひしが、其年八月に官を退き給ひ、二十九年九月再内閣総理大臣に任されて大蔵大臣をも兼給ひ、三十一年一月官を退き給ひき。其年重ねて大蔵大臣に任され、三十三年まで仕奉り給ひ、三十五年欧羅巴亜米利加の国々を伊往き巡らせ給ひ、其年日本赤十字社の社長と為り坐しき。翌年特に勅して枢密顧問官に任さし、三十八年議定官に補し給ひ、三十九年大勲位に叙せて菊花大綬章を授給ひ、四十年侯爵を授給ひき。大正元年天皇の天津日嗣知食しし始畏き勅語を賜はり、同き五年菊花章頸飾を賜ひ、同き六年勅して内大臣に任し給ひしかば、老の身を忘れて常に近く侍らひて、大御業を阿奈々比輔奉り給ふ事六年なりて、斯くて年老力衰へて重き職に得堪へずと懼れ畏みて屢辞み給ひしかば、同き十一年勅して申給ひし随に聴し給ひ、公爵を授けて厚く礼遇し給ひき。又此年八十八歳の宴為給ふ由を聞食して、皇后宮には御歌賜ひて懇に言寿がせ給ひ、天下の諸人も汝命こそ類少き世の長人なれと仰ぎ貴び奉りしが、今年の春の頃重き病起りしかば、如何で一日も早く癒坐せと祈奉りて詮有りて清々しく成り坐ししを、去し月の末より御病復重りて、此月の二日九十の齢を現世の限と為て身罷坐ししは、皇御国の為に甚惜しき事の極になも有りける、故御病危篤坐しし由を聞食して、位を従一位に進め給ひ、身罷坐しきと聞食して痛み思食し、国葬の礼を賜ひて厚く葬らしめ給ひしは、限無く光栄有る事にこそ先の天皇の大御代より今の大御代に至るまで、年久しく皇御国の真柱とも礎とも国内悉に仰奉りて、此公の御霊は今は天翔坐して、帰来坐さぬ事を慨み歎きつつ誄詞白さくを、衆聞食せと白す。

大正十三年七月十二日

【解題】

松方正義（一八三五―一九二四）は、天保六年二月二十五日鹿児島藩士松方善蔵の四男として生まれる。長じて島津久光の小姓となり側役の大久保一蔵（利通）に才覚を認められる。慶応四年（一八六八）閏四月徴士内国事務局権判事となり、その後民部省廃止（明治四年）により大蔵権大丞・租税権頭・租税頭を歴任、八年五月地租改正局三等出仕を兼任し改正に尽力する。

十一年仏国博覧会に出張し仏国蔵相や財政家と会い財政策の研究に役立てる。十三年内務卿に就き、翌年地租改正の特功により勲一等旭日大綬章を受け千円を下賜される。同年十月参議大蔵卿となり、政府財政の正貨八百六十七万四千余円の為、歳入剰余の約七百万円を紙幣銷卻に充て、準備金五千五百七十九万三千余円を運用利殖して正貨の充実を図る紙幣兌換の制度樹立の方策を出す。十五年日本銀行条例の制定、十七年兌換銀行券条例の制定をみて紙幣制度の基礎を確立する。七月伯爵となり華族入りする。

十八年伊藤内閣の蔵相就任を皮切りに黒田・山県内閣に留任し、二十四年内閣首班となる。三十年金本位制を議会で可決させ兌換銀行券の銀貨兌換を金貨兌換に改める。翌年伊藤と首班を交代し元勲優遇となる。爾後蔵相・枢密顧問官となり、三十九年日露戦争の功で大勲位・菊花大綬章をうける。四十年侯爵、大正十一年公爵に昇格する。

十三年病に臥し七月二日芝区三田の本邸で逝去する。九十歳。国葬第十五号。

〔墓〕東京都港区南青山二丁目三二　青山霊園。

〔出典〕『官報』三五六五号・同三五六七号、『大阪朝日新聞』、『大阪毎日新聞』。

〔参考文献〕徳富猪一郎著『公爵松方正義伝』二巻・公爵松方正義伝記発行所・昭和十年刊、橋本文男「松方財政と地租政策　松方正義研究ノート」(『日本近代史研究』五号)、堀江保蔵「松方正義公の経済政策論」(『経済論叢』五五巻三号)。

106　加藤高明賜誄

内閣総理大臣正二位大勲位伯爵

出テハ即チ使臣(1)　入リテハ即チ閣臣
盟ヲ結ヒ約ヲ訂シ　功ヲ奏シ績ヲ效ス
進トナク退トナク　常ニ忠謇ノ志ヲ持シ
朝ニ野ニ　克ク翊賛ノ道ヲ尽ス
遂ニ台閣ノ首班ニ列シ　正ニ国家ノ重器ニ膺リ
声望愈々隆ク　勲労殊ニ顕ル
遽ニ溘亡ヲ聞ク　曷ソ軫悼ニ勝ヘン
爰ニ侍臣ヲ遣ハシ　賻ヲ齎シテ臨ミ弔セシム

大正十五年二月一日

【校異】

1使臣　大毎「士臣」。

【解題】

加藤高明（一八六〇―一九二六）は、万延元年正月三日尾張国佐屋（愛知県海部郡佐屋町）に、代官手代上席の服部重文の二男として生まれる。明治五年八月十四歳の時加藤家を継ぐ。七年名を高明と改め、十四年七月東京大学法学部を首席で卒業する。官吏を敬遠し平社員最高額五十円也の三菱会社に入り、岩崎弥太郎の知遇をうけて英国に留学し、在英中に陸奥宗光と知合う。帰国後弥太郎の長女と結婚、二十年（一八八七）外務省に入り大臣大隈重信の秘書官となり条約改正の立案に与る。

二十三年大蔵省参事官に就任後、外務省に戻り特命全権公使・外相を経て、三十五年高知県選出の代議士になる。三十七年三菱から十万円の出資を得て『日日新聞』を買い取り社長に就き、御用新聞に代る公正な政府批判新聞にする。三十九年西園寺内閣で五十五日在任の短期外相を体験するが、特命全権大使として日英同盟改訂に尽力したことで四十四年男爵となり華族に列し旭日大綬章をうける。

　大正に入って桂内閣の外相・同志会への入党を歴て大隈内閣の外相となる。五年中正・公友両派を合併した憲政会総裁になり、これから元老政治の打破・選挙権拡大を唱える。十三年五月総選挙で三派内閣の首相に就き、十四年の普通選挙法発布の基盤を作る。普通選挙法公布後護憲三派が二派となり、閣内に不統一を生じ総辞職を断行、二日後元老西園寺の奏薦で憲政会単独第二次加藤内閣を実現する。

　政党内閣制の完成も束の間の夢で、十五年正月病を冒して登院したのが災し、二十八日逝去した。六十七歳。

〔墓〕　東京都港区南青山二丁目三二　青山霊園。

〔出典〕　『官報』四〇三〇号、『大阪朝日新聞』、『大阪毎日新聞』。

〔参考文献〕　伊藤正徳編『加藤高明』二巻・加藤伯伝記編纂委員会・昭和四年刊、寺林峻著『凛冽の宰相加藤高明』講談社・平成六年刊。

107　昌徳宮李坧王賜誄

第二十七代韓国皇帝大勲位

孝敬先ニ奉シ　李家ノ宗祧ヲ承ケ
虔恭位ニ在リ　槿域ノ黎庶ヲ綏ンス
宇内ノ形勢ニ順応シ　東洋ノ平和ヲ保持シ
家其ノ慶ニ頼リ　民厥沢ヲ蒙ル
遽ニ徂逝ヲ聞ク　曷ソ軫悼ニ勝ヘム
茲ニ侍臣ヲ遣ハシ　賻ヲ齎ラシテ臨ミ弔セシム

大正十五年六月八日

【解題】

李坧王（一八七四―一九二六）は、高宗十一（明治七

年）二月八日、昌徳宮の観物軒で生まれる。母は明成皇后。二歳で王世子に冊封され九歳で冠礼、光武元年（一八九七）皇太子に冊立される。十一年即位して純宗皇帝となり隆熙と改元し、同四年（一九一〇）日韓併合で退き李王として朝鮮貴族の待遇をうける。

光武三年（一八九九）日本が稷山長淵等の金鉱と殷栗・載寧等の鉄鉱石を奪い、翌四年に南海・西海の漁業権と南海・西海・東海の捕鯨権を強制的に使用し、六年には第一銀行券を強制流通させるのを見る。

日露の拮抗を高める高宗の外交政策を冷静に眺めていたのが坧である。高宗の深慮は遂に日露の軍事衝突へと発展した。負けると予想した日本が戦争に勝つ。ここに局外中立の韓国は日本の公使林権助の圧力で両国間の議定書に調印させられる。対韓方針を〝経済上ニ於テ益々我利権ノ発展ヲ図ルベシ〟に絞る日本は、戦局の有利性を背景にし、韓国への経済侵略を、

両国政府ハ相互ノ承認ヲ経スシテ、将来本協約ノ趣意ニ違反スヘキ協約ヲ第三国トノ間ニ訂立スルコトヲ得サル事

と明記する『協約』第五条を利用して、容易にさせてゆく。

新皇帝となった純宗には韓国統監府の意思に反対する力はなかった。統監の伊藤博文から韓国軍隊の解散詔勅を出させられる。悲憤は国内に充ちその結果が安重根の伊藤射殺となる。保護条約に対する反抗は韓国侍従武官らの自刃に示され、国民の憤慨を抑えられず純宗は併合の大浪に呑まれてしまう。権威を剝奪された不幸の皇帝は在位四年で隆熙二十年（大正十五年）四月二十五日に逝去した。五十三歳。国葬第十六号。

〔陵〕　韓国京畿道渼金市金谷洞一四一の一　裕陵。

〔出典〕『官報』四一三七号、『大阪朝日新聞』。

〔参考文献〕『高宗純宗実録』下巻、朝鮮王朝史編纂会編『朝鮮王朝史Ⅱ墓道・陵誌篇』刊（純宗皇帝諡冊・同哀冊・同裕陵誌を載せる）、李太平編著『李王朝六百年史』洋々社・昭和四十三年刊、朴永圭著・尹淑姫・神田聡訳『朝鮮王朝実録』新潮社・平成九年刊。

108　大正天皇御誄

裕仁敬ミテ
皇考ノ神霊ニ白ス。恭シク惟ルニ
皇考位ニ在シマスコト、十有五年、深仁厚沢人心ヲ感孚シタマヘリ。一朝不予。久キニ弥リテ瘳エタマハス。其ノ大漸ヲ伝フルニ当リテハ、遠近争ヒテ神祇ニ禱リ、其ノ人行ヲ聞クニ及ヒテハ、億兆考妣ヲ喪フカ如シ。嗟予小子正ニ諒闇ニ在リ、梓宮ヲ拝シテ音容ヲ想ヒ、殯宮ニ候シテ涕涙ヲ灑ク。茲ニ大喪ノ儀ヲ行ヒ、哭イテ霊柩ヲ送リマツラントス。今ニ感シ昔ヲ懐ヒ、哀慕何ソ已マン。嗚呼哀イ哉。

昭和二年二月七日

【解題】

大正天皇（一八七九―一九二六）は、明治十二年八月三十一日に生まれる。父は明治天皇、母は柳原愛子。九月六日嘉仁と命名され明宮と称する。二十年八月九歳に達して儲君に治定され、二十二年十一月三日皇太子となる。三十年成年の満十八歳に達したので貴族院の議席に列なる。三十三年五月十日公爵九条道孝の三女節子と結婚する。二十二歳。

皇太子時代の軍歴は、二十二年の立太子宣下の日、

壺切ノ剣ハ歴朝皇太子ニ伝ヘ以テ朕カ躬ニ迨ヘリ今之ヲ汝ニ伝フ汝其レ之ヲ体セヨ

と壺切の御剣伝授の勅語を受けた後、陸軍歩兵少尉・近衛歩兵第一連隊付となる。その後二十五年参謀総長熾仁親王の「皇太子の進級は陸軍大臣之れを奏請せざるを以て、聖旨に由り進級せしめられ、成年までに少佐に陞任せしめたまへし」の意向により、天長節の慶事に併せて中尉に進み、二十八年正月三日大尉に、三十一年天長節に少佐並びに海軍少佐に、三十二年八月三十一日皇太子誕辰に当たり陸軍の職務を近衛師団司令部付・海軍の職務を常備艦隊付となる。三十四年天長節に陸海軍中佐に、三十六年天長節に陸海軍大佐に、同年十二月二十八日海軍の職務を第一艦隊付に、三十七年三月六日山県元帥と共に大本営付に、三十八年天長節に陸海軍少将に、四十

二年天長節に陸海軍中将に進む。軍務に即いたのは四十三年五月より毎週火・金両日参謀本部出行と定められてからである。

　沖縄を除くすべての道府県と大韓帝国を回った皇太子は、その体験から北陸に眼病患者が多いことに気付く。富山行啓では呉羽山に登り眼下の絶景を七言詩で詠んだこともある。北海道行啓では旧友宅を訪れ健康を示す言動を見せた。

　四十五年七月三十日天皇の崩御で即位し、元号を大正と改め四年十一月十日京都御所紫宸殿で即位の大礼を行う。この日天皇が勅語を朗読してから大隈重信が国民を代表して寿詞を奏上し万歳を三唱する。これは北は北海道から南は台湾まで、午後三時過ぎに全国一斉に行う動作になった。即位後健康がよくなく、十年十一月の皇族会議により皇太子裕仁親王を摂政とする。十五年十二月二十五日葉山御用邸で崩御する。四十八歳。

〔陵〕　東京都八王子市長房町　多摩陵墓地。

〔出典〕　『官報』昭和二年二月八日号外、『大阪朝日新聞』、『増補皇室事典』、村上重良編『正文訓読近代詔勅集』。

〔参考文献〕　高木八太郎・小島徳弥著『大正天皇御治世史』敬文社・昭和二年刊、武田勝蔵「大行天皇と威仁親王」（『中央史壇』一三巻二号）、武者小路公共「大正天皇秘録」（『特集文芸春秋　天皇白書』昭和三十一年十月号）、徳川義親「大正天皇の成績表」（『文芸春秋』三九巻八号）、原武史著『大正天皇』朝日選書・平成十二年刊。

109　大正天皇誄

内閣総理大臣従三位勲一等臣若槻礼次郎、泣血頓首謹ミ白ウス　天寒ク地凍リ神人倶ニ戚フ（1）霊轜寝ヲ出テサセラレ、鹵薄蹕ヲ警メ（2）聖葬ノ殿庭幽ニ開キ、大喪ノ儀礼厳ニ行ハセラレ、諸尊咸ナ陳ネ（3）郡邦畢ク到ル。伏シテ惟ミルニ大正天皇、　神授叡明徳輝日ノ如シ。不世出ノ　英主ニ継キテ、新局面ノ大勢ニ応シ、創業ノ前烈ヲ承ケテ、守成ノ　宏謨ヲ定メ、同盟ノ義ニ仗リテ、西欧ノ戦役ニ加ハリ、重鎮ノ衝ニ当リテ、東亜ノ康寧ヲ保チ、列国ノ僉議ニハ世界ノ和平ニ参賛シ、海洋ノ会商(4)ニハ国際ノ争意ヲ融解シ、夙ニ勤倹ヲ奨(5)メテ民富ヲ豊阜ニシ、更ニ憲制ヲ釐メテ選挙ヲ普通ナラシメ、信睦ノ交ハ汎ク友邦ヲ諧ヘ、仁慈ノ沢ハ均シク黎庶ニ浹シ、中外倚頼シ　皇運愈隆ナリシヲ、如何ソ不予ニアラセラレ、一朝大漸(6)アラセタマハムトハ、率土驚怛(7)シ偏に　万寿を禱リタリシニ、

昊天弔マス

龍馭(8)陟方アラセラレ、蒼生福寡ク我恃怙(9)ヲ喪フ。今乃

霊柩ハ斎苑ニ御シ、爰ニ(10)将ニ

仙駕都門ヲ発セサセラレ(11)ムトス。　輦路ハ脩長ニシテ玄宮ハ寥曠ナリ。永ク進謁ノ再ヒシ難キヲ傷ミ、空シク追念ノ限リ無キヲ懐ク。畏悚悲惋粛ミテ百僚臣民ニ代リ咫尺辞ヲ献ケ、恭シク敬悼ノ微忱ヲ表シタテマツル。仰キ

冀ハクハ

明明ノ　威霊幸ニ(12)　昭鑑ヲ垂レタマヒ、臣等(13)切切ノ至衷ヲ矜マサセラレムコトヲ、臣礼次郎、泣血頓首謹ミ白ウス。

昭和二年二月七日

【校異】

1霊轜　官報闕字。2聖葬　官報闕字。3郡邦　大朝「群邦」。4会商　大朝「会問」。5奨　大朝「励」。6大漸　大朝「大慚」。7驚怛　官報「驚怚」。8龍馭　大朝「寵馭」。9恃怙　大朝「恃怡」。10爰ニ　大朝「茲ニ」。11発セサセラレ　大朝「発セラレ」。12幸ニ　大朝「辛ニ」。13臣等　大朝正文ニックル。

【解題】

誄奉呈者若槻礼次郎（一八六六—一九四九）は、慶応二年二月五日出雲松江城下雑賀町に生まれる。父は松江藩士奥村仙三郎。のち叔父若槻敬の養嗣子となる。明治二十五年帝国大学法科大学仏法科を卒業し大蔵省に入る。愛媛県収税長、大蔵省主税局長を歴て、三十九年第一次西園寺公望内閣の大蔵次官に就く。四十年政府特派財政委員として倫敦・巴里に駐在、四十一年第二次桂太郎内閣の大蔵次官となる。四十四年八月従四位勲二等から勲一等瑞宝章をうける。二日後内閣退陣に遭い、勅選で貴族院議員となる。

大正元年（一九一二）十二月第三次桂内閣の大蔵大臣

となり立憲同志会に入る。三年四月大隈内閣の大蔵大臣に再度就任する。四年加藤高明と共に辞任し、翌五年加藤高明と憲政会を結成し副総裁に就任する。十三年六月加藤内閣の誕生で内務大臣に就き、郡役所の廃止・普通選挙法を成立させる。十五年首相の死後憲政会総裁となり内閣首班となる。枢密院が台湾銀行救済の緊急勅令を否決したため金融恐慌対策に行き詰り、昭和二年に総辞職する。また憲政会と政友本党の合同で成立した立憲民政党の顧問になる。四年倫敦海軍軍縮会議に首席全権として出席し、その調印の功績で五年男爵となる。十一月浜口雄幸の遭難後立憲民政党総裁に就き、第二次内閣を組織する。六年九月満州事変が勃発し十二月退陣する。九年総裁を辞して町田忠治に譲る。

　軍部が擡頭する中で親英米派として日米開戦に反対する。六年戦後極東軍事裁判で証人となる。晩年伊東市別邸に住み、二十四年十一月二十日逝去する。八十四歳。

〔出典〕『官報』昭和二年二月八日号外、『大阪朝日新聞』。

110　大正天皇誄

宮内大臣従二位勲一等臣一木喜徳郎、謹ミテ
大正天皇霊轜ノ御前ニ言ス。恭ク惟ルニ
天皇道ハ元良ヲ体セラレ、夙ニ民摸ヲ省方ニ問ヒタマヒ、志ヲ継述ニ存セラレ、汎ク帝徳ヲ率土ニ敷キタマヘリ。明治ノ武功ヲ纘カサセラレ、皇威ヲ海外ニ奮ヒタマヒ、大正ノ文化ヲ宣ヘサセラレ、国運ヲ世界ニ弘メタマフ。正ニ国事多端ノ常ニ非サルニ当リ、遂ニ聖体違和ノ久キニ弥ルヲ致ス。億兆ノ誠敬ヲ捧ケ、上下ノ神祇ニ禱リマツリシモ、昊天弔マス此ノ大喪ヲ降セリ。臣喜徳郎乏キヲ宮内大臣ニ承ケ、天威ニ咫尺シテ辱ク徳音ヲ賜ハリ、大命ヲ出納シテ叨リニ寵光ヲ荷フ。遇(1)ニ感スルノ年アルノ念ヒ、恩ニ報フルノ日ナキヲ歎ス。去歳ノ夏湘南ノ幸、竊ニ謂ラク海甸ノ乗輿、重ネテ回鑾ヲ迎ヘマツラント。料ラサリキ海郷(2)ノ別殿、遽ニ晏駕ヲ伝ヘマツラントハ。宸延朝ヲ廃セラレ、霊櫬闕ニ還リタマヒ、殯宮ノ灯燭ニ対シマツリテハ、恍惚トシテ夢寐カト疑ヒ、梓宮ノ帷幄

ヲ望ミマツリテハ、髣髴トシテ音容ヲ拝シマツル。茲ニ霊轜ニ供奉シ、敬ミテ葬殿ニ仰承シマツル。仙馭ノ駐ムヘカラサルヲ悲ミ、天路ノ極ムヘカラサルヲ傷ム。涙ヲ斬衰ニ灑キ、痛ヲ哀誄ニ陳フ。今昔ニ俯仰シテ思慕、感念ノ至ニ任フルナシ。臣喜徳郎、稽首謹ミテ奏ス。

昭和二年二月七日

【校異】

1遇ニ　大朝「遇々」。2海郷ノ　大朝「海郷」。

【解題】

誄奉呈者一木喜徳郎（一八六七—一九四四）は、慶応三年四月四日遠江佐野倉真村（現掛川市）に生まれる。父は掛川藩士岡田良一郎。明治六年袋井の旧家一木家を嗣ぐ。二十年帝国大学法科大学政治科を卒業し、内務省に入る。二十三年休職してドイツに私費留学し二十六年に帰朝、翌年帝国大学法科教授で内務省書記官を兼ねる。行政法と国法学を講ずる。以来、内務省参事官・内務参与官を歴て、三十二年法学博士の学位を取得する。翌三十三年貴族院議員に勅選され、三十五年教授のまま桂内閣の法制局長官に就任、三十九年長官と教授を辞任する。四十一年七月第二次桂内閣の内務次官、大正元年の第三次桂内閣の法制局長官に再任される。三年第二次大隈内閣の文部大臣に転じ、翌四年の内閣改造で内務大臣になる。六年枢密顧問官、十三年枢密院副議長兼宮内省御用掛、十四年（一九二五）牧野伸顕の後任で宮内大臣になる。

翌年天皇の崩御で大喪礼の役に就き、昭和二年誄奉呈の務を果たす。八年大臣を退き、男爵になる。九年五月枢密院議長に就き、十年天皇機関説問題で十一年三月辞任する。十三年退官後前宮礼遇を受け、逝去する迄帝国学士院会員・帝室経済顧問を務める。美濃部達吉の天皇機関説に影響を及ぼした法学者である。昭和十九年十二月十七日に逝去した。七十八歳。

〔出典〕『官報』昭和二年二月八日号外、『大阪朝日新聞』。

111　文学博士芳賀矢一大人命乃誄詞

皇典講究所理事国学院大学長従三位勲一等文学博士芳賀矢一大人乃柩乃前爾、斎主皇典講究所専務理事従四位勲五等桑原芳樹、謹美敬比母白左久。

今日葬乃儀式乎執行止志弖、暫時是乃斎場爾坐世奉里弖、永支世乃訣乎告介奉良牟刀、津羅津羅現世乃事蹟乎誄比奉礼婆、大人波慶応三年五月十四日、福井県士族芳賀真咲翁乃真名子爾生礼出給比、天性聡明久、幼少与里物学妙爾勝礼弖坐志祁礼婆、明治十三年二月、始米弖宮城中学校爾学毘給比志与里、心乃手綱緩美無久、同久二十五年七月爾波、東京帝国大学文科大学乃学業乎卒閉給比、幾許母無久高等学校及高等師範学校、将又東京帝国大学文科大学爾教乃官止志弖、進美励美給布随爾、其勲毛漸久著久、明治三十六年爾波文学博士乃学位乎授加里、大正十一年七月、名誉教授乃光栄有留名乎授介良礼給比奴。斯久弖此乃間爾、東宮職御用掛刀志弖、甚母尊支御任志乎蒙給比伎。猶国定教科書調査委員神社調査委員帝国学士院会員、其外数数乃職乎母兼根給比弖、御国乃為爾学問乃為爾、勤志美労支給比志事等波、今更爾搔支数閉牟母烏許乃業奈里加志。大正七年、皇典講究所国学院大学拡張乃事行波留。大人波其委員多里支。時乃総裁宮乃御任志爾寄里、将又人人乃切爾乞布爾依里弖、同年乃十二月、国学院大学長乎負持給布事刀成里奴。心広久身豊加爾、恰母春乃日乃如支大人乃下爾波、事執留人母学生生徒母、慈乃親爾育麻留留賀如支心地爾弖、老母若支母親美懐加奴波無加里計里。時志母世勢乃移里変里行久儘爾、人乃心乃荒毘行久乎、深久遠久憂比歎加比給比、伊都乃利心振起志、或波西爾或波東爾、国学院大学講演会乎物志弖、自良道乃正路乎説諭志給比奴。左礼婆吾大学乃主登有留教乃旨趣母、又其学乃手振母、自然世人乃知留所登為里弖、吾大学乃拡張乃事業波、日爾異爾進美行久可支状爾曽為礼里計留。其母大人乃世乃為道乃為勤美給布爾、聊母家乎顧美給布可支憂無加良志米多留波、専家刀自乃績爾志弖、刀自乃美波志伎其名波、世爾聞衣多留乎、吉事爾凶事伊次具世乃習爾也、去爾志大正十三年八月、由久里無久母、背乃君乎跡爾数多乃子達乎遺志弖、果無久為良世給比支。此波思乃外奈留凶事爾志弖、大人乃此上無支歎奈利介良志。今暫志家刀自乃世爾長良辺坐佐婆、大人母亦齢乎延倍給比、御子等母世爾出給比弖、吾国学院大学母全久盛里爾為里奴可支乎、阿波礼、大正乃天皇乎悼奉留歌詞乎、国民乃尽支奴世乃思出止志弖、大御葬乃前乃日乃暁乎此世乃名残止、淡雪乃果無久消奈弖、返良奴道爾隠去坐志奴留波、甚母慨支極美爾奈母有計留。恐久母天皇又皇后宮爾波、大人乃御病篤志登聞召弖御使乎賜比、又広支厚支大御心爾寄里弖志、勲一等瑞宝章乎授計良礼、又其遂爾身死里坐志奴止聞召給比弖波、殊更爾御使乎遣波志給比、在里志世乎思保志給比偲婆世給布。又吾皇典講究所総裁久邇宮爾母、御使以弖亡支跡乎訪波志米給比、今日乃葬乃儀式爾御代里以弖、玉串乎捧計弖拝麻志米給布。此波皆大人乃世爾坐志志程乃、大支勲爾寄礼留事言巻母更奈利。今日乃葬乃儀式爾、喪主止志弖仕辺給辺留檀主乎始、真名子等波次次爾学乃業乎勤美弖、父乃命乃令名爾背波受、美波志久世爾立知給波牟。顕世爾後目多支事無久、御心安久神乃御門爾出立給辺止、捧奉留種種乃御饗津物乎面向志止聞召弖、由可里乃人人我、玉串乃取取爾慕比奉里拝美奉里弖、長支別乎告白須事乃由乎聞召世止、謹美敬比母白須。

昭和二年二月八日

文学博士芳賀矢一大人命の誄詞

皇典講究所理事国学院大学長従三位勲一等文学博士芳賀矢一大人の柩の前に、斎主皇典講究所専務理事従四位勲五等桑原芳樹、謹み敬ひも白さく。

今日葬の儀式を執行として、暫時是の斎場に坐せ奉りて、永き世の訣を告げ奉らむと、津羅津羅現世の事蹟を誄ひ奉れば、大人は慶応三年五月十四日、福井県士族芳賀真咲翁の真名子に生れ出給ひ、天性聡明く、幼少より物学妙に勝れて坐しければ、明治十三年二月、始めて宮城中学校に学び給ひしより、心の手綱緩み無く、同く二十五年七月には、東京帝国大学文科大学の学業を卒へ給ひ、幾許も無く高等学校及高等師範学校、将又東京帝国大学文科大学に教の官として、進み励み給ふ随に、其勲も漸く著く、明治三十六年には文学博士の学位を授かり、大正十一年七月、名誉教授の光栄有る名を授けられ給ひぬ。斯くて此の間に、東宮職御用掛として、甚も尊き御任しを蒙給ひき。猶国定教科書調査委員神社調査委員帝国学士院会員、其外数数の職をも兼ね給ひて、御国の為に学問の為に、勤しみ労き給ひし事等は、今更に掻き数へむも烏許の業なりかし。大正七年、皇典講究所国学院大学拡張の事行はる。大人は其委員たりき。時の総裁宮の御任しに寄り、将又人人の切に乞ふに依りて、同年の十二月、国学院大学長を負持給ふ事と成りぬ。心広く身豊かに、恰も春の日の如き大人の下には、事執る人も学生生徒も、慈の親に育まるるが如き心地にて、老も若きも親み懐かぬは無かりけり。時しも世勢の移り変り行く儘に、人の心の荒び行くを、深く遠く憂ひ歎かひ給ひ、伊都の利心振起し、或は西に或は東に、国学院大学講演会を物して、自ら道の正路を説諭し給ひぬ。左れば吾大学の主と有る教の旨趣も、又其学の手振も、自然世人の知る所と為りて、吾大学の拡張の事業は、日に異に進み行く可き状にぞ為れりける。其も大人の世の為道の為勤み給ふに、聊も家を顧み給ふ可き憂無からしめたるは、専家刀自の績にして、刀自の美はしき其名は、世に聞えたるを、吉事に凶事伊次ぐ世の習にや、去にし大正十三年八月、由くり無くも、背の君を跡に数多の子達を遺して、果無く為らせ給ひき。此は思の外なる凶事にして、大人の此上無き歎なりけらし。今暫し家刀自の世に長らへ坐さば、大人も亦齢を延べ給ひ、御子等も世に出給ひて、吾国学院大学も全く盛りに為りぬ可きを、阿波礼、大正の天皇を悼奉る歌詞を、国民の尽きぬ世の思出として、大御葬の前の日の暁を此世の名残と、淡雪の果無く消なて、返らぬ道に隠去坐しぬるは、甚も慨き極みになも有ける。恐くも天皇又皇后宮には、大人の御病篤しと聞召て御使を賜ひ、又広き厚き大御心に寄りてし、勲一等瑞宝章を授けられ、又其遂に身死り坐しぬと聞召給ひては、殊更に御使を遣はし給ひ、在りし世を思ほし給ひ偲ばせ給ふ。又吾皇典講究所総裁久邇宮にも、御使以て亡き跡を訪はしめ給ひ、今日の葬の儀式に御代り以て、玉串を捧げて拝ましめ給ふ。此は皆大人の世に坐しし程の、大き勲に寄れる事言巻も更なり。今日の葬の儀式に、喪主として仕へ給へる檀主を始、真名子等は次次に学の業を勤みて、父の命の令名に背はず、美はしく世に立ち給はむ。顕世に後目たき事無く、御心安く神の御門に出立給へと、捧奉る種種の御饗津物を面向しと聞召て、由可里の人人が、玉串の取取に慕ひ奉り拝み奉りて、長き別を告白す事の由を聞召せと、謹み敬ひも白す。

昭和二年二月八日

【解題】

芳賀矢一（一八六七―一九二七）は、慶応三年五月十四日越前福井の佐佳枝上町に生まれる。父の真咲は早くから古学に親しみ、平田鉄胤・橘曙覧に師事し、塩釜・多賀・湊川神社の宮司を歴任した。母は斯波迁僊の三女。

明治二十五年東京帝国大学文科大学国文学科を卒業し、大学院に入り小中村清矩教授の指導をうけ、二十七年九月第一高等学校教授、翌年高等師範学校教授を兼ね、二十九年東京帝大文科大学の助教授、三十五年教授になる。翌年四月文学博士の学位を取得する。大正四年（一九一五）三月帝国学士院会員となり、翌年欧米諸国の視察に赴く。七年十二月国学院大学学長に就任し、二年後皇典講究所調査委員長を兼任し、また東宮職御用掛に就く。十一年三月帝大教授在職二十五年を以て退官し、四月従三位に叙せられ、昭和二年二月六日逝去する。六十一歳

誄作者桑原芳樹（一八六一―一九四三）は、文久元年筑前宗像郡吉田村に生まれる。父は小林良種。幼名を芳三郎と称しのち芳樹と改める。明治十五年皇典講究所に入学し十九年卒業、二十年山形県皇典講究分所教授となる。翌年同分所を辞し本所の書記・編纂主任となって『古事類苑』の編纂事業に従う。三十一歳を迎えた二十四年三月、桑原廉甫未亡人の二女マサと結婚して桑原家を継ぐ。

二十六年駿河国浅間神社、二十八年静岡県三島神社の宮司に就き、翌年神宮祢宜となる。三十年神宮皇学館幹事、三十一年同館副館長を兼ね、三十六年同館館長を兼ねる。四十五歳。その後大神神社・橿原神宮宮司を経て大正七年皇典講究所専務理事となる。昭和二年熱田神宮宮司として誄詞を作る。四年勅任官待遇をうけ、十一年宮司を退く。特旨で従三位・勲四等をうける。十四年内務省神社局参与、十六年神祇院参与を歴任し、十八年東京渋谷松濤の自宅で急性肺炎により逝去する。八十三歳。

〔墓〕　東京都文京区大塚五丁目四〇　護国寺。

〔出典〕　『最新祝詞作例文範』下巻。

〔参考文献〕　芳賀檀編『芳賀矢一文集』冨山房・昭和十二年刊、久松潜一「芳賀先生を偲ぶ」（『心の花』三一

巻五号)、島村剛一「芳賀先生伝記資料」(『国学院雑誌』四四巻六―一二号)、宮崎晴美「芳賀矢一博士と国学」(『国文学解釈と鑑賞』五巻一二号)。

112　久邇宮邦彦王賜誄

元近衛師団長大勲位

皇猷ヲ宸廷ニ賛シ　身宗室ノ貴キニ居リ
将略ヲ帷幄ニ翼ケ　称元帥ノ重キヲ荷フ
文武ノ道ヲ励マシ　朝野ノ望ヲ負ヒ
学ヲ勧メ業ヲ奨メ　芸ヲ振ヒ術ヲ興シ
力ヲ航空ニ効シ(1)　心ヲ善鄰ニ尽ス
況ンヤ親ヲ后宮ニ累ネ　朕ノ倚頼ニ叶ヒ
徳ヲ王邸ニ蓄ヘ　世ノ具瞻ニ膺ルヲヤ
遽ニ溘逝ニ遭ヒ　軫悼已ムナシ
茲ニ侍臣ヲ遣ハシ　賻ヲ齎ラシ以テ弔セシム

昭和四年二月二日

【校異】

1効シ　大朝「效シ」。

【解題】

邦彦王(一八七三―一九二九)は、明治六年七月二十九日朝彦王第三王子として生まれ、世志麿と名付けられる。母は泉亭万喜子。十九年七月邦彦と改名する。二十年三月久邇宮継嗣と定められる。二十三年五月陸軍少将川上操六校長の名声と教育方針に感じた父の意向で成城学校に入る。二十四年十月伊勢滞在中の父が神宮祭主として奉仕中逝去する。

二十五年四月東京に転居し、翌年丁年に達したため新賄料一万五千円を支給される。二十六年の天長節に皇族叙勲規則により勲一等・旭日桐花大綬章をうける。翌年六月成城学校を卒業し第三師団歩兵第五旅団第六連隊・名古屋駐屯に配属される。三十二年十月公爵島津忠重の姉俔子と結婚する。三十五年十一月陸軍大学校優等卒業生六人の一人として軍刀を下賜される。翌年大勲位・菊花大綬章をうけ、四十年欧米巡訪後大佐に昇進、ついで大正六年(一九一七)中将・第十五近衛師団長に就く。十二年大将・軍事参議官を襲う。

昭和四年正月、熱海の別邸に逗留中病床に臥し、二十七日逝去する。五十七歳。生前の功により元帥府に列した。

〔墓〕 東京都文京区大塚五―四〇　豊島岡墓地。

〔出典〕『官報』六二八号、『大阪朝日新聞』、『増補皇室事典』。

〔参考文献〕 田沢良夫「久迩元帥宮殿下の薨去と美術界の事ども」（『中央美術』一五巻三号・日本美術院）、聖徳太子奉讃会編『故総裁宮殿下奉悼集』聖徳太子奉讃会・昭和四年刊、大沼直輔等編『邦彦王行実』久迩宮家・昭和十四年刊。

113　後藤新平御沙汰（書）

前内務大臣正二位勲一等伯爵

医国ノ上工　済時ノ大器
茂績ヲ南疆ニ垂レ　洪業ヲ朔方ニ剏メ
民心ノ啓発ヲ是レ務メ　国際ノ親善ヲ是レ図リ
屢内閣ノ崇班ニ列シ　遂ニ首都ノ庶政ヲ刷ス
遽ニ溘亡ヲ聞ク　曷ソ軫悼ニ勝ヘム
宜シク賻ヲ賜ヒ　以テ弔慰スヘシ

昭和四年四月十五日

【解題】

後藤新平（一八五七―一九二九）は、安政四年六月五日仙台藩士重右衛門の子として陸中水沢町（現岩手県奥州市）に生まれる。二十歳の明治九年医学校を卒業し、その後愛知県立病院医学校の当直兼教諭となり、二十五歳にして愛知病院長兼名古屋医学校長になる。十六年正月もと福島県令安場保和の女カツを娶る。ドイツに留学しミュンヘン大学で学位を取得し、二十五年十一月内務省衛生局長に就く。

日清戦役には臨時陸軍検疫事務官長となり、明治三十一年台湾総督児玉源太郎の知遇を得、民政長官に抜擢される。三十六年八月貴族院議員となり、三年後台湾統治の業績により男爵を授けられる。同年十一月新設の南満州鉄道総裁、四十一年第二次桂内閣の逓信大臣・鉄道院総裁・拓植局副総裁を兼ね、満鉄を監督下に置く。四十四年八月内閣の総辞職後、訪欧の桂太郎に同行する。

大正元年（一九一二）の第三次桂内閣の逓信大臣に再任され、五年の寺内正毅内閣では内務大臣・外務大臣を勤める。九年東京市長に就任し十一年子爵に陞る。十二年九月山本内閣の内務大臣、帝都復興院総裁となり、国家百年の計を立ち上げ、予算三十億円で燃えない都市作りを目指すが四分の一に削られる。昭和三年に伯爵に陞る。

四年四月、講演のため西下途次脳溢血で倒れ、十三日京都府立医科大学病院で逝去する。七十三歳。

〔墓〕　東京都港区南青山二丁目三二　青山霊園。

〔出典〕『官報』六八七号、『大阪朝日新聞』、『増補皇室事典』。

〔参考文献〕　沢田謙著『後藤新平一代記』平凡社・昭和四年刊、白柳秀湖著『現代財閥罪悪史』千倉書房・昭和七年刊、鶴見祐輔著『後藤新平』四巻・勁草書房・昭和四十―四十二年刊、山岡淳一郎著『後藤新平　日本の羅針盤となった男』草思社・平成十九年刊。

114　田中義一御沙汰（書）

前内閣総理大臣正二位勲一等男爵

事ニ当リテ善ク謀リ、深慮ヲ帷幕(1)ノ中ニ運ラシ
機ニ臨ミ善ク断シ　殊功ヲ彊域ノ外ニ樹ツ
荐リニ陸軍ノ重責ヲ負ヒ　力ヲ輔弼ニ竭シ
遂ニ内閣ノ首班ニ列シ　心ヲ爕理(2)ニ致ス
遽ニ溘亡ヲ聞ク　曷ソ軫悼ニ勝ヘン
宜シク使ヲ遣ハシ　賻ヲ賜ヒ以テ弔慰スヘシ

昭和四年十月三日

【校異】

1帷幕　大朝「帷幄」。2爕理　大朝「燮理」。

【解題】

田中義一（一八六三―一九二九）は、文久三年六月二十二日長州藩士田中信祐の三男として萩城下で生まれる。明治十六年二月、陸軍教導団に入り、その後士官学校に転学し十九年六月卒業する。二十二年陸軍大学に入学、

二十五年十一月卒業する。日清戦役時第一師団に所属し、中尉から大尉に昇進する。三十一年五月、軍事と社会問題勉強のため四年間に亘りロシア留学をする。日露戦争が起こると満州軍参謀として赴任し、奉天会戦後追撃中止を主張する。

四十二年（一九〇九）正月陸軍省軍事課長となるや、『軍隊内務書』の改正、『歩兵操典』『輜重兵操典』の改正を行う。一方、帝国在郷軍人会を組織し四十三年十一月に発会式を挙げる。ここに位少将に昇り、四十四年九月軍務局長となる。軍事力強化に意を用い、二箇師団の増設を首唱して歴代内閣を悩ます。

大正四年中将に昇進し参謀次長の役に就く。七年原敬内閣の陸軍大臣となり、九年男爵となり華族の仲間入りする。十年六月大将に昇進する。五十九歳。十二年山本内閣の陸軍大臣に再任されるも二箇月で総辞職に遭う。十四年予備役編入を求め政友会総裁となる。昭和二年四月、外相兼任の首相となり、三年三月国内の共産党員千余人の大検挙を行い、六月『治安維持法』の改正をする。張作霖爆死事件で四年七月首班を辞退する。辞職二箇月後狭心症を起こし逝去する。六十七歳。葬儀は立憲政友会の党葬を以て行われた。

〔墓〕　東京都港区南青山二丁目三二　青山霊園。

〔出典〕　『官報』八三〇号、『大阪朝日新聞』、『増補皇室事典』。

〔参考文献〕　保利央華著『宰相となるまで　田中義一』第一出版・昭和三年刊、井上情介著『男爵田中義一君小伝』風騒社・昭和十六年刊、江口圭一「田中上奏文の真偽」（『日本史研究』八〇号）。

115　安居院栄三郎大人乎誄留詞

霰降里鹿島乃郷爾在里氐、淡路奈留安居院栄三郎大人賀世乎離里給比志由乃音信乎受介、驚伎悲志美都都母、来志方乃事乎思浮倍偲奉留賀任爾、慕波志伎御神霊乃御前爾申越奉良久。阿波礼汝命波也。汝命波御年齢既爾八十路乎越衣氐御在志麻志都礼杼母、御身健爾御心母雄雄志久御在志麻志氐、世乎思比道乎慨伎氐、真心乃只一筋爾尽〻志給比、別伎氐伊弉諾神社乃事登志云閉婆、家乎母身乎母打忘礼氐尽〻左世給比介礼婆、俄爾世乎離給比志登乃音信波、胸爾釘乎打多留留思世良礼奴。阿波礼泰雄賀始米氏汝命乎知里氐与里、早八年爾奈里奴。泰雄賀始米氏淡路爾赴伎志時爾、汝命波江浦爾迎給比奴。道乎説伎都都淡路乃町町村村乎巡里志時爾波、常爾道乃志留辺登導給比、其乃外泰雄賀為須事登志云閉婆、表爾立知蔭爾添比氐、御心乎配里御力乎添閉都都援給比、泰雄賀四年爾亘留淡路乃勤爾、大奈留過乃無加里志母、多久波汝命乃懇奈留御心添爾依留事奈里登、常爾忝美慕奉里志乎、斯久俄爾世乎離里給比志由乎聞伎氐波、悲志麻自登志氐母如何伝堪奉留可伎。泰雄近伎爾在里奈婆、多駄走爾走里氐、拝奉里弔奉良麻志乎、東路乃道乃果登人乃云布奈留此乃常陸爾在里氐波心爾任世受、責米氐母乃心尽志登思浮倍、慕奉留心乃多介乎申越志奉良久乎聞食給比、今与里後母此乃現世爾御在麻志都留時乃如久、天翔里国翔里、御家族氏族乃人等乎守給布御心乃余爾波、泰雄乎母導給閉登、恐美恐美母誄詞仕奉良久登白須。

昭和十六年二月

安居院栄三郎大人を誄る詞

霞降り鹿島の郷に在りて、淡路なる安居院栄三郎大人が世を離り給ひし由の音信を受け、驚き悲しみつつも、来し方の事を思浮べ偲奉るが任に、慕はしき御神霊の御前に申越奉らく。

阿波礼汝命はや。汝命は御年齢既に八十路を越えて御在しましつれども、御身健に御心も雄雄しく御在しまして、世を思ひ道を慨きて、真心の只一筋に尽し給ひ、別きて伊弉諾神社の事とし云へば、家をも身をも打忘れて尽させ給ひければ、俄に世を離給ひしとの音信は、胸に釘を打たるる思せられぬ。阿波礼泰雄が始めて汝命を知りてより、早八年になりぬ。泰雄が始めて淡路に赴きし時に、汝命は江浦に迎給ひぬ。道を説きつつ淡路の町町村村を巡りし時には、常に道の志留辺と導給ひ、其の外泰雄が為す事とし云へば、表に立ち蔭に添ひて、御心を配り御力を添へつつ援給ひ、泰雄が四年に亘る淡路の勤に、大なる過の無かりしも、多くは汝命の懇なる御心添に依る事なりと、常に忝み慕奉りしを、斯く俄に世を離り給ひし由を聞きては、悲しまじとしても如何で堪奉る可き。泰雄近きに在りなば、多駄走に走りて、拝奉り弔奉らましを、東路の道の果と人の云ふなる此の常陸に在りては心に任せず、責めてもの心尽しと思浮べ、慕奉る心の多介を申越し奉らくを聞食給ひ、今より後も此の現世に御在ましつる時の如く、天翔り国翔り、御家族氏族の人等を守給ふ御心の余には、泰雄をも導給へと、恐み恐みも誄詞仕奉らくと白す。

　昭和十六年二月

【解題】

誄作者岡泰雄（一八七一―一九四一）は、明治四年三月十三日佐賀県に生まれる。しばらく学校の教員生活を送り、三十七歳を迎えた四十年に佐賀県・千栗八幡宮社掌となり神道界に入る。大正九年兵庫県官幣大社伊弉諾神社宮司に就き、九月二十六日赴任の翌日「宮司拝命赴任奉告祭祝詞」を作り奉仕する。十一年鹿児島神宮宮司に転じ、十三年神宮神部署東京支署長に就く。この年二月「鹿児島神職会主催の物故先輩神職招魂の祭祝詞」を作る。

昭和二年茨城県・鹿島神宮宮司に転じ、三年九月鹿島と行方両郡界の北浦に架ける橋の起工式祭祝詞を、四年十一月橋の開通式に「鹿島神宮橋開通式祭祝詞」を、同月昭和天皇を迎えて「鹿島神宮御親拝御祭典祝詞」を作る。六年七月「弘安役六百五十年追遠祭祝詞」を作り翌年退任する。十五年千栗八幡宮宮司に就き、十六年二月十五日逝去する。七十一歳。

〔出典〕『最新祝詞作例文範』下巻。

116 浜口雄幸御沙汰（書）

前内閣総理大臣前民政党総裁正三位

純忠国ニ報イル　朝ニ野ニ
積誠人ヲ動カス　公ニ私ニ
力ヲ財務ニ尽シ　荐ニ三省ノ要職ヲ歴
心ヲ憲政ニ致シ　遂ニ内閣ノ首班ニ列ス
克ク朕ノ嘉頼ニ叶ヒ　正ニ国ノ重望ヲ負ヘリ
遽ニ溘亡ヲ聞ク　曷ソ軫悼ニ勝ヘン
宜シク賻ヲ賜ヒ　以テ弔慰スヘシ

　昭和六年八月二十八日

【解題】

浜口雄幸（一八七〇―一九三一）は、明治三年四月一日高知県士族水口胤平の三男として生まれる。少年時代安芸郡田野村の浜口義立の養子となる。二十八年七月東京帝国大学法科大学政治学科を卒業し、高等文官試験に合格後大蔵省に入り山形県収税長、司税官、大蔵書記官、同参事官、松山・熊本・東京の各税務監査局長、煙草専売局長官等を歴任する。

大正元年十二月桂内閣の逓信次官、三年四月大隈内閣の大蔵次官となり、四年三月の選挙で衆議院議員に当選する。十三年六月加藤高明内閣の大蔵大臣、十五年正月若槻礼次郎内閣の内務大臣となる。昭和二年憲政会と政友会が合併して立憲民政党が誕生すると、その総裁に就任する。

四年田中義一内閣総辞職後、元老西園寺公望の奏請をうけ内閣首班となる。金解禁を断行し、ロンドン軍縮会議に与り、枢密院に抗し、総選挙には二百七十人を得る大政党を作るなど、民政党黄金時代を確立する。五年十一月十四日、岡山県下の陸軍特別大演習参観の為西下する途次、東京駅で佐郷屋留雄にピストルで撃たれ療養生活を送る。

六年正月小康の下帝大病院を退院し、病軀を押して登院し病状を悪化させる。四月十日、首相・民政党総裁を辞退する。八月二十六日逝去する。六十二歳。日比谷公園における党葬は国民葬として行われた。

〔墓〕　東京都港区南青山二丁目三二　青山霊園。

〔出典〕　『官報』一四〇二号、『大阪朝日新聞』、『最新祝詞作例文範』下巻所収「正二位勲一等浜口雄幸大人命十日霊前祭詞」。

〔参考文献〕　加藤鯛一著『大宰相浜口雄幸』文武書院・昭和四年刊、西牧保市著『浜口雄幸氏を偲ぶ』西牧保市・昭和七年刊、青木得三著『若槻礼次郎・浜口雄幸』時事通信社・昭和三十三年刊。

117　浜口雄幸大人誄詞

あはれ現身の人の世は、何事も意に任せず思ふに違ふ事多き慣とは言へ、世の為国の為、別きて帝室の御為に行末掛けて遠長く在らせまほしと思ふ人は、思ひも設けぬ災厄に罹らせ給ひて、いみじき医師の心尽しも、その效あらはれずて、惜しく悲しく、久方の天路遥に雲隠り坐しし、前の内閣総理大臣衆議院議員正二位勲一等浜口雄幸大人命の御柩の前に、斎主平田盛胤、謹み敬ひも宣り白さく。

あはれ今ほとほと御墓の底深く埋め鎮め奉らむとすなる時に、過ぎにし現世の事等を種種申続けむも、はかなく甲斐なき事ながら、汝命の御為に、深く偲び高く仰ぎ奉る由あるを、かつがつ言挙げて、天つ神国つ神は更なり、けふこれの御前に、い群れ列り給へる紳士等諸にも聞え奉りて、共に在りし昔を偲び奉らむとす。そも汝命は明治三年四月一日といふに、土佐国長岡郡五台山村の里に、旧の高知の藩士水口胤平大人の第三の彦御子と生れ出で坐しつるに、同じき藩士にして土佐国安芸郡田野村に住める浜口義立大人に養はれ坐して、やがて浜口の御家を承け継がし給ひにき。

あはれ汝命は、明治二十八年といふに帝国大学法科大学政治学科をしをへ給ひて、やがて大蔵属となり給ひしに、後税務に関れる諸官を経給ひて後、専売局長官となり坐しけるに、後又逓信次官大蔵次官大蔵省参政官などの官を経て、大正十三年といふに、加藤内閣成立の折に、汝命は大蔵大臣に親任せられ、大正十五年若槻内閣の下に内務大臣に任せられ給ひにき。如是官に仕奉り給ひし間、大正四年といふに、始めて衆議院議員に選ばれ坐してより、衆議院議員の選に当らせ坐ししこと六回なるに、常に同志会憲政会最高幹部として、故の加藤総裁を扶け翼なひ坐ししはさる事ながら、後立憲民政党の創立と共に、汝命は人皆の望みを負ひ坐して、終に総裁に推され給ひしに、昭和四年七月に至りて、いとも畏き大命を蒙り給ひて内閣を組立て坐して、汝命は総理大臣の印綬を帯び給ひて、内外の政治の上に御意を注がせ給ひて、家をも身をも露顧み給はずて、一向に官の為に労き給ひ尽し坐しけるに、去年の十一月十四日といふに、ゆくりもなく、くなたぶれ醜の物狂ひせし若き兇漢の災厄に罹らせ給ひて、御病の憂瀬に沈み給ひしに、はかばかしく怠らせ給はねば、今年四月に至りて、願ひ出で坐して官を免され給ひしに、畏くも特なる大命以ちて、前官の礼遇をさへ賜はり坐しけるに、歳月と共に位は正三位も、ゆくりもなく雲に掩はれ、行方も知らずなりぬがごとし。あな悲しきかも、あな悔しきかも。是は啻に夫人及御子等の御為に哀むにあらず、是は啻に立憲民政党の為に歎くにあらず、世の為人の為別きて皇大御国の御為に是を争でか悲まずてあるべき。かかる事を争でか歎かずてあるべき。然はあれども、汝命は既に咲く花の芳はしき御名を現はし給ひ、照る月の高く湛はしき勲功を建て給ひし状は、富士の高嶺も尚低く、東の海も尚浅しとや仰ぎ称へ奉るべき。故是を以ちて、英米を始めて独逸支那などの、その名聞えたる政治家の人等諸は、汝命は至誠と精力との権化とも言ふべき大政治家なりと褒め称へ奉り、あるは人格高潔にして清浄無垢の世界的大政治家なりと、仰ぎ称へ奉らぬものやはある。惟ふに汝命は謹厳にして荘厚、誠実にして謙遜、偉大にして真摯なる性格を備へ給へる、極めて希に覯る処の大政治家なりと仰ぎ称へ奉るべきなり。そも汝命がこれの年頃、党の為に労き給ひ尽し坐ししは申すも更なり、今猶最高顧問と坐しつれば、その勲功の千千の一つをだに報い奉らむものと、総裁を始めて宗徒の人等諸相図り相語らひし末、終に党葬として、けふの御葬儀広く厚く懇に仕へ奉らすになも在りける。天翔り国翔り坐す汝命の御霊も、幽冥ながら御心足らひに、嬉しともうむがしとも思ほしめすらむ。如是嬉しともうむがしとも思ほし召してば、現津御神と大八洲国知食す天皇命の大御稜威は更なり、皇大御国の御光は往末掛けて遠長く、旭の豊栄騰に天の下四方の国国にい照り輝かしめ給へと、謹み敬ひも一向に請ひねぎ奉らくと白す。

昭和六年八月二十九日

【解題】

誄作者平田盛胤（一八六三―一九四五）は、文久三年八月十四日美濃に生まれる。姓は戸沢であるが後に平田胤雄の養子となる。明治十一年岐阜県師範学校を卒業し、小学校校長・訓導を経て十九年東京帝国大学文学部古典講習科を卒業、東京高等女学校教諭となり東京府尋常師範学校教授になる。二十七年東京神田神社社司に就き、三十年五月故戸田忠至への「贈位奉告祭祝詞」を作る。翌年東京府神職管理所所長、三十二年東京府皇典講究分所所長を経て三十六年全国神職会顧問に就く。

四十年十二月関孝和の二百年忌に当たり墓前で読む「贈位奉告祭詞」を作る。大正九年神田神社社司として奏任官待遇をうけ、十月一日の国勢調査実施後に「終了奉告祭詞」を、十一年六月出羽海の逝去に「移霊祭詞」及び「十日祭詞」を、十三年五月故日枝神社宮司久保悳鄰の五年祭に祝詞を作り柴田実頴に代読させる。十五年二月伯爵大木遠吉の逝去には「移霊祭詞」を作る。精力的な祝詞作成は年号が革まって多くなる。

昭和五年十一月上野常盤華壇における日本料理研究会の催しに「式祭祝詞」を、六年八月浜口首相の逝去には「誄詞」と「五十日霊前祭詞」を、七年正月天棚機姫神祭典には「銘仙祭詞」を、五月十八日の両国橋完成に「開橋式祝詞」を、十月国学院大学講堂で行われた賀茂真淵百五十年祭にも祭詞を作る。殊に同年七月の靖国神社能楽堂で帝室技芸員高村光雲の作品賞讃会に「感謝祭詞」を述べる。九月一日関東大震災十年目に当たっては「震災十年慰霊祭詞」を作るが、これなどは文化・社会活動に大いに寄与している。

十七年真珠湾戦没英霊の葬儀に斎主として奉仕し、二十年二月二十八日逝去する。八十三歳。

〔出典〕『最新祝詞作例文範』下巻。

118　渋沢栄一御沙汰（書）

正二位勲一等子爵

高ク志シテ朝ニ立チ　遠ク慮リテ野ニ下リ
経済ニハ規画最モ先ンシ　社会ニハ施設極メテ多ク
教化ノ振興ニ資シ　国際ノ親善ニ努ム
畢生公ニ奉シ　一貫誠ヲ推ス
洵ニ経済界ノ泰斗ニシテ　朝野ノ重望ヲ負ヒ
実ニ社会人ノ儀型ニシテ　内外ノ具瞻ニ膺レリ
遽ニ溘亡ヲ聞ク　曷ソ軫悼ニ勝ヘン
宜ク使ヲ遣ハシ　賻ヲ賜ヒ以テ弔慰スヘシ

昭和六年十一月十四日

【解題】

渋沢栄一（一八四〇―一九三一）は、天保十一年二月

十三日、武蔵国榛沢郡血洗島（現埼玉県深谷市）に生まれる。徳川慶喜が将軍に就くと幕臣になる。慶応三年（一八六七）正月パリ万国博覧会使節の徳川昭武に随行し、維新政府の命で帰朝する。太政官札発行で石高拝借が生ずると、静岡に合本組織の商事会社商法会所を興す。明治二年十月大蔵省出仕の公務員生活に入る。改正局建設の進言が採用され租税正を兼任して、度量衡・租税制度・駅逓法・貨幣制度・禄制・鉄道布設案・官庁の事務章程・銀行条例・廃藩置県・会計法等の諸件に取組む。

六年五月大蔵大輔井上馨と三等出仕の栄一は辞任する。以後六十年実業界に身を捧げる。八月第一国立銀行を開業し、兌換制度への道を開く。そして銀行集会所の設立・不換紙幣の整理・日本銀行の創立・手形交換所の設立など、栄一の創意が実現して次々と整備される。一方王子製紙・大阪紡績・日本郵船・私鉄日本鉄道等の会社を作り、日本の資本主義経済の発展に貢献する。

殊に社会事業の原点として日本で最初の規模雄大な東京養育院に、三十代から取組み、生涯その院長として世話をみた。生前怒り顔をみせなかった栄一は、昭和六年十一月十一日九十二歳の大往生をとげる。

〔墓〕　東京都台東区谷中町　谷中霊園。

〔出典〕　『官報』一四六五号、『大阪朝日新聞』、『増補皇室事典』。

〔参考文献〕　高橋重治編『渋沢栄一自伝』渋沢翁頌徳会・昭和十二年刊、渋沢秀雄著『父渋沢栄一』二巻実業之日本社・昭和三十四年刊、山路愛山「現代史に於ける渋沢翁の位置」（『中央公論』三一巻一三号）、加田哲二「資本主義の先達渋沢栄一」（『実業之日本』五六巻一一号）。

119　犬養毅賜誄

内閣総理大臣正二位勲一等

文章身ヲ起シ　言議志ヲ行フ
国交ニ顧念シ　善隣ノ長計ヲ懐キ
世論ヲ誘導シ　立憲ノ本義ヲ扶ク
既ニ政界ノ重寄ヲ負ヒ　屢輔弼(1)ニ任シ
遂ニ内閣ノ首班ニ列シ　益燮理ニ当ル

凶聞遽ニ至ル　軫悼曷ソ勝ヘム
茲ニ侍臣ヲ遣ハシ　賻ヲ賜ヒ以テ弔セシム
　　昭和七年五月十八日

【校異】

1燮理　大毎「爕理」。

【解題】

犬養毅（一八五五—一九三二）は、安政二年四月二十日備中庭瀬の郷士犬養源左衛門の二男として生まれる。号は木堂。二十一歳の時上京し慶応義塾に学び、明治十一年十月『報知新聞』に「創基の気力」の題で旧例の尊重を批判し、創造力のないのは文明でないと、啓蒙文を寄稿する。

西南の役には実情報道の従軍記者として活動し、十三年東海経済新報の雑誌を発刊する。翌年参議大隈重信の推挙で統計院権少書記官になる。二十一年後藤象二郎の大同団結運動に参加、二十三年第一回衆議院議員になってから没年まで当選を続けた。三十一年大隈内閣の文相になる。四十三年親日の金玉均や孫文の亡命を援助し、翌年の中国革命には渡航して孫文らを助ける。

大正元年（一九一二）政友会の尾崎行雄らと閥族打倒を叫び、翌年桂内閣を桂冠に追いこむ。普通選挙運動では師団増設案を拒否して軍備縮少の必要を説き、十二年九月の第二次山本内閣の逓信相を務める。虎の門事件で辞任後、三派連立の加藤高明内閣が成立すると再び逓信相に就き、『普通選挙法』を実現させる。

昭和四年田中義一の急逝で政友会総裁となる。六年十二月内閣首班となり、金解禁再禁止政策をとり、外国に金を出さず為替を極力維持し、正貨兌換停止を行う。七年正月鹵簿の桜田門外爆弾事件に直面し、危く優詔で留任する。

同七年五月十五日政治革新を唱える青年将校に拳銃で射たれ巨星は堕ちた。七十八歳。凶報に接し正二位・旭日桐花大綬章を贈られた。

〔墓〕　東京都港区南青山二丁目三二　青山霊園。

〔出典〕『官報』一六一三号、『大阪毎日新聞』、『大阪朝日新聞』、『増補皇室事典』。

〔参考文献〕　鵜崎鷺城著『犬養毅伝』誠文堂・昭和七年

刊、木堂先生伝記刊行会著『犬養木堂伝』東洋経済新報社・昭和十三―十四年刊、池松文雄「浜口雄幸と犬養毅」(『中央公論』七一巻一号)。

120　武藤信義御沙汰（書）

関東軍司令官正二位勲一等男爵

至誠ヲ寛厚(1)ニ蔵シ　果断ヲ沈毅ニ発ス
乃チ参議ノ官ニ補セラレテ　籌ヲ帷幄ニ運ラシ
遂ニ元帥ノ府ニ列シテ　務(2)ニ枢機ニ服ス
持節命ヲ銜ミテ　文武ノ大任ヲ全クシ
善隣誼ヲ敦クシテ　朝野ノ重望ニ副ヘリ
遽ニ流亡ヲ聞ク　曷ソ軫悼ニ勝ヘム
宜シク使ヲ遣ハシ　賻ヲ賜ヒ以テ弔慰スヘシ

昭和八年八月六日

【校異】

1寛厚　大朝「寛弘」。2務ニ　大朝「務ヲ」。

【解題】

武藤信義（一八六八―一九三三）は、慶応四年七月十五日佐賀藩士武藤信直の二男に生まれる。明治二十五年陸軍士官学校を卒業し、歩兵少尉に任官する。日清戦役では小隊長として出征し、凱戦後陸軍大学校に入学し首席で卒業する。日露戦役に際し近衛師団参謀として出征し、途中から奉天大会戦に対処した作戦により鴨緑江軍参謀に更迭される。戦役後累進して大正八年原敬内閣の下で陸軍中将に進む。十年五月参謀本部総務部長を経て第三師団長に就任し、多数の犠牲者と十億円の戦費を投じたシベリア出兵には師団長として出征する。

十一年十一月参謀次長に転じ、やがて軍事参議官となる。十五年陸軍大将に進み、関東軍司令官に親補される。五十八歳。ついで教育総監、昭和七年軍事参議官に帰り咲き、満州国が成立すると、初代関東軍司令官兼駐満特命全権大使・関東長官に就任する。リットン調査団の到着前に清国の廃帝（宣統）溥儀の執政を迎える膳立てをする。満州国建設に伴って熱河及び平津地方の作戦指導に多大の功績を残す。

八年五月五日元帥府に列する。その八旬後、満州国新京で軽い胃腸病に罹り、黄疸を併発して静養する。七月二十七日病状革り逝去する。六十六歳。逝去に先立ち男爵を授けられ華族に列し、旭日桐花大綬章を賜わった。葬儀は準国葬で陸軍省・参謀本部・教育総監部・外務省・拓務省合同で行われた。

〔墓〕　東京都文京区大塚五―四〇　護国寺。

〔出典〕『官報』一九八一号、『大阪朝日新聞』、『増補皇室事典』。

〔参考文献〕　藤崎俊茂著『人としての武藤元帥』不動書房・昭和八年刊、横山雅男「武藤元帥の薨去を悼む殊に国勢調査評議会委員として」（『統計学雑誌』五六六号）、『類聚伝記　大日本史』一四・雄山閣・昭和十一年刊。

121　上原勇作御沙汰（書）

前議定官元帥陸軍大将従一位
大勲位子爵

夙ニ力ヲ軍職ノ本文ニ竭シ　深ク心ヲ科学ノ応用ニ潜メ
屢戦役ニ従ヒ　報効愈著シク
三タヒ錫命ニ膺リ　勲績益顕ハル
参議ノ官　元帥ノ府
大任是レ荷ヒ　重望是レ負フ
遽ニ溘亡ヲ聞ク　曷ソ軫悼ニ勝ヘム
宜シク使ヲ遣ハシ　賻ヲ賜ヒ以テ弔慰スヘシ

昭和八年十一月十一日

【解題】

上原勇作（一八五六―一九三三）は、安政三年十一月鹿児島藩士龍岡資弦の次男として都城に生まれる。明治八年二十歳の時同村の藩士上原尚実の養子となる。陸軍幼年学校を首席で卒業し、十二年十二月工兵少尉に任官する。十四年四月からフランス陸軍研究のため十六年二月まで留学し、十八年小沢中将の随行で再び渡欧する。帰朝後工兵大隊長・参謀本部副官・陸軍大学教官等を歴任し、二十七年六月朝鮮公使館付武官として赴任し、七月の京城事変に関与する。

二十九年伏見宮貞愛親王のロシア皇帝戴冠式参列に随行する。三十二年オランダ・ハーグの万国平和会議出席の林薫男の随員にもなる。日露戦争には第四軍参謀長として野津元帥を輔佐した。三十九年陸軍中将に進み、四十年九月男爵となり華族入りする。

四十五年第二次西園寺内閣の陸軍大臣、大正四年六十歳を迎えて陸軍大将・軍事参議官となり、同年十二月参謀総長に就任し七年間在職する。大正十年子爵に昇り元帥府に列り、十三年議定官を勤める。

昭和八年十一月、胃潰瘍に腎臓病を併発し、八日品川区大井鹿島町の本邸で逝去する。七十八歳。

〔墓〕　東京都港区南青山二丁目三二　青山霊園。

〔出典〕『官報』二〇六二号、『大阪朝日新聞』、『増補皇室事典』。

〔参考文献〕　篠原秀一編『上原元帥の面影』田中書店・昭和九年刊、元帥上原勇作伝記編纂委員会編『元帥上原勇作伝』二巻・同委員会・昭和十二年刊。

122　山本権兵衛賜誄

海軍大将従一位大勲位功一級伯爵

炯眼人ヲ知リテ克ク任シ　豪胆事ニ当リテ善ク断ス

一タヒ海相ニ擢テラレ　大ニ国防ノ経綸ヲ行ヒ

二タヒ戦役ニ従ヒ　荐ニ軍務ノ枢機ニ参シ

籌画極メテ密ニ　勲績殊ニ顕ハル

再ヒ台閣ノ首班ニ列シ　遂ニ国家ノ重寄ニ膺ル

遽ニ溘亡ヲ聞ク　軫悼曷ソ勝ヘム

茲ニ侍臣ヲ遣ハシ　賻ヲ賷ラシ臨ミ弔セシム

昭和八年十二月十一日

【解題】

山本権兵衛（一八五二―一九三三）は、嘉永五年十月十五日薩摩藩士山本五百助の三男として生まれる。戊辰の役後薩摩藩貢挙学生に撰ばれて海軍操練所に入学し、明治三年十一月海軍兵学寮生徒となる。四年の修学を終え少尉候補生になる。爾来海上勤務十余年を歴て海軍大佐に進級し高千穂艦長に就任する。日清戦役時海軍大臣副官・海軍々令部御用取扱・大本営参謀官を歴任する。

三十一年五月海軍中将に昇格し、十一月第二次山県内閣、三十三年の第四次伊藤内閣、三十四年の桂内閣の海軍大臣を勤める。三十九年の西園寺内閣では大臣を辞退して軍事参議官になる。四月功一級金鵄勲章・旭日桐花大綬章をうける。この間三十五年二月『日英同盟協約』締結に尽力した功により男爵となり、十月露国対策として、十一箇年で一等戦艦一万五千屯三隻・一等巡洋艦一万屯三隻・二等巡洋艦五千屯二隻を建造し、総額一億千五百万円を充てる海軍拡張の『帝国々防論』一篇を進上する。

四十年九月伯爵に昇り、大正二年二月内閣首班となり政友会と結び、行財政の整理・軍務大臣現役制を廃して『文官任用令』を改正する。三年シーメンス事件により退き、その後第二次内閣首班を歴て昭和三年十一月大勲位・菊花大綬章をうける。

八年十二月九日逝去する。八十二歳。従一位を贈られる。葬儀は海軍葬を以て行われた。

〔墓〕　東京都港区南青山二丁目三二　青山霊園。

〔出典〕　『官報』二〇八六号、『大阪朝日新聞』、『増補皇室事典』。

〔参考文献〕　山本清著『伯爵山本権兵衛伝』二巻・故伯爵山本海軍大将伝記編纂会・昭和十三年刊、松波仁一郎著『東郷元帥と山本権兵衛伯』鹿児島市郷土課・昭和十八年刊、海軍省海軍大臣官房篇『山本権兵衛と海軍』明治百年史叢書・原書房・昭和四十一年刊。

123　伊東巳代治御沙汰（書）

枢密顧問官従一位勲一等伯爵

達識ヲ廟廊ニ騁セ　績智ヲ経綸ニ坑ク

国家ノ典憲　力ヲ創定ニ竭シ

帝室ノ制度　心ヲ完備ニ致シ

曾テ輔弼ニ内閣ニ班シ　遂ニ顧問ニ枢府ニ列ス

勤労極メテ大ニ　勲績甚タ顕ハル

遽ニ溘亡ヲ聞ク　曷ソ軫悼ニ勝ヘム

宜シク使ヲ遣ハシ　賻ヲ賜ヒ以テ弔慰スヘシ

昭和九年二月二十一日

【解題】

伊東巳代治（一八五七―一九三四）は、安政四年五月九日長崎の住人伊東善平の三男として生まれる。蘭語・仏語・英語を修め、明治六年兵庫県五等通訳官から累進して一等通訳官に進む。県令伊藤博文に抜擢されて上京し工部省権大録に就く。十五年二月参議伊藤博文の欧米視察に随行した。十八年新内閣制度下の伊藤博文首相が誕生すると秘書官となる。二十一年新設の枢密院議長に就任すると枢密院書記官長に転じ憲法制定の企画に協力する。

明治二十三年（一八九〇）貴族院議員に勅選され翌年辞退する。二十五年第二次伊藤内閣の内閣書記官長、二十七年再び貴族院議員になる。二十八年日清戦役の講和成立で全権弁理大使となり、清国全権伍廷芳と会し『馬関条約』批准を果たす。その殊勲により男爵となり華族に列した。三十一年一月第三次伊藤内閣の農商務大臣に親任され、同年六月首相の辞職に殉じて罷める。三十二年三月枢密顧問官となる。三十六年博文が帝室制度調査局総裁となるや副総裁を兼ねる。

四十年子爵に進み、大正五年帝室制度審議会総裁に就き、翌六年特に大臣礼遇を受ける。十一年伯爵に昇る。昭和の時代を迎えて最古参の枢密顧問官となり、政界に勢力をもつ。二年の台湾事件で若槻内閣を倒し、五年のロンドン条約問題で浜口内閣を危機に追いこんだ。九年二月胃潰瘍で倒れ十九日逝去する。七十八歳。

〔墓〕　東京都杉並区　築地本願寺和堀廟所。

〔出典〕　『官報』二一四二号、『大阪朝日新聞』、『増補皇室事典』。

〔参考文献〕　晨亭会編『伯爵伊東巳代治』二巻・晨亭会・昭和十三年刊、尾佐竹猛「主権論と伊東巳代治」（『明治文化』一一巻三号）。

124　東郷平八郎賜誄

元帥海軍大将従一位大勲位功一級侯爵

至誠神ニ通シテ　成敗ノ先幾ヲ制シ(1)

沈勇事ニ臨ミテ　安危ノ大局ヲ決ス
身国難ニ当リ　功海戦ニ崇シ
朕ノ東宮ニ在ルヤ(2)　羽翼是レ頼リ
卿ノ三朝ニ仕フル　股肱是レ効ス
徳望域中ニ充チ　声華海外ニ溢ル
洵ニ是レ武臣ノ典型　実ニ邦家ノ柱石タリ
遽ニ溘亡ヲ聞ク　曷ソ軫悼ニ勝ヘム
茲ニ侍臣ヲ遣ハシ　賻ヲ齎ラシ(3)以テ弔セシム

昭和九年六月四日

【校異】
1先幾　大朝「先機」。2在ルヤ　官報「在ル」。3齎ラシ　大朝「齎シテ」。

【解題】
東郷平八郎（一八四七―一九三四）は、弘化四年十二月二十二日鹿児島の加治屋町に東郷吉左衛門実友の四男として生まれる。十四歳を迎えた万延元年元服して平八郎と改名し、慶応二年（一八六六）薩摩藩の海軍に入る。明治二年兵部省の辞令、

龍驤艦見習士官被仰付、日俸拾四円被下候事

をうけて海軍将校となる。四年英国に留学、英国建造の比叡に乗艦し十一年横浜に帰著する。

この年に海江田信義の長女テツ子と結婚する。二十一年奏任一等の大佐に進み、比叡・浅間・浪速の艦長を歴任。日清戦役時に、清兵の乗る英国汽船高陞号を撃沈し一時世界的に物議をかもした。

三十一年中将に昇進し、佐世保及び舞鶴鎮守府司令長官に遷り、三十六年第一艦隊司令長官に就任、翌年二月征途に就く。六月大将となる。日露の海戦では日本機雷で露国艦隊司令長官マカロフを、一戦も交えることなく爆沈死させる幸運を摑む。またバルチック艦隊と日本海で対決した三十八年五月二十一日の砲撃戦では、常識を被るT字戦法を展開して、戦艦四・巡洋艦四・駆逐艦四・海防艦一等計十九隻を撃沈し、日本側の損害水雷艇三隻という勝利を得た。

三十九年四月戦功で功一級金鵄勲章・大勲位をうけ、翌年「国家ニ勲功アル者」の叙爵規定により伯爵となり華族の仲間に入る。大正二年四月元帥府に列し、三年東

宮御学問所総裁に就き、東宮の登極をみた昭和九年五月三十日、米寿の祝を目前にして危篤となり、従一位・侯爵に進み逝去した。葬儀は『国葬令』施行後最初の国葬として行われた。

〔墓〕　東京都府中市多磨町四丁目六二八　多磨霊園。

〔出典〕『官報』二二二六号、『大阪朝日新聞』、『増補皇室事典』。

〔参考文献〕　大道弘雄著『偉人東郷元帥』朝日新聞社・昭和九年刊、中村孝也著『聖雄東郷元帥』有朋堂・昭和二十年刊、井上安元「元帥東郷と名誉墓地」(『掃苔』六巻八号)。

125　斎藤実賜誄

内大臣従一位大勲位子爵

其ノ貌ハ厚重　其ノ人ハ沈毅
籍ヲ海軍ニ置キ　一旦軍政ノ枢機ニ参シ
班ニ閣僚ニ列シ　多年国防ノ経綸ヲ行フ
出テテ総督ノ大任ヲ荷ヒ　重ネテ統治ノ重責ヲ負フ
政ハ労来ヲ敷キ　民ハ恩徳ニ服ス
既ニ首相タリ　力ヲ燮理(1)ニ效シ(2)
遂ニ内臣タリ　心ヲ輔弼ニ尽ス
其ノ勲労ヲ多トシ　深ク倚頼スル所アリシニ
遽ニ溘逝ヲ聞ク　曷ソ軫悼ニ勝ヘム(3)
茲ニ侍臣ヲ遣ハシ　賻ヲ齎ラシ(4)臨ミ弔セシム

昭和十一年三月七日

【校異】

1燮理　大朝「燮理」。2效シ　大朝「効シ」。3勝ヘム　大朝「勝ヘン」。4齎ラシ　大朝「齎シテ」。

【解題】

斎藤実(一八五八—一九三六)は、安政五年十月二十七日陸中水沢町(現岩手県奥州市)に仙台藩士斎藤耕平の長子として生まれる。明治五年に上京、翌年十月海軍兵学寮に入り十年七月卒業する。二十五歳の十五年九月海軍少尉に任官し、二十七年九月侍従武官になる。

三十九年(一九〇六)一月西園寺内閣の海相となり、翌年男爵として華族入りする。四十四年の第二次西園寺内閣にも留任し、通算五代の内閣に九年間海相職に就く。その間四十三年一月に陸相寺内正毅と共に、東宮武官を外国人との交際上及び演習差遣或は扈従の必要上、すべて参謀官を充てる上奏をし勅令で公布された。

大正元年大将に進み、三年予備役に転じ、八年朝鮮総督に就き従前の抑圧政治を改めて徳化政治に腐心する。十四年子爵に昇格し昭和二年のジュネーヴ海軍軍縮会議に帝国全権委員として参加する。昭和四年朝鮮総督に再任され六年六月辞任する。七年の五・一五事件後第二次内閣首班を勤め、九年解任後翌年内大臣に就任する。十一年の二・二六事件に際して兇徒に襲われて死去する。七十九歳。従一位・大勲位・菊花大綬章を贈られる。

〔墓〕　東京都府中市多磨町四丁目六二八　多磨霊園。

〔出典〕『官報』二七五三号、『大阪朝日新聞』、『増補皇室事典』。

〔参考文献〕　中村健太郎著『斎藤子爵を偲ぶ』朝鮮仏教社・昭和十二年刊、有竹修二著『斎藤実』三代宰相列伝・時事通信社・昭和三十三年刊、斎藤実元子爵銅像復元会編『斎藤実追想録』同会・昭和三十八年刊。

126　高橋是清賜誄

大蔵大臣正二位大勲位子爵

資性忠純　立朝ノ大節ヲ全(1)クシ
気宇英爽　経世ノ遠猷ヲ懐キ
再ヒ閣僚ノ首班ニ列シ　屢財政ノ要路ニ当ル
殊域ニ渉リテ国難ヲ紓クシ　老軀ヲ挺ンテテ時艱ヲ済フ
勲労両ナカラ優ニ　歯徳並ニ卲ク
国ノ重寄ニ任シ　民ノ具瞻ニ叶ヒシニ
遽ニ溘逝ヲ聞ク　曷ソ軫悼ニ勝(2)ヘム
茲ニ侍臣ヲ遣ハシ　賻ヲ齎(3)ラシ臨ミ弔セシム

昭和十一年三月七日

【校異】
1全クシ　大朝「全ク」。2勝ヘム　大朝「勝ヘン」。3齎ラシ　大朝「齎シ」。

【解題】
高橋是清（一八五四―一九三六）は、安政元年七月二

十七日幕府の御用絵師川村庄右衛門の子として生まれる。生後間もなく仙台藩士高橋覚治是忠の養子となり愛宕下仙台屋敷で育てられる。慶応三年（一八六七）藩費留学生に選ばれ米国に渡る。遊学転じて奴隷に売られ辛酸を嘗めた末、脱出して翌明治元年十二月帰国する。外国官権判事森有礼の書生となり、有礼より英語を学び橋和吉郎の名を貰う。その後唐津藩の英語学校に赴任、上京し駅逓寮勤め、文部省勤めをする。ここで橋姓を高橋姓に復し名を是清と改める。

十四年五月農商務省に勤め、十八年専売商標保護法研究で欧米に出張後、商標条例・意匠条例を起草、二十年初代特許局長に就任し翌年商標条例の改正、意匠条例の制定となる。その後銀山経営で情報詐欺に遭い赤貧生活から日本銀行に入社して手腕を発揮し副総裁にまで昇進する。日露戦争に際し八億二千万円の外債を得た功で、四十年九月男爵を授かる。

大正二年第一次山本内閣の蔵相に就き、続く原内閣に留任し原敬の凶死後首相兼蔵相を勤める。この間九年に子爵に進み、十年政友会総裁となる。積極財政推進の中橋文相と元田鉄相が華府軍縮体制を利用して緊縮財政を貫く方針に反対し、挂冠する破目となる。十三年衆議院議員に当選し、後政友会総裁も退く。昭和二年田中義一内閣の蔵相に就き、金融恐慌を乗り切り、続く犬養・斎藤・岡田内閣に留任し、高橋財政の手本を示す。

十一年の二・二六事件に遭遇し八十三年の生涯を終える。葬儀に先立ち正二位・大勲位・菊花大綬章をうけた。

〔墓〕　東京都府中市多磨町四丁目六二八　多磨霊園。

〔出典〕　『官報』二七五三号、『大阪朝日新聞』、『増補皇室事典』。

〔参考文献〕　土屋喬雄「高橋是清翁」（『中央公論』五四巻六号）、高橋精之「高橋財政の歴史的性格」（『社会労働研究』一二巻二号）、久保文蔵「蔵相高橋是清翁」（『財政』一八巻一号）、大島清著『高橋是清』中公新書・昭和五十六年刊九版。

127　朴泳孝御沙汰（書）

朝鮮総督府中枢院副議長
正二位勲一等侯爵

槿域ノ名閥　李家ノ懿親
力ヲ善鄰(1)ニ竭クシ　心ヲ講信ニ尽クス
国政ノ革新ヲ企テ　荐ニ難厄ヲ踏ミ
民族ノ保全ヲ図リ　遂ニ勲績ヲ效ス(2)
遽ニ溘亡ヲ聞ク　曷ソ軫悼ニ勝ヘム
宜シク使ヲ遣ハシ　賻ヲ賫ラシ(3)以テ弔慰スヘシ

昭和十四年九月二十八日

【校異】

1善鄰　増補皇室事典「善隣」。2效ス　増補皇室事典「効ス」。3賫ラシ　増補皇室事典「齎シ」。

【解題】

朴泳孝（一八六一―一九三九）は、文久元年六月十二日京畿道水原に生まれる。父は貞簡公朴元陽、母は李潤行の女閨範である。十二歳の三月十八日哲宗の女永恵翁主と儀賓し、叙爵して上輔国崇禄大夫判敦寧府錦陵尉となる。七月四日翁主の薨に遭う。十九歳の頃から劉鴻基を指導者にして李東仁・卓挺植らと世直しの同志となり、二十一歳の時国政改革の建白書を出す。

明治十五年（一八八二）七月高宗から特命全権大臣に任命され来日し、福沢諭吉などと会合する。帰国後漢城府判尹に就き、近代的都市建設・治安制度確立のため治道局及び巡警局を設置し、一新清潔に着手するが、間もなく世事に悩む。翌年広州府留守兼守禦使に左遷される。ここで日本留学士官学生を教官とする新軍建設上疏文を出す。二十四歳の十月改革の行動に入るが、十二月甲申政変に失敗して日本に亡命する。

明治二十七年政局混乱のさ中帰国し、復爵の上内部大臣に就任する。早速門閥に関係なく聡慧の子弟数百人を慶応義塾に留学させ、政務の諸般を革新するが協力者を得られず再び日本に亡命する。明治四十年召還勅命で帰国し宮内府大臣に就き、高宗の退位・『韓日協約』の締結に与る。日本の韓国併合後朝鮮貴族の侯爵となり、総督府の中枢院顧問・副議長を歴て昭和十四年九月二十日逝去する。七十九歳。

朴公の一年祭に李堈撰する故侯爵朴公墓碣銘が建てられ閔丙奭の書が残された。

公志徳倶大、断断一念、国耳民耳、遭時艱難。有意未遂、一片丹心、不可与不、知者道也。公逝之日、斉咨流涕、如悲親戚、遺恨纏綿。遽作千古、典型之寛厚、不可以復覩、深遠之蘊櫝、不可以復耳。嗚呼慟哉。遂系為之銘。銘曰、而寿而貴、有子有孫、玄之又玄、众妙之門、碑焉誌焉、過者亦尊。維衷維義、可以不朽、我筆不諛、特書垂後。

〔墓〕　韓国慶尚南道釜山市沙下区多大洞四四〇（旧乾坐原）、戦後改葬される。

〔出典〕『官報』三八二三号、『増補皇室事典』。

〔参考文献〕『明治天皇紀』第五・六・八・九・一二、大村友之丞著『朝鮮貴族列伝』韓国学古典叢書・亜細亜文化社・一九七三年再刊。

128　徳川家達賜誄

麝香間祗候従一位大勲位公爵

蹇蹇匪躬　人ハ丹誠ヲ楓宸ニ効シ
遥遥華冑　家ハ玉節ヲ柳営ニ執レリ
乗槎万里　克ク使命ヲ全クシ
議員卌年　懋メテ憲政ヲ賛ス
内ハ心ヲ社会ノ改進ニ尽クシ
外ハ力ヲ国際ノ親善ニ竭ス
勤労極メテ大ニ　勲績甚タ顕ハル
遽カニ溘亡(1)ヲ聞ク　曷ソ悼惜ニ勝ヘム(2)
茲ニ侍臣ヲ遣ハシ　賻ヲ齎ラシ(3)臨ミ弔セシム

昭和十五年六月九日

【校異】

1溘亡　大朝「溘」。2勝ヘム　大朝「勝ヘン」。3齎ラシ　大朝「齎シ」。

【解題】

徳川家達（一八六三—一九四〇）は、文久三年七月田安慶頼の長子として東京で生まれる。幼名を亀之助という。慶応四年閏四月二十五日、将軍慶喜の継嗣を亀之助とし、秩禄を七十万石とし、城地を駿府に移すの胥議が決まる。ここで家達と改名する。九月に明治改元。

二年版籍奉還後静岡藩知事となる。三年三月日光東照宮所蔵の日月章錦旗を返納し、廃藩置県で藩知事を罷める。十年から五年間イギリスに留学し、帰朝後麝香間祗候となる。十七年七月七日、『華族令』の「公爵ニ叙セラルヘキ者」の徳川宗家に該当して、公爵となる。二十二歳。二十三年貴族院議員となり、翌年六月嘉永六年以後の国事関係資料を提出する。明治三十六年より昭和八年まで貴族院議長を勤め、その間大正十一年のワシントン軍縮会議に列席する。

昭和十五年六月五日病没した。七十八歳。

〔墓〕　東京都台東区上野桜木町一—一四　寛永寺。

〔出典〕『官報』四〇一七号、『大阪朝日新聞』、『増補皇室事典』。

〔参考文献〕三宅雪嶺「華府会談全権徳川公と東宮殿下外交御指南番珍田伯」（『中央公論』三六巻一二号）、目出元休「徳川家達公と安田旧邸」（『武蔵野』二六巻一〇号）。

129　西園寺公望賜誄

故内閣総理大臣従一位大勲位公爵
歯徳並ニ卲ク　三朝ノ輔弼ニ膺リ
学識両ナカラ優ニ　百揆ノ儀刑ニ協フ
弱齢維新ノ大業ヲ賛シ　壮歳曠古ノ皇謨ヲ翼ケ
荐リニ顕要ヲ経テ　殊ニ勲労ヲ効セリ
既ニ已ニ迹ヲ江湖ニ屏ケ　尚ホ猶ホ心ヲ廊廟ニ留メ
天下ノ重キヲ繫ケテ　以テ咨諏ニ対ヘ
国中ノ望ヲ負ヒテ　而シテ献替ニ慎ム
蹇蹇タル忠藎　朕ノ倚頼スルトコロ
番番タル元老　天(1)憖遺セス
遽ニ溘(2)亡ヲ聞ク　軫悼何ソ勝(3)ヘム
爰ニ侍臣ヲ遣ハシ　賻ヲ齎(4)ラシ以テ弔セシム
昭和十五年十二月四日

【校異】

1天慭遺セス　大朝「天慭ニ遺セス」。2溘亡　事典「溘亡」。3勝ヘム　大朝「勝ヘン」。4齎ラシ　大朝「齎シ」。

【解題】

西園寺公望については「78　明治天皇誄」の解題を参照されたい。

〔墓〕　東京都府中市多磨町四丁目六二八　多磨霊園。

〔出典〕　『官報』四一七五号、『大阪朝日新聞』、『増補皇室事典』。

〔参考文献〕　木村毅著『西園寺公望伝』歴代総理大臣伝記全集・伝記刊行会・昭和十二年刊、芳賀登「元老西園寺公望」（『社会科歴史』四巻一号）、岩井忠熊著『西園寺公望』岩波新書・平成十五年刊。

130　湯浅倉平御沙汰（書）

内大臣正二位勲一等男爵

忠純ノ誠ハ　剛毅ヲ坑ケテ以テ克ク断シ
清廉ノ節ハ　正義ヲ執リテ而シテ回ラス
官ニハ則チ恪勤ヲ鞅掌ニ致シ
職ニハ則チ縝密ヲ鞠躬ニ全クシ
三朝ニ臣事シ　卌歳ヲ閲歴ス
入リテ調羹ニ任シ　克ク輔弼ニ協ヒ
進ミテ補袞ヲ職トシ　遂ニ献替ニ参ス
勤労備ニ至リ　勲績甚タ顕ル
遽ニ溘亡（1）ヲ聞ク　曷ソ軫悼ニ勝ヘム
宜シク使ヲ遣ハシ　賻ヲ齎ラシ以テ弔慰スヘシ

昭和十五年十二月二十六日

【校異】

1溘亡　事典「溘亡」。

【解題】

湯浅倉平（一八七四―一九四〇）は、明治七年二月一日湯浅康庵の次男として福島県に生まれる。三十一年東京帝国大学法科大学政治学科を卒業後内務省に入り、滋賀・兵庫の各県参事官、鳥取・愛媛・長崎・神奈川県の各警察部長、香川・神奈川の各県内部部長等地方廻りをする。四十二年本省に戻り、大正元年内務省地方局長に進む。以後岡山・静岡各県知事、内務省警保局長を歴て、五年四十三歳の時貴族院議員に勅選される。十二年警視総監となり翌年内務次官になる。十四年に朝鮮総督府政務総監、昭和四年の浜口内閣の下での会計検査院長を最後に、官界から政界に転ずる。

八年一木喜徳郎の後をうけて宮内大臣に就任する。十一年二月二十六日の事件発生に際し八日間宮城内から一歩も出ず、善後措置をとった。翌三月内大臣に転じた。十二年（一九三七）支那事変の勃発では、未曾有の難局と感じ、後継内閣の首班奏薦に対して、従来の元老西園寺公望が御下問に奉答する恒例を廃し、内大臣自らの責任で以て奏薦する例を作った。十二年六月の近衛第一次内閣、十四年正月の平沼内閣、同年八月の阿部内閣、十五年正月の米内内閣等、戦時下の四代首相を奏薦し、政局安定のため苦労を重ねた。

十五年十一月初め、風邪で病に臥し療養中、二十四日病状革り逝去する。六十七歳。

〔墓〕東京都文京区大塚五丁目四〇　護国寺。

〔出典〕『官報』四一九四号、『大阪朝日新聞』、『増補皇室事典』。

〔参考文献〕馬場恒吾「湯浅宮相論」（『中央公論』四八巻三号）、入江相政「一侍従の想ひ出」（『文芸春秋』二八巻一号）。

131 山本五十六賜誄

故元帥海軍大将
正三位大勲位功一級

沈毅ノ性能ク大任ニ堪ヘ　寛宏ノ度常ニ衆望ヲ負フ
身ヲ持スル廉潔　人ニ接スル諧和
戎事ニ鞅掌シテ　心力ヲ航空ニ殫シ
軍政ニ参画シテ　智術ヲ振武ニ效ス
出テテ水師ヲ督スル　善謀予メ彼我ノ勢ヲ審ニシ
雄断克ク勝敗ノ機ヲ制ス　風行雷動未タ一歳ヲ経サルニ
八タヒ竹帛ノ勲ヲ樹テ　鷙搏鵬撃遠ク万里ニ亙(1)リテ
両ナカラ空海ノ権ヲ握ル　戦局ノ方ニ酣ナル
将星遽ニ墜ツ　壮烈古ヲ曠シクシ
軫悼殊ニ深シ

茲ニ侍臣ヲ遣ハシ　賻ヲ齎(2)ラシ臨ミ弔セシム

　　昭和十八年六月四日

【校異】

1亙リテ　大朝「亘リテ」。2齎ラシ　大朝「齎シテ」。

【解題】

山本五十六（一八八四―一九四三）は、明治十七年四月四日越後長岡の玉蔵院町に、旧牧野藩士高野貞吉の六男として生まれる。母はミネという。二十九年長岡中学に進学し在学中〝一生に一度世界をあっと言わせてみたい〟と言った。日清戦争時長岡出身の野村貞提督が高千穂の艦長であり、至誠の海軍武将として崇拝そして江田島（海軍兵学校）への道を進んだ。

日露戦争のさ中江田島を卒業し、日進の乗組員となり、三十八年五月二十七日の大海戦で負傷する。四十年大尉に進み練習艦隊の補導官として長官鈴木貫太郎の下に就く。大正元年佐世保予備艦隊参謀、三年横須賀鎮守府副官・海軍大学校長を歴任する。二年には厳父及び慈母を失う。四年少佐に進級し五年旧藩主牧野忠篤子らの奨めで山本帯刀家の養子となる。

七年十月会津若松の三橋レイと結婚する。翌八年四月米国に留学し中佐に昇進、十年ワシントン軍縮会議に参加する。帰国後郷里長岡の母校坂上校の演壇に初めて立ち、五十六は天井に向かい恩師の名を次々に呼び上げて居合わせた人々は皆打たれるものがあったという。十三年霞浦航空隊付となり、飛行機の勉強を深める。昭和三年ロンドン会議で「不脅威不侵略」の大原則を打出し正論軍人として有名になる。昭和十六年日米開戦に際し、連合艦隊司令長官の真珠湾奇襲攻撃の成果を以て、世界をあっと言わせる。

十八年五月二十一日、前線将兵視察の情報を米軍に探知され、南海の密林上を飛行中に米六機の攻撃に遭い死去した。六十歳。

葬儀は大正十五年十月二十一日付勅令第三百二十四号の『国葬令』第三条、

　国家ニ偉勲アル者薨去又ハ死亡シタルトキハ、特旨ニ依リ国葬ヲ賜フコトアルヘシ

の規定に基づき、厳粛にして盛大な国葬で、参列者は千

五百人に近かった。『西日本新聞』六月六日記事に木村毅氏の「山本元帥国葬参列記」が載る。参列を許された文士、詩人は、吉川英治・豊島与志雄・岩田豊雄・大下宇陀児・海野十三・野口米次郎・西条八十等である。葬場正面に丈余の大榊が一対、向かって右の木の梢に錦の袋に包んだ剣・左の木には鏡と玉とをかける「三種の神器」である。国葬優遇者への賜わりを示す。当日の諸兵指揮官は土肥原賢二陸軍大将であった。国葬は、「陸海軍を超越した盛儀」という説明を木村氏はしている。レイ未亡人は髪を「おすべらかし」にして、袿袴を穿いて宮中の服装をしている。国葬の儀礼に「一つの驚きを感じた」と木村氏は述懐している。

誄宣読の翌五日国葬儀には、葬場祭詞に「優渥の勅語」を司祭長塩沢幸一が読上げた。

〔墓〕東京都府中市多磨町四丁目六二八　多磨霊園。

〔出典〕『官報』四九一八号、『大阪朝日新聞』、『元帥山本五十六伝』。

〔参考文献〕山本地栄編『元帥山本五十六伝』朝日新聞社・昭和十八年刊、渡邊幾治郎著『史伝山本元帥』千倉書房・昭和十九年刊、ジョーン・D・ポッター著・三戸栄訳『太平洋の提督　山本五十六の生涯』恒文社・昭和四十一年刊。

132　閑院宮載仁親王賜誄

故元帥陸軍大将大勲位功一級

維城ノ親ヲ以テ　籍ヲ陸軍ニ繋ケ
恪謹公ニ奉シ　恩威下ニ臨ム
両度征討ノ軍ニ従ヒ　智勇ヲ行陣ノ間ニ奮ヒ
多年統帥ノ府ニ在リテ　籌策ヲ帷幄ノ中ニ運ラス
恒ニ心ヲ啓沃ニ存シ　又力ヲ善鄰ニ效ス
機務ノ余　民業ヲ勧メテ公益ヲ開キ
仁愛ヲ博メテ生霊ヲ済フ
洵ニ是レ宗室ノ耆宿ニシテ　実ニ邦家ノ棟梁タリ
遽ニ溘逝ヲ聞ク　曷ソ軫悼ニ勝ヘム
茲ニ侍臣ヲ遣ハシ　賻ヲ齎ラシ臨ミ弔セシム

昭和二十年五月二十八日

【解題】

載仁親王（一八六五―一九四五）は、慶応元年九月伏見宮邦家親王の十六男として生まれ、十月三宝院室を相続する。易宮という。七歳を迎えた明治四年六月伏見宮に復帰し、五年正月故孝仁親王御息所吉子の嗣子勅許をうけ閑院宮第五代継嗣となる。

十一年八月親王宣下により載仁の名を賜わり三品に叙せられる。十三年六月皇族賄料額の改定で二万二千五百円を給される。十二月陸軍幼年学校の大試験成績優秀のため晴雨計を受ける。十五年九月幼年学校を卒業し、仏国自費留学に歩兵少佐寺内正毅が同行する。十八年十月考試に及第しサンシール陸軍士官学校に入学する。在学中卒業見込により騎兵少尉になり大勲位・菊花大綬章をうける。二十一年九月ソーミュール騎兵専門学校を卒業し十二月仏国陸軍大学に進学する。二十四年十二月公爵三条公美の姉智恵子と結婚する。

日清戦役に出征し功四級金鵄勲章をうけ、日露戦争では満州軍総司令部付、三十七年十一月中将に進む。三十九年二月第一師団長、四十四年近衛師団長を歴任する。昭和に入り陸軍三長官の一に当たる参謀総長に就き、八年十箇月の在職で十五年十月杉山元大将と交代する。十七年四月功二級をうけ、二十年五月二十日痔疾の加療中逝去した。八十一歳。岩倉具視の第一回から数えて二十回目に当たる、勅令時代最後の国葬をうけた。

〔墓〕　東京都文京区大塚五丁目四〇　豊島岡墓地。

〔出典〕　『官報』五五一〇号、『大阪朝日新聞』。

四　現代

133　幣原喜重郎御沙汰（書）

前内閣総理大臣衆議院議長

道ヲ信ズルコト篤固　官ヲ守ルコト勤恪
屢閣班ニ列シテ著績ヲ国交ニ挙ゲ
再ビ縮軍ニ参ジテ偉勲ヲ折衝ニ樹ツ
遂ニ冢宰ニ位シテ利器能ク盤錯ヲ剖キ
又衆院ニ長トシテ深智普ク爕理ニ任ズ
斯ノ多艱ノ秋ニ方リ　遽ニ長逝ヲ聞ク　何ゾ痛悼ニ堪ヘム
宜シク使ヲ遣ハシ　祭粢ヲ賜ヒ　以テ弔慰スベシ
右御沙汰アラセラル

昭和二十六年三月十三日

【解題】

幣原喜重郎（一八七二―一九五一）は、明治五年八月十一日堺県茨田郡門真村に生まれる。二十八年東京帝国大学法科大学法律学科を卒業し、農商務省に入り、翌年外交官・領事官試験に合格して外務省に転じる。外務書記官・同省電信課長・英国及び米国の大使館参事館を歴任する。

大正三年蘭国駐在特命全権公使に就き、翌年外務次官、八年米国駐在特命全権大使、十年華府軍縮会議全権委員の激職をこなす。九年男爵を授けられて華族の一員となる。十三年加藤高明内閣の外務大臣として入閣後、第一次若槻礼次郎の民政党内閣に留任する。その間大正十五年（一九二六）貴族院議員となる。

昭和四年浜口雄幸内閣誕生で再び外務大臣に就任し、翌年『倫敦海軍軍縮条約』に調印して海軍軍令部の反対を抑え、英米親善の外交基本路線を守る。しかし統帥権干犯問題が生じて浜口首相の遭難後は臨時首相代理を勤める。六年第二次若槻礼次郎内閣成立で留任し、九月満州事変が勃発すると不拡大方針を堅持する。幣原の意に反して陸軍が事件の拡大を進めたので、十二月内閣総辞職に追い込まれ政界を退く。

日中戦争・第二次大戦中は、自邸で『日本外交史』の執筆に没頭する。二十年東久邇宮内閣退陣後、米軍占領下の内閣首班となる。首相就任後、公職追放を実行し、『人間天皇宣言』を起草して天皇のあるべき姿を示し、占領軍司令官マッカーサー元帥の『新憲法草案』勧告に対して、憲法の改正を旧『欽定憲法』の改訂程度内にとめる努力をする。二十一年四月総選挙後辞職し進歩党総裁に就任し、五月成立の第一次吉田茂内閣の国務大臣となる。二十二年進歩党解散後、新生の民主党名誉総裁に就き、二十三年民主自由党を結成して最高顧問になる。

二十四年衆議院議長に選ばれ、二十六年三月十日、世田谷区本町一二二八番地の自邸で心筋梗塞のため逝去する。八十歳。

〔墓〕　東京都豊島区駒込五丁目　染井霊園。

〔出典〕　幣原平和財団編『幣原喜重郎伝』同財団・昭和三十年刊。

134　貞明皇后御誄

裕仁敬ミテ

皇妣ノ霊前ニ白ス。

皇考ノ喪ヲ服シテヨリ二十有五年、慈恩ヲ仰キ、(1)奉養ニ勉メ、楽ヲ尽スノ一日モ長カラムコトヲ願ヘルニ、俄ニ大故ニ遭フ。驚愕悲痛追慕止ムナシ。槻殿ニ、(2)殯宮ニ、親祭スルコト三十余日。茲ニ礼ヲ具ヘ、儀ヲ挙ケ、将ニ多摩

皇考山陵ノ次ニ斂葬セムトス。霊車停メ難ク、(3)幽明永ヘニ違フ。嗚呼哀シイカナ。

昭和二十六年六月二十二日

【校異】

1慈恩　官報及ビ大毎闕字ニセズ。2槻殿　官報及ビ大毎闕字ニセズ。3霊車　官報及ビ大毎闕字ニセズ。

【解題】

貞明皇后（一八八四―一九五一）は、明治十七年六月

二十五日に生まれる。父は公爵九条道孝。母は野間幾子である。十六歳を迎えた三十二年八月、皇太子嘉仁親王妃に内定し、九月華族女学校を退く。翌三十三年五月皇太子と結婚、三十四年四月第一皇子迪宮裕仁親王（昭和天皇）、三十五年六月第二皇子淳宮雍仁親王（秩父宮）、三十八年正月第三皇子光宮宣仁親王（高松宮）をもうける。

十七歳で東宮妃となってから、英照皇太后・昭憲皇后二代に仕えた浜荻典侍（万里小路幸子）の厳格な指導をうける。未来の国母陛下に育てるための誠忠の念に固まる典侍の教育をうけ皇室の尊厳性を身につけてゆく。老齢で御所を退した典侍の逝去に接し、

さみだれは　いとども袖を　ぬらすかな　ゆふべの
雲と　なりし君ゆえ

の典侍を悼む歌を詠む。

大正元年（一九一二）七月大正天皇の即位により皇后となる。二十九歳。三年四月昭憲皇太后の崩御に遭う。翌四年十一月天皇の即位大典に際し懐妊のため儀式に不参加、十二月第四皇子澄宮崇仁親王（三笠宮）を生む。十五年天皇崩御により皇太后となり大宮御所で起居する。

昭和二年二月七日、御大葬式を迎え「大御葬の今日の日に、流るる涙はてもなし。きさらぎの空春浅み、寒風いとど身にはしむ」の芳賀矢一博士が作った哀切こもる奉悼歌で先帝を傷む。六十二歳を迎えた二十年に無条件降伏で終戦を迎え、

かちいくさ　いのるとまゐる　みやしろの　はやし
の梅は　早ちりにけり

と詠んだ戦勝祈願の歌がくもる。二十六年五月十七日狭心症により崩御。六十八歳。

〔墓〕　東京都八王子市　多摩東陵。

〔出典〕『官報』七三三五号、『大阪毎日新聞』、『大阪朝日新聞』。

〔参考文献〕　秩父宮雍仁「亡き母上を偲ぶ」（『婦人公論』三七巻七号）、野口正造「貞明皇后と救癩事業」（『生命保険協会会報』三四巻一号）、小森三千代「貞明皇后に仕えた女官たち」（『女性改造』六巻七号）、一条実孝「悲劇の人貞明皇后」（『特集文芸春秋　天皇白書』昭和三十一年刊）、主婦の友社編『貞明皇后』

主婦の友社・昭和四十六年刊、安岡昭男「皇后九条節子（貞明皇后）」（『歴史と旅』一三巻一号）。

135　貞明皇后誄

内閣総理大臣正三位勲一等吉田茂謹ミテ

貞明皇后ノ御前ニ白ス

伏シテ惟ミルニ

皇后ハ五摂ノ家ニ生マレタマヒ、夙ニ東宮ニ配シテ、克ク孝克ク順、位ヲ后宮ニ正サルルヤ、惟レ貞惟レ静、皇子ヲ薫陶シテ範ヲ教育ニ垂レ、蚕室ニ親臨シテ意ヲ婦功ニ用キタマフ。中外内助ヲ称へ、天下母儀ヲ仰ク。

先帝ノ不予、身心ヲ看護ニ労セラレ、崩御ノ後ハ、西宮ニ深居シテ神霊ニ事ヘタマフコト、二十五年一日ノ如シ。聡明能ク下情ヲ察シ、仁慈博ク窮民ニ及フ。用ヲ省キテ燈台守ヲ労リ、資ヲ賜ヒテ癩患者ヲ済ヒ、孤独幽愁ノ人ヲシテ、普ク光明ニ浴セシメタマフ。上下斉シク感激シ、福寿ノ無量ナラムコトヲ祈リマツリシニ、旻天弔マス、俄ニ大故ニ遇フ。日月光ヲ失ヒ、山河憂ヲ含ミ、億兆哀痛、措ク所ヲ知ルナシ。今葬場殿ニ至リ、霊柩ニ咫尺シテ、進謁ノ再シ難キヲ悲ミ、追慕ノ極リナキヲ傷ム。茂国民ニ代リ、恭シク敬悼ノ誠ヲ捧ケタテマツル。

昭和二十六年六月二十二日

【解題】

誄奉呈者吉田茂（一八七八—一九六七）は、明治十一年九月二十二日土佐に生まれ、横浜の貿易商吉田健三の養子となる。二十二年養父の逝去に遭う。学習院に学んで大学部に進んだが院長近衛篤麿の他界のため、大学部が閉鎖した関係から東京帝国大学法科大学政治科にうつり、三十九年に卒業する。同年九月外交官及領事館試験に合格し外務省に入る。

四十二年牧野伸顕の長女雪子と結婚しローマに赴任する。大正元年から安東領事・済南領事・天津総領事・奉天総領事等、中国勤務を続ける。その後パリー講和会議に参加し、昭和三年田中義一内閣の外務次官に就任する。五年駐伊大使、十年岡田啓介内閣の内閣書記官長として大番頭役に就く。十一年駐英大使になり十四年辞任する。十五年米内光政内閣の厚相をつとめ、その後軍需行政と内務行政の緊密化を、九州地方鉱山局長を兼任して図る。戦争中対米政策のため戦争回避に尽力する。十九年小磯国昭内閣の軍需相に就任し、早期和平を近衛文麿に説いた。二十年四月和平工作に関連して憲兵隊に逮捕され、二箇月近く拘置生活に甘んじる。敗戦を迎えた年重光外相辞任後、東久邇宮・幣原内閣の外相になる。

翌年八月鳩山一郎が当時ＳＣＡＰの主流を占めるニュー・ディール派の怒りに触れる。公職追放になった鳩山の後任として、吉田は日本自由党の総裁になり、第一次吉田内閣の首班をつとめ、『日本国憲法』の制定をみ、農地改革を進めて祖国再建の礎をうちたてる。

新憲法下の総選挙では高知県から出馬して当選するが、社会党が第一党となり保守連立政権を構成できず下野生活をおくる。二十三年民主自由党を結成して総裁に就き、民主党芦田均内閣が昭電事件で倒れた後、第二次吉田内閣首班となる。五年十箇月間に内閣を組織すること四次に及んだ。

二十五年（一九五〇）朝鮮戦争の勃発が契機となり東西対立激化の中で警察予備隊を発足させて再軍備の第一歩を踏み出す。二十六年『サンフランシスコ講和条約』を締結して日本の独立を実現、二十九年造船疑獄事件には犬養法相に指揮権発動をさせて幹事長らの逮捕を回避した。内閣改造では八十人の大臣を量産するなど国政史上に見られない離れ技を演じた。

三十八年政界を引退し、翌年生存者叙勲で大勲位菊花大綬章をうけ、四十二年十月二十日逝去する。八十九歳。戦後初の国葬者。

〔出典〕『官報』七三三五号。

136　加藤鐐次郎大人命誄詞

是乃生田神社会館乃斎室乎御葬乃場止定米弖坐勢奉留、故乃神社本庁長老生田神社名誉宮司加藤鐐次郎大人命乃御霊乃御前尓、斎主兵庫県神社庁長湊川神社宮司吉田智朗、慎美敬比母白左久、

阿波礼汝命矢、先津頃保比御病乃床尓伏志給比弖夜里、家族乃人

等千々尓心乎砕支弖、厚支看護尓明気暮弖、医師薬師乃術母余須事無久手乎尽志津礼杼、御病波稍々尓重良勢給比、遂尓九月二十六日御齢七十九歳乎限里止、御魂波暁乃空翔里弖久方乃雲居遥計久神昇里給比計留許曽、惜志止母惜志久悲志止母悲志支極美那礼。茲尓関係留人々相集比、生田神社葬止志弖御葬乃儀仕閉奉留尓当里、現世尓坐志時乃大支御功績乎熟々止偲毗奉留尓、汝命波明治乃三十年尓、愛知県那留白山神社乃神職家尓生礼給比、大正乃五年優秀多留成績毛弖神宮皇学館乃学業乎卒閉、官幣中社吉田神社主典官幣大社多賀神社主典乎経弖、更尓多賀神社祢宜尓進美、御造営乃大事業乎婆事美波志久成遂宜給比弖、昭和乃八年国幣小社吉備津彦神社宮司、次伊提昭和乃十二年官幣中社生田神社宮司尓仕気良礼給比弖、其間尓大支御功績乎樹弖給比、別支弖母今次乃戦災尓依里畏久母御殿失勢給比志生田乃宮乃御復興尓、村肝乃心乎砕支身乎栄支給比、旧尓勝礼留厳美志支御殿乎始米、楼門会館等乎興志建弖給比計留御功業波、千代万代尓語里継賀留倍支事尓志弖、六十年尓亘里給布唯一筋乃神仕閉波、世乃亀鑑止叙仰賀礼給比計留。更尓兵庫県神社庁長神社本庁事務副総長神社新報社社長等尓挙宜良礼給比、神職身分特級神社本庁長老止志弖携給布鳩杖乃御寿長久坐志弖、後学乃人々乎導支訓志給閉加志止、乞祈奉里弖有里志乎、遂尓逝水乃往支弖還良受、久方乃天路遥気久幽世乃永遠乃旅路尓罷里給比計留叙、痛久悲志支極美尓許曽。如此弖涙乃裡尓今日乎御葬乃日止定米、年普久愛志美給閉留妻刀自子達孫達乎始米、親志美恵美給閉留内外乃人々御前尓寄集比弖、榊葉乃露乃玉串取々尓捧宜奉里、永乃別告宜奉留状乎御心平穏尓享気給比弖、皇御国乃行末加藤家乃弥栄波言波麻久母更那里、汝命乎慕比奉里偲毗奉留四方八方乃人等乎母、天翔里国翔里守里導支幸閉給閉止、御食御酒海川山野乃種々乃物乎供閉奉里弖、慎美敬比母白須。

加藤鋑次郎大人命誄詞

是の生田神社会館の斎室を御葬の場と定めて坐せ奉る、故の神社本庁長老・生田神社名誉宮司加藤鋑次郎大人命の御霊の御前に斎主兵庫県神社庁長・湊川神社宮司吉田智朗、慎み敬ひも白さく、

あはれ汝命や、先つ頃ほひ御病の床に伏し給ひてより、家族の人等千々に心を砕きて、厚き看護に明け暮れて、医師薬師の術も余すことなく手を尽しつれど、御病は

稍々に重らせ給ひ、遂に九月二十六日御齢七十九歳を限りと、御魂は暁の空翔りて久方の雲居遥けく神昇り給ひけるこそ、惜しとも惜しく悲しとも悲しき極みなれ。茲に関係る人々相集ひ生田神社葬として御葬の儀仕へ奉るにあたり、現世に坐し時の大き御功績を熟々と偲び奉るに、汝命は明治の三十年に、愛知県なる白山神社の神職家に生れ給ひ、大正の五年優秀たる成績もて神宮皇学館の学業を卒へ、官幣中社吉田神社主典・官幣大社多賀神社主典を経て、更に多賀神社祢宜に進み、御造営の大事業をば事美はしく成し遂げ給ひて、昭和の八年国幣小社吉備津彦神社宮司、次いで昭和の十二年官幣中社生田神社宮司に任けられ給ひて、其の間に大き御功績を樹て給ひ、別きても今次の戦災に依り畏くも御殿失せ給ひし生田の宮の御復興に、村肝の心を砕き身を労き、旧に勝れる厳美しき御殿を始め、楼門・会館等を興し建て給ひける御功業は、千代万代に語り継がるべき事にして、六十年に亘り給ふ唯一筋の神仕へには、世の亀鑑とぞ仰がれ給ひける。更に兵庫県神社庁長・神社本庁事務副総長・神社新報社社長等に挙げられ給ひ、神職身分特級・神社本庁長老として携へ給ふ鳩杖の御寿長く坐して、後学の人々を導き訓し給へかしと、乞ひ祈みまつりてありしを、遂に逝水の往きて還らず、久方の天路遥けく幽世の永遠の旅路に罷り給ひけるぞ、痛く悲しき極みにこそ。かくて涙の裡に今日を御葬の日と定め、年普く愛しみ給へる妻刀自・子達・孫達を始め、親しみ恵み給へる内外の人々御前に寄り集ひて、榊葉の露の玉串取々に捧げ奉り永の別告げ奉る状を御心平穏に享け給ひて、皇御国の行末・加藤家の弥栄は言はまくも更なり、汝命を慕ひ奉り偲び奉る四方八方の人等をも天翔り国翔り守り導き幸へ給へと、御食御酒海川山野の種々の物を供へ奉りて、慎み敬ひも白す。

【解題】

〔誄作者〕　湊川神社宮司　吉田智朗。

〔出典〕　『現代諸祭祝詞大宝典』第一一章　葬祭項。

137　伊能頴則大人百七年祭詠詞

花乃夕雪乃朝止、年々乃移路比行久乎算布礼婆、過宜去里志代乃百年波甚母遥加那留乎、足引伎乃病乃床尓世乎思布心叙神登千代母在里経牟登、詠美給比氏神上里坐志氏氏与里波、更尓余里氏七年尓母奈里給布香取神宮故小宮司伊能頴則大人、父乃君乃授介給比志名波松二郎、皇国学毘乎修米究米氏、祝詞乃文教乃種々乎物志給閉婆、蒿村或波梅雨登母自良号志給閉留、宣教権中博士大学大助教頴則大人乃、安良介久平穏尓鎮里給比岩隠里坐須此乃奥津城乃御前尓、斎主仕奉留香取乃神主額賀大成、謹美敬比氏白左久。史書乎解介婆大人命乃学問尓心尽志給比志頃波志母、国乃状内尓外尓騒賀志伎事乃味繁久志氏、畏加礼杼高御座尓坐志坐世留孝明天皇乃、甚久宸襟乎患波世給布憂伎世奈里介礼婆、大人乃命矢国乃本津姿乎省美氏、大皇国開伎給比志神代乃心許曾、我賀日乃本乃皇国風奈留乎説伎続介給比介留程尓、時代乃流礼母加波礼留加、力乎頼美志武門乃支配波崩礼果氏、国民乃心母聽氏整比氏、四方乃海遠久隔礼留外国麻提尓母行伎亘留、天皇乃大稜威乃輝伎乎挙里氏仰具、明治乃大御代乎迎閉給比志波、大人乃御齢六十路乎超江弖二一津乎算閉給布年尓有里介里。深久広伎皇国外国乃学乃知識以氏、任乃随尓朝廷乃官尓出仕閉給比、改麻里多留大御代乎阿奈奈比奉里給比志波、大伎栄誉登申須乃味尓有良受志氏、国創米給比志皇神乃正志伎道尓相適布基津式乃心奈留教訓乃種々尓、著久御力乎尽志給比志業績許曾波、今乃世尓志氏更売氏称閉奉留大伎功績登奈牟云布倍計礼。大人命矢学乃道標登思保志給比氏、一生乃中尓詠美坐世留和歌波、甚母甚母佐和尓志氏算布倍久母有良祢杼母、大和言葉乃真玉久寿玉乎、其乃尽々尓鏤米氏、読美返志返志奉礼婆、尚更尓心尓響久立琴乎、究米給比志道乃深久志氏、慕比給閉留魚彦大人、師人奈留魚貫大人登母並毘立津、和歌乃長人登許曾称閉奉良牟。神主少宮司奈里志大人乃下尓、教閉乎受介多留輩波最母佐波那留其乃中尓、伊藤泰歳沢田重頴等波、取里別介氏大人乃業績乎慕比坐志津留母、過留頃夙尓神成里坐志奴留乎、泰歳賀世嗣乃裔奈留泰和波志母、久志伎年月乃程掛介氏大人乃著志給比志許許多乃論述文、詠美給比志歌草乃凡蘇尽乎整閉校合氏畢里介礼婆、文学博士小倉学主等尓母相議里、今年卯月乃十四日大人乃仕閉奉里志香取神宮大御祭乃佳伎日乎選毘、香取群書集成四巻乃書籍尓造里成志氏、世乃人尓伝閉侍留事登波成里奴。故茲乎以氏大人乃裔奈留勝四郎乎始米、親族乃縁故母甚深伎伊能四郎兵衛賀家乃孝雄主、乃分礼乃家奈留並木源太郎等相語良比氐御祭仕奉里、年普久礼無久過世志来志方乎、直詫毗申志献奉留花真榊登共々尓、慕比奉里仰宜奉里氐捧宜持津、露玉串尓打知添閉氐、祈留心乃夫々乎心寛良尓聞食給閉。慈美給閉導伎給閉。取里分氐祖父乃修学乃由縁以氐、大人乃業績乎崇米奉里称閉奉留随尓、残志給閉留筆蹟乎整閉奉留登労伎励美志伊藤泰和主乃弛美無伎功績乎甚母寛良尓賞提給閉加志。今日卯月三十日止云布母春遅美、桜花尚咲支馥留奥津城乃牧野乃山乃広前尓、斎庭整閉氐清麻波里御饌味物乎献奉里、高久床志伎功績乎称閉奉里津津親族等乃、偲夫心乎告宜白志、永久尓安良介久清加尓鎮里給比、皇御国乃弥栄乎香取乃宮乃御神威乎、常磐堅磐尓阿奈々比奉里給閉登、畏美敬比氐白須。

伊能穎則大人百七年祭しのび詞

花の夕雪の朝と、年々の移ろひ行くを算ふれば、過ぎ去りし代の百年は甚《いと》も遥かなるを「あしびきのやまひの床に世を思ふこゝろぞ神と千代もあり経む」と詠み給ひて神上り坐してしよりは、更に余りて七年にもなり給ふ香取神宮故小宮司伊能穎則大人、父の君の授け給ひし名は松二郎、皇国《みくに》学びを修め究めて、祝詞の文教の文の種々を物し給へば、蒿村或は梅雨とも自ら号し給へる、宣教権中博士大学大助教穎則大人の、安らけく平穏に鎮り給ひ岩隠り坐すこの奥津城の御前に、斎主仕奉る香取の神主額賀大成、謹み敬ひて白さく。史書《ふみ》を解《ひら》けば大人命の学問に心尽し給ひし頃はしも、国の状《さま》内に外に騒がしきことのみ繁くして、畏かれど高御座に坐し坐せる

孝明天皇の、甚く宸襟《おほみこころ》を患はせ給ふ憂き世なりければ、大人の命や国の本つ姿を省みて、大皇国《おほみくに》開き給ひし神代の心こそ、我が日の本の皇国風《みくにぶり》なるを説き続け給ひける程に、時代の流れも加はれるか、力を頼みし武門の支配は崩れ果て、国民の心もやがて整ひて、四方の海遠く隔《さか》れる外国までにも行き亘る、

天皇の大稜威《おおみいつ》の輝きを挙りて仰ぐ、明治の大御代を迎へ給ひしは、大人の御齢六十路を超えて二つを算へ給ふ年にありけり。深く広き皇国外国の学の知識以て、任《まけ》の随に朝廷《みかど》の官に出仕へ給ひ、改まりたる大御代を阿奈々ひ奉り給ひしは、大き栄誉《ほまれ》と申すのみにあらずして、国創《はじ》

め給ひし皇神の正しき道に相適《かな》ふ基つ式《さだめ》の心なる教訓《おしえさとし》の種々に、著く御力を尽し給ひし業績《みしわざ》こそは、今の世にして更めて称へ奉る大き功績となむ云ふべけれ。大人命や学の導標《しるべ》と思ほし給ひて、一生の中に詠み坐せる和歌は、甚も甚も佐和にして算ふべくもあらねども、大和言葉の真玉久寿玉をその尽々《ことごと》に鏤《ちりば》めて、読み返し返し奉れば、尚更に心に響く立琴を究め給ひし道の深くして、慕ひ給へる魚彦《なひこの》大人、師人なる魚貫《なつらの》大人とも並び立つ、和歌の長人とこそ称へ奉らむ。神主少宮司なりし大人の下に、教へを受けたる輩《ともがら》はいとも佐波なるその中に、伊藤泰歳沢田重頴等は、とりわけて大人の業績を慕ひ坐しつるも、過る頃夙に神成り坐しぬるを、泰歳が世嗣の裔なる泰和主はしも、久しき年月の程かけて大人の著し給ひし許許多の論述文《ことあげのふみ》、詠み給ひし歌草の凡そ尽《ことごと》を整へ校合《あはせ》て畢りければ、文学博士小倉学主等にも相議り、今年卯月の十四日大人の仕へ奉りし香取神宮大御祭の佳日を選び、香取群書集成四巻の書籍に造り成して、世の人に伝へ侍ることとはなりぬ。故茲を以て大人の裔なる勝四郎を始め、親族の縁故もいと深き伊能四郎兵衛が家の孝雄主、及分れの家なる並木源太郎等相語らひて御祭仕奉り、年あまねく礼なく過せしこしかたをひた詫び申し献奉る花真榊と共々に、慕ひ奉り仰ぎ奉りて捧げ持つ、露玉串に打ち添へて、祈る心の夫々を心寛らに聞食給へ。慈み給へ導き給へ。取り分て祖父の修学の由縁以て、大人の業績を崇め奉り称へ奉る随に、残し給へる筆蹟を整へ奉ると労き励みし伊藤泰和主のたゆみなき功績をいとも寛らに賞で給へかし。今日卯月三十日と云ふも春遅み、桜花尚咲き馥る奥津城の牧野の山の広前に、斎庭整へて清まはり御饌味物を献奉り、高く床しき功績を称へ奉りつつ親族等の、偲ぶ心を告げ白し、永久に安らけく清かに鎮り給ひ、皇御国の弥栄を香取の宮の御神威を、常磐堅磐に阿奈々ひ奉り給へと、畏み敬ひて白す。

【解題】

伊能頴則（一八〇五―七七）は、文化二年下総香取郡佐原村に生まれる。神山魚貫・小山田与清・井上文雄に和歌を学び、平田篤胤に古学を教わる。嘉永年間呉服商の家業を嫌って江戸に赴き家塾を開く。

明治二年（一八六九）大学大助教に就き『令義解』の御前講義を勤め、宣教中博士になり従七位に叙せられる。宣教師廃止後故郷の香取神宮少宮司となり、権少教正を兼ね郷人の善導に心を挫く。十年七月十一日逝去する。七十三歳。門人に小中村清矩・木村正辞・横山由清・榊原芳野等がいる。逝去の前に蔵書を残らず香取神宮に寄贈する。著作には『大日本史類名称訓』正続編・『国史略弁謬』・『神道新論』・『文貞公事蹟考』・『香取鹿島二神祭神説』等がある。

〔墓〕　千葉県香取市牧野　観福寺。

〔誄作者〕　香取神宮宮司　額賀大成。

〔出典〕　『現代諸祭祝詞大宝典』第一二章　霊祭項。

〔参考文献〕　鈴木安太郎「伊能穎則と高田与清並水戸の関係」（『房総郷土研究』五巻六号）、小高政子「文学遺跡巡礼　国学篇　七六―七七　伊能穎則略伝　上下」（『学苑』一〇巻九号）。

138　菅原真希子日女命誄詞

朝夕に仰ぐ山々秋づきて、錦を装う訪れの琴似の里に風清き、この産土の御社のみ垣の内の脇殿に、注連一筋に引き廻らし、今日の御座に安らえ奉る、哀れ千草の花の茵さやけく鎮まり給う、阿奈いとおしき菅原真希子日女命の御柩の御前に悲しみ嘆かいて白さく。

抑、空蝉の人の命はすべなきものか、老いたるも若きも、丈夫も手弱女も、各も各も人の力の及び叶わぬ事にはあれど、花も蕾の日女御子が、縁薄かりし現世の、短き一世を偲びまつれば、別れの言の葉絶え果てて、思い乱る忍び草、声を限りと叫べども返る木魂も無きものを、汝、日女御子はや、昭和五十年師走の中の十六日、父の菅原正文ぬし母そばの淳子の君の三女として、差来る潮の満潮の月満ち足りて、玉の緒の命清やかにこの現世に生れ坐してより、佳き日良き月を重ね給い、専ら垂乳根の慈しみの随に若草の健やかに生い立ちて、先の姉君佐紀子の君、次の姉君美貴子の君と共に睦びつつ、殊にも、祖父、祖母の掌中の珠とその慈しみを受け給いて、明け暮れおぢぢよ、おばばよと慕いまつり、一日片時も離れ給わず、頭かき撫で、玉手把らして打ち戯れ日足らし給いぬ。さあれ、雪深きこの年如月、夢にだに思いもよらぬ祖父の命神去り給いし後は、幼き心侘びつつも、最も健やかに山の手幼稚園を卒え、いよよ琴似小学校の学び舎に入り給いて、咲くや桜の花かぐわしく、一年三組の友垣どちとの語らいも楽しく過ごしありけるに、如何なる狂神の禍事にかあらなむ、遽かに仮初めのみ病に臥り給えば、四方八方に医薬の手段を尋ね、ただ一筋に厚き看護の真心を尽くし給えど、渚に寄するうつせ貝虚しくなりて、哀れ、御齢、年は七つ、月は十まりの幼き命はかなくも、神無月五日の夜も明けぬ、星の光と消え給いしは悲しとも悲しく、嘆きの涙止めもあえず、御枕辺に腹這い、御足辺にしじまい、為む業のたどきもえ知らねど、乱れ乱るる心の緒呂を静めつつ、現世の法の随に、神葬りの儀式仕奉らむと、共に起き臥しし京人形、愛で給いたる縫いぐるみをも、幽世の友として、種々の御饗つ物と共に、いとけなき頃より、祖父の君と楽しみ給いし薫香の香りの床しくも供えまつりて、名残尽きせぬ永久の御別れ告げ奉らくを、花の白菊清やかに高く聞食し給い、遠つ御祖の神々、世々の御霊導き幸はえ坐して、めぐる春秋幾千代かけて、朝に夕に仕え奉る琴似の御社の栄えと共に敷妙の菅原家の守りの御霊幸え給えと謹み畏みも白す。

【解題】

〔誄作者〕　篠路神社宮司　森泰憲。

〔出典〕『神葬祭大事典』。

139　小林武治主命学校法人国学院大学葬誄詞

真榊の八重青垣なす青山の斎庭《ゆには》に、畏けれども高松宮より籠花献《たてまつ》らえ、時の花草御園なす充《み》て並べ高座《たかくら》に招《をぎ》奉り、斎《いつき》奉る天晴《あはれ》国学院大学理事長、故《もと》の御名は小林武治主命《ぬしのみこと》、夙《は》や既に綾絹《あやぎぬ》の小箱《をばこ》にひそまりゐますが、誠淋《さぶ》しけれども御饌《みけ》の物捧奉《ささげまつ》り、葬儀委員長佐々木周二、喪主らを中らに親族人《うからびと》、大学に重だつ諸人《もろびと》、御由縁《みゆかり》深き人々ら、遠近《をちこち》より来寄《きよ》り集《つど》ひて膝を正し、頸傾《うなかぶ》し拝《をろが》み奉る御前に国学院大学理事白井永二神習《かむなら》ふ誄 詞《しぬびごと》、拙《を》ぢなき極みに告げ奉らくを、御心広らに聞分《ききわ》き給へ。

武治大人《うし》ノ命や、明治ノ三十九年四月十 三日《なかのみつか》、故《ふる》国丹波ノ国氷上《ひがみ》の郡《こほり》なる荻野ノ家に産声挙げ給へるが是《これ》の世の始めなりき。幼きより智《さとり》深く、古事《ふるごと》学ばむものと国学院大学高等師範部に進み、業《わざ》を卒《を》へるや、夫《そ》を教へむと都《みやこ》なる本郷中学校教諭となり、小林ノ家に入りて斯《し》が家を継《つ》ぎ、一人の女《をみな》、三人《みたり》の男子《をのこご》に恵まれ、家の柱と世に立ち居ますに、後 見《うしろみ》し給ふいとし妻、愛刀自命に先立たれ、心痛みて癒ゆべくもなかりけれども、十《ととせあまり》五年《いつとせ》の後、迎へ給へるイチ刀自に女子《をみな》を得て、小林ノ家弥々に饒《にぎ》びて御栄ゐますは、大人ノ命の御心ばへ、著《いちぢ》ろく御影《みかげ》を垂れまし給ひしとや申すべき。

大丈夫《ますらを》なれば兵士《つはもの》に召されてゐしを、悲しくて憤《いきどほ》ろしきは戦《たたかひ》の後の移ろひ、世の状《さま》は水母《くらげ》なす漂《ただよ》ふ如し。学徒らの言挙げは五月蝿《さばへ》なす音なう如し。斯《し》が中《なか》に身を投げうちて、国学の道興さむと国学院大学主事となり、庶務、教務など次《つぎ》て序《つぎ》てに要《かなめ》を務め、人の眼を驚かし、人の心を振ひ起《たた》して、礎堅く基 定《もとゐさだ》かに整へ給ひぬ。

大学の節目《ふしめ》折目《をりめ》の年毎に事を捗《すす》めて、創立百周年を迎へし時は、国学院大学の学問の大道定まり、大学より幼児教育に至るまで、新しき世に照出《てりい》でて、校舎を高くし、校地を拡め、其の御功《みいさを》にその後は学校法人の理事長に選ばれまし、道の為め世の為め人に意《こころ》を聞き、若きを労《いたは》り、負《お》ひ持てる理想を果さんものと、両肩《もろかた》に余りて多き業《わざ》また務《つとめ》厭はずに励みに励みゐませるに、猶頼まれて学外の為事も繁くなりゆく随《まにま》に、手力の限の程も、燃ゆる心に自《みづから》を顧み給はざりけるものか。

仮初《かりそめ》の病の如く、家近ければ所沢なる防衛医科大学病院に移りし時は、御病は重く進みて癒すべき医師《くすし》の手段《てだて》を越えてゐたりき。御《み》齢《とし》八十《やそぢ》路を越え給ふべき、産《うま》れ給ひしその月その日、ただその一日を待つことなく十二日、御寝ますが如御面《みおも》静まり、隠世《かくりよ》の人となります。

御病《みやまひ》の床《とこ》にゐまして御心澄まし、口伝《くちづて》に示し給へる御《み》歌

限りなき　時の流れに　身を浮けて　なほも夢みる
あはれこの人

果つるなき時《とき》と空《くう》とに現身《うつしみ》を置き給ひつつ、夢と告《の》らししこの強き御志《みこころざし》も、仰ぎ見る写真の豊けき面影も、やがて栄えむ国学と大学の道とを継ぐ者、語り継ぎ、言ひ継ぎゆかむものぞ。最後《いやはて》に「後を頼む」と告げ置き給ひし鋭心《と》と共に清らなる渋谷の丘に永久《とは》に留りまして、後《あと》行く若きらを励まし給ふべし。

眼曇《まなぐも》る目に輝くは、従五位、勲三等旭日中綬章の勲位、国人皆の称《たた》へ給ふ御勲《みいさを》にぞある。

御別の時は至れり。玉串の葉蔭《はかげ》に哭泣《ねな》き押へて拝《をろが》み奉《まつ》る誰彼の面和見分《おもわみわ》きて、在りし日の如穏《おだ》しき眼《まな》ざしに、悲しみ慕ひ、敬《ゐやま》ひ偲《しの》び奉《まつ》るを知《し》らし給ひ、いみじき御霊《みたま》は鎮《しづま》りゐまして、日本《ひのもと》の大和ノ国の基《もとゐ》なる、古くして末遠長き国学院の学問の道を守り導きなし給へと、謹み敬ひて白す。

【解題】

〔誄作者〕　鶴岡八幡宮名誉宮司　白井永二。

〔出典〕　『神葬祭大事典』。

140　井上信彦大人命神社葬葬場祭誄詞

現身乃世波何事母意尓任勢受思布尓違布事多支慣比止波謂閉、世乃為人乃為行久末掛気弖遠永久在良勢麻保志止思布人波、思比母設気奴病尓罹里給比弖、偉自支医師乃心尽志母其乃効顕礼受志弖、惜志久慈志久母久方乃天路遥尓雲隠里坐志志、愛知県護国神社名誉宮司従七位井上信彦大人命乃御遺骨乃御前尓、斎主愛知県神社庁副庁長津島神社宮司毛利栄一、慎美敬比母宣里白左久、阿波礼今志現世乃永支別礼乎告宜奉良牟止為留時尓、過宜尓志跡乃事共乎種々申志続気牟母果敢無久甲斐無支事那賀良、汝命乃御為尓深久慕比高久仰岐奉留由乎且言挙宜弖、天津神国津神波更那里。今日是乃葬場尓伊群列留諸人等尓聞勢奉里、共尓在里志昔乎偲毗奉良牟止須。曾母汝命波年乃号乎明治止云閉留三十四年七夕月六日、愛知県西春日井郡上拾箇村尓父庄作主母毛止刀自乃五男止志弖生礼出提給比、法成尋常小学校西春尋常高等小学校高等科乎経弖、大正六年愛知県神職養成部尓進美卒業閉坐志弖、八年春官幣大社熱田神宮雇止成里給比、主典止昇進里給比弖、昭和十二年国幣小社砥鹿神社祢宜尓任気良礼従七位尓叙勢良礼給比奴。次岐弖十六年尓波愛知県護国神社社掌尓移里給比、二十一年夜里波宮司止志弖英霊尓仕奉里坐須傍良、名塚町白山社宮司乎兼務志給比、斯道乃役職尓母推薦左礼給比奴。曩年乃戦争尓依里社殿乃悉尓炎上賀留留災尓遭比坐志計礼婆、愛知講乎結成志給比造営会乎設立志給比、県内乃市町村尓呼掛気弖、三十三年尓波恙無久古尓母優留美志支姿尓復旧良勢給比、三十七年時雨月末乃六日尓波、畏久母天皇皇后両陛下乃御行啓乎仰岐奉留光栄乎荷比坐志支。斯久勤美労支給閉留御功績尓余里、著久神職身分特級乃最高支位乎授与良礼坐志志波、実尓宜那里止許曾称閉申須倍志。大正十四年春待月仲乃八日、横地久良刀自乎嫡閉坐志弖波、妹背乃仲睦自久義彦武子礼子寛子止男子一人女子三人乎挙給比、呂意多里伊倶楽部尓加入波里弖人人止乃交際乎深米給比、山王高座会乎発足里弖学乃友垣乃旧交乎温米給比、若葉会乎纏売弖同職乃親睦乎図里給比、時尓波雅心尓鳳笙乎奏提舞楽乎舞比給比、謡曲尓親美基盤乎囲美給比、和歌乎詠美旅行乎好美給布等趣味母多久坐志坐志、度度乃大患尓母克久耐江孫等尓母恵麻礼弖円計支春秋乎送里給比、昨年秋長月六十六年乃永支歳月尓渉礼留神社閉乃職乎退支弖名誉宮司止成里給比、故郷尓帰里楽志支日月乎過志坐志志尓、空蟬乃世許里定米無支物波有良自、人乃寿命許里頼難支物波無加里計里。去奴留二日乃宵俄尓御気色変革里給比弖、有明乃月影隠留留賀如久、朝露乃日影尓跡無久消由留賀如久、八十六歳乎一世乃閉治目止志弖、行支弖還良奴幽冥尓旅立知坐志奴。御齢母世乃長人乃数尓入里給比弖、汝命許曽千歳母賀母止誰母誰母大船乃思比頼美弖侍里志乎、思比支也斯久母俄尓身退里給波牟止波、阿奈悲志阿奈悼志、言波牟詞母為左牟術母無加里計里。況志弖矢六日尓波内輪那賀良、八十五回乃誕生日乃賀宴乎止思比楽志美弖坐志志妻刀自波也、思比遣留陀尓、胸塞里腸乎断多留留心地那里計牟。今母猶佐也気支祝詞乃御声母聞由留止思波得左迷比憂比津津、生日志母溢留留涙押拭比津津永久乃別礼乎告宜奉留止、桑原幹根乎葬儀委員長尓神社葬乃厚支礼以知弖神葬儀仕奉良牟止、真心籠米弖供閉奉留花乃八千草色香漂比那賀良、露計支思比波同自支奉賛会長愛知県知事鈴木礼治乎始米、親族家族日頃睦美交志志人人等、見知留限里、聞知留極美参来集比弖、海山乃幸里野乃喜備好美坐志志物欲里給比志品品献奉里、玉串乃執執尓御前乎拝美奉留状乎、阿奈阿波礼阿奈宇牟賀志止享気聞食之弖、神乃御廷尓参上里坐志志御霊波、弥安良尓神鎮里給比弖、此乃井上家乃行末幸久真幸久時自久尓花咲支薫里、笑良岐睦毗弖牟家乃守護乃神止斎比崇売奉良得坐志弖、子孫乃八十連続尓至留麻提、行末遠長久守護里導支給閉止、深支悲志美尓堪江切奈留嘆支乎忍備津津、打津忍手乃偲備偲備弖慎美敬比母宣里奉良久止白須。

井上信彦大人命神社葬葬場祭誄詞

現身の世は何事も意に任せず思ふに違ふ事多き慣ひとは謂へ、世の為人の為行く末掛けて遠永く在らせまほしと思ふ人は、思ひも設けぬ病に罹り給ひて、偉じき医師の心尽しも其の効顕れずして、惜しく慈しくも久方の天路遥に雲隠り坐しし、愛知県護国神社名誉宮司従七位井上信彦大人命の御遺骨の御前に、斎主愛知県神社庁副庁長・津島神社宮司毛利栄一、慎み敬ひも宣り白さく、あはれ今し現世の永き別れを告げ奉らむとする時に、過ぎにし跡の事共を種々申し続けむも果敢無く甲斐無き事ながら、汝命の御為に深く慕ひ高く仰び奉る由をかつかつ言挙げて、天つ神・国つ神は更なり。今日是の葬場にい群列る諸人等に聞せ奉り、共に在りし昔を偲び奉らむとす。そも汝命は年の号を明治と云へる三十四年七夕月六日、愛知県西春日井郡上拾箇村に父庄作主母もと刀自の五男として生れ出で給ひ、法成尋常小学校・西春尋常高等小学校高等科を経て、大正六年愛知県神職養成部に進み卒業へ坐して、八年春官幣大社熱田神宮雇と成り給ひ、宮掌・主典と昇進り給ひて、昭和十二年国幣小社砥鹿神社祢宜に任けられ従七位に叙せられ給ひぬ。次ぎて十六年には愛知県護国神社社掌に移り給ひ、二十一年よりは宮司として英霊に仕奉り坐す傍ら、名塚町白山社宮司を兼務し給ひ、斯道の役職にも推薦され給ひぬ。曩年の戦争に依り社殿の悉に炎上がるる災に遭ひ坐しければ、愛知講を結成し給ひ造営会を設立し給ひ、県内の市町村に呼び掛けて三十三年には恙無く古にも優る美しき姿に復旧らせ給ひ、三十七年時雨月末の六日には畏くも
天皇・皇后両陛下の御行啓を仰ぎ奉る光栄を荷ひ坐しき。斯く勤み労き給へる御功績により、著く神職身分特級の最高き位を授与られ坐ししは、実に宜なりとこそ称へ申すべし。大正十四年春待月仲の八日横地くら刀自を嫡へ坐しては、妹背の仲睦じく義彦・武子・寛子と男子一人女子三人を挙げ給ひロータリー倶楽部に加入はりて人人

との交際を深め給ひ、山王高座会を発足りて学の友垣の旧交を温め給ひ、若葉会を纏めて同職の親睦を図り給ひ、時には雅心に鳳笙を奏で舞楽を舞ひ給ひ、謡曲に親み碁盤を囲み給ひ、和歌を詠み旅行を好み給ふ等趣味も多く坐し坐し、度度の大患にも克く耐え孫等にも恵まれて円けき春秋を送り給ひ、昨年秋長月六十六年の永き歳月に渉れる神仕への職を退きて名誉宮司と成り給ひ、故郷に帰り楽しき日月を過し坐ししに、空蟬の世許り定め無き物は有らじ、人の寿命許り頼難き物に無かりけり。去ぬる二日の宵俄に御気色変革り給ひて、有明の月影隠るるが如く、朝露の日影に跡無く消ゆるが如く、八十六歳を一世の閉ぢ目として、行きて還らぬ幽冥に旅立ち坐しぬ。御齢も世の長人の数に入り給ひて、汝命こそ千歳もがもと誰も誰も大船の思ひ頼みて侍りしを、思ひきや斯くも俄に身退り給はむとは、あな悲しあな悼し、言はむ詞も為さむ術も無かりけり。況してや六日には内輪ながら、八十五回の誕生日の賀宴をと思ひ楽しみて坐しし妻刀自はや、思ひ遣るだに胸塞り腸を断たるる心地なりけむ。今も猶ほさやけき祝詞の御声も聞ゆると思はえさ迷ひ憂ひつつ、生日しも溢るる涙押し拭ひつつ永久の別れを告げ奉ると、桑原幹根を葬儀委員長に神社葬の厚き礼以ちて神葬儀仕奉らむと、真心籠めて供へ奉る花の八千草色香漂ひながら、露けき思ひは同じき奉賛会長愛知県知事鈴木礼治を始め、親族家族日頃睦み交しし人人等、見知る限り聞知る極み参来集ひて、海山の幸・里野の喜び好み坐しし物欲り給ひし品品献奉り、玉串の執執に御前を拝み奉る状を、あなあはれあなうむがしと享け聞し食して、神の御廷に参上り坐しし御霊は弥安らに神鎮り給ひて、此の井上家の行末幸く真幸く時じくに花咲き薫り、笑らき睦びてむ家の守護の神と斎ひ崇め奉らえ坐して、子孫の八十連続に至るまで、行末遠長く守護り導き給へと、深き悲しみに堪え切なる嘆きを忍びつつ、打つ忍手の偲び偲びて慎み敬ひも宣り奉らくと白す。

【解題】

〔誄作者〕　津島神社宮司　毛利栄一。

〔出典〕　『現代諸祭祝詞大宝典』第一一章　葬祭項。

141　井上信彦大人命密葬葬場祭誄詞

此乃大室屋乎今日乃葬場止斎比定米厳志久美波志久取装比弖、暫乃間昇支据恵奉留従七位井上信彦大人命乃御遺骸乃御前尓、斎主愛知県神社庁名古屋中支部長河村菊治、慎美敬比母白左久、

世乃人乃生命保土定難支波在良自。阿波礼汝命八十六歳乎一生乃涯止七月二日止云布日、逝水乃往支弖還良奴幽冥乃人止果敢無久母身退里給比志事波矢、悲志止言比弖悲志久口惜志止思比弖母口惜志支極美那里計里。熟々尓汝命乃顕世尓在坐志志日乃事共偲毗奉礼婆、明治三十四年七月六日愛知県西春日井郡上拾箇村尓弖井上庄作大人毛止刀自乃五男止志弖生礼出提給布。其乃性質乃優志久子供等乃遊毗仲間尓心乎配里、目高鮒等掬比弖別知合比、父母乃慈愛殊乃外尓弖幼支時夜里神乃道尓就久倍久、父庄作大人乃教乃随尓明治四十一年四月一日尓法成尋常小学校尓入学、大正五年西春尋常高等小学校乃高等科乃学業乎卒業閉給比、続支弖大正六年四月愛知県神職養成部初等科尓入学、学成志卒閉給比弖、大正八年三月二十日尓熱田神宮雇乎命是良礼、三月二十四日尓波愛知県神職養成部高等科学業成志卒閉給比、神職止志弖緑濃支香波志支熱田乃社尓勤之美励美給比、大正十年九月三日尓、熱田神宮宮掌乃職尓就支給比支。又大正十四年十二月十八日尓波横地健次郎大人佐津刀自乃三女横地久良乎娶里弖夫婦乃契結毗固米、仲睦自久生活乃業成志給比、相助比弖年月重祢弖在里給閉留中尓、長男義彦長女武子二女礼子三女寛子止儲気給比、朝夕乃団欒母賑々志久幸多支人乃世送里給比支。神職止志弖波熱田神宮主典夜里砥鹿神社祢宜、又昭和十六年八月二日尓波愛知県護国神社々掌尓補勢良礼給比、昭和二十一年四月一日護国神社宮司尓任命左礼給比、只管尓神道尓労支給比志母、昭和二十年三月十九日大東亜戦争乃仇乃火玉尓依里、社殿乃悉久乎加具土乃炎乃甚激志久焼失閉留枉事出留母、其乃悲志左乎耐江忍毗戦乃後乃復興尓心乎砕支給比、愛知県乃町々村々隈無久歩支尋祢給比弖、数々乃苦難乃道尓身乎厭比給波受、社殿乃本津姿尓美波志久建弖築支奉良牟止、誠心乃真実乎捧宜仕奉里給比志心乎、護国乃神々母諸比見曾那波志奴。昭和三十三年十月六日尓波全久清久美波志久作里畢閉仕奉里給布。其乃功績乃大支久世乃人々乃鏡止仰賀礼給布人止為里乎、神社仕乃人々又神社本庁尓母治久知礼亘里、昭和五

十六年二月三日尓波神職身分特級位乎授与左礼給比志波、八百万乃神神母諸比聞之食須事止思比計留事尓志在里計留間尓、昭和五十年四月之頃夜里御身損祢給比弖病乃床尓臥志坐志志賀全久治癒江給比、更尓宮仕閉乃道尓勤波支仕奉里来給閉留尓、其乃頃夜里御身乃此処彼処止損比悩美苦志美給布母思布状尓有良受。昭和六十年九月二十日尓波職乎退支名誉宮司止成里給比弖、只管尓病治癒左須倍久医師乃業頼美給布日々那留賀、此乃年六月二十三日尓心臓乃病起里弖、名城病院乃病乃床尓臥志給布母其乃効無久、七月二日俄尓御気色改里、午後七時四十分現国乎捨弖神去里給布。汝命乃朗朗登美波之支祝詞乃御声乎思比偲毗、涙溢礼悲之久咽夫吾賀心今波聞久事毛無久俄尓神去里給布登波。其乃驚支大支久親族家族友人等落留涙尓真袖乎濡志、悲志美乱留留心乎強尓抑閉津津現世乃定乃随尓永支別礼告宜奉良牟止、御食御酒種々乃味物尓現世尓坐志志時好美給閉留物取揃辺、八十玉串乃取取尓拝美奉留状乎御心平穏尓聞之食之弖御霊安良計久神鎮里坐志弖、遺之給閉留親族家族等乎夜乃守日乃守尓守里幸閉給比、御遺骸今志昇岐上宜送里奉里、火具土尓任勢野辺乃煙止化志奉良久止為留尓依里弖、玉鉾乃道乃長手乎由久羅由久羅尓出泥立知坐勢止、謹美敬比母白須。

井上信彦大人命密葬葬場祭誄詞

此の大室屋を今日の葬場と斎ひ定め厳しく美はしく取り装ひて、暫の間舁き据ゑ奉る従七位井上信彦大人命の御遺骸の御前に、斎主愛知県神社庁名古屋中支部長河村菊治、慎み敬ひも白さく、

世の人の生命ほど定め難きは在らじ。あはれ汝命八十六歳を一生の涯と七月二日と云ふ日、逝水の往きて還らぬ幽冥の人と果敢無くも身退り給ひし事はや、悲しと言ひて悲しく口惜しと思ひても口惜しき極みなりけり。熟々に汝命の顕世に在坐しし日の事共偲び奉れば、明治三十四年七月六日愛知県西春日井郡上拾箇村にて井上庄作大人・もと刀自の五男として生れ出で給ふ。其の性質の優しく子供等の遊び仲間に心を配り、目高・鮒等掬ひて別ち合ひ、父母の慈愛殊の外にて幼き時より神の道に就くべく、父庄作大人の教の随に明治四十一年四月一日に法成尋常小学校に入学、大正五年西春尋常高等小学校の高等科の学業を卒業へ給ひ、続きて大正六年四月愛知県神職養成部初等科に入学、学成し卒へ給ひて、大正八年三

月二十日に熱田神宮雇を命ぜられ、三月二十四日には愛知県神職養成部高等科学業成し卒へ給ひ、神職として緑濃き香はしき熱田の社に勤しみ励み給ひ、大正十年九月三日に熱田神宮宮掌の職に就き給ひき。又大正十四年十二月十八日には横地健次郎大人・さつ刀自の三女横地くらを娶りて夫婦の契結び固め、仲睦じく生活の業成し給ひ、相助ひて年月重ねて在り給へる中に、長男義彦・長女武子・二女礼子・三女寛子と儲け給ひ、朝夕の団欒も賑々しく幸多き人の世送り給ひき。神職としては熱田神宮主典より砥鹿神社祢宜、又昭和十六年八月二日には愛知県護国神社々掌に補せられ給ひ、昭和二十一年四月一日護国神社宮司に任命され給ひ、只管に神道に労き給ひしも、昭和二十年三月十九日大東亜戦争の仇の火玉に依り、社殿の悉くを加具土の炎の甚激しく焼失へる枉事出るも、其の悲しさを耐え忍び戦の後の復興に心を砕き給ひ、愛知県の町々村々隈無く歩き尋ね給ひて、数々の苦難の道に身を厭ひ給はず、社殿の本つ姿に美はしく建て築き奉らむと、誠心の真実を捧げ仕奉り給ひし心を、護国の神々も諾ひ見そなはしぬ。昭和三十三年十月六日には全く清く美はしく作り畢へ仕奉り給ふ。其の功績の大きく世の人々の鏡と仰がれ給ふ人と成りを、神社仕の人々又神社本庁にも治く知れ亘り、昭和五十六年二月三日には神職身分特級位を授与され給ひしは、八百万の神々も諾ひ聞し食す事と思ひ計る事にし在りける間に、昭和五十年四月の頃より御身損ね給ひて病の床に臥し坐ししが全く治癒え給ひ、更に宮仕への道に勤はき仕奉り来給へるに、其の頃より御身の此処彼処と損ひ悩み苦しみ給ふも思ふ状に有らず。昭和六十年九月二十日には職を退き名誉宮司と成り給ひて只管に病治癒さすべく医師の業頼み給ふ日々なるが、此の年六月二十三日に心臓の病起りて、名城病院の病の床に臥し給ふも其の効無く七月二日俄に御気色改り、午後七時四十分現国を捨て神去り給ふ。汝命の朗々と美はしき祝詞の御声を思ひ偲び、涙溢れ悲しく咽ぶ吾が心今は聞く事も無く斯く俄に神去り給ふとは。其の驚き大きく親族・家族・友人等落る涙に真袖を濡し、悲しみ乱るる心を強に抑へつつ現世の定めの随に永き別れ告げ奉らむと、御食御酒種種の味物に現世に坐しし時好み給へる物取揃へ、八十玉串の取取に拝み奉る状を御心平穏に聞し食して御霊安らけく神鎮り座して、遺し給へる親族・家族等を夜の守日の守に守り幸へ給ひ、御遺骸今し舁き上げ送り奉り、火具土に任せ野辺の煙と化し奉らくと為るに依りて、玉鉾の道の長手をゆくらゆくらに出で立ち坐せと、謹しみ敬ひも白す。

【解題】
〔誄作者〕　愛知県神社庁名古屋中支部長　河村菊治。
〔出典〕　『現代諸祭祝詞大宝典』第一一章　葬祭項。

142　故志賀海神社宮司阿曇磯興大人命告別式誄詞

是礼乃志賀海遥加尓奴乃国見霽須、志賀小学校乃講堂乎清々登祓清米氏、仮乃斎場登暫志鎮奉里坐世奉留、故志賀海神社宮司正五位勲三等阿曇磯興大人命乃霊位乃前尓、斎主住吉神社宮司横田豊、謹美敬比母白左久、

阿波礼大人命也、何志尓黄泉路乎然波急疑給布也。七十一歳登言波婆大方乃人乃世尓氏波強知尓早久身罷里給布登言布倍伎尓母非留母、大人命乃如伎、世尓超閉多留識見也能力乎惟礼婆、世乃為国乃為百不足八十路九十路乃高伎齢乎重祢氏、諸人等乎導伎麻保志登古曾思比侍良閉氐、斯久身罷里坐須波、返須返須母心残里多久、何加歎加受氏有留倍伎、何加哀志麻受氏有留倍伎也。別礼登言布波世乃常乃事、特別氏陳侮留事尓波非留母、今日斯賀御別礼乃庭尓参集閉留諸人等古曾、大人命登御別礼須氏布事乎、如何伝加耐閉良礼受氏有留倍伎。幽明乃境波紙乃一重登波申志侍礼杼母、出伝坐志氏帰里坐左牟日乃無伎別礼登波、如何尓悲志久慨伎事尓古曾。明日余里波、彼乃穏和尓安良介伎御顔乎拝須留事母叶波侍。彼乃酒乎飲良閉氐、海乃男乃子乃、マドロス乃恋歌乎、其乎国乍良乃言葉尓氏雄々志久母歌比囃左礼志御声乎承留事母叶波邪良牟。麻古登永久乃別礼氏布事乃斯久婆加里悲志久悔志伎故尓古曾。此乃顕世乎憂伎世登波申須奈良米、空蟬乃世奈里登波言布奈良牟。倩尓汝命乃一生乃状乎偲毘奉良婆、去志大正三年九月二十一日登言布日尓、風乃音母遠伎神代乃昔余里、是乃志賀島尓斎加礼坐左牟海神社尓、代々乃宮司登仕奉里来志阿曇賀家乃長男登生礼出伝坐志氏、幼伎時余里村肝乃心聡久賢志久氏、福岡中学校、福岡高等学校登衆尓秀礼志成績尓氏、終尓波東京帝国大学尓進麻礼、汝命乎知留程乃人尓志氏波将来著伎功績樹氏牟尓波登期待麻邪留波非里介里登奈牟。学問尓優

礼良礼志乃美尓波非受氐、性来武道尓秀伝給比、殊尓剣道波中学時代余里大学尓至留迄精励麻礼、選手登志氐大伎御働伎奈志給比、世尓出伝良礼氐波様々公務多加留中尓母日毎乃稽古加賀須事無久、君子乃剣登称閉良礼道乃奥儀尓分介入里氐、終尓波大日本剣道八段範士氐布高伎位尓上良礼斯道乃栄尓尽左礼介里。斯久母穏和尓優礼良礼介礼婆、志賀乃人々挙里氐大人乎村長尓選毘挙宜、町政尓変里氐波町長登志氐三選、志賀町乃福岡市尓編入世良留留也、神勤乃滞留事乎危侮麻礼乍良母諸人等乃一途奈留願、黙志難久氐、地区乃為福岡市議会議員登志氐二期迄政治尓関里給比、其乃処々尓種々様々大伎功績樹氐良礼介礼婆、昭和五十年尓波藍綬褒章乎、更尓今年昭和六十一年尓波勲三等瑞宝章氐布高伎叙勲乎受介良礼、皆々喜備称閉奴波無久、阿曇賀家乃誉、後乃世乃真澄鑑登母成良世給布奈里。然礼杼母熟良惟留尓名誉登也言波牟、地位登也言波牟、世常乃慶事奈杼波汝命乃求牟留処尓波非里介牟、麻古登阿曇賀家尓生礼出伝良閉氐一向尓慮良礼志波他尓母非侍。遠祖余里仕奉来志是乃海神社尓、赤伎浄伎誠心以氐志賀乃海族等賀長登志氐仕奉里、斯久美志伎故郷乃土乎玉乃緒乃命懸介氐守里奉良牟受留心奈良米登奈牟思閉良礼侍留奈礼。大海神乃神慮乃任々尓大人命乃心乍良尓志賀島古曾波文明乃公害尓母侵左礼受氐、今母尚美志伎島也、神乃島也登佇麻比阿里氐、汝命也心足比氐叙阿无米礼。斯久神社閉一筋尓斯道乃発展尓尽力左礼留尓依里氐、今年三月尓波神社本庁余里浄階尓任介良礼、愈々道乃為勤麻礼氐在経給比志程尓、如何奈留枉神乃枉事尓也、先頃余里篤伎病尓懊悩礼給比氐医師乃業乃限里乎尽志氐様々手段志給閉杼母、捗々志伎効母見閉受氐妻君乎初米氐家族等乃心配里母著伎甲斐無久、去志六月二十九日登言布尓俄尓病革里氐心尓懸留足乳根乃母刀自、愛志伎妻子等子孫等乎措伎氐、可惜七十一歳乎一生乃涯登志氐失世給比志古曾、悲志登母悲志久悔志登母惜志伎極奈里介里。草葉乃上尓置久露乃風待津程母阿羅侍。実尓実尓命婆加里果敢奈久頼美難伎母乃波有良邪良牟。麻古登残多久時果氐々母此乃場去良受汝命乃跡乎乃美偲毘奉良牟心地古曾須奈礼。然波阿礼唯尓悲志毘尓乃美掻伎暮礼牟空志左波阿良牟。悲志美尓堪閉健気尓母在良牟受留尓大人命也安比氐今日乃御饗登神饌神酒餅鏡尓好麻礼介留食物種々取添閉氐机代尓置伎足良波志氐供奉良牟乎、幽界乍良平介久安介久聞食志諾給比、又御前母狭尓御跡慕比氐参集比侍留諸人等賀、別礼惜志美氐、涙乃露乃玉串執々尓捧奉良牟真心乎、愛具志嬉加志登受介給比、阿曇賀家乃遠祖登相輔比給比氐家門乎弥広尓子孫乃八十続尓至留迄、那乃川乃流礼津久留事奈久濁留事無久、滞留事無久、愈々栄有良志米給比、志賀乃海族等賀上尓母、参集閉留諸人等乎母弥遠尓守里恵給閉登祈請奉良久乎聞食世登、謹志美敬比母永久乃別告宜奉良久登白須。

志賀乃海　眺米津　賞伝津　波乃音乎
永久尓安良比氏　君伎古志米世

故志賀海神社宮司阿曇磯興大人命告別式誄詞

是れの志賀海遥かに奴の国見霽す、志賀小学校の講堂を清々と祓清めて仮の斎場と暫し鎮奉り坐せ奉る、故志賀海神社宮司正五位勲三等阿曇磯興大人命の霊位の前に、斎主住吉神社宮司横田豊、謹み敬ひも白さく、

阿波礼大人命や、何しに黄泉路をさは急ぎ給ふや。七十一歳といはば大方の人の世にしては強ちに早く身罷り給ふと云ふべきにも非ざるも、大人命の如き、世に超へたる識見や能力を惟れば、世の為国の為百不足八十路九十路の高き齢を重ねて、諸人等を導きまほしとこそ思ひ侍らへて、かく身罷りますは、かへすがへすも心残り多く、いかでか歎かずてあるべき、いかでか哀しまずてあるべきや。別れと云ふは世の常のこと、特別て陳ぶることには非るも、今日斯が御別れの庭に参集へる諸人等こそ、大人命と御別れすてふ事を、如何でか耐へられずてあるべき。幽明の境は紙の一重とは申し侍れども、出でまして帰りまさむ日の無き別れとは、如何に悲しく慨きことにこそ。明日よりはかの穏和に安らけき御顔を拝する事も叶はじ。かの酒を飲らへて、海の男の子のマドロスの恋歌を、其を国乍らの言葉にて雄々しくも歌ひ囃されし御声を承ることもかなはざらむ。まこと永久の別れてふ事のかくばかり悲しく悔しき故にこそ。この顕世を憂き世とは申すならめ、空蟬の世なりとは言ふならむ。つら〱に汝命の一生の状を偲び奉らば、去し大正三年九月二十一日と言ふ日に、風の音も遠き神代の昔より、是の志賀島に斎かれ坐さむ海神社に、代々の宮司と仕奉り来し阿曇が家の長男と生れ出でまして、幼き時より村肝の心聡く賢しくて、福岡中学校・福岡高等学校と衆に秀れし成績にて、終には東京帝国大学に進まれ、汝命を知る程の人にしては将来著き功績樹てむにはと期待まざるはあらざりけりとなむ。学問に優れられしのみには非ずて、

性来武道に秀で給ひ、殊に剣道は中学時代より大学に至るまで精励まれ、選手として大き御働きなし給ひ、世に出でられては様々公務多かる中にも日毎の稽古かがすことなく、君子の剣と称へられ道の奥儀に分け入りて、終には大日本剣道八段範士てふ高き位に上られ斯道の栄に尽されけり。かくも穏和に優れられければ、志賀の人々挙りて大人を村長に選び挙げ、町政に変りては町長として三選、志賀町の福岡市に編入せらるるや、神勤の滞ることを危ぶまれ乍らも諸人等の一途なる願黙し難くて、地区の為福岡市議会議員として二期までも政治に関り給ひ、その処々に種々様々大き功績樹てられければ、昭和五十年には藍綬褒章を、更に今年昭和六十一年には勲三等瑞宝章てふ高き叙勲を受けられ、皆々喜び称へぬはなく、阿曇が家の誉、後の世の真澄鑑ともならせ給ふなり。然れども熟ら惟るに名誉とや言はむ、地位とやいはむ、世常の慶事などは汝命の求むる処にはあらざりけむ。まこと阿曇が家に生れ出でらへて一向に慮られしは他にも非じ。遠祖より仕奉来し是の海神社に赤き浄き誠心以て志賀の海族等が長として仕奉り、かく美しき故郷の土を玉の緒の命懸けて守り奉らむずる心ならめとなむ思へられ侍るなれ。大海神の神慮の任々に大人命の心乍らに志賀島こそは文明の公害にも侵されずて、今も尚美しき島や、神の島やとたゝずまひありて、汝命や心足ひてぞあんめれ。斯く神仕へ一筋に斯道の発展に尽力されるに因りて、今年三月には神社本庁より浄階に任けられ、愈々道の為勤まれて在経給ひし程に、如何なる枉神の枉事にや、先頃より篤き病に懊悩れ給ひて医師の業の限りをつくして様々手段し給へども、捗々しき効も見えずて妻君を初めて家族等の心配りも著き甲斐なく、去し六月二十九日と云ふに俄に病革りて、心に懸る足乳根の母刀自・愛しき妻子等・子孫等をおきて、可惜七十一歳を一生涯として失せ給ひしこそ、悲しとも悲しく悔しとも悔しき極なりけり。草葉の上におく露の風待つ程もあらじ。げにげに命ばかり果敢なく頼み難きものはあらざらむ。まこと残多く時はてゝもこの場去らず汝命の跡をのみ偲び奉らむ心地こそすなれ。然はあれ唯に悲しびにのみかき暮れむ空しさはあらむ。継嗣磯和君も頓仕へに神社へ在り経る程に、将また妻子の君等も悲しみに耐へ健気にもあらむずるに大人命や安ひて今日の御饗と神饌神酒餅鏡に好まれける食物種々取り添へて机代に置き足らはして供奉らむを、幽界乍ら平けく安けく聞食し諾給ひ、又御前も狭に御跡慕ひて参集ひ侍る諸人等が、別れ惜しみて涙の露の玉串執々に捧奉らむ真心を、めぐしうむかしと受け給ひ、阿曇が家の遠祖と相輔ひ給ひて家門を弥広に子孫の八十続に至る迄、那の川の流れつくることなく濁ることなく滞ることなく愈々栄あらしめ給ひ、志賀の海族等が上にも、参集へる諸人等をも弥遠に守り恵み給へと祈請奉らくを聞食せと、謹しみ敬ひも永久の別告げ奉らくと白す。

志賀の海　眺めつ　賞でつ　波の音を
永久に安らひて　君きこしめせ

【解題】

〔誄作者〕住吉神社宮司　横田豊。

〔出典〕『現代諸祭祝詞大宝典』第一一章　葬祭項。『神葬祭大事典』

143　福本賀光翁命誄詞

青葉那須多田乃祢宜山乃下不如帰物悲志久鳴支、猪名乃川原乃細流乃音母淋志宜尓聞由留今日志母政所殿乃御葬乃庭尓、阿波礼言波麻久母悲志支神社本庁長老多田神社名誉宮司故福本賀光翁命乃御霊乃御前尓、兵庫県神社庁理事生田神社宮司加藤隆久、謹美敬比母白左久、

阿波礼汝命矢幼支夜里御性最聡久心剛久坐志、神乎敬比皇室乎尊備奉留御心厚久、広支識見以弖御社乃運営波云布母更那里、全国乃神社界尓、又兵庫県或波川西市乃教育界尓青少年乃指導尓母、将又社会事業尓母偉志功績乎次次止挙宜給比、常尓身健加尓鋭心撓牟事無久、世乃長人止仰賀礼勤支坐勢留尓、如何那留事尓矢、去奴留四月十七日多田院乃居宅尓弖脳梗塞乃病起里弖倒礼給比、直知尓協立温泉病院尓入里給比、家族親族乎始米医師乃人々医療乃道乎母余須事无久労支、看護乃限里乎尽勢留尓一月後乃五月十七日午後二時四十八分、諸人乃真心母空志久、悲志支加母、眠里坐須賀如久九十六歳乎一生乃限里止、幽界乃永遠乃旅路尓罷里出提給比奴。

阿波礼汝命乃現此乃世尓坐勢留一生乎熟々偲毗奉留尓、明治二十四年一月十一日旧姓西中氏止志弖生礼出提給閉留乎、幼久志弖多田神社尓養子止入里給叱弖、国学院大学神職養成部教習科乎卒業志給比、明治四十四年六月多田神社社掌乎拝命志給比奴。後福本輝乃入婿止志弖婚儀式挙宜弖三男三女乎設気給比奴。大正十二年尓波多田神社社司乎拝命志給比、同十四年尓波兵庫県神職会川辺郡支部長尓推薦左礼給比奴。殊尓母昭和四年四月尓波多田神社崇敬会乎創設志給比、徳川家達公乎総裁止志弖推戴志侍里、資金乃獲得尓努米給比、宝物殿乃建設乎始米本殿乃屋根替制札舎及毗社号標等乎建立志給比、続支弖多年乃宿願多留長左四十六間乃御社橋乎設気給比弖、社頭乃美観止尊厳止乎計里給閉留止共尓、年毎尓川尓溺留留人々乎出須悲志美事乃解消尓努米給閉留那土、地域乃悩美尓心乎砕支給比奴。同五年尓波全国神職会及備皇典講究所乃評議員尓当選志給比、同九年尓波兵庫県社会教育委員乎委嘱左礼給比奴。又同十五年尓波清和源氏同族会乎結成志給比弖、御祭神乃遺業乎顕彰致志給閉留止共尓、祖先崇拝敬神愛国乃精神乃涵養尓努米給比弖、其乃理事長尓就支給閉留波甚母秀留留御功績尓許曾有礼。故是乎以弖神社経営止斯賀道止尓貢献志給閉留尓依里、兵庫県神職会総裁夜里表彰左礼給比奴。如此弖同十九年内閣夜里奏任官乎以知弖遇勢良礼、宮内省夜里従七位尓叙勢良礼給比奴。別支弖母大東亜戦争乃戦尓敗礼世乃状頓尓変礼留昭和二十年十一月神道指令発令左礼、全国乃神社母存亡乃危機支時、汝命矢神社界乃代表止共尓協議乎積重祢、進駐軍乃婆牟須宗教課長宇津陀阿土補佐官止幾度止無久懇談比給比弖、全国八万余乃神宮神社乃存続乎婆認米志米給比、更尓波貴重支文化財乎守里給閉留功績波実尓貴久母古与那支御業尓那母有里計留。昭和二十一年二月神社本庁設立止時乎同自久為弖其乃理事尓選婆礼給比、同二十三年尓波兵庫県神社庁庁長尓選婆礼給比奴。同年神社本庁制度審議会委員、同二十五年尓波第五十九回神宮式年遷宮奉賛会兵庫県副本部長止兼祢弖事務局長乎委嘱左礼給比奴。更尓二十七年尓波神宮祭主夜里遷宮委員会委員尓委嘱左礼給比弖、式年遷宮尓母大支那留功績乎残志給比奴。兵庫県神社庁尓在里弖波、淡路伊弉諾神社乃神宮御昇格尓力乎尽志給比、又戦災尓焼気失勢侍里志旧宮幣大社広田神社乃御復興尓母尽志給閉留等、与閉良留留仕事乎全弖見事尓成志遂宜給比弖、昭和二十九年尓波神社界乃役職乃悉久乎最母美波志久退支給比奴。故是乎以知弖昭和四十三年二月三日神社界最高乃長老乃称号乎贈良礼給比、更尓五月尓波畏久母神社本庁総裁北白川房子内親王殿下夜里鳩杖乎賜波留事止波成里奴。同自久四十七年尓波長年勤米給閉留多田神社宮司乎、世嗣岐賀弘尓譲里給比弖名誉宮司止成里給比、其乃後波専良兵庫県古文化財保存協会理事長兵庫県社会文化協会理事等、地域社会乃公職尓就支給比弖、其乃甲斐母著久昭和四十四年五十六年止二度尓亘里、兵庫県功労賞乎受気給閉留波宜那留事那里。熟々尓思比返勢婆汝翁命矢戦前戦後乎通自弖、其乃御姿乎崇敬者夜里仰賀礼慕波礼、四十余里乃団体乃役職尓就支給閉留中尓有里弖難志支争比事、煩波志支揉事乃起礼留時尓波直具様其乃仲執里持知尓立知弖、円満解決志給閉留事波数知良尓遑無久、又若支頃夜里歴史郷土史乃学問乎良久励美給比弖、多田五代記源頼光勲功記多田乃美談幸寿丸乃献身等数々乃名高支書物乎物志給比弖、此等乃書物乃全弖乎学校図書館尓寄贈志給比、古文化財乃保護環境保全尓尽志給閉留功績波数限里無久、実尓生命乃際麻提御社乃為世乃為人乃為尓力乃限里乎捧宜給閉留汝命波、将尓世乃人乃亀鑑止母言比津倍志。故其乃為人波只一筋乃真心那賀良尓人止交波里給比弖情尓厚久、専良他人乃為尓御力乎尽志弖惜美給波奴厳志支御徳波誰加仰賀謝良牟。何礼乃人加慕波謝良牟。家尓在里弖波子孫乃躾尓厳志久、亭主関白提有里志賀書画骨董眺牟留乎好美給比、次々止家乎建弖、普請尓匠人乃槌音須留乎楽志美弖日々乎過志給比奴。又日々乃生活波早寝早起支乃規則正志支乎好美給閉留賀、愛志支妻刀自尓先立多留留後波、専良嫁芳子刀自尓身乃廻里乃世話乎任勢給比、亭主関白母稍々尓優志久成里給比弖、日々牛肉矢鰻等乃食物乎好美給比弖、芳子刀自乃言葉尓波良久諾比、礼備乃言葉等洩志給閉留止許曾。然波有礼杼稍尓年老伊給比奴礼婆、全弖乃事尓用意周到那留汝命矢、幽界乃永遠乃旅路乃為尓、天国閉行久時乃装束止弖自良認牟留、衣枕刀御衾等乎簞笥乃中尓設気備閉給閉留事等許曾、汝命乃御性格乃良久現礼給布事那里志加。然里乍良病波稍々尓衰弱志給比弖、五月十七日終尓波眠留賀如久息潜麻里弖神去里給比奴。

阿波礼阿波礼今日夜里波汝命乃懐志支御声波得許曾聞加礼祢、今日夜里波見事那留鬚乎貯布留円計気御姿波再毗見由留由母侍良受。裏淋志久歎加比津津思比悲志美侍礼杼母、現世乃慣比那礼婆為牟術母侍良受。故今日波志母由縁深支人々此乃政所殿乃御葬乃庭尓参集比、現世乃永遠乃別礼告宜奉良牟止在里志日乃御姿掲宜、多田神社責任役員伊藤龍太郎伊葬儀委員長止成里弖、御前尓神社本庁幣又種々乃御饗物献奉里喪主賀弘乎始米兄弟親族家族波中須母更那里、関係閉留諸人交里厚支人々玉串乃執々尓拝美奉良久乎諸比見曾那波志弖、是夜里黄泉路安計久日乃少宮尓上里坐志弖、幽世乃掟乃随尓高支神乃列尓入里給比弖、福本家乃守里神止常盤尓堅盤尓霊幸閉坐勢止、謹美敬比母白須。

昭和六十二年五月三十日

福本賀光翁命誄詞

青葉なす多田の祢宜山の下時鳥（不如帰）物悲しく鳴き、猪名の川原のせせらぎの音も淋しげに聞ゆる今日しも政所殿の御葬の庭に、あはれ言はまくも悲しき神社本庁長老・多田神社名誉宮司故福本賀光翁命の御霊の御前に兵庫県神社庁理事・生田神社宮司加藤隆久、謹み敬ひも白さく、

あはれ汝命や幼きより御性最聡く心剛く坐し、神を敬ひ皇室を尊び奉る御心厚く、広き識見以て御社の運営は云ふも更なり、全国の神社界に、又兵庫県あるいは川西市の教育界に青少年の指導にも、将又社会事業にも偉し功績を次々と挙げ給ひ、常に身健かに鋭心撓む事なく、世の長人と仰がれ勤き坐せるに、如何なる事にや、去ぬる四月十七日多田院の居宅にて脳梗塞の病起りて倒れ給ひ、ただちに協立温泉病院に入り給ひ、家族親族を始め医師の人々・医療の道をも余す事无く労き、看護の限りを尽せるに、一月後の五月十七日午後二時四十八分諸人の真心も空しく、悲しきかも、眠り坐すが如く九十六歳を一生の限りと、幽界の永遠の旅路に罷り出で給ひぬ。

あはれ汝命の現此の世に坐せる一生をつら〳〵偲びまつるに、明治二十四年一月十一日旧姓西中氏として生れ出で給へるを、幼くして多田神社に養子と入り給ひて、国学院大学神職養成部教習科を卒業し給ひ、明治四十四年六月多田神社社掌を拝命し給ひぬ。のち福本輝の入婿として婚儀式挙げて三男三女を設け給ひぬ。大正十二年には多田神社社司を拝命し給ひ、同十四年には兵庫県神職会川辺郡支部長に推薦され給ひぬ。殊にも昭和四年四月には多田神社崇敬会を創設し給ひ、徳川家達公を総裁として推戴し侍り、資金の獲得に努め給ひ、宝物殿の建設を始め本殿の屋根替・制札舎及び社号標等を建立し給ひ、続きて多年の宿願たる長さ四十六間の御社橋を設け給ひ

て、社頭の美観と尊厳とを計り給へると共に、年毎に川に溺るる人々を出す悲しみ事の解消に努め給へるなど、地域の悩みに心を砕き給ひぬ。同五年には全国神職会及び皇典講究所の評議員に当選し給ひ、同九年には兵庫県社会教育委員を委嘱され給ひぬ。又同十五年には清和源氏同族会を結成し給ひて、御祭神の遺業を顕彰致し給へると共に、祖先崇拝・敬神愛国の精神の涵養に努め給ひて、その理事長に就き給へるはいとも秀るる御功績にこそあれ。故れここをもちて神社経営と斯が道とに貢献し給へるにより、兵庫県神職会総裁より表彰され給ひぬ。かくて同十九年内閣より奏任官を以ちて遇せられ、宮内省より従七位に叙せられ給ひぬ。別きても大東亜戦争の戦に敗れ世の状頓に変れる昭和二十年十一月神道指令発令され、全国の神社も存亡の危機き時、汝命や神社界の代表と共に協議を積重ね、進駐軍のバンス宗教課長・ウッダード補佐官と幾度となく懇談ひ給ひて、全国八万余の神宮・神社の存続をば認めしめ給ひ、更には貴重き文化財を守り給へる功績はげに貴くもこよなき御業になもありける。昭和二十一年二月神社本庁設立と時を同じくしてその理事に選ばれ給ひ、同二十三年には兵庫県神社庁庁長に選ばれ給ひぬ。同年神社本庁制度審議会委員、同二十五年には第五十九回神宮式年遷宮奉賛会兵庫県副本部長と兼ねて事務局長を委嘱され給ひぬ。更に二十七年には神宮祭主より遷宮委員会委員に委嘱され給ひて、式年遷宮にも大きなる功績を残し給ひぬ。兵庫県神社庁に在ては、淡路伊弉諾神社の神宮御昇格に力を尽し給ひ、又戦災に焼け失せ侍りし旧官幣大社広田神社の御復興にも尽し給へる等、与へらるる仕事をすべて見事に成し遂げ給ひて、昭和二十九年には神社界の役職の悉くを最も美はしく退き給ひぬ。故れここを以ちて昭和四十三年二月三日神社界最高の長老の称号を贈られ給ひ、更に五月には畏くも神社本庁総裁北白川房子内親王殿下より鳩杖を賜はる事とは成りぬ。同じく四十七年には長年勤め給へる多田神社宮司を世嗣ぎ賀弘に譲り給ひて名誉宮司と成り給ひ、そののちは専ら兵庫県古文化財保存協会理事長・兵庫県社会文化協会理事等、地域社会の公職に就き給ひて、その甲斐も著く昭和四十四年・五十六年と二度に亘り、兵庫県功労賞を受け給へるはむべなることなり。

つら〳〵に思ひ返せば汝翁命や戦前戦後を通じて、その御姿を崇敬者より仰がれ慕はれ、四十余りの団体の役職に就き給へる中にありてむつかしき争ひ事、煩はしき揉事の起れる時にはすぐさまその仲執りもちに立ちて、円満解決し給へる事は数知らにいとまなく、又若き頃より歴史・郷土史の学問をよく励み給ひて「多田五代記」「源頼光勲功記」「多田の美談」「幸寿丸の献身」等数々の名高き書物をものし給ひて、これらの書物のすべてを学校図書館に寄贈し給ひ、古文化財の保護・環境保全に尽し給へる功績は数限りなく、げに生命の際まで御社のため・世のため・人のために力の限りを捧げ給へる汝命は、将に世の人の亀鑑とも言ひつべし。故れ其の人となりは只一筋の真心ながらに人と交はり給ひて情に厚く、専ら他人の為に御力を尽して惜しみ給はぬ厳しき御徳は誰か仰がざらむ。何れの人か慕はざらむ。家に在りては子孫の躾に厳しく、亭主関白でありしが書画骨董眺むるを好み給ひ、次々と家を建て、普請に匠人の槌音するを楽しみて日々を過し給ひぬ。又日々の生活は早寝早起きの規則正しきを好み給へるが、愛しき妻刀自に先立たるるあとは、専ら嫁芳子刀自に身の廻りの世話をまかせ給ひ、亭主関白もやや〳〵に優しくなり給ひて、日々牛肉やうなぎ等の食べ物を好み給ひて、芳子刀自の言葉にはよく諾ひ、礼びの言葉等洩らし給へるとこそ。さはあれどややに年老い給ひぬれば、すべての事に用意周到なる汝命や、幽界の永遠の旅路のために「天国へ行く時の装束」とて自ら認むる、衣・枕・刀・御衾等を篭笥の中に設け備へ給へる事などこそ、汝命の御性格のよくあはれ給ふ事なりしか。さり乍ら病は稍稍に衰弱し給ひて、五月十七日終には眠るが如く息ひそまりて神去り給ひぬ。

あはれあはれ今日よりは汝命の懐しき御声はえこそ聞かれね、今日よりは見事なる鬚をたくはふるまどけき御姿は再び見ゆる由も侍らず。うら淋しく歎かひつつ思ひ悲しみ侍れども、現世の慣ひなればせむすべも侍らず。故れ今日はしも由縁深き人々此の政所殿の御葬の庭に参集ひ、現世の永遠の別れ告げ奉らむと在りし日の御姿掲げ、多田神社責任役員伊藤龍太郎い葬儀委員長となりて、御前に神社本庁幣又種々の御饗物献げ奉り喪主賀弘を始め兄弟・親族家族は申すも更なり、関係へる諸人・交はり厚き人々玉串の執々に拝み奉らくを諾ひみそなはして、これより黄泉路安けく日の少宮に上りまして、幽世の掟のまにまに高き神の列に入り給ひて、福本家の守り神と常盤に堅盤に霊幸へませと、謹しみ敬ひも白す。

　昭和六十二年五月三十日

【解題】

〔誄作者〕生田神社宮司　加藤隆久。

〔出典〕『現代諸祭祝詞大宝典』第一一章　葬祭項。『神葬祭大事典』

144　昭和天皇御誄

明仁謹んで

御父昭和天皇の御霊に申し上げます。

崩御あそばされてより、哀痛は尽きることなく、温容はまのあたりに在ってひとときも忘れることができません。

櫬殿に、また殯宮におまつり申し上げ、霊前にぬかずいて涙すること四十余日、無常の時は流れて、はや斂葬の日を迎え、轜車にしたがって、今ここにまいりました。

顧みれば、さきに御病あつくなられるや、御平癒を祈るあまたの人々の真心が国の内外から寄せられました。今また葬儀にあたり、国内各界の代表はもとより、世界各国、国際機関を代表する人々が集い、御わかれのかなしみを共にいたしております。

皇位に在られること六十有余年、ひたすら国民の幸福と世界の平和を祈念され、未曾有の昭和激動の時代を、国民と苦楽を共にしつつ歩まれた御姿は、永く人々の胸に生き続けることと存じます。

こよなく慈しまれた山川に、草木に、春の色はようやくかえろうとするこのとき、空しく幽明を隔てて、今を思い、昔をしのび、追慕の情はいよいよ切なるものがあります。

誠にかなしみの極みであります。

　平成元年二月二十四日

【解題】

昭和天皇（一九〇一―八九）は、明治三十四年四月二十九日に生まれる。父は大正天皇、母は貞明皇后。裕仁と命名され迪宮を称する。十一歳の時祖父明治天皇を喪ひ、十五歳で立太子礼を、十八歳に成年式をうける。二十二歳に久邇宮良子女王と結婚、二十五歳の時（一九二六）大正天皇の崩御により即位し、元号を昭和と改める。

四年張作霖爆殺事件の処分に対し、軍の横暴を怒り田中義一首相を叱責して内閣総辞職にさせる。内閣及び議会の決定には拒否権のない天皇を踏まえて、十年東大教授美濃部達吉の「天皇は国家最高の機関なり」説が問題となり、本庄侍従武官長を介して真崎教育総監に機関説賛成を伝える。十二年盧溝橋事件には中国との全面戦争発展を心配し、事件不拡大・現地解決を強調、翌年正月の御前会議で「支那事変処理根本方針」を決定する。この頃陸軍の中国に於ける行動で健康を害う。十六年に入り外交を主・戦争準備を従とする意志に反して、十二月米英蘭への開戦を決める。二十年二月初めて皇居に焼夷弾の雨を浴び五月の空襲で宮殿全焼に遭う。六月最高戦争指導会議で本土決戦方針を採択するが、八月十日ポツダム宣言の受諾を決め十五日戦争終決の詔書を放送する。九月二十七日、

私は、国民が戦争遂行にあたって政治・軍事両面で行なったすべての決定と行動に対する全責任を負う者として、私自身をあなたの代表する諸国の裁決にゆだねるためおたずねした（マッカーサー回想記）。

の言葉を連合国軍総司令官に伝える。翌年元旦の年頭詔書で「人間宣言」を明らかにする。三十七年学者と共著の『那須の植物』を出版。関東大震災から六十年後、「今さら後藤新平のあの時の計画が実行されていないことを非常に残念に思います」と述べる。六十三年九月大量の吐血をし翌年正月七日十二指腸乳頭周囲腫瘍で崩御。八十七歳八箇月。

〔墓〕　東京都八王子市　武蔵陵墓地。

〔出典〕　『官報』四〇号、『大阪産経新聞』の「葬場殿の儀御誄」。『朝日』・『毎日』・『神戸』各新聞は傍点を付した「世界の」三文字を欠く。

〔参考文献〕　レナード・モズレー著・高田市太郎訳『天皇ヒロヒト』毎日新聞社・昭和四十六年刊、拙稿「誄

の概説補遺」追記（『鴻志』六号）、寺崎英成・マリコ・テラサキ・ミラー編著『昭和天皇独白録・寺崎英成・御用掛日記』文芸春秋・平成三年刊、山岡淳一郎著『後藤新平　日本の羅針盤となった男』。

145　香淳皇后御誄

明仁謹んで
御母香淳皇后の御霊に申し上げます。
昭和天皇の崩御あそばされてより十一年、吹上大宮御所にお過ごしの日々が穏やかにして一日も長からんことを願い、お側近く過ごしてまいりましたが、この夏の始め、むなしく幽明界を異にするにいたりました。
在りし日のお姿を偲びつつ、櫬殿に、また殯宮におまつり申し上げること四十日、ここに斂葬の日を迎え、葬列をととのえ、
昭和天皇のお側にお送り申し上げます。
お慈しみの下にあった去りし日々を思い、寂寥は深く、追慕の念は止まるところを知りません。誠に悲しみの極みであります。

平成十二年七月二十五日

146　香淳皇后誄

本日ここに
香淳皇后の葬場殿の儀が執り行われるに当たり、国民と共に、謹んで弔意を表し奉ります。香淳皇后は去る六月十六日、九十七歳の御生涯を静かにお閉じになりました。我が国の歩みと国民の幸せをやさしく見つめてこられた香淳皇后の崩御に、私どもは深い悲しみを禁じ得ません。
香淳皇后は、昭和という激動の時代に、六十数年にわたって
昭和天皇と苦楽を共にされ、お側にあって昭和天皇をお支えになりました。特に、先の大戦後の時期にあっては、国民生活の混乱と窮乏に深くお心を痛められ、国民と共にその苦難を乗り越えようとされた
昭和天皇の御心に添うべく、皇后としてのお務めをお果たしになったのであります。また、母としても、お子様

方の御養育にお心を砕かれました。国民は、
香淳皇后の明るく、飾らないお人柄や、国際親善、芸術、文化、医療、福祉など幅広い分野にわたる熱心な御活動に接し、皇室に対する敬愛の念を深めてまいりました。
外国の方々からも「エンプレス・スマイル」と称賛された、いつも絶やされることのなかった気品と慈愛に満ちた笑顔や、
昭和天皇との仲むつまじいお姿は、今でも私どもの心に鮮やかに焼き付いております。私ども国民一同は
昭和天皇と
香淳皇后の御心に思いを致し、世界の平和と福祉の増進のため、今後とも最善の努力を尽してまいる決意であります。
ここに謹んで御霊の永久に安らかならんことをお祈り申し上げます。

平成十二年七月二十五日

内閣総理大臣　　森喜朗

【解題】

香淳皇后（一九〇三―二〇〇〇）は、明治三十六年三月六日東京麻布鳥居坂で生まれる。父は陸軍歩兵中尉久邇宮邦彦王であり、母は俔子妃である。お七夜の十二日に良子と命名される。

四十五年七月三十日、明治天皇崩御の時母に連れられて参内する。大正五年裕仁親王の立太子礼後、貞明皇后から皇太子妃に内定され、十三年正月二十六日婚儀を迎えられる。十四年十二月女子（照宮成子内親王）を出産する。翌十五年（一九二六）十二月二十五日大正天皇が崩御されたので、皇太子は第百二十四代天皇位に即く。良子妃は二十三歳にして皇后となる。元号が昭和となり、二年二月大喪の儀を畢えた後、九月第二児（久宮祐子内親王）を出産する。元気な赤ちゃんだったが風邪をこじらせた久宮は敗血症で三年三月に急逝する。即位の礼挙行後の四年正月、熱海の碧雲荘に重態の父を見舞い臨終をみとる。同年九月第三子（孝宮和子内親王）を出産、六年三月に女子（順宮厚子内親王）出産で、国民に皇位継承の危機感を抱かせる。

その為維新功臣の田中光顕が天皇に側室を置く必要を

主張する。この年八月に浜口前首相の逝去があり、九月には満州事変を軍部が起こしている。一方、北海道・青森県が大凶作に見舞われ、若槻内閣総辞職に追いこまれる多難の年となった。後継犬養毅内閣が金輸出再禁止を実施したのが引金となり、円の大暴落により物価の狂騰が押し寄せる。

九年十二月二十三日、待望の男子出産をみる。この時の喜びを『東京朝日新聞』夕刊は伝える、

皇太子殿下御誕生　天地清朗の晨　瑞気漲る大内山
国を挙げて歓呼湧く

と。皇后は激動の昭和を見、生き抜かれた。十年第二皇子（義宮親王）を出産されると、皇位継承の不安を払拭する気運が高まる。この頃、天皇は若手将校による神格化運動に当惑し、林銑十郎陸相に善処方を命じられた。その措置による影響で、翌十一年に皇道派将校の決起がある。この事件後天皇が心痛のため睡眠できないのを見ていた皇后は、内大臣の協力方を侍従に求められた。

十二年全面的な日中戦争を迎え、戦火の拡大により、傷病兵へ下賜の繃帯巻きが皇后の日課となる。十六年十二月日米開戦へと戦局が拡大し、十九年五月サイパン島が占領された後では宮城も空襲に曝された。深刻な戦局下で皇后は詠まれた。

つぎつぎに　おこる禍《マガ》ごとを　いかにせむ　慰めまつらむ　言の葉もなし
みこころを　悩ますことのみ　多くして　わが言の葉も　つきはてにけり

戦時下にあって皇后は二月十日謡の会に参加しシテを務めたり、四月二十七日に川合玉堂氏を召して気分転換のため、絵の稽古もされている。

悪夢の戦争が二十年八月に終止符を打つ。平和到来の翌二十一年歌会で皇后は、

よのちりを　しづめてふりし　しら雪を　かざしてたてる　松のけだかさ

と詠まれた。

終戦を界にして皇后は、天皇と御一緒することが珍しくなくなる。二十二年十月に民芸館に、二十五年十一月に早慶戦観戦のため神宮球場に、二十九年九月に三越百貨店の見学等がある。とりわけ四十六年の欧州七箇国親

善訪問は楽しい想出となる。

皇太子の学問には、二十二年エリザベス・G・バイニング女史を家庭教師に招かれる。健やかに成長の皇太子は、二十七年十一月に立太子礼・成年式を済まされ、三十四年四月正田美智子と結婚された。三十六年天皇の還暦を寿ぎ、十一月新居吹上御所の完成をみる。御自身は三十八年に還暦を迎える。天皇・皇后は、歴代皇室でみられなかった在位中の金婚式を四十九年に迎え、翌五十年に米国を訪問されている。

絵を学んだ皇后は、四十二年三月『桃苑画集』を私家版出版され、五十八年八月、皇后の御希望で陛下と御一緒してお気に入りの〝紅梅白梅・六曲一双〟屛風を製作した愛知県の山内一生工房を訪問される。結婚六十周年を五十九年に迎えられた。いつも微笑を絶やさなかった皇后は、六十二年天皇誕生日の一般参賀を最後にして、以後公式行事に欠席する。八十六歳を迎えた六十四年正月、天皇の崩御があり平成の時代に入る。平成二年（一九九〇）正月の昭和天皇一年祭で皇后陛下のお歌

いつの日か　森とはなりて　陵を
守らむ木木か　この武蔵野に

が参拝時に詠まれている。歴代皇后中最長寿の九十七歳で、十二年六月十五日呼吸不全に入り十六日午後旅立たれた。七月十日「香淳皇后」の追号を定められ、二十五日今上より御誄、森首相より誄を贈られた。

〔墓〕　東京都八王子市　武蔵陵墓地。

〔出典〕　『官報』二九一七号、『大阪産経新聞』、『大阪朝日新聞』、『大阪毎日新聞』、『大阪読売新聞』等。

〔参考文献〕　主婦の友社編『貞明皇后』主婦の友社・昭和四十六年刊、入江徳郎・古谷綱正・山崎英祐・高木健夫編『新聞集成昭和史の証言』本邦書籍・昭和五十八〜平成二年刊、工藤美代子著『香淳皇后』中央公論新社・平成十二年刊、大久保利美編集『即位礼・大嘗祭―第百二十五代天皇・天皇家と真珠―』株式会社産業倶楽部・平成五年刊。

五　参　考

147　葬祭要文（口伝誄）

夫れ遠く思ひ慮るに、天地未だ剖れず渾沌の最初、自ら牙を含む、之を号けて神と曰ふ。故に心神は天壌の先源なり。乾坤の元気なり。其の清陽の者は薄く靡きて天と為り、重く濁れる者は凝り滞って地と為る。事物形容、皆陰陽なり。自ら婚合有り、以降造化神と為り、神威人を為す。陰乳を以て母と為し、陽精を以て父と為す。一切衆生六根色体、三心に迷ひ元元を忘る。故に罰多く賞少なきなり。天として種子を降さざるは無く、地として戯孕せざるは無し。生老病死の変化は皆是れ陰陽二柱の神化の為す所にならざるは無し。悟を為す故に則ち生も亦神化、死も亦神化なり。之を号けて大元尊霊と曰ふ。光儀華艶、一を得て二ならず、一を専らにして一にあらず、一にして形無く、虚にして霊有り。故に生無く亦死無し。国之常立、霊妙なる不老不死に依りて神霊たり。ややもすれば迷ひ一度すれば是れ非なり。悟り一度すれば是れ非なり。霊、之を知れるかな。如何。抑も魂魄形体を離る、之を謂ひ幸魂・奇魂と曰ふ。霊異翩飄して大空を高驤し、又曄曄にして八挺を運行す。是実に幸魂・奇魂たり。其の葬祭の法は大祖教へ給ふ。意に随ひて清地の斉庭を定め、顕見蒼生奥津棄戸将臥具葬して、阿南某神霊、今此の清地に永く安く鎮祭す。集会の衆人、且つ御霊の親族、葬礼の議定まり、土中奥深に塡め葬り祭る。唯だ悲嘆に堪へず、（同職神官等）何某神霊の御前に集会し、恐惶、誄申す。

【解題】

『葬祭要文』は、京都の吉田神道家配下の宮司間で守り伝えられた殯斂場における葬礼中、棺前で嫡子が御膳を調進後「中臣祓」を役人一同が心読する間に、導師が読む口伝の誄である。

『葬祭要文』の結び文句になる、

何某神霊の御前に集会し、恐惶、誄申す。

は誄の慣用表現であるが、起句の冒頭部分から本文をみると、口伝の誄は『日本書紀』神代上の冒頭表現の、

古天地未レ剖、陰陽不レ分。渾沌如二鶏子一。溟涬而含レ牙。及二其清陽者、薄靡而為レ天、重濁者、淹滞而為レ地。

を採って、現世の生老病死はすべて陰と陽の二神が作るものといい、天地間に生まれた国常立は、

霊妙なる不老不死に依りて神霊たり。

と述べて、神道における哲学理論を表す。そして葬祭の礼法を「大祖の教え」によると説いて、葬礼の由来を引き出す内容に神典の『日本書紀』を持出す。

大祖の意向を尊重して、

意に随ひて清地の斉《(斎カ)》庭を定め、顕見蒼生奥津棄戸、将臥具葬して、阿南某神霊、今此の清地に永く安く鎮祭す。

とみえるところが、要文の大切な箇所らしい。門外不出の口伝で以てこれを誄としているが、死者の生前における行績に一切触れない内容で「誄申す」詞には理解に苦しむ。恐らくこの結句は、祭詞に共通する慣用表現、

恐美拝美毛白須

畏美斎比乞祈美毛白須

が「恐美惶美毛白須」表現を採り、「誄」を「白」に冠したものであろう。

148　霊前誄

阿南何某神霊（乃）御前尓（同職神官等）恐美恐美毛誄申須。去礼留年号月日退去給布。因茲神霊乃（嫡子）、家乃内乃親族・衆人、愁歎悲慕布。御霊此世尓御座之時波神仁奉仕給布道仁、志乎尽之職々乃家乃事乎通明之弖、自神祇長上授賜官位。御霊乃御徳、聡明叡智仁之弖、他人尓毛交乎厚志給比、家久久栄閇子孫乃八十連綿弖安楽在事乎思慮給比、子乎教訓導久御心深之。故仁（嫡子）今更思廻之弖懼悲哭泣弖臍乎噬思無止時之弖、不知所為、然登毛如此天也波有牟登、（同職神官）且可愛友善集比会弖御霊乎奉崇祭、花時亦以花祭、御膳御酒御肴御菓子物奉備、幣帛奉捧此状乎平尓所知食弖猶以来毛、此世尓御座之時乃如久嫡子家内令無恙給、守幸賜陪止、

（同職乃）神官、頸根突抜弖申須。

辞別尓申須。今日集会之（神官等）、且御霊乃親族乃衆人乃中尓御心仁不叶礼毛可有登毛、御心乎安久穏尓為之給陪。祭乃礼波神代乃古風乃如久、神乎祭留事波神乃如存在礼奠乎飾利御幣御膳奉備、太祖乃教給之礼乎以天奉仕、幸魂奇魂乃御霊、此状乎平介久安介久所聞知、集会乃衆人恐頓誄申須。

149　大行天皇誄詞

掛巻母畏支我大君日乃皇子乃大御霊乃御前尓畏美畏美母申久。天神能御任乃随天津日嗣乃高御座乃御業乎、八百万代尓所知食天、春花乃貴久坐牟望月乃満坐牟止思比馮美弖仕奉志乎、天皇乃敷坐国止天乃原天戸乎開支神登　坐奴止承賜利、枉言加毛妖言加毛止驚支奉里悲美奉里、御前尓参出侍比音尓泣都都誄詞申奉良久登白須。

今日与里波朝尓毛召給布事無久、夕尓毛問給布事無久浦不怜乃美在牟。穴悔加毛穴悲加毛。我大君天都宮尓神随神止座氐、皇我御末乃御代御代安久平久守理給比、天下穏尓静介久令在給閉止、畏美畏美毛申寸。

150　皇親誄詞

掛巻母畏支某尊止御謚称奉留、皇子尊乃御霊乃御前尓、恐美恐母誄白久。

我天皇御齢乃盛尓天下知食天以来六年尓成坐留乎、此度始弖宇豆乃皇子生坐川礼婆、辱美嬉美思介良久、弥日異尓日足志坐天大坐万左婆、高光留日嗣乃皇子止仰支奉良牟乎、如何趣尓思食可念左流間尓神避坐介牟、悔可毛悲可毛。哭泣都都如此白寸趣乎、天翔天母聞食世止、畏美畏美毛誄白寸。

【解題】

誄詞作者栗田寛（一八三五―九九）は、水戸出身の明治時代における史学者である。天保六年に生まれ、二十歳の安政元年に『古字集』を著し、五年に彰考館に入り総裁豊田天功に重用され、『大日本史』の編纂に従事する。

明治六年（一八七三）上京し、八月教部省九等出仕の権少教生となる。九月第一皇子の逝去に接し、哀辞作成の命をうけて、『葬祭儀式』及び『葬祭儀式考証』を著し十一月に上呈する。『葬祭儀式』には、大行天皇・皇親・外戚・女官・百官・父母喪・夫喪・妻喪・兄弟等姉妹喪・親戚・朋友の誄詞十一作品を収める。

逝去の第一皇子の葬儀を前に二十日音羽護国寺境内の権現山凡そ八千余坪が陵墓地として宮内省管轄になり、豊島岡と名付けられ（『太政官日誌』一二七・八号）、皇親墓地となる。二十二日に稚瑞照彦尊の諡号が太政官から布告され、ここに「諡号ノ法」が成立する。

二十五年東京帝国大学文科大学教授に就任し、三十二年正月二十五日、東京市牛込区矢来町三番地で逝去した。六十五歳。

皇親誄詞は稚瑞照彦尊の葬儀を踏まえての哀辞である。

わが天皇御齢の盛に天下知ろし食して以来六年に成り坐《マ》せるを、この度始めて宇豆《ヅ》（尊き）の皇子生れ坐せつれば、

と新皇子の生誕を寿ぎ、国民の期待を代弁し、

高光る日嗣の皇子と仰ぎ奉らむを、如何趣に思し食さむか念《オモ》はざる間に神避り坐しけむ、

と急逝に慟哭の詞を続ける。皇親誄詞に用いた「悔しきかも悲しきかも」の句は、外戚・女官・父母喪・夫喪の誄詞に共通する。起句の「恐美恐母誄白久」と末句の「畏美畏美毛誄白寸」は、桓武天皇誄の古式を活用する。

151　外戚誄詞

掛巻母畏支某尊止御諡称奉流、皇子尊乃御霊乃御前尓、官位姓名畏美畏母誄白久。

高光留我日御子波畏久母某賀家腹尓罷良江坐弖生出給比志可婆、弥日異尓日足志坐弖、春花乃貴賀如久望月乃満留賀如久大坐坐婆、拙ク劣支某等毛御蔭尓隠礼侍比天、嬉久耶在良牟楽久也有良牟止、大舟乃頼奉流間母無久、如何趣尓思食天可、天雲乃八重掻別弖神上里上利坐気牟、悲支可母悔可母。哭泣都都如此白趣乎、天翔弖母聞食止、畏美畏美毛誄白寸臣末。

152　女官誄詞

掛巻毛畏支某尊止御諡称奉流、皇子尊乃御霊乃御前尓、恐美

恐母誄白久。

我日乃皇子伊白玉余里毛清久赤玉与里毛宇流波志久、大坐坐波天足志国足志、弥日異尓日足志坐弖、天地日月乃共栄衣坐牟乎、如何様尓思食世可尊支大御父天皇尓母告給波受、劣支女童等乎母顧給波受、天乃八重雲搔別弖神上里上里座介牟、悔可毛悲可母。言牟方為武方知良尓哭能美、泣都都加久白寸趣乎、天翔弖母聞食止、畏美畏毛誄白寸臣末。

153　百官誄詞

某尊止御名称奉留御子乃御霊乃御前尓、畏美畏美毛誄詞申久。

掛巻毛畏支天津日嗣承継坐牟皇子止、生坐流皇子波母天津御祖大神乃御霊賜天、弥遠長尓大座坐志、弥栄尓御栄坐志弖、百官乃人等悉仁、広支厚支御恵蒙里奉利奴。可久思憑美奉留乎、如何奈留禍神乃禍事曾毛、此乃愛多支顕御代乎弃給比天、天雲乃五百重乃上尓隠比坐奴留波、言牟方為牟方不知尓極利天、悲志久痛志久音而已泣留、万尓万御霊乃御前尓諸参出侍比弖、悲美奉利誄比奉良久止、畏美畏毛申寸。

154　父母喪誄詞

畏支我知知乃美乃父命波波曾婆乃母命其霊乃御前尓、畏美畏美毛申久。

貴支愛支我君波母春花乃御栄坐志、盤徳奈須常盤尓坐氐、吾等御子御孫尓敬美仕奉里、温省奉良延給幣止乞祈奉天在志乎、先頃与利不例座坐世婆、天地乃神尓幣置支祈禱奉礼杼其験無久、吾等御子御孫乎棄給比、此乃顕世罷給比支。穴悲加毛穴悔加毛。我父母乃君奈杼今暫世尓座坐氐、我輩乎慈美教聞給波努、吾輩古曾代奉天神延尓参出万之。我君波時自久尓御寿長久座坐左武由毛賀登願思幣杼、人乃命伊心尓叶布物尓志不在者、如何加毛為牟。穴悲志。言牟方為牟方不知極弖、多支都瀬ノ如流留留涙塞兼弖、昼波日乃尽夜波夜乃尽打嘆支、志奴備奉良久止申須。如此久歎支悲美奉礼止毛、顕身志神尓堪弥婆奈杼加毛、御霊乃再比故来坐武。又、悲都都而已在牟毛悦給布。可久毛不在故悲乍毛、世乃習乃万遍万遍、其処尓奥都城作里弖治米奉里、鎮米奉良武為弖御食奉里、志努備奉流状乎、平久聞食氐御後毛滌久、安久恙美給布事無久、神延尓参詣給幣止、畏美畏美毛申須。

155　夫喪尓誄白須詞

畏支某霊乃御前尓、畏美畏美毛申久。

愛支我名兄命也、黒髪尓霜置万天尓共尓在牟止思閇里志心毛不遂、何様尓思食加家乎毛妻子乎毛捨給比、幽世尓隠比坐都留。穴悲加毛穴悔加毛。諸共尓玉乃緒絶氐、聞磐根纏牒牟止所思由礼杼、子孫等毛愛久将人能齢波神乃心尓志在乎、欲支万邇万邇捨牟物尓波不在。故暫命全久志弖御霊乃御前尓、物奉里歎加比慕備奉留状乎、平久聞食比、恐美恐美毛白須。

156　妻喪尓誄白須詞

其乃霊乃前尓申久。

阿波礼愛支吾妹命也、黒髪尓霜置万天共尓将在登詰比天志事毛果左受、家乎毛我乎毛棄給比弖、幽界尓隠比坐奴。阿那悔加毛阿那悲加毛。奈曾毛常方尓座坐弖、我乎毛助介子孫乎毛教給波受。情無毛往坐都留、阿那酸志、云牟方為牟方不知、悲久毛在加毛、緑子奈須音乃美啼都都哀美、志努備奉良久止申寸由乎、平介久聞着止申須。

157　兄弟等姉妹喪尓誄詞

某乃霊乃前尓申久。

阿波礼痛志加毛愛支我某命兄弟姉妹、諸共尓心合世弖各毛各毛御祖尓仕奉利、子孫恵美養武止思比憑弖在志乎、何如尓思保世加、此乃楽志支大御代乎棄給比、境遥介支天雲乃曾伎方尓罷往坐奴留。穴悔加毛。穴惜加毛。吾波汝乃事乎志暫志毛忘得自止奈母、悲美痛美音尓泣氐、志努比言申久止申。

158　親戚誄詞

某命乃御前尓申久。

某伊親支族止志弖、長久久親美睦比弖将在登思比憑美弖在経志乎、如何思食加幽界尓隠比坐奴留、悲支哉悔支哉。吾波汝乃事乎志暫久毛忘得自登奈母、悲美痛美音尓泣氐、志努備言申久止申。

159　朋友誄詞

某命乃御前尓申久。

某伊某命止友垣止志弖、善志久睦美交良比千年乃末万天、如此弖将在止思憑弖在志乎、此乃顕世罷坐奴止聞驚支、妖言乎加毛言布狂言乎加毛告留。阿波礼春野尓波打群氐花乎手折若葉乎摘美、秋山尓波誘連氐紅葉乎詠米月乎愛志事共思比出都都、悲久痛久泣哭氐、誄詞申久止申須。

160　誄　辞

言巻久母忌忌志伎官位勲功爵姓名大人命乃御柩乃前爾、副斎主謹美敬比氐、今乃現世乃永伎別乎告奉良久止、汝命乃一世爾立坐之津留御功乃概略乎、辞上氐此乃葬場爾参列乃、人人止共爾誄毘奉良久乎、平介久聞食世。

阿波礼汝命波、年号何年何月何日何府県何郡市町村爾生出比、御性清久正久神乎敬比奉里、皇朝廷乎尊毘奉留、御心深久篤久坐志氐、夙久何某爾就伎物学乃道爾入立坐志氐与里以来、或波何学校爾入里氐何何乃学乎修米、或波何何学校爾転里氐何乃学術乎修米牟止勉米励美氐、何年何月何日某乃業乎卒閉給比、素与里御行波呉竹乃真直爾坐世婆、何年何月何日何官爾任良礼、何年何月何日爾何官乎兼介御位波何何位爾叙佐礼、何年何月何日何官爾転里給比志乎、翌年何月何日何官止成里、其乃何年何月何日何官爾任左礼氐御位波何何位爾進美氐勲何等何何章乎佐閉賜波里給比伎。斯久許多乃官官爾仕閉氐忠実爾勤志美勉米締里給比志功波、計閉母尽志敢閉佐里介里。又何年何月何日何某乃長女某子乎嫡妻止迎閉坐志氐、妹夫乃中甚楽志久甚睦志久心乎合世力乎協閉氐、家門高久広久立与志給比、御子等波男子幾人乎挙介儲介、家内波常爾春風乃長閑介久、照月乃円満加爾弥栄延爾栄延坐志、外爾波他乃愁乎聞伎氐波、共爾憂閉他人乃悦乎見氐波、共爾欣毘物爾附介事爾附介、聊毛私心無久万公平爾、専良世乃裨益止成良牟事乎乃美、心止勤美労伎給閉婆、近伎遠伎人人毛、千名乃大名乃懐加志美慕比奉理伎。如斯弥張爾張弥弘爾、伊曾波岐坐志津留忠実人毛、現身乃病乃禍事波免礼坐佐受也在里介牟。今年何月何日乎、一世乃終止由久理無久母身退里給比志事波、於与豆礼加母多波言加母、長閑加里志家内爾嵐吹立知氐、盛乃花乎阿多良散良須我如久、円加奈里志庭木乃梢爾、雲立覆比氐月影乎搔消須我如久、阿那悲志阿那悼万志止憂比歎加比津津母、今日乃御葬儀仕奉留斎場爾、参来集閉留人人止共爾、最毛広伎最毛多伎御功乃、百千乃一乎且且毛言挙介氏、誄毘奉良久止、謹美敬比氏白須。

【解題】

〔誄作者〕不明。

〔出典〕平岡好文著『典故考証現行実例雑祭式典範』祝詞作例　葬儀式祝詞　七、誄辞の項に載せる。本書は昭和十三年京文社から発行され昭和十九年まで改訂八版が出、戦後発行所が第一書房に代り昭和六十一年に復刊された。

161　誄　詞

其の命の御前に誄言白を慥慥に聞しめせ。

あはれ君こそは百年の齢を重ねて、君のために千千にいそしく、心の限りよろしき御事業をも顕し給はめ。あはれ汝こそは千年のいのちを長らへて、家のため国の為万にまめまめしく、力の極み高きみいさをも立たまふらめと、春の田のかへすがへすも、秋のたり穂のたのみ思ひつつありつるを、畏きや幽世にます大神の、いかなるゆゆしきみしわざなるかも。現し世のいかにともすべもすべなきわざなるかも。神ならぬ身のあらそひあへずて、限りある玉の緒の時至りて、風さそふ浅茅がうれの露とちり、さざら荻のあしたの霜と消行き給ひし事はや。はかなきかも、くやしきかも。今年□月□日を限として、何年に身まかりたまひし事はや。およつれかも、たは事かも。惜世を打棄て、行水のかへらぬ境にかくり給ひし事はや。あなうれたきかも、あないきどほろしきかも。あはれ深みるの深きかみ事に、いかなる由縁ありて、今かかる禍事はいつき来にけむ。あはれ、あらは事にいかなる罪ありてか、あからさまなることの如く、この禍はおこり来にけむと、汝命の親族やからの人人は、或は足摩り或は牙喫み、枕方に匍匐ひ足方に棲遑ひ、百たらずやさかの歎きにしづみて、ぬえ小鳥うらなきつつ、のどよびしたひてありつることは、今此処にてつらつら椿つらつらに見そなはすが如し。かくなげかひ患はひ白す状を、あはぢしまあはれと思ほし、かな山のかなしときこしめして、百たらず八十の坰手に侍ひて、入日なす幽冥の法のまにまに、形見がた隠身にますとも、御心しらえぬ御霊に坐とも、時時に神かよはし、折折に霊幸ひたまひて、此家門いやひろに喪なく事なく、いや足ひに、うみの子のいやつぎつぎ、堅磐に常盤に栄えつつ、春秋の御祭をも美しく仕奉らしめたまひ、今ゆ行先遠きのちのち、遥けき末末家守る氏神とも、子を守る家の御霊とも、かくり世の神ながらも、あらは世の国ながらも、法のまにまに、おきてのまにまに鎮りたまへとこひのみ白して、御送りの礼式行なはんと、泣いさち呼びおらびつつ仕奉ると、此の所に参集へるうから人い、これの御前にいはひをろがむやから人は、庭も狭にとぶらひ侍れる諸人らと共に、潦ながるる涙を押拭ひ、咽ぶなげきを押沈めつつ、かなしみかなしみも。

【解題】

〔誄作者〕　土屋広丸。

〔出典〕　『最新祝詞作例文範』下巻。

第二部　研究編

第一章　貞慧誄の序文本文問題

第一節　通称『貞慧伝』の考察

はじめに

大織冠内大臣藤原鎌足の一子貞慧の一生を綴った伝記（実は誄）が存在したことは『鎌足伝』の最後に「有二二子貞慧史一、倶別有レ伝」とみえる解釈によって知られる。所謂『貞慧伝』と呼ばれるものがそれである。

伝記は又『家伝』とも言われ、『鎌足伝』・『貞慧伝』が『史伝』・『武智麻呂伝』と共に『藤氏家伝』と夙に称されたらしい。『東大寺要録』巻第六末寺章大中臣事及び『大中臣氏系図』に、「藤氏家伝云」とみえるのは『鎌足伝』の内容を引くものであるが、『扶桑略記』第五、天智八年（六六九）十月十三日条の注に「已上家伝」とみえる例が国会図書館蔵写本の「家伝」と呼称を同じくするのを考えれば、『藤氏家伝』（鎌足伝）が『家伝』と略称されていたことが分かる。又『鎌足伝』は鎌足の冠位大織冠を付して、一般に『大織冠伝』(1)とも呼ばれている。更に三大臣が中国の三公に倣うのに因んで、公を大織冠に加えて「大織冠公伝」とするもの、鎌足の諱を付して、『大織冠鎌足公家伝』とする事例もみられる(2)。この家伝が必ずしも特定人物に限られていなかったことは、延喜七年卒の藤原敏行について、三十六人歌仙伝が「家伝云」と記す点から窺知されよう。かくみると、家伝は一個人の一生を記録した伝記で(3)、特定の伝記に与えられた呼称ではない。『隋書』巻三三、経籍志に家伝と称するものが二十四例、家記(4)と称するものが二例、家訓が一例記録されている。その中の『江氏家伝』七巻江祚等撰は、『芸文類聚』巻四七、職官部三、司徒等撰所引の『江氏家伝』とその叙述形式を同じくするものと思われる。後者が江統の字・任官・性格・日常の言葉を記しているので、内容の点からみれば伝記と異なるものでない。『隋書』所引の家伝が多いもので二十三巻を含むから、一人の伝に限らず祖先の伝を一括した総称を、中国では「家伝」と称していたと解して大過なかろう。

中国の文化を強く吸収したわが国は、家伝の述作にも中国における内容を模倣したであろうし、又その名称も姓の二字を一字に略して、荀氏・江氏・竇氏等の如く家伝に付したであろう。『藤氏家伝』はその事例を示すものと思われる。尤もここで注意すべきは、『職員令』式部省卿職掌にみえる「家伝」の解釈である。『大宝令』の注釈書である『古記』は、

三位以上、或四位以下、五位以上、有レ可レ為レ功臣也。如二漢書伝一也。

と述べている。『古記』の成立が天平十年（七三八）頃に推定されているから、五位以上の有功の家では家伝を作るのが奈良時代における一般通念であったことが分かる。しかもこの家伝は官に提出すべき文書であった。天長十年（八三三）成立の『令義解』に、

有功之家、進二其家伝一、省吏撰修。

とみえるのは、奈良時代から行われていた慣習を示すものであろう。従って『職員令』の解釈から、家伝には必ず国家に貢献して世の模範となった事績が記述されるのを必須条件としたと推断できよう。この『職員令』の規定は『唐令』の模倣である他の規定と共に、中国の法制をうけついだものと考えられるが、現在のところその実体は不明である。

家伝が令の規則に従うものである限り、『藤氏家伝』も当然その例外ではなかったろう。謝霊運（三八五―四三三）

が山居賦詩で「国史以載㆓前紀㆒、家伝以申㆓世模㆒」と詠んでいるのは、この規定精神が唐以前において巷に敷衍していた事実を物語っている。かく考えると、『鎌足伝』が有功の記述で満たされていることも、令の精神にそうものであって、少なからず文飾があろうと考えられる。「王室衰微、政不㆑自㆑君、大臣竊慷慨之」に始まる有功記事の導入から、「大臣具述㆓撥㆑乱反㆑正之謀㆒」とみえる皇室擁護の積極的意志表明を経て、大化改新の事実上の立役者となり、改新を実現させて「功侔㆓建内宿禰㆒」と詔文にうたわれ、最後に「国家之事、小大倶決、八方寧静、万民無㆑愁」と天智天皇が歎かれる詔文引用など、『鎌足伝』は読者に深い感銘を与える言葉で綴られている。一方、『武智麻呂伝』を眺めると有功記事は更に多い。武智麻呂が官人として赴く所、どの様な難事も解決しないものはなかった。中判事としては条式を定め繁雑な訴訟処理を簡素にし、大学助に遷っては荒れた学校を復活し釈奠文を作らせ、図書頭兼侍従となっては朝夕天皇に侍しその間に散逸した官書を民間に求めて完全な姿にして、京官の模範となった叙述に家伝の前半が彩られている。その後外官としての活躍が『賦役令』・『芸文類聚』・『日本書紀』等を借用して叙述され、京官に戻っての活動は漢籍を多く借用しての記述に家伝は終始している[5]。従って『武智麻呂伝』は『鎌足伝』と異なり、漢籍・『日本書紀』・律令用語が多く使用されその有功記事で埋められている点に特色がある。

ところが『家伝巻上』に現在通称『貞慧伝』と称されるものが残っている。一見してこの伝が奈良時代成立の『鎌足伝』や『武智麻呂伝』と文体を異にすることは、家伝を研究する者には容易に理解される。有功記事に欠け家伝の文体と似て非なる通称『貞慧伝』とは、文体上いかなる範疇に属するものかここで当然問題となるであろう。通称『貞慧伝』は成立年代も明らかでないし、又『家伝』（鎌足・武智麻呂）述作者とどの様な関係にあった人物の作かも分からない。従来家伝の一つと解されていた通称『貞慧伝』は、後述する如く『文選』を参考にして作られた実は誄文である。従って、ここに新しく誄文の生まれる理由を考えてみる必要があろう。今日我々が理解していた日本における古い誄文は、十世紀末に成立した空也誄である。しかし、この誄は惜しいことに序文で推定一三〇余字に及ぶ闕失部分があり、完全な誄文と言えない致命傷がある。所謂通称『貞慧伝』（誄文）は空也誄の成立から二世紀以前の作品であり、且つ古代における本邦の誄文を理解する目安ともなる儀礼序文であって、推定一字を欠落する完全な文体の誄文と言えよう。

本節では通称『貞慧伝』を誄文と見做す素朴な観点から、誄文の成立年代・出典語句・意義等に考察を加えてゆきたい。猶今日我々が見られる通称『貞慧伝』の写本は、宮内庁書陵部蔵伏見宮家本・国立国会図書館本・高知県立図書館蔵山内文庫本・彰考館文庫蔵本等である。刊本では『続々群書類従』本・『寧楽遺文』本であるが、本節で引用する通称『貞慧伝』は植垣節也氏の「校訂家伝上」であることを、予め御了解を願っておく。

通称『貞慧伝』は、校訂本『鎌足伝』末尾に記す「倶別有伝」に依る解釈から存在の論拠となる。しかし通称『貞慧伝』は家伝でなく誄文である点から校訂本の記述と齟齬を来たす。生ずる齟齬問題は、伏見本・国会本・彰考館本に残る「史」に校訂本の「倶」を改めることで解消する。(6)

註

1　彰考館文庫蔵本。『本朝書籍目録』に「淡海公一巻、昭宣公一巻」とみえるが、『二中歴』に「淡海公伝云」と記す形式を踏むのが『鎌足伝』にも及んだものであろう。もとは前記目録に「武智丸一巻、百川一巻」と明記する様に、各伝には諱を上に付したのが一般であったと考えられる。しかし、祖本である伝記は国会図書館蔵写本に残る「家伝」であったと思われ、その後諱が付けられたり冠位がつけられ、ついで公が加えられ、最後には伏見宮家本の様に、「冠位・諱・公・家伝」と長い呼称をもつ表題に発展してゆく。所謂、この現象は鎌足が霊神と祀られ「権現」・「明神」・「大明神」・「大権現」と次第に神格化を深めてゆくのと軌を一にする。

2　植垣節也氏の「校訂家伝上（大織冠伝と貞慧伝）」（『親和女子大学研究論叢』第一号）に故柳原博光氏蔵とあるのは、伏見宮家本の誤りである。柳原家本の表題は「真名大織冠公御伝」となっている。

3　『公卿補任』宝亀元年（七七〇）の文室浄三の項に「家伝云」と記す例もこの類であろう。個人の伝記が一巻に纏められていたと思われることは、前記『本朝書籍目録』の記述によって確かめられる。ところで『松浦廟先祖次第』にみえる「藤伝五巻」は、『藤氏家伝』か『藤氏伝記』の何れかの略記であろう。この四字は藤原不比等の四子の説明に使われ、「即立二四門一也即藤伝五巻己明白」とみえる文字の一部である。この記載が事実に基づくものとすれば、従来知られなかった房前・宇合・麿の各伝記が、『武智麻呂伝』と前後して成立していたらしいことが分かる。

4　『権記』長保四年二月十四日条に「藤氏記並家伝上下巻」とみえている。この「藤氏記」は『藤氏家記』の略称であろう。『家記』が『家伝』とその内容を異にするらしいことが『権記』の例によって窺われる。『三代実録』貞観三年八月十九日条に、伴善男等が伴大田宿祢を同祖の理由で「伴宿祢」を賜う様奏言している記載がある。その中で家記が家牒と「所レ陳不レ虚」であったという記録がみえる。これにより家記が内容の面で家譜に通ずるものと言える。『本朝月令』六月十一日に引く『高橋氏文』に、「氏記」・「家記」の記載がみえる。前者は『安曇氏記』を指し後者が『高橋家記』を指すのであるが、氏と家の文字の相違はみえるも実体は、『氏記』は『家記』と大差あるものでない。『氏文』中の家記が国史と対照されて述べられているので、家記は家伝ほど詳しく日常生活のエピソードがその叙述に盛られないもので、系図を含む叙述の家牒と類似するものであったらしい。

『続日本紀』延暦九年七月辛巳条にみえる百済王津連等の上表言に云う家牒や、『日本紀略』延暦十一年閏十一月乙酉条にみえる大中臣諸魚が官に提出した『家譜』も、家伝の内容より寧ろ家記に近いもので、系図を書きこんだものであったと想定できる。又『上宮聖徳太子伝補闕記』によって、調使・膳臣の家記の存在も徴証できる。

5　拙稿「藤氏家伝下の出典攷」（『芸林』二〇巻四号）。

6　『鎌足伝』末尾記事は『史伝』の存在を明示するもので、『貞慧伝』に言及していない。また国会本・彰考館本ともに追込記載で「貞慧、性聡明好学」と綴る手法を採る。しかし、伏見本は、追込記載以前の写本の姿を残す貞慧誄を付載したことを示す改行手法を採る。これは貞慧誄と『鎌足伝』が同一筆者の同一時点による成立を示唆するものでない。

一　「誄」文体の通称貞慧伝

通称『貞慧伝』が「誄」の形式と関係があることは、既に小島憲之博士が指摘されるところである。(1)小島博士は『貞慧伝』が「現存本に略文があるらしく、両者に比して字数も少い」と言われる。ここで両者とは『鎌足伝』と『武智麻呂伝』を指す。一体に『鎌足伝』は植垣校訂本によると、冒頭の「家伝巻上」の表題と「大師」の作者名を除けば三七四九字から成り、『武智麻呂伝』も同様にして三四六四字から成っている。一方通称『貞慧伝』は僅か七三〇字に過ぎない。字数より眺めれば、九世紀中葉に成立したとみられる『田邑麻呂伝記』の六六一字の内容と比べて、通称『貞慧伝』がその字数から見劣りするものでない。しかし、奈良朝に藤氏関係の家伝が相ついで成立する現象は、そこに藤氏を顕彰する為の一貫した編纂理念が存在したとみねばならないから、内容においても『鎌足伝』・『武智麻呂伝』と同様に『貞慧伝』も二伝に比べて、著しい差のない有功記事で満たされたと思われる。小島博士が言われる現存本の略文云々も、『鎌足伝』・『武智麻呂伝』を考慮しての推測であろう。今日通称『貞慧伝』と言われている現存本が、果たして『鎌足伝』の末尾に載る史伝体様式の『貞慧伝』であるかは疑わしい。

小島博士は現存本の卒年に関する、

維白鳳十六年歳次乙丑十二月廿三日、春秋若干、卒二於大原殿下一。嗚呼哀哉。乃作レ誄曰、

の記載と、これに続く四言句の形式に注意され、この形式が『文選』所収潘岳作の誄を参考にしていることを明らかにされた。(2)そして小島博士は通称『貞慧伝』をば「この形式を採用したのは新しい姿体と言へるであらう」と、従来の『藤氏家伝』にみられない家伝の新形式に理解されている。私は伝記に長い誄の形式をもつという博士の指摘にいささか疑問をもつ。

というのは、現存本が『貞慧伝』と称されるものの、『藤氏家伝』の一つとして成立した奈良朝の『貞慧伝』と見

做す根拠に乏しいからである。既に平安朝に入る頃には貞慧の入滅時が不明で諸説が生じていたことは、『多武峰略記』によって知られる。従って貞慧を知る伝記は早くから散逸していたと考えて大過ないであろう。貞慧を知る手近の伝記が『荷西記』(3)と言われ乍ら、それも『多武峰略記』中に逸文として残るに過ぎない。だから十三世紀末まで存在した『史《フヒト》伝』と比べ、通称『貞慧伝』はその伝存状態が異なっていたと見ねばならない。それは、弘安・正応年間(一二七八―九二)に藤原実冬の編に成るものと言われる『本朝書籍目録』に、大織冠・武智丸・淡海公の伝記が各一巻収載される中に『貞慧伝』がみえない事実により言えよう。これによって『藤氏家伝』のうち『貞慧伝』のみは、成立後余り遠くない時に散逸してしまったと推定される。即ち、現存本が当時の『貞慧伝』であると考えられない根拠の一つはここにある。

次に現存本は『文選』の誄文体と同じであることをここで理解する必要がある。誄については『文体明弁』が次の様に説明している。

誄者累也。累二列其徳行一而称レ之也。周礼太祝作二六辞一、其六曰レ誄、既此文也。(中略)蓋古之誄、本為レ定レ諡、而今之誄、唯以寓レ哀。則不三必問二其諡之有無一、而皆可レ為レ之、至二於貴賤長幼之節一、亦不二復論一矣。其体先述二世系行業一、而末寓二哀傷之意一、所謂伝体而頌文、栄レ始而哀レ終者也。

この説明によると、誄とは文体の一呼称で死者生前の徳行をよくほめて故人の冥福を祈ることばであり、その文体は先に家系の行業を述べ、後に哀傷の気持を吐露するものである。そして文章は伝記形式の序文と頌文(本文)であるという。『文体明弁』はその頌について、

詩有二六義一、其六曰レ頌。頌者容也。美二盛徳之形容一、以二其成功一、告二于神明一者也。(中略)後世所レ作皆変体也。其詞或用二散文一、或用二韻語一、今亦弁而列レ之。

と説明している。即ち、頌とは詩の六義の一で、人君の盛徳をほめたたえ、且つその成功を神明に告げるものをいう。

従って誄は文の初めが伝記形式で叙述され、本文を哀傷の言葉で綴る文辞で、四言の韻文中に人君の盛徳や神への告白を盛りこんだ文であると考えてよい。

ところでわが国の古代における誄を考える場合、『群書類従』所収の空也誄[4]がよい参考となる。この誄は文章生源為憲が天禄三年（九七二）示寂の空也上人の功徳をたたえて作られた哀悼文である。誄作者の源為憲は寛弘四年（一〇〇七）に『世俗諺文』を著し、長和三年の請状によれば[5]天禄朝に勤仕しその後遠江守を歴任した官人である。又為憲の書いた日記は『扶桑略記』にも引かれる程古今の書籍に造詣深い迹を残す文であった。博識の為憲が作った空也誄は顔延之の陽給事誄形式を踏襲し、その序文が一六一二字・闕字一三〇余字、「嗚呼哀哉」の句を二回用いる本文九六字から成っている。『文選』所収の陽給事誄と空也誄を対比させると左の如くである。

空也上人誄 一首并序　　国子学生源為憲

惟天禄三年九月十一日、空也上人、没于東山西光寺。嗚呼哀哉。上人……

…………

…………

…………嗚呼哀哉。

…………

而為之誄。其辞曰、

於赫聖人、其徳無測。素菩薩行、……

嗚呼哀哉。…………　…………

…………

陽給事誄一首并序　　顔延之

惟永初三年十一月十一日、宋故寧遠司馬濮陽太守彭城陽

君卒。嗚呼哀哉。……

…………

而為之誄。其辞曰、

貞不常祐、義有必甄、…………

嗚呼哀哉。…………　…………

…………嗚呼哀哉。

両者にみられる特徴は、表題の書きかた、「惟」に始まる伝記体の序文・序文の最後が「而為之誄。其辞曰」で終わり、誄本文が四言句で「嗚呼哀哉」で結ぶ統一形式であることである。この様な形式は通称『貞慧伝』にも実はあてはまる。即ち、通称『貞慧伝』の範になったとみられる『文選』には誄が八首収められている。その各々の表題形式は「死者名誄一首并序」であり、表題の下には必ず「作者名」がある。そして序文の書き出しは同一作者であっても作品によって違っているが、序文は大体次の三通りに要約できる。

（1）名前、以下伝記形式の叙述

……………　春秋若干

某年某月某日卒。嗚呼哀哉。乃作レ誄曰。

（2）維某年某月某日、名前、卒。

嗚呼哀哉。…………

…………　……爰作二斯誄一。其辞曰。

（3）（1）と（2）の形式に拘泥しない叙述

……春秋若干。某年某月某日卒。…………其辞曰。

ここに要約した形式も厳密に言えば、（1）形式で伝記の部分が詳しいものと簡単なもの、示寂場所も某第と詳しくしたのがみられる。（2）形式では冒頭の「維」を省略して（1）形式を採るもの、「嗚呼哀哉」が「卒」の次になくて離れたもの、「爰作二斯誄一」が「而為二之誄一」や「哀以送レ之」となる場合や、他の文字で書かれるなど必ずしも一様でない。しかし、「其辞曰」の形式が「遂作レ誄曰」と（1）形式と同じ形を採っていることは、誄序文の最後が「乃作誄曰」或いは「遂作誄曰」の形式に定まっていたことを予想させる。（3）形式の例は潘岳の馬汧督誄だけであり、この例を以て一般の誄形式を推し図ることは誤解されやすい。恐らくは（1）及び（2）の形式が誄の一般であって、

誄形式の一覧表

表題（作者）	本分中にみえる「嗚呼哀哉」使用数	番目句（位置）					
陽給事誄（顔延之）	2	73	86				
（貞慧伝）	3	41	50	55			
楊仲武誄（潘岳）		48	73	96			
夏候常侍誄（〃）		101	128	141			
馬汧督誄（〃）		109	130	139			
楊荊州誄（〃）		119	140	155			
王仲宣誄（曹子建）		119	130	175			
陶徴士誄（顔延之）	4	73	82	107	116		
宋孝武宣貴妃誄（謝希逸）	6	49	58	73	84	93	104

（3）の形式は、形式に拘泥しない潘岳個人のスタイルと思われる。先に『文体明弁』も述べる様に、誄・頌の何れも時代の推移と共に文体が乱れる傾向がある。蓋しそれは潘岳の如き形式に拘泥しない人の出現によって、旧来の形式が崩されてきたからであろう。

誄序文と同様に誄本文にも定まった形式が認められる。本文の一句の語数は四字・五字・六字・七字等一様でないが、全体として四字が圧倒的に多い。従って本文の一般形式は四字であり、文中では叙述の都合により五・六・七等の字数による句を挿入したものとみられる。しかし、原則として「嗚呼哀哉」四字は必ず結句に用い、文中にあっては別表の如く頻出回数に差があって一定していない。叙述の長いもの必ずしも「嗚呼哀哉」の使用頻度数が多いとは限らない様である。表から容易に理解されることは、「嗚呼哀哉」の文中における使用回数が三回であるのが旧来の形式であったらしいこと、及びそれの初句と次句との間は奇数・偶数と交互に使用されていることである。第三番目の楊仲武誄は初句「嗚呼哀哉」が四十八番目の句の偶数に当たっているが、これだけは例外である。即ち、作者潘岳が新しく考え出した形式であるかも知れない。誄文中にみられる「嗚呼哀哉」の四字は、誄の文体にのみ使用されるものではなく、悲歎の気持を表す哀策文にもみられる。形式上の区別は、哀策文の序は誄の（2）形式を踏み、

惟某年某月某日、名前卒。…………

………葬干〇〇。礼也。

…………………其辞曰。

の様である。そして、「嗚呼哀哉」の使用箇所も奇数を文中の初句とする誄と同一であり、結句が誄と変らない事も又似ている。但し誄と哀策文の形式上の類似は、『文選』にみられる二例だけでは明らかでないが、凡その傾向は察せられると思う。

かくて通称『貞慧伝』について、次の点が明らかとなるであろう。即ち、誄文の形式である「嗚呼哀哉」の句が誄文中に三回使用され、その初句が奇数番目に当たっている。これは誄の古い形式を示すものであろう。又序文の形式は（1）の形式を踏襲するが、序文中の「某年」の上に（2）形式の「維」字が加わるに過ぎない。従って通称『貞慧伝』は、潘岳作の夏候常侍誄と楊仲武誄、特に馬汧督誄手法に強く影響をうけて述作されたものと推定される。さて次に通称『貞慧伝』を叙述面から眺めると作者未詳の序文に道賢作の誄文を挿入する構成が知られる。

貞慧伝
- 序文
  - 伝記文
    - （1）名前・性格描写
    - （2）入唐以前の説明
    - （3）渡唐記事・年齢
    - （4）在唐十二年間中の業績
    - （5）帰朝年月
    - （6）英才学問僧を示すエピソード・短命に終わる原因
    - （7）入滅年月日・場所・年齢
  - 誄文
    - （8）高麗僧道賢作
- 本文（四言句）陌韻・薬韻・真韻・支韻・翰韻・寒韻・豪韻・皓韻・青韻・語韻の順序をふむ。

ところで序文中にみえる高麗僧道賢の誄は、「景徳行レ之。、高山仰レ之。」の対句末語の同一字による押韻、「凡英雄処レ世、立レ名栄レ位、献レ可替レ否、知無レ不レ為」とみえる賓韻だけが目立つのみで、その多くには押韻がみられない散文である。従って作者不明序文に道賢誄の序が挿入された故、作者不明の本文の誄は性質が異なる二種の誄序文をもつため。序文に入滅月日・年齢のくり返しは、誄史上異例の手法を見せる。通称『貞慧伝』作者の序文と道賢作の序文が重複したもので、同一作者のものではない。尤も序文中に異なる誄を挿入する方法は、通称『貞慧伝』だけに限られたものでない。『文選』所収の馬汧督誄やまた、林鵞峰の前拾遺加藤叟誄にもみられるのである。

かくみてくると通称『貞慧伝』は、伝体文中に誄を挿入した変則と考えるより、寧ろ中国の誄文体を模放したわが国の誄とみるのが穏当であろう。誄の形式と全く変らない通称『貞慧伝』は、潘岳の作品と対比させても容易に両者が内容を同じくするものであるとすることができよう。その内容は、伝体部分に「策書」があり、魯荘公の賁父誄より後漢明帝が史臣に命じて作らせた誄まで序文に挿入しているのである。

貞慧伝

貞慧、性聡明好学。太臣異之、……
…………
則以其年十二月廿三日、終於大原之第。春秋廿三。
…………　高麗僧道賢、作レ誄曰、…………
維白鳳十六年歳次乙丑十二月廿三日、春秋若干、卒
於大原殿下。嗚呼哀哉。乃作レ誄曰、
於穆不基、経綸光宅。……（四言句）
…………　嗚呼哀哉（奇数番目）

馬汧督誄一首并序　潘岳

名、…………
惟元康七年秋九月十五日、晋故督守関中侯扶風馬君卒。
嗚呼哀哉。
卒也、朝廷聞而傷之。策書曰…………
魯荘公…（賁父）…非其罪也。乃誄之。…………
漢明帝時、有司馬叔持者、…命史臣班固而為之誄。……
乃作誄曰、
知人未易、人未易知。嗟兹馬生、位末名早、……（四言句）

…………　嗚呼哀哉。（奇数番目）

又、高麗僧道賢の誄文中にみえる故事に注目したい。

周公於レ禽躬行二三笞一、仲尼於レ鯉問用二二学一。

の故事引用は模範的な忠の道を示した県賁父故事を引合にした馬汧督誄の手法と実は同じである。伝作者が何故道賢の誄を序文に挿入したかは分からない。『鎌足伝』に僧道顕の言葉、

昔者侍衛之士、轂鳴而請レ死。
節義之子、穿レ地而自殉。
雲鳥掩レ日、令伊以レ身禱レ之、
河神為レ祟、大夫以レ牲求焉。

を挿入している事実を考慮すれば、両者に道賢の手になる資料が引用されたことは疑えないであろう。従ってこの点より両者の成立にも遠い時代差は考えられず、その差は半世紀を越えなかったものと思われる。

何はさておき通称『貞慧伝』は、家伝と異なる文体の誄であったことが以上の考察によって了解されよう。通称『貞慧伝』には後述する如く、明らかに『文選』の利用を指摘できるから、述作者は『文選』所収の誄文体を熟知していたに違いない。述作者が多くの漢籍を渉猟した事実を想定すると、伝記と誄文体とが異なるという初歩的な理解をふまえて通称『貞慧伝』は述作されたであろう。従ってこの見地に立てば、『鎌足伝』末尾にみえる通称『貞慧伝』の誤解は「雖有」伝単純性と思料される。

ここに至って通称『貞慧伝』は貞慧誄として従来の考えを改めるべきであろうし、又『鎌足伝』成立時において既に存在したと思われる『貞慧伝』とも別のものと考えざるを得ない。貞慧誄が伝記の形式を序に含むために、今日まで貞慧誄が伝記として疑われなかったのである。故に通称『貞慧伝』が誄である以上、当然その序文の前に表題と作

者名が存在したと推断できよう。脱落した表題は、『文選』所収の誄文形式を表題にもつ空也誄から考えても、『貞慧法師誄一首并序』と言われるべきものである。(6) ここで強調されねばならない事は、貞慧誄が道顕に仮託した奈良朝期におけるわが国最古の誄で、法師誄の系統となることである。

次に貞慧誄の文中に引用された語句の検討に入って、貞慧誄が『鎌足伝』と『武智麻呂伝』の何れと関係が深いかを解明したい。

註

1 『上代日本文学と中国文学下』第七篇第一章散文・一四〇四頁・塙書房・昭和四十年刊。

2 前掲書及び『国風暗黒時代の文学上』第一章四　対策文の成立・一七二頁・塙書房・昭和四十三年刊。

3 拙稿「荷西記の復元及び訓読と校註」(『皇学館論叢』四巻一号)。

4 『朝野群載』巻一の目録に「誄一首空山聖人」と載る誄も、本文が欠けて不明であるが同一であろう。

5 『本朝文粋』巻六、源為憲申美濃加賀守等状一首。

6 拙稿「仮称『貞慧法師誄一首并序』の研究(1)(2)(3)」(『兵庫史学研究』二一・二三・二五号、昭和五十一・五十二・五十四年、本書第二部第二章第二・三節に載せる)。

二　誄序文にみられる漢籍

『武智麻呂伝』がその述作過程にあって漢籍の語句を少なからず借用利用した様に、貞慧誄もその序文並びに本文に漢籍語句を引用している。貞慧誄が『文選』を参照したことは前項で少しふれたが、その引用範囲は『文選』以外に『論語』・『礼記』の類から『芸文類聚』・『初学記』の類書に及んでいる。以下貞慧誄の出典について考察を加えよう。

㈠ 雖レ有二堅鐵一而非二鍛冶一、何得二干将之利一。
雖レ有二勁箭一而非二羽括一、詎成二会稽之美一。

この対句にみえる干将は呉（一説には楚、一説には韓）の国の刀匠である。彼が呉王闔閭のために鉄剣を造ったという故事は有名で、『呉越春秋』にも、

干将、呉人、与二欧次子一同レ師。闔閭使レ造二剣二枚一。一曰二干将一、二曰二鏌耶一。

とみえる。句中の「干将之利」は『芸文類聚』巻一七、髪に引く『韓非子』に、

宰人曰、臣有二死罪三一、援礪砥刀、利猶干将。

とみえる句からヒントを得て改作されたものであろう。『芸文類聚』には干将の故事が随所に引用されているが、「干将」と「利」を直接結びつけた例が他に見当たらない。後述する如く「東南之美」と「会稽之竹箭」の合作が「会稽之美」となっている事例もあり、「干将之利」は誄作者の考えた対句であろう。「勁箭」の二字は「勁弩」・「勁卒」・「勁兵」と同じ様に、中国の正史中によくみられる表現で出典を明らかにし得ない。しかし、『文選』巻七、司馬長卿の子虚賦や同書巻三四、枚叔の七発に、

左二烏号之彫弓一、右二夏服之勁箭一、

の例がみられるから、或いはこの様な所から引用されたのかも知れない。

「会稽之美」の四字は『爾雅』巻六、釈地の八陵に、

東方之美者、有二医無閭之珣玗琪一焉。
東南之美者、有二会稽之竹箭一焉。
南方之美者、有二梁山之犀像一焉。
西南之美者、有二華山之金石一焉。

西方之美者、有二霍山之多珠玉一焉。
西北之美者、有二崑崙虚之璆琳琅玕一焉。
北方之美者、有二幽都之筋角一焉。
東北之美者、有二斥山之文皮一焉。

とある一連句の一を引用改作されたものである、と一見考えられる。しかし、「東南之美云々」の句は『初学記』巻二八、竹・『芸文類聚』巻八九、竹に、それぞれ「爾雅曰」として収載されているので、誄作者が類書の何れかより改作したものであろう。とにかく誄作者が原典に拠らず、類書から関係の四字を引用したことは疑えない。

(二)（仍割二膝下之恩一、
遥求二席上之珍一。）

『後漢書』巻二九、申屠剛列伝に「以レ義割レ恩、寵不レ加レ後」の句がみえる。この用例を誄作者は知っていて、「席上之珍」の四字に合わすため「膝下之」の三字を「割恩」の間に挿入したものであろう。後句の四字は『礼記』巻四一、儒行の、

哀公命レ席、孔子侍曰、儒有下席上之珍以待レ聘、夙夜強学以待レ問、懐二忠信一以待レ挙、力行以待上レ取。

とみえる句を引用したものか、或いは『芸文類聚』巻六九、薦蓆に引く『礼記』を参考にしたものか不明である。貞慧誄は他の箇所でも『礼記』が引用されている。しかし、同句を収載する『初学記』に原典の字が借用されていないのに、貞慧誄が原典の字を変えていない事実を考慮すると、この場合原典の『礼記』から引用されたものと解する方が穏当であろう。

(三)（文章則可レ観、
稾隷則可レ法。）

誄作者は漢籍を利用借用する場合、「会稽之美」の例から容易に理解される如く、引用句をその儘使わずに技巧を凝らした改作を行っている。これは上代における文人が好んで用いた述作上の技法の様で、文字の倒置・改字・削除・二句の合作等は美文の対句形式に調える為の手法である。㈢の場合もその臭が強い様に思われる。即ち、誄作者が好んで利用したと思われる『芸文類聚』巻一七、頭に、晋張敏頭責子羽文を引いているがその文に「文采可レ観、意志詳序」の句がみえる。又同類聚巻二六、言志に言志賦を引いて、「天文既表、人文可レ観」とみえる様に文《あや》に関する場合、「可観」の連語がよくみられる。この様な型にはまった連語が一般化するにはかなりの年月を要するものと思われるが、その元の形は『論語』陽貨篇にみられる、

詩可二以興一、可二以観一、可二以群一、可二以怨一。

の対句から出ているものであろう。誄作者はこの様な一般化された連語「可観」に、『芸文類聚』巻四五、総載職官に収載する後漢班固公孫弘賛の「文章則司馬遷相如、滑稽則東方朔枚皐」からヒントを得て、

文章則可レ観
○○則可二○

の対句を考え出し、「稟隷云々」の第二句を述作したのではあるまいか。『芸文類聚』所引の班固の賛は『文選』巻四九にも収載されているから、何れを誄作者が参考にしたか不明である。ともかく上述の如きヒントを得て、述作に入っていることは疑えないであろう。

㈣（帝郷千里隔、
　辺城四望秋。

貞慧誄が類書から引かれた語句と関係が深いことは、貞慧が百済に在る日に詠んだ五言二句の詩にも適用されるのではないか、という推測を我々に起こさせる。そこで、五言二句と関係のありそうな例を類書に求めると、『初学記』

巻二四、道路に隋孫万寿東帰在路詩があり、それには、

学官両無レ成　帰心自不レ平　故郷尚千里　山林猿夜鳴
人愁惨二雲色一　客意慣二風声一　羈恨難多緒　倶是一傷レ情

とある。又、『芸文類聚』巻一、月に宋謝荘月賦がみえるが、それには、

美人遭兮音塵闕　隔二千里一兮共二明月一

とある。同一文は『初学記』巻一、月にも収載されているが、「闕」の字が「闊」となっている。両者の何れもがここで問題とする前句に関係をもつが、後句の五言に該当する文字は一つもない。先に「席上之珍」で考察した如く、或いは後句が誄作者の述作と考えられなくもない。しかし、詩の形を調える為には余程の文才がなければ、与えられた一句それも一字以上を改めた場合、二句をうまく合わすことは困難であろう。誄作者の文才はここでは推測の域を出ないのであるから、巨視的にみて誄作者も対句の詩を借用改竄したものと考える方がよかろう。但しこの場合、貞慧自身が二句を実際に詠んだ可能性も考えねばならないが、[1]後述する如くその可能性は極めて少ないと思われる。

更に『初学記』を眺めると、巻一、雲に于季子詠雲の詩がみえる。

瑞雲千里映　祥輝四望新

この二句は五言十句の第一・二句であるが、両句の第二・三字が問題の詩の該当箇所と同じである。従ってこれは誄作者が詩の述作に参考とするのに適当な例であろう。この際、次の事実も考慮されねばならない。というのは、『初学記』はこの詩に続いて董思恭詠雲の詩を載せており、その冒頭句が「帝郷白雲起」となっていることである。この両詩をつなぎ合わすと、誄作者は于季子の詩を四字改めればよいことになる。かくみてくるとこの二句が貞慧自身の作と考えるよりも、寧ろ誄作者自身が貞慧の名をかりて述作したものと思われる。先に私がこの二句を貞慧の作とするのに躊躇したのは上述の理由による。誄作者が警絶の二句を述作するに当たっては、類書を丹念に繙いたに違いな

いから、上述の宋謝荘月賦も目に入っていたであろう。だから、「千里映」を「千里隔」に改めることは容易にできよう。従って誄作者は第二句の「祥輝」二字を第一句の「帝郷《みやこ》」と対にするため、「辺城《ひなき》」を考え出したものであろう。五言の類似句が別の類書から発見されない現在、ここでは『初学記』を出典と推断して大過ないと思う。

註

1　誄序文「其在㆓百済㆒之日、誦詩一韻。其辞曰、帝郷千里隔、辺城四望秋。此句警絶。当時才人、不㆑得㆑続㆑末」を事実の反映として解釈されている最近の説に、山岸徳平博士の研究「上代漢文学史」（『講座日本文学1　上代編Ⅰ』所収、三省堂・昭和四十三年刊）、及び田村円澄氏の研究（『藤原鎌足』塙新書・昭和四十一年刊）がある。

三　道賢作誄文中の漢籍

㈠　周公於㆑禽躬行㆓三笞㆒、
　　仲尼於㆑鯉問用㆓二学㆒。

この句は周公が子の伯禽に人子の礼を教えた故事と、仲尼が子の伯魚（別称鯉）に詩と礼の学問を教えた故事を述べたものである。三笞の故事は『尚書大伝』に、

周公之子伯禽、与㆓成王之子康叔㆒、並二人朝㆓乎成王㆒。見㆓乎周公㆒、三見而三笞㆓伯禽㆒、見㆑失㆘為㆓人子㆒之礼㆖、故笞㆑之。伯禽語㆓康叔㆒曰、吾見㆓乎公㆒、三見而三笞之。其故何也。康叔有㆓駭色㆒、語㆓伯禽㆒曰、有㆓商子㆒者、賢人也、与㆑子見㆑之。

とみえている。即ち、人子の礼を父から厳しく教えこまれた伯禽は、後に社稷を鎮め人民を救った賢人として尊敬され、順孫の鑑とされた。これについては、『賦役令集解』の孝子順孫条の『古記』に引かれている。(1)

一方、二学の故事は『論語』季子篇に、

陳亢問二伯魚一曰、子亦有二異聞一乎。対曰未也。嘗独立、鯉趨而過レ庭。曰、学レ詩乎。対曰未也。不レ学レ詩無二以言一。鯉退而学レ詩。他日又独立。鯉趨而過レ庭、曰、学レ礼乎。対曰未也。不レ学レ礼無二以立一。鯉退而学レ礼。聞二斯二一学。

とある。周公や孔子にみられる学問・修業は、努力・実践を通して初めてその真価を発揮するものである。特に孔子の生活を律する根本精神は実践であった。『論語』述而篇に「文莫吾猶レ人也。躬行二君子一則吾未二之有一レ得」とみえる句は、この精神をよく表している。誄作者が道賢の誄を介して三答・二学の故事を序文の中に入れたのは、貞慧が孔子の生活信条に合う生活を送った人物として顕彰したい意図があったからであろう。

ところで、この二句の出典は『尚書大伝』或いは『論語』季子篇の様に思われるが、『晋書』巻四八、閻纉列伝に、

昔周公親撻二伯禽一、曹参笞二出窋二百一、聖考慈父、皆不レ傷レ恩。

とみえる事例もありさだかでない。貞慧誄の類似句で『晋書』が出るのはここだけであるので、恐らくは『漢書』以降の史書を誄作者は参考にしていなかったと思われる。

(二)　寛猛相済、文質互変。

剛柔相侯は古来施政者が常に抱いた理念である。従ってここにみえる「寛猛相済」とは、寛容と厳格の両者をうまくコントロールすることによって、施政者が中庸を得る様にする意味をいう。『北堂書鈔』巻七五、大守に「威恩並行、寛猛倶済」の句を掲げているし、又『初学記』巻二〇、刑罰に虞世南賦得慎罰詩を載せ、「政寛思済猛、疑罪必従レ軽」の句もみえる。しかし、『孔子家語』の正論解に「寛猛相済、政是以和」とある句がこの場合ふさわしい。『芸文類聚』巻五二、善政に『春秋左氏伝』を引いて、

仲尼曰、善哉、政寛則民慢。慢則糾ㇾ之以猛。猛則民残、列則施ㇾ之以ㇾ寛。寛以済猛、猛以済寛、政是以和。

の句がみえ、同類聚巻五二、論政にも魏王粲儒吏論を引いて、

吏服訓雅、儒通文法、故能寛猛相済、剛柔自克也。

の句がみえる。従って『孔子家語』と『芸文類聚』の何れを出典候補とするかここで問題となるが、前者の引用例が誄文中他にみられない事実より、後者を出典と考えるべきであろう。「文質互変」の「文質」とは文華と質素を意味する。「互変」は『孔叢子』巻上、雑訓にみえる「文質不同、其礼則異」と同義であり、元来は『論語』にみえる「文質彬彬」から引かれる。(2) 即ち、雍也篇に「質勝ㇾ文則野、文勝ㇾ質則史、文質彬彬、然後君子」とみえるのがそれである。「文質彬彬」の四字は、『芸文類聚』巻五五、談講の晋潘岳於賈謐坐講漢書詩・『初学記』巻二一、史伝の同一詩・同記巻一二、秘書監所引の『東観漢紀』等にそれぞれみられる。ここでは類書から「文質云々」の句が借用され、「互変」の二字を付足したものと思われる。その理由は『論語』については、誄作者が原典を利用した可能性が誄全体を通じて認められるからである。

(三)　景徳行之、
　　　高山仰之、

この句は『毛詩』、小雅、車舝に「高山仰止、景行行止」とみえ、同文は又『礼記』巻三一、表記・『史記』巻四七、孔子世家の大史公曰にも引かれている。有名なこの句は類書に収載されているが、何故か「高山仰止」の句だけで両句に亘っていない。即ち、『芸文類聚』巻五五、談講及び『初学記』巻二一、講論に、この句を引いた梁元帝皇太子講学碑がそれである。又、「景行行止」は、『文選』巻二六、顔延年の直東宮答鄭尚書一首中にみえる「景行彼高松」の李善注にみえる。従って両句は類書よりも原典の『毛詩』もしくは『史記』・李善注入『礼記』の何れかから引かれたものであろう。誄作者は句の借用に際し両句を入れ換え、各句の最後の「止」を「之」に改める技巧を凝らして

いる。二句の入れ換えは『武智麻呂伝』にもみられるもので、(3)『武智麻呂伝』が貞慧誄と同じ様に類書・『論語』・『礼記』等を述作に使用している点から、両者の述作態度と成立事情の関係が窺われて興味深い。

㈣（韋編一絶、
陶㆓鋳造化㆒。

前句の「韋編一絶」は、孔子が盛んに読書したという「韋編三絶」の四字をもじったもので、『史記』巻四七、孔子世家に「孔子晩而喜易序、読易韋篇三絶」とある。『芸文類聚』巻五五、読書に『史記』の同文を引くが、文中の「而」・「序」が削除され「読易」の「易」が「之」に改められている。又、『北堂書鈔』巻九八、読書に「韋編三絶、鉄摘三折」の対句が掲げられている。誄作者は原典・類書の何れから借用したのか分からないが、原典の「三」を「一」に改める技巧の凝らし方は㈢の場合と同じである。後句の「陶鋳造化」は余りみられない用例で、誄作者の造語ではないかと思われる。

註

1　小島博士は『令集解』のこの条に引かれる文が、原典にかなり忠実な引用態度をとる『令集解』の例外として、「類書を通じての間接の引用（孫引き）と思はれる」部分と指摘されている（『上代日本文学と中国文学上』九六頁・塙書房・昭和四十年刊）。

2　『塵添壒嚢鈔』巻四、二五段、俗人著㆓法衣㆒出家現㆓俗形㆒事の付に「文質異事」が引かれている。即ち、『論語』顔淵篇の子貢の言葉「虎豹之鞹、猶㆓犬羊之鞹㆒」を引き「文質不同」の説明をしている。「虎豹云々」の句は、『太平御覧』・『芸文類聚』に引用され、更に『武智麻呂伝』に孫引きされている。

3　拙稿「藤氏家伝下の出典攷」（『芸林』二〇巻四号）。

四　誄本文にみられる漢籍

(一)　積善余慶、
　　貽㆓厥哲人㆒。

前句の四字は『周易』文言の「積善之家、必有㆓余慶㆒。積不㆑善之家、必有㆓余殃㆒」から出た簡略語である。『北堂書鈔』巻一〇〇、諫諍にこの句が引かれているが、何故か『初学記』には見えない。『芸文類聚』巻二三、鑒誡の呉揚泉賛善賦に、「積善之家、厥福惟昌、積悪之門、必有余殃」とみえている。又、簡略語の「積善余慶」の四字は、同類聚巻一六、公主の晋潘岳南陽長公主誄及び巻四八、黄門侍郎の梁元帝黄門侍郎劉孝綽墓誌銘にみえる。同様に『文選』巻二四、曹子建の贈丁翼一首に「積善有㆓余慶㆒」と検出できる。

ここで一考を要するのは、当時藤原氏が「積善之家」とみられる風潮があったことである。(1)『日本書紀』天智天皇八年十月乙卯条に、藤原鎌足の病気見舞に贈られた左記の詔が収載されている。

天道輔㆑仁、何乃虚説、積善余慶、猶是無㆑徴。(2)

詔文の考察はともかくとして、詔文収載の『日本書紀』の成立が奈良朝初期であるから、当然その頃には藤原氏を「積善之家」と認める思想が生まれていたと思料される。(3)従って『武智麻呂伝』の賛に「積善之後、余慶鬱郁」と述作される背景には、藤原氏に対して「積善之家」という一般の認識があったことを示すものと解してよかろう。

かく考えると、誄文の句は類書とは直接関係なく、誄作者の脳裏にあった認識が或いは文になったのかも分からない。

一方、後句の四字は明らかでないが、『毛詩』大雅、文王有声にみえる。「詒㆓厥孫謀㆒(4)、以燕㆓翼子㆒」にみえる「詒厥」を借用して、誄作者は「孫謀」を「哲人」に改めたものと思われる。

(二) 席間函レ丈、覃思秀レ神。

前句「席間函丈」は『礼記』巻一、曲礼上に「若非二飲食之客一、則布レ席、席間函レ丈」とみえ、鄭注には「函猶レ容也。講問宜二相対一。容レ丈足二以指画一也。飲食之容、席二於牖前一。丈或為レ杖」と説明している。『初学記』巻一八、師に『礼記』を引き、「凡講間《ママ》席間函レ杖、函、容也。容レ仗足二以指画一」と本文及び注の混淆を犯している。この様な事例から、『初学記』が原典を引用する折の態度が窺われ、「〇〇曰」の意は必ずしも本文だけの引用でなく注に亘ることもある点に注意を要する。鄭注にもみえる如く、「丈」は「杖」とも書くので、この場合の出典は『初学記』に考えられる。だが誄の諸写本すべて「丈」の字を用いているので、誄作者は原典の『礼記』付注本を参考にしたものと推定される。後句「覃思云々」は、『芸文類聚』巻二五、嘲戯に引く後漢蔡邕釈誨に「覃思曲籍」とみえる例、『北堂書鈔』に「覃思経典」（巻七〇、諸王）・「覃思不レ窺レ園」（巻九九、著述）・「研精覃思」（同上）・「覃思以終業」（同上）等とみえる例がある。最後の例は『芸文類聚』巻二三、鑒誡に引く後漢鄭玄戒子にもみられるので、多分誄作者が述作上でヒントを得たのは類書であったろう。

(三) 荊山抱レ玉、漢水蔵レ珠。

『芸文類聚』巻五〇、刺史に載る後漢蔡邕の荊州刺史庾侯碑に「荊山之良宝、霊川之明珠」とみえる例、『初学記』巻七、漢水に載る『盛弘荊州記』に「荊蘊玉以二潤其区一、漢含レ珠而清二其域一」とみえる如く、荊山の玉と漢水の珠は文人の好んで用いる句の要素となっている。例えば、『初学記』巻二二、剣に載る曹植七略に「歩光之剣、華藻繁縟、綴以驪龍之珠、錯以荊山之玉」とみえる。類書では時に荊山の玉に関する故事を扱ったのが多くみえるので、出典を考える場合その候補となるものであろう。『初学記』巻二七、珠に曹植写楊徳祖書を載せるが、その中に「人人自為レ握二霊蛇之珠一、家家自謂レ抱二荊山之玉一。」とみえる句や、『芸文類聚』巻一五、后妃に載せる『随江総為陳六宮謝表』の「妾聞、漢水贈《ママ》レ珠、人聞絶世」とみえる句が出典候補にあげられよう。

(四)　近署多士、
　　　紫微壮観。

貞慧誄には多くの出典候補をあげられるが、この場合には出典の確実な例となる。即ち、『文選』巻三七に『孔文挙薦禰衡表』を載せている。その表に、

弱冠慷慨、前代美之、近日路粋厳象、亦用異才、擢拝台郎、衡宜与為比、如得龍躍天衢、振翼雲漢、揚声紫微、
垂光虹蜺、足以（昭近署之多士、増四門之穆穆、）（釣天広楽、必有奇麗之観、帝室皇居、必畜非常之宝。）

とみえている。冒頭の二句「弱冠云々」は誄文の「臂歯方新、橋父猶煥」と意が通じ、「四門云々」は誄文の「四門廓落」と文意の通じることが分かる。就中、「必畜非常之宝」が誄文で貞慧を「国宝」にみたてていることを示している。従って誄文は明らかに『文選』を参考とし、関係語句を取捨選択したものと言えよう。李善注に「尚書曰、所宝惟賢則邇人安」とみえるので、誄作者はこの注をふまえて「将酬国宝」の四言句を述作した、と推断して大過あるまい。誄作者は『文選』の対句を借用せず、前の「揚声紫微」を「近署多士」の対句にし、しかも対句の順序を逆に転倒した上、客語の「紫微」を主語に代える凝った技巧を施している。この様な出典の改作に当たって行う述作上の技巧は、『漢書』巻九九、王莽伝の借用に際し前後を入れ換え改字をして二箇所の述作にみられる『武智麻呂伝』の例もあり、(5) 奈良朝における文人の特徴と言える。この例から、誄作者は漢籍の引用に際し、主語と客語の転用をも行っている事実が知られる。

(五)（王事靡レ盬、
将酬二国宝一。

後句については先に述べたので割愛し、前句について眺めよう。「王事靡盬」は『毛詩』に十二回姿をあらわす有名句である。いまそれぞれを示すと次の如くである。

①唐風　鴇羽

粛粛鴇羽、集二于苞栩一、王事靡レ盬、不レ能レ蓺二稷黍一、父母何怙、悠悠蒼天、曷其有レ所。

粛粛鴇翼、集二于苞棘一、王事靡レ盬、不レ能レ蓺二黍稷一、父母何食、悠悠蒼天、曷其有レ極。

粛粛鴇行、集二于苞桑一、王事靡レ盬、不レ能レ蓺二稲粱一、父母何嘗、悠悠蒼天、曷其有レ常。

②小雅　四牡

四牡騑騑、周道倭遅、豈不レ懐レ帰、王事靡レ盬、我心傷悲。

四牡騑騑、嘽嘽駱馬、豈不レ懐レ帰、王事靡レ盬、不レ遑二啓処一。

翩翩者鵻、載飛載下、集二于苞栩一、王事靡レ盬、不レ遑レ将レ父。

翩翩者鵻、載飛載止、集二于苞杞一、王事靡レ盬、不レ遑レ将レ母。

③小雅　采薇

采レ薇采レ薇、薇亦剛止、曰レ帰曰レ帰、歳亦陽止、王事靡レ盬、不レ遑二啓処一、憂心孔疚、我行不レ来。

④小雅　杕杜

有二杕之杜一、有二睆其実一、王事靡レ盬、継二嗣我日一、日月陽止、女心傷止、征夫遑止。

有二杕之杜一、其葉萋萋、王事靡レ盬、我心傷悲、卉木萋止、女心悲止、征夫帰止。

陟二彼北山一、言采二其杞一、王事靡レ盬、憂二我父母一、檀車幝幝、四牡痯痯、征夫不レ遠。

⑤小雅　北山

陟二彼北山一、言采二其杞一、偕偕士子、朝夕従事、王事靡レ盬、憂二我父母一。

この様に夥しい数が『毛詩』にみられるので、出典は『毛詩』の様に思われるが、『芸文類聚』巻五三、奉使に「毛詩曰」として四牡の第一句を引用している。従って出典候補は『芸文類聚』に考えるべきであろう(6)。

(六)鼠藤易レ絶、
蛇篋難レ停。

『芸文類聚』巻七七、寺碑に「篋蛇争レ赴、藤鼠無レ息」とみえる梁王僧孺の中寺碑、及び同寺碑の梁元帝梁安寺刹下銘の「篋蛇未レ断、藤鼠方レ縁」とみえる類句より推して、この句の出典は『芸文類聚』と考えられる。時の推移を鼠にたとえ肉体を蛇になぞらえて、世の有為転変と生者必滅の仏説を詠んだのがこの両句である。上代にこの仏説を入れた文献は、『万葉集』巻五―七九三・『東大寺大仏殿曼荼羅織銘』の西曼荼羅東縁文・唐招提寺蔵『大般若波羅蜜多経』巻一七六奥書・仏足石歌等に窺われる。対句の順序の転倒は三―(三)にもみられたもので、誄作者の述作上の技巧がしのばれる。

(七)鳳遭二繳射一、
鸞掛二網刑一。

其の性すなおである為、悪意のない鳥が網にかかる故事は『毛詩』国風の兎爰に「有レ兎爰爰、雉離二于羅一」とみえる句によって知られる。誄に詠まれた句もこの意であり、敷衍すれば凡人は小細工を弄して上手に世間を渡るが、智徳の備わる人は虚心坦懐の為に罪なくして禍を蒙る(7)、ということを両句が表している。ここでは鳳・鸞が貞慧を指すのであり、不幸にして百済の士人に毒《そこな》われた故事を、「遭二繳射一」・「掛二網刑一」の各三字に擬しているのである。古代における施政の根本理念は徳治主義であるが、徳治の対象は人間に限らず鳥獣にも及ぶものであった。『史記』巻

出典句一覧表

出典名	確実とみられる数	確実とみられない数
(1) 芸文類聚	3	10
(2) 文選	2	4
(3) 初学記	1	4
(4) 礼記	1	2
(5) 論語	1	1
(6) 北堂書鈔	0	3
(7) 毛詩	0	2
(8) 周易	0	1
(9) 爾雅	0	1
(10) 史記	0	1
(11) 尚書大伝	0	1
(12) 晋書	0	1
(13) 日本書紀	0	1
(14) 武智麻呂伝	0	1

三、殷本紀に、湯王が野遊した際、一猟者が四面に網を張るのを見てその三方を開かせた故事が載っている。又、『論語』述而篇に「子釣而不レ綱、弋不レ射レ宿」とみえるのも、湯王の至徳行為を意識しての言葉をうけとれる。

ここにあげた句と関係ある事例を眺めると、『孟子』告子章句上の「一人雖レ聴レ之、一心以為、有レ鴻鵠将レ至、思下援二弓檄一而射上レ之」・『文選』巻五五、陸士衡演連珠五十首中の一首「鳥栖レ雲而繳飛、魚蔵レ淵而網沈」等がある。『文選』の句は李善注に「求レ鳥必高二其繳一、須レ魚必沈二其網一」とあって、網は元来魚を捕える道具を指す。誄作者は述作に対句をかなり強く意識しているので、『文選』を参考にして「鳥・魚」を「鳳・鸞」に改め、「繳飛・網沈」を「繳射・網刑」に改めたのであろう。「繳飛」の注に「銑曰、繳、射也」とみえるのもこの際参考となろう。従って出典は必ずしも連字を必要としない。

(八)（顔回不レ幸、謂天喪レ予。）

文人が好んで用いる言葉に、「夭折」に代る「不幸短命」がある。これは『論語』にみえる顔回の故事を引くもので、『文選』に二例その引用がみられる。即ち、巻一六の潘岳懐旧賦と巻五六の潘岳楊仲武誄がそれである。李善注は何れも『論語』を引いているが、その内容から雍也篇であることが分かる。しかし、『論語』に載る「不幸短命」は先進篇にもみえ、誄の出典は実は先進篇と思われる。その理由を示そう。先進篇は雍也篇の六字「不レ遷レ怒、不レ弐レ過」を欠く以外同文である。ところが、雍也篇にみえない「顔淵死。子曰、噫、天喪レ予、天喪レ予」の句が、「不幸短命」の句の僅か後に続いている。述作に当たり誄作者が先の句を記憶していたであろうが、それより「天喪予」の前の「不幸短命」の四字に、強く惹かれたであろうことは疑えない。

(九)（車珠去レ魏、城璧辞レ趙。）

魏人張儀が合従連衡説を広めるに際し、百乗の車と夜光の珠を携えた故事や、趙の恵王秘蔵の和氏の明璧を得ようとして、秦の昭王が十五城を交換条件にした故事は、『初学記』・『芸文類聚』・『文選』等に散見される。特に『芸文類聚』は『史記』・『戦国策』を引いて、その故事の古いことを明らかにしている。ところで、『初学記』に引く『墨子』がこれらの故事に登場する「珠・璧」について、簡にして要を得た説明をしている。即ち、巻二七、珠に「墨子曰、和氏之璧、夜光之珠、三棘六異、此諸侯之良宝者也」と明快な答がみられる。誄はこの故事を引くもので、『芸文類聚』巻一五、后妃に載せる宋謝荘孝武帝宣貴妃誄がこの句の出典と関係が深い。その誄には「律谷罷煊、龍郷輟暁、照車去レ魏、聯城辞レ趙」とある。ところが、同誄は『文選』巻五七にも実は収載している。しかも『文選』の誄は『芸文類聚』収載誄と違って、その全文を洩らさず載せているので、或いは『文選』が出典かとも疑われる。誄を通してその特徴はこれまでの説明から窺われる様に、『文選』・『芸文類聚』ともに出典句が多い。従ってここでは何れが出典であるか明らかにできない。

　以上に述べたことは、主に対句をもとにその出典を考えてきた。出典が必ずしも対句に限らないことは、個々の所で説明した通りである。従って対句でなく独立句であって二字を考える場合、例えば「聖上錫命」の「錫命」などが、『北堂書鈔』巻二〇、政術部の冒頭に一項目として挙げられ、且つ出典候補に考えられる際でも、一応説明の対象から除外している。従って厳密に誄文を分析すれば、まだ多くの出典句を類書から検出できるであろう。最後に出典句の明らかであるものと、そうでないものを示すと前掲の一覧表の如くである。

註

1 『大日本古文書』四、天平勝宝八歳六月二十一日付の『東大寺献物帳』に、光明皇太后自筆の『頭陁寺碑文并杜家立成』一巻が記録されている。碑文は現在散逸しているが、残る杜家立成の巻末と紙背継ぎ目に「積善藤家」と朱の方印が押されている。

2 この詔文は何故か『鎌足伝』には収載されていない。藤家の始祖として仰がれた鎌足に対して与えられる最大の評価は、積善家を公認した資料に求められる。その意味においてこの詔文は重要な問題を含んでいる。『鎌足伝』を考察する際、この詔文闕除は無視できない今後の課題である。

3 平岡定海「東大寺宗性の大織冠伝（家伝上）の抄本について」（『史学雑誌』六八編三号）。

4 この用例は後に『興福寺縁起』の長講会の項に「貽二厥孫一」と借用されている。

5 拙稿「藤氏家伝下の出典攷」（『芸林』二〇巻四号）。

6 「王事靡盬」の有名句は早くからわが国に知られていたらしい。聖徳太子の作と言われる『憲法十七条』の第八に「群卿百寮、早朝晏退、王事靡レ盬、終日難レ尽」とみえる句は、この事実を示すものであろう。

7 山岸博士は誄文の「百済士人、竊妬其能毒之」とある句を、文字通りに解釈されて貞慧が毒殺されたと言われる（三七九頁註1の前掲書）。同様の解釈は田村氏も採られているが（三七九頁註1の前掲書一六五頁）、貞慧の殺された日を入朝中の唐使劉徳高らが「飛鳥を離れた数日後であった」と推定されている点、山岸説よりも誄文を信憑性の高い資料と判断されている。しかし、私見では「仮称『貞慧法師誄一首并序』の研究(3)」（『兵庫史学研究』二五号）で述べる如く、貞慧の没年を誄序文通り解釈できない。誄文の「毒之」は必ずしも毒を盛って殺す意だけでなく、「痛之」・「苦之」・「病之」・「害之」の意味もある。従って誄文の解釈は、百済の士人が悪口雑言・罵倒罵詈を貞慧に直接間接に与えて精神的に参らせてしまった、とすることもできる。貞慧の入滅は一考を要する。

むすびに代えて

これまで縷述してきたのは、従来詳細な分析が試みられなかった貞慧誄について、その文体及び漢籍出典句を中心に、奈良朝成立の文献を解明しようとするためである。貞慧誄を考える場合、貞慧の出自・生誕・入唐年次・帰朝年次・業績・没年等に及ぶ詳細な研究と相俟って、初めて誄の成立事情・成立年代・誄の信憑性が明らかにされるものである。しかし、何分にも貞慧に関する資料は、奈良朝に成立する『日本書紀』・『鎌足伝』・貞慧誄に限られ、余は平安朝も十世紀以後の作品である。従って貞慧という人物を明確にする為には、後世の文飾多い資料を合理的に成立事情を考慮して使用する困難な操作を経なければならない。小稿はその中の最も基礎的段階として、貞慧誄が述作に使用された出典と文体の特徴に焦点を絞って考察した。

ここで考察した問題点を要約してまとめとしたい。

一、現存本通称『貞慧伝』は空也誄及び『文選』収載の誄文と形式を同じくする誄である。

二、表題及び作者名を欠く通称『貞慧伝』は誄の形式から『貞慧法師誄一首并序』と呼ばれるもので、本邦最古の誄文である。

三、通称『貞慧伝』は、『家伝巻下』(『武智麻呂伝』)と同様に『芸文類聚』・『初学記』・『礼記』・『論語』等、多くの漢籍から述作に必要な語句を借用している。

四、出典句の引用に当たっては、対句の転倒・主語と述語の置換・語句の改竄・二句の合作等、かなり技巧を凝らした状況が窺われる。

五、奈良朝の文人の特徴を通称『貞慧伝』は『日本書紀』と同様に、述作上類書の利用が大きい点から文学作品として歴史的意義をもつ。

以上、大胆な考察を貞慧誄の理解に行ってきた。誄の考察過程には多くの誤りを犯している部分もあろう。大方の御叱正を切に願うものである。

付記　小稿は第一五回神道史学会大会で、「藤氏家伝（上）貞慧伝について」と題して発表した内容を活字化した。

補記　再録に際し、誤字を訂正し、不統一表現を改め、目次を付し、若干補訂した。

第二節　貞慧誄の闕字・歳次及び『家伝巻上』との関係

はじめに

今日、奈良時代の成立と言われる作品の中で『藤氏家伝』上下は資料としてよく使用されながら、その内容に関する充分な研究が少ない。私がさきに現存本『貞慧伝』[1]及び『武智麻呂伝』[2]について、主に漢籍の出典語句を中心に研究を発表したのは、従来かえりみられなかった家伝の内容が『芸文類聚』・『初学記』の類書等を利用している事実に、諸賢の注意をひかんがためであった。特に前者ではその文体が『文選』収載の誄及び源為憲作の空也誄と同じであることを例証し、現存本『貞慧伝』が作者名と「釈貞慧誄一首并序」の表題を欠く誄と断定した。

しかし、この貞慧誄には猶未知の問題を残している。即ち、貞慧の出自・生誕・入唐・帰朝・没年が、平安朝における古伝とかなりのくい違いをみせていることである。又、誄序文中にみえる闕字と歳次の表記も、貞慧誄研究の中で検討を要する問題の一つである。出自以下の問題は別稿に発表を予定しているので[3]、ここでは闕字と歳次及び『家伝巻上』との関係について述べたい。

例により本節で引用する貞慧誄は、植垣節也氏の「校訂家伝上」[4]であることをお断わりしておく。

註

1　「貞慧伝をめぐる二・三の問題」(『神道史研究』一七巻三号、本書第二部第一章第一節に改題「通称『貞慧伝』の考察」として載せる)。

2　「藤氏家伝下の出典攷」（『芸林』二〇巻四号）。
3　「定恵和尚の一生」（『日本歴史』二八八号）。
4　『親和女子大学研究論叢』第一号。

一　闕字の問題その一

貞慧誄には序文で二箇所の闕字部分がある。その一は校訂217の「理固善」である。この三字は高麗僧道賢の誄にみえる一句であるが、四・五・六字の対をなす中でここだけが統一を欠いている。従って校訂本には注記はないが、文体の姿から眺めて一字が脱落しているものと思われる。その脱落字は不明だが、ある程度の推測は可能である。私見では「事」を「理」の上に冠する字と推定している。その理由を次に示そう。

闕字箇所の補字はこの近接部分の句だけでは判断に難しいから、やはり叙述部分の前から筋道を辿る必要がある。何故なら、「理固善」の次の文字は上文をうけて更に或事に言及する「乃」が続いているからである。従って「理固善」は文章の結びの句と解さねばならない。この故に結びに対する「起」となる部分からの検討がこの際必要となる。「起」に当たるのは校訂本214「凡云々」の句以下と見なされる。該当箇所は次の如くである。

凡英雄処世、⑴立名栄位、⑵献可替否、⑶知無レ不レ為。或⑷有寛猛相済、⑸文質互変。是則聖人之所レ務也。唯君子哉若人、⑹景徳行之、⑺高山仰之、有一於此。(1)

英雄とは、『漢書』巻一〇〇上、叙伝に「英雄陳レ力、群策畢挙、此高祖大略、所三以成二帝業一也」「英雄誠知二覚寤一、畏レ若二禍戒一、超然遠覧、淵然深識」とみえる説明から要約できよう。即ち、英雄の代表例は漢家を興した高祖であり、英雄となる為には過去に全力を尽くして数多の対策をすべて実行する事が必要である。そして具体的には一時の迷いを知り、災難に気を配り大乗的見地から物事を判断し、常に冷静で万事を洞察する人物を英雄と言う。

道賢の誄に言う英雄もこの類を指すのであって、殊更に新しい意味をもつものではない。従って⑴・⑵・⑶は高祖が帝業を成す原因となった実践例と大差ないのであり、⑷・⑸は英雄が心掛けねばならない施政原理・政治理念とも言うべきものである。これらをすべて日常生活の実践とするのが、所謂聖人と称される人であると言う。だから君子が似つかわしいが景《おお》いなる徳《いきおい》は行い⑹、高い山は仰ぐ⑺のも、聖人が努力目標とするのと期を一にするのである。

聖人と君子との間には二等の差がある解釈は、孔子が魯の哀公の問に答えて人に庸人・士人・君子・賢人・聖人の五等を定義した故事によって知られる。従って孔子は「聖人は吾れ得て之を見ず、君子者を見ることを得ば斯に可なり」（『論語』述而篇）と述べる様に、聖人を万事に通暁した神明測られない理想の人物像として画いていた。その聖人とは、富んでおごらず位高くして人を悔らずいつも質素にして徳を以て民を治めた尭であり、孝道で家を和しその徳で一家を治め、五教を周くゆきわたらせ百官の綱紀を改め諸侯に尊敬された舜であり、帥先実行を旨とし治山治水に名をあげた禹であり、都を定め網の四方のうち三方を除き「従はぬものはわが網に入れ」と禽獣によびかけ自信をもって政治を行った至徳の湯であり、先人の政道に倣い仁徳を旨とし老人を敬い年少者を慈しみ賢人に礼をつくし悪法「炮烙の刑」を王に請願して廃させた西伯であり、有能の部下太公望・周公旦・召公・畢公等を積極的に参政させ、合理政治を推進し悪政の殷王朝を滅ぼし施政に不眠の努力をした周武王であり、摂政として臣下の義務を果たしわが子に人子の礼を教える為三度笞を振るった周公等である。又、君子とは天命・大人・聖人の言を畏れる人であり（『論語』李子篇）、礼を実行するのに古来の習慣を忠実に守る人である（『礼記』巻二、曲礼下）。

誄にみえる聖人・君子の意味は、この様に相違あるものとして叙述されている。「景徳・高山」の故事は『毛詩』小雅にみえる君子の実践訓であり、『礼記』巻三一、表記に引用されているのもやはり君子が仁を身につける為の教訓としてである。誄は貞慧を君子に近い人として見たてているのであり、聖人・君子の生活理念・実践が万人の教訓として絶対と考えているのであり、その要約帰結句が「理固善」である、と私は考えている。「理」とは「ことわり」

であり、『日本書紀』古訓にみえる漢字には理・義・礼・制・分・決・道の一字を当てた例と、大義・大節・道理・処分・言理・理実の二字を当てた例が散見される。従って「理」を含む二字が誄の原文であり、連語の一字が脱落しているものと推定するのが穏当であろう。そのわけを考えてみたい。

誄本文には「惟岳惟海、如城如墎、諫魚諫鼎、乃僖乃伯」という様な述作上の技巧が認められる。しかし誄序文中にはかかる技巧を凝らしていないから、言理・道理・理道・理実・事理の如き連字表現をとったのが原文であったろう。『日本書紀』推古十二年四月戊辰条に載る『憲法十七条』の第一条に、

　然上和下睦、諧二於論一レ事、則事理自通。

の表記もみえる。事理は『韓非子』巻上、解老に「行端直、則思慮熟、思慮熟、則得二事理一」という様に、物事の道理を示す。先述した如く、誄文の「理」は生活の実践と理念を要約する語であるから、前者を「事」字の脱落とみ、後者を「理」で表したと考えることもできる。ここで「事」を「理」に冠する理由は如上の点にある。

理由の第二は、「事理無礙」という仏教用語に引かれる故である。諸橋轍次博士の『大漢和辞典』によれば、

　因縁によつて生ずる現象法（事）と、不生不滅の真如（理）とは、一応は区別せらるべきであるが、其の本質に於いては異なつたものであること、即ち、事を離れて別の処に理が存するのではなく、従つて理そのままが即ち事であること。

と説明されている。所謂仏教理念が「理固善」に含まれる可能性があると、推測されるのである。即ち、貞慧誄序文に高麗僧の誄を挿入し、本文で「世路芭蕉、人間闥城。鼠藤易絶、蛇篋難停」の叙述にみえる様に仏教語・仏説を詠む点で、誄作者が僧侶であったのではないかと考えられる。もし僧侶であれば、「事理」の表現がとられても何ら不思議ではない。「理」に「事」を冠する根拠は如上の点にある。

理由の第三は、伝写過程における「事」字が見逃し易く書かれたのではないかと思われる故である。原本が楷書で

書かれたものか行書であったのか、或いは草書であったのかは今日知るべくもないが、「事」が草書で書かれていてもその文字は、読者に判読できる「る」であったろう。伝写過程で書写人が筆癖で文字を正しく書かず、草書体の崩れた字を書いた場合もあろう。古文書の中には「事」が小さな草書体で崩されて書かれる事例もあり、誄の伝写においてもその様な場合もあったことは充分想像される。従って「事」の草書体が小さく簡単に書かれた場合、次の伝写人が文意に相違をきたさない為、うっかり「事」を見逃したのではないかと推測する。伝写人が誄文体の特色に注意しないで、四言句を三言句に誤解し、文章に齟齬がなければ、「事」を不注意に見落とす機会はあっても不思議でない。私は一応「事理固善」の解釈で推測を試みたが、事実は必ずしもかくの如きものであったとは言えない。ただ「理固善」三字が原文通でなかったことだけは、断定して大過ないと思う。

註

1　誄作者が『礼記』を参考にしたことは別稿「貞慧伝をめぐる二・三の問題」(『神道史研究』一七巻三号、本書第二部第一章第一節に改題「通称『貞慧伝』の考察」として載せる)で注意したが、高麗僧道賢の誄も誄作者が仮託して『礼記』を参照して叙述したらしい。即ち、同記巻三二、表記の「小雅曰、高山仰止、景行行止。子曰、詩之好レ仁如レ此。(中略)子曰、仁之難レ成久矣。唯君子能レ之。言能成二仁道一者少也。是故君子不下以二其所レ能者一病上人、不下以二人之所レ不レ能者一愧上人。是故聖人之制レ行也」とみえる文章は、近接部分にない類似句が誄と照応する。この様に広範囲に亘り述作に必要で適当な語句を借用するやり方は、誄本文中に借用した『文選』の例でもみられた。従ってこの場合も、『礼記』を出典と考えてもよいのではないかと思う。

二　闕字の問題その二

次に校訂本221の「旧京」と「聖上錫命」の間に空白箇所があることに検討を加えよう。闕字箇所は前と同様に道賢の誄文中にある。しかしこれは前と同一に考えられないかなり重大な要素を含んでいる。

周知の如く公式文書における特定文字に対する闕字は、唐の文化制度に倣った律令政府が法典に規定してすべての文書に適用させた文章上の規約である。『公式令』闕字条には次の様に規定している。

大社、陵号、乗輿、車駕、詔書、勅旨、明詔、聖化、天恩、慈旨、中宮、御、闕庭、朝廷、東宮、皇太子、殿下

右如レ此之類並闕字。

令の解説書である古記には、「之類」について明勅・聖恩・恩赦・聖慮等を挙げているから、実際に使用される闕字は令に規定した用語よりもかなり多くなる。事実、『類聚三代格』にみられる使用例を、令に規定する天恩・慈旨の同義語に限って眺めると、

朝恩。鴻恩。聖慈。天慈。叡旨。綸旨。冲旨。聖旨。綸綍。宸襟。衷旨。恩裁。天裁。

の様に、一部勅旨の中に入れるべきものもあるが、幅広い語句の使用事例を検出できる。更に格以外の文書に目を移すと、

国恩。天心。天雨。仁慈。聖徳。聖沢。恩綸。帝念。天波。皇沢。皇心。帝心。朕心。朕意。寵命。素真。勅允許。矜允。光臨。仙儀。

等と新たな広がりをみせる。尤も格以外の文書はその多くが仏教関係であるから、筆者が僧侶であることは多言を要さない。従って上述した如き多くの広がりをもつ闕字語句は、官人よりも僧侶によって作られていると言えよう。そこで令にみられる闕字語句は、概ね次の様な状態にあると考えられる。

(1)　奈良朝・平安朝初期を通じて、新しい語句の頻出はみられないが、その後新しい語句が頻出する傾向を認める。
(2)　官庁の公式文書にも闕字のない場合が散見されるから、令の規定が正しく守られたとは必ずしも言えない。
(3)　文書の存在の有無を時代によって考慮しなければならないが、奈良朝初期は規定語句がよく使用されている。

しかし、平安朝初期以後(1)と相応して闕字の実例が多くなる。

ところで貞慧誄の「聖上」は、この闕字規定と異なるものである。それは『公式令』平出条に、

皇祖。皇祖妣。皇考。皇妣。先帝。天子。天皇。皇帝。陛下。至尊。太上天皇。天皇諡。太皇太后。皇太后。皇后。

右皆平出。[1]

とみえることにより知られよう。即ち、聖上は平出条の天子・天皇・皇帝・陛下等の尊称に当たり、聖帝・聖皇・聖君・聖主・聖天子の別称をもつものである。平出条の規定が闕字条のそれと代るのは「聖上」に限ったものではなく、他の用語の場合にもみられる現象で、それらの規定の乱れは奈良朝末期に生じている。従って、元来平出の規定に該当する「聖上」が闕字に代っても不思議でない。相田二郎氏はその著『日本の古文書上』（岩波書店・昭和二十四年刊）の中で、

奈良時代に制定した大宝令中の公式令には、平出闕字の書礼が明かに示してある。当時は之に指示した言葉に限り、然も公の文書に限ったものであつて、平人の啓状に及ぼすべき制規で無かつたかとも考へられる。

と、平出闕字について述べられている。相田氏はその中で、『公式令』の規定が公文書を対象にして私文書に及ばないことを指摘され、啓状には疑問とされている様である。

わが国の律令が唐の制度の借用であることを考慮すれば、『唐六典』巻之四にみえる次の文章は平出闕字に関する解釈を与えるものであろう。

凡上表、疏、牋、啓、及判、策文章、如㆓平闕之式㆒。

ここに「式」とみえるものは、『公式令』の平出・闕字の両条を指すものであるから、日本令に「式」を欠くが両条の文章は、詔書式に始まり過所式に終わる「各」式に含まれるものである。従って両条の対象は公の文書に限られると考えられる。

ところが貞慧誄は官に提出する文書ではないから、明らかに平闕の式に該当しない私文書である。公式文書でない

第一表　闕字の参考例

公式令	類聚三代格	格以外の文書
天子	天皇	天皇
天皇	陛下	皇帝
皇帝	聖上	陛下
陛下	聖主	聖上
至尊	聖帝	聖主
	今帝	聖帝
	今上	今帝
		今上
		聖皇
		聖君
		帝皇
		皇王
		主上
		今天
		一人
		慈父
		慈父君

誄に闕字がみられるのは、誄作者の恣意による述作と考えねばならないだろう。しかし、平闕の式に倣って特定の天皇・御朝・治天下等の用語使用は、律令体制成立当初から既に金石文にもみられた現象であった。それと同時に諸寺の縁起・流記資財帳が官へ提出される過程には、僧侶を介した提出文書中に平闕の式による事例が認められる。この事実を敷衍すれば、僧侶が公式文書でない私文書に迄平闕の式を用いて作文する習慣ができていると考えても大過ないであろう。特に平安朝初期の学僧空海や最澄はよくこの平闕の式をこなしているので、空海や最澄以前の奈良朝末においてもかかる習慣はあったと推定される。ただその折に正しい平闕の式を僧侶が文章作成で行ったとは考えられず、その多くは闕字であったと思われる。平安時代に入って多くみられる仏教関係の諸文書には、令や格に載る以外の文字がそれも仏教帰依者の好む「聖」を用いた例が認められる。簡単に闕字の頻出語句を示すと第一表の如くである。

　かく考えると貞慧誄にみえる「聖上」の闕字は、僧侶が好んで用いた叙述状態を示すものであると推定される。「聖上」と共に道賢の誄で考えねばならないことは、「天勅」[2]の語が存在することである。これが何故平闕の式に倣わなかったのかを考えるに、凡そ次の様に解釈できる。官の公式文書にみえる宣旨・勅旨・別勅等の文字が当時闕字式に適わない記述をしている事例、僧侶の恣意による闕字の不安定状態を当時の記録から認められること、等によりこの場合も誄作者が闕字にしなかった。ここでは「帝《みかど》」を強く意識した述作態度から、特に「聖上」にのみ闕字規定を利用したものであろう。

註

1　『朝野群載』巻一三紀伝上、平出闕字には、太皇后・太皇大妃・太皇大夫人・皇大妃・皇大夫人も記述されている。

2　「天勅」という連語は漢籍でみられない言葉である。同義の「天詔」は李嘉祐の「送袁員外詩」にもみられ一般に用いられるが、天勅は何故か文献にみられない。文字に対する彼我の好みの相違と思われるが、わが国では奈良時代によく使用された用語の一つであるらしい。『続日本紀』天平九年四月壬子条に、律師道慈が「天勅」を奉じたと記録するのが現存史料で古い。

三　歳次の問題

日本の公年号に「歳在」・「歳次」を付す用法は、中国から朝鮮半島を経由して伝えられた文化に随伴するものであった。久保常晴氏はその著『日本私年号の研究』(吉川弘文館・昭和四十二年刊)の中で、この事実を多くの資料に基づいて述べられている。それによれば中国においては漢代から「歳在」が用いられ、六世紀になって「歳次」に代る表記の変化がみられる。そしてこの様な傾向は隣国の半島諸国にもみられ、広開土王碑に始まる「歳在」の使用は八世紀まで多いが、九世紀を境に「歳次」に代ってくるという。一方、わが国においても中国及び半島の文化に影響されて、やはり「歳在」を用いた天寿国曼荼羅繡帳や七支刀の例から、半島の影響が軽視できないことはここで論ずるまでもない。久保氏は『出雲国風土記』を紀年の目安にされ、わが国における「歳在」の用法がすたれていると言われる。その論拠は『琱玉集』[1]にみえる、

天平十九年歳在云々

の事例を下限に想定されたらしい。というのは、久保氏が掲げられた「歳在」一覧表に、実はこの資料が最後であり、その後の紀年の資料がみえないからである。

しかし、私は「歳在」の用法が平安朝初期に認められる資料を得ている。従ってわが国における「歳在」の用法は、平安朝以後すたれてきた、と推定される。参考資料は数が少ないので、久保氏の掲げられた一覧表に今回発見した資

第二表　わが国における「歳在」表記例一覧表

西暦	紀年銘	品目	収載文献
四二〇	歳在庚申正月	護身剣（七支刀）	塵袋第六
五九六	法興六年十月歳在丙辰	道後温泉碑	釈記第一四
六二一	歳在辛巳十二月二十日癸酉	天寿国曼荼羅	大日本金石史
六二一	*歳在辛巳十二月二十一日癸酉	上宮聖徳法王帝説	群書類従
七〇七	慶雲四年歳在丁未四月二十四日	威奈真人大村墓誌	摂河泉金石史
七二四	*開元十二年歳在甲子	七絃琴甲裏銘	原色版国宝二
七二五	神亀二年歳在乙丑八月十三日	大般若波羅密多経巻三六一	寧楽遺文
七三四	天平六年歳在甲戌	仏説七知経	〃
七三四	〃	観世音菩薩受記経	〃
七四二	天平十四年歳在壬午春二月四日	金字光明最勝王経竹帙	大日本金石史
七四七	天平十九年歳在丁亥三月	琱玉集第一二巻	寧楽遺文
七四七	〃　秋　七月	〃　一四巻	〃
七五一	*天平勝宝三年歳在辛卯冬十一月	懐風藻序	群書類従
七六八	*神護景雲二年歳在戊申五月	十誦律第七誦巻四二	寧楽遺文
八〇四	*延暦二十三年歳在甲申四月	叡山大師伝	群書類従
八〇四	*　〃	治部省牒	平安遺文
八〇五	*（延暦）二十四年歳在乙酉六月	叡山大師伝	群書類従
八〇五	*永貞元年歳在二酉極寒月	唐青龍寺恵果和尚碑銘	性霊集
八二五	*天長二年歳在大荒落玄月	益田池碑銘	〃

料（＊印）を加えて前頁の第二表に示した。表を一見して感じることは、八世紀中葉から九世紀にかけて「歳在」使用例の断絶である。九世紀初頭に頻出する事例から考えると、この断絶は資料の現存状況に関係するものと言える。ところで「歳在」文字使用の傾向は久保氏の言われる如く、「歳次」が多くなるのに反して少なくなる。

一体、「歳在」が「歳次」に代る根拠を、外来文化の影響だけに求めるのも何だか割り切れない。何故ならば、これらの用語が交替するのには、何か公的な要素が影響を及ぼしているのではないかと思われるからである。用語の交替が法令で定められたという事実も、『六国史』や『類聚三代格』等の公式記録から検出できないが、延暦二十四年が用語使用の転換期に当たっているのではないかと思われるフシがある。それは天長七年（八三〇）頃の成立と考えられる『叡山大師伝』が、

延暦二十三年歳在甲申四月云々

延暦二十四年歳在乙酉六月云々

弘仁十一載歳次庚子云々

と「歳在」・「歳次」を書き分けていることとである。『弘法大師御伝巻下』所収の金銅灯籠并序にも、

弘仁七載歳次景申

とみえるから、弘仁年間には「歳次」を使用するのが一般的で、「益田池碑銘」の如き例は例外的なものと解される。

そこで注目されるのが、官庁から出される公式文書の形式は当時どの様であったかという事であろう。第二表にも掲げた延暦廿四年九月十六日付の治部省牒をここで眺める必要がある。牒とは『公式令』に移・符・解の各式と並んで牒式と規定されるもので、官庁から官庁に準じられるところ、或いは官庁でないところに出される公式文書である。ここに示す牒は、治部省が国昌寺に存在する僧最澄へ出した文書であるが、その中に、

延暦廿三年歳在甲申四月云々

延暦二十四年歳次乙酉九月云々

と、一年違いで「歳在」が「歳次」に改められている重要な記載がある。少なくとも官庁の仕事は旧制を墨守するのが常識であり、一度定められた関係書類の記載形式は容易に改められるものでなく、弊害がない限り新形式は採用されないものである。だがこの牒から窺われるのは、この一年間で文書の記載形式が改められたらしいことである。ところが、前掲の『叡山大師伝』に依れば、延暦二十四年は「歳在」が用いられている。両者をつき合わすと、大師伝にみえる「六月」と牒にみえる「九月」の三箇月は、「歳在」が「歳次」に代る重要な時点に考えられてくる。現在これ以上の推測をし得ないのであるが、この三箇月間は公的な「歳在」使用の下限を推定させる目安となろう。

そこで話は貞慧誄の「歳次」にもどるが、誄はこの公的記載に関係があったか否かをこの際考慮する必要があろう。周知の如く『鎌足伝』・『武智麻呂伝』は奈良朝の成立である。しかも両伝には「歳次」記載が各々三回ある。元来『家伝』は官へ提出する公的要素の強い文書である(2)。十世紀初頭成立の『入唐五家伝』の安祥寺恵運伝は、『家伝』の公的要素をよく伝えている。即ち、恵運伝の官進上に添付した奥書に、

右件家伝、注顕進上如レ件。

とあって、三綱の上座・寺主・都維那の署名が認められる。この様に『家伝』は官へ提出するものであるから、一般の『伝記』と異なり公約要素を帯びるものであった。この要素をもつ『鎌足伝』・『武智麻呂伝』に、「歳在」の記載がないことは当時の官庁自体が「歳在」の表記を強制したのでないと考えられる。従って公的要素のない誄が「歳次」を用いるのは、寧ろ当然の記述と言える。「歳次」は当時の一般的記述を示すものであり、この点だけから藤氏の上下伝と比較して、誄の成立が余り時代差のない頃と推測することもできよう。

貞慧誄が『文選』所収の誄を参考にして作られたことは別稿で述べた。ところで年号に続く「歳次」の記載について『文選』所収の誄を調べると、一例も「歳次」・「歳在」を用いたものがない。従ってこの事実から誄作者は「歳

次」記載に関する限り、誄作者が述作していた時代の一般的記載に倣って誄文を書いた、と解して誤りない。即ち、「歳次」記載は誄の成立年代を示す鍵となる。しかし、「歳次」の用法はその使用年代にかなりの幅があり、(3)又誄と二伝の「歳次」が同一時期を示すものとの確証が得られない為に、誄の成立は大ざっぱな推測しかできない。そこで誄の成立は次の様に考えるのが穏当であろう。

『武智麻呂伝』は最後の部分に、豊成が変事に関与して太宰員外帥に降された記載があり押勝の大師在任記載がある。従って押勝が叛乱を起こす天平宝字八年（七六四）以前、それも余り年月を隔てない時期が『武智麻呂伝』の成立と推定される。(4)一方、貞慧誄は『武智麻呂伝』作者が漢籍を借用しているのと同様に、利用した漢籍の多くが同じで述作技巧も類似している点から、その成立も伝より数年後でないかと思われる。先に注意した様に、誄と二伝に共通する「歳次」の使用、『鎌足伝』と誄に共通する「白鳳」年号の使用・高麗僧道賢資料の引用は、『鎌足伝』と誄との成立も又接近していることを暗示している。従って三者のうち、文体上『鎌足伝』が最も漢籍をうまく咀嚼しているので、成立が一番早いものであろう。これに後れて『武智麻呂伝』が成立し、ついで誄が述作されたものと思う。

註

1　『寧楽遺文』所収　名古屋市真福寺蔵。

2　『職員令義解』式部省卿職掌。

3　『日本書紀』天智七年正月三日条に引く或本に「六年歳次丁卯」の記載もみえる。尤もわが国における最古の例は、法隆寺の金銅薬師像光背にみえる記載で、詳細は久保常晴氏の著書を参考にされたい。

4　横田健一「藤原鎌足伝研究序説」（『関西大学文学論集』創立七十周年記念特輯）。

四　貞慧誄と『鎌足伝』の結びつき

ここで『家伝巻上』を繙く際に、是非とも考えねばならない問題がある。それは宗性本系家伝[1]を資料にして作成された『大織冠縁起』（以下『縁起』と略称する）の存在である。『縁起』は元来絵縁起で、現在までに古・新二系統のものが伝わっている。[2]前者に属し且つ鎌倉時代の奥書をもつ『縁起』に、故柳原博光氏蔵本『真名大織冠公御伝』（以下柳本と略称する）がある。[3]実はこの柳本は原本の姿をよく残しており、次の如き重要な出典を示す注が引用文の最後にある。

(1)　蘇我入鹿自執二国政一、威勝二於父一太子伝。
(2)　復聞二微雷覆二于寺上一在太子伝。
(3)　為二魚水一、互述二素懐一、敢無レ所レ匿伝桑。
(4)　遂以二古麻呂等一、誅二入鹿一訖太桑伝。
(5)　時人以為、応天誅逆伝。
(6)　賊党皆云、……為レ誰空戦、尽被レ刑乎。言畢奔走、賊徒悉散伝。
(7)　内臣者、准二大臣位一也。又封二千戸。軍国機要、任公処分伝。
(8)　内臣中臣連、……始立二精舎一、乃設二斉会一。維摩会之濫觴也桑。
(9)　海内碩学、相撰請用如レ此。周覆歴十有二年矣桑。
(10)　斉明天皇、被レ修二仁王会一之日、賜二和尚号一荷。
(11)　仍授二大織冠一、任以二内大臣一桑。
(12)　朝々暮々、転二真如之法輪一伝已上。

⒀　役レ人荷レ士、共登二談峯一荷。

⒁　和尚感然伏レ地、見聞奇異荷。

⒂　不比等、為レ叶二先志一、簡二春日之勝地一、立二興福寺之伽藍一也桑。

⒃　毎年十月、荘厳法筵、仰二維摩之景行一、説二不二之妙理一見上。

⒄　至二于同七年一甲寅、如移二修于興福寺一桑。

ここにみられる各引用文末の注は、太子伝は『聖徳太子伝』を、伝は『鎌足伝（或いは家伝）』を、桑は『扶桑略記』を、荷は『荷西記』を、伝桑は『鎌足伝』及び『扶桑略記』を、太桑伝は『聖徳太子伝』・『扶桑略記』・『鎌足伝』をそれぞれ示すものである。ところが⒃の「見上」だけは他の記載と異なる。この引用文は『鎌足伝』を指すから、出典を示す文末の注は「伝」でなければならない。即ち、「上」と「伝」は同一内容を示すものと言える。従って「見上」は「家伝上」か「家伝巻上」を省略した注記と考えられる。

『縁起』に引かれた伝即ち『鎌足伝』は⒃が最後である。編年順であればその後貞慧の叙述が続くのであるが、『縁起』では⑽から⒁の箇所に収められた。参考例から容易に分かる様に、貞慧に関する叙述はすべて『荷西記』であって『家伝』ではない。そこで考えられるのは、縁起に利用された『家伝巻上』に貞慧誄が含まれていたかであろう。『縁起』文の注では『家伝巻上』と『家伝』が同一であったことは既述した。ところが貞慧の叙述には誄と類似する句は、『縁起』文中から一つも見出せない。この事実は『荷西記』による『縁起』文構成の実情から寧ろ当然の結果であるが、一方に『家伝巻上』を利用しながら誄にふれない点は、誄が『鎌足伝』に結びついていなかったことを物語っていると、推定されよう。叙述の点で貞慧の二十三歳入滅説が具合の悪い内容であったとしても、在百済中に詠んだ警絶の五言詩は貞慧の入滅原因と切り離して、聡明な文人として画くのに適当の材料である。しかし、『縁起』文作成に適当な材料を提供する誄は全く利用されなかった。これは『家伝巻上』が誄を含まない事実を示すものであろう。従って、今日伝わる古・新両『縁起』中にみえる貞慧関係の部分はその内容に大差がないから、『縁起』成立の暦仁二年（一二三九）迄、誄収載の『家伝巻上』なるものは存在しなかったと言えよう。

尤もここで『家伝』に上下巻の名称がつけられた時点を考慮すべきであろう。しかしその時点は現存資料で明らかにできない。弘仁年間（八一〇―二三）の成立とみられる『松浦廟宮先祖次第并本縁起』に、「藤伝五巻」とみえる如く藤氏の伝記が漸く多くなる傾向で、藤原氏の基経[4]・敏行[5]等の家伝の成立も認められる中で、特に開祖と仰がれた鎌足や国家功労者の不比等及びその子武智麻呂に対する眺め方は、一般に他の藤原氏出身者よりも特別にする気運があったのであろう。この気運は『鎌足伝』を『大織冠伝』と併称されることに連なるのであり、更に『家伝巻上』と発展するのではあるまいか。従って『家伝巻上』の呼称は『大織冠伝』のそれより後に生じたものであろう。

現在『家伝』を上下に分けた資料を残すのは僅かである。それを次に示そう。

(1)　権記長保四年十二月十四条藤氏記並家伝上下巻云々。

(2)　東大寺図書館蔵弥勒如来感応抄大織冠伝云、家伝巻上云々。[6]

(3)　柳本真名大織冠公御伝　不二之妙理見上。

(4)　国会・彰考・伏見本の鎌足伝　家伝巻上。

(5)　群書類従・寧本の鎌足伝　家伝上。

(1)の資料『権記』により、長保四年以前に『家伝』が上下の巻に分けられていたことが理解できる。又、資料(2)より『家伝巻上』よりも『大織冠伝』の呼称の方が重くみられていた、即ち、早くからの名称成立の事実を窺知できる。これは『扶桑略記』和銅六年十二月乙巳日条にみえる「大織冠伝云」と無関係ではない。即ち引用の最後は「已上家伝」で結ばれている。『扶桑略記』には天智九年庚午閏九月六日条に、

大和国十市郡倉橋山多武峯、是其墓所也已上家伝。

と現存『鎌足伝』にない記載を残すが、藤原鎌足関係の叙述には「家伝」・「已上家伝」として、巻上巻下の区別をしないで作者皇円は記述している。皇円は『武智麻呂伝』を『大織冠伝』と書き誤ったが、もし皇円が記述に利用した『家伝』が上下巻に分かれていれば、この様な失敗はしなかったであろう。『権記』の成立時代は確かに『家伝』の上下巻分離は認められるが、資料(2)の述作された正嘉三年（一二五九）より五十余年前に、皇円は旧来の名称の『大織冠伝』を参照しているのである。皇円の利用した『家伝』は『扶桑略記』述作に近い頃の写本ではなかったであろう。もしそうであれば必ず巻の上下区別があるから、上下の名称を『扶桑略記』に書きこんだと思われる。従って、皇円がみた最小二本の『家伝』は系統を異にする古写本であったと思われる。それは『権記』成立以前の『家伝』が上下巻の名称をつけられていない頃に書写されたものであったろう。私は『大織冠伝』が巻上の名称にもつのは、『権記』の成立より余り遠くない時であったと思う。

さきにふれた如く、『縁起』述作に利用された『家伝』は宗性上人がみた古写本であったらしい。宗性上人抄出本より、その古写本は『縁起』に貞慧関係の叙述が全くない事実から、『鎌足伝』末尾に載せる通称『貞慧伝』即ち貞慧誄の資料がなかったと推定される。勿論この場合、内容不明の『貞慧伝』について言えないが、『縁起』に利用された貞慧関係資料がすべて『荷西記』による事実から、帰納的に私は推定している。

今日の『貞慧伝』が『鎌足伝』と共に一巻をなす説[7]、独立の一巻と考える説[8]や『史伝』と共に一巻となし『中巻』とする説等[9]に分かれて定説がない。しかも貞慧誄を『貞慧伝』と解しての説がその多くを占めるから、猶更問題をややこしくする。しかし別稿でも論証した様に現在本『貞慧伝』は家伝の文体ではなく、誄文の仮称貞慧誄である。又『家伝巻上』が通称『貞慧伝』・貞慧誄を含まないことも推定した。そして別項で推定した様に[10]、貞慧誄は十四世紀初頭頃に『家伝巻上』に加えられたと考えられる。従って我々が今日研究の資料にする『家伝巻上』は、その成立から過程を辿ると次頁の図の様に考えてよかろう。

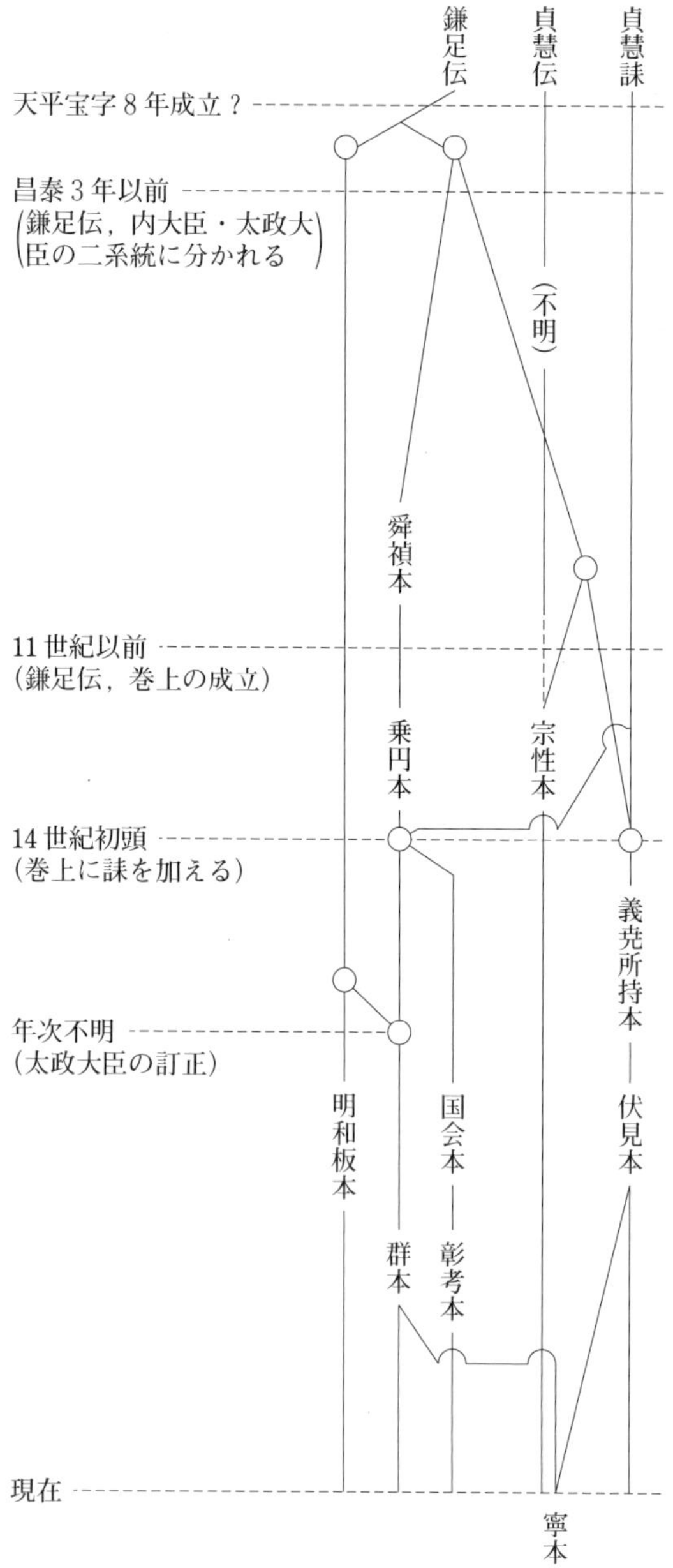

註

1　狩谷棭斎の『扶桑略記校譌』に「仍授織冠」・「美気祐卿」・「大中臣」・「太政大臣」等それぞれの校異が載っている。それによれば、伏見本の「美気祜」を除き棭斎が用いた原本と各々が一致する。即ち、この系統を残す写本は宗性本の外に現在見当たらない。

2　元文丁巳歳（一七三七）談山法苑院の彦然性忍述作の『紅葉拾遺』巻中縁起製作の項によれば、当時『古縁起』四巻と『新縁起』二巻が宝庫に納められていたという。現在『古縁起』は奈良国立博物館に保管されている由、談山神社禰宜の加藤泰朗氏より教示をうけた。猶、『新縁起』は現在も神社に保存され、閲覧に供せられている。

3　軸付袋墨書に「右大織冠御伝外第藤氏始祖云々令修覆者此書頗秘珍於仮名御伝者邂逅有之堅固可禁他見矣　正二位藤原紀光判」とみえ、奥書は、「弘安□年十二月十三日於南都元興寺極楽堂東房書写了　或人依有御誂愁雖書写歳為八十六之上目不見手寒天　如善部之後見之人々久無明界有処難凡文字共点頗不審也　以証□助志□門証寂後見人々可唱南無アミタ仏也」と解読できる（近藤喜博博士より奥書の解読で御助力を賜わった）。

4　『公卿補任』貞観六年条。

5　『三十六人歌仙伝』。

6　平岡定海「東大寺宗性の大織冠伝（家伝上）の抄本について」（『史学雑誌』六八編三号）。

7　遠藤元男・下村富士男編『国史文献解説』朝倉書店・昭和三十二年刊。和田英松著『本朝書籍目録考証』明治書院・昭和十一年刊。

8　岸俊男著『人物叢書　藤原仲麻呂』（吉川弘文館・昭和六十二年刊）。山岸徳平「上代漢文学史」（『講座日本文学1　上代編Ⅰ』所収、三省堂・昭和四十三年刊）。横田健一「藤原鎌足伝研究序説」（『関西大学文学論集』）。

9　伴信友「松の藤靡」付録（『伴信友全集』第三・ぺりかん社・昭和五十二年刊）。

10　「貞慧誄の諸本に関する覚書」（『続日本紀研究』一四八・一四九合併号）。

むすび

これまで縷述してきたのは、貞慧誄の叙述語句の面と、誄の成立・伝写過程の面より試みた分析である。『日本書紀』にみえる高麗僧道顕が誄で道賢と書かれていることも、誄作者の好字癖か伝写過程中に生じた誤記かという問題を残すが、本節ではふれなかった。それぞれの考察で明らかとなった点を最後に要約しておこう。

1　貞慧誄には闕字部分が二箇所あり、その一「理固善」の三字は、その上に推定「事」の一字が脱落している。残る一「聖上」の上の空白は、公式令闕字条に倣う当時の文人の述作特徴を示している。

2　貞慧誄にみえる「歳次」の表記三例は、鎌足・武智麻呂両家伝の表記を踏襲する。貞慧誄は高麗僧道賢資料の引用・漢籍利用とその述作技巧より、両家伝と成立の点で共通する様で、『武智麻呂伝』にやや後れて成立したと思われる。

3　『大織冠縁起』述作に利用された『家伝巻上』は、『鎌足伝』だけで貞慧誄を含んでいない。これを例証する弘安の奥書をもつ柳本の注及び伏見本の奥書に残る義尭所持本は、両者成立の期間内に貞慧誄が『家伝巻上』に加えられた事実を教えるもので、その時点は十四世紀初頭頃に推定される。

第三節　貞慧誄頌の不幸短命考

はじめに

私は、『日本歴史』二六八号「定恵和尚の入滅と鎌足公改葬について」で、現存本貞慧誄にみえる天智乙丑年（六六五）入滅記事に対し疑いを抱き、伝写過程中に生じたと思われる誤記の点、誄本文の頌の解釈から知られる内証の点、定恵の造寺活動から考えられる傍証資料存在の点から、定恵の入滅を天武乙亥年に推定した。

所謂、定恵の三十三歳入滅を推定する所以は、死者におくる哀悼の言葉〈人々の共感をひき起こす心情を吐露した誄本文〉[1]の中にみえるところの不幸短命にして世を去った顔回の故事が、誄の中心素材であり、定恵の人物像を彷彿とさせる頌の修辞とみられ[2]、ひいては誄解明の内証問題の決定的な要素を示すものとして捉えたがためである。

顔回の死については、今日のところ四十一乃至二歳説と三十二歳説があって明確でない。然し、顔回が三十二歳で没したと解釈する不幸短命の哀辞が漢代から唐代まで多く検出される。その反面、顔回が四十一～二歳で没したと解釈する不幸短命と同義の哀辞が少ないことは、現存資料からみた限りまぎれもない事実である。それは儒学に通暁した文人達の顔回に対する理解内容を反映するものであろう。

最近における平城宮発掘の成果によれば、『文選』が下級官人の学問対象となっており[3]、官人に利用された『文選』は又付注本であったものと思われる[4]。即ち、奈良朝に入ると『文選』の普及によって、わが国の文人も下級官人を加えて層が厚くなり、『論語』にみえる「不幸短命」は、顔回に対する哀辞として常識の句と理解され、付注本『文選』

の普及も手伝って、顔回三十二歳死亡を意味する修辞になった、と思われる。

六朝における文章規範の『文選』には、潘岳の「楊仲武誄一首」が序文と共に収載されている。潘岳は、六朝文人の中で誄作で以て「極工」と讃えられる作品を残した謝霊運と並び(5)、「文詞尤工」と批評された誄作者中の双璧である(6)。この岳作成の楊仲武誄序文に、

不幸短命、春秋二十九、元康九年夏五月己亥年卒。嗚呼哀哉。

という仲武の死を傷む文句がみえ、李善はこの「不幸短命」に、

論語、孔子対㆓哀公㆒曰、有㆓顔回者㆒、不幸短命死矣。

と注している。この李善注から、唐における文人の「不幸短命」に対する解釈の凡その傾向を窺うことができる。更に、岳の誄作の心情も李善と同じく顔回の死亡年齢を意識してであったろうと思われる。中唐の詩人白楽天が四十歳まで生きることを希求し、顔回の死をば天寿を全うしない不幸な運命と解している点もここで参考となる。

ともかく、顔回の三十二歳死亡を「不幸短命」の四字句表現にうけとめる風潮が唐に存在したことは疑えない。しかも、唐文化の吸収に懸命であったわが奈良朝の文人は(7)、唐文化の影響をうけて顔回崇拝の傾向が早くからあり、顔回故事にまつわる三十二歳死亡を不幸短命と同義にみる文学思潮の中にあって、詩作・作文活動に入っていたと思われる。そこで、不幸短命とこれに対応する幸福長寿の社会通念について検討を加え、唐文化受容の盛行をみるわが国の奈良朝及び平安朝初期の賀寿について併せ考えてみたい。

註

1　南朝の梁の劉勰が著した中国最初の文学理論書『文心雕龍』巻三、誄碑に、「論㆓其人㆒也、曖乎若㆑可㆑覿、道㆓其哀㆒也、悽焉如㆑可㆑傷。此其旨也」とみえる。

2　同書巻二、頌讃に、「頌者、容也。所㆘以美㆓盛徳㆒而述㆗形容㆖也」とみえる。

3　東野治之「奈良時代における文選の普及」（『正倉院文書と木簡の研究』所収、塙書房・昭和五十二年刊）に詳しい考察がみられる。

4　唐人よりも一段と学力の低い上代人は、『文選』の李善注本が主として読まれたらしい（小島憲之著『上代日本文学と中国文学上』三五九頁・塙書房・昭和四十年刊）。

5　清の蓀甘亭が著した『南北朝文鈔』巻下に、謝霊運作の曇隆法師誄が収められ、「此篇与二慧遠法師誄一、並称二極工一。以二集隘一止二鈔其一一」との寸評がある。

6　明の張溥が著した『漢魏六朝一百三家集』に収める北周の滕王の庾開府集序に「妙善二文詞一、尤工二詩賦一、誄奪二安仁之美一」とみえる。岳の詩は陳の徐陵から「潘岳之詩、致レ哀周密」と評されるし（裴使君墓誌）、『文心雕龍』の誄碑には「孝山崔瑗、辞靡律調、固誄之才也。潘岳構レ意、専師二孝山一、巧二於序レ悲、易レ入二新切一」とみえ、後世に尊敬されその名声を博めたといわれ、近くは岳の作品そのものは、「別段、詩人の傾向を示唆せぬ、贈答および特殊な贈答のケースとしての祖餞の詩だけである。題材に関するかぎり文章においても、孤独なまでに特殊で、哀誄にかたよっている」と評される（『高橋和巳作品集9　中国文学論集』潘岳論・河出書房新社・昭和四十七年刊）。

7　開元十六年（七二八）僧一行が作った『大衍暦』が、天平六年（七三四）吉備真備の招来でわが国に採用されたこと。天宝三年（七四四）玄宗皇帝が家毎に『孝経』を備えることを命じたが、わが国も十三年後の天平宝字元年（七五七）に同じ布告を出したこと。則天武后が全国に統一名称の大雲寺を設けたが、この影響をうけてわが国も全国に国分寺を建立したこと。則天時代の天冊万歳・万歳登封・万歳通天等の四字年号採用を模倣して、わが国も天平感宝・天平勝宝・天平宝字・天平神護・神護景雲の四字年号を使用したこと。天宝三年に「年」を改めて「載」にする詔勅が出たのに倣い、わが国も天平勝宝七年（七五五）に「年」を「歳」に改める詔勅が出たこと。藤原仲麻呂政権にみられる武后と玄宗の先例を引く官号改正・太宗の先例を引く『氏族志』の編纂や常平倉及び平準署の設置・則天武后の先例を引く官人必携書『維城典訓』の制定・開元通宝や乾元通宝や乾封泉宝の貨幣鋳造に倣った開基勝宝や太平元宝や万年通宝の新通貨採用、等にうかがわれる。特に唐文化の影響を早くうけた事例には、玄奘法師が貞観十九年（六四五）印度より招来の法相宗を、わが留学僧で本邦最初の火葬創始者として公式記録に名を残した道昭が白雉四年（六五三）に伝来しているし、わが修験道の先駆者とされる役小角の説話も中国浄土教の始祖といわれる廬山の慧遠の成道伝説の通俗かたりものたる「嵐山遠公話」に類似する所から（川口久雄著『平安朝日本漢文学史の研究』五二五頁・明治書院・昭和三十九年刊）、民間伝承の仏教説話も数ある事例の一つに考えられる。

一　長寿短命の死生観と不幸

中唐の白楽天は、賢人顔回の人生を超越することを理想とした。

憶レ昔初年三十二　当時秋思己難レ堪（『白香山詩集』巻一五、重到二華陽旧居一）

楽天は顔回の短命を悲しみ且つ己の長寿を希求したのであるが、その一端は次の詩から感じとれる。

天下多二夭折一　乃知二浮世人一　少得レ垂二白髪一　余今過二四十一念レ彼聊自悦（同集巻六、聞二哭者一）

四十の年寿を過ぎて悦びを感じている楽天には、巷間における長命観の影響が実はみられる。一体楽天にみられる長命観、換言すれば唐代文人の抱く長命観は、後述する三国時代以来の四十歳未満の死を短命と解釈する社会通念を継受したものである。そこで、中国社会に脈々として生きてきた長寿短命観の歴史をふりかえってみよう。

中国固有の死生観は、この世に生をうけた肉体が死によって大地にもどり、その霊魂は天上に帰るものというもので、古代の中国人には死後について思想を持たなかった。人間の生死はすべて天帝の意志即ち、天命に基づくものであり、現世の無常も天命によって解決できるものであった。孔子が弟子の子夏に話した、

死生有レ命、富貴在レ天。（『論語』顔淵篇）

の言葉は、人力では如何ともしがたい自然界の営みに対する諦めの感情表現であり、天（帝）に対する敬虔な服従を示す率直な告白でもある。「生死有レ命」という孔子の運命観は哀辞に活かされ、劉琨の『散騎常侍劉府君誄』にみえる「命不レ可レ延」（『芸文類聚』巻四八）や陸機の『愍懐太子誄』にみえる「惟天有レ命」（同書巻一六）や曹植の『卞太后誄』にみえる「豈命有レ終」（同書巻一五）や宋温璩の『哀皇后哀冊文』にみえる「人生有レ終」（『文苑英華』巻

八三七）等の表現をもってうけつがれている。又、天（帝）の非情によって、善良な青年の生命が断ち切られることもある。君主である秦の穆公が死んだ時、大夫であった子車氏の三人の男が殉死させられた。この悲劇を悼んだ国人が詠んだ詩が「黄鳥」で、『毛詩』国風、秦風に収められている。この詩には、

　彼蒼者天　殲二我良人一

の二句が三回反覆使用されていて、前途有望の青年の生命を奪った天（帝）に対し、悲嘆にうちひしがれた国人の恨み〈無力とは知りながらも言わずにはおれない不満〉が表されている。そこには無力な人間とこれを統べる絶対神天（帝）との関係が、厳然と立ちはだかっていて、現実を客観的に眺める知識人の生まれる素地がなかった。

　ところが、後漢に入って仏教が上流社会の文人に理解されるようになると、「人生如二朝露一」や「去者日以疎」といった陰気な感情を伴う悲しい調べの詩が生まれ、「黄泉下相見」と表現される死後の世界を認める来世観が出現する。所謂、これまで自然に逆らわず「死を悲しまず」現世の快楽を貪るという人生観に、転機をもたらしたのが後漢時代であった[1]。

　もともと、天命に左右される人間の死は、「不レ吉而不レ免レ凶」（『漢書』巻五四、蘇武伝）現象であり、「凶」又は「不幸」の言葉で表される。死を「不幸」と解釈するのは自然発生的な倫理観によって裏付けられるものであるが、死＝不幸観のより具体的な傾向は、次頁の第一表に示すように早世＝不幸観となって漢以後の社会通念となっている。このような不幸観が定着する要因には、次項で述べるように弟子顔回の死を悼んだ孔子の言葉が強く働いているのである。

第一表　不幸と結びついた早世〈同義語〉使用例

番号	出　典	内　　　容
1	漢書巻八五谷永伝	陽朔中（王）鳳薨。永与譚書曰、今大将軍、不幸蚤薨。
2	後漢書巻二〇祭遵伝	建武九年春、卒於軍。博士范升上疏曰、潁陽侯遵、不幸早薨。
3	同書巻三二陰興伝	建武二十三年卒。時年三十九。永平元年詔、興不幸早卒。朕甚傷之。
4	同書巻二三五行志	章帝章和二年夏、崩。注曰、侍御史孔子豊上疏曰、陛下即位日浅、而不幸耗早。
5	魏志巻一四郭嘉伝	嘉年三十八、及薨。（太祖）表曰、軍祭酒郭嘉、不幸短命、事業未終。
6	同書巻一八李通伝	通薨、時年四十二。文帝詔曰、朕甚嘉之、不幸早薨。
7	呉志巻一〇陳武伝	弟表、武庶子也。兄脩亡後、表謂其母曰、兄不幸早亡。
8	魏書巻四下世祖紀	正平元年六月戊辰、恭宗薨於東宮。時年二十四。庚午冊曰、如何不幸、奄焉殂殞。
9	宋書巻六二王微伝	元嘉二十年卒。時年二十九。世祖即位詔曰、微不幸蚤世、朕甚悼之。
10	文選巻三四枚叔の七発　李善注	列女伝曰、魯之母師、九子之寡母也。不幸早失。
11	同書巻一六潘岳の懐旧賦	余十二而獲見于父友東部載侯楊君、不幸短命、父子凋殞。
12	同巻、潘岳の寡婦賦	楽安任子咸、雖兄弟之愛無以加成、不幸弱冠終。
13	同書巻五七潘岳の馬汧督誄	策書曰、故督守関中候馬敦、寵秩未加、不幸喪亡。
14	旧唐書巻七三薛伝収	史臣曰、薛収、不幸短命、殲我良士。

現実社会にみられる死が「不幸」であり又「凶」事と理解される反面が、「幸」なる概念であり、「吉」事である。『漢書』巻七、昭帝紀の元鳳元年（前八〇）三月詔についての顔師古注、

幸者、吉而免㆑凶也。故死謂㆓之不幸㆒。

が、幸・不幸と吉・凶の意味をよく示している。かかる不幸は、孔子から仁徳を累ねた人物と嘱望された顔回さえも免れず、人生における最大の凶事とみられた。不測の吉凶所謂、人生の寿夭は「性命」といい「命」と略称される。

即ち、「命」とは『史記』巻二四、楽書に、

性命レ不同矣。注（正義）曰、命者、長短夭寿也。

と規定される社会通念であった。そして、命なる内容は宇宙自然の営みである。これについて朱世卿が『性法自然論』の中で『鶡冠子』を引いて次の様に述べている。

夫命者、自然者也。

この自然界における営みの「命」は、この世に生をうけた人間が逃れることのできない限られた時間内の存在物に過ぎないことを意味する。万物に付与される時間経過の「命」の長と解釈されたのが「寿」であり、短と解釈されたのが「夭」である。これは、後漢の班固が著した『白虎通徳論』巻下の寿命に、

命者何謂也、人之寿也。天命已使レ生者也。寿命者、上命也。

と記されることにより知られる。ここにみえる「上命」が「上帝命」の略称であり、殷代以降人格神として天に与えられた「上帝」(2)の命を意味するもので、天命と同様である。

さて、『荘子』天地篇に華の封人が尭に述べた言葉、

寿富多二男子一、人之所レ欲也。

は、古代中国人が長寿を希った事実をよく伝えている。往時の彼等が理想とする年齢は百二十歳であったらしい(3)。『尚書』巻七、洪範の疏に、

伝以レ寿為二百二十年一。短者、半レ之為レ未二六十一、折又半、為レ未二三十一。

とみえるのは、このことを示唆している。この理想の長寿は「天寿」とも「天年」とも言われるのであるが、この天寿も後世に理想化された老子については、『史記』によれば百六十余歳とも二百余歳の長寿を全うしたとも言われる伝説を生じて、成長をとげている。もとより、長寿の理想化は『尚書』の説が最も古い。従って、老子の百六十歳・

二百余歳説は、『尚書』成立以後の寿命観の変化する中で派生した俗説を反映するもので、『尚書』以前の実体を伝えるものではない。

わが国の神話にみえる初代天皇神武が百二十七歳、現実の初代大和支配者とみられる崇神天皇が百二十歳で崩じたという記録は、中国の天寿概念を意識したものであろう。特に、崇神天皇の崩年百二十歳が短命と言われた(4)のには、何か天寿百二十年を更に理想化した考えを反映しているようだ。

天寿百二十歳説は『尚書』成立時の紀元前六世紀の社会通念であるが、当時天寿の半ばの六十歳未満の死を短命と言った。厳密には「短」と言い「短」の半ば三十歳未満を更に「折」と言ったのである。然し、六十歳未満短命説は、時代の下った後漢の鄭玄の頃には「夭死」の解釈へとつながってゆく。即ち、王充の著作『論衡』巻二、幸偶篇に、

顔回蚤夭。孔子曰、不幸短命死矣。短命称㆓不幸㆒、則知㆓長命㆒者幸也。短命者不幸也。

とみえる社会通念の短命＝不幸観は、その夭死解釈の側面を示すものである。漢代に発達をみた儒学は官人の指向する賢人となる為の修業の学問となるが、富と権勢を等しく夢みた官人は賢人の理想像として顔回を崇めた。聖人の孔子が回を賢人と保証しているがため、顔回崇拝熱はいやが上にも高められる。かくして、後漢時代には、前代の短命不幸観を通して同義の不幸夭死観が大勢を占めるようになる。この夭死という表現は、更に夭折・短折・短寿・早夭・早死・早世・早卒・早薨・早亡・早崩・夭摧等の同義語を派生してゆく。第一表で眺めた『後漢書』の事例はその一部を示したに過ぎない。

元来、六十歳未満「短命」の通念は、『尚書』巻七、洪範の注や『逸周書』巻六、謚法解に、

慈仁短折曰㆑懐。注曰、孔晁曰、短、未㆓六十㆒。折、未㆓三十㆒。

とみえるように、三十歳未満の人に用いられる「折」の義と区別されたが、「折」が「夭」の義と同一なることから、『春秋左氏伝』昭公四年条の杜預注にもみえる、

夭、短折也。

の解釈が強くなる。この「夭」の義は『広雅』、釈詁一下に、

折、夭也。摧也。

とある。この解釈は前記杜預注の「短」を省き説明を倒置したものである。従って、「夭」の三十歳以下の死を意味する「折」と同義としたところから「夭折」の語が派生した。然し、一方「夭」の解釈は、『釈名』巻八、釈喪制にみえる。

少壮而死曰レ夭。

の説明によって、後漢時代には少壮にしてなくなった者に対して用いられる語であることが知られる。しかも、少壮にしてなくなった人とは、後漢の徐幹が著した『中論』巻下の夭寿にみえる、

其年寿不レ為夭矣。其夭者惟顔回云々。

の説明に基づき、「年寿をつくさない」人即ち、顔回を以てその代表と眺めたことが知られる。ここに、『尚書』巻七、洪範の注と『春秋左氏伝』杜預の注から、「夭」の正確なる三十歳未満の解釈は、後漢時代には従来の解釈の枠を越えて活用されるようになる。

孔子が顔回の死を短命・不幸と悲しんで哀公に話す故事は有名だが、これは天寿百二十歳説が崩れてゆく頃の社会通念を反映するものである。そして、短・夭・折の用語の検討を通して不幸と規定できるのは、「年寿をつくさず」して人々の期待に反して早く死を迎えた人に贈られる哀辞であったことである。しかも、夭・折が連語となる哀辞の存在も知られるのと同様に、不幸と結びつく語が「早」と「死・卒・薨・失」等の同義語で多く占められている事例からみて、「早死〜早失」が短命の義と同じであったことは疑う余地がない。従って、三十八歳でなくなった郭嘉を悼んで魏の曹操が「中年夭折、命也夫」と言った事実は、三世紀の華北文化圏で用いられる不幸観を知る目安となる

点で注目される。この郭嘉故事は『釈名』の説明から、少壮の死をとげた夭折者ということであり、又『中論』の解釈から顔回故事をふまえていたと言わねばならない。と同時に、「短命」の表現は郭嘉の場合、後漢時代の不幸観を反映するものであり、中年の死者にも用いられる哀辞であるといえよう。従って、中年の夭折は逆説的に「不幸」であると定義づけられる。

元来、短折の「短」は理想の天寿の半ばに満たない年齢に限って使われたのであるが、狭義の意味にも用いられた(5)。言うまでもなく、長寿・短命（折・夭）の区分は六十歳を天寿の最下限とする解釈から生まれたが、そのような天寿希求の切なる望みは、現実社会の要求・矛盾・批判を介して崩れてゆく。というのは、天寿百二十歳説が、乱世の戦国時代に入って『荘子』にいわれる上寿百歳説に改められてくる。即ち、天寿百年の半ばの五十歳未満が「短命」ということになり、これまでの不幸＝短命の解釈が十歳くり下がった。この戦国時代の天寿説、

人上寿百歳、中寿八十、下寿六十。（『荘子』雑篇、盗跖）

は、漢代に入って又もや二十歳くり下げられ、それと同時に亦不幸＝短命の年齢も四十歳未満に変ってゆく。換言すれば、漢代には四十歳長寿の社会通念が生じたことを意味する。ここから後世の算賀の基準が四十歳となり、十歳を加える毎に行う賀寿の儀式が貴族社会の慣行となるのである。算賀については別稿で述べるので(6)、いまは四十歳長寿の事実を反映した資料を参考の為に記す。

惟年之久長、懼㆓于不㆒㆑終。今乃幸以㆓天年得㆒。復供㆓養于高廟㆒。

これは『漢書』巻四、文帝紀、後元七年（前一五七）に載せられた遺詔の一部である。文帝は四十六歳に崩御したが、その臨終に当たり四十六年に亘る人生を長寿（天年）であったと満足している。文帝の偽らない人生観は、遺詔中にみえる「幸」の一字に集約され、そこに皇帝の悔なき気持が滲み出ていると言えよう。記録上、文帝以前の四十歳代を以て天年を得たという事例が見当たらないので、この資料が四十歳長寿説を裏付けた嚆矢というべきであり、吉礼

の算賀歴史上貴重な存在といえよう。

現存資料に依る限り、四十代長寿の通念は漢代に入って生じたものであり、そこから不幸＝短命の年齢上限が三十九歳に求められる。かかる漢代における不幸短命観は、一方で衒学的天寿説を温存し乍ら根強く知識人の感情の中に生き続けた。それは二三の例外を残しているものの、「不幸短命」の語句の用例が四十歳未満に集中していることから裏付けられる。唐代における長寿短命観は、実は漢代から生じた新しい天寿八十歳と短命四十歳未満の社会通念をうけつぐものであり、奇しくも中唐文人の白楽天の詠詩中から窺知することができる。

註

1　青木正児「後漢の詩に現われたる無常観と来世思想」（『支那文芸論藪』所収、『青木正児全集』第二巻・春秋社・昭和四十四年刊）。

2　杜而未氏の研究によれば、上帝には「心」があり口を開くが、天には「心」がなく口をきかないものであり、祭天行事から眺めて上帝は殷人の至上神であり、天は周人の至上神であり、殷が亡びて後の上帝は周の天の概念と混合して同一視されるに至り、一方「戦争の神」とみなされるに至った、という（『中国古代宗教研究』）。又、天は自然物としての天、死んだ人々の存在する場所で人格神的至上神を併せもつものであり、帝は常に人格神として存在する、という天と帝との相違点のあることが三浦吉明氏により明らかにされている（「経書よりみたる天の思想―詩経・書経を中心として―」『集刊東洋学』三四号）。

3　『文選』巻一四、班孟堅の幽通賦「惟天地之無レ窮兮、鮮二生民之晦在一」の李善注に「曹大家曰、鮮、少也。晦、亡機也。言下天地無二窮極一、民在中其間上。上寿一百二十年、少者亡幾耳」とある。

4　『日本書紀』垂仁天皇廿五年三月条、注に引く一書に、「倭太神、太初之時期曰、先皇御間城天皇、雖レ祭二祀神祇一、微細未レ探二其源根一、以粗留二於枝葉一。故其天皇短命也」とみえる。

5　『逸周書』巻六、謚法解の注に「鄭康成説、未レ冠曰レ短、未レ婚曰レ折」とみえるのがそれである。『礼記』巻一、曲礼上には男子は二十歳になれば冠をつけ、女子は結婚することの内則が示されている。これによって、成人式の冠をいただかない十九歳までの年少の男子の死に「短」が用いられ、男子と同様に未婚の女子の死に「折」が用いられたことが知られる。

6　「壮年の慶賀」(『伊丹北高校図書館報』一三号。『老教師の回顧』第二章第一節、金子書店、平成二十年刊)。

二　顔回の故事と哀辞の発生

顔回は孔子の弟子中最も文辞に秀れて徳行の備わった人物といわれる。わが国の古代法『名例律』六議に規定された議賢の条件として、大徳行の注にいう「賢人君子の徳行」に該当するのが、他ならぬ顔回である。

経家所レ論、子貢・子夏等、皆賢人君子。但徳行有二優劣一。論語曰、徳行顔淵・閔子騫・冉伯牛・仲弓・是也。自余雖二賢人君子一、不レ足二大徳行一也。

と、『名例律』裏書の議賢事にみえるのがそれである(1)。奈良朝における文学で顔回の故事を引く例多しとしないが、石上宅嗣の「小山賦」の乱に、『論語』雍也篇にみえる顔回賞讃の故事が反映された(2)のや、作者不明の貞慧誄本文に『論語』雍也篇・先進篇にみえる顔回追慕の故事が借用されたのが知られる。

一体、孔子や顔回が多くの知識人に知られ、孔子に贈られる「大聖」の讃辞と同様に顔回に贈られる「復聖」の言葉が生まれる素地は、前漢の武帝が孔子教を国家統一政策の基本に定めて以後に築かれた。その最も具体的な現象が釈奠の成立である。後漢明帝の永平二年(五九)三月、郡・県内の各学校で周公・孔子を祀らせたこと(『後漢書』巻一四、礼儀志上)、或いは『晋書』巻一九、礼志上に、

礼始立レ学、必先釈二奠于先聖先師一。漢世雖レ立レ学、斯礼無レ聞。魏斉王正始二年二月、帝講二論語一通、五年五月講二尚書一通、七年十二月講二礼記一通。並使二太常一、釈奠以二太牢一祠二孔子於辟雍一、以二顔回一配。

とみえる様に、釈奠は魏の正始二年(二四一)から顔回を配して整えられた(3)。爾後、南北朝にこの儀式は採用されて盛大化をみる(4)。この釈奠はわが国に早く伝えられ、文武天皇の大宝元年(七〇一)に国家行事として初めて採用された(5)。

魏朝に成立をみる釈奠は、中央及び地方の大学学生に対する勉学奨励の国家政策であるから、その発展は知識人の間断なき輩出を意味した。謂わば、画期的な文化を生み出す六朝文人が、孔子・顔回を讃える釈奠を通して華やかな文学サロンを形成したのである。そして、彼等は難解な古典に新しい解釈を求めて呻吟し、奇抜な文学表現の素材に資する為に経典の中の有名故事を模索し、衒学的作品を生み出して自己陶酔に浸るのであった。文筆活動の盛行の影に、実は後漢の建碑流行に伴う(6)哀辞の発展があるのだが、顔回故事のとりわけ多いのが不幸＝短命の素材である。

そこで、顔回の死を不幸短命とする問題を考えてみたいと思う。顔回の死を伝える資料として最古の作品が『論語』である。木村英一氏の研究によれば、

顔淵の事迹は、わずかに『論語』によって想像されるだけで、その外に史料は殆ど全くない。但、史記弟子伝に、「回年二十九、髪尽白、蚤死」とあるのは『論語』にないが、これは『論語』の「不幸短命死矣」(雍也・先進)等に基いて生じた伝説であろう。(7)

という。従来、顔回の死亡説には、『史記』巻六七、仲尼弟子列伝にみえる、

顔回者魯人也。字子淵、少二孔子一三十歳。

の記事を基にして、顔回は孔子より三十歳若いと考え、ついで同書巻四七、孔子世家に載せる孔子の長男の

伯魚、年五十先二孔子一死。

を知り、伯魚の死んだ時期を、『論語』巻四、先進篇にみえる、

顔淵死。顔路請三子之車以為二之椁一。子曰、鯉也死、有レ棺而無レ椁

の記述を以て、その死が顔回以前であり、その没地が魯であったことを推定する。そして、孔子が魯に在住する時点を孔子世家の定公十四年、孔子五十六歳の時に魯を去り十四年後に本国帰還の記事を以て、哀公十一年孔子六十八歳の時点以後と解釈する。ところが、『史記索隠』所引の『孔子家語』により、孔子が十九歳で結婚し翌年長男の鯉

（伯魚は字）の生誕を迎えているので、鯉は孔子二十歳の時に一歳であるから、鯉が五十歳でなくなった時は孔子六十九歳、即ち、哀公十二年の時に当たる。(8) 顔回の死亡は、孔子世家及び『春秋左氏伝』の、

魯哀公十四年、春狩二大野一。叔孫氏車子、鉏商獲レ獣。以為二不祥一。仲尼視レ之曰、麟也取レ之。

とみえる記事の後で、

顔淵死。孔子曰二天喪レ予、及二西狩見レ麟、曰二吾道窮一矣。

とあるところから、哀公十四年孔子七十一歳の時と推定できる。即ち、顔回四十一歳の説が生まれてくる。この説を採るのは、毛奇齢（『論語』稽求篇）ならびに前記木村英一氏などである。

これとは違って、『孔子家語』巻之九の七十二弟子解にみえる、

顔回魯人。字子淵。少二孔子三十歳。年二十九而髪白。三十二早死。(9)

を全面的に肯定した、三十二歳説がある。この説を採るのは、『論語』集疏に引く晋の韓康伯注(10)であり、宋の朱子注である。

これら両説よりも早く成立し、又年齢についても異様な数を示すのが、前漢の淮南王劉安の撰による『淮南子』精神訓にみえる、

夫顔回・季路・子夏・冉伯牛、孔子之通斈也。然顔淵夭死。

を後漢の盧植の弟子であった高誘の施した、

顔淵十八而卒。孔子曰、回、不幸短命死矣。故曰レ夭也。

という注と、『列子』(11)力命第一章にみえる、

顔淵之才、不レ出二衆人之下一、而寿十八。

という共通した十八歳説である。

以上三説で以て顔回の死亡年齢を代表する中で[12]、第三の『淮南子』・『列子』説は、顔回が孔子より三十歳年少であるという『史記』の記録を否定する根拠がない限り、信憑性に欠けるのでここでは検討の対象から除外すべきである。そこで、残る二説の何れが真の顔回死亡年齢を表しているかが当面する問題となる。第一説は『論語』・『史記』の記述を信用し、毛奇齢が、

王粛偽二造家語一、摭二拾史文一、於二蚤死上一、妄増二三十一《ママ》三字一。知下与二論語一牴牾上、更自妄注謂二論語錯語一。後之儒者、往往于二家語一書一、不レ弁二真偽一、而軽信レ之。

と述べるように、『孔子家語』の「三十二早死」を否定する立場を採る。これに反して第二説は、『史記』巻六七、仲尼弟子伝にみえる「回年二十九、髪尽白蚤死」の十字を残す原資料に、王粛が博く『論語』の諸写本を探査して「三十二」三字を補填したものと思い、

此書久遠。年数錯語未レ可レ詳。校二其年一則顔回死時、孔子年六十一歳。然伯魚五十、先二孔子一卒、卒時孔子且二七十一。此謂下顔回先二伯魚一死上。而論語云、顔回死。顔路請二子之車以為一之槨一。子曰、鯉也死、有レ棺而無レ槨。或以為レ誤。

という王粛の註を信頼する立場を採る。片や『孔子家語』を偽造と断じ、片やそれを疑う余地のない事実の投映と信ずるのであるから、両者は全く相容れない立場にあると言える。私見では、第一説は前漢初期以前の天寿説を反映した顔回死亡の事実を示すものであり、第二説は前漢中期頃から変化した天寿説を反映した巷間の顔回故事を示すものである、とみたい。

前項で検討した如く、不幸＝短命の社会通念が「早死」と同義に用いられたことが知られるから、司馬遷が『史記』を編纂する際利用した『論語』の記述「短命」を「早死」に改めた公算が強い。『論語』雍也・先進両篇にみえる孔子の顔回追傷の言葉「不幸短命死矣」が、「不幸」や「短命」の二字に凝縮された表現で用いられることはさし

第二表　顔回に関する不幸短命の表現変化事例一覧表

	記述	出典
1	早死	孔子家語
2	早世	釈真観、因縁無性論（広弘明集巻二五）
3	夭死	淮南子、精神訓・白香山詩集巻六、贈杓直の詩
4	夭矣	李師政の内徳篇（広弘明集巻一五）
5	夭折	呉志巻一四、孫登伝
6	早夭亡	白香山詩集巻五、効陶潜体詩
7	早夭	晋戴安公の釈疑論（広弘明集巻二〇） 文選巻一四、班孟堅の幽通賦曹大家注
8	蚤夭	論衡、幸偶篇
9	夭天極	白香山詩集巻七、詠懐
10	短命	〃　巻九、傷楊弘貞 本朝文粋巻三、大江朝綱の論運命。養老考課令秀才条釈説所引師説
11	短寿	釈道安の二教論（広弘明集巻八）
12	不幸	貞慧誄

て不思議ではない。哀辞として用いられた「短命」は、貞元十八年（八〇二）二十七歳でなくなった孤独君の死を悼んで作られた柳宗元の作品にみられるし（『柳河東集』巻二、「亡友故秘書省校書部孤独君墓碣」）、「不幸」の用例はわが国の貞慧誄にもみられる。いま顔回の故事として不幸短命の同義の表現を用いた事例を示すと、第二表の如くである。この様に、『史記』成立以後に派生する顔回故事の哀辞句は、実は司馬遷が先例を開いたのである。従って、『史記』巻六七、仲尼弟子列伝の、

　年二十九、髪尽白、蚤死。

は、孔子関係資料を用いて改めた内容をもつけれども、捏造された記事とは考えられない。木村英一氏は「蚤死」を含む表現が『論語』にない理由をもって、雍也・先進篇の「不幸短命死矣」に基づいて生じた伝説であろうといわれる(7)、その真偽のほどはさだかでないが、王粛が忠実に『孔子家語』に引用している点を勘案すると、この記事が古体を留めるものと王粛が考えていたことは疑えない。

　『論語』に顔回の死亡年齢が載せられず、ただ孔子の言葉「不幸短命死矣」が残されたことは、一つには顔回の死没年が忘れさられて不明となった事実を示すものであると考えられ、二つには孔子が「短命死矣」と嘆いたように

『論語』編纂時における百年天寿説から知られる五十歳未満短命の通念を基づいて、四十九歳以下の死亡と大まかな顔回故事を知るだけで編纂に支障を来たさなかったことがあげられる。いまその何れが真実を伝えるか判然としないが、顔回が孔子よりも三十歳年少であるという記録が残る点から、前者の理由は穏当でないからここで軽視してよかろう。ということは、後者の理由が当面する問題として有力のようである。とすれば、顔回の死亡年齢は当時の天寿短命観から四十九歳以下であり、四十一歳の推定も無理ではない。この様に、『論語』及び『史記』の材料に基づいて、第一の顔回四十一歳説が首肯される。毛奇齢が、

　孔子言㆓其短命㆒者、仁者宜㆑寿、雖㆓四十㆒亦短命耳。

と述べているのは蓋し卓見である。

次に、第二の説の検討に入ろう。前漢の文帝が四十代を長寿として感激したことは先に述べた。文帝の後武帝の元鼎元年（前一一六）、汾陰で宝鼎が発見され、又満四十歳の長寿を得たのを祝福したことがあった（『漢書』巻六四上、吾丘寿王伝）。これは四十歳算賀の第二例である。ついで、元帝の建昭四年（前三五）正月、群臣が皇帝四十歳の長寿を祝した記録がみえる（『漢書』巻九、元帝紀）。即ち、漢代中期には四十歳の寿賀が貴族社会に普及する状況が、正史の僅かな記録から窮知できる。

かかる皇帝への慶賀行事の流行する背景に、天寿八十歳の社会通念の定着を想定することができ、ひいては短命四十歳未満の解釈が巷間に浸透するものと言えよう。そこに、顔回短命の誤解の要因が生じた。これまでの四十一歳死亡説では、顔回は短命でなく長寿で以て祝福されねばならない。「不幸」という『論語』の記録は偽りとなる。しかし、武帝以後の統治理念は、孔子の教えを集大成した『論語』を聖典として絶対視する。聖典に偽りがあろう筈はない。ここに顔回死亡四十一歳という従来の理解に疑問が生ずる。今まで信じていた顔回の死亡齢は何かの間違いであろう、といった考えが経典解釈の中で根強くなってゆく。そして、元帝の儒学心酔は官人社会に経典学習を刺激しそ

の深化の度合を深め、やがてその風潮が後漢に至って異常に高まる。鄭玄をはじめとする学者碩学の輩出は、かかる風潮の延長線上にみられた。

　前漢末期から漸く盛んとなる経典研究が八十歳天寿説の中で高まる算賀行事を通じて深められると、勢い顔回死亡説にも修正を余儀なくされる条件が生じる。即ち、時代の要求する長寿概念が経典の研究によって、徐々に従来の社会通念をつき崩していった。四十一歳とも四十二歳とも考えられる顔回の不幸な死亡は、その確かな年代の「四十」が実は「三十」の過ちとして理解する聖典修正の新しい常識となってゆく。これにより、顔回短命説は「三十一歳」乃至「三十二歳」に固まってくる。所謂、王粛の『孔子家語』編集の素材となった顔回三十二歳[13]死亡の論拠には、漢代における天寿説を改めた三世紀の社会通念＝短命観が存在したのである。今日、『漢書』巻三〇、芸文志に載る『家語』二七巻のうちに、この様な短命観が収められていたか否かを知る方法はない。しかし、巷間の顔回短命説が『孔子家語』成立以前と思われる江南の貴族社会で理解されていた、という貴重な資料が一つある。

　それは、『呉志』巻一四、孫登伝にみえる次の記事である。

　孫登字子高、権長子也。魏黄初二年、以レ権為二呉王一。是歳、立レ登為二太子一。立凡二十一年、年三十三卒。臨レ終、上レ疏曰、臣聞死生有レ命、長短自レ天。周晋・顔回有二上智乃才一、而尚夭折。況臣愚陋、年過二其寿一。生為二国嗣一、没享二栄祚一。於レ臣已多、亦何非恨哉。

孫登は魏の黄初二年（二二一）に太子に冊立され、赤鳥四年（二四一）五月に三十三歳でなくなった（『呉志』巻二、呉主孫権伝）。臨終で彼は、顔回の様な上智の才ある賢人でも若死するという伝承を信じ、凡愚の自分が顔回の年を越えるまで長生きできたことに満足し、短命の三十三歳に些かの未練も抱かない。孫登がいう「其寿」は三十一歳を指すのか三十二歳を指すのか明らかにできないが、とにかく、三世紀前葉の江南地方における顔回故事に、三十一、二歳死亡の風説の存在したことが確認される。

もとより、この説を無批判にうけ入れることには慎重を期さねばならない。先ず、王粛が後漢献帝の興平二年（一九五）生まれで、魏の斉王甘露元年（二五六）に六十二歳でなくなったこと。孫登死亡の時には、王粛は四十七歳に達しており、それまでに『孔子家語』を著していたかも知れない。それを孫登がいち早く手に入れていた可能性もなくはない。そこで、『魏志』巻一三、王粛伝所収の王粛の事迹をみると、明帝時代に司馬遷の人柄について皇帝と議論を戦わしたことがあり、その折、王粛は、

司馬遷記事、不㆑虚㆑美、不㆑隠㆑悪。劉向・揚雄服㆓其善叙㆑事、有㆓良史之才㆒、謂㆓之実録㆒。

と言って、『史記』の実録として価値を明らかにしている。これにより、王粛が『史記』に対して絶対的な信頼を寄せていることを知り得ても、『孔子家語』編集に携わっていたかは不明である。又、王粛の文学活動を集約した伝記の最後には、王粛が鄭玄を好まず、諸学説の異同を採り『論語』・三礼・『春秋左氏伝』等の解釈を施したことを述べている。そこから『孔子家語』の素材となる資料の整備状況を窺い得ても、それの編纂に入った手がかりはつかめない。又、王粛が『聖証論』を著して鄭玄批判をした後、春秋三伝・『春秋例』・『礼記』等の注釈書を書いたというが、これ又同様に、『孔子家語』作成の事情を窺わせる事実を察することはできないのである。従って、資料の制約という難点を無視できないが、現在のところ『孔子家語』の成立については全く分からない、という結論に落着く。

次に、『三国志』編集の側からみた孫登伝の検討はどうであろうか。周知の如く、『三国志』は晋の陳寿（二三三—二九七）の撰による。その内容の価値は、尚書郎范頵等の上表文に、

故治書侍御史陳寿、作㆓三国志㆒。辞多㆓勧誡㆒、明㆓乎得失㆒、有㆑益㆓風化㆒。雖㆓文艶不㆑若㆓相如㆒、而質直過㆑之。

と記されていることによって裏付けられる。筆者の知る所では、陳寿が注の多くに諸資料を活用し、殊に本文を補う為に『魏志』巻五、皇后伝では『文徳郭皇后哀策文』の全文を収めた『魏書』を引用している点から、陳寿の史書編纂態度には原資料を忠実に紹介するという謙虚で事宜を得た配慮がみられる。当該哀策文は、古代の副葬品目録の内

容から抜け出た文学色豊かな哀辞文体を留める現存最古の作品で、作者が魏明帝著伴という点で、誄文比較の面からも亦漢代の祝文比較の面からも貴重な資料を提供している。

ということは、陳寿の正史編纂に対する勧誡主義の立場から、「得失を明らかにする」姿勢を窺わせる。この姿勢は『三国志』を貫く基本線と思われるので、王粛の記述に関して陳寿が『孔子家語』に少しも触れないのは、確かな資料が見当たらなかったためであろう。つまり、『孔子家語』の編纂・成立について明らかにできなかったのである。ここに及んで、『孫登伝』の資料は三世紀の顔回故事を知る上で貴重な存在であり、『孔子家語』成立前夜の『史記』の記述を補う内容を示唆する点で注意すべきであると言えよう。

註

1　『名例律勘物』にも、同内容の「賢人君子相須。賢人君子未三必備二其行一。論語云、徳行顔淵云々」の表記が記録されている。

2　小島憲之著『上代日本文学と中国文学下』一三五四頁、塙書房・昭和四十年刊。

3　『文廟祀典考』（著者清龐鍾璐・台湾中国礼楽学会印行上下二冊本・中華民国六十六年〈一九七七〉四月刊）巻首、祀位次席表、「復聖顔子」の注に「漢永平十五年、祀二七十二弟子一。顔子位第一。魏晋祀二孔子一、均以二顔子一配」とある。

4　『文選』巻二〇には、宋の文帝元嘉二十年（四四三）三月に皇太子劭が国学で孔子並に顔回を祀った時の釈奠会で、顔延年が詠んだ詩一首が収められている。

5　『続日本紀』、二月丁巳条にみえ、本文の注に「釈奠之礼、於レ是始見矣」とある。又、『養老学令』三条に「凡大学国学、毎レ年春秋二仲之月上丁、釈二奠於先聖孔宣父一云々」の規定があり、その早く制度化されたことが知られる。

6　魏の桓範の世要論に「夫賞レ生以二爵禄一、栄レ死以二誄謚一、是人主権柄。而漢世不レ禁レ使下私称レ与二王命一争流、臣子与二君上一俱用上。善悪無レ章、得失無レ効、豈不レ誤哉」とみえ、『文心雕龍』巻三、誄碑には「自二後漢一以来、碑碣雲起」とみえ、『宋書』巻一五、礼志二には「漢以後天下、送死奢靡、多作二石室・石獣・碑銘等物一。建安十年、魏武帝以二天下雕弊一、下レ令不レ得二厚葬一、又禁レ立碑一」とみえる。

7　「顔淵について」『東方学会創立二十五周年記念東方学論集』所収。

8　毛奇齢（『論語』稽求篇）は鯉の生誕一歳を孔子二十歳の時とし乍ら、親子の年齢差十九歳を二十歳と計算し、鯉の卒年次を孔子七十歳哀公十三年に誤る。これをうけて、木村英一氏は「孔子七十歳頃」とする。『新釈漢文大系』は「孔子七十一歳の時」とする。

9　寛保元年（一七四一）、京都の書坊荘左衛門板行の『孔子家語』は「三十一早死」とする。又同書に岡白駒の補注があるが、「少孔子三十歳」をば「十三」の字倒と解し、所論を展開している。

10　「顔回以㆓徳行㆒著名、応㆑得㆓寿考㆒。而反二十九髪尽白、三十二而卒。故曰、不幸短命死矣」とみえる。韓康伯は長社の人で吏部尚書・領軍・将軍を歴任し、極官太常を拝命する前になくなった。

11　偽作とする説もあるが、恐らくは列子自身の筆のもとに、門人後生の次第に増益したものである。前漢末の劉向が校訂して八巻とし、東晋の張湛が注を作ってから行われたという（近藤春雄著『中国学芸大事典』大修館書店・昭和五十三年刊）。

12　木村英一氏の説は、「七十一～二歳の老いたる孔子から見て、前途有為の四十一～二歳の弟子の死を〈不幸短命にして死せり〉と言ったとしても、少しも不自然ではないと考える」と述べられていて、厳密には一年の幅を考慮されている。

13　清麗錘璐（一八二三―七六）著『文廟祀典考』巻八、聖門考略一に、「顔回、三十二而死」とみえ、注に「顔回、三十二而死」、「其生於昭公二十九年、繋㆓其卒於哀公十三年㆒適㆓合三十二之数㆒」とある（台湾中国礼楽学会印行・中華民国六十六年〈一九七七〉四月刊）。

むすび

『論語』にみられた不幸＝短命の解釈が、『孫登伝』の資料を知ることによって、三世紀当初において四十歳未満に当たるということを確認した。この短命不幸の解釈は、その後変ることなく中国社会に通用し、やがて「四十歳の賀」を生みわが国に伝えられた。即ち、霊亀二年（七一六）にみられる長屋王におくられた「五八寿」がその最初であり[1]、そして、孝謙女帝への「宝寿」の祝福[2]となって継受されてゆくのである。この間に、天皇におくられる本邦最初の算賀があって、[3]爾後、四十歳の賀は「壮年の慶賀」と称されて、[4]平安朝の貴族社会の嘉礼として定着をみる。嵯峨太上皇・淳和天皇[5]の算賀に始まり、仁明天皇の有名な宝算賀を経て、[6]藤原明子や藤原高子など一連の皇太后におくられる四十歳の賀がみられる[7]のは、この算賀の事情を示唆するものであろう。

かくして、中国に盛行をみた天寿八十歳説から派生する四十歳の賀は、わが国において奈良朝中期以後の貴族社会に活かされた。これと同時に、四十歳未満の年寿の少ない人は将来を嘱望される人として「春秋に富む」という中国伝来の言葉を以て表されるようになる。[8]年少で血気が盛んであることは春秋に富むことを意味するのである。そして、このような人の身に思いもよらずふりかかった凶事（死）が、「春秋に富む」という意味とはうらはらな「不幸」の表現となり、日常生活の中での哀辞として定着している。謂わば、この「不幸」がこれまで検討を重ねてきた哀辞の「短命」と同義なのである。[9]

これを要するに、わが奈良朝には不幸＝短命〈四十歳未満〉の哀辞が、唐文化の受容過程で定着していたことを推定したい。この推定に大過なしとすれば、貞慧誄の頌にみえる「不幸」二字は、誄作者が顔回故事に仮托した文学的修辞とみることができよう。八世紀後葉に生まれた白楽天は三十二歳超越の長生悲願を持ち、[10]不幸の訪れる不安にいつも怯えていた。中唐文人白楽天の作品から窺われる八世紀の不幸短命観を思うとき、この社会通念は中国独特の思潮でなくわが国にも存在したものとみるべきであろう。

貞慧誄にみえる「不幸」は、しきたり通りに「哭」しただけでなく、更に「慟」した孔子の「感情の極度の興奮」を示す異常行為を二重映しにした表現を軽視すべきでない。誄作者が貞慧を有徳の賢人顔回として讃える一方で、短命の年になくなったその死を傷む哀辞の集約ではなかったか、と思う。

註

1　『懐風藻』に刀利宣令と伊支古麻呂が、長屋王の「五八の年を賀く」詩一首をそれぞれ詠んだ作品を収めている。

2　『続日本紀』天平宝字元年八月甲午条の群臣上奏不味に、「五八双レ数、応二宝寿之不惑一、日月共レ明、象二紫宮之永配一」とみえる。

3　岡田正之氏は、桓武天皇におくられた算賀をば、天皇寿賀の嚆矢と言われた（『日本漢文学史』第二期、第六章、懐風藻、風俗資料の小項目、吉川弘文館、昭和二十九年刊）。

4　『類聚国史』巻二八、太上天皇算賀に、「伏願陛下、壮年之慶非レ無二前儀一云々」の皇太子言を収める。

5　同右に、「淳和天皇天長二年十一月丙申、奉レ賀二太上天皇五八之御齢一」とみえる。

6　『続日本後紀』嘉祥二年三月庚辰条に、興福寺の大法師等が仁明天皇四十歳の賀を祝福して、聖像四十軀を造り金剛寿命陀羅尼経四〇巻を書写し、更に長歌を奉献したことを載せている。

7　『三代実録』、貞観十年十月二十七日丁亥・同十一月十一日庚子・同十二月五日甲子・元慶六年三月二十七日己巳等の各条。

8　『藤氏家伝』巻下（『武智麻呂伝』）に、「天平三年、……於レ是帝春秋大富、視レ事不レ怠」とみえる。大宝元（七〇一）年に生まれた桓武天皇は、天平三（七三一）年には三十一歳に達している。『漢書』巻八〇、東平思王宇伝に、「上（元帝）曰、朕惟王之春秋方剛」とみえる顔師古注に「言二其年少血気盛一」とある。参考の為に中国における「春秋富」の用例を註末に挙げる。

9　崔銑（一四七八―一五四一）撰『洹詞』巻三、周秀才誄に「秀才、……以二正徳戊寅正月二十五日一、不幸短命、春秋四十。嗚呼哀哉」とみえる。四十歳の逝去に「不幸短命」を用いた珍しい例。憶うに正月を迎えて一月も経ない逝去であるため、「短命」表現を用いたものであろう。

10　『白氏長慶集』巻五、感時「不レ覚二明鏡中一、忽年三十二、勿レ言二身未レ老、冉冉行将至一」、同書巻九、曲江感秋「昔人三十二、秋与已云レ悲、我今欲二四十秋一、懐亦可レ知レ歳」。

「富於春秋（春秋富）」の事例一覧表

	年次	西暦	人名	該当年齢	出典
1	即位一	BC 一九四	恵帝	二十一歳	漢書巻三九、曹参伝
2	〃一	〃一七九	文帝	二十三歳	〃三八、高五王伝・史記巻五二、斉悼恵王世家
3	後元三	〃一四一	武帝	十六歳	〃五二、田蚡伝
4	建元三	〃一三八	〃	十九歳	〃六五、東方朔伝
5	後元二	〃八七	昭帝	八歳	〃二五下、郊祀志・同巻二七中下、五行志・同巻三六、楚元王伝・同巻五四、李広伝・同巻七六、韓延寿伝
6	竟寧一	〃三三	成帝	十九歳	漢書巻八一、張禹伝・同巻八二、王商伝
7	陽朔三	〃二二	〃	二十六歳	〃六〇、杜周伝
8	鴻嘉中	〃二〇～一七	〃	三十二～三十五歳	〃五九、張湯伝
9	元始一	AD 一	平帝	十歳	〃九九上、王莽伝
10	章和二	〃八八	和帝	十歳	後漢書巻三七、桓郁伝
11	永元四	〃九二	〃	十四歳	〃四三、楽恢伝
12	中平六	〃一八九	少帝	十七歳	〃七二、董卓伝・同巻七四上、袁紹伝
13	嘉禾一	〃二三二	孫慮	二十歳	呉書巻一四、孫慮伝
14	元康一	〃二九一	懐帝	八歳	〃五五、蕃尼伝・潘太常集所収釈奠頌序文
15	太寧三	〃三二五	成帝	六歳	世説新語巻中、方正篇
16	咸和七	〃三三二	〃	十二歳	晋書巻六六、陶侃伝
17	隆和一	〃三六二	哀帝	二十二歳	〃五六、孫綽伝・孫廷尉集所収諫移都洛陽疏
18	咸安二	〃三七二	孝武帝	十歳	〃三二、康献褚皇后伝・同巻七九、謝安伝
19	登国十	〃三九五	太子嗣	四歳	魏書巻三二、高湖伝
20	泰常八	〃四二三	明元帝	三十二歳	魏書巻三五、崔浩伝
21	元嘉三	〃四二六	文帝	二十歳	宋書巻四四、謝晦伝
22	太平真君五	〃四四四	太武帝	二十九歳	広弘明集巻八、叙元魏太武廃仏法事

23	大明二	〃	四五八	建平王宏	二十五歳	江醴陵集所収建平王太妃周氏行状
24	皇興五	〃	四七一	献文帝	十八歳	魏書巻九四、趙黒伝
25	太和八	〃	四八四	孝文帝	十八歳	〃　一三、高宗乳母常氏伝
26	中興一	〃	五〇一	和帝	十四歳	南斉書巻三八、蕭頴胄伝
27	永平一	〃	五〇八	宣武帝	二十六歳	〃　七六、崔光伝
28	天保一	〃	五五〇	文宣帝	六歳	北斉書巻五、廃帝紀
29	西魏恭帝三	〃	五五六	孝閔帝	十五歳	周書巻二九、侯植伝
30	天統一	〃	五六五	後主	十歳	北斉書巻四八、胡長仁伝
31	建徳二	〃	五七三	静帝	七歳	〃　七、隋盧思道（弁惑篇）
32	開元五	〃	七一七	玄宗	三十三歳	旧唐書巻九六、新唐書巻一二五、宋璟伝
33	太和九	〃	八三五	文宗	二十七歳	新唐書巻一三一、李石伝
34	文徳一	〃	八八八	昭宗	二十二歳	〃　一八五、張濬伝

第二章　貞慧誄の基調問題

第一節　仮称『貞慧法師誄一首并序』の研究

一　はじめに

誄とは死者生前における功績を偲んで述べる辞《こと》で、和訓のシノビゴトに当たる。その辞は目前にその人がいるかの如き気持で以て言う弔辞でもある。誄は累であり、累とはつみ重ねることをいう。即ち、生前の徳行を累ねてそれを記し不朽にすることをいう。誄の古い存在は東周時代に求められる。周は礼を重んじた国であり、礼治主義に基づくその文化は周滅亡後も各時代に多大の影響を与えた。周の制度の中に吉・凶・賓・軍・嘉の五礼があるが、その中で死者を送る儀礼は丁重さを尊んだ。人が死んで謚〈オクリナ〉が生まれたのもこの周の時代である。礼の表現として死者に誄をよみ、そして謚を定めることは大切なこととされた。『春秋左氏伝』には孔子が亡くなった時、魯の哀公が誄をつくり哀しみを訴える「嗚呼哀哉」の言葉を残した故事を記述している。元来、誄は貴人に対して贈られるもので、目下が目上に或いは身分の低い者が高い人に対して贈ることができなかった。だから、貴人の死に対して誄をつくるのには、王・侯が官人に命じて行う手続きが採られ、周には誄作成の官人として大祝が設けられていた。公的な立場から作られた誄も、早くから作者に変化が生じている。周の賢人柳下恵の妻が夫の死に直面するや、門人をさしおいて「おくりなは宜しく恵とすべし」という言葉を入れた誄をつくった。この誄は哀調をよく表している点から、誄の本質を示すものと言われる。誄は夫につれ添った柳下恵の妻の様に、死者と生前よく親しんだ人が死者の言行を選択し、死者への哀悼を眼前にありありと思い出させなければならない。もとは素朴な誄も時代の変遷と共に修辞が加わり、短かった死者の経歴説明も長くなり、序文として伝記の形式をととのえ、誄の中心となるホメコトバは本文として韻をふむ美しいリズムに富む形式をもつ様になる。文体として完成された誄の形式は、栄誉をのべ哀悼の言葉で結ぶのが原則である。

中国の文化をうけたわが国も、つとにこの誄をこなしていた様に思われる。蘇我馬子が敏達天皇の殯宮に詣り佩刀して誄をよんだ例、推古二十年（六一二）における皇太夫人堅塩媛の改葬式に天皇・諸王子・大臣の順序に基づく誄をよんだ例、舒明天皇の葬儀に皇太子開別（中大兄）皇子が十六歳で大行天皇の柩前で誄をよんだ例、天武天皇の殯宮において諸官司の順序を伴う奉誄の例、養老元年（七一七）三月の右大臣石上麻呂に対する葬儀における太政官・五位以上・六位以下の区分の下に厳格に行われた誄献呈が正史から検出できる。記事は貴賤に基づく身分制から生まれた誄をよむ人の順序など、葬儀官が式次第の重要な役割を担っていることを明確に示している。

誄をよむ場合、多くの人を前に死者と生前親しかった人が行うのを原則とする。しかも誄は人の心をえぐる哀調に富むことが期待され、続いて明らかにされるオクリナをひきたてる適切な内容を会葬者に聞かせるものである。従って、本文に当たる四言句（頌）の快い同韻の続くリズム感は、聴衆の心に強く訴えることになる。頌文の作成に誄作者が心血を注ぐのは、目でみた文字からくる印象よりも、耳を通して訴える哀調の響きに人の心をえぐる要素が多分に含まれているからである。

さて、古代における中文体誄の存在は、今日のところ仮称貞慧誄と源為憲が空也上人を偲んで作った誄しか、特定個人の完全に近い作品が知られない。空也誄が本文僅か三十二句（嗚呼哀哉の二句を除く）にすぎないのにひきかえ、貞慧誄が六朝風を示す長い本文を残していることは貴重というべきであろう。

本節では三項及び五項を貞慧誄の総論とし、四を各論として誄・頌・詩の歴史と文体論・詩文の鑑賞に触れた。とりわけ「四㈣誦詩一韻について」の項目においては、筆者の問題提起としてみて戴きたい。記述内容は誤解のおそれがある場合にのみ訂正した為、項目に統一を欠いたが、これはもとの文をできる限り残したい気持からでた処置である。この点読者諸賢諒とされたい。

二　長安城図・弋射象

次頁上図。平岡武夫編「唐代研究のしおり第七」は、「長安と洛陽」の題目の地図を知る為に編集されたもので、京都大学人文科学研究所の前身東方文化研究所が昭和三十一年一月に索引編集委員会から出された。貝塚茂樹氏の序文には、広く学界に頒布する企図があった。平岡助教授主導のもと十巻に上る索引稿本を謄写版で参考としたのだが、印刷部数少数の上絶版となる。昭和二十八年、人文研に来訪されたハーバード燕京学院・エリセエフ教授は、帰国後同院財団より出版補助金を申出られたという。厚い好意を受けて感謝を捧げられている。分厚い赤色の秩は、長期保存を希望された平岡氏の意志が反映している。福山敏男氏の「長安城坊推定図」（『校注両京新記』巻第三、序説四十三頁）の中の第十七図掲示の「長安城図」は、平岡武夫編「唐代研究のしおり第七」を参照したものである。貞慧法師は入唐後長安城内の西市に隣接する懐徳坊の「慧日道場」において神泰法師の指導下に入るという、『貞慧誄』序文の理解に供する参考に引用した。

下図。『貞慧誄』頌文四言句に、「鳳遭繳射、鸞掛網刑」がある。古代に於いて空を飛ぶ鳥の捕獲手法の姿を示す猟人の弋射像が参考になる。猟人がイグルミの糸で空を飛ぶ鳥に向けた捕獲する場面は、中国における古代人が生活の糧にした猟法である。

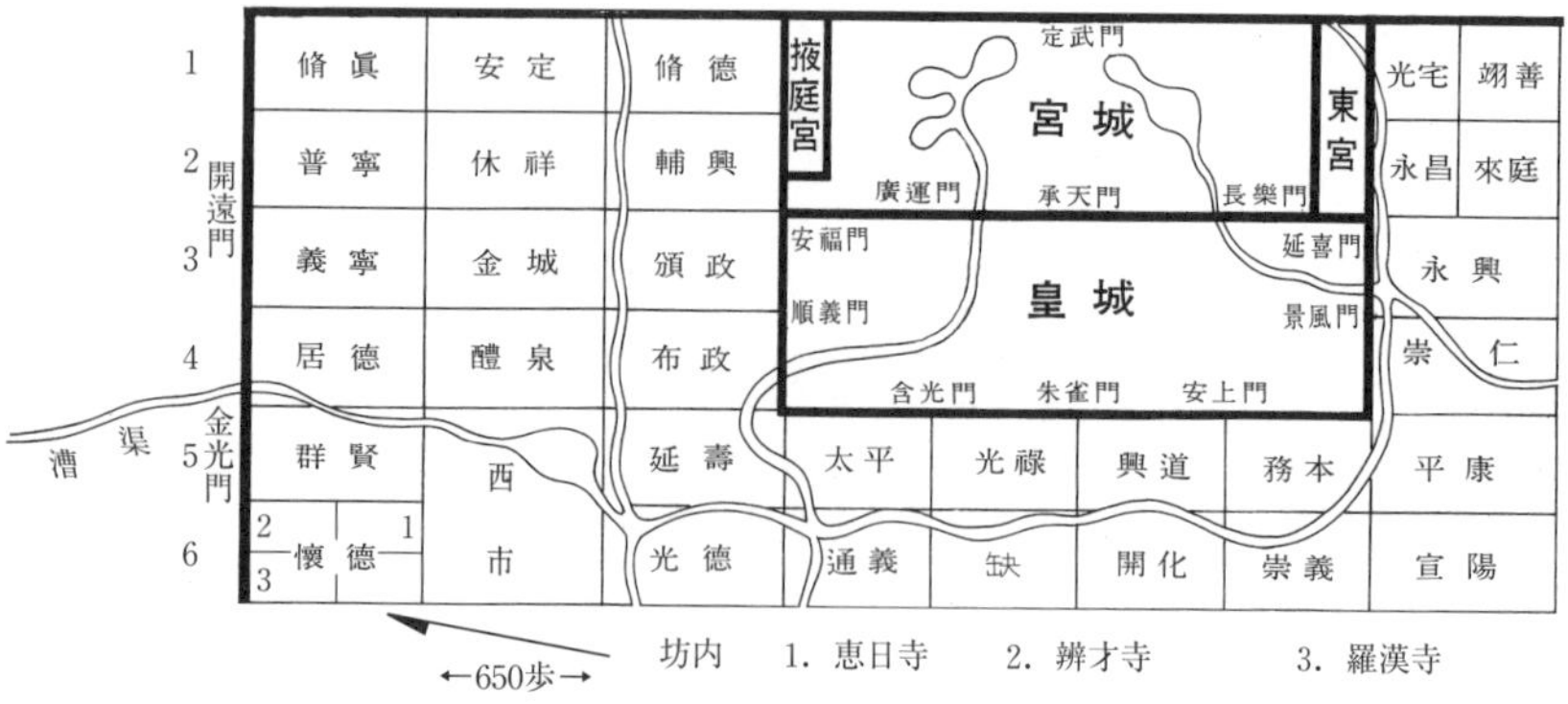

長安城図（平岡武夫編 「唐代研究のしおり第七」）

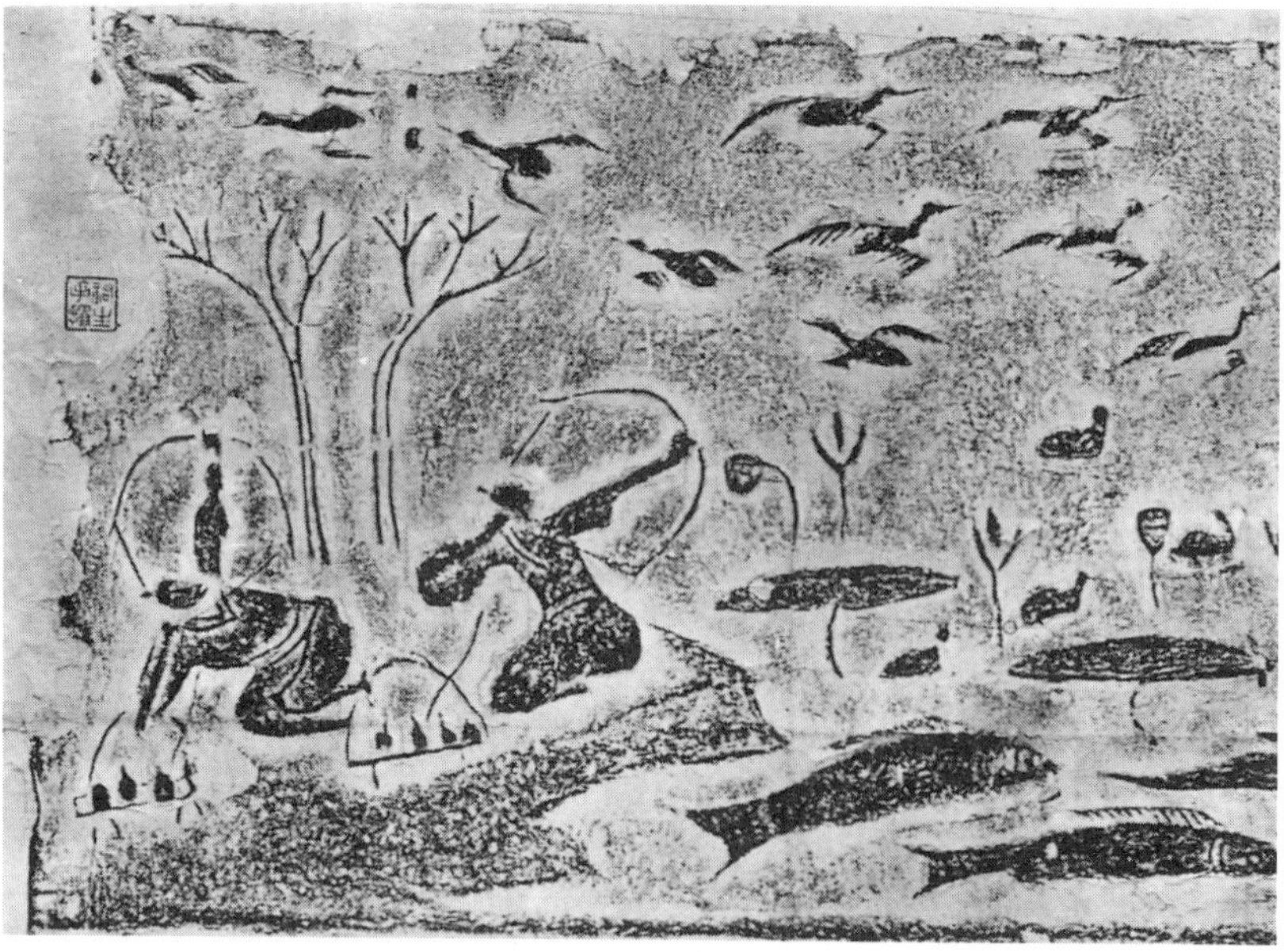

弋射象（『四川漢代画象選集』第七二図、中国古典芸術出版社）

三　奈良朝成立の表題・著作者不明の作品検討

【本文】

貞慧、性聡明好学。太臣異之、以為、「雖有堅鐵、而非鍛冶、何得干将之利。雖有勁箭、而非羽括、詎成会稽之美。」仍割膝下之恩、遥求席上之珍。

【読み下し文】

貞慧《ヂヤウエ》は、性聡《ヒトトナリサトク》明して学を好《コノ》む。太臣《ダイジン》これを異《アヤシ》び、おもへらく、「堅《カタ》き鐵《クロガネ》あれど鍛冶《カヂ》非ずば、何《イカ》にか干将の利を得《エ》む。勁《ツヨ》き箭《ヤ》あれど、羽括《ハハズ》非ずば、詎《イカ》にか会稽の美を成さむ」とおもへり。仍《ヨ》りて膝下の恩《メグミ》を割《タ》ち、遥《ハル》かに席上の珍《ミチ》を求《モト》む。

【語註】

○貞慧　一本「貞恵」につくる。中臣鎌足の長男。『日本書紀』白雉四年（六五三）夏五月壬戌条に「学問僧定恵」とみえ、その割注に「定恵、内大臣之長子也」とあり。『多武峰略記』上、住侶の項に引く『旧記』に「和尚、其性聡明絶倫、故小字曰真人」とあり。皇極天皇二年（六四三）に誕生し、大和国十市郡椋橋山に、父鎌足の骨を埋め、多武峰寺（現在の談山神社）草創の基になった鎌足廟を作った僧と言われる人。**○太臣**　内大臣中臣鎌足。**○干将**　呉（一説に楚・韓）国の刀匠。呉王闔閭のために鉄剣を造ったという故事に出てくる人。**○利**　鋭利な剣のこと。**○勁箭**　『文選』巻三四の枚叔が作った七発という文に、「左烏号之彫弓、右夏服之勁箭」とみえる。又、同巻七の司馬長卿が作った子虚賦に、「建干将之雄戟」に続いて同句がみえる。夏后氏の良弓を繁弱と言うが、其の矢も亦良かったことから用いられた言葉。**○会稽之美**　『爾雅』巻六、釈地の八陵に、「東南之美者、有会稽之竹箭焉」とみえる二句の合成句。呉国の会稽山に生えている竹が箭に好適であった故事から出た言葉。美は優秀な矢のこと。揚雄作の『方言』第九に、「箭、自関而東謂之矢、江准之間、関西曰箭」とみえ、郭璞の注に「箭者、竹名。因以為号」とあり。『劉氏新論』巻八、観量に「弋者挟二繁弱之弓一、貫二会稽之箭一」とみえる。**〇羽**『釈名』巻七、釈兵に「矢、其旁曰羽、如鳥羽也。鳥須羽而前飛、矢須羽而也」とあり。**〇括**『集韻』に「筈、箭末曰筈、或作括」とあり。『新撰字鏡』には箭括を「ヤハズ」と訓んでいる。**〇膝下之恩**　膝下とは父母のひざもとの意で、転じて両親を指す尊称。又、『孝経』聖治章に「故親生之膝下、以養父母曰厳。注曰、膝下、謂孩幼之時也」とあり。『礼記』巻一、曲礼上に「人生十年曰幼、学」とあり。貞慧は十一歳で入唐しているから、ここでは「まだ幼ない為にうけねばならない父母の篤い恩」の意。**〇割…恩**『後漢書』巻二九の申屠剛列伝に「以義割恩、寵不加後」の用例がある。割は『広雅』巻一、釈詁に「割、断也」と、釈詁二に「割、裁也」とみえるから、「タチキル」の意。**〇席上之珍**『礼記』巻四一、儒行に、「哀公命席、孔子侍。曰、儒有席上之珍以待聘、夙夜強学以待問、懐忠信以待挙、力行以待取」の故事あり。国立国会図書館本、「席」を「廗」に作り、右に「席」と書く。珍は『玉篇』に「珍、美也」、『礼記』の疏に「珍、謂美善之道。珍、善也」とみえる様に、美・善の意味があり、徳高き儒者の道を指す。

【本文】

故以白鳳四年歳次癸丑、随聘唐使、到于長安。住懐徳坊慧日道場、依神泰法師、作和上。則唐主永徽四年、時年十有一歳矣。始讃聖道、日夜不怠、従師遊学、十有余年。既通内経、亦解外典。文章則可観、藁隷則可法。

【読み下し文】

故《カレ》白鳳四年歳次癸丑をもちて、聘唐使に随ひて、長安に到る。懐徳坊の慧日の道場に住ひし、神泰法師に依りて、和上と作る。則ち唐主の永徽四年にして、時に年十有一歳なり。始めて聖道を讃めること、日夜怠らず、師に従ひ学に遊《ツ》きて、十有余る年になる。既に内経に通じ、亦外典を解《サト》る。文章は則ち観るに可しとし、稾隷は則ち法とするに可きなり。

【語註】

○白鳳　脱俗界僧侶の高麗人道顕・『日本世記』作者生存中の誄に明記した年号。白鳳年号研究の嚆矢は若狭国小浜藩伴信友作「長等の山風」付録二に、「いま推考るに、孝徳天皇の白鳳を、斉明天皇、天智天皇御世にも用ひ給ひ、……次に天武天皇の朱雀の事は、……かの壬申年に建られたれど、明る癸酉に更に白鳳元年と改給へる」とし、年号年次の目表を示した。考徳白雉庚戌に改号白鳳元年とし、天智二十三年壬申とする。同年を朱雀元年続く二年の癸酉白雉元年を再度白鳳に改め十一年丙戌まで続ける。『類聚三代格』巻二、天平九年三月十日太政宮謹奏に「従二白鳳年一、迄二于淡海天朝（天智）一」の記事を引く。『抹桑略記』第五、天武天皇「二年癸酉二月二十七日癸未、天皇即位。三月備後国進二白雉一。仍改為二白鳳元年一。白鳳合至二十四年一」とあること。『続日本紀』巻九、聖武天皇神亀元年十月丁亥朔、治部省奏言「伏聴二天裁一、詔報曰、白鳳以来朱雀以前、年代玄遠、尋還難レ明」とある。坂本太郎「白鳳朱雀年号考」（『史学雑誌』三九編五号、『日本古代史の基礎的研究下　制度篇』に再録・東京大学出版会・昭和三十九年刊）に、「白鳳号の出現は、日本紀の成った養老四年より、神亀元年に至る四年間」とする。佐藤誠実「白鳳朱雀并法興元考」（『史学雑誌』二一―二一。明治三十三年）に、「続日本紀、類聚三代格、藤原家伝、古語拾遺、熱田縁起の外はすべて信ぜられず」と明言する。田村円澄「『白鳳』年号考」（『日本歴史』二七八号・昭和四十六年）では、①日本在住の高句麗僧道顕が用いた。②道顕が「白鳳」年号を選んだ。③使用期間は孝徳朝の白雉年間以降斉明天智朝まで。④「白鳳」年号は道顕の『日本世記』年立に用いた、という。所功『日本の年号』（カルチャーブックス13・雄山閣・昭和五十二年刊）で、「白鳳」年号は伴信友説を承ける斎藤励が斉明天皇の末年で終わり天智天皇朝は年号がなかった、という説が正しい。天武天皇時代の年号として設定されたのは、平安中期以降。公年号「白雉」より派生した後世の年号空白期間に漂うまぼろしのごときもの、すなわち、仏教的色彩の強い架空年号、結論を「天武朝前後を、白鳳時代と呼ぶが、「白鳳」は「白雉」の異称にすぎない」とする。白雉年号の別称。**〇四年**　諸本「五年」（口絵「植垣節也氏所蔵平兼誼本」参照）。私見「概説二」による。**〇歳次**　中国で用いられた「歳在・歳次」記号の模倣。記載の特徴は「年号〇〇年歳在（次）干支」の形をとることで、彼我ともに歳在の記載が古い。歳在・歳次記載は奈良時代に多くみられるが、延暦二十四年に至り記載形式に変化があったらしい。その時点は六月から九月に至る三箇月と考えられる。**〇癸丑**　諸本「甲寅」。私見「概説二」による。**〇懐徳坊**　長安城の右京区西端、金光門と延平門と城壁に面した一坊。平城京における三条と四条大路及び四坊と三坊大路に囲まれた一画に当たり、平安京においては永寧坊に当たる。鎌倉時代に書写されたもと金沢文庫本であった尊経閣蔵巻子本『両京新記』巻第三に、「次（群賢坊）南曰懐徳坊。西南隅羅漢寺。十字街西之北辨才寺。東門之北恵日寺」とみえる（福山敏男「校注両京新記巻第三」『美術研究』第一七〇号）。四四二頁「長安城図」参照。**〇慧日道場**　東門の北に在る。『両京新記』には恵日寺とする。恵と慧はともに霽韻で、貞慧が定恵と書かれるように昔から共通して用いられる。『集韻』には「慧、説文、儇也、通作恵」とみえ、『説文』の段注によれば「慧、古多仮恵為之」とあって、両語共通の状況がかなり早くから存在した事実が知られる。『両京新記』の恵日寺と記した下の割注によると、「開皇六年立。本富商張通宅、捨而立寺。通妻陶氏、常於西市、鬻飯。精而価賤。時人呼為陶寺。寺内有九層浮図。一百五十尺。貞観三年、沙門道説所立」と記すところから、もと豪商の張通の私宅で、隋の建国間もない開皇六年（五八六）に寺となり、寺名は当初「陶寺」と呼ばれたことが分かる。陶寺の呼称がいつから恵日寺と改められたのかは明らかでないが、開皇十二年（五九二）八月、後の煬帝（揚広）が物心両面から援助を与えて東都洛陽に壮大な慧日道場を建てている。この慧日道場の命名あるいは名声に与ってのことではないかと推測される。又、別の要因としては、陳の首都建康にある慧日道場の名にあやかったとも考えられる。『陳書』巻五、宣帝の太建九年（五七七）七月己丑条に、「震。慧日寺刹及瓦官寺重門、一女子於門下震死」という記載がある。南朝は皇帝をはじめとして門閥貴族の仏教信仰が篤く、首都の建康には梁朝初に五百余あった仏寺がやがて七百寺を越える程増加している。九世紀前半の唐の詩人杜牧が詠んだ「江南の春」の、「南朝四百八十寺、多少楼台煙雨中」とみえる七言絶句中に、南朝における荘厳の盛大さがうかがわれる。所謂「慧日寺刹」は、絢爛と巷美にきそいあう建康諸寺院の中の一つである。この慧日寺刹の名声が陶寺の改名に影響を及ぼしたとすれば、洛陽の慧日道場建立以前、即ち開皇十二年の前数年間に限定されよう。恵日寺は太宗の貞観三年（六二九）頃から伽藍が整ったらしく、九層の塔建立はその一端を示すものであろう。この塔院内に於て、貞慧入唐の前年永徽三年（六五二）、陀羅尼普集会壇が作られ、入唐間もない中で印度人無極高が招かれ、『金剛大道場経』の要約事業が進められ、『陀羅尼集経』十二巻の完成をみている（『大周録』巻一、『開元録』巻八、『貞元録』巻一二）（『宋高僧伝』巻第二所収唐西京慧日寺無極高伝）。又、顕慶三年（六五八）頃の恵日寺の寺主は玄楷であったという（同書唐益州多宝寺道因伝）。猶、慧日寺については、『長安忠』巻一〇、『城坊攷』巻四、『巡礼行記』巻三、『法苑珠林』巻六四等に関係記事を載せる（小野勝年『中国隋唐長安・寺院史料集成史料篇』法蔵館・平成元年刊）。**〇神泰法師**　貞観十九年（六四五）の頃、蒲州普救寺院に所属し、六月に入ってさきに西域から帰国した玄奘法師が印度より渡来した経典の翻訳事業に参加し、長安の弘福寺において経典解釈をする十二人の中の一人になっている。彼は同僚の羅漢寺沙門慧貴や益州多宝寺沙門道因らと協力して玄奘を助け、『菩薩蔵経』・『仏地経』・『六門陀羅尼経』・『顕揚聖教論』等四部を訳した。その後貞観二十年正月から翌年二月にかけて、『大乗阿毘達磨雑集論』を略した（『大唐大慈恩寺三蔵法師伝』巻第六）。とりわけ翻訳作業の中心人物三人中の一人で、内典の多くに通じる博学の僧であった（同書巻第八）。玄奘法師が永徽六年以前に先の翻訳事業を終えてから、訳業の場所の弘福寺に居て『因明論』を訳し、ついで『理門論』を訳した。これに神泰法師が協力しているということは弘福寺にて生活を続けたと解すべきである。従って、彼が留学生貞慧の師となるのは、玄奘が『因明論』を訳し終えた永徽六年五月以後、即ち貞慧の入唐後二年目ということになる。**○和上**　大衆の模範となる高徳の僧に対する呼称。仏教用語で和尚と同じ。天台宗ではクワシヤウ。法相宗・律宗ではワジャウ。禅家ではヲシヤウと呼ぶ。和尚は律家では「和上」を用いる。『釈氏要覧』巻上、師資、和尚の項に引く『毘婆沙論』によれば、和尚に四つの種別があり、一を「有法無衣食」、二を「有衣食無法」、三を「有法有衣食」、四を「無法無衣食」であるという。**○唐主**　唐第三代目の皇帝高宗を指す。唐主第二代目の太宗の第九子で諱を治と言い、字を為善と言う。貞観二年（六二八）に生まれ、同十七年に皇太子となり、同二十三年四月太宗の崩御後、二十二歳で帝位に即く。**○永徽四年**　本朝の白雉四年（六五三）に当たり、高宗の即位五年目の年。『多武峰略記』上、第一住侶に引く『旧記』に、「渡海入唐、到長安城、随恵日道場神泰法師、広学仏教」の記載がある。**○讃**　あきらかにすること。『小爾雅』釈広詁に「讃、明也」とみえる。**○聖道**　ショウドウ。仏教用語で仏聖道の略語。『僧尼令』第一条に「詐称得聖道、並依法律、付官司科罪」とみえ、『大宝令』の解説書『古記』は「聖道、謂仏聖之道也」といい、『令義解』は「謂四果聖人之道也」といい、『釈記』は「聖謂四果聖人也。一曰、予流果須陀洹。二曰、一流果斯陀含。三曰不還果阿那含。四曰、羅漢果也阿羅漢」と説明している。聖道は聖果に至る因道とも、真理を実証し一切の煩悶をたちきった智慧〈無漏智〉ともいう。**○遊学**　就学の意と同じ。『孟子』巻一三、尽心章句上に「遊於聖人之門」の類例がある。横田健一氏は神泰法師が玄奘の仏典翻訳事業に協力参加した事実から、「定慧が神泰を通じて、これらの経（『大菩薩蔵経』・『仏地経』・『六門陀羅尼経』・『顕揚聖教論』・『大乗阿毘達磨雑集論』）のあるものを学んだことは考え得よう」と述べ、更に神泰が翻訳諸僧の中で筆頭に立つ人物であり、玄奘の忠実な助手であり弟子であった事実から、入唐二年目の長安における玄奘をとりまく智嚢の仏典翻訳・解釈書作成や関係役人との結びつき〈尚薬奉御の職にある呂才が因明註解立破義図を作り、玄奘の弟子の『因明論注釈書』編纂に競ったこと〉を見聞した定慧が、「かつ神泰を通じて、その精髄を学んでいたことであろう」と推測された。特に同書「唐益州多宝寺道因伝」から、道因の維摩経・摂大乗論を抜き出して、定慧が慧日寺に入って五年目なので道因講筵につらなり聴講したことは確実であると述べられている（「藤原鎌足と仏教」『日本仏教』五号、『白鳳天平の世界』に再録・創元社・昭和四十八年刊）。**○内経**　内典と同じ。仏書のこと。釈道安の『二教論』に「形を救ふの教、教を称して外となし、神を済ふの典、典を号して内となす。……若し通じて内外を論ずれば即ち彼華夷を該ぬ、若し局りて此ちに命くれば即ち儒・釈と言ふべし。釈教を内とし儒教を外とす」との解釈がある。『日本書紀』推古紀十四年五月戊午条に「朕欲興隆内典」とみえ、「ホトケノミノリ」の古訓がある。**○外典**　ゲテン。古訓はトツフミ。もと儒教書。内典の対で仏書以外の書物を指す。**○稾隷**　隷書体などの筆蹟。**○法**　法は規・則・式・儀・典・憲など「人々が守らねばならない制約・人々が模範とするもの」のグループ語である。

【本文】

以白鳳十六年歳次乙丑、秋九月、経自百済、来京師也。其在百済之日、誦詩一韻、其辞曰、「帝郷千里隔、辺城四望秋」。此句警絶、当時才人、不得続末。百済士人、竊妬其能毒之。

【読み下し文】

白鳳十六年歳次乙丑、秋の九月をもつて、百済より経て、京師に来る。其の百済に在りし日、詩一韻を誦む。その辞に曰ふ、「帝郷は千里隔たり、辺城は四望秋なり」といへり。此の句警絶《スグ》れ、当時の才人も、末に続けることを得ず。百済の士人、竊に其の能を妬みて毒《ソコナ》ふ。

【語註】

○十六年　現存本記載は「廿六」年の誤与と考えられる。**○歳次乙丑**　『日本書紀』天智天皇元年の「是年也、太歳壬戌」に基づき、四年目。**○百済**　有名な『高句麗好太王碑銘』には「百残」とみえる。『集韻』・『風俗通義』等にも済を斉に記す用例がみられる。持統五年（六九一）以前の王室名は「扶余」で「百済」ではなかった（利光三津夫著『律令制とその周辺』一七四頁・慶応義塾大学法学研究会・昭和四十二年刊）。**○京師**　飛鳥京のこと。**○帝郷**　天帝の居る所。清都・天邑・白雲郷とも言う。帝郷と白雲が関係のあることは、『荘子』天地篇に「乗彼白雲、至於帝郷」とみえる故事で有名。この後「白雲帝郷」が「積善余慶」の如く不可分の文学表現となった。帝郷は又天帝の命をうけて国家を治める天子（皇帝・天皇）の住む所にもなる。**○辺城**　もとは中国が西戎・北狄対策に設けた辺郡の城。玉門関・雁門関など。辺塞とも言う。**○警絶**　警句秀絶の省略語。警句とは奇抜で事宜に適い穿った句で鋭い意味を僅少の字数で表現した句をいう。『金石萃編』巻一〇一、殷府君夫人碑に「劉璀族茅　同二賦詩一多、檀二警絶之句一」とある。**○才人**　才傑・才子・才士と同じ意味で、才能・才覚ある人。『文選』巻三四、曹子建の七啓八首の中に「有才人妙妓、遺世越俗」の句があり、李善の注に「漢書曰、伝昭儀少為才人。韋昭曰、才伎人也」とみえる。即ち、才人は才伎のある人をも指す。『日本書紀』朱鳥元年正月甲寅条に、「召諸才人・博士・陰陽師・医師者并廿余人、賜食及禄」とあり、この才人は朝鮮より渡来した才人白丁で、漂泊流移の特殊民であり歌舞遊芸に秀れた人であろう。**○不得続末**　五言二句の一韻を含む詩を一聯とし、句を続けて技を競うことを聯句という。ここでは後句を詠めなかったこと。**○士人**　漢が建国当初に用いた官人に士人がある。士人については『孔子家語』巻一の五儀解に物事の道理を知り、言行が一致し、学問を窮め、中庸の実践をし、研鑽を積んだ秀れた人をいう、とある。ここでは新羅の高官である。百済は貞慧が帰朝する二年前の天智二年（六六三）に新羅に亡された。士人の上に付けた百済は、朝鮮の文化を代表する国名であり、百済文化の影響をうけたわが国の文人が用いた朝鮮の雅号である。**○毒**『列子』第五、湯問に「仙聖毒之。注、毒、病也」とあり、『荀子』不苟に「愚則毒賊而乱。注、毒、害也」とある。害は傷に通じる。『日本霊異記』巻上序に、「傷〈曾古奈不尓〉」の訓がみえるから、ここでは「傷める・苦しめる・やませる」等の意にとることができる「ソコナフ」と訓むのが穏当であろう。『中論』巻下、考偽に「毒二天下之民一、莫レ不レ離レ本」の用例あり。

【本文】

則以其年十二月廿三日、終於大原之第。春秋廿三。道俗揮涕、朝野傷心。高麗僧道賢、作誄曰、夫予計運推、著自前経、明鑑古今、有国恒典。糸綸紫闕者、以薦賢為本、緝熙宗室者、以挙忠為元。故以周公於禽、躬行三笞、仲尼於鯉、問用二学。

【読み下し文】

即ち其の年の十二月廿三日をもちて、大原の第に終りぬ。春秋廿三なり。道俗は涕を揮《ノゴ》ひ、朝野は心を傷む。高麗の僧道賢、誄を作りて曰ふ、夫れ予《カ》ねて運推を計ふに、前の経より著《イチシロ》しく、古今を明し鑑るに、国に恒の典あり。糸綸の紫闕は、もつて賢を薦むるを本となし、緝熙の宗室は、もつて忠を挙ぐるを元となす。故もちて、周公は禽に躬づから三笞を行ひ、仲尼は鯉に問ふに二学を用ゐたり。

【語註】

〇廿三　現存本記載は「卄三」の記載誤写に考えられる。**〇大原之第**　大原は大和国高市郡内の大原で藤原の別称がある。『鎌足伝』（『大織冠伝』ともいう）にみえる「生於藤原之第」の地と同じ。「飛鳥神社の前の道を西に一二丁辿って……左側に山懐の高地がある。此処は今飛鳥村小原といって居るが、昔は大原の地である」（北島葭江著『万葉集大和地誌』六二頁・関西急行鉄道・昭和十六年刊）。佐藤小吉編『飛鳥誌』（天理時報社・昭和十九年刊）大原には「飛鳥村小原の旧称であって古く中臣氏此地を本貫としてゐる」とある。又、『武智麻呂伝』にみえる「誕於大原之第」とも同じ。『大織冠縁起』（『多武峰縁起』ともいう）に「大原村藤原第」とあるから、大原は藤原より広い行政名称を指すものと解される。**〇道俗**　『僧尼令』一四条（任僧綱条）に「道俗欽仰」とみえ、『令集解』に引く『古記』（『大宝令』の注釈書）に「道、謂亦是出家之色也。俗、謂俗人也」とある。又、同書に引く『穴記』に「道俗相須也」・『朱記』に「道与俗相須也」とみえるから、道と俗は常に一緒に用いられる句である。道人（僧侶）と俗人

（普通人）の意味。○揮涕　涙を払い落とす。『文選』巻二三、王仲宣の七哀詩二首の一つに、「顧聞号泣声、揮涕独不還」の用例があり、李善注に引く王粛に「揮涕、以手揮之也」とあり。○朝野　朝廷と民間、又官人と人民をいう。○高麗僧道賢　『鎌足伝』に「道顕」とみえ、「昔者侍衛之士、轂鳴而請死、節義之子、穿地而自殉。雲鳥掩日、令尹以身禱之、河神為祟、大夫以牲求焉」の故事を引いている。『日本書紀』斉明天皇七年（六六一）夏四月条に「釈道顕日本世記曰云々」の注があり、又、天智八年（六六九）十月辛酉条の「藤原内大臣薨」の注に、『日本世記』が引かれ、『鎌足伝』にない「内大臣、春秋五十、薨于私第、遷殯於山南。天何不淑、不憖遺耆、嗚呼哀哉」の文句がみられる。白川静監修・小林博編『漢字類編』（木耳社・昭和五十七年刊）に、賢は金文で人名用語とし、顕は祖徳を称する語に用い、玉を拝する形の現の字と構造が近いという。賢・顕ともにケンと訓むから、通行訓みを『日本世記』に用いている。○誄　文体の一呼称。和訓シノビゴト。『続日本紀』天平神護二年正月甲子条の第四〇詔に示す「志乃比己止」の例を引く。死者の生前の徳行をほめて冥福を祈る文章。その文体は先に家系の行業を述べ、後に哀傷の気持を吐露するもの。誄文体に関する最初の解説書は『文心雕龍』であるが、それによると、「蓋し言を選びて行を録し、伝の体にして頌の文、栄に始まつて哀に終わる。其の人を論ずるや、曖乎としてまみゆ可きが若く、その哀しみを道ふや、悽焉として傷む可き」が誄の本旨だという。誄は周代に成立したが、身分低き者が身分高き人に、又目下の者が目上の人に作れなかった。誄には序文と本文（頌文ともいう）があるけれども、当初の作の序文はほんのつけたし程度の短い文であった。誄は詩・賦と共に六朝時代に盛んに作られ、秀れた作品が残されている。その代表となるものは、『文選』所収の七作品である。当時の文章軌範が『文選』であるけれども、これに収められなかった秀作も認められる。因みに『漢魏六朝一百三家集』に載る誄作品は、五十八の数を検出できる。その中で、貴族詩人と言われた謝霊運の曇隆法師誄及び廬山慧遠法師誄の二作品は「極工」と賞讃される有名な誄だが『文選』には採られていない。わが国で誄の名称をもち現存する作品は、古代の律令時代に限定すると、文章生源為憲が天禄三年

（九七二）入滅の後に作った『空也誄』がある。同誄は『続群書類従』に収められているが、欠脱がある。九条家本『六波羅密寺縁起』に引かれる誄文が欠脱部分をよく補う点で注意すべきである。**○運推**　国会本・彰考館本・平兼諠本・山内文庫本「推」を「惟」につくる。運は説文に「迴、迻徙也」とみえ、迴が運と同じであることは『正字通』酉集下、辵部によって知られる。又、『爾雅』釈詁に「運、徙也」とあるから、ウツル・ウツスの意である。推は『集韻』に「推、順遷也」『周易』繋辞下に「寒暑相推而歳成焉」とみえる点より、ウツリカワルの意と解釈できる。用例として、『文選』巻一六潘岳の寡婦賦にみえる「四節運而推移」があげられる。**○糸綸**　天子のミコトノリ。『礼記』巻三三、緇衣に「子曰、王言如糸、其出如綸。王言如綸、其出如綍」とみえるのが原意である。その用例には、『文選』巻六〇、任彦昇の斉竟陵文宣王行状にみえる「糸綸允緝」や、『金石萃編』巻一〇七、朱孝誠碑の「銜奉口糸綸、伏勤夙夜」があげられる。**○紫闕**　天上界の天帝が住む紫微宮の意から地上界の皇帝の居所。長安の宮闕を未央宮といい、別名紫微宮が雅号の紫闕となる。『文選』巻二、張衡の西京賦に「正二紫宮於未央一、表二嶢闕於閶闔一」、薛綜注に「天有二紫微宮一、王者象二之紫微宮一、門名曰二閶闔一、宮門之闕」、李善注に「辛氏三秦記、未央宮一名紫微宮。然未央為二総称一紫宮其中別名」とある。**○賢**　賢者・賢人のこと。中国では施政に際し必ず賢を求める風習がある。その理由は賢から仁策を聞く為である。求賢のために政治をないがしろにする弊害まで出ることが多かったという。これについては『呂氏春秋』巻一四、慎人に「禹周於天下、以求賢者」及び『文選』巻四七、王子淵の聖主得賢臣頌が参考となる。**○緝熙**　徳のひかり。『礼記』巻三三、緇衣に、「大雅曰、穆々文王、緝熙敬止。毛伝、緝熙、光明也」とあり。**○周公**　文王の子で武王の弟にあたり名を旦という。悪徳政治を行った殷の紂王を亡した武王に協力し、武王の死後、幼い成王を補佐し摂政として活躍する。彼は東都洛邑を建設し、王室の強化の為封建制度を確立した。**○禽**　周公の子伯禽。封建諸侯の一人で魯国の君主となる。**○三笞**　周公が幼い成王に父子君臣長幼の道を教える為、わが子伯禽を笞で三度うった有名な故事。『礼記』・『尚書大伝』・『論語』・『晋書』等にその故事が引かれている。又、わが国では『賦役令集解』にもみられる。〇**鯉**　孔子の子で字を伯魚という。年齢五十にして父に先んじて死ぬ。〇**二学**　『論語』季子篇によれば、詩と礼の学問である。

【本文】

斯並遠理国家、而非私者明矣。由此観之、凡英雄処世、立名栄位、献可替否、知無不為。或有寛猛相済、文質互変。是則聖人之所務也。唯君子哉若人、景徳行之、高山仰之、有一於此、〔事〕理固善。乃使法師遣唐学問。有教相近、莫不研習。七略在心、五車韜胸。思甄否泰、深精去就。鬼谷再涙、恐分人士。韋編一絶、陶鋳造化。是以席上智嚢、策才堪例。而忽承天勅、荷節命駕。又詔廓武宗・劉徳高等、「旦夕撫養、奉送倭朝」。仍逕海路、至於旧京、聖上錫命、幸蒙就舎。居未幾何、寝疾纊微。咨嗟奈何。維白鳳十六年歳次乙丑、十二月廿三日、春秋若干、卒於大原殿下。嗚呼哀哉。

【読み下し文】

斯く並めて遠く国家を理《ヲサム》るに、私に非ざるは明らかなり。此より観れば、凡そ英雄の世を処《ワタラ》ふに、名を立て位を栄えしめ、可きことを献り否《シカ》らむことを替《カ》へて、知りて為ざることなし。或は寛猛相に済しく、文質互に変ることあり。是れ則ち聖人が務るところなり。唯君子やかくの若き人、景き徳は之を行ひ、高き山は之を仰ぐは、一に此にあれば、〔事〕理固に善《ウルハ》し。乃ち法師を唐に学問に遣たしむ。教あれば相に近づきて、習ふこと研にせざることなし。七略は心に在り、五車は胸に韜《ヲサ》む。否泰を思へ甄《カムガ》め、去就を深く精む。鬼谷再《マタ》涙して、人士を分つを恐れしむ。韋編一たび絶ちて、造化を陶鋳《ツク》りぬ。是の以《ユエ》に席上の智嚢、策才の例《トモ》に堪《ヌキ》んぜり。而るに忽かに天勅を承けて、節を荷ひ駕を命ぜらる。又廓武宗・劉徳高等に詔りたまふに、「旦夕撫養し、倭の朝に奉送れ」と。仍りて海路を逕ぎて、旧の京に至る。聖上命を錫ひ、幸《サキ》く就舎を蒙りぬ。居りて幾何《イクソバク》もせずして、疾《ヤマヒ》に寝《フ》し纊微《ワタイタ》む。咨嗟奈何にせむ。維るに白鳳十六年歳次乙丑、十二月廿三日、春秋若干《トシソコバク》にして、大原の殿の下に卒る。嗚呼哀しきかも。

【語註】

○非私者明　『魏志』巻二一、陳群伝に「夫議刑為国ノ非為私也」の用例あり。**○立名**　『顔氏家訓』巻上、名実篇に「上士忘名、中士立名、下士竊。……立名者、修身慣行、擢栄」とある。**○栄位**　『魏志』巻九、夏侯玄伝評に「世称其名、然与曹処、中外繾綣、栄位如斯」とある。**○寛猛相済**　政と刑罰の適切な運用をいう。用例として、『孔子家語』、正論解の「寛猛相済、政是以和」や『芸文類聚』巻五二、論政に引く魏の王粲の『儒吏論』にみえる「寛猛相済、剛柔自克也」があげられる。**○文質互変**　文質とは文筆と質素をいう。夏は忠を尚び、殷は質を尚び、周は文を尚ぶことから、王朝の革命に循って礼制改革の原理を表したもの。『論語』雍也篇にみえる「質勝文則野、文勝質則史、文質彬彬」から出た句である。**○若人**　このような人。「若此人」の省略。若は『釈文』・『集韻』に「若、如也」とみえる。聖徳太子が定めたという『憲法十七条』の第六に「如此人」の用例があるが、奈良朝の勅文には「若人」を好んで用いた傾向がうかがわれる。**○景徳行之高山仰之**　『毛詩』、小雅、車舝にみえる古来からの有名句。原文は「高山仰止、景行行止」である。この二句は古来有名で、『礼記』・『列女伝』・『史記』巻四七、孔子世家・『説苑』雑言篇・『文選』に引かれ、類書の『太平御覧』も、『宋書』に陶淵明の道誡を収めたのと同じく同誡を載せている。「止」を「之」と改めているのは作者による改字でなく、釈文に「仰止、或作仰之」とある様に、中国で既に異本があったから、この系統の写本を引くものであろう。「景行」を「景徳」に改めているのは、『論語』憲問篇の「君子哉若人、尚徳哉若人」からヒントを得ているものである。**○有一於此**　『説苑』巻四、立節に「不忘恭敬、民之主也。賊民之主不忠、棄君之命不信、有一於此、不如死也」の例あり。**○事理固善**　諸本すべて「理固善」の三字であるが、誄序文が大体四言で綴られ、三言句のみられない事情から、私見をもって「事」の一字を補った。善は通の意をもつ。**○研**　『字彙』に「研、究也、窮也」とみえる。即ち、研は審である。**○七略**　前漢の劉向の『別録』にもとづき、子の歆が作った書籍分類目録、『七略別録』の省略。『芸文類聚』巻四九に収める梁簡文帝の庶子王規墓誌銘に、「為銘云尓、七略百家、三蔵九部」とみえ、その内容は、『漢書』芸文志によれば輯略・六芸略・諸子略・詩賦略・兵書略・術数略・方伎略の七つを指す。**○五車**　五車の書のこと。車五輌に載せる程の多くの書冊を言い、蔵書の多きを指す。博学を示す五車の用例は、『懐風藻』、藤原宇合の作品に「学隆万巻、智載五車」と詠んだ一首にみられる。**○韜**　ヲサメル・ツツム。『広韻』に「韜、蔵也」とみえ、同様の解釈は『後漢書』巻八三、姜肱伝の注にもみえる。**○甄**　察する・考えを明らかにすること。『集韻』に「甄　一日察也」とあり。訓は『日本書紀』天武元年五月条に「因令問察」とみえる察〈アキラメ〉によった。**○精**　『字彙』に「精、熟也」とあり、『法言』巻五、問明篇に「子貢辞而精之。注曰、精、明也」とみえる。**○鬼谷**　鬼谷子のこと。縦横家の祖といわれる周代の楚人。姓名がなく、河南者登封県の東南にある鬼谷に身をかくしたため、鬼谷先生と自称したという。蘇秦・張儀が彼に教えをうけた。『鬼谷子』一巻は彼の著作といわれるが、後人が仮託したものらしい。『論衡』巻一一、答佞篇に「伝曰、蘇秦張儀、従横習二之鬼谷先生一。掘レ地為レ坑、曰、下レ説令二我泣出一、則耐レ分二人君之地一。蘇秦下レ説、鬼谷先生泣下沾レ襟。」とある。**○韋編一絶**　昔の書物は竹簡になめし皮で綴じてある。このなめし皮がすり切れるのには、読書の回数が多くなくては不可能である。従って、ここではくりかえして本を読んだこと。この句は『史記』巻四七、孔子世家にみえる「孔子晩而喜易序、読易韋篇三絶」から出た有名句である。この故事は文人が好んだため、類書の『北堂書鈔』巻九八、読書に「韋編三絶、鉄擿三折」として採られ、わが国においても、後の『世俗諺文』にも収められている。**○陶鋳**　用例は『周書』巻四一、庾信伝論に「陶鋳性霊、組織風雅」とあるのや、『隋書』巻一、高祖紀に「王気陶鋳、万物流形」などがある。陶はやきもので粘土を材料にしてせとものを作りあげることである。鋳は金属を溶かして型に流しこみ器物を作りあげることである。両者に共通する点は、一つの形に作りあげることである。ここでは造化を万人の納得する形に創造したことをいう。**○造化**　天地自然の理、事理。『淮南子』巻六、覧冥訓に「懐万物而友造化。注曰、造化、陰陽也」とみえる。『日本書紀』推古十五年二月条に「陰陽開和、造化共調」の用例がある。

又、『淮南子』巻八、本経訓に「与造化者相雌雄　注曰、造化、天地也。雌雄、猶和適也」とみえる。『日本書紀』成務四年「撥賊反正、徳侔覆燾、道協造化」の用例がある。**〇是以**　拙稿「貞慧誄の諸本に関する覚書」（『続日本紀研究』一四八・一四九合併号、本書第二部第二章第一節に載せる）で、国会本・彰考館本・伏見宮家本の校異表を以て、「足以」を明示する。『群書類従』木版本は「足以」の傍書に「是歟」とある。裴学海著『古書虚字集釈』巻九に、「是以、与レ故為二互文一」としている。先秦文献の『春秋左氏伝』文公五年条に、「余懼、不レ獲二其利一、而離二其難一、是以云レ之」とある。この内容を『国語』巻一一、晋語では、「以」を「故」にしている。紀元前四世紀卒去と推定される墨子の著作『墨子』は、諸篇が論文形式を備えていて叙述は論理的である。その手法は「是故」・「故曰」・「然則」を示す推論や帰納に満ちている。『墨子』の一節に高石子の逸話が参考になる。高石子は衛君から厚遇で迎えられて、朝議に三度参加し施政に関する進言は採用されなかった。高石子が落胆したことを「是以、去レ之也」の五字の簡潔表現で示す。『墨子』の論理的叙述には、「是故云々」或いは「故曰云々」の間に、「是以」を挿入する手法が文人に好まれ用いられた。『老子』八十一章中、二十一例がこの「是以」手法で注目される。戦前倉野憲司氏は『古事記論攷』（立命館出版部・昭和十九年刊）で、安万侶が選録する際「是以今或一句之中、交二用音訓一、或一事之内、全以レ訓録」を以て示した記事を、本居宣長が「是ヲ以テ」と訓んだとの説明をされた。この宣長流訓みが国文学会の主流になった歴史をもつ。『令義解』成立以前の『続日本紀』に明示した詔は宣長訓みを用いる。古義資料調査に手ぬかりがあり、上記した『国語』の明示から、「是以」は「是故」に解釈している故、宣長訓みを改めるべきである。**〇智嚢**　智慧の豊富な持主。著名な智嚢には、樗里子（『史記』）・晁　錯（『史記』・『漢書』）・祖父匡（『後漢書』魯恭伝）・賈誼（『論衡』験符）・桓範（『群書札記』）・王徳倹（『大唐新語』）・呉支謙（『釈氏要覧』巻中）等がいる。又、智徳と同じ様に僧侶を指すことは、『釈氏要覧』巻中、志学に引く高僧伝に、「祇洹寺三千僧、皆号二丼法師一、為二智嚢一」の例によって知られる。**〇策才**　策略と才智に富む人をいう。この用例はみられない。恐らく『魏志』巻一四、劉放伝にみえる「才策」の言葉を倒置したのであろう。**〇堪例**　揚雄の『方言』第一二「堪、載也」・『説文』の「地突也」「ヌキデル」の意を採る。**〇荷**　オフ。任とすること。『文選』巻三、張平子の東京賦に、「荷天下之重任」とみえ、薛綜注に「荷、負也」とある。**〇節**　符節のこと。天子より勅命をうけた人であることを証明するテガタ。『日本書紀』顕宗即位前紀に「仍夷播磨国司来目部小楯持節、将左右舎人至赤石、奉迎」の用例がある。**〇廓武宗**　唐国の右戎衛郎将上柱国百済将軍朝散大夫上柱国の職をもつ官人。天智三・四年に来日する。**〇旧京**　難波の新京に対して飛鳥京を指す。**〇聖上**　聖の上に一字空白部分がある。これは『公式令』に規定された闕字条を意識したものであろう。国会本・彰考館本・平兼誼本・山内文庫本は三字の空白になっている。本来なら「天勅」に闕字を行う、「聖上」は改行であるが、ここでは公式文書でない為に略式記載を採る。**〇疾**　ヤマヒ。病より悪質な場合に用いる。**〇纊**　ま新しい綿のこと。『説文』に「纊、絮也」とみえ、『小爾雅』広服に「纊、綿也。絮之細者曰纊」とみえる。**〇微**　イタム。『毛詩』邶風、柏舟に「故迭而微」とみえ、伝に「微、謂虧傷也」とみえる。**〇奈何**　イカニ。『万葉集』に用例が多い。**〇維**　惟とも書かれる。厳粛で重々しい儀式の祝文・祭文・誄文等に用いられる冒頭辞。**〇白鳳十六年歳次乙丑、十二月廿三日**　前掲道賢作誄の引き写した序文。**〇春秋若干**　道賢作誄の「春秋廿三」を、作者不明者が年齢を改めて記述した。**〇殿**　トノ。『和名抄』巻一〇、居宅類に「殿〈和名止乃〉」とあり、貴人の家、ヤカタ、第と同じ意味。**〇嗚呼哀哉**　霊表・祝文・碑文・謚冊文・哀策文・墓誌銘・誄文等には必ず用いられる哀辞の慣用句。『文心雕龍』巻三、誄碑によれば、この歎きの言葉は「叡作に非ずといへども、古式存せり」と解されている。魯の哀公が「孔子誄」に用いた哀悼表現。

【本文】

乃作誄曰、於穆丕基、経綸光宅。懿矣依仁、翼修軌格。軒冕籍甚、謨宣廟略。惟岳惟海、如城如墎。諫魚諫鼎、乃僖乃伯。積善余慶、貽厥哲人。問道西唐、練業泗浜。席間函丈、覃思秀神。荊山抱玉、弁氏申規。漢水蔵珠、龍子報随。賓于王庭、上国揚輝。爰受朝命、建節来儀。臂歯方新、橋父猶煥。近署多士、紫微壮観。四門廓落、三端雅毫。王事靡盬、将酬国宝。世路芭蕉、人間闉城。鼠藤易絶、蛇篋難停。蘭芝春萎、松竹夏零。鳳遭繳射、鸞掛網刑。嗚呼哀哉。顔回不幸、謂天喪予。延陵葬子、称其礼与。書筆猶存、身精何処。覩物思人、堂下莫叙。嗚呼哀哉。車珠去魏、城璧辞趙。才云可惜、日還当暮。嗚呼哀哉。

【読み下し文】

乃ち誄を作りて曰ふ、於穆しき丕基、光宅を経綸む。懿《ウルハ》しきかも依仁《ウツクシビ》、軌格を翼修《カザ》る。軒冕籍甚にして、廟略を謨宣《アマネハ》す。惟れ岳惟れ海、城に如て堺に如たり。魚を諫め鼎を諫むるは、乃ち僖乃ち伯。積善の余慶、厥の哲人に貽《ノコ》す。道を西のかた唐に問ひ、業を泗浜に練る。席間に丈を函《イ》れれば、覃き思へ神に秀る。荊山、玉を抱《ウダ》きて弁氏は規を申ぶ。漢水、珠を蔵《ヲサ》め、龍子は随に報ふ。王庭に賓ひて、上国に輝を揚ぐ。爰に朝命を受け、節を建てて来儀す。臂歯方に新ならむとして、橋父猶し煥《カカヤ》き、近署士多くして、紫微壮《ハナハ》だ観《ウマ》し。四門廓落として、三端雅毫なり。王事盬《イト》なく、国宝に酬へむとす。世路は芭蕉にて、人間は闉城にたり。鼠藤絶え易く、蛇篋停め難し。蘭芝春に萎《ナ》へ、松竹は夏に零《オ》つ。鳳は繳射に遭ひ、鸞は網刑に掛る。嗚呼哀しきかも。顔回幸なくして、天予を喪せしかと謂ふ。延陵子を葬り、其の礼与を称へらる。書筆《フミ》猶し存れど、身精《ムクロ》何処にかある。物を覩て人を思《シノ》べど、堂下に叙《ノ》ぶることなし。嗚呼哀しきかも。車珠魏を去り、城璧趙を辞《サ》る。才云《ココニ》惜しむべし、日も還《マタ》暮るるべし。嗚呼哀しきかも。

【語註】

○乃作誄曰　この部分迄が構造上の序になり、続く四言の頌は作者未詳の本文。**○於**　アア。感歎の詞。**○穆**　ウルハシ。『毛詩』周頌、清廟に「於穆清廟」とみえ、伝に「穆、美也」と説明している。『集韻』も「穆、美也」と同じ解釈を示す。『芸文類聚』巻一五、后妃に引かれる潘岳の景献皇后哀策文に「於穆先后」の用例がみられる。**○丕**

オホイナル。『説文』、『爾雅』ともに「丕、大也」とみえ、『説文通訓定声』は「丕、按、壮大也」と説明する。丕基は鴻基・丕址と同じ。古訓はアマツヒツギ。『日本書紀』崇神七年二月条に「昔我皇祖、大啓鴻基」とある例や同紀、推古三十六年三月壬子条に「経綸鴻基」にみえる訓による。**〇経綸**　ヲサム。『日本書紀』崇神天皇即位前紀に「経綸天業之心」・同紀、崇神四年十月条に「経綸天下」・同紀、景行四十年七月条に「経綸天業」の用例がある。**〇光宅**　アメノシタ。『風土記』の古訓による。**〇懿矣**　ウルハシ・カグハシ。『爾雅』釈詁に「懿、美也」、『毛詩』大雅、烝民に「好是懿徳、伝曰、懿、美也」とみえる。又、『楚辞』、劉向、九歎にみえる「懿々」の注に「芳貌」とあり。用例は、『毛詩』の「懿矣慈妣、曠世斉運」や『芸文類聚』巻二、雨に引く宋謝恵連の雪賛にみえる「其徳懿矣玩之庭陳」等がある。**〇依仁**　『論語』述而篇の「志於道、拠於徳、依於仁、游於芸」から出た句で、集注には「依者、不違之謂」とみえる。『毛詩』周頌、載芟に「有依其士」とあり、箋に「依之言、愛也」とある例や『日本書紀』崇神四十八年正月戊子勅の「汝等二子、慈愛共斉」の訓みを参考にした。『芸文類聚』巻七、八仙道に収める梁の陶弘景の茅山曲林館銘に、「尚徳依仁、祈生翊命」の用例がある。**〇翼修**　カザル。『広雅』釈詁一に「翼、美也」とみえ、『集韻』に「翼、盛也」とみえる。ここでは修が「飾る」の意をもつのによった。**〇軌格**　ノリ。『漢書』巻一〇、叙伝下に「東平失軌、師古注曰、軌、法則也」とみえる。ここでは、軌式・軌制・軌則・軌度・軌範・軌節等、軌に結びつく語が「ノリ」に深い関係をもつことによった。**〇軒冕**　軒は大夫の乗る車。冕は大夫以上が用いる冠。何れも身分の高い人、即ち勢徳のある人が用いるという比喩で藤原鎌足を指す。**〇籍甚**　名誉・評判が高いこと。甚には「厚き」・「深き」・「大いなる」等の意味がある。**〇謨**　『説文』に「謨、議謀也」とあり、錯注に「慮一事、画一計為謀。汎議将定其謀。謨、大禹謨、皐陶謨、皆汎謨也」とみえる。即ち、物事を綿密に汎くはかること。『日本書紀』継体二十三年三月条に「凡数月、再三謨謀乎堂上」や同二十四年二月条に「故道臣陳謨而……不頼賢哲之謨謀乎」とみえる訓は、「ハカル」・「ハカリコト」である。**〇宣**　アマネハス。広くゆきわたる様にする。元来、宣は天子の命を伝えることで、明らかにすることであり、ついで徇の意がある。『爾雅』巻二、釈言に「宣、徇也、徧也」とみえる例、『毛詩』大雅、文王に「宣昭義問」の例がその参考となる。**〇廟略**　朝廷におけるはかりごと。**〇諫魚**　『春秋左氏伝』、隠公五年の条にみえる〈隠公が魚場を視察に出かけようとしたのを、蔵僖伯が君主は下僕や下役人の仕事に関わってはいけないと諫めた〉故事をさす。この故事は類書の『芸文類聚』巻二四、諫や『太平御覧』巻四五一、諫諍に収める。**〇諫鼎**　『春秋左氏伝』桓公二年の条にみえる〈桓公が、孔子を殺し君主である列公を殺した宋の華父督が賂として献上した郜の宝鼎を受取り、大廟に安置した行為に対して、非礼だと蔵哀伯が諫めた〉故事をさす。類書の前記両書に収める。又、『北堂書鈔』巻一〇〇、諫諍に、「蔵哀伯、諫隠公観魚、其子僖伯、諫桓納鼎。注曰、今案左伝、是僖伯諫観魚、哀伯諫納鼎。此恐誤倒」とみえ、故事の転倒をあげている。**〇詒厥**　『毛詩』魯頌、有駜の「君子有穀、詒孫子、于胥楽兮」からでた句。又、同大雅、文王有声の「豊水有芑、武王豈不仕、詒厥孫謀、以燕翼子、武王烝哉」とみえる句にも関係がある。即ち、武王を藤氏の始祖鎌足と眺め、よくつつしめる子（翼子）を貞慧とみたてることである。『毛詩』のこの句は有名で『孔子家語』巻九に「大雅所謂、貽厥孫謀」とみえ、『文選』にも謝玄暉の斉敬皇后哀策文や王仲宝の褚淵碑文にも採られている。貽イ、支韻は詒に通じ、「遺す」・「贈る」の意。**〇哲人**　智ありて道理に明るい人。『毛詩』小雅、鴻雁に「鴻雁于飛、哀鳴嗸々、維此哲人、謂我劬労」と、又、同大雅、抑に「其維哲人、告之話言、順徳之行」とみえる。ここでは貞慧をいう。**〇問道**　『列子』説符第三章に「所為問道者為富二」、『晏子春秋』巻三、問上に「臣聞、問レ道者更レ正（伊藤馨の證注1正与レ政通）」、『漢書』巻四八、賈誼伝に「帝入二大学一承二師問レ道」等の用例がみえる。**〇泗浜**　泗水のほとり。『初学記』巻五、石に収める「列銭」の注に引く『尚書』に、「泗浜浮磬、弘安国法二云、泗水浜涯也」とある。泗水は魯国にあって、曾て孔子が学問を子弟に伝授したところ。泗水と洙水のほとりである。**〇席間函丈**　自分の席と師の席との間に一丈の余地を設けること。この句は古来有名でよく引用されている。例をあげると、『初学記』巻一四、釈奠に引く宋の顔延之の侍皇太子釈奠に「尚席函丈、丞疑奉職」とみえ、同詩は『文選』巻二〇に、『芸文類聚』巻六九、薦席に引かれている。原文は『礼記』巻一、曲礼上の「若非二飲食之客一、則布レ席、席間函丈」であるが、同文は、『初学記』巻一八、師にも引かれている。『礼記』の鄭注に「函猶レ容也。講問宜二相対一、容レ丈足二以指画一也。飲食之容、席二於牖前一。丈或為レ杖」とみえる。**〇覃思**　ふかくおもうこと。孔安国、『尚書』序に「研精覃思、博考経籍、采摭群言、以立訓伝」とみえる。**〇荊山抱玉**　『山海経』に「荊山、某陰多鉄、某陽多赤金」とみえ、その場所は『水経』に、「荊山、在南郡臨沮県東北」とみえる。ここで卞和氏が玉をみつけたことは有名で、『韓非子』に「卞和得二玉於楚山中一、献二厲王一。王使下二玉人一相上之、曰、石也。刖二其左足一、和抱二其璞一、哭二於荊山之下一、三日、泣尽継レ之以レ血」とみえる。類句は「抱二荊山之玉一」として、魏の曹植が揚徳祖に与えた書にみられる（『初学記』巻二七、珠・同巻二一、文章）。**〇弁氏申規**　卞和氏が正名の玉を王に告白したこと。周人、武王の時先に厲王に献上し偽りとして突返された玉璞を献じたが、又詐とされて残る右足を刖られる。その後文王が即位するに及んで、至極の玉献上の念願を達した。和氏之璧については、『韓非子』・『蒙求』巻二の「卞和泣玉」に収められている。**〇漢水蔵珠**　『芸文類聚』巻八、漢水に引く『山海経』に、「嶓冢之山、漢水出焉。東南流、注于江」とみえる。『芸文類聚』巻一五、后妃に引く『随江総為陳六官謝表』に「妾聞、漢水贈珠、人間絶世」とあり。漢水の珠は荊山の玉と共に有名で、曹植も前記の書に「霊蛇之珠」と記している。**〇龍子報随**　龍子は蛇の別称。蛇のぬけがらを龍子衣と言う様に、蛇を龍子と呼ぶことがある。随は隋とも書く。蛇を助けた隋侯が蛇から恩返しにもらった珠、隋侯之珠という。この珠は明月之珠もしくは夜光之珠とも言われる。『淮南子』第六、覧冥訓に「隋侯之珠、和氏之璧、得之者富、失之者貧。注曰、隋侯、漢東之国、王姓諸侯也。隋侯見大蛇傷断、以薬伝之。後蛇於江中、御大珠、以報之。因曰隋侯之珠。蓋明月珠也」とみえ、『芸文類聚』巻八四、珠に引く『呂氏春秋』に、「以隋侯之珠弾千仞之春、世必笑之。何也、所用重、所要軽也」とある。**〇賓**　シタガフ。**〇上国**　王都に近い諸国の称。上邦・かみがた。中国。『日本書紀』神代紀下、海宮遊幸に「意望還上国

〈ウハックニ〉」の訓例がみられる。**〇朝命**　オホミコト・オホミコトノリ。前者に当てた文字に命・皇命・宝命・国命があり、後者に当てた文字には命・皇命・勅旨・勅・策・勅命等がある。**〇建節**　使者のしるしとして賜わった節旄をたてること。節旄とは、旄牛カラウシの尾の毛を竿につけた旗をいう。**〇来儀**　霊鳥の鳳凰などが音楽及び徳に感じて飛来し、儀容を正していること。儀は揚雄の『方言』第二に、「来也」とみえ、『毛詩』鄘風、相鼠に「人而無儀。伝曰、無礼儀也」とみえる。**〇橋父**　国会本・彰考館本・平兼誼本・山内文庫本「父」を「文」につくる。ケウシ。橋梓の二木名。橋木は父道に喩える。任昉の『王文憲集』序に「孝友之性、豈伊橋梓。注、商子曰、橋者父道也・梓者子道也」とみえる。『芸文類聚』巻八九、梓に引く『尚書大伝』に、「伯禽・康叔見周公、三見而三笞。商子曰、二三子観乎南山之陰、見梓、晋然実而俯、晋、粛貌。二子見商子、曰、梓者、子道也云々」とあり。**〇近署**　皇帝の側近くの役所。『後漢書』巻九九、竇武伝に、「武乃白大后曰、故事黄門常侍、但当給事省内、典門戸主近署財物耳」とみえる。**〇多士**　多くの秀才。『毛詩』大雅、文王に「済済多士、文王以寧。穆穆文王、於緝熙敬止」とみえ、『文選』巻五一、収の東方曼倩作の非有先生論や、王子淵の四子講徳論にも類句がみられる。ここの文は、孔文挙の薦称衡表（『後漢書』巻八〇下、文苑列法・称衡伝・『文選』巻三七所引の同表）に、「揚声紫微、垂光虹蜺、足以昭近署之多士、増四門之穆穆、鈞天広楽必有奇麗之観、帝室皇居、必蓄非常之宝」とみえる文を取捨選択して述作したものである。**〇四門**　四方の門のこと。『尚書』巻二、舜典に「賓于四門、四門穆穆」とみえる。**〇廓落**　国会本・彰考館本・山内文庫本「落」を「硌」につくる。伏見本・平兼誼本「硌」、校訂本による。大きいさま。『爾雅』巻一、釈詁に「弘廓、宇穹。昄晊、大也。注、廓落宇宙、穹隆至極、亦為大也。疏、廓落、大也」とみえる。**〇三端**　君子が敬遠しなければならない三要素。即ち、筆跡と刃尖と弁舌。『韓詩外伝』七に「君子避三端、避文士之筆端、避武士之鋒端、避弁士之舌端」とみえる。**〇雅毫**　文字通りに訓めば「雅」は副詞として「ツネニ」・「モトヨリ」・「マサニ」と次の副詞「亮」を連用する語であり、「亮」は『漢書』巻一〇〇下、叙伝「膠束不亮」の師古注に「亮、信也」

から「マコトニ」「マコトナリ」となる。ここでは上句「廓落」の訓みに合わせた。『玉篇』に「雅、儀也」と、『華巌経音義』上に「雅、閑麗也」とみえる義は当たらず、『集韻』にみえる「雅、一曰レ正也」から、「タダシク」を採る。『魏志』巻一四、劉放伝評に「劉放文翰、孫資勤慎、並管喉舌、推聞当時、雅亮非体、是故譏諛之声、毎追其実矣」。**○王事靡盬**　王事は『日本書紀』古訓に「オホヤケコト」とあって公務・国務の意味。靡は「無」と同じ否定語。盬は『毛詩』唐風、鴇羽・同書小雅の四牡・采薇・杕杜・北山にみられる中で、「モロイ」・「カタクナイ」の意味に使われる。『大漢和辞典』では「王事靡盬」を「王室の事は堅固でなくてはならない故に力を尽すということ」と説明し、『字源』では「王事はおろそかにしてはならぬ」とし一説に「盬は間暇の意」と説明されている。ここでは推古紀十二年『十七条憲法』の第八条にみえる同四言句の訓「イトナシ」（岩波日本古典文学大系『日本書紀下』一八四頁頭註・昭和四十年刊）によって、『方言』第一三、「盬、且也」にいう「且」の時間を表す意味とした。この句は古来有名であったのか、魏の繁欽の愁思賦・陸機の晋故散騎常侍陸府君誄・陳の沈炯の祭梁呉郡袁府君文・『文選』巻二九、王正長の雑詩に引く李善注・同、引王侍中を詠んだ江文通の雑体詩に引く注・『易林』にみえる五例等、多くの用例がみられる。**○世路**　仏教用語。世の中。『文選』巻一八、成公子安の嘯賦「狭世路之阨僻」、同巻二三と『芸文類聚』巻三一、引贈答にみえる王仲宣の贈蔡子篤詩・同書巻四八、尚書にみえる隋の江総の度支尚書陸府君誄に記す「悠々世路」、『文選』巻五五と『芸文類聚』巻二一、絶交にみえる劉孝標の広絶交論「世路険巇」、『芸文類聚』巻三四、哀傷にみえる魏丁の廙妻寡婦賦「遭世路之険迍」、同書巻三六、隠逸上にみえる宋の陶潜の張長公賛「世路皆同」等の用例がある。**○闉城**　『文選』巻一八、嵇叔夜の琴賦にみえる「闉爾奮逸、風駭雲乱」李善注に「闉、疾貌」とみえ、「闉」は「ハヤシ」と訓める。城は「キヅク」ことで柵に囲まれた一画を指す。外敵侵入防止のとりでより大規模な邑を含む。『芸文類聚』巻六三、城に引く『周書』に「周公作二大邑成周于土中一、立レ城。方千六百二十丈、郛方七十二里、南繫二于洛水一、北因二于陝山一」とみえる。都から郭や更に墓までも含まれてくる。寿命は僅かで黄泉に入る人間のはかなさを上句の「芭蕉」と対にして「闉城」が用いられている。従って「芭蕉」は下句の「ハヤシ」に合わせて、「ハカナク」・「ミジカク」の意となる。○**鼠藤易絶**　人間の寿命のはかないことを表した仏教説話。人間の寿命に喩えた藤の根を昼夜に喩えた黒白の二匹の鼠が、争って噛んで藤を絶やしてしまうことから、昼夜のうつり変りが早く命終の迫ることの速やかな無常をいう。二鼠は月日の鼠ともいわれる。人命に喩えられる藤は草とする説話もある。人身の無常を示す仏説を採り入れた上代資料には、『万葉集』巻五―七九三・『東大寺大仏殿曼荼羅銘』の西曼荼羅東縁文・唐招提寺蔵『大般若波羅密多経』巻一七六奥書・『仏足石歌』等があげられる。○**蛇篋難停**　上記と同じ仏教説話。人間の肉体が地水火風の四大から作られているのを四匹の毒蛇に喩え、一つの箱の中で互に争い侵すことから、人間の肉体の侵されることが早く天命の尽きる無常をいう。四蛇は二鼠と対句として用いられる。『日本書紀』景行四十年の条に「天命忽至、隙駟難停」の類例があることを、『万葉集注釈』巻五に指摘されてある。○**蘭芝**　いずれも芳香のある草。蘭は『説文』に「香草也」とみえる。和名を「ふぢばかま」という。『和名抄』巻二〇に「蘭、兼名苑云、蘭一名蕙。〈闌・恵二音、和名本草云、布知波賀万。新撰万葉集別用藤袴二字〉」とあり。『延喜式』付録の『歴運記』にも、「蘭、木工寮用薬中刻本作木蘭。京貞享二本作蘭。不注和名。案輔仁和名等、蘭草。和名、布知波賀万」とあり。類書の『初学記』巻二七、蘭の叙事に『孔子家語』（在厄）を引き、「芝蘭生於深林、不以無人而不芳」とあり。『淮南子』巻一七、説林訓には「蘭芝以芳、未嘗見霜」とみえる様に、蘭と芝は熟語として古来文人に好まれて用いられている。芝は『正字通』巻九、艸部に「瑞艸也。無根而生。博物志曰、名山生神芝、不死草」と説明されている。『芸文類聚』巻九八、祥瑞部上に収める木芝には、『説文』を引いて「芝、神草也」といい、『孝経援神契』を引いて「徳至於草木、則芝草生」という。『延喜治部式』の祥瑞の項には下瑞に芝草がみえ、「形似珊瑚、枝葉連結。或丹或紫、或黒或金色、或随四時変色。一云一年三華。食之令眉寿」とあって、芝を食べると長生をするという。蘭芝の熟語は松竹と対句にして用いられることがあり、『懐風藻』に収める藤原宇合の常陸に在りし時に詠んだ在京中の倭判官への贈文に、「歳寒後験松竹之貞、風生廼解芝蘭之馥」とみえる事例がある。**○鳳**　聖人がこの世に現れた時に共に姿をみせるという瑞鳥。『延喜治部式』の祥瑞の項には大瑞としてみえ、「状如鶴、五綵以文、鶏冠鷰喙蛇頭龍形」と説明されている。鳳は梧桐（青桐）に棲み、食物として竹の実のみを食べ、醴泉以外の水を飲まず、五色の羽と五色の声を発し、空を飛ぶ時には他の鳥が従う、といわれる。瑞鳥の鸞と熟語に用いられたり、対語によく利用される。**○繳射**　繳は「長い糸」の意味で、矢に糸を結びつけて飛んでいる鳥の群に射る方法が中国では古くから行われ、その捕鳥法を繳射とも弋射とも矰射ともいう。具体的な繳射場面としては、聞宥集撰の『四川漢代画象選集』第七二図弋射象（四四二頁拓本図版）が参考となる（中国古典芸術出版社・一九五六年刊）。**○鸞**　鳳と同じく瑞鳥の一。『延喜治部式』の祥瑞の項には大瑞として鳳の次に挙げられ、「状加翟。五綵以文」とみえる。『芸文類聚』巻九九、祥瑞部下に鳳皇と共に記されている。即ち、『説文』を引いて「赤神霊之精也。赤色五采、雞形、鳴中五音、頌声作則至。周成王時、氐羌献焉」といい、『孫氏瑞応図』を引いて「鸞鳥鳳皇之佐、鳴中五音、粛粛雍雍、嘉則鳴舞。人君行歩有容、進退有度、祭祠有礼、親疎有序、則至。一本曰、心識鍾律、鍾律調則至、至則鳴舞以和之」という。**○顔回不幸**　顔回は魯の人で字を子淵といい、孔子の高弟中の第一といわれた賢人。唐代には亜聖といわれる。彼の没年には四十一～四十二歳説と三十二歳説と十八歳説がある。『論語』には顔回の死を悲しむ孔子の逸話を残すけれども、顔回の没年には触れず不明の様である。ただ、顔回は孔子より三十歳若く、孔子の長男伯魚（鯉）の死のあとで死んだこと、鯉の没年が五十歳で孔子の七十一歳の時であることが『論語』によって知られる為、これを論拠に四十一乃至二歳死亡説が生まれた。次に、魏の王粛の註がある『孔子家語』に、顔回は孔子より三十歳若く、年二十九にして白髪となり、三十二にして早死すると記述するのを理由にして、三十二歳死亡説が生まれた。最後に、黄老思想の影響をうけた『淮南子』巻七の精神訓に、顔回は季路・子夏・冉伯と共に孔子の高弟であるが、顔回は十八歳で若死をしたとみえる記述を以て、十八歳死亡説が生まれた。三説のうち十八歳説は孔子との年齢差からみても、後世に亜聖といわれる様な人格形成の過程とそぐわないから無理である。顔回の正しい死亡年齢は、不幸短命で死んだことから推して、四十歳以上生きることは長命の世界に入ることであり、幸福な人生を送ったものとする古代中国人の考えが存在するので、三十二歳説とすべきである。近藤春雄著『中国学芸大事典』（大修館書店・昭和五十三年刊）には、「邢昺・朱熹はその年を三十二歳としている」とある。『孔子家語』の影響があるかとも思われるが、『呉志』巻一四、孫登伝にみえる孫権の長子孫登が三十三歳で死ぬ直前、「顔回は上智の才ある人だったけれども若死をしました。私は（顔回に比べて）ぼんくらです。が今顔回の生きた年を越えました云々」と父の皇帝に述べた記録が大いに参考となる。**〇謂天喪予**　孔子が顔回を失って嘆いた有名句。『論語』先進篇による。古来文人に好まれてよく用いられる。人間にとって知ることのできない神秘性をもつのが天であり、その天は人間と同じく意志や感情をもつものと古代中国人は考えていた。『論語』の解釈においては、天について「もし」の言葉を入れて仮説の辞として読むのがよい。しかし、後世に及んで断定的に読むようになり、歪められた傾向があるという。宮崎市定氏は「天、予を喪ぼせしか」と疑問を存するように読むべきであろう、といわれる（「中国古代における天と命と天命の思想」『史林』四六巻一号）のに基づいて、ここでは訓む。**〇延陵**　地名。春秋時代の呉の邑。呉人の季札が封ぜられた所から人名に仮托された。季札はかつて上国に赴いた時、徐の君が彼の剣を望んでいることを知り、帰国の途次既に没した徐君の為にその剣を墓に置いた、という信義に篤い人である。季札は訪問国で長子の急死に遭い、礼に適う葬儀を行ったことで孔子の賞賛をうけた。季札の長子葬斂故事はその後文人の注目する所となり、文筆に屢々用いられた。一例を後漢の蔡邕の漢交趾都尉胡夫人黄氏神誥にとる。「延陵季子、実惟呉人、長子道終、卜葵嬴博。夫遭時而制、不遠遷従、魂気所之、不繫邱境、帝舜以之、神罔時怨、季札以之。仲尼嘉焉」。**〇書筆猶存身精何処**　不可抗力の災厄を経て現実に存在する貴重な品々を強調する表現として、「猶存」の語句が用いられる。隋の牛弘里仁が作った『請開献書表』に、「及侯景渡江、破滅梁室。秘省経籍、雖従兵火、其文徳殿内書史、宛然猶存」とみられる。有名人の死と書筆の係わりを「猶存」の語句を用いない場合には、魏の曹子建が『制命宗聖侯孔羨奉家祀碑』（『曹子建集詮評』巻六）に録した「於赫四聖、運世応期。仲尼既没、文亦在茲」とみえる様な表現もある。**○車珠去魏城璧辞趙**　前句は張儀が合従連衡の為、百乗の車と夜光の珠を持って去った故事。後句は藺相如が和氏の璧と十五城の交換に国を出た故事。出典は『芸文類聚』巻一五・『文選』巻五七にみえる宋の謝荘の孝武帝宣貴妃誄「照車去魏、聯城辞趙」である。**○還**　マタ。『荀子』王霜にみえる「王業還起」の注に「還、復」とあり、復は『儀礼』巻六、燕礼にみえる「又命之」の注に「又、復」とあり。『集韻』に「復、又也」とあり。『増韻』に「復、再也」とあり。従って還は復・又・再に通じる。上代の古訓に還の「マタ」という用例はないが、『日本書紀』神代紀下、海宮遊行章にみえる「老翁曰、勿復憂苦」の訓や『万葉集』巻一―三七番の「雖見飽奴、吉野乃河之　常滑乃、絶事無久、復還見牟」の訓が「マタ」の用例として挙げられる。

四　作品鑑賞のための諸要素

(一)　誄について

(1)　『文心雕龍』にみえる誄の説明抄出

周世の盛徳は、銘・誄の文有り。大夫の材は、喪に臨んで能く誄す。誄とは、累なり。其の徳行を累ねて、之を不朽に旌すなり。夏・商已前は、其の詳しきを聞くこと靡し。周に誄あれど、未だ士に被《かがふ》らず。又賤は貴に誄せず、幼は長に誄せず。万乗に在りては、即ち天を称して以て誄す。誄を読み謚を定むるは、其れ節文大なり。魯荘、乗丘に戦いてより、始めて士に及ぶ。尼父卒《みまか》るに逮び、哀公は誄を作る。其の愸遺の切なること、嗚呼の歎きを観るに、叡作に非ずといへど、古式を存《のこ》せり。柳妻の恵子を誄するに至《およ》びて、即ち辞は哀しびて韻は長し。漢世に曁《およ》び、流れを承けて作る。揚雄の元后を誄するに、文は実に煩穢なり。……孝山・崔瑗は、辨絜相《とも》に参《まじ》る。其の事を序ぶるは伝に如て、辞は靡《うるは》しく律は調ふを観るに、固より誄の才なり。潘岳の構意は、専《もは》ら孝山を師とせり。悲しびを序ぶるに巧みにして、新切に入り易し。……若し夫れ殷臣の湯を誄するに、玄鳥の祚を追褒し、周史の文を歌ふに、上后稷の烈《さかえ》を闡《の》ぶ。祖宗を誄《かさ》ね述ぶるは、蓋し詩人の則《のり》なり。哀情を序述《の》ぶるに至びて、則ち類に触《したが》ひて長くす。傅毅の北海を誄するに、白日は光を幽《かく》し、雰霧は杳冥《くら》しという。始め序ぶるに感《こころ》を致《つた》へ、遂に後式となる。……夫の誄の制為るを詳らかにするに、蓋し言を選びて行を録し、伝の体にして頌の文、栄に始まりて哀に終る。其の人を論ぶるや、曖乎《こころこ》めて覿《まみ》ゆるに若《に》て、其の哀しびを道《い》ふや、悽焉《こころいた》みて傷《うれ》ふべし。此れ其の旨なり（揚家駱主編　中国学術名著第五輯『文心雕龍校注』世界書局印行本による）。

(2) 仮称貞慧誄に与えた『文選』の影響

誄の文体は、『文心雕龍』の作者劉勰の言葉を借りれば、死者生前の言葉の中から人々に印象深い文句を選択し、徳行の数々を記録し、序文を伝記形式にして栄誉を述べ、本文の頌には哀傷の気持を表して結ぶものであり、眼前に死者の姿を眺めその死に対して心からの傷歎を吐露する修辞表現で綴られた文である。貞慧誄は伝体の序文と頌の本文を比べると、前者が後者の約二倍の語から成り立っている。この様な誄は、中国においては前漢末、揚雄が作った元皇后誄に見出され、わが国においては、源為憲作空也上人誄にみられる。六朝時代の詩文集『文選』には、誄が八首収められているが、序文が本文より長いのはない。しかし、誄の叙述形式が卓慧誄と似通っているところから、貞慧誄作成の模範文として『文選』所収の誄が挙げられる。ここにその主要部分のみを摘出して参考とする。

①楊仲武誄一首并序　　潘岳

楊綏、字仲武。滎陽宛陵人也。……

……………

……………　不幸短命、春秋二十九、元康九年夏五月己亥卒。
嗚呼哀哉。乃作誄曰、
伊子之先、弈葉熙隆、惟祖惟曽、……
…………　嗚呼哀哉。

②馬汧督誄一首并序　　　　潘岳
惟元康七年秋九月十五日、晋故督守関中侯扶風馬君卒。嗚呼哀哉。……

…………

昔乗丘之戦、県賁父御魯荘公、馬驚敗績。賁父曰、他日未嘗敗績。而今敗績。是無勇也。遂死之。圉人浴馬、有流矢在白肉。公曰、非其罪也。乃誄之。

漢明帝時、有司馬叔持者、白日於都市手剣父讐、視死如帰。亦命史臣班固而為之誄。……

乃作誄曰、
知人未易、人未易知。……

…………　嗚呼哀哉。

(3) 平安時代成立の空也誄

空也誄は文章生源為憲が天禄三年（九七二）入滅の空也上人の功徳をたたえて作った哀悼文である。その特色は本文に比べ序文がその二十倍弱であること、『文選』所収の顔延之の陽給事誄と類似の形式を備えていること、平安時代における現存唯一資料であること、等である。ここに要点部分のみを摘出して参考とする。

空也上人誄一巻并序　　　　国子学生源為憲

惟天禄三年九月十一日、空也上人、没于東山西光寺。嗚呼哀哉。…………而為之誄。其辞曰、
於赫聖人、其徳無測。素菩薩行……
…………年之七十、被浄土迎。嗚呼哀哉。

(二)　頌について

(1)『文心雕龍』にみえる頌の説明抄出

四始の至、頌はその極に居る。頌は、容なり。盛徳を美《ほ》めて形容を述ぶる所以なり。昔帝嚳の世に、咸墨、頌を為《つく》りて、以て九韶を歌ふ。商より以下、文理允《まこと》に備はる。夫れ化の一国を偃かすを風と謂ひ、風の四方を正すを雅と謂ひ、容の神明に告ぐるを頌と謂ふ。風雅は人を序べ、事は変正を兼ぬ。頌は神に告ぐるを主《たふと》び、義は必ず純美なり。魯国は公旦を以て編を次《つづ》け、商人は前王を以て録を追《さかの》ぼる。斯れ乃ち宗廟の正歌にして、讌饗の常詠に非ず。『時邁』一篇は、周公の製る所にして、哲人の頌、規式存れり。……秦政の文を刻すに至び、爰に其の徳を頌む。漢の恵・景も、また容を述ぶるあり。世に沿ひ並《みな》作り、時に相継ぐ。若し夫れ子雲の充国を表し、孟堅の戴侯を序べ、武仲の顕宗を美《ほ》め、史岑の熹后を述ぶるは、或いは清廟に擬へ、或いは駟那に範す。浅深同じからず。詳略各《おのがじし》異なるといへど、其れ徳を褒め容を顕はすは、典章一なり。……魏晋の頌を辨《わか》つに及び、轍を出づるもの有ること鮮《すくな》し。陳思の綴る所は、皇子を以て標となし、陸機の篇を積《かさ》ぬるは、惟《これ》功臣最も顕《いちじ》るし。其の褒貶雑居するは、固より末代の訛体なり。夫の頌を原《たづ》ぬるに惟《これ》典雅にして、辞は必ず清鑠なり。敷写は賦に似るも、華侈の区に入らず。敬慎は銘に如て、規戒の域に異なる。揄揚以て藻を発《おこ》し、汪洋以て義を樹つ。唯《ただ》纖曲の巧致は、情と与に変る。其れ大体の底《とど》むる所は、斯の如きのみなり。

(2)　**頌の基本となった『毛詩』**

於赫湯孫、　ああかかやく湯の孫《すゑ》
穆穆厥声。　うるはしきかなその声
庸鼓有レ斁、　庸鼓斁《さかり》なること有り
万舞有レ奕。　万舞奕《かかやく》　有り
我有二嘉客一、　我れ嘉客有り
亦不二夷懌一、　また夷懌《よろこば》ざらむや
自レ古在昔、　いにしへよりむかし
先民有レ作。　先民作《な》すことあり
温二恭朝夕一、　朝夕に恭《うやうや》しさみえて
執レ事有レ恪。　事を執りてつつしみ有り
（商頌、那より抄出。）
於穆清廟、　ああふかきかも清廟《きよきみたまや》
粛雝顕相。　粛《つつし》み雝《やはら》ぐ顕相
済済多士、　済々たる多士も
秉二文之徳一。　文の徳を秉《と》りて
対レ越二在天一、　天にましますみたまにこたへ
駿奔二走於廟一。　駿《と》く廟に奔走す
不レ顕不レ承、　顕《あきら》かならず承《つかへま》つらず

無レ射二於人一斯。人に射《いとは》ること無きかも

（周頌、清廟）

有レ駜有レ駜、　駜たる有り駜たる有り

駜彼乗駽。　駜たる彼の駽《みどりげ》

夙夜在レ公、　夙《つと》に夜《よ》半《は》に公（がみ前）に在りて

在レ公載燕。　公（がみ前）に在りて載《すなは》ち燕《うたげ》する

自レ今以始、　今よりもちて始め

歳其有。　歳どしに其れ（稔り）有り

君子有レ穀、　君子穀《さち》あり

詒二孫子一。　子《す》孫《ゑ》に詒へむ

于胥楽兮。　ここに胥《あ》ひ楽しまむ

（魯頌、有駜）

(3) 六朝時代成立の荘周頌

荘周頌は六朝最後の陳時代に文筆で以て活躍した江総が作った現存する唯一の頌である。江総は詩賦楽府は勿論のこと、公式文としての詔・表・章や、通信文としての啓、或いは儀礼文としての碑・銘・誄等、数多くの作品を残している。就中、哀辞文学の一つに陳宣帝哀策文を作り、文人としての名を後世に伝えている。荘周頌は四言十二句の佚文であるが、各連の本韻は元韻で統一することや、句中に荘子の文をうまく利用すること等、六朝末の頌の一端を示す好き例となる。

玉潔蒙県、　玉潔《きよらか》なる蒙県
蘭薫漆園。(元)　蘭薫《かぐは》しき漆園
丹青可久、　丹青久しくして
雅道斯存。(元)　雅道ここに存《のこ》る
夢中化レ蝶、　夢の中では蝶と化《な》り
水外翔鯤。(元)　水の外では翔《か》ける鯤なり
出レ俗霊府、　俗を出《す》てて霊府に入り
師レ心妙門。(元)心を師として妙門をくぐる
垂レ竿自若、　竿を垂《おろ》して自若《したが》ひ
重聘忘レ言。(元)重ねて聘《よ》べば言を忘る
悠哉天地、　悠《はる》かなり天地《あめつち》
共是籠樊。(元)　共に是れ籠樊《とりかご》なり
(『漢魏六朝一百三家集』所収の『江令君集』より引用)

㈢　詩について

(1)　『詩品』序にみえる五言詩の説明抄出

気の物を動かし、物の人を感《うご》かしむ。故《かれ》性情を揺蕩して、諸《これ》を舞詠に形《あら》はす。三才を照燭《てら》し、万有を煇麗《ひか》らしめ、霊祇《くしび》には之《これ》を待ちて以て饗《あへ》を致《つく》し、幽微には之《これ》を藉《か》りて以て昭らかに告ぐ。天地を動かし、鬼神《かみ》を感かしむるは、詩《うた》よりも近きは莫《な》し。……漢の李陵に逮《およ》び、始めて五言の目を著はす。古詩は眇邈として、人も世も詳《つば》らかにし難し。

其の文体を推《たづぬ》れば、固《まこと》に是れ炎漢の製にして、衰周の倡《うため》に非ざるなり。……降りて建安に及び、曹公父子は、篤く斯の文を好む。平原兄弟は、鬱《うつ》として文《あや》の棟為《た》り。劉楨・王粲は、其の羽翼《まもり》為り。次に龍に攀《よ》ぢ鳳に託し、自《おのがじ》し属車に致す者有り、蓋し百《もも》を以て計ふ。彬彬の盛《さかり》は、大いに時に備はれり。爾《そ》の後陵遅衰《おとろ》へて、有晋に迄《いた》る。太康中、三張・二陸・両潘・一左、勃爾として倶に興り、前王を踵武し、風流未だ沫《や》まず、亦た文章《あや》の中興なり。永嘉の時、黄老を貴び、稍《やうや》く虚談を尚ぶ。時に篇什は、理其の辞に過ぎ、淡乎として味はひ寡《すく》なし。爰に江左に及び、微波尚《なほ》し伝はる。孫綽・許詢・桓・庾諸公の詩は、みな平典の道徳論に似て、建安の風力《ちから》尽きたり。義熙中に逮びて、謝益寿斐然として継ぎ作る。元嘉中、謝霊運有り、才《かど》高く詞盛《さか》りにして、富艶蹤《したが》ひ難し。固より已に劉・郭を含跨《ふく》み、潘・左を凌轢《きしろ》へり。故知る、陳思は建安の傑為り、公幹・仲は輔為り。陸機は太康の英為り、安仁・景陽は輔為り。謝客は元嘉の雄為り、顔延年は輔為り。斯れみな五言の冠冕にして、文《あや》辞の命世なり。

(2)　基礎的理解の要点

①　四声と平仄

凡そ文字を綴り合わせて句を作り、条理を尽くしてまとまりのある思想を表したものを文という。所謂、広義の文は更に狭義の文と筆とに分けられる。空海が著した『文鏡秘府論』西巻、文筆十病得失に作者未詳の『文筆式』を引き、

製作之道、唯筆与レ文。文者、詩・賦・銘・頌・箴・讃・弔・誄等是也。筆者、詔・策・移・檄・章・奏・書・啓等也。即而言レ之、韻者為レ文、非レ韻者為レ筆。

とみえている。即ち、狭義の文は詩・頌・誄の如き韻をふむものをいう。韻には音の高低と長短との四種があり、これを平・上・去・入の四声という。この四声は作文の規則上、竪の句を「紐」といい、対句の語を横に詠むのを「韻」という。韻は修辞上七種に分けられ、その第一が五言句の場合第五字と第十字、即ち各句の最後の語が同音と

なるのを「連韻」という。普通脚韻を踏むというのが実は連韻のことで、この連韻は修辞上「佳」といって高く評価される（『文鏡秘府論』天巻、七種類）。リズムを尊ぶ文は四声を二分した平仄の使い分けにうるさい枠が設けられている。

平仄について高島俊男氏の説明がここで参考になる。

> 四声、即ち平声、上声、去声、入声のうち、平声を一方に置き、他方、上声、去声、入声をまとめて平声に対置せしめてこれを「仄声」といい、両者を並称して「平仄」という。魏晋の頃から五代（十世紀）の頃にいたる間の中古漢語における、それぞれの声調の実際の調子については、平声が平らに長く続く音であり、入声が短くつまる音であることは確かであるとしても、上声と去声については猶よく分らぬ点がある。しかし、上声、去声、入声に共通する性格として、高低の傾きをもっており、長く引きのばすことができないという特徴がある。従ってこれらが仄声として一括されたのだと言える。（「律詩の子類特殊形式について」『東方学』第四〇輯所収注⑴）

同じ発音の中から音調の違いを取り出して分類した四声は、南北朝時代の修辞文学の発展に伴い、周顒の『四声切韻』・沈約の『四声譜』・王斌の『五格四声論』・常景の『四声讃』等の研究著作に表れ、四声研究の余波は隋朝に入った劉善経の『四声指帰』成立までに及んだ。『四声指帰』が隋唐時代の文人に読まれたことは、『文鏡秘府論』に同書を引用していることから知られる。南北朝における四声研究は魏晋時代に発達した詩文の研究から影響をうけたものであり、梁の沈約による詩文上の八病説になって実を結ぶ。後世文人が詩を作るに際しうるさい制約に悩まされるのは、実に沈約が見出した八病の法則に原由する。

②　対句と文病

前に引用した『文筆式』には、「文以㆓両句㆒而会、筆以㆓四句㆒而成。文繫㆓於韻㆒、両句相会、取㆓於諧合㆒也」とみえて、文は対句・連韻の調和であることを示している。通常「句」という場合、二語以上が結びついて完全な文の体裁が調わない区切りをいう。然し正しくは『文鏡秘府論』天巻の詩章中用声法式に、

凡上一字為㆓一句㆒、下二字為㆓一句㆒、或上二字為㆓一句㆒、下一字為㆓一句㆒。三言。上二字為㆓一句㆒、下三字為㆓一句㆒。五言。上四字為㆓一句㆒、下二字為㆓一句㆒。六言。上四字為㆓一句㆒、下三字為㆓一句㆒。七言。

とみえる様に、三言の場合二言と一言或いは一言と二言の上下、五言の場合二言と三言の上下、六言の場合四言と二言の上下、七言の場合四言と三言の上下、それぞれに分けられた一区切をいう。従って、対句とは一言・二言・三言・四言の対を意味する。文学活動が盛んとなった南北朝時代には修辞主義の影響で、左右均斉の美を尊ぶ中国の審美観も手伝って、句調音調の斉整・典故の使用・文字の彫琢もすべて対句を中心にして行われた。この風潮の中で四字及び六字を文の句調を基本とする駢体文が斉梁間に生まれる（「魏晋南北朝の文学思想」『青木正児全集』第一巻所収、春秋社・昭和四十四年刊）。駢体文の特徴は対句を多く用いる事であるが、五言で以て綴る律詩や絶句にも対句が尚ばれる。律詩とは、

平仄（声律）押韻及び対句に一定の法則を備へた典型的詩形で、それは斉梁以来詩に於て声韻と対句とを尊重する風潮の帰着する所

であって、初唐中宗の時に至び、沈佺期と宋之問が整理完成した詩体である（「初唐時代修辞主義の余波」前掲書）。絶句とは律詩を半分にしたもので、仄声で韻を踏むことが律詩に比較して多い。仄韻絶句は五言・七言とも古詩の調で作り、近体の形式に倣わないところから古詩の部類に入れられる。優秀なる絶句とは、自然の景物をありのまま詠んだ妙味のあるものをいい、特に五言絶句の場合には、自然描写を巧みにして結びの句には無限の愁を含ませなければ価値がないといわれる。

斉梁時代、それは四声の理論が極めて盛んとなった文学史上特筆すべき時代である。四声研究の背景には、仏典の飜訳が進められ抑揚に富んだ梵音のリズムが中国語の声調を見直す契機となった。文病を見出した沈約は熱心な仏教信者であった（『中国文明選13　文学論集』七三頁・朝日新聞社・昭和四十七年刊）。作詩上避けなければならない文

病八種とは、平頭・上尾・蜂腰・鶴膝・大韻・小韻・傍紐・正紐をさす。いま『文鏡秘府論』に基づいて八病を説明すると次の様である。

平頭病　五言詩の第一句と第二句の字（第一番目と第二番目）が同声になる場合。
上尾病　五言詩中の第五字（第一句又は第三句）と第十字（第二句又は第四句）が同声になる場合。
蜂腰病　五言詩一句中の第二字と第五字が同声になる場合。
鶴膝病　五言詩中の第五字（第一句）と第十五字（第三句）が同声になる場合。
大韻病　二句一連の五言詩の第十字の韻が他の九字中の韻と同じになる場合。
小韻病　押韻の字を除き他の九字の中で同じ韻がある場合。
傍紐病　二句一連の五言詩中双声（対となる語が同じ声で韻が異なること）がある場合。
正紐病　二句一連の五言詩中に声と韻が同じで四声の異なる語がある場合。

空海はこの八病に加えるに、水渾・火滅・闕偶・繁説・齟齬・叢聚・忌諱・形迹・傍突・翻語・長擷腰・長解鐙・文離・相濫・落節・雑乱・文贅・相及・相重・駢拇等の二十病を挙げている。

(3) 文学にみえる自然観と白雲帝郷観

中国における文学史上の特色は、よるべき内容の多くが『毛詩』・『楚辞』にさかのぼることである。今日伝えられる漢代の詩のほとんどが『毛詩』・『楚辞』の模擬であるという。後世哀辞文学の宝庫の様に思われた『楚辞』は、作者屈原の弟子といわれた宋玉によって敷衍深化されて、美しくも細やかな自然の描写に昇華されてゆく。自然描写の中で特に秋を悲哀と結びつけたのは宋玉であり、後世の「悲秋」という観念は、宋玉の抒情詩「九辯」に始まるという（小尾郊一著『中国文学に現われた自然と自然観』岩波書店・昭和三十七年刊）。秋は自然の草木が枯れる季節で

あり、人生の老を感じる時である。漢の武帝が詠んだと伝えられる秋風の辞に、

秋風起こりて白雲飛び
草木黄ばみ落ちて雁は南に帰《ゆ》く
…………
歓楽極まりて哀しびの情多く
少荘幾時ぞ老を奈何せん

とみえる如く、秋の美しき描写を捉えて悲哀に満ちた無常感が巧みに盛られている。秋は寒気を誘う風の吹く時であり、万物が変衰する寂寥の候である。

秋風生レ哀、華落生レ悲（焦贛『易林』巻一一）。

夫秋風已発、張歩兵所二以思一レ皈、秋気可レ悲（『懐風藻』下毛野虫麿一首）。

曾て張翰が秋風の起こるをみて、人生の意義を感じ、官を去てて故郷に帰ったのには深い理由がある。

張季鷹辟二斉王東曹掾一。在レ洛、見二秋風起一、因思二呉中菰菜羹鱸魚膾一曰、人生貴レ得二適意一爾。何能羈二宦数千里一、以要二名爵一、遂命レ駕帰。俄而斉王敗、時人皆謂為レ見レ機（『世説新語』巻中、識鑒篇・金沢文庫本）。

秋風が斉王の敗戦を暗示する前兆と知った張翰も偉いが、そこには秋気が権勢者斉王の末路になぞらえる中国人の発想に注意する必要がある。即ち、これは、

壮士悲レ秋、感陰気也（『毛詩詁訓伝』）。

と古来より、秋を陰気と解する中国人の通念を示すものである。斉王冏が秋風の起こる自然現象と結びつけてその死を語る『晋書』・『世説新語』は、ともに慟哭すべき悲哀感を秋にかけている。一体に、男子が秋を嘆き悲しむ所以は、その志を思うが儘に実現できなかったことによるという（「支那人の自然観」『青木正児全集』第二巻所収）。魏晋文

学に現れた一つの特色が秋の無限の寂寥味を文学の好個の題材になっていることであった。そして、秋の季節感に夭折を悼む悲しみが結びつき、秋は悲哀となり死に結びつく文学表現上の型が生まれた。魏の文帝の悼夭賦・晋の張載の七哀詩などはその範疇に入る。就中、晋の田園詩人といわれる陶淵明の挽歌には、秋の叙景らしきものがなくて「厳霜九月中」という表現で秋を示し、必ずしも秋でなくてよい野辺の送りに結びつけられている（小尾郊一、前掲書）。秋景と死を結びつけた技巧は、単に陶淵明の独創ではなく、魏晋時代の文学風潮を示したものであろう。この風潮は南北朝の修辞主義にうけつがれ、陳徐陵が当時流行の宮体詞（梁簡文帝鼓吹の綺艶詩体）を撰集した、『玉台新詠』を媒介として隋唐の時代に大きな影響を与えた。この様に「秋」にまつわる文学表現及び抒情詩の特色は、『文選』・『玉台新詠』を通じてわが奈良朝の文人に理解され、作詩の技巧として援用された。

　孔子に後れること約一世紀半、西暦紀元前三七〇年頃から三〇〇年頃まで生きたと思われる荘周は、日夜くりかえされる悲惨な戦の血生臭い社会で現実のはかない生命を如何に費やすかに苦しみ、奔放な思考・奇抜な表現による人生哲学書『荘子』を著した。その哲学書、外篇、天地篇に、華に赴いた尭と華の封人との会話が載せられている。その中で封人が言った言葉に注意を払う必要がある。

　夫聖人鶉居而鷇食、鳥行而無レ彰。天下有レ道、則与レ物皆昌、天下無レ道、則修レ徳就レ間。千歳厭レ世、去而上僊。乗二彼白雲一、至二於帝郷一、三患莫レ至、身常無レ殃、則何辱之有。

いま要点の部分を解釈すれば、「聖人は俗社会が嫌になって、喧騒の現実世間から逃れて仙人の住む世界に移ります。あの白雲に乗って天帝の居る所へ行けば、長寿と富貴と男子多きことの三つの心配事は及びません」となる。ここで聖人とは、華の封人が尭を聖人と思っていたという記述がこの前にあるので、現実社会において徳のある人を意味する。仙人の住む世界とは規制・欲望・死の恐怖・喧騒に満ちた集団社会の現実から離れた、静寂・無規制・死の恐怖から脱れた長生のできる個人の尊厳が犯されない世界、即ち山水明媚の自然をいう。白雲に乗るとは実際に白い雲に乗れるわけでない、白雲のたなびく山或いは霧がいつもかかっている高い山に登って、という現実に到達できる意味を含んでいる。帝郷は古く唐の成玄英の解釈では「天地の郷」といい、人里離れた高山を指す解釈を始めとして、今日では「上帝のいるところ」・「天帝のみやこ」・「理想郷」という風に、手の届かない場所に想定している。所謂、帝郷の「帝」は上帝・天帝の略称で、厳密には両者に概念上あるいは実体生活上、文化発展の過程に成立の相違があった。

杜而未氏の解釈は、天は群神の集約化された絶対なる神であり、後漢の訓詁学者が解釈した「群神の精」とみ、人間臭さをなくして高次の信仰の対象となったのが抽象化された周の至上神天帝であるという。地上の人間と同じく人格化され口もきき心を持つ上帝は殷時代の至上神であり土地神の内容をもった。一方、天帝は周時代の至上神であるが、殷滅亡後も上帝信仰が天帝信仰と共存したことから、後に上帝と天帝の概念が混合して同一視されるに至ったという（『中国古代宗教研究』）。最近に至り三浦吉明氏が『毛詩』・『尚書』からみた天について研究を発表された。三浦氏によると、帝と天とは本来別物で、「帝」は殷人の至上神で、「天」は周人の至上神である。そして、天と帝の相違する点は、「天」は自然物としての天、死んだ人々の存在する場所で人格神的至上神を併せもつのであり、「帝」は常に人格神として存在することであると。又、「帝」と「天」の同一化・同一祖先化をみる背景には、周の文王は父なる王季より周の血を、母なる大任より殷の血をうけ、夏殷の初代王が有華氏の血をうけつぐことで天下支配の徳をもったことに倣い、有華氏の娘を迎えている。即ち、周による殷支配の正当化が血縁関係の存在にあったという事実が秘められている（「経書よりみたる天の思想」『集刊東洋学』三四号）と。

帝郷の解釈で考えねばならないことは、荘周が生きた時代が天帝信仰であったかどうかである。周は克殷後強力な封建制度を施行して、殷勢力の母胎であった邑の機能を破壊し、周室の権威を徹底させるために旧邑に代えて新しい城郭を構築し、邑内の（豪）社を廃して国社（社稷）を設け宗廟を設けた。そして周室に服従し忠誠を誓う印として周室の宗廟と同型の祭器を分給し、旧邑の支配者の上に公・卿・大夫の周室貴族を配置して君臨した。その成果は邑の規模拡大化に伴う改革が上帝信仰の古い体質を変えて、邑の性格と機能を一変させてしまう。上帝から天帝信仰への変化過程には、邑内の旧勢力が周室に対して盟と叛をくりかえし乍ら時間を要したことであろう。ところが周室の権威が衰退した東周時代後半には、邑内の天帝信仰がどれだけ保持されたかは定かでない。上帝信仰が前代から続いていたことを考えると天帝信仰が軽視の方向を辿り、相対的に従来の上帝信仰が盛んになったと推定される。しかも、孔子が望んだ政治は西周時代の聖人統治社会の実現である。

　孔子が人君・天子と呼ばれる周王を聖人とする考えには、千年に一度乱世の時に姿をみせる世直しの人格神聖人と重なるので、聖人の住む社会も人格化された社会であるといえる。白雲たなびく帝郷は人格化された至上神上帝の郷邑に絞られよう。周の行政組織としては都・邑・郷・里の四種に分けられた機能が認められる。その中の郷は一万二千五百戸の区域を包含する。この現実の行政単位の呼称と上帝と結合した言葉が帝郷であるから、理想郷とみたり天帝のいる所と解するのは穏当でなくなる。荘周の死生観が生を全うすべきことを重視する点にある、という清宮剛説はここで軽視すべきでない（「神仙思想の基本構造と特質」『集刊東洋学』三三号）。白雲郷への思慕をもつ古代中国人にとって、帝郷は都を指すことも多かったことは、生きている間に一度は必ず行く場所とする現実志向を多分に含んでいるとみなければならない。

　荘周以後、白雲と帝郷が関連語句として文人に用いられるような過程において、後漢末から隠士賛美の風潮が生まれ、現実より仙界にあこがれを抱く傾向が強くなる。所謂、遊仙詩の登場する時代が到来する。

　　白雲自二帝郷一、氛氳屡廻没。（『沈隠侯集』、和王中書徳充詠白雲）
　　白雲帝郷下、行雨巫山来。（『謝宣城集』、連句、白雲）
　　白雲帝郷起、神禽丹穴棲。（『王司空集』、和従弟祐山家二首の一）

等の作品は、遊仙思想の影響下にできた帝郷観であるといえる。六朝の晋時代を過ぎると山水の愛好にも変化が生じ、隠棲の為の山中生活が趣味や娯楽となり、自然の山水から人工庭園の山水を対象とした詩が作られる様になる。この点遊仙が、実際に求める理想から矮少化した遊楽や美的感覚の追求に止まる概念に変ってくることも注意されねばならない。

何はともあれ、前漢伶玄『飛燕外伝』（『漢魏叢書』所収）に、

吾老是郷矣、不㆑能㆑効㆔武皇帝求㆓白雲郷㆒也。

とみえる武帝の故事は、漢末の世人の願望をよく代弁している。人人は死を恐れるがために老いることを嫌う。長生を願うために不老薬を探し求める。長寿の条件、仙薬を手に入れる為には帝郷を訪れねばならなかった。やがて、白雲に代えて『瑞応図』に載せる瑞獣・白鹿を利用して山に登る描写が楽府にあらわれるのは、人間が仙界に行ける現世到達観念を表すつもりであろう。曹子建の詠んだ飛龍篇（『曹子建集詮評』巻五）にみえる、

晨遊㆓太山㆒、忽逢㆓二童㆒。乗㆓彼白鹿㆒、手翳㆓芝草㆒。我知㆓真人㆒、長跪問㆑道。……授㆓我仙薬㆒、神皇所㆑造。

との表現には、後の六朝文人が仙界について抱いていた現世到達観念が示唆されている。かくて、帝郷には白雲がついて廻り、そこには上帝が居り、不老不死の仙薬をもった仙人の住む世界と考えられるにいたる。しかし、この世界は現実に行ける場所として考えられてきたため、人人は長生を願って白雲の集まる霊山に登る行動をとったのである。六朝以後の詩にみられる白雲・帝郷の中に仙界が詠まれるのは、一般世人の気持を文人が代弁しているとみて大過ないと思う。

(四)　誦詩一韻について

(1)　六朝風の特色をもつ貞慧詩

空海は『文鏡秘府論』において作文に関しいろいろ述べているが、要は四声をうまく使って耳で美しい調子を窮め

るばかりが大切なのでなく、文筆の上で嫌う欠点の八病は、必ず除外するが、その二病を犯す場合でも文全体から眺めると作文上決して致命的でない、という考えに立っている。しかし、彼は六朝における王粲の覇岸（詩か）や陸機の尸郷亭詩や潘岳の悼亡賦や徐幹の室思（詩か）を収めた「古文章巧言語」を挙げて、その内容の秀逸ぶりを絶讃し、古典を学ぶ必要を説く。言うところは、詞のもつ意味・調子・配置にバランスのとれた文が良いのであり、その作り方にも人それぞれの個性があるべきことを認め、空海自身は情緒を先に綴り、物色を後にし、実直を中心に据え、綺錯は些細なことであるという。これには質気でもって補い、流華でもって飾り、形似をもって意を尽くし、振躍をもって開《さと》らせることを二義的に配慮している。この空海の作文に対する基本を当時の主流とみて大過がないとすれば、半世紀を隔てない奈良時代の文学活動も余り大差あるとは考えなくてよいであろう。

ここで、わが国における最初の漢詩文集『懐風藻』に収める多墀真人広成の五言詩をとりあげて参考にしよう。広成は和銅元年（七〇八）に従五位下に叙せられて官人生活に入り、天平九年（七三七）に参議・中納言にすすみ同十一年に没した。『懐風藻』には極官を載せているので何時頃の作かさだかでないが、詩三首中、述懐詩がある。

少無蛍雪志、　●○○●●
長無錦綺工。　○○●●○
適逢文酒会、
終恧不才風。

いま二句一連の十字の平仄を示した様に仄起式である。『文鏡秘府論』からみた六朝における五言詩の基本的平仄の配置は、平起式で絶句の好例として次のものを挙げている。

胡風迎馬首、　○○○●●
漢月送娥眉。　●●●○○

久戍人将老、　●●○○●
長征馬不肥。　○○●●○

この平韻五言の連が詩平仄の正格といわれ、連の上句に変化をもたせて仄起式が生まれた。正格の単調さに工夫をこらした形を挙げると次の様になる。

a	●○○●●	●●●○○	第一字を仄字に変える
b	●○○●●	○●●○○	第一字を仄字に変える
c	●○○●●	○○●●○	第一字を仄字に変える
d	○○●○●	●●●○○	第三字と第四字の交換
e	○○●○●	○●●○○	第三字と第四字の交換
f	○○●○●	○○●●○	第三字と第四字の交換

以上の六例は連の上句を変えた仄起式と平起式に類別され、両式を更に下句について正格のまま・第一字を平字に変える・第二字と第四字の交換という技巧をこらして作られた平仄である。高島俊男氏の研究によると、ｄ・ｅ・ｆの上句の形式は六朝の詩人もかなり用いていること、後句は大体ｄ（もしくはｅ）形式であること、詩人として佳作を

残した沈約・徐陵・庾信らはd・e・f形式の上句を用いる場合、首連・頷連・頸連・尾連の後半にやや多く用いているという律詩の傾向を明らかにされている。又、d・e・f上句形式を更に工夫したものが●○●○●形式で第一字の平を仄に変えた用法であり、後句は前の形式と同じくad又はbe形式と対している事を指摘されている（前掲論文）。

広成の述懐詩は、実は六朝における詩形式のc型であった。この詩式の利用は梁の元帝を始めとして、六朝の文人にもみられることは注目すべきである。ここにその一端を示す。

①莫言江漢遠、烟霞隔数千（『梁元帝集』、別荊州吏日其二）。
②独明花裏翠、偏光粉上津（『劉秘書集』、和詠歌人偏日照詩）。
③具区窮地険、嵇山万里余（『呉清集』、山中雑詩三首の一）。
④直泉仍飲馬、逢花即挙杯（『庾開府集』、野歩）。
⑤数盃還巳酔、風雲不復知（同集、対酒）。
⑥鄭環唯半出、秦鈎本独懸（同集、新月）。
⑦鏡塵言若厚、虫糸定幾重（同集、傷往二首の一）。
⑧酒泉移赤柰、河陽徒石榴（同集、移樹）。
⑨入春纔七日、離家已二年（『薛司隷集』、人日思帰）。
⑩故年随夜尽、初春逐暁生（同集、歳窮応教）。
⑪露花疑始摘、羅衣似適薫（『劉庶子集』、九月酌菊酒）。
⑫瑞雲千里映、祥輝四望新（『初学記』巻一、雲、于季子詠雲）。

六朝文人にみられる右にみたc形式の詩が、広成に影響を与えていたのではないかと思う。『懐風藻』の研究によれば、収載作品の詩風から前後の二期に分けられ、養老以前の前期作品は六朝詩の模倣がかなり目立ち、養老期の長屋王時代からの後期作品は特に初唐詩の影が著しい、といわれる（岩波日本古典文学大系『懐風藻』の解説）。広成の作品は彼の生存年代から推すと後期の中に入れねばならないが、述懐詩の詩式からみた場合、六朝詩の影響少なからぬものがあるとみねばなるまい。

(2) 貞慧詩にみえる対句

さて、貞慧の誦詩一韻といわれる五言一連の、

帝郷千里隔　●○○●●
辺城四望秋　○○●●○

は、前句が去声・下平声・下平声・上声・入声の二平声法式をとり、後句が下平声・下平声・去声・去声・下平声の三平声法式をとる、所謂、広成の述懐詩にみられた六朝のc形式に該当する。従って、帝郷云々の一韻は六朝風の特色をもつことが知られた。そこで、いま少しこの詩を検討して、「警絶」といわれる中味に触れてみて、誄本文の表現が偽りでないかどうかを見極めたい。

前に述べたように、詩章中用声法式によれば、誦詩一韻の上句の二字「帝郷」と下句の二字「辺城」はそれぞれ五言句の一句となり、下三字「千里隔」と「四望秋」は同様に一句を形成する。従って、上下二句の帝郷と辺城は対句となり、又千里隔の「千」と四望秋の「四」は対句となる。

『文鏡秘府論』東巻、二十九種対をみると、(1)的名対（正名対・正対・切対ともいう）(2)隔句対(3)双擬対(4)連綿対(5)互成対(6)異類対(7)賦体対(8)双声対(9)畳韻対(10)廻文対(11)意対(12)平対(13)奇対(14)同対(15)字対(16)声対(17)側対（字側対ともいう）(18)隣近対(19)交絡対(20)当対(21)含境対(22)背体対(23)偏対(24)双虚実対(25)仮対(26)切側対(27)双声側対(28)畳韻側対(29)総不対等、詳しく類別された対句名称が挙げられている。それぞれの説明は省くとして、帝郷・辺城に当たる対句は(1)の的名対

である。的名対は古人が十一種の対句を挙げた中の一つで、かなり早くから修辞上の技巧として用いられた歴史をもっている。その内容は、

凡作二文章一、正正相対。上句安レ天、下句安レ地、
上句安レ山、下句安レ谷、上句安レ東、下句安レ西、
上句安レ南、下句安レ北、上句安レ正、下句安レ斜、
上句安レ遠、下句安レ近、上句安レ傾、下句安レ正、
如レ此之類、名為二的名対一。初学作二文章一、須下作二此対一、然後学中余対上也。

という。

『春秋左氏伝』襄公三十年条に「都鄙有章、上下有服」とみえる「都」は人の多く集まる場所であり文化の高い所であり、「鄙」は人の少ない場所であり文化の低い所を意味する。文化程度の濃薄に基づく都鄙と上下はそれぞれ的名対に当たる。都鄙の古訓をみると「ミヤコ・ヒナ」であり、この都鄙に各一字を加えると「帝郷・辺城」に代えることができる。いまこのような詩作上の知識を踏まえると、千里の「千」と四望の「四」は数名であり、帝郷・辺域と共に初学者が注意する的名対の範疇に入る。貞慧詩は警絶の句と理解すべきかを文病で述べよう。

(3) 貞慧詩にみられる文病

文病の一つ蜂腰について『文鏡秘府論』は次の様に説明している。

蜂腰詩者、五言詩一句之中、第二字不レ得下与二第五字一国上声。
言両頭粗、中央細、似二蜂腰一也。

貞慧誦詩五言二句一連の上句はここで問題とならないが、下句には問題がある。

帝郷千里隔　霽(去)・陽(下平)・先(下平)・紙(上)・陌(入)

辺城四望秋　先(下平)・庚(下平)・寘(去)・漾(去)・尤(下平)

下句第二字「城」は庚韻であり第五字「秋」は尤韻でいずれも下平声で一致している。即ち「蜂腰病」に当たる。

『文鏡秘府論』に引く或説では、

如第二字与二第五字一同、平声非レ病也。

とみえて、平声の重なりは悪くないとしたが、空海が「青軒明月時」や「言尋上苑春」の平声例を挙げている所からみると、平声も蜂腰詩では良くないとするのが当時の風潮であったらしい。殊に『文鏡秘府論』に引く釈説が、

凡一句五言之中、而論蜂腰、則初腰事須二急避一レ之。復是劇病。若安二声体一、尋常詩中、無レ有レ免者。

と言いきっている所に、詩作の主流があると思われる。

次に、帝郷の詩は文病の第一に当たる平頭詩である。『文鏡秘府論』にみえる文病の説明は次の様である。

平頭詩者、五言詩第一字不レ得下与二第六字一同上レ声、第二字不レ得下与二第七字一同上レ声。同声者、不レ得レ同二平・上・去・入四声一、犯者名為二犯平頭一。

即ち、空海の文病論に基づくと、上句第二字「郷」と下句第二字「城」は共に下平声であるから、平頭病に当たることになる。

次に、帝郷の詩は小韻詩である。空海はこれについて文二十八種病で次の様に説明している。

第六、小韻詩、除レ韻以外、而有二迭相犯一者、名為二犯小韻病一也。

即ち、上句第三字「千」と下句第六字「辺」は共に先韻であるから、小韻病に当たることになる。

次に、帝郷の詩は齟齬詩である。『文鏡秘府論』の説明は次の様である。

第十三、齟齬病者、一句之内、除二第一字及第五字一、其中三字、有二二字相連一、同二上・去・入一是。若犯二上声一、

其病重二於鶴膝一、此例文人以為二秘密一、莫二肯伝授一。

即ち、下句第一字「辺」と第五字「秋」を除いた「城四望」の三字の「四望」が去声である。これは詩作に心を尽くす文人にとって、会得しておかねばならない文病形式の一つ齟齬病に当たる。尤もこの文病は、

上去入是重病、文人悟レ之者少。

という元兢の説や、

於二三字一用二上去入声相次一者、此是巨病。古今才子多不レ暁。

という崔氏の説を採りあげ、「此例文人以為秘密、莫肯伝授」と空海が説明しているのによると、八世紀末まで中国の文人仲間では口伝とされたらしい。この様な文人間の閉鎖性が災して、齟齬病の過ちを犯しているのが、中国文学社会の実状であると空海は認識している。然し、空海は文字の本質上齟齬病を避ける態度を厳しく持ち、

犯二上声一是斬刑、去入亦絞刑。

という上官儀の説を引いて、自分の所信を明示している。

延暦二十三年（八〇四）に入唐し大同元年（八〇六）に帰国した空海〈僅か二年の在唐〉が、求法修業の中でこの文病論の齟齬病を会得しているのである。ましてや、十一歳で入唐し二十三歳に帰国した貞慧、若年なるが故に厳しい求道生活を強いられ文人としての幅広い体験をした貞慧の誦詩に、後述する字眼の問題とも係わり、齟齬病にふれる様な誤りを犯す内容があるとは思えない。一考を要する問題である。

(4) 貞慧詩の字眼の問題

時代は唐より大分下った十三世紀の南宋時代、厳羽（滄浪逋客と号す）が詩論書『滄浪詩話』を著した。厳羽は『光緒邵武府志』収載の伝記によると、詩を作るには盛唐を理想としたとあるから、彼の著作の中には盛唐時代の詩

作の重要点の暗示も含まれているものと思われる。『滄浪詩話』詩弁には、次の様な記述がある。

詩之品有レ九。曰レ高、曰レ古、曰レ深、曰レ遠、曰レ長、曰二雄渾一、曰二飄逸一、曰二悲壮一、曰二凄婉一。其用工有レ三。曰二起結一、曰二句法一、曰二字眼一。

厳羽は詩作技術上の要点に字眼を採りあげた。この字眼とは詩の中で最も中心となる文字を意味し、「それによって句全体が生きるか死ぬかというキーポイントとなる一字」をいう（『中国文明選13　文学論集』二八〇頁）。字眼は詩の内容を左右する一字であるから、詩の表題とも関わるであろうし、五言絶句の場合には自然を重視した妙味さとも係わるであろう。絶句の起承転結の中で字眼は承句に置かれるものであろう。何故なら、起句は次句の内容を立てるものであり、承句よりも力点が弱い。転句は起・承の二字と関係なき内容を述べるのであるから句全体のポイントにはなり得ない。結句は前の三句をまとめる制約上文字の選択で重要な役割を果たすが、句全体の中で起・承と関わりのもたない転句を生かす内容だけ力点が弱まる。従って、結句に凝縮する句の内容の力点は承句におくのがよいように思われるのである。ここで絶句の基本的な作り方を頼山陽の説明でみてみよう。

(起)　京の五条の糸屋の娘　　詩の内容の言い起こし、
(承)　姉は十七、妹は十五　　起句を承けてその内容を発展させ、
(転)　諸国諸大名は弓矢で殺す　　起・承句の内容を一転させ別なことを述べ、
(結)　糸屋の娘は眼で殺す　　全体を結ぶ。

このたとえの絶句に表題を仮につけるとすれば、「娘」と考えられるが承句の「十七」と「十五」が生きてこない。やはり承句の内容に力点をおいて「若い」の意味が秘められているとみたい。つまらぬ余談に入ったが、貞慧詩も何かこの様な考え方で字眼が求められそうに思う。一体、字眼なる言葉は空海は用いていないが、文二十八種病の中で落節を挙げた内容に、厳羽が述べた詩の用工が認められる。

第二十三、落節。凡詩詠レ春、即取二春之物色一、詠レ秋、即須レ序二秋之事情一。或詠二今人一、或賦二古帝一、至二於雑篇詠一、皆須レ得二其深趣一、不レ可レ失二義意一。仮令黄花未レ吐、已詠二芬芳一、青葉莫レ抽、逆言二蓊鬱一、或専心詠レ月、翻寄二琴声一、或意論レ秋、雑陳二春事一。或無レ酒而言レ有レ酒、無レ音而道有レ音、並是落節。

(5) 落節の貞慧詩

誄の序文からみて、実際に貞慧は唐長安から天智称制四年（六六五）に帰国した、その途次百済に滞在したのは九月の晩秋であった。従って四望秋と自然のしかも晩秋の状景を詠んでいることは、絶句の基本に適って詩に重みをもたせている。しかし、四望秋と関わる辺城が現実に貞慧のいる百済であるというのには問題がある。六朝時代から隋唐に及ぶ文人の詠んだ文で「辺城」というのは、いつ侵略をしてくるかも分からない恐怖と不安に満ちた、外国との国境周辺、即ち同族が守備している自国内の田舎町をさす。所が貞慧は日本人であり、百済（当時、滅亡していて新羅の支配下にある）の地を、自国支配下の辺境の田舎町と詠むのは矛盾している。長安生活十二年の文化・知識を身につけた留学僧が詠むべき言葉にふさわしくない。次に承句は起句を承けて内容を発展させたものであるから、四望秋と悲傷な感じを出す内容が第一句で起こされねばならない。ところが、帝郷は中国人が生きている間に行ける場所、夢を託せる所でありほのかな喜び・楽しみを抱いても悲しみなど生まれてくる所でない。千里隔も距離感を表しているのであって遠い意味をもたせただけの表現である。だから遠くて行けないという意味ではなく、遠くではあるがいつかは行けるという可能性をもった表現である。

この様にみると第一句からは秋を導きだす悲哀感はでてこない。即ち、帝郷の句では夢を詠みながら辺城の句では人生の悲哀をかきたてる秋の悼みを詠んでいる。その中には、中国人の長い生活感情からはみでた「辺城」の表現を含んでいる。これは明らかに落節詩であり、文病の一つを犯しているとみられよう。先に字眼を出したのは、現実の秋を読む第二句の「秋」字に注意したかったのである。この一字は「辺城」と結びつくため他の文字では生きてこない。自然を巧みに詠みこんだ絶句の制約にも適うという点から、「秋」が字眼である。作詩上、この一字が死を予想させる意味をもつ所から承句の終わりに置くのは、第一句を殺すこととなり、又、次の句を作り出せない要素となる。即ち、詩の常道から外れるのであり、中国の文人ならば避けるべき文字であった。貞慧詩の致命的な一字といえよう。従って、この詩が事実百済で貞慧が詠んだとするならば、百済の才人〈中国文化の影響をうけた〉が次の句を続けることができなかったという誄序文の記述は信憑性をもつことになる。但しその真実は句が警絶なのではなく、反対の愚作なるが故にである。

(6) 貞慧詩の解釈と作者

貞慧詩は、前項でみたように専門的な見方から解釈すれば、つまり詩文解説書の『文鏡秘府論』から検討した場合、当時の文人が犯してはならない詩作上の過ちを、それも致命的といえる内容を含んでいる、と私は解釈した。貞慧についての古代史研究の諸賢が触れることは二三に止まらないが、詩について言及した学者には梅原猛氏がいる。そこで梅原氏説の関係部分をとりあげておく。

定恵は、唐へ渡って、それからさらに百済へ行っている。しかもその百済が滅んで、それから日本へ帰って来ている。外国にもいる所がなくなって、日本へ帰って来たという感じです。まあ帰るに帰れないところがあったんじゃないでしょうか。

定恵は朝鮮で、百済でたいへん悲しい詩を作っている人ですねえ。「帝郷千里隔、辺城四望秋……」つまり日本の郷里は、都は、たいへん遠く離れて、そして今、異郷は四方秋だという、その秋の寂しさをうたっている詩を作っている。それを聞いて、朝鮮の人はたいへん感激したというんですけどねえ。

しかも、この定恵は、日本へ帰ってちょうど三カ月、二十三歳で殺されている。理由は、あまり詩が上手なので百済人にねたまれたといいますが、これはちょっとおかしい。私は、もちろんこれはあくまで推測ですが、その背後になんらかの形で中大兄皇子の意志が働いていたのではないか。(「藤原鎌足」『日本史探訪』第三集・角川書店・昭和四十七年刊)

梅原氏は、定恵が入唐後さらに百済に生活し、その百済の滅亡を眺めて後(天智四年)帰国したと言われる。貞慧に関する資料の中で、梅原氏が言われるような事実を裏付けるものはない。梅原氏が貞慧詩の事に触れていられる点からみて、貞慧の行動はすべて仮称貞慧誄の序文に基づくものであろう。とすれば、誄序文には貞慧が白雉四年(六五三)の入唐後、師に従って遊学すること「十有余年」と明記している。誄を事実とみて「十有余年」の意味するところは、十一年以上の在唐である。貞慧の在唐を足かけ十一年と解釈すれば、天智二年(六六三)に百済に赴いたことになる。

ところが、百済はこれより早く斉明六年(六六〇)、新羅によって滅されている。斉明六年七月乙卯条に引く高麗沙門道顕の『日本世記』に「七月云々、春秋智借大将軍蘇定方之手、使撃百済亡之」と明記することは、古代史を論ずる者にとって常識である。梅原氏が誄序文の「遊学十有余年」と『日本世記』の百済滅亡をどのように結びつけて、貞慧の滅亡以前の百済滞在を考えられたのか理解に苦しむ。又、貞慧の百済滞留は誄序文に「以白鳳十六年歳次乙丑秋九月、経自百済、来京師也」とみえるから、帰国途次の短時日と考えるべきである。経は原意がタテイトであり、そこから上下或いは北南の方向の意味が派生し、道、筋の意となり、目的地までの道途を「過ぎる」という意味に使われる。従って、誄序文の「経自百斉」を乙丑の年の九月以前における滞在を経ての帰国という解釈はできない。

梅原氏は帝郷云々の詩を「たいへん悲しい詩」と解された。その悲しみの要点に「秋の寂しさ」を指摘される。即ち辺城の下句にある秋を現実感と結びつけて指摘された。そして帝郷の上句も悲しみをもつ意味に解されているようである。貞慧の死には中大兄皇子の陰謀が働いていると推測し、暗殺の事情には貞慧が孝徳天皇の子らしい疑いをもたれていることとされている。貞慧が孝徳帝の子供という疑いがあること、中大兄皇子に忠誠を誓う鎌足はわが子貞慧を国外に置く必要があること、従って貞慧は「日本へ帰って来られない人物」であること、の思考線上に「帝郷千里隔」の作詩事情を梅原氏は考えられているようだ。そんな不遇の貞慧が唐を何故離れねばならないのか問題は残るとして、帝郷の上句が詩の規格、典故に求められる白雲帝郷観を無視し、貞慧個人の政治背景を考慮して、悲しみをもつものと理解するのは如何なものであろう。「帝郷」はそのもつ意味が悲しみとはうらはらに、希望・夢・喜び・楽しみをもつものである。ここで貞慧詩の作られる背後に類書『初学記』の影響があったことを注意しておきたい。

(7)　仮託の貞慧詩

さきに示した于季子の詠雲詩は、何故か他の類書に収められなかった。そのことが貞慧詩解明の鍵になるのだが、二句一連の後の三連の句は、真韻統一の手法で、佚文として残る。

隋風乱鳥足、汎水結魚鱗。布葉疑臨夏、開花詎待春。願得承嘉景、無令掩桂輪。

を含めて、この詩には冬から待ちこがれた春の訪れを喜んでいる自然の風景が詠われている。その首連句が「瑞雲千里映、祥輝四望新」である。二句の第一字「瑞」と「祥」はめでたい兆を表す語で、古来、瑞祥又は祥瑞の熟語として用いられる。貞慧詩は于季子の上句二句の第三と四番目の文字「千里」・「四望」をその儘用い、瑞雲に「帝郷」を当て、祥輝に「辺城」を充てた。瑞雲・祥輝の対句に因んで「ミヤコ・ヒナキ」を以てした。千里には文人好みの「隔千里」・「千里隔」の慣用句が用いられ、四望には九月の秋という季節感を入れた表現をそのまま結びつけて、五言の下句がそれぞれ考えられた。その上で、上句に日本の故郷（飛鳥京）を距離感を入れて「帝郷」を当て、下句に秋の悲哀感を容れて「辺城」を充てたものか、或いは下句の秋と結びつけた「辺城」の対句を「帝郷」に定めたのか、詩作事情の深いことは分からない。ただはっきりと言えることは、この詩は貞慧の作でないことである。その根拠は、第一に貞慧の長安生活には就学活動の中に詩作が含まれるから、詩作にはうるさい文人の詩式を学び、四種もの文病を犯すことはないと推定されること、第二に典故の使用に正しい「帝郷」観を詠むものと推定されること、第三に知識人であれば承句のしかも最後には避けねばならない「死」を連想させる「秋字」の使用はあり得ないと推定される事による。

従って、貞慧詩は誄作者の仮託でないかという疑いがここで生ずる。貞慧誄はその成立過程で類書の利用がみられる。しかも、類書利用の傾向は『家伝巻下』(『武智麻呂伝』)のそれと類似する点から、貞慧誄の成立は『家伝下』成立の天平宝字年間(七五七―六五)に近い頃と推定される。『令義解公式令闕字条』巻七の利用・律家のみが用いる「和上」号の使用・四言句の頌や詩の平仄に六朝風の手法をさり気なくこなしている点から、作者は『養老令』に明るく自由奔放な思想を持ち道家思想とも深い係わりをもつ造詣の深い文人、憶測を逞しくすれば律宗関係の僧侶ではなかったかと思う。

五　通　釈

貞慧は、生まれつき諸事に明るく賢くて学問を好んだ。そこで大臣(鎌足)は貞慧を並の人物でないとして、いくら堅い鉄であっても、よくうちたたかなければ、干将が(呉王闔閭のために)造った鋭利な剣をどうして手にすることができよう、又(夏后氏の)良弓繁弱の勁い箭があっても、羽括がついていなければ、会稽山の竹で作った優秀な箭に匹敵する矢をどうして作ることができよう、と思った。そこで(貞慧は)慈愛あつき両親の恩を自らたちきって、遥か彼方の地に徳高き儒者道を窮めようと志した。ここに至り(孝徳天皇治政下の)白鳳四年癸丑の時に、遣唐使に従って、大唐の都長安に赴き、懐徳坊にある慧日寺に身を寄せた。そして神泰法師から和上の称号をうけた。丁度その年は唐主である高宗の永徽四年で、貞慧が十一歳の時であった。当初の頃は仏聖道を窮めるため、毎日努力を重ねた。師に従って学業に励むこと十年余り、仏道に精進する甲斐があって、内典に通暁し、また外典をよく理解した。だから貞慧の作った文章はそのどれを採りあげても鑑賞に堪えるだけの価値があり、隷書体の文は文人の手本にするのに充分であった。（中大兄皇子称制四年の）白鳳十六年乙丑の秋九月に、百済を経由して懐しい都京の飛鳥に帰ってきた。貞慧は百済に滞在していた折に、一韻の詩をつくった。その詩の句は次の通りである。

（『荘子』にみえるように）昔聖人が白雲に乗って赴いた帝郷は、ここから遥かに遠い千里の彼方にある。今私がいる田舎町から四方を眺め見渡すと、（壮士が悲しみ陰気を感じる）秋の気配が辺りを包んでいる。

この一連句は実際をうがった最高の出来栄である。そのためそこに居合わせた文才ある人も、この句の後を続けることができなかった。だから百済の高官は内心貞慧の才能を快く思わず、（不穏当な言葉で）貞慧の気持を傷つけた。帰朝した年の十二月二十三日に、貞慧は飛鳥の大原にある第で入滅した。その時の年齢は二十三であった。（貞慧の死を知って）僧侶も俗人も涙を流し、都の人も田舎の人もみんな心を傷め悲しんだ。（そして悲しみを深く味わった）高麗の僧道賢は貞慧を偲んで誄一首を作った。それよくよくこの世のうつり変りを考えてみると、遠い昔の経書より久しいものであり、過去と現在をてらし合わせると、国には人々がより所とする恒典がある。詔勅が出される朝廷では、賢者を推挙するのが基本であり、光り輝く皇室には、忠臣を用いるのが原則である。だから、周公旦は（君臣のけじめを教えるため）、愛するわが子の伯禽に自ら三度笞を振るったし、孔子は詩と礼の二学を身につけさせるため、わが子の鯉に真剣に問いただした。

この様にみんな過去の国家のあり方を眺めてみると、（周室を守るために幼い成王を助けた周公や国家の施政に欠くことのできない詩〈楽〉と礼を強調した孔子が）、私を軽んじていたことは明らかである。これらの例から推しはかると、大体英雄といわれた人の世間に対処する行為は、ほまれをあげ正しきことを栄えさせ、善いことを君主に進言し、過ちを改めて、是非を判断して公のために尽くさないことはなかった。又、政と刑罰には寛容さと厳格さを適切に示し、(周の尚ぶ)文飾と(殷の尚ぶ)質実を交互に変えることがある。これが聖人(君主)の必ず努力目標とした点である。ただ君子や君子になぞらえる人は、善い教えを実行し、高い山を仰ぎみるのは、実にこの点にあるのであり、天地自然の理くつは勿論通じる。そんなわけで(大臣は)貞慧法師を窮学のために大唐へ遣わされたのである。(貞慧は)師の導きがあれば力めて近《した》しみ、なんでもよく理解した。だから(劉向の子の歆が作った)『七略』に収められる多くの本を心にとどめ、五台の車に載せる程の数の本を胸に収めた。世にいう命運の通塞を熟考し、その進退について深く知り尽くした。(蘇秦や張儀の師といわれる)鬼谷子が己の智を秘めた様に、智慧に富む貞慧が朝廷に姿を見せないと、(天子)は恐れおののいて封土を分かち与えた。又書物をよく読みこなしたので、天地自然の理にふさわしい人格者となった。この様に貞慧は智に富み理に通じる人物となったので、天子と同席を許される智嚢・策才たちの模範となった。所が突然の勅命をうけ、節を戴き馬車を用意された。天子は(朝散大夫・上柱国の)廓武宗や劉徳高に、

日夜よく面倒をみて、無事倭の朝廷に送れ。

と詔された。それから海路を逕《す》ぎて、曾ての都飛鳥に帰ってきた。(天智)天皇からねぎらいの言葉をうけ、幸にも公務を解かれて帰宅を許された。家に安住すること僅かにして、病気にかかり(闘病生活で)ま新しい寝床もいたんで薄くなった。ああどうすることができよう。思いかえしてみれば白鳳十六年乙丑の十二月二十三日、年齢若干でもって、大原の第でその生涯をとじた。ああ哀しいことだ。ここに(道賢の誄を承けて道賢が示さなかった)哀悼の文を作っていう。

ああうるわしいわが皇室は、天下を治めている。

香ぐわしいその慈愛は、(冷たく)厳しい規則を暖かく包んでいる。

高官(鎌足)は威徳極めて高く、施策を国の隅々まで及ぼした。

(かれは)高い岳や深い海にたとえられ、(皇室を守る)城や埆にもなぞらえられる。

昔(君主である隠公が行った)魚場視察を諫め、賂の宝鼎をうけて(大廟に納めた桓公を)諫めたのは、蔵僖伯であり蔵哀伯であった。

皇室を守る家は必ず後世に慶事があるというが、(鎌足)は智慧に富み理に敏《さと》い貞慧を残した。

その貞慧は聖道を求めて西の方大唐へ渡り、学業を孔子の生地泗水の辺で修めた。

師と対する時には一丈の間隔をあけて敬意を表し、細心の気配りは神にも劣らなかった。

有名な荊山には美玉があり、(これを見つけた)卞和氏は両足を刖れて猶真実を周王に訴えた。

漢水には夜光の珠があり、蛇が報恩のためこの珠を命の恩人隋侯に献じた、という。

(かくれた賢人貞慧も世に認められ)朝廷に招かれ人として好遇され、都周辺の諸国にまでその名声を広めた。

ここで天子の勅命をうけ、節旄を建て(大任を果たす使者に)送還の儀礼をうけた。

(貞慧の帰朝後)高官達が一新となるさ中、(父道の手本として鎌足の教導が光り輝いた。

京の役所には秀れた輔弼の人が多く招め、内裏は誰の目にも立派に映った。

京の四門は雄大で、しかも優れた官人にみられる威儀も正しくなった。

朝廷は庶事に忙しく、まさに貞慧の功労に応えようとしていた。

だが人生は芭蕉の葉の上の露に似てはかなく、須臾にして過ぎ去ってしまう。

時を刻む二鼠は人命にたとえる藤をかぢって絶やすし、肉体にたとえる四匹の蛇を一つの篋《はこ》にとじこめられない。

仙人が好む蘭・芝が春に生気を失い、長生の松・竹が夏に枯れることもある。

瑞鳥の鳳が不意に矢を射られ、又鸞が罪なくして網で捕らえられたりもする。

ああ哀しいことだ。

賢人といわれた顔回は天寿を全うできずに年若くして死に、師の孔子をして「天は私を見すてようとされるのか」と嘆かせた。

延陵は訪問国で客死した長子を葬るのに、時服で行ったので自国の礼に適うと孔子にたたえられた。

（孔子に讃えられて名声を残す顔回や延陵がこの世にないのと同じ様に）貞慧の書筆は今日も猶残っているが、その肉体は何処にも見当たらない。

遺された品物を見て故人を偲ぶことはできても、朝堂の下で一言の話題にも上らない。

ああ哀しいことだ。

魏の張儀は百乗の車と夜光の珠を持って去り、趙の藺相如は和氏の璧と十五城を交換のために国を出た。

（魏・趙の国が両人を失った故事に似て）貞慧の死はわが国にとって惜しいことであり、前途は暗いものと言わねばならない。

ああ哀しいことだ。

六　むすび

奈良朝成立の表題及び著作者不明の作品検討として、仮称貞慧誄（通称『貞慧伝』）を採りあげた。その理由は、藤原鎌足が平安朝に入って有名になった背景に鎌足霊廟の崇拝がある。鎌足の霊廟は大和国多武峰にある妙楽寺内の十三重塔を云う。即ち、現在の談山神社にあって西の日光と云われる塔で、戦前には国宝に指定された朱一色の美しい建物である。この塔を建立したのが十世紀初頭成立の『荷西記』には貞慧和尚であるという。『荷西記』には貞慧を孝徳天皇の実子といい、貞慧が大唐より帰朝後摂津国の阿威山に葬られていた鎌足を多武峰に改葬したといい、不比等が鎌足の肖像を高男丸に彫らせたという記事を載せている。所謂、鎌足霊廟崇拝＝鎌足崇拝のもとを築いたのは貞慧である。「この世をば、わが世とぞ思う」と豪語した藤原道長は、藤原氏の栄枯が多武峰の盛衰に関係すると考えていた。何故ならば多武峰創建の功労者貞慧を、摂関家の地位不動の為に作った木幡寺内に分祀しているからである。分祀は摂関家の存在が多武峰妙楽寺の恩恵によるものであり、ひいては妙楽寺創建のもとを築いた貞慧の功につながるという考えに係るものといえよう。多武峰寺は貞慧によって不動の名声を与えられ、鎌足も又貞慧によって顕彰の道が開かれたとみてよい。その貞慧について、古く且つ信憑性のある史料が貞慧誄である。

貞慧誄の歴史　誄はもと『鎌足伝』に付載されたため、間違って家伝と解された。これは『続々群書類従』本を活用したためである。誄の序文が伝記体の形式をふみ、家伝と誄が区別できなかった学者の誤りの為である。誄が『鎌足伝』と一緒になった時代は、現在最も古い写本（伏見宮家本）の奥書から文和年間（一三五二―五六）に近い頃と思われる。

貞慧誄の成立　誄作成上の原則から考えれば、貞慧の入滅する白鳳時代の道賢作誄（貞慧誄序所引）でなければならない。しかし、現存誄は奈良朝の天平宝字年間の頃と思われる。その理由は、(1)引用された典故が類書にかなり見られること、(2)文章引用の際四言句の二字を転倒すること、(3)原誄文が序に引かれて潘岳の馬汧督誄を述作に用いること、(4)于季子詠雲詩二句の前後を倒置利用すること、(5)老荘思想の内容がみられること、等が『家伝巻下』（『武智麻呂伝』）に共通していることによる。即ち、現在『家伝巻下』の成立は天平宝字年間と推定されることを論拠にしている。

貞慧誄成立の背景　現存誄は貞慧の入滅後間もなく道賢により成立し、作者不明文人の貞慧追悼がほぼ一世紀に近い年月を経て成立している。従って、その頃に誄を作らねばならない理由が別にあったと考えられる。それは貞慧の没年を誄序文の白鳳十六年（六六五）が誤りないものという条件の下で、貞慧の九十回忌供養のためでなかったかとも思われる。というのは、持統上皇が大宝二年十二月に崩じ仏式によって火葬にふされた。そして、上皇の為に初七斎・二七斎・七七斎の法会が営まれた後、大宝三年四月癸巳に御在所で百日斎が営まれたという『続日本紀』の記録が残されているからである。白鳳十六年から百回忌の年は天平宝字八年（七六四）になる。藤原鎌足の場合、七十周忌供養の十月の斎会（維摩講）に仏前唱歌があった事実が知られる。鎌足供養の法会から推して、貞慧の八十周忌供養・九十周忌供養が想定される。或いは中国文化導入の功労者を讃える為に作られたと解すれば、第十回遣唐使の帰朝した天平勝宝五・六年（七五三・四）か、第十一回遣唐使の帰朝した天平宝字五年（七六一）後であろう。尤も藤原仲麻呂が『鎌足伝』を述べた時に貞慧顕彰が生じたとすれば、天平宝字元年（七五七）の頃の気運であろう。

貞慧誄成立後の影響　仮称貞慧誄は作られた当時作者が僧侶（らしく思われる）ということもあって、僧家に伝わったのではあるまいか。この誄が藤原氏の系図を最も精しく集大成した『尊卑分脈』にも収載されなかったことにより、上記の推測ができる。鎌足と貞慧の歴史と関係深い妙楽寺について書かれた『多武峰略記』に引用する『旧記』に、誄を引いたらしい形迹がうかがわれるがその他の史料には利用された例がない。大体、誄にみえる二十三歳入滅の記事に誤写の臭が強いのである。貞慧の生存年齢は三十三歳（私案）とも考えられるが、その事実を裏付けるかの如く、誄成立後貞慧の入滅年齢について四十二歳・七十歳・八十余歳・八十二歳の諸説が派生している（拙稿「定恵和尚の一生」『日本歴史』二八八号）。

誄の検討　大体次の様な点が認められる。

(1)　闕字の利用から『公式令』第二三条の法文に明るい人物の述作である事
(2)　『論語』・『文選』・『礼記』・『芸文類聚』・『初学記』の利用が可能な文人である事
(3)　高麗僧道賢の誄から『鎌足伝』にみえる道顕の述作資料使用可能の人物である事
(4)　仮称貞慧誄の文体が『文選』所収の馬汧督誄に類似している事

(5)　白鳳年号の使用から『鎌足伝』の作者とも関係があるらしい事
(6)　百済を文化国家の代表名詞とする事
(7)　藤原氏の積善家思想が反映している事
(8)　貞慧を賢人とし君子に近い顔回になぞらえる事
(9)　五言二句の詩から六朝風の詩と老荘思想にも興味をもつ事
(10)　奈良朝に誄述作の事実を例証する事

七　参考資料

(一)　周漢魏隋唐誄表題（現存する中国の誄）

(一)　魯哀公　孔子誄
(二)　柳下恵妻　柳下恵誄
(三)　揚雄　元后誄
(四)　杜篤　大司馬呉漢誄
(五)　傅毅　明帝誄・北海王誄
(六)　崔瑗　和帝誄・竇貴人誄・鮑徳誄
(七)　蘇順　和帝誄・陳公誄・賈逵誄
(八)　張衡　司徒呂公誄・司空陳公誄・大司農鮑徳誄
(九)　蔡邕　済北相崔君夫人誄・楊公誄
(十)　盧植　酈文勝誄
(十一)　崔琰　大将軍夫人寇氏誄
(十二)　曹府君　陳寔誄
(十三)　作者不明　梁商誄
(十四)　魏文帝　蒼舒誄
(十五)　曹植　上文帝誄表・上卞太后誄表・武帝誄・文帝誄・卞太后誄・任城王誄・大司馬曹休誄・平原懿公主誄・光禄大夫荀侯誄・王仲宣誄・答詔示平原公主誄表・曹喈誄（曹仲雍誄）・宣后誄表

㈩劉邵　魏文帝誄・魏明帝誄
⑰韋誕　太僕杜侯誄
⑱王傑　阮元瑜誄
⑲阮籍　孔子誄
⑳左貴嬪　上元皇后誄表・元楊皇后誄・万年公主誄
㉑盧諶　尚書武強侯盧府君誄・太尉劉公誄
㉒傅玄　永寧太僕龐侯誄
㉓李顒　阮彦倫誄
㉔孫楚　王驃騎誄
㉕張華　章懐皇后誄・烈文先生鮑玄泰誄・魏劉驃騎誄
㉖成公綏　魏相国舞陽宣文侯司馬公誄
㉗孫統　虞存誄
㉘孫綽　庾公誄・王長史誄・劉惔誄・王蒙誄
㉙羊秀　衛公誄
㉚稽含　司馬誄
㉛殷仲堪　韓康伯誄
㉜謝万　駙馬都尉劉真長誄
㉝傅咸　襄邑侯誄
㉞潘岳　世祖武皇帝誄・楊荊州誄・楊仲武誄・馬汧督誄・太宰盧武公誄・庾尚書誄・夏侯常侍誄・皇女誄・南陽長公主誄・邢夫人誄・従姉誄・秦氏従姉誄・賈充誄・賈充婦宣城宣君誄・虞茂春誄
㉟王劭之　夫誄
㊱陸機　呉大帝誄・呉大常顧譚誄・呉大司馬陸公誄・呉貞献処士陸君誄・愍懐太子誄・毗陵侯君誄
㊲劉琨　散騎常侍劉府君誄
㊳陸雲　呉故丞相陸公誄・晋故散騎常侍陸府君誄・晋故予章刺史夏府君誄
㊴桓玄　王孝伯誄
㊵釈僧肇　鳩摩羅什法師誄
㊶丘道護　道士支曇諦誄
㊷謝霊運　武帝誄・廬陵王誄・曇隆法師誄・廬山慧遠法師誄
㊸謝荘　孝武宣貴妃誄・黄門侍郎劉琨之誄
㊹殷琰　宣貴妃誄

(45) 顔延之　陽給事誄・陶徴士誄
(46) 釈慧琳　武丘法綱法師誄・龍光寺竺道生法師誄・新安寺釈玄運法師誄
(47) 張暢　若耶山敬法師誄
(48) 簡文帝　司徒始興忠武王誄
(49) 江淹　斉太祖高皇帝誄
(50) 王僧孺　従子永寧令謙誄
(51) 丘遅　侍中吏部尚書何府君誄
(52) 煬帝　秦孝王誄
(53) 江総　梁故度支尚書陸君誄
(54) 盧思道　盧記室誄
(55) 楊素　柳弘誄
(56) 陳子良　隋新城郡東曹掾蕭平仲誄・平城県正陳子幹誄
(57) 李華　徳先生誄
(58) 柳宗元　故衡州刺史東平呂君誄・虞鳴鶴誄
(59) 作者不明　北海相景君誄
(60) 作者不明　漂陽長潘君誄
(61) 作者不明　故東河王誄
(62) 王暢　誄劉表　（以上順不同、宋代以下略）

(二) 参考資料（日本関係）

一、『日本書紀』白雉四年五月壬戌条・同五年二月条
二、『藤氏家伝巻上』（『鎌足伝』）
三、伊呂波字類抄　諸寺　多武峰の項所引「玄年記」
四、『多武峰略記』所引「天禄三年二月十四日官奏」・「天禄三年三月二十八日氏長者御願文」・『荷西記』
五、『木幡寺咒願文』・鐘銘
六、『日本地理志料』巻二一　近江国浅井郡の項所引「大安寺三綱記」
七、『今昔物語』巻一一　大織冠賜藤原姓語・巻三一元明天皇陵点定恵和尚語
八、『吉記』承安二年六月廿七日条
九、『玉葉』承安三年七月四・十・廿一日条
一〇、『百錬抄』承安三年六月廿五日条
一一、『帝王編年記』白雉四年五月十二日壬戌条・斉明天皇五年条
一二、『三国仏法伝通縁起』巻下　律宗

一三、『元亨釈書』巻第九　感進一・巻第二一　資治表二、孝徳
一四、『東寺王代記』　孝徳天皇八年・天智天皇四年・天武天皇二年
一五、『興福寺官務牒疏』近江国、宝光寺・大般若寺
一六、『善隣国宝記上』　孝徳天皇白雉四年・天武天皇七年
一七、『興福寺略年代記』　大化六年・白雉四年・天智天皇即位六年
一八、『山城名勝志』巻一七　宇治郡部
一九、『和州旧跡幽考』巻一九　十市郡
二〇、『本朝高僧伝』第四六　和州多武峰沙門定慧
二一、『本朝神社考』中之四　多武峰
二二、『倭漢三才図会』巻七三　大和、十市郡、談山妙楽寺
二三、『大和志』　十市郡、仏刹、妙楽寺
二四、『尊卑分脈』　摂家相続孫
二五、『大和名所図会』巻六　談山妙楽寺護国院
二六、『紅葉拾遺』巻中　本山始祖
二七、道誠著『釈氏要覧』
二八、光栄著『多武峰縁起便蒙』
二九、『伴信友全集』第三所収「松の藤靡」
三〇、吉田東伍著『大日本地名辞書　上方篇』
三一、坂本太郎「白鳳朱雀年号考」『日本古代史の基礎的研究下　制度篇』所収
三二、田村円澄『藤原鎌足』塙新書
三三、和田英松『本朝書籍目録考証』
三四、平岡定海「東大寺宗性の大織冠伝（家伝上）の抄本について」『史学雑誌』六八編三号
三五、小島憲之『上代日本文学と中国文学下』
三六、同『国風暗黒時代の文学上』
三七、藤沢一夫「墳墓と墓誌」『日本考古学講座6』所収
三八、横田健一「藤原鎌足と仏教」『日本仏教』五号
三九、桜井町史
四〇、植垣節也「校訂家伝上（大織冠伝と貞慧伝）」『親和女子大学研究論叢』第一号
四一、山岸徳平「上代漢文学史」『講座日本文学1　上

代編I』所収
四二、久保常晴『日本私年号の研究』
四三、田村円澄「摂論宗の日本伝来について」『南都仏教』二五号
四四、同「『白鳳』年号考」『日本歴史』二七八号
四五、拙稿「貞慧伝をめぐる二・三の問題」『神道史研究』一七巻三号
四六、同「貞慧誄の闕字・歳次及び『家伝巻上』との関係」『神道史研究』一八巻一号
四七、同「中臣連金の死と行刑法」『日本史の研究』六三号
四八、同「延安と談山神社」『大和文化研究』一四巻一一号
四九、同「貞慧誄の諸本に関する覚書」『続日本紀研究』一四八・一四九合併号
五〇、同「玄念と定恵和尚存日記」『芸林』二一巻二号
五一、同「定恵・不比等皇胤説と夭記」『南都仏教』二五号
五二、同「定恵和尚の入滅と鎌足公改葬について」『日本歴史』二六八号
五三、同「定恵和尚の一生」『日本歴史』二八八号
五四、同「荷西記の復元及び訓続と校注」『皇学館論叢』四巻一号
五五、同「大織冠縁起に関する覚書」『兵庫史学研究』一六号・一七号

第二節　仮称『貞慧法師誄一首并序』の研究追記

一　誄の伝体「序」の形式

誄文体の正格となる有序誄は、現存作品という条件の下で、新の元太皇太后への哀悼辞を、王莽が揚雄に作らせたのを嚆矢とする。作品は『古文苑』巻二〇に元后誄として載り、楊家駱主編『国学名著珍本彙刊』に宋の章樵注本が鼎文書局から刊行されている。序には『古文苑』が唐人の編で史伝にも収載されず、『文選』の記録から外れた作品を集めた文集だという。序と本文の一部を略して、表題を皇后誄に改めているのが『芸文類聚』巻一五、后妃部である。一三六字中一八字が『古文苑』本と相違する。元后誄の序文は、

新室文母太后崩。天下哀痛、号哭涕泗、思慕功徳、咸上ㇾ柩誄ㇾ之。銘曰、

の二六字から成る。簡潔表現には後の慣用句となる「維（惟）年月日」がない。『古文苑』巻二〇には元后誄に続き、後漢傅毅の北海王誄を載せる。元后誄になかった薨年が冒頭に加わり、対句の修辞を連ねる序は、

永平七年、北海静王薨。於ㇾ是……於ㇾ斯為ㇾ栄。乃作ㇾ誄曰、

とみえて、序文慣用句の「乃作誄曰」表現が早くも姿をみせる。

誄の研究を進める過程で、西岡弘氏の大著『中国古代の葬礼と文学改訂版』（汲古書院・平成十四年刊）に遭遇する。改訂版を読んだ中で納得できない箇所を見つける。それは第三章第二節哀祭の所に当たる「誄の変遷」で、

揚雄の元后誄、杜篤の大司馬呉漢誄、傅毅の明帝誄、北海王誄、蘇順の和帝誄、崔瑗の和帝誄（何れも『芸文類

聚』所載）などを述べ（五五九頁）

誄には……後漢の傳毅あたりから序文がつくようになり（五六〇頁）

の二箇所に関わる。上記したように『古文苑』には、元后誄に序文がついていて、新室文母太后は始建国五年（一三）の崩である。永平七年（六四）に遡ること半世紀前の作品になる。従って、誄史上有序作品は元后誄からと理解するのが正しい。

後漢の大司馬呉漢が建武二十年（四四）五月に薨じ、悲嘆の光武帝はその葬儀のため誄を公募した。当時美陽令に追従せず恨まれて洛陽の獄屋に収監されていた杜篤も呉漢誄を作ったが、これが秀逸で皇帝の目にとまり、帛を文給された上に刑を免除された。杜篤の大司馬呉漢誄は、『芸文類聚』巻四七、職官部、大司馬に載せる。

篤以為（尭隆二稷契一、伊尹佐レ殷、若レ此五臣、功無二与疇一。
　　　（舜嘉二皐陶一、呂尚翼レ周、今漢呉公、追而六レ之。

と詠んで「乃作誄曰」の序を結ぶ。何分にも『芸文類聚』は省略手法を採るので[1]、多分冒頭句は没年月日と官名・氏名を明示する、

建武二十年五月辛亥、大司馬呉漢薨。

の表現が残されていたであろう。それはともかく、誄序の慣用表現となる「乃作誄曰」が記録上杜篤に始まったことをここで知る。殊に修辞上三韻構成の先蹤を追う誄作品の例となる[2]。後漢の誄作品を眺めると、元后誄序の影響と思われる蘇順の和帝誄序、

天王徂登、率土奄傷、如何昊穹、奪二我聖皇一。乃作二銘章一、其辞曰[3]、

や、大司馬呉漢誄の影響と思われる卜允の堂邑令費君誄序、

惟熹平六年、歳格二于大荒一、無射之月、堂邑令費君寝疾卒。嗚呼哀哉。於レ是夫人元弟故□□□守卜允、追而誄レ

之。其辞曰、(4)

がある。後漢の厚葬流行は碑石文の隆盛となり、誄が刻石文として残された。刻石碑は書道家の注目するところで、漢代の隷書研究の対象ともなる。北海相景君碑(5)は、隷書で有名である。凌雲超氏は景君碑を、

総㆑之、西漢的八分字体、是開㆓始表現㆒、在㆓東漢官方的豊碑巨碣上面㆒。(6)

と絶賛する。景君碑は前半を誄序と本文で占める。誄序は、

惟漢安二年、仲秋□□、故北海相任城景府君卒。歍歔哀哉。……後来詠㆓其烈㆒、竹帛叙㆓其勲㆒。乃作㆑誄曰、

とみえ、冒頭の卒年・故人逝去・嗚呼哀哉……乃作誄曰といった正格体の姿を示している。漢隷の溧陽長潘乾校官碑は、刻石誄の表現でやや異なる。『隷釈』巻五に、

蓋漢三百八十有七載欠三字于欠三字(7)銘㆓功著斯金石㆒、昇誄曰、

溧陽長潘君諱乾字元卓、陳国長平人。……乃作叙曰、翼翼聖慈、恵㆓我藜蒸㆒、貽㆓我潘君㆒、平㆓茲溧陽㆒……

とみえる。碑は誄曰のあと潘君の伝を綴り、伝記文の最後を「乃作叙曰」と記す。その後が韻文四言句の頌になる。『両漢金石記』はこの文章を、

碑以㆓前半叙事之文目㆒曰㆑誄、而以㆓後半有韻之文目㆒曰㆑叙、亦変例也。

といい、建立年月日「光和四季十月己丑朔廿一日己酉造」の十月に「閏」を略することも変例也と指摘する。

今日数少ない後漢資料から校官碑に残る変則表現が知られるのであるが、概して誄序は、蔡邕（一三三―一九二）の済北相崔君夫人誄にみられる序、

維延熹四年、故済北相崔君夫人卒。嗚呼哀哉。……投㆑涕歔欷、共叙㆓赫姿㆒、乃為㆑誄曰

の表現に集約されてくる。「惟（維）年月日、某卒、嗚呼哀哉、乃作（為）誄曰」表現は、三国時代を経て六朝文学の誄序形式の主流になる。

有魏時代に入ると、「孔子の門に如し詩を用うれば、思王は室に入」ると鍾嶸（四六九—五一八）に讃えられた曹植(8)は、正統の詩型で優雅と豊潤を基調とする四言詩、及び清新と華麗を本旨とする五言詩に優れた文人(9)である。ところが誄作では、

> 文辞表現は大げさだが、その内容はくだくだしくいい加減で、文帝誄の末の眼目の所で自分のことを述べるなど、誄の趣旨逸脱も甚しいものだ。(10)

の酷評をうけた。しかし旺盛な著作の中に誄九首を数え、晋潘岳の十五首に次ぐ。現存作品数から推しても、魏晋文壇界における双璧に擬えられる。いま序文を残す誄は、王仲宣誄・武帝誄・任城王誄・文帝誄の四首である。四首中三首が「乃作誄曰」表現で、王仲宣誄のみ「乃」を「遂」に改めている。改字は副詞の代字で大意を変えた手法ではない。

曹植作の誄九点

No.	作品名	年次	西暦	出典
1	光禄大夫荀侯誄	建安十七	二一二	類聚巻四九・陳思王集巻一
2	王仲宣誄	〃二十二	二一七	文選巻五六・類聚巻四八・書鈔巻一〇〇
3	武帝誄	延康一	二二〇	文選巻二二従游京口北固応詔注
4	任城王誄	黄初四	二二三	類聚巻四五・陳思王集巻一
5	文帝誄	〃七	二二六	魏志文帝紀注・陳思王集巻一
6	大司馬曹休誄	太和二	二二八	類聚巻四七・陳思王集巻一
7	卞太后誄	〃四	二三〇	類聚巻一五・書鈔巻一二三・全三国文巻一九
8	平原・懿公主誄	〃六	二三二	初学記巻一〇・類聚巻一六
9	曹喈誄	？	？	文選巻二八挽歌行注・同巻三一疑古詩注

（注）類聚は『芸文類聚』の略。書鈔は『北堂書鈔』の略、「原」一本「陽」につくる。

潘岳作の誄十五点

No.	作品名	年次	西暦	出典
1	楊荊州誄	咸寧一	二七五	文選巻五六・潘黄門集
2	賈充誄	太康三	二八二	書鈔巻三八廉潔の項・潘黄門集
3	世祖武皇帝誄	〃十	二八九	類聚巻一三・潘黄門集
4	夏侯常侍誄	元康一	二九一	文選巻五七・類聚巻四八・潘黄門集
5	馬汧督誄	〃七	二九七	文選巻五七・書鈔巻一一九・潘黄門集
6	楊仲武誄	〃九	二九九	文選巻五六・潘黄門集
7	賈充婦宣城宣君誄	永康一	三〇〇	晋書謝沙伝・御覧巻二〇二・潘黄門集
8	太宰盧武公誄	太興三	三二〇	類聚巻四五・書鈔巻三八・潘黄門集
9	庾尚書誄	咸康六	三四〇	類聚巻四八・書鈔巻一〇〇・潘黄門集
10	皇女誄	？	？	類聚巻一六・潘黄門集
11	南陽長公主誄	？	？	類聚巻一六・潘黄門集
12	邢夫人誄	？	？	文選巻一六恨賦注
13	秦氏従姉誄	？	？	文選巻五七宋孝武宣貴妃誄注
14	従姉誄	？	？	文選巻二一秋胡詩注
15	虞茂春誄	？	？	文選巻二三盧陵王幕下作詩注

（注）御覧は『太平御覧』の略。

「乃」を同義の「廼」に代えた例は、釈慧琳の釈玄運法師誄にもみられる。「自晋至梁誄序文末句一覧」に示す如く、現存する有序の夏侯常侍誄・馬汧督誄・楊仲武誄は何れも「乃作誄曰」手法を示す。晋朝初期の作品楊荊州誄序は、「乃」を「爰」に代え、「誄」に「斯」を冠して四言に作ったので、「曰」の前に指示代名詞「其辞」を置いていることが分かる。晋の文宗潘岳は魏曹植の好む「乃作誄曰」表現を誄序に用いているので、曹植の手法に影響されたのであろう。潘岳は曹植手法に変る手法を楊荊州誄に用いているが、「爰作斯誄、其辞曰」は、蘇順の和帝誄(11)①と卜允の

堂邑令費君誄②を吸収し、序末慣用句を杜篤の大司馬呉漢誄③表現を手本にして、

①乃作銘章、其辞曰
②追而誄之、其辞曰　＞　爰作斯誄、其辞曰
③追而六之
　乃作誄曰

のスタイルになったのではあるまいか。因みに潘岳の手法をみると、①楊荊州誄の一部を改めた②南陽長公主誄がある。この手法に影響をうけているのが陸雲である。陸雲が太康五年（二八四）に著した③晋故散騎常侍陸府君誄は、十七年後の作品④晋故予章刺史夏府君誄に連なる。この図式を潘岳の手法と陸雲の手法と対比して示すと、

潘岳の手法

①（敢託旒旗、爰作斯誄、其辞曰
⇓
②（爰託素旃、式章徽音、

陸雲の手法

③（敢述洪迹、于茲素旃、其辞曰
⇓
④（故作斯誄、著之不泯、其辞曰

となる。

自晋至梁誄序文末句一覧

No.	作品名	序文記述
1	王仲宣誄	何用誄徳、表之素旗、何以贈終、哀以送之、遂作誄曰
2	元楊皇后誄	何用存思、不忘徳音、何用紀述、託辞翰林、乃作誄曰
3	楊荊州誄	行以号彰、徳以述美、敢託旒旗、爰作斯誄、其辞曰

4	夏侯常侍誄	五月壬辰寝疾、卒于延熹里第、嗚呼哀哉。乃作誄曰
5	馬汧督誄	微臣託乎旧史之末、敢闕其文哉。乃作誄曰
6	楊仲武誄	元康九年夏五月己亥卒。嗚呼哀哉、乃作誄曰
7	呉故丞相陸公誄	登霊在天、遺音播徽、敢揚元勲、表之素旂、乃作誄曰
8	愍懐太子誄	追慕徽鹿、興言断絶、敢誄遺風、庶存芳烈、其辞曰
9	晋故予章刺史夏府君誄	祁祁縉紳、泣涕流連、敢作斯誄、著之不泯、其辞曰
10	南陽長公主誄	惜乎不永、背世湮沈、爰託素旂、式章徽音。
11	晋故散騎常侍陸府君誄	揮涙克邑、惜慟盈繊、敢述洪迹、于茲素旂、其辞曰
12	道士支曇諦誄	援弱毫而叙情、播清暉乎無窮、乃作誄曰
13	鳩摩羅什法師誄	夜光可惜、盲子可哀、罔極之感、人百其懐、乃為誄
14	廬山慧遠法師誄	有始斯終、千載垂光、嗚呼哀哉。乃為誄曰
15	宋武帝誄	矧伊下臣、思恋徘徊、敢遵前典、式述聖徽、乃作誄曰
16	陽給事誄	末臣蒙固、側聞至訓、敢詢諸前典、而為之誄、其辞曰
17	廬陵王誄	率土悽心、蓋出罔己、之悲以陳、酸切之事、云尓誄曰
18	曇隆法師誄	追深平生、自不能黙己、故投懐援筆、其辞曰
19	陶徴士誄	無愆前志、故詢諸友好、宜謚曰靖節徴士、其辞曰
20	龍光寺竺道生法師誄	登舟之迹、有往無帰、命尽山麓、悲興寰繊、嗚呼哀哉
21	武丘法綱法師誄	東瀾弗復、西景莫収、到尽川征、帰骨曾邱、嗚呼哀哉、誄曰
22	若耶山敬法師誄	草木余哀、心之憂矣、涙合無開、嗚呼哀哉、乃為誄曰
23	孝武宣貴妃誄	家凝實庇之怨、敢撰徳於旂旒、庶図芳於鐘鼎、其辞曰
24	斉太祖高皇帝誄	光之一絶、慟遠邇之、何期弓剣、有慕纂徳、写辞僉曰
25	新安寺玄運法師誄	外禀哽識、内諮慟魂、慕題往迹、行実浮言、廼作誄曰
26	従子永寧令謙誄	痛心傷目、豈伊一事、無以少寄辛傷、故復誄之、云尓
27	梁故度支尚書陸君誄	徒生絶望、通波之水、嗚呼哀哉、攬涕操觚、乃為誄曰

哀悼表現に卓越の才能を示した潘岳[12]の手法は、左棻の好句「徽音」とも関わる。左棻[13]は元楊皇后誄の序で、

宣徳中闈、徽音永流。何用存思、不忘徳音、何用紀述、託辞翰林、乃作誄曰

と綴る。冒頭には『毛詩』大雅、思斉の「徽音」を引き、また矢の「徳音」を用いた。その手法には曹植作王仲宣誄序の、

何用誄徳、表之素旗、何以贈終、哀以送之。

を引用している。また左棻は曹植の武帝誄序、

敢揚聖徳、表之素旗。乃作誄曰

を借用する。即ち銘を記す白旗（素旗）に表示すると詠む。潘岳は左棻手法を参考にして「旗」を同義の「旂」に改め、「表」を「託」に代えた。南陽長公主誄の表現②は、曹植以前の洗練されない後漢文人の哀辞句と違って、誄多作の曹植の哀辞句から受けた印象が強い。左棻・潘岳に及ぼした曹植手法の影響は、宋謝霊運の作品[14]にも垣間みる。誄序にみられる文人の手法とその影響をみたところで、六朝における法師誄について少し触れておきたい。

註

1　拙稿「杜篤の大司馬呉漢誄」中国誄の研究ノート一（『まむしの愚痴』第一巻・金子商店・平成十一年刊所収）。
2　曹植の『任城王誄』が陽・虞・有・麻韻構成が成立する。その後潘岳の四韻変化技法展開に連なる。
3　『芸文類聚』巻一二・『東漢文紀』巻一四。
4　『漢故堂邑令費君之碑』所収・『隷釈』巻九。
5　正式の名称「漢故益州太守北海相景君銘」とし、誄文を引用する。『漢碑集成』解説、漢代の碑刻に「圭形碑　実物は順帝の時の北海相景君碑が最初」と記す。資料には『隷釈』巻六・『金石萃編』巻七・『全後漢文』巻九八・『東漢文紀』巻二八等がある。簡単な図版・解説には『書道全集』第二巻中国第２（漢）（平凡社・昭和三十三年刊）・藤原楚水編著『増訂寰宇貞石

図』（国書刊行会・昭和五十七年刊）がある。原本聴氷閣蔵本、解説松井如流の『漢・北海相景君碑』書跡名品叢刊二（二玄社・昭和三十六年刊）が拡大図版入りの文献として便利。拙稿「後漢碑文に残る北海相景君誄」珍しい祭文―玉石文を中心として―（『兵庫史学研究』三一号・昭和六十年）。

6　『中国書法三千年』香港天風・中華民国六六年（昭和五十二年）刊。

7　『金石萃編』巻一七、欠三字とする。

8　『詩品』上品に「孔氏之門如用レ詩、則公幹升レ堂、思王入レ室」とある（荒井健・興膳宏『中国文明選13　文学論集』朝日新聞社・昭和四十七年刊）。

9　『文心雕龍』巻二、明詩に「暨二建安之初一、五言騰踊、文帝陳思、縦レ轡以騁レ節、……若夫四言正体、則雅潤為レ本、五言流調、則清麗居レ宗」とある。

10　同書巻三、誄碑に「陳思叨レ名而体実繁緩、文皇誄末、百言自陳、其乖甚矣」とある。

11　同巻誄碑に「潘岳構意、専師孝山、巧於序悲」とある。孝山は蘇順の字（『後漢書』巻一一〇上、文苑蘇順伝）。

12　同巻哀弔に「及潘岳継作、実踵其美、観其慮善辞変、情洞悲苦、叙事如伝。結言摹詩、促節四言、鮮有緩句。故能義直而文婉、体旧而趣新」とある。また『芸文類聚』巻五〇、刺史に載せる陳徐陵裴使君墓誌銘に「潘岳之詩、致哀周密」とみえる。潘岳の作品は「悲哀するに巧みな潘岳の感傷文学」とも云われる（高橋和巳「潘岳論」『高橋和巳作品集9　中国文学論集』所収、河出書房新社・昭和四十七年刊）。誄の序文に故事を多く引用する前例を作った潘岳手法は、明朝では鄭真の故四明遂初老人王先生誄辞の序や、清朝では毛奇齢の家烈婦誄文が知られる（拙稿「清朝の誄寸考」誄の概説補遺『鴻志』六号）。

13　皇甫謐の序を得て洛陽の紙価を高騰せしめた三都賦作者左思（二五〇?―三〇五?）の妹。才藻に秀れ武帝の貴嬪となる。泰始十年（二七四）に元楊皇后誄を作った。

14　永初二年（四二一）成立の宋武帝誄序は、南陽長公主誄の「式章徽音」の二字を改めて「式述聖徽」で表される。

二　法師誄の序

晋の政権推移からみた東晋時代は、内乱と外寇により戦争がいつも続く。その間の宗教界をみると、史跡風景に富む会稽に封じられた穆帝補佐で、東晋清談のパトロン司馬昱の協賛をうけた支遁(1)がいる。支遁は哀帝の義父で風流人士の代表王濛や文章家孫綽、孝武帝の宰相となる謝安、謝安と共に孝武帝を補佐した王坦之、王洽・王羲之・殷浩・許詢・郗超と深く交わり、「北人は書を看ること、顕処月を視るが如く、南人の学門は牖中より日を窺ふが如し」と南北両朝の学風を評した文人(2)でもある。そして従来難解とした『荘子』逍遥篇に〝精神努力の要素〟を付加し仏教的解釈を施した碩学(3)である。また貴族の玄学清談社会にもてはやされた「中国古典と仏典との巧妙な取扱い」をし、仏教を南朝の唱導階級に浸透させた功篤き高僧であった(4)。

晋の太和元年（三六六）閏四月四日に支遁は遷化した。時に五十三歳。郗超が序伝を作り、哀宏が銘賛を作り、周曇が誄を作った。記録上僧侶に贈られた最古の作品が支遁誄である。惜しくも今日誄文が残らず、また表題も定かでない。しかし半世紀後の義熙七年（四一一）丘道護が著した道士支曇諦誄(5)により、道士支遁誄の表題であったと推測する。

道士支曇諦誄の序文は、

イ晋義熙七年五月某日、道士支曇諦卒。春秋六十有五。嗚呼哀哉。……

ロ援二弱毫一而舒レ情、播二清暉乎無窮一。乃作誄曰。

とある。この表現は魏文帝の曹蒼舒誄にみせた最もコンパクトな誄文体、

惟建安十有五年五月甲戌、童子曹蒼舒卒。嗚呼哀哉。乃作レ誄曰。

と基本的に同じである。ただ発語辞の「惟」を国名の「晋」に改め、逝去年齢と支曇諦の履歴を加え哀悼の修辞ロ部

分を加えた点が異なるに過ぎない。誄としては珍しい「某」の記述が卒去日イ部分に使われる。

道士支曇諦誄に後れること二年、釈僧肇が綴った鳩摩羅什法師誄をみると、従来の誄序文体手法とはガラリと様子が変る。

夫（道不レ自レ弘、弘必由レ人、（待レ匠故世有二高悟之期一、
　（俗不レ自レ覚、覚必待レ匠。（由レ人故道有二小成之運一。　……発丑之年、年七十。四月十三日薨二于大寺一。嗚呼哀哉。

……夜光可レ惜、盲子可レ哀、罔極之感、人百二其懐一、乃為レ誄曰

儀礼文に定着していた「維（惟）年月日、故人名、逝去、嗚呼哀哉」が、冒頭部分から序末へ移され、没年次を干支表記に代えているのである。これは誄序文体の変化の一つにあたる。

次にその四年後、謝霊運が江南仏教会の重鎮廬山慧遠法師誄を作った(6)。その序文は、

（道存二一致一、故異レ化同レ暉、
（徳合二理妙一、故殊レ方斉レ致。　……春秋八十有四、義熙十三年秋八月六日薨。……千載垂レ光、嗚呼哀哉。乃為レ誄曰

とある。道と徳を分けて化と方が違い暉と致が等しいという相反する概念規定から記述し、逝去年齢を示した後で卒年月日を綴る。卒年月日、卒去、没年齢の順序を倒置した手法が目につく。

また上虞県徐山で百有余人の門人を指導する僧鏡(7)の名声に心を寄せた謝霊運は、修業努力顕著の道人曇隆に敬意を払い、剡県内で険しい嵊山に共に遊び入滅後遺徳を偲んで誄を作った(8)。即ち曇隆法師誄である。

曇隆法師誄の序文は、

夫（協レ理置レ論、百家未レ見二其是一、　…………（蓋欽二志節一、
　（因レ心自レ了、一己不レ患二其躓一。　　　　　（追深二平生一、　自不レ能二黙已一、故投レ懐援レ筆。其辞曰

とみえる。曇隆法師誄は、鳩摩羅什法師誄でみせた「夫」を以て始まる記述で、格調高い表現に対句の修辞で仏道理論展開に終始する。記述には没年の月日もなければ逝去・年齢記事もない。全く異色といってよい。

宋釈慧琳は元嘉十一年の冬に入滅した二法師に誄を作る。一は龍光寺竺道生法師誄であり、二は武丘法綱法師誄である。何れも道士支曇諦誄の手法を示す。両者の誄序文は、

(一)　元嘉十一年冬十月庚子、道生法師卒二於廬山一。嗚呼哀哉。
（善人告レ尽、追レ酸者無レ残、
含理云レ滅、如レ惜者又深。）
………嗚呼哀哉。

(二)　元嘉十一年冬十一月辛未、法綱法師卒。嗚呼哀哉。夫
（峭立方矯、既傷二於通仁一、
卑随円比、又虧二於剛潔一。）
……嗚呼哀哉。誄曰

両者の異なる点といえば、前者には入滅場所を示すが、後者にはない。両者ともに没年齢の記述がない。哀悼句「嗚呼哀哉」のあとに高邁な仏道理論を披露するが、前者には「夫」を冠していないし序文末の慣用表現もない。

書聖王羲之の孫で出家してから昔葛洪が修行した遺跡地若耶山[9]に懸溜精舎を建てた修行僧に道敬法師がいた[10]。道敬法師の入滅を悼んだ哀辞作品に宋張暢の若耶山敬法師誄がある。その序文は鳩摩羅什法師誄・曇隆法師誄と同じく「夫」からの記述である。

夫
（待物而游、致用生外、
道来自レ我、懐抱以歓。）
故
（晦宝停レ璞、導二兼車一以出レ魏、
鸞逸雲緒、豈増軒以入レ衛。）
……嗚呼哀哉。乃為誄曰

手法は曇隆法師誄と同じく、没年月日、逝去、没年齢の一切を述べない。

南斉の釈慧琳記述の新安寺玄運法師誄は、五世紀末の作品である。その序文は、

維建武四年五月八日甲午、沙門玄運、右臥不レ興、神二去鬼城一。嗚呼哀哉。……廼作レ誄曰

である。逝去記述に技巧を凝らし、病による就床を「不興」で示し、鬼神の住む幽土を「鬼城」で示して入滅表現に

代える。没年齢の記述はない。序文末の慣用表現「乃」が同義の「迺」を用いる。

いま現存する八点の法師誄序文をみてきた。道士支曇諦誄・鳩摩羅什法師誄・廬山慧遠法師誄・若耶山敬法師誄・新安寺釈玄運法師誄では、「乃（迺）作（為）誄曰」の慣用表現を用いて魏晋時代の世俗誄と変らない。曇隆法師誄の「其辞曰」は蘇順の和帝誄以後の慣用表現を襲ぐ。「其」を指示する「誄」を上句で略しているところが新しい手法である。竺道生法師誄は、慣用末句を略した手法で、序文にも本文にも誄を明示する句がない珍しい作品である。表題によって誄と知られるのであり、佚文となった場合、誄と判断する手がかりがない。慧琳は武丘法綱法師誄で序末慣用句の「乃作」を略す。その手法は竺道生法師誄とも関わり、世俗誄に捉われない法師誄文体を表そうとしているのかも知れない。

法師誄八点中四点が後漢以降の慣用冒頭句の「維（惟）云々」系統で、残る四点が新しい「夫云々」系統である。但し厳密には「維」を「晋」で表すのや欠くのを含めての条件、「夫」を欠くのを含めて、とした上である。「夫」を冠する誄の手法を辿ると、潘岳の馬汧督誄にゆきつく。その後顔延之の陶徴士誄の使用になる。[11]誄の成立年次からみれば、陶徴士誄が成立する五世紀前葉は法師誄の盛行する時期と重なるから、法師誄の「夫」手法は、文学思潮の一部であって独自の手法ではないことが窺える。

現存資料から判断すると、三世紀末の潘岳手法が発端で誄序への「夫」使用は、爾後法師誄に採用されたものと思われる。哲学理論を好む僧侶に好まれて法師誄に「夫云々」の冒頭句になったのではないか。

顧みて貞慧誄の序に引く道賢作貞慧誄は、六朝における僧侶の活発な文学活動を考えると、五世紀における法師誄制作の影響を受けて作られたものと思われる。宋の元嘉中に六十余歳で卒した慧静は諸法師誄を作っていたこともこの際参考になる。[12]

作者不明の貞慧誄は、冒頭が「貞慧、性聡明云々」スタイルで、潘岳の著す、

⑴夏侯湛字孝若、譙国譙人也。……春秋四十有九、元康元年夏五月壬辰、寝二疾于延熹里第一、嗚呼哀哉。乃作誄曰

という夏侯常侍誄や或いは、

⑵楊綏字仲武、栄陽宛陵人也。……不幸短命、春秋二十九、元康九年夏五月己亥卒。嗚呼哀哉。乃作誄曰

と記述する楊仲武誄の手法に似通う。潘岳は馬汧督誄で故事を多く引き、その手法は六朝の誄以後隋唐まで実はみられない。そこで筆者は、潘岳が官庁保存の上表文・策書・史書・誄の類を駆使して馬敦を顕彰し、既存誄の手法を破る実例を挙げて、「本文に対し、一・三倍の序は誄史上の圧巻で、馬汧督誄を超える作品はない」と言った(13)。故事引用の中に父の讐討行為を賞する後漢明帝が班固に命じた「司馬叔持誄」故事も含まれる(14)。

註

1　哀帝の招きで入京し、東安寺で『道行般若経』を著した。

2　『世説新語』巻上、文学篇に「北人看レ書、如二顕処視一レ月、南人学問、如二牖中窺一レ日」とある。

3　『高僧伝』巻四、支遁伝に「夫桀跖以二残害一為レ性。若適レ性為レ得者、従亦逍遥矣、於レ是退而注二逍遥篇一。群儒旧学、莫レ不二歎服一」とある。

4　塚本善隆「魏晋仏教の展開」(『塚本善隆著作集第三巻中国中世仏教史論攷』所収、大東出版社・昭和五十年刊)。

5　唐釈道宣撰『広弘明集』巻二六、僧行篇。

6　慧遠法師誄の序で「道」と「徳」を対比した冒頭句のあとに、「昔釈安公、振二玄風於関右一、法師嗣二沫流於江左一」と述べて、昔人道安を長安仏教の巨頭に据え、一方江南仏教の中心に慧遠を挙げる。

7　『高僧伝』巻七、釈僧鏡伝に「東適二上虞徐山一。学徒随往百有余人。化洽二三呉一、声馳二上国一。陳郡謝霊運、以二徳音一致レ欽。宋世祖藉二其風素一、勅出二京師一、止二定林下寺一。頻建二法衆一、徳衆雲集。著二法華維摩泥洹義疏并毘雲玄論一。区二別義類一、有二条貫一焉。宋元嘉中卒。春秋六十有七」とある。

8　同伝に「上二虞徐山一、先有二曇隆道人一、少善二席上一。晩忽苦節過レ人。亦為二謝霊運一所レ重、常共遊二嶀嵊一。亡後運廼誄焉」とある。

9　祝穆『宋本方輿勝覧』巻六、浙東路、紹興府、事要、山川の項に「若耶山　在州東南四十里。葛仙翁学二道于此一」とある。

10　『高僧伝』巻一三、釈僧翼伝に「時有二釈道敬者一。本瑯琊冑族、晋右将軍王羲之曾孫。避レ世出家、情愛二丘壑一、棲二于若耶山一、立二懸溜精舎一。敬後為レ供二養衆僧一、乃捨二具足一、専精二十戒一」とある。

11　拙稿「清朝の誄寸考」誄の概説補遺（『鴻志』六号）。

12　『高僧伝』巻七、釈慧静伝に「静至性虚通澄審有二思力一。蓄二涅槃略記大品旨帰及達命論并諸法師誄一、多流二伝北土一」とみえる。

13　拙稿「曹丕の蒼舒誄」中国誄の研究ノート六（『まむしの愚痴』第一巻所収）。

14　『文選』巻五七、馬汧督誄。

第三節　仮称『貞慧法師誄一首并序』の研究補記

一　誦詩一韻釈疑

貞慧誄の出典問題で第一章第一節の中で検討した貞慧帰京途次百済に在って詠んだ五言二句「帝郷千里隔、辺城四望秋」は、誄作者が『初学記』巻一、雲に載せる于季子詠雲の五言詩、

瑞雲千里映、祥輝四望新。

を利用したことを述べた。また第二章第一節では于季子詠雲詩に用いられた六朝六人の詠詩形式は、『懐風藻』に収める多堺真人広成の述懐詩手法が認められること、貞慧誦詩には文病の平頭詩・齟齬詩にあたることに触れた。そして「帝」は上帝・天帝の略称で、厳密には文化発展の過程に成立の相違があったと述べた。発表後林巳奈夫氏の論文(1)に接し、上古の中国人が抱く上帝と天帝に関わる「帝郷」と対句「辺城」の解釈を補いたい。

㈠「帝郷」について

「天」の図像は殷にも西周にも女神としてあり、両王朝の文字資料中に最高神として「帝」と共に「天」が出てくる。殷の「帝」と周の「帝」は異なる民族の別の最高神でなく、同じ「帝」である。殷代に「天」の字に女神像は象られる。裸の女性の姿をもつ人間形の神「天」は、『毛詩』に詠まれ人間の生殺与奪の力をもつ。『毛詩』を見ると、生むという時は帝でなく必ず天である。「天」が女性であるのに対し「帝」は男性として扱われる。「帝」と「天」は

周代でも夫々の役割を分担していて、戦国時代頃までも二つのものであった。殷のシステムでは「帝」は最上位に在って地上世界への命令を下位の神に下したが、周になって女神の「天」が力をもってきた。「天」は女性の鬼神を表した字である。最高神の「昊天」と最高神の「上帝」は、異なる祭祀対象で後漢成立後区別がつかなくなる。女神「天」が下す天命は「常なきなり」(2)であてにならないので、上位の「帝」の命を下す「天命」が権威をもった。「天」の下命はあとあとまで受命者の行いをきびしく見張り、取り消すこともある立場に「天」が現れる。

以上が林説の要点抜粋である。後漢以後に「昊天」と「上帝」が区別できなくなると、「昊天上帝」一神の解釈が生じ、爾後一神観が罷り通るようになる。田園詩人陶潜（三六五―四二七）が詠んだ

帝郷不可期、富貴非吾願。(3)

や、謝瞻（三八七―四二一）が詠んだ

翻飛指帝郷、肇允契幽叟。(4)

や、鮑照（四〇五―四六六）が詠んだ

帰人寰之喧卑、去帝郷之峯寂。(5)

にみえる「帝郷」は、劉良が「天帝之郷也」(6)と解釈するのに共通する。「天帝」とは従って「昊天上帝」(7)を指す。

「帝郷」の記述をした荘周は、『孟子』七篇を著した孟軻（前三七二―前二八九）と大体同じ頃の人物らしい。そうすると、「帝郷」は戦国時代（前四〇三―前二二一）中葉の概念で示されていることになる。男神の「帝」と女神の「天」が戦国時代頃まで二つのものであったことを注意する林氏の研究を踏まえると、最高神の「上帝」と最高神の「昊天」とが共存する時代の「帝郷」観で解釈しなくてはならない。元来「帝郷」は殷王朝下では「上帝」の居所であり、周王朝下では「昊天」の居所である。殷周革命後の「昊天」の命による地上界に君臨する天子は、「帝郷」の下に住み、そこを都京という。『漢書』巻二五、郊祀志に、

天地以二王者一為レ主。故聖主制二祭天地之礼一、必於二国郊一。長安、聖主之居、皇天[8]所二観視一也。

と記す。聖主（皇帝）の住む長安は、天上界に居る皇天（天神）が俯瞰する所だという。地上界に君臨する天子の居所[9]については、『釈名』や『帝王世記』には「都」といい、『公羊伝』では「京」という。「帝郷」を考える上で参考になるのは、皇天と天子を結びつける帝位の継嗣＝天序を示唆する成帝の立太子詔である。

定陶王欣於レ勝為レ子。慈仁孝順、可下以承二天序一、継中祭祀上。其立レ欣為二皇太子一。[10]

この天序の重要性を成帝の即位（前三三）当初、丞相匡衡と御史大夫王譚が奏上した文[11]で、皇帝の政事の第一は天地の神を祭る郊祭を挙げる。郊祭の天上界は「帝郊」[12]であり、上帝の郷里だから、「帝郷」「帝里」であり、「帝城」[13]「帝京」「帝居」[14]でもある。大切な政事の第二は古制に倣えである。[15]当時郊祭は長安で皇天を祀祭後、北の泰陰に赴き后土を祠り、終わると東の少陽に移動する途中、道路を整備し、河川渡御に風波と舟揖の危険を排除する等、官民への負担が莫大になっていた。奏上には中央の支援者が五十人もいたので[16]、成帝は古制復活を承認する。

　この古制遵守により皇都長安における郊祭限定は、東周時代の洛邑郊祭を改め、「帝郷」が洛邑から長安に変ったことを示すことになる。その後帝都長安は新王莽政権が滅亡する西暦二十三年までつづき、二年後劉秀が漢を再興してから洛陽に代る。帝都洛陽は後漢・魏・西晋の滅亡する三一六年まで続く。つまり帝都の天上界「帝郷」は長安から成王の郊祭を始めた旧洛邑に戻ったのである。建武元年（三一七）司馬睿が魏晋故事により晋王の位に即き翌年帝位に即いて東晋を建てる。帝都は呉の建業を改めた建康である。天序に基づき、「帝郷」は洛陽から建康に代った。爾後建康は宋・斉・梁・陳四朝の帝都になり、禎明三年（五八九）隋に亡されるまで「帝郷」の所となる。[17]

　隋唐時代四百年間の帝都となった長安は、前漢時代の郊祭復活により儀礼史上に名を留めることになる。都は京邑とも表され[18]、天上界の「帝郷」は天序の理念により、南の建康から北の長安に再び代った。唐の律令体制を採り入れたわが国は、文化面でも唐の影響を深く受ける。天子居住の所をミヤコと称し[19]、京都[20]・皇都[21]・帝京[22]・帝里[23]等の表現が文人に用いられる。このミヤコは、狭い限定された領域のように思われるが実はそうでない。

後漢蔡邕の『独断』巻上に、

天子所レ都曰二京師一。[24]京、水也。地下之衆者、莫レ過二於水一。地上之衆者、莫レ過二於人一。京大師衆也。故曰二京師一也。
京師也。天子之畿内千里。

とみえる。蔡邕は、天子常住のみやこを京都と称し、京師を天子直轄の千里とする。

ここで「天子居之千里曰レ畿」という呂延済の解釈[25]を唐代文人の通念とすれば、延済の解釈がわが文人にも影響している、と考えるのだがどうもそうでないらしい。『時代別国語大辞典　上代編』（三省堂）の「みやこ〔都・京・皇都〕」の説明には、

皇居のある土地、皇居のある町、宮と、場所を意味するコの複合か。

としていて、畿内を含む広義の説明がない。いま京師と畿内に関する『日本書紀』の古訓を拾うと、「ミヤコ・ミサト古訓事例」の如くである。京師の訓みはミヤコ(1)(2)(4)(5)(9)の五例とミサト(3)(6)(8)の三例に分かれて一定しない。畿内の訓みをみると、ウチツクニ(3)の一例だけである。現存例から見たところでは、京師ミヤコは狭域の意味で使われ、畿内ウチツクニは広域の名称を用いていることが分かる。『日本書紀』に記述する京師と畿内は、上記した『独断』で述べる、都は京師であり天子直轄の畿内千里である、解釈とは異にする。そうすると、『日本書紀』編集の史官は、唐代文人の解釈と違った狭義で、京師・畿内の句を用いたことになる。

これまで『荘子』に初出する「帝郷」の通念を天序の枠内で考えてみた。その中で知られたことは、「天序」の社会通念により天子が都とする天上界には、国郊で祭る皇天（天神）が居ること、その天上界は俗世を厭うた聖人が白雲に乗って移り住む患いのない世界であること、帝郷は王朝の交代毎に京師を俯瞰できる上天になること、帝郷の空域は天子直轄の中心から一辺千里の方域であること、等である。この社会通念は唐文化受容のわが文人にも通じるも

ミヤコ・ミサト古訓事例

No.	紀	年月日	記事（京師・京城・畿内）	訓
1	敏達	元・五・壬寅	遣二群臣於相楽館一、検二録所レ献調物一、令レ送二京師一。	ミヤコ
2	〃	四・二・壬辰	馬子宿祢大臣、還二于京師一。	ミヤコ
3	孝徳	大化二・正・甲子	改新詔其二日、初修二京師一。置二畿内国司郡司……駅馬伝馬一。☆	ミサト ウチツクニ
4	天武	十二・七・癸卯	天皇、巡二行于京師一。	ミヤコ
5	持統	朱鳥元・十一・壬子	奉二伊勢神祠一皇女大来、還至二京師一。	ミヤコ
6	〃	元・正・庚辰	賜下京師年自二八十一以上、及篤癃、貧不レ能二自存一者緜上。	ミサト
7	〃	〃・八・丁酉	京城耆老男女、皆臨二慟哭於橋西一。	ミサト
8	〃	四・九・乙酉	詔曰、朕将レ巡二行紀伊一之故、勿レ収二今年京師田租、口賦一。	ミサト
9	〃	〃・十・癸丑	大唐学問僧智宗等、至二于京師一、	ミヤコ

☆　凡京《ミサト》毎レ坊置二長一人一。四坊置二令一人一。
凡畿内、東自二名墾横河一以来、南自二紀伊兄山一以来、西自二赤石櫛淵一以来、北自二近江狭々波合坂山一以来、為二畿内国一。

のと思われる。

天平宝字年間成立と想定される貞慧誄の誦詩一韻は、上述の中国文化受容の中で成立する。従って帝郷は平城京を中心とした天上の空域を意味する。天上の帝畿千里は古制尊重の中で論じられる数値で、幸福希求の俗世人には意味がない。天空に区切りがあるわけでないから、都人にとっては帝郷は見上げる大空であり、天ざかる国の人にとっては遥かな都に住む天子の上天ということになる。

㈡「辺城」について

⑴ 中国の辺城

漢代は匈奴対策の辺城が重視された。『漢書』の匈奴伝賛をみると、対匈奴政策においては、防衛の城郭をいくら堅固にしても、赤心ある人物を派遣して和親外交を締結後実行させるのが最善である。辺城で国境守備に当たる民の父兄が武装を解き、幼児の食事ができるようにすることだ。しかし今は辺城には軍略に丈けた部下を選抜し、烽火台・トンネルなど防衛設備を準備する傍、強力な武器長槍・弩を用意することだ、董仲舒作戦の要務を記す。

夫辺城、不下選二守境武略之臣一、脩二障隧備塞之具一、厲中長戟勁弩之械上、恃吾所下以侍中辺寇上。

ここに辺城で必要な軍事作戦ベテランの臣・緊急通信具・殺傷力高い長兵の重視を示唆している。

前漢では中央政府支配と諸王支配の侯国を内部とし、辺境地帯の障・塞を設ける地を外郡とした。[26] 武帝の太初三年(前一〇二)、匈奴による第七次侵入期に当たり、騎馬戦に便益多い秋に、[27] 定襄郡と雲中郡、建武十年(三四)には上谷・代郡・雁門・五原・朔方等の北部諸郡が後漢の防衛線から取り残されて[28] 匈奴が侵入し、光禄勲が築いた亭障を壊した。顔師古注には、

漢制、毎二塞要処一、別築為レ城。置レ人鎮守。謂二之候城一。此即障也。

と障の説明がある。

文帝の後元二年(前一六二)に匈奴と和親が成立し、

匈奴無レ入レ塞、漢無レ出レ塞、犯二今約一者殺レ之。

と文帝は勅使に厳命する。ここに辺境には塞が設けられ、塞の中の要所には別に城を設けたことが分かる。『漢律』には、塞に近い郡には官人の尉を百里の地に置き士史・尉史の部下五人を付け、塞の巡視に当てている。堡と障については、『広韻校本』上声に「堡、堢障、小城」とあり、『資治通鑑』巻一四四、和帝中興元年(五〇一)春正月戊申条に記す「儈守二塁城一」の注に、

塁城者、築レ塁付二近大城一、猶二今堡寨一也。

と記す。これら辺境の防衛建築物は、堡とも障ともいわれる。小城を塞の要地に設けるが、これを候城ともいい、後には堡寨とも塁城ともいった。小城の近くには、強弩・長槍・烽火台設備と兵士・軍事作戦に長じた辺将を常駐させる辺城が設けられた。配下には辺戍守備の戍主・戍主・戍副を従えている。

王莽時代に張掖と改称された武威郡は、雒陽の西三千五百里の地域に辺城一四を記す。辺城に付随する鄣は、

扼二夷虜之襟喉一、扼二辺障之枢会一。

といわれ、大城と共に重視された。漢代の東夷対策に造られた辺城の一つに玄免城(29)がある。

唐代に入ると、西の吐蕃対策で辺城の見直しが生ずる。涇原節度使劉昌が次々に辺城の築造に腐心した中(30)で、北方防衛の前線基地の一に休屠城(31)がある。『読史方輿紀要』には辺将蘇泰の活動記事を載せる。

(2)　三韓の辺城

紀元前一世紀に建国した高句麗は、三一三年漢が朝鮮半島支配の楔として設けた楽浪郡を退け、南方に勢力を拡大する一方で百済と交戦することが多くなる。三六九年高句麗故国原王は黄海道の雉壌を攻めて敗退する。三年後王は平壌で戦死した。この雉壌は百済の辺城になる。

新羅の真興王治世の開国四年（五四三）七月、百済の聖明王が太田市東方の質山城（沃川）で戦死した。百済は新羅対策として東の国境に辺城を築いているが、この質山城はその一つとみてよかろう。

辰韓国の中から慶州地方の斯盧部族が王権国家として成長をとげる。四世紀に入り洛東江東部一帯を支配下して新羅が勢力を強める。慈悲麻立干の十三年（四七〇）、清州の東北に三年山城を築造する。時代が下った六四二年、百済の義慈王が大耶城を奪った。これら三年山城・大耶城は新羅の辺城にあたる。

六六三年新羅の文武王は、百済の居列城（晋州）を攻め取り、西進して居勾城（南原）を攻めた。この居列城は、日本に近い辺城で百済南端の大城ではなかったか、と思う。

(3)「夷」の国

古代中国では東方遠国の民を「夷」といい、西北南の冊封国の民と宗王国内の民と区別する。『礼記』巻五、王制に、

東方曰レ夷[32]。被レ髪文レ身、有下不二火食一者上矣。
南方曰レ蛮。雕レ題交レ趾、有下不二火食一者上矣。
西方曰レ戎。被レ髪衣レ皮、有下不二粒食一者上矣。
北方曰レ狄。衣二羽毛一穴居、有下不二粒食一者矣上。
……五方之民、言語不レ通、嗜欲不レ同。

とみえる。夷は中華と敵対するのではなく、善隣友好の国として扱われる[33]。

時代が下り平王東遷後の頃には、夷は東方だけでなく、南西北の異民族総称となってくる[34]。夷は外国を意味するのと違って、周王支配の諸侯中に東方の一小国があった[35]。隣国の侵略を受けながら、宗主国に被害事実を報告しなかった夷は、紀人の再寇を恐れて宗主に報告を怠ったのであろう。この夷は黄海に面した東方の国々を称する夷とは異なる封建体制下の一小国で、いわば辺境に位置する邑に過ぎない[36]。藤原宇合の表現を借りれば、「雲端辺国」[37]にあたる。この様な辺国が東方に限らず北方や西方・南方に存在するのは、おしなべて「雲端辺国」であり、また「天離る夷」になる。

中国の冊封を受ける東夷の高句麗・新羅・百済諸王は、宗主からそれぞれ「王」任命の冊礼に与る[38]。当時の冊礼文を窺わせる断片的記事が今日残っている。それを示したのが「三国史記所収百済新羅高句麗冊命記事抄」である。唐の建国後、東夷の三国では申し合わせたように武徳七年（六二四）、高祖李淵から百済武寧王は帯方郡王に、高句麗栄留王は遼東郡王に、新羅真平王は楽浪郡王に冊封された。だが何れも「王」任命の冊礼文を残さない。従って「冊

命記事抄」六番の冊礼文は、七世紀の中韓外交関係を示す点で貴重である。

三国史記所収百済新羅高句麗冊命記事抄

No.	記事	出典
1	封二長子三斥一、為二太子一。	百済本紀、文周王三年四月
2	唐遣レ使持レ節、冊二命王一為二柱国楽浪郡公新羅王一。以襲二父封一。	新羅本紀、善徳王四年
3	唐太宗遣レ使持レ節、追二贈前王一、為二光禄大夫一、仍冊二命王一為二柱国一。封二楽浪郡王一。	新羅本紀、真徳王元年二月
4	唐遣レ使持レ節、備レ礼冊命、為二開府儀同三司新羅王一。	新羅本紀、太宗武烈王元年五月
5	唐使臣在館、至レ是、冊二命王一為二開府儀同三司上柱国楽浪郡王新羅王一。	新羅本紀、文武王二年春正月
6	封二安勝一為二高句麗王一。其冊曰、(注)維咸亨元年歳次庚午秋八月一日辛丑、新羅王致二命高句麗嗣子安勝一、……披レ策二命公一為二高句麗王一。……永為二鄰国一、事同二昆弟一、敬哉敬哉。	新羅本紀、文武王十年秋七月
7	命二義安法師一、為二大書省一。封二安勝一為二報徳王一。（十年、封二安勝高句麗王一。今再封。不レ知二報徳之言一）	新羅本紀、文武王十四年九月

註　唐代の冊命文の様式を残す。冊命文は二〇四字から成り、現存最古の完全な高句麗王冊命文。

都の王城を中心とした所から見て、外国と境を接する辺垂・辺要地に設けられ、国土防衛を目的とした軍事上の基地が辺城である。即ち王化の及ばない国境の彼方「夷」国・化外に臨む地に辺城は存在する。王化の篤薄で分別すれば、王化の篤い所が「都」であり薄い所が「鄙」になる。鄙は辺邑を意味し(39)、辺垂の辞と共通する(40)。この共通する意味から鄙の訓みを辺に採ることができよう。

(4)「辺城」の訓み

都鄙は意味相反する熟語として、漢代の対句表現にみられる(41)。対句の「都鄙」から同義の熟語「京都辺鄙」が得られる。一方、聖人が俗界から白雲に乗って移った天上界を意味する「帝郷」は、天帝の居所である。「天地」「上下」「静騒」の相反する実体を、居所という同一表現で天子の居所と結合できるのは、上述した「天序」の概念である。従って「天序」を論拠にすれば、「京都」の訓みを「帝郷」に活用できる。

ここで江西省南昌府の滕王閣に登り「長安」と「呉会」を用いて都鄙の意味を詩に詠んだ、唐人王勃(42)（六四八―六七五）の作品を紹介して本節をしめくくりたい。王勃の「秋日登洪府滕王閣餞別序(43)」に次の二句を綴る。

望二長安於日下一、指二呉会於雲間一。

勃は「長安・日下」と「呉会・雲間」を対句にする。前者には蒼天の長安を遥かに望むというから、上述した衡・譚の奏文に述べた、

長安、聖主之居、皇天所二観視一也。

を連想させる。勃はわが身の不遇を嘆き、

奉二宣室一以何年、嗟乎、時運不レ斉、命途多レ舛。

と詠む。上記二句はこの嘆きの前にある。

勃と同じ様に命運の悪いことを挙げ、不遇を詩に詠み「大空・京都」と「浮雲・鄙野」をモチーフにした文人に藤原宇合がいる。宇合は、「在二常陸一贈二倭判官留在レ京一首并序」の中で、七言の対句を次の様に綴っている。

日下皇都君抱レ玉、雲端辺国我調絃。

いま勃と宇合の作品中似通う部分をつき合わすと左の如くである。

勃作品　長安・日下　呉会・雲間

宇合作品　日下・皇都　雲端・辺国

両者の対比で知られるのは、前句で○印日下が同字で、表現が異なるが●印京師で共通する。また後句では□印浮雲

で一致し、表現が同じでないが■印鄙野で同義を示す。即ち呉会は都の長安に対し鄙にあたり、辺国は都の平城京に対し鄙の常陸になる。常陸は五畿七道中の東海道の最終国で辺垂である。両者を更に簡約すると、「日下」も「雲端（間）」も地上から眺めた大空の高い位置で共通する。従って両者の着想には、〈1〉大空と辺鄙〈2〉大空と京師にまとまり、〈1〉と〈2〉の相違は、辺鄙と京師となる。この関係は、貞慧誄中の誦詩一韻でみた対句に実は連なる。

勃と宇合の作品共通点は、能力がありながら用いられない不満を洩らすこと、(44)埋もれた逸材は春秋鼎成(45)になって人々の注目を浴びることで慰めの詞にしていることである。『懐風藻』には宇合の「暮春宴南池一首并序」を載せる。その詩序が勃の詩序を学んだ手法に残ること、(46)また同書所収の詩に類似表現があり奈良朝文人の述作の糧になっていたことと(47)併せ考えると、宇合の着想「大空と都鄙」は勃の手法の影響(48)と認められる。

さて「辺城」の訓は、『魏志』倭人伝にみえる対馬国大官の卑狗ヒコの副官卑奴母離と記す辺境国官職名と、『類聚名義抄』法中一七「鄙ヒナ」による。「城」の訓は、『万葉集』巻二〇―四三三一番の「筑紫国波　安多麻毛流　於佐倍乃城曾等」や『日本書紀』皇極三年冬十一月条の「家外作二城柵一」、及び斉明四年是歳条の注所引或本云の「国家以二兵士甲卒一、陳二西北畔一、繕二修城柵一」と天智四年十二月是年条の「於二筑紫一築二大堤一貯レ水、名曰二水城一」等の古訓による。

註

1　「殷周の「天」神」（『古史春秋』六号）。
2　『毛詩』大雅、文王に「上帝既命、侯于周服、侯服于周、天命靡常」とある。
3　『文選』巻四五、帰去来。
4　『文選』巻二一、張子房詩。
5　『文選』巻一四、舞鶴賦。

6　『文選』巻一四、舞鶴賦注。

7　『宋書』巻一九、楽志に引く『春秋伝』に「告二昊天上帝一、凡上帝之言、無レ非レ天也。天尊不レ可レ以二一称一。故或謂二昊天一、或謂二上帝一、或謂二昊天上帝一。不レ得レ以三天有二数称一。便謂二上帝一非レ天」とみえ、実体上「上帝」は名称を残すが「天」と異なる点を明らかにしている。

8　『毛詩』巻四、王黍離詁訓伝の「蒼天」注に「尊而君之則称二皇天一、元気広大則称二昊天一、仁覆閔下則称二旻天一、自上降鑒則称二上天一。拠二遠視之蒼蒼一。然則称二蒼天一」とある。また東周末から漢代にかけて増補完成をみた字書の『爾雅』巻五、釈天に「穹、蒼蒼天也。春為二蒼天一。夏為二昊天一。秋為二旻天一。冬為二上天一」とみえる。

9　河南省北西部、洛水の北岸都市。紀元前十一世紀、周の成王治政下周公が東方対策上の基地として建設する。紀元前七二〇年平王の遷都で、国都となり成周という。『元和郡県志』巻五、河南府に「周成王定二鼎於郟鄏一、使二召公一先相レ宅、乃卜二澗水東・瀍水西一、是為二東都一、今苑内故王城是也。又卜二瀍水東一、召公往営レ之、是為二成周一、今河南府東故洛城是也」とある。その地は現在の洛陽の西郊にあたる。『逸周書』巻五、作雒第四八に「乃作二大邑成周于土中一、城方千七百二十丈、郛方七十里。南繫二于洛水一、北因二于郟山一、以為二天下之大湊一。……乃設二丘兆于南郊一、以祀二上帝一、配以二后稷一」とある。

10　『漢書』巻一〇、成帝紀綏和元年（前八）二月癸丑。

11　同条奏文に「帝王之事、莫レ大三乎承二天之序一、承二天之序一、莫レ重二於郊祀一」とある。

12　『楚辞』九歌、東君に「夕宿二兮帝郊一」と記す。

13　『漢書』巻六六、陳咸伝に「即蒙二子公力一、得レ入二帝城一、死不レ恨」と記す。

14　『六臣註文選』巻七、揚雄の甘泉賦に「配二帝居之懸圃一㈡銑曰、懸圃在二崐崙山上一、天帝所レ居処也」と記す。また『列子』周穆王第三に「(穆) 王実以為、清都紫微、鈞天広楽、帝之所レ居」と記す。

15　奏文に「天之於二天子一也、因二其所レ都而各饗焉。……昔者周文武、郊於二豊・鄗一、成王郊二於雒邑一。由レ此観レ之、天随二王者所レ居而饗レ之。……宜下於二長安一定二南北郊一、為中万世基上」と記す。

16　右将軍王商・博士師丹・議郎翟方進等。

17　陳は隋文帝の開皇九年正月後主叔寶が隋廬州総管に執えた時に隋に敗れ、三月後主が王公百司揃って長安に連行された時に滅亡した。後主は文帝に会った時、高祖武帝が唐・虞・宋・斉故事により梁敬帝から受終の礼で受取った皇帝璽綬を渡している筈だが、正史には記載されていない。

18 『文苑英華』巻二四九、杜審言の贈二蘇味道一詩に「輿駕還二京邑一、朋遊満二帝畿一」と記す。

19 『肥前国風土記』の宮処郷に「同天皇、行幸之時、於二此村一、奉レ造二行宮一、因曰二宮処郷一」とみえる。

20 『万葉集』巻一―五一番に「婇女乃　袖吹反　明日香風　京都乎遠見　無用爾布久」とある。

21 『日本霊異記』巻中一、恃二己高徳一刑二賤形沙弥一以現得二悪死一縁一に「天皇聞レ之、為近二皇都一〈都　ミヤコ〉」とある。

22 『懐風藻』正三位式部卿藤原宇合の暮春曲宴南池並序に「帝京三春之内、幾知二行楽一」とある。

23 『懐風藻』正六位上但馬守百済公和麻呂の初春於二左僕射長王宅一讌に「帝里浮二春色一」、贈正一位左大臣藤原朝臣総前の七夕に「帝里初涼至」、外従五位下石見守麻田連陽春の和下藤江守詠二裨叡山先考之旧禅処柳樹一之作上に「近江惟帝里」、藤原宇合の秋日於二左僕射長王宅一宴に「帝里烟雲乗二季月一」等がある。

24 王城を中心として四方五百里以内の地を畿内といい、『毛詩』商頌、玄鳥では「邦畿千里、維民所レ止」とある。『礼記』礼器図、邦畿をみると、王城を中央にして「郷　遠郊百里、近郊五十里。遂　二百里。稍　三百里。県　四百里。都　五百里」の四方を囲む図を載せる。

25 『六臣註文選』巻一、班固の西都賦「三成二帝畿一㊟済曰、三成、周秦漢天子居之千里曰レ畿」。

26 『漢書』巻八、宣帝紀本始元年（前七三）夏四月庚午詔所引内郡説明の韋昭注に「中国為二内郡一。縁辺有二夷狄障塞一者、為二外郡一」とある。

27 内田吟風『北アジア史研究　匈奴篇』同朋舎出版・昭和六十三年刊。

28 内田吟風「南匈奴に関する研究」（『北アジア史研究』所収）。

29 昭帝の元鳳五年（前七六）四月、太白星に似て出現しても運行せず、すぐに消える燭星が現れる。占には土木事業があり、胡人が死に辺城が平和であると出た。そこで翌年正月、遼東と玄菟城を築造したという。

30 貞元四年（七八八）に連雲堡を修復し、同七年平涼が北地の要衝防遏せよの詔を受けて胡谷堡を築く。また平涼の地域二百里の西に堡を築く。涼州は唐建国後天宝元年に漢代の名称武威郡に改まり、乾元元年涼州となる。

31　『涼州府志備考』地理巻二に『漢書』地理志の注「県有二熊水鄣一。武威郡尉治」を引く。

32　『説文』に「夷、東方之人也」とある。戴徳著『大戴礼記』巻九、千乗に「東辟之民曰レ夷、精以レ僥至二大遠一。有下不二火食一者上矣」とある。

33　『尚書』巻二、大禹謨に「無レ怠無レ荒、四夷来王」とみえ、蔡注に「治道益隆、四夷之遠、莫レ不二帰往一。中土之民、服従可レ知」と記す。また『孟子』巻一、梁恵王章句に「王曰、欲下辟二土地一朝二秦楚一莅二中国一而撫中四夷上也」とも記す。

34　『春秋左氏伝』文公十六年条、「戎伐二其西南一」の注に「戎、楚南一帯之山夷」とみえ、疏に「夷、為二四方総号一」とみえる。

35　『春秋左氏伝』隠公元年条に、紀の国人が夷国を攻撃した記述に、「秋八月、紀人伐レ夷、夷不レ告。故不レ書」とある。

36　現今の青島市北に在る山東省即墨県。

37　『懐風藻』の在二常陸一贈二倭判官留在一レ京并序。

38　『旧唐書』巻一九九上、東夷伝、高麗に「（武徳）七年、遣二前刑部尚書沈叔安一、往冊二建武一為二上柱国・遼東郡王・高麗王一」とみえ、同伝百済に「（武徳）七年、又遣二大臣一奉レ表朝貢。高祖嘉二其誠款一、遣レ使就レ冊為二帯方郡王・百済王一」とみえ、同伝新羅に「（武徳）七年、遣レ使冊二拜金真平一為二柱国一・封二楽浪郡王・新羅王一」とみえる。

39　『春秋左氏伝』荘公十九年条、「伐二我西鄙一」の注に「鄙、辺邑也」とある。

40　『春秋公羊伝』同記事の注に「鄙、辺垂之辞」とある。

41　『文選』巻一八、馬融の長笛賦に「尊卑都鄙、賢愚勇懼」とあり、李善注に「毛萇詩伝曰、子都世之美好者、鄙、陋也」とみえる。

42　勃は「三尺微命、一介書生、無レ路請レ纓」と桜紳の卿になる路が途絶えたことを恨み、「是所レ望二於群公一、敢謁二鄙懐一」の表現で、鄙野生活を続けねばならない不遇を披露した逸才。

43　『文苑英華』巻七一七及び『全唐文』巻一八一に載せる。

44　宇合は「譬如二呉馬痩一レ塩、人尚無レ識、楚臣泣レ玉、世独不レ悟」と綴る。

45　宇合は『老子』第四一章同異の「大器晩成」を引用した「大器之晩、終作二宝質一」表現を用いる。

46　小島憲之著『上代日本文学と中国文学下』一三一四〜三一七頁・塙書房・昭和四十年刊。

47　東野治之著『正倉院文書と木簡の研究』一五六～一五七頁・塙書房・昭和五十二年刊。
48　天平宝字四年（七六〇）頃の成立と思われる『武智麻呂伝』に載せる刀利康嗣作釈奠祭文は、王勃の「益州夫子廟碑」（『全唐文』巻一八三）の中の「三千弟子」「七十門人」「洙泗」「探唐虞」「雅頌得」「楹奠」等、に一致することが明らかになった（北山円正「武智麻呂伝の「釈奠文」―本文批判と『王勃集』受容―」『風土記研究』二五号）。

二　貞慧誄の作者について

戦後の『藤氏家伝』研究で避けて通れない文献に、横田健一氏の「藤原鎌足伝研究序説[1]」がある。同論文は『家伝』に取り組む学徒にとってすぐれたテキストであり、卓見が随所にみられる。筆者もこの論文に導かれて『家伝』研究を深めてきた。同論文には通称『貞慧伝』作者を藤原仲麻呂に想定していて、現在通説にもなってきている[2]。作者問題では仲麻呂の別人説も見当たらないので、横田説に疑問を呈し仲麻呂別人説を明らかにしたい。

横田論文の中で貞慧誄作者に触れた部分をここで紹介する。

「大織冠伝」と名づけられる古写本は旧伏見宮家にあり、これは巻末に通称『貞慧伝』を附している。『家伝』上（大織冠伝）の末尾には「貞恵・史《フヒト》、倶別伝」としるしている。故にここに「武智麿伝」にふれていないことをみると、不比等の死後、「武智麿伝」の成立するまでの間に「大織冠伝」、「貞恵伝」、「史伝」の三本が、家伝として総称されたことがあるように思われる。（『白鳳天平の世界』一〇八頁・創元社・昭和四十八年刊）

ここで横田氏が言われる旧伏見宮家本『家伝巻上』の末尾には「有㆓二子貞慧史㆒、倶別有㆑伝」とあって、貞慧の「伝」があるとは記していない。現存諸写本中「伏本が最も古い系統の本である」と言われるから[3]、現存諸本中『鎌足伝』の原姿に近い内容を残す善本とみてよかろう。そうすると、旧伏見宮家本に拠れば『貞慧伝』が存在しないのであり、通称『貞慧伝』は『鎌足伝』成立時の『貞慧伝』でなくなり、家伝の三本総称はあり得ないことになる。

次に横田氏は仲麻呂作を持ち出される。

家伝として編まれた伝記群が、鎌足の長子貞恵（僧）を別とすれば、鎌足、史（不比等）、武智麿とつづく押勝の南家直系の祖先の伝であることよりすれば、その編者をその子孫の押勝であるとしてもなんらの不合理もない。(4)

（同書一一一頁）

次いで横田氏は、

唐以前の「某氏家伝」は多く子孫の手になるが、『旧唐書』巻四六、経籍志に「皇甫謐撰韋氏家伝」や『唐書』巻五八、芸文志に「王劭撰〓韋朱氏家伝〓」もあるので、一概に言えないのではないかと思う。

私は押勝が現在の「鎌足伝」及び「貞恵伝」、失われた「史伝」を編修し、かつ延慶をして「武智麿伝」を起草せしめたことを、いくぶんでも考えうる根拠を明らかにしえたと思う。

と述べられ、通称『貞慧伝』が素朴で後代の潤色もないらしく割合早い時期の成立に推定され、

「鎌足伝」の原形とともに、不比等の手によって編修されたものではないか。

と結論づけられた。この横田見解をうけて、不比等推測説を推定にまで強められたのが清水章雄氏である。

清水氏は、横田氏と同じように旧伏見宮家本『鎌足伝』を引合にして言われる。

「今別巻在り。二子貞恵、史有り。倶に別伝有り」、

「貞恵伝」も仲麻呂の手になるものだろうと思われるが確証はない。

「貞恵伝」が藤原仲麻呂の手になることは既に述べた。

誄と序からは、……知ることのできない事情……を伝として仲麻呂が補足して貞恵伝が成ったのであり云々。(5)

と。横田氏・清水氏ともに、古写本中の善本旧伏見宮家本を用い、善本に記さない「倶別有伝」を論拠に『貞慧伝』を語られる。くり返すが、旧伏見宮家本の記述を信ずれば、『鎌足伝』成立時に『貞慧伝』はなかった、と考えるの

が正しいと言えよう。

従って、『家伝巻上』付載の通称『貞慧伝』は、『鎌足伝』成立時に存在したとは言えなくなる。『貞慧伝』が、『鎌足伝』と『武智麻呂伝』を載せる『本朝書籍目録』に無いことも、奈良朝に成立していなかった事実を反映するのではあるまいか。わが律令制度に法師伝を功臣家伝として官撰進を義務づけた法文はない。世俗社会で国家に貢献した人物を称揚し正史列伝の基礎資料になるのが、『大宝律令』施行下の功臣家伝である。

わが律令の模範となったのは周知の如く『唐律令』である。私撰の功臣家伝を扱う中央機関が尚書省で、専当の係官人は考功郎中である。その考功郎中は、

内外百官、及功臣家伝、碑頌誄謚等事(6)

の考察業務に与る。わが式部卿は考功郎中業務の「碑頌誄謚」四字を削除された職掌となっている。従って律令制下では公式の儀礼に誄の献呈は認められていなかった。『大宝職員令』制定過程における『唐令』受容を考えると、考功郎中が扱う「功臣家伝」の規定に、わが国独自の解釈が含まれたとは思われない。考功郎中の実務内容資料の検討を踏まえて、式部卿の職掌に活かされていると思う。『大宝職員令』の規定は、世俗社会を脱けた僧侶の功業を称揚する法師伝の官撰進制を示唆する材料ではないのである。

これまで横田氏の『貞慧伝』仲麻呂編集という問題提起を検討してきたが、『鎌足伝』付載の通称『貞慧伝』を仲麻呂編集の作品と解する論拠は見出せない。

では横田説を強化する清水氏の貞慧誄の要点をみてゆきたい。清水氏は言われる。

道賢の誄と序が、仲麻呂の書いた伝の二倍の長さを持つことから、道賢の誄と序を引用するのではなく、誄と序に伝をつけ加えて成ったというのが実態に近いであろう。(「三　家伝上　貞恵伝」の項)

と。清水氏は「一　成立と著者」の記述中で『貞慧伝』の作者を仲麻呂に推測し「確証はない」としている。ところ

作品	貞恵伝		
	伝	誄	
		序	誄
作者	仲麻呂	道賢	
成立時期	天平宝字四年（760）	白鳳十六年（天智四年）（665）	

が第三項では「仲麻呂の書いた伝」と明記した記述に変り、小島憲之氏が述べた通称『貞慧伝』形式が威奈真人大村墓誌銘并序に類似する手法を採用[7]した新しい姿体であろう[8]、という事をうけて作者ばかりか成立年次を確定する図を示された。そして道賢作貞慧誄の、

維白鳳十六年歳次乙丑十二月廿三日、春秋若干、卒㆓於大原殿下㆒。

を提示して、貞慧の卒去直後に誄が作られ、

天平宝字四年（七六〇）に、仲麻呂が、伝を前に付け加える形で、
「家伝」の一部を成したのであろう。

と説明される。清水氏は第一項で「上巻の二伝についても、ほぼ同じ時期の成立と思われる」と、『武智麻呂伝』成立時期の説明もついでに添えられた。清水氏の見解に基づけば、第一項の説明から「『貞恵伝』は仲麻呂の手になるものだろうが確証はない。その成立は上巻『鎌足伝』『貞恵伝』も『武智麻呂伝』と同じ天平宝字四年と思われる」となり、第三項に続けると、「道賢作貞慧誄が仲麻呂記述の伝より二倍の内容をもつ。伝の短い貞恵伝は新しい姿体で、道賢作貞慧誄成立から九十五年目の天平宝字四年に、道賢作貞慧誄の前に付け加えられて『家伝』の一部にした」と整理できる。この整理に大過なしとすれば、前提とした旧伏見宮家本『鎌足伝』末句の解釈により『貞慧伝』は天平宝字四年に存在しないという条件を加えるとどうなるのであろうか。通称『貞慧伝』は天平宝字四年成立の『貞慧伝』ではない、ということになろうか。通称『貞慧伝』が伝でないとすれば、序文に道賢作貞慧誄を有する誄という解釈で文体の問題が片付く。ここで問題としているのは文体[9]でなく作者は誰かの点である。『鎌足伝』末句の根強い「倶別有伝」誤解[10]を除く説明のため焦点がぼやけてしまった。結論を急ごう。

貞慧誄序の①『公式令』闕字条を意識した「聖上」に闕字があること②誦詩一韻に六朝文人の文病がみられること

③道賢作貞慧誄にみえる「白鳳」年号を用いること④「和上」号を用いる文人らしいこと⑤死亡記事と重複する誄が過去に存在しない故作者未詳の貞慧追悼を序文にからませる手法等を併せ考えると、僧侶界で使う私年号をヒントにして、第二章第一節で述べた「憶測を逞しくすれば律宗関係の僧侶」の考えを今以て捨てきれない。

猶清水氏は本文の頌を「事柄を述べる点で内容は稀薄」と言われるが、「不幸短命」の使用には含蓄が窺える（第一章第三節参照）。

註

1　関西大学『文学論集』創立七十周年記念特輯号・昭和三十年十一月刊。後に『白鳳天平の世界』（創元社・昭和四十八年刊）に再録する。

2　小島憲之著『上代日本文学と中国文学下』（塙書房・昭和四十年刊）に、「この鎌足伝の末尾に、「有㆓二子貞恵・史㆒、倶別有㆑伝」とみえ、同じく仲麻呂の筆になる家伝があったことがわかる」と記す。注記をされてないが逸せられたのであろう。

3　植垣節也「家伝の諸本について」（『勢陽論叢』創刊号）。

4　『初学記』巻一七、孝に荀伯父子『荀氏家伝』、『旧唐書』巻四六、経籍志にも同記事を残す。『隋書』巻二八、経籍志に褚覬等撰『褚氏家伝』・江祚等撰『江氏家伝』・庾裴撰『庾氏家伝』・裴松之撰『裴氏家伝』・曹毗撰『曹氏家伝』・范汪撰『范氏家伝』等に例証がみられる。

5　「家伝」（『古代文学』二二号）。

6　『通典』巻二三、職官五尚書下に載す。仁井田陞『唐令拾遺』三師三公台省職員令三乙（開二五）に復元される。『大唐六典』巻二、尚書吏部に「考功郎中之職、掌㆓内外文武官吏之考課㆒」とある。

7　大村墓誌銘序の「以㆔慶雲四年歳在㆓丁未四月廿四日㆒、寝疾終㆓於越城㆒、時年卌六、粤以㆓其年冬十一月乙未朔廿一日乙卯㆒、帰㆓葬於大倭国葛木下郡山君里狛井山岡㆒」が、北周庾信の周冠軍公夫人烏石蘭氏墓誌銘の序にみえる「以㆓保定五年四月㆒遘㆑疾薨、時年四十有四、即以㆓其年某月日㆒、帰㆓葬于京兆之某原㆒」（『漢魏六朝一百三家集』所収『庾開府集』巻一）に照応する

を指摘する（『上代文学と中国文学上』一〇七頁・塙書房・昭和四十年刊）。

8　潘岳の夏侯常侍誄にみえる「春秋四十有九、元康元年夏五月壬辰、寝疾卒二于延喜里第一、嗚呼悲哉、乃作レ誄曰」である。

9　叙述様式の類似を『明史』巻二八六、文苑二の『王偁伝』に求め自哀文スタイルの『王偁伝』を貞慧誄考究の材料にした（拙稿「王偁の自述誄考察」中国誄の研究ノート二七『まむしの愚痴』第一巻・金子商店・平成十一年刊所収）。

10　矢嶋泉「『家伝』の資料性」に「鎌足貞《ママ》伝に付載される貞慧伝云々」・佐藤信「『家伝』と藤原仲麻呂」に「今日に伝わる『家伝』は、仲麻呂が編んだ上巻に鎌足伝（大織冠伝）とその末尾に貞慧伝を収め……」（『藤氏家伝 鎌足・貞慧・武智麻呂伝 注釈と研究』所収、吉川弘文館・平成十一年刊）。

第三章　誄作品の私見

第一節　桓武天皇誄の訓読及び語註と私見

はじめに

誄とは、葬儀において死者の柩を前にして在世中の徳行を述べる辞で、和訓をシノビゴトという。盛周時代に生まれた凶礼の中で、尊貴の死者に誄を読み謚を定める葬送儀礼が発達した。漢代に入り武帝の儒教尊重が規制され、儒学の普及が著しくなる後漢時代となるに及び、誄は文学活動の不可欠要素となり目ざましい盛行をみる。かくて、誄の製作に徳行を賛えること・尊貴に贈られることに加えて、悲哀を吐露すること・実を尚ぶことの二条件が絶対的要素となってゆく。

魏晋南北朝時代には、曹植・張華・潘岳・陸機・陸雲・孫綽・謝霊運・釈慧琳などの有名な誄作文人が輩出した。就中、潘岳の誄は悲哀の叙述に巧みである、と文学評論家劉勰から絶大の賛辞をうけた。儒・道二教に加えて仏教の影響が濃厚となる六朝文学は、やがて皇帝・貴族にまじって俗界を離れて道を窮めた道士・僧侶にも誄をよむ広がりをもつようになる。即ち、道士誄・法師誄が姿をみせるのである。貴族詩人として中国文学史上に名を残す謝霊運は、廬山慧遠法師誄・曇隆法師誄の作者としても亦名高い。六朝文学の影響は誄作の面でもわが国に認められることを、ここで注目すべきである。所謂、道賢の貞慧誄・作者未詳の貞慧誄（通称『貞慧伝』）・源為憲の空也誄がそれに当たる。

唐代になると、六朝時代の法師誄に代って、官人社会から離れて道を弁えた碩学を顕彰する先生誄が流行する。一方、誄謚の制の基本となる皇帝誄が姿を消し、誄に代って哀策文が贈られるなど、唐代には従来の凶礼制度に変化がみられる。わが国の文化に多大の影響を与える中国の歴史を、葬送儀礼の枠の中で眺めた場合、巨視的にみてこの様な各時代の特色が窺知されるのである。

誄に関する最近の研究では、和田萃氏が、

誄は殯の儀礼とともに導入され、天皇、皇后などの殯に行なわれたもので、実際は安閑朝末年ごろから行なわれていたらしい。誄儀礼に所作が伴なっていた。誄詞の内容は寿詞と哀悼の意味だけでなく、きわめて政治的色彩の濃厚であること、殯庭での誄儀礼が政治権力獲得のための一手段とされた。誄儀礼の最後に、皇統譜の日嗣がよみあげられ、和風諡号が献呈されて、殯宮儀礼が全て完了する。殯宮儀礼が完成し和風謚号の献呈が行なわれるようになつた安閑朝末年において、日嗣奉上にそれらの和風謚号が必要とされたからである。それは継体によつて新王朝が開始されたことに関係する。誄の内容や誄の奏上者が男性に限られ「女の挽歌」あるいは宮廷詩人の手になる挽歌と異なつた性格をもつことはいろいろ興味深い問題に発展すると思われる。

と云われた。更に和田氏は、奈良朝・平安朝に誄人としてみえるのは、誄の専門職業人を示すものであろう、とし『日本書紀』持統五年（六九一）八月辛亥条に、大三輪氏以下の十八氏に上進せしめている墓記こそが、諸氏の己が先祖らの仕えまつれるさまを誄した記録ではあるまいか、と推測を立てられている（「殯の基礎的考察」『史林』五二巻五号）。

又、誄詞については、池田弥三郎氏の次の見解が発表されている。

誄詞とは、後にはたしかに哀悼の詞章となつているがもとは「寿詞《よごと》」と言うべき詞章であつて、そのよごとの内、殯宮で奏上せられたものが、次第に生死についての日本人の考えの進展してくるにつれて、しのびごととしての特徴を持ち、哀悼の目的への傾きを示して来たもの云々。（「誄詞序論」『文学』二六巻八号）

これまで管見に及んだ誄に関する文献で感じられることは、誄の内容・特色についての説明には言いえて妙なるものがあるが、誄に関する詳しい歴史の研究は乏しく、『周礼』・『後漢書』礼儀志にみられる誄の語義と凶礼の制度の中における誄の関係語句の引用に止まっていることである。これは伴信友が『比古婆衣』巻一〇で、

また論語に誄曰禱二爾于上下神祇一、疏に累二功徳一以求レ福釈名に誄累也累列其事而称之何晏註に誄者哀レ死而述二其行一之辞也と云へるごとき意に依りたるめれど、全合へるにはあらずと知るべし

と述べることと軌を一にする。昨今漸く誄の実体にふれた研究が出てきたことは喜ばしい。例えば、田中日佐夫氏が、

飛鳥の地で死んだ天皇の遺体は殯宮に置かれて、盛大な「魂呼ひ」の性格をもつ誄儀礼が行われる。大臣たちは足をあげ、手をふりながら偉大な天皇の魂が戻ってくることを祈り、後宮の夫人たちは歌をうたって浮遊する魂によびかける。伴奏には琴が弾ぜられる。しかし、屍は徐々に変容《ママ》する。もしかしたら遺体は七日毎にあらためられたかもしれない。そして遂に「魂呼ひ」はすでに無効であると決定した瞬間、大臣や夫人たちは悲しみ、いとしみから訣別しなければならない。天皇の屍はおそるべき死霊のものとなる。死霊の「しずめ」が必要である。死霊が柩から外に跳梁することはゆるされない。すぐに葬送の行列は組まれて、西の方二上山をめざして出発する。飛鳥の地を出たところで柿本氏の一団と笛吹の一団が迎えている。柿本氏は挽歌をうたい、笛吹は葬送行進曲を奏でる。そして柩を守る行列はしゅくしゅくとして進み、竹内越の入口で当麻氏に迎えられる。ここで最後のこの世における儀礼が行われた後、二上山南側を越えて他界に入るのである。（「誄儀礼と葬送歌曲―柿本氏と

笛吹連」『芸能史研究』六号）

と天武天皇の葬送の姿を描くことや、誄に所作が伴う面を指摘する和田萃氏が、

誄儀礼は大陸のそれと随分と異なった形でわが国に定着したらしい。例えば、わが国においては、誄儀礼が芸能と結びついていることである。「大化薄葬令」に髪をきり股を刺して誄することが禁止されているが、これは誄奏上に所作がともなっていたことを示している。（前掲論文）

と述べることや、誄儀礼の完成する天武殯宮について、関係記事の検討から榎本福寿氏が殯宮の前半に詞章内容の誄が集中し、後半に所作を伴う誄と対立し「誄が整然とその機能に応じて分け行なわれた」（「誄の受容」『日本文学論究』第三五冊）と言うが如きである。

一体祝詞調の誄は、皇太子の大行皇帝に捧げる内容が、天平神護二年（七六六）正月八日藤原永手に右大臣の官職を授けた宣命を勘考してみると、大化以前の誄の変遷過程中の所産ではないかと考えられなくもない。しかし、五世紀以来銘（『船山古墳出土太刀銘』・『隅田八幡宮人物画像鏡銘』・『法隆寺蔵金銅薬師仏光背銘』等）、詩（大友皇子の侍宴一絶の五言詩・大津皇子の臨終一絶の五言詩・葛野王の遊龍門山の五言詩等）、賦（藤原宇合の棗賦・石上宅嗣の小山賦・賀陽豊年の和石上卿小山賦等）、誄、頌（『大安寺碑文并序』・『石山寺蔵十誦律』第七誦巻四二等）、賛（『元興寺塔露盤銘』所収賛・『武智麻呂伝』賛・『南天竺波羅門僧正碑』賛等）、表（順帝の昇明二年の『倭王武上表文』）、祝文（『武智麻呂伝』所収釈奠文・延暦六年十一月交野における祭天神文等）の韻文や、碑（『伊予温湯碑』・山城常光寺所在『宇治橋碑』・上野多野郡内『山名村碑』・下野『那須国造碑』等）、墓誌（『船首王後墓誌』・『小野朝臣毛人墓誌』・『威奈真人大村墓誌』等）、序（『古事記』序・『懐風藻』序等）、疏（『三教義疏』）、論（『文鏡秘府論』・『顕戒論』等）、記（『古事記』・『風土記』・『日本国現報善悪霊異記』等）、伝（『藤氏家伝』・『鑑真和上東征伝』・『懐風藻』所収列伝）、書（大業三年の隋への国書）、啓（『大日本古文書』所収人々啓状）、詔、奏、説（『上宮

聖徳法王帝説』）、行状（『光定和尚行状』）の散文等の諸作品が知られる。これらの作品を通してわが国は早くから、魏の文帝曹丕の「典論」や陸機の「文賦」や劉勰の『文心雕龍』などにみられる文学上の制約を示す文体になじんでいたと言えよう。この中に誄が含まれているのである。

中国文化をもろに受けとめた中の誄は、貞慧誄・空也誄に示される如く、『文選』所収の誄と同じであって「全合えるにはあらずと知るべ」からざるものであり、大陸のそれとは異ならない内容をもつものである。日本古来の葬送儀礼の慣習を誄の文字の中で理解し説明している『日本書紀』の記述を以て、そのまま中国の葬送儀礼の誄と比較する所に問題を生じる。文化の受容過程の中には、保守的要素の強い葬送儀礼などはおいそれと変化するものではない。古来の葬送儀礼に所作を伴うことや政治権力獲得の手段となることがある要素に、新しい中国の誄が加わるに及んで新制度採用者は、古来の慣習を生かし乍ら徐々に大行皇帝に対する誄・謚の奉上が柩前で行われる即位儀礼を採り入れた。誄の奉上者が次の天皇となる資格者であり、大葬礼参加の貴族に「天之日嗣」を公開し承認させる儀式が誄儀礼であった。舒明帝の柩前における開別皇子の誄奉読は、かかる意味において極めて注目すべき内容を伴った葬送儀礼上の行為と考えられる。又、九州で客死した斉明帝の喪を飛鳥で行うのは、皇太子中大兄皇子が飛鳥の旧勢力の貴族に対して次期政権担当者としての資格承認を求めることであり、これを欠くことは皇太子の次期天皇資格を失うこととなる。従って、飛鳥に護送された斉明帝の柩前で中大兄皇子の誄の奉上があったと理解すべきであり、同様に、天武殯宮における大津皇子の謀反は、皇太子草壁皇子に代る誄の奉上を大津皇子が画策したものと考えねばならなくなる。かつて、敏達大行天皇の柩前で三輪君逆が奉上した誄を反故にするため、野心を抱く穴穂部皇子が蘇我大臣と物部大連に逆の行為を密告しているのは、皇位決定の制度化が進展するさ中の誄儀礼で疎外される穴穂部皇子の必死の自救行為とみることができる。

かくみてくると、わが国の誄は古来の慣習に中国の即位儀礼の誄奉上が融和して、天武朝に神道の要素が強く加わり寿詞調となって定着をみたらしいのである。天武天皇に及んで「大君は神にし座せば」と歌われるように、天皇の神格性が一段と強くなる。『万葉集』にみられる天武天皇が現人神として強く民衆に意識される歴史過程をふまえて、平安朝に残された祝詞調の桓武天皇誄の内容に合点がいく。持統帝の葬送礼から火葬が実施され、聖武天皇の三宝奴宣言後仏教的色彩を濃くする国家行事を考えるとき、保守的伝統を堅持する大葬礼に奉上される誄文が、何故か仏式調でなく祝詞調を帯びるのか積極的な理由が見出せなくなる。がしかし、誄文の成立時期をさかのぼらせてゆき、史上有名な二年に亘る天武帝の葬儀と重ね合わすと、そこに現人神と人々から畏敬された天武帝にふさわしい葬儀の実施が想定され、奉上の誄は神道的内容の濃い表現即ち祝詞調の文に落ちつくのである。

一　本文と訓み

畏哉　カシコキカモ、
平安宮爾御坐志天皇乃　タヒラノミヤニアメノシタシラシメシシスメラミコトノ、
天都日嗣乃御名事袁　アマツヒツギノミナノコトヲ、
恐牟恐母誄白、　カシコミカシコミモシヌヒマヲサク、
臣末、　ヤツコラマ、
畏哉日本根子天皇乃　カシコキヤマトネコスメラミコトノ
天地乃共長久日月乃共遠久　アメツチノムタナガク、ヒツキノムタトホク、
所白将去御謚止称白久　マヲシツタヘムミナトタタヘマヲサク、
日本根子皇統弥照尊止称白久止　ヤマトネコアマツヒツギイヤテラスノミコトトタタヘマヲサクト、
恐牟恐母誄白、　カシコミカシコミモシヌヒマヲス、

臣末。　　ヤツコラマ。

二　語　註

○畏哉　カシコキカモ。後句の「天皇」を修飾する詠嘆のかかり言葉。朝日新聞社刊『増補六国史』、『日本後紀』大同元年（八〇六）夏四月甲午朔条の頭注（以下「朝日社本」と略す）には、「続紀宣命の例に拠らば挂畏支とあるべし」とみえ、本文には「カシコキカモ」の古訓を収める。間投助詞の「かも」がつかない場合、柿本人麻呂が高市皇子の殯宮で詠んだ歌にみえる「いはまくも　あやにかしこき」（『万葉集』巻二―一九九）や天平十六年（七四四）二月安積皇子が脚病で薨じた時に内舎人の大伴家持が作った歌にみえる「かけまくも　あやにかしこし」（同巻三―四七五）のように「かしこし」の前に副詞の「あやに」がついたり、前記人麻呂の長歌の冒頭句「かけまくも」がつく「あやにかしこし」（同巻三―四七八・巻六―九四八・巻一三―三二三四と三三二四・巻一八―四一一一・巻二〇―四三六〇）の用例にみられるかかり句の伴うことが古歌に多い。「かしこき」にかかる「かけまくも」の用例は極めて多く、表記上『万葉集』の「挂」・「掛巻」・「繋巻」・「決巻」・「挂纒」・「可既麻久」・「可気麻久」事例の外に、正史では「掛」が圧倒的に多くこの他に「挂」の使用がみられる。前者が弘仁元年（八一〇）、後者が宝亀元年（七七〇）にみられるのには事情があるらしい。ただ慶雲四年（七〇七）七月十七日における元明天皇の即位宣命にある、「関母威岐」の表記が上述の事例と違っている。「掛畏」に結びつく文句は一定の型があり、その型は「天皇」・「宮号」・「山陵」・「神社（宮）」・「（大・明）神」・「朝廷」・「三宝」・「八幡大菩薩」等に限られている。**○平安宮爾御坐志天皇**　タヒラノミヤニアメノシタシラシメシシスメラミコト。伴信友の『比古婆衣』巻一〇、誄詞の項に「平安宮　この都名の平安を多比良と唱ふる古証は、類聚国史に、弘仁四年四月甲辰幸二皇太子第南池一命二文人一賦レ詩右大臣従二位藤原朝臣園人上レ歌曰、祁布能比乃伊介能保度理爾保止度伎須多比良波知与止那久波企企都夜《ケフノヒノイケノホトリニホトトギスタヒラハチヨトナクハキキキヤ》と見えたり、多比良は都名をよみ給へるなり」とみえる。朝日社本は「タヒラノミヤニオホマシ〳〵シスメラミコト」とあり。平安を「タヒラカ」と訓む事例は、『日本書紀』斉明五年（六五九）秋七月戊寅条に引かれる『伊吉連博徳書』に「日本国天皇平安以不《タヒラカニマス》」とある古訓により知られる。御坐は宮号と天皇との間に置かれ、その訓みが天平神護二年正月八日藤原永手に右大臣を授け給う宣命に「掛畏岐淡海乃大津乃宮仁、天下所知行之天皇我御世爾奉侍末之藤原大臣」とあるように、「アメノシタシラシメシシ」と訓む言葉であり、後で私見を述べる如く『大宝令』制定以前の「治天下」表記や同令制定後の「御宇」とも表現される公式慣用句である。奈良時代の天皇の統治行為を示す「御宇」の訓を「アメノシタシラシメシシ」とするのが語の本義に適うという大野晋氏の説（「アメノシタシラシメシシの訓」『文学』一九七五年四月号）がここで参考となる。従って、朝日社本「御坐」を「オホマシ〳〵シ」とする古訓よりも大野説をここで採る。**〇天都日嗣**　アマツヒツギ。天神（アマツカミ）の御子（天皇）として位をうけつぐこと。朝日社本頭注には、「天都日嗣乃御名事、此語古例に拠て書けるなるべしいとめでたし」とみえる。山川鵜市著『神祇辞典』「アマツヒツギ」（平凡社・大正十三年刊）の説明には、「天皇の御位のこと。皇位は天津日神、即ち、天照大御神の勅命に随ひて、歴代次々に受け嗣ぎ給ふによりて称するなり。また日《ひ》嗣《つぎ》は日給の意にして、天照大御神より忌庭の穂を皇孫に供給せられたる義による名ならんとも云ふ。一説には、わが国、昔、火を神聖視する信仰の上より、皇室にては、代々継承して、火を絶やすことなかりしによりて、歴代の皇位に称する名となれるなり」とみえる。そして、日嗣については『日本書紀』持統二年十一月乙丑条に、二年に亘る長い天武大行天皇の殯宮行事を以てその説明をしめくくっている。アマツヒツギの「ツ」は『万葉集』では、「乃」（巻一八―四〇九四）・「之」（巻一九―四二五四）と表現されるように「ノ」に統一されるようだが、奈良朝の宣命には文武元年（六九七）八月の即位宣命の「津」や慶雲四年七月の元明天皇の即位宣命の「豆」や宝亀三年五月の皇太子廃止の宣命の「之」の用例と神亀元年（七二四）二月の聖武天皇の即位宣命にみられる「天日嗣」のごとき「ツ」を脱落させた表現がある。『比古婆衣』には「天津日嗣乃御名事遠、皇極紀なる誄に奉レ誄二日嗣一と見え持統紀に奉レ誄二皇祖等の騰極古伝曰嗣也次第一とも見えたるは、遠御祖より日嗣の次第に崩坐る御《キミ》まで御代々々の天皇たちの御名を称す例なりけるを、ここには其をことそぎてたゞ御名事とのみ申せるにか又はこゝの詞の云々誄白臣末とまをして日嗣の次第の御名を申せるをその御名の事は記されざるにてもあるべし。さてこの御名事遠とあるを承和の度には御名の事乎とあり、いづれにてもあるべけれど御名事遠と体言に申せるや古風なるべき」とあり。日嗣に関わる『古事記』の文には、大国主神が天照大神に答えた言葉として「此芦原中国者、随レ命既献也。唯僕住所者、如二天神御子之天津日継所レ知之登陀流天之御巣一云々」とみえ、『日本書紀』には「宝祚之隆当与二天壌一無レ窮者矣」と記され、日嗣が実は天皇が「御世々々に聞しめし来る食国の『高御座』を指す」ものであった。誄に読まれる日嗣が『万葉集』に「高御座　天の日継と　天皇の　神の命の　聞し食す国のまほらに」（巻一八―四〇八九）・「高御座　天の日嗣と　天の下　知らしめしける　天皇の　神の命の」（同―四〇九八）とみえるのはこの事実をよく示している。「御名事」の言葉は後の「誄白」の客語となる句で、後の「御謚止称白久〇〇尊止称白久止恐牟恐母誄白」の調子を整えた表現の形式に当たる。大体、わが国の祭文形式は「御名事」に代る「寿詞」・「吉詞」・「過去の行績」を「白」或いは「奏」の客語として「恐々」又は「畏々」の挿入句を履伴って、祭文の調子をととのえる手法が採用されている。因みに、この形式を伝える事例を列挙すると次の如くである。⑴広瀬能川合爾称辞竟奉流皇神能御名乎白久……朝日乃豊逆登爾称辞竟奉乎久神主祝部等諸聞食止宣（広瀬大忌祭にみえる文で「ミナ」の訓がある）⑵平久気安久奉護留神御名乎白久……大宮売命止御名乎称辞竟奉登久白（大殿祭の文で「御名」の表現を用いた所が共通している）⑶朝日乃豊栄登爾伊波比乃返事能神賀吉詞奏賜登波久奏。……恐弥恐毛弥天津次能神賀吉詞白賜登久奏（『出雲国造神賀詞』の文で、奏の客語に「神賀吉詞」を二回用いて文の調子を整えている）。⑷掛畏　平城宮爾天下所知志倭根子天皇御門爾申賜止閉奏。掛畏　御門乎主止定奉天可レ祭事乎畏牟畏牟毛申賜止久奏（『文徳実録』に収める斉衡三年（八五六）十一月二十二日条の光仁御陵策で、誄文の「御名事」及び「御謚」を何れも「御門」と改め「日本根子天皇～

所白将去」の文句を省くと桓武天皇誄と同じ形式になる）一体、誄に読まれる騰極次第は「御名事」に集約される内容であるらしい。『三代実録』所収の貞観十八年（八七六）十二月二十九日条の陽成天皇告文は、簡にして要を得た祭文で誄文の解釈に参考となる。「天皇恐美恐美毛申賜倍止申、太上天皇厚矜乎垂賜天、天之日嗣授賜倍利、故是以、大御《オホミ》座処《マシトコロヲ》乎掃潔《キヨメ》侍而《ハベリテ》、天之日嗣乎戴荷知《イタヾキモチ》、守仕奉倍岐事乎、恐美恐美毛申賜久止奏。又申、掛畏岐田邑御門乃矜賜波牟厚慈乎蒙戴《カガフリイタダキテシ》天之、天之日嗣乃政者平久、天地日月止共爾、守供奉倍之止思食《オモホシメス》事乎、恐美恐美毛申賜波久止奏」。ここでは告文の「守仕奉倍岐事」・「守供奉倍之止思食事」が何れも「奏」の客語となり、荘重で厳粛な雰囲気をかもしだす効果を出す表現となっている。桓武天皇誄を考えるに当たり、共通要素の継受が祭文にみられることは甚だ興味深い。**〇恐牟恐母**カシコミカシコミモ。朝日社本頭注に「牟は美の誤か恐美とあるべきなり」とし、本文に上記の訓を残している。『比古婆衣』には「この詞此なる下文にも又天長の度の二ところなるもみな恐牟恐母とあり下の恐母も上の辞に效ひて引合て恐牟恐牟母とよむべし。承和度なるは二ところともに恐美恐母とありかくさまなる恐詞は祝詞策命文などになべて恐美々々毛、或は恐美恐母など作る例なるに、文徳実録なる斉衡二年九月壬子八幡大菩薩に申さしめ給へる策命に三ところ、同三年五月丙寅佐保山陵の策命に二処、十一月辛酉後田原山陵の策命に一処、畏牟々々毛ともあるをおもへばかく云ふも古の一ッの詞つかひなりしなり〈但し佐保山陵の時の中の一処、牟字二ッ後田原山陵の時のに一ところある牟字、二ッを美と作る本もあるは、なか〳〵にさかしらなり〉なべての語格に拘泥てあながちに論ふべきにあらずかし」とみえる。**〇誄**　シヌヒコト。天平二年正月の宣命には「志乃比己止乃書」とみえ、『時代別国語大辞典　上代編』（三省堂）の「考」には「ノを乙類仮名で表記しているが、おそらく仮名遣いで、シノヒは、眼前にないもののことに思いをはせる意のシノフであろう」と説明している。『比古婆衣』の誄詞《シノヒゴト》の冒頭には、「志乃備詞は人の身まかりたるとき其人を慕《シノ》びて其霊に告ふ詞にて上古よりの礼儀なり。書紀よりはじめて誄字を当てゝ用ひきたれるこれなり〈古によりて正していはむには、志奴比詞といふべきを、今はやゝ後ざまに志乃備詞といひてあるべし。書紀の誄字にはシヌヒコト、シノヒコト二ざまに訓をさしたり〉続日本紀なる天平神護二年正月の詔詞に、志乃比己止乃書にとて其詞もいさゝか見えたるをおもへばそのかみ世々の誄詞を記せる書ありしなり」とあり。**○臣末**ヤツコラマ。朝日社本頭注には「臣未、未は某なり」とし、本文に「ヤツコナニガシ」とすれど、『比古婆衣』に「臣末は、也都古良末《ヤツコラマ》とよむべし。舒明紀に臣等顕宗紀なる宝寿の御詞の後に云々御裔僕是也〈弘計尊の御詞なから億計尊と共に僕との給へる也〉とよめるこれなり。臣等といふに麻を助たる言なり。さて首の畏哉よりこの臣末まで一段にて〈上に云へる如く、かく申て日嗣の次第の御名を称す例なりしにやありけむ〉こゝにて臣末と申が誄の例なりしなるべし」とある説明をここで採りたい。両者の訓みの相違は「臣」のあとの文句即ち「未」・「末」に関わると思われる。「未」を採る朝日社本は「未は某なり」とする。『玉篇』に「其、不レ知レ名者曰レ某」とみえ、『礼記』曲礼下に「列国之大夫、入二天子之国一、曰二某士一、自称曰二陪臣某一、使者自称曰レ某」とあり、鄭玄の注に「某、名也」とみえる。祭文には自己を謙称して官名姓名に続いて「某」を用いたり年次表現に「某年月日」の用例がみられる。しかし「某」に代えて「未」の使用はない。朝日社本にいう「未」を「某」と訓ませるのは、「某」の書体が「未」とまぎらわしく書き誤れるところからの解釈と思われる。「某」が「其」と書き誤ることは、写本を扱う者ならば屡知見するところである。それと同様のことが「某」の「未」とすることにもあるらしい。私見では『比古婆衣』の説を採るのは、「臣某」から「臣未」と解したらしい朝日社本の説よりも、寧ろ「臣末」から「臣未」と書き誤る可能性が強いこと、理由の一つである。北魏の『李媛華墓誌』をみると「末」を「未」とも誤解される「末」の文字を使っているし、唐の『等慈寺碑』はその逆のことが言える。これよりまぎらわしい事例は、晋の『司馬芳残碑』では「未」を「末」にすることである。これらは金石文にみられる僅かな用例であるが、写本の場合もかかる「末」と「未」の書き誤ることが多い。その一例を挙げると、貞慧誄の「当時才人、不得続末」が国会図書館本で、「未」と記され、右に「末」の訂正朱書がみられる（拙稿「貞慧誄の諸本に関する覚書」『続日本紀研究』一四八・一四九合併号、植垣節也「校訂家伝上（大織冠伝と貞慧伝）」『親和女子大学研究論叢』第一号）。又、『日本書紀』天智七年夏四月庚申条の「百済遣末都師父等進調」及び庚午条の「末都師父等罷帰」が京都北野神社所蔵兼永本及び鈴鹿氏所蔵中臣連重本以外は、諸写本すべて「未」であるという（『新訂増補国史大系』本頭註）。次に「臣末」である理由をあげよう。もし「臣末」が正しいとするならば、「未」を「某」とみるのであり「某」は誄を奉上する（官人）名を示すことになる。この官人名は、『武智麻呂伝』所収の宿儒刀利康嗣が作った釈奠文にみえる「惟某年月日朔丁、大学寮某姓名等」や『延喜大学寮式』に収める祝文（釈奠文）にみえる「維某年歳次月朔日子、天子謹遣大学頭位姓名」や『続日本紀』延暦六年十一月甲寅条にみえる天神を交野に祀る祭文の「維延暦六年歳次丁卯十一月庚戌朔甲寅、嗣天子臣謹遣従二位行大納言兼民部卿造東大寺司長官藤原朝臣継縄」に該当する。康嗣作成の釈奠文にみえる「等」が複数の意味でないことは『延喜式』の祝文から明らかであり誤解を生じない。所謂、祝文を捧げる官人は天子の代弁者であるところから複数であってはならない。従って、祝文の慣用句として「某姓名」とか「姓名」の表現を以て天子の代弁者を示し、その具体例は藤原継縄の姓名によって知られる。所が、大行天皇に捧げる誄は一個人の名によるものでなかった。持統上皇の葬儀に当麻智徳が諸王・諸臣を率いて誄を奉上したこと、文武天皇の葬儀に又も当麻智徳が誄人を率いて誄を奉上したこと、太皇太后藤原宮子の葬儀に安宿王が誄人を率いて誄を奉上したこと、光仁天皇の葬儀に藤原小黒麻呂が誄人を率いて誄を奉上したこと、皇太后高野新笠の葬儀に再び藤原小黒麻呂が誄人を率いて誄を奉上したこと、桓武天皇の皇后藤原乙牟漏の葬儀に紀古佐美が誄人を率いて誄を奉上したこと等、桓武天皇の崩御までの上皇・天皇・太皇太后・皇太后・皇后の葬儀には一貫して複数の誄人が登場した。桓武天皇の葬儀には具体的な複数の誄人が正史によって確認され、「臣末」の複数の意味が知られる。即ち、『日本後紀』の「中納言正三位藤原朝臣雄友、率二後誄人左方中納言従三位藤原朝臣内麻呂・参議従三位坂上大宿禰田村麻呂・侍従従四位下中臣王・侍従従四位下大庭王・参議従四位下藤原朝臣緒嗣・右方権中納言従三位藤原朝臣乙叡・参議従三位紀朝臣勝長・散位従四位上五百枝王・参議正四位下藤原朝臣縄主・従四位下秋篠朝臣安人等一、奉レ誄曰二云々」とみえる十人の誄人がそれに当たる。承和七年（八四〇）五月に淳和上皇が崩御し、その葬儀に参議刑部卿の安倍安仁が誄謚を奉上したと『続日本後紀』に記されている。ここの表現からみれば誄人が一人のように理解され易いが、百余年間も続いた葬儀の伝統を改める要因を認めがたいので、正史の記載は誄人を省略して引率責任者の安倍安仁のみが記されたものとここで言えるのではあるまいか。果たして然りとすれば、天長元年（八二四）七月における平城上皇の葬儀に誄の奉上があったことを示す『類聚国史』巻三五、帝王一五、諒闇の天長元年秋七月丙辰条の記載は、誄文のみを残すけれども桓武天皇の葬儀と同様に左方及び右方同数の誄人の存在を教えているものと解して大過ない。かく誄奉上の歴史過程を眺めてみると、「臣末」が誄の古体を残すものであり、その意味は複数であり、その訓みは「ヤツコラマ」とする『比古婆衣』の説が妥当と言える。**〇日本根子天皇**　ヤマトネコスメラミコト。朝日社本頭注には「日本根子と申すは御歴代の天皇の御通号なり」とし、本文に上記の訓がある。『比古婆衣』には「こは当代の天皇を申す例の称なるを殯宮にしてもなほ然申し奉れるは真情なり〈初段の誄に、平安宮爾御座志天皇と過去し辞もて申し、こゝに当代に申す称もて申奉れるいと感ふかし〉」とみえる。実際問題として、平安朝以降は即位の宣命を除けば、天皇を宮号で称することは殆どなくなり、少なくとも奈良朝の各天皇の例から推して、平安時代以降の天皇をそれぞれ「平安宮爾御宇之倭根子天皇」と言うことはほぼ確実であるという（飯田瑞穂「平安宮ニ御宇シシ倭根子天皇論」『日本上古史研究』六巻九号）。ヤマトネコ天皇の表記は、『古事記』中巻の景行天皇の子に倭根子命の名をもつ固有名詞としての「倭根子」は例外とし、『日本書紀』には普通名詞としての表記が見出される。孝安二十六年条の「大日本根子彦太瓊天皇」（孝霊天皇）・孝霊二年条の「大日本根子彦国牽天皇」（孝元天皇）・孝元七年条の「稚日本根子彦大日日天皇」（開化天皇）・雄略元年条の「白髪武広国推稚日本根子天皇」（清寧天皇）・大化二年二月詔の「明神御宇日本倭根子天皇」（孝徳天皇）・天武十二年正月詔の「明神御大八洲日本根子天皇」（天武天皇）等がそれである。これらを眺めて気づくことは、（大）稚日本根子天皇に「彦太瓊」・「彦国牽」・「彦大日日」・「白髪武広国推」等を冠して今上に明確化する手法が採られていることである。ところが、大宝令施行後のヤマトの表記には、従来の「（大・稚）日本」に代えて「（大）倭」が用いられる様になる。「大日本」と同義の「大倭」を用いた例は、慶雲四年（七〇七）七月十七日即位宣命の「近江大津宮御宇大倭根子天皇」があり、中臣寿詞の「現御神止大八嶋国所知食須大倭根子天皇我御前仁」がある。慶雲四年の即位宣命には「藤原宮御宇倭根子天皇」とも又みえるので、「大倭」と「倭」の何れの表記が正しいのか判断に苦しむ。『続日本紀』天平九年十二月丙寅条には大倭国を大養徳国に改める記事がみえ、同十九年三月辛卯条には旧の大倭国に復する記事がみえるので、藤原仲麻呂政権下の天平宝字元年に「大和」と改められたことと考え合わせて国名の変遷経過が知られる。国家の名称と地方行政の名称とが同じであることに注意すれば、国名に「倭」を用い行政国名に「大倭」の表記を用いるのは何か落着かない様に感じられる。行政名称の改訂をここで考慮すると、天皇に冠せられる「ヤマトネコ」は「大倭根子」で表すのがふさわしく思える。そこで、文武元年八月庚辰条の即位宣命を始めとし「倭根子天皇」とみえる改元の宣命や立后の宣命等は、実は「大」字が後に「倭」一字に改められたことにひかれて省略したのではないかと思う。そして、「大倭」が「倭」に簡略される時点は、「倭」を「和」に改めた天平宝字元年（七五七）に推測されるのである。『大宝令』制定以前の「ヤマトネコ」の表記は、従って宣命の文すべてでないが古体をとどめる天武十二年正月丙午の詔にみえる「日本根子」であったとしてよいのではあるまいか。とすれば、誄文の表記は『大宝令』制定以前の姿を残すものであり、保守的要素の強い葬礼の一端を示唆するものと言えよう。**〇天地乃共長久日月乃共遠久**　アメツチノムタナガクヒツキノムタトホク。「共」は『時代別国語大辞典　上代編』に、「むた（名）助詞ノまたはガを伴う連体修飾をうけ、副詞句を作る形式名詞」とみえる。「共」が「天地」と結びついた和歌には、「と共に」の用例として『万葉集』巻二―一七六・巻四―五七八・巻一五―三六九一があり、「と長く」の用例として巻三―三一五・同―四七八があり、「と遠く」の用例として巻六―九三三・

巻一九―四一六〇があり、「日月と共に」の用例として巻二一―二二〇・巻一三―三二三四・巻一九―四二五四等が検出される。これらは何れもノ或いはガの助詞を伴わないので、「ムタ」と訓まず「トモ」となっている。「共」が「天地」と結びつきノの助詞を伴う事例は聖武帝の東大寺行幸詔に「天地之共、長遠不改常典」というのがある。誄文は悠久の天地と日月の如く皇位が安泰で恩徳が永続することを賛える言葉である。おしなべて、日月と天地を結びつけて天子の慈徳になぞらえることは中国文化の影響である。その一例は南朝陳の後主が隋に降り文帝の招宴に与った時の詩に求められる。「日月光二天地一、山河壮二帝居一。太平無二以報一、願上二東封書一。」元来、天子の恩が聖人の明徳から発展した解釈なることは、『周易』乾の「夫大人者、与二天地一合二其徳一、与二日月一合二其明一。疏曰、与二日月一合二其明一者、照臨也」とみえる表現から知られる。その後、日月と天地が万古不易の道理として知識人に理解され、やがて盛んに修辞に活用されはじめる。後漢の傅毅が作る明帝誄に「恵慈仁恕、明並日月、無レ有二偏照一、譬如二北辰一、与レ天同曜」と表されたり、哀辞の代表と言われた崔瑗が作る竇貴人誄に「若夫貴人、天地之所二留神一、造化之所二殷勲一、華光曜二乎日月一、才志出二乎浮雲一」とよまれる様になる。これらの何れも唐の類書である『芸文類聚』に収められている。同書巻四七、大司馬に収める杜篤の大司馬呉漢誄に「功成即退。挹而損レ諸、死而不レ朽。名勒二丹書一、功著二金石一、与二日月一倶」とみえる佚文は、日月と天地の結びつきから推して、このあとに「与二天地一云々」と四言句があったらしいことを窺わせる。この様に中国で盛んに用いられた天地日月観が、『万葉集』に詠みこまれたり宣命に利用されたのである。その用例の二三を挙げれば、『続日本紀』天平宝字元年閏八月壬戌条にみえる藤原仲麻呂の維摩会興隆の為の上表文に「遂使下内大臣之洪業、与二天地一而長伝、皇太后之英声、倶二日月一而遠照上」の用例があり、祭文として有名な『出雲国造神賀詞』にみえる「天地日月等共爾、安久平久知行牟」や『中臣寿詞』にみえる「与天地月日共照志明良志御坐事仁」や元明天皇の即位宣命にみえる「近江大津宮御宇大倭根子天皇乃、与天地共長、与日月共遠、不改常典云々」や天平十五年五月五日に諸臣に下し給える宣命の「天地与共爾長久遠久仕奉」等がある。殊に最後の用例は不改常典の解釈に屢引用される資料として有名である。岩橋小弥太氏は「天智天皇の立て給ひし常の典」の中で、前記即位宣命と天平勝宝元年四月における聖武天皇の東大寺行幸の詔に注目し、「両度の詔詞にも「天地と共に長く、日月と共に遠く、改るまじき常の典と立賜ひ敷賜へる法」といひ、或は「万世に改るまじき常の典と立賜ひ敷賜へる法」といはれたのであるから、……不磨の法典として、天地と共に長く伝へ、日月と共に遠く及ぼすだけの立派な堂々たる形式を具備した、令などと並行する、或はそれよりも重く取扱はれた特別の規定であった」と言われて、不改常典の解説文中で「万世」を重くみられている（『上代史籍の研究』第二集所収・吉川弘文館・昭和三十三年刊）。田村円澄氏は「日本人の場合、「天地」や「日月」が、皇位の無窮・天皇統治の永遠性をことほぐことにのみ、用いられている」と語句使用の貴重性を論じる（『飛鳥仏教史研究』第Ⅳ部第二章・塙書房・昭和四十七年刊）。**〇所白**　マヲス。朝日社本頭注には「所白将去、申しゆかむにて将来久遠に称奉る意」とみえる。『比古婆衣』には「所白は朝乎須登《マヲスト》古呂《コロ》」とみえる。大神宮遷奉の祝詞にみえる「天降所寄奉仕」には「ヨサシ」の訓があり、遣唐使時使奉幣にみえる「所念行間爾」には「オホス」の訓がある。これらの訓は大殿祭の祝詞にみえる「安国止平久気所知食止」の古訓を残す「古語云二志呂志女須二」と同じ類である。かかる訓は既に文武元年八月十七日の即位宣命に「所知天皇」・「随神所思行止佐久」として明らかな「知《シロ》しめす」・「思ほしめ」の用例からも理解される。即ち、動詞の上に加えた「所」を訓まないのが慣用であるところから、『比古婆衣』の説く「トコロ」を訓む用例には従いがたい。**〇将去**　ツタヘム。『比古婆衣』には「将去御謚は毛天由伎万佐牟美那《モテユキマサムミナ》とか、毛天伊傅万佐牟美那とか読べし。思ひ定めかねつ」とみえて、明確な断定を避けている。祈年祭の祝詞にみえる「御年初将賜登」には「タマハン」の訓が残され、文武天皇の即位宣命では「大八島国将知次止」・「款将仕奉人者、其仕奉礼良牟」があり、「知らさむ」・「仕へ奉らむ」と訓んでいる。裴学海著の『古書虚字集釈』巻八、将の項には、「猶方者。正也。将訓、方・方亦訓、将也」とし、『淮南子』道応篇の「裏子方将食而有憂色」を挙げ、「方将、是複語・呂氏春秋、慎大篇・列子、説符篇・方将食、並作二方食二」と説明している。『日本書紀』にみえる一例をあげれば、皇極四年六月戊申条に「倉山田麻呂臣、恐下唱二表文一将レ尽而子麻呂等不上レ来、流汗沃レ身、乱レ声動レ手」がある。一方、『万葉集』には「憶良らは　今は罷らむ　子将哭、それその母も吾を将待ぞ」（巻三―三三七）の事例がみえる。**○御誄**　ミナ。『比古婆衣』には「誄字　近世にはオクリナとよめど古書どもには見あたらざれば美那と読てあるなり」とみえる。『万葉集』巻三―四一五、挽歌の上宮聖徳皇子出二遊竹原井一之時見二龍田山死人一悲傷御作歌一首の題詞に続く註記に「墾田宮御宇天皇代」があり、その割註に「墾田宮御宇者、豊御食炊屋姫天皇也。諱額田、諡推古」とみえて、諡と諱の相違が明らかにされている。わが『大宝職員令』治部省卿の職掌には国忌に続いて「諱」があった。『令集解』に収める奈良朝以来の諸注釈は、『令義解』では「諱、避也。言二皇祖以下名号一、諱而避レ之也」とし、釈説では「皇祖以下御名避。古記同レ之」とし、伴説では「仮令、名有二春日王一者。春日山者、称二東山一耳」とし、跡説では「諱者、不レ限二死生時一有二可レ諱之事一者、此司申発令レ諱耳」とし、穴説では「諱、避也。隠也。忌也」としている。『広雅』釈詁三には「諱、遁也。避也。移也。徒也」とみえるので、『令義解』・釈説・穴説に共通する「諱、避也」は『広雅』の解釈と一致していることが分かる。又、『礼記』巻四、檀弓下の「卒哭而諱」の疏から諱が神名であるという理解が、中国にあっては古くから存在していた。一方、諡については、『礼記』巻三、檀弓上に「死諡、周道也」とあり、疏に「殷以上有二生号一、仍為二死後之称一。周則死後別立レ諡」とみえ、又、『逸周書』巻六、諡法解によれば「周公旦・大師望、相二嗣王発一、既賦レ憲、受二臚于収之野一、将レ葬、乃制二作諡一、諡者、行之迹也」という。即ち、古代中国では、殷時代に存在した生号に死後も同一呼称を用いたのを、周時代に入って死者に生前の行迹にふさわしいオクリナ制度を設けたのである。しかも、諱と諡の違いは喪中に使用される死者の名が諱であって、斂葬の時に使用される名が諡であるという。又、『礼記』巻一一、郊特牲にみえる「死而諡、今也。古者生而無レ爵、死無レ諡」に対する鄭樵注は、「古無レ諡、諡起二於周一、周人卒哭而諱、将レ葬而諡」と説明している。ここに十八世紀中葉における碩学の一人を紹介して、当時における諱と名に対する知悉の指針としよう。宝暦天明年間、江戸に松村梅岡なる人物がいた。その梅岡が七十三歳の天明二年に著した作品に、『駒谷芻言』一巻がある。彼は「書ヲ見ルニハ、文意ニ心ヲ付ベシ。サナケレバ、読バヨムホド、アホウニナル也」と、学問に励む者に対する冷酷な注意をする一方、「凡史ヲ見ルハ、我心ニテ見ヨ、世人ノ評判ハ、無益ノ事ナリ」と、歴史の評価に強い信念をもつことを説く啓蒙家であった。その梅岡が名と諱について、「人生存ヲ名ト云、死シテ後諱ト云、生存ト亡後トノ異也。現在生存ノ人ノ名ヲ諱ト云、大ナル誤也。左伝ニモ、名《ハ》終《テ》将レ諱《ント》、トアリ。生前ノ名、其身終テ後、子孫臣子之ヲ諱コト也。貴賤ニ通ジテ然リ。明会典ニ弘治七年、御名廟諱、及親王名諱ト分テ記セリ」と言っている。十八世紀後半の江戸の巷間で、文人ぶった連中が諱を用いていた風潮が『駒谷芻言』から知られて面白い。諡が死後の「ナ」であり、生前の名と異なるが、その訓みの区別が明らかでないので、やはり伴信友が指摘するように「ナ」とすべきであろう。**〇称白**　タタヘマヲサク。「称」の訓みとして参考となるのは、大殿祭に「御名乎称辞竟奉登久白」とあるのや、『中臣寿詞』に「寿詞遠称辞定奉止久申」とある「称辞」である。諡は故人生前の行迹を集約する呼称であるから、故人を賞讃することとは必ずしも限らないけれども、一般的にみて業績の賞讃と理解して大過ないから讃辞として訓むのがよい。従って、誄には「称白」と二重動詞に作っているので、朝日社本にみえる「タタヘマヲサク」の訓が適切である。**〇皇統弥照尊**　アマツヒツギイヤテラスノミコト。朝日社本頭注には「纂輯御系図にはスメイヤテリと訓みたれど皇統はアマツヒツギと訓むべしスメにては言葉足らず。弥照はイヤテラスと訓むべし。聖徳を称讃し奉れるにて天都日嗣の御光を弥々かゞやかし給へる意なり。下文に遠照二威徳一とある是なり」とある。『比古婆衣』には「安万都日都芸伊也天良須乃美古登《アマツヒツギイヤテラスノミコト》と唱へ奉れるなるべし。此天皇平安都を殊さらに厳重めしく美しく創建て還御まし万づ華飾たる御政を制給へる称奉れるなるべし。御諡の上に日本根子と申せるもなほ生時を忘れざる真情にて是も亦感ふかし」とみえる。皇統をアマツヒツギと訓むことは、田村皇子の即位を要請した「宜下纂二皇統一光中臨億上兆」（舒明元年正月丙午条、『書紀集解』所引壼井義和校訂本）の古訓より知られる。『日本書紀』の諸本は「皇綜」となっているが、『広雅』釈詁二に「統、理也」とあり、『周易』繋辞上の「錯綜其数」の虞注が「綜、理也」とすることにより、統と綜が同義になることが分かり、ここでは問題とならない。『日本書紀』にみえる古訓アマツヒツギには、宝祚（神代紀下）・天業（神武即位前紀）・天基（神武紀元年）・鴻緒（顕宗紀元年）等がある。宝祚をアマツヒツギとして用いた詔勅は、『続日本紀』天平勝宝元年閏五月癸卯条・天平宝字元年八月甲午条・天平神護元年正月己亥条にみえ、『三代実録』には告文・咒願文と共に頻出する。又、鴻緒の用例は仁和元年四月廿七日辛巳条勅文（『三代実録』）にもみえる。いま祚・業・基・緒に関わる語が六国史の中でアマツヒツギとして用いられた事例をあげると、皇祚・天祚・宝祚・丕祚・帝祚・鴻祚の「祚」グループと皇業・緒業・大業・洪業・先業・天業・帝業・睿業・丕業・鴻業の「業」グループと皇基・洪基・重基・先基・天基・丕基・鴻基の「基」グループと皇緒・天緒・丕緒・帝緒・洪緒・先緒・鴻緒の「緒」グループと皇位・嗣位・帝位・大位・宝位の「位」グループと景図・宝図・鴻図の「図」グループと景運・大運の「運」グループと皇統・大統の「統」グループと騰極・宸極の「極」グループに類別できる。猶この他に唯一の用例として君臨・聖明・天序等が『六国史』から検出され、所謂、アマツヒツギの範疇に加わっている。一体、アマツヒツギの概念が漢字を通して多くの派生をみるのは、例えば『毛詩』周頌、閔予小子の「継レ序思不レ忘、伝曰、序、緒也」文を『釈名』にみえる「統、緒也」の共通語を見出して同義語を考えだしたり、或いは『漢書』巻一〇、成帝紀綏和元年二月癸丑詔にみえる「承二天序一」を借用して天神を祀る祭文「敢昭告二于高紹天皇一。臣以二庸虚一、忝承二天序一、云々」（『続日本紀』延暦六年十一月甲寅条）を作りだすあたりにその一端がうかがえるのでないかと思う。殊にその派生語が詔勅・咒願文・告文等に集中するのは、「君子不食言」或いは「綸言如汗」に代表される天子の言葉に瑕疵があってはならないことと記録の性質を考慮して修辞のゆきとどいた優れた文章を後世に残したいためであろう。ともかく、皇統が早くからアマツヒツギの意味で用いられたことは疑えない。

三　大行天皇誄にみえる「御坐」号の変遷

大行天皇誄に宮号をおくり「アメノシタシラシメシシ」の表現句が「天皇」に冠せられていることは、桓武天皇誄や譲位後の平城上皇におくられた誄に「譲国而平城宮爾御坐志天皇」（『類聚国史』巻二五、太上天皇、天長元年秋七月己未条）とあることや淳和上皇におくられた誄に「譲国而御坐志天皇」〈平城上皇誄から推して原文には存在したと思う〉（『続日本後紀』承和七年五月甲申条）とあることにより知られる。その表記が桓武天皇誄では「御坐」であるが、天武天皇誄では「治天下」・持統上皇誄では「御宇」であったと推定される。次にその推定を裏付けたい。

わが国最初の漢字使用として注目される船山古墳出土の太刀銘に「治天下」表現句が早くもみられ、爾後、『隅田八幡宮人物画像鏡銘』の「在意柴沙加宮時」や『元興寺縁起』所収丈六釈迦仏光背銘を例外として、『大宝令』制定まで「治天下」用字が金石文に頻出する。ここにその用例を列挙すると次の如くである。

(1)　池辺大宮治天下天皇（『法隆寺蔵金銅薬師仏像光背銘』）
(2)　小治田大宮治天下大王天皇（同右）
(3)　生於乎娑陀宮治天下天皇（『船首王後墓誌』）
(4)　奉仕於等由羅宮治天下天皇（同右）
(5)　至於阿須迦宮治天下天皇（同右）
(6)　飛鳥浄御原宮治天下天皇（『小野朝臣毛人墓誌』）
(7)　奉為飛鳥浄御原大宮治天下天皇（長谷寺所有『銅版法華説相図銘』）
(8)　大和国天皇斯帰斯麻宮治天下名阿米久爾意斯波羅支比里波弥己等世（『元興寺塔露盤銘』）
(9)　佐久羅韋等由良宮治天下名等已弥居加斯支夜比弥乃弥己等（同右）

⑽　大倭国浄美原宮治天下天皇（『粟原寺鑪盤銘』）
⑾　平城宮治天下大行天皇（『美努岡万墓誌』）

所謂、『船山古墳出土太刀銘』は、明治六年熊本県玉名郡菊水町江田の古墳から出土した鉄刀のみねに銀で象眼された銘文で、和歌山県橋本市の隅田八幡宮に伝わる人物画像鏡の銘文とともに、わが国における五〜六世紀の文字使用を示す貴重な史料である。⑴は推古天皇十五年丁卯年（六〇七）に薬師仏を造立した時の銘文で、七世紀初頭の文字使用を示す好例である。⑶は舒明天皇十三年に薨じ天智天皇七年（六六八）に夫人及び長兄とを合葬した時の銘文で、中国では六朝から盛行した墓誌の形式を伝えたわが国に現存する最古の用例である。⑹は天武朝における墓誌の営造を示す用例である。⑺は朱鳥元年（六八六）天武天皇が不予となった時長谷寺の開基道明が諸寺とともに行った祈請文である。⑻は蘇我氏の私寺として飛鳥の中心となった法興寺の成立（推古天皇四年〈五九六〉）に関わる塔完成を裏付ける露盤の銘文である。

元来、中国にその由緒をもつ銘は、『文心雕龍』巻三、銘箴にも「銘は名なり。器を観れば必ずや名を正し、用を審らかにするには慎徳を貴ぶ」とみえ、賛に「銘は実に器の表、文約なるを美と為す」と考えられている。従って、文章表現は社会通念に適う型に基づくことが多いものと思われる。いま参考にあげた⑽は『大宝令』制定後の鑪盤銘であり、⑾は天平二年作成の墓誌である。

ここにあげた史料からうかがわれることは、金石文にみられる傾向として「治天下」の使用が大宝令制定まで一貫して存在することであり、『大宝令』制定後もその名残を見出せることである。この傾向は現存史料に基づくという点で、八世紀以前における「治天下」表現の公的な実状を正しく示すものと言えないまでも、かなりの信頼をおいてよいものである。この傾向を更に補強する史料が、わが国最古の絵画として有名な大和の中宮寺に伝わる天寿国曼荼羅の刺繡に残る銘文である。

斯帰斯麻　宮治天下　天皇名阿　米久爾意　斯波留支　比里爾波　之弥己等　……子名蕤奈　久羅乃布　等多麻
斯　支乃弥己　等……乎　沙多宮治　天下生名　尾治王多　至波奈等　己比乃弥　己等……　濆辺宮治　天下生
名　等己刀弥　弥乃弥己　等……

とみえる「治天下」の三用例は、聖徳太子が崩じた当時の公的表現句とみることができる。そして、半世紀下った朱鳥元年に作られた史料(7)には、不予の今上である天武天皇に対する尊敬の言葉「粤以奉為天皇陛下敬造」とともに、

一投賢却、倶却、倶値千聖、歳次降婁漆莵上旬、道明率捌拾許人、奉為飛鳥浄御原大宮治天下天皇敬造

の文がみえるのである。これは天皇の病気快癒を願う飛鳥京内の諸寺祈請の一を示す。他寺の祈請文句に「治天下」表現句の存在を今日知ることができないけれども、史料(3)〜(6)の用例から天智・天武朝において「治天下」表現が大勢を占めていた感が強いし、且つ『中宮寺曼荼羅銘文』を併せ考えると、道明の祈請文は公的表現の「治天下」を用いたものと推定される。この推定に大過なしとすれば、天武の政策を継いだ持統の時代も「治天下」表現が公式文句として使用されたと考えられ、『大宝令』の制定で以て従来の「治天下」表現を「御宇」表現に改めたのであり、その後更に「御坐」にしたのではないかと解釈されるのである。かくみてくると、墓誌銘・碑銘の範疇に入る哀辞の代表となる誄にもかかる表現が用いられるという推定にたつことができよう。

天武天皇は、壬申の乱終結の翌癸酉年（六七二）二月飛鳥の浄御原宮で即位して以後、吉野の行宮に行幸する以外都を留守にしなかった。そして朱鳥元年九月丙午に正宮で病没している。天武の一生は浄御原宮であることから、誄詞に用いる宮号は史料(7)や(10)に加うるに、『采女氏塋域碑』にみえる己丑年（持統三年）作成の、

飛鳥浄原大朝庭大弁官直大弐采女竹良卿所請造墓所云々

の語句を以て「飛鳥浄御原宮」と断定できよう。ここに、天武崩御後の葬儀には「飛鳥浄御原治天下天皇」の誄文があったと推定できる。勿論、皇位をふむ資格者の草壁皇太子とは別に、皇太子の名代と違った立場で奉られる誄詞は

その内容が異なるものであるから、大行天皇の宮号を用いたかどうかは明らかでない。私見では、『大宝令』制定以前の天武天皇におくられた誄には宮号「飛鳥浄御原宮」に付いて「治天下」の表現句が「天皇」に冠せられていたとみたい。

次に持統上皇の場合を考えよう。持統は大宝二年（七〇二）十二月、参河・尾張・美濃・伊勢・伊賀の長期旅行を終えて間もなく藤原宮で崩御した。彼女は翌大宝三年十二月火葬に付された九日目に、夫天武天皇の斂葬された檜隈大内陵に合葬された。中国では改葬が貴族の習慣のようになっているが、持統の檜隈陵合葬は改葬形式をとるものであり、その改葬場所が先帝夫君のところであったとみることができる。先帝の生存中常に労苦を供にした持統の生活を考えると、この合葬は持統の強い希望の反映とみられ、その処置は遺詔に基づくところと思われる。先帝との合葬が影響したものとみえ、持統は天武と同じ宮号が用いられたり（『那須国造碑』）、『威奈真人大村墓誌銘』に「後清原聖朝」の天皇と理解されるにいたる。

持統は即位後四年から『浄御原令』の施行・官僚組織の整備に力め、ついで新都の造営に着手した。藤原新宮造営には膨大な労働力と資材が搬入され、その状況の一端が『万葉集』に「藤原の宮の役にたつ民の作れる歌」として残された。造営開始後四年にして持統は藤原宮に遷り住んだ。そして、彼女は藤原宮で崩じたのである。もともと誄が死者への徳行を讃えるものであるから、数ある持統の行績は即位後の新都造営にその集約点が求められる。かくて、大宝三年十二月十七日における葬儀には、後に「藤原宮御宇太上天皇」（『続日本紀』養老六年十二月庚戌条の勅）とも「藤原宮御宇天皇」（同右、宝亀二年二月己酉条）ともみられる様に、又桓武天皇誄から推して「治天下」表現を改めた「藤原宮御宇天皇」使用の誄詞を読まれた可能性がある。

一体、「御宇」表現は『元明天皇陵碑』に「馭宇」と用いられたり〈同用例は『常陸国風土記』に四回姿をみせる〉、記述を変えて同風土記に「所叙」という表現で二回の使用が検出される。『常陸国風土記』にはこの他に同義の表現として、「光宅」・「照臨」が各一例あり、「臨軒」が三例検出される。「照臨」の表現は『日本書紀』に「天地」・「天国」・「天下」と結びついて用いられ、又「照臨」を倒置して「天下」と結びつけた一例、同義の「光臨」が「天位」・「宸極」・「天下」・「億圯」に結合した各一例がみられる。猶、『日本書紀』には「御寓」なる表現もみられる。

ここで、田中卓氏の説に注意したい。田中氏は『住吉大社神代記の研究』の中で、

本書（神代紀）は諡号を記す場合、宮の所在地を上に冠する「御宇」の用字を主とし、更に「所」「知食」の用字を従として、必ず国風諡号によつて統一せられてゐる。

とし、「御宇」の使用については市川寛氏の説「大宝二年以後元明天皇の和銅頃まで及び天平の初期以降に限られている」（「御宇用字考」『国語・国文』三巻六号）を敷衍されて、大宝元年における官名位号の改制と大宝令の完成を考慮して、

「御宇」用字の如きも早く大宝元年に決定してゐたかも知れない。果して然りとすれば、本書の「御宇」用字は恐らく大宝二年八月、本縁起を定めるに際して統一せられたといふ風にも考へられよう。

と「御宇」用字使用について、大宝元年決定の仮説を出された。田中氏の仮説に加うるに市川氏の研究に基づけば、大宝三年の誄詞には「治天下」に代る「御宇」表現句が存在したことは疑えないのである。

これを要するに、持統上皇誄は「藤原宮御宇天皇」の表現句が存在したことを推定する。そして、上皇であった事実を以て平城上皇誄及び淳和上皇誄に共通する表現句「譲国而」の三字が、持統上皇誄の中にも使用されたことをここで推断したい。

又、元明天皇以後の誄には「平城宮御宇天皇」の表現が用いられたことは、上述の説明から考えられようし、「御宇」表現が桓武朝初期まで踏襲されたことは、『続日本紀』の桓武即位の宣命にみえる「掛畏近江大津乃宮爾御宇之天皇云々」の記録により疑えない。更に奈良朝における上皇への誄奉上には「譲国而」三字が加わったことも、ここで

添えておく。

四　奈良朝の誄復元への試み

古来、人間の日常生活の中で最も保守的な要素を残すものは葬儀である。今日、冠婚葬祭の四大儀式を眺めると、冠の変形となった成人式に個々の男女が贅を尽くす風潮がある一方、式典を催す公的機関は若い世代向けに内容を明るくし簡素化の指向をもっている。又、人間一生の晴の儀式と言われる結婚式も無駄な出費を抑える方向に世論が傾いている為、婚の簡素化がよくゆきわたっているようである。最近、筆者の知見した同僚の結婚式は、若いカップルの友人が多数参加した「集い」といった感じで、新郎と新婦の結びつきを媒介として両者の親戚が新たな人間関係を深める厳粛なセレモニーの雰囲気はほんのつけたしといった感が深かった。祭は地域共同体の領域を越えて観光化し大衆のショーとなっている。祭の主体となる地域住民が生活の場を他所に求め、祭と関わりのない外来者が報酬を条件として祭に参加する。そこには、神を禱ぎ斎く神を中心とした共同意識の生活集団は解体しており、祭の実体は質を変え形骸化しつつある。

所が、葬のみは猶依然として旧態の雰囲気を漂わす傾向が強い。所謂、冠・婚・祭の儀式において感情の陽気的要素が幸して男女・肉親・師弟・友人等の人間関係に、挨拶・座席・血縁の度合に一応の順序はあるものの、その順序の手違いがあっても目くじらを立てる人はいない。順序が厳格でないことを理由に、親戚のつき合を止めたとか友達との交わりを断ったとかということを耳にしない。

しかし、こと葬式にあっては焼香の順序・榲の位置・座席・供養等、なかなかうるさいしきたりが温存されている。これは儀式自体に感情の陰気的要素に包まれるということが災しているが為である。即ち、凶礼が他の吉礼と比べて極めて保守的な内容を根強く温存する傾向は、今日にあって否めない事実である。その守旧性の強い凶礼は、古代の身分秩序をうるさく規定した時代では、想像以上のタブーが守られたものと考えられる。それは、葬儀の日程・時間・祭文・参加者の撰定・その座席・供物・調度品に至るまで、細かい式次第等ぎっしりと古来よりの慣習を間違えることなく運用されたとみねばならない。永年培われた凶礼の伝統を変えることは、社会の一大改革でもない限りなかったものと思われる。

例えば、唐代における大葬に活用された謚冊文をみると、高祖以後一定の表現が成立し、

頃者玉芝再産、上玄陰隲、欽承景命、粛事鴻名、既刻元辰、薦彰嘉応。則有卿雲散彩、瑞日重輪、恭惟降鑒、載深兢惕。謹上加尊謚曰、高祖神尭大聖皇帝、伏惟俯鑒虔誠、昭升盛烈、祇奉典冊、伏増感慰。

の哀辞が、謚号を改め四言句の一字を変えるだけで唐末まで踏襲された。

ひるがえってこの唐文化を活用したわが国の場合、謚冊文についての内容は不明である。けれども、嘉礼の釈奠は早くからわが国に伝わり、その祭文は『延喜式』巻二〇大学寮の釈奠文と照応すると、大唐のそれと全く同じ内容をうけついでいた。唐文化の影響の中で凶礼の大喪礼は、漢代以降の柩前即位がうけつがれ、その内容はわが国にも採られている。天武天皇の大喪にみられる誄の奉読も又彼の文化の受容であった。しかし、誄の内容にはわが国独自の歌舞をふまえた儀式を残し、誄文も祝詞調という文学上の伝統ある誄文体とは似つかぬ表現があることで異なっていた。

さて、桓武天皇誄をネガにして、凶礼の保守性に注目し奈良朝葬礼の誄復元を試みるに当たり、大きな特色が一つある。それは持統上皇の葬儀以前と以後において、前者が土葬であるのに対し後者が火葬であるという点が認められる。葬儀にみられる大宝三年の持統上皇の火葬は、奇しくも又『大宝律令』実施という新法制度下の凶礼として、『飛鳥浄御原令』制下のそれと区分されることからも注目すべきである。そこで、持統上皇葬以後桓武天皇葬までの皇室関係者の葬儀にみられる共通点を検討して、奈良朝における葬儀に伴う誄の要素を捉え、誄復元の論拠としたい。

現存する平安朝の誄は、桓武天皇誄に続いて『類聚国史』巻二五、太上天皇及び同巻三五、諒闇、『釈日本紀』巻一三、述義に収める『日本後紀』天長元年秋七月丙辰条の逸文平城上皇誄で、ついで、『続日本後紀』承和七年五月甲申条にみえる淳和上皇誄である。三者は、文体上祝詞調という共通表現をもつと共に、その内容も譲位後の生活地となった宮号（上皇の場合は「譲国而」三字を冠する）と、謚号のみが改められているに過ぎない。この事実は桓武天皇誄が奈良朝の葬礼を踏襲する場合、葬儀に奉上される誄は平安朝の現存誄と同じく宮号と謚号のみを改めたものである、と推定することができる。

次に、平安朝の斎会について眺めると、桓武天皇の場合、初七斎（延暦二十五年三月丁亥）・三七斎（同年四月辛丑）・四七斎（同月戊申）・五七斎（同月乙卯）・六七斎（同月壬戌）・七七斎（同年五月己巳）という風に、二七斎を除いて整然とした仏教行事が行われている。平城上皇の場合、正史の散逸で不明。淳和上皇の場合、初七斎当日京内七箇寺に誦経を実施する記事のみが明らかで、二七斎当日には左右両京の人々に振給するという記事が目につく。この振給が斎会と関連するものとすれば、三七斎以下の記録が正史に欠けるが斎会の実施が平安遷都後の凶礼に共通するものであった、と言える。即ち、皇帝の葬儀は神道色の強い祝詞調の誄を活用する一方で、火葬・斎会という仏教的行事の折衷した内容である共通性が認められる。

次に、平安朝の一次葬・二次葬について眺めると、古代にみられるような長期の殯宮の設営がない。桓武天皇の場合には十三日間の殯宮期間で、平城上皇の場合は二日、淳和上皇の場合僅か一日である。葬の第一段階の崩御から本葬（奉誄と埋葬）までの殯宮期間を第一次葬というが、奉誄と遺体埋葬を一日で終える第二次葬は桓武天皇の場合に七日間・平城上皇で四日間・淳和上皇で五日間というように、やや変則的な姿になっている。従って、平安朝の葬儀は厳密に眺めると、誄謚奉上から火葬・納骨までの第二次葬が、火葬の日を除くそれ以前と火葬当日の二行事に区分されることになる。ということは、第一次葬に続く第二次葬は更に奉誄行事の後火葬当日迄の仮本葬期間が生じ、ついで一日の本葬に分かれた為、仮本葬期間が旧来の殯宮行事と同様の重要性を帯びてくる。いわば、第二次葬が本来の葬儀の第二次・第三次に内容上変化したことになる。従って、従来の殯宮期間に続く仮本葬期間は、遺体の埋葬を行う迄の安置期間となり、後述する淳和上皇の事例から挙哀の義務化が認められる第二殯宮期間に相当する。この第二殯宮期間の成立が、平安朝の葬儀の一特色といえる。第二殯宮期間に行われる詳細の一部は、淳和上皇の例から窺知することができる。『続日本後紀』承和七年五月甲申条によると、参議安倍安仁が後太上皇に誄謚を上った当日、仁明天皇は清涼殿にて遠江の貲布で作製した冠を著け素服に身を正し、哀泣殊に甚しくされた。この時側近に侍る権中納言藤原良房たちが、清涼殿の下で（一斉に）挙哀を行う。一方、右大臣藤原三守は公卿百官と刀禰を引率して、会昌門の前庭において挙哀を行うこと三回、三日間に及んだという。この挙哀行事は、上皇崩御日に太政官から五畿内七道諸国に、

始㆑自㆓九日未四剋㆒、国都官司著㆓素服㆒、於㆓庁前㆒挙哀三日、毎日三度。

という指令と照応するもので、未四剋から催されるものであった。正史にみえる以上のことから、第二殯宮期間は、初日に上皇の遺徳を偲び諡号の公表を誄で以て伝える行事と未四剋から三度挙哀をする全国行事を催し、二日目及び三日目に初日と同様の挙哀行事がしめやかに催される。この挙哀行事は第二殯宮期間の長い桓武天皇の場合、淳和の例から推して火葬の前日もしくは前々日に及ぶ四乃至五日間に亘るものであったろう。これは中央・地方おしなべて同一時刻に一斉に実施された国家行事であった。誄奉上と本葬とが酷似する平城上皇葬の場合も、官人の挙哀に差異があったとは考えられない。従って、淳和の事例から挙哀最終日を迎えたその翌日に火葬の実施となっていることにより、一日後れの挙哀となるため、最終挙哀日は本葬の前日（誄奉上日と一致する）となった可能性が強い。

　では葬儀の華ともいうべき誄の奉上に関して、平安朝の場合にどうであろうか。本葬（火葬）に先立つ誄の奉上は、桓武天皇の場合崩御後十四日目に行われ、火葬はその六日後に行われている。所が、平城・淳和両上皇の場合、本葬

は何れも崩御後六日目に一致しており、誄の奉上は前者で三日目・後者で二日目と一日の相違がある。一体、誄の奉上は桓武天皇の場合、中納言藤原雄友が左右それぞれ五人の誄人を従えて行ったという。

夏四月甲午朔、中納言正三位藤原朝臣雄友、率㆓後誄人㆒。

左方
中納言従三位藤原朝臣内麻呂、
参議従三位坂上大宿禰田村麻呂、
侍従従四位下中臣王、
侍従従四位下大庭王、
参議従四位下藤原朝臣緒嗣。

右方
権中納言従三位藤原朝臣乙叡、
参議従三位紀朝臣勝長、
散位従四位上五百枝王、
参議正四位下藤原朝臣縄主、
従四位下秋篠朝臣安人等㆒。奉㆑誄曰。

引率者の雄友が「後に」誄人を率いるという正史の記載に注意すると、「奉誄曰」は誄人十人の誄奉上を代表する意味と解され、各誄人が誄を奉ったことの簡略表現である。一方、淳和上皇葬の場合、参議安倍安仁のみが誄諡を奉ったとみえるが、桓武天皇の事例から推して「率後誄人」の省略とみられ、やはり左右同数の誄人が安仁と共に奉誄の儀式に参加したものと推定される。この誄人の左右五人という数はどういう所から割出されたものか明らかでないが、天武天皇・多治比嶋・石上麻呂の葬儀に進上する誄に、公卿と百官・太政官と五位已上と六位已下・諸王と諸官等の区別があったことを考えると、左右誄人の筆頭者が中納言の高級官人であり、「公卿の誄」・「百官の誄」をそれぞれ分担し、残る八誄人は各「省の誄」を述べる意味があったのかも知れない。

以上、平安朝における凶礼の内容を知った上で、奈良朝におけるそれを眺めてゆこう。斎会については、平安遷都に近い延暦八年、皇太后紀新笠の葬儀があり、『続日本紀』十二月丙申条の勅には次の様な記事がみえる。

中宮七七御斎、当二来年二月十六日一。宜レ令下二天下諸国々分二寺見僧尼一、奉中為誦経上焉。又毎二七日一、遣二使諸庁一、誦経以追福焉。

即ち、奈良朝において斎会と誦経は不可分の要素となっていることが知られる。この仏教行事は持統上皇の斎会にまで遡ることが可能である。従って、皇室の葬儀に基づく斎会には誦経があったと推定できる。

奈良朝の一次葬について眺めてみるに、皇室関係者におくられた誄奉上事例としては、『続日本紀』によると天平勝宝六年薨の藤原宮子・延暦八年薨の前記紀新笠・延暦九年薨の桓武皇后の三例が挙げられる。しかしどの場合にも、一次葬についての記事は正史に載せられていない。従って、ここでは持統上皇の藤原宮時代の資料が手がかりを与えてくれることになる。持統上皇葬は殯宮が西殿にしつらえられ、一次葬の期間が一年の長期に亘るものであった。その間、官人一同の殯宮参拝があるけれども挙哀の記事はない。斎会の第一回は殯宮の完成する前に四大寺で行われているが、誦経の記事はみられない。年があらたまった大宝三年正月丁卯の二七斎も、大安・薬師・元興・弘福の四寺で実施されたがこれ又誦経のあった記事はない。所が、七七斎に当たる大宝三年二月癸卯には、四大寺を始めとする三十三寺において斎会がみられ、三月辛未の七一斎に及んで四大寺において『大般若経』を読んだ記録が出てくる。平安朝と違って殯宮期間が長い一次葬にあって、初七斎から七一斎・百日斎が催されるのは、天武天皇葬の影響をうけているものであり、奈良朝の一次葬とは異なるものである。古代の凶礼色の濃い殯宮期間が何時頃から短縮されたかは明らかでないが、一つの目安となるのは「三宝の奴」宣言をした聖武天皇の仏教帰依に求められる。従って、天平年間に入って一次葬の短縮化が進んだものとみてよいのではあるまいか。

では奈良朝の二次葬はどうであろうか。持統上皇の場合、大宝三年十二月癸酉にかつて天武天皇の本葬で皇祖等の騰極次第を誄した従四位上当麻智徳が、ありし日の大葬儀にまねて諸王・諸臣を率いて誄を奉ったという。これは、平安朝の如く左右同数の誄人を引率するという精選された葬儀内容と異なる。この時の葬礼は、天武天皇葬の際に壬生事・諸王事・宮内事等を代表する誄の奉上をうけつぐもので、前代の「国造の誄」・「蝦夷の誄」等を含む奉誄形式を踏襲するものであった。恐らく、

崩御した天皇自身のことと、その諸政策などを讃辞し、かつ、その天皇との関係における各氏族（群臣）の歴史を語るものがあったかもしれない。

（安井良三「天武天皇の葬礼考」『日本書紀研究』第一冊所収、塙書房・昭和四十四年刊）

も、正五位下の路大人が「公卿の誄」を奉り従七位下の下毛野石代が「百官の誄」を奉った中に活かされ、更に十六年後の養老元年三月癸卯に薨じた左大臣石上麻呂の葬儀に際しても、右少弁の上毛野広人が「太政官の誄」を奉り、式部少輔穂積老が「五位已上の誄」を奉り、兵部大丞当麻東人が「六位已下の誄」を奉った中に活かされている。このように古い体質を残す凶礼は、『養老令』成立後の延暦八年に行われた皇太后紀新笠葬になると、その様相を改めてくる。即ち、中納言正三位藤原小黒麻呂が誄人を率いて奉誄したこと、翌九年の桓武皇后葬でも参議左大弁正四位上紀古佐美が誄人を率いて奉誄したという記事になる。ここで、誄人引率者の官位が高くなっていることが知られる。と同時に、両葬儀の第一次葬期間を眺めると、前者が十六日間で後者が十八日間と大差なく、本葬（火葬）は前者が奉誄の翌日で後者が当日という風に平安朝の葬儀に似通ってくる。ということは、奈良朝末の延暦年間には、平安朝の葬礼に落着いていることが知られる。

奉誄には官人の身分位階に基づく誄の奉献といった旧態から脱皮した誄人（左右同数か）によって行われ、一次葬期間が短く且つ奉誄日と火葬が接近するという実体、この様な平安朝的な特色は、実は天平年間に定着した様である。

即ち、この推測を裏づけるのが天平勝宝六年における太皇太后藤原宮子の葬儀である。宮子の葬儀は、一次葬期間が十五日で二次葬の奉誄日八月丁卯には、正四位下安宿王が誄人を率いて誄謚を奉り、その日のうちに火葬に付している。これは一次葬の期間に三日の差はあるが、延暦九年の桓武皇后葬と二次葬に関して全く軌を一にし、その歴史は持統上皇葬にまで遡るのである。そして、持統上皇葬にまで遡るもう一つの特色は、皇太后紀新笠の薨に伴い周忌御斎司の設置をみていることである。周忌斎会が早く持統上皇の場合に百日会の姿で整備されている点を考勘すると、御斎司の成立は大宝二年十二月甲寅の持統上皇崩御直後と推断される。

猶、本葬でやや趣を異にする事例として、淳和上皇の風葬がある。正史によれば淳和上皇は臨終に際し、皇太子恒貞親王に没後の骨を砕いて山中に撒くことを遺言して崩ずる。遺言に基づき遺骨は火葬後粉砕され大原野の西山の嶺上において撒かれた。

かくみてきた所によると、持統上皇以後の葬儀の検討から次の様に要約ができる。

(1)　周忌御斎司は、持統上皇崩御後に設置され、平安朝に葬礼の一貫として継がれた。

(2)　一次葬の殯宮期間は、持統上皇葬以後天平頃までに徐々に短くなり、山陵の築造とも関連するが大体十六七日前後となり、平安朝になって有名無実化する。

(3)　持統上皇葬を前例とする二次葬の奉誄と火葬の日は、奈良朝には同日か一日のズレをもっているが、平安朝になって六日乃至三日の差をもつ所謂「第二殯宮期間」が生じる。

(4)　誄の奉献は、飛鳥浄御原令時代の影響が養老年間まで残り、その後天平年間に精選された誄人の活動内容となり、平安朝に踏襲された。

むすび

当面する誄復元の素材となる以上の要約は、奈良朝の凶礼が天平年間を軸として整備され、保守的な内容が改められたらしいことが知られた。平安朝に入ってみられる「第二殯宮期間」は、誄の奉上と埋葬を同日に一致させるという中国古来よりの伝統を崩すものであるが、誄そのものに何らの変改を求める要素となるものではない。従って、葬儀で活用される誄文の骨子は、精選された誄人の活動する天平勝宝年間以後改められることなく平安朝にも継受されたものと考えられる。この推定に大過なしとすれば、奈良朝の太皇太后藤原宮子・皇太后紀新笠・桓武皇后におくられる誄は、その内容が桓武天皇誄と大差ないものと言えよう。そして、ここにその復元される三皇后の誄は、次に示す内容の如くであったと思われる。更に遡ることができるならば、持統上皇誄の骨子も復元されるのではあるまいか。

復元太皇太后藤原宮子誄

畏哉
平城宮爾御宇志太皇太后乃
御名事袁
恐牟恐母誄白
臣末
畏哉
太皇太后乃
天地乃共長久日月乃共遠久
所白将去御謚止
称白久
千尋葛藤高知天宮姫之尊止

復元皇太后紀新笠誄

畏哉
平城宮爾御宇志皇太后乃
御名事袁
恐牟恐母誄白
臣末
畏哉
皇太后乃
天地乃共長久日月乃共遠久
所白将去御謚止
称白久
天高知日之子姫尊止

復元桓武皇后誄

畏哉
平城宮爾御宇志皇后乃
御名事袁
恐牟恐母誄白
臣末
畏哉
皇后乃
天地乃共長久日月乃共遠久
所白将去御謚止
称白久
天之高藤広宗照姫之尊止

平城太上皇誄（日本後紀逸文）	畏哉 譲国而平城宮尓御坐志天皇乃 天都日嗣乃御名事遠 恐牟恐母誄白 臣末 畏哉 日本根子天皇乃 天地乃共長久日月乃共遠久 所白将去御謚止 称白久 日本根子天推国高彦尊止 称白久止 恐牟恐母誄白 臣末	称白久止 恐牟恐母誄白 臣末
淳和太上皇誄（続日本後紀）	畏哉 譲国而御坐志天皇乃 天津日嗣乃御名乃事乎 恐牟恐母誄白 臣末 畏哉 日本根子天皇乃 天地乃共長久日月乃共遠久 所白将往御謚止 称白久 日本根子天高譲弥遠尊止 称白久止 恐牟恐母誄白 臣末	称白久止 恐牟恐母誄白 臣末
復元持統太上皇誄	畏哉 譲国而藤原宮爾御宇志天皇乃 天都日嗣乃御名乃事乎 恐牟恐母誄白 臣末 畏哉 日本根子天皇乃 天地乃共長久日月乃共遠久 所白将去御謚止 称白久 大倭根子高天原広野姫尊止 称白久止 恐牟恐母誄白 臣末	称白久止 恐牟恐母誄白 臣末

第二節　空也上人誄の校訂と私見

一　校訂・空也上人誄并序

凡　例

一　この校訂本は、名古屋市真福寺蔵本『空也誄』（『大日本史料』第一編之一四照合）を底本として作製した。
二　本文の字体は概ね現行の字体に改め、句点は私見によって施した。
三　各行の算用数字は本文引用の便宜上から用いた。
四　校訂に用いた諸本は、次のように略称した。
（底）　真福寺本『空也誄』
（群）　続群書類従本『空也誄』
（縁）　図書寮叢刊九条家旧蔵本『六波羅密寺縁起』
（極）　群書類従本『日本往生極楽記』
（略）　群書類従本『明匠略伝』

1 空也上人(1)誄(2)一首并序　　国子学生源為憲
2 惟(1)天禄三年九月十一日(2)、空也上人、没于東山西光寺。嗚呼哀

---

1 (1)上人—諸本ナシ。序文により補う。
(2)一首—底・群「□」。群「一巻カ」と傍書。私見による。
2 (1)天禄三年九月—底・群ともに「□□」。群「天禄三年九月カ」と傍書。

縁により補う。
（2）日―群「月」。底による。

3
（1）上人―縁「抑上人」につくる。極「沙門弘也」。
（2）顕―極「言」。
（3）無―縁「不」。極「無説郷土」を「亡命在世」につくる。
（4）有識者或云―極「或云」。縁「人以為」。
（5）其先出皇派焉―縁「皇流、世以為権化」。極「出自潢流」につくる。

4
（1）為人―縁「衣有香気、身」につくる。
（2）人試の間―群「或」字あり。
（3）其懐中―縁「于其懐」。
（4）臾―底・群ナシ。底「臾歟」と傍書。群「須臾歟」と傍書。
（5）無之―縁「見之忽兮無」につくる。
（6）少壮之日―縁「壮歯之時」。

5
（1）以優婆塞―縁「在俗之間」につくる。
（2）婆―底・群「八」。私見により改める。
（3）歴―縁「暦」。
（4）畿―縁「機」。
（5）霊―縁「雲」。
（6）若―縁ナシ。若～艱―極「過嶮路即鏟之」につくる。
（7）艱―縁「岨」。
（8）預～頓―縁・極ナシ。

6
（1）乃―縁ナシ。
（2）石面―縁「巌石」。
（3）而～脈―極「当無橋亦造之」につくる。
（4）而投杖―縁「臨江渠之泥水」につくる。
（5）決水脈―縁「亘橋梁」。

7
（1）毎―群「□」。毎～骸―縁「遺骸収拾」につくる。
（2）一処―縁ナシ。
（3）灌―縁「雀」。

3
哉。(1)上人不(2)顕父母、(3)無説郷土。(4)有識者或云、(5)其先出皇派焉。

4
(1)為人無虱。(2)人試以数十虱、(3)入其懐中、須(4)臾(5)無之。(6)少壮之日、

5
(1)以優(2)婆塞、(3)歴五(4)畿七道、遊名山(5)霊窟。(6)若観道路之嶮(7)艱、(8)預歎

6
人馬之疲頓、(1)乃荷鍤以鏟(2)石面、(3)(4)而投杖以(5)決水脈。曠野古原、

7
(1)毎有委骸、堆之(2)一処、(3)灌油(4)而焼、(5)(6)唱阿弥陀仏名焉(7)。春秋廿(8)有

(4)而焼—縁「灯之」。
(5)唱—群「留」。
(6)阿弥陀仏名—縁「弥陀名号」。
(7)焉—縁「廻向焉、以仏語法音教化矣」につくる。
(8)廿—縁「二十」。

8
(1)張—縁「州」。
(2)国—底「々」。縁ナシ。
(3)遂—底・群ナシ。縁による。
(4)落—縁「除」。
(5)空〜也—縁「自称曰空也」につくる。

9
(1)播—縁「幡」。
(2)保—極「穂」。
(3)有—極・縁ナシ。
(4)寺有—底・群「□」。極・縁「有」。
(5)住—底・群「注」。住彼—縁「往而」。極ナシ。
(6)道場—底・群・縁・極ナシ。略による。
(7)披閲数年—底・群ナシ。極「数年披閲」。縁「披閲」。略による。

10
(1)若有凝滞—底・群ナシ。極「若有難義者」。縁「料簡之義理」。略による。
(2)夢有金人—底・群・縁ナシ。極・略による。
(3)常—底・群ナシ。縁「料簡之義理」。
(4)教文義—極「教之」。縁「自通顕」。
(5)覚後—縁・極ナシ。
(6)問〜倫—底「問知行□□」。群ナシ。極ナシ。縁「談智行之徒」につくる。
(7)倫—略「論」。

11
(1)果而如夢—群「果□如夢」。極・縁ナシ。
(2)波—底「婆」。
(3)国—底・群・極・略「州」。縁による。
(4)海中—極「之間」

---

8 余、於尾張(1)国(2)国分寺、遂(3)剃落(4)鬢髪、空(5)也者、自称之沙弥名也。

9 播(1)磨国揖保(2)郡、有(3)峯合寺。寺有(4)一切経論。上人住(5)彼道(6)場、披(7)

10 閲数年、若(1)有凝滞、夢(2)有金人、常(3)(4)教文義。覚(5)後問(6)知行之倫(7)、

11 果(1)而如夢。阿波(2)土佐両国(3)(4)海中、有(5)(6)湯嶋矣(7)。(8)地勢霊奇、天然幽

(5)有―極「有島曰」につくる。
(6)湯―縁「霊」。略「陽」。
(7)矣―縁「俗称日陽嶋」。
(8)地勢～幽邃―縁・極ナシ。

12
(1)人伝―底・群「伝」。縁「伝聞」。極・略により補う。
(2)有―縁ナシ。
(3)世―極・縁ナシ。
(4)菩薩像―略「菩薩」。極「像」。縁「丈六」。
(5)焉上の間―縁「之窟也」の三字あり。
(6)人為の間―縁「面」の一字あり。
(7)詣彼の間―縁「于」の一字あり。

13
(1)恭―略「発」。
(2)練―縁「苦」。
(3)行終の間―縁「雖運月苦行、雖運観念」の九字あり。
(4)爰～像―縁「弥以中絶粒」につくる。

14
(1)一七日―縁「七日七」につくる。
(2)眠―縁「睡」につくる。
(3)最後之夜―極ナシ。
(4)夜所の間―縁「深更之時」の四字あり。所向―極ナシ。
(5)放微妙光―極「新放光明」につくる。
(6)瞑―極「閇」。縁「閉」。

15
(1)不瞑無―縁「開目不」。
(2)於是―極ナシ。以下同じ。縁「其」につくる。
(3)之腕―底「一腕」につくる。略により「之」とする。縁「之痕」につくる。
(4)燋痕猶遺―縁「腕上猶在」につくる。
(5)自以為―略ナシ。以下同じ。縁「又上人常思」の五字につくる。

16
(1)蛮夷―縁「国者因果撥无」につくる。
(2)罕到法音―縁ナシ。

---

12 邃。人伝(1)有(2)観世(3)音菩薩像(4)、霊験掲焉。(5)上人(6)為値観音、故詣(7)彼

13 嶋。六時恭(1)敬、数月練(2)行、(3)終無所見。爰(4)絶粒向像、腕上焼香、

14 一七日(1)夜、不動不眠(2)。最後之夜(3)、(4)所向尊像、放微妙光(5)。瞑(6)目

15 則見、不瞑無(1)見。於是(2)焼香之腕(3)、燋痕猶遺(4)。自以為(5)、陸奥出

16 羽、蛮夷(1)之地、仏教罕到(2)、法音希有。背(3)負仏(4)、担(5)経論。出此

17 中花之月、入彼東夷之雲、吹大法螺、説[1]微妙法。是[2]以[3]島夷之[4]
18 俗[1]、鳥合帰真。天慶元年以来、還在長安。其[2]始也[3]市居[4]、隠跡
19 乞食、若有所得、[1][2]皆作仏[3]事、[4][5][6]復与貧□患。故[7]俗号市聖[8]。又尋[9]
20 常時、[1][2]称南無阿弥陀仏、間[3]不容髪、天[4]下亦呼、為阿弥陀聖[5]。
21 於[1]是東西二京、所[2]無水処鑿[3]井焉。今[4]往往号、[5][6]為阿弥陀井是[7]也。

---

(3)背—縁「之境也上人」につくる。
(4)仏の下—縁「像」あり。
(5)担〜大の十七字—底・群「□」。縁により補う。

17 (1)説微—底「説□」。群「□」。縁により補う。
(2)是以—縁ナシ。
(3)島—縁「鳥」。
(4)之—群「□」。

18 (1)俗〜還—底・群「□」。縁により補う。
(2)其始—底「□始」。群「□殆」。縁による。
(3)也—縁ナシ。
(4)居—縁「中」につくる。居〜若—底・群等「□」。極「或住」。縁により補う。

19 (1)得皆の間—縁「自在不誤用」の五字あり。
(2)皆—群「□」。極ナシ。
(3)仏—群ナシ。
(4)復—極「又」。縁「兼」。
(5)与—縁「施」。与〜俗の六字、極ナシ。
(6)貧□患—群「□患」。縁「貧病」。
(7)故俗号—底・群「□」。縁「故俗呼号云」を参考にして補う。
(8)聖—縁「聖人」につくる。
(9)尋常時—縁ナシ。

20 (1)称—極「口常唱」につくる。
(2)南無阿弥陀仏—極「弥陀仏」。南〜呼の十四字—縁ナシ。
(3)間不容髪—極「故」。
(4)天下亦呼為—極「号」。
(5)聖—縁「聖人」につくる。

21 (1)於是—縁ナシ。於〜京—極ナシ。

（2）所無水処―縁「无水之処」。極「見無井則」。
（3）鑿井焉―縁「鑿井引水」。極「掘之」。極の「見〜之」の六字は、6行の注、「当無橋亦造之」の後に続く。
（4）今往々―極・縁ナシ。
（5）為―極「曰」。縁「之」。
（6）阿―縁ナシ。
（7）是也―極ナシ。縁「住往今存」。

22
（1）其年―縁「又」。
（2）都―底・群「郡」。縁による。
（3）卒―底・群「窣」。縁「率」。
（4）堵―縁「都」。
（5）尊像〜鳴風―縁「露盤之元、赫奕映望、風鐸之響、銼鏘驚」につくる。

23
（1）若干囚―縁「聴生」。
（2）垂涙〜法音―縁「結滅罪之因」。
（3）善哉―縁「死因悉」。

24
（1）因焉―縁「便」。
（2）北―群「水」。
（3）邁―縁「老」。

25
（1）問訊―縁「許之」。
（2）中―縁「底」。
（3）随其所欲―縁「市中求食」につくる。
（4）而与之―縁「随其情欲」。
（5）二月―底・群「□」。縁「二月」により補う。

26
（1）病女蘇息―縁「平復如旧」。
（2）爰婦人―底「□」。群「爰□」。縁「此時婦人」。群・縁によりつくる。
（3）反覆―縁「悩乱」。
（4）何情哉―縁「有何所思哉」につくる。
（5）人―底・群ナシ。縁により補う。

27
（1）曰―底・群ナシ。縁「云」。私見により補う。

---

22 其（1）年東都（2）囚門、建卒（3）堵（4）婆一基。尊（5）像眩燿兮満月、宝鐸錚鏦兮

23 鳴風。若（1）干囚徒、皆垂（2）涙曰、不図瞻尊容聴法音、善（3）哉得抜苦

24 之因（1）焉。昔神泉苑北（2）門外、有一病女。年邁（3）色衰。上人愍念、

25 晨昏問（1）訊、袖中（2）提筐、随（3）其所欲、自買葷腥。而（4）与之養育、二（5）月

26 病（1）女蘇息。爰（2）婦人反（3）覆、似不能言。上人語曰、何（4）情哉。婦人（5）

27 答曰（1）、精気懵（2）塞、羨（3）得交接。上人食（4）頃思慮、遂有心（5）許之色。

(2)懺塞—底・群「□」。縁「撥」、私見により補う。
(3)羨得交接—縁「唯思交会」。
(4)食頃—群「食須」。縁ナシ。
(5)心許之—縁「汚」。

28
(1)曰—群「□」。縁「云」。
(2)上〜聖—縁「聖是大道心之上」につくる。
(3)也—底・群ナシ。縁により補う。也急の間—縁「此言未訖忽然」の六字あり。
(4)急—群「□」。縁「便」。
(5)見—群「□」。

29
(1)忽然又滅—縁「亦以无之」。
(2)始の上—縁「便知文殊等菩薩来試上人之心行也又」の十六字あり。
(3)祝—群「視」。縁「祈」。
(4)陀—略「勒」。
(5)如来—縁「仏」。
(6)来所—縁ナシ。
(7)之土—略「定土」。縁「之」。

30
(1)到—群「至」。
(2)界—略ナシ。
(3)華—縁・略「花」。
(4)上—縁「台」。
(5)与経説同—縁「如経広説」につくる。
(6)喜—縁ナシ。

31
(1)乃—略・群「即」。
(2)誦—縁「詠一歌」。
(3)曰—略「云」。
(4)胡〜狸—縁「古久良久波々留介吱保止々岐々志加止津止女天伊多留止古呂奈利介里」。略「極楽ハ遥ケキ程ト聞シカトツトメテ到所ナリケリ」。
(5)波—群「者」。

28
病女歎曰(1)、吾是神泉苑老狐、上(2)人者真聖人也。(3)急(4)不見(5)、所臥

29
薦席、忽(1)然又滅。(2)始(3)祝本尊弥陀(4)如(5)来、欲見当来(6)所生之(7)土、其

30
夜夢、到(1)極楽界(2)、坐蓮華(3)上(4)。国土荘厳、与(5)経説同。覚後随喜(6)、

31
乃(1)誦(2)曰(3)、胡(4)矩羅苦波(5)　巴流気騎宝登途　熙喜芝可怒　都砥馬

32
(1)聞者称歎―縁「人皆聞此言華、多以為口実矣」につくる。
(2)知識―底「知□」。群「□」。

33
(1)図絵―群「□」。
(2)幀―底「棹」。一棹―縁ナシ。
(3)身阿の間―縁「像一損」の三字あり。
(4)陀落山浄土―底「陀□」。群「□」。

34
(1)鋪―縁「補」。
(2)荘厳―底・群「□」。縁により補う。
(3)成―縁「甫就」。
(4)養畢の間―縁「已」の一字あり。
(5)天～四―底「□」。群「□」。縁により補う。群「天暦」以下「康保末年」までの部分を後の「慨然変色のあとに記す。
(6)従―群「後」。
(7)法印和尚位―略ナシ。

35
(1)僧正感―底「僧□感」。群「□」。縁「僧正咸」。
(2)行―群「□」。
(3)推―縁「観」。

36
(1)受―縁「授」。
(2)縁―底「牒」。右に「縁」と傍書。
(3)文―群「交」。
(4)然不の間―縁「而」あり。
(5)沙弥之―略「弥陀之」。縁「本」。
(6)名五の間―縁「尚称空也同」の五字あり。略「天暦」の二字あり。
(7)勧貴賤―縁ナシ。

37
(1)唱知識―略ナシ。
(2)造金の間―縁「顕」あり。
(3)一躰―縁ナシ。略「一躯」。
(4)六尺～西光寺―略ナシ。
(5)帝尺―底「尺帝」。

38
(1)写―縁「書写」。

---

32 田夷陀留　奴古魯難犂間狸。聞者称歎(1)。天慶七年夏、唱善知(2)

33 識、図絵(1)一幀(2)観音卅三身阿弥陀浄土変(3)一鋪・補陀落山浄土一(4)

34 鋪(1)、荘(2)厳成(3)供養畢(4)。天暦二年夏四月、登天台山(5)。従(6)座主僧正法(7)

35 印和尚位延昌、師事之。僧正感(1)其行(2)相、推(3)令得度。登戒壇院、

36 受(1)大乗戒。度縁(2)文(3)名注光勝。然不(4)改沙弥之名(5)。(6)五年秋、勧(7)貴

37 賤、唱(1)知識、造(2)金色一丈観音像一躰(3)・六尺(4)梵王・帝尺(5)・四天

38 王像各一躰。今在西光寺。写(1)金泥(2)大般若経一部六百巻。今在(3)

(2)泥—縁「字」。
(3)今〜塔院—略ナシ。

39
(1)勝—縁「清」。
(2)院水の間—縁「矣其」の二字あり。
(3)者〜前身歟(47行目)—略ナシ。
(4)土俗〜研金—縁「輙所」につくる。
(5)淑—底・群「沈」。私見により改める。

40
(1)其軸—縁「也、上人」。
(2)白観音言—縁「祈請観音」につくる。
(3)水精〜竟—縁「其」につくる。
(4)又—底・群「又」。私見により改める。

41
(1)去夜の間—縁「之」あり。
(2)勝—群「□」。
(3)持—縁ナシ。
(4)之—底・群「其」。縁による。
(5)其—底・群ナシ。縁による。
(6)如来不—縁「仏者元来」につくる。

42
(1)往—群「法」。
(2)詣上の間—縁「亦求何願乎」の五字あり。
(3)上人—群ナシ。
(4)曰—縁「云」。
(5)霊鷲山—縁「耆闍崛」につくる。
(6)機縁—底・群「□」。縁「幾像」につくる。私見により補う。

43
(1)在の下—縁「非无証拠」の四字あり。
(2)住持—群「独住」。住持〜上人曰—縁ナシ。
(3)人曰為—群「□」。人—底「□」。
(4)為の上—縁「吾有大願」の四字あり。

44
(1)営—縁「求」。
(2)軸僧の間—縁「為為祈止事共以参詣」の九字あり。
(3)云—底・群ナシ。縁により補う。
(4)昔—縁「予」。

勝(1)水寺塔院。(2)水精軸者、(3)土(4)俗所造不淑。(5)爰上人、染紙研金、難得其(1)軸。詣和州長谷寺、白(2)観音言、水精(3)軸、願与仏又。(4)言竟帰去。(1)夜宿添上郡勝(2)部寺住持(3)僧之房。(4)其(5)僧問云、如(6)来不住、何必往(1)詣。(2)(3)上人答(4)曰、尺迦在霊(5)鷲山、観音住補陀落、仏之機(6)縁、地之相応、自昔而在。(1)(2)住持曰、聖蓋求何事。上人(3)曰、(4)為餝大般若経、営(1)水精軸。(2)僧答云、(3)昔(4)聞(5)於故老、建立此(6)寺(7)之本

(5)於故―縁「古」。
(6)此―底・群「□」。縁による。
(7)之―縁ナシ。
45
(1)字書―縁「書写」。
(2)只蓄―縁「畜其」。
(3)逮―縁「遂」。
(4)命終之―縁「及命終」につくる。
46
(1)埋之―縁「以埋」。
(2)中―縁「壌」。
(3)誓言―縁「即発願云」。
(4)不知～前身歟―縁「云々」。
47
(1)共～而―略「自土中堀出感」につくる。縁「三料知上人歓喜深滅而」につくる。
48
(1)堀―群「掘」。
(2)得之―縁「去」。
(3)既而～為卿師―略ナシ。
(4)金字の間―縁「之」あり。
(5)水精軸―縁「水精之軸」とし紙雲の間にあり。
(6)紺瑠の間―縁「之」あり。
(7)璃紙の間―縁「之」あり。
49
(1)帙焉―縁「之帙」。
(2)焉十の間―縁「自天暦四年至応和三年経暦」の十二字あり。
(3)来―縁「通計五千日、繕写」につくる。
(4)力甫就―縁「終荘校已成」につくる。
(5)応和三―縁「同」。
(6)月の下―縁「二十二日」の四字あり。
(7)恭敬―縁「機盛時臻」につくる。
(8)為広～随喜―縁「始展右金吾員外次将三善道統書其願文、人伝而在不能具載」につくる。
(9)広―群「□」。
50
(1)王城の上―縁「当于斯時」の四字あり。又「王」を「凰」につくる。

---

45 主、発以金泥(1)字書大般若経之願。且(2)只蓄軸、不(3)逮其経。(4)命終
46 之時、納於石函、(1)埋之土(2)中、(3)誓言、我得人身、当書此経。(4)不
47 知上人者、願主之後身歟、又不知願主者、上人之前身歟。(1)共
48 (1)堀其地、果而(2)得之。(3)既而紫磨金(4)字・(5)水精軸・紺(6)瑠(7)璃紙・雲母
49 (1)帙焉。(2)十四年(3)来、(4)功力甫就。(5)応和三年八月、(6)(7)恭敬供養、(8)為広(9)
50 集会、普令随喜、(1)王城巽、(2)鴨川(3)西、(4)(5)卜荒原造宝殿。(6)前写(7)白

（2）巽鴨の間—縁「角」あり。
（3）川—縁「河」。
（4）西の下—縁「頭」あり。
（5）卜荒原—縁「新払砂塌已」につくる。
（6）殿—群「□」。
（7）写白露—縁「則提路鳥」につくる。

51
（1）浪—縁「波」。
（2）模—縁「則写」。
（3）苑—縁ナシ。
（4）風—縁「凰」につくる。
（5）於是—縁ナシ。
（6）士庶—縁「緇素」につくる。
（7）冠—底ナシ。縁「軒」。私見による。
（8）羅—群「□」。

52
（1）之舟—縁ナシ。
（2）迭運—底「迭□」。群「□」。縁「造匠」。私見により「運」を補う。
（3）之曲—縁ナシ。
（4）以—縁「而」につくる。
（5）凡〜喔—縁ナシ。

53
（1）喔—群「屈」。
（2）口—縁ナシ。
（3）為其会衆—縁「被三衣而鴈列」につくる。
（4）少飯中—縁「小中飯」。
（5）労—縁ナシ。

54
（1）味八の間—縁「而鳩集此中」の五字あり。
（2）在—縁「列」。
（3）中焉—縁「座」。
（4）爰—縁「于時」。
（5）丘来の間—縁「成郡而」の三字あり。
（6）此会者—縁「推其太疑」につくる。

55
（1）数—縁「計」。
（2）浄蔵〜驚矣—縁「見一比丘変躰大驚」

---

51 露池之浪(1)、後模(2)竹林苑(3)之風(4)。於(5)是士庶(6)雲集、冠(7)蓋星羅(8)。龍頭

52 鷁首之(1)舟、載経典而迭(2)運、翠管朱絃之(3)曲、讃仏乗以(4)代奏。凡(5)

53 天下之壮観焉。喔(1)六百口(2)耆徳、為(3)其会衆、少(4)飯中食、労(5)備百

54 味。(1)八坂寺浄蔵大徳、在(2)其中(3)焉。爰(4)乞食比丘、(5)来此(6)会者、以

55 百数(1)之。浄(2)蔵見一比丘大驚矣。(3)浄蔵者、(4)善(5)相公第八(6)(7)之子、善(8)

56 相人焉(1)。見(2)比丘状(3)貌、再(4)重敬之、引入(5)坐上座、無(6)所詘。浄蔵

57 便与所得之一鉢、以(1)食矣。比(2)丘不言食之、其飯可(3)三四斗。(4)(5)重

58 又与(1)飯、亦(2)食之。浄蔵冥(3)尔謝遣。比丘去後、所尽(4)飯如故(5)在焉。

59 浄蔵相(1)曰、(2)文殊感空(3)也之行(4)也。康保末年、(5)(6)西光寺北門、有(7)蛇

につくり、「善相人」の後に記す。
(3)浄蔵者の上─縁「所謂」の二字あり。
(4)蔵者の間─略「大法師」の三字あり。
(5)善相公─略「俗姓三善朝臣右京人也、父参議従四位上宮内卿」につくる。
(6)八─底・郡「九」。縁による。
(7)之子─略「子也」。善相～卿師（64行目）─略ナシ。
(8)善─縁「能以」。

56
(1)焉─縁「矣」。
(2)見比の間─縁「一」あり。
(3)状貌─縁「変躰」につくる。
(4)再─底「林」。再重敬之─縁「大驚」。
(5)入坐─縁「之」。
(6)無所～得之─縁「与已」。

57
(1)以食矣─縁ナシ。
(2)比丘～食之─縁「比丘不言飡食已書」につくり、「三四斗」の後に記す。
(3)可─縁ナシ。
(4)斗の後─縁「比丘」の間に「其膳十余種」の五字あり。
(5)重又─縁「更」。

58
(1)与飯の間─縁「他」あり。
(2)亦食之─縁「又書比丘即欲去」につくる。
(3)冥尔謝遣─縁「相従送之忽然之間不知所在」につくる。
(4)尽─縁「書之」。
(5)故在焉─縁「本而在」。

59
(1)相─縁「謂」。
(2)曰文の間─縁「大聖」の二字あり。
(3)空也─縁「上人」。
(4)行也─縁「善所化来也者同列衆僧悔過自責又」につくる。
(5)年西の間─縁「日」あり。

60
呑蛙、蛙[1]大蛇[2]口。時[3]童撥石[4]打擲[5]、不[6]敢捨去。上人此[7]顧合掌、

61
誦[1]曰、毒獣毒龍、毒虫之類、聞錫杖声、[2]発菩[3]提心。[4]然後振[5]錫

62
杖二[1]三声。蛇翹首[2]聴聞[3]、形[4]似思惟。遂開[5]喉舌、以吐之[6]。蛇[7]蛙[8]

63
相離、東行西去。[1]大納言正三位[2]陸奥[3]出羽按察使藤原卿[4]、諱[5]師

64
氏、与上人[1]有二世之[2]契。権[3]律師法橋上人位余慶、[4][5]後為卿[6]師。

---

(6)西光寺―底「西□」。群「□」。縁による。
(7)有―底・群ナシ。縁による。

60
(1)々大の間―縁「腹已」の二字あり。
(2)蛇―底・群「破」。縁による。
(3)時―縁「是狭児」。
(4)撥石―底・群「傖□」。縁「投石」。私見により改める。
(5)打擲―縁ナシ。
(6)不～上人―底・群「□」。縁による。
(7)此―底「北」。群による。此顧合掌、縁「擎錫杖」につくる。

61
(1)誦曰―底「□曰」。群「□」。縁による。
(2)声発の間―縁「摧伏毒害」の四字あり。
(3)菩提―底「井」。
(4)心然の間―縁「云々」の二字あり。
(5)振錫杖―群「錫杖振」。

62
(1)二三―縁「両」。
(2)首―縁「頸」。
(3)聞―縁「之」。
(4)形似―縁「似有」。
(5)開喉舌以―縁ナシ。
(6)之―縁「蛙而」。
(7)蛇～西―縁ナシ。
(8)蛙―底ナシ。私見による。

63
(1)去大の間―縁「又貞信公男」の五字あり。
(2)位陸の間―縁「皇太子傅」の四字あり。
(3)出羽―底・群「州」。
(4)原卿の間―縁「師」あり。
(5)諱師氏―底・群「諱師成」。縁ナシ。

64
(1)人有の間―縁「又」あり。
(2)之―縁ナシ。
(3)権～上人位―縁「天台座主」につくる。

（4）慶後の間―縁「僧正為権律師之時」の八字あり。
（5）後―群「援」。
（6）卿師―縁「其師壇」。

65
（1）月卿の間―縁「十四日」の三字あり。略「大納言師氏」の五字あり。
（2）薨の下―縁「焉」あり。
（3）葬―底・群「死」。略「葬斂」。
（4）于―縁「之」。
（5）之阿―縁ナシ。群「□阿」。
（6）操紙―縁ナシ。群「□紙」。
（7）牒―縁「副衣書」につくる。

66
（1）王―略ナシ。
（2）云―縁ナシ。
（3）部―縁「浮」につくる。
（4）某甲―縁「藤原師氏」。

67
（1）先―群、「兂」。
（2）閻王―底「魔王」。群「□」。略・縁による。
（3）王知の間―群「已」あり。
（4）加―底・群ナシ。略・縁による。
（5）使―縁「即」につくる。
（6）迎―略「近」。縁「於」。

68
（1）而―縁「前」。
（2）訖以火焼―縁ナシ。
（3）者―縁「人」。
（4）慨然変色―縁「皆以慨然」につくる。
（5）西京～春秋（72行目）―略ナシ。縁「西」の上に「又」あり。

69
（1）前―極ナシ。
（2）従五位上―極ナシ。
（3）朝臣―極・縁ナシ。
（4）前妻―極「旧室」。
（5）弥陀―極ナシ。
（6）仏―縁「行」。

---

65 天禄元年七月(1)、卿薨(2)、葬(3)于(4)東山之阿(5)。上人操(6)紙染筆、牒(7)送閻

66 羅王(1)宮云(2)、瞻部(3)州日本国大納言某甲(4)者、空也之檀越也。生死

67 有限、先(1)赴冥途。閻(2)王知(3)状、以加(4)優恤。使(5)権律師余慶、迎(6)棺

68 槨而(1)読之。訖(2)以火焼、送喪之者(3)、慨(4)然変色。西(5)京有一老尼。

69 前(1)大和介従(2)五位上伴朝(3)臣典職之前(4)妻也。念弥(5)陀仏(6)、一(7)生不(8)退。

70 与上人(1)有情好、(2)迭称善友。(3)頃者、上人(4)納衣一領、令(5)尼縫(6)之。

71 (1)上人欲滅之朝、尼(2)賷此衣。(3)命(4)婢曰、(5)吾(6)師今日可(7)終、(8)咄汝(9)速授。

72 (1)衝黒、婢(2)帰(3)報以滅度。尼(4)無驚(5)歎、(6)時人大奇。(7)嗚呼哀(8)哉。(9)(10)春秋

---

(7)一生―縁「也念」の間にあり。
(8)不退与―極ナシ。不退―縁「時不退転」。

70
(1)有情好―縁・極ナシ。
(2)迭―縁「久」につくる。迭称善友―極ナシ。私見による。
(3)頃者―底「須□」。群「須□」。極・縁「為師」。
(4)納衣一領―極ナシ。
(5)尼縫―極「補綴」。縁「尼継」につくる。
(6)之―極「一納衣」。

71
(1)上人～朝―極・縁ナシ。
(2)賷此衣―極「補畢」。縁ナシ。
(3)命―底「へ」下半虫損。群「令」。極による。
(4)婢―底・群「奴婢」。極・縁による。
(5)吾―極・縁「我」。
(6)師今の間―縁「上人」の二字あり。
(7)終―極「遷化」。縁「入滅」につくる。
(8)咄汝―極「汝」。縁ナシ。
(9)速授―極「早可賷参」。縁「速可将献矣」につくる。

72
(1)衝黒―底「衒里」。群「街里」。縁「晩暮」。極ナシ。私見による。
(2)帰報～度―極「還陳入滅」。
(3)報―縁「告」。
(4)無―極「曽不」。縁「聞不」につくる。
(5)歎―縁ナシ。
(6)時人大奇―極「見者奇之」。縁「人以為奇」につくる。
(7)嗚呼哀哉―極ナシ。嗚―縁「嗚」。
(8)哀―縁「悲」。
(9)哉春の間―縁「天禄三年九月十一日」の九字あり。
(10)春秋七十―極ナシ。

73
(1)夏臈廿五―極ナシ。
(2)廿―縁「二十」。
(3)入寂―極「上人遷化」。
(4)寂―底・群「寂」。略「滅」。
(5)浴―極ナシ。
(6)着―群「著」。
(7)擎―縁「手擎」。
(8)而箕居―極ナシ。縁「袒右肩坐に」つくる。

74
(1)方以―縁ナシ。
(2)瞑目―極「端座語門弟子曰多仏菩薩来迎引接」につくる。縁「気絶」。
(3)当―極・縁ナシ。
(4)斯―極「此」。
(5)也―極・縁ナシ。
(6)来自天―極「聞空」。縁「撃雲」につくる。
(7)異香―極「香気」。縁「其香」。
(8)出自―極「満」。縁「薫」。
(9)郷里～大息曰―極ナシ。
(10)幼―底「幻」。

75
(1)犇走到房―縁「群来」。
(2)見其端座―縁「相見上人端座不乱顔色無変」につくる。
(3)気絶―縁ナシ。
(4)擎―縁「持」。
(5)炉長の間―縁「如入禅定視聴幾何人莫衣」の十一字あり。
(6)長大―底・群「□」。縁による。
(7)呼嗟―群「□呼」。
(8)天也―極「上人」。

76
(1)嗚呼哀哉―極、縁ナシ。
(2)夫以下―極ナシ。代るに「化縁己尽帰去極楽天慶以往道場聚落修念仏三昧希有也何況小人愚女多忘之上人来

73
七十、夏(1)臈廿(2)五。入(3)寂(4)之日、浴(5)着(6)浄衣、擎(7)香炉而(8)箕居、向西

74
方(1)以瞑(2)目。当(3)斯(4)時也(5)、音楽来(6)自天、異(7)香出(8)自室。郷(9)里長幼(10)、

75
犇(1)走到房。見(2)其端座、気(3)絶猶擎(4)香炉(5)、(6)長大息曰、呼(7)嗟(8)天也。

76
嗚(1)呼哀哉。夫(2)賤不誅貴、幼(3)不誅長。僕(4)者凡(5)夫、猶(6)妙(7)年也。顧(8)

後自唱令他唱之尓後挙世念仏為事誄是上人化度衆生之力也」の六十二字あり。夫〜誄長―縁ナシ。
(3)幼不誄長―底・群「□」。私見により補う。
(4)僕―縁「爰源為憲」につくる。
(5)凡夫―縁「英雄」につくる。
(6)猶妙―底・群「□」。縁「世之名」につくる。私見により補う。
(7)年―縁「才」。
(8)顧―底・群「□」。縁「感」。私見により補う。

77 (1)誄徳寔尊―底・群「□」。縁「得行」につくる。私見により補う。
(2)焉〜懐焉―縁ナシ。
(3)既而―底・群「□」。私見により補う。

78 (1)肆―群ナシ。

79 (1)所―群ナシ。
(2)不―縁「一不」につくる。

80 (1)而―縁「抽寸心之誠」につくる。
(2)為―縁「作二首」。
(3)誄―縁「詠」。
(4)於―群「赫」。
(5)赫―群「々」。
(6)無―縁「旡」。
(7)菩薩―底「芔」。

82 (1)俗―底「谷」。縁「界」。群による。
(2)悪―縁「蟣」。
(3)病―縁ナシ。
(4)皃―群「原」。
(5)為―底・群「□」。縁「苑」につくる。
(6)因―群「目」。縁「中」。

---

77 上人誄(1)徳寔尊焉(2)。既(3)而古人有言、攻玉以石、洗金以塩。物固

78 有以賤理貴、以醜化好者。肆(1)或尋遺弟子於本寺、又集先後所

79 修法会願文・所(1)唱善知識文数十枚、以知平生之蓄懐焉。不(2)堪

80 称歎、而(1)(2)為之誄(3)。其辞曰、於(4)(5)赫聖人、其徳無(6)測。素菩(7)薩行、

81 初優婆塞。頭陀諸山、退散六賊。物外栖心、市中乞食。救苦

82 世俗(1)、唱善知識。悪(2)虱離身、毒蛇感徳。霊孤病(3)(4)皃、為(5)(6)(7)因悦色。

83 文殊暫来、観(1)音不匿。嗚(2)呼哀哉。尅念極楽、唱弥陀名。求索
84 般若、同常啼(1)情。挙(2)世受化(3)、毎人輸誠。徳冠花夏(4)、名知公卿。
85 抄秋草哀(1)、遥漢風清。房(2)有香気、天伝楽声。超生死海、赴涅
86 槃(1)城。年之(2)七十、被浄土迎。嗚(3)呼哀哉。

83 (7)悦―縁「撓」。(1)観音―縁「歓喜」。(2)嗚呼―縁「嗚乎」。
84 (1)啼―縁「蹄」。(2)挙―縁「仮介」。(3)化―縁「教」。(4)夏―群「□」。
85 (1)哀―縁「寒」。(2)房―縁ナシ。
86 (1)槃―縁ナシ。(2)之―縁「云」。(3)嗚―縁「鳴」。

二　空也上人誄の訓読

惟《コ》れ天禄三年九月十一日、空也上人、東山の西光寺に没《ミマカ》りぬ。嗚呼《アア》哀しいかな。上人、父母を顕《アラハ》さず、郷土《クニ》を説くことなし。有識者或は云はく、「その先皇　派《ミカドノナガレ》に出づ」と。人となり虱《シラミ》なし。人試に数十の虱を以て、その懐中《フトコロ》に入るるも、須臾《シバラク》してなし。少壮《ワカ》き日、優婆塞《ウバソク》を以て、五畿七道を歴《ヘメグ》り、名山霊窟に遊ぶ。若《モ》し道路の嶮艱を覩《ミ》、人馬の疲頓を歎くに預《カカハ》れば、乃ち鍤《スキ》を荷ひ以て石面を鏠《ケツ》り、而して杖を投《ス》て以て水脈を決《サダ》む。曠《ヒロ》き野古の原に、委骸ある毎に、これを一処に堆《カサ》ね、油を灌《ソソ》きて焼き、阿弥陀仏の名を唱ふ。

春秋《トシ》廿有余にして、尾張の国の国分寺に於いて、遂に鬢髪《カミ》を剃《ソリ》落す。空也とは、自称の沙弥名なり。

播磨の国の揖保郡に、峯合寺あり。寺に一切経論あり。上人彼の道場《テラ》に住み、披閲《ミ》ること数年、若し凝滞あるときは、夢に金人ありて、常に文義を教ふ。覚めて後知行の倫《ヒト》に問《タツ》ぬるに、果して夢のごとし。

阿波・土佐の両国の海中に湯嶋あり。地勢霊奇《アヤシ》くして、天然幽邃《オクフカ》し。人伝ふらく、「観世音菩薩の像ありて、霊験

掲《タカ》し」と。上人観音に値《ア》はむとして、故《コトサラ》に彼の嶋に詣づ。六時恭敬《ヲガ》み、数月練行《オコナ》へど、終に見ゆるなし。爰に粒を絶ち像に向かひ、腕の上に香を焼くこと、一七日夜《ナヌカナナヨ》、動かず眠らず。最後の夜、向かへる尊像、微かな妙光を放つ。目瞑《ツム》れば則ち見え、瞑らざれば見ゆるなし。ここに焼香の腕、燋痕《ヤケアト》猶し遺《ノコ》れり。

自ら以為《オモ》へらく、「陸奥・出羽は、蛮夷の地にして、仏の教は罕《マレ》に到り、法の音は希にある」と。背に仏を負ひ、経論を担ぐ。此に中花《ミヤコ》の月を出《ハナ》れ、彼の東夷《ヒナ》の雲に入り、大法螺を吹き、微妙の法を説く。是以《コノユエ》に島夷の俗《クニヒト》、鳥合《アツ》まり真に帰《オモム》く。

天慶元年以来、遷りて長安《ミヤコ》に在り。その始市に居《スマヒ》して、隠跡《オダヤ》かに食を乞ひ、若し得るところあれば、みな仏事に作《ナ》し、復《マタ》貧□患に与ふ。故に俗《ヨ》に「市聖」と号《イ》ふ。又尋常《ツネ》時に、「南無阿弥陀仏」を称《トナ》ふれば、間髪を容れず、天下また呼ぶに「阿弥陀の聖なり」と。ここに東西の二京、水処《ミヅ》なきところに井をうがつ。今往々号《ナヅ》けて「阿弥陀井」となすは是なり。

その年東都の囚門に、卒堵婆一基《ハシラ》を建《タ》つ。尊像眩《マバユ》く燿《カガ》やきて満月のごとく、宝鐸錚《ナ》り鏦《ヒビ》きて鳴風のごとし。若干《ソコバク》の囚徒、みな涙を垂《ナガ》して曰はく、「図《ハカ》らざりき尊容を瞻《ミ》、法音を聞かむとは。善きかな抜苦の因を得たり」と。

昔神泉苑の北門の外に、一《ヒトリ》病《ヤ》める女あり。年邁《オ》ひ色衰ふ。上人愍念《アハレ》びて、晨《アシタ》昏《ユフベ》に問ひ訊ね、袖の中に筐《カゴ》を提《サ》げ、その欲《ネガ》ふところのままに、自ら葷腥を買ひもとむ。而して之に与へて養育《ヤシナ》ふこと、二月病める女蘇息《イ》ゆ。爰に婦人反覆《コヒマロ》びて、言ふこと能はざるに似たり。上人語りて曰はく、「何《イカ》なる情《ココロ》ぞ」と。婦人答へて曰はく、「精気撥《ウゴ》き塞《フサ》がる。羨《ネガ》はくは交接《マジハリ》を得む」と。上人食頃《シハラク》思慮《オモヒハカ》り、遂に心許すの色あり。病める女歎《カナ》しみて曰はく、「吾は是れ神泉苑の老狐なり。上人は真の聖人なり」と。急《ニハカ》に見えず、臥せる薦席《ムシロ》、忽然《タチマチ》にして又滅《キ》ゆ。

始め本尊の弥陀如来に祝《イノ》りて、当来生まるるところの土《クニ》を見むことを欲《ネガ》ふ。その夜夢に、極楽の界《クニ》に到り、蓮華の上に坐す。国土の荘厳、経説と同じなり。覚めて後随喜して、乃ち誦《ウタ》ひて曰はく、「極楽は、遥けき程と、聞きしかど、力めて到る、所なりけり」と。聞く者《ヒト》称《ホ》め歎《タタ》ふ。天慶七年の夏、善知識を唱《イザナ》ひ、一棹の観音卅三身・阿弥陀浄土変一鋪・補陀落山一鋪を図絵《エガ》く。荘厳成り、供養畢んぬ。

天暦二年の夏四月、天台山に登る。座主の僧正法印和尚位・延昌に従ひ、之に師事す。僧正その行相に感じ、推して得度せしむ。戒壇院に登り、大乗戒を受く。度縁文には名を光勝と注す。然れども沙弥の名を改めず。五年の秋、貴賤に勧め、知識を唱ひて、金色の一丈の観音像一躰・六尺の梵王・帝尺・四天王像各一躰を造る。今、西光寺に在り。金泥の大般若経一部六百巻を写す。今、勝水寺の塔院に在り。

水精の軸は、土俗の造るところ淑《ヨ》からず。爰に上人、紙を染め金を研《ト》くも、その軸を得難し。和州の長谷寺に詣で、観音に白して言はく、「水精の軸は、願はくは仏乂に与へられんことを」と。言《タノ》み竟《オハ》りて帰去《サ》る。夜、添上郡の勝部寺の住持僧の房に宿る。そこの僧問ひて曰はく、「如来の住まざるに、何ぞ必《モハ》ら往詣《ユ》かるるや」と。上人答へて曰はく、「尺迦は霊鷲山に在《オハ》し、観音は補陀落に住みたまふ。仏の機縁にして、地の相応なること、昔よりあらむ」と。住持曰はく、「聖は蓋し何事を求めらるるや」と。上人曰はく、「大般若経を餝り、水精の軸を営《ツク》らむがためなり」と。僧答《ア》はして曰はく、「昔、故老に聞きしに、この寺を建立《タ》てし本主、金泥を以て大般若経を字書《ウツ》すの願ひを発す。且くは只軸を蓄《タクハ》へ、その経に逮《オヨ》ばず。命終《ウ》する時、石の函《ハコ》に納め、これを土の中に埋め、誓《チカ》ひて言はく、『我人身を得ば、当に此の経を書《ウツ》すべし』と。上人を知らざるは、願主の後身なるか、また願主を知らざるは、上人の前身なりしならむ」と。共にその地を掘るに、果してこれを得たり。既にして紫磨の金字・水精の軸・紺の瑠璃の紙・雲母の帙なり。十四年このかた、功力甫《ハジ》めて就《ナ》る。応和三年の八月、恭敬《ウヤウヤ》しく供養し、広く会集せしめ、普く随喜せしめんが為、王城《ミヤコ》の巽のかた、鴨川の西の、荒原を卜ひて、宝殿を造る。前には白露池の浪を写し、後《シリヘ》には竹林苑の風を模《マ》ねる。ここに士庶雲のごとく集《ツド》ひ、冠蓋星のごとく羅《ツラナ》る。龍頭鷁首の舟、経典を載せて迭《タガ》ひに運《メグ》り、翠管朱絃の曲《シラベ》、仏乗を讃へて代る々々奏《カナ》でらる。凡そ天下の壮観なり。喎《ウレ》へる六百口の耆徳、その会衆となり、少《ワツ》かに中食《ジキ》を飯《クラ》ひ、労《ツト》めて百味を備ふ。八坂寺の浄蔵大徳、その中に在り。爰に食を乞ふ比丘、この会に来たる者、百を以て数ふ。浄蔵一《アル》比丘を見て大いに驚く。浄蔵は、善相公の第八の子にして、善く人を相《ミ》る。比丘の状貌《スガタ》を見て、再重《カサ》ねて敬まひ、引き入れて上の座に坐《ツ》かすに、詒《カガ》むところなし。浄蔵便ち得るところの一鉢を与へるに、以て食らふ。比丘言《モノイ》はずして食らふこと、その飯三四斗ばかり。重ねて又飯を与ふるや、亦食らふ。浄蔵冥《フカ》く謝《ヲガ》みて遣《オク》る。比丘去りて後、尽くすところの飯故《モト》の如く在り。浄蔵相て曰はく、「文殊、空也の行に感ずるなり」と。

康保の末年、西光寺の北門に、蛇の蛙を呑むあり、蛙大なるも蛇の口にあり。時に童石を撥《ハナ》ち打ち擲《ナゲ》れど、あえて捨て去らず。上人此に顧みて合掌し、誦《ウタ》ひて曰はく、「毒獣・毒龍・毒虫の類も、錫杖の声を聞かば、菩提の心を発《オコ》すべし」と。然る後錫杖を振ること二三声。蛇首を翹《ア》げて聴聞するに、形《スガタ》思惟に似たり。遂に喉舌を開き、以て吐く。蛇と蛙相《トモ》に離《ワカ》れ、東に行き西に去る。

大納言・正三位・陸奥出羽《ノ》按察使藤原《ノ》卿《キミ》、諱《ナ》師氏は、上人と二世の契《チギリ》あり。権《ノ》律師・法橋上人位余慶、後に卿の師となる。天禄元年の七月、卿薨《ミマカ》り、東山の阿に葬《ウツ》めらる。上人紙を操《モ》ち筆を染《ヒタ》して、閻羅王の宮に牒《フミ》送りて云はく、「瞻部州の日本の国の大納言某甲は、空也の檀越なり。生死に限りありて、先に冥途に赴く。閻王状《サマ》を知り、以て優恤《アハレミ》を加へられよ」と。権律師余慶をして棺槨《ヒツギ》を迎へこれを読ましむ。訖りて火を以て焼くに、喪を送る者《ヒト》、慨然として色を変《カ》ふ。

西の京にひとりの老尼あり。前《サキ》の大和の介《スケ》従五位《ノ》上伴《ノ》朝臣典職の前妻なり。弥陀仏を念じ、一生退《ヒルヨルヤ》まず。上人と情好《ヨシミ》ありて、迭ひに善友と称ふ。頃者《コノコロ》上人の納衣一領、尼に縫はしむ。上人滅《イキタ》えむとする朝、尼この衣を齎《モタラ》す。婢に命《サト》して曰はく、「吾師《ワガ》今日終《ミマカ》らむ。咄《サア》汝速やかに授けよ」と。黒《ヤミ》に衝《ムカ》ひて、婢帰り以て滅度のことを報《ツ》ぐ。尼驚き歎《カナ》しむことはなし、時の人大いに奇しむ。嗚呼哀しいかな。

春秋《トシ》七十にして、夏臈廿五なり。入寂の日、浴《ユアミ》して浄衣を着け、香炉を擎げて箕居《スワ》り、西の方に向かひて以て目を瞑《ト》づ。当にこの時や、音楽天より来《ツタ》はり、異香室より出づ。郷里の長幼、犇《ヒシ》めき走りて房に到る。その端座して気絶《イキ》え、猶し香炉を擎ぐるを見て、長く大息《タメイキ》して曰はく、「ああ天也」と。嗚呼哀しいかな。

夫れ賤しきものは貴きものに誄せず、幼《ワカ》きものは長《マサ》りしものに誄せずとかや。僕《ヤツガレ》は凡夫にして猶し妙年なり。上人を顧みて誄《シノ》ぶるに徳寔に尊《タカ》し。既に古人の言《サト》すことあり、「玉を攻《ミガ》くに石を以てし、金を洗ふに塩を以てす。物の固《モト》なるは賤しきなるを以て貴きを理《ヲサ》め、醜《アシ》きなるを以て好きを化《ウツ》すものあり」と。肆《ツヒ》に或《アル》ひは遺れる弟子に本寺を尋ね、又先後修むるところの法会の願文・唱ふるところの善知識の文数十枚を集め、以て平生の蓄懐《オモヒ》を知る。称歎に堪へずして、誄をつくる。その辞に曰ふ、

於赫《アカ》きたる聖人、その徳や測るなし。素《モト》菩薩の行をし、初め優婆塞たり。諸山を頭陀して、六賊を退散《シリゾ》けぬ。物外に心を栖《ヤス》め、市中に食を乞《モト》む。苦しむ世俗《ヒト》を救《スク》ひ、善知識を唱ふ。悪虱は身を離れ、毒蛇も徳を感《サト》れり。霊狐の病兒《ヤマヒ》ありしも、因《ヨスカ》として色《カホ》に悦びあり。文殊暫く来たりて、観音も匿《カク》れず。嗚呼哀しいかな。念ひを極楽に尅《サダ》め、弥陀の名を唱ふ。般若を求《モト》索むるは、常なる啼情と同《ヒト》し。世を挙げて化《ヲシヘ》を受くれば、人毎に誠を輸《オク》る。徳は花夏に冠《マサ》り、名は公卿に知らる。秋草の衰《ナ》えたるを抄りて、漢の風清に遥《サマヨ》ふ。房に香気有《ミ》ちて、天楽声を伝へたり。生死の海を超えて涅槃の城に赴く。年やこれ七十にして、浄土の迎へを被《ウ》く。嗚呼哀しいかな、と。

三　校訂に関する私見

1行「空也上人誄」―五世紀に入って、北魏における長安仏教の発展に尽力した鳩摩羅什は、入滅後門下の学問僧僧肇によってその遺徳を偲ぶ鳩摩羅什法師誄をおくられている。即ち、中国文学史上最初の法師誄が誕生したのである。爾後、謝霊運の廬山慧遠法師誄・曇隆法師誄、釈慧琳の武丘法綱法師誄・龍光寺竺道生法師誄・新安寺釈玄運法師誄、張暢の若耶山敬法師誄等の法師誄が相継いで作られた。六朝における学徳僧への贈誄現象は、中国文化の

影響をうけたわが国でも仏教の受容と共にいち早くみられる。即ち、高麗僧道賢が藤原鎌足の長子貞慧に贈った誄がその最初であり、貞慧の周忌（九十年忌か）に贈られたらしい作者不明の誄が、法師誄の完全な姿を代表している（拙稿「貞慧伝をめぐる二・三の問題」『神道史研究』一七巻三号・「仮称『貞慧法師誄一首并序』の研究」『兵庫史学研究』二二・二三・二五号）。この様に五世紀以降の法師誄作成にみられる一連の文学活動に注意すると、「空也上人誄」は正に哀辞文学史上の産物とみるべき作品であり、本来「空也法師誄」という表題と照応するものである。空也誄をネガとして作られている『阿娑縛抄』（明匠等略伝）に挙げる人物項目に、空也上人が用いられていることや、誄序文に「空也上人、没于東山西光寺」の記述を参考にすれば、底本及び群本に欠ける「上人」二字は、原本の誄序文に残されたものと推定できる。

1行「一首」―底本に欠けるこの部分は、群本の傍書に「一巻カ」とみえる。その傍書はどのような論拠に基づくものか分からないが、誄の歴史から眺めた場合、単なる思いつきと考えざるを得ない。空也上人誄の作者源為憲は、『六波羅密寺縁起』にも「源為憲者、時之英雄、世之名才也」と評される文人で、誄序文にも『礼記』・『潜夫論』の有名句をさり気なく引用する碩学である。為憲は大学寮に学び、その後内記・蔵人・式部丞、三河権守・遠江・美濃・伊賀の各国司を歴任した官人であり、『口遊』・『三宝絵』・『世俗諺文』等を著した学者である（岡田希雄「源為憲伝攷」『国語と国文学』一九巻一号）。従って、為憲は大学生の必読書『文選』所収の誄にみられる表題の「被贈誄人物名＋誄一首＋并序」の表現形式に明るい筈である。唐高宗の乾封二年（六六七）七十二歳で没した釈道宣が著した『広弘明集』には、前述した八法師誄が収められている。しかし、何れの誄も「并序」二字の注を記すけれども、本文の頌を示す場合、「一巻」の表現を採っていない。唐代の作品を収載した『唐文粋』所収の誄はもとより、その後『文苑英華』・『明文在』などの文集に収める誄の表題にも、「一巻」の注記はみられない。中国における文学活動中、殊に哀辞の文体には新風が認められないことは、これを模倣するわが国の文人にあっても同じ傾向をもつといえよう。古来より、誄表題の注記が「一首并序」の四字に集約されている事実に鑑み、群本の傍書の活用には躊躇せざるを得ず、慣用表現の「一首」を補うのが穏当である。

2行「天禄三年九月」―底本・群本ともに欠けるが、誄を改竄して作られた『六波羅密寺縁起』や『帝王編年記』の没年記載により補うことができる。誄序文の慣用表現は、「惟（または「維」）＋年号＋年次＋歳在（または「歳次」）＋月＋日」の形が、三国時代以後唐代に及ぶ誄作品に検出される。奈良時代における「仮称貞慧法師誄」の序文も亦その例外でない。歳在（歳次）記載は作品によって省略されるのもあるので、校訂文もそれに倣っている。六字復元に根拠を与える材料として〈誄序文の72行「婢帰報以滅度～春秋七十」と殆ど同一内容の縁起に、哀辞慣用句の「嗚呼哀哉」に続いて誄に欠ける「天禄三年九月」の六字と「十一日」の三字を残している〉『六波羅密寺縁起』がある。それは、誄の冒頭の「惟」を除いた没年月日を引用して縁起文を作製した事実を私達に教えてくれている。

4行「為人無虱。人試以数十虱」―現存誄文は、この後にみられる対句表現と甚だ似つかわしくない。為憲は「少壮之日、以優婆塞」の四言句に続けて「歴五畿七道、遊名山霊窟」の五言句や42行「尺迦在霊鷲山、観音住補陀落」の六言句や22～23行「尊像眩燿兮満月、宝鐸錚鏦兮鳴風」の七言句の如く、美しい対句使用の配慮を随所にしている。その技巧の凝らし方からみて、誄序文を要約した本文の頌に残る「蟣虱」表現を参考にして「蟣」の一字を「無虱」の間に補い、後句の「十」字がなくても意味が通るので、後人による改竄の疑いが極めて濃い。

5行「優婆塞」―現存誄文「優八塞」となっている。ところが、誄本文では「婆」を「八」の字としていないこと、及び管見で「優八塞」の用例を知らないことにより訂正した。

8行「遂」―現存誄文に欠けるが、27行の「遂有心許之色」が『縁起』に「遂有汚色」として残ること、又62行「遂開喉舌」が『縁起』に「遂吐蛙而去」という表現で副詞の使用が検出される事例を参考にして補った。

9行「寺有一切経論」―「寺有」の二字は現存誄文に欠ける。しかし、誄を援用してできた『縁起』・『極楽記』・『略伝』ともに「有」の字を残すから、これを現存誄文に補うことが誤りでないことが分かる。又、「寺」は上句の「峯合寺」を反覆した表現で、同様の表現事例は8行の「尾張国国分寺」にもある。従って、「有」の上に「寺」一字を補うことも誤りでない。これは又、『略伝』の「有一切経論」を忠実に誄から引用している事例も参考となり、「寺」の字は疑いもなく誄の姿を残すものであることが知られ、ここに補った。

9〜10行「住彼〜問知行之倫」―この部分は現存誄文の中で最も欠落の多いところである。この欠落はかなり早い時期に生じたものらしいが、幸にも「倫」を「論」と誤写した『略伝』が残ること、及び11行「湯」を「陽」に13行「恭」を「発」に間違えた『略伝』があり、又『略伝』が誄文をその儘活用して構成されている点に鑑み、誄文の「注」を「住」に訂正して、他の欠落部分を略伝によって補った。

16行「担経論」―現存誄文に欠ける。ここの表現は、さきの「仏教罕到、法音希有」の四言対句に続く「背負仏」の三言対句に当たる。『縁起』では誄の対句を援用するに際し、3行「不顕父母、不説郷土」の如く一句の一字を改める場合や、62行「翹頸聴聞、似有思惟」の如く両句の各一字を改める場合や、68行「送喪之人、皆以慨然」の如く一句の一字と別句の二字を改める場合や、72行「尼聞不驚、人以為奇」の如く両句の各二字を改める場合など、改竄に一定の原則を用いた形迹がないようである。従って、ここで『縁起』を素直にみることにはやや不安がないでもないが、5行「歴五畿七道、遊名山霊窟」〈暦・機・雲の誤写は別として〉や、14行「所向尊像、放微妙光」や、61行にみえる四言四句の誦が改竄されずに使用されている事例を考慮して補った。

16〜17行「出此中花之月、入彼東夷之雲」―現存誄文に欠けるこの部分を、『大日本史料』では考慮に入れてないが、誄序文中にみられる碩学為憲の技巧を凝らした修辞句には、

22～23行 尊像眩耀兮満月、宝鐸錚鏦兮鳴風。　50～51行 前写白露池之浪、後模竹林苑之風。

がある。両者はともに文字の改竄が行われているけれども、『縁起』に採用されている事実に注意したい。これらは誄の序文から省いても文章の流れに変化をもたらす内容、即ち、空也を顕彰するのに必要な誄の素材ではない。にも拘らず『縁起』の編集資料に活用されているのである。「出此中花云々」の六言二句も、実は「尊像云々」・「前写云々」等の七言二句と同じ性質の内容であり、空也誄作成の過程で為憲が考えたところの誄序文を彩る文学表現と私は考えている。誄序文にみられるこの三者が、為憲の多分に衒学的な意図を反映した表現とみて大過なければ、『縁起』に残される誄の内容は、原誄文を改竄したものであっても原誄文の意味を大きく変えるものと考えなくてよいと思う。このような見地に立ってこの対句を補いたい。

17行「是以」―先秦文献には早くから「是以」表現が「是故」と同義に扱われている。『春秋左氏伝』文公五年の条に「余懼、不レ獲二其利一、而離二其難一、是以去レ之」とある文は、『国語』巻一一、晋諸王では「是故」になっている。裴学海著『古書虚字集釈』巻一、「「以」猶「故」也。申事之詞也」と説明し、左伝文公五年の条文を掲げ、「国語晋語「以」作「故」」を引用している。

18行「天慶元年以来」―該当文句は、現存誄文に欠けている。誄文では22行「其年」表現の箇所から別の物語になっている。一方、『縁起』では「其年」を改めて「又」字を用いて文章を構成している。一体に『縁起』の特色は、誄文を引用する際、32行「天慶七年夏」・34行「天暦二年夏四月」・36行「五年秋」・49行「応和三年八月」・59行「康保末年」・65行「天禄元年七月」の誄文の如く、年次に関しては改めることがない。ところが、22行の所でここだけが「又」に改めていることは、『縁起』編集上の一定の条件を示唆しているらしい。即ち、誄文になくて『縁起』で新しく用いる時は、空也上人にまつわる故事を示す冒頭句としていることである。所謂「天慶元年以来」は

No.	行	誄文	縁起
1	15	自以為	又上人常思
2	22	其年、東都囚門	又東都囚門
3	29	始祝本尊弥陀如来	又始祈本尊弥陀仏
4	59	康保末年	又康保末年日
5	63	大納言	又貞信公男大納言
6	68	西京有一老尼	又西京有一老尼

15行～21行の間にある縁起文で、22行「又東都囚門云々」の物語とは別の内容に当たる。『縁起』作者が、わざわざ誄文の「其年」を省き「又」に改めて明らかな年次を不明にしたのには、他の年次記載と異なり何らかの理由があったらしい。その理由をここで穿鑿できないとしても、15～21行の段にみえる「天慶元年以来」は、空也の帰京後の経過期間を示す表現に用いられていることが知られる。ところが、この記述を誄文に存在した内容とすれば、22行「其年」という限定した年次記述とかみ合わなくなる。従って、誄文の「其年」から推定すれば、「天慶元年」が原誄文に存在したものと思われる。いまは『縁起』によって補っておく。

19行「故俗号市聖」—底・群ともに「故俗号」は「□□」で底本の虫損部分に当たり不明の箇所である。「号市聖」は極本では「或住市中、作仏事、又」に続いて残されている〈但し、関係文句は5行部分の改竄箇所「過嶮路即鏟之」の前に引かれる〉。縁本では「号云市聖」の表現を採っている。いま何れの表現が原誄文の姿をとどめているかを明らかにし得ないが、誄文の「復云々」の五言を参考にして、縁本に残る「故俗呼」三字を活かそうとすれば、縁本の「呼号云」を一字表現に簡略化すると、丁度前句と同じ五言となりすっきりとした形におさまる。そして、「呼号云」三字の中から一字を抽出するとなるとどうしても極本の「号」に落ちつかざるを得なくなる。対句を誄文に存在したものとして、ここで五言句を校訂文の拠り所とした。

25～26行「二月病女蘇息」—現存誄文に「二月」を欠くが、関係文句を『縁起』に求めると「二月」になる。『縁起』の文章は「随其情欲養育、二月平復如旧」とみえる六言二句の後句の冒頭に、ここの「二月」がみえる。これに照応する誄文が「而与之養育、□病女蘇息」の五言二句であり、「二月」に当たる誄文は副詞の二字となる蓋然性が高い。ところで、『縁起』作者が誄文を引用する場合、文句を改めずに一字を加える傾向が12行「面為値観音、故詣于彼嶋」や50行「凰城巽角、鴨河西頭、新払砂塌、已造宝殿」の如く、誄の文意を損ねない配慮の文字の改竄をした上で一字を加える記述が認められる。殊に、後者の「新」・「已」にみられるように副詞を加えることも、改竄に当たっての手法の一つであったらしいことが分かる。『縁起』では病女の看病に上人が二箇月を要して快愈させたことになっているので、誄文で「二月」の二字を補う。

26行「爰婦人反覆」—現存誄文には「婦人」を欠いている。底本に欠ける「爰」は『群本』で補えるが、この副詞は誄文で13行「爰絶粒」・39行「爰上人染紙」・54行「爰乞食比丘」の用例と共に四度姿をみせ、『縁起』ではそれぞれ「弥」・省略・「于時」となっている。ここの場合、『縁起』では「此時」の二字が用いられている。このあと「上人語曰」・「婦人答曰」・「上人思慮」・「病女歎曰」という風に、上人と病女（婦人）の主語と述語が続いている所から、『縁起』に残る「婦人」の二字を補った。

No.	行	誄文	縁起
1	3	不顕父母、無説郷土	不顕父母、不説郷土
2	6〜7	曠野古原、毎有委骸	曠野古原、遺骸収拾
3	13	六時恭敬、数月練行	六時恭敬、数月苦行
4	13	絶粒向像、腕上焼香	以中絶粒、腕上焼香
5	24	年邁色衰、上人愍念	年老色衰、上人愍念
6	25	随其所欲、自買葷腥	市中求食、自買葷腥
7	30	到極楽界、坐蓮華上	到極楽界、坐蓮花台
8	30	国土荘厳、与経説同	国土荘厳、如経広説

26〜27行「婦人答曰」—現存誄文に「人曰」を欠く。ここは前の「上人語曰」や後の「病女歎曰」という記述に合わない変則的な二言表現であること、及び『縁起』に「婦人答云」の四言表現が残されている所から、「人曰」の二字を補った。「曰」は『縁起』で「云」となっているが、後の誄文が「歎曰」となっている所を同義表現の「歎云」に改めている『縁起』の改竄の手法に注意すれば、原誄文に「曰」字が存在したことは疑えない。

27行「精気⿰忄發塞」—現存誄文に「⿰忄發塞」を欠く。この後に続く誄文は「羡得交接」の四字であるが、『縁起』では「唯思交会」の四字で誄文を改竄した表現となっている。この改竄の事実を以てすれば、誄文の「精気」のあとの欠ける二字は「懱（文意上「撥」の誤写）塞」とみえる『縁起』の表現と異なるものでなかったか、とも思われる。先に触れたように、『縁起』作者は誄文の改竄に一定の原則を用いた形迹がなかったらしいことをここで想起することができる。例えば、四言二句の誄文の一句を改めずに別句を改めた事例を挙げると前頁掲示の如くである。この表にみられる傾向から推して、「精気懱塞」とみえる『縁起』の表現は、誄文を改めていない事実を示唆する公算も又強い。いま俄かには推断できないので、改竄がなかったものとして「懱塞」の二字を補っておく。

27行「上人食頃思慮」—群本「食頃」を「食須」に記し、『縁起』では「食頃」を省略する。思うに『群本』の「須」は「頃」の匕の部分を彡に見誤ったものか、或いは誤植でないかと考えられる。「食頃」の用例は『日本書紀』斉明六年（六六〇）三月条に、「阿倍臣遣二数船一使レ喚。不二肯来一。復二於弊賂弁嶋一。食頃乞レ和。遂不レ肯レ聴」とみえ、「シハラクアテ」の古訓が残されている。誄文は後の「遂有心許之色」と共に六言二句の構成をとっているが、『縁起』では「食頃」の副詞句を省略したため、四言句に揃える技巧を凝らして「遂有汚色」となっている。『縁起』作者の誄文改竄の手法は、ここにその一端を窺知することができる。

29行「始祝本尊」—群本「祝」を「視」とし、『縁起』では「祈」となっている。『略伝』に「祝」を残しているので、底本の「祝」は原本の姿をとどめているといえよう。元来、「祝」は祝詞からも知られるように神に祝〈イハヒ〉を告げる言葉であり、『淮南子』説山訓に「生子而犠、尸祝斎戒、以沈諸河」とある高誘註に「祝、祈二福祥一之辞」とみえる古注から、古代中国における義と同じである。「祝」を「イノル」と動詞として用いた事例は古くは知られないが、平安時代に存在したことは『類聚名義抄』〈法下〉に「祝　イハフイノル」とみえることから知られる。

30行「到極楽界」—群本「到」を「至」につくる。「到」と「至」の厳密な相違は、『魏志』倭人伝にみられる用法から夙に注目され、前者が目的地に到達する意味を述べた『説文解字』の段玉裁注に当たり、後者が目的地到達までの経過地点を示す義に用いられるという。しかし、『類聚名義抄』にみえる「イタル」の該当文字には、往〈仏上〉・逮〈仏上〉・達〈仏上〉・至〈仏上〉・極〈仏下本〉・届〈法下〉・到〈僧上〉・及〈僧中〉等があって、必ずしも明確でない。底本・『略伝』・『縁起』に残る「到」が原本の姿をとどめるものと思われ、群本に残る「至」は誤写を示すものである。

31行「胡矩羅苦」—該当部分の訓みを『縁起』でみると「古久良久」とあるので、「コクラク」と清音で訓んでいたらしい。小学館『日本国語大辞典』の「ごくらく」の項をみると、『源氏物語』・『とりかへばや物語』等にゴクラクの訓みが残されている。『縁起』が保安三年（一一二二）成立の三善為康作か、という伏見宮家九条家旧蔵『諸寺縁起集』の解題によれば、既にゴクラクと濁音の訓みが成立した後の「古久良久」とある『縁起』の記述は、濁音で訓まれていたことになる。しかし、「古」が濁音で訓んだ事例はさだかでなく、濁音で訓まれていないとすれば誄文の「胡」を用いた原縁起以後の書写段階で、図書寮蔵本に残る「古」の字に誤ったものと思われる。

32〜33行「唱善知識」—現存誄文に「識」を欠く。「知識を唱ふ」の用例はこのあと37行にもみえ、「唱善知識」は誄本文79行に再出する。従って、『縁起』に残る「識」をここで補うことは、誄に照応する37行の「唱知識」及び誄本文の「唱善知識」を『縁起』にも認められるので大過ないものとした。

34行「荘厳成」—現存誄文に欠ける「荘厳」は、後の「供養」と対になる。『縁起』をみると誄文にない「已」を後句に挿入し、前句には「甫」の字がある。何れも補塡の一字は副詞であるから、『縁起』作者は誄文の三言対句にそれぞれ副詞一字を加えて『縁起』を作ったことが知られる。ここでは、『縁起』に残る「荘厳」二字を補った。

34行「天暦二年夏四月」—現存誄文に欠ける「天暦二年夏」の五字は、『略伝』によれば「夏」の一字を欠き、『縁起』では「夏」を加えている。いま誄文にみえる年次記載で季節を示す事例は、32行「天慶七年夏」・36行「五年秋」の二回を検出するにすぎないが、何れも『縁起』に残されていることに注意したい。誄を藍本として作られた『略伝』の場合、「夏」の一字が誤って脱落させた状態を示すものと考えられ、ここに『縁起』を参考として補った。

35行「僧正感其行相」―現存誄文に欠ける「正」は、この前行にみえる「座主僧正」を指すものであり、『略伝』・『縁起』ともに該当の文字を残す事例に基づいて補った。

39行「土俗所造不淑」―現存誄文「淑」を「沈」とする。これは「淑」の行書体が「沈」のそれと紛らわしい所から生じた誤写に由来する。この様な類例は、『縁起』の中でも「灌油」を「雀油」とした誤写現象に認められる。

40行「願与仏乂」―現存誄文「乂」を「又」とする。これも前記「淑」の誤写から生じた「沈」と同じく、書写過程中に誤ったものと思われる。

42〜43行「仏之機縁」―現存誄文「機縁」を欠く。『縁起』には「幾像」となっている。「縁」が「像」に誤写されることは、『日本書紀』推古三十二年九月丙子条にみえる「校二寺及僧尼一、具録二其寺所造之縁一」が、神宮文庫無窮会所蔵伊勢本・京都鈴鹿氏所蔵中臣連重本・『釈日本紀』では「像」に誤っている事例からも知られる。又、孝徳紀白雉五年十二月己酉条の「葬二于大坂磯長陵一」がもと「機」に誤っていた事例もある。所謂、書写過程中に偏が変ることはさして不思議でない。それと同様に、偏が書写過程中に脱落したり、或いは加わったりすることもままあることである。筆者の知る所では、『家伝巻下』『武智麻呂伝』の「夕候綸言」が「祇候綸言」に誤写した用例がある。植垣節也氏の考察によれば、「夕」は左の行の「来」を木偏と誤って「杪」となり、これを「橪」と改め更に「祇」に直したらしい、という（「校訂・家伝下〈武智麻呂伝〉」『続日本紀研究』一三六号）。いま「幾像」と残る『縁起』は、誄文の引用であること歴然たるものである。従って、上記した様に書誌学上の傾向を知ることによって、もと「機縁」とあった文字の誤写した姿をとどめているものと推定してよかろう。

51行「冠蓋星羅」―『文選』巻一、班固の西都賦にみえる「冠蓋如雲〜星羅雲布」よりの造語と考えられる。

52行「鷁首之舟、載経典而迭運」—現存誄文「運」を欠く。『縁起』では「迭運」を「造匠」につくる。いま『縁起』に残された文字から誄文を考えると、「造」の行書体は「迭」と紛らわしい字体であることが知られる。例えば、唐の孫過庭が『書譜』で記した「迭」の筆跡は、唐の懐素が記した千字文碑林本に残る「造」とよく似ている。美筆をもって知られる文人でない原縁起書写の人は、文字を忠実に写しとることに懸命であったと思われる。そして、その書写過程中に文字の乱れた崩し方が、その後の写本作成者をして「迭」を「造」に誤らせることになったと考えられる。これと同様のことが「運」にも言えるのである。一般に、古写本に残る「匠」の字は辵偏で記されることが多い。いま「匠」の行書体を著名人の墨跡に求めると、唐の孫過庭記すところの千字文余清斎本にみえる「運」と甚だ紛らわしい。そこで、『縁起』に残る「匠」を「運」に改めて誄文を簡略化すると、次の様になる。

　龍頭鷁首之舟、迭運。
　翠管朱絃之曲　代奏。

前句がきらびやかで豪華な舟の交錯という視覚描写の表現であり、後句が洗練された楽人の奏でる妙なる調べという聴覚に訴えた修辞表現である。それは、視聴相俟った格調の高い文学表現を意識したものである。ここで文学上の問題に立入るつもりはない。古写本の行書体から生じ易い誤字を想定して、ここに誄文に欠く「運」を補った次第である。

55行「善相公第八之子」—現存誄文「九」につくる。浄蔵を清行の第八子とすることは、『扶桑略記』の康保元年(九六四)十一月二十一日条にみえる入滅伝や『元亨釈書』巻第一〇に収める雲居寺浄蔵伝等で知られる。殊に、誄をネガとして成立した『略伝』・『縁起』もまた第八子とするので訂正した。

58行「所尽飯」—『縁起』では「所書〈尽の誤写〉之飯」とあって、誄文にみえない「之」の連体助詞を用いている。『縁起』作者が誄を利用する際、連体助詞「之」を残す配慮の跡がみられ、削除した事例は七回である。所が誄文になくて『縁起』にのみ用いられた「之」の補塡例は五回である。それは『縁起』全文に亘る広範囲の中にみられるのでなく、48〜49行「紫磨金之字・水精之軸・紺之瑠璃之紙・雲母之帙」という風に、一部分の記述の中で集中している。この様な誄文引用の『縁起』作者の態度は、巨視的にみて連体助詞「之」の保存に忠実であり、やや削除する傾向にあったと言えよう。その削除する場合も、上表に示す様に、誄文改竄の技巧上止むを得ない事情による表現が四例みられる。ここに大まかな考えだが、誄文尊重の傾向は残る「之」削除例から推して誤りないものと思われる。かくみてくると、『縁起』に残る「所書之飯」は誄文を引用する疑いが極めて強いのである。しかし、いまは現存誄文の状態を残すことにした。後考を俟つ次第である。

No.	行	誄　文	縁　起
1	8	空也者、自称之沙弥名	自称曰空也。
2	44	建立此寺之本主	昔此寺本主
3	52	龍頭鷁首之舟、載経典	龍頭鷁首、載経典
4	52	翠管朱絃之曲、讃仏乗	翠管朱絃、讃仏乗
5	57	与所得之一鉢	与已一鉢
6	64	与上人有二世之契	与上人又有二世契
7	65	卿薨、葬于東山之阿	卿薨焉、葬之東山

60行「撥石打擲、不敢捨去」―現存誄文「偸□打擲、□」とある。誄文に欠ける「打擲」以下は、『縁起』の四言句「不敢捨去」で補ったが、上句に「打擲」のない表現を採る『縁起』がどの程度誄文の姿を伝えているか定かでない。さて、上句の「偸□」を「撥石」に一字を改め一字を補う理由は、一つには『縁起』にみえる「投石」が誄文復元のヒントとなることである。「投石」二字に限定される『縁起』の記述では、子供が蛇の所から少し離れて〈蛇を恐れて〉石を投げつける動作が考えられる。所が「打擲」という誄文に残る記述では、子供が蛇の側で〈蛇を恐れることなく〉石か棒切でうち叩く状況が考えられる。ここで注意されねばならないのは、『縁起』作者が誄文を活用する際、大意を損わない限り撥文の語句をば削除していることである。

『縁起』の手法から逆推すると、誄文には「打擲」する以前の状況に子供が蛇に石を投げつける表現があったのを、『縁起』作者が「打擲」の二字を削除したものでないかと思う。いま一つ考えられることは、「淑」が「沈」に誤写された事実にみられるが如き書写過程中の誤りが「偸」に対しても考えられることである。『釈名』、釈言語によると「発、撥也」とみえ、「撥」が「投」と同義であることが知られる。この「撥」の行書体が「偸」のそれと紛らわしいのである。私見では専らこの点に注目して、誄文の「偸」を「撥」に改めて、『縁起』の「石」を補った。

60行「上人此顧合掌」—現存誄文に欠ける「上人」は、さきの「不敢捨去」と共に『縁起』によって補った。問題は底本に「此」の字を「北」にしていることである。群本及び『縁起』の文からみると、空也は蛇が呑みこもうとしている蛙を可哀想に感じて合掌したことになるが、底本からみれば「わざわざ北の方を向いて」畜生の菩提心を発すために必要な条件が加わっていることになる。空也の善行を顕彰する物語としてもし「北」の一字が誄文にあれば、『縁起』作者が文意を弱めるような「北」の字の削除をしたとはこれまでの『縁起』の検討を通して考えられないのではないかと思う。従って、私見では誄文の文意を損ねない記述が『縁起』の「擎錫杖」表現と考え、これに照応する群本の「此顧合掌」を是とした。

62〜63行「蛇蛙相離」—現存誄文「蛙」がない。ここは蛇が錫杖二三声を聴聞して、菩提心を発し、蛙を吐出した後の表現である。「相離」の表現から推すと、蛇が東行するも西去する蛙がないことになる。従って蛇相間に「蛙」一字の脱落を想定し補った。

63行「陸奥出羽」—現存誄文「陸奥州」とある。周知の如く按察使は、養老三年（七一九）七月初め六道諸国の数箇国毎に令外官として設置された。岩橋小弥太氏は諸国の按察使について、神護景雲（七六七—七〇）頃以後陸奥或いは陸奥出羽按察使のみを検出し得ると指摘された（『上代官職制度の研究』二四五頁・吉川弘文館・昭和三十七年刊）。これは陸奥按察使と陸奥出羽按察使との区別があったように理解されるが、既に養老五年八月癸巳に「出羽隷二陸奥按察一」と『続日本紀』に記録されていることを案ずれば、陸奥出羽按察使は実体上出羽の名称を簡略化したもので二国兼任の官であると言える。『日本紀略』天長五年（八二八）二月甲寅条の記述によると、陸奥出羽按察使のことを「鎮東按察使」とも称した。辺要地の陸奥出羽二国ではよく蝦夷の反乱が生じたので、平安時代にはこの両国にのみ按察使がおかれる。従って、按察使と言えば陸奥出羽按察使の略称であって、陸奥按察使・出羽按察使といった令外官が存在したわけではない。所が誄文に「陸奥州」といった一国に限定した表現を按察使に冠した記述は、明らかに間違いと言えよう。誄文に残る「州」の行書体は、「羽」のそれと紛らわしいことをここで勘考すると、もと「出羽」とあった誄文の「出」が何らかの理由で誤脱し、その後「羽」が「州」に誤り残されたものとみられる。誄文をその儘残したと思われる『縁起』に「出羽」と二字が記されていることは、上記の誄文の誤写過程を示唆し、又、原誄文の姿を伝えているものと思う。よって、誄文の「州」を「出羽」に改めた。

63〜64行「諱師氏」—現存誄文「氏」を「成」につくる。『略伝』にみえる天禄元年七月の、大納言師氏卿の薨伝は、誄文及び『縁起』と同じ内容であること、及び『公卿補任』は、安和三年条藤師氏の項に「皇太子傅、按察使、七月十四日薨」とみえること、或いは『日本紀略』天禄元年七月十四日癸丑条に「大納言正三位皇太子傅藤原朝臣師氏薨」と記されること等に基づいて、誄文の「成」を「氏」に改めた。

66行「某甲」—現存誄文「某甲」につくる。『本朝続文粋』巻第一一に収める藤原実行の『泰山府君都状』に、「南閻浮州正二位行権大納言兼陸奥出羽按察使藤原朝臣実行云々」と名前を明記したのもあれば、又『同書』巻第一二に収める藤原実綱の『法成寺塔供養願文』に、「弟子南贍部州大日本国関白左大臣従一位藤原朝臣某稽首」と名前を明記せずに「某」と記したのもある。従って、供養文には名前を明記する場合や或いは「某」で記す場合があるとみてよい。そこで、師氏供養文の場合であるが、誄に収めた供養文を引いた『略伝』及び『縁起』は、殆ど誄収載文と同じである。しかも、共通する記述の中に「師氏者」の表現がみられる。誄収載の供養文は、『略伝』・『縁起』の誤ったと思われる記述が次に述べる所にも存在する。

67行「閻王知状、以加優恤」—底本「閻王」を「魔王」とし、群本では欠いている。仏教説話で名高い地獄の王は、閻羅王とも閻魔王とも言われる。師氏供養文の冒頭文句にみえる「(牒)送閻羅(王)宮」の表現は誄だけでなく『略伝』・『縁起』に共通している。その共通文句の最後が「以(加)優恤」であり、「優恤」を加える主語が誄文で「魔王」・『略伝』及び『縁起』で「閻王」と異なっている。閻王と魔王とは同義であるが、供養文の冒頭句と同一表現を採るのが原文の姿と私見では考えるので、底本の「魔」は書写過程中に生じた改竄現象の結果であろう。かく考える点から、『略伝』と『縁起』に共通する部分を供養文の原姿とすると、「以加優恤」を是とし誄文にない「加」の字を補い、次に誄文と共通する『縁起』の「知」の字を是とし、最後に誄文に残された「知」と関わる「状」を供養文と推定した。

70行「頃者」—底本・群本では「須□」となっている。群本の「須」は27行の「食頃」の所で検討したように、同一時期に生じた誤写を示すものと思われる。誄文中の不明箇所は後に「上人」の主語に続くので、時を示す副詞句らしい記述と思われる。いま「頃」に結合した文字の副詞句を拾い出すと、「頃者」・「比頃」がある。「比頃」の事例は興福寺本『日本霊異記』巻上第四話にみられるものである。一方、「頃者」は『日本書紀』に三回使用され、比・頃の各四回使用に続いている所から、日常に用いられる語彙であると言えよう。よって「頃者」を誄文に補った。

71行「命婢」—底本「奴婢」とあるが、後文の「汝速授」と「婢帰」の叙述に鑑み、「奴」を採らない。

72行「衝黒」—底本「衒里」とあり、群本では、「街里」となっている。ここの部分は後に「婢帰云々」とあるように、主語と述語の前の副詞句に当たる。その副詞句の内容は、誄文の記述を暗示する表現が『縁起』に「晩暮」とみえるので、夜遅くの状態それも尼の命をうけてあわただしく帰ってくる過程の表現に該当する。とすれば、誄文に共通する「里」は縁起の文意から推して、「ヤミ」を表す文字に当たる。「里」と連想される「ヤミ」は「黒」に想定される。而も両者の行書体が紛らわしいこともここで参考となるであろう。次に、誄文に残る「街」と「衒」

に重なる文字を考えると「衝」となるのであるが、その行書体は「衒」に近く「街」とはほど遠い。衝黒という表現が検出されれば好都合なのだが、筆者寡聞にしてその用例を知らない。いまは『縁起』から知られる文意と字体の類似を想定して、「衝黒」の二字を当てた。

75行「長大息」―現存誄文では「長大」を欠く。該当部分を『縁起』に求めると、「莫衣長大息」の表現が残されている。いまは『縁起』によって誄文の欠失部分を補った。

76行「幼不誄長」―現存誄文に欠けるこの句は、上の「賤不誄貴」と共に漢以後発展した中国の貴族社会で好まれ、且つ儒教文化の凶礼制度の原点として尊重された慣用句である。人口に膾炙する両句は、『礼記』巻七、曾子問に「賤不誄貴、幼不誄長。礼也。唯天子称天以誄之、諸侯相誄、非礼也」とみえる。六世紀に成立した中国最初の体系的文学理論の書が、南朝の梁社会で碩学の名を以て知られた劉勰の『文心雕龍』である。同書巻三に誄碑の項があり、その中に、

周雖有誄、未被于士。又賤不誄貴、幼不誄長、在万乗則称天以誄之。読誄定謚、其節文大矣。

と、『礼記』にみえる記述が引用されている。同書には、葬礼制度で踏襲される伝統的な誄謚の由来が明らかにされ、貴族社会維持に欠かせぬ礼の表現として誄の大切であることが明言されている。女性の誄作者として著名な晋の左貴嬪が元楊皇后誄を奉上する際に提出した誄表に、『礼記』を改竄した「卑不誄尊、少不誄長」の句が用いられている。周の文化制度を明文化した『礼記』の記述は、左貴嬪の上元皇后誄表にもみられるように、文人の好む文字に改竄され修辞に活用された。西晋の滅亡後華北を統一した北魏も周の文化を採用して、貴賤の区別を凶礼制度の中で厳密にし皇帝権威の表象に誄謚の制を実施して、「小不得踰大、賤不得踰貴」（『魏書』巻六二　李彪伝所収の彪上表の封事第一条）の原則が活かされている。爾後、北朝の各国家で北魏の凶礼制度が継受され、賤不誄貴の礼が尊重された。南北朝の分裂時代を統一した隋も亦「貴賤不同」の原則を受容し、その後の大唐も隋と同様に

原則として誄謚の制を採用したことは、柳宗元の虞鳴鶴誄（『柳河東集』『文苑英華』「虞鶴鳴誄」につくる）に、

誄行謀謚、惟古之道、生而無位、没有其号。

とみえることでその一端が知られる。わが嵯峨天皇の弘仁七年（八一六）、即ち唐の憲宗帝元和十一年三月に崩じた順宗の皇后王氏の葬儀に際し、奉謚についての官議があり、その官議における奏文に『礼記』の「賤不誄貴」云々引用があり、「準礼、賤不得貴、子不得爵母」と強調される言葉がみられる（『旧唐書』巻五二、荘憲皇后伝）。誄謚の制の大まかな歴史を眺めたところ、殊に空也誄の成立する約一世紀前の唐において、『礼記』の文句が官議に活用されていたことは、「賤不誄貴」云々が唐社会の規範を示す慣用句であった事実を示唆している、といえよう。ひるがえって、為憲の空也誄に引用する記述は、唐社会の慣用語となっている『礼記』の文であり、欠字部分は「幼不誄長」と推定できる。

76行「猶妙年也」―現存誄文に残された「年也」の二字に関わる欠字部分は、『礼記』の引用及び「僕者凡夫」という為憲自身を空也に比べて学徳・年齢とも浅少にであることを明らかにする言葉に当たる。空也誄作成時の為憲の年齢は明らかでないが、為憲が『三宝絵』を著した永観二年（九八四）には五十歳に手が届いていたものと仮定し、承平五年（九三五）頃を生誕とする岡田希雄氏の説（「源為憲伝攷」『国語と国文学』一九巻一号、昭和十七年一月）に従えば、空也入滅の天禄三年（九七二）には三十八歳と仮定できる。この仮定を目安にして誄の欠字部分を考えると、四十歳未満を示す二字もしくは一字を用いた可能性が強い。いま『釈名』釈喪制にみえる「少壮而死曰夭」や『広雅』釈詁一下にみえる「折、夭也。摧也」や『春秋左氏伝』昭公四年条にみえる「民不夭札、注曰、夭、短折也」や『正字通』にみえる「折、早卒」や『尚書』洪範にみえる「一日、凶・短・折。伝曰、折、未三十」や『逸周書』巻六、謚法にみえる「慈仁短折曰懐、注曰、孔晁曰、折、未三十」や『文選』巻一九、束広微の補亡詩にみえる「人無道夭。李善注曰、年未三十而死曰夭」と説明する「夭」に関わる一連の通念に、三十歳未満で他界

することを早卒と悲しみ短折と同義の理解があったことが知られる。参考のために、四十歳未満で死んだ人に対する哀辞と死亡年齢を手許の資料で示すと左表の如くである。この表から知られることは、「夭」に代えて「不幸」・「短命」という『論語』にみえる短命にしてこの世を去った顔回への哀悼句が用いられていることである。顔回が

No.	年次	西暦	人名	死亡年齢	哀辞句	出典
1	漢安二	一四三	張綱	四十六	不幸早卒	※後漢書巻五六　張興伝
2	黄初一	二二〇	李通	四十二	不幸早薨	※魏志巻一八　李通伝
3	永平一	五八	陰興	三十九	不幸早卒	後漢書巻三二　陰興伝
4	熹平一	一七二	桓帝	三十六	不幸早世	後漢書巻五六　陳球伝
5	赤烏四	二四一	孫慮	三十三	尚夭折	呉志巻一四　孫登伝
6	武徳七	六二四	薛收	〃	不幸短命	旧唐書巻七三　薛收伝
7	哀公一四	前四九〇	顔回	三十二	不幸短命	孔子家語
8	陽朔二	前二三	中山孝王	三十	短命早薨	漢書巻一四　諸候王表、同書巻七九　馮参伝
9	元康七	二九七	馬汧督	二十九	不幸短命	文選巻五七　潘岳の馬汧督誄
10	元嘉二〇	四四三	王微	〃	不幸蚤世	宋書巻六二　王微伝
11	元康九	二九九	揚仲武	〃	如何短折	文選巻五六　潘岳の揚仲武誄
12	貞元一八	八〇二	独孤君	二十七	短命	柳河東集巻一一　亡友故書省校書部独孤君墓碣
13	正平一	四五一	恭宗	二十四	如何不幸	魏書　世祖紀
14	嘉禾五	二三六	孫慮	二十	短命早終	呉志巻一四　呉主五子伝評
15	建安二四	二一九	公孫約	十八	早死	後漢書巻八一　王烈伝注
16	元始五	五	孝平皇帝	十四	短命蚤崩	漢書巻八四　翟義伝
17	延平一	一〇六	殤帝	二	短折不成	後漢書巻四　殤帝紀　注曰謚法

※は四十歳以上の参考例

死んだ年齢については、三説（四十一〜四十二歳・三十二歳・十八歳）があって、今日、辞典関係では三十二歳説（『日本国語大辞典』・『大漢和辞典』・『広辞苑』等）を採り、研究書関係では四十一〜二歳説（『新釈漢文大系　論語』・木村英一「顔淵について」『東方学会創立25周年記念　東方学論集』所収等）を採る二解釈に分かれていて、その何れが正しいか判断に苦しめられる。

私見では、呉の孫権の長子登が三十三歳で死亡し、その死の直前に登が父の皇帝に上疏した文に、

顔回有上智之才、而尚夭折。況臣愚陋、年過其寿。

とみえる言葉に基づいて、顔回三十二歳死亡の解釈が三世紀の貴族社会に根強く浸透していたものと推定している。従って、一覧表からも知られる不幸短命の社会通念が、顔回故事を通して唐代まで伝統的に活かされていたことは、諸資料の検討により否めない事実である。「夭」にしろ「短命」にしろこれまで考えてきたことは、三十歳未満もしくは四十歳未満で死んだ人に対して用いられる哀辞であって、現に生きている為憲などの若い人に対して用いられる文句ではない。そこで、年齢について古来からの法制上にみられる規定を辿ってみるのもこの際必要であろう。

『礼記』巻一、曲礼上に、

人生十年曰幼、学。二十曰弱、冠。三十曰壮、有室。四十曰強、而任。

とみえ、『広雅』巻三上、釈詁には、

幼、少也。少、劣也。劣、弱也。

とみえ、わが国の『養老戸令』第六条によると、

凡男女三歳以下為黄、十六歳以下為少、廿以下為中。

と定めている。ここにみた「小・少」は二十歳未満の年代の人に用いられる表現であることが知られる。この「小」について、『広雅』巻一、釈詁二には「妙、小也」とあることや、『正字通』丑集下、女部に「妙、小年也」

と説明する記述に注意すると、「小」は「妙」と同義であることが知られる。前漢の武帝時代、十八歳の終軍が南越に使したことを、曹植は『求自試表』の中で「終軍妙年以使越」と表して、十八歳の若い人に「妙年」の言葉を用いている。又、詩聖李白と並び称される杜甫は、『奉贈厳八閣老詩』の中で「扈聖登黄閣、明公独妙年」と詠んでいる（『杜工部詩集』巻一〇）。ここにいう妙年の明公とは、曾祖李粲の諡号明をうけた開元十四―十七年頃の李元紘を指す。元紘は開元二十一年に太子詹事を極官として病没している。『旧唐書』巻九八に収める李元紘伝には没年齢を記さないので、開元十四―十七年当時の元紘の年齢が何歳であったかは定かでない。がしかし、学識深い杜甫が『広雅』の説を知っていて「妙年」を用いたものと仮定すれば、『釈名』の説から三十歳まで年歯の最大限を求めることができる。元紘伝によれば、元紘は太平公主が碾磑について僧寺と争いを起こした時に雍州の司戸であったが、長史の竇懐貞が公主の勢威を恐れ公主に有利な決定をするように元紘に促したことがあり、それを元紘ははねつける善政を行った。そして、開元に入ってから万年県令・京兆君・工部兵部吏部の三侍郎を経て十四年中書侍郎となり執政に加わったという。もし杜甫が妙年を三十歳として用いたという仮定に基づけば、開元十四年元紘三十歳は開元元年十六歳となり、正史にみえる京兆君に任じられる年齢に不足である。ということは、妙年の上限が三十歳でなくそれ以上の年歯の者に対しても使用されることを、杜甫の詩は示唆している。ここでは妙年の上限の検討は必要でなく、妙年が社会通念として四十歳未満の人に用いられることさえ知られればよい。即ち、空也誄の作者源為憲が天禄三年時の誄作成に、自分自身のことを「妙年」と著すことの可能性は極めて高いのである。よって、以上の検討から誄に欠ける一字が「妙」であると推定し補った。「妙」の上の欠字は、文意上「僕者凡夫」と自己を卑下した上で更に自身の年歯の少なくて〈積徳の浅いこと〉を強調した文字に擬定する必要がある。私見では「猶」をこれに当てた。

76～77行「顧上人誄徳寔尊焉」―現存誄文「顧」・「徳寔尊」の四字を欠く。為憲の空也上人に対する尊敬・傾倒・機微に関わる考え方を吐露した言葉がここで表象されるものである。だから、為憲の生活の信条や日常の生きざまが摑めない筆者としては、どのような表現をここで採ったかは分からない。ただ「夫賤不誄貴」云々表現から、

空也＝上人（聖）＝長＝高年＝貴＝徳尊

為憲＝凡夫（愚）＝幼＝妙年＝賤＝徳卑

の対比があるように思われる。為憲の空也に対する比較の背景には、『孟子』巻四、公孫丑章句下にみえる三達尊の思想が秘められているのではないか。「顧」は為憲が空也の過去の業績をふりかえって考えると、という意味から補ったもので、「徳尊」は三達尊の思想を類推し更に強意の「寔」を補った。

77行「既而」―現存誄文に欠ける。空也誄を検討して感じられることは、為憲の好む傾向として「之」・「爰」・「到」の字が用いられることである。いま為憲の好字を誄から更に検出することは困難だが、誄文に活用され且つ「古人有言」に結びつく副詞句をば、48行「既而」と考えられるところからここに補った。

82行「為因」―底本「□因」とし、群本「□目」とする。「因」は「囙」とも書くところから群本のように誤写される結果を招いたものであろう。欠字部分を「為」として補ったのは、「因」と結合する文意上「為」がふさわしいと考えただけに過ぎない。後考を俟つ。

第四章　中文体誄と和文体誄

第一節　卜幽の読耕斎林君誄

【解題】

卜幽（一五九九―一六七〇）は、本姓を小野といい、名を壱、字を道生という。卜幽は後陽成天皇時代即ち、豊臣秀吉の没後世は漸く内府徳川家康に靡き始めた慶長四年〈卜幽軒稿の解説には「慶長三年」とする〉三月、京都に生まれた。藤原惺窩の学統をひく鎌田得庵（別名を菅玄同という）に儒学を学び、寛永五年（一六二八）得庵の死後林羅山に師事した。丁度この頃、林靖は五、六歳で父親の膝に纏わりついていたが、卜幽はその靖の印象が目に焼きついていたらしい。それは誄に、

初、余在二洛陽一、嘗執二謁于先生一。時君之年五六歳、而侍二先生膝下一、仰二見余一而微笑。

と卜幽が詠んでいることから知られる。その才を認められた卜幽は、先師得庵の亡くなった年に水戸家第二代藩主頼房の侍講となる。後年、水戸光圀が大義名分を重んじ儒者を厚く礼遇して水戸学の基礎を作りあげ、『大日本史』という幕藩体制下における封建的秩序の倫理史観を編纂する宿命は、その生誕が卜幽の侍講任官と期を一にする所にあった。

卜幽は光圀の出生から成長の過程にあって、常に師として陰に陽に深い影響を与えた人物であった。そして、四十六歳の時、幕府諸家の系図編集に参与したことで尾張家の侍講安斎などと共に家光から労をねぎらわれ、銀五十枚を下賜されている（『徳川実紀』正保元年正月十日）。万治四年八月、藩主頼房が薨ずるや侍講の職を去り隠居した。時に卜幽六十一歳であった。隠居生活十年目の寛文十年七月八日、七十二歳の一生を終える。

卜幽とは号の卜幽軒を採る名称で、別に林塘庵・白賁園・把茅亭の号をもち、通称を卜友といった。卜幽が羅山に師事してからその子息の恕（鵞峰）や靖（読耕斎）と親しくし、靖がなくなった万治四年（一六六一）三月十二日の第一周月忌に臨み、藩主頼房の弔問使者として派された時、使者として祭文を読んだ。所謂、「読耕斎林君誄」は卜幽が公式に藩主の名代として祭文を読んだ後、私的な立場から読んだ自作の哀辞である。林鵞峰の文集『文苑雑纂』哀悼四　天倫哀事に、

辛丑四月十二日、当彦復第一周月忌辰也。……春信（鵞峰の子）自読二其所レ作祭文一。……次春常読二哀文一。事畢。時水戸羽林君、裁二賜祭文一。且奠二清酌明樽及乾魚一笥一使。人見一号卜幽軒、為二使价一向二墓前一読二祭文一。読了焚レ之。次卜幽読二其所一作誄

と、読耕斎の第一周月忌における行事の中に誄のことが記されている。

誄は序文七六五字・本文一九二字計九五七字から出来ている。序文には『礼記』巻一八、学記の、

良冶之子、必学レ為レ裘、
良弓之子、必学レ為レ箕。

とみえる対句を活かして、

聞者解レ頤、於三以知二弓冶之子一、能為二箕裘一。

と表現し、その人となりを描写するのに、

孝二于父母一、友二于兄弟一、
慈二于妻孥一信二于朋友一。

孝・友・慈・信の常套倫理句を用いている。孝友は『毛詩』伝にみえる「善二父母一為レ孝、善二兄弟一為レ友」を引くものであり、『論語』為政篇にみえる「書云、孝乎惟孝、友二于兄弟一」をふまえての表現であり、第四句は『論語』公冶長篇にみえる「老者安レ之、朋友信レ之」を理解しての述作である。

本文は第一と第五の対句の有韻と麻韻を除き、第二句より第六句の対が支韻で揃えられ、以下「嗚呼哀哉」に至る三十四句対が、各四対句毎に真・東・灰・軫・敬・刪・陌の韻で美しく統一される。ついで最後句の「嗚呼哀哉」までの十二対句は、最初の四対句が職韻で中の四対句が第一と第四句が青韻で、最後の第一・二・三句が支韻で統一されている。冒頭の「彼蒼者天」は、善良の子車三人を奪った天に恨みを訴える人々の故事をふまえた『毛詩』秦風、黄鳥の、

彼蒼者天、殲二我良人一。

を引用した句である。この四言句は、曹植の卞太后誄や潘岳の武皇帝誄や煬帝の秦孝王誄にも引かれる哀辞句で、卜幽が哀辞の慣用句に使っている手法が知られる。卜幽の哀辞慣用句の活用には、『毛詩』大雅、崧高の「維嶽降神」があり、これは既に晋の左貴嬪の元皇后誄に引用がみられる。又、『毛詩』小雅、節南山にみえる「不弔昊天」の使用は、「昊天不弔」と倒置されて誄のみならず哀策文・弔文・墓誌・碑文に屢々散見されるものである。「使人罔極」は『毛詩』小雅、何人斯にみえる、

有靦面目、視人罔極。

をアレンジした句である。卜幽が哀辞として引用した故事には、『魏志』巻二一、王粲伝にみえる、

蔡邕、聞二粲在一レ門、倒レ屣迎レ之。

の句を「倒屣送迎」と表現している所に窺われる。何れの文人も先学の影響から逃れる例なしであるが、卜幽もその中の一人であったようだ。即ち、序文で読耕斎が親しんだ詩人の蘇軾を挙げているが、本文で、

能作㆓詩文㆒、気無㆓蔬筍㆒。

といって読耕斎に仮託している。これは卜幽が蘇軾の「別㆓黄州㆒詩」にみえる、

長腰尚載撐腸米、濶領先裁蓋癭衣。

の句の一部を倒置して、

君好㆓読書㆒、腸撐芸台。

と借用している。更に蘇軾の「贈詩僧道通詩」にみえる、

語帯㆓煙霞㆒従㆑古少、気含㆓蔬筍㆒到㆑公無。

の中に類似表現を見出す時、一入その感を強くする。

林読耕斎は号で、名は靖・守勝といい、字を彦復・子文という。通称は春徳・右近という。その雅号は、読耕斎の他に、函三子・考槃邁・欽哉亭・静盧・剛訥子・甚斎等がある（小川貫道編『漢学者伝記及著述集覧』四〇一頁・名著出版会・昭和四十五年刊）。後水尾天皇の寛永元年（一六二四）冬十一月二十一日に、林羅山の第四子として京都に生まれた。幼少より父の訓導をうけ碩学の家風を身につける。明正天皇の寛永十一年冬、羅山が江戸に住居を遷した為、兄の恕と共に同行した。時に読耕斎は十一歳で、兄の鵞峰は十七歳であった。江戸に遷ってから兄と並んで勉学に力めた読耕斎は、その学問領域を博め就中詩文にその才能を伸ばした。『徳川実紀』にはこのあたりの様子を窺わせる記事を残している。

寛永二十年秋、韓の訪日客と贈答

読耕斎は後光明天皇の正保三年（一六四六）十二月九日、従来支給されていた廩米二百俵に加えて月俸十口を受け

る事になった。同月も押しつまった二十八日、将軍に初見の礼をとり、漸く儒官として立ったのが読耕斎二十三歳の時であった。承応三年（一六五四）十二月十日、羅山・鵞峰と一緒に唐武仙の小伝及びその詩文集を完成した功により、将軍から時服・羽織を賞与されている。翌明暦元年冬、韓客と再会しその才をほめられた。読耕斎は三十三歳を迎えた明暦二年、妻の死別という不幸に見舞われる。この頃には将軍の信頼も篤く、極月十二月に羅山が『大学』を進講する際には、兄の鵞峰と共に御座所において拝謁を許されている。ついで二週間後の二十六日、読耕斎は幕府儒官として名誉ある法眼位に叙せられた。

読耕斎は儒官としての喜びを味わったものの、三旬を経ずして畏敬する父の死に逢う。時に羅山は七十五歳にして、読耕斎は三十四歳であった。同年夏に父の喪を畢えると、兄鵞峰は羅山のあとの重責を帯び、弟の読耕斎は兄の職責をついで、鵞峰に給されていた禄を襲いだ。この年彼は兄と協力して、父の積年に亘る珠玉の作品集編纂にかかり、『羅山文集』百五十巻を完成する。

万治四年（一六六一）春、読耕斎三十八歳を迎えた時、五年に及ぶ鰥夫生活に見切りをつけ後妻石川氏を娶る。だが皮肉にも運命は読耕斎に甘い第二の人生を続けさせてはくれなかった。三月五日病床に臥した読耕斎は、十一日大熱を発し生死の境をさまよい苦痛に呻吟する。そしてまだ明けやらぬ十二日朝早く遂に他界した。

『文苑雑纂』をみると、読耕斎他界後の有様を次の様に記している。読耕斎の遺児八歳の勝澄が喪主に立てられ、甥の春信及び鵞峰の門生金節が鵞峰の命をうけて謚の審議を行い、「貞毅」と定める。貞は清白にして志を執る意味であり、毅は剛毅の意味であるのを読耕斎の日常行動に最もふさわしいと認めたためである。その夜に入って霊を収容する棺が出来上がる。十四日の黎明、霊柩は居宅から別墅に運ばれる巳刻からしめやかに葬儀が行われた。葬儀には祝文の奉読があり、その後喪主の霊柩に向かって香を捧げる哭泣の礼があった。儒式の凶礼が終わると、翌十五日からは俗忌五十日の式に入り、数日後には墳墓も完成する。四月上旬墓上に建てられる石碑の表書「貞毅先生読耕斎林君之墓」の彫刻も完了する。そして、第一周月忌を迎えた四月十二日、盛大な本葬が営まれた。葬儀は春信の奉読する祭文にはじまり、ついで春常の哀文が読まれ、その後水戸家の弔使卜幽が主家名代として祭文を読む。誄は祭文読了後に読まれた。かくして多くの知人・肉親よりの哀悼の文辞で彩られた葬儀が、霊柩の斂葬を滞りなく進められて無事終了したという。

時山弥八氏著す所の『関八州名墓誌』によれば、読耕斎の墓は「東京都牛込区市ヶ谷山伏町十六　林家下屋敷跡」にあるという。又、前記した『漢学者伝記及著述集覧』によると、読耕斎の作品は次の通りである。

No.	作品名	5	中朝帝王譜五巻	10	本朝遯史二巻
1	考槃余録二巻	6	読耕斎集活版四十巻	11	本朝事蹟考二巻
2	甚斎漫筆十巻	7	読耕全集二十巻	12	本朝編年録
3	守処稿	8	八人一筆一巻	13	聞見録
4	静廬客談四巻	9	平声広韻略二巻	14	和漢補衮録

【本文】史料編に掲載のため省略（九六頁）。

【読み下し文】

林靖《ヤスシ》、字は彦復、読耕斎と号し、羅山先生の少《ワカ》き子なり。
余と与《トモ》に分を深くして、素《ココロザシ》あり。
初め余洛陽《ミヤコ》に在り、嘗て先生に執謁す。
時に君が年五六歳にして、先生の膝下に侍り、余を仰ぎ見て微笑《ホホヱ》む。

其の容貌《スガタ》端正にして、其の器宇岐嶷なり。

長じて十歳許《バカリ》なるも、その人に接《マジハ》ること老成に如《ニ》てみなその不凡なるを歎《ホ》む。

先生、常は東武の柳営に侍り、適《タマタマ》告《ユルシ》を賜《ウ》くれば則ち帰洛す。

この故に、君が庭を過るは幾《ホトン》ど希《マレ》なり。

然して君日夜《ヒルヨル》、孜《シ》々として学に倦むなし。

兄の向陽軒に就《ツキシタガ》ひ、質《タダシ》し問ふ。

先生、鈞命により、一家をあげて東武に徙《ウツ》り居《ス》む。

ここに、君も亦従ひて来たる。

余、時に水戸の黄門に筮《ハジ》めて仕ふ。

君、東武に寓《カリス》居まひし、もし休仮あらば、毎に刺を先生に投《オク》る。

必ず君と清談《カタ》ること終日《ヒネモス》なり。

君、時に十三四許《バカリ》なるも、その屑を吐《カタ》るところは、悉く是れ四書六経・諸子百家の説なり。

聞くひと頤《オトガヒ》を解きて、以て弓冶の子なるを知るに於いて、能く箕裘たり。

年十七八に至《オヨ》ぶ比《コロ》、逾《マスマス》記・賦・詩を増《ツ》強《ト》め、文を属《ツヅ》ること宿構に如《ニ》て、筆を走らせて休まず。

然してその文の拠る所、孟の奥・荘の博・賈の明・揚の専なり。

その詩の本づく所、葩経・離騒なり。

而も漢・唐・宋・元に下りては、最も能く蘇・黄・西域の梵経・禅家の語録・我が邦の記録・演史を諳んず。

歌人の秘《カク》すところ、婦人の彤管、概見せざるなくして、記臆す。

且つその人となりや、父母に孝《ツカ》へ、兄弟を友《イック》しみ、妻孥を慈《アハレ》み、朋友を信ず。

我が邦の在昔《イニシヘ》につきては、措かずして論《イ》ふ。

然して中葉以降、間出の人と謂ふに可《ヨ》からん。

乃ち而立の年に至び、学最も進み徳弥《イヨイヨ》高し。

夫れ民の離れて聴くは則ち愚なり、合《ツド》ひて聴くは則ち聖なり。

みな曰はく、わが邦に初めてこの人ありと。ただに我これを多しとせず。

雞林の人も亦云はく、爾、これより先雞林使来貢の時、君館《ヤカタ》の伴《トモ》に従ひて、屢《シバシバ》学士に接《マジ》はり、筆談響くに如て且つ
詩ふと。

文の往来、積もりて案《フミ》を堆《ウヅタカ》む。

雞林の人、以謂へらく、我が朝の不乏の人なりと。

往歳《スギニシトシ》、君が妻死し、又母を喪ひ、尋ぬるに又先生卒《ナ》くなる。

ああ、患ひの至ること掇ふがごとくなり、また悼ましからずや。

君が至孝、哀戚節を過ぎ、柴のごとく毀《ヤ》せ、骨ばかり立ちぬ。

喪事は、必ず親しくし必ず誠をつくす。

葬祭の事は、向陽の兄と相《トモ》に議《ハカ》り、以てその情を尽す、また善からずや。

頃《チカゴロ》、余土佐日記を作り、註を付す書《フミ》成る。

君に序を作らしむるに、その文甚だ奇《メヅ》らし。

就中、晁衡が唐に留学せしを褒め、且つ慕ひ羨む。

これを想ふに、海に浮かぶの意あらむ。

もし君をして明に入らしめば、何にか晁衡に慙づるや、悲しいかな。

我が邦は浮屠に帰《ユダ》ねず、また耶蘇に帰《オモム》くは、怪々奇々にして、風を繋ぎ景を捕へるににたり。

あに一に此を、得《オサ》へるに可《ヨ》からむや。彜倫斁《ヤブ》るところなり。

語《コトワザ》に曰はく、鷙鳥百を累ぬるも、一鶚に如かずと。

もし林氏の兄弟、学校にありて、孝悌忠信を教ふれば、則ち風俗小康たるべし。

惟ひみるに此の時然りとす。是我には切歯腐心の秋なり。

仄かに聞くに日ごろ、君微かな恙《ヤマヒ》ありと。余おもへらく、妄《イツハリ》なしと。

ある人来たり告げて曰はく、君俄かに卒ると。

余、疾行《ワヅラヒ》を聞きて問《ト》ひたづぬれば、則ち家を挙げて慟哭し、いかんとすることなし。ああ哀しいかな。

君年三十八にして、余より少《ワカ》きこと二十五、忘年の友なり。

今よりして後の世、語るべきなし。

向陽軒、斬衰哀しみ痛み哭泣き、以て家業の衰へを歎く。

訃を省きて賻《オクリモノ》を却けるにより、門に雑の弔の賓《ヒト》なし。

ここに、事をなすに、遂に謚して貞毅と曰ふ。

これ万治四年三月の十二日なり。

古人曰はく、名は謚により高められ、実は誄を以て華《カザ》らると。

余が君を誄ぶに、その実を華ること能はず。

然して、誄《シノビゴト》は多きを以て盛事たり。

聊かその行徳を述べ、以て霊《ミタマ》座を奠《マツ》らむ。

その辞に曰ふ、

彼の蒼《アヲ》きなるは天、心をもつやいなや。
黙々として言《カタ》らず、造物浮休あり。
形よりして上《カミ》なる者、冥捜すべからず。
形よりして下《シモ》なる者、歴然として眸《ヒトミ》を満たす。
天の垂象、日月の二儀（陰陽）あり。
星辰衆多くして、空を満たして逶迤《タヲヤカ》たり。
地《ツチ》の理《コトワリ》を察るに、山も川も涯《ハテ》あり。
丘垤《ヲカ》の細き流れ、幾多となりて倍蓰《マ》す。
鳥獣のなかの麟・鳳、草木のなかの芝・椿。
大抵《オホヨソ》の万物、疵多くして醇少なし。
豈ただに万物のみならず、人も亦倫《ミチ》を殊《コト》にす。
民ありて以来、孔聖一人。
中華にて猶然り、況んや日の東をや。
古よりわが邦、最も儒風を慕ふ。
経・史の句読《ヨミ》、ほぼ疏通あり。
孔孟の道統《スヂ》、未だかつて折衷することあらず。
これこの嶽神を降したまひ、林君出胎《ウ》まる。
能く父の業《ワザ》を継ぎ、この土《クニ》の上才なり。
君は読書を好み、腸《ハラ》芸台を撐《ツカ》へる。

万のうち数人も無く、君を指して推を輓く。
游夏にあきたらず、顔を睎《シタ》ひて閔に与らんとす。
蔵否は糊を含み、これを不忍と言ふ。
能く詩文を作り、気に蔬筍なし。
塊《ヒト》り浮屠を看て、睨《ウカガ》ひて矛盾を視る。
君が游芸を知るも、未だ淵令を窺へず。
われその徳を懐ひ、屣を倒して送り迎ふ。
終日晤語《ヒネモスカタラ》ひ、心より親しみ貎《ツツシ》み敬《ウヤマ》ふ。
時に逸《スグ》れたる興を催し、洛下の詠を作る。
動《ヤヤ》もすれば卜隠《カク》れんとし、高《ノボ》りて東山に臥す。
或るときは深衣を披《ヒラ》きて、林の間に徜徉《タチモト》ほる。
或るときは野服を著て、堵《カキ》の環《マハリ》に静かに坐る。
晦菴蒙訓、五不刪と謂ふ。
ああ悲しいかな、この夕何れの夕なるや。
人来たりて訃《シラ》せて曰ふ、君俄かに簀を易《カ》ふと。
われ初め信ぜず、夢に如《ニ》て跡かたもなし。
少くして焉んぞ寤《サトリ》ありと云はん、摽《タカキ》然こと辟《アキラカ》なり。
嗚呼哀しいかな。
昊天《アメ》よからず、人をして極りなからしむ。

豈悼みを識るに近《セマ》りて、半面も亦惻《カナ》しむ。
これわが莫逆、覆《タフ》れて盛徳を露はす。
君堂々として去《ユ》き、われ誰と共にか識らむ。
君が修道、その心や虚霊。
殃寿うたがはず、順《コトワリ》のままに覃《フカ》みに没《シヅ》む。
天や天や、これ命の聴《サダメ》。
死生一に如て、なんぞ形となすや。
それ孤《ミナシゴ》是に藐《ウツ》くしく、それ兄これを助く。
題湊ことを敦《アツ》くするも、筮日に期あり。
隧路に露繁《オホ》く、明旌《ハタ》風に吹《ウソブ》く。
棺を県《ツリサ》げて封《モリ》つちするや、滴《オ》つる涙も帰《シタガ》ひ来《ユ》く。
ああ哀しいかな。
　辛丑四月十二日

【語註】

○羅山　出自を藤原氏とするが後林を氏とした正勝を祖父とし、父は信時母は田中氏とする。後陽成天皇の天正十一年（一五八三）八月、京都四条に生まれた。名は祖父と父の一字を取って信勝といい、字を子信、幼字を菊松麿、通称を又三郎・道春という。羅山とは号で、別に羅浮・浮山・羅洞の号をもつ。藤原惺窩に師事し、後徳川家康の侍読となり、更に秀忠・家光・家綱の四代に歴仕する。幕府創業に際し謀議に参与し、朝廷儀礼を起草し又律令を定める。幕府制定の諸法度及び国書その他の文案の大半を作成した。民部卿・法印に叙せられ、湯島の聖堂を営む。生前の著書は二百点に近い膨大な量を数えるが、三十巻を超える作品として『寛永諸家系図伝』三百七十巻・『羅山渉猟抄』百巻・『羅山詩集』七十五巻・『羅山文集』七十五巻・『本朝編年録』三十三巻・『四書集註抄』二十巻・『明人集略抄』三十巻等がみられる。後西院天皇の明暦三年（一六五七）一月二十三日に没する。年七十五。墓は東京都牛込区山伏町十六林家墓地にある（以上、小川貫道編『漢学者伝記及著述集覧』より引用）。**○少子**　小子と同義。末子のこと。『毛詩』大雅、思斎の「肆成人有徳、小子有造」の疏に、「小子是後生未成之名」とみえる。『漢書』巻七、昭帝紀に「孝昭皇帝、武帝少子也」とある。**○洛陽**　中国周代の陪都洛邑の別称。後漢・晋・北魏・隋・唐の都となる。北に邙山を望み南に洛水を臨んだ形勝の地で、長安の西京に対して東京とも言われた。これを引いてわが平安時代の源為憲作空也誄にも、空也上人が陸奥布教後の天慶元年以後「還在長安」という表現がみえる。この林君誄も平安時代の左京を洛陽と言ったことを援用したものである。**○執謁**　謁（おめみえ）をかさねること。**○端正**　きちんとしていること。『広雅』釈詁一に「端、正也」とみえる。『荘子』天地篇に「端正而不レ知二以為一レ義」の用例がある。**○器宇**　ひとがら。胸襟・度量の表現にも通じる。『晋書』巻三七、安平献王孚伝論に「風度宏貌、器宇高雅」や、『南史』梁簡文帝紀に「器宇寛宏、未嘗見喜慍色」の用例がある。**○岐嶷**　幼くて秀れていること。六臣註『文選』巻五、左思の呉都賦「岐嶷継レ体、老成変レ世」の注に「銑曰、岐嶷、少而賢者、能継二祖考之徳一」とみえる。**○老成**　経験をよく積んで成熟していること。『毛詩』大雅、蕩に「雖無老成人、尚有典刑」とある疏に「年老成徳之人」とみえる。文章などがよくねれていて巧妙なことをいう用例として、杜甫の戯為二六絶句一詩「庾信文章老更成、凌雲健筆思縦横」がある。ここでは、前句の岐嶷と照応した表現を用いた呉都賦を作者が借用したもの。従って、六臣註「銑曰、老成者、亦少而有二長老之道一」にいうところの「若い乍らませている」の意味がよい。**○不凡**　非凡と同義で人並外れて秀れていること。不凡子ともいう。『汝南先賢伝』に「足下有二不凡子一、吾来侯レ之」の用例がある。**○東武**　関東の武州、即ち江戸のこと。**○柳営**　幕府の異称。前漢文帝時代及び景帝時代の将軍周亜夫が、匈奴征討を命じられた時、細柳といわれた土地に軍営を設け、軍規厳粛で皇帝も将軍の指揮下にあったという故事に基づく。室町幕府を開いた足利尊氏が、『建武式目』を二階堂是円らに諮問答申させた中で、「鎌倉如レ元可レ為二柳営一歟、可レ為二他所一否事」といった故事は有名である。○**幾希**　めったにないこと。『孟子』巻一二、離婁章句下に「人之所三以異二於禽獣一者幾希」とある趙注に「幾希、無レ幾也」とみえる。幾は「殆ど」の意で、「まれ」の義である。○**孜孜**　つとめる状態をいう。『説文』に「孜、孜々、汲々也」とある。『尚書』益稷に「予思二日孜々一」とみえ、蔡伝に「孜々者、勉力不レ怠之謂」といい、同書泰誓下の伝にも「孜々、勤勉不レ怠」とみえる。○**鈞命**　君主の命令。ここでは将軍の命をいう。○**筮仕**　吉凶をトって仕えることで、初めて仕官する意味。『春秋左氏伝』閔公元年条に「初、畢万筮二仕于晋一」の用例がみえる。○**黄門**　中国唐の門下省の次官黄門侍郎・中納言の唐名。『拾芥抄』中、官位唐名部に「中納言黄門侍郎今世号黄門」とある。ここにいう水戸黄門とは、光圀の父頼房公を指す。○**投刺**　名刺を差出して面会を求めること。『北斉書』巻三四、楊愔伝に「投二刺轅門一、便蒙二引見一」の用例がある。○**清談終日**　高尚な話。『北堂書鈔』巻九九、談講に、「清談雅論」・「清談高論」・「講論終日」・「言談終日」・「清談極日」等の慣用句がみられる。○**屑**　ごく些細なこと。『儀礼』巻一三、既夕礼の「醯醢屑」にみえる鄭玄注に「屑、薑桂之屑也」とある。○**四書**　『大学』・『中庸』・『論語』・『孟子』の総称。南宋の淳熙年間に朱熹が『小戴礼』中の『大学』・『中庸』と『論語』・『孟子』とを合わせて四書としたという（『辞海』の説明）。○**六経**　聖人の手になつた『周易』・『尚書』・『毛詩』・『春秋』・『礼記』・『楽記』を六経というが、『楽記』は秦火によつて焼亡した為、五経のみ現存するという（『漢書』武帝紀賛）。古代の『養老学令』第七条には、「通二五経一者、大経（『礼記』と『左伝』）並通」とみえる。又、『荘子』天運篇に「孔子謂老聃曰、丘治二詩書礼楽易春秋六経一」とある。これにより、六経という言葉は春秋時代に成立したらしいことが窺われる。○**諸子百家**　春秋戦国時代の多くの学派。子とは男子の美称で、昔一門の弟子が自分の恩師を子といった。諸子という表現は前漢の碩学劉歆が用いたもので、後漢の班固著すところの『漢書』芸文志に「凡諸子百八十九家、四千三百二十四篇」とみえる。**○解頤**　口を開いて大笑すること。『漢書』巻八一、匡衡伝「匡鼎来、匡説レ詩、解二人頤一」にみえる如淳の注に、「使二人笑不レ能レ止也」とある。ここでは、大いに感心して口を開いて呆然自失するさまをいう。**○知弓冶之子、能為箕裘**　弓裘の業と箕裘の業を知ること。裘は良冶の子がその家業を継ぐ為に、父兄が金鉄を溶かして壊れた器物を修理する様を見習い、獣皮をつぎ合わせて袍裘を作る技術を会得した故事をいう。『礼記』巻一八、学記に「良冶之子、必学レ為レ裘、良弓之子、必学レ為レ箕」とみえるのを活用したもの。**○逾**　ますます。より一層。『淮南子』巻一、原道訓の「火逾然而消逾亟」とみえる高誘注に「逾、益也」とある。**○宿構**　予め下書してある詩文をいう。『魏志』巻二一、王粲伝に「善属レ文挙レ筆便成、無レ所二改定一。時人常以為二宿構一」とみえる。**○孟奥**　孟子の奥義。**○荘博**　荘周の博学。**○賈明**　賈誼の明訓。二十歳で前漢文帝の博士となった賈誼は、『過秦論』・『論時政疏』・『請封建子弟疏』等、施政に関する評論を著している。**○揚専**　揚雄の専心。揚雄に関するエピソードを『文心雕龍』・『法言』・『顔氏家訓』より抜き出すと、揚雄は、千首の賦を詠んで構想をねり、作品が完成すると疲労が一度に出て悪夢にうなされたという。又、過去の自分の文学作品を読みかえしては文章に手を加え、「壮夫不レ為也」と嘆息したという。ここに揚雄が文学活動に全力を注ぐ真摯な姿が窺われる。**○葩経**　『毛詩』の異称。韓愈の進学解にみえる「詩正而葩」に由来する。**○諳**　そらんずる。悉くそらで覚えること。**○蘇黄**　宋の詩人蘇軾と黄庭堅との并称。蘇軾は宋の眉山の人で、字を子瞻といい号を東坡居士・鉄冠道人といった。仏教及び老荘を好み、文は韓愈や欧陽脩を学び復古を唱えた唐宋八大家の一人に挙げられる。殊に詩については、宋代きっての第一人者と言われる。一方、黄庭堅は宋の分寧県の人で、字を魯直といい、号は涪翁・八桂老人・貧楽斎、私諡をば文節先生という。張耒・補晁之・秦観と倶に蘇軾門下に遊学し、天下の四学士と言われた。二人について『後村詩話』は、「元祐後詩人迭起、不レ出二蘇黄二体一、陳与義云、詩至二老杜一極矣。蘇黄、従振之、而正統不レ墜」とみえる。**○演史**　講釈や講談など、古い事蹟を述べること。『古文析義』に、「院本雑劇、演史亦此類」とみえる。**○歌人所秘**　奥義などの秘密を口授したもの。口伝などを指す。○**彤管**　女性が用いる軸の赤い筆で書いた作品。『毛詩』小雅、孥彤弓に「彤弓弨矣。（伝）曰、彤弓、朱弓也」とみえ、箋注に「筆赤管也」とある。○**妻孥**　妻と子をいう。帑は孥に通じる。『毛詩』小雅、常棣に「宜爾室家、楽爾妻帑。（伝）曰、帑、子也」とみえる。○**中葉**　中世のこと。『毛詩』商頌、長発に「昔在中葉」の用例がある。ここでは何時代を中葉と考えていたかは不明である。幕藩体制下の当時を近世・現世とするならば、鎌倉・室町幕府時代を中葉と眺めていたのかも知れない。○**間出**　不世出と同義。めったに世に現れない大人物。○**而立**　三十歳のこと。『論語』為政篇に「三十而立」とみえる。四十歳を不惑といい、五十歳を知命といい、六十歳を杖郷といい、七十歳を懸車、または古稀という。○**僉**　みな。景宋監本『爾雅』巻一、釈詁に、「僉、咸也。皆也」とみえる。又、『方言』第七に「僉、胥皆也。自レ山而東、五国之郊曰レ僉。東斉曰レ胥」とある。○**啻**　ただに。『助字弁略』巻四、啻の項に「与レ翅通、僅也。止也。第也。但也」とある。不の字と結合して反語となることが多い。○**爾**　なんじ。汝と同義。『儀礼』巻一、士冠礼に「棄二爾幼志、順二爾成徳一」とみえ、鄭玄は「爾、女也」と注を付している。女は汝の古体である。○**雞林**　新羅の古国名称。『三国遺事』巻一によれば、新羅の始祖赫居世王が雞井から出生したので、雞林国ともいうが雞龍が瑞兆を現した為であるという。又、一説には脱解王の時代に金閼智を得る時、雞が林の中で鳴いた為に国名を改めて雞林にしたともいわれるという。雞林は、「もと王京（慶州）の地名に発するものであることは明らかであるが、その雞林こそ〈喙の村〉である。即ち雞の訓と林の訓とを借りて喙の村をあらわしたものである」（末松保和「新羅史の諸問題」）という。後朝鮮の異称となる。○**詩之**　うたう。声を出し韻を合わせて歌詠すること。○**不乏人**　滅多に見られない人。かけがえのない人。○**往歳**　往年と同義。王惲の苦熱詩に「今年六月中、荼毒逾二往歳一」の用例がある。ここでは明暦二年のことを指す。○**於乎**　ああ。悲悼を表す感動詞。噫・嗚呼とも書く。○**掇**　ひろう。『周易』上経、訟に「自レ下訟レ上、患至掇也」とあり、疏に「若三手拾二掇物一然」とみえる。○**哀戚**　哀感・哀慽とも表される。父や母を失った後の喪中における孝子の悲傷感をいう。『孝経』喪親章、第一八に「孝子之喪レ親也、哭不レ依、礼無レ容、言不レ文、服レ美不レ安、聞レ楽不レ楽、食レ旨不レ甘、此哀感之情也」とある。喪礼の哀戚は周文化を踏襲した中国古代にあって人倫の基本となった。後漢の応劭著の『風俗通義』巻三、愆礼の公車徴士汝南夏甫の故事には、「閉レ戸塞レ牖、不レ見二賓客一、清旦東向再拝、朝其母念時、時往就レ之。子亦不レ得レ見、復踰拝」という。応劭はこれを「謹按二孝経一、生事二愛敬一、死事二哀慼一。一家之中、祖載崩隧、又不レ能レ送、遠二於哀慼一者矣」と解説している。**○過節**　喪中における哀戚の節度をこえること。『礼記』檀弓下第四に「喪礼、哀戚之至也、節レ哀、順変也」とみえる。哀節の具体的内容については、君子は両親を深く思慕し、招魂の礼を尽くし、死者の口に米と貝を含ませ、銘旌を立て、位牌を作り、質素な器具を使用し、衣を肩ぬぎし、髪を括り、足踏み〈踊〉を霊前でしなければならなかった（『礼記』檀弓下）。哀戚の至について、鄭玄は「念二父母生一已、不レ欲レ死傷二其性一」と注し、孔穎達は「所下以節レ哀者、欲下順二孝子悲哀一、使中之漸変上也」と疏している。**○柴毀骨立**　痩せ衰えて骨ばかりが目立つことをいう。毀は悲傷が原因で痩せること。『孝経』喪親章に「三日而食、教三民無二以レ傷レ生、毀不レ滅レ性」とみえる。柴毀・骨立はそれぞれ親を失った場合に用いる喪中の哀辞として、伝記資料に散見される。『晋書』巻八八、許孜伝に「俄而二親没。柴毀骨立、杖而能起、建二墓于県之東山一」と類例がみえる。許孜が孝子の模範となっていることは、『太平御覧』巻五五九、礼儀部　冢墓に引かれる鄭緝之東陽記に「孝子許孜父墓云々」とみえる記録により知られる。**○頃**　ちかごろ。頃者・頃日・比頃とも表される。**○土佐日記**　本朝における仮名日記の嚆矢。紀貫之が土佐国守の任期を終えた承平四年（九三四）十二月から翌年二月に帰京する迄の和歌を含んだ紀行文。女性の作に仮託している。**○序**　文章作品の本文の前に書かれた「はしがき」で、文体論上、詩・賦・頌・教・冊・論などの如く一形式を指す。晋の劉勰著す所の『文心雕龍』巻六、定勢によれば、序は史・論・注とともに「核心をつく正確さ」を示すものであるという。又、彼は言う、論・説・辞・序の形式というものは『周易』に創まると。本朝における古代の作品で序をもつ事例としては、『古事記』序・『懐風藻』序・『南天竺波羅門僧正牌』序・『威奈真人大村墓誌銘』序・『故贈僧正勒操大徳讃』序・『三教指帰』序・『中寿感興詩』序・『古今集』真名序及び仮名序等が挙げられる。〇**晁衡**　朝衡ともいう。養老元年（七一七）、吉備真備・玄昉達と一緒に遣唐使多治比県守に従って入唐した、遣唐留学生阿倍仲麻呂の唐名を指す。殊に、李白の七言絶句「哭㆓晁卿衡㆒」の表題は、仲麻呂を知る上で王維の「送㆔秘書晁監還㆓日本国㆒」五言詩・趙驊の「送㆔晁補闕帰㆓日本国㆒」五言律詩と共によく知られている。〇**浮海之意**　中国に渡る気持、即ち留学する希望をいう。〇**明**　国名、みん。朱元璋が建てた明は李自成の北京占領で十六帝荘烈帝の崇禎十七年、本朝の正保元年（一六四四）に滅亡した。従って、林靖の渡明の意志は厳密に言って正保元年二十一歳以前の事となる。〇**慙**　はず。慚とも書く。媿と同義。〇**浮屠**　ほとけ。梵語の覚者・仏陀のこと。浮図とも仏図とも表される。『後漢書』巻七二、楚王英伝に「英少時好㆓游侠㆒、交㆓通賓客㆒、晩節更喜㆓黄老㆒、学為㆓浮屠㆒」と記録されたのが最も古い。〇**耶蘇**　中国で基督教の新派を耶蘇教と称した略称。もとユダヤ人イェホーシュアが開いたキリスト教・イエズス。〇**繫風捕景**　風をしばり影をとらえること、即ちあてにならない例をいう。係風捕影とも表される。『漢書』巻二五、郊祀志に「皆姦人惑㆑衆、挾㆓左道㆒、懐㆓詐偽㆒、以欺㆓罔世王㆒。聴㆓其言㆒、洋洋満耳、若将可遇、求㆑之、盪盪如㆓係風捕景㆒、終不㆑可㆑得」とみえる。一方、蘇軾の答㆓謝孝廉㆒書に「求㆑物之妙、如㆓繫㆑風捕㆑影」の類例がみえている。〇**彝倫所斁**　人間の常に守らねばならないみち。『尚書』巻七、洪範に「我不㆑知㆓其彝倫斁㆑叙」の用例がある。〇**鷙鳥**　鳥の猛者で鷹・鸇・雕・鶚の類をいう。『淮南子』覧冥篇に「鷙鳥不㆓妄博㆒」とみえ、又、『孫子』兵勢に「鷙鳥之疾、至㆓於毀折㆒者節也」とみえる。『漢書』巻五一、鄒陽伝に「臣聞鷙鳥累㆑百、不㆑如㆓一鶚㆒」とみえ、孟康の注に「鶚、大雕也」とあり、如淳の注に「鷙鳥比㆓諸侯㆒、鶚比㆓天子㆒」とあり、師古の注に「鷙撃之鳥、鷹鸇之属也。鶚自大鳥而鷙者耳、非㆑雕也」とある。即ち、「鷙鳥……一鶚」とは、無能の者が百人集まっても一人の優れた勇士にも及ばない喩を指す。同句は、『後漢書』巻一一〇、禰衡伝に「禰衡、始冠、而融四十、遂与為㆓交友㆒。上書薦㆑之、有㆑之、鷙鳥累百、不㆑如㆓一鶚㆒」とあり、又『呉志』巻九、呂蒙伝に孫権の言葉としてある。〇**設**　懸擬の詞で「もし」と訓む。設若・設如も同じ。『助字弁略』巻五、設に「史記、竇田伝、此特帝在、即録々。設百歳後、是属寧復有可信者乎。索隠云、設者、脱也。愚案レ脱、儻或也。仮如也」とみえる。〇**孝悌**　孝弟と同じ。父母に事えてよく孝行をつくし、兄長に事えて従順なこと。『論語』学而篇に「孝弟也者、其為レ仁之本与」とみえ、集疏の皇侃注に「此更以二孝悌一解レ本。以レ仁釈レ道也」とある。『漢書』巻四、文帝紀十二年条の詔に「孝悌、天下之大順也」とみえる。〇**忠信**　誠を尽くし偽らないこと。忠とは自己の真心を尽くすのであり、信とは言質の違わないことをいう。『筍子』修身に「体恭敬、而心忠信」とあり、『礼記』礼器第一〇に「忠信、礼之本也。義理、礼之文也」とあり、同書儒行第四一には「忠信、以為二甲冑一、礼儀、以為二干櫓一」とある。〇**小康**　政治が隅々にまでゆきとどき、教化が浸透して安泰に治まること。『礼記』礼運第九に「禹・湯・文・武・成王・周公・由レ是其選也、此六君子者、未レ有下不レ謹二於礼一者上也。以著二其義一、以考二其信一、著レ有レ過、刑レ行講レ義、示二民有一レ常、如有二不レ由レ此者一、在レ勢者去、衆以為レ殃、是謂二小康一」とみえる。〇**切歯腐心**　歯をくいしばる程激しく腹を立て心を悩ますこと。『史記』巻八六、荊軻伝に「樊於期偏袒搤捥而進曰、此臣之日夜、切歯腐心也」とみえ、注の索隠に「勇者奮厲、必先以二左手一扼二右捥一也。捥、古腕字、切歯、歯相磨切也。爾雅曰、治レ骨曰レ切、腐音輔、腐亦爛也。猶三今人事不レ可レ忍、云二腐爛一然、皆奮怒之意也」とある。〇**秋**　大切な又は危急の時期をいう。『文選』巻三四、曹植の七啓八首の一に「此甯子商歌之秋」とみえ、李善は「秋、猶時也」と注している。又同書巻三七、諸葛孔明の出師表には「今天下三分、益州罷弊、此誠危急存亡之秋也」とみえ、李善は「歳以レ秋為レ功」と注している。〇**仄聞**　噂に聞く。〇**日者**　このごろ。比日・近日・間者・廼者・頃者・頃日・比者・近来・比来・比頃・頃と同義。〇**恙**　つつが、即ち人をかむ虫。転じて憂又病の意味とする。痾恙。〇**妄**　いつわり。虚誣不実をいう。『法言』巻四、問神篇に「著無験而言之謂レ妄」とみえる。〇**俄**　にわかに。『玉篇』及び『広韻』には、「俄頃、須臾也」・「速也」とみえる。『春秋公羊伝』桓公二年条に「俄而可三以為二其有一矣」とみえ、注に「俄者、謂二須臾之間、創得之頃一也」とある。〇**疾行**

速くゆくこと。ここでは病状が意外に進行したことを指す。**〇慟哭**　しゃくりあげて泣くこと。昔の葬送儀礼に哭女が号泣慟哭する所作があり、彼女達の泣き方が激しい程葬儀の雰囲気がもりあがった。これは死者に対する慰めの心情が強烈であることを示す儀礼の一つに当たる。**〇斬衰**　喪服の最も重いもの。下辺を裁ったままで輯め縫わないことを斬といい、衰は裳に対して上衣のことをいう。所謂裁ち放したままで縁縫いをしない所から「斬」といい、又、斬罪にあった様に哀痛がよく似通っているので「斬」ともいったという。子がわが父の為に、又臣が君の為に、諸侯が天子の為に、妻が夫の為に、妾が主人の為に三年の喪に服するのに使用する。『周礼』春官　司服に「凡喪為㆓天王㆒斬衰、為㆓王后㆒斉衰」とみえる。**〇訃**　死亡のしらせ。『広韻』に「訃、告㆑喪也」とある。**〇賻**　おくる。喪主を助ける為に布帛財貨を贈ること、又その贈物をいう。『広雅』巻二上、釈詁に「賻、助也」とみえ、同書巻四上、釈詁には「賻、贈也。賵也。送也」とある。又、『集韻』には「賻、助也。所㆓以贈㆑終、布帛曰㆑賻」とみえ、『儀礼』巻一三、既夕礼に「知㆓死者㆒贈、知㆓生者㆒賻」とみえる。**〇賓**　客のこと。**〇襄事**　葬式を済ませること。『春秋左氏伝』定公十五年条に、「葬㆓定公㆒、雨不㆑克㆑襄㆑事、礼也」とみえ、注に「襄、成也」とある。『書言故事』葬類に「葬曰㆓襄事㆒」とある。**〇貞毅**　『文苑雑纂』一二、天倫哀事によれば、春信と門生の金節が審議して誄としたという。その理由として、「貞者取㆓清白執㆑志之義㆒、毅者剛毅之謂也。此二字、聊合㆓彦復平素之行㆒」を挙げている。**〇万治四年**　辛丑の年（一六六一）で、正月二十日には江戸の大火があり、四十二町が焼け商店七十八軒と橋が焼消した。又同年寛文と改元した冬十一月にも夕刻から牛込の辺りで出火し、酒井忠勝の隠宅も焼失する。この年将軍家綱は二十一歳であった。**〇華其実**　誄の条件として心がけねばならないことは、徳行を賛える・悲哀を吐露する・実を尚ぶ・尊貴の人におくることである。故人の徳行を不朽にするには、何よりも真実性に溢れている内容が不可欠である。所謂、中国史上最初の文学評論といわれる魏文帝の『典論』に、「夫文本同而末異。蓋奏議宜㆑雅、書論宜㆑理、銘誄尚㆑実、詩賦欲㆑麗」とみえる。この尚実性をつきつめれば、柳下恵の妻や王劭之の夫誄・李玄成の妻誄のごとき最愛の伴侶におくる誄、ついで魏文帝の蒼舒誄や曹植の文帝誄や煬帝の秦孝王誄や陳子良の陳子幹誄のごとき肉親におくる誄、そして潘岳の楊仲武誄や邢夫人誄のごとき姻籍・血縁・君臣の人間関係でない親しい友人におくる誄が成立する。謂わば、林君誄はこの第三の範疇に属するものであり、修道生活に培われた儒者倫理の中に形成される尊敬が卜幽をして格調高い哀辞の制作となったものである。**○彼蒼者天**　『毛詩』国風、秦風、黄鳥にみえる「交々黄鳥、止㆓于棘㆒、誰従㆓穆公㆒、子車奄息。維此奄息、百天之特、臨㆓其穴㆒、惴々其慄、彼蒼者天、殲㆓我良人㆒」から引用された哀辞の慣用句。秦の穆公がなくなった時、殉死した人が百七十人もいた。その中に子車氏の三人の子奄息・仲行・鍼虎がいた。殉死の風習は西戎の模倣らしいが、後の始皇帝のなくなった時には、後宮の婦女や墓作りの工匠も殉葬させられた。ここでは善良の子車三人を奪った恨みをこめて、天になげき訴える感情をふまえての悲痛感を表している。この慣用句は、曹植の卞太后誄では「痛莫㆑酷㆑斯、彼蒼者天」となり、潘岳の武皇帝誄では「彼蒼者天、胡寧㆓斯忍㆒」となり、煬帝の秦孝王誄では「彼蒼者天、子何甚矣」となる。蒼天については、『爾雅』巻五、釈天に「穹、蒼蒼、天也。春為㆓蒼天㆒」とみえ、春の天をいう。**○浮休**　生と死のこと。『荘子』刻意篇に「其生若㆑浮、其死若㆑休」とある。**○形而上者**　五感により捉えられないもの。『周易』繋辞上伝「形而上者謂㆓之道㆒」とある。『漢書』巻七三、韋賢伝にみえる詩の「我雖鄙耇、心其好而、我徒侃爾、楽亦在而」について、顔師古注は「而者、句絶之辞」と述べている。呂叔湘著『文言虚字』には、「而字還有一個用処、用在表時間、地域、数量的名詞之後、下接㆓〈上〉〈下〉〈東〉〈西〉之類的方位詞㆒」とみえて、「形而上者謂之道、形而下者謂之器」の例を挙げている。この用例は『周易』繋辞上伝を引くものであることからみて、卜幽の修辞も『周易』に依るものと推定される。**○冥捜**　暗闇で摑まえること。**○二儀**　陰と陽。**○星辰**　星。『尚書』巻一、尭典に「欽若㆓昊天㆒、暦㆓象日月星辰㆒」とある。**○逶迤**　逶迤・委迆にも作る。長いさま、斜めに行くさまの表現句。宋謝荘の孝武帝哀策文「動㆓蜃輅之逶迤㆒、顧㆓璧羽之容裔㆒」や斉王倹の高帝哀策文「旋㆓王軑之皦鏡㆒、動㆓雲旗之逶迤㆒」や褚遂良の唐太宗文皇帝哀冊文「聳㆓軽旆之逶迤㆒、動㆓辺笳之簫瑟一」や則天武后の唐高宗天皇大帝哀冊文「列二璧羽之逶迤一、動二鐘挽之簫瑟一」や李嶠の唐懿徳太子哀冊文「引二文衛之逶迤一、度二繁笳之凄惨一」や常袞の承天皇帝哀冊文「出二仙禁一兮逶迤、指二横橋一兮西去」や令狐楚の唐憲宗章武皇帝哀冊文「逶迤原野、蒼茫日月」等、一連の哀策文に同句が検出される。〇**垤**　ありづか。『説文』に「垤、螘封也」とみえる。『毛詩』豳風　東山に「鸛鳴二于垤一、（伝）垤、螘塚也」とある。ここでは、「ちっぽけな丘」の意。〇**蓰**　五倍のこと。『孟子』巻五、滕文公章句上に「或相倍蓰、（趙注）蓰、五倍也」とみえ、又『集韻』も「蓰、物数也。五倍曰レ蓰」とみえる。〇**麟鳳**　麟は地上の瑞獣。晋の郭璞の麟賛には「麟惟霊獣、与レ麏同レ体、」とみえる。『芸文類聚』巻九八、祥瑞部上、麟の項に収める『孫氏瑞応図』によれば、天下太平の時に姿を見せるという。瑞祥の出現は屢々改元の要素となるが、中国では麟嘉・麟徳の年号がみられる。『春秋左氏伝』哀公十四年条には、春に西の方大野の狩で叔孫氏の車の係に当たった人の子、鉏商が麟を捕えた故事は有名である。一方、鳳は瑞鳥。『芸文類聚』巻九九、祥瑞部下、鳳皇の項に収める『琴操』によれば、周の成王の時代に世の中がよく治まり鳳皇が飛来して庭に舞降りたという。又晋の郭璞の鳳鳥賛には「鳳皇霊鳥、実冠羽群」とみえる。麟と同じく鳳も早く前漢昭帝の紀元前八十年に元鳳年号として採用され、ついで宣帝時代に五鳳年号が使用された。外戚王莽も天鳳年号を用いているし、三国の呉も神鳳年号を活用している。ついで五鳳・鳳皇年号が作られ、降って唐の儀鳳年号がみられる。祥瑞の麟鳳は『延喜治部式』の大瑞に、「麟〈仁獣也。麕身羊頭。牛尾一角。端有レ肉〉。鳳〈状如レ鶴。五綵以文。鶏冠鷰喙、蛇頭龍形〉」とみえる。『芸文類聚』巻九八所収『尚書中候』に「麒麟在レ囿、鸞鳳来儀」の用例がある。〇**芝**　霊草木の一つ。『説文』に「芝、神草也」とみえ、『孝経援神契』には「徳至二於草木一、則芝草生」とある。又、『延喜治部式』の下瑞に「芝草〈形似二珊瑚一、枝葉連結、或丹或紫、或黒或金色、或随二四時一変レ色、一云一年三華、食レ之令二眉寿一〉」とある。〇**椿**　長寿の樹。『荘子』逍遥篇に「上古有二大椿者一、以二八千歳一為レ春、八千歳為レ秋」とみえる。椿寿・椿年・椿令等の用語がある。〇**翅**　ただに（啻）と同義。『説文通訓定声』に「翅、叚借為レ啻」とみえる。

『孟子』巻一一、告子章句下に「奚翅食重」とある趙注に「翅、辞也」とし、朱注に「奚翅、猶レ言二何但一」とみえる。『続日本紀』天平宝字三年六月庚戌条にみえる淳仁天皇詔に「又御命坐世宜久、太保乎波多他仁卿止能味波不レ念」の用例がある。**〇倫**　みち。世間の道理。『論語』微子篇に「欲レ絜二其身一、而乱二大倫一」とみえる集解に、「包咸曰、倫、道也。理也」とある。又、同篇に「謂二柳下恵・小連一、降レ志辱レ身矣、言中レ倫、行中レ慮」とある。又、『礼記』巻二五、祭統に「夫祭有二十倫一焉」とみえ、その中に「事二鬼神一之道・見二君臣之義一・見二父子之倫一」があり、鄭玄注は「倫、猶レ義也」とする。**〇生民以来、孔聖一人**　『孟子』巻三、公孫丑句章上の「自レ有二生民一以来、未レ有二孔子一也。……自二生民一以来、未レ有レ盛二於孔子一也」をアレンジした表現。ここで、卜幽が『孟子』に造詣が深いことを知ることができる。**〇維嶽降神**　嶽とは東嶽・南嶽・西嶽・北嶽の四嶽をいう。『爾雅』巻七、釈山によれば、「河南華・河西嶽・河東岱・河北恒・河南衡」とあり、晋の郭璞は「華、陰山也。西嶽、呉嶽也。代宗、泰山也。北嶽、恒山也。衡山、南嶽也」と注している。尭の時、姜氏が四伯となり四嶽の祀を掌り、諸侯の職を掌ったという。これは高山が神霊を降して賢人を生ずる喩に用いた慣用句。『毛詩』大雅、崧高に、「崧高維嶽、駿極于天、維嶽降神、生甫及申」とみえる。誄に引用された例には、晋の左貴嬪の元皇后誄があり、わが国では奈良朝の作者未祥の貞慧法師誄がある。**〇上才**　優れた才能の持主。『後漢書』巻五八下、馮衍伝賛に「体兼二上才一、栄微二下秩一」とみえ、又、『文選』巻三〇、沈約の応二王中丞思遠詠一レ月詩に「西園游二上才一」と用例がみえる。**〇撐芸台**　撐は支える義。『集韻』に「撐、柱也」とある。芸台〈うんだい〉の芸は香車。『正字通』に「芸、沈括筆談曰、古人蔵レ書辟レ蠹、用二芸香一」とある。漢の蘭台は宮中の蔵書の場所で、書蠹を避けるのに芸香を使用した。これより秘書監を別名芸台と言うようになった。ここでは、詩文を考えることを指す。蘇軾の試院煎茶詩に「不レ願撐レ腸柱レ腹文字五千言」とみえる。**〇輓推**　前後から引っぱりすすめる。人の推薦のこと。『春秋左氏伝』襄公十四年条に、「或輓レ之、或推レ之」とある。**〇屑**　心中で満足すること。潔と同義。『毛詩』鄘風、君子偕老に「鬒髪如レ雲、不レ屑レ髢也」とみえる鄭玄注には、「屑、絜也」

とある。絜は潔に通ずる。**○游夏**　孔子の弟子子游と子夏のこと。『文選』巻五四、劉孝標の弁命論「雖㆓游夏之英才、伊顔之殆庶㆒」の李善注に、「史記曰、言偃呉人字子游夏、子夏也」とあり。又、六臣注に「向曰、游、子游。夏、子夏。有㆓文学㆒」とある。子游は生没年次不明。春秋時代の呉人。姓は言といい、名は偃。子游は字である。呉文学の開祖。魯に仕えて武城の宰となり、礼を習得した著名人。『論語』先進篇に「文学には子游、子夏」とある。又、「子、武城に之き、弦歌の声を聞く。夫子莞爾として笑って曰はく、鶏を割くに焉んぞ牛刀を用いんと」とみえ、ついで「子游対へて曰はく、昔、偃これを夫子に聞けり。曰はく、君子道を学べば即ち人を愛し、小人道を学べば即ち使ひ易し」と陽貨篇にあり。子夏も生没年次不明。周代の衛人。名を商といい字を子夏という。孔子より四十四歳若い。博学により著名であり経典に造詣を深くし、子游と共に文学十科に列する。『毛詩序』は、游の遺説という。孔子の死後、西河において学問を講じた。年老いて子を失い、悲歎にくれて遂に盲目となる。**○睎**　したう。『法言』巻一、学行篇に「睎㆑顔之人、亦顔之徒也〔注〕睎、慕也」とみえる。**○顔**　孔子の弟子顔回の略称。顔回は生没年次不明。春秋時代末の魯の碩学。字を子淵といい、閔子騫・冉伯牛・仲弓と共に徳行に優れていた。学問を好み怒を遷すことなく不幸短命で他界した。**○閔**　孔子の弟子閔子騫の略称。生没年次不明。顔回と同じく魯の人。名を損といい字を子騫という。温厚の君子で徳行で有名である。**○蔵否**　よしあし。『毛詩』大雅、抑に「於乎小子、未㆑知㆓蔵否㆒」とみえ、釈文には「蔵、善也。否、悪也」とある。**○含糊**　はっきりしないこと。含混・含胡・含啁と同義。『文選』巻一八、潘岳の笙賦に「含喗晤諧、雍々喈喈」の用例がみえる。**○蔬筍**　蔬菜や筍を常に食する気持。或いは俗世間を脱け出た僧侶の気持。『爾雅』巻五、釈天に「蔬不熟為㆑饉」について、郭璞注に「凡草菜、可㆑食者通名為㆑蔬」とみえる。筍は又同書巻八、釈草に「筍、竹萌」とみえ、郭璞注に「初生者」とある。蘇軾の贈㆓詩僧道通㆒詩に、「語帯㆓煙霞㆒従㆑古少、気含蔬筍㆒到㆑公無」の用例がある。**○浮屠**　梵語の音訳。浮図・仏図とも書かれる。仏陀の別訳。古代においては浮屠道（仏道）及び仏教徒に用いられた。『後漢書』巻七二、楚王英伝に「英少時好㆓游侠㆒、交通賓客。

晩節更喜二黄老一、学為二浮屠一斎戒祭祀」とみえ、注に引く『袁宏漢紀』には、「浮屠、仏也。西域天竺国有二仏道一焉。仏者、漢言レ覚也。将以覚二悟群生一也」とある。『仏教大辞彙』（冨山房・大正十一年刊）によれば、前漢哀帝の元寿元年（前二）大月支国の王使伊存来りて景憲の為に浮屠経を口授したという『魏略』西戎伝に基づき、仏教に関する訳語の中で最も古いものであるという。**〇淵令**　極めてよいことをいう。『文選』巻五七、謝荘の宋孝武宣貴紀誄に、「世覆二沖華一、国虚二淵令一」とみえ、六臣注に「済曰、淵、深、令、美也」とある。李善注は「毛詩曰、秉心塞淵」という。**〇倒屣**　喜びのために屣を倒して急ぎ客を出迎えること。『魏志』巻二一、王粲伝にみえる「蔡邕、聞二粲在一レ門、倒レ屣迎レ之之日、此王公孫也」の故事をいう。**〇晤語**　向かいあって話しあうこと。『毛詩』陳風、東門之池に「可二与晤語一」の用例があり、又、詩聖杜甫の賛公房詩にも「晤語契深心」の事例がみられる。**〇貌**　つつしむこと。『論語』郷党篇に「雖レ褻必以レ貌」の用例がある。**〇東山**　晋の謝安が世俗を避けて隠遁した故事の山。『晋書』巻七九、謝安伝に「桓温請為二司馬一、将レ発二新亭一、朝士咸送。中丞高崧戯レ之曰、卿累違二朝旨一、高二臥東山一」とみえる。**〇深衣**　上着と裳裾とが続いている衣。周時代の大夫・士の朝粲の次服。庶人の吉の服をいう。『方言』第四の冒頭に「禅衣、江淮南楚之間、謂二之褋一。関之東西謂二之禅衣一、有レ褎。趙魏之間、謂二之袏衣一、無レ褎者、謂二之裎衣一。古謂二之深衣一」とみえる。郭璞はこれに「制見二礼記一」と注している。『礼記』巻三九、深衣には、「古者、深衣蓋有二制度一、以応二規矩縄権衡一、短毋レ見レ膚、長毋レ被レ土、続レ衽鉤レ辺。要縫半レ下、格之高下、可二以運一レ肘、袂之長短、反二詘之一及レ肘。帯下毋レ厭レ髀。上毋レ厭レ脅。当二無レ骨者一」とみえ、疏には「深衣、連二衣裳一而純レ之以采者、素純曰二長衣一、斉レ表則謂二之中衣一云々。凡深衣皆用二諸侯・大夫・士一、夕時所レ著之服、玉藻云、朝玄瑞、夕深衣、裒人吉服、亦深衣、皆著レ之在レ表也」とある。**〇徜徉**　たちもとおる。彷徨・彷徉と同義。『玉篇』に「徉、彷徉也」、『集韻』に「徉、広雅、彷徉、徒倚也」とある。**〇野服**　無官の人が着用する衣服。『晋書』巻九四、安道先生と諡され自ら東嶽の道士と称した張忠が時の権力者苻堅に述べた言葉にみえる「年朽髪落、不レ堪二衣冠一、請以二野服一入レ覲」が参考となる。『礼記』巻一一、郊特性に「大羅氏、天子之掌二鳥獣一者也。諸侯貢属焉、草笠而至、尊二野服一也」とみえ、疏に「尊二野服一也者、草笠是野人之服、今歳功成、是由二野人一而得、故重二其事一而重二基服一」とある。**○堵**　かき。宅の廻りの垣。転じて居所の義。**○晦菴**　宋の朱熹の講学した室名。後朱熹のことを晦菴先生という。現在の福建省建陽県の西北にある雲谷山の傍にあった。その子在の編集といわれる文集一百巻を『晦菴集』という。**○删**　定めのこと。『一切経音義』一に「删、定也」とみえる。ここでは、深衣をきること・徜徉すること・野服を着用すること・静坐すること・朱熹の訓えをうけることをいう。**○易簀**　臥牀をとりかえること。賢人の死をたとえていう。孔子の弟子曾参が臨終の時、敷いていた季孫からもらった大夫用の簀を身分にふさわしくないといって替えさせて死んだ故事による。後人の将に死なんとすることを易簀という。『礼記』巻三、檀弓上に「曾子寝レ疾病。童子曰、華而睆、大夫之簀与。曾子曰、然。斯乃季孫之賜也。未二之能レ易也。元起易レ簀」とみえる。**○摽然**　高いさま。『菅子』巻一二、侈靡に「若夫教者、摽然若下秋雲之遠、動二人心一之悲上」とみえる。**○昊天**　あめ。蒼天。万物の主宰者。天は季節によって違った呼称をもった。『爾雅』巻七、釈天には「春為二蒼天一、夏為二昊天一、秋為二旻天一、冬為二上天一」とみえる。これを総称して四天ともいう。又、天に方位別に異なる名称をつけていたことは、九天の言葉によって知られる。『呂覧』巻一三、有始覧に「天有二九野一、中央曰二鈞天一、東方曰二蒼天一、東北方曰二変天一、北方曰二玄天一、西北方曰二幽天一、西方曰二顥天一、西南方曰二朱天一、南方曰二炎天一、東南方曰二陽天一」とみえる。**○不弔**　よからず。弔は「恵」・「善」・「良」・「淑」の意味と同じ。『毛詩』小雅、節南山に「不弔昊天、不レ宜レ空二我師一」・「不弔昊天、乱靡レ有レ定」の用例がみられ、「昊天不レ弔」の句は、哀辞によく用いられた慣用句である。**○罔極**　『毛詩』小雅、蓼莪に「欲報之徳、昊天罔極」の用例があり、又、同書小雅、何人斯に「有靦面目、視人罔極」の事例が検出される。**○半面**　はんめん。顔の半分の義から少しの知合をいう。『後漢書』巻四六、応奉伝の注に引く謝承書に、「奉年二十時、嘗詣二彭城一、相二袁賀一。賀時出行閉レ門。造レ車匠於レ内開レ扇、出二半面一視レ奉、奉即委去、後数十年、路見二車匠一、識而呼レ之」とみえる。○**莫逆**　ばくぎゃく。気の合った友人のこと。『荘子』内篇、大宗師の「四人相視而笑、莫レ逆二于心一、遂相与為レ友」を出典とする。この句は「魚水之交」と共に慣用句となっている。○**覆**　たおれる。「倒」と同義で「死去すること」をいう。○**露**　あらわす。「見」・「顕」と同義。○**虚霊**　私利私欲から遠ざかり心情を空しくすること。朱熹の『大学章句』の明徳の注に、「明徳者、人之所レ得二乎天一。而虚霊不昧。以具二衆理一而応二万事一者也」とみえる。○**殃**　とが・わざわいのこと。寿が長寿・長生・長命とある様に、人間一生の幸運な「ナガイキ」を指す。その反対の意味が不幸であり、病気・事故・死という現象が天からの咎即ち「殃」である。○**順**　ことわり。『説文』に「順、理也」とある。○**没**　物事に溺れること。『集韻』に「没、沈溺也」とみえる。○**死生**　自然界の有為転変は、人力で以てどうにもできず一に天命による。『論語』顔淵篇にみえる「死生有レ命、富貴在レ天」は人口に膾炙する句である。因みに例を挙げると、陶淵明の与子儼等疏に「天地賦命、生必有レ死、自レ古賢聖、誰能独免。子夏有レ言、死生有レ命、富貴在レ天」とあり、又、『文選』巻五四、劉孝操の弁命論にも四言二句を引用する。○**藐**　小さいさま。『説文通訓定声』に「藐、叚借為レ秒」とみえ、『広雅』巻二上、釈詁に「藐、小也」とある。又、『春秋左氏伝』僖公九年条に「以二是藐諸孤一、辱在二大夫一」の用例がみられる。○**題湊**　厚葬の一種で棺外に木を累ねたもの。『礼記』巻三、檀弓上に「柏椁以レ端長六尺」とあって、鄭注に「以レ端題湊也。其方蓋一尺」とみえ、疏に「椁材並皆従レ下累至レ上始為二題湊一。湊、嚮也。言三木之頭相嚮而作二四阿一也」とみえ、釈文に「題、頭也。湊、聚也」とみえる。『漢書』巻六八、霍光伝に「光甍、賜二梓宮・便房・黄腸題湊各一具一」とみえ、注に「蘇林曰、以二柏木黄心一、致二累棺外一、故曰二黄腸一。木頭皆内向、故曰二題湊一」とある。秦漢代の木槨の様子を述べた『呂氏春秋』巻一〇、節喪篇の一節に、「題湊の（墓）室は、棺槨を数（回）もかさね、石を積み、炭を積んで、以て其の外側を環らす」とある。『後漢書』巻一六、礼儀志所引の『漢旧儀』略載には武帝陵のこととして、「梓棺を内《ヲサ》め、柏の黄腸の題湊で以て次《カザ》る」とあり、あるいは功臣の死に際して特に題湊を下賜し、これを用いさせた。題湊は天子や高級な官吏の使用した特別なものであった。題湊の室とは元来、柏材の小口の黄心なるを累積して室内周壁を構成しているものを指す。楽浪漢墓の彩篋塚は、主槨では東・西・南の三壁上部に角材で枠をつくり、その内側に東西方向に二三本の角材を横架して最下の天井となし、その上は角材十八本を南北に並べ、その上層は東西に置いてあり、北槨では下層は南北両壁に架け渡した二本の梁上に角材を東西に並べ、中層、上層は南北を長手に並べてあった。即ち、主槨の三壁が小口積みであるのは、漢代の題湊の風をいまに伝えるものとして注目される（駒井和愛著『楽浪』中公新書・昭和四十七年刊）という。**○筮**　めどき。めどはぎの茎で作った占の道具で後世、竹で作る。『広韻』に「筮、亀曰㆑卜、蓍曰㆑筮、巫咸作㆑筮。筮、決也」とある。『周易』繫辞伝には、「乾之策二百一十有六、坤之策百四十有四、凡三百有六十、当㆓期之日㆒、二篇之策、万有一千五百二十云々」とみえる。**○隧路**　泉路と同義で泉下への路、即ちここでは墜道で玄室に通じる道をいう。**○旌**　はた。旗竿の上に旄〈カラウシ〉の尾をつけ、これに折れたる鳥羽をつけたもの。哀辞の誄によく用いられている。曹植の王仲宣誄に「何用誄徳、表之素旗」とみえ、同人の武帝誄にも「敢揚聖徳、表之素旗」があり、又文帝誄では文字を改めた「何以述徳、素之素旃」の表現を採り、卞大后誄では「敢揚厚徳、表之旐旌」とある。一連の哀辞を眺めると、曹植の表現必ずしもユニークなものでないことが知られる。少し時代が降った張華の魏劉驃騎誄には「旐聯翩以飄颻、旌繽紛以奄薄」とみえ、潘岳の楊荊州誄には「敢託㆓旄旌㆒、爰作㆓斯誄㆒」とみえる。**○県棺**　棺を墓穴につり下げること。『礼記』巻三、檀弓上に「夫子曰、有㆑毋㆑過㆑礼、苟込矣。斂㆓首足形㆒、還葬。県㆑棺而封。」とあり、鄭玄の注では「当㆑為㆑窆、窆下㆑棺也」とみえる。古代中国にあって高貴の棺は副葬品が多く、従って、その大きさもばかでかく重いものであった。そこで、深い墓穴に棺を下ろす為に墓穴の四方に大木の柱を立て、柱の上部に丸い穴をあけてその穴を通して太い縄で以て棺を下ろした。太いものには直径二・三寸の縄（綷〈リツ〉という）が用いられた。棺は人力で下ろせないのでロクロを使用した。この棺を下ろす柱を碑といい、大木の碑を豊碑といった（長尾雨山著『中国書画話』一七一頁・筑摩書房・昭和四十年刊）。

第二節　林鵞峰の前拾遺加藤叟誄

【解題】

加藤明成（一五八九―一六六一）は、後陽成天皇の天正十七年に、有名な賤ケ嶽の七本槍の一人加藤嘉明の長男として生まれ、万治元年正月二十一日に死没する。享年七十。明成は十五歳を迎えた慶長八年（一六〇三）三月二十五日、家康の将軍宣下祝日の拝賀に参加して、大名旗本と叙爵に与り式部少輔となる。

寛永四年（一六二七）二月十日、三十九歳の時、父嘉明が伊予国松山城二十万石より陸奥国会津若松城四十二万石の領主に転封された際父に随行する。四年後の同八年九月十二日、父嘉明の死没でその原封四十二万石をうけつぎ若松城主となる。同十一年（一六三四）、四十六歳の時に従四位下侍従となる。十三年正月から江戸城の大修築工事に当たり、明成は城溝疏鑿の分担に与り、終了後重ねて家光に要請して別途の修営事業を割当てられ忠勤を励む。主君に忠節を尽くした明成は、反面領主としての施政に瑕疵があり、これが為急転直下大名としての権勢を失い、封邑没収の上身柄預けの憂目をみる。

その子細はこうである。老臣堀主水は主君明成の振舞不良を快からずと思い、一方明成は嘉明在世中の寵愛をかさにきて直諫する主水の態度を常々恨んでいた。主君との和を欠きその反省を得られないと悟った主水は、出奔して「元和の役に明成が大坂方に内通した」という不穏な上書を大目付に提出した。評定所は早速明成を取調べるが、その事実が無根である為、明成を嫌疑なしと裁定する。潔白となった明成は、主水兄弟の身柄を引取り処刑しただけでなく、鎌倉の尼寺に匿れた主水の妻子を捕らえるまでに及ぶ。その為、寺主から幕府への告訴問題に発展し事件がこじれる。国務不堪の明成の行状に対して、幕府は寛永二十年五月、酒井忠勝等の重臣評議を経て所領収公の決定を下した。この間、明成に対する将軍家光の直々の事情聴取があり、父左馬助嘉明が家光・秀忠二代に尽くした忠勤を家光が明成に諭すという一幕もあった。

明成に対する処分は、所領四十二万石の収公に加えて、長子内蔵助明友に石見国安濃郡山田に一万石を認可して(吉永藩)、明成の身柄を預けることで落着する。この処分は、決定が出された翌三日に将軍命令の形で諸大名に沙汰され、あわただしく実行された。明成にとって一大恥辱ともいうべき領主職没収は、誄に全く記されていない。従って、明成の石州閑居の真相は誄から窺い知ることはできない。

既而春秋漸高、興居不㆑快。辞㆓方鎮之職㆒、閑㆓居石州之某邑㆒。

とみえる序文は、明成の一身上の都合と高年であること、起居に不自由をきたした為、会津若松城主の重責に堪えられないことを辞職理由に挙げ、石州の鄙でひっそりと隠居生活を送ったという内容である。

しかし、誄は不肖の明成の素行を、修辞で事実をすり代えた文学表現で綴られる。公式的には政務不良で明成が司直の処分をうけ、隠居地でわが子の監視をうけ、咎人として悶々の生活を送ることになっている。真相は、隠居地「吉永」では藩主の留守をいいことにして、相変らず暴君的姿を漂わせた放逸生活を送っていたのである。(「一日研修報告の記―石見銀山・霊仙寺・吉永藩探訪―」『鴻志』五号参照)

誄が故人の徳行を累ねる悲傷文であることは、文学論のイロハである。『文選』に模範の誄作品が収載されて以来、文学としてのジャンルを誄作品は位置づけされた。六朝の文人が競って詩・賦作活動に携わると同じ様に、誄は哀策・墓誌と共に哀辞文学として文人活動の一分野となって多くの作品が生まれた。従って、故人の業迹の不良部分を削除し或いはぼかしてしまうことも、誄作者の文学活動の中で止むを得ない。夙に曹丕が『典論』で真実の盛られているのを尚ぶといった文学上の鉄則は、ここでは全く活かされなくなっている。本文にもみえる様に、明成の閑居の

真相は、

漸老辞㆑職、退而匿㆑光。

という表現から、寄る年波に勝てず、明成公は自らの意志で「職を辞し」政界から身を「退いて」しまったので、徳を秘めた公（玉）の光《ホマレ》が世間に知られなくなった内容に代えられている。

事実の列挙即ち故人の言行が格調高く彩り綴られる哀辞の華「誄」は、一人の碩学の巧妙な修辞によって故人の恥部が隠されて、反対に美しい内容に変えられている。明成誄は、文学的修辞のベールがかぶされて明成の実像をして読者に事実からかけ離れた印象を与える文に変っている。その手法は、俳人松尾芭蕉が汚い現実の池を、

名月や　池をめぐりて　夜もすがら

と詠んだことによって、その池が美しく清らかな対象物にすり代えられているのと似通う。

誄は序文七九一字、本文二四〇字から成る。頌の四言二句の対は、井上正利誄の統一された押韻文と同じ様に、蒸・庚・寒・豪・陽韻で六句毎に、整然と美しく調えられている。便宜上明成誄と呼ぶこの作品は、『林鵞峰文集』巻八〇に収録されている。本文にみられる修辞には、

枝枝葉葉、綿綿縄縄。

とある賦体対や、同対の

予章之塁、会津之城。

あるいは字対の

戦功超群、武名大鳴。

また対句の初歩的用法の互成対

為之爪牙、為之股肱。

同じ手法の双擬対

有恩有礼、以遊以敖。

更には色目対ともいわれる異類対

彤弓盧矢、白馬銀鞍。

の如き内容が知られる。特に、修辞の中に使われる「白雲之郷」は、上句の「遊兮不帰」と結びついている所から、死後の世界の代名詞として使われる「幽界」・「冥界」と同義になっていることが知られる。元来、白雲の語句は『荘子』の中で「帝郷」と関連をもつ表現から、深山幽谷の自然界における長寿の理想郷として、文人の好む修辞句となり、又哀辞慣用句となった。その哀辞句利用を林鵞峰も採っているのである。

鵞峰は誄では明成の不名誉な事件を表に出さなかったが、その事実をよく知っていた。しかし、明成の子明友を知っている鵞峰は、明友の心情を慮って「孝子号泣、不可永忘」と詠む。そして、明成に対する同情の高まりには誄の常用句である「嗚呼哀哉」を用いず、「苦しみ」と「甚しき」の意味を含み、心の底から「いたみ」を感じる切なる気持を示した「痛」一字を「哀」に代えて強調した手法を用いている。

【本文】史料編に掲載のため省略（九四頁）。

【読み下し文】

前の拾遺加藤の叟の誄、序に并す。

万治辛丑の正月二十一日、前の拾遺・中大夫加藤の叟《オキナ》明成、石州《イハミノクニ》の幽居に蓋棺す。二月四日、訃江府に聞《ツタ》ふ。孝子の子默、哭慟《カナ》しみ哀み慕《イタ》ひ、喪に居りて礼あり。友人の林恕、誄を作りてその祖先の功業を述べて曰はく、原《タツ》ぬるに夫れ加藤氏は、鎮守府将軍の利仁より出づ。利仁は宰官の裔《スエ》たりと雖も、早《ツト》に将帥の誉あり。東関《アヅマ》の逆賊の乱を討《ヲサ》め、北陸士林の魁《カシラ》と称《タタ》へらる。その孫吉信は、加州《カガノクニ》の別駕に任ぜられ、その治める所の州を以て、本姓の上に弁《カム》らせて加藤氏となる。その玄《ヒ》孫景道は、鎮将源頼義に属《シタガ》ひ、奥《ムツ》の賊を討ちしとき囲の中に厄《クルシ》めらるるも、遂にかの姦雄を殲す。その孫光員と景廉は、伯仲にして並び称へらる。鎌倉の右幕下始めて義旗を豆州《イヅノクニ》に揚ぐるに及びて、景廉手づから延尉の平兼隆を山木の館に斬る。源家再興の首功と謂ふべし。その後、光員と共に、石橋の難《クルシミ》を嘗め、西洋の波を凌《シノ》ぐ。功労いよいよ彰《アラ》はれ、封賞加ふることあり。子孫みち漫《ヒロ》がり、諸州に分かれ処《ヲ》る。叟の顕考《チチ》は、左典厩の嘉明と曰ふ。参州《ミカハノクニ》に産まれ、豊臣秀吉に仕へて、行伍の間に在り、江州《アフミノクニ》の志津嵩の役《イクサ》には、先鋒の最《カシラ》となり、衆《トモ》に抽《ヌキ》んでて槍を執り、突出して首級を得。是に由りて、敵軍崩れ解《ハナ》れ、追ひて北越に入り、柴田の塁《トリデ》を劘《オビヤ》かす。秀吉が闔国を并呑するの勢、職として此に由れり。その余南に嚮《ム》かひ、西を略《カス》め東に征《ユ》き、従はざるなし。城を屠《ハフ》り獲《ヒト》を斬る数、勝て計ふべからず。朝鮮に事あるに逮《オヨ》びて、蒙衝《フネ》を督《ヒキ》ゐて海を渡り、到る処接戦してしばしば克つ。嘗て明国の援兵と相当り、寡を以て衆に勝ち、かの船を奪ひその兵をみなころしにす。威は殊域に振ひ、名は本邦に高し。秀吉頻りにその勇を称へ、その封を増す。是に至びて、感賞啻《タダ》ならず、予州《イヨノクニ》の内十万碩を賜はりて、以て采地となす。既にして秀吉薨ず。嘉明東照大神君に属《ツ》き奉り、東のかた上杉景勝を討つ。石田氏が乱を洛辺に作《ナ》すと聞くや、旨を奉じて、諸将と共に、師を班《ワ》かちて西に馳《ハシ》り、尾州《ヲハリノクニ》に陣す。而して後、岐阜の戦、郷戸の争ひに、関が原の大捷は、命を軽んじ死を決《サダ》めて、以て太勲を立つ。封を益《マ》すこと十万石、総じて弐拾万斛となる。台徳大相国の治世に及びて、恩眷いよいよ渥《アツ》く、礼秩ますます進む。大猷相国を贈られ、幕府の嗣君となる。初めて鎧を著けるの嘉儀あり。時に諸将の勇名ある者を択ぶに、特に嘉明を挙げられ、その事を勤め奉る。武林の広誉と謂ふべし。その後、いよいよ嘉明の忠赤を察《ミ》て、予州の采地を改めらる。奥州の会津に移り領《ヲサ》め、東塞の鎮となるを以て、その禄を加倍《マ》され、四十万石を賜はる。その余り統隷《ス》べる所あり。ああ、祖先の美を済《ナ》し、一家の門を高むてへり。盛なるかな、偉《オホ》いなるかな。

叟は嘉明の令嗣なり。夙に声聞ありて、家風を辱めず。難波の役のとき、父に代りて軍を董《タダ》す。父の没するや封を会津に襲《ツ》ぎ、大猷相国を贈らるる重熙に及びて、官階進み昇りて、近侍顧問となる。既にして春秋《トシ》漸く高く、輿居快からず。方鎮の職を辞《ヤ》め、石州の某邑に閑居す。子黙留まりて江府に侍し、その分を守りその事を勤む。力《ツトメ》あまれるあれば則ち心を儒風に寓《ヨ》せ、興を文雅に遣《ヤ》る。しばしば石州の安否を問ひて、定省の闕あるを歎く。世を挙げてその篤実を知る。余が先人羅山子、典厩及び叟と、子黙に至るまで奕世の交を執《タモ》つ。余も亦曾て叟に於いて、眷遇の厚きあり。況んや子黙と、金蘭の志、既に年にみつるをや。即ち叟の訃を聞くに、何んぞ余が哀しみを助《マ》さざらむや。ああ、叟石州に在りしこと、十有九年。今ここに至《オヨ》びて、その齢七十歳。その出処此のごとし。夷険一節、命なるかなや。

その誄に曰ふ。

藤姓派を分かち、　利仁が雲仍《ウミノコ》、
州を以て氏と為す、　乃ちこれ加藤。
景道艱虞して、　奥夷は懲を膺け、
光員・景廉、　源帥の興るに会ふ。
爪牙となり、　股肱となりて、
枝枝葉葉、　綿綿縄縄たり。
参州の産、　爰に嘉明を得、
万人の傑にして、　一世の英なり。
戦功群を超え、　武名大に鳴りひびき、
労に報《コタ》へ賞を厚くし、　家門経《ハカ》り営む。
予章の塁、　会津が城、

藩の衛《マモ》り至つて堅く、　士林欣び栄ゆ。
叟その封を嗣ぐや、　境内乂安《シヅ》まる。
四品の級をうけ、　拾遺の官となる。
彤弓盧矢、　白馬銀鞍、
森森たるその戟、　峩峩たるその冠。
月関塞を照し、　花欄干に移る。
江府の高第、　門外の波瀾、
或るときは公宴に侍し、　或るときは人豪を招く。
恩あれば礼を有《タモ》ち、　以て遊び以て敖《タハ》むる。
山に肴野に蔌あり、　海に錯陸に毛あり。
天淵の間、　魚躍り鳥はばたく。
孫呉・奇正、　三略・六韜、
文選に点を写《ウ》ち、　聊《シバ》らく風騒を窺ふ。
進むに時ありて、　仕へて壮強《ツヨ》し。
老に漸《スス》みて職を辞し、　退きて光を匿す。
石州の地僻《ヰナカ》にして、　山静かに日長し。
十有九年、　砧葛暑霜。
遊《ユ》きて帰らざるは、　白雲の郷。
孝子が号《オラ》び泣くこと、　永く忘るべからず。

ああ痛ましきかな。

辛丑二月下旬

前の侍従加藤明成老公を偲ぶ誄、序を并す。

【現代語訳】

万治四年正月二十一日に、前の侍従従四位下加藤明成老公は、山陰の石見の国の隠居地でなくなられた。二月四日、死去の連絡が幕府に入った。喪儀責任の後嗣明友は、哀しみのうちに故き岳父を懐しく偲び、服喪にあって適切な挨拶があった。朋友であった林恕は、そこで哀悼文を作って老公の祖先の立派な業績を明らかにして言った。昔に遡ると、加藤氏は陸奥の鎮守府将軍藤原利仁の流れである。利仁は太宰府の長官藤原魚名公の子孫ではあるが、早くから将軍としての名声があった。下野国の群党の反乱を鎮圧し、東北武士団の棟梁として尊敬された。孫に当たる吉信は、加賀の国の次官となり、支配地の名称を藤原の上につけて「加藤」氏と称した。その玄孫に当たる景道は、陸奥鎮守府将軍源頼義に協力して、陸奥の反政府行動の首領安倍氏征討に際し、敵の包囲に曝される困難に逢って、最後に首魁を死に追いやった。景道の孫光員と景廉は、兄弟にして何れも甲乙がつけがたい武将だった。鎌倉を開いた右大将源頼朝が、最初に平氏討滅の行動を伊豆で起こした折、景廉はもと検非違使の平兼隆をその居城である山木館に襲って死に至らしめた。その行為は源氏再興の功労者と謂える。景廉は光員と一緒に、石橋山の敗北に遭遇して、相模湾を渡って安房国に逃れた。頼朝に忠勤を尽くして軍功を重ね、恩賞も一度ならず受けた。その子孫は地方に分かれ、土着していった。

老公の亡父は左馬助嘉明という。三河の国に生まれ、豊臣秀吉に仕えて諸合戦に従った。殊に近江における賤ケ嶽の合戦には、攻撃隊の先頭となり、同僚をさしおいて槍をひっさげ、突貫して敵兵を多く殺す戦果をあげた。この抜群の行動により、敵の主力部隊が総崩れとなり、逃れる敵を追撃して越前領内に達し、とうとう柴田勝家の北庄城を陥れるまで追いつめた。かくして秀吉が全国を制覇できたのは、実に嘉明の果敢な働きに与っている。秀吉はその後軍を南に転じて根来寺・雑賀党征伐を行い、西の四国を支配する長宗我部元親を降伏させて九州島津遠征を成功させ、次いで東の小田原落城と陸奥の伊達政宗を屈服させて、反抗する大名を一掃した。その間敵の城を陥れ敵兵を殺戮すること数えられず、計算することができない。一旦朝鮮の李氏と対立するに及び、軍船を指揮して大陸に上陸し、接触する敵兵を次々に倒した。ある時には李氏応援の明軍と交戦し、劣勢兵力でよく大部隊を撃破し、李舜臣の攻撃に立向かいその船を奪取して、敵兵を皆殺しにしたこともある。その為嘉明の脅威が朝鮮半島から大陸に広がり、名声はやがて日本国内に知れ亘った。そんなわけで、秀吉は幾度となく嘉明の武勲を讃めて、恩賞の封禄高を増した。そればかりでなく、大変満悦されて、伊予国内の中から十万石を支給されて、支配地の中に含められた。そうこうする中に秀吉がなくなられた。嘉明は徳川家康公の部下となって、東北の上杉景勝の反乱を鎮圧した。石田三成の挙兵で伏見を守る鳥居元忠が殺害されたと聞くと、家康公の命令に従って、諸武将と協力して大部隊を分けて上方に進軍し、尾張に作戦本部を設けた。その後、岐阜城攻撃や地方の合戦にあっても、又関ケ原の大合戦でも先頭部隊の指揮に当たり、命懸けの突撃を実行して、大勝利を博した。そこで家康公から十万石の増封があって、全采配地が二十万石になった。二代将軍秀忠公の時代となって、その寵愛はますます篤くなり、人並以上の待遇を受けた。家光公が征夷大将軍となって、幕府の後日の君となられた。成人となるのを祝って初めて鎧をつける目出たい儀式があった。その介添役にふさわしい武将を択ぶ中で、嘉明を特に召され、嘉明はその祝事を勤めあげた。大御所の下命に応えたことは武士として名誉の極みと言わねばならない。それから、嘉明の忠勤振りを観察されて、伊予の支配地を改められた。陸奥の会津に転封となり、東北に睨みをきかせるおさえにより、その禄高を倍増して、四十万石を与えられた。端数の石高分についても采配のできる地域があった。ああ、祖先における誉があって、一族の家名を揚げられた、のだという。繁栄されたことだ立派になられたことだ。

老公はその嘉明の御曹子である。名声は早くから知られ、家門の名誉を汚されなかった。大坂の陣の時には父に代って軍を監督した。嘉明が死去すると采邑地の会津城主となられ、家光公が太政大臣の叙任伝達を院及び天皇から受けた際、叙爵して侍従の職に就いた。知命を過ぎて漸く老境に入るに及び、家老堀主水と施政上の対立で鬱々の日々を送った。東北の重鎮である会津城主の職をひき、山陰の石見国の片田舎に隠居した。子息の明友は赴任せず江戸城に詰めて在府生活を送り、分限内の責任をよく果たした。忙中に閑を見つけると朱子の学風にことよせ、文学を愛し（明人朱舜水と文通し）書を能くした。そして、しばしば石見の国に隠居する父明成の生活状況を尋ね、身辺で面倒のみられぬことに心を痛めた。だから、その事情を知る人はみな明友の孝心の篤い姿に感心した。私の父羅山先生は、左馬助嘉明と老公及び明友とも、親しい交際をしていた。私自身も昔は老公の手厚いもてなしをうけた。こんな事情から明友とは最も親しい付合を重ね、長の年月を過ごしてきた。ここに及んで明成の死去の報せに接したが、（明友と交情の篤い私としては）どうして私が哀しみを（明友に）かけられようか（そんなことはできない）。ああ、老公は石見の田舎にあって、十有九年の星霜を過ごされた。今年に及んで七十歳を迎えた。明成の一生はざっとこの様なものである。人生の順風も逆境の一つにおさまる、これも天のなせる所為にすぎない。そこで偲びの言葉を言う。

　藤原の姓は分かれて、武将利仁の子孫達、
住みなれた国の名を用いて氏とした、それが加藤である。
景道は苦しみと心配の中で、陸奥の安倍氏と対戦し、
光員及び景廉の両名は、源氏擡（台）頭の好機に廻りあわせる。
側近の侍従武官となり、天皇の輔弼となって、
子孫たちは枝や葉の繁るように栄え、ずっと絶えることはなかった。
中でも三河に生まれたのは、誰あろう嘉明その人であり、

万人中滅多にみられない偉丈夫で、一代における傑物である。

諸の合戦の功績は他人と比較できず、武門の名誉を一人で担い、
課せられた負担に堪え勲を重ね、加藤一家の繁栄に貢献した。

難攻不落で有名な明の南昌城、日本では会津若松の城であり、
幕府の藩屏としての防備が堅く、武士の意気あがる。

老公が若松城主となられるや、支配領域内の様子は平安そのものである。

従四位の官位をもらい、侍従の官職につく。

しきたりの朱塗りの弓と黒塗りの矢に、乗用の白馬には銀製の鞍を愛用し、
尖老の鋭い愛用の槍に、いかめしく立派な冠が残っている。

主人の居ない若松城に月光がさしこみ、春の桜花が欄干にふり注ぐ。

江戸城の高い大広間、或いは城門の外における波瀾において、
ある時には将軍が設けた宴に付き添い、時には優れた御仁を招待した。

ひとたび受けた御恩を忘れず礼儀を弁え、仲好く遊び盛大に接待する。

住いの外には山菜があり野菜があり、近くの浜には海産物、田には米が実る。

隠居の生活を送る所では、魚が銀鱗をひらめかせ鳥が飛び交う。

兵法の神といわれた孫呉や奇正、そして兵法書の『三略』と『六韜』は勿論のこと、
昭明太子編集の『文選』に朱点を入れ、一方詩の指南書『毛詩』国風と悲哀を詠んだ屈原の『離騒』に手を伸ばす。

進級には機会がうまく廻り、仕事に就くと人並外れた強靭さがあった。

老境に入って致任を許され、政務を離れてその仁徳が知られなくなった。

石見の隠居地といえば人里離れた田舎であって、喧騒から遠ざかった静寂に一日が長い。

十有九年の長い隠居の生活、それは粗衣をまとい暑さに堪え霜をふみしめたものだった。

いま不帰の客となって、天上の彼方白雲郷に入られた。

不運な父の晩年に孝子明友が声をあげて泣く、その心情を思い老公を忘れることがあってはならない。

ああ本当に痛ましいことだ。

辛丑の年二月下旬

【系図】

藤原魚名―鷲取―藤嗣―高房―時長―利仁―叙用―吉信―重光―貞正―正重―景道―景清―景廉―景長―○

―○―○―○―泰景―○―○―景恒―景俊―○―広兼―教明―嘉明―明成（幼名助三郎　改孫次郎　法名円通院）―明友（孫三郎　法名皆足院）―明英―嘉矩―明経

―明熙―明尭―明陳―明允―明邦―明軌―明実…

第三節　林鵞峰の空印公誅

【解題】

忠勝の人となりは大器晩成が挙げられる。

御年十五六にならせられ候までは、御聡明には見えさせられず。世間にも酒井の古郎殿と申候よし、……大火にて時うつり飢候につき、酒店へかかり酒をたへ候へば、酒よりは粕をたへよと仰られ候。是等御才智ひらけられ候。はじめのやうに申伝へ候。是は御年十七の時にて候よし、大器晩成と申にても御座あるへきか。(「酒井家玉露叢」『藩鑑』巻四三八所収)

忠勝は器量人であり、竹千代君時代の保傅に与った関係上、将軍家光の寵臣であった。忠勝は、

大猷院殿へ付連りて無二の老臣なり。器量人に越たるゆへ、当家良弼の第一と称せらる。若年ながら三州龍海寺の住持に血脉を乞けるに、讃岐守千万人に勝れたる器量あり、とて英傑の二字をゆるし道号戒名を傑伝長英と名付られたり。駿河大納言殿の勢ひ猛にののしらるるをも、始終恐るるけしきなく物の数とも思はれぬ事普く人の知る所なり。(『藩鑑』巻四三八)

家光が心を許した腹心は酒井忠勝であり、将軍の執政が実は則闕官の大老に委ねる所に注目すれば、土井利勝と重要政務の処理に関わる大老時代は勿論、利勝死去後の正保元年(一六四四)以後の幕府は、

忠勝の統轄下に政務が置かれたとみねばなりません(拙稿「金銀銅の流出問題と鎖国」『兵庫史学研究』三五号)。とみるべきである。その例証として『徳川実紀』の記述に、将軍が忠勝邸で行う天主教徒責問状況を見聞したり(正

保二年八月二十七日）、寺社奉行管轄の高野山訴訟問題を糾弾のため忠勝邸に老臣一同を召集し聴断する（慶安二年二月二十二日）など、将軍の承認の下忠勝の牛込私邸が司直の場となっていることが挙げられる。殊に家光が死去する半年前に忠勝に与えた遺言状にみえる、

其方の儀、八まんしよさいすましく候。いよいよ此上ハ、おもひ候事おくそこなく、こんしやう申されへく候也。

の言葉からも窺知できよう。事実、家光が臨終の二日前に紀伊・水戸・尾張三卿を召し、「天下万機の事ども、宗室の方々」列席下で忠勝が幕臣一同の前に将軍命を徹底している。家光なきあと大奥の浄化に不用房を完全に毀壊させるなど、謹言実直な施政に府下の浪人取締りを強めたことで、油井正雪・丸橋忠弥の乱をも忠勝は惹起した。正雪一味の忠勝に対する恨はその遺書に集約されている。

方に今幼主の御時、執政の輩輔導其道を得ず。政道横ざまにて下民困休す。能登入道が忠諫却て狂人といひなされ、御咎を蒙る。これ幼主の御ため然るべからず。よてしばらく人数を集め、酒井讃岐守などいへる君側の姦佞を追払ひ、天下の御為を志ざす。（『徳川実紀』慶安四年七月二十七日）

尤も「父忠利とちがって戦場の経験に乏しく、将軍の側近から出て、幕政の衡にあたるのを得意とした吏僚型の大名」といった忠勝評もある（『国史大辞典』「さかいただかつ」の項・吉川弘文館）。いま慶安事件のほとぼりがさめた暮の白書院会議で、忠勝が在府浪人の追放を以て江戸の治安に万全を期す案を出し、阿部忠秋に「国家の令甲、かくの如く狭溢なる事あるべからず」と反対され、生活の途を断たれた拡散浪人の犯罪に趨る社会問題の重要性を指摘されて、あっさり断念した一幕もみられる。が、公平な目で見たところ、寛永五年（一六二八）八月十日に起こった宿老井上正就刃傷事件で、加害者目付豊島刑部少輔信満の処分に、

豊島一族を罪する衆議を忠勝一人反対し、小身・旗本の大名に対する遺恨を果す心情を容れる議に決し、連坐者を出さず。

の評定所決定に持込んだ忠勝、或いは同九年正月大御所死去に直面した宿老連が、不穏な事件出来を危惧して諸大名への告知を隠蔽する意見に纏まった時、忠勝のみが反対し公開に踏切らせた度量に注目すると、分別ある自信に満ちた忠勝像が浮かぶ。内輪的な物事処理に汲々とする小心の側近姿勢が、四十歳代の忠勝には見られない。家光在世中の忠勝は、将軍の広報官及び将軍名代として活動し、後見役のブレーンとしてみるのが穏当である。

本文にみえる修辞には、蒸・庚・寒・豪・陽各六の韻統一や、劉勰の『文心雕龍』による麗辞の型として、

階桜薫袂、宸楓仮色
勅使冠蓋、皇胤伽黎　｝双比空辞の言対

撥乱創業、継統守文
日照高山、月落前渓　｝理殊趣合の反対

魚躍庭池、鳥飛林際―事異義同の正対

等がみられ、空海の『文鏡秘府論』にみえる対句の分類としては、

楨幹之量、柱石之姿―的名対
披中華史、繙本朝記―字対
魚水之情、腹心之親―切側対
槐棘同朝、鷗鷺連翼―賦対対（句首の畳韻）
福禄如此、日月其逝―畳韻対（上句首が双声で下句首が畳韻）

等が窺知される。猶忠勝致仕後の読書に『史記』・『漢書』・『後漢書』・『資治通鑑』・『明実録』・舶載明朝出版物を含む倭漢書の多きを伝えている。

【本文】史料編に掲載のため省略（一〇〇頁）。

【読み下し文】

致仕国老の故《ナキ》中大夫羽林次将前の若狭の国主酒井叟誄、序に幷わす。

大夫、姓は源氏諱は忠勝、その先参州酒井郷の人なり。初め徳川親氏の主、難を避けて上州新田より、諸州を経歴し、参州に来たりて酒井郷に寓す。その後松平郷に移りて、以てその居を定め、泰親主を産む。郷人その甲族たることを知りて、みな推挙す。大夫の曩祖広親と曰ひ、泰親の庶兄と伝へ称するなり。泰親主の子孫、繁《サカ》り衍《ヒロ》がり一州の豪たり。広親の家、世々その老となるゆえ、酒井を以て氏号となす。伝へて正親に至《オヨ》び、広忠卿に事へ、難を嘗め忠を竭して、東照大神を輔《タス》佐け、功労を積むを以て、州の西尾城を賜はりぬ。二男あり。長を重忠と曰ひ、河内守と号す。これ酒井の嫡家なり。次を忠利と曰ひ、備後守と号す。これ大夫の顕考なり。大夫、天正十五年丁亥を以て、西尾城に生まる。十八年庚寅、大神関東八州を治めたまひ、武州の江戸城を以て、麾下となし、重忠に賜ふに河越城を以《アタ》へたまふ。忠利も亦その城の辺に於て、采地を賜はる。大夫を携へて以てここに居みぬ。時に四歳なり。

慶長五年庚子、関原の役に、大神桑域を一統したまふ。時に忠利、台徳公大軍の中に列《ナラ》び、大夫も亦ここに従ひ奉る。時に十四歳なり。明くる年辛丑（鵞峰「卯」と誤まる）、重忠河越城を改めて、上州の厩橋城に封ぜらる。而して殊に駿州の田中城を以て忠利に賜はりぬ。大夫同じく行く。大神駿府に在ますに逮びて、田中に御猟する毎に、大夫、忠利と共に迎送馳駆し、屢々眷遇せらる。十四年己酉、忠利田中城を改めて、河越城を賜はり、江府の留守職を兼ぬ。大夫、従ひ来たりて台徳公に仕へ奉りて、従五品に叙《ノボ》り、讃岐守を号す。元和二年丙辰、忠利大猷公の保傅に任す。六年庚申、大夫も亦同じく近侍し、特に万石を食み、父に代りて事を視、夙夜懈らず。九年癸亥、大猷公入洛したまひ、征夷大将軍に任じたまふにより、二万石を加賜せらる。その年、台徳公西城に老となりたまひ、大猷公本城に移りたまふ。大夫、従兄忠世と群務を預り聞く。また二万石を増し授けらる。

寛永三年丙寅、両公入洛したまふとき、忠利は江城を留守す。大夫従ひ奉る。二条城に行幸《ミユキ》あり、公事頻繁なれど、労めて倦まず。声名籍甚《アツ》く威望彰らか聞《ツタ》ふ。四年丁卯、忠利不禄なる。大夫、封を河越城に襲《ツ》ぎ、その食邑を併せ領す。九年壬申の春、台徳公薨逝《ミマカ》りたまふ。大夫、忠世及び土井利勝と、顧命を受けて国政を執る。その年、また二万石を増し加へられ、すべて十万石となる。拾遺を任し従四位下に叙《スス》む。常に営中に侯ひ、官家武家の政を沙汰し、天下の枢機を管《ツカサ》どる。すなはち異邦殊域の事に至るまで、統治せずといふことなし。韓国の信使来朝する毎に、彼の国の礼曹参判、書《フミ》を寄すれば土宜を贈る。権勢益々高まり恩賚弥々厚く、闔国ことごとく皆依頼《タヨ》る。十一年甲戌、大猷公入洛したまふとき、大夫、扈従し参内し辱くも天杯を戴き、而も御剣を賜はりぬ。台轅洛に駐《トド》まるの際、重《アツ》く大夫を賞めたまひ、若狭の国に封じたまふ。且つ越前敦賀の郡及び江州高島郡を加へ、以て列侯に為したまふ。台旆東に旋るに及び大夫暇を賜はりて国に就く。

明くる年乙亥、江府に来たるも、職任故の如し。すなはち殊に野州佐野一万石を賜はりて、以て在府の料に充てらる。十五年戊寅、細小の庶務に預かることを恩許せられ、而して天下の重事を平章《ヲサ》む。国家の元老たるを以て、別業を郭外の牛籠村に経始《タテ》む。幕府、屢御駕を枉げて、遊予し和《ナゴ》み楽しみ、欣々然たり。閑暇無事に当れば、則ち時々命ありて鷹を郊野に放ち、以てその労を弛《イコ》ひ、而してその意を慰さめたまふ。二十年癸未、鈞命を蒙りて、京に入り譲位践祚の大礼を奉行す。従四位上に進叙《スス》み、左近衛少将に転任し、事を畢へて還りぬ。是より先、執政の封爵・官職、未だ大夫より盛なる者あらず。

正保二年乙酉、幼君の元服にあたり、詔使東より来たる。大夫、その儀を総裁す。慶安元年戊子、正に東照大神三十三回忌の辰に当り、日光山に於いて、勅にて法華八講会を行はしむ。詔使及び摂籙・卿相・雲客、三十余輩、叡岳ノ貫首、園城長吏、山に登る。大夫、台駕に先んじて行き、台駕に後れて帰り、始終監臨す。法筵の壮観、振古《オホムカシ》より未だ此の如きものあらず。四年辛卯の夏、大猷公群臣を棄てたまふ。大夫、霊櫬を奉送して、日光山に躋り、事を襄《ナ》しとげて府に還り、遺託の任に当りて、今の大君を調護す。凡そ諸執政の施し行ふところ、みな大夫に就きて、その処分を取りぬ。その秋、詔使府に来たりて、大君、征夷大将軍に任せられたまふ。而して貴戚侯伯たち、咸《コトゴト》く拝慶す。明くる年、元を承応と改たむ。大夫、日光山に登り、新廟を経営す。年を踰えて成り、大祥忌の礼を執行す。大夫、国に当ること六年、四海乂《ヲサ》安まり、三韓来たりて貢す。大君既に長ずるを以て、故に屢請て老を告ぐるも、未だ之を許すこと肯んじたまはず。

明暦二年丙申五月、台駕牛籠の別業に遊臨したまふ。饗献陳設ありて、盛なる儀鄭《ネンゴロ》重なり。是の日、遂に致仕を請ふこと允《ユル》し容《イ》れらる。是に於いて、若州及び処々の封邑をその嗣匠作大尹忠直に譲る。牛籠に閑居して、以て賓客を謝《コトワ》る。時に年七十なり。然れども大事ある毎に、或は召に依りて営に登り、或は執政就《ノボ》りて之を問ひぬ。年々日光山に赴きて、以て霊廟を拝む。世を挙げてその出処時あることを感じ、以て功成り身退くの美を称《タタ》ふ。

大夫、少き時洞家の禅に参《ツラ》なる。一僧あり之を相して曰はく、「千人の英にして、万人の傑なり」と。大夫、笑ひて信ぜず。その登庸さるるに及びて、彼の先言を奇しとせり。且つ稟性《ウマレツキ》質樸《カザリ》なく、旧き縁を忘れず。故に政務の暇あれば、屢禅の話に及び、又天台の旨趣《ココロ》を聞く。晩年読書を聴くを好みて、懸車に及びて益々之を嗜む。前後十余年の際、三史・『通鑑』并に『明紀』、及び本朝の『国史』・演史・日録・小説等、侍史をして之を読ましむ。その中、功臣の始末を聞きては、則ち自らその身を省みる。蓋しその致仕の志、由る所あるか。嘗て人に謂《カタ》りて曰はく、「古来の事跡を聴けば、則ち身自ら両朝に在りて上寿を得たるが如し。何の楽か焉に加へむ。神仙風に馭《ノ》り霞を餐《クラ》ふの徒の如きに至ぶは、則ち取る所に非ず」と。その余の倭漢群籍、見るに随ひ聞くに随ひて、みな遍くその編を終へぬ。若し世に希《マレ》なる書を求めば、則ち之を繕《ツクロ》ひ写す。且つ明の船《フネ》の載せ来たれば、兼ねて長崎の人に命じて、以て之を買ひ蓄《フ》やし、更に文庫を建て、之を蔵むること殆んど数千巻なり。

万治三年庚子の夏、日光山に詣り、薙髪して空印叟と号すは、弥々世務を抛つて、以て散逸の志を成すゆゑなり。

寛文二年壬寅の夏、叟疾病に罹《カカ》る。端坐して臥せず、医薬を求めず。然れば鈞命に依りて、以て之を治療す。官使屢至り、元老・執政、日に訪ぬ。来たり問ふ者、輿馬絡繹《ツヅ》き、みな戚容あり。秋に逮びて弥留《トドコ》ほり、辱くも賜はる親筆の御書は、その旧勲を憐《メ》で、その頤養を勧む。七月十二日の夜、遂に館舎を捐《ス》つ。春秋《トシ》七十六。

遺言に「別業の内なる某処に葬り、倹《ツツ》しみ厚くせず」といふ。執政を遣して命を奉り、来たりて弔し、近臣をして賻銀三千両を賜《オク》らしむ。闔国訃を聞きて、哀惜せざるなし。ああ命なるかな。

僕《ヤツガレ》が先人、勤仕の年久し、侃侃として言ふ、因りて之を宗とす。善交《マジ》はるの敬あり、咨詢の問あり。僕も亦幸に一顧の恩を蒙り、不虞の薦に遭ひぬ。その門に出入して、既に二十余年なり。侍坐伴食の招きに応へて歴代倭漢の事を談《カタ》る。退燕の後と雖も、往訪拒まず、懇篤前に倍す。今般病間の時も、亦相見《マミ》ゆるは数《シバシバ》なり。此の周月に至りて、哀慕に堪へず。謹しみて家譜を閲べ、聊か履歴を叙《ノ》べ、誄を作り以て悼む。その詞に曰はく、

奕世の士林、事を執りて辛勤す。入りては則ち籌を運らし、出でては則ち軍に従ふ。英武の主、輔弼の勲。乱を撥め業を創め、統を継ぎ文を守る。爰に選挙に遭ひて、夙く令聞あり。家を承け門を高くし、職を掌り鈞を秉る。遺《ノコ》れるを拾ひ闕《カケ》るを補ひ、旧に率ひて新を見る。魚水の情、腹心の親。群僚膝を屈し、侯伯塵を望む。四海太平にして、万祥畢く臻る。異域に顕達し、韓賓に贈酬す。西夷貢を献り、南蛮珍を輸ぶ。爵を進め禄を増し、国に封ぜられ民を撫《イタ》はる。殊《スグ》れたる恩双《タグヒ》なく、元輔絶倫たり。至尊を奉立して、廷臣に籍列す。華洛に馬を駐め、羽林職に就く。階桜袂に薫り、宸楓色を仮る。槐棘朝を同じくし、鷗鷺翼を連ぬ。刀剣の衛護《マモリ》、威儀儼《イカ》飾めし。二荒の閟宮、三緑の招提、斎筵の監視、騶従攀躋。講時の鐘、司晨の雞、日は高き山を照らし、月は前の渓《タニ》に落つ。勅使の冠蓋、皇胤の伽黎を、迎接し指揮をとるにより、大礼整斉《トト》のふなり。玉几顧み託せられ、委任されて疑はず。楨幹の量ありて、柱石の姿みえ、直《ナホク》して屈せず、公にして私あらず。富みて驕らず、老ひて衰へず。威遐邇に加はり、身安危に係はる。翊戴力を竭し、関決規に随ふ。百令違ふことなく、四葉熙を重ぬ。竊かに武侯に比ぶるに、孰れか之に頼らむ。亢龍の悔を悟

り、退鷁の志を存《ノコ》す。固く遜《ユツ》りて職を辞し、幸に許されて事を致《ツク》す。宮内に杖つき、閑地に老《オト》ろへ、緑野を追尋《タヅ》ね、平泉を蔑視《サゲ》すむ。風雲軽く挙がり、花木幽《カス》かに邃《オク》ふかし。旧器以て玩《モテ》あそび、微醺既に酔ふ。中華の史《フミ》を披《ヒラ》き、本朝の記《フミ》を繙《ヒモト》く。頗る今古に通ひ、ほぼ同異を辨《ワキマ》ふ。高楼の登覧あり、広苑の流憩あり、魚庭池に躍り、鳥林の際を飛ぶ。歓楽極まるに至び、人間の世を閲《ミ》る。寿域遐算をすぎ、古稀の歳を逾ゆ。福禄此のごとく、日月それ逝《ス》ぐ。勲業此のごとく、物に於て滞らず。秋の夕の風悲しみ、朝の陽の露脆《モロ》し。仙の遊び永《トハ》に訣《タ》ち、佳《ヨ》き城忽ちに閉づ。休《オホイ》なる烈《ホマレ》余れる慶《ヨゴト》、延《ヒロ》がりて後の裔に及ぶ。

　寛文二年壬寅八月十二日向陽林子滴涙して之を記す

【現代語訳】

　致仕国老で故《ナ》き中大夫羽林次将である前《サキ》の若狭の国の酒井叟を偲ぶ誄、序文を幷せる。

　大夫は、姓を源氏にうけ、名は忠勝、先祖は三河の酒井郷の出身である。戦国の頃徳川親氏公が戦乱を避けて、上野の新田郡から各地を通り抜けて、三河に入られ暫く酒井の里に滞在された。その後松平の郷に移られてから、其所を安住地とされ、泰親公がお生まれになった。郡の人々は、泰親公がかくれもない武家棟梁の血筋であることに感づいて、みんな指導者として仰いだ。大夫の先祖は広親公で、泰親公の義理の兄と言われている。泰親公の子孫は繁栄して親戚が多くなり、一国内の名望家となった。広親公の家は代々「本家」となるので、郷名を採って酒井を名乗り、氏の通称としている。威光をうけつがれた正親公は、広忠卿にお仕えし、困難をのり越え忠義に励み、家康公をお助けし、軍功を重ねられたので、国内の西尾城の支配を委された。二人の男子がいた。長男は重忠と名付けられ、河内守という。この人が酒井家の本家の相続者である。次男を忠利と言い、備後守を称した。この人が大夫の御父君である。

　大夫は天正十五年（一五八七）、西尾の城でお生まれになった。三年過ぎた十八年、家康公は関東の八箇国を支配下におき、武蔵の江戸城を軍営の拠点とされ、重忠に河越城の支配を任された。大夫の父忠利も同じく三河より武蔵の河越の辺りに支配地を授けられた。そこで大夫を連れて此処に移り住まわれた。その時年齢は四歳であった。

慶長五年（一六〇〇）の関ケ原の戦役に際し、家康公は日本全国を完全に掌握された。この時忠利は家康公の主力軍に参加し、大夫も父と共に従軍した。十四歳の時である。年明けて六年、重忠は河越城から上野の厩橋城に転封する。その際特に忠利には駿河の田中城を授けられる。そこで大夫も父に従った。家康公が駿府に滞在されて、田中城外の狩をされる度に、大夫は父と共に出迎え・見送りにかけずり廻り、幾度となく好遇をうけた。十四年、忠利は田中城主から河越城主となり、江戸城の留守職をも兼任する。大夫は父に従い、秀忠公にお仕えし、官階の従五位下を授けられて讃岐守を称した。

元和二年（一六一六）、忠利は家光公の保傅を任される。六年には大夫も亦父と同じく家光公の側に侍することにより、特に一万石の俸給を戴き、父の名代として政務に与って、一日中よく勤めた。九年、家光公が上洛され、征夷大将軍の職を賜わる。この時大夫は二万石を加増された。同年大御所秀忠公が本丸から西城にお移りになると、代って新将軍家光公が本丸に入られた。これから大夫は従兄の忠世と共に、政務の多くを采配する。そこで又二万石を加増された。

寛永三年（一六二六）、大御所と将軍の入洛の際、忠利は江戸城の留守となる。大夫は両公のお供をする。京都滞在の二条城に後水尾天皇の行幸があり、公務の忙しきにも熱心に勤めを果たされた。だから、その名は人々に知れわたり、人望も名と共に伝わった。翌四年になって、忠利が他界する。大夫は父のあとの封邑をうけつぎ、河越城主となる。九年の春、大御所秀忠公がおなくなりになる。そこで大夫及び忠世と土井利勝の三人が、将軍の命をうけて国務を担当した。その年またもや二万石の加増をうけたので、併せて十万石の国持大名となる。そして、侍従に転任し従四位下に昇進した。

大夫はいつも幕府につめて、将軍の指示を仰ぐかたわら、公家と諸大名に関わる問題に決定を下し、国政の重要事に関与した。それは、外国問題にも及び政務の全般に携わった。李王朝（韓国）の国使が来府するに当たっては、先方の礼曹参判が書簡・土産を寄せると、大夫も返書をしたため手土産物を贈った。かくして大夫の威名はいやが上にもあがり、将軍からの賜物も大変多く、国を挙げて誰もが大夫に大きな期待を寄せるようになった。十一年、家光公が上洛された際に、大夫は付添として内裏に登り、もったいなくも（明正）天皇から酒盃を戴き、その上天皇佩用の剣を賜わる光栄に俗する。将軍が京都滞留中に、手厚いねぎらいとおほめ（一万三千石の加増）をうけると共に、若狭国主に任命される。しかも越前の敦賀郡と近江の高島郡（七千石）を上洛料として支給され、（十二万三千石）城持大名の席に列なる。将軍が江戸に向かうに及んで、漸く大夫は供奉の勤務を解かれて、就封地の若狭視察に赴く。

年明けて江戸に帰着するが、分掌は以前と変りがなかった。（十三年正月）上野の佐野一万石を在府の勤務手当料として、加増される。十五年（十一月七日）、（老中土井利勝と共に）些細な政務を免除され、天下の重要事のみ取扱う臨時の大老職に就く。国家の大功勲者であるので別荘を城外に建て（出仕は毎月一日と十五日で、両日以外）牛籠村の自宅勤務であった。家光公は何度となく大夫の邸に足を運ばれ、暫くの休息と歓談の時間を過ごされ、楽しまれて御満悦であった。公務に暇ができると、時々将軍は命を出されて、郊野の鷹狩をして日頃の激務を慰め、心の安らぎをとられた。

二十年（五十七歳）、将軍の命をうけて（信綱と共に）上洛し、（明正）天皇の譲位と（後光明）天皇の即位の大典をとりしきった。従四位上の官位昇進と左近衛少将の武官転任となり無事激務を終え、（十一月二十九日）江戸に帰る。このようにして、幕府における執政に関わり、給与された封禄と爵位・官職については、大夫の右に出るものがなかった。

正保二年（一六四五・五十九歳）、（四月）若君の元服に際し、京都の勅使（菊亭右大将経季ら）が江戸城を訪れた。

そこで大夫は勅使の接待役を指揮し、御首服の儀式をとりしきった。慶安元年（一六四八）、家康公の三十三回忌に当たっては、吉日を選び日光東照宮で、天皇の御意向により「法華八講会」の法事を催す。この時には勅使及び摂政をはじめとし、公卿・殿上人等三十余人、比叡山延暦寺の貫首・園城寺の長吏が山に登った。大夫は、将軍の乗輿到着の前に日光山に登るだけでなく、将軍の帰府後江戸に帰り、最初から最後まで法事参加者の接待・運営を監督した。その法事の豪華なことは、仏教盛んな奈良時代より今まで前例がなかった。四年の夏、家光公がこの世を去られた。大夫は霊柩に従い、日光山に登り、家光公をくやむ〝満百の法事〟を無事に終えて、遺令伝達の大役をこなし、今日の幼君家綱公をお助けし守りたてた。大体、幕府における諸の施政は、何かにつけて大夫の目を通して処理された。その年の秋に入って、勅使の幕府出向があり、幼君家綱公は征夷大将軍に任命された。この拝賀式には、公卿・大名・小名が残らず祝事の挨拶に参上した。

明くる五年、元号が改まって承応となる。大夫は日光における霊廟造営の件で出張し、工事の進陟に与る。翌二年霊廟の完成により、故家光公の法事〝大祥忌の礼〟を滞りなく済ました。大夫が国政を担当した六年間に、日本国内で反幕府の気配がなくなり、一方（寛永二十年）隣国朝鮮李朝から通信使の来日があり、献上品がもたらされた。そうこうするうちに家綱公が成長されたことを理由に、出仕免除を何度となく懇願したが、新将軍は致仕を許されなかった。

明暦二年（一六五六）五月、家綱公が大夫の牛籠別邸に出向かれた。その饗応接待には、些細なことにまで気を配り真心のこもる応対であった。この日致仕を願い出てやっと許された。そこで大夫は、若狭や飛地の支配地を、跡目相続をする匠作大尹の忠直に譲られた。そして、牛籠邸を隠居所と定め、公式の来客を断わられた。年齢は（古稀に当たる）七十歳であった。にも拘らず、幕政に関わる大事が生じた時、或いは将軍直々のお召があると、幕府（評定所）に出向き或いは老中・若年寄の出仕をうけて、種々の問題をきかれた。そうかと思うと毎年日光山に出かけ、家康公の霊廟に参拝するのを恒例とした。そこで心ある人は、大夫の出処・進退が時宜を得た処置であることに感心するだけでなく、勲功大にしてしかも幕政を離れたその鮮やかな変身振りをほめそやした。

大夫は青年の頃、仙洞家の坐禅修行に加わったことがあった。その折一人の僧が大夫の人相を見て、「千人中に一人みられる優れた人であり、万人中に一人しか居ない傑物だ」と言ったという。大夫はこれを聞いて本気にしなかった。その立身出世を顧みることによって、昔の僧の言葉がやっと納得できたのである。大夫は生来飾りっ気がなく、しかも昔蒙った恩を忘れなかった。だから、幕政の暇をみつけては、よく禅修行の話に触れ、又天台宗の本意を求められた。年をとってから書物を読むのを聴聞することを好んで、七十歳の算賀を迎えて、ますますそのことに耽溺するようになる。前後十余年間の中で、『史記』『漢書』『後漢書』といった正史の三書、及び『資治通鑑』『明史』の本紀から、日本の歴史関係の書籍、演史・日記々録・小説等と幅広い分野に亘り、側近の学者にこれらを読ませた。その様な勉強のさ中、主君を助けた功臣の子細を聞くと、必ず過去の自分をふり返るのであった。これは全く隠退の本意がどこにあったかを教えるものである。ある時、人に話したことは、「昔からの出来事を聞くと、私自身家光公と家綱公の執政下に籍をおいて長寿を得たようだ。だからこれ以上楽しみに加えるものは何もない。仙人が風に乗り霞を食って生きるそういう連中の様にはなりたくないものだ」であった。かくして中国と日本の数多の書籍を、読んだり講義を聞くことで、内容のすべてを吸収し終えた。もし世間で滅多にみない書を買うと、その傷んだ部分を補修し本文を写した。それだけにとどまらず、明船がもたらす珍本の類は、予め長崎（奉行）に指示を与えて買い殖やし、そして、書籍所蔵の庫を建て、そこに蔵めた冊数は数千巻にも及んだ。

万治三年（一六六〇）の夏（四月十八日）、東照宮に参詣し、霊廟の前で頭をそって「空印叟」と法名を用いる。それは、本格的に世事の煩わしき務めから遠ざかり、自由気儘に生きる志をたてたからである。寛文二年の夏（五月）、空印公は病魔に冒された。しかし、一人正坐して床に臥すことをせず、治療の為の医療も用いなかった。そのため家綱公の命を受けて、やっと病気治療に入るという始末であった。幕府から何回となく病気見舞の使者が訪問し、老中や若年寄が日をおかず尋ねてきた。輿や馬に乗った見舞客が後を絶たず、みながみな威厳ある風体だった。秋に入ってますます病状が重くなり、有難いことに将軍直々の文を戴いた（本多忠隆の将軍名代による病気見舞）が、昔の武勲を惜しまれ手篤い療養を望まれていた。七月十二日の夜、とうとう遠くに旅だたれた。卒年七十六である。

公は遺書を残し別業内の一処に埋葬し簡単で仰々しい葬儀をしないようにいわれた。（十三日）弔使（阿部忠秋）・将軍名代の訪問があり、近臣（少老土屋数直）を通して葬儀見舞料三千両が下された。公の死去を知って悲しまない者はいなかった。ああ、逃れることのできない寿命が尽きたのだ。

私にとって偉大なる指導者は、お仕えした年月も長く、剛直を以て発言され、筋の通った信念を変えられなかった。お付き合いの中に鄭重さが滲み出、相談事のお尋ねもあった。私は有難くも目をかけて戴き、思いもかけぬ御推挙を受けた。公の邸に親しく出入を許されてからもう二十余年過ぎてしまった。お側近くに坐り食事の歓待を受けて、何代にも亘る日本と中国の逸話をお話した。政務から離れられた後も、私は訪問を許されたばかりか、お持て成しを厚くして戴いた。この度の病気になられてからも、よくお目にかかった。公の御逝去から丸一箇月が過ぎ、お慕いした方だけに、哀しみで胸が張り裂けるばかりです。ここに公の御血筋を調べ、少し履歴を記し、哀悼文を作っておくやみを申しあげます。その詞に言うには、

何代にも亘る名門の武士、幕政を扱って苦しい勤めを続けられた。
内政に関われば良い策をたて、冬の陣には作戦行動に参加された。
英れた武士の棟梁であり、家光公に仕え側近としての業績がある。
乱を鎮め幕府の創業に尽くし、武門の伝統を伝え成法を維持された。
そして選ばれて老中となり、名声は早くも知れ亘った。

酒井家の跡をつぎ名門の誉をあげ、分掌を果たし幕政をみられた。
将軍の側に仕え気付かれない大政を補い、昔のしきたりを重んじ乍らも創見があった。
同輩との付合に思いやりがあり、部下には心暖まる親しさがあった。
だから出仕の同輩みな頭が上がらず、公卿も賓客を待つもてなしをした。
日本国内に争乱がなく、数々の吉祥ばかりがみられた。
外国に名声が伝わり、李王家の大使を接待された。
琉球の使者は献上品を捧げ、又蘭国の使者が珍貴品をもたらした。
爵位が高くなると共に封禄も増え、若狭国主となるや人民の生活を安んじた。
卓越した将軍の信頼には肩を並べる人がなく、元老格として比べられなかった。
明正天皇を尊崇して、侍従と席を同じくした。
京洛の二条城に留まり、天子護衛の近衛の守備に就く。
官階の桜は衣装の袂にみえ、内裏は色鮮やかに映えている。
三公九卿が席を同じくして、殿上人も顔を一様に揃える。
周囲は近衛兵の護衛で固められ、はたで見ると立居振舞がおごそかだ。
二荒（日光山）の霊廟、三縁の東照宮で催される、
第三十三回忌の法要監督に、せわしく山を登る。
法筵最中の鐘の音、夜あけを告げる雞の刻が聞こえ、
陽光は周囲の高い山にさんさんと輝き、残月が目前の深い谷にかくれる。
勅使の威儀を正した冠蓋、仙洞の伽黎の貴賓を、

出迎え接待に注意指示を与え、ここに大法会が厳そかに進められた。

かくして後光明天皇は公の忠勤を嘉せられ、務めの適切な処理に満足された。

幕府重鎮としての力量があり、重臣にふさわしい風采がみられた、
筋を通して妄言に折れることなく、公平で一切の私情を挟まれなかった。

富祐の身であり乍ら贅沢をされず、年を召されて猶元気であった。

その威勢は遥かな地域に伝わり、身はいつも国の重大事に置かれた。

将軍の補佐に全力を尽くされ、幕政の決定には家康公の定法に准われた。

数多出される法令に間違がなく、家康・秀忠・家光・家綱の将軍四代に亘り勲積を重ねられた。

だから蜀漢劉備の忠臣孔明に例えられ、誰もみな大夫に期待を寄せた。

とはいえ晋の文公が介子推の抜擢を忘れた故事を知っているので、時宜を得た致仕の気持を忘れなかった。

そこで強く公職を譲って務から一切身を引き、将軍のお許しを得て自適生活に入られた。

幕府の中では自由な行動をとり、閑静の場所で老を憩い、
自然の山野をさまようけれども、(李徳裕が作った別邸)「平泉」の様な贅を尽くすのを嫌われた。

牛籠の隠居所は風舞い雲が垂れる自然に満ち、花が咲き乱れ木立が密密する幽玄であった。

大夫は昔の骨董を愛玩し、僅かの酒を嗜なむだけで酔い心地になられた。

一方大陸明国の史書をひもとくばかりか、わが国の古記録にも目を通された。

そんなわけで古今の故事に明るく、大凡の善し悪しについて理解していた。

高楼に登って自然を眺め、広大な庭内を流れる小川に一刻の安らぎをもち、
池の魚が跳びはねるかとみれば、鳥が木立の中を飛んでいる。

来客と楽しく歓談し食事に興が乗るころには、浮世のありの儘の姿がみられる。
長寿の算賀を過ぎて、古来稀といわれる七十歳を越えた。
ここに天の神が与えられた幸福が窺われ、光陰矢の如く過去った。
生前の勲功業績は明らかであるにも拘らず、記念となる品々は残っていない。
秋の冷気を含んだ夕の風には悲しみが一杯で、一夜明けた太陽の光に朝露がとける。
当てない山野の散策も永久に途絶え、御遺骸は奥城の中に蔵されてしまった。
偉大なる名誉と子孫に残された安楽の生活、ここに広がりをみせ子や孫に贈られる。
寛文二年壬寅八月十二日向陽林子涙ながらに認めました

第四節　林鵞峰の常州笠間城主井上君誄

【解題】

井上正利（一六〇六―七五）は、後陽成天皇の慶長十一年に老中主計頭正就の長男として生まれ、延宝三年十一月八日に死没する。享年七十。正利は元和二年（一六一六）三月十二日、十一歳を迎えて大御所家康・将軍秀忠に初めて閲見する。『寛永諸家系図』は「元和三年」に誤り、『寛政重修諸家譜』は「十二」と記す。同九年八月六日十八歳の時、叙爵して河内守となる（平凡社刊『日本人名大事典』は十歳の時「元和元年」とする）。寛永五年（一六二八）八月九日二十三歳の時、父正就が豊島刑部少輔信満に西城にて殺される。翌十日父の遺領四万四千五百石を嗣ぎ、弟帯刀正義（『日本人名大事典』「正昭」とする）に五千石を分与する。同九年七月二十四日、将軍家光が三縁山霊廟に参詣した際、大御所秀忠の昵近の故で薙髪したので、衣冠正装をせずに長袴で伺候する。同十七年四月三十五歳の時、江戸城修築完成を祝い、行灯二十を献上し、将軍より黄金二十枚・時服・羽織を支給された。

正保二年（一六四五）六月、四十歳を迎えて遠江の横須賀城主から常陸の笠間城主への転封で、采邑五万五千石〈五千石を弟帯刀に分与〉となり、奏者番に就く。明暦二年（一六五六）九月、京極安知斎入道高広と飛騨守高直との間に生じていた所領争論に、幕府使者として和平斡旋の大役を勤めた。誄序に、

列敷㆓言献達之職㆒。

と表されている。ついで万治元年（一六五八）七月四日、寺社奉行兼任の役を命ぜられた。

掌㆓社寺牒訴之事㆒（序文）。

服レ労有レ務、聴レ訟無レ私。沙二汰僧道一、畏二敬神祇一（本文）。

その後、弔使・法会奉行を歴任した正利は、寛文七年（一六六七）十二月十八日、六十二歳の老齢を以て辞職願を提出し、奏者番・寺社奉行の両職を免ぜられる。二年を経た同九年六月十五日致仕を許されて、その所領五万石を長子相模守正任につがせる。又、私墾田二千石を二男左兵衛正信に、千石を三男松之丞正興に分給する。

正利は隠居生活を送ること六年であったが、誄本文によると、その間四書五経の学問に専念し、読書に飽きると益友と一局の碁を楽しみ、月を眺めては一句をひねり、美しい花を愛でて即席の一首を吟じ、疲れをいやす為に酒に親しみ、暑夏の季節には身近な緑樹の間を散策し、寒い冬になると炭火を熾して身体を暖める、という優游自適の生活を送ったことが知られる。正利は懸車の年を迎えて他界した。

誄は序文一七九字・本文四言三十六句・一四四字から成る。その字数を考えると、井上君（正利）誄は、林鵞峰の三誄作品中最もコンパクトにまとまった哀辞と言える。鵞峰が正利のために誄を作った理由を序文に求めると、

余、自二弱冠一相識、講習討論、殆四十年所、相互為二益友一。

とみえる所から、四十年に近い学友であったことが知られる。

本文の四言句は、対の六句が支韻を踏み、次の対六句が虞韻で揃えられ、最後の対六句がこれまた真韻で整えられた三部押韻構成の美しい頌である。但し、哀辞慣用句の「嗚呼哀哉」四言句が一回も使用されていない。

技巧を凝らした対句としては、最も平凡な、

三盃酒酣、一局碁楽。

青山独老、白髪七旬。

等の表現にみられる数目対の手法や、

青山独老、白髪七旬。

　夏顧緑樹、冬熾炭麟。

等で明らかな色目対の使用や、

　沙汰僧道、畏敬神祇。
　参攷鄭孔、尊信程朱。

等に知られる事対の修辞や、

　既酔猶醇、得意相親。

の反対が窺われる。就中、誄の最後に生前の故人をいつまでも想うという「永懐斯人」四言が、哀辞の力点に置かれて悲傷感をかきたてる作者の意向が感じられる。

「永懐」は、『毛詩』周南、巻耳の

　我姑酌二彼金罍一、維以不二永懐一。

に早い用例があり、哀辞としては『後漢書』巻一〇、鄧后紀に和帝崩御の元興元年（一〇五）、皇太后となった鄧后が馮貴人に与える策命に、

　先帝早弃二天下一、孤心煢煢、靡レ所二瞻仰一、夙夜永懐、感レ愴発レ中。

の用例がみえる。「永懐」の同義表現に、魏文帝の弟蒼舒誄の「永思長懐」があり、晋の陸雲の呉故丞相陸公誄の末尾に、

　攀慕靡レ及、永恋二光愛一。嗚呼哀哉。

とみられるのもここで参考となる。

【本文】史料編に掲載のため省略（一〇五頁）。

【読み下し文】

朝散大夫常州笠間の城主井上君の誄

君、姓は源、氏は井上、諱は正利といひ、遠州横須賀の城主・正就が嫡子なり。正就、国政を執りて威望あり。君、朝散大夫に叙せられ、河内守を号し、父に代りて横須賀を賜はる。宿衛の労を積むにより、常州笠間城に改め封ぜらる。而も敷言献達の職に列び、社寺牒訴の事を掌る。病を嬰《オビ》て致仕す。延宝三年乙卯の十一月八日、簀を青山の墅に易ふ。寿《トシ》七十なり。嗚呼悲しいかな。訃を聞く者《ヒト》嘆惜せざるなし。

君、暇ある日には学を好み、心を性理の書に潜《ヒソ》む。余、弱冠より相識り、講習討論すること、殆ど四十年ばかり、相互に益友たり。永訣の情《ココロ》、痛恨に堪へず。謦欬《シハブキ》耳に在《ノコ》り、何れの日にか之を忘れむ。ああ、駒隙扣《ヒカ》へることなく、一月既にめぐる。追憶止まず、流滴あまりあり。乃ち誄を作りて曰はく、

ああ俊士、名彰らかにして声《ホマレ》馳《ツタ》はる。
倔強の量《ハカリゴト》ありて、発揚の姿をのこす。
権勢に諂《ヘツラ》はず、威儀を失ふことなし。
労に服して務をたもち、訟《ウタヘ》を聴きて私なし。
僧道を沙汰し、神祇を畏敬す。
柳陰に恵み茂く、棠庁に愛しみ遺る。
余閑《ヒマ〳〵》に学を好み、識《カンガ》へを卓《タカ》め儒を崇む。
『学』・『庸』の蘊奥、『論』・『孟』の工夫、
鄭・孔を参攷し、程・朱を尊信す。
『書』に拠りて暦を造り、『易』を読みて図を按《カンガ》ふ。

喪祭尽礼には、籩豆簠簋をもちひ、
騎射習芸には、鞍韉彤盧をもってす。
三盃の酒に酣《ウルホ》ひ、すでに酔ひて猶し醇《ツツシ》みあり。
一局の碁を楽しみ、意を得てあひ親しむ。
月を夕に嘯《ウタ》ひ、花をば晨に吟《ウタ》ふ。
夏は緑樹を顧み、冬は炭麟を熾《オコ》す。
青山の独老、白髪七旬におよぶ。
天年仮《サイハ》ひせず、永く斯の人を懐《オモ》ふ。
乙卯十二月八日

【現代語訳】

従五位下常陸国の笠間城主井上正利君を偲ぶ誄

貴方は、姓が源で、氏は井上、名を正利といい、遠江の横須賀城主正就の後嗣である。正就は宿老としての治政には厳しさのある反面人望があった。貴方は、年若くして従五位下に叙せられ、河内守の称号をもち、父の没後横須賀城主となった。将軍家光の護衛として宿番の役を重ねた忠勤振りが認められて、常陸の笠間城主の転封をうけた。そして、奏者番として大名旗本と将軍間の伝達に携わり、その後寺社奉行を兼ねた。老境に入り病勝ちとなって職を免ぜられた。延宝三年の冬十一月八日、死去する。没年は七十である。ああ悲しいことだ。貴方の死去通知をうけて、悲しまない人は誰もいなかった。

貴方は、僅かの時間のゆとりがあると、学問にいそしみ、朱子の学術書を読むことに没頭した。私は、二十歳の頃から貴方と知合になり、討論や知識の交換を四十年近くもやってきた。だから、お互いに心を許し合った親友であった。

そんなわけだから、貴方と今後言葉を交せられぬ破目になって、私の胸の内は悲しみと貴方を奪った憎い天への恨みで張り裂けるばかりです。貴方の咳ばらいが私の耳にはいつもついていて、この想出はいつまでも忘れられるものではない。ああ、月日の過ぎるのは早いもので、はや一月忌が訪れた。昔の想出が忘れられず、涙が止めどなく流れて仕様がない。そこで貴方を偲ぶ哀悼の文を作った。

ああ優れた武士、その名声は世間に知れ亘っている。
他人に屈しない企画があって、処理する物事に進歩の兆をいつもみせる。
その姿には貴人の威力に迎合することなく、尊厳さが保たれていた。
自己の責任をよく果たし、受理した訴訟には公正な裁断を下した。
僧侶のあるべき姿を指導し、神宮には敬虔な態度で接した。
幕府の裁判には憐情をこめ、裁断には原告・被告の主張をよく確かめた。
わずかな暇を惜しんで勉学に励み、高い識見を求めて儒学に専念した。
『大学』・『中庸』の真髄に迫り、『論語』・『孟子』の説に種々思考をめぐらし、
訓詁学者鄭玄や孔融の解釈を参考とし、程兄弟と朱熹の解説を引合にした。
『尚書』に基づく暦を作成し、『周易』を読んで緯書の善悪を判断した。
故将軍の周忌祭事には鄭重な接待役を勤め、古式に従う道具を提供し、
嗜みとしての流鏑馬といった騎射練習に、しきたりによる赤鞍と黒鞭を使った。
そうかと想うと僅か三盃の酒で快い気分に浸り、酔えども乱れはしなかった。
一局の碁に楽しみを寄せ、相手と打解けて気持を通じあった。
大空に出た月を見て宵の一句をひねり、目に入る自然の花に朝の一首を詠む。

暑い夏のさ中に茂る木々の緑に想いを寄せ、肌寒き冬には炭をいこして身を暖める。
ありし日に偉丈夫といわれた老人も、今や頭に白髪が覆う七十歳を迎えられた。
なのに天が与えた寿命は意地悪くこれ以上延びなかった。そこでこの老人をいつまでも忘れずに偲ぶことだ。

【系図】

安部倉橋麿…定吉―清秀―正就《マサナリ》―正利―正任―正岑―正之―正経―正定―正甫―正春―正直―正英―正義―正徳―正世…

第五節　大典顕常の広幡源公誄

【解題】

葬儀で故人に贈られる誄は、紀元前の周王朝で貴族の特権として謚と共に凶礼として定められた。この誄作は戦国七雄の秦の始皇帝が天下を統一して以後廃止され、前漢の景帝時代に復活する。文体の形式は前漢末の揚雄作元后誄成立以後に整えられた。六朝の晋代に至び、高徳僧に贈られる法師誄が盛んに作られるが、わが国の誄作は実は六朝の法師誄の影響を受けているのである。古代における中文体の誄作品には、貞慧法師誄・空也上人誄・空山聖人誄（現存せず）等が知られる。

中世の武家社会には何故か誄作がみられない。近世の幕藩体制下になって、林鵞峰作の酒井忠勝誄・井上正利誄・加藤明成誄や卜幽軒作の読耕斎林君誄及び柴野栗山作の阿波信恵公誄等がみられる。広幡源公誄は、古代の法師誄に代る近世の碩学誄・貴人誄に連なる作品に当たる。所謂、近世の誄が復古調の範疇に入る中で、広幡源公誄は本文を四言句で統一している所に本来の頌の要素をよく臭わせている。

源公誄は修辞技法として八言対句の、

何以弔レ之、嗟世浮幻、何以薦レ之、表二性真常一。

があり、十言対句の、

曳レ履之声、久歇二金殿之所一、執レ紼之喝、俄臨二黄泉之挺一。

霜露早降、怵惕之痛荐至、風樹不レ静、眷恋之懐曷已。

があり、十二言対句の、

棲禅雖レ邈、誼比三皎然之感二深仁一、摛藻非レ工、嘆等三陳思之殲二吉士一。

があり、諡の円照に触れた十六言の対句、

円照標レ名、名与実埒、

其円伊何、真成罔レ欠、廓二周三際一、弥二綸十刹一。

其照伊何、靡二暗不一レ徹、在レ俗在レ真、如レ日如レ月。

がみられる。作者大典顕常は奉誄宜楽院一品准三后入道親王文では、六韻による四押韻のリフレイン手法を採るところから、或いは桃が椒（蕭韻）、筏が節（屑韻）ではなかったかと疑われる。

【広幡系図】

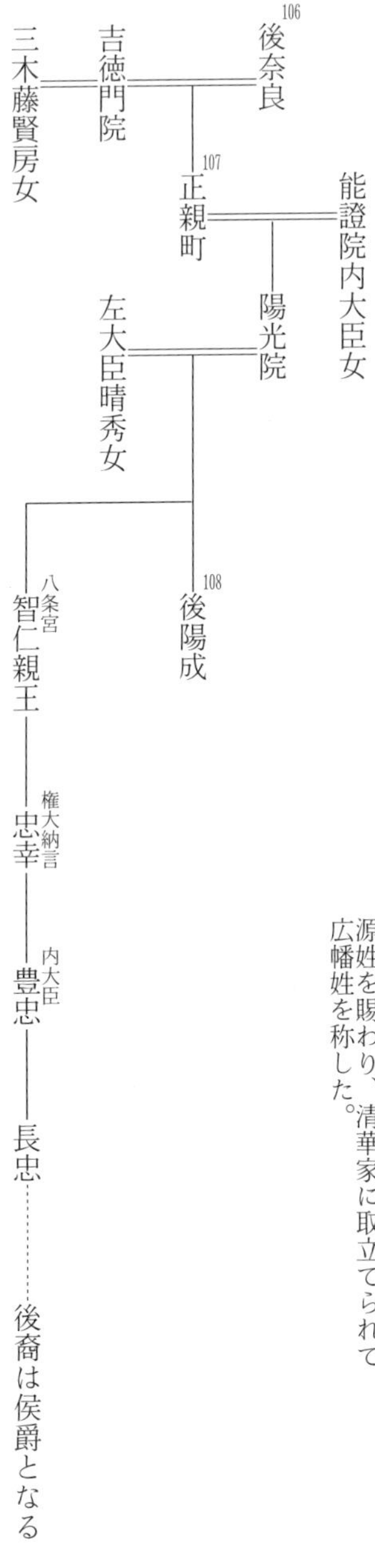

※忠幸は徳川義直の養子となり寛文四年源姓を賜わり、清華家に取立てられて広幡姓を称した。

広幡源公（長忠）の履歴

年号	西暦	年齢	月・日	事項
正徳 一	一七一一	一	四・四	生誕。
享保 五	一七二〇	十	十二・十一	叙従五位下。
〃 七	一七二二	十二	十二・二十五	任侍従、叙従五位下。
〃 八	一七二三	十三	十二・二十四	叙正五位下。
〃 九	一七二四	十四	後四・二十一	叙従四位下。
			九・二十四	元服禁色雑袍、昇殿。
				任左近衛少将。
〃 十	一七二五	十五	二・十八	叙従四位上。
			十一・六	任左近衛中将。
〃 十一	一七二六	十六	一・十六	叙正四位下。
〃 十三	一七二八	十八		叙従三位。任非参議。
〃 十五	一七三〇	二十	八・十	任権中納言。
〃 二十	一七三五	二十五	五・二十二	任権大納言。
元文 一	一七三六	二十六	三・八	叙従二位。
延享 一	一七四四	三十四	十二・二十二	叙正二位。
〃 四	一七四七	三十七	六・十八	辞官。
宝暦 六	一七五六	四十六	二・十一	剃髪。法名承恵。
明和 八	一七七一	六十一	九・二十七	薨。

【本文】 史料編に掲載のため省略（一一一頁）。

【読み下し文】

広幡源公の誄、序に并す。

これ明和八年辛卯の九月二十七日、正二位前《サキ》の権大納言源公〈長忠〉薨《ミマカ》る。年六十一なり。越えて十月十六日、佳城《オクツキ》を万年の山に占ひ、よく葬る。諡を円照院といふ。ああ哀しいかな。謹みて家譜を按《シラ》ぶるに、公の王父《ソフ》亜相公は、廼ち永禄皇帝〈正親町〉の曾孫にして、肇め広幡を基《オコ》し、実は宗室の房なり。内府公〈豊忠〉これを嗣ぎ、而して公は則ち其の嗣なり。族望既に崇く、世々清要に居り。公少くして志を励まし、皇家に密勿《ツトメハゲ》み、夙夜懈《オコタ》るなし。傍典籍に耽り思《カンガ》へ、むかしを尋ね検《シラ》ぶ。進み仕へて遑なく、寝餗殆ど忘る。その朝儀に於けるや、該通せざるなし。撰著せるところ、新撰典故・仗儀類聚若干巻あり。これ志なり、あに泛々能く比ぶる所なるや。既に世蔭なるを以て、丱歳に叙爵され、権中納言兼春宮権大夫に累ね遷る。尋ぬるに権大納言に至り、正二位に叙《ノボ》る。その門地を顧るに、もとより此に止まらず。而るに不幸にして病に罹《カカ》る。乃《スナハ》ち優詔ありて致仕し、家に居りて自ら頤《ヤシナ》ふ。歯《ヨハヒ》甲子に週りて、溘焉長逝す。ああ哀しいかな。楨幹の器なるを以て、疾その位を沮《トド》め、頤養の静を以て、生齢を永らへず。悲しきかな。履を曳くの声、久しく金殿の所に歇《ヤ》み、紼を執るの喝、俄かに黄泉の挻《ハテ》に臨む。馳景忽ち西のかたに頽《シタガ》ひ、化台その下闕に侐《サビ》し。嗣公右近衛大将閣下〈前豊〉、罔極の思に鬱《ウレ》ひ、何恃の欷《カナシミ》を増す。喪哀祭敬、尽さざるところなし。霜露早くも降り、怵惕の痛しきりに至《キハ》まり、風樹静ならず、眷恋の思曷んぞ已《ヤ》まむ。妙善を法場に修め、誄辞を貧道に訊《ツ》ぐ。ああ哀しいかな。棲禅邈《トホ》しと雖も、誼《ヨシミ》皎然の深仁に感ずるに比《ナラ》び、摛藻工《タクミ》に非ざれど、嘆《ナゲキ》陳思の吉士を殲《ウシナ》ふに等し。何ぞ以て之を弔ひ、世の浮幻を嗟《カナ》しみ、何ぞ以て之を薦め、性の真常を表さむや。その詞に曰ふ、

ああ楓宸の貴き冑《チスヂ》、槐位の高き標《マト》。むかし皇胤にして、懋を騰げ宵を昂くす。世《ヨヨ》令徳ありて、聖朝《ミカド》に顕仕す。宗室を巍峩《タカ》め、百僚に儀表《ノリ》たり。奕葉の光《ホマレ》ありて、妙齢に喬を遷す。地《ツチ》清切を分かち、雲衢歊を吐く。日辺紅杏ありて、天上紅桃たり。比類の振古、あに軽寃と曰はむや。朝《ミカド》華やかな轍を推し、家豊かな条を蔚《アキラ》かにす。閥閲既にして崇

く、鼎鼐調《ウツ》るに可し。これ公が緒を纘《ツ》ぐは、良《マコト》に周翰と称《イ》はむ。幼にして芝蘭に挺《ヌキ》んで、長じて楨幹を負《ウ》く。風度温良にして、天資偉岸なり。才思日に滋《フ》え、品月旦に進む。司妙選に叶ひ、志毘賛に存る。退食委蛇なるも、敢へて愒玩に事ふ。茂先に比べ励み、実にこれ宵旰たり。誼を行ひ業を修め、恒に凋換を慮る。上は烈祖を奉り、蒸術に合はむことを思《ネガ》ふ。俛焉として孜孜、講貫を竭くし思《シノ》ぶ。ああ皇《オホ》いなる神統、万世渝《カハ》らず、聖君代りて興り、文教誕いに敷《ヒロ》まる。明臣の亮を主《ス》べ、交《ニハ》かに訏謨を襄《ナ》す。聿《ツヒ》に延暦に迨び、鼎をこの都に定む。八紘軌を同《ヒト》しくして、益々丕図を衍《ミ》たす。朝《ミカド》の儀《ノリ》邦の礼、周《アマ》ねくここに咨《ト》ひ諏《ハカ》る。式あり格ありて、百代模に遵《シタガ》ふ。古を監み今を覧るに、孰か嗟吁せざらんや。ああ皇いなる神統、斯道未だ汙れず。人在《ア》りて則ち挙ぐるは、明哲の倶《ソナ》ふ所なり。蓋《コレ》公の志にして、茲なり覃研せしところは。典実を渉猟して、稽へるは古先に在り。架《カマ》ふに緗帙を挿《ハサ》み、案ふるに華牋を展《ノ》ぶ。暁の窓夕の燭、寧んぞ徒らに遷延せむや。日に検べ月に索《モト》め、必らず沿《ナガ》れる所を詳らかにす。言を纂ぎ故《フル》きを紀し、聚分して篇を成し、漏を補ひ佚を拾ひ、以全なるを思ひ戢《アツ》め、筐に衍《アフ》るれば載《スナハ》ち盛り、事《モチ》ゐること将然に予《アツ》かる。君子は心を秉《マモ》ること、これ塞淵なり。躬の故に匪ず、孰か乾乾を知らむや。孟子に言あり、「沢は五世に及ぶ」と。公の先を瞻るに、実に皇系に近し。綿綿紹紹、曾て陵替なし。種《スジ》は庸彙に非ず、生《ウマレ》は霊契に合ひぬ。秦晋は匹《トモ》なり、琳琅に綴《ムスビ》あり〈公、近衛公冬煕の女を娶りて、五子あり〉。紳を廊廟に垂れ、鴻儀はこれ棣なり。かくの若《ゴト》き人班に在《ミ》、みな風制を欽やみぬ。天枝の雋、嘉恵に対揚《コタ》へ、夕に拝し夙に承け、春　儲《ヒツギノミコ》に旋《マト》ひ隷《ツカ》へる。九たび遷りて栄を寵《ウ》くるも、固より歳を澂《ニゴ》さず。いかにか一旦《アルアサ》、恫瘝身につく。昔に進むも今や退き、歘《ニハ》かに要津を阻む。翔翼は翼を戢め、騰鱗は鱗を沕《ヒソ》め、玉珮は響を罷め、珠履は塵を絶つ。版を投げて帯を散《マ》きて、隠淪に比蹤《シタ》しむ。才や羨しく聞暢にして、真を韜《ヲサ》むに如かず。玄理を澄慮し、妄因を汰祛す。優遊たる歳月、縁《ヨルベ》を忘《ス》て屈伸す。期頤なるは永かるに可《ヨ》く、乃ち六旬に限《オヨ》ぶ。いかにか弔《ヨ》からず。蒼昊《アメ》に哀籥《ヤク》す。荏苒時を候ふに、載ち陰たり載ち陽たり。飄忽たる人世、倏《タチ》まち存《アラ》はれ倏ち亡《ウ》せる。音容は目《マナコ》に在《ノコ》り、此の在りし床に空《ツ》きぬ。霊轜祖に既《ツ》き、丹旐彷徨《ヒラ》めく。哀風夕に起り、蕭蕭たるは白楊たり。楚輓ややもすれば息《ヤ》み、形蔽おほいに蔵《カク》る。親戚心を痛め、属離涙を滂《ナガ》す。遺《ノコ》れる草几《フミ》に在り、余れる軸箱に著《ノコ》る。思は邇くにあり跡は遠きにあり、節換胡んぞ忙しからむ。死生も亦大《オホ》くして、昔人の傷む所なり。ああ曷んぞ帰《ヨ》らむに、わが覚王を惟ひみる。覚王の道は、生ならず滅ならず。わが昏迷を晰《アキラ》かにし、わが蘊結を蠲《ノゾ》こる。四智はもともと朗《アキ》らかにして、三身と別に匪《アラ》ず。円照名を標《シル》し、名は実とともに埒《ヒト》し。その円なるはこれ何《イカ》ん。真成りて欠くることなく、周の三際を廓《ヒラ》き、綸の十刹を弥《オホ》ふ。その照なるはこれ何ん。暗《クラヤミ》 徹らざるなく、俗に在り真に在り、日に如て月に如たり。世の実と虚は仮にして、害《ソコナ》ひて永訣を悲しむ。泥洹は遥《トホキ》にあらず、般若は筏なり。ああ霊光、億劫闋《ヤ》まず。

【現代語訳】

広幡源公をしのぶ誄と序

明和八年（一七七一）九月二十七日、正二位前の権大納言源長忠公がなくなられた。年齢は六十一である。越えて十月十六日に墓所を万年山相国寺に定めここに斂葬する。謚を円照院という。ああ哀しいことだ。謹しんで家系の譜をみると、公の祖父忠幸公は、即ち永禄皇帝〈正親町天皇〉の曾孫で、広幡家の始祖に当たり、だから実際は皇室の出身である。内大臣豊忠公が後を嗣がれ、長忠公はその後嗣である。貴族内の嘱望が大変高く、代々高潔で枢要の官職についた。公は若い時から志を立てゝ、皇室の為に勉め励み、日夜精を出した。その合間を書籍の読破に力め、古典を探求した。また勤務に忙殺され、ゆっくり食事や睡眠をとる暇もなかった。そして朝廷における諸儀式にいたってはどんな些細なことにも精通していた。著作には『新撰典故』・『仗儀類聚』等二、三巻がある。ここの点に公の意図されたところが窺われ、その学域の広大さは比べることができない。早くも広幡家の世子に迎えられ、十歳のあげまき時代に叙爵し、権中納言兼春宮権大夫といった風に次々と栄転した。ついで権大納言に昇り、正二位に叙《スス》む。その門地をふり返ると、当然この官位官職で満足すべきものではなかった。ところが不幸にも病気に罹った。そこで今上から有難い言葉を賜わって辞職し、隠居生活に入り、自適の日々を送られた。六十一歳の還暦を迎えて、突然他界された。ああ哀しいことだ。重要な人物なるを以て、病気中だがその官位をとどめ、養生で交際少なき静かな生活を送っていたが、生命を永らえることができなかった。悲しいことだ。会葬者の話し声は御殿までくると止み、代って送葬者の嗚咽が墓所の隅々にまで伝わる。落日は早く西の方に夜のとばりが降ろされる時、佳城の扉を閉じるのはやりきれない淋しさだ。後嗣の右近衛大将閣下〈前豊〉は断腸の思いにかられ、誰にも分かち難い悲しみを募らせる。葬儀の万端とどこおりなく終える。冷やかな霜と夜露が早々と降り、悲しみと不安の混乱がやたらと襲い、墓所の樹は風を誘ってざわめき、故人を思慕する想出がとめどなく浮かぶ。故人の立派な善行を墓所に留め、生前の勲績を僧侶に聞く。ああ哀しいことだ。剃髪後の精進生活は遠き昔と隔たるが、心の通えるは唐僧皎然が仁徳を窮める修行の道に比べられるし、また妙味ある作文が抜きんでてはいないが、悲しい想いは魏の文人曹植が股肱と頼む協力者を死なせたことと同じだ。何を以て哀悼し、現世の有為転変を嘆き、何を以て薦めるに人生の真実を示すことができよう。その哀しみの気持を表します。

ああ皇室のやんごとなき血筋であり、内大臣の高き家系である。曾ての天皇の子孫で、盛大な名望を高め小子を世間に広められた。代々善い徳行をして、天皇にお見せした。皇室の名声を上げられたばかりか、文武百官の模範となられた。代々勲功があり、年若くして権中納言に遷られた。その地位にあって厳しさを明らかにし、朝廷のあり方に熱気を吐かれた。太陽の周囲に赤味が生じ、朝廷に活気がみなぎった。この様な状況を大昔と比べると、一体軽はずみに生じたと言えようか。朝廷は立派な遺業を推薦し、公家はその豊かな条理を賛えた。功績はいやが上にも賛えられ、大臣としての力量も備わっていた。長忠公が家督をうけつぐことは、周の申伯に以て誠に理に適っている。幼少にあっても多才の素質が抜群であり、成長するに及び重要な人物になった。日頃の風格はとても穏やかで、生まれつきの容貌を備えていた。その優れた思考は年をとるにつけ深くなり、身体から滲み出る気品は人々の噂となって行った。役職は選抜にふさわしい適任で、高邁な志は翼賛の行動の中にみえる。朝廷より退いてから自宅でゆっくり食事をとり、殊更に生活を息うことに力めた。それは晋の張茂先に負けじと努力し、夜明前に衣服を身につけ、日没後に食事をする精進ぶりだった。人とのつきあいに怠らず身を修め、いつも悪い批判の的にならない様気配りをした。立派な祖先を崇拝し、くったくなく親睦の密なることを念願した。その勤めぶりはいつも変らず、研究し尽くし考え抜くことだった。ああ恐れ多い皇室の血筋、何時々々までも変りなく、英邁な天皇が相ついで立たれたので、文化は広く国内にゆきわたった。忠臣の協力を得て、偉大な計画を立てられた。その結果が延暦の年に至んで、京師をこの山城国に定められた。東西南北の国の隅々迄規画に基づくものであり、遠大なる企画を布いた。朝廷の儀礼も各地方の礼節も周ねくここから始まった。現実のしきたりに基づく格式を伴って、百代もの長年月に亘る手本が踏襲されてきた。昔のしきたりに注目し現在の姿を眺めると、誰もが嘆息するであろう。ああ恐れ多い皇室の血筋、皇道は今も猶乱されてはいない。心ある人物が出れば必ず皇道を賛え、事理に明るい文人がやることだ。これは長忠公の願うところであり、ここに深く学業を積まれた。故実を広く調査され、思考されるところは祖先であった。書架には浅黄色の帙を置き、草案をば美しい料紙に書きつける。暁の明りが生じると窓辺に座り、夕に灯をつけて研究を深め、どちらかといえば、遅々たる進歩を好まれなかった。毎日文章を検討して疑問点を探し求め、厳密に伝統を解明された。不足の言葉を補い理由をつけ加え、文を編集して一篇の完全なる作品とされ、誤脱のある文を復元し佚文を見つけ出し、種々の判断を収拾して完全なものにし、箱にあふれるとこれを積み上げて、それの活用は文理に適うものであった。君子といわれる人は常々正しい心を保ち、思慮深い上に誠実である。利害を顧みず天子に尽くすのであり、誰一人として日々力め励むということを知らないものはない。賢人の孟子によい言葉がある、「君子の徳沢は五世にまで及ぶ」と。長忠公の祖先を辿ると、本当に皇室に近い。ずっと絶えることなく続き、これまで衰えることがなかった。血筋は勲功ある忠臣の系統と違って、出自は天の定めた尊い貴種に当たる。古代中国の秦と晋は友好の国であったし、珠玉の琳と琅は結び連ねられるものだ〈源家の長忠公は、公家の近衛冬煕公の女を娶られて、五人の子供がおられる〉。大帯を朝廷で使われるが、その優雅な風采はまことにゆったりとしている。かかる人物と同じ様に、人々から貴紳の模範としてもてはやされた。皇室の出自でもって卓越した才能は、よく恵まれた福徳に応えられ、夜に天子の拝謁もあれば早朝に詔を聞くこともあり、東宮の供奉もされた。九度官職を歴任しそれぞれ光栄に浴したが、もとより年齢にふさわしいものであった。所がどうであろうある朝、激痛が身体にとりついた。若い時には出世の道を歩まれたが、今や退く時が訪れ、突然枢要の地位に留まることができなくなった。飛翔の鳥が翼をたたみ、飛龍が浮翔の鱗をしまい、腰珮の玉が音色をなくし、立派な履が塵を立てなくなった。執政の座を捨て身につけた大帯を解いて、遁世の生活に入られた。天分の才能ははた目にも羨しく、名聞はよく知れ亘り、真実を包みこんでいた。高邁な道理を熟慮し、誤解ある要因を選び分けて除かれた。かくして自適の生活が続き、縁者との交際を避けて気儘な毎日を過ごされた。老人というものは長生きする程よいのであり、公は六十歳の歯を迎えられた。にも拘らず、良き運が廻ってこなかった。天上の神に大声で悲しみをなじることになった。移り変る時節を考えてみると、陰の気でもあり陽の気でもある。つむじ風の如く人の世は気まぐれで、生まれたかと思うと死んでゆく。生前の声や元気な姿がまだ眼前に焼きついているのに、この愛用の場所には居られない。霊柩を運ぶ車は祖先の霊地に赴き、葬儀の赤い旗がひら〳〵とゆらめく。哀調をたたえる風は宵闇のとばりと共に吹き、もの悲しくも白楊がたたずんでみえる。柩車を挽く悲しみの葬儀の歌も心なしか途絶え、そして霊柩が墓所に埋葬された。血縁の人々は哀しみで胸がひしがれ、肉親みな涙を流す。書き残しの原稿はまだ机に置かれたままであり、余白を残す巻軸が箱の中に納められている。ありし日の故人の俤を想出し、遠き昔の行迹をふり返ると、人生の区切りと転換がどうしてこうもあわただしいのだろうか。人間の死も生も共に普遍の現象であり、昔から人の哀しみ痛むところである。ああ胸の痛みをどこに持ってゆけばよいのか、私達が崇める釈迦をここで想い起こす。正覚への道のりは、生もなく滅もない。私達の迷える魂をはっきりと導き、私達の悩める難問題を解決してくれる。大円鏡・平等性・妙観察・成所作の四つの覚識はもともとはっきりしており、法身・報身・応身の区別があるのではない。謚につけられた「まどかに照らす」円照とは迷悟の法の一つ「名」を表すもので、その「名」は公が生きてこられた現実の生活そのものである。その「円」というのは、どのようなものか。本当に欠けることのないものであり、宇宙に備わる過去・現在・未来を貫くものであり、統べ治める十名利を網羅する。その「照」というのは、どのようなものか。暗黒の世界を見通すものであり、俗人にも僧侶にも認められるのであり、太陽にも月にもたとえられる。この世は真実と空虚の仮の世界であり、身体を損って永い別離になるのは悲しい。安楽の世界は遠き彼方にあるのではなく、「般若心経」の唱名が正覚の岸に登る証となる。ああ有難い光明よ、いついつまでも絶えることがない様に。

【語註】

○明和八年　西暦一七七一年。十代将軍家治時代でこの年杉田玄白らが小塚原で囚人の解剖を見学する。又〝おかげ参り〟が流行する。**○源公**　正徳元年（一七一一）四月四日に生誕し、享保二十年（一七三五）五月二十二日に権大納言となり、延享元年（一七四四）三十四歳の時正二位に叙る。**○佳城**　立派な墓所。**○万年之山**　洛北の大禅刹で五山の第二位に当たる万年山相国寺。広幡家の菩提所。**○王父**　源忠幸。忠幸は徳川義直の養子となり、寛文四年（一六六四）源姓を賜わり、清華家に取立てられ広幡姓を称した。広幡大納言と号し、寛文九年閏十月十六日薨ず。号祥光院。**○亜相**　大納言の異称。**○内府公**　内大臣源豊忠。豊忠は故権大納言忠幸の男、実は故前権中納言源〈久我〉通名の男で、享保八年（一七二三）内大臣に任ぜられ、四日後に辞職した。**○密勿**　勉め励むこと。**○夙夜**　朝早く起き夜遅くに寝ること。**○懈**　怠る、なまける。**○遑**　いとま、ひま。**○寝餗**　睡眠と食事、餗は鼎中の食物。**○新撰典故**　詳細不明。**○仗儀類聚**　有職故実の類聚で現在抄本五冊が宮内庁書陵部に所蔵されている。**○是其**　其は文を強める助字。**○丱歳**　あげまきをした少年時代。**○累遷権中納言**　享保十五年八月十日、二十歳で権中納言となる。**○優詔致仕**　延享四年（一七四七）六月十八日、三十七歳で辞職した時、新帝桃園天皇から詔をうけたこと。**○歯週甲子**　還暦六十一歳を迎えること。**○溘焉長逝**　溘は奄忽、突然の意、溘焉・溘然は人の死去の形容句。溘逝・溘謝・溘死・長逝も同じ。**○楨幹之器**　重要な人物、かけがえのない人。**○頤養之静**　閑静な隠居生活。頤は日常生活の面倒すべてをみて貰うこと。**○曳履**　くつをひく、歩く。**○金殿**　宮殿、黄金で飾った宮。**○執紼**　霊柩の紐をもつこと、葬送のこと。**○馳景**　あっという間に過ぎる年月。**○西頽**　西の彼方に落ちること。**○右近衛大将閣下**　前豊。寛保二年（一七四二）二月二十日生誕。宝暦三年（一七五三）十二月二十二日叙従三位。明和六年（一七六九）八月十九日権大納言に右大将を兼任する。安永二年（一七七三）六月四日、輔忠の名を前豊と改める。**○罔極之思**　限りなき亡父への思慕。**○怵惕**　悲しみを伴った不安な様子。**○眷恋**　親しみ懐かしむ。**○妙善**　抜群の立派なこと。**○法場**　葬儀の場。**○貧道**　俗界を離れた修行の人。**○棲禅**　剃髪後の精進生活。**○皎然**　唐代の高僧で南朝宋の貴族詩人謝霊運の十世孫。湖州の杼山に生活し、呶子と号した。中年になって心地法門を修め、『儒釈交遊伝』・『内典類聚』を著した。**○深仁**　深いめぐみ。**○摛藻**　文句を上手に述べること。**○陳思**　三国時代の魏の文人曹植。陳王に封ぜられ諡を「思」とつけられたので陳思王と言われた。**○殲**　死なせる。楊脩は曹植の勢力拡大に尽力し、丁儀は曹植の立太子に協力し、弟の丁廙はこれに同調したことで、脩は太祖曹操に殺され、丁儀・丁廙は文帝曹丕に殺された。**○吉士**　才略があり節操に篤い士人のこと。ここでは曹植の羽翼となった楊脩・丁儀・丁廙たちをさす。**○浮幻**　現実社会の有為転変。**○猗与**　猗歟・猗嗟。ああ、感嘆の言葉。**○楓宸**　漢の宮殿に楓を多く植えた故事から、帝王の宮殿をさす。**○冑**　あとつぎ。**○槐位**　三公の位。槐鼎・台鼎・台槐・槐鉉・槐座。**○在昔**　いにしえ、むかし。**○騰懋**　盛大を挙げる。**○昂宵**　小をかかげる。**○巍峩**　嵬峨。声望の高い様子。**○儀表**　模範、手本。**○奕葉**　奕世・累葉・累世・代々。**○光**　ほまれ。**○遷喬**　高い地位に遷る。二十歳の享保十五年八月十日に権中納言に遷る。**○清切**　厳しさ。**○雲衢**　雲の通路。**○吐歙**　熱気を吐く。**○軽窕**　軽はずみ。**○豊条**　豊かな条理。

○閥閲　勲功を公示する明細榜を左門に示す閥、年数を積んだ経歴榜を右門に示す閲を以て、功績のこと。○鼎鼐　鼎と大鼎。○周翰　周の宣王の母の舅に当たる申国の伯が、南方の楚国と接する重要な地に築城した故事から、西周の大切な防衛のこと。○風度　なりふり、風格。○天資　生まれつき、資質。○偉岸　すぐれた容貌のこと。○月旦　人物の批評。○毘賛　助ける。○退食　朝廷を退いて私宅で食事を取る。○委蛇　ゆったりと落ちつく。○愒玩　愒い親しむ。○茂先　晋の文人張華の字。○宵旰　良衣旰食の略。夜明前に衣服を身につけ日没後に食事をする。転じて勤勉の様子。○凋換　凋零転換の略、しぼみ変ること。○蒸衎　打解けて楽しむ。○俛焉　勤労の様子。○孜孜　勤めて倦まない様子。○講貫　研究する。○誕敷　広く施行する。○訏謨　大きい謀。○定鼎　都を定めること。○八紘　四方と四隅。○丕図　大きい計画。○咨諏　問いはかる。○覃研　深く見究める。○典実　故実。○古先　祖先。○細帙　浅黄色の布で造った帙。○華牋　美しい料紙。○遷延　逡巡。○筐衍　四角いかごに満ちあふれること。○将然　文法。○秉心　正しい心を保持すること。○塞淵　思慮が深く誠実な様子。○匪躬　わが身の利益を犠牲にして君主の為に尽くす。○乾乾　進んで止めないこと。○沢及五世　君子の恩恵も五世になるとなくなる、の原意をもじって「君子の恩恵は五世までも及ぶ」との解釈。○綿綿　絶え間なく続いていること。○陵替　衰えすたれること。○庸彙　功労のある人。○霊契　大地に出現する祥瑞。○秦晋　戦国時代の秦と晋は代々婚姻関係を保ち、好縁の例になった故事から友好国のこと。○琳琅　珠玉のこと。○廊廟　朝廷のこと。○鴻儀　立派で美しい風采。○班　ひとしい。斉と同義。○天枝　皇室の親籍。○雋　抜群の人物。○激　にごる。○恫瘝　いたむ。○沕　ひそみかくす。○隠淪　かくれて落ちぶれる。○期頤　他人の援で飲食衣服を世話して貰う人、百歳の老人。○籲　天上の神に呼び叫ぶこと。○倏　たちまち。○音容　声と姿。○霊轜　霊柩車。○丹旐　葬儀用の旗。○哀風　哀調を帯びた淋しい風。○蕭蕭　もの淋しい様子。○白楊　はこやなぎ。哀調表現に用いる。○楚輓　悲しい挽歌。○差息　やや暫く止む。○形蔽　霊柩。○景蔵　墓に埋葬する。○属離　連属する父子の天性と母を介して生まれる離歴の意味から父母のこと。**○思邇跡遠**　故人の想出が近時から古い頃まである。**○覚王**　正覚（悟り）を得た人、仏陀。**○蘊結**　思が積って解けないこと。蘊結。**○四智**　大円鏡・平等性・妙観察・成所作の『唯識論』でいう四種の智。**○三身**　仏の本体をいう法身・法身の果報で現れる衆徳円満の体をいう報身・衆生済度の為に現れる体をいう応身をさす。**○名**　五法の一で諸法の上に施設する名字。迷悟の法の五種の一。**○三際**　過去の前際・現在の中際・未来の後際をさす。**○十刹**　暦応年間（一三三八―四二）に幕府が定めた著名の十寺院。①相模浄智寺②禅興寺③筑前聖福寺④山城万寿寺⑤相模万寿寺⑥東勝寺⑦上野長楽寺⑧山城真如寺⑨安国寺⑩豊後万寿寺。これと康暦（一三七九―八一）中に定めた十寺院。①山城等持寺②臨川寺③真如寺④安国寺⑤大福田宝幢寺⑥駿河興国清見寺⑦筑前聖福寺⑧豊後興聖万寿寺⑨美濃定林寺⑩羽州崇福寺をいう。**○泥洹**　涅槃と同じ。安息の地をいう。**○般若**　般若心経の唱名。**○億刧**　億劫。きわめて長い時間。

第六節　柴野栗山の阿波僖恵公誄

【解題】

蜂須賀宗鎮は、八代将軍の享保六年（一七二一）八月八日に生まれ、安永九年（一七八〇）八月二十七日富田邸で没した徳島藩主である。松平頼煕の第二子で高松藩主松平頼桓の弟に当たる。幼名を松之助、諱を正泰という。蜂須賀宗英の女を配して嗣となる。元文四年（一七三九）十月宗鎮と改め従四位下隼人正に叙任され、のち阿波守となる。同年十二月父の致仕により襲封し、寛保元年（一七四一）十二月侍従にすすむ。宝暦四年（一七五四）五月二十二日致仕して後木工頭と改め、光格天皇即位二年目の安永九年に没した。万年山に葬る。

作者柴野栗山は、近世の大儒と言われ、幕府にへつらう儒者の中で栗山は卑屈な行動がみられなかった江戸中期の儒者である。名を邦彦、字を彦輔といい、号を栗山と称した。元文元年（一七三六）讃岐に生まれ、文化四年（一八〇七）十二月朔日駿河台の私邸でなくなる。没年七十二。当初郷里の後藤芝山に師事し、十八歳の時江戸に出て昌平黌に学んだ。この頃生活が苦しく三十歳になった明和二年（一七六五）、上京して高橋宗直に国学を学んだ。二年後の明和四年、蜂須賀侯に仕えて世子の教育に尽力する。天明七年（一七八七）松平定信が老中に就任するや、その才を見込まれて幕府の儒者となり、五十三歳を迎えて江戸に入った。異学の禁を行った定信の寛政改革の枢要な力は、栗山の程朱学心到の中に実はある。栗山の作品は『栗山文集』と『栗山堂詩集』が著名である。

阿波僖恵公誄は、栗山が四十五歳の時の作品である。序文六〇字と本文（頌）一二六二字から成る。本文には、『毛詩』大雅、旱麓にみえる四言二句の改竄借用、

豈弟君子、福禄攸降（将）がみえる。同手法は、大雅、大明にも

維此文王、小心翼翼。↓維公、小心翼翼。

といった表現に窺われる。又、『論語』学而篇にみえる有名な、

学而時習レ之、不二亦説一乎。有下朋自二遠方一来上、不二亦楽一乎。

をもじって、小心翼翼に続けて「不二亦僖一哉」の表現を用いる。従来、王家に活用する「大行」を大胆に使う哀辞革命者が栗山である。

【本文】史料編に掲載のため省略（一一三頁）。

【読み下し文】

これ安永九年歳は庚子に次る、八月二十有七日、従四位下侍従・木工頭を兼ぬる源公〈蜂須賀宗鎮〉薨りぬ。九月十有二日、霊柩を奉じ以て幽宅に就かむとす。礼なり。乃ち史臣に命じ、博く群議を采り、奉るに美名を以てす。その辞に曰へり。

これ公徽柔にして慈和、小心にして謙譲たり。
蘭桂それ操り、金玉それ相る。
封を南服に受け、王室の藩となる。
上を奉り下を撫り、度を候ひて愆なし。
諫に従ふこと流るるが如く、廷に忌言なし。

民を視ること子の如く、邦（のうち）仁に帰る。
高きに居りて傾を懼れ、富を以て憂となす。
中年に位を辞て、菟裘にて優遊たり。
豈弟の君子、福禄将くるところ、
仁寿をこひねがひ、ここに百祥を享く。
如何にしてか淑からず、和に違へて床に在り。
禱祀り奠瘞り、封内狂奔す。
社稷山川、寧んぞ我を聞くなし。
砭達及ばず、方薬空しく陳し。
頽勢支へられず、奄かに群臣を棄つ。
ああ哀しいかな。
大夫の庶僚、攀号して及ぶなし。
群黎の百姓、晨に哭き夜に泣く。
ああ哀しいかな。
日月居らず、大事退つるなし。
霊駕遠ざからむとし、荼毒百倍す。
赫赫たる阿淡、師にして君たり。
位を解かざること、十有六年。
偉きかな大行、式つて大名を受く。

以に臣民に副つに、思慕の誠あり。

諸史の官に謀り、また耆徳に詢ふ。

みな曰ふこれ公、小心翼翼にして、また信しからずや、四方則とすと。

また曰ふ柔質、諫を受くるも民を愛しむ。

これを継けて「恵」と曰ふ、何ぞ間然するところ有らむ。

惟ふにこれ私に非ずして、公議与論なり。

小子敢へて曰はむ、衆美を褒揚し、聊らく是に窀穸り、奉ずるに以て礼に遵ふと。

ああ哀しいかな。


【現代語訳】

安永九年（一七八〇）八月二十七日、従四位下侍従兼木工頭蜂須賀宗鎮公がなくなられた。九月十二日、霊柩を墓に埋葬する。古式に倣うためだ。そこで文人役人に命じて多くの意見を聴取して、立派な謚を贈る。その誄は次のようである。


宗鎮公は善政で人民を和らげ情深くやさしい方であり、気配りが細かく謙遜な方であった。

君子の素質を身につけ、節操の堅い方であった。

支配地として京の南、阿波国を賜わり、皇室の保護者となられた。

天皇を尊び人民を労わり、節度を考えて失敗がなかった。

部下の諫によく応え、朝廷から批判もなかった。

人民とはわが子のように接し、領内は仁政に包まれた。

位高き役にいて奢を慎み、贅沢を嫌った。

三十四歳の時官位を辞し、阿波（徳島）で隠居生活を送った。
安らけく楽しまれる君は、福禄が自然と生じるのだが、
仁徳を身につけ長寿を希い、善政によって数多の幸をうけられた。
ところが幸うすく、平和な生活がくつがえって病床につかれた。
神仏に病気快癒を祈り天地をまつり、藩内を挙げて大騒ぎをする。
社稷や山川の諸神も、私達の願いを聞き届けてはくれなかった。
石針の治療も効がなく、医術を傾け薬石を投じたが無駄であった。
病状の悪化は如何ともし難く、突然忠臣を残して旅立たれた。
ああ哀しいことだ。
部下の武士達は、大声を挙げて悲しみにひしがれた。
数多の農民達は、一日中哀しみ通した。
ああ哀しいことだ。
日月はすぎて止まらず、喪事は避けられなかった。
霊柩を載せた車がだん〳〵遠ざかるにつれ、苦しみの嗚咽が高まった。
立派な阿波淡路両国の藩主は、私達の正しい道を歩む指導者であり尊い領主である。
致仕すること十六年に及んだ。
偉大な前藩主宗鎮公は、ここに立派な諡号をうけるのにふさわしい方であった。
忠臣ならびに人民に対して、思慕に応えた誠実を示された。
いま関係の諸役人に聞き、また仁徳ある老人に尋ねてみた。

すると皆口を揃えて「公は、気配りが深く、私達の喜びをわが喜びとされたから、
周囲はこれをわが身の手本にするのだ」と言った。

また「性質温やかで、忠告を聞かれ人民を大切にされた。

このような事情から「恵」と謚をつけた、だから少しも非難されるところがない」と言った。

実は「恵」という謚は私的なものでなく、公明の意見なのです。

そこで私ははっきりと申し上げます、数々の勲績を賞讃し、
ここに霊柩を斂葬し、古式に従って葬礼を行うということを。

ああ哀しいことだ。


【語註】

○徽柔　美道を以て人民を慈しむ。『尚書』巻九、無逸に「徽柔懿恭」とみえ（伝）に「以㆓美道㆒和民」とある。**○慈和**　情深くやさしい。陸機の『弁亡論』に「慈和以結㆓士民之㆒愛」とある。**○小心**　民に対する細かい気くばり。『毛詩』大雅、大明に「維此文王、小心翼翼」とある。**○蘭桂**　香草と香木から転じて美しく気品高い君子をいう。古代中国の悲劇詩人屈原は主君に対して赤誠の気持を失わず説いたが、誹謗で左遷されたため失意の中に投身自殺した。高潔の君子屈原は蘭・蕙・桂を愛したところから、不幸の運命を辿った人物にたとえられた。『楚辞』の九歌に「蕙蒸兮蘭藉、尊桂酒兮椒漿」・「桂櫂兮蘭枻」、離騒に「雑申椒与菌桂兮、豈維紉夫蕙茝」・「矯菌桂以紉蕙兮」・「余以蘭為可恃兮」とみえる。『増補六臣註文選』巻二五、劉琨の答㆓盧諶㆒詩「虚満伊何、蘭桂移植」「注」向曰、蘭桂喩㆓君子㆒也」とみえ、王嘉の『拾遺記』巻六に「蘭桂可㆑折、而不㆑可㆑掩㆓其貞芳㆒」とある。**○金玉**　美しい光沢を放つ黄金と珠玉から転じて節操の堅い君子をいう。『宋史』巻三四一、傅尭俞伝に「太皇太后語㆓輔臣㆒曰、傅侍郎清直一節、終始不変、金玉君子也」とある。**○南服**　古代中国周の直轄支配地（王畿）外の南、ここでは四国阿波があたる。○

藩　守護・藩屏・藩鎮。『説文』に「藩、屏也」とみえ、段注に「屏、蔽也」とある。『後漢書』光武帝紀、建武十五年三月条の太常登等奏議に、「古者封建諸侯、以藩屏京師」とある。**○中年**　宝暦四年（一七五四）五月の三十四歳をさす。**○菟裘**　魯の邑名、隠公の隠棲地。**○豈弟君子**　やわらぎ楽しむ君子。『毛詩』大雅、旱麓に「豈弟君子、干禄豈弟、～豈弟君子、福禄攸降、～豈弟君子、遐不作人、～豈弟君子、～神所労矣、～豈弟君子、求福不回」とある。**○百祥**　多くの幸。『尚書』巻四、伊訓に「惟上帝不レ常、作レ善降二之百祥一」とみえる。**○如何不淑**　もと国君の葬に対する隣国弔使の公式哀辞で、後に哀悼慣用句の一つとなった。『礼記』巻二〇、雑記上に「寡君使レ某、如何不レ淑」とある。鄭玄は「淑、善也」と説明している。**○奠瘞**　奠は物を供えて祭り、瘞は大地・月を祭ること。『礼記』巻四、檀弓下に「尊、以二素器一。（疏）奠、謂二始死至レ葬之時祭名一、以三其時無レ尸尊二置於地一、故謂二之尊一也」とあり、『爾雅』巻五、釈天に「祭地曰二瘞薶一」とみえ、郝懿行の義疏には「李巡曰、祭レ地以レ玉、二埋二地中一曰二瘞埋一。孫炎曰、瘞者翳也。既祭翳二蔵地中一」とある。**○社稷**　社は土地の神、稷は穀物の神。周国家では邑（王宮）内の左に祖先を祭る宗廟を建て、右に社稷の二神を祭った。『礼記』巻二四、祭儀に「建二国之神位一、右二社稷一、而左二宗廟一」とある。**○砭達**　石針で病気を治療すること。『説文』に「砭、以レ石刺レ病也」とある。**○大事**　喪事。『礼記』巻三、檀弓上に「夏后氏尚レ黒、大事斂用レ昏」とみえ、鄭玄注に「大事、謂二喪事一也」とある。**○霊駕**　霊柩を乗せた乗物。霊車。**○荼毒**　にがなの毒、転じて堪えられない苦しみ。『毛詩』大雅、桑柔に「民之貪乱、寧為二荼毒一」とある。**○阿淡**　阿波と淡路の略称で両国を采邑とする宗鎮公を指す。両国は現在の徳島県と兵庫県淡路島である。**○大行**　もと天子の崩御後諡号を贈られていない殯宮期間中の名称。『後漢書』巻五、安帝紀延平元年八月条の策命に「大行皇帝、不レ永二天年一」とみえ、注に「風俗通曰、天子新崩、未有序諡、故且称二大行皇帝一」とある。**○大名**　立派な名声。『逸周書』巻六、諡法解に「大行受二大名一、細行受二細名一」とみえ、『後漢書』巻六、安帝紀の注に「穀梁伝曰、大行受二大名一」とある。**○耆徳**　老成の仁徳者。『礼記』巻五、王制に「耆老皆朝二于庠一」とみえ、鄭玄の注に「耆老、致仕及郷中老賢者」とある。**○僖**　喜ぶ、楽しむ。『説文』に「僖、楽也」とある。「不亦僖哉」の手法は、『論語』巻一、学而篇にみえる「学而時習之、不亦説乎。有朋自遠方来、不亦楽乎」の用法とみられる。**○柔質**　物腰のやわらかな性質。**○恵**　『逸周書』巻五、謚法解に「柔質慈レ民曰レ恵、愛レ民好与曰レ恵、柔質受レ諫曰レ慧」とみえる。清の朱右曾は「柔質、寛柔之質、与施予也。孟子曰、分人以財謂之恵」と言い、又「慧、智也。能受諫則慧矣」と言う。作者は「受諫愛民」の四言を頌に用いているので、謚法解の文句を引いた事が知られる。**○間然**　一寸の隙間をさして批判すること。『論語』巻三、泰伯篇に「子曰、禹吾無二間然一矣」とみえる。

【蜂須賀系図】

彦右衛門尉 源正勝 ― 阿波守 法名蓬菴 家政 ― 阿波守 侍従 松平姓 至鎮 ― 阿波守 侍従 忠英 ― 阿波守 侍従 光隆 ― 阿波守 侍従 綱通 ― 淡路守 侍従 綱矩（光隆の弟隆矩の男）
― 淡路守 隠岐守侍従 宗員 ― 阿波守 侍従 宗英（光隆の弟隆矩の男）― 阿波守 木工頭・侍従 **宗鎮**（松平頼芳の子頼煕の男正泰）

第七節　本居豊穎の三条実美誄詞

【解題】

三条実美は内大臣実万の第四子で、維新前夜における尊王攘夷派の代表人物である。王政復古後新政府の要職を歴任した。征韓論者の片棒を担ぐことから、外遊後の岩倉具視と対立する一面をもったが、内閣制度下においても常に枢要の官職に就き、その存在は藩閥政治の別格的位置にあった。薨去に際し勅令第一四号を以て国葬の栄誉礼をうける。内蔵頭子爵杉孫七郎を葬儀掛長とした委員が任命され、葬儀費用に国帑金一万五千円、内帑金一万円が投じられた（『明治天皇紀』）。

実美の人気は明治二十四年二月二十四日の『毎日新聞』に「生前の正一位唯五人」と題し、しかも五十四歳一箇月の叙任は最も年若であると記す。「其の葬送に当たり、老幼皆歔欷流涕し、道塗に雲集して之れを送る」と。又、二月二十六日付の『郵便報知新聞』には「三条実美葬儀余聞」と題して、葬儀当日の人力車が二割余も上がったこと、葬儀後上野・浅草方面への客呼込みをしたこと、葬儀行列付とセットした三条公御一代記の摺物を年若い書生が売り歩いたこと等を伝えている。

三月、贈右大臣三条実万・内大臣三条実美父子の行実編輯を図書寮で担当する。三十三年『三条実美公年譜』二十九巻の成稿をみ、印刷上製本が翌年十月十四日、図書頭勝間田稔より献上された。図書寮は『官報』二二九五号に誄詞を載せている。何故か流布本では誤脱がみられる。

【三条家系図】

鎌足（内大臣）—不比等（右大臣）—房前（参議）—真楯（大納言）—内麿（右大臣）—冬嗣（左大臣）—良房（太政大臣）—基経（太政大臣）—忠平（太政大臣）—師輔（右大臣）

—公季（太政大臣）—実成（中納言）—公成（権中納言）—実季（大納言）—公実（権大納言）—実行（太政大臣）—公教（内大臣）—実房（左大臣）—公氏（権大納言）—実蔭（参議）

—公貫（権大納言）—実躬（大納言）—公秀（内大臣）—実継（内大臣）—公豊（内大臣）—公保（権大納言）—実隆（内大臣）—公条（右大臣）—実澄（内大臣）—公盛（権大納言）

—実秀（左大臣）—公富（内大臣）—実治（内大臣）—公兼（非参議）—実顕（内大臣）—季晴（内大臣）—実起（内大臣・従一位）—公修（内大臣・従一位）—実万（内大臣・正二位）—実美（内大臣・正一位）…

三条実美公略年譜

年号	西暦	年齢	事項
天保　八	一八三七	一	二月八日、生誕。
安政　元	〃　五四	十八	八月八日、侍従となり、十二月十八日、正五位下に叙す。
〃　二	〃　五五	十九	四月七日、従四位下に叙す。
〃　三	〃　五六	二十	二月五日、従四位上、九月十七日、右近衛少将となり、十二月二十二日、正四位下に叙す。
文久　二	〃　六二	二十六	八月二十一日、左近衛権中将となり、九月十五日、従三位、二十一日、勅使東下を拝命、二十八日、権中納言となり、十月七日議奏に補せられる。
文久　三	一八六三	二十七	八月十八日、参朝を止められ、東久世通禧らと共に京を去る。二十四日、官位を停められる。
元治　元	〃　六四	二十八	正月十四日、東久世通禧らと共に筑前に遷る。八

慶応　元	〃六五	二十九	月四日、山口に遷る。二月十三日、諸卿と共に太宰府に遷り、延寿院に寓す。
〃　三	〃六七	三十一	十二月九日、議奏・伝奏を廃し、総裁・議定・参与の新設。公、官位を復し、入京を許される。二十七日帰京、議定に任ず。
〃　四 明治　元 九月八日改元	〃六八	三十二	一月九日、副総裁に任じ、十七日、外国事務総督を兼任す。二月六日、権大納言に任ず。閏四月十日、関東大監察使を兼ね、二十二日、左大将従一位。五月二十四日任右大臣。関八州鎮将。十月十八日、鎮将を辞す。大将従一位。五月二十四日任右大臣。関八州鎮将。十月十八日、鎮将を辞す。
〃　二	〃六九	三十三	四月四日、勅により、修史局総裁。五月十三日輔相となる。七月八日、官制の改定。右大臣となる。
明治　三	一八七〇	三十四	三月一日、『偶言一則』を著す。
〃　四	〃七一	三十五	六月二十七日、神祇伯・宣教長官を兼任する。七月二十九日、太政大臣に任じ伯・長官を兼ねる。
〃　九	〃七六	四十	十二月二十九日、勲一等に叙し、旭日大綬章をうける。
〃　十一	〃七八	四十二	三月五日、賞勲局総裁を兼ねる。
〃　十八	〃八五	四十九	十二月二十二日、内閣制度の発足、内大臣に任ず。
〃　二十二	〃八九	五十三	十月二十五日、内閣総理大臣を兼ね、十二月二十四日願で免官す。
〃　二十四	〃九一	五十五	二月十八日、天皇、公の邸に臨幸正一位を授く。十九時十五分薨去。二十五日、国葬。音羽護国寺に葬る。

【本文】史料編に掲載のため省略（一五五頁）。

【読み下し文】

畏きかも、悲しきかも、内大臣の公《キミ》や。悔しきかも、忌々しきかも、正一位大勲位公爵三条実美ノ命や。汝命にして今此ノ如き御葬式あらむとは思掛奉りきや。皇《スメラ》朝廷を守り、皇御国を幸給ふ皇神等、此ノ大臣の為に何しか百年五百年の御齢は授給はぬ。あな悲し、あな悔し。人の命以て代り奉らむ術《スベ》も有らば、千万の公民も易くそ代り奉らむ。是の明治の大御代の初より、唯一筋に皇朝廷を思ひ、皇御国を思ひ給ふ。赤き心の真心の撓ず動ず身をも思はず、家をも顧みず身一を天下の為に、抛ちて勤み労き。仕奉り給ひし事は、真澄の鏡真明く、天下の人皆能く知れり。今更に何をか申さむ。然ば云へと今汝命、現《ウツシ》世の一世の事成竟給ひて、幽冥の還らぬ道に出向ひ給ひ、其御柩を奥城の大土深く埋め奉らむと為るを、人々諸《コレ》同心に悲み惜み奉る。葬場の御祭に列り拝み奉るには、忍ひ奉る。千々の一言も申さずては得こそ在らね。あはれ汝命い従一位贈右大臣三条実万の御子にて座《オハ》して生出給ひしは、天保八年なりき。此明治の大御代に成ぬる頃までの官は、侍従より右近衛少将、左近衛権中将に、次に権中納言に任え議奏と為り給ひ、御位は五位下より正四位下、次に従三位に進み給ひ、其頃皇朝廷の大御稜威を古に復し奉らむと、千万に思量り給ひしを、外国の事種々に出来て、前天皇の大御心を告給ふと、徳川将軍の家に大御使に仕奉り給ひ、西に東に種々御心を砕きつつ座けるに、文久三年八月の頃に至りて、思食す事の有るが任に、皇朝廷には御心の哀のみに、御暇を乞奉り給ひて、平安の都を跡に見給ひ、山城の八幡山崎の辺より、一歩は長門国一歩は都の方と忍ひ顧み、ししまひ給ひけむ。御心の中は如何にか坐けむ。此時の事を忍ひ奉り反せば、今もそぞろに見も心も寒く、体には汗阿閇身の毛もいよたちてこそ忍ひ奉らるれ。如此る危き悲き畏き時に、因て辛く苦き目を数度《タビタビ》見給ひ、今はの御心をも定め給ひし事さへ坐きと聞奉り来しを、御心を筑紫の太宰府を出給ひて、遂に其真心は朝霧晴て、朝付日朗々と明行空の如く為り給ひて、御位は旧に復させ給ひ、慶応三年十二月、四人の公卿と共に都に帰り給ひて、即て大御代の号を明治と称ふる。此厳し大御代と成て、副総裁・議定の職と為り給ひ、大納言より左近衛大将に転り、従一位に進み給ひ、官々を経坐て太政大臣に任え給ひ、神祇伯・宣教長官を兼き給ひ、六年十月御病を以て御官を退き坐しも、聞食ざりき。九年勲一等を賜り給ひ、十一年賞勲局総裁を兼き給ひ、十二年また修史館総裁を兼き給ひ、又外国より贈奉れる勲章をも、御身に著給ふ事を許させ給ひ、十五年大勲位を賜り給ひ、十七年公爵を授り給ひ、翌年内大臣に任え給ひ、又翌る年、年金五千円を賜り坐しき。二十二年内閣総理大臣を兼給ひ、此冬願坐すが随々《マニマニ》兼給ひし官を免さえ給ひき。如是の状に是の大御代の大稜威を思ほすが任に、古に復し奉り坐してより大御千代と為り給ひし事屢々《シバシバ》のみならず、皇朝廷の御為に、国の為にいそはき仕奉り給ひしを、此頃世にほびこれる時の気の如何なればか、如此は犯し奉りけむ。御病篤しく成坐しし事の状に、　皇が大御心甚く驚かせ給ひ、大御車を寄せ給ひて懇切なる大御言を賜りて、既に正一位を賜り坐つる大御恵は、如何に畏く如何に辱く思食奉らしけむ。如是辱き大御恵を蒙り給ひつつ、終に空くかひ無く此二月十八日になり、遂に此現世を見果給ひて、御齢五十五年を一世と為て幽冥の空遥に天翔り給ひぬる。あはれ明治の大御世の偉勲の臣と坐て年久に、立久に立給ひし御功の多きは白すも更なれど、今如此る国会の愛く美く、終に至る状をも御覧さず薨せ給ひしこそ、国の為世の為にも限無く口惜けれ。掛巻も畏き　天皇の大御心は、又殊に坐して、汝命の御功勲は、始終渝《カハ》らず、臣の鏡と褒給ひ、今般の大御言にも、師父に均しとさへ宣給ひて、大御別を歎き給ひ、惜み給ひ、大御使及び　皇太后　皇后二所の宮　東宮殿下よりも、御使以て棺の御前を拝ましめ、幣帛供へしめ給へり。続て申さば、甚も畏けれど、公卿百官人等及同族の人等、諸《モロモロ》是の所に会集《ツド》へる人々も、皆己が心々にうらぶれ、尚父母に別るるが如く、悲み忍ひつつ唯一列に歎かして在る心々を集め、忍ひ白さむと為るも、息突咽《ムセ》ぶ心余りて得そ白し敢ぬ。故千々の一を諸に代りて、誄言白し奉らくを、あはれとも聞食せと、畏み畏みも白す。

明治二十四年二月二十五日

【現代語訳】

もったいないことで悲しいことだが、内大臣の君、口惜しく不吉なことに、正一位大勲位公爵であらせられる三条実美さま、貴方は尊い御方で今この様に御葬式を催すとは予想もしませんでした。朝廷をお守りし帝国を幸福にされた神様方、どうしてこの内大臣の為に百年いや五百年に亘る長寿をお授け下さらなかったのですか。ああ悲しい、ああ残念です。他人の生命で代れるものならば、千万の国民が身代りとなりますものを。公は明治の維新からずっと、皇室の安否を心配し、大日本帝国の発展を願われました。誠実あふれる真心のゆるむことなくわが身の危険をも考えず家をも気にかけずに、生命を投げ出して国家の為に精を出し勤められました。国に尽くされた業績は、曇りのない鏡に映し出されるように、世間の人がみんな御存じでした。だからここで付け加える言葉などございません。そうは言っても今尊い公は、この世で一代で成すべき仕事をし尽くされて、私達の手の届かない幽冥の国に入り、帰って来られない道をお進みになります、その御遺体を墓の奥深くに埋葬申し上げようとするのですが、式場内の人々の気持はみな同じく悲嘆にくれ別れを惜しんでいます。葬場祭の式に参加し御霊を拝礼して亡き公の御遺徳をお偲び致します。さまざまな想いを僅かな言葉では尽くすことができません。ああ尊い公は従一位贈右大臣三条実万公の猶子としてお生まれになったのは、天保八年（一八三七）でした。明治時代に入るまでの官職は、侍従から右近衛少将左近衛権中将ついで権中納言に昇り、議奏に就任されました。つかれた御位は、五位下から正四位下に、ついで従三位に昇進されました。その頃朝廷の御威勢が古代に戻る様に心労を重ねられ、剰え対外問題が次々に出来して、孝明天皇の御意志を伝えんと徳川家茂将軍の許に勅使となって、江戸に下り京都に上る勅問勅答の配慮に苦労を重ねられました。折しも文久三年（一八六三）八月の頃になって、御意志の通りに行動されていましたが、朝廷における御心痛の背景を察し、（京都を離れる）暇乞をされ、住みなれた平安の都を後にして山城の八幡・山崎の湊で、片足は長門国へ片足は都に向かう去り難い苦しみをなめ、進退に窮する体験をされました。その時の御気持は想像するに余りがあります。当時の状況を想出しますと、今でも空恐しく寒気が襲い油汗が滲み毛髪が恐怖感で逆立つようです。この様に危険な悲嘆のどん底にあって、辛酸をなめることが二度三度ならずあり、もうこれ迄と最期の決心をされたこともあったと聞いております。しかし誠意が天に通じて、九州の太宰府を離れとう〳〵赤心を疑われた霧が晴れて、まるで薄闇が太陽の昇るにつれて明るくなる様に、官位は元の如く復し、慶応三年（一八六七）十二月、四人の公卿と一緒に帰京され、そうこうするうちに、御代が革まって明治となりました。この繁栄を辿る明治の時代となり、新官制下の副総裁・議定の職に就かれ、大納言・左近衛大将を経て従一位まで昇進され、諸官を歴任されて太政大臣に任じられ、神祇官・宣教長官を兼ねられ、六年十月になって病の床につき官を去ろうとされたがお許しが出ませんでした。九年に勲一等に叙《ノボ》られ、十一年に賞勲局総裁を兼任され、十二年に又修史館総裁を兼ね外国より受けた勲章をつける特例を認められ、十五年に（最高の）大勲位を受けられ、十七年華族として最高の公爵の爵位をうけられ、翌十八年内大臣に任じられ、十九年には金五千円の下賜金を戴かれました。二十二年（黒田清隆首相辞任後の）内閣総理大臣を兼ねられ、二箇月後の冬に願われる通りに兼任を解かれました。この様に公の履歴を眺めると、有難い明治の御代の御威勢を気遣うが故に、大政奉還以後の親政に寄与したこと一方ならず、朝廷の為に又国家の興隆の為に努力を傾けられたそのさ中、此頃世間ではやるインフルエンザにかかられるとはどうしたことでしょうか、悪病が公の身体を虫食んだのでした。病気危篤の様子が　天皇の御耳に達し、驚かれて乗物を召されてお見舞の行幸があり、公に御丁寧な御言葉をかけられて、正一位の叙位を賜わった深い御情は、どんなに有難く恐れ多いことだったか（言葉で尽くせません）。こんなにも有難い恩恵を受けながら、とう〳〵療養の甲斐もなくこの二月十八日になって、ついにこの浮世をお捨てになられ、享年五十五を一期として静寂の大空遥かな所へ飛び立たれました。ああ明治の御代の赫い勲功を立てられた臣として長い年月が過去り、その間に示された立派な偉業の数々は今さら申し上げるまでもありませんが、今帝国議会で公の業績を憧敬を以て褒めたて、今日に及び経歴報告を見ることもなく先立たれたのは、国家のみならず世間の人に対しても実に残念でたまりません。恐れ多くも　天皇の御気持は、又格別で、公のお手柄が常に変りなく、忠誠なる臣として模範になると賞賛され、このたびの御言葉にも「師父に均しい」とさえのたまわれて、お別れすることを悲しまれ、頼みの人物を失ったと大変惜しまれ、弔問勅使及び　皇太后　皇后の両宮と　皇太子殿下の御使を派して、霊前に拝礼し幣帛を供されました。次に申し上げることは、誠に恐れ多いことですが、公卿・百官人など及び親族の人々など、又ここに会葬の人々も、すべてが心の中にわだかまるやるせなさで胸がつまり、尊い慈父や慈母に別れるかのように、悲しみにうちひしがれ、ただ一筋に嘆きに沈む気持です。悲しみで息苦しくこみ上げる胸の内を抑えられず、気持が乱れて何とも申し上げることができません。このようですから、心が皆さまざまなのを代表して、偲び詞を申し奉りますのを、何とも哀しみに堪えないと御賢察下さいと、恐れ多くも畏くもここに申し上げます。

【語註】

○畏伎可毛　恐れ多い、もったいないことだ。桓武・平城・淳和・光格等、天皇・上皇誄の冒頭句に「畏哉」の用例がみられる。**○内大臣**　明治十八年十二月二十二日の「達」により三公・参議・各省卿の職制が廃され、新しく採用された内閣制度と併置の職官。分掌は(1)御璽・国璽を尚蔵す。(2)常侍輔弼し及び宮中顧問官の議事を総提す。と規定され、宮中顧問官と内大臣秘書官を統轄する宮中専属の勅任官である。この官職は明治四十一年正月一日より発足の内大臣府と代る。実美は初代内大臣となり、明治二十四年二月十八日に薨去するまで在任した。**○悔伎可毛**　後悔せずにはいられない。嗚呼惜哉と同じ哀悼表現。**○正一位**　明治二十年五月の『勅令』第一〇号（叙位条例）に基づく位階。この条例は位階を正一位から従八位までの十六等階に改めた。皇族の品位は憲法制定の明治二十二年に廃されたので、その後この位階が諸臣のみに叙される（『内閣制度七十年史』一一五六頁・内閣官房・昭和三十年刊）。**○大勲位**　明治十年の勲章制度改正で菊花大綬章及び同副章の追加と勲一等の上位称号として設けられた勲等。章に併せて授与されるもの。『明治史要』十年十二月二十五日条に「大勲位菊花大綬章菊花章図式を頒つ。又諸種の略綬を廃し更に大勲章以下の略綬を定む」と記す。叙勲は明治十五年四月十一日で『三条実美公年譜』〈以下、『公年譜』と略称〉に「公大勲位ニ叙シ、菊花大綬章ヲ賜フ」と記す。**○公爵**　明治十七年七月七日の「達」による『華族令』に基づく五爵の最高位。『明治職官沿革表』職官部に「七月七日、設二爵五等一。公・侯・伯・子・男。本月十五日令シテ華族ノ座次ハ爵ノ高下に従ヒ爵同キ者ハ位階ニ従ハシム。詔ニ云、朕惟フニ華族勲冑ハ国ノ瞻望ナリ。宜シク授クルニ栄爵ヲ以テシ、用テ寵光ヲ示スヘシ。文武諸臣中興ノ偉業ヲ翼賛シ、国ニ大労アル者宜シク均シク優列ニ陞シ、用テ殊典ヲ昭ニスヘシ。茲ニ五爵ヲ叙テ其有礼ヲ秩ス。卿等益尓の忠貞ヲ篤クシ、尓ノ子孫ヲシテ世々其美ヲ済サシメヨ」と記す。「達」当日、「特ニ維新ノ元勲ナル」を以て叙爵された。『明治天皇紀』〈以下、『天皇紀』と略称〉には「之れを授くるは総て勅旨を以てす。華族の戸籍及び身分は宮内卿をして管掌せしめ、其の結婚及び養子は同卿の許可を受けしむ。爵を襲ぐは男子に限り、嗣なければ其の栄典を失ふ」と記す。この日の叙爵は華族・功臣ともに五百四人に達し、その中叙爵内規による叙公爵は九条道孝はじめ六名で、偉勲による叙公爵は実美を含めて四名である。就中従一位の者は道孝と実美の二人のみである。**○仕奉里給比之事波、真澄乃鏡真明久**　国家に奉仕する行為が邪心なく鏡に映し出される様に明らかなこと、赤心を示す慣用表現。『日本書紀』用明天皇元年夏五月条所引の三輪君逆の敏達天皇誄に「不レ荒二朝廷一、浄如二鏡面一、臣治平奉仕」の用例がある。又『続日本紀』天平神護二年春正月甲子条の藤原不比等に賜える〝志乃比己止乃書〟に、「子孫乃浄久明伎心乎以天朝廷尓奉侍牟乎波」の表現がある。赤心を鏡と結びつける発想は、元来造鏡の過程で日月と同じ明清なる鏡である様にとの願望と関わる。漢代の鏡銘文にみえる「内清以日月、心忽而揚忠、然不塞光不泄」（『善斎吉金録』巻二、四四丁）や「内清質以昭明光輝夫象日月、心忽揚而願忠然難」（『小檀欒室鏡影』巻三、一七丁）の表現から窺知される。敏達天皇誄の語注として『書紀集解』は『法華経』法師功徳品の「又如浄明鏡悉見諸色像」を引く。所謂、明鏡は清澄さを示す表現が真心・赤心・誠心に結びつけて用いられる。『南史』巻七六、陶弘景伝に「心如明鏡、遇物便了」の用例がある。**○奥城**　奥ツ城・奥墓。外界からさえぎられた所。『万葉集』に「奥城ぞこれ」一八〇二番・「於久都奇は著く標立て人の知るべく」四〇九六番等早い用例がみられる。○**三条実万**（一八〇二―五九）。前内大臣公修の第二子。略歴は文化九年（一八一二）元服・右少将、文政七年（一八二四）権大納言、天保二年（一八三一）議奏・三十歳、弘化三年（一八四六）孝明天皇即位後に議奏の首座、嘉永元年（一八四八）武家伝奏、安政四年（一八五七）伝奏辞任、同五年内大臣辞任、六年五月落飾し澹空と称し、十月六日に没する。五十八歳。『明治史要』二年十二月二十七日条に「詔シテ、従一位贈右大臣三条実万、忠ヲ先朝ニ竭シ、業ヲ後嗣ニ貽スヲ賞シ、忠成ト追謚ス」と記す。同十八年京都上京区寺町通に実万を祀る別格官幣社の梨木神社が三条家旧宅址に建てられた。**○侍従**　天皇近侍の役職で太政官と天皇との間の情報伝達官。『養老職員令』中務省の品官（職事四等官に含まれない）に侍従の分掌として常侍・規諫・拾遺補闕がみえる。**○右近衛少将**　禁中警備の衛府官人。近衛府は天平神護元年（七六五）二月三日に創設された。官位相当は大将が正三位・中将が従四位下・少将が正五位下で、定員は各一人。近衛の名称は屢々略される。官司は左右に分かれて〝左の司〟〝右の司〟ともいわれた。左近衛府は上西・殷富門の間にあり、勤務する詰所が紫宸殿の東西に当たり、右近衛は月華門内（陣座）にいた（『官職要解』）。『官職秘鈔』下に「侍従・諸衛佐、遷任之。又能撰レ人」と記す。久寿三年（一一五六）の院宣で定員四人となり、その後増員された。『職原鈔』下に「公達中有才名人事之」と記し、『詠百寮和歌』に「少将　梓弓君を守りにさす竹のやさしく見ゆる雲の上人」と記す。**○権中納言**　中納言はもと持統天皇時代に設けられた執政官で、『大宝令』制定時には廃止されたが慶雲二年（七〇五）に復活をみた令外官である。定員三人で藤原仲麻呂政権下の天平宝字五年（七六一）正四位上から従三位に昇格し、その後権官・定員増が普通となった。唐名を黄門侍郎といい通称を黄門という（『拾芥抄』巻中）。『官職秘鈔』上に昇進の五コースを挙げ「参議労十五年以上輩」を資格者とする。『官職要解』は「此官に任ぜらるるには、五の道があって、参議・左右大弁・左右大将・近衛中将・検非違使別当の四官の中、何か一つをつとめたものであるか、摂政関白の子息でなくば、むづかしい」と説明する。定員は順次増加し承安元年（一一七一）に十人となり、鎌倉幕府成立直後に八人に戻った。実美の叙任は文久二年九月二十八日で、在任僅か十一箇月足らずであった。就任当時の同職には、藤原輔政・同為理・同季知・同実順・同雅典・同資宗・同実則・同忠順・源重胤の九人がいる。仁孝・孝明両天皇時代定数の十人は変っていない。**○議奏**　議奏公卿ともいう。鎌倉幕府成立後生まれた武家伝奏を管掌した職務で、納言・参議から任用された。定員は三乃至四人。文治元年（一一八五）十二月二十九日、源頼朝の院奏によって重要政務を合議し奏上する議奏が置かれた。官職は鎌倉時代の後まで存在したらしいが、足利政権時代には置かれなかった。幕藩体制下の此職は関白に次ぐ要職となる。もとは御年寄衆・御側衆と称し、五代将軍綱吉の貞享三年（一六八六）から議奏と改められた（『官職要解』）。**○外国乃事種々尓出来弖**　一は文久元年（一八六一）二月ロシア軍艦ポサドニックの対馬浅茅湾内停泊に際し退去交渉がこじれ、英国軍艦二隻の強硬な抗議をうけて漸く八月に退去する〝対馬事件〟、二は同二年八月江戸より帰京する勅使大原重徳に先んじた島津久光の行列を横切った英商人リチャードソン外二人が、薩摩藩士に斬殺又は重傷を負わされる〝生麦事件〟、三は同年十二月長州藩士久坂玄瑞・品川弥二郎らによる品川御殿山に建設中の〝英公使館焼打事件〟である。**○前天皇乃大御心乎告給布刀、徳川将軍乃家尓大御使尓仕奉里**　文久二年十月十二日実美が少将姉小路公知と一緒に勅使として江戸に赴いたこと。持参した勅書には「攘夷之念、先年来及今日不絶。日夜患之。於柳営各々変革施新政、欲慰朕意、怡怡不斜。然挙天下於無攘夷、一定人心、難至一致乎。且恐人心、不一致異乱起於邦内、早決攘夷、布告于大小名。如其策略、武臣之職、掌速尽衆議、定良策可拒絶醜夷。是朕意也」とあった。実美は勅意を要約して、①攘夷決定布告之事　②策略並拒絶之期限之事　を伝え、更に和宮の上京と島津斉彬への贈官等九件について述べて将軍家茂に了承させた。**○思食須事乃有留我任尓**　幕府の勅命不服従で攘夷親征が決定をみるが、親征勢力には尊攘・

公武合体の二派があり、孝明天皇は急進行動を好まず後者の意志を尊重した。文久三年八月京都制圧の尊攘派により十八日に中川宮を中心とする公卿と諸藩主の緊急召集が行われ、実美他異論の公卿二十一名の参内停止と取締りがあった。天皇は中川宮・前関白近衛忠熙父子・右大臣二条斉敬らの正義公卿と協力する会津・薩摩両藩の行動のなすが儘に政局を委ねた。実美には叡慮に出ない言動を〝不忠之至〟ときめつけられ、禁足・他人面会謝絶の処分をうけた。この時の実美観を『公年譜』には「会、勅使柳原光愛来テ輔熙ヲ召ス。輔熙光愛ト倶ニ参内シ、備ニ公ノ忠誠罪ナキヲ言ヒ、召シテ之ヲ尋問センコトヲ請フ。廷議以テ不可トス」と記す。**○御暇乎乞奉里**　〝七卿の都落ち〟に際し、長州藩益田右衛門等の忠告（山口ニ来リ以テ禍害ヲ避ケ且ツ攘夷先鋒ノ志ヲ成スヘシ）を受けて、実美は天皇に不本意な離京を上書して赤心を、「勅書被仰下候ニ付、歎願之次第ハ乍恐委敷　勅使へ過刻奉申上候通ニ御座候処、如何御評決被仰付候哉。幾回モ願筋相叶候様、謹テ御命可奉待之処、堺町御門御固御免被仰付候ニ付テハ、専ラ国許海防尽力仕度奉存候間、毛利讃岐守並ニ吉川監物ヲ始、諸居候者只今ヨリ帰国仕候。攘夷之義ハ弥御依頼被思召候段、被仰聞難有レ奉存候付テハ、此上格別挙国必死ト尽力可レ仕候。猶又歎願モ仕候通三条殿ヲ始、積年誠忠人望モ属候御方、攘夷之先鋒御懇願モ被為成候由ニ付、国元迄御供仕候間、何卒早々御復職等之御沙汰奉待候。以上」と記した毛利宰相内　益田右衛門仲介の文に托している。**○平安乃都乎跡尓見給比**　実美が十九日早朝雨降りしきる中を、三条西季知・少将東久世通禧・修理権太夫壬生基修・侍従四条隆謌・右馬頭錦小路頼徳・主水正沢宣嘉の六卿と共に京を離れたこと。**○筑紫乃太宰府乎出給比**　慶応元年二月十三日亡命地を長州から筑前太宰府の延寿院に更め、実美は攘夷運動と尊王運動に熱中する。同二年三月二十日実美は筑前藩の武士に、「自己ノ進退ハ当初ノ約束ニ依リ、此際別ニ之ヲ中陳スルヲ要セス」と所信を述べた。これは太宰府に派遣された幕府の目付小林甚六郎が実美らの動勢監視と帰京の強要をした場合の行動を、予め問うた時の解答である。**○慶応三年十二月**　王政復古の大号令が出される前夜八日、①長州藩主父子の朝敵赦免と官位復活・岩倉具視の蟄居解除・追放七卿の赦免に関する朝議が徹夜で行われ、原案通り可決された。**○四人乃公卿**　三条西季知・東久世通禧・四条隆謌・壬生基修。**○共尓都尓帰里**　十四日夜満盛院に居た実美は大山格之助齎す所の赦免の報を東久世通禧から知らされて、喜びを「復位の勅令かうふりて」と題した和歌「身にあまるめくみにあひておもひ川うれしきせにもたちかえる哉」の一首に詠んだ。帰京の途についたのが十九日午剋で、二十七日京師に到着し参内している（『明治史要』）。**○明治**　改元詔は九月八日に出され、一世一元制を永式と定められた。その前夜廷内で神楽が奏され、天皇は策を親善に捧げ改元を告げた。『押小路甫子日記』（覆刻版・東京大学出版会・昭和四十三年刊）には「七日　一、御楽《（学カ）》もん所ニて輔相儀定四人参与一人弁事三人近習五人内番九人之御くし下され候」と記し、『天皇紀』には「親しく内侍所に謁し、御神楽を奏せしめたまひ、御拝あらせらる。乃ち御籤を抽き、年号の字を聖択したまふ」と記す。**○副総裁**　王政復古直後の中央官職には総裁を明記するが副総裁の規定はない。慶応四年二月三日付の『三職八局制』では、副総裁二人と定められ資格を議定職公卿・諸侯とした。総裁の分掌は正月十七日の『三職七局制』では「万機を総裁し、一切の事務を決す」とある。実美は正月九日付で岩倉具視と共に副総裁となった。分掌は総裁の補佐であろう。**○議定**　実美は帰京当日参内の席で任命された。『三職七局制』では分掌は、神祇・内国・外国・海陸・会計・刑法・制度案の「事務各課を文督し議事を定決す」ることである。実美は正月九日に外国事務取調掛兼副総裁であるので、分掌中に外国事務を主とする監督業務が窺える。**○大納言**　正しくは権大納言。任官日は『公卿補任』「二月二日」とし、『公年譜』は「二月六日任ス。是より先既ニ推任ノ命アリ。公之ヲ辞シ、是ニ至リ始テ受ク」とみえる。〃その正格の記事は高く評価さる〃といわれる『太政官日誌』二号には、「副総裁議定　三条大納言」と記して権を略す。実美と同日任官は藤氏三人（徳大寺実則・中御門経之）・源氏二人（中院通富・久我通久）で、正月十七日辞任の藤氏五人（資宗・雅典・光愛・胤保・長順）の補充である。**○左近衛大将**　閏四月二十二日左大将となり従一位に叙る。**○太政大臣**　明治四年七月二十九日の官制改革で、太政大臣兼神祇伯宣教長官となる。太政大臣は官位相当正一位で「天皇ヲ補翼シ庶政ヲ総判シ、祭祀・外交・宣戦・講和・立約ノ権、海陸軍ノ事ヲ統治ス」るを分掌とした。**○神祇伯**　明治二年頒布の『職員令』は「神祇官　伯一人。掌、相祭典知諸陵監宣教、管祝部、神戸、総判官事」と、ほぼ古代の『職員令』の規定を准用した。**○宣教長官**　神祇官の被官である宣教使長官。宣教使の設置に先だち、明治二年三月十日教導取調局が太政官内に置かれ長州藩士小野述信が御用掛となった（『明治史要』）。九月二十九日に宣教使職制が施行されるが、長官以下史生の官人構成は開拓使と変らない。宣教使設置の理由は、述信が上申した「今ヤ外国ノ御交際ハ日ニ新ニ月ニ盛ニ行ハレントスルノ秋ニ当リタレバ、彼カ国教トスル耶蘇教モ随テ吾国ニ入ン事必定ナリ。然リト雖モ、今之ヲ厳禁スルノ道ナシ。依テ吾国教ヲ盛ニ起シ、人民ヲシテ彼カ教法ヲ求メザラシメテ、国体ヲ維持スルノ外ハ他事ナシ（常世長胤『神教組織物語』）」の建白による。その教導局は夏に廃され、述信は神祇権少祐に任じられる。『太政官日誌』一〇四号所収の明治二年十月九日付御布告写には「宣教使神祇官ヘ被接之事」と明記されているが、常世長胤は述信が宣教使を神祇官管轄下に置いた人物であるという。阪本健一氏は、神祇官の長官・次官が宣教使の長官・次官を兼ねることから、「ここに神祇官の実行機関たる宣教使の創設目的があり、使命があった」と言う（『明治神道史の研究』）。山川鵜市著『神祇辞典』には、「宣教使　一般国民を教導するために設けたる職名。明治維新に際し、人心偸薄、外教、これに乗じ、皇道の陵夷せんことを憂ひ給ふ叡慮に基き、明治二年十月、宣教使を置き（中略）神明を敬し、人倫を明にし、誠忠以て朝廷に奉事すべきことを諭さしめらる。後、五年三月神祇省〈神祇官を改めて神祇省とす〉の廃止と共に廃せらる」と説明する。**○賞勲局総裁**　実美は明治十一年三月五日から同十七年六月二十五日迄この職に就く。時に四十二歳。賞勲局は明治九年十月十二日太政官正院に置かれ、参議伊藤博文がその長官を兼任した。勲章制定の議が慶応三年に起こり、当時功牌といった勲章制度の調査の後明治四年に本格的検討が進められ、同六年取調係五人が置かれ資料蒐集と調査研究の専門化が知られる。同八年に勲等賞牌・従軍牌の規定太政官布告第五四号が出され、翌九年勲等賞牌は勲章に、従軍牌は従軍記章に改称される。勲章は勲一等から八等であったが、明治十年大勲位及び旭日章に加えて菊花大綬章・同副章が備わり、制度の完成をみた。そして、賞勲局の正副長官制に代えて正副総裁が誕生する（『内閣制度七十年史』）。**○修史館総裁**　実美は明治十二年五月二十八日、この職を兼任する。『公年譜』には「是ヨリ先本館ニ命シ、神祇・兵刑・氏族・職官・礼楽・仏事・芸文・風俗ノ九《ママ》志を撰セシム。公総裁トナリ、基職制・俸給等ヲ定メ、大ニ釐革スル所アリ」と記す。**○大勲位乎賜里**　実美は明治十五年四月十一日に勲位・菊花大綬章をうけた。実美は賜与される十二日前、左大臣有栖川熾仁親王から内示があり一度は「夫大勲ハ最貴至重ノ褒章ニシテ、臣実美輩ノ敢テ当ル所ニアラス」と辞退している。明治十八年十二月の内閣成立までこの大勲位を授与された者は、熾仁親王を含めて僅か四名である（『内閣制度七十年史』）。**○公爵乎授里**　明治十七年七夕の日に従一位勲一等九条道孝以下百十六名の授爵があり、実美は公爵を特に授けられた。授爵理由は、特に維新の元勲という功労による。勅語には「朕惟フニ、華族勲冑ハ国ノ瞻望ナリ。宜シク授クルニ栄爵ヲ以テシ、用テ寵光ヲ示スヘシ。文武諸臣中興ノ偉業ヲ翼賛シ、国ニ大労アル者宜シク均シク優列ニ陞シ、用テ殊典ヲ昭ニスヘシ。茲ニ五爵ヲ叙テ其有礼ヲ秩ス。卿等益尓ノ子孫ヲシテ、世々其美ヲ済サシメヨ」の文言がある。**○内大臣尓任衣**　明治十八年十二月二十二日の内閣制度の発足で、初代内大臣となる。その分掌は「御璽・国璽ヲ尚蔵シ、常侍輔弼シ、及宮中顧問官ノ議事ヲ総提ス」ることで、宮中の席次では内閣総理大臣より上である。伊藤博文の首相就任には天皇は格式の高い実美を首相と考えたが、参議会議の席上博文の根廻しによる井上馨の発言で決定をみるいきさつがあった。内閣制度は公卿以外の者が政府首班の位置につく機会を与え、人的にも王政復古の名残が払拭されたのであり、三条太政大臣実美が内閣の中に入れず、内大臣となったのは閑職の宮中に祭りあげられたと解釈されている（遠山茂樹「近代史概説」『岩波講座日本歴史第14　近代1』昭和三十七年刊所収）。**○年金五千円乎賜里**　明治十九年一月十三日の勅に「内大臣従一位大勲位公爵三条実美、維新以来大業ヲ輔賛シ、柱石ノ任ニ当リ国ノ元勲タリ。嚮キニ辞表懇到ナルヲ以テ、其誠ヲ納容シ機務ノ劇ヲ解リ。今特ニ優恩ヲ賜ヒ、終身年金五千円ヲ給スヘシ」とみえる。年金支給は、実美が明治十二年五月から同十九年一月九日の修史館廃止まで総裁として在任六年半の労に応えたものである。**〇内閣総理大臣ヲ兼**　明治二十二年十月二十五日、黒田清隆首相は条約改正に臨み外務大臣大隈重信が出した交渉条件に『日米和親通商航海条約』の締結に際して①新条約実施日から二年以内に改正編纂中の諸法典を完成発布しない時には合衆国領事裁判権全廃の期日を法典発布後少なくとも三箇月とする事、②十二箇年任期の外国法律家若干名から成る大審院判事を任用する事を留保していた為、憲法発布後における憲法違反の疑義が生じた。ロンドンタイムスの条約内容発表と相俟って、政府部内でも反対が生じて閣議統一不能となり、剰え外務大臣暗殺未遂事件の出来で首相が辞職に追いこまれた。この政局収拾の一時的解決策として、実美の臨時首相就任が定まった。在任期間は山県有朋が十二月二十四日に後継首班となるまでの二箇月である。**〇御病**　実美は明治二十四年二月に入って頭痛に悩まされ、十日より病床に臥し翌日の紀元節には参朝しなかった。十二日に侍医橋本綱常の診断で気管支炎と分かる。体温は十三日に三十八度、十四日に三十八度五分、十五日に三十九度九分に上がる。十六日インフルエンザ症で肺炎を併発し、十七日には肺水腫を起こした。**〇大御車ヲ寄セ**　明治天皇の病気御見舞。十八日未明病状悪化に及び、当直近衛士官二人と伝令騎兵帯同の御見舞があり、天皇手づから正一位の位記を授けられる。還幸後実美への勅書を秘書官桜井能監が公の耳許で伝えた。勅書には「朕其践祚ノ初、幼冲ニシテ一ニ輔弼ニ頼ル。卿躬重任ニ膺リ、奨順匡救、誼師父ニ同シ。覃竭懈ナク終始渝ラス。洵ニ是中興ノ元勲、実ニ臣庶ノ亀鑑タル。茲ニ特ニ正一位ニ叙シ、純忠ヲ表彰ス」とあった。**〇大御言**　薨去に際しての勅。二月二十日の官報に「勅令　朕、茲ニ故内大臣正一位大勲位公爵三条実美国葬ノ件ヲ裁可ス。御名御璽　明治二十四年二月十九日」の『国葬勅令』第一四号がみえる。二十四日の国葬前日に勅使の派遣があり〝賜誄の儀〟を以て勅（誄）文の宣読があった。※賜誄の儀　勅使は御誄筥を捧持した随員を従え本位につき、祭官副長以下祭官の奉仕で賻賵を尊ずる。勅使拝礼、御誄を宣読し、訖って祭官副長に授けて退下、喪主以下の拝礼を行う（『増補皇室事典』）。**〇師父**　教導の先生をいう。明治十六年七月二十日、岩倉具視の薨去を弔し給へる詔に「況朕幼冲登祚、一頼匡輔。啓沃納誨、誼均師父」又大正二年七月十五日、有栖川宮威仁親王の薨去を弔し給へる御誄に「朕、東宮ニ在ルヤ、出入輔導、能ク厥ノ任ヲ竭シ、啓沃奨匡、善ク厥ノ忱ヲ效ス。情猶昆弟ノコトク、誼師父ニ斉シ」の用例がある。**○大御使**　天皇派遣の弔問勅使、侍従富小路敬直。**○御使**　皇太后・皇后・東宮派遣の三弔問使。皇太后弔問御使は皇太后宮亮林直庸、皇后弔問御使は皇后宮亮三宮義胤、東宮弔問御使は東宮侍従勘解由小路資承。**○幣帛**　霊柩の前に捧げられる供物。天皇より紅白絹・真綿・鰹節・神饌、皇太后・皇后より祭資料各千五百円、皇太子より祭資料五百円を給される。

第八節　近代の勅宣追悼文

はじめに

国家儀礼として王室葬儀には、斂葬の儀の前に霊前で古代の祀典に則る尊謚冊文を奉呈する上謚冊の儀があり、発引の前の遣奠の儀で故人の生前における徳行を叙述した哀冊文奉読が厳粛に行われる。

権近（一三五二—一四〇九）著す『陽村集』巻三三に収める順聖王后哀冊は、洪武九年（一三七六）高麗末期の作品で、高麗王朝伝統の凶礼儀式文を示唆する点で注目に値する。凶礼には王室に功労があった功臣の葬儀に、弔使派遣による誄贈の伝統があった。『高麗史節要』巻三三、辛禑十四年（一三八八）七月に、

曹敏修、請㆘礼㆓葬李仁任㆒遣㆑使弔誄追贈典儀㆖。

がある。同八月には節を守って死んだ廉潔官を功臣として遇し、その遺族に恩恵を垂れんことを識者が懇願する記事を載せる。

侍中李子松、廉謹守㆑節、死非㆓其罪㆒。国人惜㆑之、願㆘賜㆓謚誄㆒厚㆗恤其家㆖。

高麗滅亡後、朝鮮王朝も亦儒教を治政の国家方針として高麗の伝統を継受する。凶礼の法典は『世宗大王実録』巻一三四、五礼、凶礼序例に詳しい。

一衣帯水の隣国朝鮮は古くから中国の文化に親しんできた。数多くある影響の中に、世間であまり知られない凶礼儀式文があった。古式を残す葬礼に用いる儀式文にもお国事情があり、わが国における葬儀には謚冊・哀冊がなく、

代って誄が贈られる。近代に入って王政復古・国体護持に功労顕著な人々に、天皇は感謝を示す簡潔な言葉を贈られた。所謂近代における凶礼儀式文を特徴づけているのが勅宣追悼文なのである。

本節で述べる近代とは、明治二年（一八六九）から昭和二十一年（一九四六）十一月三日の日本国憲法が公布されるまでの期間をいう。厳密には五箇条の御誓文成立以後日本の敗戦記念日までになる。

勅宣追悼文とは、大日本帝国時代の統治者、天皇が皇親及び国家功労者の葬儀に先立ち、前日神式により勅使が霊前で宣読する追悼勅語を指す。勅宣追悼文には賜誄と御沙汰の二種がある。これについては第三項で触れる。

西周で定められた貴族葬には諡誄式がある。西周文化の残芭にもたとえられる誄が実は勅宣追悼文である。そこで誄の歴史的背景を第一項で辿る。勅宣追悼文を子細にみると微妙な表現の変化が認められる。その区分の目安が欽定憲法の制定である。制定以前を第一期とし、制定以後を三期に分けて考え、勅令時代の四区分を第二項で述べる。特に功労顕著な人には国葬で遇される。葬儀を飾る葬場殿で宣読される追悼文は、〝賜誄ノ儀〟の華に当たる。これに触れるのが第四項である。賜誄ノ儀の有無に関係なく神式葬で勅宣追悼文を賜与されるのは天皇の下臣である。法制上古代律令制下の功臣を家伝との関係で説明するのが第五項である。第六項では共通表現に注目し十分類に分けて検討し、第七項で勅宣追悼文を修辞の点で文学の面から若干考察を加える。

一　誄作活動の回顧

元来「誄」は邑制国家周王朝における凶礼文化で定着をみた貴族に贈る哀悼辞である。[1] 口誦の「誄」の原義は、神への幸福を希求する祈りであり、「祈り」の対象者には生者・死者の区別がなかった。克殷後病に臥した武王の病気快癒のため、周公旦は兄の身代りを祈願したし、また幼い成王の病気に際して己が爪を切り幼王の代りに神罰を乞う祈願をした。ここに誄の素朴な「祈り」の姿がみうけられる。[2] 誄の原義が貴族社会に頑なに守られたらしく、北魏の崔浩も父が病気で危篤となった時、爪をきり髪をきり夜中に庭に出て北斗星に向かって我が命を身代りにしたい祈りを捧げ叩頭流血したという(3)。

誄は、周の成長発展に伴う戦争による貴族の死亡増加という環境下、生者への対象を死者に代え力点を勲功徳績に置くようになる。一般に誄を解釈するとき、古義が失われて故人生時の徳行を強調する文辞となるのは、後漢に入って以後鄭玄や劉熙の学者の説が普及したからである(4)。誄は公的行事の伝統を保つが始皇帝の出現で途絶し、前漢景帝時代に復活をみる。元帝の儒教心酔に随伴した凶礼の文学活動に誄作も例外でなかったようだ。

前漢時代後人作とみられる卓文君の夫誄を除き、佚文だが鴻安丘の厳君平誄も残っている(5)。揚雄の元后誄を文体上序文と本文に分けた嚆矢とすると、厳君平誄は無序の伝統をもつ古来の作品に属するのではあるまいか。三国時代を経て晋朝になると有序文が潘岳の文宗を迎えて盛行するが、その影響はわが江戸時代の儒者にもみられる。ところが賜誄は無序の誄として、西周古来の貴族弔文として復活している点注目に値する。

誄は王室一家における権威象徴の儀礼行事に活かされて、晋宋王朝には公的にも私的にも文学作品としての位置を保った。誄作の一方で凶礼文化にもう一つの特色を添えているのが哀策である。本来副葬品目録として意義をもつ遣策は、厚葬・墓碑建立の盛行をみた後漢になって、王室葬儀の主要素となる体質改善の過程を経る。

誄の奉献に代り哀策の奉献を重視する背景には、五世紀から顕著となる高僧・名僧に贈る所謂法師誄の制作が実は介在する(6)。この法師誄はわが国に入って、作者未詳の貞慧誄となり源為憲作の空也誄で結実する。文献上二作品は中文体の正格法に基づく誄として、近世・近代に比べて数少ない古代の特色を伝える。

凶礼文学史上、高い位置を保った誄は王室葬儀の中で哀策に主役を奪われてゆく。唐の文化を受容した宋は、誄作と哀策作の実体を示唆する点で興味を惹く。筆者の調査したところ現存する唐代誄作品が九点、哀策作品が四十四点、宋代誄作品が三点、哀策作品が三十点である。特に哀策の作品が五代及び遼・金の諸国を併せると二十一点の多きに上り、誄作品が皆無というはらな事実と照応すると、哀策盛況の姿をよく示すものと言えよう。[7] 誄は元帝国治政下になって息を吹き返し、手許の資料では二十五点、明朝に至っては六十五点を数える迄になる。そして清朝に入ると百四十点の多きに達する。このような誄作品成立数は筆者が収集した範囲であるから、未見分を考慮すると可成りの誄作があったと見ねばなるまい。

嘗て明の呉訥は宋代には哀辞が誄辞に代って文学の地位を奪った由を述べた。[8] 近くは章明寿氏も古式の誄が消滅した事に触れている。

以後、清代の小説『紅楼夢』中にはやはり「芙蓉女児の誄」が出現するが、作者が旧称を用いただけで、もはや伝統的な誄の原形を示すものではない。[9]

と。どうもこの説明は、筆者寡聞の調査資料からみた場合、清代の誄研究を踏まえた上での結論と見做し難い。呉訥がいう誄辞にとって代った哀辞盛況を明代に迄解釈を広げるのには、幾つかの難点がある。一は文人が撰した家集中に誄と哀辞を対置の文体項目として掲げていること。二は確認できる誄作品だけでも六十五点に達すること。三は古式に基づく誄作品が存在すること等である。[10] 殊に後漢から三国にかけて誄文体の正格法ともいえる表現形式を採るのが、[11] 現存作品中の四分一強も知られる。従って現存誄作品をみる限り、元・明・清の王朝交代ごとに鰻登りに誄作の盛況化を辿れることは、誄の衰退・消滅と解釈できず、筆者の難点の論拠になるのである。

明代の誄作品は六十五点中八点を除く五十七点が古式を守ろうとする作者の意識を反映しているので、誄に代る哀辞謳歌の風潮を示すとは必ずしも言えない。誄作の快調な兆が清朝に入って女性誄への盛行に見受けられる一方、格式を重んじた平頭・闕字用例の作品四十六点を数えるからである。百四十点に及ぶ現存作品の中には、正格法を踏襲する誄が少なくない。そこに古代の伝統が続くと筆者は思う。

明治時代は清朝穆宗治政下の後半から始まる。清朝の誄作品をみると、聖祖時代の毛奇齢作勅封礼科都給事中前工部郎中姜公誄文成立時の康熙十一年（一六七二）から穆宗時代の王棻作王母陳太孺人誄成立時即ち同治七年（一八六八）まで、十六世紀末から十七世紀初頭期間を除き、二十年間に及ぶブランクがなく続く。死者を悼む嘆きは、夭折者・女性・庶民といった人々を除外した貴族趣味の周文化が、貴人・男性の特定少数から不特定多数へと伝統の枠を外して、格調ある哀辞「誄」となって清朝に盛んとなる。

凶礼文化のゆきついた清朝の誄は隣国日本において維新に貢献した男性貴人に対象を厳選し、天皇の賜与という条件のもと周文化を継受する。広義の賜誄は無序の形式を採り近代国家形成の国家公式行事として、神式の儀礼で勅使派遣による宣読という勅命の形で活用されてゆくのである(12)。この勅宣追悼文は昭和二十三年四月十七日逝去の鈴木貫太郎御沙汰書を以て途絶えることなく近代の大村益次郎の賜誄第一号より現代に続く。換言すれば西周文化の凶礼制度の王下賜の〝誄贈制〟は、大日本帝国時代から日本国時代に継続する。古代の絶対的国家権威の象徴の周王と等しく、近代の天皇は欽定憲法で不可侵の神性を備える、現代の天皇は、民主憲法の下（神性を消滅した）国家の象徴である。従って現代の賜誄は近代の賜誄と同一表現を採るが、古代周制下の貴族特権を具現するものでなくなり、即ち神性を消滅した国家の象徴個人が神式の儀で国家功労者を傷む独自の弔文の意味になる。

註

1　拙稿「誄に関する研究ノート（上）」（『兵庫県社会科研究』三八号）。

2　拙稿「誄の概説―哀辞研究序説―」（兵庫県立伊丹北高等学校紀要『鴻志』三号）。

3　『魏書』巻三五、崔浩伝。

4　『礼記』巻七、曾子問「賤不誄貴」の鄭玄注「誄、累也。累二列生時行迹一誄レ之」とある。劉熙撰『釈名』巻六、釈典芸に「誄、累也。累二列其事一、而称レ之也」とみえる。

5　李贄撰『初潭集』巻之一九、師友、推賢の項に「無レ営無レ欲、澹然淵清」の八字を残す。

6　拙稿「凶礼文化の誄・哀策をめぐって—哀辞研究ノート—」(『神港紀要』六号)。

7　同右論文所収「魏六朝隋唐五代宋遼金哀文一覧表」と「自東周至明朝誄作品一覧表」。

8　『文体明弁』巻六〇、誄。

9　章明寿「古代哀祭文発展簡説」(中国社会科学院文学研究所編集『文学遺産』第五期)。

10　魯哀公の孔子誄を序に活かす方法が目立つ(拙稿「清朝の誄寸考」「誄の概説補遺」『鴻志』六号)。序文で祖先を格調高く詠う例に、祝允明作銭処士誄「高陽苗裔、彭籛孫子、厥名曰レ孚、為二周上士一、職典銭府」や、楊栄作少師楊公誄文に「繇繇楊宗、肇漢太尉」や、宗訥作故沢州陽城県簿方君誄に「顕允方叔、中興周宣、元老福沢、千祀綿綿」等がみられる。

11　序文の伝体部分冒頭表現「維某年月日、故人名、薨(卒)。嗚呼哀哉」、末尾表現「乃作レ誄曰」を用いる。本文の頌は四言句で統一し、結句に「嗚呼哀哉」を使う(拙稿「貞慧伝をめぐる二・三の問題」『神道史研究』一七巻三号)。

12　封建体制を支配した将軍命に従う大名・貴族の旧体質を改め、新帝国の元首・天皇に忠勤を尽くす功労者への「恩誄」の意義をもつ。

二　勅令時代の四区分と宣旨様式

勅令とは、天皇が口頭もしくは文書で示す命令をいう。近代における勅令は明治十九年二月二十六日、内閣創設後初めての勅令第一号『公文式』で発表された[1]。爾後公布される勅令は、首相の上奏裁可を経て(第二条)[2]、天皇の親署・玉璽印・首相の副署(第三条)[3]を義務づける。この『公文式』制定以前の賜誄様式を大久保利通への勅にみると、故人の官職・官位・勲位・氏名を一行に記し、改行して哀悼の文辞を記し、年月日を次行に記す。左上部に「御璽」を押印しその下に、

奉勅太政大臣従一位勲一等三条実美

の副書がみえ、押印がない。この書式は御沙汰の書式を示唆する。御沙汰とは天皇が下す勅命の別称である。

孝明天皇の時代には、元治元年二月二十日付松平容保に対する参議任命に出された時には宣達書と言われたし、同年四月二十九日付中山忠能手録にみえる伊勢神宮への供御米増額に対する幕府奏請書もそうなら、同日付の『公式令』平闕式遵守をうたう海内布告も同じ範疇に入る。従って、明治天皇時代となる慶応四年五月の一連の個人への御達書、あるいは同年八月二十九日付東京行幸に関する御布告、また九月四日付小松帯刀に対する、

　　任㆓玄蕃頭㆒。
　　右宣下候事

とみえる宣下文も亦御沙汰であり、表題には「御沙汰書」とみえる[4]。

同様な事例を更に加えれば、同年九月二十一日付の公式通達、

　神奈川府、今般其府ヲ県ト被㆑改候旨、被㆓仰出㆒候事

といった府県名改定の通達書、あるいは、

　京都府病院之儀、是迄軍務官支配ニ被㆓仰付置㆒候処、自㆑今其府ニテ支配可㆑致旨、御沙汰候事、

とある十一月二十日付業務保管転換通達や、

　在京諸侯、寒中為㆑伺㆓天機㆒、来月朔日巳刻、参　朝可㆑有事

という同月二十七日付参朝命令も、押しなべて表題が「御沙汰書」なのである。

かく御沙汰「書」を眺めてくると、賜誄の範疇では御沙汰と名称を同じくするが、内容上区別すべき哀辞模範となる。

勅令第一号『公文式』は、二十二年十二月二十八日公布の勅令第一三九号により、第三条が改正され[5]、同四十年一月三十一日廃止となり、勅令第六号の『公式令』と代り新に宮内大臣の年月日記入と副署が加わる[6]。これら勅令の効

力は明治元年から昭和二十一年までの八十年間に及ぶ。いわば『欽定憲法』施行時代に勅令時代が重なる。就中、『欽定憲法』時代における天皇補弼の元勲・元老特定の人物に左右された期間を含む。

この時期に、

① 王道の復活に貢献した人物
② 帝国体制の発展に寄与した人物
③ 国家内外の困難に対処した人物
④ 憲政確立に腐心した人物

の葬儀に、天皇は哀悼の文辞を下賜した。その哀悼文辞は広義の賜誄であるが、様式上狭義の賜誄と御沙汰に区分される。いわゆる勅令時代において下賜された賜誄は、表現上一定の形式に捉われない未成熟の時期、「今也淪亡」或いは「今也聞溘亡」の哀辞と「旨御沙汰候事」を結句に用いる成長の時期、「今也」表現が減少し「旨御沙汰候事」の結句解消といったすっきりした形に整えられてくる熟爛の時期、「遽聞溘亡、曷勝軫悼」の哀辞に定着する停滞の時期に、実は分けられる。即ち、次の如き四期に大別できる。

揺籃期　明治元年〜明治二十二年
成長期　明治二十三年〜明治四十五年
熟爛期　大正元年〜昭和四年
停滞期　昭和四年〜昭和二十年

天皇を神と崇め理想像とする考え方は、既に古代の天武天皇が採った皇親至上主義を支えた八色の姓制度[7]に求められる。一方、近代においては、凶礼制度の中に皇親至上主義が採用されていることが国葬を以て薨去皇親を遇する事実により知られよう。送葬儀礼に組込まれた賜誄は、その対象が皇親を頂点に元勲・元老があとに続く。また国家功労者には皇親と同じく国葬を以て厚遇する晴れの場が設けられ、功労篤き臣・民に限り賜誄が下された。斂葬に先立つ前日に勅使差遣と誄を下賜された故人は、「賜誄の儀」の栄誉礼を受け、神式に基づく送葬儀礼のもとここに国家の礎として高き評価と名声を蒙る。

近代の賜誄とは、明治二年十一月十三日大村永敏の葬儀に贈られた勅宣追悼文を最初として、昭和二十年五月二十八日載仁親王に贈られた作品を最後として七十七年間都合八十点の追悼勅令文をいう。

勅令の名称は、勅宣・勅・勅語・勅書・詔書・宣旨・誄・誄詞・沙汰ともいわれ、文体の表現から眺めると、様式上「誄」と「沙汰」の二つに分類できる。両者の共通点は、勲功・哀辞・贈官・弔慰下賜物の表現をもつことであり、相違点は弔慰遣使の発遣表現が僅かに異なることである。誄辞文体の誄と沙汰を区別する内容上の特色を明治三十一年の島津忠義と昭和六年の浜口雄幸の二作品をみると、

今ヤ溘亡ヲ聞ク曷ソ軫悼ニ勝ヘン。特ニ侍臣ヲ遣シ賻ヲ齎シ以テ弔慰セシム。

遽ニ溘亡ヲ聞ク曷ソ軫悼ニ勝ヘン。宜シク賻ヲ賜ヒ以テ弔慰スヘシ。右御沙汰アラセラル。

となる。即ち、前者の誄様式では弔慰使発遣表現に「特ニ」を用いるのに対し、後者の沙汰様式では「宜シク」を用いることで区別できる。

一体、天皇が出す宣旨の形式として誄辞と弔辞があるが、弔辞には哀辞と贈官の表現がない。その用例は戸田忠至に贈られた追悼文[8]で知られる。

維新之際、奉職勉励、且積年尽力山陵修補之事候付……Ⓐ

以㆓特旨㆒為㆓祭粢料㆒金五百円下賜候事……Ⓓ

ところが、誄辞の最も早い例を参議広沢真臣の薨去を弔し給へる勅宣文にみると、

竭心復古之業、到身維新之朝、献替規画、勲大功超……Ⓐ

今也不幸、溘然謝世、深悼惜焉……Ⓑ
因贈正三位……Ⓒ
并賜金幣。宣……Ⓓ

とある。Ⓐは勲功叙述であり、Ⓑは哀悼文辞であり、Ⓒは贈官〈位〉[9]表現であり、Ⓓは弔慰下賜物表現[10]を示すものである。いま宣旨様式を図示すると次のようになる。

⓪型は、明治十一年以前の中文体誄（沢宣嘉の和文体誄を含む）に集中する。①型は、皇族或いは元老・首相となった高官に贈られる誄で、明治二十三年の松平慶永の用例以後、共通して遣侍臣に必ず「茲」又は「爰」の文字を使用する。宮内大臣が年月日を記入し、総理大臣と共に副署して宣布する「詔書」と宮内大臣の年月日記入及び副署はあるが宣布しない「勅書」がある。一方、②型は宮内大臣が侍従長を介して伝える勅旨であり、遣使に必ず「宜」の文字を使用する沙汰である。

註

1 （第一条）法律勅令ハ上諭ヲ以テ之ヲ公布ス。

2 法律勅令ハ内閣ニ於テ起草シ、又ハ各省大臣案ヲ具ヘテ内閣ニ提出シ、総テ内閣総理大臣ヨリ上奏裁可ヲ請フ。

3 法律勅令ハ親署ノ後、御璽ヲ鈐シ、内閣総理大臣之ニ副署シ年月日ヲ記入ス。

4 慶応四年戊辰秋九月『太政官日誌』七八号。

5 内閣総理大臣は、法律及び一般の行政に係わる勅令にのみ主任大臣とともに副署する。

6 第二条に「文書ニ由リ発スル勅旨」を勅書とし、第一条「皇室ノ大事ヲ宣誥シ及大権ノ施行」を詔書とする。

7 『日本書紀』天武十三年冬十月己卯朔詔で皇親を第一位の「真人」に定める。

8 『百官履歴』上巻、百官二。

9 大村永敏御沙汰書「因贈従三位」・鍋島直正御沙汰「因贈正二位」・毛利敬親宣下状「因贈従一位」・山内豊信宣下状「因贈従一位」・沢宣嘉詔書「因テ正三位ヲ贈リ」（以上『太政官日誌』による）。木戸孝允勅「因贈正二位」・池田慶徳勅「因贈正二位」・大久保利通勅「仍贈右大臣正二位」・大原重徳勅「因リテ正二位ヲ贈リ」・野津鎮雄勅「仍テ正三位ヲ贈リ」・岩倉具視誄辞「其レ特ニ太政大臣ヲ贈ル可シ」・徳川慶勝誄辞「ナシ」・島津久光宣旨「ナシ」・森有礼誄辞「仍テ正二位ヲ贈リ」・松平慶永宣旨「ナシ」（以上『明治天皇紀』による）。明治十六年の岩倉具視誄辞まで共通する。

10 「賜金幣」表現は、大村永敏からの慣用句で、三条実美勅語以後「賻ヲ齎ラシ」に代り、大久保利通誄辞の「賜金幣五千円」・森有礼誄辞の「賜金幣五千円」の如く、金額を明示する二件を例外として、島津久光宣旨にみえる「幣帛及神饌ヲ齎ラシ」を唯一例としている。

三　勅宣追悼文のタイプ二種

(一) 漢文体の賜誄

わが国の近代国家発展史上、軍制改革を立案して徴兵制を樹て重要地に鎮台を儲け鎮守府を備える建白をしたのは、大村永敏である。不幸にして大村の意図は守旧派の長州藩士神代直人・越後の住人五十嵐貞利達に阻られ、無見識な凶人の刃にかかり知命を待たず他界した。卒伝には、

是の月五日遂に卒す。年四十六。永敏凶徒の襲ふ所と為り、創痍を大阪病院に療養せしが、膝頭の創傷骨瘍に変じ、惏脹疼痛殊に甚しく、膿液肺を侵し、遂に起たず、永敏身大傷を悩むと雖も夢寐にも国家を忘れず、特に軍備兵制の事に至りては褥中親ら筆を執り、具に其の意見書を裁して右大臣三条実美に呈する所あり。

とみえる。(1) 卒去した従四位兵部大輔大村永敏の霊に、明治天皇は十三日従三位を贈り賻を賜わった。この時併せて下賜された追悼文が、『明治天皇紀』では宣文であり『太政官日誌』では御沙汰書という次の文辞である。

夙賛回天之業、　克策勦賊之勲。
軍旅之事、　大有望。
後図豈料、　溘然謝世。
帷幄喪人、　深悼惜焉。
因贈従三位、　并賜金幣。宣。

哀辞の第一句の「夙賛」は、山内豊信や島津忠義への下賜誄に用いられ、「回天之業」は「回天ノ偉業」が後藤象二郎・井上馨の賜誄に見え、中御門経之誄では「回天之鴻図」といった一部修正で活用されている。第六句「溘然謝世」は一字を改めて沢宣嘉への詔書に「忽然世ヲ謝ス」表現で活かされるが、その後の活用はない。永敏への追悼文は従って天皇下賜追悼表現としては文人の好むタイプではなかったと言えよう。後年勲功大なる士族に爵を授ける旨の『叙爵内規案』を法制局が作成する。華族資格の根拠となる「三位」を追悼文にみられるのは注目されてよい。

永敏のあと広沢真臣・鍋島直正・毛利敬親・山内豊信・木戸孝允・池田慶徳・大久保利通・松平慶永等、八人の薨・死者には永敏と同様の漢文体勅文が下された。最後の松平慶永へは、先の大久保利通へ下賜の明治十一年五月か

ら十二年を経た明治二十三年六月に下賜されている。この間計六人に対しては、和文体誄下賜があるので、松平慶永の場合異色とも考えられる。慶永は旧越前福井藩の大名である。従って旧藩主に対する漢文体誄下賜厚遇かというと、明治十六年薨去の旧尾張藩主徳川慶勝誄は和文体なので、そうではないことが知られる。

　ということは、明治二十三年の時点で下賜の勅文に漢文体・和文体の何れかに規定しようとする動きがそれ迄になかった事実を示唆する。ところが、翌二十四年二月の三条実美勅が和文体で綴られ、爾後漢文体がないところを推すと、松平慶永誄作成後賜誄の文体について検討会が持たれ、その結果漢文体誄辞に対する反省があることから和文体に落ち着いたと考えられる。八箇月後の三条実美誄は賜誄検討を経た結果に基づく哀悼文作成規定を適用したものではあるまいか。ここで追悼文表記の用例一覧を示しておく。

追悼文表記用例

No.	被賜誄者	元号	年月日	追悼文表記			
				天皇紀	官日誌／官報・号	詔勅集	その他
1	大村永敏	明治	2・11・13	宣文＊	御沙汰書＊	勅宣＊	御沙汰（保）
2	広沢真臣		4・1・9	勅＊	御沙汰＊	勅宣＊	御沙汰書（保）
3	鍋島直正		4・1・23	勅＊	宣下状＊	勅宣＊	
4	毛利敬親		4・4・15	勅＊	宣下状＊	勅宣＊	
5	山内豊信		5・6・27	勅＊	宣下状＊	勅宣＊	詔（保）
6	沢宣嘉		6・9・30	詔書	詔書	勅宣	誄詞（新聞）
7	木戸孝允		10・5・28	勅＊		勅宣＊	詔（譜・保）
8	池田慶徳		10・8・18	勅＊		勅宣＊	
9	大久保利通		11・5・15	勅＊		勅宣＊	勅（保） 誄詞（新聞）
10	大原重徳		12・4・4	勅		勅語	
11	野津鎮雄		13・7・25	勅		勅宣	誄詞（新聞）

12	岩倉具視	16・7・23	誄辞＊	二〇	詔＊	勅（保）
13	徳川慶勝	16・8・6	誄辞	三三	勅宣	
14	島津久光	20・12・17	宣旨	宣旨・一三四四	詔書	
15	森　有礼	22・2・14	誄辞	宣旨・一六八六	勅宣	
16	松平慶永	23・6・7	宣旨＊	宣旨＊・二〇八一		
17	三条実美	24・2・24	勅語	二二九四	詔書	
18	中御門経之	24・8・29	勅語	勅語・二四五三		
19	山田顕義	25・11・16	勅語	勅語・二八一八	詔書	
20	伊達宗城	25・12・24	勅語	勅語・二八五一	詔書	
21	有栖川宮熾仁	28・1・28	詔書	詔書・三四七三	詔書	誄詞（新聞）
22	北白川宮能久	28・11・10	詔書	詔書・三七一三	詔書	誄詞（新聞）
23	毛利元徳	29・12・30	勅語	勅語・四〇五二	詔書	
24	後藤象二郎	30・8・8	勅語	勅語・四二三二	詔書	
25	島津忠義	31・1・8	勅語	勅語・四三五四	詔書	
26	近衛忠熙	31・3・24	勅語	勅語・四四一六	詔書	
27	勝　安芳	32・1・24	勅語	勅語・四六六八		誄詞（新聞）
28	黒田清隆	33・8・28	勅語	勅語・五一四八	詔書	誄詞（新聞）
29	西郷従道	35・7・22	勅語	勅語・五七一五	詔書	
30	小松宮彰仁	36・2・25	勅語	勅語・五八九二	詔書	誄詞（新聞）
31	池田章政	36・6・13	御沙汰書	御沙汰・五九八四		恩誄（顕彰碑）
32	近衛篤麿	37・1・5	御沙汰書	御沙汰・六一五一	勅語	
33	川村純義	37・8・13	御沙汰書	御沙汰・六三三八	御沙汰	
34	九条道孝	39・1・9	御沙汰書	御沙汰・六七五六		
35	児玉源太郎	39・7・27	御沙汰書	御沙汰・六九二四	御沙汰	
36	林　友幸	40・11・12	御沙汰	御沙汰・七三一四	御沙汰	
37	野村　靖	42・1・27	御沙汰書	御沙汰・七六七五	御沙汰	

38	嵯峨実愛		42・10・23	御沙汰書	御沙汰・七九〇二	御沙汰	
39	伊藤博文		42・11・2	誄詞	勅語・七九一〇	詔書	
40	佐佐木高行		43・3・5	御沙汰書	御沙汰・八〇〇八	御沙汰	
41	岩倉具定		43・4・5	御沙汰書	御沙汰・八〇三三	御沙汰	
42	徳川昭武		43・7・9	御沙汰書	御沙汰・八一一五	御沙汰	
43	小村寿太郎		44・12・2	御沙汰書	御沙汰・八五三七	御沙汰	
44	東久世通禧		45・1・6	御沙汰書	御沙汰・八五六二	御沙汰	
45	有栖川宮威仁	大正	2・7・15		誄詞・二八九		
46	桂太郎		2・10・18		誄詞・三六八		
47	徳川慶喜		2・11・29		誄詞・四〇三		
48	井上馨		4・9・6		誄詞・九三〇		
49	大山巌		5・12・16		誄詞・一三一五		
50	土方久元		7・11・8		誄詞・一八八二		
51	徳寿宮李熙		8・3・1		誄詞・一九七二		
52	寺内正毅		8・11・7		御沙汰・二一七九		
53	原敬		10・11・10		誄・二七八四		
54	大隈重信		11・1・16		誄・二八三五		誄詞（大朝）
55	山県有朋		11・2・7		誄・二八五四		
56	樺山資紀		11・2・12		誄・二八五八		
57	伏見宮貞愛		12・2・13		誄・三一六〇		
58	加藤友三郎		12・8・28		誄・三三三五		誄（大毎）
59	松方正義		13・7・10		誄・三五六五		
60	加藤高明		15・2・2		誄・四〇三〇		
61	昌徳宮李坧		15・6・8		誄・四一三七		
62	邦彦王	昭和	4・2・2		誄・六二八		

63	後藤新平		4・4・15		御沙汰・六八七		
64	田中義一		4・10・3		御沙汰・八三〇		
65	浜口雄幸		6・8・28		御沙汰・一四〇二		
66	渋沢栄一		6・11・14		御沙汰・一四六五		
67	犬養毅		7・5・18		誄・一六一三		
68	武藤信義		8・8・6		御沙汰・一九八一		
69	上原勇作		8・11・11		御沙汰・二〇六二		
70	山本権兵衛		8・12・11		誄・二〇八六		誄（大朝）
71	伊東巳代治		9・2・21		御沙汰・二一四二		
72	東郷平八郎		9・6・4		誄・二二二六		
73	斎藤実		11・3・7		誄・二七五三		
74	高橋是清		11・3・7		誄・二七五三		
75	朴泳孝		14・9・28		御沙汰・三八二三		
76	徳川家達		15・6・9		誄・四〇二七		
77	西園寺公望		15・12・4		誄・四一七五		
78	湯浅倉平		15・12・26		御沙汰・四一九四		
79	山本五十六		18・6・4		誄・四九一八		
80	閑院宮載仁		20・5・28		誄・五五一〇		

（註）①＊印は中文を意味する。②天皇紀は『明治天皇紀』の略称。③官日誌は『太政官日誌』の略称。④保は『保古飛呂比（佐佐木高行日記）』の略称。⑤譜は『三条実美公年譜』の略称。

松平慶永公は『明治天皇紀』第七によると、明治二十三年の六月一日に流行性感冒に罹り、二日には病状悪化して薨じた。七日、天皇は勅使侍従子爵堀河康隆を派して幣帛・神饌を賜い、一方式部官田中健三郎の勅使により金幣千円と誄辞を慶永邸に齎らされている。翌八日の葬儀には陸軍の儀仗兵が勅命により参加し、豪華な儀式のもと慶永の霊柩は南品川の海晏寺に斂葬された。葬儀前日に勅使が宣読した誄辞は、四十七句の対で前半を占める、

至誠憂国、夙竭藩屏之重任、
大義勤王、以賛中興之宏猷。
偉勲有成、純忠可嘉、
今也淪亡、曷勝悼惜。
茲賜金幣、以弔慰。

といった内容である。第一句の「至誠」表現は、寺内正毅御沙汰の「至誠奉職」・武藤信義御沙汰の「蔵至誠於寛弘」・東郷平八郎誄の「至誠通神」にもみえる。第二句の表現は、旧鳥取藩主池田慶徳への勅「夙尽藩屏之任」にみえ、徳川慶勝誄・旧宇和島藩主伊達宗城誄・旧岡山藩主池田章政御沙汰に活かされている。従って第二句の哀辞は明治十年の旧鳥取藩主を皮切りに、爾後の旧藩主薨去における追悼慣用句の意味をもつようになったのではないかと思う。第三句の「大義勤王」は、井上馨誄に「唱勤王之大義」、西郷従道誄に「唱尊王之大義」として用いられる。第四句の「賛中興之宏猷」は、三条実美誄・伊達宗城誄・旧鹿児島藩主島津忠義誄にもみえる。四例中の三例が旧藩主誄で共通する点は、第二句の対表現として意図的に藩主追悼文辞に活かされたとみてよかろう。第五句の「偉勲」は、池田慶徳誄に「偉勲可嘉」とみえ、有栖川宮熾仁親王誄「偉勲丕績」の表現でみられる。第六句の「純忠」は、岩倉具視誄に早くも「純忠持正」表現でみられ、浜口雄幸御沙汰に「純忠報告」表現でみられる。

かくみると、松平慶永誄には旧藩主に贈る追悼表現の共通性とその後の誄・御沙汰に活用をみる文字の使用が窺知されるのである。

(二)　和文体の賜誄

前節で触れたように、賜誄の揺籃期に当たる明治二十二年までは、厳密ではないがまとまりをもった表現のあることが知られる。これを示したのが別掲七七七頁掲載の「賜誄表現区分一覧表」である。表現は便宜上漢文体に倣って和文体の作品すべてを漢文表現で示した。概括して言えることは、揺籃期は哀辞表現に「今也」がないこと、贈官表現が存在すること・勅使差遣表現がないこと、下賜物に金幣表現が存在すること・弔慰表現に表彰あるいは宣もしくは併用をみることである。ゴチック活字は漢文体表現の賜誄だが、大村永敏から大久保利通に及ぶ明治十一年までの作品が八例あり、沢宣嘉だけが例外の和文体となっている。大原重徳から森有礼に至る六作品は漢文体と違って和文体なのであるが、表現形式の区分からみると贈官・勅使・下賜物から、16番の松平慶永誄の表現と相違していることが知られよう。

尤も14番の島津久光誄には勅使差遣表現が残る点、賜誄の洗練されない表現の事例として考えられ、揺籃期の作品であることを示す。又、成長期に入れた16番の松平慶永誄は和文体の範疇でないけれども、贈官表現で和文体にみられる特色の「茲」一字を用い従来の官位もしくは官職表現が存在しない。但し、勅使表現がなく下賜物表現に「賜金幣」表現の残る所は、15番の森有礼と大差がない。従って、哀辞と贈官表現を重視すれば成長期に入り、勅使と下賜表現を重視すれば揺籃期に入るのが松平慶永誄である。私見では賜誄が故人に対する天皇の御軫悼を示す重要要素であると解して、松平慶永誄を和文体の中に入れた。然し表現区分の面から見れば、揺籃期にも成長期にも属さない、過渡期の作品の俤(2)をよく留めている。

ここで和文体の魁となった三条実美誄を眺めてみよう。従一位大勲位公爵三条実美は、五十五歳を迎えた明治二十四年二月、流行性感冒に罹り気管支炎症・肺水腫を併発して僅か九日間の病臥で薨じた。薨去に先立ち正一位に叙せられ、薨去の翌十九日勅令で国葬の礼をうける。葬儀は二十五日に行われ霊柩は文京区音羽の護国寺に葬られた。葬儀前日勅使として侍従富小路敬直が差遣され、紅白の絹・真綿・鰹節・神饌が下賜され、誄辞が霊前で読まれた。

　　皇道ヲ振張シ　　　　振張皇道

中興ノ宏猷ヲ賛ケ　　賛中興之宏猷
積弊ヲ革除シ　　革除積弊
維新ノ偉業ヲ挙ク　　挙維新之偉業
大鈞ヲ秉テ誠ヲ致シ　　秉大鈞致誠
重望ヲ負テ謙ニ居ル　　負重望居謙
勲徳倶ニ崇シ　　勲徳倶崇
前古匹ヒ希ナリ　　前古匹希
今ヤ溘焉トシテ長逝ス　　今也溘焉長逝
曷ソ痛悼ニ勝ン　　曷勝痛悼
乃チ侍臣ヲ遣シ　　乃遣侍臣
賻ヲ齎ラシ弔慰セシム　　齎賻弔慰

誄辞の第二句は既述した如く松平慶永誄に用いられ島津忠義誄にも使われた。第四句は早くも鍋島直正誄に「不賛維新之業」とみえ、後に西園寺公望誄の「弱齢賛維新之大業」に活かされた。第五句の「秉大鈞」は、原敬誄の「遂秉洪鈞」、大隈重信誄の「秉鈞当国」松方正義誄の「再洪秉鈞」等の表現に活用が窺われる。第六句の「負重望」は、後の黒田清隆誄の「負世之重望」、浜口雄幸御沙汰の「正負国之重望」、渋沢栄一御沙汰の「負朝野之重望」、上原勇作御沙汰の「重望是負」等の表現に使われている。第九句の「今也溘焉長逝」は、そのまま大山巌誄に用いられている。「今也」二字省略の事例には北白川宮能久親王誄にみられる。第十句の「曷勝痛悼」は、既に毛利敬親誄に用いられて三条実美誄まで十四回頻出する。謂わば賜誄の慣用句となった親しみある表現で、池田章政・川村純義の御沙汰にも影響を与えた。が、徳川慶喜誄を最後に「曷勝軫悼」もしくは二言倒置の「軫悼曷勝」表現に代る。

賜誄を通して和文体にみられる傾向には、哀辞句の使用が誄辞に多く御沙汰に少ない。なかんずく皇親誄はおしなべて多く、皇親誄に続いて伊藤博文・井上馨・山県有朋・東郷平八郎・斎藤実・高橋是清・徳川家達・西園寺公望の諸誄が多い。反面哀辞句の少ない例には中御門経之・森有礼・伊達宗城誄が知られる。一方御沙汰の場合はどうであろうか。哀辞句の最も多いのが湯浅倉平で、(3)その後に渋沢栄一・浜口雄幸・佐佐木高行・伊東巳代治の作品が続く。反面哀辞句使用の少ない例には近衛篤麿・池田章政・嵯峨実愛・九条道孝・小村寿太郎・児玉源太郎と続く。
とりわけ近衛篤麿御沙汰は注目される作品の一つである。これについては第七項で検討したい。

註

1　『明治天皇紀』第二。
2　18番の中御門経之賜誄にも「茲ニ金幣ヲ賜ヒ」表現をとどめる。
3　二十七回の使用が確認される。

四　国葬と賜誄の儀　付神道碑（墓域内通路の碑）

国葬とは、国家行事として行う葬儀をいう。儀式の為の必要経費は国庫より支出されるので、議会の承認を経なければならない。『国葬令』は大正十五年十月二十一日、第一次若槻礼次郎内閣の下で誕生した。然し、これ以前にも準国葬・国葬が行われていた。明治十一年五月十七日に大久保利通の国葬に準じた葬儀が既にみられる。『明治天皇紀』には、

贈右大臣大久保利通葬斂の日なるを以て、侍従西四辻公業を勅使として三年町の邸並びに葬場に差遣し、玉串を供せしめたまふ。又儀仗として東京屯在の鎮台兵全部を付せしめ、且弔砲の礼を行はしめらる。皇太后・皇后亦

宮内大書記官山岡鉄太郎を遣はしたまふ。午後二時出棺、青山神葬墓地に葬る。其の葬儀之れを国葬に準じて行ひ、会葬の諸官吏をして大礼服を著せしむ。

とある。また明治二十四年二月二十日に三条実美に対する国葬の勅令が出されている。『三条実美公年譜』巻二九には、

勅シテ国葬ヲ行フ

勅令ニ曰

内大臣正一位大勲位公爵三条実美薨去ニ付特ニ国葬ヲ行フ。

内蔵頭杉孫七郎ヲ葬儀掛長トシ、式部次長三宮義胤内匠頭堤正誼内閣書記官長周布公平宮内書記官股野琢内閣書記官多田好問掌典小西有勲恩給局審査官田口乾三内閣書記官道家斎交際官試補吉田要作ヲ葬儀掛ト為ス。而シテ大教正本居豊穎ニ葬祭斎主ヲ、権大教正神代名臣ニ副斎主ヲ命ス。

と記されている。

国葬の対象者は、天皇・皇后・皇太后・皇太子・皇太子妃・皇太孫・皇太孫妃と摂政である。それに国家に対して功労のあった皇族と臣民である（付録②③七九九頁・八〇〇頁）。

大正十五年十一月二十一日に『皇室喪儀令』と『国葬令』が制定された。前者は皇室喪儀の具体的な式次第説明文であり、後者は皇室及び国家功労者に対する国葬実施を規定した大綱文である。

『国葬令』第一条には天皇、第二条には皇太子以下親王の喪儀を国葬にすると記し、第三条に、

国家ニ偉勲アル者薨去又ハ死亡シタルトキハ特旨ニ依リ国葬ヲ賜フコトアルヘシ。

とみえる。賜誄の儀は大行天皇の大喪儀次第にみられる斂葬〈葬場殿〉の儀──御饌と幣物の捧奠・御誄の奏上形式を引くものであり、皇室喪儀に加えて国家に勲功の顕著な人に贈る栄誉儀礼である（付録④⑤八〇一頁）。国葬儀は、

政府が決定し院内閣議の確定を得てから上奏の手続をとった後、追加予算・葬儀日程・葬儀委員長・祭場の決定をみて実施される。(2)

国葬は神道の式(4)により行う。葬儀の当日は一切の公務が停止され（廃朝(3)）、告示に基づいて国民すべてが喪に服さねばならなかった。

賜誄の儀は、斂葬の前日に勅使の派遣があり、神饌・榊・幣帛の供物が下賜され、御誄の宣続を行うのを骨子とする。その例は昭和九年六月四日の軍神東郷元帥国葬で知られる。

国葬の前日たる四日午前九時から東郷邸で厳かに賜誄の儀が行はれる。午前十時勅使が到着。勅使間に入られ、そこで賻賵(5)（御榊一対、錦、羽二重などの幣帛、鯛、鯉、餅などの神饌）を賜はり、司祭長以下司祭が霊前に供へる。それより勅使が正寝の霊前で御誄を宣読する。そして特に宮中より持参の御玉串をたて退下、同十時十五分に皇后陛下の御使、同十時三十分に皇太后陛下の御使が御榊各一対を賜はり、御玉串をたてる。最後に喪主以下親族諸員の拝礼がある

（『大阪朝日新聞』より引用）

熾仁親王・威仁親王・西園寺公望の賜誄の儀は付録②③④を参照。

猶、国家功労者の中には特旨で以て神道碑を賜わった八人がいる。

① 木戸孝允　明治39・9　② 大久保利通　明治43・9　③ 毛利敬親　明治29・1
④ 大原重徳　大正14・4　⑤ 岩倉具視　大正15・12　⑥ 広沢真臣　大正14・4
⑦ 三条実美　大正14・4　⑧ 島津久光　大正15・11

国葬一覧（『内閣制度七十年史』より）

国葬公示の日	国葬の日	薨去の日	氏　名
明治一六・七・二〇	明治一六・七・二五	明治一六・七・二〇	贈太政大臣　岩倉具視
〃二〇・一二・六	〃二〇・一二・一八	〃二〇・一二・六	前左大臣　島津久光
〃二四・二・二〇	〃二四・二・二五	〃二四・二・一八	内大臣　三条実美
〃二八・一・二四	〃二八・一・二九	〃二八・一・二四	有栖川宮　熾仁親王
〃二八・一一・五	〃二八・一一・一一	〃二八・一〇・二八	北白川宮　能久親王
〃二九・一二・二六	〃二九・一二・三〇	〃二九・一二・二四	公　爵　毛利元徳
〃三〇・一二・二八	〃三一・一・九	〃三〇・一二・二六	公　爵　島津忠義
〃三六・二・一八	〃三六・二・二六	〃三六・二・一八	小松宮　彰仁親王
〃四二・一〇・二七	〃四二・一一・四	〃四二・一〇・二六	公　爵　伊藤博文
大正二・七・一〇	大正二・七・一七	大正二・七・一〇	有栖川宮　威仁親王
〃五・一二・一一	〃五・一二・一七	〃五・一二・一〇	公　爵　大山巌
〃八・一・二七	〃八・三・三	〃八・一・二〇	大勲位　李太王熙
〃一一・二・三	〃一一・二・九	〃一一・二・一	公　爵　山県有朋
〃一二・二・六	〃一二・二・一四	〃一二・二・四	伏見宮　貞愛親王
〃一三・七・五	〃一三・七・一二	〃一三・七・二	公　爵　松方正義
〃一五・四・二七	〃一五・六・一〇	〃一五・四・二五	大勲位　李王坧
昭和九・五・三〇	昭和九・六・五	昭和九・五・三〇	元帥海軍大将公爵　東郷平八郎
〃一五・一一・二五	〃一五・一二・五	〃一五・一一・二四	公　爵　西園寺公望
〃一八・五・二一	〃一八・六・五	〃一八・四・一八	元帥海軍大将　山本五十六
〃二〇・五・二〇	〃二〇・六・一八	〃二〇・五・二〇	閑院宮　載仁親王

註

1　大行天皇とは崩御された天皇が陵墓に埋葬されない期間の名称。

2　大正十三年七月二日薨去の松方正義の国葬に関する新聞記事を例に挙げてみよう。

松公国葬

五日貴衆両院を通過した国葬予算並に関係勅令、葬儀委員等は左の如く発表された。

朕帝国議会ノ協賛ヲ経タル大正十三年度歳入歳出総予算追加ヲ裁可シ茲ニ之ヲ公布ス

御名御璽

摂政名

大正十三年七月五日

内閣総理大臣子爵　加藤高明

大蔵大臣　浜口雄幸

予算大正十三年度歳入歳出追加額を各四万円と定む。其の款項の金額は別冊歳入歳出予算に依るべし

歳入臨時部

第十欵前年度剰余金繰入れ　四〇、〇〇〇円

第一項前年度剰余金繰入れ　四〇、〇〇〇円

歳出臨時部（大蔵省所管）

第二十六欵国葬費　四〇、〇〇〇円

第一項国葬費　四〇、〇〇〇円

朕故従一位大勲位公爵松方正義国葬ノ件ヲ裁可シ茲ニ之ヲ公布セシム

御名御璽

摂政名

大正十三年七月五日

内閣総理大臣子爵　加藤高明

勅令第百五十五号

従一位大勲位公爵松方正義薨去に付特に国葬を行ふ

国葬儀委員

委員長枢密顧問官男爵　平山成信
副委員長内閣書記官長　江木翼
委員　内閣書記官　下条康麿
同　同　木下道雄
同　同　長谷川赳夫
同　同　船田中
同　宮内次官　関屋貞三郎
同　式部次官　西園寺八郎
同　式部官　山田益彦
同　内大臣秘書官長　入江貫一
同　内大臣秘書官　武井守成
同　宮内技師　北村耕三
同　大蔵次官　小野義一
同　陸軍少佐　河村薫

葬儀委員の決定事項抄

一、国葬は全般に亘り質素節約を旨とすること

一、葬儀の期日は本月十二日（土曜日）を以て挙行す

一、葬儀事務所は松方侯爵邸にこれを設けること

一、斎場は松方公爵邸に設くる

一、墓所は青山墓地とす

3　松方正義の場合、一日廃朝。唐では建国の功臣を逝去に廃朝を行う。魏徴で五日。中興の功臣郭子儀も五日。ところがわが国では藤原鎌足に九日とみえる。異常な日数は真実性に乏しく、『大織冠伝』作者藤原仲麻呂の修辞と思われる。

4　大正十五年六月三日の『官報』四一三二号に故大勲位李王葬儀を載せる。祭儀日割・成殯奠ノ儀・成服奠ノ儀・賜誄ノ儀・遣奠ノ儀・発靷ノ儀・奉訣ノ儀・寝殿成殯奠ノ儀・下玄宮ノ儀・返虞ノ儀等、諸儀礼を明示する。賜誄ノ儀には勅使が賻賵を奠ず。後拝礼して御誄を宣読し、遣奠ノ儀では李朝凶礼の伝統である、日本神式にない、喪主の哀冊奉読があってやや内容が異なる。

5　賻賵・賻は喪主を助ける為に贈られる布帛や金銭又は財物をいう。賵は葬儀を助ける車馬である。中国文化の影響を示す例で、祭粢とも言う。

五　功臣に関わる家伝の推移

功臣とは、律令制度下では大・上・中・下四等級の功封を得た五位以上の有功――てがらのある――臣をいう。(1)古くは臣を聖臣・良臣・忠臣・智臣・貞臣・直臣の六種に区分する。(2)大唐帝国の礎を築いたのは太宗であるが、その太宗には功臣数ある中で、礼義道徳人に過ぎる魏徴を功臣として特に厚遇し、(3)病床にあって高麗遠征が損失大を訴える房玄齢を真の忠臣と称える。(4)天下太平の維持に腐心する皇帝とは、直諫する股肱を大切にすることだと、手本を太宗にみせる。(5)

皇帝近侍の股肱は侍臣であり皇帝を輔佐するところから、輔弼[6]ともいわれる。また王室の安泰に致すことから、社稷臣[7]・宗（廟）臣[8]とも称えられる。とりわけ功臣中の重臣には柱石[9]及び棟梁[10]を用いている。

功臣の顕彰を歴史上の推移から眺めると、前漢武帝後、劉氏王室に功労ある者が功臣・国家棟梁・藩屏・社稷臣・宗臣として尊重されてくる。後漢滅亡後、魏室時代荀氏盛運の中で淑の子爽・孫彧・曾孫顗三代に亘り、重臣の台鼎となる。顕官家の実情を物語る伝記が三世紀から作成され、正史の編集資料として注目される。個人伝記が王室の要望によって、官に提出する家伝の体裁を採る点で、功臣尊重の路を開くことになる。荀彧は功臣の手本に実はなる[11]。

三世紀中葉、晋は私撰家伝を正史編纂の資料として官撰進制を定めた。ここで家伝は、世俗社会の貴紳が自己作成の個人伝記を官に上進後、「功臣」の評価をうけ、正史に引用されるところから公的性をもつようになる[12]。正史採択の功臣家伝が王室に対して顕著な「功業」をたてた事実証明の材料であった。それは北魏の盧斐が史官魏収に、

臣父仕レ魏、位至二儀同一、功業顕著、名聞二天下一。

の表明をしている点から窺える。功臣家伝撰進制導入後私撰の家伝が知識人の注目する対象になっていた。その事実は、謝霊運が『山居賦』で、

国史以載二前紀一、　国史は以て前紀を載せ、
家伝以申二世模一。　家伝は以て世模を申ぶ[13]。

と詠んでいるところから窺われる。即ち、『山居賦』は士人階級に、あるべき姿として士人の仰ぐ功臣家の世々の功業を脳裏に留めねばならない、功臣至上主義の風潮を示唆する。

家伝撰進制は法文化されて考功郎中の分掌に入り、唐代には通貴以上の功臣家伝を取扱う。わが『大宝令』及び『養老令』は『唐永徽令』を模範として定着をみる[14]。現存『養老令』の式部卿に「碑頌誄謚」四事が削除されて、

掌下内外文官名帳・考課・選叙・礼儀・版位・位記・校二定勲績一、論レ功封賞・朝集・学校・策二試貢人一、禄賜・仮

使・補二任家令一、功臣家伝等事上。[15]
の法文として残る。『唐令』[16]『養老令』に明記する功臣の家伝撰進制度を、五代を経て宋が継ぎ[17]、また元も踏襲する[18]。功臣に対する顕彰は建国直後に行われるのが統治者にとって必須課題となる。元に代った明も亦例外でない。

明の太祖朱元璋は、建国間もない洪武二年（一三六九）正月、雞籠山に功臣廟を設け像を作って祀るため戦没者名を残す勅を出している[19]。翌年功臣廟完成後英霊を祀った[20]。太祖は前王の制に倣い功臣の庶子を遇し[21]、天下太平を祈願して名川名山神への功臣派遣も怠らなかった[22]。功臣に対する太祖の配慮を考えると、曲がりなりにも唐以来の功臣家伝上進制は襲がれたようだ[23]。

漢人帝国の明を滅したのは満州人の建てた清である。明の残存勢力が払掃されたのは、康熙二十二年（一六八三）で、聖祖がここで清国家の安定した基盤を作り上げたことになる。その後四十年間に『康熙字典』を完成させ、『古今図書集成』を編纂させ、偉大な文化事業を推進して薨じた。

後を嗣いだ世宗雍正帝は、絶対多数の中国人統治上もあり、慣習上から新たな帝位継承に太子密建制を採用する。世宗は、漢人が抱く反清の考えを誤りとする『大義覚迷録』を公刊し、中国が革命の国であること、東夷の舜・西夷の周が聖天子となったこと、現在東夷の満州人が統治するのは天命による聖人思想によると、大義名分を示した。

この書の公刊は、漢人社会構成の王室を否定することになり、王室補佐の正論の証としていた功臣家伝が満州人社会では不用となる。清朝の家伝は個人伝記として、某公家伝・先生家伝に混って孺人・安人・淑人・泰人・宜人・貞婦・貞女・烈婦・烈女・節婦・節母・夫人等、女性家伝が夥しく姿を表す。これらは康熙末に趙執信が著した『史夫人家伝』を例外として、世宗薨去後に成立した作品群である。

『唐令』影響下の功臣観が消滅した清朝末、わが国で復古の明治維新を実は迎える。

註

1 『禄令』功封条に「凡五位以上〈謂、一品以下也。〉以レ功食レ封者、其身亡者、大功減半伝二三世一。上功減二三分之一一伝二二世一。中功減二四分之三一伝レ子。下功不レ伝」とある。

2 『説苑』巻二、臣術「人臣之行有二六正六邪一。行二六正一則栄、……六正者、一曰……聖臣也。二曰……良臣也。三曰……忠臣也。四曰……智臣也。五曰……貞臣也。六曰……直臣也」。

3 『貞観政要』巻六、杜讒佞に「以致二今日安寧一、並是魏徴等之力。所下以特加二礼重一、毎事聴従上」とみえる。この手法の類似に『大織冠伝』の「絶綱更振、頽運復興者、実公之力也」・「雄略宏遠、智計過レ人、特重礼遇」がみられる。

4 『貞観政要』巻九、議征伐「此人危篤如レ此、尚能優二我国家一、真忠臣也」。

5 『貞観政要』巻六、杜讒佞「貞観中、太宗謂二玄齢・如晦等一曰、自レ古帝王、上合二天心一、以致二太平一者、皆股肱之力也。朕比開二直諫之路一者、庶レ知二冤屈一、欲レ聞二規諫一」。

6 『漢書』巻五〇、汲黯伝「天子置二公卿輔弼之臣一」。

7 同伝「古有二社稷之臣一、至レ如二汲黯一、近レ之矣」。『漢書』巻四九、爰盎伝に「絳侯為二丞相一、上礼二之恭一、常目送之。盎進曰、丞相何如人也。上曰、社稷臣。盎曰、絳侯、所レ謂功臣、非二社稷臣一。社稷臣、主在与レ在、主亡与レ亡」とみえるので、社稷臣とは主君逝去後には殉死する慣習があったことをここで知る。『晏子春秋』巻五、雑上「夫社稷之臣、能立二社稷一」。『漢書』巻六八、霍光伝賛に「霍光、受二襁褓之託一、任二漢室之寄一、擁二幼君一、仆二上官一、因レ権制レ敵、以成二其忠一。臨二大節一而不レ可レ奪、遂匡二国家一、安二社稷一」とみえる手法は、『風俗通義』巻二、葉令祀が左伝を引く「(葉)公忠二於社稷一」と同じ。社稷は王室・宗室・漢室の意味。

8 劉邦を支え漢室の確立に貢献した蕭何は、宗廟・社稷・宮室・県邑を立てた功労者で曹参と並ぶ。『漢書』巻三九、蕭何伝々賛に「二人同レ心、遂安二海内一、淮陰・黥布等已滅。唯何・参擅二功名一、位冠二群臣一、声施二後世一、為二一代宗臣一」とみえるので、社稷臣は宗臣とも称したことが分かる。

9 『漢書』巻六八、霍光伝「延年曰、将軍為二国柱石一」師古注「柱者、梁下之柱。石者、承レ柱之礎也」。『漢書』巻九八、元后伝「前丞相楽昌侯(王)商、有二威重一、位歴二将相一、国家柱石臣也」。唐中興の功臣郭子儀は、玄宗・粛宗・代宗・徳宗の四帝

に仕え、将相として四十年に亘り社稷を安んじた。宝応元年代宗は「子儀用レ心、真社稷臣也」と感謝の言葉を残す（『旧唐書』巻一二〇、郭子儀伝）。徳宗即位の建中元年「尚父」の尊号を賜わり、翌年夏八十五歳で薨じた。『旧唐書』郭子儀史臣伝には「誠大雅君子、社稷純臣」と評される。

10　『大織冠伝』に「故高麗王、贈二内公書一云、惟大臣、為二国棟梁一」とみえ、鎌足逝去後の甲子弔詔に「棟梁斯折」とある。

11　『魏志』巻一〇、荀彧伝注所引彧別伝載太祖表に「天下之定、彧之功也。宜下享二高爵一、以彰中元勲上」とみえる。

12　拙稿「誄の研究余滴」（『いずみ通信』二八号）。

13　『謝康楽集』巻一。『山居賦』は霊運（三八五―四三三）が八歳の頃に綴ったらしい（小尾郊一著『謝霊運伝論』一六頁・小尾博士退官記念事業会・昭和五十一年刊）。即ち東晋孝武帝の太元十七年（三九二）頃になる。この二句の前には「嗟夫六芸以宣二聖教一、九流以判二賢徒一」という、士人が身につけねばならない技芸・賢人道を詠み、二句の後には「篇章以陳二美刺一、論難以覈二有無一」という、これまた士人の資質を高める文筆・論術を詠みこむ。これら前後四句間に後世への鑑戒主義を伝える国史と王室安泰の功を披露する家伝が挿入されているのである。両句は士人に課せられた治世に不可欠の読書資料を掲げている。

14　瀧川政次郎著『律令の研究』二一八頁・刀江書院・昭和六年刊。

15　現存する『職員令』式部卿職掌は、『令義解』『令集解』ともに「等」を「田」に誤る。これは平安初期転写時に誤写した写本の姿を残す。『令集解』巻一九考課令最条所引釈説にみえる行間書入れには「田」字がない。

16　仁井田陞編『唐令拾遺』一三二頁記載の開元七年・同二十五年職員令「考功郎中一人、掌下考二察内外百官一、及功臣家伝、碑頌誄謚等書上」。

17　『宋史』に引かれた劉敞（一〇一九―一〇六八）の先祖磨勘府君家伝・唐庚（一〇七一―一一二一）の資政韓公家伝・呂祖謙（一一三七―一一八一）の東萊公家伝・李邇遜の筠谿李公家伝等が存在する。

18　元建国の功労者董俊・董文炳の軍功を記す藁城董氏家伝が元明善（一二六九―一三二二）によって作成されている。同家伝は各朝実録が元代に作られた『元史』巻一四八に収められる。加点本『元史』の出版説明によれば、列伝九七巻の大部分は家伝・神道碑・墓誌等を写し、記載には確切があるという『宋史』撰修に与かった張起巖（列伝巻六九）・欧陽玄（同上）・王守誠（列伝巻七〇）・李好文（同上）・汪沢氏（列伝巻七二）・賈魯（列伝巻七四）等は、編集過程で功臣家伝撰進の唐制を踏まえる。元朝制度も宋に倣うものと推定できる。また袁桷（一二六六―一三二七）の韓威敏公家伝は、『新元史』巻一七四、韓政伝に採用されている。

19　『全明文』巻一八、「立二功臣廟一諭二中書省臣一勅」。

20　『全明文』巻二〇、功臣配享祝文「朕以二孟春一、厳奉二廟享一、追二念忠烈一、輔二我開基一。爰用二牲醴一、陳二于廟庭一、英霊如レ生、尚其与レ享」。

21　『全明文』巻四、功臣庶子誥「朕於二洪武二年一、定レ功行レ賞、法二前王之制一。……所三以朕為二諸功臣庶子一、恐二後無一レ依、故敕二中書一、都府皆爵以二流官一云々」。

22　『全明文』巻一五、「遣二功臣等一祭二五嶽四鎮四海四瀆一文・遣二功臣等一祭二北鎮医無閭山一文」。同書巻六、「命二功臣一祀レ嶽鎮二海瀆一文洪武十年六月等」。

23　呉寛（一四三五―一五〇四）の倪文毅公家伝の一部が『明史』に引かれ、家伝末に「平生蔵二于家一」の注目すべき句を残す。

六　功臣・元老と勅宣追悼文

法制上古代の「功臣」概念は、鎌倉幕府成立後も公家法として残り、江戸幕府が消滅する明治維新まで武家法と併行する。法律を定義して、「法律ハ社会生活規範ガ社会力特ニ国家権力ニヨッテ強行セラルルモノヲイウ」[1]理論に立脚するならば、近代における「功臣」は天皇親政に基づく維新政府が強行する法の下における概念と言えよう。

維新後の「功臣」を確認する最初の公文は、明治二年九月二十六日、天皇が大広間に諸臣を集めて、「復古の鴻業賛襄の功」を賞して、右大臣三条実美・大納言岩倉具視以下三十三人に対し、賜与する給禄・進位・賜金を下す詔である。

朕惟、皇道復古、朝憲維新、一資二汝有衆之力一。朕切嘉奨之。乃領賜以酬二有功汝有衆一、勖哉。[2]

明治政府の法律制度は、江藤新平が五年に司法卿就任から法治国の体裁をもつ。がそれまでは慶応四年三月十四日、[3]

天皇紫宸殿に出御し公卿諸侯を率いて天神地祇を祭り、誓約した国是五箇条に依る。立憲的成文憲法の先駆となった[4]五箇条の御誓文を捧読した三条実美は、その後誓約書に署名する。以下官位の順に署名し、後日参内して署名した官人は都合七百六十七人という。[5]この数が新政府における公式の「臣」ということになる。

天皇は御誓約の当日、億兆安撫国威宣布の告諭宸翰を下す。[6]その中に「百官諸侯ト広ク相誓ヒ」「親ラ四方ヲ経営シ」と親政を公明し、「天下ヲ富岳ノ安キニ置ンコトヲ欲ス」る国民生活安定を保証する、大義名分を打ち出された。実際には親政が動きだすのは閏四月に入ってからだが、その二十一日に政府は政体書を発表する。[7]

政体

一大[8]ニ斯国是ヲ定メ、制度規律[9]ヲ建ル[10]ハ[11]、御誓文[12]ヲ以テ目的トス。
右[13]御誓文ノ条件相行ハレ、悖ラザルヲ以テ、旨趣トセリ。

……………

一各府・各藩[14]・各県[15]、其政令[16]ヲ施ス。亦御誓文[17]ヲ体スベシ。

総じて法治国家の「政治ハ、理念ニヨッテ働ク力デアリ、力トナッテ動ク理念デアル[18]」から、政体書の趣旨を踏まえると、「臣」の概念規定ができる。即ち、天皇が誓約した五箇条に不惇国是（基本方針）遂行を理念とし、この理念に賛襄した者を「臣」にする。[19]法理上、新政府が作成した法を責任ある地位（力）に就任して、運用する者が天皇に忠勤を尽くす条件の下、近代国家の維新政府にふさわしい「臣[20]」ということになる。その賛襄の度合顕著な臣を「功臣[21]」と見做す。従って、復古の「鴻業」には、将来御誓文・宸翰の内容を堅持し、政体に反かない顕著な功業者を「功臣[22]」と位置づける意味を含む、と解釈すべきである。

さて明治二年九月第一表賞典禄（七五二〜七五四頁）に挙げられた三十三人の功臣は、四年後には先に功労禄の恩典に与れなかった大村永敏を筆頭に、四十六人を数え、別に「国事勤労者」として五十六人が新たに加わる。[23]この時点で復古功臣の中に鍋島直正・毛利敬親等が加えられ、国事勤労者の中に後年勅宣追悼文を贈られる山田顕義(24)・黒田清隆・九条道孝・岩倉具定・土方久元・山県有朋・西園寺公望等、七人の名が出てくる。

第一表　賞典禄

No.	人名	種別	下賜	下賜理由
1	三条実美	偉勲永世禄	五〇〇〇石	皇道ノ衰運ニ際シ夙ニ恢復ノ業ヲ期ス。竟ニ躬天下ノ重ヲ係ケ、出テハ則鎮将入テハ則輔相、能中興ノ業ヲ成ス。
2	岩倉具視	偉勲永世禄	五〇〇〇石	皇道ノ衰ヲ憂ヒ、大ニ恢復ノ志ヲ抱ク、竟ニ大政復古ノ基業ヲ輔ケ、躬ヲ以テ天下ノ重ニ仕シ、夙夜励精規画図治、以テ中興ノ業ヲ成ス。
3 4	中山忠能 中御門経之	勲労永世禄	一五〇〇石	皇道委靡満朝危疑ノ日ニ当リ、断然回復ノ策ヲ賛シ、竟ニ中興ノ大業ヲ輔ケル。
5	嵯峨実愛	勲労永世禄	一〇〇〇石	皇道衰頽ノ時ニ当リ、回復ノ志ヲ抱キ、竟ニ中興ノ大業ヲ輔ケル。
6	大原重徳	勲労永世禄	一〇〇〇石	積年皇道ノ衰ヲ憂ヒ、丁卯之冬、大政復古ノ時ニ方リ、日夜励精老而益壮、力ヲ皇室ニ尽シ以テ今日ノ丕績ヲ賛ケル。
7	東久世通禧	勲労永世禄	一〇〇〇石	皇道ノ衰ヲ憂ヒ、夙ニ恢復ノ志ヲ抱ク。竟ニ中興ノ時ニ際シ、日夜励精以テ今日ノ丕績ヲ賛ケル。
8	沢　宣嘉	勲労禄永世禄	八〇〇石	皇道ノ衰ヲ憂ヒ、夙ニ恢復ノ志ヲ抱ク。竟ニ中興ノ時ニ際シ、日夜励精事務鞅掌。
9	伊達宗城	功労禄終身	一五〇〇石	積年力ヲ皇室ニ尽シ、丁卯之冬大政復古ノ時ニ方リ、速ニ上京今日ノ丕績ヲ助ケル。

10	山内豊信	功労終身 功労位	五〇〇〇石 正二位	丁卯之冬、大政帰朝ノ議ヲ建、鞠躬尽力、遂ニ成功ヲ奏。
11 12	徳川慶勝 松平慶永	功労位	従一位 正二位	大政復古ノ際ニ当リ、勅ヲ奉シテ力ヲ皇室ニ尽シ、以テ今日ノ績ヲ賛成。
13	成瀬正肥	功労永世 功労位	五〇〇石 正五位	太（ママ）政復古ノ際ニ方リ、断然一藩ヲ助ケ、力ヲ皇室ニ尽ス。
14	木戸孝允	勲労永世 勲労位	一八〇〇石 従三位	積年心ヲ皇室ニ尽ス。戊辰ノ春、大政ニ預参シ、夙夜励精献替規画、以テ中興ノ鴻業ヲ賛成ス。
15	大久保利通	勲労永世 勲労位	一八〇〇石 従三位	積年心ヲ皇室ニ尽ス。丁卯之冬、大政復古ノ基業ヲ策シ、夙夜励精献替規画、以テ今日ノ丕績ヲ賛成。
16	広沢真臣	勲労永世	一八〇〇石	積年心ヲ皇室ニ尽シ、竟ニ大政復古ノ朝ニ預参シ、日夜励精献替規画、以テ中興ノ丕績ヲ賛ケル。
17	小松清廉	勲労 永世禄	一〇〇〇石	積年心ヲ皇室ニ存ス。戊辰ノ春、大政ニ預参シ、日夜励精以テ今日ノ丕績ヲ賛ケル。
18 19	後藤象二郎 岩下方平	勲労 永世禄	一〇〇〇石	丁卯ノ歳、復古ノ基業ヲ助ケ、大政ニ参シ、日夜励精、以テ今日ノ丕績ヲ賛ケル。
20 21	島　義勇 北島秀朝	勲労禄 終身	一〇〇石	戊辰江城新ニ定ルノ時ニ当テ、専ラ民政ヲ修メ、日夜鞅掌奉職勉励。
22 23	土方久元 西尾為忠	勲労禄	一〇〇石	戊辰江城新ニ定ルノ時ニ当テ、専ラ民政ヲ市政ニ作ル、日夜鞅掌奉職勉励。
24	西郷隆盛	功労位	正三位	大政復古ノ際ニ方リ、身ヲ以テ国ニ許シ、鞠躬尽力以テ成功ヲ奏ス。

25	田宮如雲	功労永世	四〇〇石	大政復古ノ時ニ際シ、一藩ヲ助ケ力ヲ皇室ニ尽ス。
26	福岡孝弟			
27	中根雪江	功労永世	四〇〇石	大政復古ノ時ニ際シ、其藩ヲ助ケ力ヲ皇室ニ尽ス。
28	辻　将曹			
29	江藤新平	勲労禄 終身	一〇〇石	戊辰江城新ニ定ルノ時ニ当テ、専ラ民政ヲ修メ、日夜鞅掌奉職勉励。
30	新田三郎	勉励禄 終身	五〇石	戊辰江城新ニ定ルノ時ニ当テ、民政ニ従ヒ職務勉励。
31	田中不弐麿	賞金	一〇〇〇両	丁卯復古ノ際ニ当リ、時務鞅掌、力ヲ朝家ニ致ス。
32	神山君風	賞金	五〇〇両	丁卯復古ノ時ニ際シ、王事ニ勤労。
33	林　半七	賞金	二〇〇両	昨年流賊追討ノ砌、南部表ヘ出張尽力ス。

『太政官日誌』一〇二号（九月廿六日至廿七日）

明治維新後、昭和二十年迄に下賜された勅宣文には、功臣に贈る慣用句が多く明治二年の詔をもとにして作られた。今日八十点を数える勅宣追悼文披下賜者第三表（七五八〜七五九頁）を眺めると、朝鮮貴族51徳寿宮・61昌徳宮・75朴泳孝には「槿域」(25)、22能久親王・62邦彦王等皇族には「宗室」、26近衛忠熙・32近衛篤麿・34九条道孝の公卿には「名門」、という雅号・敬称・修辞表現に類似傾向を見出す。その類似傾向を分類したのが第二表である。（第三表の番号は七三二〜七三五頁の**追悼文表記用例**に示した作品で、第二表下段No.も同じ）

表現イ型は、皇運回復・大政復古即ち維新の洪（皇）図に、早くから憂い（傾心皇室）唱え（賛・策）、実現に功ある者への表現を採る。但し大正四年井上馨八十一歳の「勤王ノ大義ヲ唱ヘテ、克ク回天ノ偉業ヲ翊ケ」や、同七年土方久元八十六歳の「尊王ノ大義ヲ唱ヘ、……大政ニ維新ニ参ス」と、同十一年山県有朋八十五歳の「大業ヲ維新ニ賛ケ、……洪謨ヲ草創ニ翊ク」等、何れも共通する長寿者の作品を削除した。作品の成立傾向は明治末年までに限る。

表現ロ型は、維新という偉大な鴻図に挺身した（身軀を時艱・国難に膺・当った）人に対する表現を揃える。五例が軍事に二例が経済に関係し、日清戦争から昭和の金融恐慌乗りきりに奮励した卓越者の時代作品となる。一八九五（明治二十八）年から一九三六（昭和十一）年の四十一年間は、勅令時代における最盛期を過ぎた斜陽期に当たる。この期間は帝国体制存亡と危機救済に国家が対処した頃に関わる。

表現ハ型は、維新の基礎固め進展に寄与した旧藩主・公卿・宗室・勤王藩士等が、「柱石」「羽翼」「領袖」「棟梁」（「国家棟梁」表現の早期用例は七世紀後葉成立の『那須直韋提碑』がある）と評される重鎮を集める。作品は一八七一（明治四）年から一九〇九（明治四十二）年に及ぶ。その傾向はイ型に近く、有識者の社会通念を反映する。

表現ニ型は、維新の大事業に応え、四民・朝野・国家から重望された、枢要の官職歴任者（第三表「枢要官職歴任表」）・天皇補佐の国鈞を秉る人＝藩閥政治の別格者、今日の福祉事業の原点ともなる金字塔東京養育院建設を実現し一生涯を捧げた破格者など、対象者の範囲が広い。「重」「望」を対にした西園寺公望作品は、昭和四年邦彦王作品

（皇猷ヲ宸廷ニ賛シ　身宗室ノ貴キニ居リ、
（将略ヲ帷幄ニ翼ケ　称元帥ノ重キヲ荷フ。
（文武ノ道ヲ励マシ、
（朝野ノ望ヲ負ヒ、

にみられる「重望」の非対句手法と比べて、修辞の技巧としては妙味を覚える追悼文の異色である。

第二表　追悼文表記用例類似表現十型

No.	類似表現（イ型）	作品名称 No.
1	夙賛回天之業	大村永敏①
2	夙竭方面之職　丕賛維新之業	鍋島直正③
3	首倡勤王　回皇運于既衰	毛利敬親④
4	首唱大政復古　夙賛皇図維新	山内豊信⑤
5	夙ニ皇運ノ挽回ヲ図リ	沢宣嘉⑥
6	夙傾心于皇室　賛維新之洪図	木戸孝允⑦
7	傾心皇室　夙尽藩屏之任	池田慶徳⑧
8	夙ニ皇道ノ衰微ヲ憂ヒ	大原重徳⑩
9	首ニ勤王ノ大義ヲ唱ヘ	島津久光⑭
10	夙ニ尊王ノ大義ヲ唱ヘ	西郷従道㉙
11	夙ニ大義ヲ唱ヘテ　王事ニ奔走シ	野村靖㊲
12	志ヲ立テテ奮励　王政ノ復古ヲ唱ヘ	伊藤博文㊴
13	皇図ヲ維新ニ策シテ	東久世通禧㊹

No.	類似表現（ロ型）	作品名称 No.
1	夙ニ身ヲ軍事ニ委ネ	能久親王㉒
2	身、万難ヲ経テ	毛利元徳㉓
3	奮励時艱ニ膺リ	黒田清隆㉘
4	夙ニ身ヲ戎馬ニ委ネ	桂太郎㊻
5	蚤ニ身ヲ国事ニ委ネテ	松方正義(59)
6	身、国難ニ当リ	東郷平八郎(72)
7	老軀ヲ挺ンテテ時艱ヲ済フ	高橋是清(74)

No.	類似表現（ハ型）	作品名称 No.
1	維忠維義　洵是国家柱石	毛利敬親④
2	偉勲赫々　洵是国家柱石	山内豊信⑤
3	功全徳重　洵是国之柱石	木戸孝允⑦
4	内奏偉功　実為柱石之臣	大久保利通⑨
5	偉勲丕績　洵ニ是レ宗室ノ羽翼	熾仁親王㉑
6	勲積儔ヒ希ニ　洵ニ是レ宗室ノ領袖	彰仁親王㉚
7	弥綸ノ宏猷ヲ画ス　洵ニ是レ国家棟梁	岩倉具視⑫
8	股肱之レ倚リ　柱石之レ任シ	伊藤博文㊴

No.	類似表現（ニ型）	作品名称 No.
1	退テハ四民ノ重望ヲ負フ	島津久光⑭
2	大鈞ヲ秉テ誠ヲ致シ　重望ヲ負フテ謙ニ	三条実美⑰
3	既ニ偉勲ヲ成シ　又重望ヲ負フ	毛利元徳㉓
4	久ク重望ヲ負ヒテ　今時名門ノ領袖	近衛忠熙㉖
5	枢要ヲ歴任シ　世ノ重望ヲ負フ	黒田清隆㉘
6	雅量重望久ク　国家ノ柱石タリ	西郷従道㉙
7	正ニ国ノ重望ヲ負ヘリ	浜口雄幸(65)
8	洵ニ経済界ノ泰斗ニシテ朝野ノ重望	渋沢栄一(66)
9	朝野ノ重望ニ副ヘリ	武藤信義(68)
10	大任是レ荷ヒ　重望是レ負フ	上原勇作(69)
11	天下ノ重キヲ繋ケテ国中ノ望ヲ負ヒテ	西園寺公望(77)

No.	類似表現（ホ型）	作品名称	No.
1	洵是国之柱石　実為朕之股肱	木戸孝允	⑦
2	洵是股肱之良　実為柱石之臣	大久保利通	⑨
3	股肱之レ倚リ　柱石之レ任ジ	伊藤博文	㊴
4	股肱是レ頼リ　匡輔是レ須チシニ	山県有朋	(55)
5	卿ノ三朝ニ仕フル　股肱是レ効ス	東郷平八郎	(72)

No.	類似表現（ヘ型）	作品名称	No.
1	朕幼冲ニシテ祚ニ登リ　一ニ匡輔頼ル	岩倉具視	⑫
2	朕尚其毗翼ヲ望ミシニ	山田顕義	⑲
3	朕東宮ニ在ルヤ　出入輔導	威仁親王	㊺
4	親ヲ后宮ニ累ネ　朕ノ倚頼ニ叶ヒ	邦彦王	(62)
5	克ク朕ノ嘉頼ニ叶ヒ　正ニ国ノ重望	浜口雄幸	(65)
6	朕ノ東宮ニ在ルヤ　羽翼是レ頼リ	東郷平八郎	(72)
7	其ノ勲労ヲ多トシ　深ク倚頼スル所	斎藤実	(73)
8	蹇蹇タル忠藎　朕ノ倚頼スルトコロ	西園寺公望	(77)

No.	類似表現（ト型）	作品名称	No.
1	後ニ要職ヲ歴テ　終ニ枢府ニ班シ	佐佐木高行	㊵
2	尋テ枢府ニ班シテ　遂ニ宮内ニ相タリ	岩倉具定	㊶
3	献替局ニ当リテ　枢府ニ副ト為リ	東久世通禧	㊹
4	入リテハ内府ノ事ヲ視テ	貞愛親王	(57)
5	遂ニ顧問ニ枢府ニ列ス	伊東巳代治	(71)

No.	類似表現（チ型）	作品名称	No.
1	輔弼ノ重責ニ膺リテ　鴻猷ヲ是レ賛シ	寺内正毅	(52)
2	又常時輔弼ノ職ニ就キ	松方正義	(59)
3	既ニ政界ノ重寄ヲ負ヒ　屢輔弼ニ任シ	犬養毅	(67)
4	曾テ輔弼ニ内閣ニ班シ	伊東巳代治	(71)
5	遂ニ内臣タリ　心ヲ輔弼ニ尽ス	斎藤実	(73)
6	歯徳並ニ卲ク　三朝ノ輔弼ニ膺リ	西園寺公望	(77)
7	克ク輔弼ニ協ヒ　進ミテ補袞ヲ職トシ	湯浅倉平	(78)

No.	類似表現（リ型）	作品名称	No.
1	終ニ元帥ノ府ニ列ス	西郷従道	㉙
2	出テテハ元帥ノ府ヲ握リ	貞愛親王	(57)
3	称元帥ノ重キヲ荷フ	邦彦王	(62)
4	遂ニ元帥ノ府ニ列シテ	武藤信義	(68)
5	参議ノ官元帥ノ府　大任是レ荷ヒ	上原勇作	(69)
6	多年統帥ノ府ニ在リテ	載仁親王	(80)

No.	類似表現（ヌ型）	作品名称	No.
1	洵ニ是レ国家ノ元勲ニシテ	島津久光	⑭
2	恪勤ナル其ノ節　矍鑠タル是ノ老	土方久元	㊿
3	維レ国ノ元勲　時ノ碩老ト為ス	山県有朋	(55)
4	寔ニ両朝ノ元老　一世ノ耆宿タリ	松方正義	(59)
5	番番タル元老　天憖遺セス	西園寺公望	(77)
6	洵ニ是レ宗室ノ耆宿ニシテ	載仁親王	(80)

第三表　枢要官職歴任表

No.	氏名	就任枢要官職
①	大村永敏	兵部大輔
②	広沢真臣	参議
③	鍋島直正	議定・開拓使長官
④	毛利敬親	山口藩知事
⑤	山内豊信	議定・知学事・刑法官知事
⑥	沢　宣嘉	参与・外務卿
⑦	木戸孝允	参議・文部卿・内閣顧問
⑧	池田慶徳	権中納言
⑨	大久保利通	参議・大蔵卿・内務卿
⑩	大原重徳	参与・刑法官知事・議定上局議長
⑪	野津鎮雄	陸軍中将
⑫	岩倉具視	議定・外務卿・輔相
⑬	徳川慶勝	名古屋藩知事
⑭	島津久光	内閣顧問・左大臣
⑮	森　有礼	文部大臣
⑯	松平慶永	議定・権中納言・民部官知事
⑰	三条実美	議定・知学事・輔相・刑部卿・内大臣
⑱	中御門経之	議定・会計官知事・内廷知事
⑲	山田顕義	工部卿・内務卿・司法大臣・元勲
⑳	伊達宗城	外国官知事・民部卿・大蔵卿
㉑	熾仁親王	兵部卿・福岡藩知事・参謀総長
㉒	能久親王	参謀総長・元帥
㉓	毛利元徳	議定・参議・山口藩知事
㉔	後藤象二郎	逓信大臣・農商務大臣
㉕	島津忠義	鹿児島藩知事
㉖	近衛忠熙	前関白
㉗	勝　安芳	参議・海軍卿・枢密顧問官
㉘	黒田清隆	開拓使長官・首相・逓信大臣・元勲
㉙	西郷従道	文部卿・陸軍卿・海軍大臣・元帥・元勲
㉚	彰仁親王	兵部卿・参謀総長・元帥
㉛	池田章政	岡山藩知事・刑法官知事
㉜	近衛篤麿	貴族院議長
㉝	川村純義	枢密顧問官
㉞	九条道孝	左大臣
㉟	児玉源太郎	台湾総督・陸軍大臣・参謀総長
㊱	林　友幸	枢密顧問官
㊲	野村　靖	枢密顧問官・内務大臣・逓信大臣
㊳	嵯峨実愛	刑部卿・大納言
㊴	伊藤博文	参与・参議・工部卿・宮内大臣・首相・枢密院議長・韓国統監・元勲
㊵	佐佐木高行	刑部卿・枢密顧問官・逓信大臣
㊶	岩倉具定	枢密顧問官・宮内大臣
㊷	徳川昭武	水戸藩知事
㊸	小村寿太郎	外務大臣
㊹	東久世通禧	議定・枢密顧問官・枢密院副議長
㊺	威仁親王	議定官・元帥
㊻	桂　太郎	台湾総督・陸軍大臣・首相・内務大臣・内大臣・元勲

㊼	徳川慶喜	旧将軍
㊽	井上　馨	参与・参議・工部卿・外務大臣・文部大臣・枢密顧問官・内務大臣・大蔵大臣
㊾	大山　巌	陸軍卿・参議・海軍大臣・参謀総長・内大臣・元帥
㊿	土方久元	農商務大臣・宮内大臣・枢密顧問官
51	徳寿宮李熙	韓国皇帝
52	寺内正毅	陸軍大臣・朝鮮総督・首相・元帥
53	原　　敬	逓信大臣・内務大臣・首相
54	大隈重信	参議・首相・外務大臣・枢密顧問官
55	山県有朋	首相・陸軍大臣・参謀総長・元帥
56	樺山資紀	海軍大臣・台湾総督・内務大臣
57	貞愛親王	軍事参議官・元帥
58	加藤友三郎	海軍大臣・首相・元帥
59	松方正義	大蔵大臣・首相・内大臣・枢密顧問官
60	加藤高明	外務大臣・首相
61	昌徳宮李坧	韓国皇帝
62	邦　彦　王	軍事参議官・元帥

63	後藤新平	逓信大臣・内務大臣・外務大臣
64	田中義一	陸軍大臣・首相
65	浜口雄幸	大蔵大臣・内務大臣・首相
66	渋沢栄一	実業家
67	犬養　毅	文部大臣・逓信大臣・首相
68	武藤信義	陸軍大将・元帥
69	上原勇作	陸軍大臣・参謀総長・元帥
70	山本権兵衛	海軍大臣・首相・外務大臣
71	伊東巳代治	農商務大臣・枢密顧問官
72	東郷平八郎	元帥
73	斎藤　実	海軍大臣・朝鮮総督・首相・内大臣
74	高橋是清	大蔵大臣・首相
75	朴　泳孝	朝鮮貴族
76	徳川家達	静岡藩知事・貴族院議長
77	西園寺公望	大蔵大臣・枢密院議長・首相・元老
78	湯浅倉平	宮内大臣・内大臣・首相
79	山本五十六	海軍大将・元帥
80	載仁親王	参謀総長・元帥

表現ホ型は、ハ型と同じ「柱石」表現を含むが、天皇個人との人間関係を重視し信頼の篤い朕の「股肱」に絞った。

経歴に内務大臣[26]・首相[27]・陸軍大臣[28]の山県有朋は、内閣制度の導入に関わり、教育勅語の発布に与り、日清戦争後に元帥、日露戦争には参謀総長[29]となり、韓国にとっては不幸な『日韓協約』締結の橋渡しなど、国の内政・教育・軍事・外交の諸分野で活躍をみた。それだけに、他の勅宣文と異なり、意味深長な追悼文として注目される。山県有朋の功

労は大日本帝国の骨格作りに集約されたとの評価がある。(30)

徴兵制度を確立し、軍人勅諭の発布に与り、軍部大臣現役制の制定に貢献した功が、

功ヲ陸軍ノ宏制ニ致シ

の表現に凝縮され、第一次内閣首班時代に府県制・郡制公布、市制・町村制の制定で「地方自治の父」と評された労が、

力ヲ自治ノ良規ニ竭シ

で有朋の志向代弁となり、功労を概括した、

（勤誠久ク著ル、維レ国ノ元勲、

位望並ニ隆ク、時ノ碩老ト為ス。

の顕彰となる。「国ノ元勲」と「時ノ碩老」は対句だが修辞手法で未熟さが残る。尤もこの表現に続く「股肱是レ頼リ　匡輔是レ須チシニ」は、対句手法が上手に採られるだけでなく、大正天皇の「股肱」を失った哀感がこもる。(31)

表現へ型は、「朕」の使用が十一例みられる。早い用例では明治十三年の⑪野津鎮雄作品

（何ソ啻国ノ良将ノミナランヤ

実ニ朕ノ忠臣ト為ス

や、同十六年の⑫岩倉具視作品

（況ヤ朕幼冲ニシテ祚ニ登リ

一ニ匡輔ニ頼ル

や、同二十五年の⑲山田顕義作品

（而シテ年未夕知命ニ迨ハス
朕尚其毗翼ヲ望ミシニ

がある。⑪には数ある忠臣の中で「貴方は特に」の意味がこもり、⑫では慶応三年正月九日における践祚の儀(32)を行った折、「幼いわたし」の感謝をこめて「匡輔」して貰った懐想表現を採る。⑲ではイ型の「維新」「偉業」を踏まえた「中興ノ偉業」(33)の対句に『毛詩』の「式微」(34)を「王室ノ」に結びつけ、文学の香りを漂わす技巧が窺われる。その後にみられる「朕」の手法、

（而シテ年未夕知命ニ迨ハス
朕尚其毗翼ヲ望ミシニ

には、⑪⑫と同様に対句表現の技巧が窺えない。表に示した六例中の㊷邦彦王と㊺浜口雄幸作品が、漸く修辞に叶うといった調子である。㊺では「克ク」と「正ニ」、「朕」と「国」、「嘉頼」と「重望」の表現は、前句

（純忠国ニ報イル　朝ニ野ニ
積誠人ヲ動カス　公ニ私ニ

（力ヲ財務ニ尽シ　荐ニ三省ノ要職ヲ歴
心ヲ憲政ニ致シ　遂ニ内閣ノ首班ニ列ス

と併せて、ヘ型の中で秀逸である。数ある勅宣追悼文に用いる「朕」例は、浜口雄幸作品を除き上手に対句をこなしきれなかった。しかし天皇の哀感を伝える点で効果をあげている。

表現ト型は、枢府・内府・宮内相の語句を活用する。枢密院は憲法草案諮詢のため、明治二十一年四月二十八日勅令第二二号で創設された。㊵佐佐木高行は開院を九日後に控えた四月晦日、顧問官定員十二人の一人(35)になる。㊹東久世通禧は開院時の顧問官で、二十五年三月十七日に第三代副議長に昇り、通算二十年の勤続をして四十五年一月逝去

する。(71)伊東巳代治は三十二年三月二十八日の入府である。

開院には首相伊藤博文が枢密院議長就任日に黒田清隆との内閣交代があり、首相辞任に際し大半の留任閣僚が職権上枢密顧問官の地位を得るので、制度上枢府と別機関の内閣が人事上共生関係におかれた[36]（内閣・枢密院抱摂体制）。

いま「詠辞・御沙汰被下賜者一覧表」（付録①七九五頁）で示す枢密顧問官には、川村純義[37]・林友幸[38]・野村靖[39]・佐佐木高行[40]の名を列ねる。この四人には共通して明治天皇の皇女保育という側面をもつ。土方久元は皇室との接触が深く、宮内省畑を歩む。殊に明宮嘉仁親王の教育主任[41]・東宮監督補佐・同輔導顧問として、大正天皇を幼時から見守った側面をもつ[42]。岩倉具定は明宮の学習院在学時[43]に学習院々長（清要職）として、これまた大正天皇との接触をもつ。土方と同様宮内大臣就任等、両人とも皇室と緊密の上枢密顧問官を共通している。一方東久世通禧と伊東巳代治は、前述四人の如き皇女保育の側面をもたないが、東久世は枢府副議長[44]、伊東は帝室制度確立に尽力した功績が大きい。

貞愛親王は「宗室ノ尊賢」と武官の最高顕職「元帥」の両面を併せもつ。勅宣追悼文にはこの出自の高貴と武臣の枢職を対にした手法をみせている。

表現チ型は、「輔弼」表現の作品を列挙した。輔弼は天子を補佐する侍臣で輔翼・匡弼と同義である。歴史上代表される輔弼には、忠諫常に怠らなかった唐の魏徴が居る[45]。輔弼の諫臣魏徴は、君臣の義を大切にし[46]股肱の忠臣を嫌い[47]良臣[48]たらんことを願った[49]。太宗と輔弼との間で交された会話が、古来政治の実践訓話として有識者に読まれてきた。この帝王学の宝典は近代におけるわが朝廷でも実は進講された[50]。

日本と朝鮮との外交は、十七世紀に入って大君外交体制[51]を核心としてから、両国との対等関係が維持される。太祖李成桂は即位三年目の一三九四年『朝鮮経国典』をはじめとして、各種の法典を編纂させ、開国後の功臣優遇に意を用いた。すなわち建国の大義に賛同し、善策を定め、大事業に協賛し、誠意を以て太祖を扶助した者に、それぞれ「功臣」称号を与え、肖像を立て記念碑に功業を明記して、子孫が功臣の名誉を汚さず忠勤に励む手立を講じている[52]。

その後世宗[53]・世祖[54]・英祖朝[55]に功臣への優遇措置が垣間みられる。

この間大王の侍臣が魏徴故事を踏まえて股肱の姿をみせる。施政の得失を真剣に取りくむ魏徴[56]、諫戒を呈することが日課とした魏徴[57]、などがその例である。就中、金坵（一四四八―一四九二）の「上魏徴十思疏箚」には、経世格君の基本として、魏徴のひたむきな誠実あふれる諫言を据えている。

則徴雖㆑亡而未㆓嘗亡㆒也[58]。

魏徴の肉体は亡びてしまったが、むかし（誠実一途の帝王への）諫言する精神は亡びてはいない。

と、成宗に金坵は熱く訴える。「良臣」を目指した魏徴の生き方は、明の范公にもみられたが、同じことが金坵にも窺知される。

中国の文化制度を受容する朝鮮は、王室安泰に貢献した功臣を手厚く遇することをみてきたが、功臣の喪儀に大王下賜の勅宣追悼文を贈った事例は筆者寡聞にして知らない。朝鮮の宗主中国も亦例外でない。従ってわが国近代における、功臣・国家功労者への天皇下賜勅宣追悼文は、日本独自の凶礼儀式文として特筆される、と言えよう。

説明が少し外れた。本題に戻ろう。表示した七例中、(71)伊東巳代治だけが首相を体験していず、明治三十一年一月十二日に農商務大臣に就任したので、「曾テ輔弼ニ内閣ニ班シ」の表現を用いている。同年六月三十日伊藤博文内閣は大隈重信内閣と交替するため、巳代治は僅か五箇月余の短命大臣となる。翌三十二年三月二十八日枢密顧問官を拝命した。公卿に有利な功労表現「三朝」を(77)西園寺公望にみられる。同表現は(72)東郷平八郎・(78)湯浅倉平追悼文にもみられ、「四朝」は㉖近衛忠熙・㊳嵯峨実愛追悼文に認められる。

表現リ型は、武官の最高階陸軍海軍大将中功労顕著な人に与える「元帥」に焦点を絞る。陸海軍統師の官庁元帥府は、明治三十一年一月十九日の勅令第五号で条例制定をみた。その翌日の補任第一号が彰仁親王である。同日付で山県有朋・大山巌・西郷従道が名を連ねる。一八九八年から一九四五年までの間、元帥としては陸軍の山県有朋に対して、海軍の東郷平八郎が名高い(59)。

表現ヌ型は、元勲・元老の表現を採りあげた。明治三十六年七月十三日、元老院入りの三人伊藤博文・山県有朋・松方正義に詔が出された(60)。後漢時代の元老家には、顕官の太傅に就任させることが普通だった(61)。⑤⓪土方久元の「恪勤」と対になる「矍鑠」は老人の壮健な様子をいう。『後漢書』巻五四、馬援伝に「援拠レ鞍顧眄、以示レ可レ用。帝笑曰、矍鑠哉是翁也」とある。⑦⑦西園寺公望の「番番」は、武勇ある様子を示す。『爾雅』巻三、釈訓に「番番、勇也」とし郭璞注に「壮勇之貌」とある。用例には清李兆洛の蕭母呉太宜人誄の「番番寿母」がある。また「天憖遺セス」は、魯の哀公が詠んだ「孔子誄」の一部、

昊天不レ弔、不三憖遺二一老一、

の二句を凝縮した表現である。孔子誄の最も凝縮した形としては、東京帝室博物館所在の『興王寺円明国師墓誌』中の銘にみえる「天不憖」三字である。以上、追悼文八十点の出自と顕官・誄御沙汰の相関区分を円形図（巻末折込）で示す。

元老とは、元勲長老あるいは元勲碩老・元勲老宿の略語で天皇専制政治の顧問であり、政治支配者であったグループをいう。明治二十二年の詔勅（後述の(ロ)）が出て以来、超憲法的な官職など超越した最大最高の実権をもって天皇の周辺にあり、単独又は会議をもって政府或いは天皇に進言して国政に参画した人物をいう。元老は前官待遇の特例の意味を付与されたもので、明治時代には伊藤博文・山県有朋・井上馨・桂太郎がいる。大正時代になって西園寺公望が加わり、いずれも内閣総理大臣の経歴所有者か或いは政界の長老であり、ともにその上層に位した。西園寺公望を除く他の元老は薩摩長州両藩の出身者で占められた。特に内閣の更迭にあたって、元老は後継内閣の首班を決定し天皇に奉請することができた。しかし、昭和八年と同十五年に種々の変更があって、次第に内大臣が名実共にその責任者となり、多年に亘る慣行は破れた、という。

一九九七年十月刊の『西園寺公望伝』別巻2（岩波書店・平成九年刊）所収の「明治天皇御追憶記」において、

内閣交迭の際総理大臣をおきめになるのに、前内閣の総理が後任総理を推薦するといふやうなことは滅多にありませんでした。唯私が桂を推薦した位でせう。

と、西園寺が述懐するのはこれを示唆している。

(イ)　賜誄にみられる元勲・元老

明治二十年十二月十七日の島津久光誄に「洵ニ是レ国家ノ元勲ニシテ」云々とあり、又大正十一年二月七日の山県有朋誄に「維レ国ノ元勲、位望並ニ隆ク、時ノ碩老ト為ス」とあり、同十三年七月十日の松方正義誄に「両朝ノ元老」・「一世ノ耆宿」とあり、昭和十五年十二月四日の西園寺公望誄には「番番タル元老」等の用例がある。

(ロ)　勅語にみられる元勲・元老

明治二十二年十一月一日に黒田清隆及び伊藤博文両名に対し、「元勲優遇の詔勅」が出された。

朕、枢密顧問官陸軍中将従二位勲一等伯爵黒田清隆ヲ待ツニ、特ニ大臣ノ礼ヲ以テシ、茲ニ元勲優遇ノ意ヲ昭ニス。

朕、宮中顧問官従二位勲一等伯爵伊藤博文ヲ待ツニ、特ニ大臣ノ礼ヲ以テシ、茲ニ元勲優遇ノ意ヲ昭ニス。

黒田清隆は、伊藤内閣のあとをうけ元勲詔勅が出される一週間前に首班を退いている。猶、明治二十四年九月の頃には元勲六人が明らかになっている。伊藤博文は、第二次内閣の崩壊した明治二十九年八月三十一日、再度の元勲優遇の詔勅を受けた。

朕、正二位大勲位侯爵伊藤博文ヲ待ツニ、特ニ大臣ノ礼ヲ以テシ、茲ニ元勲優遇ノ意ヲ昭ニス。

松方正義は、明治三十一年一月十二日内閣首班を退いた。この日正義は元勲優遇の詔勅をもらっている。

朕、正二位勲一等伯爵松方正義ヲ待ツニ、特ニ大臣ノ礼ヲ以テシ、茲ニ元勲優遇ノ意ヲ昭ニス。

そして、二年後山県有朋が内閣首班を伊藤博文（第四次組閣）に委ねた明治三十三年十月十九日、有朋にも元勲優遇の詔勅が出された。

朕、元師陸軍大将正二位勲一等功二級侯爵山県有朋ヲ待ツニ、特ニ大臣ノ礼ヲ以テシ、茲ニ元勲優遇ノ意ヲ昭ニス。

同日、松方正義にも二年前と同一内容の詔勅を明治天皇は出している。かかる前例は伊藤博文に既にみられた。次いで、明治天皇崩御後内閣を退いた西園寺公望の例がある。大正二年二月九日付の西園寺公望に賜わりたる勅語は左記の通りである。

諒闇中、政局紛糾ノ状アルハ、朕ノ軫念ニ堪ヘサル所ナリ。卿力辞表退職ノ際、国家ノ重臣トシテ、待遇ノ意ヲ昭ニセリ。宜シク朕ノ意ヲ体シテ、賛襄スル所アレ。

第二次西園寺内閣に代った第三次桂内閣は僅か二箇月の短命であった。桂太郎は大正二年二月二十日、内閣首班を山本権兵衛に渡して、その二日後元勲の勅命をうける。

朕、陸軍大将正二位大勲位功三級公爵桂太郎ヲ待ツニ、特ニ大臣ノ礼ヲ以テシ、茲ニ元勲優遇ノ意ヲ昭ニス。

重臣西園寺公望は、大正天皇崩御後も昭和天皇から輔弼の勅命をうけている。

朕、新ニ大統ヲ承ケ先朝ノ遺業ヲ紹述セントス。卿、三朝ニ歴事シ屢機要ヲ司ル。勲労殊ニ顕ハレ倚重最モ隆ナリ。卿其レ先朝ニ效セシ所ヲ以テ朕カ躬ヲ匡輔シ、朕カ事ヲ弼成セヨ。

(ハ)　元老出現以前の内閣顧問

明治四年に第三回太政官制の改定がなされた。内閣制度発足直前の太政官制は十四年間続くが、その間に常置官職でない政治顧問が設けられて、大臣に準じた地位を保障され重大な国事問題の審議に与ることとなる。官職名を内閣顧問といい明治元年の第一回太政官制にみられたものと同一名称をもっているが、天皇の親任に依る国政参加という点で違っていて、その補任者には僅か三名がみられた。

①　島津久光　明治六年十二月二十五日

『百官履歴』（日本史籍協会・昭和二―三年刊）には、「任内閣顧問、親臨国事、御評議之節、参候被仰付候事。但大臣可為次席事」とみえ、『明治天皇紀』には、「内閣顧問の職を置きて久光を之れに任ずることに決し、是の日、久光を正院に召して親しく任命あらせらる。内閣顧問は、天皇親臨して国事を評議せしめたまふ際、参候するを以て其の任とし、大臣の次席に列す。天皇久光が出仕の労を想ひたまひ、特に御料の馬車を賜ふ」と明記する。内閣記録局編の『明治職官沿革表　職官部』では二十七日付として次の如く記す。

置内閣顧問。従二位島津久光之ニ任ス。月給六百円。大臣ノ次席ニ斑ス。

時に久光五十六歳であった。

②　木戸孝允　明治九年三月二十八日

『百官履歴』には、「内閣顧問被仰付候事。但年俸三千円下賜。席順之儀ハ可為如旧事。同年八月三月、御輔翼之儀ハ勿論省中一切ノ事務、卿輔ト協議取扱可有之事」とみえ、『明治天皇紀』には、「午前十時、参議木戸孝允を御座所に召見し、太政大臣侍立の下に、其の本官を免じて内閣顧問に任じたまひ、尚旧の如く、宮内省御用を兼務し時々参仕すべしとの勅あり。一等官俸給三千円を下賜し、席次旧に依らしめたまふ」とある。時に孝允四十四歳であった。

③　黒田清隆　明治十五年一月十一日

『明治職官沿革表』には、「置内閣顧問、陸軍中将黒田清隆之ニ拝ス。年俸四千円。席次旧ノ如シ」とみえ、『明治天皇紀』には、「陸軍中将兼参議開拓長官黒田清隆の請を允して、其の兼官を免じ、清隆を内閣顧問と為す。初め参議伊藤博文等清隆の朝を去るを憂ひ、之れを農商務に転じ、以て開拓使経営事業を管せしめんとす。異議ありて果さず。仍りて従道之れを内閣顧問に擬す」とある。

島津久光・木戸孝允・黒田清隆にみられる内閣顧問は、実務をはなれた閑職であり、後に云われる元老と違って権限のない名誉職に過ぎない。その実体は、「太政大臣三条実美等内閣顧問の職責なきの故を以て、清隆の肯ぜざらんことを憂ふ」点から知られる。内閣制度発足以前の太政官制下における内閣顧問は、天皇親任の下に政事に関わる問題に意見具申をする役職であるが、任意に出勤するという活動の自由を認められた特別官人である。その地位は左右大臣の次席である久光・前官待遇の参議筆頭である孝允・大木喬任、伊藤博文、山県有朋に次ぐ前官待遇の参議である清隆にみられるように、政策審議に与ったベテランの勅任官に相当し、正四位以上の叙任であった。そして、三顧問は明治四年九月二日の定月給制定後における五百円以上の高級役人であり、特別官職を拝命した年齢が五十六歳・四十四歳・四十三歳といった「壮年の慶賀」を超えた長命の人々に該当する。後年の元老の出現する下地はここに形成されているのである。後の元老と同じく、内閣顧問は薩摩・長州出身者に与えられ、又政界の長老的存在の人にみられた。この内閣顧問が元老と異なる点は、内閣制度下の首相経歴者でなく、組閣（政権交代）に際し首相（太政大臣）の適任者を奏薦する権限がなかっただけである。ここに前者が政府に影響を与えられない閑職的性格をもち、後者が大きな影響力をもつ超憲法の重臣的性格をもつと考えられる。

近代における勅宣追悼文八十作品について、詳細に検討を加えてきたが、ここで今まで述べていない点を指摘したい。中丸薫氏は、明治維新の主力はフルベッキの塾生たちだった。

と言われる[62]。中丸氏の論拠は、慶応元年長崎府新町にフルベッキが設立した済美館（後に広運館と改称）内で撮った四十六人の塾生写真に基づく。中村氏が示された塾生四十六人の写真中、勅宣追悼文下賜に与った者が実は十三人も含まれる。その十三人中井上馨と大隈重信の二人は、何れも八旬の長生で大正時代に逝去している。この二人を除く十一人は、明治年間の追悼文被下賜者四十四人中の四分の一を占める。

十一人中岩倉具定の公卿を除いた十人は、木戸孝允と大村永敏の藩医二人と藩士八人である。ところが出自の面から追悼文被下賜者四十四人の内訳をみると、十二人が旧藩主で占め、岩倉具定を含む十一人が公卿であり、三人が宗室なのである。これら維新以前の貴族二十七人を省けば、残る八人野津鎮雄・山田顕義・川村純義・児玉源太郎・林友幸・野村靖・佐佐木高行・小村寿太郎は、維新以前に済美館開設後フルベッキの薫陶をうけなかった人々に該当する。

そこで維新実現の主力すなわち功労を「勅宣追悼文被下賜者」という条件の下で判断すると、フルベッキの思想の影響が、非塾生より大きいという事実が浮かびあがる。この事実は、中丸氏の指摘を裏付けることになり、また明治維新史を分析する上で軽視できない要素と言えよう。

註

1　穂積重遠著『法学通論』三二頁・日本評論新社・昭和二十八年刊。

2　『太政官日誌』明治己巳一〇二号九月廿六日至廿七日、『明治天皇紀』第三・一九八頁。

3　『保古飛呂比（佐佐木高行日記）』二三二に記す御誓文奥書には「戊辰三月　御諱」とあるが、『太政官日誌』第五所収の御誓文之御写には「年号《元三》月《三》日」と記す。

4　穂積重遠前掲書・一六一頁。

5　『明治天皇紀』第一・六四九頁。

6　『太政官日誌』五号、『明治天皇紀』第一・六四九頁〜六五二頁。

7　太政官が二十七日に頒布した政体書の趣旨説明にも「今般御誓文ヲ以テ目的トシ云々」（『保古飛呂比（佐佐木高行日記）』二三、参考閏四月二十七日）とみえ、御誓文至上主義が窺われる。

8　『明治天皇紀』「大ニ斯」三字なし。

9　同紀「規律」二字なし。

10　同紀「ルハ」間「ニ」あり。

11　同紀「ハ御」間「五箇条」三字あり。

12　同紀「文ヲ」間「の旨趣」三字あり。

13　同紀「右御誓文云々」の二十三字なし。

14 15　同紀「各」一字なし。

16　同紀「其政」間「の」一字あり。

17　同紀「文ヲ」間「の趣旨」三字あり。

18　尾高朝雄著『法の究極に在るもの』九五頁・有斐閣・昭和二十七年刊。

19　鈴木安蔵著『太政官制と内閣制』（昭和刊行会・昭和十九年刊）に、「元老の起源は、かかる天皇親政主義にあり、元老は、一般国務・宮務・統帥等一切の全国政事項に関し、天皇総攬の統治権全体にわたっての最高輔翼者たるべきものであった」とある。

20　九月二十日付『東京日日新聞』は、「内閣及元勲の席次」の見出しで、第一　枢密院議長伊藤博文伯・第十四　枢密顧問官黒田清隆伯・第十五　陸軍中将西郷従道伯・第十六　陸軍中将山田顕義伯・第十七　枢密顧問官大隈重信伯・第十八　従二位井上馨伯等の名を報じている（『新聞集成明治編年史』第八巻・林泉社・昭和十五年刊）。

21　『明治天皇紀』。

22　拙稿「不幸短命考―定恵伝研究ノート」（『万葉』一〇三号）。

23　『保古飛呂比（佐佐木高行日記）』三三、明治六年十一月（参考）に「一是月十日、（十一月三十日決）大政復古ノ業、聖徳ノ致ス処ト雖モ、抑亦輔賛翼戴ノ力ニ由ラズンバアラズ、而シテ其人或ハ幕府擅制ノ際ニ在テ、艱苦尽瘁、或ハ王室積衰ノ余ヲ承ケ、拮据鞅掌、遂ニ四方ヲ戡定シ、国是ヲ確立シ、以テ今日丕新ノ治ニ及ブ。其勲業宜ク史冊ニ列載シ、以テ万世ニ伝フベシ。是レ復古功臣伝闕クベカラザル者トス。庚午ノ年、百官履歴課ヲ置カレ、維新以来士庶人朝官拝命ノ輩ヲシテ履歴ヲ録上セシム。然レドモ、僅々姓名・郷貫・叙任・進退ヲ叙スルニ過ギズ。且皆当時解官ノ人ニシテ、在職ノ人ハ与ラズ。其書亦今已ニ烏有ニ帰ス。因テ今般復古功臣ヲ始メ、国家ニ勤労アル輩、履歴別紙例則ニ照準シ、在職・非役ヲ論セス、各次編制上進セシメ、之ヲ史館ニ備ヘ、以テ異日国史編輯ノ採択ニ供セント欲ス。因テ御達及ビ御布告案、並編輯例則相添、奉仰高裁候也」の記事の後に「復古功臣之部」と「国事勤労之部」の項を設け、氏名を列挙する。

24　明治二十五年十一月十二日付『国民新聞』に「明治の功臣山田顕義、生野銀山巡視中、腐骨症にかかりて逝けりと聞く。伯は国家の功臣也。而して今や亡し矣。嗟乎悲夫哉と。其の武勲は、高く維新の戦功と十年の役に懸り」と報じる。

25　ムクゲの多い国を意味する朝鮮の異称。『古今記』に「君子国、地方千里、多二木槿花一」とある。

26　明治十八年十二月二十二日、内務卿より陸軍中将山県有朋が内務大臣に就任する。

27　明治二十二年十二月二十四日、内務大臣を免官し、山県有朋が首相に就任する。

28　明治二十八年三月七日、監軍陸軍大将山県有朋が陸軍大臣に就任する。

29　明治三十七年六月二十日、元帥陸軍大将山県有朋が参謀総長に就任する。

30　富田信男「山県有朋―最大派閥を形成した人間操縦術とは―」（『別冊歴史読本・歴史の謎シリーズ7　秘史内閣総理大臣』新人物往来社・昭和六十一年刊）。

31　最も頼みとする補佐の用例に、『尚書』巻二、益稷に「帝曰、臣作二朕股肱耳目一」とある。また『六韜』龍韜、王翼に「王者師レ師、必有二股肱羽翼一。以成二威神一」とみえる。

32　『明治天皇紀』第一・四六一頁。『保古飛呂比（佐佐木高行日記）』一六、「一正月十五日頃、皇太子、去ル九日、践祚被為遊候旨、拝承致候事」。

33　早い用例には⑦木戸孝允の「裏中興之偉業」があり、技巧を凝らした⑰三条実美の「中興ノ宏猷ヲ賛ケ」の対とした「維新ノ偉業ヲ挙ク」がある。

34　『毛詩』鄭箋に「式微、黎侯寓二于衛一、其臣勧以帰也。式微式微、胡不レ帰。微二君之故一。胡為乎中露、式微式微、胡不レ帰。微二君之躬一、胡為乎泥中」とみえ、「式微式微者、微乎微者也」と説明する。劉向撰『列女伝』巻四、黎荘夫人には、夫黎の荘公に冷遇され傅母から帰国を勧められた時、婦人の道は一と応えて詠んだ詩になっている。

35　十二人中の川村純義・福岡孝弟・寺島宗則・副島種臣・佐野常民・品川弥二郎は、佐佐木高行と共に宮中顧問官より就任する。

36　御厨貴著『明治国家の完成』一三九頁・中央公論新社・平成十三年刊。この体制は明治二十三年十月七日、枢密院官制のなかに「枢密院の会議は内閣からの諮詢を待ちて開くことができる。そこで枢密顧問官は意見を上奏することができる」と明記された。この時点で内閣・枢密院包摂体制が解消し、内閣は統治の焦点として制度的求心化を進めた（同書一八七頁）。

37　川村純義御沙汰「又廸宮淳宮ヲ保育シテ、善ク其ノ誠ヲ竭セリ」の表現をもつ。

38　林友幸御沙汰「後皇女保育ノ責ニ任シテ、夙夜常侍意思懇到、其労モ亦寔ニ尠カラズ」の表現をもつ。

39　野村靖御沙汰「皇女保育ノ任ニ膺リテ、勤勉誠ヲ效セリ」の表現をもつ。

40　佐佐木高行御沙汰「皇女ヲ保育シテ、嘉礼以テ成ル。蹇蹇終始、克ク其ノ任ヲ完クセリ」の表現をもつ。

41　土方久元御沙汰「朕ヲ幼時ニ傅ケテ、夙夜心ヲ尽シ」の表現をもつ。

42　大正天皇幼少の明宮時代、土方は教育主任であり、皇太子時代の明治三十一年伊藤博文が皇室改革意見書十九条を出した後で、土方は大山巖東宮監督補佐の東宮伺候となる。皇太子が陸軍・海軍少佐に任官する十一月天長節に合わせて、東宮輔導顧問となる。

43　明宮は満八歳の誕生日、明治二十年八月三十一日に「儲君」となった。九月に傅育官湯本武比古の個人授業を終了し、学習院予備科第五学級に編入学し、二十七年五月二十五日東宮御所で修学の為学習院を退学した（『明治天皇紀』）。岩倉具定は二十五年三月二十六日、三浦梧楼の学習院々長辞職に伴い、同日付で爵位局長の兼任となる（同書第八・四二頁）。

44　三条実美短期内閣時代、伊東は「将来外交之政略」を起草し、井上馨による提出手続で基本的な条約改正方針が決定する。大審院に外国人任用を否定し、法典公布の迅速を約束するのは不可、不動産所有の自由は領事裁判権撤廃と併行させる、外国人に法律上経済上から若干の制限設定等をうたう。みな条約改正慎重検討論に当たる。

45 『貞観政要』巻二、任賢に「貞観之後、尽二心於我一、献二納忠讜一、安レ国利レ人、成二我今日功業一、為二天下所一レ称者、惟魏徴而已」とみえ、同文を『旧唐書』巻七一、魏徴伝に引く。また『貞観政要』巻二、納諫に「自三朕御二天下一、虚心正直。即有二魏徴一、朝夕進レ諫」とある。

46 『貞観政要』巻七、論礼楽「特進魏徴上疏曰、臣聞、君為二元首一、臣作二股肱一。斉レ契同レ心、合成二一体一」。

47 『貞観政要』巻三、論択官に『説苑』巻二、臣術に載せる六正を引く。「何謂二六正一、……二曰、虚心白意、進レ善通レ道、勉レ主以二礼義一、喩レ主以二長策一、将二順其美一、臣二救其悪一。如レ此者、良臣也。三曰、夙興夜寐、進レ賢不レ懈、数称二往古之行事一、以励二主意一。如レ此者、忠臣也」と。

48 『梁書』巻三、「大同二年三月庚申詔曰、書不レ云乎、股肱惟人、良臣稚聖。寔頼二賢佐一」。『貞観政要』巻七、論礼楽には「箕子也、陳二洪範於周一、仲尼称二其仁一」とみえ、同書巻一〇、論行幸に「隋氏傾覆者、豈惟其君無レ道、亦由三股肱二無良臣一」と記す。

49 『貞観政要』付篇、直言諫争に「徴曰、但願陛下使三臣為二良臣一。勿レ使三臣為二忠臣一」。徴が良臣を願う理由は「良臣使三身獲二美名一、君受二顕号一、子孫伝レ世、福禄無レ疆。忠臣身受二誅夷一、君陥二大悪一、国家並喪、独有二其名一。以レ此而言」とある。清の康熙十五年（一六七六）、卞三元の総督福建少司馬范公誄に「士大夫、始願レ為二良臣一、不レ願レ為二忠臣一」（苑劉可編『范忠貞集』巻一〇）とみえ、十七世紀後葉における良臣観を知ることができる。

50 『明治天皇紀』第三、明治九年一月七日「（三等侍講元田）永孚は論語為政篇首章を……進講す。尋いで十三日より日常の御講学を始めたまふ。その概要は、客歳未了の貞観政要の論読を三・八の日に……始めたまふ」。大正天皇の場合、三年に三島中洲の進講（『侍従職日記』）、四年に小牧昌業の進講（『国民新聞』）があった（原田種成『貞観政要』解題・明治書院・昭和五十四年刊）。

参考の為「帝王と『貞観政要』の関係表」を付ける。

帝王と『貞観政要』の関係表

No.	年次	西暦	関係事項	出典
1	乾祐三	九五〇	高麗の光宗、貞観政要を読む。	高麗史巻二
2	慶暦七	一〇四七	北宋の仁宗、貞観政要を読む。	玉海巻四九、慶暦七年四月辛未
3	重熙一六	〃	遼の興宗、貞観政要を翻訳させる。	遼史巻一〇三、蕭韓家奴伝
4	政和六	一一一六	高麗の金仁存、睿宗の命をうけて貞観政要の注解書を作る。	高麗史巻一四、注一
5	宣和五	一一二三	高麗の尹誧、貞観政要を注解して仁宗に献上する。	朝鮮金石総覧上、尹誧墓誌
6	大定四	一一六四	金の世宗、貞観政要を女直文学に訳させる。	金史巻九九、徒単鎰伝
7	〃九	一一六九	金版貞観政要の出版。	天禄琳琅書目巻三、金版史部
8	至元四	一二六七	元の裕宗、皇太子の時、資治通鑑と貞観政要を講論する。	
9	〃三一	一二九四	元の世祖逝去。在位中に貞観政要を読む。	朝鮮版注解序
10	至大四	一三一一	元の武宗、貞観政要のモンゴル語訳版を刊行する。	続文献通考巻一四一、経籍考
11	泰定一	一三二四	元の呉澄、晋宗に貞観政要を進講する。	才直本題辞
12	洪武一一	一三七八	高麗廃王の辛禑、貞観政要を進講させる。	高麗史巻一三三、辛禑伝
13	〃二三	一三九〇	高麗の恭譲王、貞観政要を進講させる。	高麗史巻四五
14	〃二四	一三九一	〃　〃	高麗史巻一一七
15	〃二八	一三九五	李朝の太祖、貞観政要を校訂させる。	李朝太祖実録巻八
16	景泰六	一四五五	李朝の世祖、貞観政要注解の作製を命じる。	李朝世祖実録巻一
17	成化一	一四六五	明の憲宗、戈直集論本を出版させる。	明憲宗本序
18	万暦一六	一五八八	明の神宗、貞観政要を読む。	
19	康熙一四	一六七五	李朝の粛宗、貞観政要を出版させる。	国学院大学蔵本刊記
20	雍正三	一七二五	この後、李朝の英祖・正宗の頃、度々貞観政要を出版させる。	古鮮冊譜第二冊〔東洋文庫叢刊第一一〕
21	乾隆六〇	一七九五	清の高宗、退位する。在位中「読貞観政要詩」を作り、貞観政要の序にする。	

注一　睿宗世家、十一年十二月甲申、安清燕閣、謂二学士等一曰、朕嘗覧貞観政要。又、巻九六、金仁存列伝に「又与二(朴)昇中撰時政策要一、又註二貞観政要一。」とみえる。

注二「南家本系統の建治本は、現存貞観政要旧鈔本中の最古にして完全なものというべきである。南家本の祖本『貞観政要定本』、これは、その昔唐朝から伝来して博士家が伝承した貞観政要の真本で、宋元人によって改訂変　が加えられない旧文が存せられ、通行の才直本の謬誤を正すことができる貴重な資料というべきものである」と原田種成氏は述べられる（第三章伝来の諸本　第二節　無注原本（南家本））。

51　豊臣秀吉の死後に政権を掌握した徳川家康・その子秀忠の将軍就任後、一六〇九（慶長十四）年『己酉条約』成立により善隣友好の基礎ができ上がる。家光は将軍となり「征夷大将軍」称号使用の朝鮮外交文書に代えて、「日本国大君」称号を用いる（中村栄孝「外交史上の徳川政権」『日鮮関係史の研究下』吉川弘文館・昭和四十五年刊）。

52　鄭道伝（?―一三九八）の『三峯集』巻七、功臣図形賜碑に「或奮レ義定レ策、或与レ聞協賛、或帰二心翊戴一、賜二功臣号一有レ差。立二閣図形一、鐫レ碑記レ功、俾二後子孫一、接二於目一而感二於心一、遵守勿レ替、与口匹休」と記す。

53　世宗の命により、『開国佐命定社功臣碑』が建てられ、『定社功臣録』に十七人、『佐命功臣録』に三十八人の姓名が確認される（河崙の『浩亭集』巻四、定社功臣碑陰記）。

54　崔恒（一四〇九―一四七四）の『太虚亭集文集』巻二、六功臣祭文に「維歳次丁亥十月癸巳朔二十七日己未、朝鮮国王臣諱、敢昭告二于天地社稷宗廟山川百神之霊一、……維此開国定社佐命靖難佐翊六功臣、実皆命二世相遇一、翼二戴左右之功一、……王世子某、率二六功臣及其子孫一、聊講二旧儀一、用質二昭鑑二」とある。この頃韓忠（一四六六―一五二一）は不良功臣の横行を根絶する上奏を行う。『松斎集』巻二、「請レ改正二靖国功臣一啓」。

55　武勲ある功臣を遇するため、大王の生誕日に功臣を集め、「令辰記憶諸勲臣、禁苑召見契合新、向昔戊申帯礪後、于今筵席幾何人」と詠んだ詩を与え、李朝安泰に貢献したことを感謝している（李森の『白日軒遺集』巻之四、御製詩、賜揚武功臣詩「甲戌、英廟回甲誕辰日、召見諸勲臣、以詩寵之」）。

56　李詹（一三四五―一四〇五）の『双梅堂篋蔵集』巻一、読史感遇、第三五魏徴「得失当従人鑑知、身前身後一般思、如何直到征東日、更為二文貞立仆碑一」。

57　沈彦光（一四八七―一五四〇）の『漁村集』巻一〇、擬詠史、魏徴「遭遇文皇特受知、平生諫戒尽忠規、明良未必無疑阻、他日停レ婚又踣碑」。
58　『顧楽堂集』巻二、「臣竊惟魏徴、三代之遺直、其所論奏、皆経世之言、格君之道也。……臣之愚惷、雖欲策礪駑鈍、以期魏徴之万一」に続く文。
59　高校歴史教科書の一つ田中卓『最新日本史』育誠社・昭和四十二年刊には、「日露戦争」の小項目中に陸軍の乃木希典と並んで写真が掲示される。説明文には、「開戦とともに東郷平八郎の率いる連合艦隊はただちに旅順港および仁川港外の敵鑑を襲撃して機先を制した。……五月二十七日、わが連合艦隊は、はるばるロシヤ本国から回航してきたバルチック艦隊を日本海に撃滅して、世界海戦史上空前の大勝利をおさめた」（二八二～二八三頁）とある。
市販本『新しい歴史教科書』扶桑社・平成十三年刊では、「日露開戦と戦いのゆくえ」の小項目中、連合艦隊の旗鑑・三笠艦橋の図〈中央の右手に双眼鏡を握る平八郎〉が載る。本文には「東郷平八郎司令長官率いる日本の連合艦隊は、兵員の高い士気とたくみな戦術でバルチック艦隊を全滅させ、世界の海戦史に残る驚異的な勝利をおさめた」と記す。
60　七月十四日の『東京朝日新聞』は「三元老に優詔降下」の見出しが出る。前日の『報知新聞』には「元老怨嗟の声、漸く高まる」とあり、文中に「元老が重いか、国家が大事かと云ふのか、野暮なことをいひやがる。元老といふ一階級があつて、憲法の運用を円滑ならしむる様に出来て居るのが、日本憲法政治の特色だ。或る場合には国家よりもヅンと元老の方が大事だ」と報道している。
61　『芸文類聚』巻四六、太傅に「東観漢記、章帝詔曰、行太尉事衛尉趙憙、三世在位、為国元老、其以喜為太傅」とある。
62　中丸薫『真実のともし火を消してはならない』サンマーク出版・平成十四年刊。

七　勅宣追悼文に関する若干の考察

明治三十六年極月に重病に罹り翌年正月二日薨じた近衛篤麿は摂関家の出身のため、伊藤博文の上奏で位二級の特進で従一位に叙せられた学習院院長であった。葬儀に先立ち天皇は五日に侍従子爵北条氏恭を近衛邸に差遣し、次の御沙汰書を賜わった。

名門ノ偉器　　　　　　名門之偉器
他日ノ用ニ待ツコトアリ　有待他日之用
今ヤ不幸ニシテ　　　　今也不幸
天之ニ年ヲ仮サス　　　天不仮之於年
曷ソ悼惜ニ勝ヘン　　　曷勝悼惜
仍テ特ニ祭資ヲ賜ヒ　　仍特賜祭資
弔慰セラルル旨　　　　被弔慰旨
御沙汰候事　　　　　　御沙汰候事

御沙汰書と併せて下賜されたのは紅白絹各二匹、真綿十屯・鰹節十連・神饌七台の幣帛と祭資金五千円である。十二年前に山田顕義の葬儀には祭資金も同額で幣帛に過不足もなく、斂葬前日に誄辞を下賜された。従って、追悼文に誄辞と御沙汰書の相違はあっても、功労者追悼に対する天皇の御処遇に大差がない。寧ろ追悼文の相違は生前における天皇と故人間に関わる知遇考量と思われる。

この御沙汰書は「賜誄表現区分一覧表」32番※から分かる如く、哀辞(1)と(2)の間に「天不仮之於年」といった誄辞・御沙汰にない追悼句がみられるのと、末句に「御沙汰候事」の付言が添加された。前者は賜誄形式上特異であり、後者は賜誄成長期における付言の先鞭であり、成長期後半の慣用末句となっている。

賜誄表現区分一覧表

No.	哀辞(1)	哀辞(2)	贈官（位・職）	勅使	下賜物と弔慰	期
1	溘然謝世	深悼惜焉	因　贈従三位		並賜金幣	宣
2	○○○○	○○○○	○　○正○○		并○○○	○

No.	1	2	3	4	5	6	7
3	**忽聞淪逝**	**良切悼傷**	○○**二**○			**以**	**彰功労**○
4	**茲**○**溘亡**	**曷勝痛悼**	○○**従一**○			○	○**偉勲**○
5	○○○○	○○○○	○○○○○			○	**表彰**○
6	忽然謝世	○○○○	○○正三○		○○○○	○	彰功労
7	**茲聞溘亡**	○○○○	○○○二○		併○○○		○
8	○○○○	**良切**○○	○○○○○			○	**表彰**○
9	○○○○	**曷勝**○○	**仍贈右大臣正二位**		**并賜金幣五千円**		○
10	此○○逝	○○○○	因○正二位		併○○○	○	表彰
11	茲○○亡	不堪○○	仍○○三○		并○○○		
12	天慭不遺	曷勝○○	其特可贈太政大臣				
13	茲聞溘○	○○○○	因為祭祀		○○○		
14	○○○○	○○○○	○特	遣侍臣	賚幣帛及神饌	○	弔慰
15	○○○○	○堪○○	仍贈正二位		併賜金幣五千円		
16	**今也淪亡**	○**勝悼惜**	**茲**		○○○	○	○○
17	○○溘焉長逝	○○痛悼	乃	○○○	賚賻		○○
18	○○聞溘亡	○○○○	茲		賜金幣		○○
19	遽○淪○	○○軫○	○	○○○	賚賻賵	○	○○
20	○也溘○	○○悼惜	○	○○○	○○○	○	○○
21	中道長逝	○○痛悼	茲	○☆(1)	○		○
22	○焉○○	○○悼惜	○	○☆(2)	○		○
23	今也淪亡	○○軫悼	○	○侍臣	○○	○	○○
24	○○聞溘○	○○○○	○	○○○	○○○	○	○○
25	○○○○○	○○○○	特	○○○	○○	○	○○
26	○○○○	○○○○	○	○○○	○○○	○	○○
27	○○○○○	○○○○	○	○○○	○○○	○	○○
28	○○○○	○○痛惜	○	○○○	○○○	○	○○

揺籃

長

29	○○ ○ ○	○○○悼	○	○○○	○○○	○	○○	成
30	○○ ○ 逝	○○軫○	○	○☆(3)			賻○	成
31	○○○○ 亡	○○痛○	因為祭資		賜金幣			成
32	○○不幸※	○○悼惜	仍特		○祭資	被	○○■	成
33	○○聞澁 ○	○○痛悼	因○		○○○		可○○■	成
34	○○○○ ○	○○軫○	宜		○○○	以	○○	成
35	○○ ○ ○	○○悼惜	○○		○○○	○	○○○■	成
36	○○○○ ○	○○軫悼	○		○賻	而○	○○	成
37	訃音忽聞	○○痛惜	○		○○	○	○○	成
38	悼此澁 ○		○		○祭資		○○○■	成
39	忽接訃音	○○軫悼	茲	遣侍臣	齎賻		○○	成
40	訃問遽臻	痛悼曷勝	宜		賜○	○	○○○■	成
41	俄聞澁 ○	曷勝軫悼	○		○○	○	○○○■	成
42	今也 ○ ○	○○○○	○	○使		○	○○○■	成
43	訃音忽至	軫悼曷勝	○		○○	○	○○○■	成
44	忽接凶問	悼宸襟切	○		○○	○	○○○■	成
45	遂聞澁 ○	痛惜無已	茲	○☆(4)	○		○	監
46	忽○○ ○	曷勝痛悼	○	○侍臣	齎○	○	○○	監
47	今也○○ ○	○○○○	○	○○○	○○	臨	○	監
48	○○○○ ○	○○軫○	○	○○○	○○	以	○○	監
49	○○澁焉長逝	○○○○	○	○○○	○○	臨	○	監
50	凶聞忽 至	軫悼曷勝	○	○○○	○○	○	○	監
51	天慭不遺	曷勝軫悼	○	○○○	○○	以	○	監
52	凶音忽聞	宸悼転切	宜		○○	臨	○○■	監
53	○聞遽臻	曷任軫悼	茲	○○○	○○	○	○	監
54	遽○ 永逝	軫悼曷任	○	○○○	○○	○	○	監

55	今也流	亡	曷任軫悼	○	○○○	○○	○	○	熟
56	奄○長	逝	軫悼曷勝	○	○○○	賜○	以	○	熟
57	凶○俄臻		痛悼不勝	○	○○○	○	弔○展哀懐		熟
58	俄○流	逝	軫○曷○	○	○○○	賚○	臨	弔	熟
59	○也○	亡	曷勝軫悼	○	○○○	○○		○	熟
60	遽○○	○	○○○○	爰	○○○	○○	臨	○	熟
61	○○徂	逝	○○○○	茲	○○○	○○	○	○	熟
62	○遭流	○	軫悼無已	○	○○○	○○	以	○	熟
63	○聞○	亡	曷勝軫悼	宜		賜○	○	○○	停滞
64	○○○	○	○○○○	○	○使	○○	○	○○	停滞
65	○○○	○	○○○○	○		○○	○	○○	停滞
66	○○○	○	○○○○	○	○○	○○	○	○○	停滞
67	凶○遽至		軫悼曷勝	茲	○侍臣	○○	○	○	停滞
68	遽○流	亡	曷勝軫悼	宜	○使	○○	○	○○	停滞
69	○○○	○	○○○○	○	○○	○○	○	○○	停滞
70	○○○	○	軫悼曷勝	茲	○侍○	賚○	臨	○	停滞
71	○○○	○	曷勝軫悼	宜	○使	賜○	以	○○	停滞
72	○○○	○	○○○○	茲	○侍○	賚○	○	○	停滞
73	○○○	逝	○○○○	○	○○○	○○	臨	○	停滞
74	○○○	○	○○○○	○	○○○	○○	○	○	停滞
75	○○○	亡	○○○○	宜	○使	○○	以	○○	停滞
76	○○流	○	○○悼惜	茲	○侍○	○○	臨	○	停滞
77	○○○	○	軫悼何勝	爰	○○○	○○	以	○	停滞
78	○○○	○	曷勝軫悼	宜	○使	○○	○	○○	停滞
79	壮烈曠	古	軫悼殊深	茲	○侍○	○○	臨	○	停滞
80	遽聞流	逝	曷勝軫悼	○	○○○	○○	○	○	停滞

（註）☆(1)「式部長従二位勲二等侯爵鍋島直大」の十五文字。
☆(2)「侍従従三位勲三等子爵西四辻公業」の十五文字。
☆(3)「式部次長正三位勲二等伯爵戸田氏共」の十六文字。
☆(4)「侍従職幹事正三位勲一等男爵米田虎雄」の十七文字。
成長期後半に示す■印は「旨御沙汰候事」の六字。
※天不仮之於年

哀辞に用いた「名門」は、㉖近衛忠熙誄に「名門ノ領袖」とみえ、㉞九条道孝御沙汰に「名門ノ師表」で用いられる。公家の近衛と九条は、一条・二条・鷹司とともに藤原氏の嫡流摂関家として名高い五摂家の一である。維新以前は、摂家と台鼎（三大臣）を出す清華とが華族として別格扱いにされた。

「名門」の用例は、李商隠の為李貽孫上李相公徳裕啓に、(1)

語二姫朝之旧族一、荘武慙レ顔、
叙二漢代之名門一、韋平掩レ耀。

とある。漢代の名門に挙げられる韋平とは、漢の宰相韋賢(2)（前一四八—前六〇）及びその子韋玄成（?—前三六）と、平当(3)（?—前四）及び其の子平晏(4)をさす。『漢書』平当伝には父子宰相の事例として、

漢興唯韋、平父子至二宰相一。

と記す。『漢書』に引く父子宰相故事は、唐代文人にとって常識の一つになっていたらしく、李瀚編する童蒙用テキテトの『蒙求』の標題に「韋平相延」として挙げる。

李瀚が古人の行跡類似の内容を経史から抽出するのに、四字句の対で五九六句を編集したのに対し、李商隠は「廟戦の功」を述べる中で、石崇と殷浩・(周)亜夫と韓信を引いて字対・数目対など技巧を凝らし一二五〇字の啓を示す。李瀚が原典の引用を守るのに控え、李商隠は韋平父子故事を「韋平掩耀」四字で表し、冠した「漢代之名門」に対句「姫朝之旧族」を配して、李瀚手法と異なる妙味を示す。

ここで李瀚・李商隠の文章表現論を明らかにするのが目的ではない。李商隠が用いた「名門」の意味が、漢室と姻姫関係になく三台の官職就任の父子を採りあげている事に注目したいのである。

明治天皇は明治二年六月十七日、公卿・諸侯の名称を廃して「華族」に改めた。(5)(6) この時華族の族称をもった公家の当主に、摂家の九条道孝・近衛忠煕、大臣家の三条実愛・清華家の西園寺公望等を見出す。(7)(8)(9)(10) その後十一年十月下付の『華族類別録』中の神別（第二七類—第七〇類）藤原朝臣に、九条道孝・近衛篤麿・三条実美・西園寺公望の記載がある。(11) おしなべて「内大臣鎌足」の後裔を明記する形式には、九条道孝と近衛篤麿が、

鎌足十七代摂政関白太政大臣忠通裔

と記す項に入り、三条実美が、

鎌足十一代太政大臣公季六代太政大臣実行裔

の項目中にみえ、西園寺公望が、

鎌足十一代太政大臣公季六代権中納言通季裔

の項中に入る、僅かな表現の差異があるに過ぎない。この形式にみられる特異点は「摂政関白裔」の有無に絞られる。この特異点により、藤原氏後裔の家格が派生し、摂家対大臣家・清華家等非摂家の二類別ができ上がる。即ち、摂家は天皇幼少時における大権代行の「摂政」と天皇成年後における後見役の「関白」職を以て、皇室の藩屛として臣下抜群の名誉高き家門を認められることになる。所謂「名門」の誕生と相成る。参考のため「出自・顕官表現要点表」を示す。

出自・顕官表現要点表

項	部	No.	誄・御沙汰	表現
出自	皇親(7)	21	有栖川宮熾仁	宗室羽翼
		22	北白川宮能久	宗室之親
		30	小松宮彰仁	宗室領袖
		45	有栖川宮威仁	東宮輔導
		57	伏見宮貞愛	宗室尊賢
		62	久邇宮邦彦王	宗室之貴
		80	閑院宮載仁	宗室耆宿
	公家(12)	26	近衛忠熙	名門領袖
		32	近衛篤麿	名門偉器
		34	九条道孝	名門師表
		17	三条実美	秉鈞致誠
		77	西園寺公望	三朝輔弼
		6	沢　宣嘉	其身尽職
		10	大原重徳	勤労積年
		12	岩倉具視	臣民儀表
		18	中御門経之	勇決膺難
		38	嵯峨実愛	歴任四朝
		41	岩倉具定	居清要職
		44	東久世通禧	枢府為副
	旧大名(14)	3	鍋島直正	臣庶儀型
		5	山内豊信	臣庶儀型
		4	毛利敬親	藩翰儀型
		8	池田慶徳	傾心皇室
		13	徳川慶勝	尽藩屏任
		14	島津久光	貴紳領袖
		16	松平慶永	藩屏重任
		20	伊達宗城	藩屏重任
		23	毛利元徳	賛鴻図
		25	島津忠義	賛宏猷
		31	池田章政	藩屏重任
		42	徳川昭武	禁闕守護
		47	徳川慶喜	資復古
		76	徳川家達	国際親善
	朝鮮貴族(3)	51	徳寿宮李熙	君臨権域
		61	昌徳宮李坧	綏権域
		75	朴　泳孝	権域名閥
顕官	首相(17)	28	黒田清孝	歴任枢要
		39	伊藤博文	忠貞奉君
		46	桂　太郎	致力経綸
		52	寺内正毅	効力軍務
		53	原　敬	運平和計
		54	大隈重信	秉鈞当国
		55	山県有朋	致功陸軍宏制
		58	加藤友三郎	奏績平和
		59	松方正義	貨策爰定
		60	加藤高明	結盟訂約
		64	田中義一	負軍重責
		65	浜口雄幸	尽力財務
		67	犬養　毅	善隣長計
		70	山本権兵衛	行国防之経綸
		73	斎藤　実	行国防〃
		74	高橋是清	当財政之要路
		78	湯浅倉平	臣事三朝卌歳
	大臣(9)	15	森　有礼	居教育之大任
		19	山田顕義	勇決膺難
		24	後藤象二郎	排群議奠国是
		29	西郷従道	歴任文武要職
		35	児玉源太郎	竭力要職
		43	小村寿太郎	膺外交有功
		48	井上　馨	竭力廃藩置県
		56	樺山資紀	揚威黄海
		63	後藤新平	図国際親善
顕官(5)	枢密顧問官(7)	27	勝　安芳	歴任顕官
		33	川村純義	竭誠迪宮
		36	林　友幸	皇女保育
		37	野村　靖	皇女保育
		40	佐佐木高行	保育皇女
		50	土方久元	朕幼時尽心
		71	伊東巳代治	帝室制度完備
	元帥(5)	49	大山　巌	常参軍機
		68	武藤信義	善隣敦誼
		69	上原勇作	屢従戦役効著
		72	東郷平八郎	国難功崇海戦
		79	山本五十六	八樹竹帛之勲
その他	維新功者(5)	1	大村永敏	賛回天業克策
		2	広沢真臣	竭復古業致身
		7	木戸孝允	傾心皇室展猷
		9	大久保利通	策復古英善断
		11	野津鎮雄	朕之忠臣
	実業家(1)	66	渋沢栄一	社会人儀型

（註）1　No.は誄・御沙汰成立順の番号を示す。

2　表現は便宜上の中文体に統一する。

名門表現を理解するに当たり、李商隠の作品を引いて宰相父子故事を唐代における文人感覚に求めた。そこで中国における名門感覚には、王室とのミウチ関係のないことがわかった。王室関係をもつ宰相父子故事の類似例が、韓国に実は一件存在する。安東金氏がそれである。

安東金氏の祖淳は、領相昌集の玄孫で、娘を純祖妃に納れ、国舅号をうけ純祖三十二年（一八三二）四月己卯、領敦寧府事の極官で逝去する。[12] 辛巳、領議政・忠文を贈られた。[13] その男左根は哲宗朝に領議政となり、[14] 兄弟の興根の領議政を嗣いでいる。[15] 男弘根は左議政となり、[16] 男汶根は娘を哲宗に納れ、[17] 李室のミウチとなる。[18] 祖淳の一族は24憲宗・[19] 25哲宗二朝に亘り繁盛をみた。[20]

安東金氏は、粛宗時代（一六七五―一七二〇）昌集が領議政となり勢力をもったが一時的で永続きしなかった。しかし祖淳が孝明世子の外祖父となり、国舅となるに及んで外戚の力を背景に勢道政権を創始する。一八三二年祖淳が他界し、二年後純祖が崩ずると、純元王后は大王大妃として幼い憲宗の垂簾聴政を行い、安東金氏勢力を保持する。一八四〇年暮、垂簾聴政を終えるが、一八四九年六月後嗣のないまま24憲宗が崩じると、純元大妃は没落王族の元範を王に仕立て再び垂簾聴政を行う。新王25哲宗に近親金汶根の娘を王妃に迎えて、安東金氏はわが世を寿ぐ全盛期に入る。かくみてくると、安東金氏は、祖淳・祖根・汶根が23純祖・24憲宗・25哲宗の大王義父として政局を掌握した過程が知られる。いま参考のため、安東金氏・王室関係系譜を示すと左の如くである。

前漢でみられた宰相父子故事は、朝鮮王朝十九世紀前半における安東金氏によって領議政父子故事が確認される。加えて李王室の外戚という人臣最高の家格を添えているのである。李王室の藩屏という立場を踏まえれば、安東金氏に「名門」の辞を冠しても誤りないと思う。

安東金氏・王室関係系譜

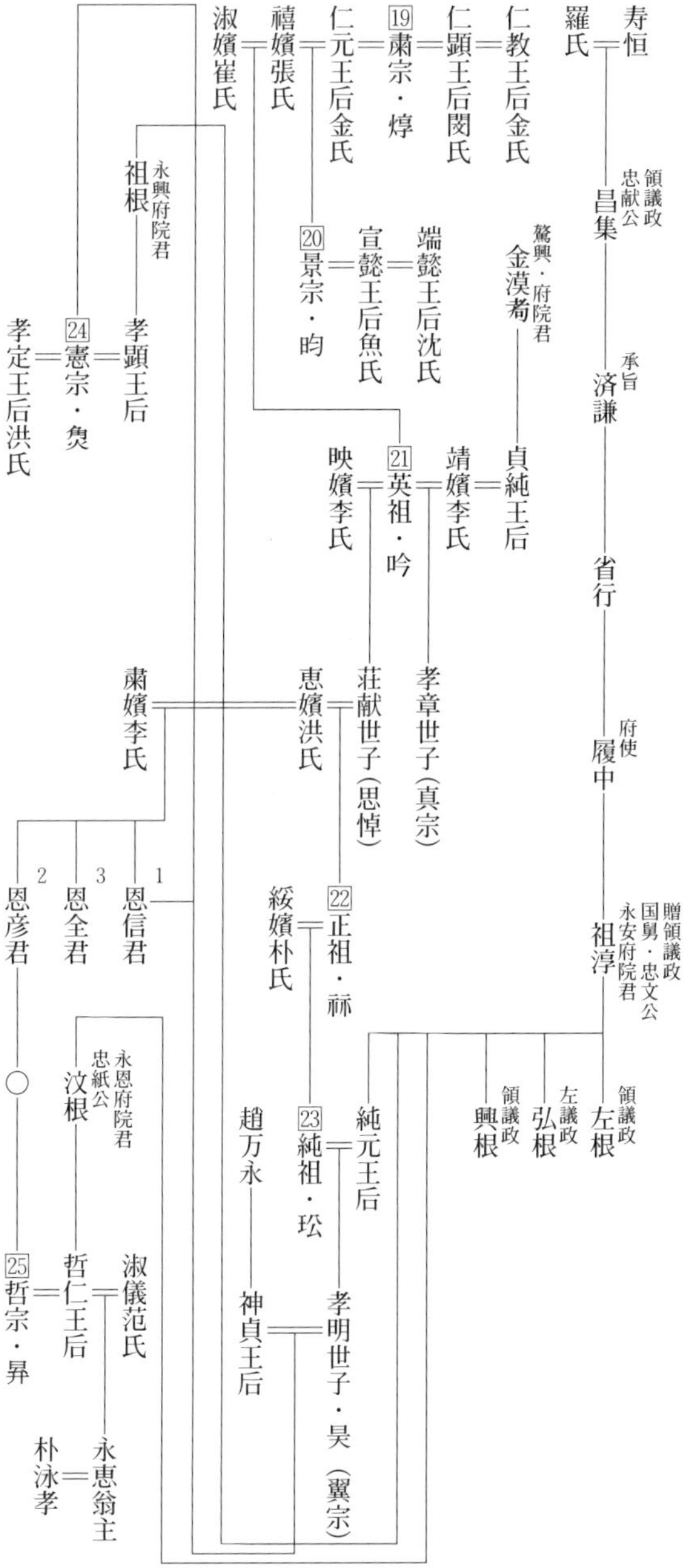

勅宣追悼文に用いられる「名門」[21]が大臣家の三条実美誄や清華家の西園寺公望誄にみられない。理由を考えると、明治十七年七月の『華族令』公布に伴い施行された『叙爵内規』に、「侯爵に叙せらるべき」家格として「旧清華」がある。旧大臣家が上位旧清華家と共に除く「名門」表現手法には、公爵と侯爵を区別する意識の反映ともうけとれる。が、鎌足後裔の条件下に、摂家非摂家を峻別する華族観が存在したからではなかったか。

追悼文の「偉器」は、見識高く聡明[22]で並外れた働きをする人物の表現にふさわしい[23]。用例には㊿加藤友三郎誄に「海軍ノ偉器」がある。

篤麿を評した「偉器」の一例は、北海道は経済的意義をもち軍事的重要拠点なり、と北方問題に注目し、問題解決のため行動を起こす実践政治家の面をもつところにみられる。明治二十五年八月、篤麿は二週間余り北海道を巡覧した。この時の体験を踏まえて、翌二十六年二月北海道開拓の必要を説き、「北海道調査完成を要するの建議」で、

予想よりも北海道の土地の開けぬで居ると云ふことに驚きました。夫れでどうしても此際一定の方針と云ふものを定めて拓地殖民に着手しなければならぬ

と述べる。[24] 建議案が可決した翌三月、北海道の生産事業・資源調査を行う民間機関の北海道協会を、篤麿は貴族院議員小沢武雄・北海道実業家対馬嘉三郎らと共に設立する。

二十七年五月には、「北海道に鉄道を敷設し及港湾を修築するの建議案」を貴族院に提出する。北海道を「北門の鎖鑰」と定義し、二十八年七月の「北海道拓殖論」で、北海道が「帝国未来の新富源なり」と、実地検分後の思索と洋行で鍛えた国家防衛に関わる問題を提示する。

方今拓殖と国防と二大目的の為に、鉄道敷設の急務を見る。

この発言の背景には、ロシアのシベリヤ鉄道が四五年後に竣工するというロシアの南下政策に注目させて、

東洋の形勢全く一変するの期なり。而して其の影響を被るの最も大なるものは我国にあらずや。

と現実直視の要を解く。その一箇月後に拓殖の急務として、鉄道輸送路建設の第一次着手に本島に近い函館―小樽間鉄路を敷設し、そして空知太を延長して宗谷に及ぶ日本海沿岸と、宗谷から網走・根室に至るオホーツク海沿岸及び釧路に達する太平洋沿岸の鉄路建設を必要と述べた。

篤麿の北海道論は、ロシアを明確な仮想敵国とし、北方からの重圧をうけると明治二十六年時の経済優先主義は国防優先に変化する。[25] 国政に関わるロシアの動向に注意を払い、二十五年から刊行してきた『精神』を、三十年に[26]『中外時論』と改題し東洋時事問題に関わってゆく。問題解決に尽力する実践政治家は誌上でアジアのモンロー主義を主

張し、国勢衰退の清国に連携して東洋保全の道を進む。

三十一年病める清国が遼東半島にロシアの権益を認める大局変化のさ中、[27]彼は東亜同文会を結成し支那保全論を提唱する。[28]大局の機微を感得する実践政治家は、同文会の会長として「興亜と日中提携に志す者を糾合し、組織化した」偉大な功績を残した。[29]在任中中露衝突で満州が露軍政下に置かれると、実践政治家は日露協商派伊藤博文の韓国分割案に反対し、領土的野心のない日韓攻守同盟を主張している。[30]

篤麿は北海道拓殖問題に取組んで以後、内容を国防問題にまで高め、関連する大局の変化から対露政策に腐心し、日露戦争を目前にして逝去した。貴族院議長として政治家の面のみならず、彼には学習院院長として教育者の顔もあり、教育改革に励精した功績は山本茂樹氏の著作に詳しい。[31]加えて伊藤博文と対立する国論を展開する東亜同文会の活動も積極的だった。「偉器」を示す高邁な見識と聡明さを滲ませる篤麿活動の原点には、多感の時代に受けた師の感化があろう。[32]

四十二歳で将来を嘱望された篤麿に贈る哀辞「他日ノ用ニ待ツコトアリ」は、㊻桂太郎誄の類似表現、

朕尚ホ他日ニ待ツ所アリシニ

と比べると、内容上大差がない。しかし、功成り名遂げた桂太郎[33]と功・名ともに未完の近衛篤麿との哀辞には、悲傷の重みが異なるように思える。前者は、仕事と出世一本槍で立身し、三度首相を勤め、維新政府の元老第二世であり、軍政・軍制の近代化を狙った有能将軍の第二世代であり、また能吏型の社交的な第二世的政治家と評された。[34]後者は、ドイツの新聞で「唯一の未来の日本首相なり」と報道された[35]「偉器」だが、内閣首班の履歴なくして逝去した。単純な履歴で両者を比較すれば、四分の一世紀という星霜の差は功名の多寡に関わり歴然の相違が存在するのである。

ここで「他日ノ用ニ待ツコトアリ」の中味は、生前における篤麿への寵渥を忘れ得ぬ追憶として、天皇の悲しみがこめられていると思う。追憶の一は、明治十年五月、

勤学以テ他日ノ大成ヲ期スベシ

の勅旨で宮内省十等出仕を命じたこと、その二は、三十一年七月五日大隈内閣入閣の人事諮問に大隈重信から奉答をうけた際、深慮したこと、

重信、重ネテ参内シテ諮問ニ奉答シ、且篤麿入閣ノ聖允ヲ請ヒタテマツル。天皇素ヨリ篤麿ノ材器ヲ愛シ、深ク其ノ将来ヲ嘱望シタマフ。[36]

がある。この事実を以てすれば、勅宣追悼文は実体を踏まえた表現であることが知られる。

哀悼を示す死去の表現には、「天之所㆑懐、人不㆓敢支㆒[37]」・「昊天不㆑弔、喪㆓我慈父㆒[38]」・「天弗㆑報㆑善、哲人其萎[39]」・「志在㆑利㆑人、天必讎㆑之[40]」・「胡天不㆑弔、月缺珠沈[41]」・「昊天不㆑図、縦其旅拒[42]」・「伊何昊天、不㆑右㆓聖善㆒[43]」・「不㆑弔昊天、殞㆑鳳摧㆑麟[44]」等が知られる。ところで近衛篤麿御沙汰の逝去表現は、『春秋左氏伝』僖公二十八年条記事、

晋侯在外十九年矣。而未㆑得㆓晋国㆒、険阻艱難、備嘗㆑之矣。民之情偽、尽知㆑之矣。天仮㆓之年㆒、而除㆓其害㆒、天之所㆑置、其可㆑廃乎。

の一句を引用する。その注には「献公之子九人、唯文公在。故曰㆓天仮之年㆒也」とある。長生の同義表現として示す「天仮之年」を、誄辞に用いる例は晋伝玄（二一七―二七八）の永寧太僕龐公誄に一字を改めた、

世拠㆓削定㆒、天仮㆓其年㆒[45]

がある。他の用例筆者寡聞にして知らない。しかし「天」を「惜」に代えたり、「之」を「不」に代えた用例には、

已窺㆓厥藩㆒、惜不㆑仮㆑年（明王世貞の礼部主事華起龍誄[46]）。

司命無㆑良、天年不㆑仮（明徐禎卿の文温州誄[47]）。

天不㆑仮㆑年、斯人竟夭（清兪樾の李春帆誄[48]）。

痛試㆓有司㆒、天不㆓年仮㆒（清繆祐孫の王母鮑太夫人誄[49]）。

があり、「不」を「弗」に代えた用例には、

烈如㆓全侯㆒、弗㆑仮㆓以年㆒。（清蔣超伯の署寿春鎮総兵全将軍王貴誄[50]）

もある。技巧を凝らした作品には、清孫原湘の、

何遐齢之不遐兮。（『延陵姨君席孺人誄』[51]）

の表現例が知られる。わが国の作品例には林鵞峰の朝散大夫常州笠間城主井上君誄末句の、

天年不㆑仮、永懐㆓斯人㆒。[52]

が知られる。

近衛篤麿御沙汰の「天之ニ年ヲ仮サス」は、『春秋左氏伝』僖公二十八年条記事中の「天仮之年」四言句に、否定語「不」一字を加えた哀辞である。その表現には清兪樾（一八二一―一九〇六）の李春帆誄にみられる手法が窺える。八十点の勅宣追悼文中、哀辞表現としてこの一例だけが特異で珍しい作品となっている。

尤も、明治二十九年一月十五日における有栖川宮熾仁親王一周年祭に、勅使綾小路有良が墓前で捧誦した御沙汰書には、

天年ヲ仮サス　卿ヲシテ其全局ヲ見ルコトヲ得セシメス

の表現がみられた。この二御沙汰から推せば、「天年ヲ仮サス」は明治文人の常識的哀辞と思われる。が、勅宣追悼文八十点中知命を過ぎた被下賜者が圧倒的に多いこと、篤麿より若くして他界した者が広沢真臣と池田慶徳の二人に過ぎない事情から察すると、哀辞の利用にまで馴じめなかったのであろう。

註

1　『文苑英華』巻六六一、啓。

2　『漢書』巻七三、韋賢伝「本始三年、代㆓蔡義㆒為㆓丞相㆒、封㆓扶陽侯㆒。時賢七十余。賢少子玄成、復以㆓明経㆒、歴㆑位至㆓丞相㆒」。

3　『漢書』巻七一、平当伝「哀帝即位、……至㆓丞相㆒。……封㆓防郷侯㆒」。

4　同伝「子晏、以㆓明経㆒歴㆓位大司徒㆒」。

5　即位後最初の十年間、自分で行動をしはじめるまでは、「神」となんの決定もできない「少年」とのあいだで引き裂かれた天皇（飛鳥井雅道「近代天皇像の展開」『岩波講座日本歴史第17近代2　日本通史』所収、昭和五十一年刊）で、親政の実体から離れている。

6　『太政官日誌』六六号、御達書写「官武一途上下協同之　思食ヲ以テ自今公卿諸侯之称被廃改テ華族ト可称旨被　仰出候事」。

7　一条忠貞・鷹司輔煕・二条斎敬を含む。

8　中院通富・三条西季知を含む。

9　大炊御門家信・菊亭脩季・久我建通・醍醐忠順・徳大寺公純・広幡忠礼を含む。

10　『華族制度資料集』（『昭和新修華族家系大成別巻』吉川弘文館・昭和六十年刊）。

11　同書　一六六～一八四頁。

12　寿恒の子、母は夫人羅氏。粛宗三十二年丙戌（一七〇六）右相を拝し、昇進して領議政となる。景宗元年（一七二一）「王朝交替を企てた謀叛」の疑いで慶尚道巨済府に配流となる（辛丑獄事）。翌年四大臣の子・甥・追従者による景宗弑逆謀議の告発をうけて自決させられる（安鍾和編『国朝人物誌』三、景宗朝）、朴永圭著尹淑姫・神田聡訳『朝鮮王朝実録』、正祖二十四年庚申（一八〇〇）二月己酉、英祖即位後に復官・謚号をうけて名誉が回復される。

13　英祖四十一年乙酉（一七六五）生まれ。卒伝に「殫㆑誠竭㆑忠、身佩㆓安危㆒者、三十余年。唯以保㆓護聖躬㆒、成㆓就君徳㆒」（『純祖大王実録』巻三二）。

14　哲宗四年癸丑（一八五三）「二月庚子、以㆓右議政金左根㆒、為㆓領議政㆒」（『哲宗大王実録』巻五）。

15　哲宗三年壬子（一八五二）「正月辛未、領議政金興根、陳疏辞職、不㆑許」（同書巻四）。

16　憲宗八年（一八四二）「十月庚子、左議政金弘根、従㆓県道㆒再疏辞㆑職、許㆑之。十一月庚戌、大臣輔国崇録大夫判中枢府事金弘根卒」（『憲宗大王実録』巻九）。

17　哲仁王后の父。領敦寧府事永恩府院君金汶根は哲宗十四年（一八六三）十一月己酉に逝去する。「若夫忠愛之性、義理執守之確、即此家家法而謹慎倹約四字、奉二我慈訓一。蚤夜服膺、十有余年、如二一月一矣」と哲宗の教書をうける。

18　『哲宗大王行状』に「九月、策二王妃安東金氏一、永恩府院君忠純公汶根女也」（『哲宗大王実録付録』）。

19　「憲宗三年丁酉二月丁酉、以二金逌根一、為二工曹判書一」（『憲宗大王実録』巻四）。「憲宗十四年戊申九月丁丑、綏陵親祭施賞、大祝副司果金万根」（同書巻一五）。「憲宗十年正月庚午、輔国崇禄大夫領敦寧府事永興府院君金祖根卒」（同書巻一一）。

20　「哲宗八年十二月丁巳、安興前僉使金順根」（『哲宗大王実録』巻九）、「哲宗九年六月己酉、金徳根為二成均館大司成一」（同書巻一〇）、「哲宗九年六月丙寅、金泳根為二工曹判書一」（同書巻一〇）、「哲宗十三年三月庚子、執礼執義金勉根」（同書巻一四）等。この他金在根・金復根・金晋根・金英根・金命根・金敬根の名も検出し得るが省略する。

21　大隈重信は第一次内閣成立時近衛篤麿の法判局長官就任方を天皇に上申した。この折天皇は「近衛は最高の門地に生れたるものなり。……もし失敗する如きことあらば、本人の恥辱のみならず貴族の体面にも関はるべし」と言われた（『近衛篤麿日記』第二巻・一〇五頁・鹿島研究所出版会・昭和四十三年刊）。

22　『後漢書』巻一〇〇、孔融伝「（李）膺曰高明必為二偉器一」。

23　『後漢書』巻九八、黄允伝「卿有レ絶二人之才一、足レ成二偉器一」。

24　『帝国議会貴族院議事速記録　六　第四議会　下』明治二十六年。

25　山本茂樹著『近衛篤麿』第六章　北海道論とアジア主義の論理的連関・ミネルヴァ書房・平成十三年刊。

26　「東洋は東洋人の東洋なり。東洋問題を処理する固より東洋人の責務に属す」（東亜同文会編『対支回顧録』下巻・原書房・昭和四十三年刊）。

27　遼東半島二十五年間租借と東清鉄道と結ぶ南満州鉄道の敷設権の確保を指す。

28　東亜同文会の四綱領「一、支那を保全す。一、支那及び朝鮮の改善を助成す。一、支那及び朝鮮の時事を討究し実行を期す。一、国論を喚起す」。

29　『東亜同文書院大学史―創立八十周年記念誌―』五一頁・社団法人滬友会発行・昭和五十七年刊。

30　山本茂樹前掲書・一八五頁。

31　山本茂樹前掲書「第八章　近衛篤麿と京都帝国大学―近衛の教育所見について」。
32　「近衛は、第一に経済重視、第二に実学的思考、第三に単純に正義感を拠り所とするアジア主義、第四に冷徹な国際関係とその中での多角的な外交の重視、第五に国防の重要性を岩垣から学びとったのではなかろうか」（山本茂樹前掲書・一九頁）。
33　「公の長所は三十七八年役に於て、最も円満に発現したり。三十七八年役は、挙国一致の役也。而して挙国一致の大宰相として、誰か公の右に出づるものぞ」と、桂の理解者として徳富蘇峰談を引く（吉川薫「桂太郎―対露強硬に徹したニコポン首相の決断」『別冊歴史読本・歴史の謎シリーズ7　秘史内閣総理大臣』新人物往来社・昭和六十一年刊）。
34　豊田穣『桂太郎と日露戦争将軍たち』二九九～三〇一頁・講談社・昭和五十八年刊。
35　山本茂樹前掲書・一三三頁。
36　『明治天皇紀』第九・四七二頁。
37　揚雄の元后誄（『古文苑』巻二〇）。
38　後漢蘇順の和帝誄（『芸文類聚』巻一二）。
39　梁簡文帝の司徒始興忠武王誄（『芸文類聚』巻四七）。
40　元李庭の故宣差糸綫総管兼三教提挙任公誄辞（『寓庵集』巻八・『全元文』巻五七）。
41　清張雲璈の江孺人誄辞（『簡松草堂文集』巻一二）。
42　清彭兆蓀の李忠毅公誄（『古今文綜』第三八冊、有韻之誄文、（丑）誄他人）。
43　清董祐誠の林太孺人誄（『古今文綜』第三八冊、有韻之誄文、（丑）誄他人）。
44　元朱思本の故栄禄大夫大司徒饒国呉公誄（『貞一斎稿』巻一）。
45　『芸文類聚』巻四九・『伝鶉觚集』・『西晋文紀』巻一〇・『全晋文』巻四六。
46　『弇州四郎稿』巻一〇三。
47　『廸功集』巻六。
48　『賓萌外集』巻四。
49　『虚受堂文集』巻一六。

50 『通斎文集』巻二、同治三年刻本。
51 『天真閣集』巻五四、家刻本。
52 『林鶱峰文集』巻七六。

むすび

第一項では、貴人に贈られる誄が周代から一時断絶を伴うが、漢魏六朝隋唐宋元朝へと文学活動作品として続き、元明清朝にその活動が活発化することを述べ、宋代に及び哀辞が誄辞に代ったという呉訥説は現存誄作品状況からみて正しくない点を指摘する。貴人・男性を対象とした特定少数のための伝統であった誄は、伝統が薄れた清朝では男女不問の不特定多数を対象の作品と化した。一方日本の近代誄は贈誄が特定少数の維新功労者を主流とする華族に限られ、天皇下賜の勅宣追悼文が周文化を踏襲するもので神式儀式に活かされていることに触れる。

第二項で、近代を勅令時代と位置づけして、勅宣追悼文が様式上四期に区分でき、「誄」型と「御沙汰」型に大別されていることを述べる。

第三項では、前項の内容を漢文体賜誄と和文体賜誄について例を示して検討した。

第四項では、準国葬を含め国葬の事例を示し、制定された『国葬令』と特旨による国家偉勲者に贈る〝賜誄の儀〟を述べる。

第五項では、王室擁護の「功臣」の歴史過程を述べ、官に提出する家伝に注目する。ここで唐における通貴以上の功臣葬儀に贈る「碑頌誄謚」は、わが式部省長官の職学に規定されず、公式上功臣への贈誄を法文化している唐と比べ、日本における凶礼制度の相違する事実に触れる。法制上「功臣」の家伝撰進制は時代を下ると低調になる。しかし功臣優遇・尊重の基本姿勢は明代まで不変であること、清時代に及び「功臣家伝」が不用になることに触れる。尤も清朝の特色は、嘗て公式文として重視されてきた「功臣家伝」の「功臣」を無視して「家伝」の名称をつけた個人家伝が盛行することを述べる。

第六項では、法理上近代における「功臣」の解釈は、「維新（大政復古）に賛襄顕著な臣」とみる。新政府の協賛者葬に贈る勅宣追悼文を類似表現の共通性を基に十型に区分し、勅宣追悼文体の傾向を探る。

第七項では、近代史見直しの風潮が高まる中で山本茂樹氏の労作『近衛篤麿』に接し、近衛篤麿御沙汰の分析を試みた。この御沙汰は、和文表現の追悼文として最も短いが、他の勅宣追悼文にない表現をもつこと、短い表現の中に故人を寵愛した天皇の真摯な感情が滲み出ている点の洞察を試みる。追悼文の検討から従前気付かなかった近代史の側面を見出すヒントを暗示した。

周代の貴族葬には、王室の藩屛となった特定少数者に、生前の功績を称えて周王が謚と誄を賜与するならわしがあった。

一方近代の日本では、中興の皇室擁護のため功労顕著な華族葬のために、天皇が勅使を介して日本独自の追悼誄を贈り、故人を称える儀式（一部国葬）を慣例化した。その儀礼は、公式上「謚」を贈らない古代律令制の遺風を踏襲する。皇室の藩屛たる華族の葬儀は、西周の凶礼制度を日本流に焼き直したにすぎない。ただ貴族すべてを対象とした西周の凶礼と同一でなく、天皇の意志に依る（実体は輔弼の賛襄上奏過程をふむ）特別葬という政治的配慮を踏まえる点だけが異なる。誄下賜の葬儀は西周の〝誄謚ノ制〟を襲ぐものである。

これを要するに、勅令時代下の勅宣追悼文下賜は、西周凶礼制度の復活を意味する日本流近代版と見なされる。政治的見地から極少数華族への誄賜与は、古代的体質を脱脚して近代国家を目指す国是を考えると、国是に反する違和感を抱くのは浅学の故であろうか。凶礼史上からみれば、古代の伝統が維持される勅宣追悼文下賜儀礼は慶賀すべきことである。

付録①　誄辞・御沙汰被下賜者一覧表

誄辞

No.	氏名	出自	生没年次	墓所	国葬	勲等	位階	爵
1	大村永敏	長州藩医家	一八二四―一八六九	山口市鋳銭司村字円山			従三	子
2	広沢真臣	萩藩士族	一八三三―一八七一	東京都世田谷区若林四―三五　松陰神社隣			正三	
3	鍋島直正	佐賀藩主	一八一四―一八七一	東京都港区麻布墓所　賢崇寺隣			正二	
4	毛利敬親	山口藩主	一八一九―一八七一	山口市香山町一―七　香山園内毛利家墓所			従一	
5	山内豊信	土佐藩主	一八二七―一八七二	東京都品川区東大井四丁目　下総山墓地			従一	
6	沢宣嘉	公卿	一八三五―一八七三	東京都文京区小石川三―一四―六　伝通院			正三	
7	木戸孝允	長州藩医家	一八三三―一八七七	京都市東山区　霊山霊園		一等	正二	
8	池田慶徳	鳥取藩主	一八三七―一八七七	東京都府中市多磨町四丁目六二八　多磨霊園			正二	
9	大久保利通	鹿児島藩士	一八三〇―一八七八	東京都港区　青山霊園	●	一等	正二	
10	大原重徳	公卿	一八〇一―一八七九	東京都台東区　谷中霊園			正二	
11	野津鎮雄	鹿児島藩士	一八三五―一八八〇	東京都港区　青山霊園		二等	正三	
12	岩倉具視	公卿	一八二五―一八八三	東京都品川区南品川五―一六　海晏寺	●	大勲	従一	
13	徳川慶勝	尾張家当主	一八二四―一八八三	東京都新宿区新宿六丁目　西光庵		二等	従一	
14	島津久光	薩摩藩主補導	一八一七―一八八七	鹿児島市池之上町　旧福昌寺境内	●	大勲	従一	公
15	森有礼	鹿児島藩士	一八四七―一八八九	東京都港区　青山霊園		一等	正二	子
16	松平慶永	福井藩主	一八二八―一八九〇	東京都品川区南品川五―一六　海晏寺		一等	従一	
17	三条実美	公卿	一八三七―一八九一	東京都文京区大塚五―四〇　護国寺	●	大勲	正一	公
18	中御門経之	公卿	一八二〇―一八九一	東京都港区北青山三丁目　善光寺		一等	従一	侯
19	山田顕義	山口藩士	一八四四―一八九二	東京都文京区大塚五―四〇　護国寺		一等	正二	伯
20	伊達宗城	宇和島藩主	一八一八―一八九二	愛媛県宇和島市野川　等覚寺　後、谷中霊園に改葬		一等	従一	
21	有栖川宮熾仁	皇親	一八三五―一八九五	東京都文京区　豊島岡墓地	●	大勲		
22	北白川宮能久	皇親	一八四七―一八九五	東京都文京区　豊島岡墓地	●	大勲		
23	毛利元徳	山口藩知事	一八三九―一八九六	山口市香山町一―七　香山園内毛利家墓所	●	一等	従一	公

誄辞

24	後藤象二郎	高知藩士	一八三八—一八九七	東京都港区　青山霊園		一等	正二	伯	24
25	島津忠義	薩摩藩主	一八四〇—一八九七	鹿児島市上滝尾町吉野村坂元　常安峯墓所	●	一等	従一	公	25
26	近衛忠煕	公卿	一八〇八—一八九八	東京都台東区　寛永寺中津梁院		一等	従一		26
27	勝安芳	幕臣	一八二三—一八九九	東京都大田区南千束洗足池畔		一等	正二	伯	27
28	黒田清隆	薩摩藩士	一八四〇—一九〇〇	東京都港区　青山霊園		大勲	従一	伯	28
29	西郷従道	鹿児島藩士	一八四三—一九〇二	東京都府中市多磨町四丁目六二八　多磨霊園		大勲	従一	侯	29
30	小松宮彰仁	皇親	一八四六—一九〇三	東京都文京区　豊島岡墓地	●	大勲			30
31	伊藤博文	長州藩士	一八四一—一九〇九	東京都品川区西大井六丁目一〇　伊藤家墓地	●	大勲	従一	公	31
32	有栖川宮威仁	皇親	一八六二—一九一三	東京都文京区　豊島岡墓地	●	大勲			32
33	桂太郎	長州藩士	一八四七—一九一三	東京都世田谷区　松陰神社隣り大夫山		大勲	従一	公	33
34	徳川慶喜	将軍	一八三七—一九一三	東京都台東区谷中七丁目　谷中徳川家墓地		一等	従一	公	34
35	井上馨	長州藩士	一八三五—一九一五	東京都港区　永平寺東京別院長谷寺		大勲	従一	侯	35
36	大山巌	鹿児島藩士	一八四二—一九一六	栃木県那須郡西那須野町	●	大勲	従一	公	36
37	土方久元	土佐藩郷士	一八三三—一九一八	東京都豊島区駒込五丁目　染井霊園		一等	従一	伯	37
38	徳寿宮李熙	26代李王	一八五二—一九一九	韓国京畿道南楊州郡渼金市金谷洞（洪陵）	●	大勲			38
39	原敬	盛岡藩士	一八五六—一九二一	岩手県盛岡市大慈寺町　大慈寺			正二		39
40	大隈重信	佐賀藩士	一八三八—一九二二	東京都文京区大塚五—四〇　護国寺		大勲	従一	侯	40
41	山県有朋	長州藩士	一八三八—一九二二	東京都文京区大塚五—四〇　護国寺	●	大勲	従一	公	41
42	樺山資紀	鹿児島藩士	一八三七—一九二二	東京都豊島区駒込五丁目　染井霊園		大勲	従一	伯	42
43	伏見宮貞愛	皇親	一八五八—一九二三	東京都文京区　豊島岡墓地	●	大勲			43
44	加藤友三郎	安芸藩士	一八六一—一九二三	東京都港区　青山霊園		大勲	正二	子	44
45	松方正義	鹿児島藩士	一八三五—一九二四	東京都港区　青山霊園	●	大勲	正二	公	45
46	加藤高明	尾張代官手代	一八六〇—一九二六	東京都港区　青山霊園		大勲	正二	伯	46
47	昌徳宮李坧	27代李王	一八七四—一九二六	韓国京畿道南楊州郡渼金市金谷洞（裕陵）	●	大勲			47
48	邦彦王	皇親	一八七三—一九二九	東京都文京区　豊島岡墓地		大勲			48
49	犬養毅	備中藩郷士	一八五五—一九三二	東京都港区　青山霊園		一等	正二		49

	50	山本権兵衛	薩摩藩士	一八五二—一九三三	東京都港区　青山霊園		大勲	従一	伯
	51	東郷平八郎	薩摩藩士	一八四七—一九三四	東京都府中市多磨町四丁目六二八　多磨霊園	●	大勲	従一	侯
	52	斎藤　実	仙台藩士	一八五八—一九三六	東京都府中市多磨町四丁目六二八　多磨霊園		大勲	従一	子
	53	高橋是清	幕府絵師	一八五四—一九三六	東京都府中市多磨町四丁目六二八　多磨霊園		大勲	正二	子
	54	徳川家達	徳川家当主	一八六三—一九四〇	東京都台東区上野桜木町一—一四　寛永寺		大勲	従一	公
	55	西園寺公望	公卿	一八四九—一九四〇	東京都府中市多磨町四丁目六二八　多磨霊園	●	大勲	従一	公
	56	山本五十六	新潟県	一八八四—一九四三	東京都府中市多磨町四丁目六二八　多磨霊園	●	大勲	正三	
	57	閑院宮載仁	皇親	一八六五—一九四五	東京都文京区　豊島岡墓地	●	大勲		
御沙汰	1	池田章政	岡山藩主	一八三六—一九〇三	岡山県岡山市円山一〇六九番地　曹源寺		一等	従一	侯
御沙汰	2	近衛篤麿	公卿	一八六三—一九〇四	東京都北豊島郡日暮里　延命院　戦後京都に移す		二等	従一	公
御沙汰	3	川村純義	鹿児島藩士	一八三六—一九〇四	東京都府中市多磨町四丁目六二八　多磨霊園		一等	従一	伯
御沙汰	4	九条道孝	公卿	一八三九—一九〇六	京都市東山区　東福寺		大勲	従一	公
御沙汰	5	児玉源太郎	徳山藩士	一八五二—一九〇六	東京都港区　青山霊園		一等	正二	子
御沙汰	6	林　友幸	萩藩士	一八二三—一九〇七	東京都港区　青山霊園		一等	正二	伯
御沙汰	7	野村　靖	山口藩士	一八四二—一九〇九	東京都世田谷区　松陰神社境内		一等	正二	子
御沙汰	8	嵯峨実愛	公卿	一八二〇—一九〇九	東京都台東区　谷中霊園		一等	従一	侯
御沙汰	9	佐佐木高行	土佐藩士	一八三〇—一九一〇	東京都港区　青山霊園		一等	従一	侯
御沙汰	10	岩倉具定	公卿	一八五一—一九一〇	東京都品川区南品川五—一六　海晏寺		一等	従一	公
御沙汰	11	徳川昭武	水戸藩主	一八五三—一九一〇	茨城県久慈郡　瑞龍山		一等	従一	
御沙汰	12	小村寿太郎	飫肥藩士	一八五五—一九一一	東京都港区　青山霊園		一等	従二	侯
御沙汰	13	東久世通禧	公卿	一八三三—一九一二	東京都目黒区中目黒四—一三　長泉院		一等	従一	伯
御沙汰	14	寺内正毅	山口藩士	一八五二—一九一九	山口県山口市桜畠三丁目　寺内公園		大勲	従一	伯
御沙汰	15	後藤新平	仙台藩士	一八五七—一九二九	東京都港区　青山霊園		一等	正二	伯
御沙汰	16	田中義一	長州藩士	一八六三—一九二九	東京都港区　青山霊園		一等	正二	男
御沙汰	17	浜口雄幸	高知県士族	一八七〇—一九三一	東京都港区　青山霊園			正三	
御沙汰	18	渋沢栄一	武蔵国豪農	一八四〇—一九三一	東京都台東区　谷中霊園		一等	正二	子

19		武藤信義	佐賀藩士	一八六八—一九三三	東京都文京区　護国寺		一等	正二	男	19
20		上原勇作	鹿児島藩士	一八五六—一九三三	東京都港区　青山霊園		大勲	従一	子	20
21		伊東巳代治	長崎	一八五七—一九三四	東京都杉並区　築地本願寺和堀廟所		一等	従一	伯	21
22		朴　泳孝	朝鮮貴族	一八六一—一九三九	韓国慶尚南道釜山市沙下区多大洞四〇（旧乾坐原）〔旧〕		一等	正二	侯	22
23		湯浅倉平	福島県	一八七四—一九四〇	東京都文京区大塚五—四〇　護国寺		一等	正二	男	23

（註）第一段の五点の○印は『三条実美公年譜』所収。

朴泳孝の墓所は戦後改葬された。

大勲位　明治九年十二月二十七日に菊花大綬章・菊花章が制定された。

菊花大綬章の最初の叙賜は十年十一月西征の功による有栖川宮熾仁親王で、臣下では十五年十一月一日神武天皇即位紀元二五四二年に関連して、大勲位簿冊第三号に記された岩倉具視である。

○故熾仁親王殿下御葬儀

○一月二十九日故熾仁親王御葬儀

御棺前祭式

午前六時御殿ヲ装飾ス
次喪主殿下以下諸員著床
次齋主以下著床
次齋主進テ二拜短手
次幣帛ヲ奉ル 副齋主奉仕
次神饌ヲ供ス 副齋主之ヲ供シ祭官傳進
此間奏樂
次齋主祝詞ヲ奏ス 副齋主祭官齋主ノ後ニ從ヒテ拜席ニ進ム
此間著床ノ諸員起ツ
次齋主二拜短手
次御代拜御玉串ヲ捧ク
次皇太后陛下御代拜同上
次皇后陛下御代拜同上
次皇太子殿下御代拜同上
此間著床ノ諸員起ツ
次喪主殿下玉串ヲ捧ク
次御近親同上
次御一族(皇族)同上
次御親戚同上
次諸員同上
次玉串案ヲ撤ス
次神饌ヲ撤ス 副齋主奉仕
此間奏樂
次幣帛案ヲ撤ス
次齋主以下二拜短手
次御棺ヲ御轝ニ納ム

御葬場祭次第

午前九時御出棺
此間伶人道樂ヲ奏ス
豐島岡總門外ニ至リ諸員車馬ヲ下ル
次先著諸員總門ノ内外ニ於テ奉迎ス
次錦旗ヲ幔門内ニ入レ立止ル
次眞榊及紅白旗ヲ玉垣門外ノ左右ニ樹ツ
次神饌櫃ヲ神饌舍ニ昇入ル
次伶人道樂ヲ發シナカラ左ノ幄舍ノ前ニ進立ツ
次齋主以下前列ノ諸員右ノ幄舍ニ進立ツ
次根越榊ヲ祭場ノ左右ニ樹ツ
次梓ヲ紅白旗ノ前頭ニ樹ツ
次御棺ヲ幔門内ニ停立ツ
次喪主殿下以下後列諸員左ノ幄舍ノ前ニ進立ツ
次奉送諸員右ノ幄舍ノ前ニ進立ツ
次御棺ヲ祭場ニ奉安シ錦旗ヲ進メテ御棺ノ後ニ樹テ御刀御劍御沓ヲ御棺ノ側ニ置ク
次勅旌ヲ御棺ノ前ニ置ク
次造花ヲ梓ノ前頭ニ樹ツ
次牽馬ヲ祭場ノ外ニ繫ク
此時伶人道樂ヲ止ム
次諸員謦欬ス
次喪主殿下以下諸員著床
次齋主進テ二拜短手
次幣帛ヲ奉ル 副齋主奉仕
次神饌ヲ供ス 副齋主之ヲ供シ祭官傳進
此間奏樂
次齋主祝詞ヲ奏ス 四拜八開手 副齋主祭官齋主ノ後ニ從ヒテ拜席ニ進ム
一同之ニ應ス
此間諸員起ツ
次副齋主誄詞ヲ奏ス ↑
此間諸員起ツ
次御代拜御玉串ヲ捧ク
次皇太后陛下御代拜同上
次皇后陛下御代拜同上
次皇太子殿下御代拜同上
此間諸員起ツ
次喪主殿下玉串ヲ捧ク
次御近親同上
次御一族(皇族)及御代拜同上
次御親戚同上
次御近親御親戚名代有栖川宮別當同家令及同宮御附御用掛參謀總長御使皇族附武官陸軍將校總代勳章附武官葬儀掛同上
次各大臣各國交際官以下諸員同上
次玉串案ヲ撤ス
次神饌ヲ撤ス

官報號外 明治二十八年一月二十七日

故従一位大勲位公爵西園寺公望葬儀

◉葬儀次第　葬儀次第左ノ如シ

葬所地鎮祭ノ儀

十一月二十七日午後一時祭場ヲ鋪設ス
其ノ儀葬所ノ四隅ニ葉附青竹ヲ樹テ注連縄ヲ懸ケ四手ヲ垂ル
同二時神職著床
　但シ服装浄衣、浅沓
次ニ神饌ヲ供ス神職奉仕
次ニ神職祭詞ヲ奏ス
次ニ神饌ヲ撤ス神職奉仕
次ニ地鎮ノ儀ヲ行フ上同
次ニ各退下

正寝移柩ノ儀

十一月二十八日午後一時正寝ヲ装飾ス
其ノ儀中央ニ屏風ヲ飾キ柩床ヲ設ケ後ニ屏風白張ヲ立ツ
同二時五十分葬儀委員長葬儀副委員長葬儀委員及親族参集ス
　但シ服装男子ハ通常服軍装喪章ヲ附ス女子ハ通常服袿袴服又ハ白襟紋附関係諸員亦同シ
次ニ霊柩ヲ正寝ニ移ス家従又ハ特別縁故者奉仕
　喪主親族扈従ス
次ニ霊柩ヲ柩床ニ安ク上同
　此ノ時霊柩ノ前面左右ニ真榊各一株ニ枠樹テ枝ニ黄色絹、白色絹ヲ垂ルヲ樹ツ
　剣及勲章ヲ案白木上ニ安ク上同
　是ヨリ先キ案ヲ霊柩ノ前位ニ安ク
　燈燭白木燈台ヲ點ス上同
　是ヨリ先キ翣ヲ霊柩ノ前左右ニ安ク
次ニ常饌ヲ供ス上同
次ニ喪主拝禮
次ニ親族拝禮
次ニ諸員拝禮
次ニ饌ヲ撤ス家従又ハ特別縁故者奉仕
次ニ各退下

正寝十日祭ノ儀

十二月三日午前九時正寝ヲ装飾ス
同十時葬儀委員長葬儀副委員長葬儀委員著床
　但シ服装通常服軍装喪章ヲ附ス関係諸員亦同シ
次ニ司祭長司祭副長司祭著床
　但シ服装司祭長司祭副長ハ衣冠単冠無紋巻纓、袍白色平絹、奴袴鈍色平絹、笏、烏皮履鈍色絹、司祭ハ風折烏帽子、鈍色狩衣白色平絹、扇、烏皮履鈍色絹

賜誄ノ儀 ⬆

十二月四日午前九時正寝ヲ装飾ス
同十時葬儀委員長葬儀副委員長葬儀委員著床
　但シ服装通常服軍装喪章ヲ附ス関係諸員亦同シ
次ニ司祭長司祭副長司祭著床
　但シ服装司祭長司祭副長ハ衣冠単冠無紋巻纓、袍白色平絹、奴袴鈍色平絹、笏、烏皮履鈍色絹、司祭ハ風折烏帽子、鈍色狩衣白色平絹、扇、烏皮履鈍色絹
次ニ喪主親族著床
　但シ服装男子ハ通常服軍装喪章ヲ附ス女子ハ通常服袿袴服又ハ白襟紋附
次ニ旌ヲ樹ク司祭奉仕
次ニ勅使著邸時膳ヲ賜フ
次ニ時膳ヲ供ス司祭副長司祭奉仕
次ニ葬儀委員前導勅使正寝ニ進ム
次ニ勅使御誄ヲ宣讀ス
次ニ勅使退下
　前導参進ノ時ノ如シ
次ニ喪主拝禮
次ニ親族拝禮
次ニ諸員拝禮
次ニ時膳ヲ撤ス司祭副長司祭奉仕
次ニ旌ヲ垂ル司祭奉仕
次ニ各退下

葬所祓除ノ儀

十二月四日午後四時神職著床
　但シ服装浄衣、浅沓
次ニ祓除ヲ修ス神職奉仕
次ニ各退下

付録④　有栖川宮威仁親王賜誄ノ儀

◎賜誄ノ儀
七月十五日午前九時正寢ヲ裝飾ス
午前十時葬儀掛高等官三人著床
服裝大禮服喪章ヲ附ス
次ニ祭官長祭官副長祭官著床
服裝祭官長祭官副長ハ衣冠單扇烏皮履祭官ハ鈍色布衣
次ニ喪主親王故親王ノ妃、熾仁親王妃正寢ニ參進シ本位ニ就ク
次ニ別當前導勅使隨員御誄筥捧持ヲ從ヘ正寢ニ參進シ本位ニ就ク
次ニ饌ヲ薦ク祭官奉仕
次ニ賻賵ヲ奠ス祭官副長奉仕
是ヨリ先キ勅使隨員賻賵ヲ案上ニ安ク
次ニ勅使拜禮御誄ヲ宣讀ス
但シ宣讀訖リテ御誄ヲ祭官副長ニ授ク
次ニ勅使退下
前導參進ノ時ノ如シ
次ニ賻賵ヲ撤ス祭官副長奉仕
次ニ饌ヲ垂ル祭官奉仕
次ニ各退下

官報號外　大正二年七月十三日

付録⑤　山本五十六賜誄ノ儀

賜誄ノ儀
六月四日午後一時正寢ヲ裝飾ス
同二時葬儀委員長葬儀副委員長葬儀委員著床
但シ服裝通常服軍裝喪章ヲ附ス關係諸員亦同シ
次ニ司祭長司祭副長司祭著床
但シ服裝司祭長司祭副長ハ衣冠單冠無紋縫腋、袍單白色平絹奴袴鈍色平絹笏、烏皮履履敷鈍色絹司祭ハ風折烏帽子、淨衣白色平絹狩衣扇、烏皮履履敷鈍色絹
次ニ喪主親族著床
但シ服裝男子ハ通常服軍裝又ハ國民服禮裝喪章ヲ附ス女子ハ通常服袿袴喪服又ハ白襟紋附
次ニ饌ヲ薦ク司祭奉仕
次ニ勅使著邸賻賵ヲ賜フ
次ニ賻賵ヲ奠ス司祭副長司祭奉仕
次ニ葬儀委員前導勅使正寢ニ進ム
次ニ勅使御誄ヲ宣讀ス
次ニ勅使退下
前導參進ノ時ノ如シ
次ニ喪主拜禮
次ニ親族拜禮
次ニ諸員拜禮
次ニ賻賵ヲ撤ス司祭副長司祭奉仕
次ニ饌ヲ垂ル司祭奉仕
次ニ各退下

祭所祓除ノ儀
六月四日午後四時神職著床
但シ服裝淨衣、淺沓
次ニ祓除ヲ修ス神職奉仕
次ニ各退下

官報四九一八

自五八五年至二〇〇〇年誄作品年表

No.	収載誄No.	時代	誄作（奏）者	作品名称	成立年	出典
1		古代	蘇我馬子	※敏達天皇誄	五八五	日本書紀敏達十四年八月条
2			物部守屋	※〃	〃	〃
3			三輪君逆	〃	〃	日本書紀用明元年五月条
4			阿倍内臣鳥	※皇太夫人堅塩媛誄	六一二	日本書紀推古二十年二月条
5			諸皇子	※〃	〃	〃
6			中臣宮地烏摩侶	※〃	〃	〃
7			境部摩理勢	※〃	〃	〃
8			聖徳太子	膳夫人誄	六二二	上宮聖徳法王帝説
9			蘇我蝦夷	※推古天皇誄	六二八	日本書紀舒明即位前紀
10			群臣	※〃	〃	日本書紀推古三十六年九月条
11			開別皇子	※舒明天皇誄	六四一	日本書紀舒明十三年十月条
12			巨勢徳太	※〃	六四二	日本書紀皇極元年十二月条
13			粟田細目	※〃	〃	〃
14			大伴馬飼	※〃	〃	〃
15			息長山田	※〃	〃	〃

	古代			
16	道賢	貞慧法師誄	六七五	貞慧誄序
17	大海菖蒲	※天武天皇誄	六八六	日本書紀天武朱鳥元年九月条
18	伊勢王	※〃	〃	〃
19	県犬養大伴	※〃	〃	〃
20	河内王	※〃	〃	〃
21	当麻国見	※〃	〃	〃
22	采女竺羅	※〃	〃	〃
23	紀真人	※〃	〃	〃
24	布勢御主人	※〃	〃	〃
25	石上麻呂	※〃	〃	〃
26	大三輪高市麿	※〃	〃	〃
27	大伴安麻呂	※〃	〃	〃
28	藤原大嶋	※〃	〃	〃
29	阿倍久努麿	※〃	〃	〃
30	紀弓張	※〃	〃	〃
31	穂積虫麻呂	※〃	〃	〃
32	大隈隼人	※〃	〃	〃
33	阿多隼人	※〃	〃	〃
34	倭馬飼部造	※〃	〃	〃
35	河内馬飼部造	※〃	〃	〃
36	百済王良虞	※〃	〃	〃
37	諸国国造	※〃	〃	〃

38		古代	布勢御主人	※〃	六八七	日本書紀持統元年正月条
39			丹比麻呂	※〃	〃	〃　三月条
40			大隈隼人	※〃	〃	〃　五月条
41			阿多隼人	※〃	〃	〃
42			藤原大嶋	※〃	六八八	〃　二年三月条
43			大伴安麻呂	※〃	〃	〃　八月条
44			諸臣	※〃	〃	〃　十一月条
45			蝦夷百九十余人	※〃	〃	〃
46			布勢御主人	※〃	〃	〃
47			大伴御行	※〃	〃	〃
48			当麻智徳	※〃	〃	〃
49			路大人	※左大臣多治比嶋誄	七〇一	続日本紀大宝元年七月条
50			下毛野石代	※〃	〃	〃
51			当麻智徳	※持統上皇誄	七〇三	〃　三年十二月条
52			〃	※文武天皇誄	七〇七	〃　慶雲四年十一月条
53			上毛野広人	※左大臣石上麻呂誄	七一七	〃　養老元年三月条
54			元正天皇	※右大臣藤原不比等誄	七二〇	〃　養老四年八月癸未条
55			安宿王	※太皇太后藤原宮子誄	七五四	〃　天平勝宝六年条
56	1		作者不明	貞慧法師誄	?七六四	藤氏家伝巻上（鎌足伝）付載貞慧誄
57			藤原小黒麿	※光仁天皇誄	七八二	続日本紀天応二年正月条
58			〃	※皇太后紀新笠誄	七九〇	〃　延暦九年正月条
59			紀古佐美	※皇后藤氏諱誄	〃	〃　閏三月条

60	2	古代	藤原内麻呂	桓武天皇誄	八〇六	日本後紀大同元年条
61			坂上田村麻呂	〃	〃	〃
62			中臣王	〃	〃	〃
63			大庭王	〃	〃	〃
64			藤原緒嗣	〃	〃	〃
65			藤原乙叡	〃	〃	〃
66			紀勝長	〃	〃	〃
67			五百枝王	〃	〃	〃
68			藤原縄主	〃	〃	〃
69			秋篠安人	〃	〃	〃
70	3		作者不明	平城上皇誄	八二四	類聚国史天長元年条
71	4		安倍安仁	淳和上皇誄	八四〇	続日本後紀承和七年条
72			菅原道真	※巨勢親王誄	八八二	菅家文草巻二・傷巨三郎寄北堂諸好事
73			〃	奥州藤使君誄	九〇一	菅家後集巻一三
74	5		源為憲	空也上人誄	?九七二	大日本史料第一編
75			作者不明	※空山上人誄	?	朝野群載巻一目録
76		近世	林恕	加藤明成誄	一六六一	林鵞峰作前拾遺加藤叟誄序
77	6		林鵞峰	前拾遺加藤叟誄	〃	林鵞峰文集巻八〇
78	7		卜幽	読耕斎林君誄	一六六一	卜幽軒稿下
79	8		林鵞峰	空印公誄	一六六二	小浜市立図書館蔵巻子本
80	9		〃	朝散大夫常州笠間城主井上君誄	一六七五	林鵞峰文集巻七六
81	10		松尾芭蕉	松倉嵐蘭誄	一六九三	芭蕉文集・古事類苑、礼式二

82	147	近世	作者不明	葬祭要文（口伝誄）	一七？	神祇道葬祭式諸事略次第
83	148		〃	霊前誄	一七？	〃
84	11		藤原真之	平朝臣胤満大人誄	一七六四	藤原幹満編葬礼式
85	12		〃	藤原長儀大人誄	一七七一	葬礼式
86	13		大典顕常	広幡源公誄	〃	小雲棲稿巻一〇・古事類苑、礼式二
87	14		柴野栗山	阿波僖恵公誄	一七八〇	栗山文集巻四
88	15		大典顕常	一品准三后入道親王誄	一七八八	北禅文草巻一・古事類苑、礼式二
89	16		大中臣忠雄	因幡守大中臣忠栄誄（註）	一八？	気吹廼舎文集巻上
90	17		清水浜臣	奉告織錦斎大人之霊誄	一八一一	泊洦文藻巻三・古事類苑、礼式二
91	18		〃	哭植村正路誄	一八一七	〃
92	19		菅原聡長	光格天皇誄	一八四〇	実久卿記・古事類苑、礼式二
93	20		源通熙	〃	〃	〃
94	21		藤原胤保	〃	〃	〃
95	22	近代	明治天皇	大村永敏賜誄	一八六九	太政官日誌一〇七号・明治天皇紀第二
96	23		〃	広沢真臣賜誄	一八七一	〃　一号・〃
97	24		〃	鍋島直正賜誄	〃	〃　三号・〃
98	25		〃	毛利敬親賜誄	〃	〃　二一号・〃
99	26		〃	山内豊信賜誄	一八七二	〃　五一号・明治天皇紀第二
100	149		栗田・寛	大行天皇誄詞	一八七三	葬蔡儀式（内閣文庫蔵）
101	150		〃	皇親誄詞	〃	〃
102	151		〃	外戚誄詞	〃	〃
103	152		〃	女官誄詞	〃	〃

104	153		〃	百官誄詞	〃	〃
105	154		〃	父母喪誄詞	〃	〃
106	155		〃	夫喪尓誄白須詞	〃	〃
107	156		〃	妻喪尓誄白須詞	〃	〃
108	157		〃	兄弟等姉妹喪尓誄詞	〃	〃
109	158		〃	親戚誄詞	〃	〃
110	159		〃	朋友誄詞	〃	〃
111	27	近代	明治天皇	沢宣嘉賜誄	〃	太政官日誌一三〇号・三条実美公年譜巻二七
112	28		〃	木戸孝允賜誄	一八七七	明治天皇紀第四・〃 二八
113	29		〃	池田慶徳賜誄	〃	〃
114	30		〃	大久保利通賜誄	一八七八	〃・三条実美公年譜巻二八
115	31		〃	大原重徳賜誄	一八七九	〃
116	32		〃	野津鎮雄賜誄	一八八〇	〃 第五
117	33		〃	岩倉具視賜誄	一八八三	官報二〇号・明治天皇紀第六
118	34		本居豊穎	岩倉具視誄詞	〃	〃二三号
119	35		明治天皇	徳川慶勝賜誄	〃	〃三三号・明治天皇紀第六
120	36		〃	島津久光賜誄	一八八七	〃一三四四号・〃
121	37		〃	森有礼賜誄	一八八九	〃一六八六号・〃 第七
122	38		〃	松平慶永賜誄	一八九〇	〃二〇八一号・〃
123	39		〃	三条実美賜誄	一八九一	〃二二九四号・〃
124	40		本居豊穎	三条実美誄詞	〃	〃二二九五号・三条実美公年譜巻二九
125	41		明治天皇	中御門経之賜誄	〃	〃二四五三号・明治天皇紀第七

126	42	近代	〃	山田顕義賜誄	一八九二	〃二八一八号・〃第八
127	43		〃	伊達宗城賜誄	〃	〃二八五一号・〃
128	44		〃	有栖川宮熾仁親王賜誄	一八九五	〃三四七三号・〃
129	45		副斎主	熾仁親王誄詞	〃	〃三四七四号
130	46		明治天皇	北白川宮能久親王賜誄	〃	〃三七一三号・明治天皇紀第八
131	47		副斎主	能久親王誄辞	〃	〃　〃
132	48		明治天皇	毛利元徳賜誄	一八九六	〃四〇五二号・明治天皇紀第八
133	49		〃	後藤象二郎賜誄	一八九七	〃四二三三号・〃
134	50		〃	島津忠義賜誄	一八九八	〃四三五四号・〃
135	51		副斎主	島津忠義誄詞	〃	明治三十一年一月十三日鹿児島新聞
136	52		明治天皇	近衛忠熙賜誄	〃	〃四四一六号・明治天皇紀第八
137	53		〃	勝安芳賜誄	一八九九	〃四六六八号・〃
138	54		〃	黒田清隆賜誄	一九〇〇	〃五一四八号・〃第九
139	55		〃	西郷従道賜誄	一九〇二	〃五七一五号・〃第一〇
140	56		久保悳鄰	佐佐木高美君乃誄辞	〃	最新祝詞作例文範補遺
141	57		明治天皇	小松宮彰仁親王賜誄	一九〇三	官報五八九二号・明治天皇紀第一〇
142	58		土肥慶蔵	彰仁親王誄詞	〃	〃五八九三号
143	59		明治天皇	池田章政御沙汰（書）	〃	〃五九八四号・明治天皇紀第一〇
144	60		〃	近衛篤麿御沙汰（書）	一九〇四	〃六一五一号・〃
145	61		〃	川村純義御沙汰（書）	〃	〃六三三八号・〃
146	62		青戸波江	常陸丸殉難将士誄詞	一九〇五	最新祝詞作例文範下巻
147	63		明治天皇	九条道孝御沙汰（書）	一九〇六	官報六七五六号・明治天皇紀第一一

近代

148	64	〃	児王源太郎御沙汰（書）	〃	〃六九二四号・〃
149	65	〃	林友幸御沙汰（書）	一九〇七	〃七三一四号・〃
150	66	〃	野村靖御沙汰（書）	一九〇九	〃七六七五号・〃第一二
151	67	〃	嵯峨実愛御沙汰（書）	〃	〃七九〇二号・〃
152	68	〃	伊藤博文賜誄	〃	〃七九一〇号・〃
153	69	竹崎嘉通	伊藤博文誄詞	〃	〃七九一一号
154	70	新聞三十二社	伊藤博文誄辞	〃	大阪朝日新聞
155	71	明治天皇	佐佐木高行御沙汰（書）	一九一〇	官報八〇〇八号・明治天皇紀第一二
156	72	〃	岩倉具定御沙汰（書）	〃	〃八〇三三号・〃
157	73	〃	徳川昭武御沙汰（書）	〃	〃八一一五号・〃
158	74	〃	小村寿太郎御沙汰（書）	一九一一	〃八五三七号・〃
159	75	〃	東久世通禧御沙汰（書）	一九一二	〃八五六二号・〃
160	76	大正天皇	明治天皇御誄	〃	〃九月十四日号外・〃
161	77	作者不明	明治天皇誄辞	〃	大阪朝日新聞九月十三日号外
162	78	西園寺公望	明治天皇誄	〃	官報九月十四日号外
163	79	渡邊千秋	明治天皇誄	〃	〃
164	80	下田義照	榊原佐登子刀自乃誄詞	〃	最新祝詞作例文範補遺
165	81	大正天皇	有栖川宮威仁親王賜誄	一九一三	官報二八九号
166	82	〃	桂太郎賜誄	〃	〃三六八号
167	83	〃	徳川慶喜賜誄	〃	〃四〇三号・徳川慶喜公伝
168	84	〃	昭憲皇太后御誄	一九一四	官報五月二十五日号外
169	85	作者不明	昭憲皇太后誄	〃	大阪朝日新聞五月二十四日号外

170	86	近代	波多野敬直	昭憲皇太后誄	〃	官報五月二十五日号外
171	87		大正天皇	井上馨賜誄	一九一五	官報九三〇号
172	88		〃	大山巌賜誄	一九一六	〃一三一五号
173	89		千家尊有	大山巌誄詞	〃	〃〃
174	90		大正天皇	土方久元賜誄	一九一八	〃一八八二号
175	91		下田義照	土方久元大人命乃誄詞	〃	最新祝詞作例文範補遺
176	92		大正天皇	徳寿宮李熙王賜誄	一九一九	官報一九七二号
177	93		〃	寺内正毅御沙汰（書）	〃	〃二一七九号
178	94		〃	原敬賜誄	一九二一	〃二七八四号
179	95		〃	大隈重信賜誄	一九二二	〃二八三五号
180	96		〃	山県有朋賜誄	〃	〃二八五四号
181	97		平田盛胤	山県有朋誄詞	〃	〃二八五六号
182	98		大正天皇	樺山資紀賜誄	〃	〃二八五八号
183	99		吉井太郎	高階幸造大人乎誄布詞	〃	最新祝詞作例文範下巻
184	100		大正天皇	伏見宮貞愛親王賜誄	一九二三	官報三一六〇号
185	101		菊地武文	文学博士三矢重松大人命乃誄辞	〃	最新祝詞作例文範下巻
186	102		大正天皇	加藤友三郎賜誄	〃	官報三三二五号
187	103		金鑽宮守	高橋八重子刀自乃誄詞	〃	最新祝詞作例文範補遺
188	104		大正天皇	松方正義賜誄	一九二四	官報三五六五号
189	105		竹崎嘉通	松方正義誄詞	〃	〃三五六七号
190	106		大正天皇	加藤高明賜誄	一九二六	〃四〇三〇号
191	107		〃	昌徳宮李坧王賜誄	〃	〃四一三七号

192	108	近代	昭和天皇	大正天皇御誄	一九二七	官報昭和二年二月八日号外
193	109		若槻礼次郎	大正天皇誄	〃	〃
194	110		一木喜徳郎	大正天皇誄	〃	〃
195	111		桑原芳樹	文学博士芳賀矢一大人命乃誄詞	〃	最新祝詞作例文範下巻
196	112		昭和天皇	久邇宮邦彦王賜誄	一九二九	官報六二八号
197	113		〃	後藤新平御沙汰（書）	〃	〃六八七号
198	114		〃	田中義一御沙汰（書）	〃	〃八三〇号
199	115		岡泰雄	安居院栄三郎大人平誄留詞	？	最新祝詞作例文範下巻
200	116		昭和天皇	浜口雄幸御沙汰（書）	一九三一	官報一四〇二号
201	117		平田盛胤	浜口雄幸大人誄詞	〃	最新祝詞作例文範下巻
202	161		土屋広丸	誄詞	？	〃
203	118		昭和天皇	渋沢栄一御沙汰（書）	一九三一	官報一四六五号
204	119		〃	犬養毅賜誄	一九三二	〃一六一三号
205	120		〃	武藤信義御沙汰（書）	一九三三	〃一九八一号
206	121		〃	上原勇作御沙汰（書）	〃	〃二〇六二号
207	122		〃	山本権兵衛賜誄	〃	〃二〇八六号
208	123		〃	伊東巳代治御沙汰（書）	一九三四	〃二一四二号
209	124		〃	東郷平八郎賜誄	〃	〃二二二六号
210	125		〃	斎藤実賜誄	一九三六	〃二七五二号
211	126		〃	高橋是清賜誄	〃	〃〃
212	127		〃	朴泳孝御沙汰（書）	一九三九	〃三八二三号
213	128		〃	徳川家達賜誄	一九四〇	〃四〇二七号

		時代	作者	誄辞	年	典拠
214	129		〃	西園寺公望賜誄	〃	〃四一七五号
215	130		〃	湯浅倉平御沙汰（書）	〃	〃四一九四号
216	131		〃	山本五十六賜誄	一九四三	〃四九一八号
217	132		〃	閑院宮載仁親王賜誄	一九四五	〃五五一〇号
218	133	現代	〃	幣原喜重郎御沙汰（書）	一九五一	幣原喜重郎伝
219	134		〃	貞明皇后御誄	〃	官報七三三五号
219	135		吉田茂	貞明皇后誄	〃	〃
220	136		吉田智朗	加藤銕次郎大人命誄詞	一九七五	現代諸祭祝詞大宝典
221	137		鶴賀大成	伊能頴則大人百七年祭誄詞	一九七七	〃
222	138		森泰憲	菅原真希子日女命誄詞	一九八三	神葬祭大事典
223	139		白井永二	小林武治主命学校法人国学院大学葬誄詞	一九八六	〃
224	140		毛利栄一	井上信彦大人命神社葬葬場祭誄詞	〃	現代諸祭祝詞大宝典
225	141		河村菊治	井上信彦大人命密葬葬場祭誄詞	〃	〃
226	142		横田豊	故志賀海神社宮司阿曇磯興大人命告別式誄詞	〃	現代諸祭祝詞大宝典・神葬祭大事典
227	143		加藤隆久	福本賀光翁命誄詞	一九八七	〃・〃
228	144		今上陛下	昭和天皇御誄	一九八九	官報四〇号
229	145		〃	香淳皇后御誄	二〇〇〇	〃二九一七号・大阪朝日・大阪毎日・大阪産経・大阪読売新聞等
230	146		森喜朗	香淳皇后誄	〃	〃二九一七号・大阪読売新聞・大阪毎日新聞（一部省略）
231	160		作者不明	誄辞	？	典故考証現行実例雑祭式典範

（註）表題は「山口忠雄の願に依て加筆し給へる志ぬびこと」とある。

〔付記〕本表は、『平成四年度兵庫県私学研究論文集』に掲載の「誄の研究—勅令時代熟鑑・停滞期の賜誄—」で発表した「自五八五年至一九八七年誄作品年表」に加筆したものである。

※印　誄文の佚失を示す。

あとがき

昭和三十五年田中卓先生主催の「古典会」で『令集解』輪読に参加し、学問の有難さを知り生涯勉強の習慣を身につける。翌年「塩屋連鯯魚寸攷」発表日本史研究五上古巻十一号が私の処女論文となる。先生の皇学館大学赴任・転宅で研究会の解散を迎える。解散後会友植垣節也氏と『藤氏家伝』の共同研究に入り、私は上巻付載の通称『貞慧伝』と下巻を担当する。四十一年通称『貞慧伝』を読みとく内、異質の文体に気付く。通称の『伝』が文体上「伝」でなくて、六朝の法師誄を踏まえた「誄」である確証、すなわち『文鏡秘府論』西巻に明示する「文筆式」の要点を摑み、その成果をまとめる。誄の源を辿り東周時代の『柳下恵誄』『孔子誄』を確認して、更に作品の時代をずらしてゆく作業を続ける。研究の調査範囲が日本を離れて専ら大陸の作品漁りに伸びる。

そんな矢先の四十二年八月、教え子の急逝に遭い悲しい野辺送りをした。翌年二月大阪学院大学高等学校卒業記念誌『年輪』第八号に、「日浦一君を偲ぶ詞」を載せる。この作品を切っ掛けにして『武智麻呂伝』研究を二の次に廻し、『貞慧誄』語句の出典探求を進める。やがて知り得た量も増し、公開する自信がついてくる。四十五年一月『続日本紀研究』一四八・一四九合併号に、「貞慧誄の諸本に関する覚書」を発表する。四月、学園紛争真盛りの兵庫県立尼崎北高等学校に転勤する。ここで高校ゼミ教室を担当し、訳読本のない『貞慧誄』『藤氏家伝巻下』を扱う。

五十二年三月、「上代文献を読む会」（昭和四十九年三月園田女子大学で吉永登先生他五人が会合し、当面『元興寺縁起』を輪読する勉強会を発足させる。蔵中進氏と私が第二回会合の四月から参加する）では、二番目の輪読作品『家伝巻下』を一年十箇月を費やして終了する（「上代文献を読む会活動」『親父賽賽録（まむしの愚痴第二巻—まゆしの呟き—）随筆の部』

金子商店・平成十三年刊所収）。この頃から凶礼研究の対象分野を「誄」から「哀策」へと広げる。同年十二月「文献会」の単調な一本調子の輪読から一歩前進して、輪読と研究発表の二本建てとなり文献会の内容が充実する。前者には『古京遺文』と『続古京遺文』の金石文学習を宛て、後者には私がいの一番「哀策について」を出して研究発表の先鞭をつける。輪読会で弾みをつけたのは、『宇治橋断碑』を発表した広岡義隆氏である。校異を付したことが良策となり会員の賛成多きを以て輪読会の発表に採用される。忌憚なき「研究会」の故か気楽に意見を出せる集いの場を利用して、哀策の研究成果発表にのめりこむ。

新設の伊丹北高等学校に強制配転させられる。十年目を節目として、『創立十周年記念誌』及び高校紀要『鴻志』刊行が決まる。これ幸とばかり創刊号に「日本における近代の誄」と題する投込教材の成果を、「後漢時代の誄佚文」と一緒に寄稿する。第二号には金石文学習の『多胡弁官符碑』から、「羊」字「蓋」の略体字説（『親父賽賽録』所収「羊」字碑を尋ねて二千粁」）を出し、また『高麗仁宗大王諡冊』（『儀礼文覚書』序章）と『純宗皇帝哀冊』を発表する。

伊丹北高校着任三年目の五十六年、同時着任の杉本実校長から、専門外の人にも分かる嚙み砕いた「誄について」の話を、伊丹地区内の公共機関代表定例会火曜の昼食会で発表できないかの打診を受ける。依頼により講演する時の発表資料として哀辞研究叢書（一）『誄纂聚』と同書（二）『哀策纂聚』プリント本を作成する。この講演は、これまでの凶礼儀式文の編集に拍車を掛ける機会となり誠に有難い「儀礼文の研究」の出発点となる。九月以降講演に間に合わせようと短期間で作品収集をしたため、不備が目立った。そこで中国関係の作品は、『欽定四庫全書本』により明代までを統一し、清代以後を線装本と刊本で完全を期す。

この編集に併行して、伊丹北高等学校紀要『鴻志』に誄研究の成果を逐次連載する。休みを利用して訪台をくり返し、中央研究院歴史語言研究所・故宮博物院・台湾大学文学院・文化大学文学院・台南大学等の図書館を尋ね、儀礼文資料の収集に苦労を重ねる（「台湾の図書館訪問記」『兵庫地理』第二八号。『親父賽賽録』に再録する）。

一方、伊丹北高等学校着任一年目の冬、小浜市立図書館に寄贈された『酒井家文書』の一部公開を参観し、その後文献会員揃って同図書館を訪ねて『空印公誄』（巻子本）を閲覧する。また大東急記念文庫『善本叢刊　近世詩文集二』所収『卜幽軒稿』を購入し、木版本の追込記載と違って平闕式を用いた格調高い『読耕斎林君誄并序』自筆本の姿を見て、善本を求める大切さをしみじみ知る。ここで想い出すのは、

古典の正しい理解のためには、校勘は不可欠の業である。（『貞観政要の研究』四八二頁・吉川弘文館・昭和四十年刊）

と言われる原田種成氏の言葉である。善本を求めずして古典の研究は避けるべし、と言うべきか。頭の痛い話と勝手な解釈をして今日に及ぶ。本書は、教え子への哀悼偲詞一著作を切っ掛けにして、専ら高校紀要に寄稿する静かな発表活動を続け、誄研究に向かいあった作品である。「学レ書如レ泝二急流一」を恐れつつ、少時筆頭に花を生じる夢もなく、小文を綴ってきた。文が恒に点を加える内容であるのも、家貧にして昼働夜学の故である。編集には、古来起承転結の作文手法を踏まえることを配慮した。大陸文化の影響下の誄と本朝の誄《シノビゴト》詞二種の既存日本誄が現代に及ぶ「概説」を起とし、史料編は、誄作品網羅の掲載分を承とした。研究編は、文体上哀辞の序・頌問題を具体的に分析する文学論三章を転とし、歴史上の文化遺産として捉える日本誄第四章を結にして、将来の展望を考えるよう意図した。猶再録に際し、誤植を正し表現を統一し、記述と註に若干の補訂を施した。

本書に収めた論考の掲載雑誌と発表年次は、第一部史料編の概説部分は、前著『儀礼文覚書』所収の「誄に関する研究ノート」（『兵庫社会科研究』三八・三九号）を活用している。第二部研究編の内容は左の通りである。

第一章

第一節　通称『貞慧伝』の考察（原題「貞慧伝をめぐる二・三の問題」『神道史研究』一七巻三号・昭和四十四年五月。『まむしの愚痴』第一巻に再録する）。

第二節　貞慧誄の闕字・歳次及び『家伝巻上』との関係（『神道史研究』一八巻一号・昭和四十五年一月）。
第三節　貞慧誄頌の不幸短命考（原題「不幸短命考—定恵伝研究ノート—」『万葉』一〇三号・昭和五十年五月）。

第二章

第一節　仮称『貞慧法師誄一首并序』の研究（原題「貞慧誄の諸本に関する覚書」『続日本紀研究』一四八・一四九合併号・昭和四十五年一月）。
第二節　仮称『貞慧法師誄一首并序』の研究追記（『兵庫史学研究』二二・二三・二五号、昭和五十一年・五十二年・五十四年十月）。
第三節　仮称『貞慧法師誄一首并序』の研究補記（書き下ろし）。

第三章

第一節　桓武天皇誄の訓読及び語註と私見（『神道史研究』二八巻一号・昭和五十五年一月）。
第二節　空也上人誄の校訂と私見（原題「『空也上人誄』の校訂及び訓読と校訂に関する私見」『南都仏教』四二号・昭和五十四年十二月）。

第四章

第一節　卜幽の読耕斎林君誄（原題「誄の終焉」『神道史研究』二九巻四号・昭和五十六年十月。再録に際し「はじめに」と「一　幕藩体制下の誄作活動」を省いた）。
第二節　林鵞峰の前拾遺加藤叟誄（原題「誄の概説補遺」三。『鴻志』六号・平成元年三月）。
第三節　林鵞峰の空印公誄（原題「誄の概説補遺」四。同右）。但し「解題」は「誄に関する研究ノート（上）（『兵庫県社会科研究』三八号）から引く。
第四節　林鵞峰の常州笠間城主井上君誄（原題「朝散大夫」の四字を冠す。「誄の概説補遺」二。同右）。

第五節　大典顕常の広幡源公誄（原題「広幡長忠誄」。「誄の概説補遺」五。同右）。

第六節　柴野栗山の阿波信恵公誄（原題「歴史と金石文―祭文（哀辞）を中心として―」『兵庫史学研究』三三号・昭和六十二年十一月）。

第七節　本居豊頴の三条実美誄詞（原題「近世近代の誄作四点」『鴻志』五号・昭和六十三年三月）。

第八節　近代の勅宣追悼文（原題「勅令時代の賜誄―近代国家発展の裏面史―」『鴻志』創刊号・昭和五九年三月、原題「誄の研究―勅令時代の賜誄ノート―」『平成三年度兵庫県私学研究論文集』平成四年三月、原題「誄の研究―勅令時代熟籃・停滞期の賜誄―」『平成四年度兵庫県私学研究論文集』平成五年三月論文、以上三点の合冊に際し、重複と不要部分の記述を削除し、註を大幅に補充し、「六　功臣・元老と勅宣追悼文」の項を含め原意を残す形で内容を書き改めた。「五　功臣に関わる家伝の推移」及び「七　勅宣追悼文に関する若干の考察」の二項は今回新しく書下ろした作品である。猶既発表論文は紙数と表作成の事情で和文体を中文体で提示した関係上、今回もその手法を踏襲している）。

卒院後、北山茂夫先生から修士論文「承和十三年における五弁官解任事件」を土台にして、律令関係研究書の出版要請を受ける。有難い御言葉・御鞭撻を蔑ろにすまいと脳裏にとどめ乍ら、誄の研究を深めてしまい儀礼文研究から脱け出せなかった。五十九年先生から、

　誄の研究、大成ある日近くとおもう

の温情溢れる年賀状を戴いたのも束の間、松の内が過ぎた三十日先生は逝去された。計り知れない学恩を思うと、『儀礼文の研究―日本誄詞篇―』上梓の遅れたことが悔やまれてならない。

　誄から哀冊・諡冊・冊命文といった冊文研究の病魔に冒され、誄の源流を確かめだして早四分の一世紀の星霜を過ごし、今日に及んで漸く出版にこぎつける。集成と銘を打ち乍ら、戦後の天皇下賜誄・御沙汰は、伝記により公開さ

れた作品に限定せざるを得なかった。

家庭の事情で進学が遅れ、高校・大学の夜間生で慌しく日を送った私は、学問の醍醐味を知らなかった。逆境に堪えて大学院生になって以来、今日まで先師の学恩を多く受けた。とりわけ「古典会」「上代文献を読む会」会員諸兄から戴いた助言ほど有難いものはない。曾て「古典会」会員の八木毅博士から「弩の研究」より先に「誄の研究」を出版することが大切と教えられた。また「上代文献を読む会」会員村瀬憲夫氏から、「完璧を後廻しにして中間発表をされては如何ですか」の尽言も戴いた。

本書の上梓は井村哲夫博士の根気強い御鞭撻に実は与っている。高校の教師生活にどっぷり浸り、忙しさにかまけて定年を迎える迄研究書を出す努力を晩学生はしなかった。本書の執筆までに「中国誄の研究ノート」(『中国誄集成史料研究編』に引用予定)を出すので精一杯だった。身近に接する勉強会の人々に支えられて本書は日の目を見る。希むらくは以後数百年その存在の証を残しうる書物とならんことを夢見る。

本書の口絵に植垣節也氏所蔵平兼誼本、喜多伯朱先生に島津忠義命誄詞・明治天皇誄辞清書協力を得、林鵞峰直筆の空印公誄の四点を飾る。空印公誄提示には小浜市立図書館所蔵資料掲載許可を戴き、島津忠義命誄詞の提供に鹿児島県立図書館所蔵明治三十一年正月拾参日付鹿児島新聞資料提供を戴く。ここに明記して両図書館にご協力を感謝申し上げる。出版に快諾の上、読者の便宜を配慮したアドバイスを戴いた和泉書院の廣橋研三社長には、ひとかたならぬ御面倒をおかけした。校正の段階で不運の脳梗塞に冒され剰え白内障手術、術後網膜症で入院をくり返し、大幅に発行遅延を来たした。遅延を気遣いながら上梓に漕ぎつけられたのは和泉書院編集部の協力の賜である。衷心より深謝の意を表する次第である。

平成二十二年旦軫　陋屋にて

三間重敏

■著者紹介

三　間　重　敏（みま　しげとし）　旧姓高橋

昭和四年島根県に生まれる。
昭和三十二年神戸市立外国語大学卒業。
昭和四十年立命館大学大学院日本史専攻修士課程卒業。

著書

巽三郎先生古稀記念論集『求真能道』（共著）　歴文堂書房・昭和六十三年刊
『古京遺文注釈』（共著）　桜楓社・平成元年刊
『南部町史　史料編』（共著）　南部町・平成三年刊
『南部町史　史料編』第二巻（共著）　南部町・平成十年刊
『まむしの愚痴《くりごと》』第一巻　金子商店・平成十一年刊
『親父賽賽録（まむしの愚痴第二巻——まむしの呟き——）随筆の部』　金子商店・平成十三年刊
『高橋氏文注釈』（共著）　翰林書房・平成十八年刊
『儀礼文覚書』　金子商店・平成十九年刊
『老教師の回顧随筆の部』　金子商店・平成二十年刊

❖七紀寿記念出版❖

『儀礼文の研究　第一巻　中国誄詞　研究の部』
『　　同右　　概説の部』　いずれも金子商店・平成二十五年刊
『　　同右　　資料の部』　金子商店・平成二十六年刊
『儀礼文の研究　第二巻　日本誄詞』　和泉書院・平成二十六年刊
『儀礼文の研究　第三巻　韓国誄詞』　続刊予定

研究叢書 447

儀礼文の研究　第二巻　日本誄詞
七紀寿記念出版

二〇一四年六月二五日初版第一刷発行
（検印省略）

著　者　三　間　重　敏
発行者　廣　橋　研　三
印刷所　亜　細　亜　印　刷
製本所　渋　谷　文　泉　閣
発行所　有限会社　和　泉　書　院

大阪市天王寺区上之宮町七－六
〒五四三－〇〇三七
電話　〇六－六七七一－一四六七
振替　〇〇九七〇－八－一五〇四三

ISBN978-4-7576-0710-1 C3395